Christian Stegbauer · Roger Häußling (Hrsg.)

Handbuch Netzwerkforschung

Netzwerkforschung
Band 4

Herausgegeben von
Roger Häußling
Christian Stegbauer

In der deutschsprachigen Soziologie ist das Paradigma der Netzwerkforschung noch nicht so weit verbreitet wie in den angelsächsischen Ländern. Die Reihe „Netzwerkforschung" möchte Veröffentlichungen in dem Themenkreis bündeln und damit dieses Forschungsgebiet stärken. Obwohl die Netzwerkforschung nicht eine einheitliche theoretische Ausrichtung und Methode besitzt, ist mit ihr ein Denken in Relationen verbunden, das zu neuen Einsichten in die Wirkungsweise des Sozialen führt. In der Reihe sollen sowohl eher theoretisch ausgerichtete Arbeiten, als auch Methodenbücher im Umkreis der quantitativen und qualitativen Netzwerkforschung erscheinen.

Christian Stegbauer
Roger Häußling (Hrsg.)

Handbuch Netzwerkforschung

Bibliografische Information der Deutschen Nationalbibliothek
Die Deutsche Nationalbibliothek verzeichnet diese Publikation in der
Deutschen Nationalbibliografie; detaillierte bibliografische Daten sind im Internet über
<http://dnb.d-nb.de> abrufbar.

1. Auflage 2010

Alle Rechte vorbehalten
© VS Verlag für Sozialwissenschaften | Springer Fachmedien Wiesbaden GmbH 2010

Lektorat: Frank Engelhardt

VS Verlag für Sozialwissenschaften ist eine Marke von Springer Fachmedien.
Springer Fachmedien ist Teil der Fachverlagsgruppe Springer Science+Business Media.
www.vs-verlag.de

Das Werk einschließlich aller seiner Teile ist urheberrechtlich geschützt. Jede Verwertung außerhalb der engen Grenzen des Urheberrechtsgesetzes ist ohne Zustimmung des Verlags unzulässig und strafbar. Das gilt insbesondere für Vervielfältigungen, Übersetzungen, Mikroverfilmungen und die Einspeicherung und Verarbeitung in elektronischen Systemen.

Die Wiedergabe von Gebrauchsnamen, Handelsnamen, Warenbezeichnungen usw. in diesem Werk berechtigt auch ohne besondere Kennzeichnung nicht zu der Annahme, dass solche Namen im Sinne der Warenzeichen- und Markenschutz-Gesetzgebung als frei zu betrachten wären und daher von jedermann benutzt werden dürften.

Umschlaggestaltung: KünkelLopka Medienentwicklung, Heidelberg
Druck und buchbinderische Verarbeitung: Ten Brink, Meppel
Gedruckt auf säurefreiem und chlorfrei gebleichtem Papier
Printed in the Netherlands

ISBN 978-3-531-15808-2

Inhalt

1 Einleitung

Roger Häußling und Christian Stegbauer
Einleitung in das Handbuch Netzwerkforschung 13

2 Geschichte der Netzwerkforschung

Einleitung: Geschichte der Netzwerkforschung 19

Michael Schnegg
2.1 Die Wurzeln der Netzwerkforschung 21

Jörg Raab
2.2 Der „Harvard Breakthrough" 29

Rolf Ziegler
2.3 Deutschsprachige Netzwerkforschung 39

3 Einführung in das Selbstverständnis der Netzwerkforschung

Einleitung: Selbstverständnis der Netzwerkforschung 57

Beziehungen

Roger Häußling
3.1 Relationale Soziologie 63

Jessica Haas und Thomas Malang
3.2 Beziehungen und Kanten 89

Christine B. Avenarius
3.3 Starke und Schwache Beziehungen 99

Christian Stegbauer
3.4 Reziprozität 113

Positionen und Akteure

Steffen Albrecht
3.5 Knoten im Netzwerk 125

Christian Stegbauer
3.6 Positionen und positionale Systeme 135

Nicoline Scheidegger
3.7 Strukturelle Löcher 145

Michael Nollert
3.8 Kreuzung sozialer Kreise: Auswirkungen und Wirkungsgeschichte 157

Jan Fuhse
3.9 Menschenbild 167

Marina Hennig
3.10 Soziales Kapital und seine Funktionsweise 177

Gesamtnetzwerke

Bruno Trezzini
3.11 Netzwerkanalyse, Emergenz und die Mikro-Makro-Problematik 193

Matthias Trier
3.12 Struktur und Dynamik in der Netzwerkanalyse 205

Dietrich Stauffer
3.13 Small World 219

Andreas Hepp
3.14 Netzwerk und Kultur 227

4 Theorien und Theoreme der Netzwerkforschung

Einleitung: Theorien und Theoreme der Netzwerkforschung 237

Roger Häußling
4.1 Formale Soziologie 241

Herbert Willems
4.2 Figurationssoziologie und Netzwerkansätze 255

Werner Raub
4.3 Rational Choice 269

Dieter Bögenhold und Jörg Marschall
4.4 Weder Methode noch Metapher.
     Zum Theorieanspruch der Netzwerkanalyse bis in die 1980er Jahre 281

Christian Stegbauer
4.5 Strukturalismus 291

Sophie Mützel
4.6 Neuer amerikanischer Strukturalismus 301

Boris Holzer und Jan Fuhse
4.7 Netzwerke aus systemtheoretischer Perspektive 313

Birgit Peuker
4.8 Akteur-Netzwerk-Theorie (ANT) 325

5 Methoden der Netzwerkforschung

Einleitung: Methoden der Netzwerkforschung 339

Ulrik Brandes
5.1 Graphentheorie 345

Jürgen Lerner
5.2 Beziehungsmatrix 355

Peter Mutschke
5.3 Zentralitäts- und Prestigemaße 365

Hans J. Hummell und Wolfgang Sodeur
5.4 Dyaden und Triaden 379

Volker G. Täube
5.5 Cliquen und andere Teilgruppen sozialer Netzwerke 397

Richard Heidler
5.6 Positionale Verfahren (Blockmodelle) 407

Alexander Rausch
5.7 Bimodale Netzwerke 421

Christian Steglich und Andrea Knecht
5.8 Die statistische Analyse dynamischer Netzwerke 433

Sebastian Schnorf
5.9 Analyse großer Netzwerke 447

Betina Hollstein
5.10 Qualitative Methoden und Mixed-Method-Designs 459

Christof Wolf
5.11 Egozentrierte Netzwerke: Datenerhebung und Datenanalyse 471

Jürgen Pfeffer und Peter Fleissner
5.12 Modellbildung 485

Gero Schwenk
5.13 Netzwerkstrukturen für Multi-Agenten-Systeme. Probabilistische Modelle 495

Jana Diesner und Kathleen M. Carley
5.14 Extraktion relationaler Daten aus Texten 507

6 Visualisierung von Netzwerken

Einleitung: Visualisierung von Netzwerken 525

Florian Straus
6.1 Netzwerkkarten – Netzwerke sichtbar machen 527

Lothar Krempel
6.2 Netzwerkvisualisierung 539

7 Anwendungsfelder der Netzwerkforschung

Einleitung: Anwendungsfelder der Netzwerkforschung 571

A. Wirtschaft und Organisation

Einleitung in das Anwendungsfeld: Wirtschaft und Organisation 573

Jörg Raab
7.1 Netzwerke und Netzwerkanalyse in der Organisationsforschung 575

Franz Urban Pappi
7.2 Netzwerkansätze in der Eliteforschung 587

Sophie Mützel
7.3 Netzwerkansätze in der Wirtschaftssoziologie 601

Rainer Diaz-Bone
7.4 Märkte als Netzwerke 615

Andreas Wald
7.5 Netzwerkansätze in der Managementforschung 627

Per Kropp
7.6 Netzwerke und Arbeitsmarktprozesse 635

Kai-Uwe Hellmann und Jörg Marschall
7.7 Netzwerkanalyse in der Konsumforschung 647

Harald Katzmair
7.8 Die Soziale Netzwerkanalyse in der Welt des Consulting 657

Mike Weber
7.9 Netzwerke und Existenzgründungen 669

Kai Fischbach, Detlef Schoder, Johannes Putzke und Peter A. Gloor
7.10 Der Beitrag der Wirtschaftsinformatik zur Analyse und Gestaltung
    von informellen Netzwerken 679

B. Politik und Soziales

Einleitung in das Anwendungsfeld: Politik und Soziales 687

Martin Diewald und Sebastian Sattler
7.11 Soziale Unterstützungsnetzwerke 689

Sebastian Sattler und Martin Diewald
7.12 Wechselwirkungen zwischen Arbeitslosigkeit und dem sozialen Netzwerk 701

Ernst von Kardorff
7.13 Soziale Netzwerke in der Rehabilitation und im Gesundheitswesen 715

Jana Diesner und Kathleen M. Carley
7.14 Relationale Methoden in der Erforschung, Ermittlung und Prävention von Kriminalität 725

Jens Aderhold
7.15 Soziale Bewegungen und die Bedeutung sozialer Netzwerke 739

Nils Berkemeyer und Wilfried Bos
7.16 Netzwerke als Gegenstand erziehungswissenschaftlicher Forschung 755

C. Wissenschaft, Technik und Innovation

Einleitung in das Anwendungsfeld: Wirtschaft, Technik und Innovation 771

Michael Schenk
7.17 Medienforschung 773

H. Peter Ohly
7.18 Zitationsanalyse: Beschreibung und Evaluation von Wissenschaft 785

Frank Havemann und Andrea Scharnhorst
7.19 Bibliometrische Netzwerke 799

Thomas N. Friemel
7.20 Diffusionsforschung 825

Tobias Müller-Prothmann
7.21 Netzwerkanalyse in der Innovations- und Wissensmanagementpraxis 835

Johannes Weyer
7.22 Netzwerke in der Techniksoziologie. Karriere und aktueller Stellenwert eines Begriffs 847

D. Soziale Räume und Zeiten

Einleitung in das Anwendungsfeld: Soziale Räume und Zeit 857

Michael Schnegg
7.23 Ethnologie 859

Morten Reitmayer und Christian Marx
7.24 Netzwerkansätze in der Geschichtswissenschaft 869

Johannes Glückler
7.25 Netzwerkforschung in der Geographie 881

Andreas Frei, Matthias Kowald, Jeremy Hackney und Kay W. Axhausen
7.26 Die Verbindung zwischen Verkehrsplanung und sozialen Netzwerken 891

E. Psyche und Kognition

Einleitung in das Anwendungsfeld: Psyche und Kognition 905

Bernd Röhrle und Anton-Rupert Laireiter
7.27 Netzwerkforschung in der Psychologie 907

Florian Windhager, Lukas Zenk und Hanna Risku
7.28 Netzwerkforschung in der Kognitionswissenschaft |
Kognitionswissenschaft als Netzwerkforschung 917

8 Serviceteil

Einleitung: Serviceteil 929

Ines Mergel und Marina Hennig
8.1 Lehrbücher der Netzwerkforschung 931

Verzeichnis der Autorinnen und Autoren 941

Sachverzeichnis 957

Einleitung

Einleitung in das Handbuch Netzwerkforschung

Die Netzwerkforschung hat in den letzten Jahren einen enormen Aufschwung erfahren. Es gibt kaum mehr ein sozialwissenschaftliches Fachgebiet oder eine spezielle Soziologie, in der die Netzwerkperspektive nicht bedeutungsvoll wäre. Das, was vor allem in den USA vorangetrieben wurde und durch den Teilnehmerzugewinn der internationalen Netzwerkkonferenzen dokumentiert wird (Freeman 2004), ist auch im deutschsprachigen Bereich heute sehr deutlich wahrzunehmen. Waren die 1970er und 1980er Jahre vor allem durch einen Zugewinn an Methoden der Netzwerkanalyse geprägt (gekoppelt mit dem immensen Anstieg an computerbasierter Rechenkapazität), lässt sich seit den 1990er Jahren ein zunehmendes theoretisches Interesse verzeichnen. Dieses ist von der Einsicht getragen, dass die Untersuchung von Netzwerken eine genuin eigenständige soziologische Betrachtungsweise auf Soziales bereithält, die sich paradigmatisch von anderen – vorzugsweise akteurs- oder gesellschaftszentrierten – Ansätzen unterscheidet. Will man sowohl das breite Feld der netzwerkanalytischen Studien und Methodenbeiträge als auch die netzwerktheoretischen Aktivitäten erfassen, bietet es sich an, von der Netzwerkforschung zu sprechen. Die Ursache für diesen Aufschwung liegt in der Verheißung der Netzwerkforschung, nämlich soziologischer zu sein als andere Vorgehensweisen der empirischen Forschung. So nimmt die Umfrageforschung zunächst die sozialen Zusammenhänge auseinander – später kommen diese nach Analyse der erneuten Zusammensetzung über Merkmalsaggregate in der Interpretation häufig wieder zu Bedeutung. Dann sind die sozialen Zusammenhänge, um die es nach Netzwerksichtweise eigentlich geht, aber dahin. Auch die klassische qualitative Forschung nimmt die sozialen Zusammenhänge weniger Ernst – diese werden in Subjektivationen aufgelöst – zwar bilden sich die Relationen im Inneren der Akteure ab, die Beziehungen selbst unterliegen aber nicht der Betrachtung. Das Versprechen der Netzwerkforschung ist es nun, die Grundlage der Soziologie, nämlich die Beziehungen und das Beziehungsgefüge in Betracht zu nehmen. Durch dieses Vorgehen will man weiter kommen, als mit den anderen Verfahren (gleichzeitig ist man sich aber darüber bewusst, dass die Netzwerkforschung auf die anderen Methoden für ihre Interpretation angewiesen ist).

Wenn man nicht nur fragt, wie Merkmale verteilt sind, sondern wissen möchte, was die Ursache dieser Verteilung ist, wenn man danach fragt, wie die soziale Struktur, die für unser Verhalten ausschlaggebend ist, zustande gekommen ist und welche Bedeutung diese hat, kommt man um die Netzwerkforschung nicht herum. Sie will die Entstehung der Sozialstruktur analysieren und erklären. Mit diesem Anspruch, Wirkungsweisen auf verschiedenen Ebenen der Forschung zugänglich zu machen, geht sie weiter als andere Methoden.

In einigen Feldern wurde ihre Bedeutung bereits unter Beweis gestellt, in weiteren Bereichen müssen sich die Erwartungen erst noch erfüllen. Die Beschäftigung vieler Forscher mit dem Gebiet zeigt nicht nur, was mit den Verfahren und Theorien möglich ist, es zeigt auch auf Lücken. So handelt es sich um ein sehr dynamisches Forschungsfeld in dem laufend neue Entwicklungen zu verzeichnen sind. Die Entwicklung verläuft interdisziplinär, wie in kaum einem anderen Sozialforschungsbereich. Das, was Wissenschaftspolitiker aufgrund der Erkenntnisse der Wissenschaftsforschung schon lange fordern – nämlich transdisziplinäre Zusammenarbeit – ist hier in vollem Gange. Dies mag auch ein Grund für die Dynamik des Gebietes sein – und die Netzwerkforschung hat praktische und auch kommerzielle Anwendungsfelder (zahlreiche sind im vorliegenden Buch genannt, andere fehlen, weil sie über die Untersuchung sozialer Beziehungen hinausgehen)[1].

Netzwerkforschung war bis vor wenigen Jahren gleichbedeutend mit Netzwerkanalyse. Wir haben uns jedoch dazu entschlossen, bei der Institutionalisierung dieses Forschungsgebietes in der deutschsprachigen Sozialforschung eine kleine begriffliche Abwandlung vorzunehmen. Aus „Analyse" wurde bei uns „Forschung". Grund dafür ist, dass die Netzwerkanalyse aus unserer Sicht den Forschungszweig zu sehr auf die verwendeten Methoden festlegt. Wir möchten die Forschungsrichtung aber umfassender in dem Sinne begreifen, dass wir neben den schon länger existierenden Methoden der Netzwerkanalyse sowohl Überlegungen, die mit der Tradition der interpretativen Forschung verwandt sind, als auch explizit die Theorieentwicklung mit einbeziehen wollen. Diesbezüglich bietet sich hier eine große Chance, die Forderung, Theorien empiriegestützt weiterzuentwickeln und umgekehrt eine stärkere Anbindung der Methodenentwicklung an die Theorien voranzutreiben. Auch diesbezüglich steckt in der Netzwerkforschung eine Verheißung.

Wir stehen also eher am Beginn einer Entfaltung der Netzwerkforschung, deren Potentiale bei weitem noch nicht ausgelotet sind. Ein wichtiges Potential der Netzwerkforschung besteht auch darin, dass sie Gräben überbrücken kann, sei es der Graben zwischen Theorie und Empirie, der zwischen Mikrophänomen und Makrophänomen oder der zwischen qualitativer und quantitativer Forschung.

Mit dem Handbuch verfolgen wir das Interesse, bei der Durchsetzung des Feldes der Netzwerkforschung im deutschsprachigen Raum behilflich zu sein. Wir möchten damit einen Denkanstoß geben, mit dem die Hoffnung verbunden ist, dass die Ideen der Relationalität der Soziologie und den angrenzenden Fachgebieten neuen Saft verleihen mögen und sie dadurch einen Teil ihrer Bedeutung, der ihnen in den Zeiten der Hochschulexpansion zugesprochen wurde, wiedererlangt. Wir folgen dabei Whites (1992) Eindruck, dass die letzten Dekaden für die Sozialwissenschaft in vielen Bereichen von einem relativen Stillstand geprägt waren. Zwar erfolgten Verfeinerungen der Methoden und Theorien, es wurden aber kaum grundsätzliche Innovationen hervor gebracht. In diesem Rahmen laden wir die Leser ein, sich auf die hier vorgestellten Ideen einzulassen, weiterzudenken und mit daran zu arbeiten, die erwähnten Verheißungen Wirklichkeit werden zu lassen.

Das hier vorliegende Handbuch versucht, einen Überblick über die Netzwerkforschung zu geben. Hierbei werden Entwicklung, Hintergründe, Methoden und Anwendungsgebiete behandelt. Dabei will das Handbuch kein Lehrbuch im eigentlichen Sinne sein, auch wenn wir uns wünschen, dass es in der Lehre zum Einsatz kommt. Das Handbuch ist so konzipiert, dass die Leserin/ der Leser punktuell auf einzelne Beiträge zugreifen oder sich Gesamtzusammenhänge kapitelweise erschließen kann. Besonderes Augenmerk – wie könnte es auch anders bei dem Gegenstand Netzwerke sein – wurde auf die grau unterlegten Querbezüge zwischen den Beiträgen gelegt. Dies soll ein Lesen begünstigen, das sich an einem durch thematische Interessen individuell zusammengestellten Netzwerk von Beiträgen ausrichtet.

Das Handbuch gliedert sich in acht Teile. Hierbei war es ein Anliegen der Herausgeber, einen möglichst breit angelegten Überblick über die Netzwerkforschung zu liefern.

---

[1] Anwendungsfelder entstehen zuhauf, weil große Datensätze zur Verfügung stehen – und sich durch die Entwicklung der Methoden damit auch neue Antworten und praktische Anwendungsfelder erschließen. Etwa die Verbindung zwischen Musikvorlieben (lastfm) oder Anwendung in „networking sites".

Gleichwohl konnten nicht alle relevanten Themenfelder mit einzelnen Beiträgen bedacht werden. Zum Teil handelt es sich dabei um regelrechte Forschungsdesiderate, zum Teil aber auch um Themenfelder, die weniger in der deutschsprachigen Netzwerkforschungs-Community diskutiert werden. Diese „strukturellen Löcher" in der Forschungslandschaft sollen animierend auf künftige Forschungen wirken – so die Hoffnung der Herausgeber. Denn als Netzwerkforscher weiß man natürlich, dass die „strukturellen Löcher" besondere strategische Aussichten bereithalten. Die Einteilung folgt dem vorab beschriebenen Selbstverständnis der Netzwerkforschung: Sie ist sowohl methodenstark – und darin so eigenständig wie kaum ein zweites sozialwissenschaftliches Paradigma –, als auch theoretisch gehaltvoll. Und gleichzeitig sprengt sie fachdisziplinäre Grenzen. Heterogenität – als ein wesentliches Charakteristikum von Netzwerken – wiederholt sich damit auf der Forscherseite: Soziologen, Ethnologen, Physiker, Geschichtswissenschaftler, Kommunikationswissenschaftler, Informatiker, Pädagogen, Wirtschaftswissenschaftler, Kriminologen, Psychologen und viele andere fachdisziplinäre Forscher forschen am gleichen Gegenstand: Netzwerke. Und mehr noch: Das, was durch interdisziplinäre Förderprogramme anderenorts mühsam versucht wird, in der Forschungslandschaft zu etablieren – ist bei der Netzwerkforschung bereits jahrzehntelang gelebte Praxis. Dies spiegelt vor allem das 7. Kapitel dieses Handbuchs wider, wenn es um einen Überblick der gegenwärtigen Forschungsfelder der Netzwerkforschung geht. Analyse- und Auswertungsmethoden im engeren Sinn stehen dann in Kapitel 5 im Fokus der Betrachtung. Bei diesem Themenfeld dokumentiert sich schon die konstitutive „Unschärfe" klassischer Systematiken für die Rubrizierung der Netzwerkforschung. Zum Einen lässt sich bei einigen Netzwerkkonzepten nicht mehr scharf zwischen Theorie und Methode unterscheiden – zum Beispiel bei der Betrachtung von strong ties versus weak ties, oder bei den „strukturellen Löchern". Dies äußert sich bezeichnender Weise im 3. Kapitel des Handbuchs, wo es um das Selbstverständnis der Netzwerkforschung geht. Zum anderen wird auch – wie in kaum einem anderen sozialwissenschaftlichen Paradigma – die Interpretation der Ergebnisse an methodische Fragen rückgebunden. Dies wird besonders deutlich in dem kurzen 6. Kapitel, in dem es um die Visualisierung von Netzwerken geht. Im 4. Kapitel stehen die im engeren Sinn theoretischen Konzepte und Perspektiven der Netzwerkforschung im Vordergrund der Betrachtung. Das 8. Kapitel versteht sich als Serviceteil des Handbuchs. Es stellt die wichtigsten Lehrbücher der Netzwerkforschung vor und bewertet sie je nach spezifischer Interessenlage der Leserin und des Lesers. Im 2. Kapitel werden die zentralen Bezugslinien, die zur Konstitution der Netzwerkforschung beigetragen haben, in einem historischen Abriss vorgestellt.

Die Erstellung des Handbuchs stellt eine Aufgabe dar, welche die Herausgeber nur unter Rückgriff auf ein großes Netzwerk der Unterstützung bewerkstelligen konnten. Den 81 Autoren und Autorinnen sei an dieser Stelle ausdrücklich gedankt für ihre Beiträge zum Handbuch. Unser Dank gilt nicht zuletzt einer engagiert und sorgfältig arbeitenden Gruppe an wissenschaftlichen Hilfskräften der RWTH Aachen University und der Goethe-Universität, im Einzelnen danken wir herzlich: Herrn Timur Ergen, Frau Nenja Ziesen, Herrn Markus Baum und Frau Nina Ebener. Schließlich möchten wir Herrn Frank Engelhardt und Frau Cori Mackrodt für die stets lösungsorientierte Zusammenarbeit mit dem VS-Verlag danken. Nun möge das Handbuch an der Diffusion des Netzwerkgedankens mitwirken!

R. H. / C. S.

Literatur

Freeman, Linton C., 2004: The Development of Social Network Analysis: A Study in the Sociology of Science. Vancouver: Empirical Press.
White, Harrison C., 1992: Identity and control. A structural theory of social action. Princeton, NJ: Princeton Univ. Press.

2. Geschichte der Netzwerkforschung

Einleitung: Geschichte der Netzwerkforschung

Unser Handbuch ist als Arbeitsbuch konzipiert. Aus diesem Grund halten wir uns nicht zu lange bei Aspekten der Tradition auf. Wir denken, dass es dennoch notwendig ist, die wesentlichen Entwicklungslinien einer Betrachtung zu unterziehen. Geschichtliche Aspekte werden zudem auch in verschiedenen anderen Kapiteln behandelt. Unser Zugang zur Historie ist vielmehr der: Wir wünschen uns, dass Klassiker der Soziologie, die im Rahmen oder in Anlehnung an eine Relationale Soziologie argumentiert haben, in das Paradigma der Netzwerkforschung eingewoben werden. Auf diese Weise kann die moderne Netzwerkforschung an zahlreiche klassische Theoretiker anknüpfen und hierdurch hoffentlich die grundsätzlichen Ideen weiterentwickeln.

Als Netzwerkforscher wissen wir jedoch auch, dass die Historie der bereits verknüpften Beziehungen von Bedeutung ist. Eine gute Einführung in die Geschichte der Netzwerkanalyse bietet das Buch von Freeman (2004). Eine kurze, auch auf die Theoriegeschichte eingehende Einführung bietet das Kapitel „Die Wurzeln der Netzwerkanalyse" von Michael Schnegg. Der eigentliche Durchbruch gelang in den 1970er Jahren in den USA – und hier vor allem Harrison White und seiner Arbeitsgruppe in Harvard. Dies wird im Kapitel „Der Harvard Breakthought" von Jörg Raab thematisiert. Die Entwicklung im deutschsprachigen Bereich wurde sehr stark von den Überlegungen in den USA beeinflusst. Praktisch alle bedeutenden Akteure, die das Thema Ende der 1970er Jahre aufgriffen, kamen in den USA damit in Kontakt oder sind gezielt dorthin gereist, um die neuen Methoden zu erlernen. Der Überblick über die Forschung im deutschsprachigen Bereich von einem der Hauptakteure, Rolf Ziegler, reicht sehr weit und lässt kaum eine Forschung aus.

R. H. / C. S.

Literatur

Freeman, Linton C., 2004: The development of social network analysis. A study in the sociology of science. Vancouver BC North Charleston S.C.: Empirical Press; BookSurge.

2.1 Die Wurzeln der Netzwerkforschung[1]

Michael Schnegg

„The Historians of the year two thousand will probably credit sociometry as the true beginning of a meaningful and useful sociology." (Moreno 1948: 121)

1 Theoretische Vordenker

Dieser Beitrag geht der Frage nach, wie die soziale Netzwerkanalyse entstanden ist. Um diese Frage beantworten zu können, muss man definieren, was man unter sozialer Netzwerkanalyse versteht. Freeman hat dazu vier Kriterien vorgeschlagen: (1) die Analyse der sozialen Beziehungen zwischen Akteuren als wichtiger Bestandteil gesellschaftlicher Ordnung, (2) die systematische Erhebung und Auswertung empirischer Daten, (3) die graphische Präsentation dieser Daten und (4) mathematische und computergestützte formale Modelle, um zur Abstraktionen dieser Daten zu gelangen (Freeman 2004: 3). In den 1940er Jahren hatte sich die Netzwerkanalyse (damals noch als Soziometrie bezeichnet) im Sinne dieser Kriterien als Forschungsrichtung etabliert (Freeman 2004: 63). Das zeigt sich nicht nur an der Vielzahl von Veröffentlichungen, sondern auch an der Existenz einer eigenständigen Zeitschrift und regelmäßigen Sektionen zur Soziometrie auf soziologischen Kongressen. Auch wenn das Interesse an den Themen in den darauffolgenden Jahren vorübergehend abgenommen hat, erscheint es mir daher angebracht, die 40er Jahre als Schnitt zu betrachten, vor dem die Wurzeln zu suchen sind. Dieser Beitrag konzentriert sich daher auf diesen Zeitraum und zeigt auf, welche Personen und Disziplinen entscheidende Beiträge zur Entstehung der sozialen Netzwerkanalyse geleistet haben.[2]

Georg Simmel war ein wichtiger Vordenker der Netzwerkanalyse. Er hat als einer der ersten die Gruppe in den Vordergrund seiner Analysen gerückt. Simmel ging davon aus, dass Gruppen einen prägenden Einfluss auf das Individuum haben, während die Gruppenzugehörigkeit gleichzeitig Ausdruck einer Wahl des Individuums ist (Simmel 1908). Diese Wechselwirkung fasst er in dem Begriff der sozialen Kreise zusammen, den er in seinem Hauptwerk *Soziologie. Untersuchungen über die Formen der Vergesellschaftung* (Simmel 1908) und in *Philosophische Kultur* (Simmel 1911*)* begründet. Dabei unterscheidet Simmel zwischen organischen und rationalen Kreisen. Organische Kreise sind die Familie, in die das Individuum geboren wird, und die Nachbarschaft. Diese Kreise sind konzentrisch, d.h. sie haben eine Dimension, und die Distanz nimmt von Ego aus stetig zu: Wer zu dem engeren Kreis gehört, zählt auch zu dem weiteren, aber nicht umgekehrt. Rationale Kreise, wie militärische, ständische oder unternehmerische Organisationen, werden dahingegen durch

---

[1] Für wertvolle Hinweise und die kritische Lektüre danke ich Julia Pauli, Christian Stegbauer, Peer Kropp und Anastasia Weiß.
[2] Ein Handbuchbeitrag muss immer eine Auswahl an Themen und Autoren treffen. Einige der gängigen Lehrbücher geben sehr gute Einführungen in das Thema, die als vertiefende Lektüre zu empfehlen sind (Freeman 2004; Jansen 2006; Scott 2000).

das Individuum geformt. Die Gruppenbildung erfolgt aufgrund bewusster Entscheidungen und erzeugt gesellschaftliche Kreise, die sich überlappen oder ausschließen können. Wie Simmel schreibt: „Denn einerseits findet der Einzelne für jede seiner Neigungen und Bestrebungen eine Gemeinschaft vor, die ihm die Befriedigung derselben erleichtert, seinen Tätigkeiten je eine als zweckmäßig erprobte Form und alle Vorteile der Gruppenangehörigkeit darbietet; andererseits wird das Spezifische der Individualität durch die Kombination der Kreise gewahrt, die in jedem Fall eine andere sein kann. So kann man sagen: aus Individuen entsteht die Gesellschaft, aus Gesellschaften entsteht das Individuum." (1908: 326f.) Die Bedeutung dieser Kreise variiert. Sie lässt sich nach Simmel daran bemessen, inwieweit sie einen „Ehrenkodex" herausbilden, der von allen Mitgliedern der Gruppe geteilt und verteidigt wird. Wenn das der Fall ist, fassen die Mitglieder die Verletzung der Ehre eines der ihren als eine Verletzung der eigenen Ehre auf.[3]

Diese Überlegungen zur Kreuzung sozialer Kreise sind später von Nadel und anderen im Konzept der sozialen Rolle aufgegriffen worden (Nadel 1957). In der Ethnologie hat Max Gluckman seine rechtsethnologischen Arbeiten auf Simmels Überlegungen aufgebaut, um soziale Beziehungen zu klassifizieren, denen unterschiedlich viele verschiedene Dimensionen (Verwandtschaft, Nachbarschaft) zugrunde liegen (Gluckman 1955: 18). Die Unterscheidung ist in die Netzwerkanalyse erst mit den Begriffen *single-* bzw. *multi strained* und später mit den Konzepten uni- bzw. multiplex eingegangen.

Leopold von Wiese hat das Interesse an sozialen Beziehungen von Simmel, seinem akademischen Lehrer, übernommen. In seinem Hauptwerk *System der Allgemeinen Soziologie* führt er den Begriff der Beziehungslehre ein. Er sieht die Aufgabe der Soziologie darin, „das Leben der Menschen in seiner Gesamtheit und seinen Teilausschnitten daraufhin zu untersuchen, welche Vorgänge der Bindung und der Lösung bestehen und zu welchen Gruppierungen diese Prozesse führen" (Wiese 1933 [1924]: 109). Von Wiese greift dabei explizit auf eine graphische Metapher zurück, wenn er davon spricht, dass es sich bei sozialen Gruppen um ein „undurchdringliches Netz von Linien handelt, die von Punkten (Menschen) ausgehen". Zu ordnen und zu erklären, wie diese Verbindungen andere Handlungen ermöglichen (hier das Kulturleben), sei das Ziel der Soziologie (Wiese 1933 [1924]: 109). Dazu entwickelt er vier analytische Hauptkategorien: soziale Prozesse, sozialer Abstand (Distanz), sozialer Raum und das soziale Gebilde. Vereinfachend kann man sagen, dass soziale Prozesse die Nähe und Ferne (Distanz) zwischen zwei Individuen festlegen. Diese Prozesse spielen sich in einem sozialen Raum ab. Das Konzept des sozialen Raums bleibt bei von Wiese sehr vage und wird im Wesentlichen in Abgrenzung zum physischen Raum und der Welt des Geistes definiert (Wiese 1933 [1924]: 113). Wenn diese sozialen Prozesse zu Beziehungsmustern führen, die als Einheit wahrgenommen werden, dann kann man, so von Wiese, von einem sozialen Gebilde sprechen. Das soziale Gebilde ist sozusagen die verfestigte und sichtbare Struktur des Netzwerkes, sprich das Netzwerk an und für sich. Die Nähe zwischen von Wieses theoretischen Vorüberlegungen und dem, was Moreno später als Soziometrie einführte (siehe unten), ist nicht zu verkennen.

Neben der Soziologie hat die Ethnologie wichtige theoretische Impulse für die Entstehung der Netzwerkanalyse geliefert. Dieser Beitrag ist insbesondere mit einem Namen verbunden: Alfred Radcliffe-Brown. In einem 1940 veröffentlichten Aufsatz bemüht sich der britische Strukturfunktionalist um eine theoretische Standortbestimmung der Ethnologie. Für ihn ist die Ethnologie eine Wissenschaft, die die theoretischen und methodischen

---
[3] Siehe auch den Beitrag von Michael Nollert in diesem Band.

Modelle der Naturwissenschaften auf die Untersuchung sozialer Phänomene anwendet. Dazu definiert er den Gegenstand der Ethnologie als die „*social structure*". Die soziale Struktur ist für ihn das „*network of actually existing relations*" (Radcliffe-Brown 1940: 2).

Gleichzeitig wendet er sich gegen das Konzept von „*culture*", das er als zu vage und unpräzise abtut. Für Radcliffe-Brown ist Kultur ein Produkt der sozialen Ordnung, aber kein gleichwertiger analytischer Zugang. Das ist ganz klar eine Abgrenzung gegen die US-amerikanische Ethnologie, in der Kultur bereits zu dieser Zeit ein deutlich zentraleres Konzept war. Er grenzt sich aber auch von der Soziologie ab. Während er die Ethnologie als eine „vergleichende Soziologie" (ibid: 2) verstanden sehen will, wirft er der Soziologie vor, sie würde zu sehr die „*social relations*" in den Mittelpunkt ihrer Analyse rücken. Für Radcliffe-Brown sind Beziehungen nie allein Gegenstand der Untersuchungen, sondern immer als Teil eines Netzwerkes. Diese Netzwerke zu untersuchen, ist die Aufgabe der Ethnologie (ibid: 3). In dieser holistischen und auf die Gruppe fokussierenden Perspektive drückt sich sicherlich die Erfahrung des Ethnographen aus, wie eng soziale Beziehungen Individuen in den von ihm untersuchten Kulturen zusammenhalten und wie zentral das Verständnis dieses sozialen Gefüges für das Verständnis der gesellschaftlichen Ordnung ist (Radcliffe-Brown 1922, 1931, 1952).

Bei allen drei theoretischen Vordenkern ist die erste der von Freeman genannten Bedingungen erfüllt: Sie alle betrachten gesellschaftliche Ordnung als ein Produkt sozialer Beziehungen. Die übrigen Bedingungen kommen aber noch nicht zum Tragen.

2 Die ersten Netzwerkanalytiker

Der Begründer der Netzwerkanalyse ist Jacob Moreno. Wenn sich seine Zeitzeugen und Biographen in einem einig sind, dann darin, dass er eine schillernde Persönlichkeit war. Das wird schon an den Umständen seiner Geburt deutlich: Er selber legte seine Geburt auf das Jahr 1892 fest, dem vierhundertsten Jahrestag der Vertreibung der Juden aus Spanien. In seiner Autobiographie schreibt Moreno, dass er auf einem Schiff geboren wurde, das durch das Schwarze Meer fuhr. Diese Umstände seien dafür verantwortlich, dass er weder über eine Geburtsurkunde noch über andere Zeugnisse verfüge. Er sei ein wahrer „citizen of the world" (Moreno 1985: 6). Sein Biograph korrigiert dieses Bild. Er veröffentlicht sowohl Morenos Geburtsurkunde als auch dessen Hochschulzeugnis, in dem seine Geburt mit dem Jahr 1889 angegeben wird (Marineau 1989). Moreno studierte in Wien Medizin und eröffnete im Anschluss daran eine Praxis in Bad Vöslau, einem kleinen Ort südlich der Hauptstadt. Dort entstand 1923 *Das Stehgreiftheater*, das Moreno selber später als den inoffiziellen Beginn der Soziometrie bezeichnete (Moreno 1948). Der Anspruch dieses Buches war kein wissenschaftlicher. Es ging Moreno vielmehr darum, mit neuen Formen des Theaters zu experimentieren, bei denen Autor, Schauspieler und Publikum spontan ein Stück entwickelten und aufführten. Auch wenn das praktizierte Stehgreiftheater noch recht wenig mit der späteren Netzwerkanalyse zu tun hatte, beinhaltet das Buch bereits erste graphische Darstellungen von Gruppen. *Das Stehgreiftheater* war gleichzeitig Ausgangspunkt für die zweite Innovation, die mit Morenos Namen verbunden ist: das Psychodrama, eine auch heute noch weit verbreitete psychologische Therapierichtung, in der Patienten und Therapeuten Situationen in sozialen Rollen „durchspielen".

1925 ist Moreno nach wirtschaftlich recht erfolglosen Jahren in Österreich in die USA emigriert, wo er in New York eine Theatergruppe gründete und die Leitung einer Klinik übernahm. Moreno führte in den folgenden Jahren seine ersten „soziometrischen Tests" durch, in denen er Akteure über ihre wichtigsten Beziehungen befragte. Die ersten Untersuchungsgegenstände waren das Sing Sing Gefängnis und Schulklassen der *Hudson School for Girls*. Die Daten, die er in den Schulklassen erhoben hatte, bildeten die Grundlage für sein 1936 erschienenes Hauptwerk *Who shall survive* (Moreno 1936).

Während dieser Jahre, die er selber später als die revolutionäre Phase der Soziometrie bezeichnete (Moreno 1948), spielte eine Frau eine ganz entscheidende Rolle in seinem Leben und wohl noch mehr in seinem Werk. Helen Hall Jennings, die zu dieser Zeit an der Columbia University bei Gardner Murphy studierte. Gardner war einer der einflussreichsten Psychologen seiner Zeit. Er hatte sich intensiv mit empirischer Forschung und Statistik beschäftigt und gab dieses Wissen auch an seine Schüler weiter. Jennings war an der Planung der beiden oben genannten Studien beteiligt und hatte den Kontakt zu Murphy hergestellt (Freeman 2004: 35).

Auf Jennings geht wahrscheinlich auch eine Idee zurück, die gut sechzig Jahre später noch einmal für Furore sorgen sollte (Barabasi 2002). Die Entdeckung, dass die Verteilung der eingehenden Beziehungen in einem Netzwerk nicht einer Normalverteilung entspricht. Moreno hat diesen Umstand später als das „erste soziometrische Gesetz" bezeichnet – sicherlich ein Versuch, durch die Namensgebung die Bedeutung der Entdeckung zu unterstreichen (Moreno 1948; Moreno und Jennings 1938). Um die Verteilung von Beziehungen in Netzwerken zu untersuchen, haben sich Moreno und Jennings einen ebenso einfachen wie überzeugenden Test ausgedacht: Sie haben eine Serie von zufälligen Netzwerken generiert, die dieselbe Größe wie das beobachtete Netzwerk hatten. In ihren Erhebungen war die Anzahl der Kontakte auf drei beschränkt. Um zufällige Netzwerke zu generieren, haben sie Karten in eine Box gegeben, wobei auf jeder Karte der Name eines Akteurs verzeichnet war. Um die zufälligen Partner von Akteur 1 zu finden, haben sie dreimal in die Box gegriffen und von Akteur 1 aus Linien zu den gezogenen Akteuren gezeichnet. Diesen Vorgang haben sie siebenmal wiederholt und für jedes Netzwerk die Verteilung der eingehenden Beziehungen berechnet. Davon haben sie dann den Durchschnitt gebildet. Die Ergebnisse waren spektakulär. Die in den Schulklassen beobachteten Verteilungen wichen signifikant von den mit dem handgemachten „Zufallsgenerator" erstellten Verteilungen ab. Sie waren linksschief. Moreno und Jennings haben sie mit den ungleichen Kapitalverteilungen verglichen und in Anlehnung an Marx und den „surplus value" von „surplus choices" gesprochen, die einige Akteure auf sich vereinen konnten (Moreno und Jennings 1938). Diese Entdeckung ist in rezenten Publikationen der 1930er und frühen 1940er Jahre viel beachtet und zitiert worden. Umso erstaunlicher ist es, dass sie in den darauffolgenden Jahrzehnten kaum Beachtung fand, bis Barabasi und Albert 1999 erneut darauf hingewiesen haben; diesmal allerdings nicht nur im Zusammenhang mit sozialen, sondern auch mit anderen komplexen Netzwerken (Barabasi 2002; Barabasi und Albert 1999).

In diese Zeit fiel auch die Gründung der Zeitschrift *Sociometric Review* (1936), aus der dann 1937 *Sociometry* hervorging. Herausgeber wurde Jennings akademischer Lehrer Murphy. In den folgenden beiden Jahren erschien eine Vielzahl interessanter Arbeiten, die die Bandbreite der Anwendungen der Soziometrie, die sich in wenigen Jahren entwickelt hatte, verdeutlichen. Herausragend sind dabei die Arbeiten von Lundberg, der als Erster die soziometrische Analyse eingesetzt hat, um alle 265 erwachsenen Mitglieder einer amerikanischen Gemeinde zu befragen. Auch er kann bestätigen, dass soziale Beziehungen nicht normalverteilt sind: „Lady Bountiful", die einflussreiche ältere Frau, die ihre soziale Stellung durch Spenden zu sichern weiß, steht im Zentrum des innerdörflichen Netzwerkes. Lundberg stellt darüber hinaus Thesen dazu auf, ob soziale Aktivität mit Wohlstand einhergeht und inwieweit Personen Beziehungen innerhalb oder außerhalb der eigenen sozialen und ökonomischen Schicht eingehen. Er ist meines Wissens der Erste, der solche Thesen – heute würde man von Homophilie sprechen – statistisch anhand von Netzwerkdaten überprüft hat (Lundberg und Lawsing 1937: 333).

Ein zweites wichtiges Betätigungsfeld dieser frühen New Yorker Netzwerkanalytiker waren anwendungsorientierte Studien über die sozialen Strukturen in neu entstehenden Arbeitersiedlungen. Diese staatlich geförderten Siedlungen entstanden außerhalb der Städte und in unmittelbarer Nähe zu Fabriken und Ackerland. Hier sollten einkommensschwache Familien arbeiten und gleichzeitig Gartenbau betreiben, um die Grundlage ihrer Subsistenz zu verbessern (oder den Arbeitgebern niedrigere Löhne zu ermöglichen). Eine der ersten dieser Siedlungen war Centerville im mittleren Westen der USA. Neben den in dem Zusammenhang üblichen Umfragen führte Wolman, der mit der Untersuchung des Umsiedlungsprozesses beauftragt war, soziometrische Tests durch, auf deren Basis er Vorschläge erarbeitete, wer neben wem wohnen solle. Diese sind in seinen Arbeiten sowohl als Soziogramm als auch als geographische Karte dargestellt. Erfolg und Misserfolg der sozialen Gruppierung wurden zu einem späteren Zeitpunkt durch eine erneute Befragung überprüft. Die Ergebnisse zeigen, dass die Anzahl der isolierten Personen abgenommen hat, was Wolman vorsichtig als Erfolg seiner Bemühungen interpretiert (Wolman 1937).

Von Wiese, einer der theoretischen Vordenker der Netzwerkanalyse, stand den Arbeiten der New Yorker Gruppe anerkennend und zugleich skeptisch gegenüber. Er hatte *Who shall survive* zwar bereits Ende der 1930er Jahre erhalten, es dann aber im Keller verstaut, wo es den Krieg über in Vergessenheit geriet. Erst 1945 wurde er wieder darauf aufmerksam und stellt in seiner 1949 erschienenen Besprechung fest, wie ähnlich sich seine und die Denkweise Morenos sind. Von Wiese schreibt: „We are entirely in agreement with the concept that sociology is basically a system of relations between men, that the social processes which are created by theses relations are those of association and disassociation and that ultimately all sorts of forms are aggregates of the relations so formed." (Wiese 1949, S. 202f.) Darüber hinaus stellt er aber auch einige wichtige Unterschiede fest. Diese liegen vor allem in der Bewertung des psychologischen Momentes, das bei Moreno eine zentrale und bei Wiese kaum eine Rolle spielt.

Die zweite Wurzel, aus der sich die frühe Netzwerkanalyse entwickelt hat, waren die oben genannten sozialanthropologischen Arbeiten von Radcliffe-Brown. Dieser hatte zwar wie Simmel und von Wiese selber nie Netzwerke erhoben oder ausgewertet. Er regte aber seine Schüler dazu an. Der wichtigste unter ihnen war Warner. Warner hatte bei Lowie in Berkeley Ethnologie studiert. Dort lernte er auch Malinowski kennen, der als Gastprofessor in Kalifornien unterrichtete. Um Lowie und Malinowski in Berkeley zu treffen, unterbrach Radcliffe-Brown seine Reise nach Sydney. In diesem Zusammenhang lernte er bei einem Abendessen Warner kennen und bot ihm an, mit ihm nach Australien zu reisen, wo er den Lehrstuhl für Ethnologie übernehmen sollte. In Australien machte Warner auch seine erste stationäre Feldforschung bei den Murngin (Warner 1937). Nach der Forschung ging er mit Hilfe von Radcliffe-Brown nach Harvard. Harvard sollte neben New York das zweite Zentrum der frühen Netzwerkanalytiker werden. Eines ihrer ersten großen Projekte war die

Beteiligung an den Hawthorne Studien. Das Ziel der von 1924 bis 1932 in den Hawthorne Werken von General Electric durchgeführten Untersuchungen war es, zu bestimmen, wie sich unterschiedliche Einflussfaktoren auf die Produktivität von Arbeitern auswirken. Dazu hatte man mit Variationen in der physischen Umwelt (Intensität des Lichtes etc.) begonnen. Nachdem die ersten Ergebnisse widersprüchlich waren, konnte das Forscherteam (um den Psychologen Mayo) Warner für die Untersuchung gewinnen. Dieser vermutete, dass nicht die Umwelt, die Arbeitsorganisation oder die Eigenschaften der Akteure ausschlaggebend waren, sondern deren informelle soziale Beziehungen. Um diese These zu testen, entwarfen sie ein natürliches Labor, den *bank wiring observation room*. Hier konnten systematische Beobachtungen von Arbeitsprozessen und informellen Kontakten durchgeführt werden. Die Ergebnisse, die von Roethlisberger und Dickson veröffentlicht wurden, zeigen, dass es neben der formellen Arbeitsorganisation eine informelle Struktur gab. Diese zeichnen die Autoren in Netzwerkdarstellungen nach (Roethlisberger und Dickson 1939). Mit Hilfe dieser informellen sozialen Netzwerke lässt sich erklären, weshalb eine Steigerung der Bezahlung pro erwirtschafteter Einheit nicht automatisch zur Steigerung der Produktion führte. Die Autoren argumentieren, dass durch soziale Netzwerke eine Instanz der sozialen Kontrolle aufgebaut wird, durch die die Strebsamen daran gehindert werden, deutlich mehr zu arbeiten als der Durchschnitt.

3 Die Merkmale der frühen Netzwerkanalytiker

Soziologische und ethnologische Arbeiten rücken etwa zur gleichen Zeit soziale Beziehungen in den Mittelpunkt gesellschaftlicher Analysen. Die Beweggründe dafür waren verschieden. Ethnologen waren von der Dominanz des Sozialen in den von ihnen untersuchten peripheren und ländlichen Gesellschaften geprägt. Die Bedeutung dieser Strukturen haben sie auch in Organisationen und dem urbanen Umfeld gesucht (und gefunden). Neben den frühen Studien von Warner, der sich ganz explizit um eine Übertragung ethnologischer Methoden auf die Stadt- und Organisationsethnologie bemüht hat, sind in diesem Zusammenhang die Arbeiten von Barnes, Boissevain, Mitchell, Kapferer und Bott zu nennen. Diese Autoren haben ebenfalls in der Netzwerkanalyse einen Weg erkannt, soziale Beziehungen in komplexeren Gesellschaften zu untersuchen (Barnes 1954; Boissevain 1974; Bott 1957; Kapferer 1969; Mitchell 1969). In der Soziologie war es die Hinwendung zu einer formalen Betrachtung der kleinsten Elemente, die Simmel und von Wiese verbindet. Dabei ist beiden Denkrichtungen gemeinsam, dass sie die Gesellschaft als ein emergentes Phänomen betrachten, das sich aus diesen kleinsten Teilen – Akteuren und Beziehungen – konstituiert. Moreno ging noch einen Schritt weiter: Er sah in zwischenmenschlichen Beziehungen die Ursachen für alle gesellschaftlichen Probleme, insbesondere Kriege. Wenn es gelänge, diese Beziehungen mit Hilfe der Netzwerkanalyse ausreichend zu analysieren und mit Hilfe der Psychoanalyse zu beheben, dann hätte er sein Ziel erreicht: die Welt besser und friedlicher zu machen.

Die frühe Netzwerkanalyse war sehr stark von einzelnen Personen, insbesondere von Moreno und Warner, geprägt. Das ist sicherlich einer der Gründe, weshalb es nach dem zweiten Weltkrieg zu unterschiedlichen Entwicklungen gekommen ist. In den 1950er Jahren gewinnt die sozialwissenschaftliche Umfrageforschung, die die Bedeutung sozialer Beziehungen weitgehend ignoriert, zunehmend an Bedeutung. Sie findet erst in den achtziger Jahren u.a. mit Granovetters *Economic Action and Social Structure: The Problem of Embeddedness* (Granovetter 1985) wieder Eingang in die Mainstream-Soziologie. In der Ethnologie setzen sich neben der britischen Sozialanthropologie auch amerikanische Schulen stärker durch. Diese Entwicklungen sind jedoch nicht mehr Gegenstand dieser Analyse.

Abschließend möchte ich darauf hinweisen, dass viele der von den Vordenkern aufgeworfenen Fragen, wie etwa das Verhältnis von Mikro- und Makroebene und die Entstehung und Dynamik von sozialen Netzwerken, auch heute noch nicht gelöst sind. Auch eine nach vorn blickende moderne Netzwerkanalyse ist gut beraten, gelegentlich einen Blick in die Arbeiten derer zu werfen, die die Idee und das Instrumentarium erfunden haben, um grundlegende soziale Phänomene zu verstehen.

4 Literatur

Barabasi, Alberto-Laszlo und *Reka Albert*, 1999: Emergence of scaling in random networks. Science 286: 509-512.
Barabasi, Albert-Laszlo, 2002: Linked: the new science of networks. Cambridge: Perseus.
Barnes, John, 1954: Class and committees in a Norwegian island parish. Human Relations 7: 39-58.
Boissevain, Jeremy Fergus, 1974: Friends of friends : networks, manipulators and coalitions. Oxford: Blackwell.
Bott, Elizabeth, 1957: Family and social network: roles, norms, and external relationships in ordinary urban families. London: Tavistock Publications.
Freeman, Linton C., 2004: The development of social network analysis: a study in the sociology of science. Vancouver, BC: Empirical Press
Gluckman, Max, 1955: The judicial process among the Barotse of Northern Rhodesia. Manchester: Manchester University Press.
Granovetter, Mark S., 1985: Economic Action and Social Structure - the Problem of Embeddedness. American Journal of Sociology 91: 481-510.
Jansen, Dorothea, 2006: Einführung in die Netzwerkanalyse Wiesbaden: VS Verlag.
Kapferer, Bruce, 1969: Norms and the manipulation of relationships in a work context. S. 181-244 in: Clyde Mitchell (Hg.), Social networks in urban situations. Manchester: University of Manchester Press.
Lundberg, George, und *Margaret Lawsing*, 1937: The sociography of some community relations. American Sociological Review 2: 318-335.
Marineau, Rene F., 1989: Jacob Levy Moreno, 1889-1974: father of psychodrama, sociometry, and group psychotherapy. London: Routledge.
Mitchell, J. Clyde, 1969: Social networks in urban situations: analyses of personal relationships in Central African towns. Manchester: Published for the Institute for Social Research University of Zambia by Manchester University Press.
Moreno, Jacob L., 1936: Who shall survive? foundations of sociometry, group psychotherapy and sociodrama. New York: Beacon House.
Moreno, Jacob L., 1948: The Three Branches of Sociometry: A Postscript. Sociometry 11: 121-128.
Moreno, Jacob L., 1985: The Autobiography of J. L. Moreno. Boston: Harvard Archives.
Moreno, Jakob L. und *Helen H. Jennings*, 1938: Statistics of social configurations. Sociometry 1: 342-374.
Nadel, Sigfried, 1957: The theory of social structure. London: Cohen & West.
Radcliffe-Brown, Alfred R., 1922: The Andaman islanders. Cambridge: Cambridge University Press.
Radcliffe-Brown, Alfred R., 1931: The social organization of Australian tribes. Melbourne: Macmillan.

Radcliffe-Brown, Alfred R., 1940: On social structure. The Journal of the Royal Anthropological Institute of Great Britain and Ireland 70: 1-12.
Radcliffe-Brown, Alfred R., 1952: Structure and Function in Primitive Society. London: Cohen & West.
Roethlisberger, Fritz J., und *William J. Dickson*, 1939: Management and the worker: an account of a research program conducted by the Western Electric Company, Hawthorne Works, Chicago. Cambridge: Harvard University Press.
Scott, John, 2000: Social network analysis: a handbook. London: Sage.
Simmel, Georg, 1908: Soziologie: Untersuchungen über die Formen der Vergesellschaftung. Leipzig: Duncker & Humblot.
Simmel, Georg, 1911: Philosophische Kultur gesammelte Essais. Leipzig: Klinkhardt.
Warner, W. Lloyd, 1937: A black civilization: a social study of an Australian tribe. New York: Harper & Brothers.
Wiese, Leopold Von, 1933 [1924]: System der Allgemeine Soziologie als Lehre von den sozialen Prozessen und den sozialen Gebilden der Menschen. Muünchen: Duncker & Humblot.
Wiese, Leopold Von, 1949: Sociometry. Sociometry 12: 202-214.
Wolman, Shepard, 1937: Sociometric Planning of a New Community. Sociometry 1: 220-254.

2.2 Der „Harvard Breakthrough"[1]

Jörg Raab

1 Einleitung

„Während der letzten dreißig Jahre wurde die empirische sozialwissenschaftliche Forschung durch Fragebogenerhebungen auf Basis der Zufallsauswahl dominiert. Jedoch gleicht die Zufallsauswahl von Individuen, wie es normalerweise praktiziert wird, einem soziologischen Fleischwolf, der das Individuum aus seinem sozialen Kontext reißt und damit garantiert, dass niemand innerhalb der Studie mit jemand anderem interagiert. Dieses Vorgehen ist mit dem eines Biologen vergleichbar, der seine Versuchstiere in eine Hamburgermaschine stopft, um danach jede hundertste Zelle unter dem Mikroskop zu betrachten. Anatomie und Physiologie gehen verloren, Struktur und Funktion verschwinden, was bleibt ist Zellbiologie....Wenn es unser Ziel ist, das Verhalten von Menschen zu verstehen und es nicht lediglich festzuhalten, dann müssen wir uns mit den folgenden sozialen Phänomenen beschäftigen und darüber Wissen generieren: mit Primärgruppen, mit Nachbarschaften, Organisationen, sozialen Kreisen und Gemeinschaften sowie mit Interaktion, Kommunikation, Rollenerwartungen und sozialer Kontrolle" (Allan Barton 1968 zitiert in Freeman 2004: 1).

Dieses Zitat verdeutlicht in außergewöhnlich prägnanter Weise den Kern der Kritik an der bis in die 1970er Jahre ausschließlich dominierenden sozialwissenschaftlichen Forschung, die völlig auf Attributdaten basierte und die Beziehungen von Akteuren bei der Erklärung sozialer, politischer und wirtschaftlicher Phänomene, d.h. die relationale Perspektive, rundweg außer Acht ließ. Eine Kritik, wie sie insbesondere auch von Harrison White seit Beginn der 1960er Jahre formuliert wurde. White, der sowohl einen Doktor in theoretischer Physik am Massachusetts Institute of Technology (MIT) als auch einen Doktor in Soziologie an der Universität Princeton erworben hatte, wurde nach seinem Wechsel an die Universität Harvard Mitte der 1960er Jahre zum intellektuellen Zentrum der relationalen Wende in der Soziologie. Inzwischen gehört die relationale Perspektive in den meisten sozialwissenschaftlichen Disziplinen zum Mainstream der wissenschaftlichen Forschung. Die bahnbrechenden Ideen von White und seinen Studenten, die er während der 1960er und 1970er Jahre in Harvard ausbildete, bildeten dabei einen Großteil der intellektuellen und methodologischen Basis, auf der der Aufschwung der Forschung zu sozialen Netzwerken und die Etablierung der relationalen Perspektive in der sozialwissenschaftlichen Forschung seit dem Ende der 1980er Jahre aufbaute. In der Soziologie finden sich inzwischen unzählige empirische netzwerkanalytische Studien und konzeptionelle Beiträge in den prominentesten Zeitschriften und Aufsätze wie die Studie von Padgett und Ansell (1993) zum Aufstieg der Medici, Burts Arbeiten zu Sozialkapital (1992, 2005), Powells Studien zu Interorganisationalen Netzwerken (1996) sowie Granovetters bahnbrechende konzeptionelle Aufsätze zur Bedeutung und Funktion von Beziehungsstärke (1973) und „Embeddedness" (1985) zählen inzwischen zu den Klassikern in der Soziologie. In der Politikwissenschaft

---

[1] Ein herzlicher Dank geht an Ronald Breiger an der University of Arizona für seine Hilfe beim Verfassen dieses Beitrags, für den der Autor natürlich die alleinige inhaltliche Verantwortung trägt.

hat sich der Politiknetzwerkansatz inzwischen neben Ideen, Rational Choice/Vetospieler und dem Advocacy Coalition Ansatz als weiterer analytischer Ansatz innerhalb der Policyforschung etabliert, mit denen er teils konkurriert, teils komplementär gebraucht wird. Im Bereich der Management- und Organisationsforschung nehmen relationale Perspektive und Netzwerkanalyse inzwischen eine sehr prominente Position bei der Erklärung von Phänomenen auf den verschiedensten Analyseebenen ein (siehe Kapitel 7.1).

Diese Forschung zu sozialen Netzwerken vereinigte sich in den letzten drei Jahrzehnten zu einem Forschungsparadigma mit den folgenden Hauptcharakteristiken (Freeman 2004: 3):
1. Die soziale Netzwerkanalyse motiviert sich durch eine intuitive Betrachtung sozialer Strukturen basierend auf den Beziehungen zwischen sozialen Akteuren.
2. Sie basiert auf systematisch erhobenen empirischen Daten.
3. Ein wesentlicher Teil des Analyseinstrumentariums bedient sich fortgeschrittener Visualisierungstechniken.
4. Die soziale Netzwerkanalyse basiert auf der Anwendung mathematischer Modelle.

Wie man im weiteren Verlauf sehen wird, hat die Gruppe Wissenschaftler, die White zwischen dem Ende der 1960er und 1970er Jahre in Harvard aufbaute, wesentliche Fortschritte im Hinblick auf die Hauptcharakteristiken 1, 2 und 4 erzielt und damit einen Großteil der Grundlagen für die weitere Entwicklung der Netzwerkanalyse gelegt. Daher sollen zunächst die intellektuellen Wurzeln von Harrison White skizziert werden. Danach folgt eine Beschreibung des sogenannten Durchbruchs in Harvard im Bezug auf den Forschungskontext, der wesentlichen Akteure und der inhaltlichen Meilensteine bevor ich abschließend eine Würdigung des intellektuellen Erbes vornehmen möchte.

2 Vorgeschichte

Wie im vorangegangenen Beitrag zu den Wurzeln der Netzwerkanalyse ausgeführt, lassen sich die konzeptionellen Ursprünge des relationalen Denkens und der quantitativen Netzwerkanalyse bis ins 19. Jahrhundert zurückverfolgen. Sie gehen einher mit der Entwicklung der Soziologie als eigenständiger wissenschaftlicher Disziplin zur Erforschung von Gesellschaften, wobei sich aus der relationalen Perspektive eine Gesellschaft erst dann als solche herausbildet, wenn die Individuen miteinander interagieren und sich gegenseitig beeinflussen (Simmel 1908). Obwohl Simmel damit ein Kernparadigma der Soziologie formuliert hatte und heute als geistiger Vater der Netzwerkanalyse gilt, dauerte es mehrere Jahrzehnte bis zum wirklichen Durchbruch der relationalen Perspektive und der Netzwerkanalyse zum Ende der 1960er Jahre. Dabei soll nicht verschwiegen werden, dass in der Zwischenzeit aus heutiger Perspektive sehr wertvolle Entwicklungen etwa durch Homans, Lévi-Strauss, Lewin, Bavelas sowie durch Merton und Lazersfeld (Freeman 2004) stattfanden und Studien durchgeführt wurden, die inzwischen zu den Klassikern in den einzelnen Disziplinen gehören, wie etwa durch Moreno in der Sozialpsychologie oder Mayo und Warner in der Management- und Organisationswissenschaft. Trotz dieser unschätzbaren Grundlagenarbeit, führte der relationale bzw. strukturelle Ansatz aus der Gesamtperspektive der Sozialwissenschaften eher ein Schattendasein. Erst mit Harrison White und seiner Gruppe hochbegabter Studenten gelang in den 1970er Jahren in Harvard der Durchbruch zuerst in der

Soziologie und nachfolgend in den meisten sozialwissenschaftlichen Disziplinen auf Basis der Kombination bahnbrechender konzeptioneller Ideen und mathematischer Modellierung.

Obwohl Whites erstes Studium in Physik war, richteten sich seine Forschungsinteressen seit dem Ende der 1950er Jahren zunehmend auf soziologische Fragestellungen, wobei er seine Mathematikausbildung bereits in seiner Dissertation 1960 in Princeton zur Modellierung und netzwerkanalytischen Betrachtung von organisationstheoretischen Fragen einsetzte (Freeman 2004: 122). Whites Denken war von Beginn seiner sozialwissenschaftlichen Karriere an durch eine strukturelle Perspektive geprägt (Freeman 2004: 123). Dabei wurde er sehr stark durch die Arbeiten von Lévi-Strauss beeinflusst, dessen frühere Arbeiten zu Verwandtschaftsverhältnissen ([1949] 1969) er in einer ersten Buchpublikation erweiterte (1963). Darin entwickelte White abstrakte Modelle von Rollenstrukturen und legte die Grundlagen für die Entwicklung des Konzepts der strukturellen Äquivalenz. Auch finden sich bereits Basisoperationen der Matrizenrechnung zur Darstellung komplexer Strukturmuster und Heiratsregeln. Die Ideen von Lévi-Strauss und die damit verbundene mathematische Modellierung durch den französischen Mathematiker Weil waren dann auch die stärksten Referenzpunkte für White und seine Studenten in Harvard. Dies wird auch daran sichtbar, dass der Appendix zu einer algebraischen Gruppentheorie von Verwandtschaftsbeziehungen aus dem Buch von Lévi-Strauss als Anhang in Whites Buch als erste Arbeit von Lévi-Strauss überhaupt ins Englische übersetzt wurde (Interview mit Ronald Breiger am 3.12.2008).

3 Der Durchbruch in Harvard

3.1 Kontext

Wie oben ausgeführt, gab es während des gesamten 20. Jahrhunderts fortlaufend Arbeiten und bahnbrechende Ideen, die zur Entwicklung der quantitativen Netzwerkanalyse beitrugen, diese waren jedoch meist punktuell und fragmentiert und es gelang nicht, diese außerhalb der Nischen einiger weniger Wissenschaftler zu etablieren (Freeman 2004: 129f). Dies änderte sich fundamental in den 1970er und 1980er Jahren, befördert durch eine Verkettung günstiger Bedingungen. Zum einen waren die Arbeitsbedingungen in Harvard sehr gut und die Soziologie zog eine vergleichsweise große Anzahl an talentierten Graduate Students an, die in der Folge von Harrison Whites neuen Ideen fasziniert waren und sich der strukturellen Perspektive verschrieben:

„Sein [Harrison Whites, J.R.] vielleicht größter Einfluss begann im Jahre 1965, als er den Bachelorkurs, 'An introduction to Social Relations, 10' unterrichtete. Mullins and Mullins (1973: 255) beschrieben den Kurs folgendermaßen: Dieser Kurs ist einer der wenigen Einführungskurse, an deren Ende fast so viel Graduate als Undergraduate Studenten teilnahmen." (Freeman 2004: 123)[2].

---

[2] In Whites eigenen Worten: „Resulting pressures forced some retrenchment on my glib disdain for conventional, "categorical" as I called it, social description and analysis. I was convinced there had to be some theoretical substructure that got at process in this structural approach by distinguishing sorts of uncertainty and trying for a bit of a calculus. This allowed building up further articulation structurally, as in categories related to kinship systems, and interpretively from viewpoints of actors themselves. Hence "Catnets," my effort to square the circle of network truth with some categorical aspects of sociocultural reality. Teaching that course to those undergrads

Begünstigt wurde der Durchbruch neben der Kombination von bahnbrechenden konzeptionellen Fortschritten und mathematischer Modellierung auch durch die Verfügbarkeit von Computerkapazitäten und die Entwicklung von Programmierfertigkeiten, die die Verwendung der mathematischen Modelle zur Analyse empirischer Daten wesentlich erleichterte.

Obwohl in der U.S. Soziologie auf der einen Seite die positivistische Perspektive gestützt auf Attributdaten und moderne statistische Analyseverfahren und auf der anderen Seite Parsons struktureller Funktionalismus Forschung und intellektuellen Diskurs dominierten, war die Zeit reif für die relationale Wende in der Soziologie (Interview mit Ronald Breiger am 3.12.2008). White wurde in der amerikanischen Soziologie als neue aufstrebende intellektuelle Kapazität gesehen, der wichtige Beiträge zur Entwicklung der Soziologie leistete und es gab keinerlei Versuche, etwa die Publikationen aus seiner Gruppe in den soziologischen Kernzeitschriften zu erschweren, obwohl White sich sowohl zum Positivismus und der herkömmlichen statistischen Analyse als auch zum Strukturfunktionalismus in Opposition befand (Interview mit Ronald Breiger am 3.12.2008).

> „Ich denke nicht, dass Harrison jemals völlig begriff, wie wichtig sein Ablehnung, ja geradezu ‚Abscheu' gegen den ‚Attribut- und Einstellungsansatz', dem in Soziologielehrbüchern dominanten Ansatz, für seine Graduate Studenten war. In jenen Tagen war er kein bisschen diplomatisch, diese Abneigung zu äußern. Ich kann mich an einen Kurs erinnern, in dem er verbal auf Parsons einschlug, während Chad Gordon (ein Anhänger von Parsons und sein Kollege, mit dem er den Kurs gab) sich in dem Versuch wand, eine Verteidigung zu formulieren. Für uns Graduate Studenten war diese Abneigung der Aufhänger für alles andere. Wir konnten sehr leicht das Scheitern des ‚Attribut- und Einstellungsansatzes' in den verschiedenen Texten nachvollziehen, die wir lasen (entweder eigenständig oder mit Harrison Whites Hilfe). Dieser Umstand machte uns neugierig auf eine alternative Sichtweise, die die empirische Evidenz besser erklären konnte" (Schwartz 2008: 1).

Dass die Zeit für die relationale Wende reif war, ist auch daran zu erkennen, dass sich neben der Gruppe um White in Harvard ebenfalls in den 1970er Jahren in den USA noch zwei andere Gruppen bildeten, die die Entwicklung und Anwendung der Netzwerkanalyse vorantrieben. Zum einen die Gruppe um Linton Freeman ab Ende der 1970er Jahre an der UC Irvine in Kalifornien, deren Forschung sich wesentlich auf die Entwicklung von Zentralitätsindices im Hinblick auf die Knoten in einem Netzwerk konzentrierte, während die Gruppe in Harvard ihren Fokus auf Strukturmuster von Netzwerken und Rollenstrukturen legte. Aus den Arbeiten in Irvine entstand später das Netzwerkanalyseprogramm UCINet. Als dritte Gruppe etablierte sich in den 1970er Jahren die Wissenschaftler um Edward Laumann und James Coleman an der Universität Chicago, aus der unter anderem David Knoke, Joseph Galaskiewicz und Ronald Burt hervorgingen. Vor allem Laumanns Arbeiten richteten sich dabei auf die empirische Erforschung von Stratifizierung, Machtstrukturen und der Komposition von politischen und sozialen Systemen mit Hilfe der Netzwerkanalyse.[3]

Nicht vergessen werden sollte darüber hinaus die Beiträge zur Triadenstatistik und der Pionierarbeit auf dem Gebiet statistischer Modellierung von sozialen Netzwerken, die von

---

and with those grads, surely was why it made sense for me to leave Chicago great as it was for Harvard." (White 2008b: 2)

[3] Dieser Gruppe war der deutsche Soziologe Franz-Urban Pappi bereits in den 1970er Jahren durch gemeinsame Forschungsprojekte eng verbunden (Laumann und Pappi 1973, 1976).

Holland, Leinhardt und Davis in den 1970er und Anfang der 1980er Jahren ebenfalls teilweise in Harvard geleistet wurden. Davis und White kannten sich seit den 1960er Jahren und Davis leitete den Fachbereich für Soziologie in Harvard in der zweiten Hälfte der 1970er Jahre. Obwohl verbunden, waren die beiden Gruppen doch deutlich eigenständig und standen durchaus in einer gewissen Konkurrenz zueinander (Private Korrespondenz mit Ronald Breiger vom 2.1.2009).

Die Beziehungen zwischen Whites Gruppe in Harvard mit den Gruppen in Irvine und Chicago waren in den 1970er Jahren dagegen eher lose, obwohl White ein Mitglied von Edward Laumanns PhD Kommission 1964 an der Harvard Universität gewesen war, allerdings in einer eher untergeordneten Rolle. Die systematische Vereinigung erfolgte erst mit Gründung und dem Aufschwung des International Network for Social Network Analysis seit dessen Gründung im Jahre 1978.

3.2 Personen und inhaltliche Meilensteine

Die Gruppe von White ab Ende der 1960er Jahre war eine bis zum damaligen Zeitpunkt ungekannte Vereinigung von jungen, sehr talentierten Soziologen auf dem Gebiet der Netzwerkanalyse, die von White ausgebildet und „mit dem Virus der relationalen Perspektive" infiziert, begannen, ein neues Paradigma in den Sozialwissenschaften zu etablieren. Dabei war die Gruppe sehr divers und vereinigte Soziologen, Programmierer und Mathematiker. Innerhalb der Gruppe war White der Spiritus Rector mit vielen neuen bahnbrechenden Ideen, brachte Leute zusammen und mobilisierte die verfügbaren Ressourcen, überließ aber offenbar ansonsten die Entwicklung und Ausarbeitung der Ideen dem freien kreativen Prozess, der sich zwischen den Mitarbeitern bzw. den Graduate Students entwickelte. Die zentrale Idee, die sich bereits in früheren Arbeiten wie der Anatomy of Kinship (1963) findet, war Netzwerke aus einer globalen Perspektive, d.h. Netzwerke als Analyseeinheit, zu betrachten (im Gegensatz zu einem Fokus auf individuelle Knoten und damit verbundene Indices). Daraus folgte, verschiedene Netzwerke und ihre Strukturmuster miteinander zu vergleichen (siehe White und Breiger 1975), wobei die dafür notwendigen mathematischen Modelle entwickelt und angewandt wurden (Interview mit Ronald Breiger 3.12.2008).

Aufgrund der Zusammensetzung der Gruppe und dem Fokus sowohl auf theoretische wie auf methodische Innovationen ist es daher nicht verwunderlich, dass vom Ende der 1960er Jahre bis in die frühen 1980er Jahre eine Reihe von bahnbrechenden Arbeiten von White und seinen Mitarbeitern bzw. ehemaligen Graduate Students sowohl auf theoretischem wie auf methodischem Gebiet veröffentlicht wurden.

Ein erster Meilenstein war dabei die Anwendung der Ideen und algebraischen Modelle, die White in den 1960er Jahren in seinen Arbeiten zu Verwandtschaftsverhältnissen entwickelt hatte zunächst auf formale Organisationen und deren weiteren Generalisierung hin zu einer formalen Rollen- und Positionsanalyse in sozialen Netzwerken (Wasserman und Faust 1994: 354). Beginnend mit der Publikation von Lorrain und White (1971) entstand daraus in den 1970er Jahren eine große Anzahl von Veröffentlichungen zur strukturellen Äquivalenz (u.a. White, Boorman, and Breiger 1976; Boorman and White 1976). Damit gelang es, ein zentrales Konzept der Soziologie, nämlich das der sozialen Rolle, aus einer relationalen Perspektive zu operationalisieren, Daten zu erheben und zu analysieren sowie Rollensysteme zu modellieren. Kernidee ist dabei, dass Akteure dann strukturell äquivalent sind, d.h. die gleiche soziale Position bzw. Rolle einnehmen, wenn sie in gleichem Maße zu dritten Akteuren verbunden sind. Die Berechnung der strukturellen Äquivalenz beruhte dabei auf dem durch die Gruppe entwickelten Algorithmus CONCOR (CONvergence of iterated CORrelations), der nun unter anderem im Standardprogramm der Netzwerkanalyse, UCINet, implementiert ist.

Während Scott Boormann und Ronald Breiger als Graduate Studenten nach Harvard kamen mit White arbeiteten und später Soziologieprofessoren wurden, war der Kanadier François Lorraine, der zuvor mit Lévi-Strauss gearbeitet hatte, bereits ein etablierter Mathematiker. Daneben gehörte noch ein Programmierer, Gregory Heil, zu dieser Gruppe, eine Anstellung die White in Voraussicht auf die Entwicklung und Implementierung der mathematischen Modelle getätigt hatte (Interview mit Ronald Breiger am 3.12.2008).

Neben den bahnbrechenden Arbeiten zur Positions- und Blockmodellanalyse erschienen in dieser Zeit weitere Papiere, die inzwischen zu den Basistexten der Netzwerkanalyse gehören, wie etwa Breigers Artikel zur Dualität von Personen und Gruppen (1974), in dem er bereits als PhD Student die konzeptionellen Grundlagen zur gleichzeitigen oder sequentiellen Analyse der Verbundenheit von Gruppen bzw. Organisationen und Individuen legt. Die Erhebung von „dual mode data", d.h. Daten zur überlappenden Mitgliedschaft von Individuen in Gruppen bzw. Organisationen gehört inzwischen zum Standardrepertoire in der Netzwerkanalyse und wird beispielsweise bei der Forschung zu Interlocking Directorates (Mintz und Schwartz 1981) in Wirtschaft und Politik angewandt. Michael Schwartz, der diese Forschungsrichtung wesentlich mitentwickelt hat, war ebenfalls ein Student von White.

Darüber hinaus brachten Studenten von Harrison White aus dieser Zeit in Harvard noch während ihrer Studentenzeit oder kurze Zeit später als Assistenzprofessoren bahnbrechende konzeptionelle und empirische Arbeiten heraus. Die beiden wohl einflussreichsten Arbeiten waren dabei Marc Granovetters Dissertation „Getting a job" (1974) und der Artikel „The strength of weak ties" (1973), in denen zum ersten Mal unterschiedliche Arten von Beziehungen konzeptionalisiert und deren Effekte sowohl auf individuelle Charakteristiken, wie den Erfolg bei der Jobsuche als auch auf die Struktur und Beschaffenheit von Gemeinschaften analysiert wurde. In eine ähnliche Richtung ging die Dissertation von Nancy Howell Lee, die bereits vor Granovetter in ihrer Studie „The search for an abortionist" (1969) das Suchverhalten und die Informationsflüsse hinsichtlich sensitiver Information untersucht hatte. Die Suche wurde dabei als eine Kette von Freunden, Bekannten und Leuten aufgefasst, die Informationen über Personen besitzen könnten, die zu dem Zeitpunkt in den USA noch illegale Abtreibungen vornahmen.

4 Vermächtnis und Auswirkungen

Das Vermächtnis von Whites Zeit in Harvard und des „Harvard Breakthrough" lässt sich an drei Auswirkungen festmachen. Zunächst wurde Harrison White in Harvard, wie oben beschrieben, zu einem der wesentlichen intellektuellen und organisatorischen Kristallisationspunkte in der Entwicklung der relationalen bzw. strukturellen Perspektive in den Sozialwissenschaften. Frühere Arbeiten auf dem Gebiet der Strukturanalyse bauten häufig nicht aufeinander auf und oftmals hatten Wissenschaftler keine Kenntnisse über frühere Arbeiten aus oftmals sehr diversen Fachgebieten. Harrison White und seine Studenten griffen viele der früheren Arbeiten in den verschiedensten Gebieten auf, kombinierten sie und entwickelten sie weiter. Wie oben geschildert, waren die Arbeiten in Harvard in dieser Zeit nicht so sehr ein Durchbruch in dem Sinn, dass vor dieser Zeit und an anderen Orten nichts passiert wäre, sondern die dort erzielten Fortschritte „glichen eher einem Schneeball, der ins Rollen kam und dabei größer und größer wurde" (Interview mit Ronald Breiger am 3.12.2008). Dabei gab es sowohl personelle als auch ideelle Kontinuitäten insbesondere zu Lévi-Strauss. Mit den Gruppen in Irvine und Chicago und den dort gemachten Fortschritten wurde es so durch die Gründung und Entwicklung der Fachorganisation „International Network for Social Network Analysis" (INSNA) in den nachfolgenden Jahrzehnten möglich, ein zunächst sehr fragmentiertes Wissenschaftsgebiet zu vereinigen und zu etablieren (Freeman 2004: 129ff.).

Dass der Schneeball immer größer wurde, lag zweitens an der enorm erfolgreichen Ausbildungstätigkeit von White in seiner Zeit in Harvard. Viele der heutigen bekannten und einflussreichen Wissenschaftler nicht nur in der Netzwerkanalyse, sondern in der (U.S.) Soziologie insgesamt studierten in Harvard in den 1960er und 1970er Jahren und arbeiteten in dieser Zeit mit Harrison White zusammen. Die bekanntesten davon sind u.a. Peter Bearman, Barry Wellman, der Gründer von INSNA, Phillip Bonacich, Ronald Breiger, Kathleen M. Carley, Bonnie Erickson, Marc Granovetter, Siegwart M. Lindenberg, Michel Schwartz und John Padgett. Harrison White verstand es, seinen Studenten seine Ablehnung gegen die dahin dominanten Theorien und Ansätze in den Sozialwissenschaften „einzupflanzen" und sie für die neue relationale bzw. strukturelle Perspektive zu begeistern. Diesen ‚anti-categorical imperative' (siehe zum Beispiel Wellmann und Berkowitz 1988) trugen sie dann in ihrem weiteren Wirken als Forschende und Lehrende an andere Universitäten weiter.

Drittens wurde in dieser Zeit in Harvard ein Großteil der theoretischen und methodischen Grundlagen der Netzwerkanalyse in ihrer heutigen Form im Hinblick auf die eingangs aufgeführten Hauptcharakteristiken gelegt. Darin eingeschlossen sind praktische Lösungen zum Umgang mit und der computergestützten Verarbeitung von relationalen Daten, die den nachfolgenden Aufschwung der Netzwerkanalyse mit Hilfe des Personal Computers mit ermöglichten.

Die Arbeiten zur strukturellen Äquivalenz und der Blockmodellanalyse wurden vielfach aufgegriffen und weiterentwickelt. So entwickelten Borgatti und Everett (1989) das Konzept der „Regular Equivalence", mit dem strukturelle Positionen über unterschiedliche Netzwerke hinweg verglichen werden können. Doreian, Batagelj und Ferligoj (2005) stellen mit ihrem Buch „Generalized Blockmodeling" einen Ansatz vor, der algebraische und graphentheoretische Konzepte vereinigt, und für die Analyse der verschiedensten Netzwerke nutzbar macht. Dabei bauen sie auf den Arbeiten aus den 1970er Jahren auf, gehen aber wesentlich über diese hinaus und machen damit den „nächsten revolutionären Schritt in der Netzwerkanalyse" (Interview Ronald Breiger am 3.12.2008).

Im Hinblick auf die weitere theoretische Entwicklung der relationalen Perspektive wendete sich Harrison White, inzwischen seit 1990 an der Columbia University in New York, selbst zunächst der Entwicklung einer Netzwerktheorie des Marktes zu (u.a. White 1981, 2002), in der er Märkte definiert als „self-reproducing social structures among specific cliques of firms and other actors who evolve roles from observations of each other's behavior" (White 1981: 518). Produzenten reagieren demnach nicht auf die Nachfrage einer amorphen Konsumentengruppe, sondern auf das Verhalten ihrer Konkurrenten. In dieser Definition sind unschwer die Kernideen aus den 1960er und 1970er Jahren, jetzt angewendet auf Märkte, wiederzuentdecken. Zudem entwickelte White eine allgemeine Theorie der Formation sozialer Gemeinschaften und Strukturen, die in zwei Buchpublikationen mündeten. Im Jahr 1992 erscheint Identity and Control, das zwar von Experten als bahnbrechend angesehen wird, aber nur schwer zugänglich ist[4]. Im Jahr 2008 erscheint daraufhin eine zweite überarbeitete Version (White 2008a), in der sich White erfolgreich bemüht, seine revolutionären Ideen im Hinblick auf die Entwicklung einer allgemeinen soziologischen Theorie auf Basis der Kernideen der sozialen Netzwerkanalyse verständlicher zu vermitteln. Darin basiert White die Entwicklung sozialer Organisation auf der Formation sozialer Räume, die durch Netzwerkbeziehungen entstehen. In diesen so genannten „Netdoms" finden jeweils spezifische Kontrollprozesse statt und Identitäten wechseln von Netdom zu Netdom. Mit dieser Weiterentwicklung von Ideen, die bis in die Zeit des „Harvard Breakthrough" zurückreichen, wird White erneut seinem Ruf gerecht, einer der einflussreichsten Pioniere der Netzwerkanalyse und des relationalen Denkens in den Sozialwissenschaften zu sein (vgl. auch Azarian 2005 sowie Breiger 2004).

5 Literatur

Azarian, Reza, 2005: The General Sociology of Harrison. Chaos and Order in Networks. Basingstoke: Palgrave Macmillan.

Boorman, Scott A. und *Harrison C. White*, 1976: Social Structure from Multiple Networks. Blockmodels of Roles and Positions II: Role Structures. American Journal of Sociology 81: 1384-1446.

Borgatti, Steven P. und *Martin G. Everett*, 1989: The class of all regular equivalences: algebraic structure and computation. Social Networks 11: 65-88.

Breiger, Ronald L., 1974: The Duality of Persons and Groups. Social Forces 53: 181-190.

Breiger, Ronald L., 2004: White, Harrison, in: Encyclopedia of Social Theory. Zugriff am 19.12.2008, von http://www.sage-ereference.com/socialtheory/Article_n329.html

Burt, Ronald. S., 1992: Structural Holes: The Social Structure of Competition. Cambridge/Mass: Harvard University Press.

Burt, Ronald S., 2005: Brokerage and Closure: An Introduction to Social Capital. Oxford: Oxford University Press.

Doreian, Patrick, *Vladimir Batagelj* und *Anuska Ferligoj*, 2005: Generalized Blockmodeling, 2005 Series: Structural Analysis in the Social Sciences (No. 25). Cambridge: Cambridge University Press.

Freeman, Linton C., 2004: The Development of Social Network Analysis. A Study in the Sociology of Science. Vancouver: Empirical Press.

---

[4] Azarian (2005) bietet dafür eine Interpretationshilfe.

Granovetter, Mark S., 1973: The Strength of Weak Ties. American Journal of Sociology 78: 1360-1380.
Granovetter, Mark S., 1974: Getting a job: a study of contacts and careers. Cambridge/Mass: Harvard University Press.
Granovetter, Mark S., 1985: Economic Action and Social Structure: The Problem of Embeddedness. American Journal of Sociology 91: 481-510.
Howell Lee, Nancy, 1969: The Search for an abortionist. Chicago: University of Chicago Press.
Laumann Edward und *Franz-Urban Pappi*, 1973: New Directions in the Study of Community Elites. American Sociological Review 38: 212-30.
Laumann, Edward und *Franz-Urban Pappi*, 1976: Networks of Collective Action: A Perspective on Community Influence Systems. New York: Academic Press.
Lévi-Strauss, Claude, [1949] 1969: The Elementary Structures of Kinship. Boston: Beacon.
Lorraine, François P. und *Harrison C. White*, 1971: Structural equivalence of individuals in social networks. Journal of Mathematical Sociology 1: 49-80.
Mintz, Beth und *Michael Schwartz*, 1981: Interlocking Directorates and Interest Group Formation. American Sociological Review 46: 851-868.
Padgett, John F. und *Chris K. Ansell*, 1993: Robust action and the Rise of the Medici, 1400-1434. American Journal of Sociology 98: 1259-1319.
Powell, Walter W., Kenneth W. Koput, et al., 1996: Interorganizational Collaboration and the Locus of Innovation: Networks of Learning in Biotechnology. Administrative Science Quarterly 41: 116-145.
Schwartz, Michael, 2008: A postscript to „Catnets". Sociologica 1/2008. Zugriff am 19.12.2008, von http://www.sociologica.mulino.it/main.
Simmel, Georg, 1908: Soziologie: Über die Formen der Vergesellschaftung. Berlin: Duncker & Humblodt.
Wasserman, Stanley und *Katherine Faust*, 1994: Social Network Analysis: Methods and Applications. Cambridge: Cambridge University Press.
Wellman, Barry und *Scott D. Berkowitz* (Hg.), 1988: Social structures: a network approach. Cambridge: Cambridge University Press.
White, Harrison C., 1963: An anatomy of kinship: Mathematical models for structures of cumulated roles. Englewood Cliffs: Prentice Hall.
White, Harrison C., 1981: Where Do Markets Come From? American Journal of Sociology 87: 517-547.
White, Harrison C., 1992: Identity and Control: A Structural Theory of Social Action. Princeton: Princeton University Press.
White, Harrison C., 2002: Markets from Networks: Socioeconomic Models of Production. Princeton: Princeton University Press.
White, Harrison C., 2008a: Identity and Control: How Social Formations Emerge. Princeton: Princeton University Press.
White, Harrison C., 2008b: Preface: "Catnets" Forty Years Later. Sociologica 1/2008. Zugriff am 19.12.2008, von http://www.sociologica.mulino.it/main.
White, Harrison C. und *Ronald L. Breiger*, 1975: Pattern across networks. Society 12: 68-73.
White, Harrison C., Scott A. Boorman und *Ronald L. Breiger*, 1976: Social Structure from Multiple Networks I: Blockmodels of Roles and Positions. American Journal of Sociology 81: 731-780.

2.3 Deutschsprachige Netzwerkforschung

Rolf Ziegler

Überblickt man die Veröffentlichungen deutschsprachiger, sozialwissenschaftlicher Autoren in den ersten drei Dekaden nach dem Zweiten Weltkrieg, so finden sich nur vereinzelt Arbeiten, die sich mit der Analyse sozialer Netzwerke und der Rezeption vor allem der angelsächsischen Literatur befassen. Das hat mehrere Gründe. Beiträge wie der von Jiri Nehnevajsa (1955) in der Kölner Zeitschrift (mit über 500 Literaturverweisen) oder seine Artikel in dem von René König herausgegebenen Handbuch der empirischen Sozialforschung (Nehnevajsa 1962, 1967, 1973) wie auch die systematische Übersicht von Rainer Dollase (1973) beschränkten sich auf die Soziometrie und erreichten mit diesem speziellen mikrosoziologischen Ansatz nur einen sehr beschränkten Adressatenkreis. Auch die interessanten Anwendungen graphentheoretischer Modelle auf die Struktur von Ruderern durch Hans Lenk (1964), der ja selbst Mitglied eines olympischen Wettkampfachters war, fanden keine große Resonanz. Für „gesamtgesellschaftliche" Analysen erschienen diese Verfahren wenig fruchtbar. Die Entwicklungen in der angelsächsischen und amerikanischen Anthropologie wurden nicht oder sehr verspätet rezipiert – auch nicht auf dem Umweg über die deutsche, stark volkskundlich orientierte Ethnologie. In der empirischen Sozialforschung dominierte das Paradigma der „Variablensoziologie" und der (repräsentativen) Umfragen. Schließlich wurde auch das Potential formaler Modelle bei der Begriffs- und Theoriekonstruktion nicht wahrgenommen (Ziegler 1972). Eine Ausnahme bildeten die Arbeiten von Hans Lenk (1969, 1975a, 1975b), Hans J. Hummell (1972) und der Sammelband von Renate Mayntz (1967).

1 Der Forschungsverbund „Analyse sozialer Netzwerke"

Das änderte sich erst ab Mitte der 70er Jahre. Einen nicht unerheblichen Beitrag hat dazu sicher der Forschungsverbund „Analyse sozialer Netzwerke" geleistet, der in den Jahren 1977-81 von der Deutschen Forschungsgemeinschaft aus Sondermitteln des Bundesministeriums für Forschung und Technologie gefördert wurde. In diesem Sonderförderungsprogramm für die empirische Sozialforschung wurden der DFG nicht nur zusätzliche Mittel zur Verfügung gestellt; auch die Vergabekriterien erlaubten einen flexibleren Mitteleinsatz bei der Finanzierung von Forschergruppen an verschiedenen Standorten und den dabei entstehenden Koordinations- und Reisekosten für die gemeinsamen Arbeitstagungen. Unter Leitung von Hubert Feger (Aachen, später Hamburg), Hans J. Hummell (Duisburg), Franz Urban Pappi (Mannheim, später Kiel), Wolfgang Sodeur (Wuppertal) und Rolf Ziegler (Wien, später München) arbeiteten während der 4-jährigen Hauptphase sechs voll- und zwei teilzeitbeschäftigte wissenschaftliche Mitarbeiter in fünf lokalen Forschergruppen. Dreimal jährlich stattfindende, mehrtägige Koordinationstreffen ermöglichten eine intensive, kontinuierliche Diskussion und einen breiten Erfahrungsaustausch unter allen Mitarbeitern. Dank des gleichen Problemverständnisses der Netzwerkanalyse war stets eine fruchtbare und ins Detail gehende Diskussion der vorgestellten Papiere möglich. Die Soziologen Hans J. Hummell, Franz Urban Pappi, Wolfgang Sodeur und Rolf Ziegler waren durch ihre gemeinsame Assistentenzeit an der Universität zu Köln eng miteinander verbunden, der Sozialpsychologe Hubert Feger arbeitete auf dem Gebiet der „Quantitativen Soziometrie". Regelmäßige Kontakte mit Forschern aus anderen Ländern, insbesondere aus den Vereinigten Staaten, Kanada, den Niederlanden und Großbritannien, erbrachten zahlreiche, aktuelle Informationen über ähnliche Projekte sowie gezielte Anregungen und Kritik.

Die Ausgangslage wurde im Erstantrag vom September 1976 wie folgt beschrieben: Die empirische Sozialforschung verwendet heute überwiegend multivariate Analysetechniken. Betrachtet man jedoch die Aussagen, die in den Sozialwissenschaften auf der Ebene der theoretischen Diskussion intendiert werden, dann stellt man fest, dass sie häufig einem anderen methodischen Paradigma folgen: nicht Hypothesen über die Beziehung zwischen Variablen werden formuliert, sondern solche über das Entstehen, das Funktionieren und die Veränderung von Strukturen. Die adäquate Formulierung theoretischer Hypothesen über den Zusammenhang von sozialem Verhalten und sozialen Strukturen und ihre stringente Überprüfung erfordern die netzwerkanalytische Darstellung relationaler Strukturen. Langfristiges Ziel des Forschungsvorhabens war die Entwicklung eines integrierten methodischen Instrumentariums zur Netzwerkanalyse und seine Erprobung in exemplarischen Studien.

In der einjährigen Vorlaufphase wurde mit dem Aufbau einer computerisierten, mit Deskriptoren versehenen Bibliographie begonnen, vorhandene Computerprogramme wurden erfasst und dokumentiert sowie ausgewählte Forschungsansätze systematisierend dargestellt. Während einer einmonatigen Reise zu 26 amerikanischen und kanadischen Forschern (u.a. Ronald Burt, Berkeley; Mark Granovetter, Palo Alto; Maureen Hallinan und Everett Rogers, Stanford; Aage Sørensen, Robert Hauser und William Bielby, Madison; Edward Laumann, Peter Marsden und Joseph Galaskiewicz, Chicago; Patrick Doreian, Pittsburgh; Dorwin Cartwright und Frank Harary, Ann Arbor; Barry Wellman und Stephen Berkowitz, Toronto; Harrison White, Ronald Breiger, Christopher Winship und Kazuo Seiyama, Cambridge; Richard Alba und Charles Kadushin, New York; Paul Holland, Princeton; Linton Freeman, Lehigh University) holte Rolf Ziegler Informationen über aktuelle Forschungsschwerpunkte auf dem Gebiet der Netzwerkanalyse ein, sammelte noch unveröffentlichte Arbeitspapiere und Programme, erkundete und bahnte Kooperationsmöglichkeiten an. Auch mit Forschern aus Großbritannien (Anthony Coxon, Cardiff; Clyde Payne, Oxford) und den Niederlanden (A.J.A. Felling, Nijmegen; Robert Mokken, Amsterdam; Frans Stokman, Groningen) bestanden regelmäßige Kontakte. Schließlich verstärkten die ab 1974 bis Anfang der 80er Jahre in der Werner-Reimers-Stiftung, Bad Homburg, regelmäßig durchgeführten Tagungen über die „Anwendung mathematischer Verfahren in den Sozialwissenschaften" und insbesondere die zwei thematisch auf die Netzwerkanalyse fokussierten Konferenzen 1977 und 1980 mit ihrem internationalen Teilnehmerkreis (neben einigen der oben genannten u.a. Jeremy Boissevain, Amsterdam; Samuel Leinhardt, Pittsburgh; Joseph Schwarz, Oxford; Peter Killworth, Cambridge; Anatol Rapoport, Toronto; Lee Douglas Sailer, Pittsburgh) die internationale Vernetzung des Forschungsverbundes. Wir erwähnen diese Randbedingungen und Kontakte, weil sie – für einen Netzwerktheoretiker nicht unerwartet – die Arbeit und das Ergebnis der Forschergruppe wesentlich förderten.

Auf der Grundlage der Bestandsaufnahme aus der einjährigen Vorlaufphase, die in etwa achtzehn, zum Teil recht umfangreichen Arbeitsberichten ihren Niederschlag fanden, wurden empirische Studien zur Analyse sozialer Strukturen auf Mikro- und Makroebene konzipiert, in denen problemorientiert die Erhebungs- und Auswertungsverfahren entwickelt und erprobt werden sollten. Insbesondere zur Entwicklung und Adaptierung von Computerprogrammen war eine datennahe Forschung notwendig, da nur sie mit den Detailschwierigkeiten netzwerkanalytischer Untersuchungen vertraut machen konnte. Diese Konzeption beinhaltete eine gewisse Dezentralisierung der Arbeiten in der 4-jährigen Hauptphase.

1. In mehreren Studien untersuchte die *Aachener* Forschergruppe die Reliabilität und Validität verschiedener Erhebungsverfahren für soziale Beziehungen, insbesondere der Sympathie, der Kommunikation und des Kontaktwunsches. Verschiedene Methoden der Darstellung sozialer Strukturen wurden analysiert und es wurde ein Verfahren zur Netzwerkrepräsentation ordinaler Daten entwickelt: die „Ordinale Netzwerk-Skalierung".

2. Die beiden Teams in *Duisburg* und *Wuppertal* führten gemeinsam eine Untersuchung über Strukturentwicklung und Informationsprozesse in einer Population von Studienanfängern durch. Die Erhebungsinstrumente und die Organisation der Datenerhebung sollten die nicht-reaktive Erfassung der entstehenden Beziehungsnetze von Studierenden und die Identifizierung der Kontaktpersonen verschiedener Befragter ermöglichen, gleichzeitig jedoch den Erfordernissen des Datenschutzes genügen. Umfang und verzerrende Folgen verschiedener Typen von fehlenden Daten mussten abgeschätzt werden. Nach ersten beschreibenden Übersichten wurden die von Davis, Holland und Leinhardt entworfenen Modelle der Strukturentwicklung ausgearbeitet und systematisch auf ihre Anwendbarkeit für die vorliegenden Daten geprüft.

3. In dem *Kieler* Projekt wurde die Elite einer deutschen Mittelstadt untersucht, die bereits sieben Jahre zuvor von Laumann und Pappi (1976) erforscht worden war, so dass Aussagen über Stabilität und Veränderung der Machtstruktur möglich wurden. Ausgangspunkt der Untersuchung war der Begriff der Positionselite: die Menge der Inhaber der höchsten Elitepositionen in den einzelnen Sektoren der Gemeinde, die dadurch ein soziales System bilden, dass sie sich bei der Ausübung von Einfluss aneinander orientieren.

4. Die *Münchner* Gruppe analysierte die interorganisatorischen Beziehungen der größten Wirtschaftsunternehmen in der Bundesrepublik und in Österreich. Die personelle Zusammensetzung der Vorstände und Aufsichtsräte und die Besitzverhältnisse zwischen den Unternehmen wurden erhoben. Daraus wurden die beiden Netze der durch gemeinsame Mitgliedschaften geschaffenen Mandatsverbindungen und der Kapitalverflechtungen generiert und auf ihre Struktureigenschaften hin analysiert.

In über 50 internen Arbeitsberichten wurden die Ergebnisse dokumentiert. Daraus entstanden zwei gemeinsame Publikationen: das 1984 von Rolf Ziegler edierte Schwerpunktheft „Analyse sozialer Netzwerke" der Kölner Zeitschrift für Soziologie und Sozialpsychologie und der 1987 von Franz U. Pappi herausgegebene Band „Methoden der Netzwerkanalyse". Darin und in einer Reihe von weiteren Einzelpublikationen wurden die Ergebnisse des Forschungsverbundes der wissenschaftlichen Öffentlichkeit vorgestellt.

Einen ersten Schwerpunkt bildete die systematische Darstellung der in der angelsächsischen Literatur entwickelten *methodischen und theoretischen Ansätze zur Analyse sozialer Netzwerke*. Zum einen sind es *Verfahren zur Bildung von Teilgruppen in Netzwerken*. Kappelhoff (1987a) beschreibt die verschiedenen Verfahren der Cliquenanalyse, ihre graphentheoretischen Grundlagen sowie die unterschiedlichen Cliquendefinitionen: n-Cliquen, soziometrische n-Cliquen, k-Plexe, indirekte Cliquenbestimmung auf der Basis von Pfaddistanzen, „soziale Kreise", Zonen relativer Verdichtung. Während diese Ansätze eine verbundenheitsorientierte Strategie verfolgen, bei der die Akteure durch direkte oder indirekte Beziehungen intern verbunden sind, so dass relativ dichte Regionen des Gesamtnetzwerkes entstehen, werden bei der positionsorientierten Strategie die in einem multiplen Netzwerk strukturell ähnlich gelagerten Akteure zu Positionen zusammengefasst, nach dem Nullblockkriterium die Bildstruktur definiert und die Rollenstrukturen als algebraische Halbgruppen analysiert (Ziegler 1987a). Gerade das Fehlen von Beziehungen eines bestimmten Typs zwischen Inhabern bestimmter Positionen ist konstitutiv für die von Harrison C. White, Scott A. Boorman und Ronald L. Breiger (1976) entwickelte „Blockmodellanalyse". Kappelhoff (1984, 1987b) entfaltet die Logik dieser Verfahren und illustriert sie mit Daten aus der Gemeindestudie „Altneustadt". Der topologische Ansatz von Ronald S. Burt (1982) wird von Ziegler (1987b) vorgestellt. Ausgehend von einem Maß der Distanz zwischen Beziehungsmustern bestimmt Burt strukturell ähnliche Gruppierungen durch eine agglomerative hierarchische Clusteranalyse. Ein ähnliches (von ihnen als „Positionenzensus" bezeichnetes) Verfahren stellen Hummell und Sodeur (1987b; s.a. Burt 1990) vor, wobei sich die Vergleiche zwischen Personen speziell auf die Muster ihrer strukturellen Einbettung in alle triadischen Umgebungen beziehen. Dabei werden Ähnlichkeiten mit anderen Verfahren der Blockmodellanalyse deutlich (u.a. mit Winship und Mandel 1983), wenn man diese auf triadische (bzw. 2-Schritt-) Umgebungen beschränkt.

Mit dem Konzept der Rollenstruktur rekonstruiert Ziegler (1984a) den Begriff der „Geltung einer Norm in einem sozialen System" auf der aggregierten Ebene strukturell ähnlicher Akteure, expliziert Spezialfälle juristischer Normen mit einem spezialisierten Erzwingungsstab oder die Geltung von Gegennormen und illustriert die Begrifflichkeit am Beispiel der White'schen Blockmodellanalyse von Sampson's „Krise in einem Kloster".

Eine andere Gruppe von Verfahren dient der *Beschreibung von Mikrostrukturen in Gesamtnetzwerken*, genauer gesagt von Konfigurationen, die aus jeweils drei Einheiten bestehen. Zwischen dieser Mikroebene von Triaden bzw. Tripletts – das letztere sind Konfigurationen von gerichteten Verbindungen „aus der Sicht" jeweils eines der Triadenmitglieder – und Eigenschaften des Gesamtnetzes, z.B. Polarisierung oder „ranked clusters", bestehen systematische Beziehungen, wie sie zuerst im Rahmen der Theorie des Gleichgewichts kognitiver Strukturen von Dorwin Cartwright und Frank Harary (1956) sowie James A. Davis (1967) aufgezeigt wurden. Hummell und Sodeur (1987a) beschreiben die verallgemeinerten Ansätze der sog. DHL-Modelle (Davis und Leinhardt 1972; Holland und Leinhardt 1975, 1977) und die allgemeineren Strukturtheoreme über globale Eigenschaften des Gesamtnetzes und wie sie aus dem Triaden- bzw. Triplettzensus, d.h. der Häufigkeitsverteilung der Isomorphieklassen von Triaden bzw. Tripletts, gewonnen werden können. Bei der Beurteilung empirischer Netzeigenschaften taucht das Problem des Rückschlusses von Daten aus Netzwerkstichproben auf die Grundgesamtheit und des Tests von überzufälligen Unterschieden zwischen verschiedenen Netzen auf. Dazu wäre die Kenntnis der Wahrscheinlichkeitsverteilungen der jeweils benutzten Netzstatistik erforderlich. Da solche Verteilungen jedoch nur in den seltensten Fällen bekannt sind, entwickeln Hummell und Sodeur (1985) Generatoren zur Erzeugung von Zufallsnetzen zur Schätzung von Erwartungswerten und Wahrscheinlichkeiten, wenn analytische Lösungen (noch) nicht bekannt sind.

Die Diffusion von Objekten und Eigenschaften in einer Population ist ein Problemfeld, das in vielen sozial- und naturwissenschaftlichen Disziplinen untersucht worden ist. Klaus Echterhagen (1983) von der Wuppertaler Forschergruppe gibt einen Überblick über diese Forschungstraditionen und systematisiert etwa zwei Dutzend Diffusionsmodelle im Hinblick auf zwei Gruppen von Modellannahmen: erstens, die Netzeigenschaften der „möglichen" Beziehungen, und zweitens, die Axiome über das „Verhalten" der Akteure. Beide gemeinsam bestimmen den Verlauf des Diffusionsprozesses einer „Innovation", der analytisch berechnet oder durch Simulationen abgeschätzt wird.

Beim zweiten Publikationsschwerpunkt standen die exemplarischen Projekte der vier Forschergruppen im Vordergrund. Die verschiedenen Datenarten, Strukturregeln und Strukturmodelle in der sozialpsychologischen Kleingruppenforschung werden von Feger (1987) systematisch dargestellt, wobei insbesondere auf die Besonderheiten der verschiedenen Beziehungstypen (Kontakt-, Sympathie-, Kommunikations- und Einflussbeziehungen) eingegangen wird. Über die Reliabilität und Validität verschiedener Erhebungsverfahren zu ihrer Erfassung und ihre experimentelle Überprüfung berichtet Walter Bien (1983). Zur Netzwerkrepräsentation ordinaler Daten wurde ein besonderes Verfahren entwickelt: die Ordinale Netzwerk-Skalierung (Feger und Bien 1982; Feger und Droge 1984). Bei dieser Methode wird die Matrix von (symmetrischen oder asymmetrischen, konditionalen oder unkonditionalen) Proximitätsmaßen in einem bewerteten Graphen so dargestellt, dass ihre Rangordnung (möglichst) fehlerfrei der Rangordnung der gewichteten Abstände entspricht und dieser (Di-) Graph eine minimale Anzahl von (bewerteten und gerichteten) Kanten besitzt. Zwei weitere Studien fanden ihren Niederschlag in Dissertationen. Eine Längsschnittanalyse der Partizipations- und Leistungsdaten einer Schützenbruderschaft untersuchte Konstanz und Wandel dieser Strukturen über einen Zeitraum von acht Jahren (Hebborn-Brass 1982). In einem anderen Teilprojekt wurden Verfahren zur Erhebung von Kontaktstrukturen depressiver Patienten in Kliniken und Psychologenpraxen entwickelt und erprobt (Riess-Schmeling 1982).

Das Duisburg/Wuppertaler Projekt untersuchte die Gesamtheit der Studienanfänger eines Fachbereichs über die ersten neun Wochen ihres Studiums. Der Beitrag von Hummell und Sodeur (1984) beschreibt die Probleme der Datenerhebung, charakterisiert die Entwicklung der Beziehungsstruktur (z.B. Innen- und Außengrad, Zahl der Isolierten oder Erreichbarkeit) und vergleicht sie mit den Werten von Zufallsnetzen unter Berücksichtigung verschiedener elementarer Strukturparameter („biased random nets"). Die von Davis, Holland und Leinhardt entworfenen Modelle der Strukturentwicklung und die zeitliche Entwicklung des Triadenzensus werden beschrieben. Der Beitrag schließt mit einer Diskussion der Problematik einer Anwendung der DHL-Modelle auf „große, dünne" Netze und den ungeprüften Annahmen über die Sichtbarkeit von Drittbeziehungen und die Gleichgewichtung aller Beziehungen. Unter Beschränkung auf dyadische Beziehungen untersucht Lothar Krempel (1987, 1990) mittels der Ereignisdatenanalyse den Einfluss von Einstellungen, Biographien und Situationen auf den Prozess der Aufnahme von Kontakten und ihre Dauer. In späteren Artikeln haben Hummell und Sodeur (1991, 1992, 1997) systematisch eine Analysestrategie entwickelt, bei der der Prozess der Veränderung eines ganzen

Beziehungsnetzes als unintendiertes, aggregiertes Resultat einer Vielzahl von individuellen Entscheidungsprozessen angesehen wird. „Abhängige Variablen" sind dabei die gerichteten Paarbeziehungen (Entscheidungskanten) als Gegenstand der Entscheidungen, während die „unabhängigen Variablen" Einheiten unterschiedlicher Ebenen charakterisieren können, z.B. einzelne Akteure, gerichtete Paarbeziehungen, Tripletts, Triaden und ggf. auch größere Einheiten wie die umgebenden Cliquen etc. Die theoretisch relevanten Variablen können aus den ursprünglichen Netzdaten abgeleitet und ihr Zusammenwirken dann mit konventionellen multivariaten Verfahren analysiert werden.

In einem ersten Beitrag berichten Pappi und Kappelhoff (1984) von der Kieler Gruppe über die Anwendung der Theorie kollektiver Entscheidungen von James Coleman (1973) auf kommunalpolitische Entscheidungen in Altneustadt. Die Mitglieder der Positionselite wurden nach ihrem Interesse an sieben Issues und ihren Kontrollpotentialen über diese kommunalpolitischen Entscheidungen befragt und aus den direkten und indirekten Interessenverflechtungen wird ein Index der Entscheidungsmacht der Akteure berechnet. Gemäß den Annahmen des Coleman-Modells über den Tausch von Kontrolle wird dann der Ausgang der sieben kommunalpolitischen Entscheidungen vorhergesagt. Schließlich werden die Tauschannahmen mit den Angaben über den tatsächlichen Tausch verglichen und der Zusammenhang zwischen dem berechneten Machtindex und der allgemeinen Machtreputation der Akteure analysiert. In einem zweiten Artikel (Pappi und Melbeck 1984) geht es um das Machtpotential von Organisationen in der Gemeindepolitik, das als Ergebnis aus Kontrolle und Reputation ermittelt wird. Untersucht wird der Zusammenhang dieser Machtpotentiale mit zwei anderen Einflussmaßen: der durch Befragung der Positionselite erhobenen globalen Machtreputation von 223 Organisationen in 32 institutionellen Bereichen und der Zentralität dieser Organisationen im Netz der „interlocking directorates", d.h. der aus Mehrfachmitgliedschaften entstehenden Gelegenheitsstruktur für die Kommunikation der Gemeindeelite. Durch einen Vergleich von „Altneustadt" und „Towertown" (Galaskiewicz 1979) kann der Einfluss institutioneller Rahmenbedingungen auf die Zusammenhänge zwischen politikfeldspezifischen und generellen gemeindepolitischen Netzwerken herausgearbeitet werden (Melbeck 1998).

Eine Vertiefung der tauschtheoretischen Modelle liefert Kappelhoff (1993), indem er sozialstrukturelle Tauschbarrieren ebenso berücksichtigt wie die dynamische Entwicklung von Abhängigkeitsbeziehungen. Er verbindet Ideen der klassischen soziologischen Tauschtheorie mit dem Instrumentarium der sozialen Netzwerkanalyse und mit Modellen sozialer Selbstorganisation.

Das Münchner Team zerlegt die beiden Netze der 1976 bestehenden Personenverbindungen zwischen den 325 größten deutschen und zwischen den 259 größten österreichischen Unternehmen in sechs Zentralitätsbereiche und beschreibt die Dichte der Personen- und Kapitalverbindungen innerhalb und zwischen ihnen sowie ihre regionalen und sektoralen Schwerpunkte. Die Aufsichtsratsdomänen der größten Finanzinstitute in beiden Ländern werden dargestellt und der Zusammenhang zwischen der Höhe des Kapitalbeteiligung und der Art und Vielfachheit der „interlocking directorates" analysiert (Ziegler 1984b). Während diese Analysen eine verbundenheitsorientierte Strategie verfolgen, wenden Pappi, Kappelhoff und Melbeck (1987) in einer Reanalyse der deutschen Daten ein Blockmodell auf die Personal- und Kapitalverflechtungen an, das bei der Privatwirtschaft das deutlich hierarchische Muster der Rollenbeziehungen erkennen lässt. Die Münchner Gruppe beteiligte sich außerdem im Rahmen des European Consortium for Political Research an einer international vergleichenden Analyse der Personenverbindungen zwischen Wirtschaftsunternehmen in neun westeuropäischen Ländern und den Vereinigten Staaten. Im Schlusskapitel des daraus entstandenen Buches (Stokman et al. 1985) entwickelt Ziegler eine Typologie der nationalen Netzwerke und einen Set von erklärenden Faktoren: Eigentümerstruktur und Art der Kontrolle, Umfang des staatlich kontrollierten Sektors und Struktur des Bankensystems.

In einem Folgeprojekt wurden die Personen- und Kapitalverflechtungen der 330 größten deutschen Unternehmen in den Jahren 1981 und 1983 erhoben. Neben der Erhebung umfangreicher Netzdaten wurden 40 qualitative Interviews mit Führungspersonen durchgeführt, um die Funktionen von Unternehmensverbindungen aus der Sicht der handelnden Akteure zu ermitteln (Biehler und Ortmann 1985). Ausführlich analysiert werden die direkten und indirekten Kapitalverflechtungen, wobei auch relevante Kapitalverbindungen berücksichtigt werden, die durch Unternehmen außerhalb der getroffenen Auswahl induziert werden (Biehler 1986). Ein weiterer Beitrag konzentriert sich auf die personellen Verbindungen und die Finanzbeziehungen zwischen den Geschäftsbanken und den Unternehmen des Produktionssektors (Biehler und Liepmann 1988). Schließlich werden mit Hilfe einer multivariaten logistischen Regression die Effekte der Marktstruktur, Unternehmensgröße, Kapital und Kreditbeziehungen, Eigentümertyp, Mitbestimmung, informeller Kontakte und Gremiengröße auf die Wahrscheinlichkeit des Auftretens verschiedener Typen von „interlocking directorates" zwischen allen, über 100.000 geordneten Paaren von Unternehmen analysiert (Ziegler 1993).

2 Ein Überblick über weitere Schwerpunkte der deutschsprachigen Netzwerkforschung

In den 1980er Jahren begann eine breitere Rezeption und Forschung über soziale Netzwerke. Wir beschränken uns in dem knappen Überblick auf die wichtigsten thematischen Schwerpunkte und die Nennung von exemplarischen Arbeiten, soweit diese die netzwerktheoretischen Konzepte und Verfahren verwenden und sich nicht bloß in metaphorischen Redeweisen erschöpfen.

Michael Schenk (1983, 1984, 1995) hat sich vor allem mit den Anwendungen des Netzwerkansatzes im Bereich der *Massenkommunikation* und der *Diffusion von Innovationen* (Schenk et al. 1997) befasst. Der früh verstorbene Ethnologe Thomas Schweizer (1989, 1996) hat die Rezeption der Netzwerkanalyse in der modernen *Sozialethnologie* vorangetrieben und plädierte für eine Neuorientierung der ethnologischen Forschung über soziale Organisationen in traditionellen und modernen Zusammenhängen.

Soziale Unterstützung durch *informelle Netzwerke* ist ein breites Forschungsfeld (Diewald 1991; Laireiter 1993; Hollstein 2001), in dem vor allem haushalts- und familiensoziologische Studien den netzwerktheoretischen Ansatz aufgegriffen haben (Diaz-Bone 1997; Glatzer und Berger-Schmitt 1986). Hervorzuheben sind insbesondere die Arbeiten, die aus dem Familien-Survey des Deutschen Jugendinstituts hervorgegangen sind (Bertram et al. 1989; Bien et al. 1992; Bien 1994; Bien und Bender 1995). Das in diesem Zusammenhang häufig verwendete Konzept des „Sozialkapitals" lässt sich mit Hilfe netzwerktheoretischer Konzepte operationalisieren (Marbach 2005, 2006; Täube 2002), wie auch die Granovettersche These der Stärke schwacher Beziehungen (Wegener 1987, 1991). Der

Einfluss egozentrierter Netzwerke auf das Fertilitätsverhalten (Bühler und Kohler 2004; Bühler und Frątczak 2007) und die AIDS-Prävention (Bühler und Kohler 2003) wurde auch in Entwicklungsländern untersucht. Eine kleinere Zahl von Arbeiten hat sich mit der unterstützenden Wirkung informeller Netzwerke bei der Arbeitsplatzsuche (Preisendörfer und Voss 1988) und der Unternehmensgründung (Brüderl und Preisendörfer 1998; Bühler 1999) befasst.

Die *Erhebung von egozentrierten Netzwerkdaten in Bevölkerungsumfragen* (Pappi und Melbeck 1988) wirft eine ganze Reihe von methodischen Problemen auf: z.B. die Abgrenzung des zu erhebenden Systems, das Stichprobendesign und die Gestaltung von „Namensgeneratoren" (Bien et al. 1991; Bien und Quellenberg 2004), sowie die Zuverlässigkeit und Gültigkeit der Angaben im Interview (Pappi und Wolf 1984). Vor allem das Zentrum für Umfragen, Methoden und Analysen (ZUMA) in Mannheim hat in einer Reihe von Studien diese Probleme intensiv untersucht (Hill 1988; Hoffmeyer-Zlotnik et al. 1987; Hoffmeyer-Zlotnik 1990; Pfenning et al. 1987; Pfenning und Pfenning 1991; Schenk et al. 1992; Wolf 1993). Die ALLBUS-Befragungen von 1980, 1990 und 2000 enthalten Angaben über egozentrierte Netzwerke, die vielfache Möglichkeiten für Sekundäranalysen bieten (vgl. z.B. Pappi und Brandenburg 2008). Verfahren der Netzwerkanalyse wurden auch auf nichtreaktive Verhaltensdaten im Internet (vornehmlich Mailinglisten) angewendet. Dabei zeigte sich, dass sich – entgegen populären, egalitären Strukturmythen – in Internetforen ein Zentrum-Peripherie-Muster herausbildet (Stegbauer 2001; Stegbauer und Rausch 2006). Während die klassische Netzwerkanalyse quantitative Methoden verwendet, wird seit den 90er Jahren auch der Einsatz qualitativer Verfahren in der strukturalen Analyse diskutiert (Hollstein und Straus 2006; Diaz-Bone 2007).

Nach den kommunalpolitischen Studien wurde die *Analyse von Politikfeldnetzen* im Bereich der Arbeits- und Sozialpolitik sowie der EU-Agrarpolitik auf die nationale (Pappi et al. 1995; Pappi und Henning 1998) und die EU-Ebene (Henning 2000; Pappi und Henning 1999; Thurner und Stoiber 2002; Thurner et al. 2005) ausgeweitet und es wurden internationale Vergleiche durchgeführt (Marin und Mayntz 1991; Stoiber 2003; Thurner 2006). Neben diesen empirischen Arbeiten sind Versuche hervorzuheben, die konzeptionellen und methodischen Ansätze der Netzwerkforschung und Politikproduktion zu systematisieren (Jansen und Schubert 1995; Kenis und Schneider 1996; Scharpf 1993; Schneider und Janning 2006).

In der Organisationsforschung werden Netzwerkansätze schon verbreitet eingesetzt (Jansen 2002). Mit der Zunahme *interorganisationaler Netzwerke* tritt das Problem der wirtschaftlichen und politischen Steuerung von Netzwerken in den Mittelpunkt des praktischen und wissenschaftlichen Interesses. Der Sammelband von Sydow und Windeler (2000) gibt einen Überblick über die Konzepte und Praktiken sowie Beispiele aus verschiedenen wirtschaftlichen und politischen Netzwerken. Die Beiträge in dem Band von Weyer (2000) interpretieren Netzwerke als eine neuartige Form der Handlungskoordination autonomer, aber interdependenter Partner jenseits von Markt und Hierarchie und versuchen, systematische Anschlüsse zwischen der Netzwerkforschung und der soziologischen Theoriediskussion aufzuzeigen (Windeler 2001).

Einige Autoren haben das Instrument der *Simulation zur dynamischen Analyse von Netzwerken* eingesetzt. Demographische und sozialisationstheoretische Fragestellungen werden in den Arbeiten von Galler (1990) und Sodeur (1991) behandelt. Hummell und Sodeur (2004) präsentieren Programme zur Simulation der Konsequenzen lokal rationalen

Verhaltens unter verschiedenen Strukturbedingungen in Kleingruppen. Ziegler (2007) entwickelt ein Simulationsmodell für die Co-Evolution von ökonomischem und zeremoniellen Tausch zur Erklärung der Entstehung des Kula-Rings.

Für die Präsentation von Ergebnissen einer Netzwerkanalyse sind effektive graphische Darstellungen von großem Vorteil und eine wichtige Ergänzung statistischer Verfahren. Die Probleme bei der *Visualisierung mehrdimensionaler Netzwerke* werden von Krempel (2005) eingehend und anschaulich beschrieben. Schließlich müssen noch zwei *einführende Texte in die Netzwerkanalyse* erwähnt werden, die in den letzten Jahren erschienen sind und sich gut ergänzen. Dorothea Jansen (2006) gibt eine sehr umfassende und gut lesbare Einführung in die inhaltlichen Grundlagen und die Methoden der Netzwerkanalyse mit zahlreichen Hinweisen auf Forschungsbeispiele. Das Buch von Trappmann, Hummell und Sodeur (2005) behandelt eingehend die Konzepte, Modelle und Methoden und illustriert sie konsequent an dem Datensatz der „Newcomb Fraternity" unter Verwendung der frei verfügbaren Software UCINET IV. Eine Einführung in das Verfahren der Blockmodellanalyse gibt Heidler (2006) und einen ganz aktuellen Überblick über den „State of the Art" im Bereich der Netzwerkanalyse und Netzwerktheorie liefert der Sammelband von Stegbauer (2008).

Die Netzwerkanalyse hat sich in den letzten drei Jahrzehnten zu einer etablierten interdisziplinären Forschungsrichtung entwickelt. Seit 1978 erscheint eine eigene Fachzeitschrift „*Social Networks*". Das 1977 gegründete *International Network for Social Network Analysis (INSNA)* veranstaltet jährlich internationale Fachkonferenzen („sunbelt conferences") in Europa und Amerika und gibt einen eigenen Newsletter „*Connections*" heraus. Die homepage (www.insna.org) enthält aktuelle Informationen über Aktivitäten und Publikationen auf dem Gebiet der Netzwerkforschung.

3 Literatur

Bertram, Hans, Jan Marbach und *Angelika Tölke*, 1989: Soziale Netze, Zeit und Raum als Methodenprobleme in der Familienforschung. S. 131-150 in: *Rosemarie Nave-Herz* und *Manfred Markefka* (Hg.), Handbuch der Familien- und Jugendforschung, Band 1: Familienforschung. Neuwied, Frankfurt: Luchterhand.

Biehler, Hermann, 1986: Die Kapitalverflechtung zwischen den größten deutschen Unternehmen des Jahres 1981. Soziale Welt 37: 79-106.

Biehler, Hermann und *Peter Liepmann*, 1988: Personelle Verbindungen und intersektorale Finanzbeziehungen zwischen den größten deutschen Unternehmen. Jahrbücher für Nationalökonomie und Statistik 204/1: 48-68.

Biehler, Hermann und *Rolf Ortmann*, 1985: Personelle Verbindungen zwischen Unternehmen. Ergebnisse einer Interviewserie bei Vorstands- und Aufsichtsratsmitgliedern großer deutscher Unternehmen. Die Betriebswirtschaft 45: 4-18.

Bien, Walter, 1983: Die Erfassung von kognitiven sozialen Strukturen: Ein Vergleich von Erhebungsverfahren. Zeitschrift für Sozialpsychologie 14: 34-43.

Bien, Walter (Hg.), 1994: Eigeninteresse oder Solidarität. Beziehungen in modernen Mehrgenerationenfamilien. Opladen: Leske + Budrich.

Bien, Walter und *Donald Bender*, 1995: Was sind Singles? Ein alltagstheoretischer Zugang zur Problematik. S. 61-89 in: *Hans Bertram* (Hg.), Das Individuum und seine Familie. Lebensformen, Familienbeziehungen und Lebensereignisse im Erwachsenenalter. DJI: Familiensurvey 4. Opladen: Leske + Budrich.

Bien, Walter und *Holger Quellenberg*, 2004: How to Measure Household and Family. S. 279-293 in: *Jürgen H.P. Hoffmeyer-Zlotnik* und *Christof Wolf* (Hg.), Advances in Cross-National Compari-

son. A European Working Book for Demographic and Socio-Economic Variables. New York: Kluwer Academic/Plenum Publishers.
Bien, Walter, Jan Marbach und Franz Neyer, 1991: Using Egocentered Networks in Survey Research. A Methodological Preview on an Application of Social Network Analysis in the Area of Family Research. Social Networks 13: 75-90.
Bien, Walter, Jan Marbach und Robert Templeton, 1992: Social Networks of Single-person Households. S. 157-173 in: Catherine Marsh und Sara Arber (Hg.), Household and Family: Divisions and Change. London: The MacMillan Press.
Brüderl, Josef und Peter Preisendörfer, 1998: Network Support and the Success of Newly Founded Businesses. Small Business Economics 10: 213-225.
Bühler, Christoph, 1999: Soziale Netzwerke von Unternehmensgründungen in Ostdeutschland. S. 195-220 in: Dieter Bögenhold (Hg.), Unternehmensgründung und Dezentralität. Renaissance der beruflichen Selbständigkeit in Europa? Opladen: Westdeutscher Verlag.
Bühler, Christoph und Ewa Frątczak, 2007: Learning from Others and Receiving Support: The Impact of Personal Networks on Fertility Intentions in Poland. European Societies 9: 359-382.
Bühler, Christoph und Hans-Peter Kohler, 2003: Talking about AIDS: The Influence of Communication Networks on Individual Risk Perceptions of HIV/AIDS Infection and Favored Protective Behaviors in South Nyanza District, Kenya. Demographic Research, Special Collection 1: 397-438.
Bühler, Christoph und Hans-Peter Kohler, 2004: Der Einfluss starker Beziehungen auf die Nutzung moderner Kontrazeptiva in Kenia. Zeitschrift für Soziologie 33: 5-25.
Burt, Ronald S., 1982: Toward a Structural Theory of Action. Network Models of Social Structure, Perception, and Action. New York: Academic Press.
Burt, Ronald S., 1990: Detecting Role Equivalence. Social Networks 12: 83-97
Cartwright, Dorwin und Frank Harary, 1956: Structural Balance: A Generalization of Heider's Theory. Psychological Review 63: 277-293; wieder abgedruckt S. 9-25 in: Samuel Leinhardt (Hg.), 1977: Social Networks. A Developing Paradigm. New York: Academic Press.
Coleman, James S., 1973: The Mathematics of Collective Action. London: Heinemann.
Davis, James A., 1967: Clustering and Structural Balance in Graphs. Human Relations 20: 181-187; wieder abgedruckt S. 27-33 in: Samuel Leinhardt (Hg.) 1977: Social Networks. A Developing Paradigm. New York: Academic Press.
Davis, James A. und Samuel Leinhardt, 1972: The Structure of Positive Interpersonal Relations in Small Groups. S. 218-251 in: Josef Berger, Morris Zelditch Jr. und Bo Anderson (Hg.), Sociological Theories in Progress, Band 2. Boston: Houghton Mifflin.
Diaz-Bone, Rainer, 1997: Ego-zentrierte Netzwerkanalyse und familiale Beziehungssysteme. Wiesbaden: Deutscher Universitäts-Verlag.
Diaz-Bone, Rainer, 2007: Gibt es eine qualitative Netzwerkanalyse? Review Essay: Betina Hollstein und Florian Straus (Hg.), 2006: Qualitative Netzwerkanalyse. Konzepte, Methoden, Anwendungen. Forum Qualitative Sozialforschung / Forum: Qualitative Social Research, 8(1), Art. 28, http://nbn-resolving.de/urn:nbn:de:0114-fqs0701287.
Diewald, Martin, 1991: Soziale Beziehungen: Verlust oder Liberalisierung? Soziale Unterstützung in informalen Netzwerken. Berlin: Sigma.
Dollase, Rainer, 1973: Soziometrische Techniken. Weinheim: Beltz.
Echterhagen, Klaus, 1983: Die Diffusion sozialer Innovationen. Eine Strukturanalyse. Spardorf: Wilfer.
Feger, Hubert, 1987: Netzwerkanalyse in Kleingruppen: Datenarten, Strukturregeln und Strukturmodelle. S. 203-251 in: Franz U. Pappi (Hg.), Methoden der Netzwerkanalyse. München: Oldenbourg.
Feger, Hubert und Walter Bien, 1982: Network Unfolding. Social Networks 4: 257-283.
Feger, Hubert und Ulfert Droge, 1984: Repräsentation von Ordinaldaten durch Graphen: Ordinale Netzwerkskalierung. Kölner Zeitschrift für Soziologie und Sozialpsychologie 36: 494-510.
Galaskiewicz, Joseph, 1979: Exchange Networks and Community Politics. Beverly Hill: Sage.

Galler, Heinz P., 1990: Verwandtschaftsnetzwerke im demographischen Wandel. Ergebnisse einer Modellrechnung. Acta Demographica 1: 63-84.
Glatzer, Wolfgang und Regina Berger-Schmitt (Hg.), 1986: Haushaltsproduktion und Netzwerkhilfe. Die alltäglichen Leistungen der Haushalte und Familien. Frankfurt: Campus.
Hebborn-Brass, Ursula, 1982: Längsschnittliche Analyse von Kontakt und Leistung. Philosophische Fakultät der RWTH Aachen.
Heidler, Richard, 2006: Die Blockmodellanalyse. Theorie und Anwendung einer netzwerkanalytischen Methode. Wiesbaden: Deutscher Universitäts-Verlag.
Henning, Christian H.C.A., 2000: Macht und Tausch in der europäischen Agrarpolitik. Eine positive Theorie kollektiver Entscheidungen. Frankfurt: Campus.
Hill, Paul B., 1988: Unterschiedliche Operationalisierungen von egozentrierten Netzwerken und ihr Erklärungsbeitrag in Kausalmodellen. ZUMA-Nachrichten 22: 45-57.
Hoffmeyer-Zlotnik, Jürgen H.P., 1990: The Mannheim Comparative Network Research. S. 265-279 in: *Jeroen Weesie* und *Henk D. Flap* (Hg.), Social Networks Through Time. Utrecht: ISOR.
Hoffmeyer-Zlotnik, Jürgen H.P., Michael Schneid, Peter Ph. Mohler und *Uwe Pfenning*, 1987: Egozentrierte Netzwerke in Massenumfragen: Ein ZUMA-Methodenforschungsprojekt. ZUMA-Nachrichten 20: 37-56.
Holland, Paul W. und *Samuel Leinhardt*, 1975: Local Structure in Social Networks. S. 1-45 in: *David R. Heise* (Hg.), Sociological Methodology 1976. San Francisco: Jossey Bass.
Holland, Paul W. und *Samuel Leinhardt*, 1977: Transitivity in Structural Models of Small Groups. S. 49-66 in: *Samuel Leinhardt* (Hg.), Social Networks. A Developing Paradigm. New York: Academic Press.
Hollstein, Betina, 2001: Grenzen sozialer Integration. Zur Konzeption informeller Beziehungen und Netzwerke. Opladen: Leske + Budrich.
Hollstein, Betina und Florian Straus (Hg.), 2006: Qualitative Netzwerkanalyse. Konzepte, Methoden, Anwendungen. Wiesbaden: VS-Verlag.
Hummell, Hans J., 1972: Probleme der Mehrebenenanalyse. Stuttgart: Teubner.
Hummell, Hans J. und *Wolfgang Sodeur*, 1984: Interpersonelle Beziehungen und Netzstruktur. Bericht über ein Projekt zur Analyse der Strukturentwicklung unter Studienanfängern. Kölner Zeitschrift für Soziologie und Sozialpsychologie 36: 511-556.
Hummell, Hans J. und *Wolfgang Sodeur*, 1985: Beurteilung der Struktureigenschaften sozialer Netze durch Vergleiche mit eingeschränkten Zufallsnetzen. S. 391-406 in: *Dietrich Seibt, Norbert Szyperski* und *Ulrich Hasenkamp* (Hg.), Angewandte Informatik. Braunschweig und Wiesbaden: Vieweg & Sohn.
Hummell, Hans J. und *Wolfgang Sodeur*, 1987a: Triaden- und Triplettzensus als Mittel der Strukturbeschreibung. S. 129-161 in: *Franz U. Pappi* (Hg.), Methoden der Netzwerkanalyse. München Oldenbourg.
Hummell, Hans J. und *Wolfgang Sodeur*, 1987b: Strukturbeschreibung von Positionen in sozialen Beziehungsnetzen. S. 177-202 in: *Franz U. Pappi* (Hg.), Methoden der Netzwerkanalyse. München: Oldenbourg.
Hummell, Hans J. und *Wolfgang Sodeur*, 1991: Modelle des Wandels sozialer Beziehungen in triadischen Umgebungen. S. 695-733 in: *Hartmut Esser* und *Klaus G.Troitzsch* (Hg.), Modellierung sozialer Prozesse. Bonn: Informationszentrum Sozialwissenschaften.
Hummell, Hans J. und *Wolfgang Sodeur*, 1992: Multivariate Analyse von Struktureigenschaften auf mehreren Ebenen. Netzwerkanalyse als „meßtheoretisches" Konzept. S.269-294 in: *Hans-Jürgen Andreß, Johannes Huinink, Holger Meinken, Dorothea Rumianek, Wolfgang Sodeur* und *Gabriele Sturm* (Hg.), Theorie, Daten, Methoden. Neue Verfahrensweisen in den Sozialwissenschaften. München: Oldenbourg.
Hummell, Hans J. und *Wolfgang Sodeur*, 1997: Structural Analysis of Social Networks with Respect to Different Levels of Aggregation. Mathematiques, Informatique et Sciences Humaines 137: 37-60.

Hummell, Hans J. und *Wolfgang Sodeur*, 2004: Kommunikationsstruktur und Leistung sozialer Systeme: Simulationen zu den Konsequenzen lokal rationalen Handelns unter verschiedenen Strukturbedingungen. S. 143-161 in: *Andreas Diekmann* und *Thomas Voss* (Hg.), Rational-Choice-Theorie in den Sozialwissenschaften. München: Oldenbourg.

Jansen, Dorothea, 2002: Netzwerkansätze in der Organisationsforschung. S. 88-118 in: *Jutta Allmendinger* und *Thomas Hinz* (Hg.), Organisationssoziologie. Sonderheft 42 der Kölner Zeitschrift für Soziologie und Sozialpsychologie. Wiesbaden: Westdeutscher Verlag.

Jansen, Dorothea, 2006: Einführung in die Netzwerkanalyse. Grundlagen, Methoden, Forschungsbeispiele. Opladen: Leske + Budrich, 3. überarbeitete Aufl.

Jansen, Dorothea und *Klaus Schubert* (Hg.), 1995: Netzwerke und Politikproduktion. Konzepte, Methoden, Perspektiven. Marburg: Schüren.

Kappelhoff, Peter, 1984: Strukturelle Äquivalenz in Netzwerken: Algebraische und topologische Modelle. Kölner Zeitschrift für Soziologie und Sozialpsychologie 36: 464-493.

Kappelhoff, Peter, 1987a: Cliquenanalyse: Die Bestimmung von intern verbundenen Teilgruppen in sozialen Netzwerken. S. 39-63 in: *Franz U. Pappi* (Hg.), Methoden der Netzwerkanalyse. München: Oldenbourg.

Kappelhoff, Peter, 1987b: Blockmodellanalyse: Positionen, Rollen und Rollenstrukturen. S. 101-128 in: *Franz U. Pappi* (Hg.), Methoden der Netzwerkanalyse. München: Oldenbourg.

Kappelhoff, Peter, 1993: Soziale Tauschsysteme. Strukturelle und dynamische Erweiterung des Marktmodells. München: Oldenbourg.

Kenis, Patrick und *Volker Schneider* (Hg.), 1996: Organisation und Netzwerk. Institutionelle Steuerung in Wirtschaft und Politik. Frankfurt: Campus.

Krempel, Lothar, 1987: Soziale Interaktionen: Einstellungen, Biographien, Situationen und Beziehungsnetzwerke. Dynamische Ereignisanalysen. Bochum: Schallwig.

Krempel, Lothar, 1990: Interpersonal Structure and Contact. S. 65-90 in: *Jeroen Weesie* und *Henk Flap* (Hg.), Social Networks Through Time. Utrecht: ISOR.

Krempel, Lothar, 2005: Visualisierung komplexer Strukturen. Grundlagen der Darstellung mehrdimensionaler Netzwerke. Campus Verlag: Frankfurt.

Laireiter, Anton (Hg.), 1993: Soziales Netzwerk und soziale Unterstützung. Konzepte, Methoden und Befunde. Bern: Huber.

Laumann, Edward O. und *Franz Urban Pappi*, 1976: Networks of Collective Action: A Perspective on Community Influence Systems. New York: Academic Press.

Lenk, Hans, 1964: Konflikt und Leistung in Spitzensportmannschaften. Soziometrische Strukturen von Wettkampfachtern im Rudern. Soziale Welt 15: 307-343.

Lenk, Hans, 1969: Graphen und Gruppen. Anwendungsmöglichkeiten der mathematischen Graphentheorie in Soziologie und Sozialpsychologie. Soziale Welt 20: 407-427.

Lenk, Hans, 1975a: Bäume, Turniere und soziometrische Graphen. Zur Anwendbarkeit der mathematischen Graphentheorie in der Sportsoziologie. S. 118-145 in: *Hans Lenk*, Leistungsmotivation und Mannschaftsdynamik. Schorndorf.

Lenk, Hans, 1975b: Über strukturelle Implikationen. Zeitschrift für Soziologie 4: 350-358.

Marbach, Jan H., 2005: Soziale Netzwerke von Acht- bis Neunjährigen. Die Rolle von Sozialkapital in der Sozialisation von Kindern im Grundschulalter. S. 83-121 in: *Christian Alt* (Hg.), Kinderleben - Aufwachsen zwischen Familie, Freunden und Institutionen. Band 2: Aufwachsen zwischen Freunden und Institutionen. Wiesbaden: VS Verlag für Sozialwissenschaften.

Marbach, Jan H., 2006: Sozialkapital und Integration im Kindesalter. Soziale Netzwerke von türkischen und russlanddeutschen Kindern. S. 71-116 in: *Christian Alt* (Hg.), Kinderleben - Integration durch Sprache? Schriften des Deutschen Jugendinstituts: Kinderpanel. Band 4: Bedingungen des Aufwachsens von türkischen, russlanddeutschen und deutschen Kindern. Wiesbaden: VS Verlag für Sozialwissenschaften.

Marin, Bernd und *Renate Mayntz* (Hg.), 1991: Policy Networks. Empirical Evidence and Theoretical Considerations. Frankfurt: Campus.

Mayntz, Renate (Hg.), 1967: Formalisierte Modelle in der Soziologie. Neuwied: Luchterhand.

Melbeck, Christian, 1998: Comparing Local Policy Networks. Journal of Theoretical Politics 10: 531-552.
Nehnevajsa, Jiri, 1955: Soziometrische Analyse von Gruppen. Kölner Zeitschrift für Soziologie und Sozialpsychologie 7: 119-157 und 280-302.
Nehnevajsa, Jiri, 1962: Soziometrie. S. 226-240 in: *René König* (Hg.), Handbuch der Empirischen Sozialforschung, Band I. Stuttgart: Enke. 1. Aufl.
Nehnevajsa, Jiri, 1967: Soziometrie. S. 226-240 und 724-726 in: *René König* (Hg.), Handbuch der Empirischen Sozialforschung, Band I. Stuttgart: Enke. 2. Aufl.
Nehnevajsa, Jiri, 1973: Soziometrie. S. 260-299 in: *René König* (Hg.), Handbuch der Empirischen Sozialforschung, Band 2. Stuttgart: Enke. 3. Aufl.
Pappi, Franz U. (Hg.), 1987: Methoden der Netzwerkanalyse. München: Oldenbourg.
Pappi, Franz U. und *Jens Brandenburg*, 2008: Soziale Einflüsse auf die Klassenwahl im Generationen- und Periodenvergleich. Kölner Zeitschrift für Soziologie und Sozialpsychologie 60,3: 1-16.
Pappi, Franz U. und *Christian H.C.A. Henning*, 1998: Policy Networks: More than a Metaphor? Journal of Theoretical Politics 10: 553-575.
Pappi, Franz U. und *Christian H.C.A. Henning*, 1999: The Organization of Influence on the EC's Common Agricultural Policy: A Network Approach. European Journal of Political Research 36: 257-281.
Pappi, Franz U. und *Peter Kappelhoff*, 1984: Abhängigkeit, Tausch und kollektive Entscheidung in einer Gemeindeelite. Zeitschrift für Soziologie 13: 87-117.
Pappi, Franz Urban und *Christian Melbeck*, 1984: Das Machtpotential von Organisationen in der Gemeindepolitik. Kölner Zeitschrift für Soziologie und Sozialpsychologie 36: 557-584.
Pappi, Franz U. und *Christian Melbeck*, 1988: Die sozialen Beziehungen städtischer Bevölkerungen. Kölner Zeitschrift für Soziologie und Sozialpsychologie, Sonderheft 29: 223-250.
Pappi, Franz Urban und *Gunter Wolf*, 1984: Wahrnehmung und Realität sozialer Netzwerke. Zuverlässigkeit und Gültigkeit der Angaben über beste Freunde im Interview. S. 281-300 in: *Heiner Meulemann* und *Karl-Heinz Reuband* (Hg.), Soziale Realität im Interview. Empirische Analysen methodischer Probleme. Frankfurt: Campus.
Pappi, Franz U., Peter Kappelhoff und *Christian Melbeck*, 1987: Die Struktur der Unternehmensverflechtungen in der Bundesrepublik Deutschland. Eine Blockmodellanalyse der Personal- und Kapitalverflechtungen zwischen den größten Unternehmen. Kölner Zeitschrift für Soziologie und Sozialpsychologie 39: 693-717.
Pappi, Franz Urban, Thomas König und *David Knoke* 1995: Entscheidungsprozesse in der Arbeits- und Sozialpolitik. Der Zugang von Interessengruppen zum Regierungssystem über Politikfeldnetze: Ein deutsch-amerikanischer Vergleich. Frankfurt: Campus.
Pfenning, Astrid und *Uwe Pfenning*, 1991: Zur Reliabilität von egozentrierten Netzwerken in Massenumfragen. ZUMA-Nachrichten 28: 92-108.
Pfenning, Astrid, Uwe Pfenning und *Peter Ph. Mohler*, 1987: Egozentrierte Netzwerke: Verschiedene Instrumente – verschiedene Ergebnisse? ZUMA-Nachrichten 21: 64-77.
Preisendörfer, Peter und *Thomas Voss*, 1988: Arbeitsmarkt und soziale Netzwerke. Die Bedeutung sozialer Kontakte beim Zugang zu Arbeitsplätzen. Soziale Welt 39: 104-119.
Riess-Schmeling, Ingrid, 1982: Kontaktstrukturen von Depressiven. Philosophische Fakultät der RWTH Aachen.
Scharpf, Fritz W. (Hg.), 1993: Games in Hierarchies and Networks. Analytical and Empirical Approaches to the Study of Governance Institutions. Frankfurt: Campus, Boulder: Westview.
Schenk, Michael, 1983: Das Konzept des sozialen Netzwerkes. Kölner Zeitschrift für Soziologie und Sozialpsychologie, Sonderheft 25: 88-104.
Schenk, Michael, 1984: Soziale Netzwerke und Kommunikation. Tübingen: J.C.B. Mohr.
Schenk, Michael, 1995: Soziale Netzwerke und Massenmedien. Untersuchungen zum Einfluß der persönlichen Kommunikation. Tübingen: J.C.B. Mohr.

Schenk, Michael, Peter Ph. Mohler und Uwe Pfenning, 1992: Egozentrierte Netzwerke in der Forschungspraxis: Ausschöpfungsquoten und Validität soziodemographischer Variablen. ZUMA-Nachrichten 31: 87-120.

Schenk, Michael, Hermannn Dahm und Deziderio Šonje, 1997: Die Bedeutung sozialer Netzwerke bei der Diffusion neuer Kommunikationstechniken. Kölner Zeitschrift für Soziologie und Sozialpsychologie 49: 35-52.

Schneider, Volker und Frank Janning, 2006: Politikfeldanalyse. Akteure, Diskurse und Netzwerke in der öffentlichen Politik. Wiesbaden: VS Verlag.

Schweizer, Thomas (Hg.), 1989: Netzwerkanalyse. Ethnologische Perspektiven. Berlin: Dietrich Reimer.

Schweizer, Thomas, 1996: Muster sozialer Ordnung. Netzwerkanalyse als Fundament der Sozialethnologie. Berlin: Dietrich Reimer.

Sodeur, Wolfgang, 1991: Zusammensetzung lokaler Populationen und altersheterogene Kontakte unter Kindern. S. 169-194 in: *Reinhard Wittenberg* (Hg.), Person-Situation-Institution-Kultur. Berlin: Duncker & Humblot.

Stegbauer, Christian, 2001: Grenzen virtueller Gemeinschaft. Strukturen internetbasierter Kommunikationsforen. Wiesbaden: Westdeutscher Verlag

Stegbauer, Christian (Hg.), 2008: Netzwerkanalyse und Netzwerktheorie. Ein neues Paradigma in den Sozialwissenschaften. Wiesbaden: VS Verlag.

Stegbauer, Christian und Alexander Rausch, 2006: Strukturalistische Internetforschung: Netzwerkanalysen internetbasierter Kommunikationsräume. Wiesbaden: VS Verlag.

Stoiber, Michael, 2003: Die nationale Vorbereitung auf EU-Regierungskonferenzen. Frankfurt/ New York: Campus.

Stokman, Frans N., Rolf Ziegler und John Scott (Hg.), 1985: Networks of Corporate Power. A Comparative Analysis of Ten Countries. Oxford: Polity Press; japanische Übersetzung Tokio: Bunshindo 1993.

Sydow, Jörg und Arnold Windeler (Hg.), 2000: Steuerung von Netzwerken. Konzepte und Praktiken. Wiesbaden: Westdeutscher Verlag.

Täube, Volker G., 2002: Zur Messung des Sozialkapitals von Akteuren mit Einfluß in empirischen Netzwerken. Bern: Peter Lang.

Thurner, Paul W., 2006: Die graduelle Konstitutionalisierung der Europäischen Union. Tübingen: Mohr Siebeck.

Thurner, Paul W. und Michael Stoiber, 2002: Interministerielle Netzwerke: Formale und informelle Koordinationsstrukturen bei der Vorbereitung der deutschen Verhandlungspositionen zur Regierungskonferenz 1996. Politische Vierteljahresschrift 43: 561-605.

Thurner, Paul W., Michael Stoiber und Cornelia Weinmann, 2005: Informelle transgouvernementale Koordinationsnetzwerke der Ministerialbürokratie der EU-Mitgliedsstaaten bei einer Regierungskonferenz. Politische Vierteljahresschrift 46: 552-574.

Trappmann, Mark, Hans J. Hummell und Wolfgang Sodeur, 2005: Strukturanalyse sozialer Netzwerke. Konzepte, Modelle, Methoden. Wiesbaden: VS Verlag.

Wegener, Bernd, 1987: Vom Nutzen entfernter Bekannter. Kölner Zeitschrift für Soziologie und Sozialpsychologie 39: 278-301.

Wegener, Bernd, 1991: Job Mobility and Social Ties: Social Resources, Prior Job, and Status Attainment. American Sociological Review 56: 60-71.

Weyer, Johannes (Hg.), 2000: Soziale Netzwerke. Konzepte und Methoden der sozialwissenschaftlichen Netzwerkforschung. München: Oldenbourg.

White, Harrison C., Scott A. Boorman und Ronald L. Breiger, 1976: Social Structure from Multiple Networks. I. Blockmodels of Roles and Positions. American Journal of Sociology 81: 730-780.

Windeler, Arnold, 2001: Unternehmungsnetzwerke. Konstitution und Strukturation. Wiesbaden: Westdeutscher Verlag.

Winship, Christopher und *Michael Mandel*, 1983: Roles and Positions: A Critique and Extension of the Blockmodelling Approach. S. 314-344 in: *Samuel Leinhardt* (Hg.), Sociological Methodology 1983-1984. San Francisco, CA.: Jossey Bass.
Wolf, Christof, 1993: Egozentrierte Netzwerke: Datenorganisation und Datenanalyse. ZA-Informationen 32: 72-94.
Ziegler, Rolf, 1972: Theorie und Modell. Der Beitrag der Formalisierung zur soziologischen Theorienbildung. München: Oldenbourg.
Ziegler, Rolf, 1984a: Norm, Sanktion, Rolle. Eine strukturale Rekonstruktion soziologischer Begriffe. Kölner Zeitschrift für Soziologie und Sozialpsychologie 36: 433-463.
Ziegler, Rolf, 1984b: Das Netz der Personen- und Kapitalverflechtungen deutscher und österreichischer Wirtschaftsunternehmen. Kölner Zeitschrift für Soziologie und Sozialpsychologie 36: 585-614.
Ziegler, Rolf, 1987a: Netzwerkanalyse: Metapher, Methode oder strukturales Forschungsprogramm? Zeitschrift für klinische Psychologie XVI: 339-352.
Ziegler, Rolf, 1987b: Positionen in sozialen Räumen. Die multivariate Analyse multipler Netzwerke. S. 64-100 in: *Franz U. Pappi* (Hg.), Methoden der Netzwerkanalyse. München: Oldenbourg,.
Ziegler, Rolf, 1993: Market Structure, Ownership and Cooptation: Accounting for Interlocking Directorships. S. 293-322 in: *Siegwart M. Lindenberg* und *Hein Schreuder* (Hg.), Interdisciplinary Perspectives on Organization Studies. Oxford: Pergamon Press.
Ziegler, Rolf, 2007: The Kula Ring of Bronislaw Malinowski. A Simulation Model of the Co-Evolution of an Economic and Ceremonial Exchange System. München: Beck.

3. Einführung in das Selbstverständnis der Netzwerkforschung

Einleitung: Selbstverständnis der Netzwerkforschung

Das Selbstverständnis der Netzwerkforschung hat durchaus Parallelen zu der Beschreibung ihres Gegenstands: Es zeichnet sich durch Heterogenität und Dynamik aus. Letzteres ist vor allem dem Umstand geschuldet, dass es verschiedene Theoriebestrebungen gibt, die in den seltensten Fällen als umfassende Theorien konzipiert sind. Vielmehr handelt es sich um „Theorien mittlerer Reichweite" (Merton) oder um Theoreme, die in engem Zusammenhang mit empirisch-methodischen Fragestellungen stehen (z.B. strong ties vs. weak ties, embeddedness). Daraus resultiert dann auch ein heterogenes Selbstverständnis, das noch verstärkt wird durch divergierende Forschungsstrategien, die entweder an den Relationen (z.B. strong ties vs. weak ties), an den Positionen bzw. Knoten (z.B. strukturelle Äquivalenz) oder an dem Gesamtnetzwerk (z.B. small world) ansetzen und von dort aus Netzwerkstrukturen und -dynamiken beschreiben bzw. erklären. Nun ist es zwar so, dass diese verschiedenen Betrachtungsfoki auf Netzwerke ihrerseits aufeinander verweisen: Positionen gibt es nicht unabhängig von Relationen, wie umgekehrt. Und – Netzwerke lassen sich in Positionen und Relationen dekomponieren. Gleichwohl kann es einen Unterschied machen, was man als Dreh- und Angelpunkt seiner Argumentation nimmt. Besonders augenfällig wird dies bei den Positionen als Startpunkt: Derartige Netzwerkstudien bzw. -theoreme können durchaus kompatibel sein mit akteurszentrierten Ansätzen. Der dem methodologischen Individualismus nahestehende Ronald Burt begreift demgemäß sein Konzept struktureller Löcher durchaus akteursbezogen, wenn er Netzwerkakteuren empfiehlt, sich möglichst nahe von solchen strukturellen Löchern aufzuhalten. Bei diesem Beispiel wird aber auch die Krux sichtbar, wenn man eine solche Einteilungssystematik, die von dem jeweiligen archimedischen Punkt der forscherischen Perspektive ausgeht, vornimmt. Denn die anderen beiden Aspekte bleiben damit keineswegs ausgeblendet. Die Analyse struktureller Löcher macht nur Sinn in Referenz auf eine höhere Netzwerkebene (hier Gesamtnetzwerk genannt).

Wir haben uns in Ermangelung besserer Alternativen trotzdem dazu entschlossen, die Binnenstrukturierung dieses dritten Großkapitels nach dieser Einteilung vorzunehmen. Wir weisen allerdings ausdrücklich darauf hin, dass diese Einteilung nicht unproblematisch ist.

Dennoch soll in diesem Kapitel, das Thema quasi von „unten her" aufgebaut werden. Wir beginnen mit den Komponenten von Netzwerken, den Relationen. Im zweiten Unterkapitel wird auf die anderen Teilkomponenten unseres Themas eingegangen, die Positionen und Akteure. Es handelt sich um den eher „festen" Teil von Netzwerken, um die Knoten und Konstellationen davon. Beides zusammen ergibt dann eine höhere Netzwerkebene. Auf einer solchen Netzwerkebene betrachtet man Aggregate, die aus den beiden Komponenten zusammengesetzt werden (Knoten und Kanten), die in den vorhergehenden Teilkapiteln betrachtet wurden. Auch hier, wie im gesamten Buch, sollte man sich nicht an den gewollten inhaltlichen Überlappungen stören.

Das erste Teilkapitel beginnt mit einem Beitrag zur Relationalen Soziologie. Roger Häußlings Überlegungen haben sowohl einführenden, wie auch leitenden Charakter.

Die Struktur von Netzwerken ist formal aus Beziehungen, bzw. Kanten zwischen ihnen aufgebaut – diese schlichte Tatsache wird inhaltlich interpretiert im Kapitel von Jessica

Haas und Thomas Malang. Beziehungen in Netzwerken werden strukturiert durch ihre Stärke – eine Tatsache, die durch den, Disziplinen übergreifend klassischen Artikel von Granovetter (1973) ins Blickfeld der Sozialwissenschaft gerückt wurde. Mit diesem Thema befasst sich der Beitrag von Christine Avenarius. Warum, so können wir fragen, entstehen überhaupt Beziehungen und bleiben mit ihnen Bindungen bestehen, die uns ein Stück Gewissheit in einer ansonsten ungeordneten und chaotischen Welt versprechen – auf diese Frage könnte die Gegenseitigkeit eine Antwort geben. Reziprozität scheint eine starke Kraft zu besitzen und ist damit in der Lage, Netzwerke zu strukturieren und zu stabilisieren, wie im Beitrag von Christian Stegbauer diskutiert.

Im zweiten Unterabschnitt des Kapitels stehen die Knoten, also die Personen und inhaltlich begründeten Aggregate/Positionen innerhalb der untersuchten Netzwerke im Mittelpunkt. Im Beitrag von Steffen Albrecht wird darüber reflektiert, inwiefern die häufige Gleichsetzung von Knoten mit Personen in der Netzwerkforschung überhaupt gerechtfertigt ist. Eine solche Gewissheit partiell in Frage zu stellen, sich mit anderen Sichtweisen innerhalb desselben formalen Rahmens der Netzwerkforschung zu befassen, ist ein interessantes Experiment, welches den Horizont erweitert. Rollen und Positionen dagegen sind eher Soziologie-klassische Ordnungsprinzipien, die aber in der Netzwerkforschung immer noch erklärungsmächtig sind. Freilich gelingt es nur, die Aktualität in der Theoriedebatte aufrechtzuerhalten, wie im Beitrag von Christian Stegbauer gezeigt, wenn die klassische Interpretation von Positionen in Richtung einer Flexibilisierung und Dynamisierung verändert wird. Dies hat Konsequenzen für die gesamte Netzwerkforschung. Eine strukturelle Sichtweise auf Positionen liefert die Analyse von strukturellen Löchern, die in dem Beitrag von Nicoline Scheidegger vorgestellt werden. Diese Analyseform geht auf Ronald Burt zurück, der damit ganz explizite Empfehlungen für die Akteure verbindet. Ausgehend vom methodologischen Individualismus empfiehlt er Netzwerkakteuren, sich in der Nähe von strukturellen Löchern aufzuhalten. Diesen Akteuren komme eine Gatekeeper Funktion zu, da sie strategisch mit den Informationen und Ressourcen aus anderen Netzwerkarealen umgehen können. Nicht die Frage nach starken oder schwachen Beziehungen sei entscheidend, so Burt in kritischer Bezugnahme auf Granovetters These, sondern Lücken und Löcher im Netzwerk seien entscheidend. Damit bezieht er sich gleichzeitig auf die Blockmodellanalyse, bei der die Identifikation von Nicht-Beziehungen, so genannte Nullblöcken, eine entscheidende Bedeutung bei der Analyse strukturell äquivalenter Positionen zukommt.

Wenn menschliche Akteure Positionen einnehmen, so stellt sich die Fragen nach der Identität dieser Akteure und nach ihrer Handlungsfähigkeit (agency). Richtungweisend hat hier bereits Simmel eine relationale Deutung menschlicher Individuen gegeben. Der einzelne menschliche Akteur zeichnet sich dadurch aus, dass er in verschiedenen sozialen Kreisen Positionen einnimmt. Das Set an sozialen Kreisen und den dort eingenommenen Positionen produzieren seine spezifische Individualität. In der Moderne wächst obendrein die Anzahl aber auch die Kontingenz wählbarer sozialer Kreise. In dem Beitrag von Michael Nollert werden dieser Gedanke von Simmel und dessen Weiterentwicklung beleuchtet. Daraus kündigt sich bereits ein spezifisches Menschenbild der Netzwerkforschung an, das dann insbesondere in der US-amerikanischen Netzwerktheorie zum Tragen kommt. Jan Fuhse stellt in seinem Beitrag dieses Menschenbild vor. Ordnet man Beziehungsattribute und deren Qualifizierung den Knoten oder Akteuren zu, so kann man diese untereinander vergleichen. Auf diese Weise ergeben sich Erklärungen für Differenzen in den Handlungsmöglichkeiten und für das Bestehen von Ungleichheiten, wie im Beitrag von Marina Hennig thematisiert.

Lange Zeit war es eine Gretchenfrage der Soziologie, ob man makrosoziologisch oder mikrosoziologisch forscht. Entsprechend haben sich beide Forschungsbereiche unabhängig voneinander und vermeintlich unvereinbar parallel entwickelt. Die letzten Jahrzehnte sind jedoch von einem erstarkenden Interesse geprägt, den Zusammenhang zwischen Makro- und Mikrophänomenen zu klären, also wie Handlungen und gesellschaftliche Strukturen voneinander abhängen. Hier kann die Netzwerkforschung ihr ganzes Potential entfalten; denn sie setzt bei der Mesoebene an, indem sie Figurationen, interdependente Sozialzusammenhänge, Netzwerkformationen zum Gegenstand ihrer Analyse und theoretischen Reflexion erklärt. Bruno Trezzini beleuchtet in seinem Beitrag diese Potentiale und koppelt sie an emergenztheoretische Überlegungen. Die Netzwerkforschung steht nicht nur vermittelnd zwischen Mikro und Makro, sondern auch zwischen einer Struktur- und einer Prozessperspektive. Bereits bei Simmel findet sich die Hinwendung zu einer prozesssoziologischen Grundausrichtung, auch wenn er mit seiner Fokussierung auf Formen generelle Strukturmuster davon abheben möchte. Die aktuelle Netzwerkwerkforschung begreift Netzwerke als flexible, heterogene und dynamische Gebilde, die gleichwohl spezifische Struktureigenschaften besitzen. Der Beitrag von Matthias Trier beschäftigt sich vor allem mit den netzwerkanalytischen Möglichkeiten, die Netzwerkdynamik empirisch und methodisch zu fassen. Hierin wird wohl einer der zentralen Forschungsfelder der Netzwerkforschung der nächsten Jahre bestehen. Das small world Phänomen geht auf ein frühes Experiment von Milgram (1967) zurück, hat aber eine breite Debatte erst 40 Jahre später durch die Forschungen von Watts und Strogatz (1998) sowie Barabasi und Albert (1999) ausgelöst, welche die Möglichkeiten aktueller Simulationsprogramme konsequent ausnutzen. Diese von der Physik ausgehende Debatte hat hohe Relevanz für die Soziologie. Sie wird von Dietrich Stauffer in seinem Beitrag dargestellt.

Ein klassischer Vorwurf an die Netzwerkkonzepte bis hinein in die 1980er Jahre war, dass sie sturkturdeterministisch Aspekte der Kultur, der Geschichte und der interpretativen Flexibilität von Bedeutungen ignoriere. Dieser Vorwurf ist spätestens mit Whites „Identity and Control" (1992) obsolet geworden, dessen Wirkung gerade in Bezug auf die dort eingeführten Begriffe „stories", „catnets", „netdoms", „rethorics" und „styles" kaum zu überschätzen ist. Vielmehr ist immer häufiger von einer „kulturalistischen Wende" der Netzwerkforschung die Rede (vgl. z.B. Mützel 2009). Diesem Zusammenhang zwischen Netzwerken und Kultur geht der Beitrag von Andreas Hepp nach.

R. H. / C. S.

Literatur

Barabasi, Albert-Laszlo und *Reka Albert*, 1999: Emergence of Scaling in Random Networks. Science 286:509-512.

Burt, Ronald S., 1992: Structural holes. The social structure of competition. Cambridge, MA.: Harvard University Press.

Granovetter, Mark S., 1973: The Strength of Weak Ties. American Journal of Sociology 78: 1360-1380.

Milgram, Stanley, 1967: The small world problem. Psychology Today 2: 60-67.

Mützel, Sophie, 2009: Networks as Culturally Constituted Processes: A Comparison of Relational Sociology and Actor-network Theory. Current Sociology 57: 871-887.

Watts, Duncan J. und *Steven H. Strogatz*, 1998: Collective dynamics of 'small-world' networks. Nature 393: 409-410.

White, Harrison C., 1992: Identyity and control. A structural theory of social action. Princeton, NJ: Princeton Univ. Press.

White, Harrison C., 1995: Network Switchings and Bayesian Forks. Reconstructing the Social and Behavioral Sciences. Social Research 62: 1035-1063.

Beziehungen

3.1 Relationale Soziologie[1]

Roger Häußling

Bei der Relationalen Soziologie handelt es sich um eine Theorieperspektive der Netzwerkforschung, der man paradigmatischen Charakter attestieren kann. Dies ist darauf zurückzuführen, dass die Relationale Soziologie von einem anderen Ausgangspunkt aus Soziales erklärt, als andere soziologische Ansätze es gemeinhin tun. Sie geht weder von einzelnen Akteuren und deren Wünschen, Bedürfnissen und Entscheidungskalkülen aus, noch von normativ unterlegten Strukturen bzw. Erwartungen oder gegebenen gesellschaftlichen Rahmenbedingungen, sondern vielmehr von relationalen Mustern, sprich: von Beziehungen, Beziehungsgefügen, Netzwerkstrukturen und -dynamiken.

Die Relationale Soziologie versteht sich damit als konsequente Umsetzerin der theoretischen Implikationen, die sich aus der Fokussierung auf Relationen, Positionen, Netzwerkstrukturen und -dynamiken durch die Methoden der Netzwerkanalyse ergeben. Dies bedeutet allerdings nicht, dass nur innerhalb dieses Paradigmas mit Netzwerkmethoden gearbeitet wird. Vielmehr wird auch von anderen theoretischen Positionen aus, wie etwa dem Methodologischen Individualismus (siehe Kapitel 4.3) oder der Systemtheorie (siehe Kapitel 4.7), auf Netzwerkmethoden zurückgegriffen, um den jeweils vorherrschenden Betrachtungsfokus – sei es auf Individuen und deren Entscheidungen, sei es auf Systeme und deren Prozessieren – um relationale Aspekte zu erweitern. Erst wenn relationale Konstellationen und Prozesse als Ausgangspunkt der Argumentation erhoben werden, kann von dem Paradigma der Relationalen Soziologie gesprochen werden.

In der Soziologie lässt sich eine lange Tradition relationalen Denkens und Forschens ausmachen. Gegenstand des Abschnitts 1 ist deren Darstellung, die gleichzeitig auch eine Darlegung der Grundaussagen der Relationalen Soziologie bildet. Dabei werden jene paradigmatischen Weichenstellungen sichtbar, die letztendlich zu einer Neubestimmung etablierter soziologischer Begrifflichkeiten, allen voran der Begriff des Akteurs bzw. sozialer Entitäten, der Prozess- und der Strukturbegriff, führen. Die damit verbundenen Konsequenzen werden im zweiten Abschnitt erörtert. Ebenso wie die theoretischen Implikationen weist auch die empirische Perspektive der Relationalen Soziologie eine hohe Eigenständigkeit auf – angefangen von den angewandten Methoden bis hin zu dem Erklärungsgehalt empirischer Ergebnisse. Diese Eigenständigkeit wird in Abschnitt 3 vorgestellt. Der Artikel endet mit einem Ausblick, der auf das Forschungsprogramm der Relationalen Soziologie für die nächsten Jahre abhebt und damit ihr Anspruchsniveau markiert.

1 Wurzeln und Vertreter relationalen Denkens

Für die Tradition der Relationalen Soziologie stehen Marx, Simmel, von Wiese, Elias etc. Diese besonderen Leistungen werden in den folgenden Abschnitten resümiert.

---

[1] Für wertvolle Hinweise danke ich Doris Blutner und Athanasios Karafillidis.

Karl Marx

„Die Gesellschaft besteht nicht aus Individuen, sondern drückt die Summe der Beziehungen, Verhältnisse aus, worin diese Individuen zueinander stehn." Kein geringerer als Karl Marx (1976: 188) hat diese fundamentale These relationalen Denkens formuliert. Für ihn sind bis auf die Urgesellschaft alle bisherigen Gesellschaftsformen durch eine spezifische Beziehungskonstellation zweier gesellschaftlicher Gruppierungen bzw. antagonistisch gegenüberstehender Klassen geprägt: nämlich durch das Verhältnis zwischen den Expropriierten (Ausgebeuteten) und den Expropriateurs (Ausbeutern). Selbst das Kapital ist für Marx nicht eine Sache, „sondern ein durch Sachen vermitteltes gesellschaftliches Verhältnis zwischen Personen" (Marx 1962: 793). Auch wenn Marx Beziehungskonstellationen und damit relationalen Dimensionen einen nicht zu überschätzenden Stellenwert in seiner Gesellschaftstheorie einräumt, so dienen sie ihm nicht als fundamentale Variablen zur Erklärung und zum Verständnis von Gesellschaften. Im Gegenteil greift er dazu auf den materialistisch gewendete Begriff der Arbeit als tätiger Umgang des Menschen mit der Natur zur Daseinsbewältigung zurück. Auch dieser enthält jedoch relationale Konnotationen. Denn jede Gesellschaft lässt sich durch das Verhältnis zwischen Produktivkräften (worunter auch die Arbeitskraft zu subsumieren ist) und Produktionsverhältnissen (hierunter fallen nun die genuin relationalen Aspekte, also wie z.B. die Produktionsmittel auf die Bevölkerungsteile verteilt sind und welche Abhängigkeiten entstehen, wie Arbeit organisiert ist (z.B. arbeitsteilig etc.)) im Kern bestimmen.

Emile Durkheim, Gabriel Tarde

Bei den Soziologen der ersten Generation finden sich weitere essentielle relationale Gedanken, Durkheim und Tarde gehören dazu.[2] Durkheims soziologische Betrachtung der Arbeitsteilung enthält eine Fülle davon (vgl. Durkheim 1977). Eigens hervorzuheben ist sein Befund, dass sich Gesellschaften nach der Struktur ihrer sozialen Beziehungen und den dadurch ermöglichten sozialen Prozessen differenzieren lassen. In seinem Spätwerk nähert er sich einer strukturalistischen Betrachtungsweise sozialer Beziehungen (insbesondere in: Durkheim 1981) an, auf die sich wiederum sein Schüler Marcel Mauss (1989), der die Reziprozitätsstrukturen von Tauschgesellschaften herausgearbeitet hat, und insbesondere Levi-Strauss ([2]1984) mit seinen Analysen zu Verwandtschaftsstrukturen gestützt hat. Ferner sind Gabriel Tardes (2003) Überlegungen zur Homophilie, zur Imitation, zum sozialen Einfluss und zur Diffusion kultureller Ideen zu nennen.

Georg Simmel

Erst bei Georg Simmel (1992: 15) findet sich jedoch jene paradigmatische Zuspitzung, dass Wechselwirkungen das Letztelement in der Erklärung sozialer Sachverhalte werden. Wechselwirkung bedeutet dabei, dass die Wahrnehmung, die Erwartungshaltung und das Handeln eines Akteurs von dem abhängt, was ein anderer Akteur in einer gemeinsamen sozialen Situation wahrnimmt, erwartet und/oder tut. Dabei ist der Sachverhalt entscheidend, dass Simmel die Triade als kleinste soziale Einheit benennt.[3] Sowohl Gesellschaft als auch

---

[2] Max Weber (1980: 13) räumt zwar der „sozialen Beziehung" eine wichtige Stellung ein (vgl. §3 in „Wirtschaft und Gesellschaft"), gleichwohl bleibt der Handlungsbegriff der Dreh- und Angelpunkt seiner Argumentation. Dort, wo sozial gehandelt wird, lassen sich soziale Beziehungen ausmachen. Aus diesem Grund wird er hier auch nicht als Bezugspunkt aufgeführt.

[3] Der Dritte muss für Simmel nicht physisch präsent sein, um sozial zu wirken. Es reicht aus, wenn seine Erwartungen durch die anderen beiden kognitiv repräsentiert sind.

Individuen werden bei Simmel in Wechselwirkungen aufgelöst. Ersteres führt ihn dazu, Gesellschaft prozessual als Vergesellschaftung und struktural als Netzwerk[4] zu begreifen, das einer geometrieähnlichen Analyse zugänglich ist[5]. Die ‚Dekomposition' von Individuen in Wechselwirkungen wird bei Simmel (1992: 456-511) als „Kreuzung sozialer Kreise" (siehe Kapitel 3.8) beschrieben. Die Individualität ergibt sich aus dem Set an verschiedenen sozialen Kreisen, dem ein Akteur angehört, und den jeweils dort eingenommenen Positionen: Die eigene Herkunftsfamilie, der Freundeskreis, der Kreis an Arbeitskollegen, die Mitglieder des Sportvereins prägen den Einzelnen je nach eingenommener Rolle in essentieller Weise. Und die Einmaligkeit des Individuums resultiert daraus, dass kein zweiter Akteur über genau das gleiche Set positionsspezifischer Teilhaben an konkreten sozialen Kreisen verfügt. Mit der Moderne wachsen die Anzahl und die Wahlmöglichkeit der sozialen Kreise, die ein Individuum ausmachen. Individuen sind dann sowohl als Schöpfer als auch als ‚Betroffene' von Wechselwirkungen zu begreifen.

Sowohl im mikrosozialen Bereich lassen sich in jeder konkreten Wechselwirkung universelle Formen der Vergesellschaftung ausmachen als auch auf der gesellschaftlichen Makroebene. Zu derartigen Formen der Vergesellschaftung zählen: der Wettbewerb, die Über- und Unterordnung, die Stellvertretung, der Streit, das Geheimnis etc. Im Grunde handelt es sich um ein offenes unerschöpfliches Kompendium von Wechselwirkungsformen. Simmel nimmt eine strenge Trennung zwischen Form und Inhalt vor. Mögliche Inhalte sind Interessen, Triebe, Emotionen, Neigungen, Zwecke. Die Soziologie habe sich ausschließlich mit den Formen der Vergesellschaftung und nicht mit den kontingenten und unbeständigen Inhalten zu befassen.

Selbst der interpretative Aspekt von Relationen, der erst in der Netzwerkforschung im Zuge der so genannten „kulturellen Wende" durch die Einführung von Begriffen wie „story", „styles" (vgl. White 1992: 65ff., 166ff.) etc. eine zentrale Bedeutung gewinnt (siehe unten), findet sich bereits bei Simmel (1992: 382ff.). Er spricht vom Wissen voneinander. Jede Beziehung ist durch einen Mix von Wissen und Nichtwissen gekennzeichnet, sodass jeder Beteiligte genötigt ist, das Bild vom Anderen durch (spekulative) Deutungen, „stories", zu schließen.

Als zentrale quantitative Analysedimensionen einer konkreten Wechselwirkungsform bringt Simmel Raum-, Zeit- und anzahlbezogene Aspekte ins Spiel (vgl. Hollstein 2001). Hier wird die geometrische Denkfigur der Simmelschen Soziologie besonders deutlich: Der formale Aspekt der Gruppengröße bestimmt die Wechselwirkung in entscheidender Weise, wobei er – wie oben bereits angedeutet – der Triade eine Sonderstellung einräumt.[6] Im Bezug auf die Raumdimension spielen Faktoren der räumlichen Nähe, Mobilität („Der Fremde") und Beschaffenheit gegebener Grenzen eine Rolle. Unter der Zeitdimension werden Dynamiken, prozessuale Muster („Rhythmus") und parallele Verläufe (u.a. Tendenzen und Gegentendenzen) betrachtet. Mit anderen Worten kann Simmels Soziologie als

---

[4] Auch wenn sich bei Simmel vereinzelt der Netzwerkbegriff bereits finden lässt (vgl. z.B. Simmel 1995: 76), wählt er zur Beschreibung des gleichen Gegenstands vorzugsweise andere Bezeichnungen (am häufigsten spricht er von Formen der Vergesellschaftung, Formen sozialer Gruppen und Kreise sowie von Wechselwirkungsformen).

[5] Hier gründet sich auch die Kennzeichnung seines relationalen Denkens als Formale Soziologie (siehe Kapitel 4.1).

[6] Diese Sonderstellung resultiert daraus, dass die Rolle des Dritten die beiden widersprüchlichen Funktionen, zu trennen und zu verbinden, vereint (Simmel 1992: 114). Zur Bedeutung des Dritten in Simmels Soziologie vgl.: Freund 1976: 90-104.

ein erster großer Versuch gelesen werden, alles Soziale unter den Aspekt der Wechselwirkung zu fassen. Gleichwohl hat er dabei kein geschlossenes Konzept[7] vorgelegt. Zu sehr konfundieren soziologische, psychologischen, philosophischen Ausführungen und zentrale relationale Gedanken miteinander.

Leopold von Wiese
Während Simmels Verdienst darin besteht, die konstitutive Bedeutung der Wechselwirkungen zu erkennen und diese zum genuinen Gegenstand soziologischer Analyse zu machen, gelingt es Leopold von Wiese, mittels einer ersten Systematisierung, die Vielfältigkeit der sozialen Beziehungsformen zu ordnen. Aus der in der Beziehungslehre vorgenommenen Systematisierung gehen vier Hauptkategorien hervor: sozialer Prozess, Abstand, sozialer Raum und soziales Gebilde (Wiese [4]1966: 106ff.). Von der dynamischen Kategorie der sozialen Prozesse (ebd.: 151ff.) nimmt von Wieses Argumentation ihren Ausgang. Sie wird als Näherungs- und Entfernungsprozess zwischen Menschen gekennzeichnet. Nähe und Ferne verweisen dabei schon auf die zweite Kategorie (ebd.: 160f.): diejenige des Abstands, den er mit beziehungsspezifischen Dimensionen auflädt. Für von Wiese ist der soziale Raum kein physisch vorfindbarer Raum, sondern ein sozialrelationaler Raum, in dem die Prozesse von Annähnerung, Anpassung, Angleichung, Vereinigung, Lockerung, Abhebung, Lösung und Brechung (vgl. ebd.: 178) stattfinden. „Ein soziales Gebilde ist eine Mehrzahl von sozialen Beziehungen, die so miteinander verbunden sind, dass man sie im praktischen Leben als Einheiten deutet." (ebd.: 114) Es gibt für ihn die sozialen Gebildeformen der Masse (ebd.: 405f.f.), der Gruppe (ebd.: 447ff.) und der Körperschaft (ebd.: 508ff.). Sie sind zeitüberdauernde „Träger des Zwischenmenschlichen" (ebd., S. 115). Sie werden bei von Wiese strikt relationentheoretisch (vgl. ebd., S. 117) gedacht und lassen sich analytisch in die konstitutiven sozialen Prozesse ihrer Genese auflösen. Auch hier wird von Wieses konsequente Fokussierung auf relationale Prozesse sichtbar (vgl. Stegbauer 2001: 116).

Norbert Elias
Seltener wird auf Norbert Elias (siehe Kapitel 4.2) abgehoben, wenn es um die Wurzeln relationalen Denkens geht. Auch er deutet alle relativ dauerhaften Zusammenschlüsse von Menschengruppen strikt relational. Er spricht genauer von Interdependenzgeflechten[8] bzw. Figurationen, auf deren Ebene sich eine Dynamik entfaltet, die sich nicht mehr adäquat aus der bloßen Summation der Einzelaktivitäten derjenigen Menschen, die diese Verflechtungen miteinander bilden, deuten lassen (vgl. Elias 1970). Diese eigendynamischen Figurationen sind in ihrer Entwicklung zwar ungelenkt, also ohne Zielausrichtung, keinesfalls aber ungerichtet und unstrukturiert. Denn es geht Elias in seiner Figurationssoziologie darum, die Struktur und die prinzipiell reversible Richtung der Figurationsdynamik auszumachen.[9] Ähnlich wie bei Simmel dekomponiert auch Elias den menschlichen Akteur: Er spricht von

---

[7] Systematisierungsvorschläge liegen mit Dahme (1981), Hollstein (2001) und Nedelmann (1999) vor.
[8] Elias hat vehemente Kritik an dem Wechselwirkungsbegriff von Simmel geübt. Er suggeriere, dass es Akteure gäbe, die gleichsam nachträglich in eine Beziehung treten würden (vgl. Elias [3]1996: 44). Des Weiteren bemängelt Elias, dass der Wechselwirkungsbegriff ein Ursache-Wirkungs-Prinzip bei den Beziehungen suggeriere. Auch von Wiese äußert Kritik an dem Wechselwirkungsbegriff Simmels und schlägt stattdessen den Begriff Wechselbeziehung vor, ohne allerdings darauf zu verweisen, dass dieser Begriff ebenfalls auf Simmel zurückgeht (vgl. dazu ausführlicher: Korte [3]1995: 123).
[9] In der Einbeziehung von geschichtlichen Aspekten zur Deutung von relationalen Strukturzusammenhängen unterscheidet er sich auch von der Formalen Soziologie.

„Menschwerdung" und meint damit den Vorgang der Sozialisation, den er als ein „Hineinwachsen" in Figurationen begreift, in denen immer mehr aktiv eigene Rollen angenommen werden.[10] Die Relationen werden bei Elias als Interdependenzen gedeutet, die sich machtanalytisch auf das je vorherrschende 'Kräfteverhältnis' der miteinander in Verbindung stehenden Akteure analysieren lassen. Damit fasst Elias Macht nicht als etwas auf, über das ein Akteur verfügt, sondern strikt relational: Es geht um stets spezifisch austarierte Machtbalancen. Jede soziale Beziehung weist eine Machtkomponente auf. Auch wenn die Machtmittel sehr ungleich verteilt sind, so handelt es sich nie um eine einseitige Relation. Im Vorgriff auf den nächsten Abschnitt wird an dem Machtbegriff von Elias deutlich, dass eine relationale Perspektive eine Neudefinition soziologischer Grundbegriffe nach sich zieht.

Alfred Schütz
Noch völlig brach liegt die Aufarbeitung der Soziologie von Alfred Schütz für die relationale Soziologie. Eine fundamentale Bedeutung kommt in seiner „Protosoziologie" der so genannten „Wir-Beziehung" zu, da in ihr Menschen zueinander in eine besondere Erlebnisnähe treten. Diese relational bedingte Erlebnisnähe ist dem Schlüsselbegriff seiner Protosoziologie, der „Intersubjektivität", kausal vorgelagert. Entsprechend lässt sich die Protosoziologie auf ein relationale Perspektive zurückführen. Mit dem Beziehungstyp „Wir-Beziehung" ist ein face-to-face-Kontakt gemeint. Die dabei sich bietende Nähe ermögliche eine subjektive Erfahrung tatsächlich mit einem anderen Menschen zu teilen (vgl. Schütz/Luckmann 1975: 90ff.). Dies ist für Schütz erwartbar, weil in der Wir-Erfahrung unsere Erfahrungen voneinander nicht nur koordiniert, sondern auch aufeinander bezogen und damit wechselseitig bestimmt sind. Ich kann mich selbst durch den anderen Menschen erfahren, wie dieser sich durch mich bzw. durch meine Reaktionen auf sein Verhalten gespiegelt sieht; „mein und sein Bewusstseinsstrom [können] in echter Gleichzeitigkeit verlaufen [...]: er und ich altern zusammen." (ebd.: 91) Entsprechend kommen Schütz und Luckmann zu der fundamentalen Aussage: „Allgemein gesagt, ist es also die Wir-Beziehung, in der sich die Intersubjektivität der Lebenswelt überhaupt ausbildet und kontinuierlich bestätigt. Die Lebenswelt ist [...] die Welt unserer *gemeinsamen* Erfahrungen." (ebd.: 97f.) Schütz und Luckmann unterscheiden verschiedene Formen von Wir-Beziehungen im Hinblick auf Erlebnistiefe, Erlebnisnähe und Erlebnisintensität.[11] Mit dieser Systematisierung sozialer Beziehungen wird der Unterscheidung von strong ties versus weak ties (s.u.) und von direkten versus indirekten Beziehungen vorweggegriffen. Eine Relationale Soziologie benötigt genau eine solche differenzierte Sicht auf soziale Beziehungen (siehe Abschnitt 2.3.1).

---

[10] Alternativlos nimmt das Neugeborene die Kleinkindrolle in der Familie ein. In späteren Stadien kommt die Schülerrolle, die peer group-Rolle etc. hinzu.
[11] Unter die Wir-Beziehung fallen zunächst einmal sehr heterogene Kontakte: oberflächliche Gespräche mit Straßenbekanntschaften ebenso wie ein Liebesakt (vgl. ebd.: 94). Wir-Beziehungen können sich nur in einer je konkreten *Wirkwelt* eines Menschen bilden. Von ihr heben Schütz und Luckmann noch die soziale Mitwelt, die Vorwelt und die Nachwelt ab. In allen Welten herrschen spezifische Beziehungen vor. Die Mitwelt ist beispielsweise durch Beziehungen zu Zeitgenossen geprägt, die Schütz und Luckmann ebenfalls in verschiedene Formen von Ihr-Beziehungen einteilen.

Pierre Bourdieu
Wacquant bezeichnet die Soziologie Pierre Bourdieus als methodologischen Relationalismus (vgl. Wacquant 1996: 34-40). Denn die zwei zentralen Begriffe Bourdieus: „Habitus" und „Feld" begreift er als „Bündelungen von Relationen". „Ein Feld besteht aus einem Ensemble objektiver historischer Relationen zwischen Positionen, die auf bestimmte Formen von Macht (oder Kapital) beruhen, während der Habitus ein Ensemble historischer Relationen darstellt, die sich in Gestalt der geistigen und körperlichen Wahrnehmungs-, Bewertungs- und Handlungsschemata in den individuellen Körpern niedergeschlagen haben." (ebd.: 36f.) Entsprechend seien der Stoff, aus dem die soziale Wirklichkeit bestehe, Relationen und nichts anderes. Auch wenn man diese Einschätzung Wacquants in Bezug auf den Bourdieuschen Feldbegriff (weniger aber auf seinen Habitusbegriff) noch zustimmen kann, kommt bei Bourdieu spätestens mit dem Kapitalbegriff ein weiteres, relationentheoretisch nicht gedecktes Konzept ins Spiel, dem weitere (gesellschaftskritisch-normative) Prämissen zugrunde liegen. Vor diesem Hintergrund mag es nicht verwundern, dass Bourdieu (2005) seinerseits der Netzwerkanalyse vorwirft, sie orientiere sich ausschließlich an den empirisch beobachtbaren Interaktionsbeziehungen und gelange nicht zu den objektiven Beziehungen, die durch die Kapitalverteilungen in den sozialen Feldern erzeugt werden.

US-amerikanische Netzwerkforschung
Nicht zuletzt durch eine rasche und intensive Rezeption des Simmelschen Werks finden sich in den USA bereits frühe Anknüpfungspunkte an das relationale Denken. Zu nennen sind hier 1. Peter Michael Blaus (1964) austauschtheoretische Überlegungen zur Reziprozität und zur makrosoziologischen Verankerung von Simmels „Kreuzung sozialer Kreise", 2. George Caspar Homans (1950) Überlegungen zur Gruppenzugehörigkeit, die bereits wesentliche Gedanken der Blockmodellanalyse (s.u.) vorwegnehmen, sowie 3. James S. Colemans (1958) netzwerkanalytische Forschungen und sein Konzept des Sozialen Kapitals (Coleman 1988).

Folgt man dem Vorschlag von Emirbayer und Goodwin (1994: 1425ff.), lässt sich die bedeutende US-amerikanische Tradition relationalen Denkens (siehe Kapitel 4.4 und 4.6) seit den 1960er Jahren in drei Spielarten der Netzwerkforschung darstellen. Vor allem frühe netzwerkanalytische Studien verfolgen – so die beiden Autoren – einen „strukturalistischen Determinismus", der – wie der Name schon sagt – ahistorisch und nicht-akteurszentriert (universelle) Strukturen menschlichen Zusammenlebens zu identifizieren versucht.[12] Davon heben Emirbayer und Goodwin den „strukturalistischen Instrumentalismus" ab, der zwar den sozialen Akteuren eine gestaltende Rolle bezüglich den historisch bedingten sozialen Figurationen beimisst, dies aber in Form sehr vereinfachender utilitaristischer bzw. austauschtheoretischer Prämissen praktiziert. Auch wenn die beiden Autoren nicht explizit den führenden Protagonisten dieser Spielart erwähnen, dürften sie wohl vor allem Ronald Burt vor Augen gehabt haben, der die Netzwerkperspektive mit einem Rational Choice-Ansatz verknüpft. Mit diesen Vorannahmen ist es Burt nämlich möglich, für einzelne Akteure nutzenmaximale Positionen in der Nähe von „strukturellen Löchern" (Burt 1992; siehe Kapitel 3.7 in diesem Band) zu identifizieren, die sie als „gatekeeper" überbrücken können,

---
[12] In einer derart strukturalistischen Manier sind auch die frühen Arbeit von White einzugruppieren (vgl. Emirbayer/Goodman 1994). Zu dem beutungsvollen Zusammenhang zwischen Netzwerkforschung und Strukturalismus siehe Kapitel 4.5.

um damit Informations- und Ressourcenvorteile zu erzielen. Durch die starke Betonung des instrumentellen Charakters von Netzwerkstrukturen und die strategische Disponibilität der Netzwerkakteure ist diese Spielart der Netzwerkforschung letztlich einem anderen Paradigma zuzuordnen als der Relationalen Soziologie. Emirbayer und Goodwin machen keinen Hehl daraus, dass sie vor allem die dritte Spielart der Netzwerkforschung für zukunftsträchtig halten: den „strukturalistischen Konstruktionismus". Diese Variante der Netzwerkforschung sei den anderen beiden insofern überlegen, als sie soziale Strukturen sowohl mit der menschlichen Agency als auch mit kulturellen und historischen Faktoren verknüpft. Der ambitionierteste Theorieentwurf hierbei dürfte mit Harrison C. White (1992; ²2008) vorliegen. Durch die Einbeziehung von Begriffen wie „story", „catnets", „netdom", „rethorics", „styles" und „cultural ambiguity" verwebt er kulturelle und historische Aspekte (siehe Kapitel 3.14) in die Netzwerkforschung. Von mindestens ebenso grundlegender Bedeutung ist Whites Ausarbeitung einer abstrakten Begrifflichkeit, die auf verschiedenen sozialen Aggregationsstufen (siehe Kapitel 3.11) ihre Anwendung finden kann. Dabei ist der Gedanke der Selbstähnlichkeit entscheidend: Prozessmuster wiederholen sich in kleinen wie in großen Netzwerken. Da mit Whites „Identity and Control" (1992; ²2008) das bislang ambitionierteste und umfassendste Konzept Relationaler Soziologie vorliegt, sollen im folgenden Abschnitt 3 die fundamentalen Weichenstellungen Relationaler Soziologie durch die Rückbindung an Whites Überlegungen diskutiert werden.

Vor allem hat die Weichenstellung zur konsequenten Einbeziehung kultureller Aspekte zu einer breiten Debatte unter den Netzwerkforschern geführt, wie sich diese Aspekte konstruktiv in die Netzwerkforschung einbinden lassen. Immer häufiger ist von einer „kulturellen Wende" der Netzwerkforschung die Rede (vgl. z.B. jüngst Fuhse/Mützel 2010). Hier ist an die sehr frühe Studie von Peter Bearman (1993) zu erinnern, der den Einfluss von Ideen und Rhetoriken auf die Rollenstruktur von Netzwerken analysiert. Ann Mische (2003) hat die Bedeutung von Narrationen und Unterhaltungen für die Konstitutionsphase von Netzwerken herausgearbeitet. Ronald Breiger (2007) befasst sich mit „kulturellen Löchern" in Netzwerken. John Levi Martin (1998) geht der Interdependenz zwischen kulturellen Orientierungen der Netzwerkbeteiligten und ihren faktischen Beziehungsformen nach. White selbst befasst sich in den letzten Jahren verstärkt mit Sprachformen und ihre Bedeutung für Netzwerkstrukturen (vgl. White/Godart 2010). Schließlich sind an dieser Stelle auch institutionalistische Ansätze zu nennen – allen voran John Mohrs (2000) strukturalistische Version des Neo-Institutionalismus[13]. In Anlehnung an Bourdieu spricht er von einer Dualität von Kultur und Praktiken in Netzwerken.

Demgegenüber ist Whites zweitem zentralem Gedanken der Selbstähnlichkeit von Netzwerken nicht in dem Maße Beachtung geschenkt worden. Hier bildet der großangelegte Versuch John Levi Martins (2009), über Netzwerkstrukturformen den Aufbau von sozialen Makrostrukturen zu erklären, eine richtungweisende Ausnahme.

Ohne das Label „Netzwerktheorie" zu verwenden, aber dennoch einem strikt relationalen Denken verpflichtet, und deshalb für die aktuelle Theoriediskussion maßgebend, sind die Arbeiten von Andrew Abbott (2001a, 2001b), der vor allem für seine soziologische Beschreibung von selbstähnlichen Strukturen bekannt ist, aber auch die Tauglichkeit von Kausalanalysen für relationale Strukturen in Frage stellt. Nicht zuletzt ist es der Geschichtssoziologe Charles Tilly (1998, 2005), der immer wieder die Vorzüge eines „metho-

---

[13] Auch bei den Klassikern des Neoinstitutionalismus – etwa DiMaggio (1986) und Powell (1990) – finden sich relationale Gedanken und bedeutsame Bezüge zur Netzwerkforschung.

dologischen Relationalismus" (im Gegensatz zu einem „methodologischen Individualismus" und einem „methodologischen Holismus") hervorhebt und im Rahmen von Studien zu Ungleichheit, Staatenbildung und Grenzen wichtige Theoriebausteine entwickelt hat.

Schließlich gibt es wichtige relationale Weichenstellungen in den soziologischen Theorien, welche die Netzwerkbegrifflichkeit weitgehend nur metaphorisch einsetzen. Hier ist vor allen Dingen an die Akteur-Netzwerk-Theorie (siehe Kapitel 4.8) von Bruno Latour (zusammenfassend: Latour 2007) und Michel Callon (1986), an Manuel Castells (1998) Netzwerkgesellschaft und an Dirk Baeckers (2007) Thesen zur „Next Society" zu denken.

2 Zur relationalen Neubestimmung des Sozialen

In einem richtungsweisenden Text, der den bezeichnenden Titel „Manifesto for a Relational Sociology" trägt, hat Emirbayer (1997) das Paradigmatische der Relationalen Soziologie herausgearbeitet. Er sieht im Grunde nur zwei Möglichkeiten, heutzutage Soziologie zu betreiben, entweder in einer „substantialistischen" oder in einer „relationalistischen" Weise. Zu Ersterem zählt er jeden Ansatz, der von „Einheiten", die unter ihren eigenen Prämissen agieren, als erklärende Variablen ausgeht. Darunter fallen nach Emirbayer der Methodologische Individualismus, die Spieltheorie, aber auch Systemtheorie, normative und interaktionistische Ansätze sowie die in der empirischen Sozialforschung vorherrschende variablenzentrierte Soziologie. Dem gegenüber setzt er die konsequent prozessuale Betrachtung der Relationalen Soziologie, die isolierte bzw. isolierbare Einheiten negiert und auf die Vorgängigkeit relationaler Dynamiken setzt, auf deren Basis sich dann mehr oder weniger fragile Elemente konstituieren. „In this point of view [...] the very terms or units involved in a transaction derive their meaning, significance, and identity from the (changing) functional roles they play within that transaction. The latter, seen as a dynamic, unfolding process, becomes the primary unit of analysis rather than the constituent elements themselves." (Emirbayer 1997: 287)

Auch für Granovetter (1992) ist die relationale Perspektive eine Möglichkeit, aus gegebenen theoretischen Vereinseitigungen herauszugelangen. Besonders in wirtschaftswissenschaftlichen Theorien sieht er entweder eine über- oder eine untersozialisierte Konzeption menschlichen Handelns am Werk. Bei Ersterer stehen die Eigeninteressen von Akteuren im Mittelpunkt des Forschungsfokus (homo oeconomicus), bei Letzterer Normen, Rollen und/oder Konventionen. So unterschiedlich diese beiden theoretischen Perspektiven sein mögen, sie verbindet nach Granovetter eine grundlegende gemeinsame Annahme: nämlich dass die Einbettung von Akteuren in konkrete Beziehungskonstellationen keinen relevanten Einfluss auf die Handlungsweisen besäßen. Entsprechend begreift er die Embeddedness-Perspektive als eine paradigmatisch davon zu unterscheidende Herangehensweise, soziales Handeln theoretisch zu begreifen und analytisch zu erfassen.

Einbettung bedeutet, einem bestimmten Set an Einflussnahmen ausgesetzt zu sein, nur bestimmte Möglichkeiten zu besitzen, in ablaufende Prozesse zu intervenieren – nämlich je nach dem, über welche Pfade man an diesem Geschehen beteiligt ist –, und eine ausschnitthafte positionsabhängige Perspektive auf die relationalen und prozessualen Konstellationen einzunehmen (vgl. Granovetter 1985). In letzter Konsequenz wird mit dieser theoretischen Weichenstellung ein archimedischer Punkt der Erkenntnis abgelehnt und Erkenntnis selbst zu einem Produkt relationaler Aktivität im Netzwerk der unterschiedlichen Perspektiven.

An den programmatischen Texten von Emirbayer und Granovetter wird deutlich, dass mit der Verschiebung der Forschungsperspektive auf die dynamische „Mitte" relationaler Prozesse fundamentale Implikationen für die Soziologie verknüpft sind. Wie Elias betont hat, spielt zu deren adäquater Erfassung unsere Sprache einen Streich, da sie ein substanzbezogenes Denken fördert und wenig Begriffe für die dynamisch-relationale Welt besitzt.

Entsprechend ist es sinnvoll, mit der Relativierung bzw. Relationierung sozialer Einheiten zu beginnen, um in die Relationale Soziologie einzuführen (vgl. Abschnitt 2.1). Jede soziale Entität lässt sich demzufolge relational dekomponieren; oder anders formuliert: Soziale Entitäten konstituieren sich aus ihnen vorausgehenden relationalen Konstellationen und Dynamiken. Wie der vorherige Abschnitt gezeigt hat, sind fast alle Konzepte Relationaler Soziologie prozesssoziologisch konzipiert. Entsprechend sollen in einem nächsten Schritt relationale Prozesse behandelt werden (vgl. Abschnitt 2.2), bevor dann soziale (Bedeutungs-)Strukturen gemäß dem relationalen Paradigma erörtert werden (vgl. Abschnitt 2.3). Wie angekündigt, werden die folgenden Ausführungen sich vor allem auf White (1992; 2008) beziehen.

2.1 Relational komponierte Entitäten/Identitäten/Akteure

Entitäten sind in einer relationalen Perspektive relativ: Eine solche Denkweise sperrt sich vor allem gegenüber den üblichen Konzeptionen menschlicher Akteure (siehe Kapitel 3.9). In der relationalen Soziologie konstituieren sie sich durch soziale Netzwerke. „Persons come into existence and are formed as overlaps among identities from distinct network-populations. [...] Person should be a construct from the middle of the analysis, not a given boundary condition." (White 1992: 196f.) Dies ist sowohl situativ wie auch biographisch zu verstehen. White (1992: 312-314) differenziert vier Stufen der Identitätsbildung: Die erste beschreibt die Notwendigkeit in sozialen Situationen stets einen konkreten physischen und sozialen Platz beziehen zu müssen. Diese elementare Einbettung eines Akteurs in ein je konkretes Netzwerk führt dazu, dass ihm nur ein bestimmtes Set an Handlungs-, Kommunikations- und Deutungsmöglichkeiten zur Verfügung steht; denn dieses Set ist positionsbedingt. Die zweite Stufe bringt die an eine konkrete Position geknüpften Erwartungshaltungen ins Spiel. White nennt diese Stufe bildlich „face", ein Gesicht besitzen bzw. wahren. Die dritte Identitätsstufe ergibt sich daraus, dass Akteure in mehr als nur einem Netzwerk spezifische Positionen annehmen, ganz im Sinne von Simmels „Kreuzung sozialer Kreise". Für White sind es gerade die sich aus den verschiedenen positionsbedingten Erwartungshaltungen ergebenden Spannungen, welche die Identitätsbildung dieser Stufe begünstigen. Die letzte Stufe stellt die Lebensgeschichte eines Akteurs dar. Hier kommt dem narrativen Aspekt eine besondere Bedeutung zu; denn es sind die Stories, die eine inhaltliche Klammer um das Sammelsurium an unterschiedlichsten Prägungen des Akteurs durch wechselnde Netzwerke und seinen Möglichkeiten, eine je aktive Position zu beziehen, legen.

Diese Identitätsstufen sind so konzipiert, dass sie auch bei höherstufig aggregierten Akteuren, also Gruppen, Gemeinschaften, Organisationen etc., beobachtet werden können. Durch die Fokussierung auf Relationen sind aber auch diese aggregierten Entitäten erklärungsbedürftig. Die positionale Erklärung einer Identitätsbildung reicht da nicht aus, sondern es sind prozessual-relationale Argumente dafür nötig, dass derartige aggregierte Entitäten überhaupt entstehen können. Hier gibt es unterschiedliche Erklärungsansätze: z.B. das

Homophilieprinzip, die Balancetheorie in Bezug auf Triaden, austauschtheoretische Überlegungen, Sozialkapitalkonzepte (siehe Kapitel 3.10) und Ansätze, die auf Patronage- bzw. Machtstrukturen abheben. Einen sehr abstrakten derartigen Erklärungsansatz bilden Whites „disziplines". Unter Bezugnahme auf Kommunikationsstudien von Bales (1982) und Argyle (1972) differenziert White drei Vergleichsgesichtspunkte, unter denen aggregierte Identitäten bzw. relationale Formationen beschrieben werden können: Der erste Gesichtspunkt hebt auf affektive Aspekte (Sympathie versus Antipathie) ab, woraus sich inkludierte und exkludierte soziale Akteure ausmachen lassen. Diese Bewertungsform nennt White „arena". Unter „councils" versteht er zweitens hierarchische Anordnungen, bei denen „Dominanz" und „Subordination" anzutreffen sind. Je nach Durchsetzungsvermögen bzw. Einbindungsmöglichkeiten lässt sich ein Prestigewert eines sozialen Akteurs ableiten, der seine Stellung in einer „Hackordnung" definiert. Drittens hebt das „interface" auf instrumentelle Relationen ab, wie sie vorzugsweise in der Wirtschaft anzutreffen sind. Hier herrscht der Vergleichsgesichtspunkt der Qualität vor. Man denke z.B. an Produktionsmärkte, in denen unterschiedliche Hersteller mit verschiedenen qualitativen und preislichen Angeboten einer Produktart eine Marktnische zu besetzen versuchen.[14] Der Vorzug dieser abstrakten Begrifflichkeit liegt darin, dass sie auf unterschiedliche soziale Aggregationsstufen zur Anwendung gebracht werden kann, um Ordnungsprozesse zu beschreiben. Die Disziplinen sind auch eher idealtypisch gemeint, sie kommen also in Mischformen vor. An diesen Ausführungen wird jedenfalls deutlich, dass soziale Akteure – unabhängig von ihrer sozialen Aggregationsstufe – grundsätzlich erklärungsbedürftige Größen bilden.

2.2 Relationale Prozesse

Ebenso verhält es sich mit den sozialen Prozessen. Ein klassischer soziologischer Handlungsbegriff kann aufgrund der relationalen Konstruiertheit sozialer Akteure nicht eingeführt werden. Gleichzeitig ist ein kommunikatives Reinheitsgebot (a la Luhmannscher Systemtheorie) in Netzwerken aufgrund ihrer heterogenen Verfasstheit und unscharfen Grenzen deplatziert. Was für eine Art von Prozessen herrscht dann in Netzwerken anstatt dessen vor?

Auch hier gilt bei jüngeren netzwerktheoretischen Ansätzen das Grundbedürfnis, zu einer abstrakten Terminologie zu gelangen, die auf unterschiedlichen sozialen Aggregationsniveaus angewandt werden kann. Hierbei gibt es allerdings noch weniger „klassische" Bezugspunkte als bei einer nicht-akteurszentrierten Betrachtungsweise des Sozialen. Einzig von Wiese (^{4}1966: 224f.) hat in konsequenter Weise den Handlungsbegriff in seiner Beziehungslehre zu vermeiden versucht und stattdessen den Begriff des „sozialen Prozesses" eingeführt. Pointierter wirkt da das Angebot von White, konsequent von Kontrolle zu sprechen, und sie als einen reziproken Prozess aufzufassen, also strikt relational: Kontrollprojekte glücken nur dauerhaft, wenn sie wechselseitig angelegt sind. Netzwerke sind aufgrund ihrer Heterogenität und von außen kommender und nach innen sich fortsetzender Turbulenzen auf eine „interne Kontrollstruktur" angewiesen (vgl. Baecker 2006: 45), um fortbestehen zu können. Erst wenn diese Einflussnahmen und „Störungen" des Umfelds kontrolliert werden, kann sich eine Identität konstituieren. Je erfolgreicher die Kontrollprojekte einer

---

[14] White selbst hat nur diese dritte Disziplin mit entsprechenden wirtschaftssoziologischen Studien näher beleuchtet (vgl. White 2002).

Identität ausfallen, umso mehr Unsicherheiten für andere Identitäten des Umfelds werden geschaffen.

Es lassen sich – nach White - einige generelle Typen von Kontrollstrategien ausmachen: (1) „Social ambage" (ebd.: 106f.) stellt ein „soziales Manöver" (Azarian 2005: 69) dar, indem Identitäten über das Ausnutzen bestehender Relationen andere Identitäten in direkter oder indirekter Form zu beeinflussen versuchen. (2) „Cultural ambiguity" (White 1992: 103ff.) entsteht aus einer interpretativen Flexibilität der sozialen Gegebenheiten (vgl. ebd.: 112). Das Hauptziel dieser Bemühungen besteht darin, die Verbindung möglichst flexibel und ambivalent, undefiniert und offen für verschiedene Interpretationen bzw. Bewertungen zu halten, um Raum für eigene Manöver zu erlangen. (3) Dem „De-coupling" (White 1992: 12f.; 111f.) kommt eine fundamentale Bedeutung innerhalb von Netzwerken zu, da das Kappen von Verbindungen die (friedliche) Koexistenz von verschiedenen unabhängigen Aktionsfeldern ermögliche. „De-coupling" stellt für White eine Form der Kontrollversuche dar, die alles Unerwünschte in den Netzwerkprozessen abblocken. Das Entkoppeln könne zeitweise oder dauerhaft erfolgen, ebenso wie vollständig oder partiell.

Da nach White alle Identitäten bestrebt sind, Kontrollprojekte zu realisieren, stellt das Soziale nichts anderes als den Austragungsort dar, wo sich diese Projekte mehr oder weniger zufällig überlagern. Nirgendwo deutlicher wird die enge Verwebung Whites von kultureller und struktureller Analyse als bei dem Kontrollbegriff. Denn versucht man, die Ambiguität zu reduzieren, führt dies in der Regel zur Erhöhung des sozialen Ambages – vice versa (White 1992: 107f.). Mit anderen Worten: Klare Strukturen provozieren interpretative Ausweichmanöver, wie umgekehrt kulturelle Festlegung zu Versuchen führt, diese durch „soziale Manöver" bzw. Beziehungsmanagement zu umgehen. Entsprechend kann der Wechselbezug zwischen sozialem Ambage und kultureller Ambiguität als die grundsätzlichste Relation verstanden werden, von der eine Relationale Soziologie ausgehen kann und auf die relationale Argumente zulaufen (vgl. Häußling 2006).

2.3 Relationale Bedeutungs-Strukturen

Die enge Verwobenheit zwischen sozialem Ambage und kultureller Ambiguität setzt sich entsprechend auf der Strukturebene fort – und zwar angefangen bei den Relationen (Abschnitt 2.3.1), über Relationsgefüge (Abschnitt 2.3.2) bis hin zu Bedeutungsstrukturen auf der Makroebene (Abschnitt 2.3.3).

2.3.1 Mikrostrukturen

Immer wieder wird auf die zentrale Bedeutung unterschiedlicher sozialer Beziehungen für das Verständnis von Netzwerken hingewiesen und bei multiplexen Netzwerkanalysen auch empirisch berücksichtigt. Für einen elaborierten Begriff sozialer Beziehungen ist entscheidend, dass auch in ihnen sowohl soziales Ambage als auch kulturelle Ambiguität anzutreffen ist: Denn erst die Stories, machen aus Abhängigkeitsrelationen soziale Beziehungen im engeren Sinn, so dass man nuancenreich beispielsweise zwischen engen und losen Freundschaften unterscheiden kann. Und erst wenn durch „stories" Relationen zwischen Knoten als soziale Beziehungen mit spezifischer Ausprägung differenzierbar werden, erfährt eine

Reihe von Netzwerkanalysemethoden – wie zum Beispiel die Blockmodellanalyse – überhaupt erst ihre Plausibilisierung. Über den Stellenwert von verschiedenen „Types of ties" herrscht allerdings noch ein großer Forschungsbedarf.

Eine wichtige Ausnahme bildet hier Granovetters Unterscheidung zwischen starken und schwachen Beziehungen (vgl. Granovetter 1973: 1360-1380; ders. 1974; siehe Kapitel 3.3 in diesem Band). Die Anzahl von „strong ties" ist für jede Person begrenzt, da ihre Pflege definitionsgemäß zeitaufwändig ist. In ihnen herrschen nach Granovetter Vertrauen, Solidarität und Verbindlichkeit.[15] Demgegenüber kann eine Person beiläufig eine Vielzahl von „weak ties" unterhalten. Sie eröffnen ihr – so Granovetter – Zugänge zu ganz anderen Netzwerkarealen und können folglich größere Netzwerkdistanzen überbrücken. Diese Brücken besitzen eine geringe Redundanz. Es handelt sich um eher flüchtige, punktuelle und zumeist instrumentell ‚genutzte' Beziehungen, die nicht die ganze Persönlichkeit fordern. Demgegenüber lassen sich „strong ties" in der Primärumgebung einer Person ausmachen.[16]

Ein weiterführender Typologisierungsversuch müsste mehrere Dimensionen statt einer einzigen definieren, um soziale Beziehungen einzuteilen. Diese Dimensionen müssten neutral in dem Sinne sein, dass sie nicht nur positiv konnotierte Beziehungen sondern auch Feindschaften, Rivalitäten und Konkurrenzen sowie Relationen auf höheren sozialen Aggregationsniveaus (z.B. zwischen Organisationen) erfassen können. Mögliche Kandidaten für diese Dimensionen könnten Simmels „Wissen voneinander" (siehe Kapitel 4.1) sowie Macht (im Sinne von Elias, siehe Abschnitt 1) und sozio-emotionale Orientierung nach Bales (1982) sein.

2.3.2 Mesostrukturen

Wenn von einem Freundschaftsnetzwerk, einer Jugendgang, einer virtuellen Gemeinschaft die Rede ist, sind ebenfalls soziale Relationierungen und kulturelle Bedeutungen bis zur Ununterscheidbarkeit eine Liaison eingegangen. Aus der Perspektive der Relationalen Soziologie bleiben diese Netzwerke eingebettet in umfassendere Netzwerke, ihre Grenzziehung und damit Identitätsbildung bleibt prekär (vgl. Häußling 2009). Abbott (1995: 857) hebt auf die konstitutive Bedeutung von stories, Selbst- und Umweltbeschreibungen für die Identitätsbildung dieser Netzwerke auf der Mesoebene ab, indem diese Beschreibungen einen Unterschied machen zu dem, wo sie eingebettet sind. Denn zu Beginn ergeben sich – nach Abbott – nur zufällige Differenzen im sozialen Raum, was Praktiken und Sinnsetzungen anlangt. Durch die Bezeichnung dieser Differenzen werden – Abbott zufolge – „protoboundaries" (ebd.: 867) erzeugt, die zunächst einmal nur auf der semantischen Ebene Grenzen darstellen. Da diese für Abbott wieder in die sozialen Prozesse einfließen, verfestigen

---

[15] Demzufolge ist für Granovetter eine starke Bindung durch „a (probably linear) Combination of the amount of time, the emotional intensity, the intimicy (mutal confiding), and the reciprocal services" gekennzeichnet (Granovetter 1973: 1361). Granovetter greift dabei auf eine Fülle soziologischer und sozialpsychologischer Grundannahmen zurück, wie zum Beispiel auf die Austauschtheorie, die Balancetheorie und dem Homophilieprinzip: Nach Homans' „Grundgesetz der Interaktion" fördert eine häufige Interaktion die Stärke von Beziehungen (vgl. Homans 1950). Nach der Balancetheorie Heiders (1944: 358-374) und dem Homophilieprinzip Laumanns (1973) haben Akteure mit solchen Personen eine hohe Austauschintensität, bei denen sie Ähnlichkeiten zu sich selbst feststellen.

[16] Die Operationalisierung der Begriffe „strong ties" und „weak ties" hat an diesen Punkten angesetzt. Vgl. Haß 2002: 100f.

sich diese Differenzen auch auf der prozessualen und strukturellen Ebene. Nun begreift sich beispielsweise eine Jugendgruppe nicht nur anders als die anderen, sondern sie gibt sich ein anderes Outfit, verhält sich anders, präferiert anderes etc.

Wie in Abschnitt 2.1 schon erörtert, konstituieren sich für White Ordnungszusammenhänge – also aggregierte Identitäten – durch die Befolgung einer oder mehrerer Disziplinen. Unter Bezugnahme auf die Physik der Gele verweist er auf Verfestigungsprozesse von Molekülen, die eine ‚soziale Organisation' entstehen lassen. Kontrollprojekte sind unter dem Gängelband von Disziplinen austariert und in einen kristallinen Zustand überführt.

Doch die Relationale Soziologie ermöglicht – gemäß White – noch zwei weitere Perspektiven auf die an sich grenzenlose soziale Netzwerklandschaft, um Mesostrukturen zu identifizieren. Reduziert man kulturelle Ambiguität, indem man bestimmte Kategorien als Eigenschaften von Netzwerkelementen als Auswahlkriterien anlegt, so lassen sich so genannte „catnets" (Kategoriennetzwerke) identifizieren. Entsprechend bildet die Gruppe der Elementarteilchenphysiker ein „catnet", auch wenn sich viele Forscher gar nicht untereinander kennen und offen bleibt, welche Beziehungen sie untereinander pflegen, wenn sie sich kennen. Demgegenüber lassen sich „netdoms" (Netzwerkdomänen) beobachten, wenn man soziales Ambage reduziert. In diesem Fall herrscht eine bestimmte Beziehungsform vor. Eine Fußballmannschaft steht zum Beispiel für eine solche Netzwerkdomäne. Es haben sich in der Domäne spezifische Semantiken herausgebildet, die in engem Zusammenhang mit den netzwerkspezifischen Positionen und Beziehungen stehen. Im Alltag wechseln wir von einer Netzwerkdomäne zur nächsten.

2.3.3 Makrostrukturen

Die Differenzierung in verschiedene Ausprägungen sozialem Ambages und kultureller Ambiguität wendet White auch auf Makrostrukturen an. Es sind nach White (1992: 116ff.) die Institutionen, die hier für die Reduktion von kultureller Ambiguität sorgen. Ihre Leistung besteht darin, dass sie in Story-Sets eine größere Menge von Disziplinen miteinander verknüpfen. Es handelt sich um Festlegungen von Bedeutungen, die vor allem den Wertaspekt von Disziplinen generalisieren und damit Grenzziehungen vornehmen, welche Prozesse zulässig sind und welche nicht. Die stabilisierende Wirkung von Institutionen ist deshalb kaum zu überschätzen. Orientieren sich Netzwerke an diesen Story-Sets, wird auch das Maß an zulässigen Kontrollprojekten drastisch eingeschränkt. Entsprechend kann es neben Gesellschaftsnormen auch noch spezifische Gruppennormen geben, welche die zulässigen Praktiken in Netzwerken entscheidend beschränken.

Whites Differenzierungslogik folgend, muss es etwas geben, das genau umgekehrt wirkt: das also Ambage reduziert und damit die kulturelle Ambiguität erhöht. Er spricht in diesem Fall vom Stil (vgl. White 1992: 166ff.), der eine Integration von Verhaltensweisen über verschiedene Netzwerkkontexte hinweg bewerkstelligt. Stile sind weitaus anpassungsfähiger und dynamischer als Institutionen, und dies nicht nur weil sie Raum für Interpretationen lassen. Beim Stil werden soziale Muster mit Signalen symbolisch aufgeladen. Durch diesen hohen Abstraktionsgrad dieses Begriffs kann White sowohl „Rationalität" als auch „Personalität" als Stil begreifen. In der Regel kommen Stile und Institutionen nicht isoliert vor, sondern verbinden sich zu Regimen (ebd.: 226-229). Letztere sind also Ordnungszusammenhänge, die über ein spezifisches Set an Stilen und Institutionen besitzen.

Noch abstrakter gerät die Analyse von Netzwerken, wenn sie an den etablierten Bedeutungen ansetzt. Dieser Gedanke findet sich bereits bei de Saussure (³1967) wie auch bei Elias (1984). Letzterer spricht von Symbolen, mit deren Hilfe zwischen vorher isoliert voneinander betrachteten 'Sachverhalten' Beziehungen geschaffen werden können (vgl. Elias 1984: XXXIX). Symbole stehen demnach „für ein recht weitgefaßtes Beziehungsgeflecht, in dem Abläufe auf den individuellen, den sozialen und den nicht-menschlich naturalen Ebenen miteinander verbunden sind." Derartige generalisierende Symbole weisen also auf komplexe Vorstellungen hin, die vordem weder kommunizierbar noch orientierungsgebend waren. Die Symbolwelt ist für Elias ein ausgesprochen dynamisches Gebilde. Langfristig betrachtet erzielten Symbole einen hohen Grad an praktischen Geltungsanspruch, was zum Teil dazu führe, dass die Menschen nicht mehr eindeutig zwischen Symbolen und Realität unterscheiden könnten (ebd.: XXXII). Führt man diesen Gedanken weiter, so eröffnet sich der Relationalen Soziologie auf der Kulturseite die Möglichkeit zur Erforschung semantischer Netzwerke (vgl. Häußling 2006), die Befunde in Aussicht stellen, in welcher Weise sich Bedeutungen unterschiedlicher sozialer Aggregationsniveaus kombinieren. Da sich die „stories" dieser Semantiken bedienen (müssen), um Sichtweisen bezüglich der Einbettungskonstellationen und den daraus resultierenden Praktiken zu äußern, werden Makrostrukturen auch im Meso- und Mikrokontext wirksam.

2.3.4 Relationale Deutung von Raum und Zeit

In diesem Sinn sind auch Zeit und Raum relationale Bedeutungsstrukturen. Zeit ist „eine Synthese auf sehr hoher Ebene, eine Synthese, mit deren Hilfe Positionen im Nacheinander des physikalischen Naturgeschehens, des Gesellschaftsgeschehens und des individuellen Lebensablaufs in Beziehung gebracht werden können" (ebd.: XXIII). Im Sinne von Simmel bekundet sich in jeglicher Raumvorstellung „nur die menschliche Art, an sich unverbundene Sinnaffektionen zu einheitlichen Anschauungen zu verbinden" (Simmel 1992: 688f.).[17] Auch aktuelle raumsoziologische Konzepte (Läpple 1991; Löw 2001) heben auf den relationalen Charakter des Raumbegriffs ab. Für Löw (2001) beispielsweise ist der Raum eine relationale (An)Ordnung von Körpern, die sich ständig verändert. Räume besitzen sowohl eine Ordnungsdimension, die auf gesellschaftliche Strukturen verweist, als auch eine Handlungsdimension in Form eines Prozesses des Anordnens. Die Möglichkeit, Räume zu konstituieren, ist von symbolischen und materiellen Faktoren abhängig. Entsprechend könnte die Relationale Soziologie ohne Weiteres an diese aktuelle raumsoziologische Debatte anschließen.

3 Zur empirischen Perspektive der Relationalen Soziologie

Aber auch im Bereich der empirischen Forschung bedeutet die Relationale Soziologie eine paradigmatische Neudefinition des Untersuchungsgegenstands. Ihrem Anspruch nach möchte die Relationale Soziologie soziologischer ansetzen, indem sie Relationen, Bezie-

---

[17] Auf die Weiterentwicklung dieses Raumbegriffs durch von Wiese wurde in Abschnitt 1 bereits eingegangen.

hungen, Positionen, Figurationen und Einbettungen in den Analysefokus nimmt. Diesem Forschungsfokus steht eine variablenzentrierte Analyse gegenüber, die eine künstliche Isolation von Aspekten sozialer Akteure oder sozialer Konstellationen aus ihren (dynamischen) Kontexten vornimmt und diese Aspekte kausalistisch zum Explanans oder zum Explanandum erhebt. „Variable-based analysis [...] detaches elements (substances with variable attributes) from their spatiotemporal contexts, analysing them apart from their relations with other elements within fields of mutual determination and flux." (Emirbayer 1997: 288) Akteure fallen ebenso wenig vom Himmel wie Sozialstrukturphänomene ganzer Gesellschaften. Akteure sind vielmehr eingebettet in soziale Konstellationen; und diese Einbettungen führen in ihrer Makrowirkung zu gesamtgesellschaftlichen Effekten. Entsprechend ist der Anspruch einer relational soziologisch orientierten Netzwerkforschung, über die Analyse dieser relationalen Gegebenheiten zu einem dezidierteren soziologischen Verständnis über die Handlungsweisen von Akteuren und über Makrozusammenhänge zu gelangen. Mit anderen Worten wird von den relationlen Gegebenheiten und Prozessen aus in Richtung Mikro und in Richtung Makro die erklärende Argumentation ausgerollt. Um die empirischen Potentiale der Relationalen Soziologie zu verdeutlichen, sollen im Folgenden vier Meilensteine empirischer Studien vorgestellt werden.

Ein fulminanter *erster* Meilenstein war die in der dritten Phase der Hawthorne-Experimente (1931-1932) gewonnene Einsicht, dass es vor allem die informellen Beziehungen in Betrieben sind, die entscheidenden Einfluss auf die Arbeitsmotivation (Mikro) und damit auch auf den Produktionsoutput (Makro) besitzen. Nachdem in den ersten Phasen der Untersuchung eher variablenorientiert verschiedene Einzelaspekte (Beleuchtung des Arbeitsplatzes, Lohnsteigerung, Anzahl der Pausen) (in tayloristischer Manier) erfolglos variiert wurden, um auf die entscheidenden Stellschrauben für die Produktionssteigerung zu stoßen, wurde mit der Gewinnung von William Lloyd Warner in das Forscherteam ein in der Erforschung relationaler Sozialstrukturen ausgewiesener Anthropologe hinzugezogen, der auf die Beziehungen zwischen Vorgesetzen und Mitarbeitern sowie auf jene der Mitarbeiter untereinander seine Analyse fokussierte. In ihrer Wirkung sind die dabei gesammelten Erkenntnisse sowohl für die Betriebspraxis als auch für die Wissenschaft kaum zu überschätzen. Bei der Betriebsgestaltung gewann die mit dem bezeichnenden Titel firmierende Human Relations Bewegung gegenüber dem Taylorismus bzw. Fordismus schrittweise die Oberhand. In der Betriebs- und Organisationspsychologie sowie Betriebs-, Industrie- und Organisationssoziologie ist die informelle Beziehung bzw. informelle Kommunikation nicht mehr aus der Forschung wegzudenken.

In den 1960er Jahren hat Stanley Milgram (1967: 60-67) ein Experiment durchgeführt, das als Entdeckung des „small world phenomenon" (siehe Kapitel 3.13) gilt. Er verteilte eine Reihe von Briefen an zufällig ausgewählte Personen aus Omaha und Wichita, die an eine vorher festgelegte Zielperson – nämlich einen Aktienhändler in Boston – gelangen sollten. Da die Zieladresse nicht angegeben wurde, sollten die Probanden den Brief derjenigen Person aushändigen, von der sie annahmen, dass diese sich ‚näher' an der Zielperson befinde als sie selbst. Im Durchschnitt ergaben sich weniger als sechs Stationen, bis die Nachricht beim Aktienhändler ankam. Entsprechend lag der makrosoziologische Schluss nahe, dass jeder Mensch mit jedem beliebig anderen Menschen maximal mit einer Pfaddistanz von sechs Zwischenschritten verknüpft ist. Diese empirische Studie von Milgram wurde vielfach kritisiert (vgl. z.B. Kleinfeld 2002: 61-66). So wurden die abgebrochenen Ketten weder berücksichtigt noch danach gefahndet, warum die Nachrichten strandeten. Erst

Ende der 1990er Jahre wurde dieser Gedanke von Milgram wieder aufgegriffen und löste einen regelrechten small-world-Forschungsboom aus. Watts und Strongatz (1998) untersuchten die strukturellen Voraussetzungen, unter denen solche kurzen Verbindungswege in sehr großen Netzwerken zwischen beliebige Knotenpunkte möglich werden. Demgegenüber nähern sich Barabási und Albert (1999) dem small-world-Phänomen von der Perspektive des Netzwerkwachstums. Sie gehen davon aus, dass aufgrund präferierter Verbindungswahlen so genannte „Hubs" entstehen, die immer mehr Beziehungen auf sich vereinen und damit eine Vielzahl kleinschnittiger Netzwerkareale überbrücken. Damit ließe sich Phänomene wie die rasche weltweite Ausbreitung des AIDS-Virus erklären. Die small world-Debatte hat nachhaltig das Verständnis bezüglich der Struktur und Dynamik sehr großer Netzwerke geschärft.

Auf Granovetters berühmte Untersuchung „getting a job" wurde bereits in Abschnitt 2.3.1 eingegangen, sodass hier gleich auf das frappierende Untersuchungsergebnis abgehoben werden kann. Granovetters Forschungsfrage zielte darauf ab, welche Beziehungen eher zu neuen Jobs führen. Die damals bahnbrechende Erkenntnis lautete, dass es gerade die „weak ties" seien, also Kontakte zu Personen, die man nur flüchtig kennt, die einem Hinweise zu vakanten Stellen oder Ausschreibungen liefern. Denn in der „strong ties"-community, der man selbst angehört, findet man aufgrund der hochgradig redundanten Informationslage für die Arbeitssuche zu wenig neues, während die „weak ties" einen mit einer Vielzahl anderer ‚Informationszirkel' verknüpft (die obendrein wenig deckungsgleiche Informationen aufweisen). Die von Granovetter mittels des Konzepts starker und schwacher Beziehungen durchgeführten Untersuchungen wurden ebenfalls vielfach kritisiert – aufgrund methodischer Probleme (zu kleine Stichprobe, Bewertung der Stärke einer Beziehung etc.) sowie wegen der von ihm getroffenen Schlussfolgerungen.[18] Ihre Kernaussage hat indes wenig Schaden genommen, dass über Brücken – die ansonsten unverbundenen Netzwerkareale verknüpfen – neue Informationen fließen. Nur so ist zu erklären, dass Granovetters Studie zahlreiche Folgeuntersuchungen inspirierte, die der „strong ties"- versus „weak ties"-Einteilung folgten. Dadurch wurde auch der empirische Zugang zu dem Mikrobereich sozialer Beziehungen entscheidend verbreitet und die Frage nach den „types of ties" aufgeworfen.

In ihrer geschichtssoziologischen Studie untersuchten Padgett und Ansell (1993) den Erfolg der Medicis in Italien der ersten Hälfte des 15.Jahrhunderts, allen voran denjenigen von Cosimo de Medici. Dabei analysierten sie das soziale Netzwerk der Medici, welches sich seinerzeit in einer schwierigen gesellschaftspolitischen Situation behaupten musste, welche durch politische Unruhen (Ciompi-Aufstand der Weber), Finanzkrisen und Machtrivalitäten unter den Eliten gekennzeichnet war. In ihrem Forschungsfokus standen ökonomische Beziehungen der Medici, ihre Heiratspolitik und Patronagebeziehungen. Jede dieser Beziehungsformen erschloss den Medici ein anderes soziales Netzwerk. Bei den ökonomischen Beziehungen bauten sie ein Netzwerk weit über die Stadtgrenzen von Florenz auf. Darunter befanden sich auch soziale Aufsteigergruppen (z.B. Wolltuchhändler), zu denen alteingesessene Adelsgeschlechter aus Standesgründen jeglichen Kontakt mieden. In ihrer Heiratspolitik zielten die Medici demgegenüber elitär und exklusiv auf die noblen Familien

---

[18] So führen soziale Netzwerke im Vergleich zu den anderen Jobsuchstrategien: ‚Sichtung von Anzeigen bzw. Arbeitsvermittlung' und ‚proaktives Bewerben' nicht zu besser bezahlten Jobs – wie Granovetter glaubt, aus seiner Studie verallgemeinernd ableiten zu können –, sondern sie sind ‚lediglich' bessere Filter bei der Suche adäquater Arbeitsstellen.

in Florenz. In einer Blockmodellanalyse (siehe Kapitel 5.6) weisen Padgett und Ansell nach, dass verschiedene Florentinische Familienclans nur über die Medici miteinander verknüpft waren. Diese sozial integrative und wirtschaftlich ausfächernde Position der Medici sorgte dafür, dass sie die Wirren der Zeit unbeschadet überstanden haben – im Gegensatz zu anderen Familien – und sogar ihre zentrale Stellung weiter ausbauen konnten. Padgett und Ansell dokumentieren ferner, dass Cosimo de Medici lange Zeit die gatekeeper-Funktion seiner Familie nicht erkannte. Die Gesamtschau dieser Befunde legt daher den Schluss nahe, dass sich die rasante Zentralisierung der Medici Netzwerkeffekten verdankt, die durch eine Art Sogwirkung des sich konstituierenden Hubs begünstigt wurden.

Mit der Studie von Padgett und Ansell ist nicht nur die „kulturelle Wende" der Netzwerkforschung auch empirisch vollzogen (vgl. Emirbayer/Goodwin 1994). Die Anwendung der Blockmodellanalyse hebt auf die Untersuchungsmethode ab, die entscheidend zur Etablierung einer eigenständigen Netzwerkanalyse beigetragen hat. Die Triadenanalyse (siehe Kapitel 5.4) gehört ebenfalls zu diesem neuen netzwerkanalytischen Methodenset. Im Gegensatz zu den bis dahin genutzten Analysemethoden (Soziometrie (Moreno ³1974), Feldtheorie (Lewin 1982) bzw. sozialanthropologischen Studien (Barnes 1954; Bott 1971; Mitchell 1969))[19], steht die Blockmodellanalyse wie kaum eine zweite für eine relationale Perspektivenübernahme. Der entscheidende Grund dafür liegt in ihrer Zielsetzung: strukturell äquivalente Knotenpunkte in einem Netzwerk zu identifizieren und diese in einem Abstraktionsschritt zu Positionsmatrizen zusammenzuziehen (vgl. White et al. 1976; Boorman und White. 1976). Strukturell äquivalent bedeutet, dass Knotenpunkte das gleiche bzw. ein gleichwertiges Beziehungsset zu anders positionierten Knotenpunkten des Netzwerks besitzen. Im Konzept der strukturellen Äquivalenz und im Verfahren der Blockmodellanalyse sind aber auch Annahmen enthalten, die auf die Sinnhaftigkeit von Netzwerken verweisen (vgl. auch Brint 1992).

In noch umfassenderer Weise können netzwerkstrukturelle und -kulturelle Aspekte mittels der bimodalen Netzwerkanalyse (siehe Kapitel 5.7) paritätisch untersucht werden. Eine Reihe Vertreter relationaler Soziologie haben diesen Weg beschritten und sich verstärkt mit den Möglichkeiten dieser Analysemethode befasst (z.B. Mohr/Duquenne 1997, Breiger 2000, Mische/Pattison 2000). Kerngedanke dieser Methode ist es, netzwerkstrukturelle Konstellationen mit kulturellen Gegebenheiten (wie z.B. gemeinsam aufgesuchte Begegnungsstätten), die als Gelegenheitsstrukturen der Kontaktaufnahme aufgefasst werden, zu verknüpfen.

War die Netzwerkanalyse lange Zeit vor allem durch quantitativ ausgerichtete Auswertungsstrategien geprägt, konnte in den letzten Jahrzehnten eine Hinwendung zur gezielten Verwendung qualitativer Erhebungs- und Auswertungsmethoden (siehe Kapitel 5.10) beobachtet werden.[20] Nicht standardisierbare Aspekte sind bei vielen Erhebungsmethoden zumindest auf der Verstehensebene implizit gegeben; so kann unter Freundschaft etwas grundsätzlich Verschiedenes verstanden werden. Davon sind Erhebungsstrategien zu unterscheiden, bei denen man relationale Daten durch den gezielten Einsatz qualitativer Methoden gewinnt. Zu diesen Methoden gehören u.a. die teilnehmende Beobachtung oder die Durchführung narrativer Interviews. Wie mit den so gewonnenen relationalen Daten umge-

---

[19] Eine weitere Wurzel der Netzwerkanalyse kann in dem Modell des „two-step flow of communication" von Lazarsfeld et al. (1965) gesehen werden.
[20] Nebenbei bemerkt, befinden sich auch die Wurzeln der Netzwerkanalyse in der qualitativen Sozialforschung (vgl. Emirbayer/Goodwin 1994: 1416).

gangen wird, steht auf einem ganz anderen Blatt. Diese können sowohl quantitativen wie auch qualitativen Auswertungsmethoden zugeführt werden. Die qualitative Auswertung besitzt dabei das besondere Potential, die „kulturelle Wende" der Relationalen Soziologie empirisch zu vollziehen. Das bedeutet, dass die gewonnenen Netzwerkdaten als „stories" der Befragten über ihr soziales Umfeld gewertet werden können, weil sie deren Alltagsdeutungen und -handlungen zugrunde liegen. Die Analyse der „stories" könnte dann unter Anwendung von phänomenologischen oder hermeneutischen Methoden fortgeführt werden. Insofern kann die Hinwendung zu qualitativen Methoden als eine Parallelbewegung zur „kulturellen Wende" der Relationalen Soziologie interpretiert werden.

Ein besonderes Augenmerk wird zukünftig darauf zu legen sein, wie man qualitative mit quantitativen Forschungsmethoden enger verknüpft. Dies gilt sowohl für Netzwerkmethoden im engeren Sinn, wie zum Beispiel der gekoppelte Einsatz von standardisierten Erhebungsstrategien mittels Namensgeneratoren und der Einsatz von Netzwerkkarten (siehe Kapitel 6.1) in Interviews (vgl. Häußling 2006a). Dies gilt aber auch für das gesamte Methodenarsenal der Datenerhebung und -auswertung (wie z.B. Videoanalyse, vgl. ders. 2009a). Eine weitere, bislang kaum systematisch ausgelotete Möglichkeit besteht zudem darin, die durch qualitative Inhaltsanalyse gewonnene Typenbildung von Akteuren mit der strukturellen Äquivalenzbetrachtung, die auf einer Blockmodellanalyse beruht, zu verknüpfen.

Relational soziologisch inspirierte Netzwerkforschung benötigt schließlich auch leistungsfähige Algorithmen zur computerbasierten Auswertung der Netzwerkdaten. Doch in vielen zurzeit verfügbaren Softwareprogrammen der Netzwerkanalyse stecken (implizite) theoretische Annahmen, die nicht kompatibel sind mit den Annahmen der Relationalen Soziologie. Mitunter schleicht sich zum Beispiel ein Akteursmodell ein, oder es werden vereinfachte Annahmen über Netzwerkdynamiken getroffen. Beide Sachverhalte verweisen auf eine noch zu schließende Forschungslücke. Erst wenn diese gefüllt ist, öffnet sich der Raum, eine auf zielgenauen Algorithmen beruhende Analyse durchzuführen, die den Anspruch der Relationalen Soziologie gerecht wird. Diesem Desiderat hat sich jüngst eine Forschergruppe um den Konstanzer Informatiker Ulrik Brandes angenommen.

4 Ausblick

Im vorausgegangenen Abschnitt wurden bereits zukunftsträchtige Bereiche der Relationalen Soziologie, was ihre empirische Perspektive anlangt, markiert. In Form eines Ausblicks sollen diese Überlegungen mit kursorischen Ausführungen, die neue Erkenntnismöglichkeiten in den Bereichen Theorie, Allgemeiner Soziologie und Sozialstrukturanalyse erkennen lassen, ergänzt werden. Diese Ausführungen erheben keinen Anspruch auf Vollständigkeit. Vielmehr werden sie von der Überzeugung getragen, dass die Relationale Soziologie eher am Anfang ihrer Entwicklung steht, sich entsprechend viele Forschungsperspektiven entdecken lassen, von denen hier nur einige etwas näher beleuchtet werden können und sollen.

Zunächst ist zu konstatieren, dass die Relationale Soziologie längst keine US-amerikanische Besonderheit (mehr) ist, sondern sich in den letzten Jahren einer zunehmenden internationalen Aufmerksamkeit – nicht zuletzt auch in Deutschland – verschafft hat. Einen breiten Überblick über diese transatlantischen Brückenschläge liefert Fuhse/Mützel (2010). An diesem Überblick wird auch deutlich, dass ein Anknüpfen an die Klassiker, sei es Simmel, von Wiese, Schütz, Elias, Foucault oder Luhmann, zu einer theoretischen Fundierung der Relationalen Soziologie führen kann, die es umzusetzen gilt (siehe Ansätze bei Baecker 2005, Diaz-Bone 2005, Fuhse 2008, Häußling 2006, Hollstein 2001, Holzer 2006, Stegbauer 2001).

Auch wenn die Relationale Soziologie eine mittlere Position einnimmt, sei es jene zwischen Mikro und Makro, zwischen Strukturalismus und Kulturalismus, zwischen Konstruktivismus und Realismus, zwischen Theorie und Empirie, zwischen quantitativen und qualitativen Methoden, kann resümiert werden, dass dadurch keine Verwässerung der soziologischen Positionierung im Sinne eines Eklektizismus stattfindet. Vielmehr scheint es fast so zu sein, dass der Forschungsstrategie, die Mitte als Ausgangspunkt der Argumentation zu nehmen, eine besondere Radikalität innewohnt. Sie will ihrem Anspruch gemäß, soziologischer ansetzen; sie dürfte aber auch der gestiegenen Komplexität und Dynamik der Gegenwartsgesellschaft terminologisch und methodisch wie kaum ein anderes soziologisches Paradigma gewachsen sein. Damit ist nichts Geringeres markiert, als dass erstens alle soziologischen Grundbegriffe einer relational soziologischen Umarbeitung harren, als dass zweitens die Relationale Soziologie allen Speziellen Soziologien völlig neue Forschungsimpulse liefern wird und als dass drittens ein neuformatiges Theoriegebäude entstehen wird, welches alle drei Aggregationsniveaus zu erfassen vermag, ohne an Erkenntniskraft einzubüßen. Oftmals ist der Netzwerkforschung vorgeworfen worden, keine großformatige Theorie zu besitzen (vgl. z.B. Trezzini 1998). Vielleicht handelt es sich aber auch nur um einen neuen Typ von Theorie, die gleichsam ihren Gegenstand in die Theoriekonzeption konstitutiv einbaut: Kerntheoreme werden durch Brückentheoreme miteinander verknüpft und damit füreinander fungibel gehalten.

Vielleicht nicht zufällig, ist zurzeit ein vielfaches Interesse der Systemtheorie zu beobachten, Ankopplungsmöglichkeiten an die Netzwerkforschung zu suchen. Oftmals wird dies aber im Sinne einer ‚Kolonialisierung' der Netzwerkforschung für systemtheoretische Zwecke betrieben – sei es, um die Systemtheorie empirisch zu wenden, sei es, um neue Formen der inter- und transsystemischen sozialen Prozesse theoretisch besser in den Griff zu bekommen, sei es, um im netzwerktheoretischen Feld die Diskurshoheit zu erlangen. Eine umgekehrte Betrachtungsweise ist aber auch vorstellbar: Die Systemtheorie als eine Spielart der Netzwerktheorie zu begreifen. Hierzu könnte man nicht zuletzt auf einzelne Grundaussagen von Maturana[21] und Luhmann[22] selbst rekurrieren, die diesen Schluss nahelegen. Systeme erscheinen immer dann, wenn sich Netzwerkstrukturen bzw. Regime von Kontrollprojekten verfestigen, die homogenisierend nach innen wirkt und entkoppelnd nach außen. Nur die Netzwerktheorie vergisst nicht, dass es sich hier um prekäre narrative und der Dynamik durch Gegendynamiken abgetrotzte Ordnungen handelt, die jederzeit sich in relationale Turbulenzen auflösen können. Vor kruden Ontologismen der Machart „es gibt Netzwerke" à la Luhmanns Postulat, „dass es Systeme gibt" (Luhmann 1984: 30), wäre sie

---

[21] „Es gibt eine Klasse mechanistischer Systeme, in der jedes Element ein dynamisches System ist, das als eine Einheit durch Relationen definiert wird, welche es als ein Netzwerk von Prozessen der Produktion von Bestandteilen konstituieren. Diese Bestandteile wirken einmal durch ihre Interaktionen in rekursiver Weise an der Erzeugung und Verwirklichung eben jenes Netzwerks von Prozessen der Produktion von Bestandteilen mit, das sie selbst erzeugte, und bauen zum anderen dieses Netzwerk von Prozessen der Produktion von Bestandteilen dadurch als eine Einheit in dem Raum auf, in dem sie (die Bestandteile) existieren, daß sie die Grenzen dieser Einheit erzeugen. Ich nenne solche Systeme autopoietische Systeme […]" (Maturana 1982: 141f.).
[22] „So wenig wie es Systeme ohne Umwelten gibt oder Umwelten ohne Systeme, so wenig gibt es Elemente ohne relationale Verknüpfung oder Relationen ohne Elemente." (Luhmann 1984: 41)

freilich gefeit. Netzwerke haben einen relativen Status, sie fungieren als Geschichten und als aggregierte Perspektiven auf Soziales (vgl. auch White 1992: 65). Eine solche Drehung im Verhältnis der Theorien zueinander müsste an dem systemtheoretischen Zentralbegriff ansetzen und ihn relational dekomponieren. Nicht Kommunikationen sind die Letztelemente sondern Kontrollprojekte, also etwas, was innerhalb ablaufender Prozesse aufscheint und sich mit anderen Kontrollprojekten relationiert. Die jeweilig erfolgende Einbettung entscheidet dann darüber, ob sich ein Kontrollprojekt als Handlung oder Kommunikation oder überhaupt als etwas Sozialrelevantes narrativ etabliert (vgl. Häußling 2006).

Ein weiteres wichtiges Forschungsfeld Relationaler Soziologie wird sein, sich auf eine Theorie der Gegenwartsgesellschaft einzulassen, in die sie ja schließlich selbst auch eingebettet ist. Aus guten Gründen hat sich die Netzwerkforschung von den Ansätzen distanziert, die sich einem rein metaphorischen Gebrauch der Vokabel Netzwerk zur Beschreibung der Gegenwartsgesellschaft bzw. wichtiger Aspekte derselben verschrieben hat (Castells 1996, Baecker 2007). Mittlerweile ist ihr Selbstverständnis aber soweit gefestigt, dass sie sich souverän diesen Beschreibungsangeboten nähern kann, um kritisch zu prüfen, warum der Netzwerkbegriff zu einem solchen Leitbegriff avancierte und welches Potential für eine Relationale Soziologie besteht, in Richtung Makrostrukturen und -dynamiken Beschreibungskonzepte zu entwickeln. Hierzu sind die bereits erwähnten Bemühungen Martins (2009) zu zählen, die Entstehung von Makrostrukturen aus Netzwerkstrukturmustern wie etwa Patronagebeziehungen zu erklären. Dies gilt auch in umgekehrter Richtung, also in Richtung Mikrostrukturen und -prozesse: Goodwin und Emirbayer (1994) haben angemahnt, dass sich die Netzwerkforschung verstärkt mit den Fragen der „Agency" auseinanderzusetzen habe. Insbesondere müsste eine Relationale Soziologie plausible Konzepte anbieten, wie Aktivitäten einzelner Akteure mit Netzwerkprozessen und -dynamiken zusammenhängen.

Auch im Bereich der Gegenwartsdiagnose kann die Relationale Soziologie in Zukunft eine gewichtige Position einnehmen. Wenn es um die Analyse der Sozialstruktur von Gesellschaften geht, sind eigentlich an erster Stelle Methoden einzubeziehen, die genau diese Strukturen erfassen können: nämlich Methoden der Netzwerkanalyse. Stattdessen wird in der Sozialstrukturanalyse weitgehend umgekehrt verfahren: Die Strukturen werden variablensoziologisch aufgelöst, der eigentliche Gegenstand gleichsam exkommuniziert, um dann eine Fülle von Analyseeinheiten und Indikatoren zu schaffen, anhand derer nachträglich Korrelationen festgestellt werden können. Eine Erklärung, warum sich bestimmte Signifikanzen in der Gesellschaftsanalyse beobachten lassen (wie zum Beispiel die geringe Schichtdurchlässigkeit unseres Bildungssystems), lassen sich dann freilich nicht mehr anstellen. Diesem Umstand wurde und wird durch die Hineinnahme von qualitativen Methoden in die Sozialstrukturanalyse versucht, Abhilfe zu schaffen. Damit finden zwar „kulturelle" Aspekte Eingang in die sozialstrukturanalytische Betrachtung, die Sozialstruktur selbst bleibt aber – überspitzt formuliert – immer noch außen vor. Dies wird so lange so bleiben, solange die Sozialstrukturanalyse nicht auch noch – nach der qualitativen Wende – eine relationale Wende vollzieht und methodisch das einbezieht, was ihr genuiner Gegenstand ist.

Auch eine erkenntnistheoretische Begründung der Netzwerkforschung steht noch weitgehend aus. Entsprechend wäre zu prüfen, ob die Einbeziehung kultureller Aspekte, die White eingeläutet hat und durch Bezüge auf die Linguistik zu untermauern versucht, tatsächlich zu einer Phänomenologie führt, wie er es postuliert, oder ob in dieser Wende nicht eher hermeneutische Implikationen enthalten sind.

Schließlich erscheint eine erkenntnistheoretische Rückbindung der Relationalen Soziologie an Ernst Cassirers „Substanzbegriff und Funktionsbegriff" (1910) fruchtbar, der in den modernen Wissenschaften die schrittweise Ersetzung von Dingbegriffen durch Relationsbegriffe diagnostiziert und darin den entscheidenden Durchbruch des neuzeitlichen Erkenntnisgewinns sieht. Der Soziologie könnte damit eine Umstellung oder Erweiterung bevorstehen, die sich mit der Entwicklung vergleichen lässt, welche die Physik zu Beginn des 20. Jahrhunderts von der klassischen Mechanik zur Quantentheorie genommen hat. In dem Maße, wie sich die Netzwerkforschung als Paradigma in Form einer Relationalen Soziologie etabliert und die verschiedenen Gegenstandsbereiche der Sozialwissenschaften aufarbeitet, wird eine Lawine von theoretischen Konsequenzen ausgelöst. Wir brauchen eine solche Theorie, die mit der gesteigerten Dynamik und dem Pluralismus unserer Gesellschaft Schritt halten kann und wir brauchen sie als ausgearbeitete Theorie, die auf erkenntnistheoretisch gesicherten Beinen steht. Nur dann kann es der Sozialwissenschaft gelingen, auch entsprechende konzeptuelle Angebote für andere Disziplinen zu liefern.

5   Literatur

Abbott, Andrew, 1995: Things of boundaries – Defining the Boundaries of Social Inquiry. Social Research 62: 857-882.
Abbott, Andrew, 1997: Of Time and Space: The Contemporary Relevance of the Chicago School. Social Forces 75: 1149-1189.
Abbott, Andrew, 2001a: Chaos of Disciplines. Chicago: The University of Chicago Press.
Abbott, Andrew, 2001b: Time Matters. On Theory and Method. Chicago: The University of Chicago Press.
Argyle, Michael, 1972: Soziale Interaktion. Köln: Kiepenheuer und Witsch.
Azarian, Reza, 2005: General Sociology of Harrison White. New York: Palgrave Macmillan.
Baecker, Dirk, 2005: Form und Formen der Kommunikation. Frankfurt am Main: Suhrkamp.
Baecker, Dirk, 2006: Wirtschaftssoziologie. Bielefeld: transcript Verlag.
Baecker, Dirk, 2007: Studien zur nächsten Gesellschaft. Frankfurt am Main: Suhrkamp.
Bales, Robert F., 1982: Systematisch mehrstufige Feldtheorie. S. 35-253 in: *Robert F. Bales* und *Stephen P. Cohen*, SYMLOG. Ein System für die mehrstufige Beobachtung von Gruppen. Stuttgart: Klett-Cotta.
Barabási, Albert-László und *Réka Albert*, 1999: Emergence of Scaling in Random Networks. Science 286: 509-512
Barnes, John A., 1954: Class and comittees in a Norwegian Island Parish. Human Relations 7: 39-58.
Bearman, Peter, 1993: Relations into Rhetorics. Local Elite Social Structure in Norfolk, England, 1540-1640. New Brunswick: Rutgers University Press.
Blau, Peter, 1964: Exchange and power in social life. New York: Wiley.
Boorman, Scott A. und *Harrison C. White*, 1976: Social Structure from Multiple Networks. II. Role Structures. American Journal of Sociology 81: 1384-1446.
Bott, Elizabeth, 1971: Family and social network. London: Tavistock (zuerst 1957).
Bourdieu, Pierre, 2005: Principles of an Economic Anthropology. S. 75-89 in: *Neil J. Smelser* und *Richard Swedberg* (Hg.), The Handbook of Economic Sociology. Princeton: Princeton University Press.
Breiger, Ronald L., 2000: A tool kit for practice theory. Poetics 27: 91-115.

Breiger, Ronald L., 2007: Cultural Holes: Networks, Meanings, and Formal Practices. American Sociological Assocation annual meeting, Culture Section anniversary session. New York.
Brint, Steven, 1992: Hidden Meanings: Cultural Content and Context in Harrison White's Structural Sociology. Sociological Theory 10: 194-208.
Burt, Ronald S., 1992: Structural Holes. The Social Structure of Competition. Cambridge, Mass.: Harvard UP.
Callon, Michel, 1986: Some Elements of a Sociology of Translation. Domestication of the Scallops and the Fishermen of St. Brieuc Bay. S. 196-229 in: *John Law* (Hg.), Power, Action and Belief. A New Sociology of Knowledge?. London et al.; Routledge.
Cassirer, Ernst, 1910: Substanzbegriff und Funktionsbegriff. Untersuchungen über die Grundfragen der Erkenntniskritik. Berlin: Verlag von Bruno Cassirer.
Castells, Manuel, 1996: The Rise of the Network Society, Vol. 1: „The Information Age". Economy, Society and Culture. Oxford: Blackwell.
Coleman, James S., 1958: Relational analysis. The study of social organizations with survey methods. Human Organization 17: 28-36.
Coleman, James S., 1988: Social capital in the creation of human capital. American Journal of Sociology 94: 1309-1335.
Dahme, Heinz-Jürgen, 1981: Soziologie als exakte Wissenschaft. Georg Simmels Ansatz und seine Bedeutung in der gegenwärtigen Soziologie. Stuttgart: Enke.
Diaz-Bone, Rainer, 2005: Diskursanalyse als (post)strukturalistische Rekonstruktion sozialer Strukturen. Zur Operativität der empirischen Diskursanalyse. kultuRRevolution. Zeitschrift für angewandte Diskurstheorie 49: 75-85.
DiMaggio, Paul, 1986: Structural Analysis of Organizational Fields: A Blockmodel Approach. Research in Organizational Behavior 8: 335-370.
Durkheim, Emile, 1977: Über die Teilung der sozialen Arbeit. Dt. von Ludwig Schmidts. Frankfurt/M. Suhrkamp
Durkheim, Emile, 1981: Die elementaren Formen des religiösen Lebens. Frankfurt/M.: Suhrkamp.
Elias, Norbert, 1970: Was ist Soziologie? München: Juventa.
Elias, Norbert, 1984: Über die Zeit. Arbeiten zur Wissenssoziologie II. Frankfurt a.M.: Suhrkamp.
Elias, Norbert, [3]1996: Die Gesellschaft der Individuen. Frankfurt/ M.: Suhrkamp.
Emirbayer, Mustafa, 1997: Manifesto for a Relational Sociology. American Journal of Sociology 103: 281-317.
Emirbayer, Mustafa und *Jeff Goodwin*, 1994: Network Analysis, Culture, and the Problem of Agency. American Journal of Sociology 99 (6): 1411-1454.
Freund, Julien, 1976: Der Dritte in Simmels Soziologie. S.90-104 in: *Hannes Böhringer* und *Karlfried Gründer* (Hg.), Ästhetik und Soziologie um die Jahrhundertwende: Georg Simmel. Frankfurt/M.: Vittorio Klostermann.
Fuchs, Stephan, 2001: Against Essentialism. A Theory of Culture and Society. Cambridge, Mass.: Harvard UP.
Fuhse, Jan, 2008: Ethnizität, Akkulturation und persönliche Netzwerke von italienischen Migranten. Leverkusen: Barbara Budrich.
Fuhse, Jan, 2009: The Meaning Structure of Social Networks. Sociological Theory 27: 51-73.
Fuhse, Jan und *Sophie Mützel* (Hg.), 2010: Relationale Soziologie. Zur kulturellen Wende der Netzwerkforschung. Wiesbaden: VS Verlag für Sozialwissenschaften.
Granovetter, Mark S., 1973: The Strength of Weak Ties. American Journal of Sociology 78: 1360-1380.
Granovetter, Mark S., 1974: Getting a Job. A Study of Contacts and Careers. Cambridge, Mass.: Harvard University Press.
Granovetter, Mark S., 1985: Economic Action and Social Structure: The Problem of Embeddedness. American Journal of Sociology 91: 481-510.
Granovetter, Mark S., 1992: Economic Institutions as Social Constructions: A Framework for Analysis. Acta Sociologica 35: 3-11.

Haß, Wolfgang, 2002: Soziale Unterstützungsnetzwerke von Menschen mit chronischer Polyarthritis. Eine explorative, netzwerkanalytische Studie. Köln: Diss..
Häußling, Roger, 2006: Interaktionen in Organisationen. Ein Vierebenenkonzept des Methodologischen Relationalismus und dessen empirische Anwendung. Universität Karlsruhe (Habilitationsschrift).
Häußling, Roger, 2006a: Ein netzwerkanalytisches Vierebenenkonzept zur struktur- und akteursbezogenen Deutung sozialer Interaktionen und seine Anwendung. S. 125-151 in: *Betina Hollstein* und *Florian Straus* (Hg.), Qualitative Netzwerkanalyse. Konzepte, Methoden, Anwendungen. Wiesbaden: VS.
Häußling, Roger, 2008: Zur Verankerung der Netzwerkforschung in einem methodologischen Relationalismus. S. 65-78 in: *Christian Stegbauer* (Hg.), Netzwerkanalyse und Netzwerktheorie – Ein neues Paradigma in den Sozialwissenschaften. Wiesbaden: VS Verlag.
Häußling, Roger (Hg.), 2009: Grenzen von Netzwerken. Wiesbaden: VS Verlag.
Häußling, Roger, 2009a: Video Analyses with a four level interaction concept: A network-based concept of human-robot interaction, S. 107-131 in: *Ulrike Tikvah Kissmann* (Hg.), Video Interaction Analysis. Methods and Methodology. Frankfurt/M.: Peter Lang Verlag.
Häußling, Roger, 2010: Allocation to Social Positions in Class. Interactions and Relationships in First Grade School Classes and Their Consequences. Current Sociology, Vol. 58: 1-20.
Heider, Fritz, 1944: Social Perception and Phenomenal Organization. Psychological Review 51: 358-374.
Hollstein, Betina, 2001: Grenzen sozialer Integration. Zur Konzeption informeller Beziehungen und Netzwerke. Opladen: Leske + Budrich.
Holzer, Boris, 2006: Netzwerke. Bielefeld: transcript.
Homans, George Caspar, 1950: The human group. New York: Harcourt.
Kleinfeld, Judith S., 2002: The Small World Problem. Society 39: 61-66.
Korte, Hermann, ³1995: Einführung in die Geschichte der Soziologie. Opladen: Leske + Budrich.
Läpple, Dieter, 1991: Essay über den Raum. Für ein gesellschaftswissenschaftliches Raumkonzept. S.157-207 in: *Hartmut Häußermann, Detlev Ipsen, Thomas Krämer-Badoni, Dieter Läpple, Marianne Rodenstein* und *Walter Siebel*, Stadt und Raum: Soziologische Analysen, Pfaffenweiler.
Latour, Bruno, 2007: Eine neue Soziologie für eine neue Gesellschaft. Einführung in die Akteur-Netzwerk-Theorie, Frankfurt am Main: Suhrkamp.
Lazarsfeld, Paul Felix, Bernard Reuben Berelson und *Hazel Gaudet*, ²1965: The People's Choice. How the Voter Makes Up His Mind in a Presidential Campaign. New York, London: Columbia University Press [zuerst 1944].
Leinhardt, Samuel (Hg.), 1977: Social Networks. A Developing Paradigm. New York et al.: Academic Press.
Lévi-Strauss, Claude, ²1984: Die elementaren Strukturen der Verwandtschaft. Frankfurt/Main: Suhrkamp.
Lewin, Kurt, 1982: Feldtheorie. Werkausgabe, Bd. 4, hrsg. v. *Friedrich Graumann*. Bern/Stuttgart: Klett-Cotta.
Litt, Theodor, 1926: Individuum und Gemeinschaft. Grundlegung der Kulturphilosophie. Leipzig/Berlin: Teubner.
Löw, Martina, 2001: Raumsoziologie. Frankfurt/M.: Suhrkamp.
Luhmann, Niklas, 1984: Soziale Systeme. Grundriss einer allgemeinen Theorie. Frankfurt/M.: Suhrkamp.
Martin, John Levi, 2003: What is field theory?. American Journal of Sociology 109: 1-49.
Martin, John Levi, 2009: Social Structures. Princeton: Princeton University Press.
Marx, Karl, 1962: Das Kapital. Band I. Karl Marx - Friedrich Engels - Werke, Band 23. Berlin: Dietz Verlag.
Marx, Karl, 1976: Ökonomische Manuskripte 1857/58, Marx-Engels-Gesamtausgabe MEGA II, 1.1. Berlin: Dietz.

Maturana, Humberto, 1982: Erkennen: Die Organisation und Verkörperung von Wirklichkeit. Braunschweig/Wiesbaden: Vieweg.

Mauss, Marcel, 1989: Soziologie und Anthropologie. Band 2: Gabentausch. Soziologie und Psychologie. Todesvorstellungen. Körpertechniken. Begriff der Person. Frankfurt/M.: Fischer.

Milgram, Stanley, 1967: The Small-World Problem. Psychology Today I: 60-67.

Mitchell, Clyde (Hg.), 1969: Social networks in urban situations: Analysis of personal relationships in central African towns. Manchester: Manchester University Press.

Mische, Ann, 2003: Cross-talk in movements: reconceiving the culture-network link. S. 258-280 in: *Mario Diani* und *Doug McAdam* (Hg.), Social Movements and Networks. Oxford: Oxford University Press.

Mische, Ann und *Philippa Pattison*, 2000: Composing a civic arena: Publics, projects, and social settings. Poetics 27: 163-194.

Mohr, John W., 2000: Introduction: Structures, institutions, and cultural analysis. Poetics 27: 57-68.

Mohr, John W. und *Vincent Duquenne*, 1997: The duality of culture and practice: poverty relief in New York City, 1888-1917. Theory & Society 26: 305-356.

Moreno, Jacob L., ³1974: Die Grundlagen der Soziometrie: Wege zur Neuordnung der Gesellschaft. Opladen: Westdeutscher Verlag.

Mützel, Sophie, 2009: Networks as culturally constituted processes: a comparison of relational sociology and actor-network theory. Current Sociology 57: 871-887.

Nedelmann, Birgitta, 1999: Georg Simmel (1858-1918). S. 127-149 in: Dirk Kaesler (Hg.), Klassiker der Soziologie. Band 1: Von Auguste Comte bis Norbert Elias. München: Beck.

Padgett, John und *Christopher Ansell*, 1993: Robust action and the rise of the Medici, 1400-1434. American Journal of Sociology 98: 1259-1319.

Powell, Walter W., 1990: Neither Market nor Hierarchy: Network Forms of Organization. S. 295-336 in: *Barry M. Staw* und *Larry L. Cummings*, (Hg.), Research in Organizational Behavior, Vol. 12. Greenwich, CT: JAI Press.

Saussure, Ferdinand de, ³1967: Grundfragen der allgemeinen Sprachwissenschaft. Berlin: De Gruyter.

Schütz, Alfred, 1991: Der sinnhafte Aufbau der sozialen Welt. Eine Einleitung in die verstehende Soziologie. Frankfurt am Main: Suhrkamp [zuerst 1932].

Schütz, Alfred und *Thomas Luckmann*, 1975: Strukturen der Lebenswelt. Band 1. Neuwied: Luchterhand.

Simmel, Georg, 1984: Grundfragen der Soziologie: Individuum und Gesellschaft, Berlin/New York: de Gruyter.

Simmel, Georg, 1989: Über sociale Differenzierung. Soziologische und Psychologische Untersuchungen. S. 109-295 in: *ders.*, Aufsätze 1887-1890. Gesamtausgabe, Band 2. Frankfurt am Main: Suhrkamp.

Simmel, Georg, 1992: Soziologie. Untersuchungen über die Formen der Vergesellschaftung. Frankfurt am Main: Suhrkamp.

Simmel, Georg, 1995: Philosophie der Mode. Die Religion. Kant und Goethe. Schopenhauer und Nietzsche, Band 10 der Georg-Simmel-Gesamtausgabe, hrsg.v. *Michael Behr*. Frankfurt/M.: Suhrkamp.

Stegbauer, Christian, 2001: Grenzen virtueller Gemeinschaft. Strukturen internetbasierter Kommunikationsforen. Wiesbaden: Westdeutscher Verlag.

Stegbauer, Christian, 2002: Reziprozität: Einführung in soziale Formen der Gegenseitigkeit. Wiesbaden: Westdeutscher Verlag.

Stegbauer, Christian (Hg.), 2008: Netzwerkanalyse und Netzwerktheorie. Ein neues Paradigma in den Sozialwissenschaften. Wiesbaden: VS Verlag für Sozialwissenschaften.

Tarde, Gabriel, 2003: Die Gesetze der Nachahmung, dt., von *Jadja Wolf*. Frankfurt/M.: Suhrkamp.

Tilly, Charles, 1998: Durable Inequality. Berkeley/Los Angeles: University of California Press.

Tilly, Charles, 2005: Identities, Boundaries, and Social Ties. Boulder, CO: Paradigm.

Trezzini, Bruno, 1998: Theoretische Aspekte der sozialwissenschaftlichen Netzwerkanalyse. Schweizerische Zeitschrift für Soziologie 24: 511-544.
von Wiese, Leopold, ⁴1966: System der Allgemeinen Soziologie als Lehre von den sozialen Prozessen und den sozialen Gebilden der Menschen (Beziehungslehre). Berlin: Duncker & Humblot.
Wacquant, Loïc J.D., 1996: Auf dem Weg zu einer Sozialpraxeologie. Struktur und Logik der Soziologie Pierre Bourdieus. S. 17-93 in: *Pierre Bourdieu* und *Loïc J.D.Waquant*, Reflexive Anthropologie, Frankfurt/M.: Suhrkamp.
Watts, Duncan J. und *Steven H. Strogatz*, 1998: Collective Dynamics of ‚Small World' Networks. Nature 393: 440-442.
Watts, Duncan J., 2003: Six Degrees. The Science of a Connected Age. New York: W.W. Norton.
Weber, Max, ⁵1980: Wirtschaft und Gesellschaft. Grundriss der Verstehenden Soziologie, Studienausgabe (MWS). Tübingen: Mohr.
Wellman, Barry, 1988: Structural Analysis: From Method and Metaphor to Theory and Substance. S. 19-61 in: *Barry Wellman* und *Steve D. Berkowitz* (Hg.), Social Structures: A Network Approach, Cambridge: Cambridge UP.
White, Harrison C., 1992: Identity and Control. A Structural Theory of Social Action. Princeton, NJ: Princeton UP.
White, Harrison C., 1995: Network Switchings and Bayesian Forks: Reconstructing the Social and Behavioral Sciences. Social Research 62: 1035-1063.
White, Harrison C., 2002: Markets from Networks. Socioeconomic Models of Production. Princeton: Princeton UP.
White, Harrison C., ²2008: Identity and Control. How Social Formations Emerge. Princeton: Princeton UP.
White, Harrison C., *Scott A. Boorman*, und *Ronald R. Breiger*, 1976: Social Structure from multiple networks. I. Blockmodels of roles and positions, American Journal of Sociology, 81: 730-780.
White, Harrison C. und *Frédéric C. Godart*, 2010: Relational Language: The Example of Changes in Business Talk. S. 273-289 in: *Jan Fuhse* und *Sophie Mützel* (Hg.), Relationale Soziologie. Zur kulturellen Wende der Netzwerkforschung. Wiesbaden: VS Verlag für Sozialwissenschaften.

3.2 Beziehungen und Kanten

Jessica Haas und Thomas Malang

Die grundlegende Idee der sozialwissenschaftlichen Netzwerkanalyse ist, dass Akteure – wie beispielsweise Personen, Organisationen oder Nationalstaaten – durch soziale Beziehungen miteinander verbunden sind. Formal werden die Akteure meist als „Knoten" bezeichnet, die Beziehungen zwischen ihnen als „Kanten". Im Zentrum netzwerkanalytischer Verfahren steht die Untersuchung von Relationen, die Akteure miteinander verbinden oder voneinander trennen: Den Gegenstand der Netzwerkanalyse bilden also Beziehungen und die daraus entstehenden Muster oder Strukturen, nicht voneinander unabhängige Einheiten (siehe z.B. Knoke/Kuklinski 1982: 12).

In diesem Beitrag wird in einem ersten Teil ein Überblick über die soziologische Bedeutung von Beziehungen gegeben: Die der Netzwerkanalyse inhärente theoretische Perspektive auf Beziehungen und deren Einbettung in Netzwerkstrukturen statt auf Merkmale oder Attribute von Akteuren wird erläutert und deren konzeptionelle Weiterentwicklung im Rahmen einer „relationalen Soziologie" vorgestellt. Anschließend folgt ein zweiter Teil über die formale Repräsentation von Beziehungen mit Hilfe der Netzwerkanalyse. Damit wird sowohl in die konzeptionelle Grundlage von *Beziehungen* aus der Perspektive der relationalen Soziologie als auch in die – im Rahmen der Netzwerkanalyse übliche – Formalisierung von Beziehungen als *Kanten* eingeführt.

1 Beziehungen versus Attribute

Die Netzwerkanalyse wird meist als Alternative oder Ergänzung zur im methodologischen Individualismus „verhafteten" empirischen Sozialforschung gesehen (Wellman 1988: 38ff.). Nicht Einheiten mit bestimmten Attributen, sondern Relationen (Wellman 1988, siehe auch Coleman 1958) und deren Eingebundenheit in soziale Beziehungsstrukturen (Granovetter 1985) stellen den Ausgangspunkt für die methodischen Verfahren der Netzwerkanalyse dar: Somit verschiebt sich die analytische Perspektive weg von Merkmalen – wie Alter, Geschlecht, Einkommen oder Bildungsstand – hin zur strukturellen Eingebundenheit der Akteure in soziale Netzwerke, das heißt in Beziehungen zu anderen.

Strukturanalyse, die in diesem Sinn durch einen „antikategorischen Imperativ" (Emirbayer/Goodwin 1994: 1414) motiviert ist, bedeutet dann nicht klassische Regressionsanalyse von Einheiten mit Merkmalsausprägungen und ihrem kausalen Zusammenhang; vielmehr gelten soziale Beziehungen und deren Struktur als Analyseeinheit selbst (Abbott 1998). Mit Hilfe der Methoden der Netzwerkanalyse werden Akteure untersucht, die in eine soziale Struktur, also in soziale Netzwerke eingebettet sind und somit voneinander abhängen. Diese Perspektive auf die soziale Realität steht im Gegensatz zur grundlegenden Annahme der Unabhängigkeit von Untersuchungseinheiten in der klassischen „Variablensoziologie", in der die Gruppierung von Akteuren auf Grund gemeinsamer Ausprägungen auf Variablen vorgenommen wird: Beziehungen bestehen diesem methodologischen Ausgangspunkt zu Folge durch die gemeinsame Zugehörigkeit zu einer bestimmten Einkommensschicht, Altersgruppe, o.ä. und nicht basierend auf einer realen sozialen Verbundenheit durch Beziehungen wie z.B. Freundschaft.

In den Blickwinkel der Netzwerkanalyse rücken jedoch nicht nur Individuen, deren individuelle Eingebundenheit in bestimmte Beziehungsstrukturen beispielsweise ihr Handeln bestimmt, sondern darüber hinaus werden auch kollektive Akteure wie Organisationen, Unternehmen oder auf Makroebene sogar Nationen und deren jeweiligen Verbindungen untereinander untersucht. Zusätzlich dazu können mit Hilfe der Netzwerkanalyse aber auch andere Arten von Verflechtungen aufgezeigt werden, beispielsweise semantische Netzwerke, die auf Diskursen und Texten basieren. Auf den verschiedenen Ebenen stehen immer Relationen zwischen den Einheiten im Vordergrund, seien dies persönliche Beziehungen, Unternehmensverflechtungen, transnationale Verbindungen oder Diskursstrukturen.

2 Die relationale Perspektive in der Soziologie

Verbunden mit diesem netzwerkanalytischen Fokus auf soziale Beziehungen ist eine, aktuell in Deutschland auf wachsendes Interesse stoßende, theoretische Perspektive, die auch als „relationale Soziologie" (Emirbayer 1997) bezeichnet wird.

Eine genuin relationale Perspektive auf die soziale Welt findet sich bereits in den Anfängen der Soziologie: So konzipierte Georg Simmel Anfang des letzten Jahrhunderts im Rahmen seiner „formalen Soziologie" die Gesellschaft als dynamischen Prozess, der aus „Wechselwirkungen" entsteht, das heißt aus Interaktionen zwischen Individuen, deren soziale Kreise sich kreuzen (1908: 305ff.). Leopold von Wiese gilt als weiterer wichtiger Vertreter der formalen Soziologie, die er auch „Beziehungslehre" nennt. In seinem Werk finden sich bereits Überlegungen zur Messbarkeit von Beziehungen (von Wiese 1968). Beziehungen beinhalten Simmel und von Wiese zu Folge immer zwei Dimensionen: Form und Inhalt. Diese tauchen auch in der formalen Netzwerkanalyse wieder auf (siehe zur formalen Soziologie als Vorläufer der Netzwerkanalyse auch Stegbauer 2001: 92ff.).

Nicht nur der Blick auf die Gesellschaft an sich und deren Strukturiertheit durch Beziehungen, sondern auch wichtige Schlüsselbegriffe und -konzepte der Soziologie gewinnen aus einer relationalen Perspektive an neuer Bedeutung: So fasst Emirbayer in seinem „Manifesto for a Relational Sociology" (1997: 291ff.) zusammen, wie zentrale soziologische Konzepte wie Macht, Gleichheit, Freiheit und sogar der Handlungsbegriff relational umformuliert werden. Diese Kernkonzepte werden dann nicht als abgeschlossene Entitäten konzeptionalisiert, sondern ergeben sich relational aus der Eingebundenheit von Akteuren in soziale Beziehungen.

Darüber hinaus entstanden seit den siebziger Jahren des letzten Jahrhunderts zahlreiche Konzepte, die eng an die Entstehung der Netzwerkanalyse als Methode geknüpft sind: So entwickelten sich beispielsweise Mark Granovetters Idee der „Stärke schwacher Beziehungen" (1973) oder auch das Konzept der „strukturellen Löcher" von Ronald Burt (1992, 2005) Hand in Hand mit der Methode. Diese strukturalistischen Ansätze gehen einher mit einer „strukturellen Handlungstheorie" (Beckert 2005: 301), da die Handlungsfähigkeit einzelner Individuen im Vordergrund steht: Durch die Eingebundenheit in bestimmte soziale Strukturen, also in starke oder schwache, dichte oder weniger dichte Netzwerkstrukturen, wird Handeln entweder restringiert oder aber ermöglicht. Auch die Forschung zum sozialen Kapital oder „Sozialkapital" (im Anschluss an Bourdieu 1983 und Coleman 1988) beschäftigt sich mit dem Nutzen, der aus sozialen Beziehungen entstehen kann.

Zusätzlich zu den an die Netzwerkanalyse als Methode geknüpften Konzepten finden sich in den letzten Jahren zunehmend theoretische Ansätze, die die strukturalistische Herangehensweise durch die Berücksichtigung von kulturellen Aspekten ergänzen. Auf der Suche nach einer „Netzwerktheorie" wird das strukturalistische Argument der Eingebundenheit von Akteuren in soziale Beziehungen erweitert, indem beispielsweise auch Diskurse mit in die Analyse aufgenommen werden. Einflussreich auf diese Art der Konzeption von Relationen ist Harrison C. White (1992, 2008) mit seiner „phänomenologischen Netzwerktheorie" (Fuhse 2008) innerhalb eines „relationalen Konstruktivismus" (Holzer 2006: 71). Ihm zu Folge sind Netzwerke nicht bloße strukturelle Verbindungen, vielmehr können sich Relationen auch aus „stories", also Geschichten, konstituieren.

Diese theoretischen Überlegungen zur Konzeption von Beziehungen im Rahmen der relationalen Soziologie verhelfen dazu, Relationen als Grundbausteine von Netzwerken und somit auch als Ausgangsbasis der Netzwerkanalyse konzeptionell zu erfassen. Beziehungen können dabei sowohl inhaltlich nach verschiedenen Arten von Relationen differenziert, als schließlich auch im Zusammenhang mit den methodischen Verfahren der Netzwerkanalyse als Kanten formalisiert werden. Die nächsten beiden Abschnitte geben einen Überblick über die inhaltliche Typologisierung und formale Beschaffenheit von Beziehungen als Kanten in der Netzwerkanalyse.

3 Inhaltliche Typologisierung von Beziehungen

Aus dem Überblick über die theoretische Konzeption von Relationen geht hervor, dass die zu untersuchenden Beziehungen unterschiedlicher Natur sind. Der Beziehungsinhalt ist ein essentieller Bestandteil einer jeden Netzwerkanalyse und ergibt sich theoretisch aus der Fragestellung und den untersuchten Akteuren.

Eine erste Typologisierung verschiedener Beziehungen in Netzwerken liefert Barnes (1972) mit der Trennung von Einstellungen, Rollen und Transaktionen. Eine differenziertere Klassifikation der „Beziehungsinhalte" zeichnen Knoke und Kuklinski (1982). Eine leichte Modifikation stellt der Überblick von Wasserman und Faust (2006: 37f.) dar, der hier als Bezugsrahmen dient. Hiernach können Beziehungen, die in aktueller und vergangener Netzwerkforschung als Untersuchungsgegenstand vorkommen, den folgenden Kategorien zugeordnet werden:

- *Individuelle Einschätzungen und Meinungen* wie Freundschaft, Respekt, zugeschriebene Bedeutung (z.B. Einflussreputation) und ihre jeweiligen Gegenteile. In der Soziologie wurde dieser Beziehungstyp bisher am umfassendsten untersucht (z.B. Davis 1970, Willmot 1987).
- *Transaktionen und Tausch von materiellen Ressourcen* durch Verkaufen, Verleihen und Verschenken. Studien dieser Art beinhalten die Untersuchung von Geschäfts- und Vertragsbeziehungen und soziale Unterstützung (z.B. Galaskiewicz/Marsden 1978, Breiger/Pattison 1986).

- *Transfer von nicht-materiellen Ressourcen* durch Kommunikation und Informationsaustausch. Eine Beziehung wird hier meist durch das Senden und Empfangen von Informationen, Ratschlägen, Anweisungen und Neuigkeiten definiert. Prominente Anwendungen finden sich in der Analyse von Politiknetzwerken auf Organisationsebene (z.B. Laumann/Knoke 1987). Der Fokus auf Kommunikation erhielt durch die Arbeiten von Castells zum Informationszeitalter (2000) neue Bedeutungszusammenhänge für die empirische Netzwerkforschung.
- *Formale Rollenbeziehungen*, die sich meist durch eine Machtasymmetrie in einer Beziehung begründen und so netzwerkanalytisch erfasst werden können. Beispiele sind die Beziehung Vorgesetzter – Angestellter, Lehrer – Schüler, Türsteher – Discobesucher (z.B. Roethlisberger/Dickson 1961, White 1961).
- *Interaktionen bzw. Affiliationen* legen eine körperliche oder ideelle Präsenz zweier Akteure am selben Ort zur selben Zeit zu Grunde. Beispiele umfassen das gemeinsame Besuchen einer Veranstaltung, jegliche Art körperlicher Interaktion, Konversation etc. (z.B. Galaskiewicz 1985). Auf einer abstrakteren Ebene können Akteure auch interagieren, indem sie Teil des gleichen Diskurses oder einer gemeinsamen Position sind. Dies wird meist an Statements oder Konzeptzuordnungen in Texten oder Positionspapieren gemessen (siehe z.B. Miller 1997).
- *Verwandtschaftsbeziehungen* werden ebenfalls als Netzwerkkanten untersucht. Diese können zwischen Generationen (Vater – Sohn) oder innerhalb einer Generation verlaufen (Ehefrau – Ehegatte, Schwester – Bruder) (z.B. Boyd 1969).

Die Übergänge zwischen den einzelnen Kategorien sind nicht trennscharf und werden ständig um neue Beziehungsphänomene erweitert (z.B. die Untersuchung von Zitationsnetzwerken (Leifeld 2009a)). Oftmals werden in einer Studie auch verschiedene Beziehungstypen und ihr wechselseitiges Verhältnis zueinander untersucht (z.B. Krackhart 1987).

Empirisch erhoben werden Beziehungen auf unterschiedliche Weise, wobei die Erhebungsart meist von der Natur der Akteure bestimmt wird. Am häufigsten werden die Techniken Fragebogen, Interview, Beobachtung und Codierung genutzt. Die Art der interessierenden Beziehungen wird dabei von der Fragestellung festgelegt, das Design für die Erhebung der Beziehung variiert. Es bestehen bei Fragebögen Unterschiede über die Gesamtpopulation und dadurch das Universum der möglichen Verbindungen festgelegt ist (Roster bzw. Free Recall) und wie viele Beziehungen genannt werden können (Free bzw. Fixed Choice). Wie bei jedem Messinstrument wird für die Gütekriterien Exaktheit (werden Beziehungen exakt und richtig angegeben), Validität (werden die Beziehungen gemessen, die gemessen werden sollen) und Reliabilität (sind die gemessenen Beziehungen bei Wiederholung unter gleichen Bedingungen verlässlich replizierbar) kontrolliert.

4   Formalisierung von Beziehungen als Kanten

Während der Begriff „Beziehung" auf die inhaltliche Bedeutung abzielt, meint „Kante" die formale Repräsentation derselben. Gemeinsam mit den Begriffspaaren „Akteur – Knoten" und „Netzwerk – Graph" gehören sie zur begrifflichen Basis der sozialen Netzwerkanalyse. Kanten stellen neben Knoten ein Informationsset dar, das der Analyse von Netzwerkgraphen zu Grunde liegt. Neben individuellen Akteurspositionen wird durch die Analyse der

Kanten die Netzwerkstruktur und Untergliederung dieser in Subgruppen vorgenommen (Burt 1980: 81).

4.1 Binäre ungerichtete Kanten

Eine Kante repräsentiert eine Beziehung zwischen zwei Akteuren.[1] In ihrer einfachsten Form – einem binären und ungerichteten Graphen – kann eine Kante zwischen jedem Paar von Knoten entweder vorhanden sein oder nicht. Einer realisierten Kante wird der Wert 1 zugeschrieben, einer nicht-realisierten der Wert 0. Der Wert wird in einer Adjazenzmatrix zwischen den Akteuren in der jeweiligen Spalte und Zeile notiert und graphisch durch eine Linie zwischen dem Akteurspaar dargestellt.

Ungerichtete Kanten beschreiben Akteursbeziehungen, in denen es keine Rolle spielt, ob ein Akteur einen anderen wählt oder umgekehrt, es also keine Sender- und Empfängerrolle gibt. Ungerichtete Beziehungen umfassen Phänomene wie z.B. einzelne Verwandtschaftsbeziehungen („verheiratet mit"), Interaktionsbeziehungen („spielt mit"), räumliche Beziehungen („lebt in der Nähe von") und Co-Mitgliedschaften in formalen Organisationen (Aufsichtsräte, politische Organisationen) oder informellen Gruppen. Ein ungerichteter Graph ist per Definition immer symmetrisch.

4.2 Gerichtete Kanten

Eine erste Erweiterung stellt ein binärer gerichteter Graph dar. In einem gerichteten Graphen existieren zwei gerichtete Kanten zwischen einem Akteurspaar, welche das Sender-Empfänger-Verhältnis der Beziehung darstellen. Eine Kante repräsentiert die Beziehung von Akteur A zu Akteur B und eine die Beziehung von Akteur B zu Akteur A (oder deren jeweilige Abwesenheit). Das Vorhandensein einer gerichteten Kante wird in einer Adjazenzmatrix durch eine 1 in der Zeile des Senders und der Spalte des Empfängers notiert (siehe Tabelle 1) und durch einen Pfeil von Sender zu Empfänger visualisiert (siehe Abbildung 1).

Adjazenzmatrix

	A	B	C
A	0	1	1
B	0	0	0
C	1	0	0

---

[1] Keine Berücksichtigung finden hier reflexive Beziehungen (loops), welche Formen der Selbstwahl repräsentieren.

Abbildung 1: Netzwerkvisualisierung

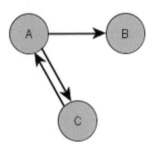

Voraussetzung für das Konzept der gerichteten Kante ist eine Beziehungsart, welche die Trennung des Senders und Empfängers möglich macht oder verlangt. Beziehungen, die sich von einem Akteur zu einem anderen orientieren, beinhalten die Wahl von Freundschaften, Patronagebeziehungen, wahrgenommene Bedeutung von Akteuren, Unterstützung in Organisationsnetzwerken oder Import/Export-Beziehungen von Nationen. Ein gerichtetes Netzwerk ist im Normalfall asymmetrisch, Symmetrie entsteht nur wenn alle Beziehungen reziprok sind.

4.3 Gewichtete Kanten

Untersuchte Beziehungen müssen in der sozialen Netzwerkanalyse nicht binär sein, sondern können auch nach ihrer Stärke gewichtet werden. Hierbei wird das Schema von 0 und 1 erweitert, indem man der Kante einen numerischen Wert zuordnet, der die Intensität der Beziehung repräsentiert. Das Skalenniveau der Kante muss nun mindestens ordinal sein. In einer Matrix werden die Werte dabei analog der Logik der binären Codierung eingetragen. In einer Netzwerkvisualisierung wird die Gewichtung der Kanten meist durch die Dicke der Kante veranschaulicht, weitere Möglichkeiten wie Farbabstufungen oder das Anzeigen des Wertes als Kantenbeschriftung sind jedoch ebenfalls möglich.

Gewichtete Kanten können sowohl in gerichteten wie ungerichteten Graphen vorkommen. Beispiele für ungerichtete gewichtete Beziehungen sind die Häufigkeit von Interaktionen in Büros, räumliche Entfernungen zweier Akteure oder Überlappungen zweier Organisationen in verschiedenen Gremien. Gerichtete gewichtete Kanten entstehen bei der Untersuchung der Intensität von Freundschaftsbeziehungen, der Reputationszuschreibung einer Organisation in einem Politikfeld oder dem Volumen von Außenhandelsbeziehungen zwischen Staaten. Ein gewichtetes und gerichtetes Netzwerk ist ausschließlich dann symmetrisch, wenn alle Beziehungen sowohl reziprok sind als auch innerhalb der Akteursdyaden die gleiche Stärke aufweisen.

4.4 Multiplexe Beziehungen

Eine Generalisierung von Akteursbeziehungen stellt die Untersuchung multiplexer bzw. multivariater Beziehungen dar. Multiplexität liegt in einem Netzwerk vor, wenn zwei oder mehr unterschiedliche Relationen gleichzeitig betrachtet werden. Für jede realisierte Beziehungsart zwischen einem Akteurspaar gibt es eine Kante (bzw. 2 bei gerichteten Beziehungen). Folglich kann jedes Akteurspaar durch mehr als eine Kante verbunden sein. Für binäre Beziehungen werden die einzelnen Beziehungskombinationen mit Hilfe unterschiedlicher Zahlen in einer Adjazenzmatrix gespeichert (1 = Beziehungsart 1 liegt vor, 2 = Beziehungsart 2 liegt vor, 3 = Beziehungsart 1 und 2 liegen vor). Visualisiert werden multiplexe Netzwerke meist durch verschiedenfarbige Kanten oder verschiedene Stricharten.

Multiplexe Beziehungen werden benutzt, um den Zusammenhang zwischen verschiedenen Beziehungsarten zu analysieren. So wird bei Krackhardt (1987) untersucht ob Manager, die befreundet sind, sich eher gegenseitig Hilfestellung im Beruf geben. Ein weiteres Beispiel aus der Organisationsforschung ist die Frage, ob die Tatsache, dass Interessengruppen Informationen austauschen, die Wahrscheinlichkeit erhöht, dass sie sich bei politischen Aktionen gegenseitig unterstützen (Knoke 1996).[2]

4.5 Two-Mode Beziehungen

Der bisherige Ausgangspunkt für die Klassifikation verschiedener Kanten war die Akteursdyade. Es gab nur eine Klasse von Akteuren, die in einer Adjazenzmatrix in Zeilen und Spalten eingetragen und deren direkte Verbindung als Kante dargestellt wurden. Diese Art von Netzwerk nennt sich One-Mode-Netzwerk. Bei der Analyse von Affiliations- oder Two-Mode-Netzwerken ändert sich diese grundlegende Perspektive. Es werden zwei Subsets von Knoten untersucht: Akteure und „Events".

Theoretisch liegt der Analyse von Affiliationsnetzwerken der Gedanke zu Grunde, Individuen durch ihre Mitgliedschaft in Kollektiven zu untersuchen. Die Idee ist, dass Akteure eine Verbindung besitzen, wenn sie Teil eines Events, z.B. eines Sportvereins, einer gemeinsamen Aufsichtsratsfunktion oder eines Diskursraums – gemessen durch gleiche Argumentationen oder Überzeugungen – sind. Anders als bei One-Mode-Netzwerken werden die Events oder Konzepte jedoch als untersuchte Entitäten expliziert. In einer Affiliationsmatrix stehen die Akteure in den Zeilen und die Events in den Spalten. Wenn ein Akteur an einem Event partizipiert oder Teil eines Diskursraums ist, wird dies mit einer Kante (also einer 1 im jeweiligen Feld der Matrix) zwischen Akteur und Event/Konzept codiert. Visualisiert wird dieser Zusammenhang mit einem so genannten „bipartiten Graphen". Beide Klassen von Entitäten werden als Knoten repräsentiert, Kanten kann es aber nur zwischen den verschiedenen Klassen von Entitäten geben.

Eine einfache Illustration von Affiliationsnetzwerken liefern Davis et al. (1941) und Breiger (1974) mit der Untersuchung von 18 Frauen, die über einen Zeitraum von mehreren Monaten 14 verschiedene soziale Anlässe besuchten. Ein gutes Beispiel zum argumentativen Verständnis von Affiliationsnetzen bietet auch Galaskiewicz (1985), der die Vernetzung von 26 CEOs durch gemeinsame Mitgliedschaften in 15 Clubs und sozialen Ausschüssen untersucht. Die Untersuchung von Diskursnetzwerken als empirische Realisation der relationalen Soziologie stellt ein gerade entstehendes Untersuchungsfeld dar. Eine Ein-

---

[2] Beziehungen sind nach Harrison White (1992) nicht nur multiplex, sondern immer auch mehrdimensional: Oft kann zwischen den verschiedenen Dimensionen der Beziehung nicht klar unterschieden werden, so dass in der empirischen Analyse mehrere Arten von Beziehungen – bei White, Boorman und Scott (1976) dann Positionen vs. Rollen – gleichzeitig untersucht werden (siehe dazu auch Stegbauer 2008: 113f.).

führung über die Techniken und Besonderheiten der Analyse von Beziehungen zwischen Akteuren und Diskursen bieten Janning et al. (2009). Ein Anwendungsbeispiel findet sich beispielsweise bei Miller (1997) mit der Analyse von Akteurspositionen zum Schutz von Naturressorts anhand von 1465 Presseartikeln. Leifeld (2009b) zeigt die Veränderungen der Akteurspositionen und ihre Verbindungen im Diskursnetzwerk in der Rentenpolitik der Bundesrepublik.

5 Forschungsperspektiven

Zusammenfassend werden mögliche Trends und Weiterentwicklungen im Hinblick auf empirische Analysen von Relationen aufgezeigt: Wie der letzte Abschnitt gezeigt hat, stellt gerade die Analyse von Diskursnetzwerken eine viel versprechende empirische Umsetzung der relationalen Soziologie dar, die in der Soziologie in Anlehnung an Harrison Whites (1992, 2008) Konzeption von Netzwerken als „stories" als One-Mode-Netzwerke (z.B. Bearman/Stovel 2000) untersucht werden. Von Whites Netzwerktheorie inspirierte, empirische Beiträge zur relationalen Soziologie finden sich beispielsweise bei Bearman (1993) oder Padgett und Ansell (1993). In diesen aus der historischen Soziologie stammenden Arbeiten, wird untersucht, wie sich Netzwerkstrukturen über Zeit formieren. Durch die Analyse von Diskursen oder so genannten „narrativen Netzwerken" (Bearman/Stovel 2000) gelingt es, Bedeutungsstrukturen und deren Veränderungen aufzuzeigen. Im deutschsprachigen Raum finden sich aktuell einige Autoren, die Beiträge zur Weiterentwicklung der relationalen Soziologie als theoretische Ergänzung und auch empirische Weiterführung der rein strukturellen Netzwerkanalyse liefern (Fuhse 2008, 2009; Fuhse/Mützel 2010; Mützel 2007, 2009; siehe auch Häussling in diesem Band).

Zunehmend finden sich darüber hinaus – gerade auch im Bereich der Policy-Forschung – empirische Untersuchungen von Two-Mode-Netzwerken. Insbesondere Affiliationsnetzwerke sind zusätzlich zu oder sogar in Kombination mit der dynamischen Modellierung von Kanten (z.B. Carley 2003) in der aktuellen Netzwerkforschung von besonderem Interesse. Galois Lattices beispielsweise bieten eine Analysemöglichkeit, die duale Menge von Akteuren und Konzepten in einem einzigen Graphen als isomorphe Abbildungen der Strukturen zu betrachten und somit sich unterscheidende Pfade der Konzeptaffiliation intuitiv verständlich zu machen (siehe z.B. Breiger 2000 und auch Rausch in diesem Band). So finden sich zahlreiche methodische Weiterentwicklungen (siehe z.B. Borgatti i.E.) und auch Anwendungen weiterer Methoden, die empirische Analysen von Affiliationsnetzwerken fruchtbar vorantreiben.

6 Literatur

Abbott, Andrew, 1988: Transcending General Linear Reality. Sociological Theory 6: 169-188.
Bearman, Peter, 1993: Relations into Rhetorics. Local Elite Social Structure in Norfolk, England, 1540-1640. New Brunswick: Rutgers University Press.
Bearman, Peter und Katherine Stovel, 2000: Becoming a Nazi: A Model for Narrative Networks. Poetics 22: 327-357.
Beckert, Jens, 2005: Soziologische Netzwerkanalyse. S. 286-312 in: Dirk Kaesler (Hg.), Aktuelle Theorien der Soziologie. Von Shmuel N. Eisenstadt bis zur Postmoderne. München: Beck.

Borgatti, Stephen P., im Erscheinen: 2-Mode Concepts in Social Network Analysis. Encyclopedia of Complexity and System Science.
Bourdieu, Pierre, 1983: Ökonomisches Kapital, kulturelles Kapital, soziales Kapital. S. 183-198 in: Reinhard Kreckel (Hrsg.): Soziale Ungleichheiten. Soziale Welt: Sonderband 2. Göttingen: Schwartz.
Boyd, John P., 1969: The Algebra of Group Kinship. Journal of Mathematical Psychology 6: 139-167.
Breiger, Ronald, 1974: The Duality of Persons and Groups. Social Forces 53: 181-190.
Breiger, Ronald, 2000: A Tool Kit for Practice Theory. Poetics 27: 91-115.
Breiger, Ronald und Phillippa E. Pattison, 1986: Cumulated Social Roles: The Duality of Persons and Their Algebras. Social Networks 8: 1986-2001.
Burt, Ronald S., 1992: The Social Structure of Competition. S. 57-91 in: Nitin Nohria und Robert Eccles (Hg.), Networks and Organization. Boston: Harvard Business School Press.
Burt, Ronald S., 2005: Brokerage and Closure. An Introduction to Social Capital. Oxford: Oxford University Press.
Carley, Kathleen M., 2003: Dynamic Network Analysis. S. 133-145 in: Ronald Breiger, Kathleen M. Carley und Philippa Pattison (Hrsg.), Dynamic Social Network Modeling and Analysis: Workshop Summary and Papers. Washington D.C.: Committee on Human Factors, National Research Council.
Castells, Manuel, 2000: The Rise of the Network Society. Malden: Blackwell.
Coleman, James S., 1958: Relational Analysis. The Study of Social Organizations with Survey Methods. Human Organization 17: 28-36.
Coleman, James S., 1988: Social Capital in the Creation of Human Capital. American Journal of Sociology 94: 95-120.
Davis, Allison, Burleigh B. Gardner und Mary R. Gardner, 1941: Deep South: A Social Anthropological Study of Caste and Class. Chicago: Chicago University Press.
Davis, James A., 1970: Clustering and Hierarchy in Interpersonal Relations: Testing Two Graph Theoretical Models on 742 Sociomatrices. American Sociological Review 20: 843-851.
Emirbayer, Mustafa, 1997: Manifesto for a Relational Sociology. American Journal of Sociology 103: 281-317.
Emirbayer, Mustafa und Jeff Goodwin, 1994: Network Analysis, Culture, and the Problem of Agency. American Journal of Sociology 99: 1411-1454.
Fuhse, Jan, 2008: Gibt es eine Phänomenologische Netzwerktheorie? Soziale Welt 59: 31-52.
Fuhse, Jan, 2009: The Meaning Structure of Social Networks. Sociological Theory 27: 51-73.
Fuhse, Jan und Sophie Mützel, 2010: Relationale Soziologie. Theorie und Anwendungen der neueren amerikanischen Netzwerkforschung. Wiesbaden: VS Verlag.
Galaskiewicz, Joseph, 1985: Social Organization of an Urban Grants Economy: A Study of Business Philantrophy and Nonprofit Organizations. Orlando: Academic Press.
Galaskiewicz, Joseph und Peter V. Marsden, 1978: Interorganizational Resource Networks: Formal Patterns of Overlap. Social Science Research 7: 89-100.
Granovetter, Mark S., 1973: The Strength of Weak Ties. American Journal of Sociology 78: 1360-1380.
Granovetter, Mark S., 1985: Economic Action and Social Structure: The Problem of Embeddedness. American Journal of Sociology 91: 481-510.
Holzer, Boris, 2006: Netzwerke. Bielefeld: transcript.
Janning, Frank, Philip Leifeld, Thomas Malang und Volker Schneider (2009): Diskursnetzwerkanalyse: Überblick zur Theoriebildung und Methodik. S. 53-86 in: Volker Schneider et al. (Hg.): Politiknetzwerke: Modelle, Anwendungen Visualisierungen. Wiesbaden: VS Verlag.
Knoke, David und James H. Kuklinski, 1982: Network Analysis. Beverly Hills: Sage Publications.
Knoke, David, Franz U. Pappi, Jeffrey Broadbent und Yutaka Tsujinaka, 1996: Comparing Policy Networks: Labor Politics in the US, Germany, and Japan. Cambridge: Cambridge University Press.

Krackhardt, David, 1987: Cognitive Social Structures. Social Networks 9: 109-134.
Laumann, Edward O. und David Knoke, 1987: The Organizational State: Social Choice in National Policy Domains. Madison: University of Wisconsin Press.
Leifeld, Philip, 2009a: Eine Ko-Zitationsanalyse der quantitativen Netzwerkanalysen in der Politikwissenschaft. S. 87-108, in: Volker Schneider et al. (Hg.): Politiknetzwerke: Modelle, Anwendungen Visualisierungen. Wiesbaden: VS Verlag.
Leifeld, Philip, 2009b: Die Untersuchung von Diskursnetzwerken mit dem Discourse Network Analyzer (DNA). S. 385-399, in: Volker Schneider et al. (Hg.): Politiknetzwerke: Modelle, Anwendungen Visualisierungen. Wiesbaden: VS Verlag.
Miller, Mark M., 1997: Frame Mapping and Analysis of News Coverage of Contentious Issues. Social Science Computer Review 15: 367-377.
Mützel, Sophie, 2007: Marktkonstitution durch narrativen Wettbewerb. Berliner Journal für Soziologie 17: 451-464.
Mützel, Sophie, 2009: Networks as Culturally Constituted Processes: A Comparison of Relational Sociology and Actor-Network Theory. Current Sociology 57.
Padgett, John und Christopher K. Ansell, 1993: Robust Action and the Rise of the Medici, 1400-1434. American Journal of Sociology 98: 1259-1319.
Roethlisberger, Fritz J. und William J. Dickson, 1961: Management and the Worker. Cambridge: Cambridge University Press.
Simmel, Georg, 1908: Soziologie. Untersuchungen über die Formen der Vergesellschaftung. Leipzig: Duncker & Humblot.
Stegbauer, Christian, 2001: Grenzen virtueller Gemeinschaft. Strukturen internetbasierter Kommunikationsforen. Wiesbaden: Westdeutscher Verlag.
Stegbauer, Christian, 2008: Weak und Strong Ties. Freundschaft aus netzwerktheoretischer Perspektive. S. 105-119, in: Christian Stegbauer (Hrsg.): Netzwerkanalyse und Netzwerktheorie. Ein neues Paradigma in den Sozialwissenschaften. Wiesbaden: VS Verlag.
Von Wiese, Leopold, 1968: System der Allgemeinen Soziologie als Lehre von den sozialen Gebilden der Menschen (Beziehungslehre). Berlin: Duncker&Humblot.
Wellman, Barry, 1988: Structural Analysis: From Method and Metaphor to Theory and Substance. S. 19-61 in: Barry Wellman und Stephen D. Berkowitz (Hg.), Social Structures. A Network Approach. Cambridge: Cambridge University Press.
White, Harrison C., 1961: Management Conflict and Sociometric Structure. American Journal of Sociology 67: 185-199.
White, Harrison C., 1992: Identity and Control. A Structural Theory of Social Action. Princeton: Princeton University Press.
White, Harrison C., 2008: Identity and Control. How Social Formations Emerge. Princeton: Princeton University Press.
White, Harrison C., Scott A. Boorman und Ronald L. Breiger, 1976: Social Structure from Multiple Networks I. Blockmodels of Roles and Positions. American Journal of Sociology 81: 730-780.
Willmott, Philip, 1987: Friendship Networks and Social Support. London: Policy Studies Institute.

3.3 Starke und Schwache Beziehungen

Christine B. Avenarius

1 Einleitung: die theoretischen Überlegungen der Granovetter Studie

Dieser Beitrag befasst sich mit einer Eigenschaft von sozialen Netzwerken: der Stärke von Beziehungen. Er untersucht die Definitionen von Stärkegraden und diskutiert die Auswirkungen der Bestimmung von Beziehungsstärken auf die Interpretation von Netzwerkstrukturen und der Funktion einzelner Elemente innerhalb eines Netzwerkes. Die Soziale Netzwerkanalyse verwendet mit Hinsicht auf die Tragfähigkeit oder Qualität von Beziehungen die Begriffe „starke Beziehungen", „schwache Beziehungen" und „abwesende Beziehungen" (bzw. „nicht vorhandene Beziehungen").

Diese Terminologien wurden mit der Veröffentlichung des mittlerweile am häufigsten zitierten Artikels der Netzwerkforschung "The strength of weak ties" von Mark Granovetter (1973) etabliert. Granovetter stellt darin die Ergebnisse seiner Forschung über die Informationsbeschaffungsprozesse von Arbeitsuchenden vor. Seine Interpretation der Stärkegrade von Beziehungen und ihrer Nutzbarkeit entwickelte er in Anlehnung an Erkenntnisse zu Prozessen der Beziehungsformation in der Sozialpsychologie und der mathematischen Soziologie. Er bezieht sich dabei auf Heiders (1946, 1958) Theorie zur strukturellen Balance von Beziehungen unter Gleichgesinnten, und Davis (1963) Anwendung dieser Theorie auf die Formation von Gruppen, die Individuen mit gleichen Interessen und Interaktionspartner zusammenbringen, aber nutzt auch die Logik der mathematischen Umsetzung von Heiders Konzeptionen durch Cartwright und Harary (1956). Die mathematische Ermittlung der verschiedenen möglichen Muster von Verbindungen zwischen sozialen Akteuren brachten Granovetter zu den Schriften Anatol Rapoports (1954, 1963), die ihn nach eigenen Angaben besonders beeinflusst haben (Freeman 2004: 112).

Diese Untersuchungen befassen sich alle mit Überlegungen zur Übertragbarkeit (Transitivität) von Beziehungen in einer Dreieckskonstellation (Triade). Ihnen ist folgende Fragestellung gemeinsam: Wenn Person A eine Beziehung zu Person B unterhält und gleichzeitig eine Beziehung zu Person C, wie hoch ist die Wahrscheinlichkeit, dass auch B und C miteinander in Kontakt treten oder zumindest von einander wissen? Rapoport (1963) unterscheidet in dieser Hinsicht den Stärkegrad von Beziehungen und ermittelt dies mit Hilfe der Kategorien „allerbeste Freunde", „zweitbeste Freunde", „drittbeste Freunde" usw. Aufgrund seiner Beobachtungen entwickelt er die folgende Regel: je stärker die Freundschaftsbeziehung zwischen den Personen A und B und den Personen A und C ist, umso wahrscheinlicher ist, dass sich B und C kennen oder kennenlernen werden. Die komplette Abwesenheit einer Verbindung zwischen B und C im Falle starker Beziehungen zwischen A und B und A und C wird aufgrund der Regeln der Transitivität auch „verbotene Triade" genannt, denn ihr Auftreten ist in hohem Grade unwahrscheinlich (Wasserman und Faust 1994: 566).

Darauf aufbauend formuliert Granovetter (1973), dass eine Beziehung an Stärke gewinnt, je mehr Zeit zwei Menschen miteinander verbringen. Weitere Einflussfaktoren auf die Stärke von Beziehungen sieht er in dem Grad der Intensität und der Intimität im Hinblick auf den Inhalt der miteinander verbrachten Zeit innerhalb einer Beziehung und die Reichweite des Austausches von Hilfeleistungen (Granovetter 1973: 1361). Die Existenz schwacher Beziehungen hingegen ergibt sich aus dem Gegensatz zu starken Beziehungen. Der hohe Grad von Übertragbarkeit, bzw. Transitivität von Präferenzen für Freundschaften aufgrund gemeinsamer Interessen und Häufigkeit der Interaktionen hat nämlich nicht nur zur Folge, dass eine Person C mit großer Wahrscheinlichkeit dieselben Informationsquellen wie Person B hat, sondern auch, dass eng miteinander verbundene Akteure wenig Zeit und damit wenig Gelegenheit haben, andere Personen kennenzulernen.

Im Umkehrschluss gilt demnach, dass Beziehungen zwischen A und C oder A und B, die durch geringe Häufigkeit der Interaktion gekennzeichnet sind und damit als „schwach verbunden" klassifiziert werden können, nicht zwangsläufig zu einer Verbindung von C und B als Bekannte führen. Geringe Häufigkeit der Interaktion, bzw. schwache Beziehungen, erlauben also die Existenz der „verbotenen Triade" und damit eine Abwendung vom Postulat der symmetrischen, ausbalancierten Beziehungen (Heider 1958). Das bedeutet auch, dass Person C dann nicht automatisch Zugang zu den gleichen Informationen hat wie Person B. Daraus leitet Granovetter (1973) folgende Erkenntnis ab: je unterschiedlicher das persönliche Profil von Interaktionspartnern und je geringer die Häufigkeit und Intensität ihrer Begnungen, umso wahrscheinlicher ist es, dass jeder von ihnen Zugang zu Informationen hat, die der andere noch nicht kennt. Er geht deshalb davon aus, dass in dieser Weise „schwach" miteinander verbundene Individuen einander von Vorteil sein können, so zum Beispiel bei der Suche nach einer neuen Arbeitsstelle, da sie einander mit Informationen versorgen, die sie von stark verbundenen Freunden mit gleichen Interessen und Lebensumständen wie sie selbst nicht erhalten können (Granovetter 1973, 1983).

Die Klassifizierung von Beziehungen als „stark" oder „schwach" beeinflusst also unser Verständnis von Netzwerkstrukturen und der Rolle von Akteuren innerhalb eines Netzwerkes. In den nächsten beiden Abschnitten dieses Kapitels werden zunächst die Unterscheidungsmerkmale von „starken" und „schwachen" Beziehungen näher beleuchtet und anschließend die verschiedenen Interpretationen ihrer jeweiligen Funktionen vorgestellt. Allerdings kommen die Unterschiede zwischen „starken" und „schwachen" Beziehungen am deutlichsten bei der Erforschung der Integration von Einzelpersonen in ein Gesamtnetzwerk zum Vorschein.

> „Je mehr starke Beziehungen ein Akteur aufweist, desto schwächer ist er in das Gesamtnetz eingebunden, weil die kohäsive Subgruppe viel Zeit und Energie verbraucht. Je mehr schwache Beziehungen ein Akteur unterhält, desto besser kann er die Beschränktheit kohäsiver Kreise überwinden, desto mehr unterschiedliche Information erhält er und desto besser ist seine Einbindung in das gesamte Netzwerk" (Schweizer 1996: 118-119).

2 Definition von starken und schwachen Beziehungen: Was macht eine starke Beziehung stark?

In vereinfachter Weise kann man starke und schwache Beziehungen folgendermaßen unterscheiden: starke Beziehungen verbinden Freunde, schwache Beziehungen vernetzen Bekannte. In der angewandten Forschung, bei der Datenerhebung und vor allem bei der Ermittlung von Netzwerkstrukturen in anderen Kulturkreisen, wirft sich jedoch schnell die

Frage auf: wann ist eine Beziehung „stark" und wann ist eine Beziehung „schwach"? Was ist die Definition von Freundschaft? Was macht einen Freund zum Freund? Wie genau sind schwache und starke Beziehung auseinander zuhalten? Die Bezeichnungen „stark" und „schwach" sind inhaltlich unscharf und lassen verschiedene Ausdeutungen und Anwendungen zu. Jeder Forscher und jeder Informant interpretiert die Begriffe möglicherweise unterschiedlich. Hinzu kommt, dass es im Verlauf der Datenerhebung weitaus schwieriger ist, schwache Beziehungen vollständig und erschöpfend zu erheben als starke Beziehungen, da Informanten sich oft nicht an ihre weniger wichtigen Kontaktpersonen erinnern können (Henning 2008; Kapferer 1973; Lin 2001).

Hinsichtlich starker Beziehungen hat Granovetter die Zeitdauer, bzw. Häufigkeit der Interaktion von zwei Menschen als deren offensichtlichstes und zentralstes Merkmal hervorgehoben, unter anderem, weil die andere Beziehungsdimensionen weitaus schwieriger zu erfassen sind. Dieses Verfahren reduziert die Definition von wichtigen Beziehungen auf die Frequenz von Treffen mit Bezugspersonen. Es gibt jedoch auch Beziehungen, die Menschen als wichtig bezeichnen, obwohl sie diese mit anderen Menschen verbinden, die sie nicht lange kennen oder nicht häufig sehen. Umgekehrt zeigt Stegbauer (2008) in seiner Untersuchung des Freundschaftsbegriffs für den deutschen Kulturraum, dass Arbeitskollegen, die miteinander häufig und über eine lange Zeitdauer interagieren, einander keineswegs automatisch als stark verbunden einstufen.

Das die Begriffe „starke und schwache Beziehungen" weder von Granovetter noch anderen Autoren eindeutig operationalisiert wurden, stellten auch Marsden und Campbell (1984) frühzeitig fest. Sie beschlossen daraufhin, präzisere Definitionen zu entwickeln und befragten Personen zu den folgenden fünf Dimensionen von Beziehungen: Nähe, Länge, Häufigkeit, Umfang von Diskussionsthemen und gegenseitige Vertrauensbekundungen. Es stellte sich heraus, dass die Mehrzahl der Befragten nur emotionale Nähe als wirklich ausschlaggebenden Indikator einer starken Beziehung benannten. Mathews et al. (1998) wiederholten Marsden und Campbells Studie mit einer erweiterten Liste von insgesamt 13 Dimensionen. Ihre Informanten, vornehmlich Universitätsstudenten, bezeichneten Intimität als das herausragendste Bestimmungsmerkmal von Beziehungsstärke. Unlängst überprüften Petroczi et al. (2007) die Messbarkeit von Beziehungsstärke für virtuelle Netzwerke und fanden abermals ähnliche Probleme der Generalisierbarkeit, aber auch die überragende Dominanz der Indikatoren Freundschaftsbeziehung, Nähe, und Intimität als Beleg für die Existenz starker Beziehungen.

Andere Wissenschaftler haben die Komplikationen bei der Erfassung von Beziehungsstärken entweder durch die Einführung eines Zwischengrades oder die Verwendung zusätzlicher Beschreibungsmerkmale umschifft. Ein zusätzlicher Stärkegrad zur Beschreibung von Beziehungen, die weder stark noch schwach sind, wird zwar eher selten benutzt. Die zwei Begriffe, die in der Literatur vorkommen, "moderately strong ties" (Avenarius 2002; Cummings und Kiesler 2007; Rosenthal et al. 1985), und "intermediate ties" (Onnela et al. 2007; White und Houseman 2003) werden jedoch synonym verwendet. Zu den zusätzlichen Merkmalen, die Unterschiede zwischen starken und schwachen Beziehungen deutlicher manifestieren gehören die Begriffe „Multiplexität" (Kapferer 1969; Minor 1983; Verbrugge 1979), „spezifische Aktivitäts-foci" (Feld 1981) und „multi-stranded and specialized ties" (Wellman et al. 1988).

Der Begriff der Multiplexität wurde zuerst von Gluckman (1955) und seinem Schüler Bruce Kapferer (1969) verwendet. Kapferer beschreibt in seiner Ethnographie afrikanischer

Mienenarbeiter, die einen Streik initiieren, dass Beziehungen um so stärker sind, je höher die Anzahl unterschiedlicher sozialer Kontexte ist, in der zwei Individuen wiederholt miteinander in Kontakt kommen. Multiplexität bezeichnet Beziehungen zwischen zwei Individuen, die mehrere soziale Inhalte miteinander teilen, wie zum Beispiel Arbeitskollegen, die zugleich Nachbarn im gleichen Wohnviertel sind oder Vereinsmitglieder, deren Kinder in die gleiche Grundschulklasse gehen. Sie sind stärker miteinander verbunden als Arbeitskollegen, die sich nur gelegentlich in der Kantine begegnen oder Eltern, die miteinander nur ein bis zweimal im Jahr auf einem Elternabend ins Gespräch kommen. Letztere Konstellationen werden als uniplex bezeichnet. Feld (1981; 1997) kommt zu einer ähnlichen Schlussfolgerung wenn er vorschlägt, die Intensität und Häufigkeit von Interaktionen anhand von gemeinsamen Aktivitäten an speziellen Orten oder unter spezifischen Umständen (foci) festzustellen. Je mehr gemeinsame Aktivitäten von zwei Menschen geteilt werden, desto stärker sind sie miteinander verbunden. Weiterhin zeigt er auf, dass die Transitivität oder Übertragbarkeit von Verbindungen auf andere durch die Anzahl gemeinsamer Aktivitäten erhöht wird. Dies entspricht der bereits erwähnten Annahme, dass Freunde von stark verbundenen Freunden mit hoher Wahrscheinlichkeit einander auch kennen oder zumindest von einander wissen.

Die mehrfache Nennung von Kontexten und Aktivitäten mit bestimmten Interaktionspartnern wird auch in der berühmten Studie des Gemeindelebens von East York als ein wichtiges Merkmal zur Unterscheidung von Beziehungsqualität angewendet. Wellman et al. (1988) differenzieren zwischen "multi-stranded and specialized ties" in der Beschreibung von Beziehungen, die nur für spezielle Bedürfnisse aktiviert werden, wie zum Beispiel die Rekrutierung von saisonbedingten Arbeitskräften, und Beziehungen, in denen zwei Interaktionspartner zahlreiche soziale Funktionen füreinander übernehmen (wie zum Beispiel als Babysitter und Tennispartner und erweitertes Familienmitglied) (Wellman et al. 1988:165). Eine weitere Ableitung der Erkenntnisse zu Beziehungen von Gemeindemitgliedern ist auch, dass Menschen, die durch starke Beziehungen miteinander verbunden sind, auch ein höheres Ausmaß an Gemeinsamkeiten im persönlichen Selbstverständnis (Identität) und vergleichbaren sozialem Status oder Rang teilen (Wellman und Wortley 1990: 564).

Mathematisch lassen sich starke und schwache Beziehung am ehesten in Bezug auf eine Betrachtung von Gesamtnetzwerken definieren, zumal die Ermittlung der Dichte eines Netzwerkes auf der Annahme basiert, dass ein Netzwerk mit einem hohen Grad an Dichte vornehmlich aus starken Beziehungen besteht (Freeman 1992). Die Dichte eines Netzwerkes wird berechnet, indem man die Anzahl der existierenden Beziehung in einer Gruppe mit der Anzahl aller möglichen Beziehungen vergleicht, d.h. für den Fall, dass alle Gruppenteilnehmer bzw. Mitglieder eines Netzwerkes tatsächlich Kontakt zu jedem anderen Gruppenmitglied haben (Borgatti und Everett 1997: 253).

Nach Freeman (1992) erlaubt die Maßeinheit s (soziale Nähe) eine Identifizierung von schwachen und starken Beziehungen innerhalb eines Gruppennetzwerkes, wenn keine Überlappungen zwischen Clustern (subsets) von Akteuren besteht. Akteure, die direkt miteinander verbunden sind, haben eine soziale Nähe vom Wert $s = 1$. Unabhängige Untergruppen, bzw. Cliquen, in einem Gruppennetzwerk weisen schwache Beziehungen auf, wenn die Akteure der Gesamtgruppe indirekt mit den anderen Akteuren der Gruppe verbunden sind mit einem Wert der sozialen Nähe $0<s<1$. Die Beziehungen sind am stärksten, wenn all Mitglieder eines Netzwerkes direkt mit allen anderen Netzwerkmitgliedern verbunden sind und die Pfadlänge jeweils exakt $s = 1$ beträgt. Dies entspricht auch der Definition der maximalen Dichte eines Netzwerkes. Freeman zeigt zudem in seiner Reanalyse von Gruppennetzwerken mit Hilfe des Konzepts der schwachen Transitivität, dass eine vollständige und disjunkte Aufteilung einer Gruppe in kohäsive Untergruppen möglich ist. Jeder Akteur kann aber weiterhin jeden anderen Akteur über Zwischenpersonen erreichen.[1]

Es ist nicht weiter erstaunlich, dass die mathematische Definition von schwachen und starken Beziehungen nur für Gesamtnetzwerkstrukturen möglich ist. Wie bereits erwähnt, ist die Dichotomie von starken und schwachen Beziehungen in der Betrachtung von Gesamtnetzwerken am deutlichsten erkennbar und erfassbar. Bei der Untersuchung persönlicher bzw. egozentrierter Netzwerke hingegen ist die Bestimmung von schwachen und starken Beziehungen eher schwammig und von der spezifischen Definition der Wissenschafter und/oder Informanten abhängig. Abschließend sei auf eine einprägsame Definition schwacher Beziehungen in Gesamtnetzwerken von Csermely (2006) verwiesen, der in seinem Buch zu "weak links" eine Synthese von Netzwerkstrukturen für alle Wissenschaftsbereiche von Chemie bis Ethnologie anstrebt.

> "A link is defined as weak when its addition or removal does not change the mean value of a target measure in a statistically discernable way" (Csermely 2006:101).

3 Funktion und Nutzen von Starken und Schwachen Beziehungen

Weitere Einsichten über die jeweiligen Eigenschaften von starken und schwachen Beziehungen können durch die Betrachtung der unterschiedlichen Funktionen gewonnen werden, die starken und schwachen Beziehungen zugeschrieben werden. Im Allgemeinen werden die Funktionen von Beziehungen im Hinblick auf den Grad ihrer Nützlichkeit bei der Bereitstellung von Ressourcen aller Art untersucht. Dabei kann die Zielrichtung von Aktivitäten, die Interaktionen zwischen Einzelpersonen herbeiführen oder manifestieren, entweder instrumenteller oder expressiver bzw. emotionaler Natur sein. Das heißt, es werden entweder Ressourcen benötigt, die instrumentelle Hilfe leisten oder den Interaktionspartner emotional bestätigen (Lin 2001). Auch wenn viele Überblicksartikel zu starken und schwachen Beziehungen argumentieren, dass Information von schwachen Beziehungen und emotionale Vertrauensbeweise von starken Beziehungen bereitgestellt werden, ist diese Verteilung bei näherer Betrachtung nicht allgemein gültig. Es stellt sich also die entscheidende Frage: Ist es sinnvoller und erfolgversprechender, schwache oder starke Beziehungen zu nutzen, um

---

[1] Die Zerlegung eines Netzwerkes aufgrund von starken und schwachen Beziehung basieren auf den folgenden Annahmen: Jeder Akteur muss sich selbst näher stehen als einem anderen ($s_{ij} = 1$, i=j). Die Nähe einer ersten Person zu einer zweiten muss genauso groß sein, wie die Nähe der zweiten zur ersten. $S_{ij} = s_{ji}$. Es dürfen keine verbotenen Triaden auftreten (d.h. Intransitivität trotz starker Beziehungen zwischen drei Personen A, B und C ist nicht möglich). Dabei verwendet Freeman (1992), der als einziger eine mathematische Definition für starke und schwache Beziehungen verfolgt hat, die Notation l als eine Konstante, die zwischen starken und schwachen Verbindungen unterscheidet. Er verwendet die Formeln $0 < s_{ij} < l$ zur Beschreibung schwacher Beziehungen und $s_{ij} > l$ für starke Beziehungen. Darauf aufbauend sucht er dann nach passenden l, die die zuletzt genannte Bedingung erfüllen. Die mathematischen Operationen werden von oben nach unten durchgeführt, beginnend mit s=1 und dann sukzessive auf schwächere Werte der Zugehörigkeit erweitert. Freeman wählt dafür einen maximalen Wert für s und setzt nach und nach kleinere Werte für s ein. Gesucht wird der minimale Wert s, für den sich noch die geforderte Struktur innerhalb der Gruppen und ihrer Beziehungen zueinander ergeben.

Zugang zu Ressourcen, wie zum Beispiel Materialien, Informationen oder persönlicher Bestätigung und Aufmerksamkeit zu erhalten?

In der Literatur finden sich hierzu unterschiedliche Auffassungen. Granovetters Postulat der „Stärke schwacher Beziehung" zog diverse Untersuchungen nach sich (siehe unter anderem De Graaf und Flap 1988; Hansen 1999; Seibert et al. 2001) und spielte auch eine wichtige Rolle in der Erkundung und Bestätigung des „small world" Phänomens (Watts 2004) (siehe Beitrag in diesem Handbuch). Es gibt aber auch Forschungen, die die „Stärke starker Beziehungen" aufzeigen (Carpenter et al. 2003; Krackhardt 1992; Nelson 1989). Insbesondere die Diskussion um die Erfassbarkeit und Messbarkeit des Konzeptes „Soziales Kapital" wurde stark von der Ermittlung von Stärkegraden und ihrer Funktionen beeinflusst (Lin 2001). Dabei stellte sich heraus, dass nicht alle schwachen Beziehungen automatisch als Brücken mit Zugang zu sozialem Kapital fungieren. Ebenso können starke Beziehungen den Zugang zu Ressourcen sowohl behindern als auch fördern. Im Folgenden werden diese verschiedenen Einsichten zur Verwendbarkeit des Konzepts von starken und schwachen Beziehungen im Detail beleuchtet.

3.1 Die Stärke schwacher Beziehungen

Die Erkenntnis, dass schwache Beziehungen wichtige Funktionen im Bereich der Integration von Untergruppen und dem Zugang zu Informationen und Individuen, die ein anderes Profil als die eigene stark verbundene lokale Umwelt haben, ist mittlerweile in weiten Bereichen der Wissenschaft und Gesellschaft etabliert (Borgatti et al. 2009). Die Stärke schwacher Beziehungen liegt vor allem in ihrem Potential der Anpassungsfähigkeit begründet (Gargiulo und Bernassi 2000). Schwache Beziehungen erlauben dem Einzelnen kurzzeitig und kurzfristig aus ihren von Verpflichtungen geprägten, eng geknüpften sozialen Kreisen auszubrechen, und zusätzliche Strategien zu erkunden. Die Existenz schwacher Beziehungen in einem Netzwerk kann die Verbreitung von Krankheitserregern erklären (Watts 2004), den Erfolg von Managern bei der Informationsbeschaffung (Cross et al. 2001), die Beförderung von Mitarbeitern (Burt 1992; Marsden und Hulbert 1988; Wegener 1991) und die erfolgreiche Verhandlung um Gehaltserhöhungen (Montegomery 1992).

Die Rolle schwacher Beziehung lässt sich auch in umgekehrter Anwendung bestätigen. Gargiulo und Bernassi (1999) zeigen, dass die Existenz starker Beziehungen innerhalb von Unternehmen oder zwischen Branchenführern die Anpassung an wirtschaftliche Veränderungen behindern können, weil hohe Verpflichtungserwartungen bestehen. Seilschaften zwischen Unternehmern können hilfreich sein für den internen Zusammenhalt. Sie lassen aber den Akteuren oft keine Zeit, neue Beziehungen zu knüpfen oder sich um effizientere Partner zu bemühen (Gargiulo und Bernassi 1999). Weiterhin kann die Abwesenheit von schwachen Beziehungen, die Zugang zu neuen und anderen Formen von Informationen beschaffen könnten, soziale und finanzielle Armut manifestieren und perpetuieren. Espinoza (1999) beschreibt am Beispiel Chiles, dass Stadtbewohner, die aufgrund mangelnder finanzieller Mittel wenige Möglichkeiten haben, ihr geographisch begrenztes Nachbarschaftsviertel zu verlassen, sich auf Dauer immer nur mit den gleichen Interaktionspartnern austauschen, die zudem alle dieselben Lebensumstände teilen. Die gegenseitigen Abhängigkeiten, die durch häufige Interaktion manifestiert werden, behindern diese Stadtbewohner, Kontakte außerhalb ihres täglichen Informationsfeldes zu knüpfen. Je ähnlicher das persönliche Profil der Interaktionspartner, desto weniger ist Zugang zu neuen Informationen und damit Gelegenheiten zur Arbeitsfindung etc. möglich.

Eine ähnliche Situation beschreibt Philip Bourgois (1995) in seiner Ethnographie über Crackdealer in New York City. Geographische Einschränkungen, und geringe Gelegenheiten zur Diversifizierung der Interaktionspartner schaffen eine Art „Käfig starker Beziehungen" unter den Drogenkonsumenten und Dealern, die Interventionen, insbesondere zur Gesundheitsförderung erschweren. Grundsätzlich hat die Untersuchung der Rolle von starken und schwachen Beziehungen der Erforschung von Infektionskrankheiten und Drogenkonsum wichtige Einsichten geliefert. Auch wenn mit Recht davon ausgegangen wird, dass Viren und Keime durch schwache Beziehungen von einer Gemeinschaft in die nächste transportiert werden, gilt ebenso, dass bestimmte risikoträchtige Praktiken, wie z.B. das gemeinsame Benutzen von Injektionsnadeln, nur unter Freunden stattfinden, die durch starke Beziehungen miteinander verbunden sind (Valente und Vlahov 2001).

3.2 Schwache Beziehungen als Brücken?

Wie nun bereits oft dargestellt, funktioniert das Konzept der „Stärke schwacher Beziehungen" dann am besten, wenn es um Integration von Clustern innerhalb eines Gesamtnetzwerkes geht und schwache Beziehungen als Brücken zwischen diesen Clustern verstanden werden (Friedkin 1980). Doch nicht alle schwachen Beziehungen erfüllen die Funktion einer Brücke. Die erste Infragestellung der Gleichsetzung von Brückenfunktionen mit schwachen Beziehungen kam von Killworth und Bernard (1974). Sie untersuchten Gruppenformationsprozesse in einem Gefängnis in den USA. Verbindungen, die zwischen den Gruppen erkennbar waren, wurden ausschliesslich als stark eingestuft. Schwache Verbindungen gab es nur im Sinne von „nicht vorhandenen Verbindungen" zwischen einzelnen Gruppen (Killworth und Bernard 1974: 346). Später hat Burt (1992) sich intensiv mit der Rolle von Brücken zwischen Untergruppen innerhalb eines Gesamtnetzwerkes beschäftigt und den Begriff der „Strukturellen Löcher".

Burt (1992) betonte, dass die wichtigste Eigenschaft von Brückenbeziehung, die sogenannte Löcher zwischen Untergruppen aufrechterhalten, nicht der Grad ihrer Stärke ist, sondern ihre Einmaligkeit, bzw. nicht vorhandene Redundanz. Starke Beziehungen sind redundant, da die Reduktion einer solchen Beziehung die Gesamtstruktur eines Netzwerkes nicht wesentlich verändert. Die Funktionen einer einzelnen starken Beziehung können leicht von den anderen starken Beziehungen in der Untergruppe übernommen werden. Die Existenz struktureller Löcher zwischen Clustern ist von Vorteil für Akteure, die Abhängigkeiten schaffen wollen. Brücken zwischen Untergruppen innerhalb eines Gesamtnetzwerkes können auch durch starke Beziehungen hergestellt werden, solange sie die Existenz von strukturellen Löchern perpetuieren. Diese Interpretation weist zurück auf die Unschärfe in den Definitionen von schwachen und starken Beziehungen. Kann eine schwache Beziehung als stark angesehen werden, weil sie eine wichtige Rolle in einem Netzwerk spielt?

3.3 Die Stärke starker Beziehungen

Ein wichtiges Merkmal starker Beziehungen ist ihre Reziprozität. Starke Beziehungen motivieren zudem Netzwerkmitglieder zu internem Zusammenhalt. Deshalb wird die Existenz starker Beziehungen auch oft als ein Indikator starker interner sozialer Kontrolle aufgefasst, die sowohl das Wohlbefinden der Gruppe fördert, aber auch das Veränderungspotential einschränkt (Portes und Sensenbrenner 1993). So ist erfolgreiche politische Mobilisierung oft auch auf die Existenz von starken Beziehungen und die Einforderungen von Solidaritätsbezeugungen zurückzuführen. Nelson (1989) beschreibt, dass Wirtschaftsorganisationen mit niedrigem internen Konfliktpotential, eine hohe Anzahl starker Beziehung unter den Mitarbeitern aufweisen. Krackhardt (1992) zeigt weiterhin, dass die starken Verbindung zwischen Mitgliedern der Führungselite in Unternehmen erklären, warum bestimmte Wirtschaftszweige erfolgreich sind. Die selektive Verbreitung von Information unter stark verbundenen Akteuren wurde auch von Carpenter et al. (2003) bestätigt, die Lobbyaktivitäten im Bereich der Gesundheitspolitik in den USA untersuchten. Politiker investieren eher in ihre starken Beziehungen und bedienen diese mit Informationen, als sich mit weniger wichtigen Bekannten und deren Informationsquellen zu beschäftigen. Auch hier stellt sich die Frage der tatsächlichen Definition von schwachen und starken Beziehungen im Hinblick auf Machtgefälle und politischem Einfluss.

3.4 Beziehungsstärke als Messinstrument Sozialen Kapitals?

Auf den ersten Blick erscheint die Unterscheidung in starke und schwache Beziehungen ein hilfreiches Instrument für das Verständnis von Sozialem Kapital zu sein. Denn die Anwendung der Granovetterschen Theorie besagt, dass schwache Beziehungen Zugang verschaffen zu einer größeren Anzahl von unterschiedlichen (heterogenen) Anderen und deren Informationen. Nan Lins (2001) theoretische und empirische Erörterungen zum Phänomen des Sozialen Kapitals, zeigen aber, dass das nur dann zutrifft, wenn die Menschen, von denen Zugang zu neuen und diversen Information erhofft werden, hierarchisch über den Informationssuchenden stehen. Ähnlich wie Burt (1992) betont Lin (2001), dass die bloße Existenz einer schwachen Beziehung noch keine Verbesserung der persönlichen Situation nach sich zieht. Anders ausgedrückt, schwache Beziehungen an sich eröffnen nicht den Zugang zu sozialem Kapital in der Form von beruflichen Aufstiegschancen, Informationen und weiteren Kontakten (Bian 1997; Bian und Ang 1997). Vielmehr sollte der schwach verbundene Beziehungspartner tatsächlich über mehr Macht und Einfluss verfügen als der Informationssuchende.

Die hierarchische Natur des Zugangs zu Sozialem Kapital und Status hat zur Folge, dass Akteure mit sehr hohem gesellschaftlichem Status Zugang zu Informationen vornehmlich von anderen erhalten, die ihnen ähnlich sind, bzw. mit denen sie einen hohen Grad an Homophilie teilen. Diese Verbindungen zwischen Gleichgestellten sind meistens starke Beziehungen (Lin et al. 1981; Erickson 1996). Denn Interaktionspartner, die unterschiedlich (heterogen) sind, und mit denen Akteure weniger häufig zusammentreffen, können ihnen keinen zusätzlichen Informationsgewinn verschaffen. Diese Beobachtung ist selbstverständlich ebenfalls kritisch zu betrachten, denn Mitglieder anderer sozialer Schichten, zum Beispiel der unteren Mittelklasse, können durchaus interessante Informationen liefern und damit die Notwendigkeit von schwachen Beziehungen bestätigen. Hier zeigt sich wiederum, dass die schwammige Definition von schwachen und starken Beziehungen von Wissenschaftlern verschieden genutzt und gedeutet wird.

Es überrascht deshalb nicht, dass Lin (2001) zu der Schlussfolgerung kommt, dass schwache und starke Beziehungen nicht wirklich hilfreich sind bei der Erklärung der Strategien, die Soziales Kapitel generieren bzw. Zugangschancen zu Sozialem Kapital verbessern. Ähnlich wie Seibert et al. (2001) fordert Lin (2001) vielmehr eine Kombination aus Untersuchungselementen für die Bestimmung von Sozialem Kapital: die Positionen in einem Netzwerk, die Attribute der einzelnen Akteure, die Existenz struktureller Löcher und die Beschaffenheit der Beziehungsstärken.

4 Fazit

Das Konzept der starken und schwachen Beziehung ist verstärkt bei der Untersuchung von Informationsaustausch in oder zwischen Wirtschaftsunternehmen und der Verbreitung von Infektionskrankheiten eingesetzt worden. Die Bandbreite der Studien im Bereich der Unternehmensforschung offenbart aber, dass Informationsfluss und Austausch nicht ausschließlich von schwachen Beziehungen gefördert wird (Cross und Cummings 2004; Hansen 1999). Vielmehr wird deutlich, dass weder schwache noch starke Beziehungen alleine einen effizienten Austausch von Informationen garantieren können. Schwache Beziehungen ermöglichen eine weitgestreute Suche nach Informationen, behindern aber den Transfer von komplexem Wissen. Letzteres wird vor allem von starken Beziehungen innerhalb eines Unternehmens geleistet (Gargiulo und Bernassi 2000; Hansen 1999).

Zu ähnlichen Erkenntnissen kommen auch neuere Forschungen aus dem Bereich der Physik (Borgatti et al. 2009; Onnela 2007; Shi et al 2007). Eine Studie von Mobiltelefonnutzern demonstriert zum Beispiel, dass starke und schwache Beziehungen gleichsam ineffizient in der Verbreitung von Informationen sind (Onnela et al. 2007). Schwache Beziehungen erlauben nur geringe Zeitfenster der Informationsübertragung und starke Beziehung verwahren die Information zumeist innerhalb der lokalen Gemeinschaften und offerieren selten Zugang zu neuen Informationen (Onnela et al. 2007: 7336). Starke Beziehungen unterstützen die Bildung von Gemeinschaften und schwache Beziehungen ermöglichen den Zusammenhalt des Gesamtnetzwerkes. Damit sind die ursprünglichen Annahmen Granovetters (1973) bestätigt. Die groß angelegte Studie belegt aber auch, dass die Entfernung schwacher Beziehungen ein stufenweises Auseinanderfallen des Gesamtsystems nach sich zieht. Die Subtraktion starker Beziehungen hingegen bewirkt nur eine Verringerung der Netzwerkgröße, nicht aber einen Kollaps des Netzwerkes. Die Informatiker um Shi et al. (2007) bestätigen dies ebenfalls mit ihrer Erforschung der Sozialstrukturen des Club Nexus Internetportals.

Selbst die Untersuchungen zum "small world Phänomen" gehen nicht mehr ausschließlich davon aus, dass nur schwache Beziehungen den Fluss von Informationen oder anderen Dingen ermöglichen (Watts 2004). White und Houseman (2003) erläutern, dass häufig, vor allem im Bereich von Internetportalen, sowohl Beziehungen mittlerer Stärke als auch starke Beziehungen bei der Navigation globaler Netzwerke zur Erreichung entfernter Ziele genutzt werden. Diese Beziehungen basieren oft auf einander angeglichenen Gemeinsamkeiten (Identitäten). Aber auch hier wird wiederum deutlich, dass die Verwendung der

Begriffe „stark" und „schwach" zu einem gewissen Grade von den subjektiven Auffassungen und Interpretationen der jeweiligen Wissenschaftler beeinflusst sind.

Die Unterscheidung in starke und schwache Beziehungen ist offensichtlich ein wichtiges Element der Sozialen Netzwerkforschung. Auch wenn es unterschiedliche Auffassungen zur Operationalisierung von „Schwäche" und „Stärke" gibt, so profitieren doch vor allem Betrachtungen von Gesamtnetzwerken von der Bestimmung der Qualitätsunterschiede bzw. der verschiedenen Typen von Beziehungen. Die Stärke des Konzepts ist in der Dichotomie der Bezeichnungen begründet. Schwache Beziehungen sind im Schatten starker Beziehungen zu finden und starke Beziehungen werden durch den Vergleich mit schwachen Beziehungen sichtbar. Unscharf wird es nur dann, wenn die Notationen von schwachen und starken Beziehungen unabhängig voneinander betrachtet werden. Zum besseren Verständnis und zur Einordnung von Forschungsergebnissen wäre es sicher hilfreich, wenn alle Netzwerkstudien ihre spezifischen Definitionen von „schwach" und „stark" offenlegten und auch deutlich machten, welche Art von Ressourcen durch die jeweilige Beziehungsart bereitgestellt wird. Die Bestimmung von Beziehungsstärken beeinflusst in jedem Falle unsere Interpretation der Strukturen und der Funktion der einzelnen Elemente innerhalb eines bestehenden Netzwerkes.

5 Literatur

Avenarius, Christine B., 2002: Work and Social Network Composition among Immigrants from Taiwan to Southern California. Anthropology of Work Review 23: 3-15.

Bian, Yanjie, 1997: Bringing Strong Ties Back In: Indirect Connection, Bridges, and Job Search in China. American Sociological Review 62: 355-385.

Bian, Yanjie und *Soon Ang*, 1997: Guanxi Networks and Job Mobility in China and Singapore. Social Forces 75: 981-1006.

Borgatti, Stephen P., *Ajay Mehra*, *Daniel J. Brass* und *Guiseppe Labianca*, 2009: Network Analysis in the Social Sciences. Science 323: 892-895.

Borgatti, Stephen P. und *Martin G.. Everett*, 1997: Network analysis of 2-mode data. Social Networks 19: 243-269.

Bourgois, Philip, 1995: In Search of Respect: Selling Crack in El Barro. New York: Cambridge University Press.

Burt, Ronald S., 1992: Structural Holes: The Social Structure of Competition. Cambridge, MA: Harvard University Press.

Carpenter, Daniel, *Kevin Esterling* und *David Lazer*, 2003: The strength of strong ties. A Model of contact-making in policy networks with evidence from US health politics. Rationality and Society 15: 411-440.

Cartwright, Dorwin und *Frank Harary*, 1956: Structural Balance: A Generalization of Heider's Theory. Psychological Review 63: 277-293.

Cross, Rob, *Stephen P. Borgatti* und *Andrew Parker*, 2001: Beyond answers: dimensions of the advice network. Social Networks 23: 215-235.

Cross, Rob und *Jonathon N. Cummings*, 2004: Tie and network correlates of individual performance in knowledge-intensive work. Academy of Management Journal 47: 928-937.

Csermely, Peter, 2006: Weak Links: Stabilizers of Complex Systems from Proteins to Social Networks. Berlin: Springer Verlag.

Cummings, Jonathan N. und *Sara Kiesler*, 2007: Who works with whom? Collaborative tie strength in distributed interdisciplinary projects. Proceedings of the 3rd International e-Social Science Conference, Ann Arbor, Michigan, 7.-9. Oktober.

Davis, James A., 1963: Structural Balance, Mechanical Solidarity, and Interpersonal Relations. American Journal of Sociology 68: 444-462.
De Graaf, Nan Dirk, und *Hendrik Derk Flap*, 1988: With a little help from my friends. Social Forces 67: 452-572.
Erickson, Bonnie H., 1996: Culture, Class, and Connections. American Journal of Sociolgy 102: 217-251.
Espinoza, Vincente, 1999: Social Networks Among the Urban Poor: Inequality and Integration in a Latin American City. S. 147-184 in: *Barry Wellman* (Hg.), Networks in the Global Village. Life in Contemporary Communities. Boulder: Westview Press.
Feld, Scott L., 1997: Structural embeddedness and stability of interpersonal relations. Social Networks 19: 91-95.
Feld, Scott L., 1981: The Focused Organization of Social Ties. The American Journal of Sociology 86: 1015-1035.
Freeman, Linton C., 2004: The Development of Social Network Analysis. A Study in the Sociology of Science. Vancouver: Empirical Press.
Freeman, Linton C., 1992: The Sociological Concept of "Group": An Empirical Test of Two Models. American Journal of Sociology 98: 152-166.
Friedkin, Noah, 1980: A Test of the Structural Features of Granovetter's Strength of Weak Ties Theory. Social Networks 2: 411-422.
Gargiulo, Martin und *Mario Benassi*, 2000: Trapped in Your Own Net? Network Cohesion, Structural Holes, and the Adaptation of Social Capital. Organization Science 11: 183-196.
Gargiulo, Martin und *Mario Benassi*, 1999: The dark side of social capital. S. 298-322 in: *Roger T. Leenders* und *Shaul M. Gabbay* (Hg.), Corporate Social Capital and Liability. Boston, Mass.: Kluwer.
Gluckman, Max, 1955 (1967): The judicial process among the Barotse of Northern Rhodesia. Manchester: Manchester University Press.
Granovetter, Mark S., 1973: The Strength of Weak Ties. American Journal of Sociology 78: 1360-1380.
Granovetter, Mark S., 1983: The Strength of Weak Ties: A Network Theory Revisited. Sociological Theory 1: 201-233.
Hansen, Morton T., 1999: The Search-Transfer Problem: The Role of Weak Ties in Sharing Knowledge across Organization Subunits. Administrative Science Quarterly 44: 82-111.
Heider, Fritz, 1946: Attitudes and cognitive organization. Journal of Psychology 21: 107-112.
Heider, Fritz, 1958: The Psychology of Interpersonal Relations. New York: John Wiley & Sons.
Henning, Marina, 2008: Mit welchem Ziel werden bestehende Netzwerke generiert? S. 295-308 in: *Christian Stegbauer* (Hg.), Netzwerkanalyse und Netzwerktheorie. Ein neues Paradigma in den Sozialwissenschaften. Wiesbaden: VS Verlag für Sozialwissenschaften.
Kapferer, Bruce, 1973: Social network and conjugal role in urban Zambia: Towards a reformulation of the Bott hypothesis. S. 83-110 in: *Jeremy Boissevain* und *J. Clyde Mitchell* (Hg.), Network Analysis Studies in Human Interaction. The Hague, Paris: Mouton Co.
Kapferer, Bruce, 1969: Norms and the manipulation of relationships in a work context. S. 181-245 in: *J. Clyde Mitchell* (Hg.), Social netowrks in urban situations. Manchester: Manchester University Press.
Killworth, Peter und *H. Russel Bernard*, 1974: Catij: A new sociometric and its application to a prison living unit. Human Organization 33: 335 350.
Krackhardt, David, 1992: The Strength of Strong Ties: the Importance of Philos in Organizations. S. 216-239 in: *Nitin Nohria* und *Robert G. Eccles* (Hg.), Networks and Organziations. Boston: Harvard Business School Press.
Lin, Nan, 2001: Social Capital. A Theory of Social Structure and Action. Cambridge: Cambridge University Press.
Lin, Nan, Walter Ensel, und *John Vaughn*, 1981: Social resources and strength of ties: Structural factors in occupational status attainment. American Sociological Review 46: 393-405.

Marsden, Peter V. und *Jeanne S. Hurlbert*, 1988: Social Resources and Mobility Outcomes: A Replication and Extension. Social Forces 66: 1038-1059.
Marsden, Peter V. und *Karen E. Campbell*, 1984: Measuring tie strength. Social Forces 63: 482-501.
Mathews, Michael K., *Michael C. White*, *Rebecca G. Long*, *Barlow Soper* und *C.W. von Bergen*, 1998: Association of indicators and predictors of tie strength. Psychological Reports 83: 1459-1469.
Minor, Michael J., 1983: New Directions in Multiplexity Analysis. S. 223-244 in: *Ronald S. Burt* und *Michael J. Minor* (Hg.), Applied Network Analysis. A Methodological Introduction. Beverly Hills: Sage Publications.
Montgomery, James D., 1992: Job Search and Network Composition: Implications of the Strength-Of-Weak-Ties Hypothesis. American Sociological Review 57: 586-596.
Nelson, Reed E., 1989: The Strength of Strong Ties: Social Networks and Intergroup Conflict in Organizations. The Academy of Management Journal 32: 377-401.
Onnela, Jukka-Pekka J., *Jari Saramäki*, *Jörkki Hyvönen*, *Gabor Szabó*, *David Lazer*, *Kimmo Kaski*, *Janos Kertesz* und *Albert L. Barabasi*, 2007: Structure and tie strength in mobile communication networks. Proceedings of the National Academy of Sciences 18: 7332–7336.
Petroczi, Andrea, *Tamas Nepusz* und *Fülöp Bazso*, 2007: Measuring tie-strength in virtual social networks. Connections 27: 31-44.
Portes, Alejandro und *Julia Sensenbrenner*, 1993: Embeddedness and immigration: Notes on the social determinants of economic action. American Journal of Sociology 98: 1320-1350.
Rapoport, Anatol, 1954: Spread of Information through a Population with Socio-structural Bias. III. Suggested Experimental Procedures. Bulletin of Mathematical Biophysics 16: 75-81.
Rapoport, Anatol, 1963: Mathematical Models of Social Interaction. S. 493-579 in: *R. Duncan Luce*, *Robert R. Bush* und *Eugene Galanter* (Hg.), Handbook of Mathematical Psychology, Bd. 2. New York, London: John Wiley and Sons.
Rosenthal, Naomi, *Meryl Fingrutd*, *Michelle Ethier*, *Roberta Karant* und *David McDonald*, 1985: Social Movements and Network Analysis: A Case Study of Nineteenth-Century Women's Reform in New York State. American Journal of Sociology 90: 1022-1054.
Schweizer, Thomas, 1996: Muster sozialer Ordnung. Netzwerkanalyse als Fundament der Sozialethnologie. Berlin: Dietrich Reimer Verlag.
Seibert, Scott E., *Maria L. Kraimer* und *Robert C. Liden*, 2001: A Social Capital Theory of Career Success. The Academy of Management Journal 44: 219-237.
Shi, Xiaolin, *Lada A. Adamic* und *Martin J. Strauss*, 2007: Networks of Strong Ties. Physica A 378: 33-47.
Stegbauer, Christian, 2008: Weak und Strong Ties. Freundschaft aus netzwerktheoretischer Perspektive. S. 105-119 in: *Christian Stegbauer* (Hg.), Netzwerkanalyse und Netzwerktheorie. Ein neues Paradigma in den Sozialwissenschaften. Wiesbaden: VS Verlag für Sozialwissenschaften.
Valente, Thomas W. und *David Vlahov*, 2001: Selective risk taking among needle exchange participants: implications for supplemental interventions. American Journal of Public Health 91: 406-411.
Verbrugge, Lois M., 1979: Multiplexity in Adult Friendships. Social Forces 57: 1286-1309.
Wasserman, Stanley und *Katherine Faust*, 1994: Social Network Analysis. New York: Cambridge University Press.
Watts, Duncan J., 2004: The new science of networks. American Review of Sociology 30: 243-270.
Wegener, Bernd, 1991: Job Mobility and Social Ties: Social Resources, Prior Job, and Status Attainment. American Sociological Review 56: 60-71.
Wellman, Barry, *Peter J. Carrington* und *Alan Hall*, 1988: Networks as Personal Communities. S. 130-184 in: *Barry Wellman* und *Stephen D. Berkowitz* (Hg.), Social Structures: A Network Approach. Cambridge und New York: Cambridge University Press.
Wellman, Barry und *Scott Wortley*, 1990: Different Strokes for Different Folks: Community Ties and Social Support. American Journal of Sociology 96 (3): 558-588.

White, Douglas R. und Michael Houseman, 2003: The navigability of strong ties: Small Worlds, Ties Strength, and Network Typology. Self-organization in Strong-tie Small Worlds. Complexity 8 (1): 72 – 81.

3.4 Reziprozität

Christian Stegbauer

1 Die Bedeutung der Reziprozität für die Netzwerkforschung

Die sozialwissenschaftliche Netzwerkforschung analysiert und interpretiert die Struktur von Beziehungen zwischen Menschen (und anderen Entitäten). Aus den Ergebnissen werden Schlüsse darauf gezogen, welche Positionen eingenommen werden und welche Handlungsmöglichkeiten sich daraus ergeben. Aber welche Beziehungen stecken dahinter und welche Regeln gibt es in den Beziehungen? Wie entstehen diese und wie werden sie aufrecht erhalten? Und – nicht zuletzt, was steht eigentlich hinter der Messung von Beziehungen? Dies sind wichtige Fragen in der Netzwerkforschung.

Im Beitrag soll das Prinzip der Gegenseitigkeit behandelt werden. Es wird behauptet, dass dieses häufig die Grundlage für das ist, was wir in der Netzwerkforschung messen. Man kann sicherlich sogar sagen, dass Reziprozität ein Grundprinzip des Beziehungsaufbaus darstellt, und dem Prinzip damit eine Bedeutung im Herzen der Netzwerkforschung zukommt.

Dabei, so Becker (1956: 94), gehört Reziprozität zur Menschwerdung überhaupt. Becker behauptet, man kann das Prinzip der Reziprozität nutzen, um Beziehungen zu analysieren. Nicht nur das – die Entwicklung von Beziehungen lässt sich vorhersagen, wenn man weiß, dass sich die Reaktion am ersten Zug (und den darauf folgenden weiteren Zügen) des Gegenübers orientiert.[1] Es geht sogar noch weiter – reziproke Beziehungen setzen sich sogar in Gruppen fort. Dies geschieht durch die Transitivität von Beziehungen.

Die Regel der Reziprozität tritt in vielen unterschiedlichen Kontexten und Formen auf und wird durch Beziehungen moderiert. Reziprozität ist eine Grundformen von sozialen Beziehungen und stellt damit eine wesentliche Grundlage des Sozialen (Hondrich z.B. 2005) dar. Es scheint klar, dass Gesellschaft nicht bestehen kann, ohne den Austausch von Gaben (Caillé 2008). Diese seien für den Zusammenhalt notwendig. Solidarität innerhalb von Gruppen, die Familienbande, die Beziehungen zwischen den Generationen und auch Beziehungen in Paaren, all dies beruht auf dem Reziprozitätsprinzip. Um mit dem Prinzip umgehen zu können, ist es hilfreich ein wenig Ordnung in die Vielfalt seines Vorkommens zu bringen. Hierzu werden im Folgenden unterschiedliche Formen aufgezeigt.

2 Formen der Reziprozität

Wenn man an Gegenseitigkeit denkt, kommt einem zunächst die direkte Reziprozität in den Sinn. Nach dem Common Sense Verständnis des Begriffes kann man damit rechnen, dass

---

[1] Befunde hierzu findet man beispielsweise im „Tit-for-Tat", dass in der Spieltheorie und darüber hinaus weite Beachtung fand (Axelrod 1987), in dem aber trotz aller Evidenz, die kulturellen, bzw. gesellschaftlichen Ausformungen fehlen.

einem das, was man einem anderen antut, entsprechend vergolten wird. Neben diesem direkten Austausch findet man aber auch noch weitere Formen, so die generalisierte Reziprozität, bei dem der Ausgleich nicht mehr einer Initialhandlung zugeschrieben werden kann, weil diese bereits so lange zurück liegt oder aber, dass eine Hilfeleistung nicht deren Person zurückgegeben wird, sondern einer anderen entweder aus derselben Gruppe oder aus Prinzip. Um Handlungen, die sich am Prinzip der Gegenseitigkeit orientieren, zu verstehen, ist es hilfreich, sich an den Standpunkt des anderen zu versetzen (Reziprozität des Standpunktes). Hierdurch kann nicht nur Einfühlung erreicht werden, sondern es hilft auch die Erwartung des Anderen zu antizipieren. Nicht zuletzt findet sich noch ein weiteres Prinzip, nämlich das der Rollenreziprozität, das für das Positionenkonzept und die positionale Analyse in der Netzwerkforschung von Bedeutung ist (siehe Beiträge von Heidler, „Positionale Verfahren (Blockmodelle)" und Stegbauer, „Positionen und positionale System" in diesem Band).

2.1 Direkte Reziprozität

Das vielleicht wichtigste Buch im hier behandelten Bereich ist „Die Gabe" von Marcel Mauss (1990, zuerst 1923). Mauss definiert nicht nur die mit einer Gabe zusammenhängende Grundregel der Verpflichtung, die aus dem Tausch erwächst. Die Verpflichtung kann durchaus eine Last sein. Nicht umsonst sind sich Geschenk und Gift[2] (altdeutsch, englisch) bedeutungsgleich. Die Regel, die mindestens eine Sequenz in den folgenden Schritten enthält, lautet:
    1. Eröffnungsgabe
    2. Annahme der Gabe (häufig gibt es hierfür auch Normen)
    3. Gegengabe
Das besondere und interessante ist nun, dass zwar häufig Tausch nach Regeln der Ökonomie (Entstehung des Marktes aus Eigennutz, Menger 1871) erklärt wird, die Analyse verschiedenster Kulturen durch Mauss aber zeigt, dass die Handlungen um die Gabe sehr stark kulturell geformt sind – je nachdem, finden wir einen unterschiedlichen Mix aus magischen, religiösen, moralischen Begründungen, eingebettet in kulturelle Praktiken und Orientierungen (Göbel et al. 2006). Oftmals, so zeigt Mauss, bilden sich, unter ökonomischen Aspekten betrachtet, ganz unsinnige Rituale heraus – bis hin zur Zerstörung von Vermögen im Potlach, hierbei werden meist soziale Ränge ausgehandelt (wer kann mehr aufbieten?).

Das Geben ist, so Simmel (1908: 663), eine der wichtigsten Voraussetzungen für die Gesellschaft. Er schreibt:

> „Das Geben überhaupt ist eine der stärksten soziologischen Funktionen. Ohne dass in der Gesellschaft dauernd gegeben und genommen wird – auch außerhalb des Tausches – würde überhaupt keine Gesellschaft zustande kommen. Denn das Geben ist keineswegs eine einfache Wirkung des einen auf den Anderen, sondern ist eben das, was von der soziologischen Funktion gefordert wird: es ist Wechselwirkung."

Mit der noch nicht abgeschlossenen Sequenz, also nach der Annahme der Gabe, verbinden wir eine Verhaltenserwartung, die sich für den Geber als Spannung darstellt. Diese Zeit bis

---
[2] so das Deutsche Wörterbuch der Brüder Grimm (1854, Band 7, Spalten 7423 - 7442)

die Gegengabe erfolgt, wird als Latenzphase bezeichnet. In einer Beziehung herrscht dann eine Erwartung vor. Diese Erwartung ist in der klassischen Studie „Argonauten des westlichen Pazifik" von Bronislav Malinowski (1984, zuerst 1924) beschrieben worden. Die Untersuchung kann als frühe Form einer Netzwerkstudie aufgefasst werden. Untersuchungsgegenstand ist der Austausch von Muschelhalsbändern und Armreifen in einem „Kula-Ring" genannten System, wofür die Beteiligten lange und gefährliche Bootsexpeditionen im südlichen Polynesien unternahmen. Die Struktur des Tauschsystems mit allen darin einbezogenen Inseln war einzelnen Beteiligten in seiner Form allerdings nicht bekannt.

Mit dem Tausch werden nach Mauss' Regel Verpflichtungen zu einem bestimmten Tauschpartner eingegangen. Gleichzeitig dazu sind die einzelnen Partner aber in ihre Beziehungssysteme eingebettet. Das bedeutet, dass sie auch den Männern der eigenen Gemeinschaft gegenüber verantwortlich sind und sie gehen auch eine Verpflichtung denjenigen Personen gegenüber ein, die sonst noch mit dem Tauschpartner in Verbindung stehen. Die Erfüllung der Erwartungen transportiert Vertrauen, ein Vertrauen, welches mit jeder erfolgreich abgeschlossenen Tauschsequenz weiter wächst. Die Einbettung der Handlungen in das gesamte Tauschsystem ist hier von großer Bedeutung. Ein weiterer Gesichtspunkt ist die Transitivität – gelingt der Tausch mit einem Tauschpartner, so liegt es Nahe, dass entgegengebrachte Vertrauen auf diejenigen mit denen diese Person in Beziehung steht, zu erweitern oder gar auf die gesamte Gemeinschaft zu übertragen.

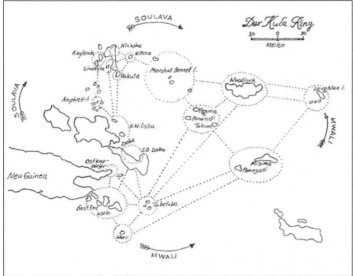

Abbildung 1: Darstellung des Kula-Rings (Malinowski 1984: 114), Soulava: Halsketten, Mwali: Armreifen

An diesem Beispiel zeigt sich bereits, die Auswirkung auf das Netzwerk, welches aus Komponenten unterschiedlicher Aggregatstufen zusammengesetzt ist. Zunächst einmal ist es das Gegenüber, eine Person, die als konkreter Tauschpartner fungiert. Gleichzeitig ist der Tausch aber eingebettet in die Beziehung zwischen den Bewohnern der einen und der anderen Insel, was bedeutet, dass die jeweiligen Aggregate ein Stück weit mitverantwortlich sind für die Pflichterfüllung. Diese wird kollektiv sichergestellt, bzw. die Nichterfüllung kann dem gesamten anderen Kollektiv angerechnet werden. Man sieht, an dem Beispiel, dass die Auflösung von Beziehungen in Dyaden, wie sie fast immer Grundlage der Netzwerkanalyse ist, zur Erklärung nicht ausreicht. Sie reicht auch dann nicht, wenn sich dadurch die Austauschstruktur wie hier beim Kula aufklären lässt. Die frühe Forderung von Radcliffe Brown (1940: 3) an die Netzwerkforschung, ist damit noch nicht erfüllt:

> "It should be noted that to say we are studying social structures is not exactly the same thing as saying that we study social relations, which is how some sociologists define their subject. A particular social relation between two persons (unless they be Adam and Eve in the Garden of Eden) exists only as a part of a wide network of social relations, involving many other persons, and it is this network which I regard as the object of our investigations."

Während also die Struktur des Gabentausches zwischen den jeweiligen Tauschpartnern mit Hilfe von Netzwerkstudien gut abgebildet werden kann, bleibt die Erfassung kollektiver Verpflichtungen bis heute zusätzlicher Interpretation überlassen. Die Ebene des Kollektiven kann zwar rudimentär über Actor-Event Netzwerke (siehe Kapitel 5.7) erfasst werden, das, was dort als Beziehung gemessen wird, bleibt aber unterbestimmt (für den Außenstehenden lässt sich nur sehr wenig aus der Teilnahme an einer Veranstaltung ablesen, so bleiben die Fragen: Wer war mit wem tatsächlich in Kontakt? Was wurde besprochen? Welche Rituale bilden sich heraus? Wird Fehlverhalten sanktioniert? Wie? etc. meist offen). Demgegenüber sind die erfassten Beziehungen im normalen Netzwerk meist überbestimmt, d.h. die Indikatoren über die sie gemessen werden, bilden nur einen kleinen Ausschnitt der Wirklichkeit ab (siehe Kapitel 3.2). Die Einbeziehung von indirekten Beziehungen ist also ein bislang ungelöstes Problem.

An dem Beispiel lässt sich ferner der Unterschied zwischen Gabentausch und Handel erklären. Wesentlich, so die klassische Studie in Übereinstimmung mit Mauss (1990), ist die Latenzzeit. Beim Kulatausch werden zwar Schmuckstücke getauscht, eine Gabe darf aber keinesfalls durch eine direkte Gegengabe erwidert werden. Nur so wird Bindung (durch Verschuldung) und Vertrauen (durch erfüllte Erwartungen) aufgebaut. Sicherlich ist dieses Vertrauensverhältnis dann ganz nützlich, denn die Besuche, die sich die Menschen zum Kula abstatten, werden auch für den Handel anderer Produkte, dem dann direkten und nahezu zeitgleichen Tausch verwendet. In Differenz zur Gabe bei der eine (mehr oder weniger äquivalente) Gegengabe erwartet wird, aber nicht eingeklagt werden kann, ist die Gegengabe Voraussetzung für den Handel. In der Regel ist die Latenzzeit ganz kurz: Ware gegen Geld. So ganz grundsätzlich ist der Unterschied allerdings auch nicht, wie z.B. Kappelhoff (1995) aufzeigte. Vertrauen ist auch hier notwendig und liegt entweder beim Verkäufer, der auf die Zahlungsbereitschaft des Kunden baut, denken wir an den Versandhandel. Ebay-Käufer wissen, dass sich das Prinzip „erst die Ware, dann das Geld" im Internethandel zu ungunsten der Käufer gewandelt hat. Aber auch hier sind die Handlungen eingebettet und eine Missachtung von Regeln ziehen Strafe und Ächtung nach sich. Zusätzlich zur Sanktion, die sich aus dem Verlust von Reputation ergeben kann, ist das Rechtssystem an die Stelle eines Teils der Einbettung der Akteure getreten. Zudem treten sich die Akteure oft nicht in Form von Personen gegenüber, sondern als Organisationen.

Im Beispiel des Kula werden Schmuckstücke, also sehr ähnliche Dinge, miteinander ausgetauscht. Nach Malinowski wird von den Beteiligten darauf geachtet, dass Gabe und

Gegengabe in einem einigermaßen äquivalenten Verhältnis stehen. Ähnliches kennen wir von Listen darüber, wer anlässlich wichtiger Ereignisse, wie Hochzeiten, Jubiläumshochzeiten, runde Geburtstage oder Beerdigungen, welches Geschenk gemacht hat. Solche Listen können dann als Gedächtnisstütze dienen, wenn die Beschenkten aus ähnlichem Anlass zu einer Gegengabe verpflichtet sind.

Keineswegs ist das, was ausgetauscht wird, immer so ähnlich wie in diesen Beispielen. Oft kommt es vor, dass Materielles gegen Immaterielles getauscht wird – wir kennen dies von moralisch Verwerflichem, wie dem Versuch, Zuneigung oder Sexualität zu kaufen oder sich mittels Geschenken bei einer wichtigen Persönlichkeit Gehör zu verschaffen (siehe hierzu Neckel 1995). Letzteres ist nahe an der Korruption, insbesondere wenn es um die Beeinflussung von politischen Entscheidungen oder die Vergabe von Aufträgen geht. Eine Reihe von politischen Skandalen zeigen dies: Man kann annehmen, dass es sich dabei um eine Fehlinterpretation von Beziehungen vor allem von Seiten der Politik handelt (Stegbauer 2002). Vielfach skandalisiert wurde etwa die Verhaltensweise verschiedener Politiker, die sich von Unternehmensführern einladen ließen. Nach den dort getroffenen Aussagen, steht zu vermuten, dass sie an eine persönliche Freundschaft glaubten, die vielleicht auch manchmal besteht, und sich daran messen lassen muss, ob sie nach Aufgabe des Amtes weiterbesteht oder nicht[3].

Kann der Tausch von Hilfeleistung nicht mit ähnlichem vergolten werden, so ist es möglich, dass die Unterstützung im Beruf mit Unterordnung beantwortet wird. Die Idee, die hier hinter steht, ist, dass sich aus solchen Beziehungen informelle Hierarchien entwickeln, so Peter Blau in seiner berühmten Organisationsstudie (Blau 1976). Blaus Interpretation ist zu dieser Zeit[4] sehr stark am individuellen Ausgleich orientiert. Man könnte die Hilfeleistungen aber auch als eine kollegiale Pflicht interpretieren, die sich aus den jeweils eingenommenen Positionen ergibt und damit über die individuelle Verpflichtung zur Gegenseitigkeit hinausgeht.

Stimmt Mauss Gabenregel tatsächlich? Erwartet der Geber tatsächlich immer eine Gegengabe und soll diese wirklich äquivalent sein? Oft ist dies nicht der Fall, wenn es einfach darum geht, jemandem eine Freude zu machen. So einfach ist dies jedoch nicht, denn der Geber handelt eben nicht für sich alleine. Da es sich bei der Gabe oder dem Schenken um eine soziale Institution handelt, weckt die Gabe beim Beschenkten das Gefühl etwas zurück geben zu müssen. Es entsteht also eine Erwartungs-Erwartung, die außer durch direkte Vereinbarung kaum zu hintergehen ist. Solche gegenseitig erzeugten Erwartungen kann man als Stabilisierungselemente der Gesellschaft auffassen.

Empirisch finden wir häufig Fälle, bei denen es tatsächlich gar nicht um die eigentliche Gabe geht. Zu denken wäre etwa an den reziproken Gruß (Oevermann 1999) oder etwas, was Claude Lévi-Strauss (1993) beschrieben hat. Lévi-Strauss gibt die Beobachtung wieder, dass in Südfranzösischen Fernfahrerrestaurants einander unbekannte Brummilenker gegenseitig Wein in die Gläser gießen. Es handelt sich um einen Austausch, der als materieller Tausch völlig sinnlos ist. Er bewirkt vielmehr das Einreißen der Barriere, sich mit einem Unbekannten zu unterhalten. Mit anderen Worten, der Tausch des Weins wirkt katalysatorisch (Stegbauer 2002) – es geht nicht um den Wein, sondern darum dass der

---

[3] Stichworte hierzu sind: Amigo-Affäre (Berr 2007), Traumschiff-Affäre (Frenkel 2001), Opernballeinladung von Piech an Schröder (AF 1999) etc.

[4] Später nahm Blau (1995) von dieser Interpretation Abstand und orientierte sich eher an strukturalistischen Ideen.

Austausch die Beziehung (hier in Form einer Unterhaltung) in Gang bringt. Hierbei kalkuliert der einzelne Beteiligte nichts, er wahrt lediglich die Form (siehe Beitrag formale Soziologie) – und die Form an sich bewirkt bereits eine Öffnung des Gegenübers.

Die mit der Reziprozitätsregel einhergehende Erwiderung trifft aber nicht nur auf Gaben oder Austausch in einem positiven Sinne zu, sie gilt auch für den Streit (Simmel 1908). Aus der Regel ergibt sich das Problem, dass Streit nur sehr schwer beizulegen ist, da eine Abfolge von Handlungen durch die Regel festgelegt ist.

2.2 Generalisierte Reziprozität

Charakteristikum der generalisierten Reziprozität ist, dass sich Gaben und Gegengaben (bzw. Handlungen) nicht mehr gegenseitig verrechnen lassen. Meist äußert sich das so, dass Leistungen innerhalb einer Gemeinschaft erbracht werden. Eine Leistung, die ich heute erbringe, wird mir nicht unbedingt von derselben Person vergolten – die Gegengabe kann durchaus durch eine andere Person erfolgen.

Beispiele dafür findet man auf einer sehr allgemeinen Ebene darin, dass sich die meisten Menschen dazu bereit finden, im Alltag auch Fremden gegenüber Hilfe zu leisten. Das betrifft beispielsweise solche Dinge, wie Wegeauskunft zu geben oder jemandem, der nicht das nötige Münzgeld zu Hand hat, einen Schein am Fahrkartenautomaten zu wechseln[5]. Die meisten erinnern sich an ähnliche Situationen, die sie in einer ihnen unbekannten Stadt erlebt haben oder auf einer Reise. Hilfeleistung wird also zu etwas, wovon man glaubt, sie universell erwarten zu können. Tiefer wirkende generalisierte Reziprozitätsformen findet man in der Solidarität. Hier kann es vorkommen, dass bestimmte Beschäftigungsgruppen andere im Streik befindliche Beschäftigte mit Demonstrationen oder Solidaritätsstreiks unterstützen[6].

Neben einem solchen Handlungsmuster, bei dem der „Gebende" nicht mit einer persönlichen Gegengabe rechnen kann, spricht man von generalisierter Reziprozität auch bei solchen Leistungen, die nicht mehr den Ausgleich einer bestimmten Gabe darstellen. Dies ist etwa der Fall in Generationenbeziehungen, in denen die Leistungen, die Kinder von ihren Eltern und Großeltern empfangen nicht in gleicher Form an die Eltern oder Großeltern zurückgegeben werden können. Gegenseitige Unterstützung in der Familie ist ein Formprinzip und nicht unbedingt an die nicht mehr zurechenbaren gegenseitigen Leistungen zu koppeln (Stegbauer 2002)[7]. Hierbei ist das Gebensmuster eher an die Generationenkette gebunden: Das, was die Kinder empfangen haben, geben sie an ihre eigenen Kinder weiter. Es gibt zwar Versuche, die Geschenke der Großeltern an die Enkel als eine Art „Kauf" von Zuwendung zu interpretieren (Schmied 1996: 33ff), allerdings vernachlässigt eine solche rein individualistische Erklärung das Formprinzip. Danach gehört es zu den aus der Position der Großeltern sich ergebenden Rollenerwartungen, nach denen diese ihren Enkeln Geschenke zu machen haben (freilich sind hierbei Aushandlungsspielräume zu

---

[5] Allerdings leidet diese Form der Hilfsbereitschaft daran, dass sie gleichzeitig ein „Nutznießen", welches unter dem Begriff des Wechseltricks bekannt wurde, hervorbrachte. Zweck der Bitte um Geldwechsel ist es, den Hilfsbereiten zu bestehlen.
[6] Hierzu gibt es sogar ein höchstrichterliches Urteil: http://www.urteile-im-internet.de/archives/BAG-1-AZR-396-06.html (21.09.2009).
[7] Man findet aber auch Arbeiten, in denen von einer Art Vergütung der Leistungen der Kinder gegenüber den Eltern gesprochen wird, falls die Eltern pflegebedürftig werden sollten (z.B. Hollstein/Bria 1998).

erwarten, siehe Kapitel 3.6). Anders ist die Tatsache, dass Großeltern ihren Enkeln meist viele Geschenke machen, sie aber kaum mit einer adäquaten Vergütung, beispielsweise Pflege im Alter durch die Enkel rechnen können, kaum zu erklären. Allerdings werden durch die Bestätigung der Rollenerwartung durch Geschenke auch die Beziehungen stabilisiert.

2.3 Reziprozität des Standpunktes und Rollenreziprozität

Neben der generalisierten Reziprozität kann man mindestens noch die Reziprozität des Standpunktes und die Rollenreziprozität unterscheiden. Beide sind aus Sicht der Netzwerkforschung von Interesse. Bei der Reziprozität des Standpunktes geht es darum, dass man sich gedanklich an die Stelle des Anderen versetzen können muss. Diese Überlegungen sind zuerst von Theodor Litt (1919, bzw. genauer 1926) unter dem Eindruck des Grauens des ersten Weltkriegs einerseits und dem Wunsch der Völker nach Frieden andererseits formuliert worden. Genauer wurde die Reziprozität des Standpunktes aber von Alfred Schütz (1971) beschrieben. Die zugrundeliegende Überlegung ist die der Vertauschbarkeit der Standorte: Würde man den Platz eines bestimmten anderen einnehmen, so wäre man in derselben Distanz zu den Dingen, die er erreichen kann. Schütz (1971: 12) schreibt hierzu:

> „Die Generalthese der reziproken Perspektiven führt also dazu, dass Gegenstände mit samt ihren Aspekten, die mir tatsächlich und dir potentiell bekannt sind, als Gegenstände im Bereich des Wissens von jedermann erfasst werden. Dieses Wissen ist objektiv und anonym, das heißt, es ist abgelöst und unabhängig von meiner und meiner Mitmenschen Definition der Situation, von unseren einzigartigen biographischen Vorgegebenheiten und unsern wirklichen und möglichen Zielen, die uns mit unseren jeweiligen Biographien verfügbar sind."

Die Möglichkeit, sich gedanklich an die Stelle des Anderen zu versetzen, ist eng verwandt mit der Reziprozität von Positionen. In solchen Positionensystemen wird voneinander abhängiges Rollenverhalten produziert. Hieraus ergeben sich typische Handlungsformen, die ineinandergreifen. Dies betrifft sehr viele unterschiedliche Beziehungen, etwa die zwischen Lehrer und Schüler, innerfamiliäre Beziehungen (Eltern, Mutter, Vater, Kind) etc. All diese Positionen, deren Ausgestaltung sich an den konkreten situationalen Verhältnissen einerseits und aus bereits bekannten gesellschaftlich-kulturellen Verhaltensmustern in einem Aushandlungsprozess orientieren, sind ohne die jeweils komplementäre Position nicht sinnvoll denkbar.

3 Bezug zur Netzwerkforschung

Die soziale Netzwerkforschung beschäftigt sich mit der Hervorbringung von soziale Strukturen und deren Bedeutung für das Zusammenleben der Menschen. Soziale Strukturen bestehen aber aus Beziehungen, die sich nach bestimmten Regeln formieren. Einige dieser Regeln kann man unter dem Stichwort Reziprozität zusammenfassen. Mit der Regel ist gemeint, dass das Reziprozitätsprinzip an der Entstehung und Festigung von Beziehungen, wenn man so will, dem Grundmaterial der Netzwerkforschung beteiligt ist.

Gemessen oder durch Indikatoren erschlossen werden Beziehungen, indem man versucht, Beziehungstypen (types of tie) in empirischen Untersuchungen zu operationalisieren. Das, was man hier als Freundschaft, Kooperationsbeziehung, Informationsaustausch etc. bezeichnet, beruht in weitem Maße auf den Regeln der Reziprozität. Möchte man also Struktur analysieren, so ist es hilfreich, sich über die Basis dessen im Klaren zu sein, woraus die Grundlage der Struktur, nämlich die Beziehungen zusammengesetzt sind und welche Regeln dort gelten. Allerdings handelt es sich bei den Netzwerkanalysen selbst um eine andere Ebene der sozialen Formation. Dies wird beispielhaft in Malinowskis Untersuchung über die Trobriander aufgezeigt. Den einzelnen Beteiligten ist die gesamte Gestalt der in den Tausch involvierten Inseln, also die aus den einzelnen Tauschhandlungen entstehende Struktur gar nicht bekannt. Dabei wissen sie alle um die damit zusammenhängenden Reziprozitätsregeln.

Die Tauschregeln sind ferner bedeutsam für den Einzelnen, weil er damit in die Lage versetzt wird, seine eigenen Beziehungen besser abzuschätzen. In den meisten Fällen sind sich die Beteiligten nämlich gar nicht im Klaren über die Beziehung zu dem jeweiligen Anderen. Eifersucht ist beispielsweise Ausdruck dieser Ungewissheit. Durch Gegenseitigkeit wird diese grundsätzliche Ungewissheit ein Stück weit überbrückt. Das bedeutet, dass die Akteure ihre eigenen Beziehungen an erlebter Reziprozität selbst messen können. Wenn im Alltag Reziprozität eine solche Bedeutung hat, dann sollte dies ein guter Indikator für Beziehungen sein, die ja bekanntlich kaum direkt zu messen sind (Wiese 1924). Mittels Reziprozität wird die Stärke von Beziehungen ausgedrückt – und dies lässt sich auch zur Evaluation von Beziehungen nutzen. (siehe Kapitel 3.3).

Für die Anbahnung von Beziehungen und für die Aufrechterhaltung von Beziehungen sind Reziprozitätsphänomene von enormer Bedeutung. Ebenso kann an ihnen die soziale Einbettung und ihre Struktur aufgezeigt werden. Da bei der Analyse sozialer Netzwerke die Struktur von Beziehungen aufgezeigt werden soll, wird die Bedeutung des Phänomens offensichtlich.

Eine noch weitergehende Bedeutung wird Reziprozitätsbeziehungen in der neueren Literatur zugebilligt. Insbesondere der Kontext der Gabe wird ähnlich wie die Bemühungen Harrison Whites (1992; 2008) als dritter Weg zwischen holistisch-normativistischen und individualistisch-utilitaristischen Sozialtheorien angesehen (Adloff/Papilloud 2008). Gesellschaft bestehe „in der (Re-)Produktion von Gabenbeziehungen, die sowohl auf der Ebene von Mikrointeraktionen als auch auf der gesellschaftlichen Meso- und Makroebene wirksam sind", so die Interpretation von Adloff/Papilliud (2007: 21) bezüglich Alain Caillés Auslegung der Soziologie Marcel Mauss'.

Das Konzept der Reziprozität ist also für die Netzwerkforschung von hoher Wichtigkeit. Diese Bedeutung betrifft einerseits die historische Entwicklung der Netzwerkforschung und viel wichtiger andererseits die Grundlagen der gesamten relationalen Soziologie.

4 Literatur

Adloff, Frank und *Steffen Mau*, 2005: Vom Geben und Nehmen. Zur Soziologie der Reziprozität, Frankfurt: Campus.
Adloff, Frank und *Christian Papilloud*, 2008: Alain Caillés Anthropologie der Gabe – Eine Herausforderung für die Sozialtheorie? S. 7-39 in: *Alain Caillé*, Anthropologie der Gabe. Frankfurt: Campus.
AF, 1999: Das System Schröder - Affären in der SPD. 29.11.1999. http://www.welt.de/printwelt/article560312/Das_System_Schroeder_Affaeren_in_der_SPD.html (23.09.2009)
Axelrod, Robert, 1987: Die Evolution der Kooperation. München: Oldenbourg. (orig. The Evolution of Cooperation. New York: Basic Books.)
Becker, Howard Paul, 1956: Man in reciprocity: Introductory lectures on culture, society, and personality, New York.
Berr, Christina M., 2007: Amigo Affaire 1993. Streibels verhängnisvolle Freunde. Süddeutsche Zeitung. http://www.sueddeutsche.de/politik/711/398496/text/ (23.09.09)
Blau, Peter M., 1976: Konsultationen unter Kollegen. S. 102-121 in: *Wolfgang Conrad* und *Wolfgang Streeck* (Hg.), Elementare Soziologie. Opladen: Westdeutscher Verlag.
Blau, Peter M., 1995: Population Structure and Exchange Process. Ethik und Sozialwissenschaften 6, 1: 20-22.
Caillé, Alain, 2008: Anthropologie der Gabe. Frankfurt: Campus (zuerst 2000).
Clausen, Lars, 1978: Tausch. Entwürfe zu einer soziologischen Theorie, München: Kösel.
Frenkel, Rainer, 2001: Alles zu Späth. Wie ein Handlungsreisender den Südwest-Staat regierte. Zeit-Online. 18.1.1991, http://www.zeit.de/1991/04/Alles-zu-Spaeth (23.09.09).
Göbel, Markus, Günther Orthmann und *Christiana Weber*, 2006, Geben und Nehmen – Reziprozität: State of the Art. Version 01.02.2006. http://opus.ub.hsu-hh.de/volltexte/2006 /806/pdf/1989.pdf.
Grimm, Jacob und *Wilhem Grimm*, 1854-1960: Deutsches Wörterbuch. 16 Bände, Leipzig.
Hillebrandt, Frank, 2009: Praktiken des Tauschens. Zur Soziologie symbolischer Formen der Reziprozität, Wiesbaden: VS Verlag für Sozialwissenschaften.
Hollstein, Bettina und *Gina Bria*, 1998: Reziprozität in Eltern-Kind-Beziehungen? Theoretische Überlegungen und empirische Evidenz. Berliner Journal für Soziologie 8: 7-22.
Hondrich, Karl O., 2005: Bildung, Kultur und elementare soziale Prozesse. Aus Politik und Zeitgeschichte (APuZ), 11-17.
Kappelhoff, Peter, 1995: Interpenetration von Rationalität und Moralität. Die verborgene Systemtheorie in der individualistischen Soziologie. Ethik und Sozialwissenschaft 6: 57-67.
Lévi-Strauss, Claude, 1993: Die elementaren Strukturen der Verwandtschaft. Frankfurt am Main: Suhrkamp.
Litt, Theodor, 1919: Individuum und Gemeinschaft. Grundfragen der sozialen Theorie und Ethik. Leipzig und Berlin: Teubner.
Litt, Theodor, 1926: Individuum und Gemeinschaft. Grundlegung der Kulturphilosophie. Leipzig: Teubner. (3. umgearbeitete Auflage).
Malinowski, Bronislaw, 1984: Argonauten des westlichen Pazifik. Ein Bericht über Unternehmungen und Abenteuer der Eingeborenen in den Inselwelten von Melanesisch-Neuguinea. Frankfurt am Main: Syndikat. (orig: Argonauts of the Western Pacific. An account of native enterprise and adventure in the Archipelagoes of Melanesian New Guinea; [Robert Mond expedition to New Guinea 1914 - 1918]. London: Routledge & Kegan Paul, 1922.)
Mauss, Marcel, 1968: Die Gabe. Form und Funktion des Austauschs in archaischen Gesellschaften, Frankfurt am Main: Suhrkamp (zuerst 1924).
Menger, Carl, 1871: Grundsätze der Volkswirtschaftslehre. Gesammelte Werke 1, Tübingen: Mohr.
Neckel, Sighard, 1995: Der unmoralische Tausch. Eine Soziologie der Käuflichkeit. Kursbuch: 9-16.

Oevermann, Ulrich, 1999: Strukturale Soziologie und Rekostruktionsmethodologie. S. 72-84 in: *Wolfgang Glatzer* (Hg.), Ansichten der Gesellschaft. Frankfurter Beiträge aus Soziologie und Politikwissenschaft. Opladen: Leske + Budrich.

Radcliffe-Brown, Alfred R., 1940: On Social Structure. The Journal of the Royal Anthropological Institute of Great Britain and Ireland 70: 1: 1-12.

Schmied, Gerhard, 1996: Schenken. Über eine Form sozialen Handelns. Opladen: Leske + Budrich.

Schütz, Alfred, 1971: Gesammelte Aufsätze I. Das Problem der sozialen Wirklichkeit. Den Haag: Martinus Nijhoff.

Schwarz, Beate, 2009: Intergenerationaler Austausch von Unterstützung und Reziprozität im Kulturvergleich, Konstanz.

Simmel, Georg, 1908: Soziologie. Untersuchungen über die Formen der Vergesellschaftung. Leipzig: Duncker & Humblot.

Stegbauer, Christian, 2002: Reziprozität. Einführung in soziale Formen der Gegenseitigkeit, Wiesbaden: Westdeutscher Verlag.

White, Harrison C., 1992: Identity and control. A structural theory of social action. Princeton, NJ: Princeton Univ. Press.

White, Harrison C., 2008: Identity and control. How social formations emerge. 2. ed. Princeton, NJ: Princeton Univ. Press.

Wiese, Leopold von, 1924: Allgemeine Soziologie als Lehre von den Beziehungen und Beziehungsgebilden der Menschen. München, Leipzig: Duncker & Humblot.

Positionen und Akteure

3.5 Knoten im Netzwerk

Steffen Albrecht

Knoten stellen neben den Kanten eines der beiden konstitutiven Elemente von Netzwerken dar. Sie bilden damit eine wesentliche Grundlage der „relationalen Perspektive" der Netzwerkforschung. Doch was genau stellen die Knoten des Netzwerks dar? Dieser Frage nachgehend zeigt der Beitrag zunächst auf, welche Annahmen über die Knoten im Netzwerk in der Netzwerkforschung als selbstverständlich angesehen werden und welche Aspekte von Knoten bei der empirischen Operationalisierung durch Netzwerke beachtet werden sollten. Der Beitrag geht außerdem auf die Probleme ein, die sich in der Netzwerkforschung aus der etablierten Auffassung von Knoten ergeben und diskutiert, welche neuen Perspektiven sich eröffnen, wenn diese infrage gestellt wird.

1 Knoten als vernachlässigtes Element

Was sind die Knoten im Netzwerk? Während die Netzwerkforschung sich ausführlich mit der Frage der Repräsentation von Beziehungen durch die Kanten des Netzwerks auseinandersetzt, wird die Frage, was eigentlich die Knoten im Netzwerk sind, vergleichsweise stiefmütterlich behandelt. Der Grund dürfte unter anderem in ihrer disziplinären Entwicklung liegen. Die empirische Netzwerkforschung grenzt sich traditionell von Varianten der empirischen Sozialforschung ab, die ihr Hauptaugenmerk auf Merkmale von Akteuren bzw. Akteursgruppen legen und die Zusammenhänge zwischen Merkmalskombinationen untersuchen (Kritiker sprechen abschätzig von „Variablensoziologie"). Dagegen setzt die Netzwerkforschung eine relationale Perspektive (Emirbayer und Goodwin 1994; Trezzini 1998): sie arbeitet mit Daten über Beziehungen zwischen Akteuren und untersucht, inwiefern zum Beispiel das Vorhandensein oder die Abwesenheit von Beziehungen mit Merkmalen oder Handlungen der Akteure zusammenhängt. Aus dieser Perspektive lässt sich das Soziale nicht allein durch Rückgriff auf die Eigenschaften von Akteuren erfassen und analysieren, sondern erst dann, wenn die Beziehungen zwischen diesen in den Blick genommen und systematisch untersucht werden (Wasserman/Faust 1994: 8).

Entsprechend benutzt die Netzwerkforschung häufig einen abstrakt-mathematischen Begriff des Netzwerks, bei dem die Knoten für sich genommen nicht weiter interessant sind. Es sind die Verbindungen zwischen den Knoten, also die Struktur des Netzwerks, die im Mittelpunkt des Interesses stehen und methodologisch problematisiert werden. Die Knoten eines Netzwerks repräsentieren in den meisten Studien soziale Akteure, die – genau wie in der traditionellen empirischen Sozialforschung – den Fixpunkt von netzwerkempirischen Erhebungen und Analysen bilden. So schreiben Wasserman und Faust in ihrem grundlegenden Überblick über die Netzwerkforschung, der Fokus richte sich auf „relationships among social entities" (Wasserman und Faust 1994: 3). In ihrer Definition von sozialen Netzwerken machen sie deutlich, dass es sich bei den „social entities" um Akteure handelt: „A social network consists of a finite set of actors and the relation or relations defined on them." (S. 20) Der Akteursbegriff umfasst dabei individuelle Akteure ebenso wie kollektive und impliziert nicht, dass die Akteure notwendigerweise handlungsfähig sein müssen (S. 17). Ähnliche Definitionen finden sich bei Trappmann (2005: 14) und Jansen (1999: 12), die allerdings auch auf Ereignisse und Objekte als Knoten hinweist (S. 52, FN 13).

Abbildung 1: Soziometrische Struktur einer Arbeitsgruppe (Moreno 1996: 148). Akteure sind durch Punkte repräsentiert, wechselseitige Zu- bzw. Abneigung durch Pfeile. Die Abbildung verdeutlicht, wie eng frühe Netzwerkdarstellungen an die Realität gekoppelt waren.

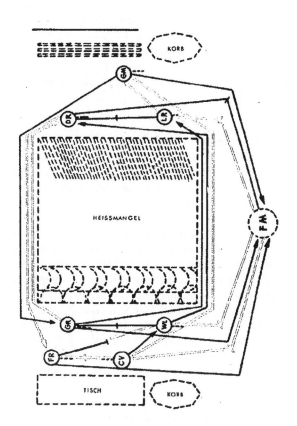

Ein solcher Fokus auf Akteure als Knoten von sozialen Netzwerken steht seit den ersten Anwendungen der Netzwerkperspektive auf sozialwissenschaftliche Fragestellungen im Mittelpunkt. Jacob Moreno setzte bei der subjektiven Sicht des Einzelnen auf seine Beziehungen zu anderen an, als er mit der Soziometrie eine Methode entwickelte, die es erlaubte, diese Einzelperspektiven zu einem Abbild des Netzwerks von Beziehungen zwischen Akteuren zu kombinieren. In seiner klassischen Studie „Who shall survive" (Moreno 1996) erklärt er das Verhalten von Schülerinnen nicht durch individuelle Merkmale oder Motive, sondern durch deren Position in einem Netzwerk interpersoneller Beziehungen. Damit verlagert er erstens die Erklärungsleistung vom individuellen Akteur auf das Beziehungsgefüge, zweitens rückt er den Akteur als Fluchtpunkt der Erklärung in den Mittelpunkt, als Knotenpunkt, an dem Netzwerkeinflüsse kristallisieren und sich in Handlungen niederschlagen. Auch die Visualisierungen der Netzwerke als Graphen haben zur Verbreitung und Anerkennung der Netzwerkperspektive beigetragen. Die Knoten werden dabei als mehr oder weniger große Punkte visualisiert, die jeweils für eine Person stehen und mit Strichen zu anderen Knoten bzw. Personen in Beziehungen stehen. Während sich die Beziehungen allerdings nur dank der analytischen Einsicht der Forscher erkennen lassen, stellen die Knotenpunkte gewissermaßen eine Verkleinerung der empirischen Realität im soziometrischen Abbild dar.

In der gesamten Breite der sozialwissenschaftlichen Netzwerkforschung bilden hauptsächlich Akteure die Knotenpunkte des Netzwerks. Die ethnologische Netzwerkforschung interessiert sich beispielsweise für Verwandtschaftsbeziehungen zwischen Akteuren in traditionellen Gesellschaften, aber auch für deren nicht-verwandtschaftliche Beziehungen in urbanen Kontexten. Mit der zunehmenden Formalisierung von Netzwerken zu mathematischen Modellen verschwindet der Akteur zwar einerseits aus dem Blickfeld zugunsten des abstrakten Knotens, der kaum noch mit der empirischen Realität verbunden ist. Andererseits wird im selben Zug die Gleichsetzung von Knoten mit Akteuren auch selbstverständlicher. Der Akteursbezug wird gleichsam als blinder Fleck einer „social network analysis" mitgeführt, die das Soziale an Akteuren und ihrem Zusammenspiel festmacht (Albrecht 2008).

Neben individuellen Akteuren, die bei Moreno im Vordergrund stehen, spielen in der Netzwerkforschung auch Kollektivakteure eine wichtige Rolle. So untersuchen organisationssoziologische Studien die Zusammenarbeit von Firmen und anderen Organisationen mit Hilfe der Netzwerkanalyse. Dabei bilden ganze Organisationen die Knoten, während Kanten zum Beispiel durch eine Zusammenarbeit zwischen den Organisationen (Powell et al. 2005; Uzzi 1996) oder durch personelle Überlappungen in Aufsichtsräten (Mintz und Schwartz 1985) definiert sind. In der historischen Soziologie werden Netzwerke von Kollektivakteuren betrachtet, um etwa die Machtstrukturen der Familien im Florenz des 15. Jahrhunderts zu untersuchen (Padgett et al. 1993). Auch die Frage des Zusammenspiels von Akteuren auf der individuellen und der kollektiven Ebene von Netzwerken ist Thema aktueller Forschungen (Frank und Yasumoto 1998). Stärker geographisch oder politikwissenschaftlich ausgerichtete Studien schließlich arbeiten mit Städten oder Staaten als Knoten von Netzwerken. Bei diesen Studien ist von einer Handlungsfähigkeit der Akteure nur in einem übertragenen Sinn die Rede.

2   Repräsentation von Akteurstypen durch Knoten

Für die Anwendung des empirischen Instrumentariums der Netzwerkforschung ist es wichtig, sich der Bedeutung der Knoten bewusst zu sein und sie theoriegeleitet zu operationalisieren. Der folgende Überblick über unterschiedliche Typen von Knoten soll dabei helfen, das abstrakte Modell des Netzwerks möglichst genau auf die untersuchte empirische Realität anzupassen. Dabei bildet die jeweilige Forschungsfrage immer die Grundlage der Entscheidung, was in einem konkreten Fall als Knoten eines Netzwerks betrachtet werden soll.

Diese Entscheidung wiederum kann weitreichende Folgen für die Analyse und ihre Ergebnisse haben (vgl. Butts 2009).

Zunächst ist festzulegen, welche Ebene für die Operationalisierung durch ein Netzwerk herangezogen wird: geht es um Individuen, um Organisationen, um Haushalte, oder um noch größere Akteursgebilde wie Nationalstaaten? Mit der Entscheidung für eine bestimmte Ebene geht die Forscherin oder der Forscher zum einen bestimmte theoretische Annahmen über die Bestimmungsfaktoren des Handelns der Akteure ein. Zum anderen hat die Wahl forschungspraktische Konsequenzen. So lassen sich Daten über Beziehungen zwischen individuellen Akteuren durch eine Befragung oder durch Beobachtung gewinnen, Kollektivakteure dagegen können nicht direkt befragt oder in ihrem Handeln beobachtet werden. Für die netzwerkanalytische Untersuchung bestimmter Kollektivakteure (z. B. Staaten) spielen Dokumente eine große Rolle, andere (z. B. Organisationen) lassen sich durch Beobachtung der Beziehungen auf der individuellen Ebene untersuchen. In diesem Fall ist wiederum zu entscheiden, ob die Daten allein in aggregierter Form verwendet werden sollen oder ob Individualebene und Kollektivebene gemeinsam in einem Mehrebenennetzwerk betrachtet werden sollen (Blau 1993).

Die Bestimmung der Knoten wirft das sogenannte Grenzziehungsproblem auf, also die Frage, was bzw. wer als Knoten im Einzelnen in die Analyse einbezogen werden soll (welche individuellen Akteure, Organisationen etc.). Zum einen kann die Zahl der Knoten zu groß für eine Erhebung sein, zum anderen bringt es die Netzwerkperspektive mit sich, dass nicht unbedingt ersichtlich ist, wer zu einem bestimmten Kreis von Akteuren gehört und wer nicht. Für den Umgang mit diesem Problem bestehen allgemein betrachtet drei Möglichkeiten (Laumann et al. 1983): (1) es lassen sich formale Positionen oder Zugehörigkeiten als Abgrenzungskriterium nutzen, (2) Akteure können aufgrund ihrer Teilnahme an bestimmten relevanten Ereignissen ausgewählt werden oder (3) man geht von einem kleinen Set von Akteuren aus und schließt dann nach dem Schneeballverfahren immer weitere von diesen benannte Akteure ein.

Eine weitere wesentliche Unterscheidung besteht zwischen Netzwerken mit gleichartigen Knoten und solchen mit unterschiedlichen Knoten. Damit kann der Unterschied zwischen Individuen und Gruppen gemeint sein (Breiger 1974), in diesem Fall hätten wir es mit einem bimodalen Netzwerk bzw. allgemein mit multimodalen Netzwerken zu tun, für die besondere Erhebungs- und Analyseverfahren zur Verfügung stehen (siehe den Beitrag von Rausch in diesem Band). Es kann sich jedoch auch um Unterschiede auf derselben Ebene handeln. Bei der ego-zentrierten Analyse zum Beispiel werden nur bestimmte Akteure zu ihren Beziehungen befragt, die von diesen als Bezugspartner genannten Akteure gehen jedoch ebenfalls in die Analyse ein. Da über ihre Merkmale und Beziehungen in der Regel weniger Informationen bekannt sind als über die der „Egos", sind beide als unterschiedliche Knotentypen zu repräsentieren. Nicht zuletzt können Knoten auch durch entsprechende Attribute unterschieden werden, die zusätzlich zu den Beziehungsdaten erhoben und in der Analyse berücksichtigt werden. Die Knoten können in diesem Fall als gleich angesehen werden, ohne deshalb die Unterschiede in ihren Attributdaten zu vernachlässigen. Allerdings sind die analytischen Verfahren zur Einbeziehung von Attributdaten in der Netzwerkforschung bislang unbefriedigend entwickelt (vgl. Hummell und Sodeur 1992; Jansen 1999: 45).

Schließlich ist mit Blick auf die Dynamik von Netzwerken nicht unerheblich, ob man von Knoten ausgeht, die über die Zeit stabil bleiben oder aber von veränderlichen Knoten.

In letzterem Fall sind Knoten vorstellbar, die ihre Eigenschaften verändern, ihre Beziehungen oder gar beides zugleich. Auch die Neuentstehung und das Vergehen von Knoten ist unter Umständen zu berücksichtigen. Entsprechende Modelle zur Analyse dynamischer Netzwerke sind ein aktuelles Thema der Netzwerkforschung (vgl. Suitor et al. 1997; Moody et al. 2005 sowie die Beiträge in diesem Band). Doch die Unterscheidung von statischen und dynamischen Knoten wirft nicht nur Fragen der Analyse der Netzwerkdaten, sondern auch der Gestaltung von Forschungsdesigns zu ihrer Erhebung auf.

Auch wenn die Auseinandersetzung mit diesen Fragen in jedem Forschungsprojekt neu geführt werden muss, zeigt dieser Überblick bereits, dass die Frage nach dem konkretempirischen Verständnis der Knoten im Netzwerk eng mit der Frage nach dem Verständnis der Kanten, also der Beziehungen zwischen den Knoten verbunden ist. Weder die Modalität noch die Grenzen des Netzwerks lassen sich festlegen ohne zu berücksichtigen, welche Beziehungen für die jeweilige Fragestellung relevant sind. Umgekehrt hängt von der Auswahl eines bestimmten Knotentyps wesentlich ab, welche Art von Beziehungen untersucht werden können. Bei aller Einfachheit und Eleganz des mathematischen Arsenals zur Untersuchung von Netzwerken darf nicht vergessen werden, dass diese erst im Zusammenspiel mit theoretischen Annahmen ihren Sinn und eine Erklärungskraft ergeben. Diese theoretischen Annahmen sind es, die auch die Entscheidungen bei der Operationalisierung sozialwissenschaftlicher Fragestellungen mittels des abstrakten netzwerkanalytischen Modells von Knoten und Kanten leiten sollten.

3 Theoretische und konzeptionelle Fragen

Die Beschäftigung mit den Problemen der empirischen Netzwerkforschung führt auf interessante theoretische bzw. konzeptionelle Fragen zurück. So verdeutlicht die Frage der Stabilität von Knoten ein Dilemma, das in der Netzwerkforschung meist vernachlässigt wird. Wie erwähnt wird durch die tradierte Gleichsetzung von Knoten mit Akteuren dem Akteur einerseits eine zentrale Bedeutung zugemessen, andererseits gerät er aus dem Blickfeld, weil die Gleichsetzung nicht mehr problematisiert wird. Der Akteur interessiert in erster Linie als abstraktes Konzept, an dem sich die unterschiedlichen Beziehungen festmachen und beobachten lassen, die für die Netzwerkforschung interessant sind.

Die Auseinandersetzung mit den Problemen der Analyse dynamischer Netzwerke macht nun deutlich, dass ein solch statischer Akteursbegriff nur begrenzt hilfreich ist. Zwar erlaubt er die Zurechnung von Beziehungen zu einem fixen Punkt, einer Adresse, doch er verschleiert die Einsicht, dass die realen Akteure nicht mit diesem Fixpunkt identisch sind. Denn die realen sozialen Akteure können sich im Lauf der Zeit verändern, unter Umständen so sehr, dass die ursprünglich ihnen als Knotenpunkt zugeschriebenen Eigenschaften nicht mehr auf sie zutreffen. Dieser Dynamik wird die Vorstellung von Knoten als Fixpunkten nicht gerecht.

Das Dilemma greift über die zeitliche Dimension hinaus. Ein Widerspruch lässt sich auch beobachten zwischen einerseits der Vorstellung stabiler Zurechnungseinheiten und andererseits der Betonung der Eingebettetheit von Akteuren und der Bedeutung, die Netzwerkforscher strukturellen Faktoren für die Erklärung individuellen Verhaltens zuschreiben. Die Netzwerkforschung interessiert sich (im Fall individueller Akteure) weniger für den Akteur als Person als vielmehr für ganz bestimmte Ausschnitte seiner Persönlichkeit, nämlich nur solche, die für die jeweils betrachtete Art von Beziehungen relevant sind. Im Extremfall kann das Beziehungsnetzwerk einer Gruppe von Akteuren ganz unterschiedlich aussehen, je nachdem, welche Art von Beziehungen man betrachtet. Derselbe Akteur würde dann ganz unterschiedliche Positionen im Netzwerk einnehmen. Von einer Gleichsetzung des Akteurs mit einem bestimmten Knotenpunkt kann dann nicht mehr die Rede sein, vielmehr bildet der Knoten offenbar nur ganz bestimmte Ausschnitte einer jeweiligen Person ab.

Betrachtet man vor diesem Hintergrund noch einmal die Geschichte der Netzwerkforschung, so zeigt sich bei genauerem Blick, dass etwa in der ethnologischen Tradition nicht so sehr der Akteur als Individuum im Fokus steht, sondern vielmehr die soziale Rolle, die er einnimmt. Die ethnologische Netzwerkforschung grenzt sich zwar von ethnologischen Forschungen ab, die strikte Verwandtschaftsbeziehungen untersuchen. Sie interessiert sich vielmehr für die real gelebten Beziehungen (vgl. Schnegg und Lang 2001). Doch auch ihr geht es dabei um typische Rollenstrukturen im Netzwerk und weniger um die konkreten historischen Individuen, die lediglich das empirische Material für die Bestimmung der Rollen liefern.

Die sozialwissenschaftliche Netzwerkforschung bietet außerdem durchaus eine Vielzahl von Beispielen für Knoten, die nicht soziale Akteure darstellen. Bereits der Mathematiker Leonhard Euler, der als Begründer der Graphentheorie angesehen wird, bildete bei seiner Lösung des Königsberger Brückenproblems einzelne Stadtviertel als Knoten eines Netzwerks ab. Soziale Akteure, nämlich die Königsberger Spaziergänger, spielen zwar eine Rolle als Auslöser des Problems, sind darüber hinaus aber nicht weiter relevant (vgl. Gießmann 2006: 29). Entsprechend macht die Stadtforschung sich die Netzwerkanalyse zunutze, um die Beziehungen zwischen Orten, Städten oder Regionen zu untersuchen, die jeweils die Knoten im Netzwerk bilden. Beispiele aus anderen Bereichen umfassen Zitationsnetzwerke, die Beziehungen zwischen Texten abbilden (Price 1965), Netzwerkanalysen von Texten, die Beziehungen zwischen einzelnen Wörtern abbilden (Batagelij et al. 2002) oder Netzwerke von Websites (Kleinberg und Lawrence 2001) bzw. Weblogs (Adamic und Glance 2005).

4 Neue Perspektiven auf Knoten

Erst in jüngster Zeit schlägt sich ein flexibleres Verständnis von Knoten in den einschlägigen Lehrbüchern nieder. Während Wasserman und Faust (1994: 17) Knoten zwar grundsätzlich als flexiblen Begriff, tatsächlich aber auf Akteure ausgerichtet definierten, sprechen Marin und Wellman von sozialen Netzwerken als „set of socially-relevant nodes connected by one or more relations" (Marin und Wellman, im Ersch.). Sie betonen ausdrücklich, dass als Knoten nicht nur individuelle oder kollektive Akteure in Frage kommen, sondern „any units that can be connected to other units" (ebd.). Mit Marin und Wellman lässt sich daher auf der Basis der bisherigen Argumentation fordern, „sozial relevante" Knoten nicht unbedingt mit Akteuren gleichzusetzen, sondern die Bestimmung der Knoten in einem Netzwerk grundsätzlich offen und letztlich theoriegeleitet zu unternehmen.

In der Tat gibt es innerhalb der theoretisch interessierten Netzwerkforschung verschiedene Autoren, die eine solche, weniger auf Akteure als auf Sozialität allgemein bezogene Ausrichtung verfolgen. Zu ihnen sind die Vertreter der Akteur-Netzwerk-Theorie zu zählen. Aus der Tradition der Wissenschafts- und Technikforschung stammend zielen sie ganz explizit darauf ab, die Unterscheidung von menschlichen Akteuren auf der einen Seite und technischen Artefakten bzw. nichtmenschlichen Lebewesen auf der anderen aufzubrechen. Daher arbeiten sie mit einem Konzept von Netzwerken, in denen ganz unterschiedliche Elemente als Knoten fungieren und miteinander interagieren. Sozialität entsteht dabei als Resultat des „Netzwerkbildens" (Callon und Latour 1992: 348). Eine Besonderheit ist, dass die Knoten eines Netzwerks selbst als ein aus unterschiedlichen Elementen zusammengesetztes Netzwerk betrachtet und analysiert werden (Law 1992: 383f.). Allerdings bleiben die Knoten in der Akteur-Netzwerk-Theorie an das Merkmal der Handlungsfähigkeit gebunden, was auch im Begriff der Aktanten deutlich wird (vgl. Peukert in diesem Band).

Aus der Tradition der formalen Netzwerkanalyse heraus entwickelte Harrison White die phänomenologische Netzwerktheorie (White 1992; für einen Überblick vgl. Fuhse 2008). Sie betont die Bedeutung der kulturellen Grundlagen von Netzwerken und sozialen Beziehungen gegenüber einem Verständnis von Netzwerken als auf Tauschbeziehungen basierend. Zwar stehen auch hier Akteure im Mittelpunkt des Interesses, allerdings zeigen verschiedene Arbeiten seiner Schüler, wie fruchtbar der Ansatz für eine Anwendung auf Netzwerke sein kann, die nicht auf Akteuren als Knoten basieren (z. B. Bearman et al. 2002; Mische und Pattison 2000; Stark und Vedres 2006). Die Grundlage dafür legten wiederum frühe Arbeiten Whites, der mit der Blockmodellanalyse ein Verfahren entwickelte, das die Analyse von Netzwerken erlaubt, die aus Rollen (bzw. Positionen) und nicht aus Akteuren als Knoten bestehen (White et al. 1976; Boorman und White 1976).

In ähnlicher Weise haben Abbott (1995) und Fuchs (2001) die Grenzen eines traditionellen Verständnisses sozialer Einheiten aufgezeigt und für eine prozessuale und relationale Perspektive auf das Soziale plädiert. Mit Blick auf die Veränderung der Perspektive, die Moreno mit seiner Soziometrie ausgelöst hatte, lässt sich auf einen ähnlichen Wandel in der gegenwärtigen Netzwerkforschung hinweisen. So wie Moreno die Analyse von der Ebene der Merkmalsgruppen ablöste und die Bedeutung der individuellen Beziehungen betonte, so geht es aktuell um eine Verlagerung des analytischen Fokus weg von den Akteuren und hin zu den Prozessen und Kommunikationen, die erst – im Sinne der oben genannten Autoren – die Akteure konstituieren. Dadurch ergeben sich für die Netzwerkforschung interessante Anknüpfungspunkte an sozialtheoretische Überlegungen in der Folge des ‚linguistic turn', die das Soziale weniger in Bezug auf Akteure als vielmehr in Bezug auf das, was zwischen diesen geschieht, die Kommunikation, betrachten (vgl. Knoblauch 2000; Luhmann 1984; Stichweh 2000).

5 Ein Beispiel: „Communication oriented modelling" (COM)

Eine solche Verlagerung des netzwerkanalytischen Fokus veranschaulicht der Ansatz der „kommunikationsorientierten Modellierung", kurz COM (Malsch und Schlieder 2004; Malsch et al. 2007). COM teilt mit der Luhmannschen Systemtheorie den Ausgangspunkt einer konsequenten Orientierung auf Kommunikation und versucht diese empirisch fruchtbar zu machen, geht aber durch eine besondere Berücksichtigung der Zeitlichkeit der Kommunikation andere theoretische Pfade als die Systemtheorie.

Die grundlegende Idee von COM besteht darin, Netzwerke nicht in erster Linie auf der Ebene von Akteuren zu modellieren, sondern auf der Ebene von Kommunikationsprozessen. Dabei werden die Knoten durch Mitteilungen gebildet und die Kanten durch Referenzen, also Verweise einer Mitteilung auf eine andere. Das Ergebnis ist ein baumförmiger, dynamischer Graph, der im Zeitverlauf durch immer neue Mitteilungen und Referenzen anwächst. Ein sinnfälliges Anwendungsbeispiel ist die wissenschaftliche Kommunikation: mit jedem neuen Zeitschriftenaufsatz oder Buch wächst die Menge der Mitteilungen, zugleich werden neue Referenzen an bisherige Werke geknüpft und dadurch das wissenschaftliche Feld transformiert.

Diese sogenannten Mitteilungs-Referenz-Netzwerke bilden die Basis für abgeleitete Modellierungen von Netzwerken. So lassen sich Netzwerke interpersoneller Beziehungen zwischen den kommunizierenden Akteuren ableiten, ebenso aber auch semantische Netzwerke, die zwischen Wörtern oder abstrakteren Konzepten wie z. B. Themen bestehen können und bei denen die Kanten durch semantische Nähe bzw. Gegensätzlichkeit gebildet werden. Dabei integriert COM Methoden der bimodalen Analyse von Netzwerkstrukturen (die etwa Janning et al. 2009 zur Analyse von Diskursnetzwerken vorschlagen), geht aber durch seine Temporalisierung der Strukturen sowie die kommunikationstheoretische Unterfütterung über diese hinaus. Das Grundmodell von COM integriert die Perspektive der Netzwerkforschung mit einer kommunikationstheoretischen Konzeption des Sozialen und verschiebt den Fokus auf die intermediäre Ebene der Mitteilungs-Referenz-Netzwerke.

6 Fazit und Ausblick

In welcher Richtung sich die skizzierten Ansätze der phänomenologischen Netzwerktheorie und der kommunikationsorientierten Modellierung entwickeln werden, lässt sich gegenwärtig nicht absehen. Deutlich ist jedoch bereits, dass sie ein großes Innovationspotenzial mit sich bringen und zum gegenwärtigen Trend der theoretischen Weiterentwicklung der Netzwerkforschung beitragen. Auch wenn der Fokus der sozialwissenschaftlichen Netzwerkforschung mit gutem Grund der Akteur bleibt, zeigen die hier unternommenen Überlegungen, dass es gewinnbringend sein kann, über alternative Konzeptionen der Knoten im Netzwerk nachzudenken. Gerade mit Blick auf die starke interdisziplinäre Diskussion der Netzwerkforschung auch über die Grenzen der etablierten Kulturen der Sozial- und Naturwissenschaften hinweg (Borgatti et al. 2009) zeigt die Problematisierung der Knoten im Netzwerk interessante Perspektiven auf.

7 Literatur

Abbott, Andrew, 1995: Things of Boundaries. Social Research 62: 857-882.
Adamic, Lada und *Natalie Glance*, 2005: The Political Blogosphere and the 2004 U.S. Election: Divided They Blog. Vortrag auf dem 2. Annual Workshop on the Weblogging Ecosystem - Aggregation, Analysis and Dynamics, 10. Mai 2005, Chiba, Japan. Online verfügbar: http://www.blogpulse.com/papers/2005/AdamicGlanceBlogWWW.pdf (28.2.2007).
Albrecht, Steffen, 2008: Netzwerke und Kommunikation – Zum Verhältnis zweier sozialwissenschaftlicher Paradigmen. S. 165-178 in: *Christian Stegbauer* (Hg.), Netzwerkanalyse und Netzwerktheorie. Ein neues Paradigma in den Sozialwissenschaften. Wiesbaden: VS Verlag für Sozialwissenschaften.
Batagelj, Vladimir, Andrej Mrvar und *Matjaz Zaversnik*, 2002: Network Analysis of Texts. S. 143-148 in: *Tomaz Erjavec* und *Jerneja Gros* (Hg.), Proceedings B of the 5th International Multi-

Conference, Information Society – IS 2002, Third Language Technologies Conference, 14. – 15. Oktober 2002, Ljubljana, Slovenia.
Bearman, Peter, James Moody und Robert Faris, 2002: Networks and History. Complexity 8: 61-71.
Blau, Peter M., 1993: Multilevel Structural Analysis. Social Networks 15: 201-215.
Boorman, Scott A. und Harrison C. White, 1976: Social Structure from Multiple Networks. II. Role Structures. American Journal of Sociology 81: 1384-1446.
Borgatti, Stephen P., Ajay Mehra, Daniel J. Brass und Giuseppe Labiance, 2009: Network Analysis in the Social Sciences. Science 323: 892-895.
Breiger, Ronald L., 1974: The Duality of Persons and Groups. Social Forces 53: 181-190.
Butts, Carter T., 2009: Revisiting the Foundations of Network Analysis. Science 325: 414-416.
Callon, Michel und Bruno Latour, 1992: Don't Throw the Baby Out with the Bath School! A Reply to Collins and Yearley. S. 343-368 in: Andrew Pickering (Hg.), Science as Practice and Culture. Chicago u. a.: University of Chicago Press.
Emirbayer, Mustafa und Jeff Goodwin, 1994: Network Analysis, Culture, and the Problem of Agency. American Journal of Sociology 99: 1411-1454.
Frank, Kenneth A. und Jeffrey Y. Yasumoto, 1998: Linking Action to Social Structure within a System: Social Capital within and between Subgroups. American Journal of Sociology 104: 642-686.
Fuchs, Stephan, 2001: Against Essentialism. A Theory of Culture and Society. Cambridge, MA; London: Harvard University Press.
Fuhse, Jan A., 2008: Gibt es eine phänomenologische Netzwerktheorie? Geschichte, Netzwerk und Identität. Soziale Welt 59: 31-52.
Gießmann, Sebastian, 2006: Netze und Netzwerke. Archäologie einer Kulturtechnik, 1740-1840. Bielefeld: transcript.
Hummell, Hans J. und Wolfgang Sodeur, 1992: Multivariate Analyse von Struktureigenschaften auf mehreren Ebenen – Netzwerkanalyse als „meßtheoretisches" Konzept. S. 269-294 in: Hans-Jürgen Andreß, Johannes Huinink, Holger Meinken, Dorothea Rumianek, Wolfgang Sodeur und Gabriele Sturm (Hg.), Theorie, Daten, Methoden. Neue Modelle und Verfahrensweisen in den Sozialwissenschaften. München: Oldenbourg.
Janning, Frank, Philip Leifeld, Thomas Malang und Volker Schneider, 2009: Diskursnetzwerkanalyse. Überlegungen zur Theoriebildung und Methodik. S. 59-92 in: Volker Schneider, Frank Janning, Philip Leifeld und Thomas Malang (Hg.), Politiknetzwerke. Modelle, Anwendungen und Visualisierungen. Wiesbaden: VS Verlag für Sozialwissenschaften.
Jansen, Dorothea, 1999: Einführung in die Netzwerkanalyse. Grundlagen, Methoden, Anwendungen. Opladen: Leske und Budrich.
Kleinberg, Jon M. und Steve Lawrence, 2001: The Structure of the Web. Science 294: 1849-1850.
Knoblauch, Hubert, 2000: Das Ende der linguistischen Wende. Sprache und empirische Wissenssoziologie. In: Soziologie. Forum der Deutschen Gesellschaft für Soziologie 29: 46-58.
Laumann, Edward, Peter Marsden und David Prensky, 1983: The Boundary Specification Problem in Network Analysis. S. 18-34 in: Ronald Burt und Michael Minor (Hg.), Applied Network Analysis. Beverly Hills, CA: Sage.
Law, John, 1992: Notes on the Theory of the Actor-Network: Ordering, Strategy, and Heterogeneity. Systems Practice 5: 379-393.
Luhmann, Niklas. 1984: Soziale Systeme. Grundriß einer allgemeinen Theorie. Frankfurt/M.: Suhrkamp.
Malsch, Thomas und Christoph Schlieder, 2004: Communication Without Agents? From Agent-Oriented to Communication-Oriented Modeling. S. 113-133 in: Gabriela Lindemann, Daniel Moldt und Mario Paolucci (Hg.), Regulated Agent-Based Social Systems. Berlin u. a.: Springer.
Malsch, Thomas, Christoph Schlieder, Peter Kiefer, Maren Lübcke, Rasko Perschke, Marco Schmitt und Klaus Stein, 2007: Communication Between Process and Structure: Modelling and Simulating Message Reference Networks with COM/TE. Journal of Artificial Societies and Social Simulations 10.

Marin, Alexandra und *Barry Wellman*, o. J.: Social Network Analysis: An Introduction. Erscheint in: *Peter Carrington* und *John Scott* (Hg.), Handbook of Social Network Analysis. London: Sage.

Mintz, Beth und *Michael Schwartz*, 1985: The Power Structure of American Business. Chicago: University of Chicago Press.

Mische, Ann und *Phillipa Pattison*, 2000: Composing a Civic Arena: Publics, Projects, and Social Settings. Poetics 27: 163-194.

Moody, James, *Daniel McFarland* und *Skype Bender-deMoll*, 2005: Dynamic Network Visualization. American Journal of Sociology 110: 1206-1241.

Moreno, Jacob L., 1996: Die Grundlagen der Soziometrie. Wege zur Neuordnung der Gesellschaft. Opladen: Leske und Budrich.

Padgett, John F. und *Christopher K. Ansell*, 1993: Robust Action and the Rise of the Medici, 1400-1434. American Journal of Sociology 98: 1259-1319.

Powell, Walter W., *Douglas R. White*, *Kenneth W. Koput* und *Jason Owen-Smith*, 2005: Network Dynamics and Field Evolution: The Growth of Interorganizational Collaboration in the Life Sciences. American Journal of Sociology 110: 1132-1205.

Price, Derek J. de Solla, 1965: Networks of Scientific Papers. The Pattern of Bibliographic References Indicates the Nature of the Scientific Research Front. Science 149: 510-515.

Schnegg, Michael und *Hartmut Lang*, 2001: Netzwerkanalyse. Eine praxisorientierte Einführung. Methoden der Ethnographie. Heft 1. o. O.

Stark, David und *Balász Vedres*, 2006: Social Times of Network Spaces: Network Sequences and Foreign Investment in Hungary. American Journal of Sociology 111: 1367-1411.

Stichweh, Rudolf, 2000: Systems Theory as an Alternative to Action Theory? The Rise of „Communication" as a Theoretical Option. Acta Sociologica 43: 5-13.

Suitor, J. Jill, *Barry Wellman* und *David L. Morgan*, 1996: It's About Time: How, Why and When Networks Change. Social Networks 19: 1-7.

Trappmann, Mark, *Hans J. Hummell* und *Wolfgang Sodeur*, 2005: Strukturanalyse sozialer Netzwerke. Konzepte, Modelle, Methoden. Wiesbaden: VS Verlag für Sozialwissenschaften.

Trezzini, Bruno, 1998: Theoretische Aspekte der sozialwissenschaftlichen Netzwerkanalyse. Schweizerische Zeitschrift für Soziologie 24: 511-544.

Uzzi, Brian, 1996: The Sources and Consequences of Embeddedness for the Economic Performance of Organizations: The Network Effect. American Sociological Review 61: 674-698.

Wasserman, Stanley und *Katherine Faust*, 1994: Social Network Analysis. Methods and Applications. Cambridge u. a.: Cambridge University Press.

White, Harrison C., 1992: Identity and Control. A Structural Theory of Social Action. Princeton: Princeton University Press.

White, Harrison C., *Scott A. Boorman* und *Ronald L. Breiger*, 1976: Social Structure from Multiple Networks. I. Blockmodels of Roles and Positions. American Journal of Sociology 81: 730-780.

3.6 Positionen und positionale Systeme

Christian Stegbauer

Positionen und positionale Systeme stellen grundsätzliche Ordnungsprinzipen des Sozialen dar, so die Ansicht des modernen Strukturalismus, für den die Netzwerkforschung grundlegend war. Durch Positionen werden Wahrnehmungen und Handlungen geformt. Positionen bestimmen danach die Identität der Beteiligten, weil sie Sichtweisen formen und Konflikte in spezielle Bahnen lenken. Das Konzept der Positionen ist eine der wichtigsten theoretischen Grundlagen der Netzwerkforschung. Darüber hinaus sind Konzepte der positionalen Analyse in der Netzwerkforschung weit entwickelt. Im Beitrag werden wichtige Überlegungen zu Positionen vorgestellt.

1 Positionen und Rollen

Spricht man von Positionen, kommt die Rede sogleich auch auf den Rollenbegriff. Aus diesem Grunde wird hier kurz auf die beiden Begriffe und deren Unterscheidung eingegangen. Die Begriffe Rolle und Position werden heute häufig synonym verwendet. Ein Grund dafür ist die Geschichte der Rollentheorie. Der Anthropologe Ralph Linton (1967: 252) etwa definiert „Rolle" im Zusammenhang mit dem Begriff „Status" (gleichbedeutend mit Position).[1] Der Begriff der Position steht für ein bestimmtes Beziehungsmuster zwischen den Akteuren. Wird dieses Verhältnis verhaltensrelevant, so spricht man von Rollenverhalten. Nadel (1957: 29) schreibt zum Verhältnis von Rolle und Position:

> „The role, he holds, is status (Position) translated into action, the role being the ‚processual aspect' of status, as status is the ‚positional aspect' of the role."

Nadel ist der Meinung, dass man beide Aspekte kaum voneinander trennen könne. Goffman hingegen differenziert (1973: 95), ist aber skeptisch darüber, in wie weit sich dies vermitteln lasse:

> „Es (ist) eine Position und nicht eine Rolle, die man einnehmen, die man ausfüllen und wieder verlassen kann, denn eine Rolle kann nur ‚gespielt' werden; aber kein Student scheint diese Logik zu beachten, und ich will das auch nicht tun."

Im Zusammenhang mit der positionalen Analyse würden wir eher nicht vom „Spielen" einer Rolle (mit quasi einer inneren Distanz) reden. Obwohl eine solche Distanzierung vorkommen kann (siehe unten), entwickeln sich Handlungen aus einer Position heraus

---

[1] Im deutschsprachigen Raum wurde die Rollentheorie vor allem durch Dahrendorf (1959) mit dem Werk „Homo Sociologicus" bekannt.

meist mit allem Ernst. Sie wird als Ursache für Herausbildung und Zuschreibung von Identitäten gesehen.

Siegfried Nadels „Theory of Social Structure" (1957) ist von hoher Bedeutung für die positionale Analyse geworden (siehe Kapitel 5.6). Dies nicht zuletzt, weil er, wohl als erster, mit Positionensystemen und der Reziprozität von Positionen umging. Nach Auffassung von Boorman/White (1976: 1391) war die Idee der Reziprozität von Positionen ein Hauptbeitrag, der die Rollentheorie voranbrachte. Dabei geht es darum, dass es viele Positionen gibt, die erst von den anderen hervorgebracht werden (Stegbauer 2002: 117). Die Erwartungen eines Akteurs A erzeugen reziproke Erwartungen bei Akteur B. Ohne den entsprechenden Gegenpart ist die eine Position kaum vorstellbar. Zwar finden sich Ärzte, die ohne Patienten auskommen, etwa in der Pharmaforschung, konstitutiv zum Rollenhandeln in der Position eines Arztes ist in der common sense Vorstellung aber das Heilen von Patienten. Ohne Patienten ist die Position Arzt also weitgehend sinnlos. Aus diesem Verhältnis entstehen die wechselseitigen Verhaltenserwartungen, zu denen man schnell findet, wenn man sich an den letzten Arztbesuch mit dem zugehörigen Anamnesegespräch erinnert. Das Interessante an einer solchen Konstruktion von Positionen ist ihre strikt soziale Ausrichtung. Es kann also kein Arzt aus sich heraus Arzt sein – erst durch die Beziehung zum Patienten wird er dazu. Wir könnten auch sagen, dass die Art der Beziehung die Position konstituiert – und es ist offensichtlich, dass hierdurch ein Großteil des Verhaltensrepertoires festgelegt wird. Dies geschieht aber in einem Aushandlungsprozess, bei dem die Ausgestaltung der konkreten Situation (bei allen Ähnlichkeiten zwischen Arztbesuchen) zunächst grundsätzlich Spielräume zulässt.

An dem Beispiel, das sich in ähnlicher Weise auf sehr viele Verhältnisse übertragen lässt, wird die Komplexität von Beziehungen deutlich. Einer der Ersten, der neben Georg Simmel (1908) eine relationale Soziologie entwickelte, war Leopold von Wiese (1924). Er wollte die Beziehung durch die Messung von Abstandsindikatoren qualifizieren (Stegbauer 2001). Aber schon das Arztbeispiel zeigt, dass eine solche Reduktion der Komplexität von Beziehungen nicht gerecht werden kann. Dies trifft auch auf heute noch weit populärere Beziehungsdefinitionen wie die analytische Unterscheidung von Granovetter (1973) in starke und schwache Beziehungen zu (Stegbauer 2008).

Innerhalb der Rollentheorie, die in den 1950er Jahren vorherrschend war, stand der mit den eingenommenen Positionen verbundene Determinismus im Vordergrund. Es war klar, dass die Menschen durchaus mit unterschiedlichen Rollenanforderungen gleichzeitig konfrontiert waren.

Nadel unterscheidet daher strikt nach „governing properties" von Rollen. Diese können im Falle von „recruitment roles" voneinander abhängig sein. Sie sind geprägt durch: „inevitable or fortuitous state in which individuals find themselves" (Nadel 1957: 36). Oder aber es handelt sich um „achievement roles", „where the governing property is a behavioural attribute, active or passive." (1957: 36). Solche Ansichten führten zur Ausführung von Rollentableaus, wie bei Nadel (1957: 53) zu finden. White (1992: 164), der sich ursprünglich stark an Nadel orientierte, distanziert sich an diesem Punkt deutlich. Das Problem der Moderne, in der die Menschen mit so vielen Unwägbarkeiten, Informationen und unterschiedlichen sozialen Kreisen konfrontiert sind, ließe sich auf keinen Fall mit deterministischen Theoriekonstrukten lösen:

> „Nadel failed to produce a plausible system. It seems clear that no larger ordering which is deterministic either in cultural assertion or social arrangement could sustain and reproduce itself

across so many and such large network populations as in the current world. Some sort of stochastic environment must be assumed and requires modeling. (..) Nadel's mistake was to take individual persons for granted as universals and build form them."

2   Kritik an Rollen und Positionen

Was White kritisiert, wird auch von anderen Theoretikern beanstandet. Wie sollte man beispielsweise verantwortungsvolles Handeln erwarten können, wenn durch Rollen das handeln bestimmt würde? Aus diesem Grund kritisierte beispielsweise auch Habermas (1973: 118) den, die Rollentheorien auszeichnenden Determinismus, weil er keine Rücksicht auf die im Sozialisationsvorgang entstehende Individuierung nehme (1973: 124). Gleichzeitig betont er, dass zahlreiche Freiheitsgrade bestünden. Habermas beschreibt unter Rückgriff auf Goffman das Problem der Interrollenkonflikte, bei dem der Einzelne oft mit einer großen Anzahl an einander nicht kompatiblen Erwartungen und Bezugsgruppen konfrontiert werde. Insbesondere greift Habermas aber auf die bei Goffman (1973: 121) beschriebene Rollendistanz zurück. Danach könnten sich Individuen von den an sie gerichteten Anforderungen emanzipieren. Sicherlich geht es Habermas in starkem Maße um das Problem der Verantwortung für Handlungen – er bleibt aber bei einer Betrachtung von Personen, also dem Individuum, stehen.

Folgen wir der modernen Ansicht von Positionen und positionalen Systemen, dann ergibt sich die Individualisierung in und vor allem zwischen unterschiedlichen sozialen Situationen. Es entsteht also ein soziales Individuum vor allem in den Auseinandersetzungen. White (1992: 314) beschreibt dies am Beispiel der Zerrissenheit des Kindes, dessen Kleidung innerhalb der Peergroup angemessen sein mag, dann aber nicht mit den Vorstellungen der Familie vereinbar ist. Der hierbei aufkeimende Konflikt trägt zur Herausbildung der Identität bei. Das Handeln entsteht also nicht alleine aus den in der Situation (Rollenrahmen) zugeschriebenen Positionen.

Wie bereits gesagt, kritisiert auch Harrison White den Determinismus der Rollentheorie sehr stark. Nach Boorman und White (1976: 1391) fehlte der Rollentheorie eine Übertragung auf die Ebene der Sozialstruktur. Das Problem

> „... lies in the fact that it does not push the implications of either of these ideas to their natural conclusion on a social structural level, as we now proceed to do."

Neben der Kritik an der theoretischen Ausrichtung der Rollentheorie, in der die Konsequenzen für die Entstehung von sozialen Strukturen nicht genügend berücksichtigte, sind es vor allem die neuen Analysemöglichkeiten durch die Blockmodellanalyse (White/Breiger 1975; White et al. 1976), die Überlegungen zu Positionen beflügelten.

Der Kritik von Habermas an Rollenkonzepten, dass auch der Sozialisation eine wichtige Bedeutung bei der Verortung des Sozialen zukomme, kann grundsätzlich zugestimmt werden. Prinzipiell sind solche Konzepte mit denen der positionalen Netzwerkforschung durchaus kompatibel. So werden beispielsweise Charakterzüge von Personen in der Sozialisationstheorie (zusammenfassend Hopf 2005) aus der Beziehungskonstellation mit ihren spezifischen Umgangsweisen erklärt. Im Laufe der Sozialisation bilden sich dann durch Identitätsprozesse mit unterschiedlichen Positionierungen in verschiedenen „Rollenrahmen" die Eigenheiten von Personen heraus. Die personale Identität kann danach als eine

Positionierungsgeschichte mit den darin und dazwischen ausgefochtenen Konflikten in unterschiedlichen Netzwerken angesehen werden. Der Habitus (Bourdieu 1982), der aus der sozialen Klasse erwächst, ist Folge davon. Auf diese Weise kann ein Teil dessen, was bei einer rein positional-strukturalistischen Erklärung sozialer Tatsachen zu kurz kommt, in das Netzwerkparadigma integriert werden.

Innerhalb der strukturalistischen Netzwerkforschung werden solche Persönlichkeitsmerkmale allerdings ausgeblendet[2]. Ein Grund dafür ist, dass die Theorie (und in der Folge auch die Methoden) Ähnlichkeiten untersuchen und aus der Persönlichkeit erwachsende Unterschiede systematisch ignorieren[3]. Das Erklärungsprimat aus einer positional-strukturalistischen Sicht kommt der Verortung in einem sozialen System zu. Der Einzelne ist hierbei allenfalls als Beteiligter an abstrakten Aushandlungsprozessen von Bedeutung. Das Primat kommt der Situation und den dort ausgebildeten Positionen zu. Hieraus, so der Anspruch positionaler Erklärungen, lässt sich Handeln verstehen. Dort laufen die Prozesse der Herausbildung von Identitäten ab. Solche Identitäten betreffen nicht nur den Einzelnen, es entstehen dort auch Gruppenidentitäten.

3 Was ist neu? Aushandlung – nicht vorherige Festlegung, dennoch common sense

In den neueren Überlegungen wird der Determinismus durch ein sozialkonstruktives und situationales Muster ersetzt (White 1992, 2008). Danach unterliegen Positionen und die aus ihnen folgenden Handlungsmuster sozialen Aushandlungen. Freilich folgen diese Aushandlungen zumindest in Teilen den aus der Geschichte der Rollentheorie bekannten Mustern. Die Menschen greifen bei diesen Aushandlungen auf bekannte Verhaltensmuster zurück. Solche Muster sind kulturell kodiert. Bestimmte Muster gehören zu Rollenbildern, die, so hat es White (1992) in einem Beispiel gezeigt, schon im Spiel von Kindern präsent sind. Sie folgen einem common sense – die Rollenbilder sind weitgehend allen anderen bekannt. Die meisten Menschen können insbesondere Übertretungen der damit zusammenhängenden Normen benennen (Popitz 2006).

Trotz dieser „Leitbilder" erfolgt die Aushandlung von Positionen in konkreten Situationen. Solche Situationen sind durch eine Einmaligkeit und eine Offenheit hinsichtlich des Aushandlungsergebnisses gekennzeichnet. Dadurch unterscheiden sich Situationen mit ihren spezifischen und ausgehandelten Positionierungen voneinander. Es wird schnell klar, dass beides, die Einzigartigkeit und der Common Sense nicht einfach zu verbinden sind. Solche Konflikte zwischen dem Common Sense über Rollenbeziehungen und der Einzigartigkeit von Situationen mit ihren Aushandlungen in konkreten Situationen nennt man unter Rückgriff auf Nadels (1957) „Theory of Social Structure" „Nadels Paradox" (Di Maggio 1992). Das Problem wird also auf die Aushandlungsebene verlagert. Dort konstituiert sich eine Struktur, die unter Rückgriff auf den common sense entsteht. Die Beteiligten orientieren sich an den, den meisten bekannten und in ähnlichen Situationen herausgebildeten Konventionen. Nach White (1992: 164; 2008: 370) sind es die Akteure, die das Problem des Paradoxons lösen können. Sie müssen

---

[2] In der qualitativen Netzwerkanalyse kann dies durchaus ein Fokus sein (siehe Kapitel 6.1).
[3] Aus soziologischer Sicht zumindest, aus dem Blickwinkel der Sozialpsychologie/Gesundheitsforschung etc. (in diesem Band) findet sich eine Verbindung zwischen Wohlbefinden/ Gesundheit und individueller Verortung in einem Netzwerk. Hier kommen solche Überlegungen zum Tragen.

"somehow integrate in a coherent role frame with location in other role frames from different network populations, who tell other stories."

Und natürlich entstehen hier die sozialen Formen im Zusammenspiel mit den anderen.[4] Es geht sogar noch weiter – dort entstehen die sozialen Identitäten. Und – obwohl wir nicht von präkonstituierten Personen ausgehen, spielen in diesem Aushandlungsprozess natürlich personale Identitäten ebenfalls eine Rolle. Mit dem Begriff der „personalen Identität" ist hier gemeint, dass Personen bestimmte Eigenschaften zugeschrieben werden, die sich aus den im Laufe des Lebens durchschrittenen unterschiedlichen Positionierungen in sozialen Kreisen ergeben haben. Hieraus resultieren nicht nur ein bestimmtes Selbstbild, sondern auch Erwartungen und Zuschreibungen durch andere Beteiligte. Diese Zuschreibungen können sich auf äußere Merkmale, auf wahrgenommene Charakterzüge und auf in anderen Situationen eingenommene Positionen beziehen. Man kann sagen, dass solche Projektionen, die an Personen gebunden sind, eine Relevanz im Aushandlungsprozess besitzen. Keinesfalls aber stellen sie eine Vorentscheidung über den Ausgang des Prozesses dar. Mit dem Begriff „Aushandlungsprozess" ist nicht gemeint, dass Verhandlungen wie über einen Vertrag geführt werden. Vielmehr kommen in diesem Begriff die, durch situative Handlungen entstehenden, gegenseitigen Erwartungen zum Ausdruck.

Die aufgezeigten Überlegungen zu Positionen hängen theoriegeschichtlich mit der Entwicklung der Blockmodellanalyse zusammen (siehe Kapitel 5.6). Dabei werden Personen (in den meisten Fällen) aufgrund der Ähnlichkeit ihres Beziehungsmusters zu Blöcken zusammengefasst. Hierzu werden Clusterverfahren angewendet. Die in einem Block zusammengefassten Akteure werden als strukturell äquivalent angesehen. Strukturelle Äquivalenz bedeutet aber, dass es in diesen Modellen nicht auf den einzelnen Akteur ankommt, sondern auf die eingenommene Position. In der weiteren Analyse verzichtet man daher darauf, sich einzelne Personen anzuschauen. Man betrachtet vielmehr das Verhältnis der Positionen untereinander. Grundsätzlich wird davon ausgegangen, dass die in Position zusammengefassten Teilnehmer nach außen sich gegenseitig in Schutz nehmen, während innerhalb einer Position Wettbewerb herrscht (für Beispiele im Bereich der Wikipedia: Stegbauer 2009). Der Wettbewerb wird als eine Art anthropologische Konstante angesehen und weckt mit dem Begriff „pecking order" Assoziationen mit der Hackordnung auf dem Hühnerhof.

Wie kommt es zur Herausbildung von Positionen? Nach Harrison White (1992, 2008) geht es darum, „control" auszuüben. Der Begriff steht für eine einigermaßen beherrschoder vielleicht besser, absehbare Ordnung, in der Auswirkungen von Verhalten und Handlung eingeschätzt werden können. Control in diesem Sinne ist notwendig, da die Menschen ohne eine Ordnung (Struktur) Probleme hätten, mit der Vielfalt der auf sie einströmenden Anforderungen umzugehen. Die Welt ist so komplex, die Beziehungen sind dermaßen unüberschaubar geworden, dass eine Vereinfachung durch Strukturierung notwendig ist (siehe Kapitel 4.6). Das Umgehen mit den verschiedenen Unwägbarkeiten („Contingencies") führt zu spezifischen Modi, „Control" zu gewinnen. Die Erwartungen

---

[4] Die Formen, so Simmel, leben, sind sie einmal etabliert, für sich weiter. Der Bezug auf den Entstehungszusammenhang ist dann zweitrangig (Simmel 1984 [1917]: 50): „Formen entstehen aus einem bestimmten Zweck heraus - sobald aber ein Zweck in eine Form gegossen wurde, beginnt die Form ein Eigenleben."

und die Erwartungs-Erwartungen, die sich aus dem Positionensystem ergeben, vereinfachen die soziale Welt und fügen ihr ein höheres Maß an Verlässlichkeit an.

Verlässlichkeit wird darüber hergestellt, dass das Verhalten der anderen aufgrund ihrer Position abschätzbar ist. Das bedeutet aber auch, dass nach einer anfänglichen Aushandlungsphase Verfestigungen in den Handlungsmustern auftreten. Hierüber werden die Zuständigkeiten und die Umgangsweisen miteinander geklärt. Es erfolgen Zuschreibungen, die von den betreffenden Personen für sich auch übernommen werden. Verfestigung bedeutet aber nicht, dass die aus den eingenommenen Positionen resultierenden Verhaltensmuster für alle Zeit festliegen würden – sie sind erneuten Aushandlungen zugänglich. Allerdings werden „Neuaushandlungen" schwieriger sein, als der Prozess, der sich zu Beginn abspielt.

Es kommt aber noch ein Weiteres hinzu, was im neueren Strukturalismus berücksichtigt wird: Die mit den Positionen verbundenen Verhaltensweisen müssen flexibel genug sein, um unterschiedliche, sich teilweise widersprechende Anforderungen aus Situationen ganz verschiedener Art, gewachsen zu sein. Man könnte auch sagen, dass die zunehmende Uniplexität (deren Entwicklung ja bereits Ferdinand Tönnies (zuerst 1887) beschrieb) zu einer zunehmenden „Teilung" von Identitäten führt. Wenn die Identität aber sozial in den Situationen produziert wird, dann verlangt dies den Menschen eine Menge an Fähigkeiten ab.

Die auf diese Weise sozial konstituierten Akteure können aktiv versuchen, die Beziehungsstrukturen zu lenken. White nennt dafür verschiedene Verhaltensmodi (1992): 1. „Interpretative ambiguity", das bedeutet, dass man bestimmte Beziehungsaspekte „offen" lässt, beispielsweise eine Abneigung nicht offen zeigt, damit die Beziehung flexibel interpretiert werden kann. 2. „Social ambage": Damit sind Möglichkeiten, bzw. Versuche der indirekten Beeinflussung anderer gemeint. Die Frage „kannst Du nicht mal mit xyz darüber reden?" fasst genau das, was mit „social ambage" gemeint ist. 3. „Decoupling" ermöglicht die Trennung von zusammengehörenden Handlungsketten. Damit ist ein Neubeginn der Entwicklung sozialer Bezüge möglich. Mit „decoupling" ist also die „Befreiung" von Bindungen gemeint.

4 Makrokonsequenzen der Mesoebene

Während Handlungen nur von Personen durchgeführt werden, stehen die verschiedenen positionalen Systeme für den Ursprung der Herausbildung von Positionen und deren Handlungen. So gesehen lässt sich die Handlung selbst auf der Mikroebene ansiedeln, das positionale System durch das die Handlungen (weitestgehend) geformt werden, wäre dann auf der mittleren (Meso) Ebene angesiedelt. Nicht nur über den „Common Sense", sondern auch über verschiedene andere Übertragungsmodi, etwa Stories (White 1992), die persönlich oder über Medien weitergegeben werden oder mittels Übertragungslernen (Kieserling 1999), stehen die positionalen Systeme miteinander in Verbindung. Im Abschnitt über Nadels Paradox wurde bereits gezeigt, wie solche Impulse aus der Makroebene in den positionalen Systemen zur Wirkung gebracht wird. Auf diese Weise wird erklärt, wie von der Makroebene Impulse für positionale System wirken.

Nicht in gleichem Maße thematisiert wurden dort die Rückwirkungen. Diese finden aber tatsächlich statt. Wir haben dies am Beispiel von Wikipedia gezeigt (Stegbauer 2009). Bei Wikipedia konnten wir einen ideologischen Wandel nachweisen. Der Wechsel führte von einer Befreiungsideologie, bei der es um die Zugänglichkeit von Wissen für viele ging und eine spezifische Art der Produktion, an der sich prinzipiell alle beteiligen konnten, hin zu einer Produktideologie, in der die Qualität der Enzyklopädie im Vordergrund steht. An diesem Beispiel lässt sich zeigen, wie die in Positionen entwickelten Haltungen in der Lage sind, auch auf der Makroebene Veränderungen hervorzubringen.

In der Blockmodellanalyse bezeichnet man Personen, die im selben Block zusammengefasst werden, als strukturell äquivalent. Das Konzept der strukturellen Äquivalenz ist an sich sehr anspruchsvoll. So sieht die formale Bedingung vor, dass Akteure, die dieselbe Position einnehmen, untereinander und zu den anderen Akteuren anderer Positionen jeweils in derselben Beziehung (oder Nichtbeziehung) stehen. Eine solche formale Forderung ist kaum zu erfüllen. Aus diesem Grunde werden in der empirischen Forschung eine Reihe von Abschwächungen vorgesehen (Abschwächungen findet man auch auf der Ebene des Konzepts, wie Kappelhoff (1992) zeigte). Die Beteiligten, insbesondere diejenigen, die wahrnehmbar in derselben Position sind, orientieren sich aneinander. Diese Orientierung schließt nicht nur den Wettbewerb untereinander ein, sie bezieht sich vor allem auch auf den Umgang mit Personen, die zu einer anderen Position zugerechnet werden. Wie kann man die Zugehörigkeit zu einer Position wahrnehmen? Im Falle von Wikipedia sind es weniger äußere Merkmale (etwa prestigeträchtige und leicht vergleichbare Attribute – ein großes Auto, edle Kleidung etc.), sondern hier kommen formale Positionen, etwa Administrator zu sein, in Betracht oder man gehört zu den in einem Fachgebiet bekannten Artikelschreibern. Orientierungen über die konkrete Beteiligung hinaus liefern Geschichten (Stories) – hier findet eine Interpretation der Positionen, ihrer Wirkungen und der Verfehlungen von Personen innerhalb ihres positionalen Rahmens statt. Hierdurch wirken die positionalen Systeme auch über die Situation, in der sie produziert werden, hinaus. Einem Zerfall der Gesellschaft in zu viele völlig unabhängige positionale Systeme mit jeweils eigenen Verhaltensorientierungen wirkt die Verbreitung von Geschichten durch die Vielzahl an Medien entgegen. Kapazitätsgrenzen (Stegbauer 2010) und eben auch gegenseitige Orientierungen bewirken, dass zahlreiche Gesellschaftsbereiche nach ähnlichen strukturellen Mustern aufgebaut sind. Solche Selbstähnlichkeiten finden sich auf verschiedenen Ebenen der Gesellschaft (Simmel 1989: 115; White 1992).

Die gegenseitige Orientierung der Beteiligten aufgrund der Zugehörigkeit zu einer Position sorgt für Ähnlichkeiten in den Verhaltensweisen. Das bedeutet, dass Handlungspräferenzen, Handlungen und Sichtweisen hieraus entstehen. Kontrastieren kann man die Makrokonsequenzen durch die Sichtweisen in Rational-Choice Modellen (siehe Kapitel 4.3). Auch dort, etwa mit der bekannten Coleman-Badewanne (Coleman 1991) wird ein Modell für den Zusammenhang zwischen Mikro- und Makroebene eingeführt. Aus dem Blickwinkel der hier geschilderten Handlungszusammenhänge existiert aber kein Einzelner für sich (ohne die Kontexte der Herkunft und die Aushandlungen der jeweiligen Situation). Es trifft also auch niemand völlig unabhängig davon nur für sich selbst (optimierte) Entscheidungen. In Colemans Modell resultiert die Dynamik auf der Makroebene aus individuellen Handlungen. Colemans Beispiel bezieht sich auf Max Webers (1920) protestantische Ethik. Darin wird der Zusammenhang zwischen religiöser Ideologie und dem Entstehen des Kapitalismus aufgezeigt. Coleman geht davon aus, dass die Menschen sich in ihren Handlungen am individuellen Kalkül eines Zweck-Mittel-Schemas orientieren.

Abbildung 1: Coleman-Badewanne – es finden sich lediglich zwei Ebenen des Sozialen (links) kontrastiert mit der hier vertretenen netzwerkkonstruktivistischen Sichtweise (rechts)

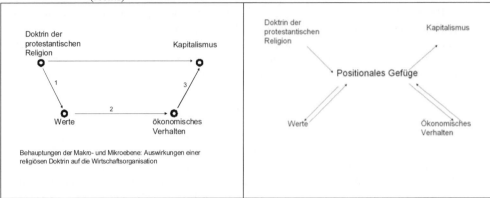

Wenn die Haltungen und Handlungen erst im positionalen Gefüge (Mesoebene) hervorgebracht werden, dann fehlt in Colemans Modell der wesentliche Teil, nämlich derjenige, der dafür sorgt, dass Handlungen in der spezifischen Weise erfolgen. Auch die Werte an denen sich das Handeln orientiert, würden dort entwickelt. Über die Konkurrenz innerhalb der Positionen (pecking order) lassen sich Phänomene wie Distinktion und auf einer allgemeineren Ebene auch ein Teil der Dynamik, der von positionalen Systemen ausgeht, erklären.

5 Fazit

Positionen und das positionale System sind in ihrer revidierten Fassung zentrale Theoriebausteine für eine Netzwerktheorie. Mit ihrer Hilfe lassen sich Handlungsweisen und Begrenzungen aus einer relationalen Perspektive verstehen. Das vorgestellte Konzept kann auch, anders als die frühen Rollentheorien, soziale Dynamiken erklären. Nicht nur das – es findet sich auch eine Erklärung für die Verbindung unterschiedlicher sozialer Aggregationsebenen. Damit bietet es sich als Alternative zur individualistischen und in vielen Zusammenhängen prominent genutzten Coleman-Badewanne genau so wie zu den deterministischen Rollentheorien an. Zudem ist das theoretische Konzept eng mit der Entwicklung empirischer Verfahren zur Sichtbarmachung von Positionen und positionalen Systemen verknüpft (siehe Kapitel 5.6). Obgleich die Entwicklung der Rollentheorie noch mit kaum entwickelter Methodologie erfolgte, kann man sagen, dass durch diesen Umstand die Forschung zu Positionen die Forderung einer Integration von Theorie und Empirie stärker einlöst als dies in vielen anderen Bereichen der Fall ist.

6 Literatur

Adloff, Frank und *Steffen Mau*, 2005: Vom Geben und Nehmen. Zur Soziologie der Reziprozität, Frankfurt: Campus.
Adloff, Frank und Christian Papilloud, 2008: Alain Caillés Anthropologie der Gabe – Eine Herausforderung für die Sozialtheorie? S. 7-39 in: *Alain Caillé*, Anthropologie der Gabe. Frankfurt: Campus.
AF, 1999: Das System Schröder - Affären in der SPD. 29.11.1999. http://www.welt.de/printwelt/article560312/Das_System_Schroeder_Affaeren_in_der_SPD.html (23.09.2009)
Axelrod, Robert, 1987: Die Evolution der Kooperation. München: Oldenbourg. (orig. The Evolution of Cooperation. New York: Basic Books.)
Becker, Howard Paul, 1956: Man in reciprocity: Introductory lectures on culture, society, and personality, New York.
Berr, Christina M., 2007: Amigo Affaire 1993. Streibels verhängnisvolle Freunde. Süddeutsche Zeitung. http://www.sueddeutsche.de/politik/711/398496/text/ (23.09.09)
Blau, Peter M., 1976: Konsultationen unter Kollegen. S. 102-121 in: *Wolfgang Conrad* und *Wolfgang Streeck* (Hg.), Elementare Soziologie. Opladen: Westdeutscher Verlag.
Blau, Peter M., 1995: Population Structure and Exchange Process. Ethik und Sozialwissenschaften 6, 1: 20-22.
Caillé, Alain, 2008: Anthropologie der Gabe. Frankfurt: Campus (zuerst 2000).
Clausen, Lars, 1978: Tausch. Entwürfe zu einer soziologischen Theorie, München: Kösel.
Frenkel, Rainer, 2001: Alles zu Späth. Wie ein Handlungsreisender den Südwest-Staat regierte. Zeit-Online. 18.1.1991, http://www.zeit.de/1991/04/Alles-zu-Spaeth (23.09.09).
Göbel, Markus, Günther Orthmann und *Christiana Weber*, 2006, Geben und Nehmen – Reziprozität: State of the Art. Version 01.02.2006. http://opus.ub.hsu-hh.de/volltexte /2006 /806/pdf/1989.pdf.
Grimm, Jacob und *Wilhem Grimm*, 1854-1960: Deutsches Wörterbuch. 16 Bände, Leipzig.
Hillebrandt, Frank, 2009: Praktiken des Tauschens. Zur Soziologie symbolischer Formen der Reziprozität, Wiesbaden: VS Verlag für Sozialwissenschaften.
Hollstein, Betina und *Gina Bria*, 1998: Reziprozität in Eltern-Kind-Beziehungen? Theoretische Überlegungen und empirische Evidenz. Berliner Journal für Soziologie 8: 7-22.
Hondrich, Karl O., 2005: Bildung, Kultur und elementare soziale Prozesse. Aus Politik und Zeitgeschichte (APuZ), 11-17.
Kappelhoff, Peter, 1995: Interpenetration von Rationalität und Moralität. Die verborgene Systemtheorie in der individualistischen Soziologie. Ethik und Sozialwissenschaft 6: 57-67.
Lévi-Strauss, Claude, 1993: Die elementaren Strukturen der Verwandtschaft. Frankfurt am Main: Suhrkamp.
Litt, Theodor, 1919: Individuum und Gemeinschaft. Grundfragen der sozialen Theorie und Ethik. Leipzig und Berlin: Teubner.
Litt, Theodor, 1926: Individuum und Gemeinschaft. Grundlegung der Kulturphilosophie. Leipzig: Teubner. (3. umgearbeitete Auflage).
Malinowski, Bronislaw, 1984: Argonauten des westlichen Pazifik. Ein Bericht über Unternehmungen und Abenteuer der Eingeborenen in den Inselwelten von Melanesisch-Neuguinea. Frankfurt am Main: Syndikat. (orig: Argonauts of the Western Pacific. An account of native enterprise and adventure in the Archipelagoes of Melanesian New Guinea; [Robert Mond expedition to New Guinea 1914 - 1918]. London: Routledge & Kegan Paul, 1922.)
Mauss, Marcel, 1968: Die Gabe. Form und Funktion des Austauschs in archaischen Gesellschaften, Frankfurt am Main: Suhrkamp (zuerst 1924).
Menger, Carl, 1871: Grundsätze der Volkswirtschaftslehre. Gesammelte Werke 1, Tübingen: Mohr.
Neckel, Sighard, 1995: Der unmoralische Tausch. Eine Soziologie der Käuflichkeit. Kursbuch: 9-16.

Oevermann, Ulrich, 1999: Strukturale Soziologie und Rekostruktionsmethodologie. S. 72-84 in: *Wolfgang Glatzer* (Hg.), Ansichten der Gesellschaft. Frankfurter Beiträge aus Soziologie und Politikwissenschaft. Opladen: Leske + Budrich.

Radcliffe-Brown, Alfred R., 1940: On Social Structure. The Journal of the Royal Anthropological Institute of Great Britain and Ireland 70: 1: 1-12.

Schmied, Gerhard, 1996: Schenken. Über eine Form sozialen Handelns. Opladen: Leske + Budrich.

Schütz, Alfred, 1971: Gesammelte Aufsätze I. Das Problem der sozialen Wirklichkeit. Den Haag: Martinus Nijhoff.

Schwarz, Beate, 2009: Intergenerationaler Austausch von Unterstützung und Reziprozität im Kulturvergleich, Konstanz.

Simmel, Georg, 1908: Soziologie. Untersuchungen über die Formen der Vergesellschaftung. Leipzig: Duncker & Humblot.

Stegbauer, Christian, 2002: Reziprozität. Einführung in soziale Formen der Gegenseitigkeit, Wiesbaden: Westdeutscher Verlag.

White, Harrison C., 1992: Identity and control. A structural theory of social action. Princeton, NJ: Princeton Univ. Press.

White, Harrison C., 2008: Identity and control. How social formations emerge. 2. ed. Princeton, NJ: Princeton Univ. Press.

Wiese, Leopold von, 1924: Allgemeine Soziologie als Lehre von den Beziehungen und Beziehungsgebilden der Menschen. München, Leipzig: Duncker & Humblot.

3.7 Strukturelle Löcher

Nicoline Scheidegger

Während sich einige Netzwerkforscher mit der Verdichtung von sozialen Beziehungen und kohäsiven Teilbereichen in Netzen beschäftigen und intensive, multiplexe Ties als erklärungsmächtig hervorheben, beschäftigen sich andere Theoretiker mit den schwachen Beziehungen und dem Fehlen von Beziehungen in Netzwerken (Burt 1992a, Granovetter 1973). Dabei geht es um die strukturelle Einbettung der Akteure in deren Nachbarschaftsknoten und den daraus erwachsenden Handlungsmöglichkeiten und -restriktionen. Eine Person, die mit Personen Verbindungen unterhält, die ihrerseits untereinander nicht direkt verbunden sind, erlangt die Möglichkeit, zwischen diesen Kontakten zu vermitteln und daraus Vorteile zu erzielen. Die Ties einer solchen Person überbrücken strukturelle Löcher im Netzwerk.

Strukturelle Löcher spielen in den Netzwerkansätzen eine bedeutende Rolle. Die Konzeption struktureller Löcher beruht zentral auf den Arbeiten von Burt (1992b). Ihn interessierten einerseits – wie Granovetter (1973) – Effekte von Brückenbeziehungen auf die Einbettung in ein Gesamtnetzwerk. Andererseits befasst er sich eingehend mit den Konsequenzen der Einbettung eines Knotens in die lokale Struktur.

Granovetter hat insbesondere die Qualität der Beziehungsrelation untersucht. In Triaden führen Strong Ties aufgrund ihrer Transitivität zu Schliessungsprozessen und zu einer Verdichtung in der Sozialstruktur. Weak Ties hingegen sind intransitiv und transzendieren als Brückenbeziehungen das engere Umfeld, womit sie durch Kontakte zu Aussenstehenden die Anbindung an ein größeres Netzwerk ermöglichen. Weak Ties sind dadurch Lieferanten nichtredundanter Information und haben positive Auswirkungen beispielsweise bei der Stellensuche (Granovetter 1995) oder beim Zugang zu neuartigen Informationen (Levin et al. 2004).

Für Burt (1992b: 25-30) aber ist im Unterschied zu Granovetter nicht die „Schwäche" der Beziehung und demnach das Austauschpotenzial eines Ties das relevante Kriterium. Er zielt direkt auf die Einbettung in die Sozialstruktur und behauptet: „people have an advantage because of their location in a social structure." (Burt 2004: 351) Relevant ist nicht die Beziehungsstärke, vielmehr werden Vorteile durch die Positionierung als Brücke über ein strukturelles Loch generiert: „Information benefits are expected to travel over all bridges, strong or weak. Benefits vary between redundant and non-redundant ties (…). Thus structural holes capture the condition directly responsible for the information benefits." Burt (1992b: 30)

In Abbildung 1 überbrückt Ego das strukturelle Loch zwischen Akteur A und B beziehungsweise zwischen deren Cluster und befindet sich in einer verhandlungsstarken strukturellen Position, indem er als Beziehungsbroker fungieren kann. Personen, aber auch Organisationen, die strukturelle Löcher zwischen anderen Akteuren oder Organisationen überbrücken, verfügen über Informations- und Kontrollvorteile und erbringen bessere Leistungen.

Abbildung 1: Ego überbrückt strukturelles Loch (Quelle: Burt 1992b: 27)

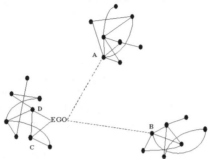

Wir betrachten zunächst die theoretischen Begründungen für die Vorteilhaftigkeit einer Netzwerkposition, in der ein Akteur viele strukturelle Löcher überbrückt. Danach geben wir einen kurzen Überblick über die empirischen Arbeiten. Des Weiteren fokussieren wir die Messmöglichkeiten struktureller Löcher. Abschließend diskutieren wir die Kontroverse zur Überlegenheit von dichten vs. lose gekoppelten Netzwerken.

1 Überbrückung struktureller Löcher zur Erlangung von Steuerungs- und Informationsvorteilen

Burt (1992a, 1992b) unterscheidet zwei Aspekte an komparativen Vorteilen, die aus der Einbettung in ein Netzwerk reich an strukturellen Löchern resultieren: ein Akteur erzielt dadurch einerseits Steuerungs- oder Kontrollvorteile, andererseits Informationsvorteile.

1.1 Steuerungsvorteile, Autonomie und Netzwerkbeschränkung

Die theoretischen Grundlagen zur Funktionsweise und Wirkung struktureller Löcher stützen sich auf soziologische und ökonomische Gedanken. Sie basieren einerseits auf Überlegungen von Simmel (1908a, 1908b) und Merton (1968) zur Autonomie, die aus konfliktiven Verbindungen erwächst. Andererseits werden sie mit traditionellen ökonomischen Überlegungen hinsichtlich des Machtmonopols und der Oligopolie verbunden.

Strukturelle Autonomie in Netzwerken beruht auf den Möglichkeiten einer Person, zwischen anderen Akteuren zu vermitteln. Wir betrachten diese Möglichkeiten zuerst in

Triaden bestehend aus Ego, Alter A und Alter B. Triaden zeigen als kleinstes Netzwerk bereits die Komplexität der Ties innerhalb einer Gruppe auf.

Eine vollständig verbundene Triade (Triade 1 in Abbildung 2) lässt die drei beteiligten Akteure zu einer Gruppe werden. Die Akteure tauschen Informationen aus, Konflikte zwischen den zwei Akteuren der Triade können durch den dritten geschlichtet werden und es etablieren sich Gruppennormen, die zu einem effektiven Koordinationsmittel werden (siehe hierzu auch Coleman 1990). Laut Simmel (1908) reduziert eine geschlossene Triade aber die Individualität ihrer Mitglieder. Während sich ein Akteur in einer Dyade seine Individualität erhalten kann, ist er in einer Triade dem Gruppendruck unterworfen und wird durch die kollektiven Interessen eingeschränkt.

Abbildung 2: Drei verbundene Triaden

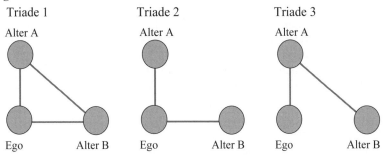

Anders verhält es sich in unvollständigen Triaden. Ego erhält durch die fehlende Verbindung zwischen seinen Partnern Steuerungs- und Überwachungsvorteile (siehe Triade 2). Er profitiert vom Wettbewerb zwischen den zwei Alteri, indem er beispielsweise den Preis eines Gutes aushandeln kann. Diese Möglichkeit ergibt sich aufgrund der fehlenden Absprachemöglichkeiten zwischen den unverbundenen Alteri. Das strukturelle Loch zwischen A und B gibt Ego die Möglichkeit, als Makler den Informationsfluss zu regulieren und die Form von Projekten in Organisationen oder Transaktionen auf dem Markt zu beeinflussen (Burt 1998). Er wird zum Unternehmer – einer Person, die ihren Wert durch die Zwischenposition zwischen Anderen steigert (Burt 1992b: 34-36) und zu vorteilhaften Konditionen wirtschaften kann. Während sich beispielsweise bei marktlichen Transaktionen in einem vollkommenen Markt bloß ein einziger Preis herauskristallisiert, können sich in einem unvollkommenen Markt verschiedene Preise nebeneinander bewähren: Die Akteure sind nicht miteinander verbunden, wodurch sich der Markt durch viele strukturelle Löcher auszeichnet. In einer solchen Struktur wird die Position eines Akteurs im Tauschnetzwerk seinerseits zu einem wertvollen Gut (Burt 1998: 4). Ego kann als ein *„tertius gaudens"* (lachender Dritter) (Simmel 1922) die kompetitive Beziehung zwischen zwei Anbietern oder Nachfrager derselben Ressource ausnützen und als Broker fungieren. Fehlende Informationen bezüglich des Angebots, fehlendes Vertrauen sowie Abhängigkeiten resultieren in einem suboptimalen Tausch. Die Informationen, die durch den lachenden Dritten strategisch zwischen den Alteri gehandelt werden, können richtig sein, sie können aber auch mehrdeutig oder verzerrt sein (Burt 1998: 6). Die Möglichkeiten und Chancen zur Steuerung der Transaktion liegen in der sozialen Struktur des unternehmerischen Netzwerks.

Die Vermittlungs- und Steuerungsvorteile, die ein strukturelles Loch in einer unvollständigen Triade eröffnen, implizieren eine Netzwerkbeschränkung in einer vollständigen Triade. Eine vollständige Triade bedeutet nicht nur das Fehlen von Vermittlungstätigkeiten aufgrund fehlender struktureller Löcher. Es impliziert, dass sich keiner der Akteure einer Beziehung entziehen kann, selbst wenn diese nicht einträglich ist, ohne sich in die Situation zu versetzen, dass er um sich herum ein strukturelles Loch erschafft. In der Triade 1 kann Ego beide Beziehungen aufrechterhalten, oder aber es entsteht durch das Beenden der Beziehung zu Alter B das Netzwerk der Triade 3, in dem Ego von einem strukturellen Loch umgeben ist, aus dem Alter A Vorteile erwirtschaften kann.

Strukturelle Löcher werden in der lokalen Struktur rund um den Akteur untersucht und hängen von den Investitionen zeitlicher und emotionaler Natur in die unmittelbaren Alteri sowie deren Verbindungen und gegenseitigen Investitionen ab. Sie können als ein Set vieler Triaden betrachtet werden. Das Netzwerk in Abbildung 3 besteht aus Ego, seinen direkten Nachbarn sowie deren Verbindungen untereinander. Für jede Triade kann bestimmt werden, ob sie auf Ego eine Netzwerkbeschränkung ausübt oder ein strukturelles Loch umfasst, das von Ego zu Vermittlungszwecken benützt werden kann. Ego hat die Möglichkeit, zwischen Alter C und D als Makler zu fungieren, denn zwischen Alter C und D besteht keine direkte Verbindung. Ebenso kann Ego zwischen Alter B und D sowie zwischen Alter A und D vermitteln.

Abbildung 3: Egos Netzwerk

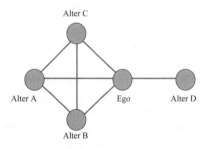

Alter D übt nur eine geringe Netzwerkbeschränkung aus auf Ego. Alter D ist in keine vollständig verbundene Triade integriert, die Ego, Alter D und ein anderer Alter von Ego enthält. Das bedeutet einerseits, dass er keine Steuerungsvorteile erwirtschaften kann, andererseits ist er für Ego eine Quelle nichtredundanten Wissens.

Demgegenüber ist die Netzwerkbeschränkung durch die Verbindungen Egos mit Alteri A, B und C hoch, denn diese Verbindungen sind in vollständig verbundene Triaden eingebunden. Entzieht sich Ego von einer dieser Beziehungen, entsteht rund um ihn ein strukturelles Loch, das zu seinem Nachteil ausgenützt werden kann. Die erhaltenen Informationen aus diesem Cluster sind zudem redundant. Eine hohe Netzwerkbeschränkung bedeuten geringe Steuerungsvorteile und lassen die Auflösung von Beziehungen risikoreich werden. Sie bedeuten darüber hinaus eine Redundanz der erhaltenen Informationen.

1.2 Informationsvorteil

Neben den Steuerungsvorteilen werden durch die Überbrückung struktureller Löcher Informationsvorteile generiert. Sie ergeben sich aus dem Zugang zu nichtredundanten Informationen. Ein Akteur maximiert die Nichtredundanz der zugänglichen Informationen, sofern seine Kontakte untereinander nicht verbunden sind. Eine Gruppe mit intensiven Beziehungen untereinander tendiert zu homogenen Sichtweisen, Meinungen und Handlungsweisen – diese sind innerhalb von Gruppen homogener als zwischen Gruppen. Ein strukturelles Loch deutet an, dass die Akteure der beiden Cluster in unterschiedliche Informationsflüsse eingebunden sind. Durch die Verbindung zu untereinander möglichst unverbunden Gruppen vergrössert sich für Ego der Pool an alternativen Sicht- und Handlungsweisen, was zu einem besseren Problemverständnis beiträgt. Ego kann sich dabei durch Selektion und Synthese reichhaltigeres Wissen erschaffen, das er sich isoliert oder eingebettet in bloß eine dichte Netzwerkstruktur kaum erarbeiten kann.

Die Position zwischen strukturellen Löchern birgt Lernmöglichkeiten und zeichnet für kreative Lösungen verantwortlich: „Brokerage puts people in a position to learn about things they didn't know they didn't know" (Burt 2005: 59). Kreativität entsteht auch aus dem Zugang zu Wissen, das bisher nicht einmal als Wissenslücke erkannt wurde.

Anhand der Arbeitstätigkeit in Unternehmen kann eine solche Wissensvermittlung und Integration neuen Wissens auf vier unterschiedliche, zunehmende Komplexitätsgrade eingeteilt werden (Burt 2004: 355f.): Diese beziehen sich auf die Problemvermittlung, die Übermittlung von Best Practices, die Analogiebildung und die Synthese. Diese Problemvermittlung wird – ausgehend davon, dass Konflikte zwischen Arbeitsgruppen oft aus dem Unverständnis für die Probleme anderer Gruppen resultieren – in der Vermittlung zwischen den Interessen und Schwierigkeiten der an einem Problem beteiligten Gruppen gesehen, indem ein Broker als Ansprechperson und Kommunikator wirkt. Auf einer komplexeren Ebene können Broker Best Practices vermitteln. Dabei erkennen sie Praktiken und Handlungsweisen einer Gruppe, die einer anderen bei der Problemlösung behilflich sein können und übersetzen diese in eine ihr verständliche Sprache. Eine dritte Ebene stellt die Analogiebildung zwischen Gruppen, die vordergründig nichts miteinander zu tun haben, dar. Die vierte Ebene betrifft die Synthese, bei der Elemente der Meinungen und Handlungsweisen beider Gruppen miteinander verknüpft werden.

Innovationen und die Kreativität speisen sich aus mehreren Quellen (z.B. von Hippel 1988), bedeuten aber insbesondere bei komplexen Aufgaben eine Verbindung von Wissensteilen verschiedener sozialer Welten, Disziplinen oder funktionaler Spezialisierungen. Broker haben einen frühzeitigen Zugang zu unterschiedlichen, oft sogar gegensätzlichen Informationen und Interpretationen. Die vier beschriebenen Ebenen möglicher Informations- und Wissensvermittlung legen den Schluss nahe, dass strukturelle Löcher in Beziehungsnetzen Lernprozesse und Kreativitätsentwicklung fördern.

1.3 Empirische Evidenz zur Wirkung struktureller Löcher

Akteure, welche in ihren Netzen strukturelle Löcher überbrücken, ziehen daraus Vorteile. Empirische Befunde hierfür sind zahlreich. Manager mit lose gekoppelten Netzen werden schneller befördert (Burt 1992b; Podolny et al. 1997). Mizruchi und Stearns (2001) weisen einen positiven Zusammenhang zwischen strukturellen Löchern und der Wahrscheinlichkeit eines Geschäftsabschlusses bei der Kreditvergabe von Banken nach, einem Geschäftsfeld, in dem die Konsultation von Kollegen der Unsicherheitsbewältigung dient. Burt (2005) konnte zeigen, dass Mitarbeiter, deren Netzwerke im Unternehmen strukturelle Löcher überbrücken, positivere individuelle wie auch Teamevaluationen erhalten. In einem französischen Unternehmen der chemischen Branche steigen die Löhne von Personen mit lose gekoppelten Netzen schneller (Burt et al. 2000). Führungskräfte eines kleinen Technologieunternehmen vergeben Mitarbeitern, die ansonsten unverbundene Organisationseinheiten überbrücken, bessere Leistungsbeurteilungen (Mehra et al. 2001). Gabbay (1997) zeigt, dass Verkäufer schneller befördert werden, wenn sie strukturelle Löcher mit Strong Ties überbrücken. Die Erwartungen zukünftiger Beförderungen für Wissenschaftler reich an strukturellen Löchern sind größer als solcher mit dichten Netzen (Gabbay et al. 1998).

Positive Effekte zeigen sich nicht nur auf der individuellen Ebene, sondern auch auf Organisationsebene sowie auf der interorganisationalen Ebene. Organisationen mit Management- und Arbeitsbeziehungen voll struktureller Löcher lernen schneller und sind produktionsseitig kreativer (Burt 1992b). Organisationen in Broker-Positionen in der nationalen Gesundheitspolitik werden als einflussreicher wahrgenommen (Fernandez et al. 1994). Die Unternehmensperformance steigt, wenn Manager Boundary-Spanning-Beziehungen zu anderen Firmen und Industrien unterhalten (Geletkanyca et al. 1997). McEvily und Zaheer (1999) finden, dass kleine Fertigungsunternehmen einen verbesserten Zugang haben zu wettbewerbsrelevanten Informationen, wenn sie mehr nichtredundante Quellen außerorganisationaler Ratgeberbeziehungen unterhalten. Zudem steigt die Innovationswahrscheinlichkeit mit der Etablierung von Allianzen außerhalb des eigenen technologischen Bereichs (Stuart et al. 1999).

Kulturunterschiede sind kaum untersucht worden. Sie werden auch von Burt et al. (2000) nur am Rande in den Blick genommen, wenn sie französische und amerikanische Manager miteinander vergleichen. Französische Manager sind stärker durch bürokratische Autorität und Gruppendruck gesteuert, was dem unternehmerischen Netzwerkgedanken entgegensteht. Sie assoziieren stärker negative Emotionen mit Brückenbeziehungen, was sich durch das Unbehagen erklären lässt, außerhalb von Weisungsbeziehungen koordinieren zu müssen. Zudem sehen sich Manager mit Brückenbeziehungen vermehrt Anschuldigungen der Begünstigung ausgesetzt.

2 Strukturelle Löcher messen

Strukturelle Löcher entziehen sich einer direkten Messbarkeit. Zumeist wird das Ausmaß, zu dem Ego in einem Netzwerk strukturelle Löcher überbrückt, mit einem von Burt (1992b: Kapitel 2, 2000b) entwickelten aggregierten Index gemessen: der Netzwerkbeschränkung *(network constraint)*.[1] Er misst das Ausmaß, zu dem ein Netzwerk *keine* strukturellen Löcher aufspannt und ist ein Konzentrationsmaß für die Zeit und Energie, die ein Akteur auf redundante Kontakte verwendet. Ein Akteur wird strukturell beschränkt in seiner Beziehung zu Alter A durch das Ausmaß, zu dem die Beziehung einen großen Anteil an Zeit und Energie absorbiert (direkte Beschränkung) und zu dem die Alteri in Egos Netzwerk ihrer-

---

[1] Für eine Kritik an Burts Maßen und deren Korrelation mit einfacheren Netzwerkmaßen siehe Borgatti (1997). Allgemein für Maße sozialen Kapitals siehe Borgatti und Jones (1998).

seits in Egos Alter A investieren (indirekte Beschränkung). Der Index der Netzwerkbeschränkung stellt die Summe der dyadischen Beschränkungen dar. Er variiert in Abhängigkeit von drei Netzwerkqualitäten: a) der Netzwerkgröße, b) der Netzwerkdichte und c) der Netzwerkhierarchie. Ad a): Ein Akteur weist größere Netzwerkbeschränkung auf, wenn er über wenig Kontakte verfügt (Netzwerkgröße). Mit zunehmender Anzahl Kontaktpersonen nimmt die Netzwerkbeschränkung ab, da die Zeit- und Energieinvestitionen von Ego in großen Netzwerken pro Kontakt durchschnittlich kleiner ausfallen. Ad b): Der Index der Netzwerkbeschränkung nimmt zu mit zunehmenden Verbindungen zwischen den Kontaktpersonen (Dichte). Hierbei wird die Wechselwirkung zwischen der Beziehungsstärke und der Dichte mit beachtet (sofern Angaben über die Tie-Strength vorliegen). Die Netzwerkbeschränkung nimmt zu, wenn Egos engste Kontaktpersonen ihrerseits mit anderen Kontaktpersonen in Egos Netzwerk eng verbunden sind. Ad c): Während die Dichte eine Form der Netzwerkschließung darstellt, bei der die Alteri gleichmäßig verbunden sind, zielt die Netzwerkhierarchie als alternatives Maß der Netzwerkschließung auf die Strukturierung der Beschränkung. Das Netzwerk ist hierarchisch, wenn Egos Kontakte über einen zentralen Akteur miteinander verbunden sind. Verteilt sich die Netzwerkbeschränkung auf mehrere Akteure in Egos Netzwerk, wird die Maßzahl kleiner.

Um diesen Sachverhalt zu veranschaulichen, betrachten wir anhand zweier fiktiver Netzwerke die Netzwerkbeschränkung von Ego unter Berücksichtigung der Tie-Strength (sieheAbbildung 4). In Netzwerk 1 verfügt Ego über vier Austauschpartner, zu denen er einen Strong Tie unterhält. Alter A ist seinerseits mit Alter B durch einen Strong Tie und mit Alter C durch einen Weak Tie verbunden. Die stärkste dyadische Beschränkung erfährt Ego von Alter A, denn in diesen fließen seine Zeit- und Energieinvestitionen einerseits direkt (Strong Tie) wie auch indirekt über die Investitionen in Alter B und C, die ihrerseits einen Tie zu Alter A aufweisen. In Netzwerk 2 erhöht sich die Netzwerkbeschränkung von Alter A auf Ego dadurch, dass Ego bloß über Weak Ties zu den Alteri verbunden ist, die für die indirekten Netzwerkbeschränkungen verantwortlich sind, Alter A jedoch über Strong Ties. Netzwerk 2 hat zudem eine höhere *Hierarchy*, eine Maßzahl, die die Ungleichverteilung der strukturellen Beschränkungen in den Fokus nimmt beziehungsweise sich mit der Konzentration der Netzwerkbeschränkungen auf einen einzelnen Akteur vergrößert.

Abbildung 4: Netzwerkbeschränkung in einem Beispielnetz unter Berücksichtigung der Tie-Strength

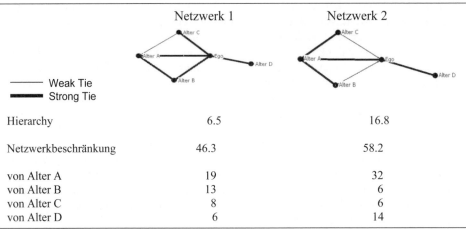

	Netzwerk 1	Netzwerk 2
Hierarchy	6.5	16.8
Netzwerkbeschränkung	46.3	58.2
von Alter A	19	32
von Alter B	13	6
von Alter C	8	6
von Alter D	6	14

Netzwerkmaße sind mit 100 multipliziert.

Die Netzwerkbeschränkung von Ego berechnet sich durch die Aufsummierung der dyadischen Beschränkungen. Er ist in Netzwerk 2 aufgrund der schwächeren Einbettung von Ego größer. Die Netzwerkbeschränkung korreliert mit der Netzwerkgröße, was einen Vergleich über verschiedene Netzwerke erschwert.[2]

3 Kontroverse zur Überlegenheit lose gekoppelter Netze

Netzwerkansätze divergieren hinsichtlich ihrer Annahmen bezüglich der Konsequenzen verschiedener Netzwerkaspekte und -strukturen auf Handlungsmöglichkeiten der Akteure. Die Diskussion zu den Vorteilen dichter vs. lose gekoppelter Netzwerke wird insbesondere in den Begrifflichkeiten des Sozialen Kapitals geführt[3]. Dabei steht die Frage offen, welche Netzwerkstruktur als Soziales Kapital begriffen werden kann und in konkreten Kontexten einen Nutzen stiftet (Burt 2000b, 2001, Gargiulo et al. 2000).

Auf die Netzwerkstruktur fokussiert postuliert Coleman (1990) Vorteile aus dicht verbundenen Netzen. Krackhardt (1999) fokussiert die Gefahren der Überbrückung struktureller Löcher durch so genannte Simmilian Ties. Dabei verbindet Ego mehrere enge Alter-Alter-Dyaden. Damit sieht sich Ego unterschiedlichen Handlungserwartungen und Zielsetzungen ausgesetzt und wird als Mitglied mehrerer Cliquen in seinen Handlungsmöglichkeiten gelähmt. Der Ansatz der strukturellen Löcher demgegenüber fokussiert die strukturelle Autonomie. Ein Akteur genießt strukturelle Autonomie, wenn seine eigenen Außenbeziehungen zu Akteuren diversifiziert sind und diese Akteure keine Möglichkeit zu Absprachen und kollektiven Verbindungen haben. Durch die Diversifizierung der Außenkontakte bindet

---

[2] Zur Veranschaulichung siehe Burt (2000c).
[3] Zur Konzeption unterschiedlicher Netzwerkansätze als Sozialkapital siehe den Beitrag von Hennig in diesem Band.

er sich in unterschiedliche Informationsflüsse ein, was seinen Status als Informationslieferant erhöht und ihn zu einem attraktiven Netzwerkpartner werden lässt.

Der Ansatz der strukturellen Löcher ist mikrosoziologisch ausgerichtet. Die Ideen resultieren aus der Auseinandersetzung zur Steuerungsproblematik von Firmen in einem marktlichen Kontext und sind zusehends zu einer generellen Netzwerktheorie oder einem Netzwerkansatz weiterentwickelt worden, der in unterschiedlichen Kontexten anwendbar ist. Der hohe Abstraktionsgrad erlaubt es, allgemeine Netzwerkstrukturen in den Blick zu nehmen und über verschiedene soziale Phänomene miteinander zu vergleichen. Er umfasst eine konsequente Auseinandersetzung mit der strukturellen Autonomie und strukturellen Beschränkungen von Akteuren in der Sozialstruktur. Eine Generalisierung der Theorie struktureller Löcher scheitert aber daran, dass der Kontext der empirischen Untersuchungen zur Wirkung struktureller Löcher zu eng ist. Obwohl Burt postuliert: „I cover diverse sources of evidence..." (Burt 2005: 6), sind die Studien zur Vorteilhaftigkeit struktureller Löcher stark auf den organisationalen Kontext und Managerpositionen fokussiert[4], was der Generalisierung und der Übertragung der Ideen auf andere soziale Situationen Schranken setzt.

Die Kontroverse um lose gekoppelte und dichte Netzwerke bleibt zumeist strukturell: "Most social network research has remained agnostic with respect to the content that flows through network ties" (Hansen 1999: 20). Eine stärkere Berücksichtigung der Beziehungsinhalte könnte der Diskussion mehr Klarheit verschaffen, selbst innerhalb des organisationalen Kontextes. Mit einer Differenzierung der Beziehungsinhalte können Bedingungen herausgearbeitet werden, unter denen dichte oder lose gekoppelte Netzwerke vorteilhaft sind (Podolny et al. 1997, Scheidegger 2008). Es kann gezeigt werden, dass Akteure in ihren Netzen je nach Beziehungsinhalt von strukturellen Löchern oder aber von dichten Netzen profitieren. Insofern Akteure durch ihre Ties auf soziale Unterstützung, Solidaritäts- und Hilfepotenziale, soziale Identität oder normative Rollenerwartungen zurückgreifen wollen, ist deren Einbettung in dichte Netze aus Strong Ties erfolgreicher (Podolny et al. 1997).[5]

Die Forderung einer Berücksichtigung des Beziehungsinhalts geht selbst über die Überlegungen von Burt (2005) hinaus, welcher Brokerage und Schließung nicht mehr als Gegensätze ansieht, sondern vorschlägt, die zwei Mechanismen zu kombinieren: so sei innerhalb der Gruppe Schließung anzustreben, welche mit Brokerage-Beziehungen über die eigene Gruppe hinaus kombiniert werden solle. In seiner neueren Arbeit lotet Burt (2009) die Dynamik zwischen Brokerage und Schließung aus und beschreibt den kontinuierlichen Ablauf von Netzwerkschließung durch Vermittlungsleistungen und dem Aufspannen neuer struktureller Löcher. Selbst mit dieser Arbeit bleibt aber eine Klärung der optimalen Netzwerkstrukturen aus, die in dieser Allgemeinheit auch nicht geleistet werden kann. Darauf haben bereits Flap und Völker (2001) hingewiesen, die betonen, dass das Erlangen spezifischer Ziele wie z.B. Karrierevorteile oder Arbeitszufriedenheit nicht nur das Vorhandensein gewisser Netzwerkstrukturen oder das Vorhandensein von Ties eines gewissen Inhalts

---

[4] Burt publizierte vor allem in soziologischen Zeitschriften: über vierzig Prozent seiner Artikel erschienen in Social Networks und Social Science Research (Oliver et al. 2007: 332). Durch den ausgeprägten Fokus auf den Organisationskontext werden seine Arbeiten aber intensiv von Organisations- und Managementforschern rezipiert.

[5] Starke Beziehungen sind zudem zeitüberdauernd, während Broker-Beziehungen stärker vom Zerfall bedroht sind (Burt 2000a).

erfordern, sondern in ihrer Verwobenheit in den Blick genommen werden müssen: sie erfordern spezifisch strukturierte Netzwerke aus Ties eines spezifischen Inhalts.

Die Überbrückung struktureller Löcher ist in vielen Situationen möglich; in einigen verspricht sich ein Akteur keinen Nutzen daraus, während in anderen Kontexten eine solche Überbrückung lukrativ sein kann. Es bedarf zusätzlicher Klärung, in welchen Bereichen und unter welchen Bedingungen strukturelle Löcher Vorteile verschaffen. Die Attraktivität des Brokering-Potenzials muss deshalb kontextspezifisch weiterentwickelt werden. Insbesondere sollte auch geklärt werden, wie Akteure die nutzenstiftenden strukturellen Löcher identifizieren und von konfliktiven oder schädlichen unterscheiden können.

4 Literatur

Borgatti, Stephen, 1997: Structural Holes: Unpacking Burt's Redundancy Measures. Connections 20: 35-38.
Borgatti, Stephen und *Candace Jones,* 1998: Network Measures of Social Capital. Connections 21.
Burt, Roland, 1992a: The Social Structure of the Competition. S. 57-91 in: *Nitin Nohria* und *Robert G. Eccles*, Networks and organizations: Structure, form, and action. Boston, Mass.: Harvard Business School Press.
Burt, Roland, 1992b: Structural holes: The social structure of competition. Harvard University Press.
Burt, Roland, 1998: The gender of social capital. Rationality and Society 10: 5-46.
Burt, Roland, 2000a: Decay functions. Social Networks 22: 1-28.
Burt, Roland, 2000b: The network structure of social capital. Research in Organizational Behavior 22: 345-423.
Burt, Roland, 2000c: The network structure of social capital. Appendix.
Burt, Roland, 2001: Structural Holes versus Network Closure as Social Capital. S. 31-56 in: *Nan Lin, Karen S. Cook* und *Roland S. Burt*, Social Capital: Theory and Research. New York: Aldine de Gruyter.
Burt, Roland, 2004: Structural holes and good ideas. American Journal of Sociology 110: 349-399.
Burt, Roland, 2005: Brokerage and Closure. University Press.
Burt, Ronald, 2009: Network duality of social capital. S. 39-65 in: *Viva Bertkus* und *James Davis,* Social Capital - reaching out, reaching in. Edward Elgar.
Burt, Roland, Robin Hogarth und *Claude Michaud,* 2000: The Social Capital of French and American Managers. Organization Science 11: 123-147.
Coleman, James S., 1990: Foundations of Social Theory. Harvard University Press.
Fernandez, Roberto und *Roger Gould,* 1994: A dilemma of state power: brokerage and influence in the national health policy domain. American Journal of Sociology 99: 1455-1491.
Flap, Henk und *Beate Völker,* 2001: Goal specivic social capital and job satisfaction: Effects of different types of networks on instrumental and social aspects of work. Social Networks 23: 294-320.
Gabbay, Shaul, 1997: Social Capital in the Creation of Financial Capital. Stipes.
Gabbay, Shaul und *Ezra Zuckerman,* 1998: Social capital and opportunity in corporate R&D: the contingent effect of contact density on mobility expectations. Social Science Research 27: 189-217.
Gargiulo, Martin und *Mario Benassi,* 2000: Trapped in Your Own Net? Network Cohesion, Structural Holes, and Adaptation of Social Capital. Organization Science 11: 183-196.
Geletkanyca, Marta und *Donald Hambrick,* 1997: The External Ties of Top Executives: Implications for Strategic Choice and Performance. Administrative Science Quarterly 42: 654-681.
Granovetter, Mark S., 1973: The strength of weak ties. American Journal of Sociology 78: 1360-1380.

Granovetter, Mark S., 1995: Getting a Job: A Study of Contacts and Careers. University of Chicago Press.
Hansen, Morten, 1999: The Search-Transfer Problem: The Role of Weak ties in Sharing Knowledge Across Organization Subunits. Administrative Science Quarterly 44: 82-111.
von Hippel, Eric, 1988: The Sources of Innovation. New York: Oxford University Press.
Jans, Manuel, 2007: Betrachtungen zur theoretischen und empirischen Fruchtbarkeit des Konzeptes "Sozialkapital". soFid Organisation- und Verwaltungsforschung 1: 9-45.
Krackhardt, Daniel, 1999: The Ties that Torture: Simmilian Tie Analysis in Organizations. S. 183-210 in: *Steven B. Andrews* und *David Knoke,* Networks in and around organizations. Research in the sociology of organizations, Vol. 16. Stamford, CO: JAI Press.
Levin, Daniel und *Rob Cross,* 2004: The Strength of Weak Ties you can trust: The mediating role of trust in effective knowledge transfer. Management Sience 50: 1477-1490.
McEvily, Bill und *Akbar Zaheer,* 1999: Bridging ties: A source of firm heterogeneity in competitive capabilities. Strategic Management Journal 20: 1133-1156.
Mehra, Ajay, Martin Kilduff und *Daniel Brass,* 2001: The social networks of high and low self-monitors: Implications for workplace performance. Administrative Science Quarterly 46: 121-146.
Merton, Robert K., 1968: Continuities in the theory of reference groups and social structure. S. 335-440 in: *Robert K. Merton,* Social theory and social structure. New York: Free Press.
Mizruchi, Mark und *Brewster Stearns,* 2001: Getting deals done: The use of social networks in bank decision-making. American Sociological Review 60: 647-671.
Oliver, Amalya, Yuval Kalish und *Gad Yair,* 2007: Refelctions on "Brokerage and Closure". Social Networks 29: 330-339.
Podolny, Joel und *James Baron,* 1997: Resources and relationships: Social networks and mobility in the workplace. American Sociological Review 62: 673-693.
Scheidegger, Nicoline, 2008: Die Wirkung struktureller Löcher auf den Karriereerfolg im Management. Eine kontingente Betrachtung. S. 503-516 in: *Christian Stegbauer* (Hg.), Netzwerkanalyse und Netzwerktheorie. Wiesbaden: VS Verlag für Sozialwissenschaften.
Simmel, Georg, 1908a: Der Streit. S. 186-255 in: *Georg Simmel,* Soziologie. Untersuchungen über die Formen der Vergesellschaftung. Berlin: Duncker & Humboldt.
Simmel, Georg, 1908b: Die Kreuzung sozialer Kreise. S. 305-344 in: *Georg Simmel,* Soziologie. Untersuchungen über die Formen der Vergesellschaftung. Berlin: Duncker & Humboldt.
Simmel, Georg, 1908: Soziologie. Untersuchungen über die Formen der Vergesellschaftung. Duncker & Humboldt.
Stuart, Toby und *Joel Podolny,* 1999: Positional causes and correlates of strategic alliances in the semiconductor industry. Research in the Sociology of Organizations 16: 161-182.

3.8 Kreuzung sozialer Kreise: Auswirkungen und Wirkungsgeschichte

Michael Nollert

1 Kreuzung als Basis von Individualität und Heterogenität

Georg Simmels (1858-1918) Bedeutung für die Netzwerkforschung ist in seinem Verständnis von der Soziologie als Wissenschaft von den Prozessen und Formen der sozialen Wechselwirkung verankert. Individuen sind für die Soziologie vornehmlich deshalb von Interesse, weil sie einerseits aktiv Wechselwirkungen konstituieren, andererseits aber auch von diesen Wirkungen betroffen sind. Simmel gehört damit sowohl zu den Begründern der relationalen (Emirbayer 1997) als auch der formalen Soziologie (Steinhoff 1925), die gleichermaßen entscheidend zur Entwicklung der Netzwerkanalyse beigetragen haben.

Auf die netzwerktheoretische Relevanz sich überschneidender sozialer Kreise machte Simmel in seiner Schrift „Die Kreuzung sozialer Kreise" (1992a [1908]) aufmerksam. Primäre „soziale Kreise" sind für Simmel „natürliche", intime Formen der Vergesellschaftung, in die die Individuen hineingeboren sind, z.B. die Familie, Stämme oder Dorfgemeinschaften. Charakteristisch für diese Kreise sind eine hohe Interaktionsdichte, klare Grenzen und häufig ein identifizierbares Zentrum. Zudem sind alle Mitglieder des Kreises meist über wenige Pfade miteinander verbunden. Hinzu kommt, dass sich die Mitglieder an gemeinsamen Werten und Normen orientieren und sich gegenseitig vertrauen und unterstützen. Mitglieder, die diese Normen brechen, werden entsprechend negativ sanktioniert und im Extremfall exkommuniziert. In ihrer ursprünglichen Form handelt es sich also bei sozialen Kreisen um kleine „Gruppen", die als spezieller Netzwerktypus durch eine deutliche Struktur- und Sinngrenze gegenüber ihrer Umwelt charakterisiert sind

Mit zunehmender sozialer Ausdifferenzierung – so argumentiert Simmel weiter – bilden sich indes weitere Kreise, die nicht auf Askription, sondern auf gemeinsamen kulturellen, wirtschaftlichen oder politischen Interessen beruhen und wie die Gruppen „Homophilie" (Bevorzugung von Menschen mit ähnlichen Merkmalen, siehe McPherson et al. 2001) begünstigen. Im folgenden Zitat bringt Simmel diesen Prozess auf den Punkt:

> „So umschließt die Familie eine Anzahl verschiedener Individualitäten, die zunächst auf diese Verbindung im engsten Maße angewiesen sind. Mit fortschreitender Entwicklung aber spinnt jeder Einzelne ein Band zu Persönlichkeiten, welche außerhalb dieses ursprünglichen Assoziationskreises liegen und statt dessen durch sachliche Gleichheit der Anlagen, Neigungen, Tätigkeiten usw. eine Beziehung zu ihm besitzen; die Assoziation durch äußerliches Zusammensein wird mehr und mehr durch eine solche nach inhaltlichen Beziehungen ersetzt. Wie der höhere Begriff das zusammenbindet, was einer großen Anzahl sehr verschiedenartiger Anschauungskomplexe gemeinsam ist, so schließen die höheren praktischen Gesichtspunkte die gleichen Individuen aus durchaus fremden und unverbundenen Gruppen zusammen; es stellen sich neue Berührungskreise her, welche die früheren, relativ mehr naturgegebenen, mehr durch sinnlichere Beziehungen zusammengehaltenen, in den mannigfaltigsten Winkeln durchsetzen." (Simmel 1992a: 456f.)

Individuen verfügen somit in modernen Gesellschaften über die Möglichkeit, sich einerseits von der Herkunftsgruppe zu distanzieren und andererseits in neuen Assoziationen ihre Identität zu modifizieren. Individuen, die diese Möglichkeit wahrnehmen, sind somit Knoten, in denen sich verschiedene soziale Kreise kreuzen bzw. bilden Schnittstellen zwischen sozialen Kreisen. Sie erhalten folglich eine multiple Identität, die – weil es kaum zwei Individuen mit analogen Mitgliedschaften in Assoziationen gibt – die Individualität eines Individuums ausmachen:

> „(D)ie Gruppen, zu denen der Einzelne gehört, bilden gleichsam ein Koordinatensystem, derart, dass jede neu hinzukommende ihn genauer und unzweideutiger bestimmt. Die Zugehörigkeit zu je einer derselben lässt der Individualität noch einen weiten Spielraum; aber je mehr es werden, desto unwahrscheinlicher ist es, dass noch andre Personen die gleiche Gruppenkombination aufweisen werden, dass diese vielen Punkte sich noch einmal in einem Punkte schneiden." (Simmel 1992a: 466)

In die Terminologie der Netzwerkforschung lässt sich Simmels Theorie folgendermaßen übersetzen: Menschen werden in gruppenähnliche Netzwerke hineingeboren, knüpfen im Verlaufe ihres Lebens allerdings eine Vielzahl von Kontakten zu weiteren Netzwerken, die weniger dicht sind, eine weniger deutliche Außengrenze und Arbeitsteilung aufweisen und nicht in gleichem Masse kollektiv handlungsfähig sind (vgl. Fuhse 2006). Die Kombination verschiedener Brückenpositionen ist einzigartig und macht die Individualität des Menschen aus. Für den Menschen ist diese Individualisierung insofern ambivalent, als er zwar zum einen nicht mehr auf die Ressourcen eines singulären Netzwerks angewiesen ist und folglich über ein großes Handlungsrepertoire verfügt; zum anderen muss er sich nunmehr aktiv Ressourcen beschaffen und sich mit den Ansprüchen verschiedener Netzwerke auseinandersetzen, was sich rollentheoretisch gesehen in Intra- und Interrollenkonflikten manifestiert.

Die Annahme Simmels, dass sich mit dem sozialen Ausdifferenzierungsprozess mehr soziale Kreise und damit mehr Kreuzungschancen und mehr multiple Identitäten bilden, wäre zweifellos ein fruchtbarer Ausgangspunkt für eine empirisch fundierte soziologische Individualisierungstheorie, zumal die vornehmlich im deutschsprachigen Sprachraum vorherrschende, von Ulrich Beck (1986) geprägte Individualisierungstheorie (vgl. dazu auch Kippele 1998; Haller 2007; Kron und Horáček, 2009) bezüglich der Charakteristika der resultierenden Netzwerke unpräzise bleibt. So wird einerseits zwar häufig betont, dass im Sinne Simmels nicht mit Vereinzelung, Isolation bzw. einem Verlust sozialer Bindungen, sondern mit einer „Ent- und Rückbettung" (Giddens 1996) zu rechnen ist. Andererseits spricht die normativ aufgeladene Rezeption Becks Thesen dafür, dass Individualisierung einen Verlust tradierter Lebens- und Beziehungsformen (familiäre, nachbarschaftliche und kirchliche Netzwerke) impliziere (vgl. Diewald 1991), der sich durch die instabilen, locker geknüpften und vielfach funktional begrenzten, vom Individuum frei gewählten Beziehungsmuster im „flexiblen Kapitalismus" (Sennett 2000) nicht kompensieren lasse.

Obwohl Barry Wellman schon in den 1970er-Jahren versucht hat, die beiden divergierenden Szenarien zu überprüfen, wird im deutschsprachigen Diskurs kaum auf Netzwerkanalysen rekurriert. In der Tat unterschied Wellman (1979) zwischen dem kulturpessimistischen, in der US-amerikanischen Stadtsoziologie, aber auch in Becks Theorie erkennbaren Szenario vom „Verlust der Gemeinschaft" (community lost, d.h. Dominanz schwacher, formeller, nur in begrenzten Bereichen als Ressource nutzbarer Beziehungen) und dem mit Simmels Kreuzungsmetapher übereinstimmenden Szenario der „befreiten Gemeinschaft" (community deliberated, d.h. Mischung von frei gewählten schwachen, freundschaftlichen sowie verwandtschaftlichen und noch immer gegenseitige Unterstützung gewährleistenden Beziehungen). Dabei sprechen seine egozentrierten Netzwerkanalysen auf der Grundlage von Interviews in einem Stadtteil Torontos (Wellman 1979), aber auch zahlreiche Studien in anderen Ländern (z.B. Diaz-Bone 1997) sowie Analysen von Internet-Beziehungen (z.B. Wellman und Hampton 2003) eindeutig für die Liberalisierungs- bzw. gegen die Bindungsverlustthese.

Auch wenn Wellmans Liberalisierungsthese nicht an Simmel anschließt, fand Simmels Kreuzungsmetapher in Nordamerika weitaus mehr Resonanz als in Deutschland. So ist sein prominentester Rezipient zweifellos der US-amerikanische Soziologe Peter Blau (1918-2002). In seinem gemeinsam mit Joseph E. Schwartz verfassten Werk *Crosscutting Social Circles* (1984) versuchte er das Konzept zu revitalisieren und in seiner Makrotheorie zu integrieren. So beginnen die beiden Autoren mit den Worten:

> „One of Simmel's [...] profound insights is that social structure comprises crosscutting social circles that create a web of group affiliations for individuals. Particularly in modern communities and societies, a multitude of crosscutting differences among people produce an intricate network of partly overlapping social affiliations." (Blau und Schwartz 1984: 1)

Blaus Makrotheorie zufolge sind Kreuzungen sozialer Kreise vor allem deshalb bedeutsam, weil sie Statuskonsistenzen im Allgemeinen und die Korrelation eines askriptiven Merkmals mit dem ökonomischen Status, wie sie u.a. im indischen Kastenwesen auftritt, im Besonderen behindern. So verhindern vom Staat gewährleistete Optionen für Individuen, sich in weitere soziale Kreise zu integrieren, die Tendenz sozialer Kreise, sich im Sinne von Gruppen abzuschotten und sich auf die Binnenbeziehungen zu beschränken. Somit wird strukturelle Heterogenität erzeugt (Blau 1977), was sich in der zunehmenden Bereitschaft der Bevölkerung ausdrückt, kreisübergreifend zu interagieren. Empirisch untermauert hat Blau seine Hypothese u. a. mit einer Studie über das Heiratsverhalten von Mitgliedern unterschiedlicher sozialer Gruppen (Blau et al. 1984). Anhand von Daten zu 125 urbanen Agglomerationen in den USA untersucht er den Zusammenhang zwischen der aggregierten Statusinkonsistenz, gemessen an der durchschnittlichen Korrelation zwischen askriptiven und erworbenen Statusmerkmalen, und der Neigung, über durch askriptive Merkmale definierte soziale Kreise hinweg zu heiraten. Dabei zeigte sich u.a., dass in der Tat der Anteil von Heiraten zwischen schwarzen und weißen Einwohnern in jenen Agglomerationen größer ist, in denen die schwarzen Einwohner bessere sozioökonomische Statusmerkmale aufweisen. Mit anderen Worten: Mit zunehmender Kreuzungsintensität steigt auch die Neigung der Mitglieder sozialer Kreise, mit Mitgliedern anderer sozialer Kreise enge Beziehungen bis hin zur Heirat zu knüpfen.

2 Kreuzungen als Basis von Sozialkapital

Kreuzungen sozialer Kreise schaffen sowohl auf der mikro- als auch auf der makrostrukturellen Ebene Zugang zu Sozialkapital. Auf der *individuellen* Ebene beinhalten neue Mitgliedschaften in sozialen Kreisen vorab neues Sozialkapital, das sich je nach Qualität des sozialen Kontakts in ökonomisches Kapital transformieren lässt. Im Weiteren dokumentiert die Netzwerkforschung, dass auch Individuen, die zwei Netzwerke miteinander verbinden, häufig eine hohe globale Zentralität erreichen, strukturelle Löcher überbrücken (Burt 1992) und folglich u.a. dank der Fähigkeit, die Kommunikation zwischen den beiden Netzwerken zu regulieren, „Broker" bzw. „lachende Dritte" (tertius gaudens, Simmel) sind, die u.a. über ökonomische Vorteile gegenüber den herkömmlichen Kreismitgliedern verfügen.

Für ein Individuum bedeutet jede zusätzliche Kreuzung nicht nur eine facettenreichere Individualität, sondern auch eine weitere Verhaltenserwartung von Seiten des neuen Kreises. Dieser Zuwachs an Verhaltenserwartungen bleibt für das Individuum so lange unproblematisch als sich die Verhaltenserwartungen nicht gegenseitig widersprechen. Von daher ist beispielsweise absehbar, dass ein überzeugter Christ erheblichen psychischen Spannungen (cross-pressures) ausgesetzt wird, wenn er Militärdienst leisten muss. Folglich muss der Betroffene sich entscheiden, ob er die Verhaltenserwartungen der Armee zumindest partiell internalisiert, sich passiv anpasst oder den Wehrdienst verweigert. In der Regel sind diese Spannungen allerdings begrenzt, zumal in einer liberalen Gesellschaft die meisten sozialen Kontakte nicht erzwungen werden. Hinzu kommt, dass solche Spannungen auch verhindern, dass ein einzelner sozialer Kreis die Identität eines Individuums monopolisieren kann (vgl. Sen 2007). In diesem Sinne wird mit jeder Zugehörigkeit zu einem neuen sozialen Kreis die einzelnen Kreisen inhärente fundamentalistische Weltanschauung abgebaut.

Auch auf der *makrostrukturellen* Ebene wirken soziale Kreuzungen eher positiv. Soziale Kreise, die auf engen sozialen Kontakten (strong ties) beruhen, sind in der Regel zwar für die Mitglieder dieser Kreise vorteilhaft, da sie notfalls auf Solidaritätsleistungen der anderen Personen zählen können und häufig in den Genuss von Leistungen gelangen, die auf sozialen Schließungsprozessen beruhen (Parkin 1983; Mackert 2004). Für die ausgeschlossenen Akteure sind solche sozialen Kreise dagegen häufig mit kulturellen, sozialen und ökonomischen Benachteiligungen verbunden (Elias und Scotson 1993). Am deutlichsten werden die Auswirkungen im Falle von Preiskartellen, bei denen sich ein kleiner homogener Kreis von Produzenten auf Kosten anderer Produzenten und der Konsumenten bereichert. Diese Ambivalenz wird vor allem auch in der Tendenz von ethnisch homogenen Gemeinschaften erkennbar, deren interne Solidarität andere Ethnien als diskriminierend empfinden (Portes und Sensenbrenner 1993).

Die makrosoziale Sozialkapital-Theorie geht folglich davon aus, dass Sozialkapital nicht a priori zu gesellschaftlicher Prosperität beiträgt. Sozialkapital, das primär auf engen sozialen Kontakten und hohem spezifischem Vertrauen beruht (bindendes Sozialkapital: bonding) und zumeist mit einer Ausgrenzung anderer Akteure und Schließungsprozessen verbunden ist (z.B. Kartelle, Klientelismus, Mafia), trägt lediglich zur Binnenprosperität bei. Im Unterschied dazu wirken soziale Kreise, die mit anderen Kreisen interagieren, brückenbauend (bridging), fördern generalisiertes Vertrauen und tragen somit zur gesamtgesellschaftlichen Prosperität bei (Putnam 2000). Flankiert wird dabei die Kreuzung sozialer

Kreise durch eine aktive Zivilgesellschaft bzw. von einer hohen Bereitschaft der Bevölkerung, sich in Vereinen und Verbänden zu engagieren.

3 Kreuzungen als Basis sozialer Kohäsion

Kreuzungen tragen nicht nur zur Schaffung von Sozialkapital bei, sie verhindern auch die konfliktive Gliederung der Gesellschaft in eine Vielfalt sich gegenseitig abschottender sozialer Kreise. Am klarsten bringt dies Amartya Sen (2007) in seinem Buch *Die Identitätsfalle* (Identity and Violence) zum Ausdruck. So argumentiert er (ohne Simmel zu rezipieren), dass sich der „Clash of Civilizations" (Huntington 1996) verhindern lasse, wenn Menschen multiple Identitäten aufweisen bzw. ihre Identität nicht ausschließlich auf der Grundlage der Zugehörigkeit zu einem singulären sozialen Kreis definieren. Diese konfliktreduzierende Wirkung von Kreuzungen war schon im Konzept des *Cross-Cutting-Cleavage* (sich überschneidende Konfliktlinien) enthalten (siehe Taylor und Rae 1970). Ausgangspunkt ist dabei die Prämisse, dass es in allen Gesellschaften mehr oder weniger gravierende soziale Konfliktlinien gibt (z.B. Klasse, Ethnie, Religion, Geschlecht). An sich wirken alle diese Konfliktlinien destabilisierend, wobei parallel verlaufende Konfliktlinien zu einer Verschärfung, sich überschneidende Konfliktlinien hingegen zum Abbau der sozialen Instabilität beitragen. Gesellschaften, in denen beispielsweise die eine Ethnie ökonomisch privilegiert, eine andere hingegen depriviert ist, sind demnach äußerst instabil. Im Unterschied dazu werden ökonomische Konfliktlinien entschärft, wenn beispielsweise beide Ethnien in allen ökonomischen Schichten gleichermaßen vertreten sind.

Auch wenn es an komparativer Forschung mangelt, sprechen die historischen Erfahrungen vieler Länder für diese Hypothese. So ist kaum zu bestreiten, dass sich auf der einen Seite in Südafrika, in Sri Lanka und in geringerem Masse auch in den USA die ethnischen und ökonomischen Konfliktlinien gegenseitig verstärken. Auf der anderen Seite ist die Schweiz auch heute noch ein Musterbeispiel dafür, dass dank sich überschneidender Konfliktlinien (Klasse, Sprache, Konfession) ein überdurchschnittlich hohes Stabilitätsniveau erreichbar ist. Entsprechend vermag es kaum zu überraschen, dass der einzige gewaltsame Konflikt in der Nachkriegsschweiz auf drei parallel zueinander verlaufenden Konfliktlinien (Sprache, Konfession, wirtschaftliche Entwicklung) beruht. Beendet wurde der Konflikt damit, dass der französischsprachige, katholische und ökonomisch schwache Teil des Kantons Bern sich 1979 per Volksabstimmung vom deutschsprachigen, protestantischen und ökonomisch stärkeren Teil abspaltete und den Kanton Jura bildete.

Auch das junge Konzept der „horizontalen Ungleichheiten" (Stewart 2000, 2008) postuliert, dass soziale Kreise, die sich einerseits nicht kreuzen und andererseits unterschiedliche Positionen im sozialen Schichtungsgefüge einnehmen, konfliktverschärfend wirken. Gemeint ist damit, dass vertikale Ungleichheiten erst dann handlungs- bzw. konfliktrelevant werden, wenn größere soziale Gruppen von Individuen mit ähnlichen Merkmalen unter einer ökonomischen Benachteiligung leiden. Eine Gesellschaft, die gewisse soziale Kreise, seien diese sprachlich, religiös oder ethnisch definiert, ökonomisch privilegiert, andere hingegen benachteiligt, ist demnach extrem konfliktträchtig. Als Musterbeispiele für horizontale Ungleichheiten lassen sich wiederum Südafrika und die USA hinsichtlich ethnischer Differenzierung, aber auch Nordirland betreffs religiöser Differenzierung oder der schweizerische Jura vor der Abspaltung vom Kanton Bern bezüglich sprachlicher Differenzierung nennen. Noch stärker konfliktträchtig sind horizontale Ungleichheiten, wenn die ökonomischen Unterschiede zwischen den sozialen Kreisen mit mehreren Merkmalen kovariieren. Ein Extrembeispiel für eine Kovarianz ethnisch und religiös fundierter Benachteiligung ist zweifellos Sri Lanka, wo die Privilegierung der hinduistischen tamilischen Minderheit im britischen Ceylon von den buddhistischen Singhalesen nicht nur beseitigt, sondern durch eine Benachteiligung der Tamilen ersetzt wurde (vgl. Rösel 1997).

4 Konfliktpotential von Entkreuzungstrends

Ein Konzept, das sich ähnlich wie die „horizontalen Ungleichheiten" zumindest implizit an Simmels Theorie orientiert und annimmt, dass ein Mangel an Kreuzungen sozialer Kreise die soziale Stabilität gefährdet, ist die „Parallelgesellschaft". Dieser Begriff wurde anfangs der 1990er-Jahre vom Bielefelder Konfliktforscher Wilhelm Heitmeyer in der Debatte über die Integrationsfähigkeit und -bereitschaft von Immigranten in Deutschland popularisiert. Damit wird die Tendenz immigrierter Minderheiten bezeichnet, sich von der so genannten Mehrheitsgesellschaft abzuschotten, wobei die Frage offen bleibt, ob das freiwillig oder erzwungen geschieht.

Obwohl das Konzept in der Folge vor allem in den Massenmedien und bei fremdenfeindlichen Gruppen große Resonanz fand, stellt es vor allem auch die Prämisse des essentialistischen *Multikulturalismus* in Frage, wonach es möglich sei, eine Gesellschaft zu kreieren, in der ethnisch und kulturell definierte Gruppen in gegenseitigem Respekt nicht miteinander, sondern nebeneinander existieren können (vgl. Baumann 1999). Im Sinne von Simmels These, dass die Kreuzung sozialer Kreise und Individualisierung eine Voraussetzung für die soziale Stabilität moderner Gesellschaften sind, fordern Protagonisten des Konzepts der *Transkulturalität* (z.B. Wolfgang Welsch, Seyran Ates) denn auch, dass sich die Grenzen zwischen Kulturkreisen verwischen. Eine transkulturelle Gesellschaft ist demnach durch eine intensive Vernetzung von sozialen Kreisen charakterisiert, wobei die Verwischung oder gar Aufhebung der Grenzen zwischen den Kreisen bzw. Netzwerken nicht als Nach-, sondern als Vorteil betrachtet wird.

Ohne in der politischen Debatte zwischen Multi- und Transkulturalisten Position beziehen zu müssen, können wir doch festhalten, dass soziale Kreise offensichtlich unter spezifischen Bedingungen dazu neigen, bewusst auf Kreuzungen zu verzichten. In diesem Sinne postulierte Lewis A. Coser in seinem Hauptwerk *The Functions of Social Conflict* (1972 [1956]), mit dem er Simmels Schrift „Der Streit" (1992b [1908]) aktualisieren wollte, dass kleine Gruppen in einer Gesellschaft ihre Identität, interne Kohäsion und Strukturen nur dann konservieren können, wenn sie sich nicht assimilieren bzw. möglichst auf intensive Interaktionen mit größeren, hegemonialen sozialen Gruppen verzichten. Insbesondere für kleine soziale Netzwerke, die Wert darauf legen, ihre Autonomie, Identität und Struktur zu bewahren, ist es demnach unabdingbar, die Antagonismen zu betonen: „Der Konflikt dient dazu, die Identität und die Grenzen von Gesellschaften und Gruppen zu schaffen und zu erhalten." (Coser 1972: 41)

5 Kreuzungen zwischen statusähnlichen Kreisen

Im Unterschied zu den Konzepten der „horizontalen Ungleichheiten" und der „Parallelgesellschaft", die vornehmlich negative Folgen mangelnder Kreuzung sozialer Kreise betonen, verweist das Konzept der „Intersektionalität" (Crenshaw 1989) auf die Kreuzung sozial benachteiligter Kreise. In der Tat eröffnen Kreuzungsprozesse nicht nur Chancen, die Zugehörigkeit zu einem diskriminierten Kreis durch den Eintritt in einen privilegierten Kreis zu kompensieren. Es gibt auch Menschen, die verschiedenen sozialen Kreisen angehören, welche gleichermaßen diskriminiert werden, wie etwa betagte und behinderte Frauen, die einer ethnischen und religiösen Minderheit angehören. Entscheidend für die Entwicklung dieses Konzepts war die Erkenntnis, dass schwarze Frauen aus der Unterschicht in der US-amerikanischen Gesellschaft unter ungleich mehr Diskriminierung leiden als etwa weiße Akademikerinnen. Mit anderen Worten: Intersektionalität bezeichnet nicht – wie der Begriff an sich suggeriert – die Lebenslage aller Individuen, sondern nur jene von Individuen an Schnittstellen zwischen sozialen Kreisen, deren Mitglieder diskriminiert werden.

Selbstverständlich gibt es auch Individuen an der Schnittstelle zwischen privilegierten sozialen Kreisen. Michael Useems Konzept des „inner circle" (1984) bezeichnet den ideologisch kohäsiven Kreis wohlhabender Personen, die Mandate in Großunternehmen bekleiden und sich auf der politischen Ebene, sei dies als Verbandsvertreter, als Mitglied einer transnationalen Policy Group und/oder Parlamentsmitglied für die Interessen der Unternehmerschaft engagieren. Diese nationalen und transnationalen Eliten lassen sich auf der Basis von Analysen nationaler und/oder transnationaler Unternehmensnetzwerke und der Analyse der politischen Aktivitäten der Multimandatinhaber (Big Linkers) identifizieren (vgl. Nollert 2005).

6 Fazit

Simmels grundlegender Schrift, Blaus Revitalisierung der Kreuzungsmetapher und Cosers Konflikttheorie, aber auch einer Vielzahl jüngerer AutorInnen, die Simmels Überlegungen zumindest zwischen den Zeilen rezipieren, verdanken wir die plausible These, dass die soziale Kohäsion moderner Gesellschaften darauf beruht, dass ihre Mitglieder nicht in sozialen Netzwerken mit deutlichen Struktur- und Sinngrenzen verbleiben, sondern sich individualisieren, indem sie in möglichst vielen unterschiedlichen, selbstverständlich aber auch nicht zu vielen Netzwerken Wurzeln schlagen. Dabei untermauern egozentrierte Netzwerkanalysen, dass sich eine solche Individualisierung in der Tat nicht – wie dies im aktuellen deutschsprachigen Diskurs häufig suggeriert wird – in einem Verlust, sondern im Sinne Simmels in einer Pluralisierung von Beziehungsmustern und Unterstützungsressourcen niederschlägt.

Auch wenn nicht zuletzt die aktuellen Transnationalisierungstendenzen und die modernen Transport- und Kommunikationsmittel viele neue Kreuzungschancen bieten und damit zur Entstehung neuer globaler Kreise und kosmopolitischer Identitäten und zum Abbau zwischenstaatlicher Konfliktivität beitragen und damit hoffentlich die populäre Vorstellung vom unvermeidbaren „Clash of Civilizations" als Mythos entlarven, lassen sich in modernen Gesellschaften doch vermehrt auch Tendenzen erkennen, Kreuzungschancen abzubauen oder nicht mehr wahrzunehmen. So sind momentan vermehrt räumlich-soziale Segregationsprozesse zu beobachten, die sich beispielsweise in Gated Communities, Ghettos, Ansätzen von Parallelgesellschaften, religiös geprägten oder nur für Haushalte mit hohem Einkommen erschwinglichen Privatschulen manifestieren. Mit Ausnahme der Ghettos ist all diesen Phänomenen gemeinsam, dass die Mitglieder dieser sozialen Kreise bewusst den Kontakt zu anderen sozialen Kreisen vermeiden. Von daher bleibt abschließend einzuräumen, dass die von Simmel prognostizierte Individualisierung und damit die Kreation multipler Identitäten nur dann integrativ wirkt, wenn die politischen Akteure gleichermaßen soziale Schließungsprozesse, horizontale Ungleichheiten, Parallelvergesellschaftung und Intersektionalität unterbinden.

7 Literatur

Baumann, Gerd, 1999: Multicultural Riddle. Rethinking National, Ethnic and Religious Identities. London: Routledge.
Beck, Ulrich, 1986: Risikogesellschaft. Auf dem Weg in eine andere Moderne. Frankfurt/Main: Suhrkamp.
Blau, Peter M., 1977: Inequality and Heterogeneity. A Primitive Theory of Social Structure. New York: Free Press.
Blau, Peter M. und *Joseph E. Schwartz*, 1984: Cross-Cutting Social Circles. Orlando: Academic Press.
Blau, Peter M., Carolyn Beeker und *Kevin M. Fitzpatrick*, 1984: Intersecting Social Affiliations and Intermarriage. Social Forces 62: 585-606.
Burt, Ronald S., 1992: Structural Holes. Cambridge, MA: Harvard University Press.
Coser, Lewis A., 1972 [1956]: Theorie sozialer Konflikte. Neuwied: Luchterhand.
Crenshaw, Kimberlé, 1989: Demarginalizing the Intersection of Race and Sex: A Black Feminist Critique of Antidiscrimination Doctrine. The University of Chicago Legal Forum: 139-167.
Diaz-Bone, Rainer, 1997: Ego-zentrierte Netzwerkanalyse und familiale Beziehungssysteme. Wiesbaden: Deutscher Universitäts-Verlag.
Diewald, Martin, 1991: Soziale Beziehungen: Verlust oder Liberalisierung? Soziale Unterstützung in informellen Netzwerken. Berlin: edition sigma.
Elias, Norbert und *John L. Scotson*, 1993 [1965]: Etablierte und Außenseiter. Frankfurt am Main: Suhrkamp.
Emirbayer, Mustafa, 1997: Manifesto for a Relational Sociology. American Journal of Sociology 103: 281-317.
Fuhse, Jan, 2006: Gruppe und Netzwerk – eine begriffsgeschichtliche Rekonstruktion. Berliner Journal für Sozialforschung 16: 245-263.
Giddens, Anthony, 1996: Konsequenzen der Moderne. Frankfurt am Main: Suhrkamp.
Haller, Max, 2007: Kritik oder Rechtfertigung sozialer Ungleichheit? Die deutsche „Sozialstrukturideologie" vom Ende der Klassengesellschaft in historischer und vergleichender Perspektive. Eine wissenssoziologische Analyse. S. 107-159 in: *Gerd Nollmann* (Hg.), Sozialstruktur und Gesellschaftsanalyse. Sozialwissenschaftliche Forschung zwischen Daten, Methoden und Begriffen. Wiesbaden: VS Verlag für Sozialwissenschaften.
Huntington, Samuel P., 1996: The Clash of Civilizations and the Remaking of World Order. New York: Simon & Schuster.
Kippele, Flavia, 1998. Was heißt Individualisierung? Die Antworten soziologischer Klassiker. Opladen: Westdeutscher Verlag.
Kron, Thomas, Martin Horáček, 2009: Individualisierung. Bielefeld: transcript.

Mackert, Jürgen (Hg.), 2004: Die Theorie sozialer Schließung. Tradition, Analysen, Perspektiven. Wiesbaden: VS Verlag für Sozialwissenschaften.
McPherson, Miller, Lynn Smith-Lovin und *James M. Cook*, 2001: Birds of Feather: Homophily in Social Networks. Annual Review of Sociology 27: 415-444.
Nollert, Michael, 2005: Transnational Corporate Ties: A Synopsis of Theories and Empirical Findings. Journal of World-Systems Research 11: 3-28.
Parkin, Frank, 1983: Strategien sozialer Schließung und Klassenbildung. S. 121-135 in: *Reinhard Kreckel* (Hg.), Soziale Ungleichheiten. Soziale Welt, Sonderband 2. Göttingen: Schwartz.
Portes, Alejandro und *Julia Sensenbrenner*, 1993: Embeddedness and Immigration. American Journal of Sociology 98: 1320-1350.
Putnam, Robert, 2000: Bowling Alone. The Collapse and Revival of American Community. New York: Touchstone.
Rae, Douglas W., Michael J. Taylor, 1970: Analysis of Political Cleavage. New Haven: Yale University Press.
Rösel, Jakob, 1997: Der Bürgerkrieg auf Sri Lanka – Der Tamilenkonflikt – Aufstieg und Niedergang eines singhalesischen Staates. Baden-Baden: Nomos Verlag.
Useem, Michael, 1984: The Inner Circle. Large Corporations and the Rise of Business Political Activity in the U.S. and U.K.. Oxford: Oxford University Press.
Sen, Amartya, 2007: Die Identitätsfalle. Warum es keinen Krieg der Kulturen gibt. München: Verlag C. H. Beck.
Sennett, Richard, 2000: Der flexible Mensch. Die Kultur des neuen Kapitalismus. Berlin: Siedler.
Simmel, Georg, 1992a [1908]: Die Kreuzung sozialer Kreise. S. 456-511 in: ders., Soziologie. Untersuchungen über die Formen der Vergesellschaftung. (Gesamtausgabe, Band 11). Frankfurt/Main: Suhrkamp.
Simmel, Georg, 1992b [1908]: Der Streit. S. 186-255 in ders., Soziologie. Untersuchungen über die Formen der Vergesellschaftung. (Gesamtausgabe, Band 11). Frankfurt am Main: Suhrkamp.
Steinhoff, Maria, 1925: Form als soziologische Grundkategorie bei Georg Simmel. Ihre Bedeutung für Begründung und Aufbau der Soziologie als selbständige Einzelwissenschaft. Kölner Vierteljahresschrift für Soziologie 4: 215-259.
Stewart, Frances, 2000: Horizontal Inequalities: A Neglected Dimension of Development. CRISE Working Paper No. 1.
Stewart, Frances (Hg.), 2008: Horizontal Inequalities and Conflict: Understanding Group Violence in Multiethnic Societies. Houndmills, Basingstoke: Palgrave Macmillan.
Wellman, Barry, 1979: The Community Question: The Intimate Networks of East Yorkers. American Journal of Sociology 84: 1201-1234.
Wellman, Barry und *Keith Hampton*, 2003: Neighboring in Netville: How the Internet Supports Community and Social Capital in a Wired Suburb. City & Community 2: 277-311.

3.9 Menschenbild

Jan Fuhse

1 Einleitung

Welches Menschenbild liegt der Netzwerkforschung zugrunde? Diese Frage zielt auf eine Philosophie oder auch eine Ontologie, auf die elementare Frage nach der Natur des Menschseins. Allerdings liefert die Netzwerkforschung in erster Linie ein Instrumentarium für die Analyse sozialer Strukturen. Insofern ist es nicht die Aufgabe und auch nicht die Zielsetzung der Netzwerkforschung, ein Menschenbild zu entwickeln. Dennoch liegt der Netzwerkforschung natürlich eine bestimmte Vorstellung davon zugrunde, welche Rolle Menschen in Netzwerken spielen. Und sie liefert nicht zuletzt auch empirische Ergebnisse darüber und kann damit zu einem besseren Verständnis von Menschen beitragen.

Die Netzwerkforschung zielt ganz allgemein darauf, soziale Phänomene aus der Struktur sozialer Beziehungen zwischen Menschen zu erklären. Dahinter steckt implizit die Vorstellung, dass eben diese Netzwerkstruktur die entscheidende Variable ist. Weder werden – wie in der Handlungstheorie – primär die Motive und Handlungen von Individuen als Triebkraft des Sozialen gesehen; noch folgen die Individuen nur den selbstläufigen Prozessen in überpersönlichen gesellschaftlichen Systemen, wie dies in der Systemtheorie formuliert wird. Menschen werden dabei inhärent ‚relational' gedacht – also immer im Wechselverhältnis mit Anderen und damit eingebettet in soziale Strukturen des Mit- und Gegeneinander.

Dabei gibt es durchaus unterschiedliche Varianten dieses Menschenbildes innerhalb der Netzwerkforschung. Im Folgenden werde ich kurz verschiedene Ansätze skizzieren, bevor ich mich intensiver mit der Behandlung von Menschen in der ausgefeiltesten Sozialtheorie der Netzwerkforschung zuwende: der Phänomenologischen Netzwerktheorie (PNT) um Harrison White. Dabei geht es nicht nur darum, die Grundannahmen der PNT zu erörtern. Sondern es sollen auch empirische Ergebnisse der Relationalen Soziologie dahingehend eingeordnet werden, was sie über das Verhalten von Menschen in Netzwerken aussagen.

2 Von der Formalen zur Relationalen Soziologie

Schon die *Formale Soziologie* betrachtete nicht nur den Menschen eingebettet in soziale Beziehungsstrukturen, sondern fragte auch nach den grundlegenden menschlichen Eigenschaften, die dies erlauben – nach der sozialen Natur des Menschen. So fragte Georg Simmel: „Wie ist Gesellschaft möglich?" (1908: 42ff.), und beantwortete die Frage mit dem Hinweis auf die Eigenlogik von sozialen Formen und auf die partielle Ausblendung von individuellen Motiven im sozialen Austausch (Simmel 1908: 17ff.). Dazu gehört auch, dass wir Andere beim ersten Aufeinandertreffen erst einmal kategorisieren nach Freund und Feind, Männern und Frauen, Protestanten und Katholiken – ihnen also zunächst als typisierten Rollenträgern begegnen (Simmel 1908: 48ff.). Wegen dieser Tendenzen der Typisierung und der Ausblendung von individuellen Charakteristika sind wir sozialen Formen erst einmal untergeordnet.

Eine genauere Modellierung des Verhältnisses von Individuen und sozialen Strukturen findet sich bei Max Weber. Weber sieht soziale Prozesse als wesentlich bestimmt durch individuelles Handeln auf der Basis von subjektivem Sinn (1921: 1ff.). Dabei konzipiert er alle sozialen Strukturen als soziale Beziehungen, in denen Individuen ihr Handeln sehr grundlegend sinnhaft aufeinander beziehen und miteinander austarieren (1921: 13). In diesem Sinne sind Menschen als individuelle Akteure immer am sozialen Austausch orientiert und richten ihr Handeln an den Erwartungen anderer aus. Im Anschluss an Weber sieht auch Leopold von Wiese soziale Beziehungen und Gebilde im subjektiven Sinn von Individuen begründet (1924: 34f.). Wie von Wiese deutlich macht: Schon die Orientierung an sozialen Gebilden (wie Gruppen oder Staaten) sorgt dafür, dass diese Gebilde real werden und Macht über das Handeln von Individuen erlangen (1924: 24f.). Insgesamt sieht die Formale Soziologie damit die Menschen als handelnde Akteure, die sich aber in ihrem Handeln an überpersönlichen Erwartungsstrukturen in Beziehungen oder Gebilden orientieren.

Eine wenig beachtete Entwicklungslinie von der Formalen Soziologie zur heutigen Netzwerkforschung führt über die *Figurationssoziologie* von Norbert Elias. Elias zufolge ist es nicht sinnvoll von Individuen als isolierten und autonomen Akteuren auszugehen – denn diese sind immer schon eingebunden in Figurationen mit anderen Individuen:

„Von einem einzelnen Individuum her zu denken, als ob es ursprünglich sozial unabhängig wäre, oder von einzelnen Individuen da und dort ungeachtet ihrer Beziehungen zueinander, ist ein … fiktiver und haltloser Ausgangspunkt." (Elias und Scotson 1965: 264f.)

Figurationen sind nun die Verflechtungszusammenhänge zwischen Individuen – in moderner Terminologie sind dies ‚Netzwerke'. Elias sieht Figurationen wie die Struktur von Etablierten und Außenseitern oder die Doppelbinderfalle von Konflikten wie im Kalten Krieg oder die Konkurrenz von Gruppen am Hofe um die Gunst des Königs als allgemeine Strukturtypen mit eigener Logik, der die Beteiligten prinzipiell hilflos ausgeliefert sind (Elias und Scotson 1965; Elias 1969; 1980). Insofern betrachtet Elias (wie Simmel) eher zwischenmenschliche Konstellationen als die handelnden Individuen (wie Weber) als grundlegende Elemente des Sozialen.

In solchen Figurationen geht es Elias zufolge wesentlich um Machtbeziehungen (1970). Schon wenn zwei Individuen in Beziehung zueinander treten, schränken sie die Spielräume des jeweils anderen ein und gewinnen so wechselseitig Macht übereinander. In diesem Sinne hat aber nicht nur der König Macht über seine Untertanen, sondern diese auch über ihn (Elias 1939: 158, 245f.). Macht ist insofern nicht eine Eigenschaft von einzelnen Akteuren, sondern in der Figuration angelegt, die gewissermaßen Macht über die Beteiligten hat. Voraussetzung dafür ist aber der Zivilisationsprozess, in dessen Verlauf sich Menschen in ihrer Triebstruktur, in ihrem Denken und Handeln mehr und mehr an den sozialen Gegebenheiten orientieren – die Figuration »diszipliniert« den Menschen, sich selbst zu disziplinieren (Elias 1939).

Gegenüber der Formalen und der Figurationssoziologie entwirft die sich in den USA entwickelnde *strukturalistische Netzwerkanalyse* ein eher reduktionistisches Menschenbild. Hier folgt das Handeln von Individuen alleine der Struktur von sozialen Netzwerken – die

Ebene von Bedeutungen und Sinn wird weitgehend ausgeblendet (Wellman 1983). Dabei bleiben diese Arbeiten eher empirisch bzw. methodisch ausgerichtet – eine theoretische Reflexion der Netzwerkanalyse findet sich selten. Allerdings lässt sich eine theoretische Begründung im Rollenbegriff sehen. Siegfried Nagel zufolge geht es mit dem Netzwerkbegriff um die Analyse von Beziehungen zwischen Rollenträgern – aus der Netzwerkstruktur sollen Rollenpositionen rekonstruiert werden (Nagel 1957). Mit solchen Rollen sind Erwartungen verknüpft, die für eine spezifische Ausrichtung der Netzwerkbeziehungen sorgen. Dieser Grundgedanke liegt auch der Blockmodellanalyse von Harrison White, Scott Boorman und Ronald Breiger (1976) zugrunde. Der Mensch wird hier nicht als Akteur gesehen, sondern erfüllt in erster Linie die überpersönlichen Rollenerwartungen, mit denen er konfrontiert wird. Der Rollenbegriff verweist durchaus auf die Sinnebene von zwischenmenschlichen Erwartungen. Insofern weist er schon in die Richtung einer stärkeren Beachtung von Kultur und Sinn in den späteren Arbeiten von Harrison White und anderen in der *Phänomenologischen Netzwerktheorie*. Diese sieht Netzwerke als untrennbar verknüpft mit kulturellen Bedeutungen, mit Kategorien, Narrativen und der Konstruktion von Identitäten. Dies wird unten weiter ausgeführt.

Eine besondere Position nimmt die französische *Akteur-Netzwerk-Theorie* um Bruno Latour ein (Latour 2007; Schulz-Schaeffer 2000). Sie betrachtet nicht nur Menschen, sondern auch andere Gegenstände und Einheiten wie etwa Hotelzimmerschlüssel, Mikroben oder Muscheln als »Aktanten«, die sich in Netzwerken gegenseitig beeinflussen. Damit sind alle Vorstellungen vom Menschen als privilegierten Akteuren aufgegeben – und natürlich geht es nicht mehr um »Handeln« im Weberschen Sinne. Das von der ANT propagierte »Symmetrieprinzip« verlangt: Wenn Hotelgäste auf die Form ihres Schlüssels reagieren oder Forscher auf angenommenes oder tatsächliches Verhalten von Mikroben, dann ist dies prinzipiell theoretisch genauso zu behandeln wie die Gestaltung des Schlüssels durch die Hotelleitung oder die Beeinflussung von Muscheln durch Forscher. Die subjektive Sinnebene spielt hier kaum noch eine Rolle. Stattdessen rücken alleine die beobachtbaren Verhältnisse der wechselseitigen Beeinflussung von menschlichen und nicht-menschlichen Aktanten in den Vordergrund.

Natürlich hat sich auch die *Rational Choice-Theorie* mit Netzwerken befasst und auch Einzug gehalten in theoretische Positionen von Netzwerkforschern wie James Coleman, Ronald Burt, Roger Gould oder Randall Collins. Die Vorstellung ist hier in erster Linie, dass Netzwerke als Strukturen individuelles Handeln einschränken oder auch ermöglichen, andererseits aber auch Folge von individuellen Handlungen sind (Coleman 1990; Schweizer 1996). Dabei wird wieder – wie bei Weber – auf die individuelle Ebene für die Erklärung von Netzwerkphänomenen rekurriert. Diesen Ansätzen zufolge versuchen Akteure, mit ihren Handlungen ihren Nutzen zu maximieren – und auch mit den Sozialbeziehungen, die sie eingehen. Dies geht bis zu Ronald Burts Ratschlägen, welche Art von Sozialbeziehungen Manager aufbauen sollten, um erfolgreich zu sein (1992). Auch hier liegt allerdings – wie in der frühen Netzwerkanalyse – ein eher strukturalistisches Bild des Menschen zugrunde. Die Sinnebene wird auch hier meist ausgeblendet, außer zum Beispiel bei Randall Collins, bei dem Menschen in Sozialbeziehungen Symbole entwickeln und ihre emotionale Energie zu maximieren versuchen (2004). Die Arbeit von Collins liefert sicherlich die ausgefeilteste Version eines netzwerkorientierten Handlungsbegriffs. Sie weist aber auch einige Übereinstimmungen mit der Phänomenologischen Netzwerktheorie von Harrison White und anderen auf, um die es in den folgenden Abschnitten geht.

3 Praktiken und kulturelle Muster

Die Phänomenologische Netzwerktheorie von Harrison White (1992: 197f.; 1995; Fuhse 2008a) und anderen geht nicht von menschlichen Akteuren als vor-sozialen Einheiten aus. Startpunkt der Theorie sind vielmehr Transaktionen, die, ähnlich dem Kommunikationsbegriff bei Luhmann, eine genuin soziale und überpersönliche Qualität haben (White 1995: 1037; Tilly 2002: 48f.). In Transaktionen bilden sich Hackordnungen und Sinnstrukturen, die künftige Transaktionen leiten (White 1992: 5ff., 23ff.). Solche Sinnstrukturen umfassen etwa allgemeine Einstellungen, aber auch konkrete Rollenerwartungen an Positionsinhaber.

Damit leiten sich der Netzwerktheorie zufolge die Einstellungen und das praktische Handeln von Akteuren von ihrem sozialen Umfeld ab (Erickson 1988; Gould 1995; Martin 2002). Es entsteht das Bild eines Akteurs, der nicht isoliert über sein individuelles Handeln entscheidet. Stattdessen ist das Handeln von Akteuren wesentlich eine Funktion des sozialen Umfelds. Dies erscheint zunächst als soziologische Binsenweisheit, steht aber den im weitesten Sinne ökonomischen Handlungstheorien entgegen: Karl Marx (1859: 8f.) postulierte, dass sich das Bewusstsein und das Handeln von Menschen von deren Stellung im Produktionsprozess ableitet. In einem ähnlichen Sinne argumentiert heute die Rational Choice Theorie, nach der das individuelle Handeln in erster Linie von den Ressourcen und Opportunitäten abhängt, die den Akteuren zur Verfügung stehen. So behauptet etwa Hartmut Esser (1999: 29f.), dass die Integration von Migranten vor allem an deren sozioökonomischen Status hängt. Demgegenüber müsste die Netzwerktheorie die soziale Assimilation in den Mittelpunkt stellen, also die ethnische Zusammensetzung der persönlichen Netzwerke von Migranten (Fuhse 2008b).

Auch in der Kultursoziologie nehmen Arbeiten einen zentralen Platz ein, in denen die Ausstattung von Akteuren mit Ressourcen die ästhetischen Präferenzen determiniert. So sieht Pierre Bourdieu (1979) die Verteilung von ökonomischem Kapital (Einkommen und Eigentum) und kulturellem Kapital (vor allem: Bildungstitel) als entscheidend für die Ausbildung von Lebensstilen an. Demgegenüber betont die Netzwerktheorie die Gebundenheit von ästhetischen Präferenzen an das persönliche Umfeld in Form von Netzwerken (Erickson 1996).

Ein anderes Beispiel für eine solche Divergenz zwischen ökonomischer Perspektive und Netzwerktheorie ist die Forschung zu sozialen Bewegungen. Nach Karl Marx sind die durch ihren sozio-ökonomischen Status bestimmten Klassen die Subjekte der Geschichte. Vor allem die Proteste in Westeuropa und den USA im 19. Jahrhundert werden oft in diesem Sinne als Ausdruck eines proletarischen Aufbegehrens gegen die Ausbeutung im Kapitalismus gewertet (Somers 1996). Demgegenüber haben die strukturalistisch orientierten Historischen Soziologen wie Charles Tilly (2002: 78ff.) und Roger Gould (1995: 12ff.) wiederholt die Fundierung von Protestbewegungen in sozialen Netzwerken betont. Denn informale soziale Netzwerke bilden zugleich die Rekrutierungskanäle für soziale Bewegungen, als auch die strukturelle Grundlage für die Ausbildung einer kollektiven Identität der Bewegung (Diani und McAdam 2003). In diesem Sinne hat Gould (1995) empirisch nachgewiesen, dass der Protest der Pariser Commune von 1871 seine strukturelle Basis in erster Linie in den klassenübergreifenden lokalen Netzwerken der Pariser Vororte hatte – und nicht in den Berufsgruppen der Handwerker, die etwa noch 1848 die wesentlichen Träger der Arbeiterproteste in Paris waren. Kollektives Handeln fußt demnach in erster Linie in sozialen Netzwerken, nicht in der sozialen Lage. Der sozio-ökonomische Status kann nur dann zur Grundlage von kollektiver Identität und kollektivem Handeln werden, wenn soziale Netzwerke entlang von sozio-ökonomischen Unterschieden strukturiert sind.

Nicht nur kollektive Identitäten, auch allgemeine kulturelle Orientierungen wie Einstellungen und Werte sind der Netzwerktheorie zufolge vom sozialen Umfeld geprägt (Erickson 1988; White 1993). Kulturelle Muster residieren demnach in erster Linie in sozialen Netzwerken, strukturieren diese teilweise auch und werden in ihnen reproduziert. Das Individuum ist in dieser Sichtweise mehr oder weniger ausführendes Organ dessen, was seine soziale Position ihm an Symbolen, Schemata und Skripten vorschreibt.

4   Einbettung und Handlungsspielräume

Insgesamt werden Akteure in der Netzwerkanalyse damit nicht als isolierte Akteure betrachtet, sondern immer in erster Linie als eingebettet in soziale Strukturen (Granovetter 1985). Ein solches Bild liegt prinzipiell auch der Systemtheorie oder dem Symbolischen Interaktionismus zugrunde. Diesen gegenüber hat die Netzwerktheorie aber ein komplexeres und auch empirisch leichter zugängliches Verständnis von sozialen Strukturen. Diese werden nicht als Gruppen, Communities oder Systeme konzipiert, sondern als Netzwerke (Fuhse 2006). Welches Menschenbild liegt dieser Betonung von interrelationalen sozialen Strukturen zugrunde? Und welche Spielräume für individuelles Handeln ergeben sich in dieser Sichtweise?

Arnold Gehlen (1940) definiert den Menschen als ‚handelndes Wesen', bei dem sich zwischen Sinneseindrücke und Verhalten die Ebene der Kognition und der kulturellen Prägung schiebt. Zwischen Stimuli und Handeln liegt die Kognition, kraft derer die etwa vom Behaviorismus suggerierten Reiz-Reaktions-Ketten durchbrochen werden. George Herbert Mead (1934: 135ff.) sieht diese kognitive Ebene wesentlich durch die soziale Interaktion geprägt, vor allem durch die Interaktion mit wenigen ›signifikanten Anderen‹. Hierin besteht ein wesentlicher Unterschied gegenüber den Herdentieren, die mehr oder weniger in der Herde aufgehen und deren Verhalten folgen, wie Jonathan Turner (2002: 57ff.) betont. Menschen suchen nicht nach dem Aufgehen in der Herde, sondern favorisieren eher wichtige Sozialbeziehungen zu *wenigen* anderen Artgenossen. Dies entspricht sozialpsychologischer Forschung, der zufolge Menschen wenige stabile und intime Sozialbeziehungen gegenüber vielen oberflächlichen Bekanntschaften bevorzugen (Baumeister und Leary 1995). In solchen engen Sozialbeziehungen wird unser Selbst- und Weltverständnis geprägt, wie Peter L. Berger und Hansfried Kellner (1965) anhand der Ehe feststellen.

Diese Diagnosen ergeben das Bild eines Menschen, der sich in seinem Denken und Handeln extrem von sozialen Strukturen prägen lässt, der sich in soziale wie in andere ökologische Kontexte einpasst, für den aber wenige Bezugspersonen wichtiger sind als Großgruppen. Menschen sind damit zugleich anpassungsfähig und selektiv. Sie vernetzen sich kleinteilig und nehmen auch unterschiedliche Prägungen auf. Dadurch entsteht auch ein Eindruck von Unberechenbarkeit, von Individualität. Denn dort, wo in Netzwerken heterogene Kontexte aufeinander treffen, sind Akteure unterschiedlichen Prägungen unterworfen. Kultur wird dadurch komplex, möglicherweise sogar widersprüchlich – wie zum Beispiel bei Migranten der Zweiten Generation, die in Elternhaus, Schule und Freundesgruppe mit ganz unterschiedlichen symbolischen Mustern konfrontiert sind.

Die These der Netzwerktheorie ist, dass an solchen Schnittpunkten von Kontexten Kultur zum ›tool-kit‹ wird (Swidler 1986; DiMaggio 1997). Akteure greifen hier auf unterschiedliche Symbolrepertoires zurück und verursachen damit möglicherweise Turbulenzen in den verschiedenen Kontexten (Emirbayer und Mische 1998). Diese Turbulenzen können absorbiert werden, aber auch zu kreativem Wandel führen, der der Netzwerktheorie zufolge genau an solchen Schnittpunkten ihren Ursprung hat (White 1993; Collins 1998: 131ff.). Der Netzwerkbegriff eröffnet damit – anders als der Gruppen- oder der Systembegriff – systematisch einen Spielraum für das individuelle Handeln. Was auf der Individualebene als Handeln sichtbar wird, lässt sich auf der Netzwerkebene als das Ergebnis von komplexen Prägungen durch unterschiedliche Netzwerkkontexte beschreiben. Und in komplexeren und heterogeneren Netzwerken – wie sie etwa im Verlauf der gesellschaftlichen Differenzierung entstehen – werden soziale Prägungen unübersichtlicher und es ergeben sich größere Spielräume für individuelles Handeln.

5 Rollenmuster und Ranghierarchien

Sozialbeziehungen in Netzwerken sind nicht immer symmetrisch. Vielmehr orientieren sich Akteure an vorgegebenen Rollenmustern, auch wenn diese asymmetrische Erwartungen implizieren. So zielt die von White, Scott Boorman und Ronald Breiger (1976; Boorman und White 1976) in den Siebziger Jahren entwickelte Blockmodell-Analyse darauf, in sozialen Netzwerken strukturell äquivalente Positionen zu identifizieren. Die Annahme ist, dass solche Netzwerksegmente mit ähnlichen Strukturbeziehungen zu anderen Netzwerksegmenten für Rollenkategorien stehen, die der Netzwerkstruktur zugrunde liegen.

Der weit verbreitete soziologische Glaubenssatz ›Gleich zu gleich gesellt sich gern.‹ ist damit zumindest zu modifizieren. Menschen suchen tendenziell nach der Anerkennung durch Höhergestellte (Gould 2002). Deswegen lassen sich soziale Strukturen oft nicht in Cliquen oder Cluster mit größerer Netzwerkdichte auflösen, sondern in Segmente von Eliten oder informellen Anführern und eher periphere am Zentrum orientierte Bewunderer (Anheier und Gerhards 1991). In informellen Gruppen scheint es eine Tendenz zur Ausbildung von Hackordnungen bzw. Ranghierarchien zu geben (White 1992: 24ff.; Gould 2002).

Solche Rangordnungen reduzieren in erster Linie soziale Unsicherheit und sind demnach eine Antwort auf einen Bedarf an Komplexitätsreduktion (Leifer 1991; White 1992: 5ff., 23ff.). So bilden sich Konflikte vor allem in Sozialbeziehungen ohne klare Rangordnung (Gould 2003). Und Netzwerke mit klarer Ranghierarchie zeigen eine stärkere kulturelle Homogenität (Martin 2002). Ranghierarchien erleichtern also die Koordination zwischen Akteuren und erfüllen damit einen sozialen Bedarf an Komplexitätsreduktion. Das heißt nicht, dass Menschen von Natur aus ungleich wären. Aber Menschen brauchen soziale Strukturen für die Reduktion von sozialer Unsicherheit. Und Hierarchie (in der Form von Hackordnungen) ist ein sehr wirkungsvolles Arrangement, um solche Unsicherheit aufzulösen. Egalität ist sehr viel anspruchsvoller zu realisieren und setzt vor allem eine starke Disziplinierung von Menschen im sozialen Austausch voraus (Elias 1939: 323ff.).

6 Resümee

Insgesamt liefert die Phänomenologische Netzwerktheorie trotz ihrer Vielfältigkeit und der ihr teilweise fehlenden Stringenz eine sehr eigenständige Perspektive auf soziale Phänomene und auch auf das Verhältnis zwischen Menschen und den zwischen ihnen entstehenden sozialen Strukturen. Die zentralen Argumente lassen sich folgendermaßen zusammenfassen:

1. Menschen werden in ihrem Denken und Handeln durch ihr soziales Umfeld geprägt. Kulturelle Orientierungen und Praktiken lassen sich dementsprechend besser über die Einbettung in soziale Netzwerke als über den sozio-ökonomischen Status erklären, wie dies in der ökonomischen Tradition von Marx, Bourdieu und der Rational Choice-Theorie versucht wird.
2. Menschen sind aber keine Herdentiere, die in ihrer Gruppe vollständig aufgehen. Sie vernetzen sich eher kleinteilig und selektiv. Das soziale Umfeld lässt sich deswegen besser als ›Netzwerk‹ denn als ›Gruppe‹ beschreiben. Im Netzwerkbegriff stehen Akteure an den Schnittstellen zwischen Sozialbeziehungen und Netzwerkkontexten. Sie erhalten dadurch unterschiedliche kulturelle Prägungen. Vor allem an den Schnittstellen zwischen Netzwerkkontexten wird Kultur damit zum ›tool-kit‹, aus dem Akteure sich kreativ bedienen können.
3. In Transaktionen entwickeln sich sehr oft Ranghierarchien, an deren Rollen sich Menschen orientieren. Diese Ranghierarchien leisten eine Reduktion sozialer Komplexität. Egalitäre soziale Strukturen sind gegenüber hierarchischen Ordnungen aufwändiger zu organisieren.

Die hier vorgestellte Sichtweise zieht Argumente aus den Arbeiten von Harrison White und anderen zusammen. Dabei wurde deutlich, dass die Netzwerktheorie keine vollständig neue Beschreibung des Verhältnisses zwischen Menschen und zwischenmenschlichen Strukturen liefert, sondern zahlreiche Anleihen und Parallelen – etwa zum Symbolischen Interaktionismus, zur Phänomenologie und zur Luhmannschen Systemtheorie – aufweist.

Große Vorteile der Netzwerktheorie gegenüber diesen anderen Ansätzen liegen einerseits in dem komplexeren Verständnis von sozialen Strukturen, andererseits gerade aber auch in der starken Anbindung an empirische Forschung. So sind zahlreiche der vorgestellten Argumente in empirischen Arbeiten untersucht und belegt worden. Andererseits bleiben die meisten der theoretischen Argumente wie auch der empirischen Arbeiten auf der Meso-Ebene sozialer Strukturen. Ihnen fehlt vor allem eine *Gesellschafts*theorie, bzw. eine Theorie, wie aus kleinteiligen sozialen Strukturen gesellschaftliche Gebilde werden.

7 Literatur

Anheier, Helmut und *Jürgen Gerhards*, 1991: Literary Myths and Social Structure. Social Forces 69: 811-830.
Baumeister, Roy und *Mark Leary*, 1995: The Need to Belong: Desire for Interpersonal Attachments as a Fundamental Human Motivation. Psychological Bulletin 117: 497-529.
Berger, Peter und *Hansfried Kellner*, 1965: Die Ehe und die Konstruktion der Wirklichkeit. Soziale Welt 16: 220-235.
Boorman, Scott und *Harrison White*, 1976: Social Structure from Multiple Networks. II. Role Structures. American Journal of Sociology 81: 1384-1446.

Burt, Ronald, 1992: Structural Holes. Cambridge/Massachusetts: Harvard University Press.
Coleman, James, 1990: Foundations of Social Theory. Cambridge/Massachusetts: Harvard University Press.
Collins, Randall, 1998: The Sociology of Philosophies. Cambridge/Massachusetts: Harvard.
Collins, Randall, 2004: Interaction Ritual Chains. Princeton University Press.
Diani, Mario und *Doug McAdam* (Hg.), 2003: Social Movements and Networks. Relational Approaches to Collective Action. Oxford: Oxford University Press.
DiMaggio, Paul, 1997: Culture and Cognition. Annual Review of Sociology 23: 263-287.
Elias, Norbert, 1939: Über den Prozeß der Zivilisation. Zweiter Band. Frankfurt/Main: Suhrkamp 1997.
Elias, Norbert, 1969: Die höfische Gesellschaft. Frankfurt/Main: Suhrkamp.
Elias, Norbert, 1970: Was ist Soziologie? Weinheim: Juventa.
Elias, Norbert, 1980: Die Fischer im Mahlstrom. S. 73-183 in: *Norbert Elias*: Engagement und Distanzierung, Frankfurt/Main: Suhrkamp.
Elias, Norbert und *John Scotson*, 1965: Etablierte und Außenseiter. Frankfurt/Main: Suhrkamp.
Emirbayer, Mustafa und *Ann Mische*, 1998: What is Agency? American Journal of Sociology 103: 962-1023.
Erickson, Bonnie, 1988: The Relational Basis of Attitudes. S. 99-121 in: *Barry Wellman* und *Stephen Berkowitz* (Hg.), Social Structure. A Network Approach, Cambridge: Cambridge University Press.
Erickson, Bonnie, 1996: Culture, Class, and Connections. American Journal of Sociology 102: 217-251.
Esser, Hartmut, 1999: Inklusion, Integration und ethnische Schichtung. Journal für Konflikt und Gewaltforschung 1: 5-34.
Fuhse, Jan, 2006: Gruppe und Netzwerk. Eine begriffsgeschichtliche Rekonstruktion. Berliner Journal für Soziologie 16: 245-263.
Fuhse, Jan, 2008a: Gibt es eine Phänomenologische Netzwerktheorie? Geschichte, Netzwerk und Identität. Soziale Welt 59: 31-52.
Fuhse, Jan, 2008b: Ethnizität, Akkulturation und persönliche Netzwerke von italienischen Migranten. Leverkusen: Barbara Budrich.
Gehlen, Arnold, 1940: Der Mensch. Wiesbaden: Quelle & Meyer.
Gould, Roger, 1995: Insurgent Identities. Class, Community, and Protest in Paris from 1848 to the Commune. Chicago: Chicago University Press.
Gould, Roger, 2002: The Origins of Status Hierarchies: A Formal Theory and Empirical Test. American Journal of Sociology 107: 1143-1178.
Gould, Roger, 2003: Collision of Wills. How Ambiguity about Social Rank Breeds Conflict. Chicago: Chicago University Press
Granovetter, Mark, 1985: Economic Action and Social Structure: The Problem of Embeddedness. American Journal of Sociology 91: 481-510.
Latour, Bruno, 2007: Reassembling the Social: An Introduction to Actor-Network-Theory. Oxford: Oxford University Press.
Leifer, Eric, 1991: Actors as Observers. A Theory of Skill in Social Relationships. New York: Garland.
Martin, John Levi, 2002: Power, Authority, and the Constraint of Belief Systems. American Journal of Sociology 107: 861-904.
Marx, Karl, [1859] 1971: Zur Kritik der Politischen Ökonomie. S. 1-160 in: *Karl Marx* und *Friedrich Engels*, Werke; Band 13. Berlin: Dietz.
Mead, George Herbert, [1934] 1967: Mind, Self & Society. Chicago: Chicago University Press.
Nadel, Siegfried, 1957: The Theory of Social Structure. London: Cohen & West.
Schulz-Schaeffer, Ingo, 2000: Akteur-Netzwerk-Theorie. S. 187-209 in: *Johannes Weyer* (Hg.), Soziale Netzwerke. München: Oldenbourg.

Schweizer, Thomas, 1996: Muster sozialer Ordnung. Netzwerkanalyse als Fundament der Sozialethnologie. Berlin: Reimer.
Simmel, Georg, [1908] 1992: Soziologie. Untersuchungen über die Formen der Vergesellschaftung. Frankfurt/Main: Suhrkamp.
Somers, Margaret, 1996: Class Formation and Capitalism. European Journal of Sociology 37: 180-202.
Swidler, Ann, 1986: Culture in Action: Symbols and Strategies. American Sociological Review 51: 273-286.
Tilly, Charles, 2002: Stories, Identities, and Political Change. Lanham: Rowman & Littlefield.
Turner, Jonathan, 2002: Face to Face. Toward a Sociological Theory of Interpersonal Behavior. Stanford.
Weber, Max, [1921] 1972: Wirtschaft und Gesellschaft. Tübingen: Mohr.
Wellman, Barry, 1983: Network Analysis: Some Basic Principles. Sociological Theory 1: 155-200.
von Wiese, Leopold, 1924: Allgemeine Soziologie. Teil I: Beziehungslehre. München: Duncker & Humblot.
White, Harrison, 1992: Identity and Control. A Structural Theory of Social Action. Princeton: Princeton University Press.
White, Harrison, 1993: Values Come in Styles, Which Mate to Change. S. 63-91 in: *Michael Hechter, Lynn Nadel* und *Richard Michad* (Hg.), The Origin of Values. New York: de Gruyter.
White, Harrison, 1995: Network Switchings and Bayesian Forks: Reconstructing the Social and Behavioral Sciences. Social Research 62: 1035-1063.
White, Harrison, Scott Boorman und *Ronald Breiger* 1976: Social Structure from Multiple Networks. I. Blockmodels of Roles and Positions. American Journal of Sociology 81: 730-780.

3.10 Soziales Kapital und seine Funktionsweise

Marina Hennig

Hinter dem Begriff des Sozialkapitals steht eine relativ einfache Grundüberlegung, die davon ausgeht, dass Investitionen in soziale Beziehungen einen Nutzen erwarten lassen. Diese recht allgemeine Definition ist das Ergebnis der unterschiedlichen Überlegungen bzw. Konzepte der Wissenschaftler, die zu der Diskussion beigetragen haben (Bourdieu 1982, 1983, 1992; Burt 1992; Coleman 1988, 1990; Erickson 1995, 1996; Flap 1991, 2001; Lin 1982, 1999; Portes 1998; Putnam 1993, 1995).

Es wird davon ausgegangen, dass sich Individuen in Interaktionen und Netzwerken mit dem Ziel engagieren, daraus einen Vorteil bzw. Nutzen für sich zu ziehen. So werden soziale Beziehungen zum Sozialkapital, da die Einbindung in soziale Netzwerke und das Eingehen sozialer Beziehungen einen Zugriff auf materielle und immaterielle Ressourcen sowie Unterstützungsleistungen anderer Personen möglich macht.

In der Literatur (Lin 2001) finden sich in diversen Bereichen Argumente dafür, warum die in soziale Netzwerke eingebetteten Ressourcen, die Ergebnisse sozialer Handlungen beeinflussen. Vier der Argumente hierfür sollen exemplarisch vorgestellt werden.

1. erleichtern Netzwerkressourcen den Informationsfluss. In gewöhnlichen, unübersichtlichen Marktsituationen können die sozialen Beziehungen, die mit strategischen Standorten und/oder hierarchischen Positionen verbunden sind, zur Quelle von Informationen über Gelegenheiten und Möglichkeiten werden, die für die empfangenden Individuen nützlich sind und zu denen sie sonst keinen Zugang bekommen hätten. Auf der anderen Seite erfahren auch die Sender der Informationen durch diese Beziehungen etwas über ihnen bisher noch unbekannte Individuen und deren Interessen. Solche Informationen können z.B. die Transaktionskosten für Unternehmen bei der Rekrutierung von qualifiziertem Personal reduzieren. Dies gilt auch für die Individuen, die auf diese Art ihre Transaktionskosten bei der Suche nach besser bezahlten oder qualifizierteren Jobs minimieren können.
2. können soziale Beziehungen Personen (z.B. Personalchefs oder Vorgesetze im Unternehmen), die eine entscheidende Rolle bei der Einstellungen oder der Förderung von einzelnen Akteuren in einem Unternehmen spielen, beeinflussen. So führen soziale Beziehungen manchmal, infolge der strategischen Lage (z.B. strukturelle Löcher) der beteiligten Personen oder ihrer Position (z.B. Anweisungsbefugnisse), zu mehr begehrten Ressourcen oder mehr Macht (z.B. größere Asymmetrien in den Abhängigkeiten der beteiligten Akteure) in den Entscheidungsprozessen der Unternehmen.
3. können soziale Beziehungen eine Art soziale Empfehlung für ein Individuum sein. Hier wird argumentiert, dass der Zugang des Individuums zu Ressourcen seines sozialen Netzwerkes und den sozialen Beziehungen sein Sozialkapital widerspiegelt. Diese Beziehungen sind dann für Unternehmen eine Art Rückversicherung, da angenommen wird, dass das Individuum über sein persönliches Kapital hinaus zusätzliche Ressourcen, die für das Unternehmen hilfreich sein können, zur Verfügung stellen kann.

4. führen soziale Beziehungen zu einer Verstärkung der Persönlichkeit und sozialer Anerkennung. Es wird dabei angenommen, dass Individuen und Mitglieder einer sozialen Gruppe ähnliche Interessen und Ressourcen teilen und dass sie sich dabei nicht nur emotionale Unterstützung liefern, sondern auch eine allgemeine Bestätigung für den Anspruch an bestimmten Ressourcen. Diese Verstärkungen sind für die Aufrechterhaltung der psychischen Verfassung und den Anspruch auf Ressourcen von grundlegender Bedeutung.

In diesen vier Beispielen stecken vier Elemente: Information, Einfluss, soziale Empfehlung und Verstärkung. Diese verdeutlichen auch, dass soziales Kapital in Form von persönlichem Kapital in instrumentellen und expressiven Handlungen[1] nicht wie ökonomisches oder Humankapital messbar oder abrechenbar ist.

1 Debatten rund um das Sozialkapital

Das dem Sozialkapital zugrunde liegende produktive Kapital lässt sich in Bezug auf den Nutzeneffekt in zwei Perspektiven unterscheiden: einerseits Sozialkapital als individuelles Gut und andererseits als Kollektivgut.

Beim Sozialkapital als individuellem Gut steht die Frage im Fokus, wie die Individuen Zugang und Ressourcen aus den sozialen Netzwerken in instrumentellen Handlungen nutzen (z.B. um einen besseren Job zu finden oder, wie diese in expressiven Handlungen konserviert werden).

Soziales Kapital wird dabei ähnlich betrachtet wie Humankapital, da angenommen wird, dass die Investitionen, die die Individuen mit der Erwartung an eine Gegenleistung tätigen, einen Nutzen oder Vorteil für die Individuen schaffen. Fasst man die individuellen Erträge jedoch zusammen, nutzen sie auch der Gemeinschaft.

Dennoch liegt der Schwerpunkt der Analyse beim Sozialkapital als individuellem Gut darauf, wie erstens Individuen in soziale Beziehungen investieren und wie zweitens Individuen, die in soziale Beziehungen eingebetteten Ressourcen nutzen, um eine Gegenleistung zu erzielen bzw. einen Nutzen daraus zu ziehen.

Repräsentativ für diese Perspektive sind die Studien von Lin (Lin und Bian 1991; Lin und Dumin 1986; Lin et al. 1981), Burt (1992, 1997, 1998), Marsden (Marsden und Hurlbert 1988; Campbell et al. 1986), Flap (Boxman et al. 1991; DeGraaf und Flap 1988; Flap und DeGraaf 1988; Flap 1991; Sprengers et al. 1988; Völker und Flap 1999) und Portes (Portes und Sensenbrenner 1993) ebenso wie die Diskussion zum Sozialkapital bei Coleman (1990) und Bourdieu (1983, 1986).

Die andere Perspektive betrachtet Sozialkapital auf der Kollektivebene. Dabei wird zum einen diskutiert, wie bestimmte Gruppen soziales Kapital als kollektives Gut entwickeln und erhalten, und zum anderen wie dieses Kollektivgut die Lebenschancen der Gruppenmitglieder erhöht. Sowohl Bourdieu (1983, 1986) als auch Coleman (1988, 1990) haben diese Perspektive umfangreich diskutiert und auch die Arbeiten von Putnam (1993, 1995, 2000) sind exemplarisch dafür.

---

[1] In instrumentellen Handlungen wird Sozialkapital als Mittel zum Zweck eingesetzt, z.B. um einen besseren Job zu erlangen. In expressiven Handlungen kann z.B. die Kontaktpflege ein „Selbstzweck" zur psychologischen Stabilisierung bzw. Verstärkung des Selbstwertgefühls eines Individuums sein.

Während Individuen interagieren und dabei Netzwerke entwickeln müssen, um erfolgreich soziales Kapital zu schaffen, richtete sich das zentrale Interesse beim Sozialkapital als Kollektivgut auf die Untersuchung der Elemente und Prozesse, die zu der Produktion und Erhaltung des Kollektivgutes beitragen.

Zum Beispiel können dichte oder geschlossene Netzwerke als ein Mittel angesehen werden, um kollektives Kapital erhalten und in der Gruppe reproduzieren zu können. Ein anderer wichtiger Punkt bei der Betrachtung auf der Kollektivebene ist die Frage, inwiefern Dispositionen wie Normen, Vertrauen, Sanktionen und Autorität in der Gruppe für die Produktion und Erhaltung des Kollektivgutes notwendig sind.

Insofern kann Sozialkapital auf der gesellschaftlichen Kollektivebene oder auf der relationalen Ebene betrachtet werden. Hierbei sind sich die Wissenschaftler darüber einig, dass die Interaktion der Mitglieder ein soziales Gut erzeugt und erhält. In dieser Debatte wird soziales Kapital in der Neokapital-Theorie verortet.[2]

Diese unterschiedlichen Ebenen von sozialem Kapital (Individual- versus Kollektivebene) haben sowohl in Bezug auf die Theorie als auch auf die Messung zu Verwirrungen geführt. Diese Verwirrungen sind vor allem dadurch entstanden, dass die Diskussion zum Sozialkapital diese verschiedenen Ebenen nicht berücksichtigt hat. Bourdieu (1983, 1986: 248) z.B. unterstützt eine strukturelle Perspektive in Bezug auf die Reproduktion der herrschenden Klasse und des Adels als prinzipielle Erklärung für Sozialkapital. Sozialkapital ist nach Bourdieu die Summe der Gruppengröße oder der Netzwerkgröße und des vorhandenen Kapitalvolumens der Gruppenmitglieder. Das setzt aber voraus, dass zwischen allen Mitgliedern starke reziproke Beziehungen bestehen, d.h. ein völlig dichtes oder institutionalisiertes Netz vorhanden ist, so dass die Stärke der Beziehungen nicht mit berücksichtigt werden muss. Gleichzeitig beschreibt Bourdieu aber wie Individuen interagieren und sich durch wechselseitige Anerkennung verstärken und als Mitglieder eines Netzwerks oder einer Gruppe bestätigen. Dadurch wird in der Argumentation von Bourdieu die Kollektivebene mit der Individualebene vermischt.

Ähnliche Vermischungen finden sich auch bei Coleman. Er betont, dass es beim Sozialkapital darum geht, wie Personen sozialstrukturelle Ressourcen verwenden können, um die Ergebnisse in ihren (individuellen) Handlungen zu verbessern. Dabei diskutiert er aber gleichermaßen die kollektive Natur des sozialen Kapitals im Zusammenspiel von Vertrau-

---

[2] Es gibt zwei zentrale theoretische Positionen bei der Kollektivgutfrage. Für Bourdieu ist soziales Kapital Ergebnis eines Prozesses, in dem Individuen der herrschenden Klasse durch wechselseitige Anerkennung und Aufrechterhaltung verschiedenes Kapital (ökonomisches, kulturelles und symbolisches) privilegierter Gruppen aufrechterhalten und reproduzieren. Adel und Titel sind für solche Gruppen und ihre Mitglieder charakteristisch. Damit ist soziales Kapital ein anderer Weg, um die herrschende Klasse zu erhalten und zu reproduzieren. In dieser theoretischen Position wird soziales Kapital als ein Gut privilegierter Klassen angesehen. Die andere Position zu Sozialkapital als Kollektivgut findet sich in den Arbeiten von Coleman und Putnam. Für Coleman ist Sozialkapital das Produkt von sozialstrukturellen Merkmalen oder Ressourcen, die für die Individuen in spezifischen Handlungen hilfreich sind. Sie beanspruchen soziales Kapital als öffentliches Gut. Diese Kollektivgutshaben sind für alle Gruppenmitglieder zugänglich, wenn sie eine soziale Gruppe oder Gemeinschaft sind, egal welche Mitglieder aktuell unterstützt werden oder inwiefern sie zu solchen Ressourcen einen Beitrag leisten. Weil soziales Kapital ein öffentliches Gut ist, hängt es von der Bereitschaft der Mitglieder ab, entsprechende Anstrengungen zu unternehmen und nicht nur Trittbrettfahrer zu sein. Daher sind Normen, Vertrauen, Sanktionen, Autorität und andere strukturelle „Merkmale" wichtig für den Erhalt von sozialem Kapital. Geht man auf die theoretischen Grundlagen dieser zwei Erklärungsansätze zurück, könnte man die Annahme vom privilegierten Gut als eine Weiterentwicklung bzw. Ausdehnung der Marxschen Kapitaltheorie auf soziale Beziehungen ansehen und die Annahme vom öffentlichen Gut als eine Weiterentwicklung bzw. Ausdehnung der Durkheimischen Perspektive auf soziale Beziehungen betrachten.

en, Normen, Sanktionen, Autorität, und Geschlossenheit als Teil oder Formen des sozialen Kapitals.

Eine andere wesentliche Kontroverse in der Debatte darüber, ob soziales Kapital ein Kollektivgut oder ein individuelles Gut ist, entstand durch die unterschiedlichen Perspektiven: makro- versus relationaler Ebene (siehe dazu die Kritik von Portes 1998). Inzwischen sind sich die meisten Forscher darüber einig, dass Sozialkapital sowohl kollektives als auch individuelles Gut ist. Und zwar in Form von institutionalisierten sozialen Beziehungen, welche Ressourcen beinhalten, die für das Kollektiv und die Individuen in den Kollektiven einen Nutzen erwarten lassen.

Die Unterschiede entstehen, wenn soziales Kapital entlang von Vertrauen und Normen als Kollektivgut oder öffentliches Gut diskutiert wird.

Lin (2001) argumentiert hier, dass soziales Kapital von kollektiven Gütern ebenso wie von Kulturen, Normen, Vertrauen usw. getrennt werden muss. So können zwar kausale Aussagen formuliert werden, wie z.b. dass kollektive Güter ebenso wie Vertrauen die Beziehungen und Netzwerke unterstützen und den Nutzen von eingebetteten Ressourcen verbessern oder umgekehrt. Jedoch kann nicht angenommen werden, dass es sich dabei immer um alternative Formen von Sozialkapital handelt oder sich diese kausal aufeinander beziehen lassen (z.B. Vertrauen gleich Kapital).

Eine weitere Kontroverse beim Sozialkapital als kollektives Gut, findet sich in Bezug auf die Geschlossenheit oder Dichte sozialer Beziehungen oder Netzwerke (Bourdieu 1986; Coleman 1990; Putnam 1993, 1995, 2000). Bourdieu sieht Sozialkapital aus seiner Klassenperspektive als eine Investition der Mitglieder der herrschenden Klasse – als Gruppe oder Netzwerk – an, die sich in wechselseitiger Verstärkung und Anerkennung engagieren, um so die Gruppensolidarität herzustellen und die herrschende Position der Gruppe zu erhalten. Die Mitgliedschaft in der Gruppe basiert auf einer klaren Abgrenzung (z.B. Adelstitel, Familien) die Außenseiter ausschließt. Dafür ist die Geschlossenheit und Dichte der Gruppe notwendig. Coleman hat zwar keine derart klassenbasierte Sicht auf die Gesellschaft. Dennoch sieht auch er die Geschlossenheit von Netzwerken als charakteristisches Merkmal von Sozialkapital an, da sie es ist, die Vertrauen, Normen, Autorität und Sanktionen aufrechterhält und fördert. Dabei verfestigen sich Kräfte, die es ermöglichen, dass Individuen Netzwerkressourcen mobilisieren können.

Diese Verbindung zwischen der Dichte und Geschlossenheit von Netzwerken für den Nutzen von Sozialkapital scheint jedoch zu eng und unvollständig zu sein. So haben z.B. Granovetter (1973) und Burt (1992) die Bedeutung von Brücken in Netzwerken für den Einfluss und Informationsfluss betont. Insofern vernachlässigt die Argumentation der Geschlossenheit oder Dichte als Vorrausetzung für Sozialkapital die Bedeutung von Brücken, strukturellen Löchern oder schwachen Beziehungen (weak ties).

Sicher haben dichte Netzwerke für die Erhaltung von Ressourcen insbesondere bei expressiven Handlungen einen relativen Vorteil. So ist es für die herrschende Klasse besser, dichte geschlossene Netzwerke zu haben, in denen die Ressourcen erhalten und reproduziert werden können (z.B. Bourdieu 1986), oder für eine Mutter ist es nützlich, in einer geschlossenen Gemeinschaft zu leben, die Geborgenheit und Sicherheit für ihre Kinder gewährleistet (z.B. Coleman 1990). Anderseits sind für die Jobsuche der Zugang und das Vorhandensein zu Brücken in den Netzwerken hilfreicher (Lin 1999; Marsden und Hurlbert 1988; DeGraaf und Flap 1988; Burt 1992).

Das heißt, dass man sich bei der Analyse von Sozialkapital genau überlegen muss, welche Ergebnisse unter welchen Bedingungen hervorgebracht werden, d.h. ob eher geschlossene oder eher offene Netzwerke einen Vorteil bzw. höheren Nutzen verschaffen.

Eine weitere Kontroverse ergibt sich aus Colemans Annahme, dass Sozialkapital jede „sozialstrukturelle Ressource" ist, die für Individuen aus bestimmten Handlungen entsteht. Er merkt an, dass „social capital is defined by its function" und „is not a single entity, but a variety of different entities having two characteristics in common: they all consist of some aspect of a social structure, and they facilitate certain actions of individuals who are within the structure" (1990: 302).

Diese funktionale Sicht führt jedoch zu einer Tautologie, denn soziales Kapital wird genau dann identifiziert, wenn es arbeitet. Das heißt, dass eine potentielle kausale Erklärung nur durch den Effekt, den Sozialkapital hat, gegeben werden kann oder dadurch, dass es sich beim Sozialkapital um eine Investition handelt, die abhängig ist vom Ertrag für eine bestimmte Person in einer bestimmten Handlung. Demzufolge ist der erklärende Faktor durch den Effekt bestimmt. Es ist nicht zu leugnen, dass eine funktionale Beziehung angenommen werden kann, z.B. dass Ressourcen die in soziale Netzwerke eingebettet sind zu einem besseren Job verhelfen können. Jedoch müssen die kausalen und effektbezogenen Faktoren separat mit ihren voneinander unabhängigen Maßen betrachtet werden. Zum Beispiel ist Sozialkapital eine Investition in soziale Beziehungen und ein besserer Job wird durch das berufliche Ansehen oder eine leitende Stellung repräsentiert. Es wäre nicht korrekt, eine durch das Ergebnis bestimmte Kausalität anzunehmen, denn ansonsten würde für den einen Akteur X die Beziehung zu Y Sozialkapital sein, da diese Beziehung für X einen Weg zu einem besseren Job bedeutet, für den Akteur Y wäre die Beziehung zu X aber kein Sozialkapital, da diese Beziehung für Y keinen Weg zu einem besseren Job eröffnet.

2   Zur Messung von Sozialkapital

Die angedeuteten Debatten und Erklärungen verorten Sozialkapital in sozialen Netzwerken und sozialen Beziehungen. Daher muss es auch in seinem Ursprung gemessen werden. Sozialkapital kann dann definiert werden als „resources embedded in a social structure which are accessed and/or mobilized in purposive actions" (Lin 2001: 12). In dieser Definition verbergen sich drei wichtige Aspekte: 1. Ressourcen, die in soziale Strukturen eingebettet sind, 2. Die Zugänglichkeit zu solchen Ressourcen durch die Individuen und 3. Die Nutzung oder Mobilisierung solcher Ressourcen durch die Individuen in zielorientierten Handlungen.

Damit vereint der Begriff des Sozialkapitals drei Elemente in der Wechselwirkung von Struktur und Handeln: die Struktur (embeddedness), Gelegenheiten (accessibility) und die Handlungsorientierung (use).

Diese Elemente werden von den meisten Wissenschaftlern, die sich mit Sozialkapital beschäftigen, erwähnt. So hat Lin mit seiner Ressourcentheorie (1982) speziell den Zugang und den Nutzen von sozialen Ressourcen thematisiert.[3] Demnach ist der Zugang und der Nutzen von sozialen Ressourcen nicht unwesentlich von der Position in der Hierarchie der Sozialstruktur (the strength of position proposition) und der Nutzung von schwachen Be-

---

[3] Für Lin sind soziale Ressourcen in Netzwerke eingebunden. Je nach Stellung der Individuen in der Sozialstruktur können diese zu einem besseren sozioökonomischen Status verhelfen.

ziehungen (the strength of tie proposition) bestimmt. Bourdieu definiert den Umfang des Sozialkapitals über die Größe des Netzwerks und des Kapitalvolumens (ökonomisches, kulturelles und symbolisches), das Individuen aufgrund der Netzwerke besitzen. Burt (1982) hebt hervor, dass die Position im Netzwerk (strukturelle Löcher oder strukturelle Zwänge) einen Effekt hat, wenn Individuen eine bessere Position oder Bezahlung in Unternehmen anstreben. Flap (2001) definiert soziales Kapital als eine Kombination aus Netzwerkgröße, Stärke der Beziehung und vorhandenen Ressourcen im Netzwerk und auch Portes (1998) befürwortet bei der Analyse des Sozialkapitals den Fokus auf soziale Beziehungen und Netzwerke.

2.1 Ressourcen und Platzierung der Individuen im Netzwerk

Bei der Frage der Bedeutung von Ressourcen und Beziehungen für das soziale Kapital lassen sich zwei Perspektiven unterscheiden. So sehen einige der Wissenschaftler die Platzierung der Individuen in einem Netzwerk als Kernelement des Sozialkapitals an. Burts Arbeit (1992) verdeutlicht diesen Ansatz. Zur Identifizierung der Knoten von Individuen in einem Netzwerk ist es wichtig zu wissen, wie nah oder wie weit der Knoten von einer strategischen Position, wie z.B. von einer Brücke, entfernt ist, und woher der Nutzer den Wettbewerbsvorteil hat, der ihm möglicherweise den Zugang zu vielen unterschiedlichen und wertvollen Informationen verschafft. Zu dieser Perspektive gehört auch die „Stärke schwacher Bindungen" von Granovetter (1973, 1974), der dabei annimmt, dass besonders Brücken als Form der Netzwerkplatzierung nützlich sind.

Andere Maße zur Platzierung sind die Dichte, Größe, closeness, betweenness und Eigenvektor (Borgatti et al. 1998). Diesen Ansätzen gemeinsam ist die Annahme, dass die Platzierung im Netzwerk das Kernelement zur Identifizierung von Sozialkapital ist.

Ein anderer Ansatz betrachtet die in das Netzwerk eingebetteten Ressourcen. Die soziale Ressourcen-Theorie geht davon aus, dass in den meisten Gesellschaften Besitz, Macht und Status besonders wertvolle Ressourcen repräsentieren (Lin 1982). Daher werden bei der Analyse des sozialen Kapitals die Menge oder Variation solcher Merkmale bei den direkten oder indirekten Beziehungen, die ein Individuum zu Anderen hat, berücksichtigt. Soziale Ressourcen werden hierbei in Netzwerkressourcen und Kontaktressourcen unterschieden. Netzwerkressourcen beziehen sich auf die Mitglieder eines Ego-Netzwerkes, während Kontaktressourcen auf Personen im Netzwerk verweisen, die als Helfer bei instrumentellen Handlungen (z.B. Jobsuche) genutzt wurden oder werden.

Die Netzwerkressourcen stellen die potentiellen Ressourcen eines Netzwerks dar, während die Kontaktressourcen die genutzten Ressourcen in konkreten Handlungen widerspiegeln.

Die Kontaktressourcen werden über den Besitz, Macht und/oder Status der Kontaktperson charakterisiert. Diese Merkmale werden in der Regel über den Beruf, die berufliche Stellung, die Branche oder das Einkommen erhoben.

Zu beiden Positionen gibt es eine Reihe von Debatten darüber, ob z.B. die eingebetteten Ressourcen ein valides Maß für Sozialkapital sind bzw. ob die Platzierung im Netzwerk tatsächlich soziales Kapital misst oder eher ein Vorbote für soziales Kapital ist.

Aus meiner Sicht ist Sozialkapital der Versuch, Ressourcen in sozialen Beziehungen zu erfassen. Die Lokalisierung im Netzwerk kann dabei unterstützend wirken, jedoch determiniert sie nicht notwendigerweise den Zugang zu besser eingebetteten Ressourcen. Welcher Typ der Platzierung im Netzwerk Ressourcen für die erwartete Leistung bzw. Unterstützung ermöglicht, hängt vom Typ der erwarteten Gegenleistung ab. Wenn zum Beispiel angenommen wird, dass Brücken unterschiedliche Informationen verbinden, wird der Nutzen dieser Informationen als eine wertvolle Ressource von dem Individuum bestimmt und nicht davon, wie sie erlangt wird. Ist die Information für das Individuum wertvoll, ist auch die Brücke hilfreich, ansonsten hat sie nur einen geringen Nutzen. Damit soll unterstrichen werden, dass die Platzierung im Netzwerk eher als eine exogene Variable von Sozialkapital angesehen werden muss und weniger als endogene Variable des Sozialkapitals an sich.

Zusammenfassend bleibt festzuhalten, dass Sozialkapital mehr ist als soziale Beziehungen und Netzwerke: es umfasst auch die eingebetteten Ressourcen und den Zugang zu diesen.

Solche eingebetteten Ressourcen können jedoch nicht erfasst werden, ohne die Netzwerkcharakteristiken und Beziehungen zu kennen. Die Platzierung im Netzwerk ist eine notwendige Bedingung für die eingebetteten Ressourcen. Daher muss bei der Analyse von Sozialkapital beides berücksichtigt werden, die Platzierung im Netzwerk und die darin enthaltenen Ressourcen.

2.2 Die Messung von Sozialkapital in Netzwerken

Parallel zu den zwei grundlegenden Elementen von Sozialkapital (Platzierung im Netzwerk und eingebettete Ressourcen) entwickelten sich auch zwei grundsätzliche Ansätze zur Messung von Sozialkapital als eine Art Besitz der Individuen in ihren Netzwerken (Siehe Tabelle 1)

Tabelle 1: Konzepte zur Erfassung von Sozialkapital als Vermögenswerte (Besitz)

Elemente	Maßeinheit	Indikatoren
Eingebettete Ressourcen	Netzwerkressource	Auswahl der Ressourcen, wichtigste Ressource, Vielfalt der Ressourcen, Zusammensetzung (durchschnittliche Ressourcenanzahl), Kontaktmittel
	Kontaktstatus	Beruf der Kontaktperson, Weisungsbefugnisse, Branche
Platzierung im Netzwerk	Brücken oder Zugang zu Brücken	Strukturelle Löcher, strukturelle Zwänge
	Stärke der Beziehungen	Netzwerkbrücken oder Intimität, Intensität, Interaktion und Reziprozität

Der erste Ansatz dient zur Messung der eingebetteten Ressourcen. Hierbei werden die in die sozialen Netzwerke eingebetteten Ressourcen als Kernelement des Sozialkapitals angesehen.

Bei einer solchen Messung werden besonders die wertvollen Ressourcen (wie Besitz, Macht und Status) von Anderen, die von Individuen in ihren Netzwerken und Beziehungen genutzt werden, berücksichtigt. Diese Form der Messung kann sowohl für Netzwerkressourcen als auch für Kontaktressourcen angewendet werden. Netzwerkressourcen stehen dabei für den Zugang den Individuen haben. Sie umfassen typischerweise den Bereich von Ressourcen in den Beziehungen (oder die Distanz zwischen der höchsten und der niedrigsten geschätzten Ressource), die bestmögliche Ressource im Netzwerk oder der Beziehung, die Vielfalt oder Heterogenität von Ressourcen im Netzwerk und die Zusammensetzung der Ressourcen (der Durchschnitt oder typische Ressourcen). Bei Kontaktressourcen handelt es sich um wertvolle Ressourcen in Form von Kontakten oder Hilfeleistungen in spezifischen Interaktionen. Diese werden meist als Besitz, Macht und Status der Kontakte im Kontext der spezifischen Interaktion, wie der Jobsuche, gemessen. Beide Typen von Ressourcen haben einen positiven Effekt auf den Ausgang instrumenteller Handlungen, wie z.B. die Jobsuche (vgl. Lin 1999).

Weitere Messungen konzentrieren sich auf die Platzierung im Netzwerk als Maß für Sozialkapital. Zentral ist dabei das Argument, dass Brücken oder der Zugang zu Brücken Kapitalerträge aus den Handlungen verbessern. Granovetters Idee von der „Stärke schwacher Bindungen" (The Strength of weak ties 1973) war der Vorreiter für dieses Argument, das Burt (1992) mit den strukturellen Löchern und Zwängen ausgearbeitet und erweitert hat.

Weitere Maßzahlen für die Messung von Sozialkapital sind Größe, Dichte, Kohäsion und Geschlossenheit von Netzwerken (vgl. Burt und Minor 1982; Burt 1984; Borgatti et al. 1998).

Da es – wie bereits ausgeführt wurde – sinnvoll ist, beide Aspekte (Platzierung im Netzwerk und eingebettete Ressourcen) bei der Frage des Sozialkapitals zu berücksichtigen, ist es auch sinnvoll, beide Aspekte in der Messung zu erfassen, zu verknüpfen und nicht jedes Netzwerkmaß separat als Indikator für soziales Kapital zu verwenden.

2.3 Erhebungsarten

Es gibt drei zentrale Formen zur Erhebung von Maßzahlen zum sozialen Kapital (siehe Tabelle 2).

Tabelle 2: Techniken zur Erhebung von sozialem Kapital

Erhebungsart	Vorteile	Nachteile
Gesamtnetzwerkerhebung	Komplette Netzwerkabbildung	Begrenzte, oft nur auf einen Kontext bezogene Netzwerke (z.B. Abteilung, Schulklasse usw.)
Namensgeneratoren	Beziehen sich auf spezifische Interaktionen oder Unterstützungsleistungen, Abbildung ego-zentrierter Netzwerke	Tendenz zu starken Beziehungen, Fehlende Netzwerkgrenzen
Positionsgenerator	Keine inhaltliche Einschränkung, Es werden hierarchische Positionen erhoben, Mehrfache Ressourcen werden abgebildet, Direkter und indirekter Zugang	Fehlende Spezifizierung der Beziehungen

Die Gesamtnetzwerkerhebung ist sinnvoll, wenn man ein abgegrenztes soziales Netzwerk abbilden kann. In solchen Netzwerken werden die Daten von allen Knoten gesammelt und deren Beziehungen identifiziert, so dass die Platzierung im Netzwerk untersucht werden kann. Der Vorteil dieser Erhebungsform besteht darin, dass detaillierte Teil- und Gesamtanalysen zu jeder Art von Platzierung im Netzwerk ebenso wie den eingebetteten Ressourcen in jedem Knoten möglich sind. Aufgrund der Anforderungen, dass Netzwerke mit überschaubaren Grenzen definiert werden, ist diese Form der Erhebung besonders für Studien zum Sozialkapital in Organisationen, Unternehmen oder kleinen Netzwerken zwischen Organisationen oder Unternehmen geeignet.

Für größere und weniger definierbare Netzwerke ist die Erhebung in Form egozentrierter Netzwerke hilfreich.

Für die Erhebung ego-zentrierter Netzwerke werden in der Regel Generatoren und Namensinterpretatoren eingesetzt. Mit Hilfe von Namensgeneratoren wird Ego ein Beziehungstyp vorgegeben und gefragt, „mit wem "Ego" durch diesen Beziehungstyp verbunden ist" (Diaz-Bone 1997: 52).

Der Namensgenerator definiert das ego-zentrierte Netzwerk und hat damit eine zentrale Bedeutung für die gesamte Analyse. Nachdem das ego-zentrierte Netzwerk erhoben wurde, werden weitere Informationen zu den von "Ego" genannten Personen, den "Alteri", ermittelt. „Die Fragen, die diese Informationen erheben, sind die Namensinterpretatoren"

(Diaz-Bone 1997; Hennig 2008). Beide zusammen – Netzwerkgeneratoren und Netzwerkinterpretatoren – bilden das Netzwerk-Instrument.

Gemessen wird hier meist die Zusammensetzung der Ressourcen, Heterogenität bzw. Vielfalt der Ressourcen und die Zugänglichkeit von Ressourcen. Der Vorteil dieser Methode liegt zum einen in der Identifikation von spezifischen über Inhalte definierten Bereichen und zum anderen in der Abbildung von Egonetzwerken und den charakteristischen, darin eingebetteten Ressourcen.

Dennoch gibt es auch einige Schwächen in dem Ansatz. So tendiert der Einsatz von Namengeneratoren dazu, dass

1. sehr gute Kenntnisse über das Untersuchungsfeld benötigt werden, da spezifische Inhalte mit Interaktionen verbunden werden und es keine Möglichkeit gibt, Elemente oder Inhalte systematisch zu testen. Die Inhalte werden von den einzelnen Forschern nach eigenen Kriterien ausgewählt.
2. meist nur starke anstelle von schwachen Beziehungen erfasst werden. Den schwachen Beziehungen wird aber gerade bei der instrumentellen Verwendung von Netzwerkbeziehungen eine große Bedeutung beigemessen (vgl. Lin 2001). Denn wenn man davon ausgeht, dass schwache Beziehungen, Brücken, strukturelle Löcher oder die Abwesenheit von strukturellen Beschränkungen nicht rein theoretisch sind, wird man einen gewissen instrumentalen Nutzen durch den Zugang zu besseren Informationen und Ressourcen erwarten. (Granovetter 1974; Burt 1992).
3. bei den Namensgeneratoren individuelle Akteure, aber nicht deren soziale Position, identifiziert werden. Wenn aber wie in vielen strukturellen Theorieansätzen der Fokus auf die soziale Position gelegt wird (White et al. 1976; White 1992; Cook 1982; Burt 1992), sind Namensgeneratoren nicht so gut geeignet.

Die dritte Form der Erhebung erfolgt mit Hilfe eines Positionsgenerators (Lin und Dumin 1986).

Der Positionsgenerator misst den Zugang zu Netzwerkmitgliedern über ihre berufliche Stellung, verstanden als vorhandene soziale Ressource, die auf dem Jobprestige in einer hierarchisch angeordneten Sozialstruktur basiert. Die Handhabung des Instruments ist nicht gerade einfach, aber ökonomisch. Mit dem Instrument können unterschiedliche Grundgesamtheiten differenziert untersucht werden und es basiert auf einer klaren theoretischen Basis (Verteilung des Prestiges auf das zurückgegriffen werden kann, höchstes Zugriffsprestige und die Anzahl der Zugriffe auf unterschiedlichen Positionen).

Die zentrale Frage lautet:

„Among your relatives, friends, or acquaintances, are there people who have the following jobs? If so, what is his/her relationship to you? If you don't know anyone with these jobs, and if you need to find such a person for private help or to ask about some problems, whom among those you know would you go through to find such a person? Who would he/she be to you? What job does he/she do?" (Lin 2001: 66).

Lin fragt auch nach der Menge der täglichen Kontakte („In an ordinary day, how many people are you roughly in contact with? 1. 0-4 persons; 2. 5-9 persons; 3. 10-19 persons; 4. 20-49 persons; 5. 50-99 persons; 6. 100 or persons) und wie gut der Befragte diese Personen kennt (1. Know almost of them; 2. Know most of them; 3. About half and half; 4. Don't know most of them; 5. Know almost of them) (Lin 2001: 69). Aus diesen Angaben wird ein Wert gebildet. Je höher der Wert, desto weniger vertraut istder Befragte mit seinen täglichen Kontakten. Dies entspricht Granovetters These von der Stärke schwacher Beziehungen, nämlich dass extensive, weniger vertraute Kontakte die Netzwerke vergrößern und einen besseren Zugang zu sozialem Kapital liefern. Neben den Positionen werden die Stärke der Beziehung und der Beziehungstyp (Familie, Freunde oder Bekannte) der genannten Alteri erfasst.

Der Vorteil des Instruments besteht darin, dass es auf einer repräsentativen Stichprobe von unterschiedlich bewerteten Positionen in einer gegebenen Gesellschaft beruht. Weiterhin können damit direkte oder indirekte Verbindungen zu solchen grundlegenden Positionen identifiziert werden, und es kann auf mehreren Kriterien für Ressourcen wie Beruf, Macht oder Branche beruhen.

Jedoch hat auch dieser Ansatz seine Schwächen: er ist an Personen gebunden, die in Berufsfelder eingebunden sein müssen. Schwierigkeiten gibt es z.B. bei Studenten, Hausfrauen und Arbeitslosen. Der Ansatz bietet nur gering spezifizierte Informationen über soziale Ressourcen und Unterschiede. Auch ist die Interpretation abhängig von der theoretischen Bedeutung des Jobprestiges oder anderen positionsabhängigen Dimensionen. Für die Erkundung der Zeit bzw. Kontextabhängigkeit von sozialen Beziehungen werden Multiplexitätsmessungen benötigt, welche die jeweils einzelnen Anteile von zugänglichen sozialen Ressourcen widerspiegeln. Diese werden bei dem Positionsgenerator jedoch nicht erhoben. Unklar ist auch, was mit dem Kontakt zu anderen Personen wirklich erfasst wird, Gespräche zu führen oder jemand Anderen zu sehen usw.? Weiterhin gibt es keine Informationen zu den Alteri, also keine Interpretatoren und es werden nur instrumentale Handlungen erfasst, jedoch nur wenig oder gar keine expressiven Handlungen. Das Instrument gibt keine Auskunft über die Ziel- und Kontextspezifikation von sozialem Kapital.

3   Abschließende Bemerkungen

Es sollte deutlich geworden sein, dass der Begriff des Sozialkapitals diverse Formen, wie sich Netzwerkkontakte nutzbringend auswirken können, in sich vereint. Dies macht auch die Schwierigkeit des Begriffs aus. In dem Beitrag wurde versucht die verschiedenen Perspektiven und Kontroversen nachzuzeichnen, um damit den Blick auf den Begriff des Sozialkapitals zu schärfen. Es sollte deutlich geworden sein, dass soziales Kapital an soziale Netzwerke bzw. soziale Beziehungen gebunden und ein Produkt sozialer Handlungen ist – manchmal eher als Nebenprodukt, manchmal aber auch als angestrebtes Ziel. Das dabei entstehende Sozialkapital kann sowohl individuelles Gut als auch Kollektivgut sein, da es in Form von institutionalisierten sozialen Beziehungen Ressourcen beinhaltet, die einen Nutzen erwarten lassen und zwar für Beide, das Kollektiv und die Individuen in den Kollektiven.

Sozialkapital ist jedoch mehr als soziale Beziehungen und Netzwerke, es umfasst auch die eingebetteten Ressourcen und den Zugang zu diesen. Um die eingebetteten Ressourcen jedoch erfassen zu können, werden auch Informationen über die Netzwerkcharakteristiken und Beziehungen benötigt. So sind Platzierungen der Akteure bzw. Knoten im Netzwerk notwendige Bedingungen für die eingebetteten Ressourcen. Daher muss bei der Analyse von Sozialkapital beides berücksichtigt werden, die Platzierung im Netzwerk und die darin enthaltenen Ressourcen.

Die soziale Netzwerkanalyse ermöglicht es uns, etwas über die Entstehung und Entwicklung von Sozialkapital zu sagen. Wird dieses Konzept jedoch nicht mit sozialen Netzwerken und den darin eingebetteten Ressourcen verbunden, besteht die Gefahr, dass soziales Kapital zu einem intellektuellen Konstrukt mit immer breiteren und verwirrenden Definitionen wird, das zu utopischen Erwartungen in der praktischen Anwendung führt. Daher ist es auch im Rahmen der sozialen Netzwerkanalyse notwendig die Definitionen und Maße sehr viel mehr zuzuspitzen und weiter zu entwickeln.

4 Literatur

Borgatti, Stephen P., *Candance Jones* und *Martin G. Everett*, 1998: Network Measures of Social Capital. Connections 21:27-36.
Bourdieu, Pierre, 1982: Die feinen Unterschiede. Frankfurt/Main: Suhrkamp.
Bourdieu, Pierre, 1983: Ökonomisches Kapital, kulturelles Kapital, soziales Kapital. S. 183-198 in: *Reinhard Kreckel* (Hg.), Soziale Ungleichheiten. Götingen: Schwartz.
Bourdieu, Pierre, 1986: The Forms of Capital. S. 241-258 in: *John G. Richardson* (Hg.), Handbook of Theory and Research for the Sociology of Education. Westport, CT: Greenwood Press.
Bourdieu, Pierre, 1992: The Practice of Reflexive Sociology (The Paris Workshop). S. 217-260 in: *Pierre Bourdieu* und *Loïc J. D. Wacquant* (Hg.), An Invitation to Reflexive Sociology. Cambridge: Polity Press.
Boxman, Ed. A.W., *Paul .M. De Graaf* und *Hendrik D. Flap*, 1991: The Impact of Social and Human Capital on the Income Attainment of Dutch Managers. Social Networks 13: 51-73.
Burt, Ronald S., 1984: Network Items and the General Social Survey. Social Networks 6: 293-339.
Burt, Ronald S., 1992: Structural Holes: The Social Structure of Competition. Cambridge: Havard University Press.
Burt, Ronald S., 1997: The Contingent Value of Social Capital. Administrative Science Quarterly 42: 339-365.
Burt, Ronald S., 1998: The Gender of Social Capital. Rationality and Society 10: 5-46.
Burt, Ronald S. und *Michael J. Minor*, 1982: Applied Network Analysis. Beverly Hills, CA: Sage.
Campbell, Karen, *Peter V. Marsden* und *Jeanne S. Hulbert*, 1986: Social Resources and Socioeconomic Status. Social Networks 8: 97-117.
Coleman, James S., 1988: Social Capital in the Creation of Human Capital. American Journal of Sociology 94: 95-121.
Coleman, James S., 1990: Foundations of social theory. Cambridge, MA: Harvard University Press.
Cook, Karen, 1982: Network Structure from an Exchange Perspective. S. 177-199 in: *Peter V. Marsden* und *Nan Lin* (Hg.), Social Structure and Network Analysis. Beverly Hills, CA: Sage.
De Graaf, Nan Dirk und *Hendrik D. Flap*, 1988: With a Little Help from My Friends. Social Forces 67: 452-472.
Diaz-Bone, Rainer, 1997: Ego-zentrierte Netzwerkanalyse und familiale Beziehungssysteme. Wiesbaden: Deutscher Universitätsverlag.
Erickson, Bonnie H., 1995: Networks, Success, and Class Structure: A Total View. Sunbelt Social Networks Conference, Charleston SC.
Erickson, Bonnie H., 1996: Culture, Class and Connections. American Journal of Sociology 102: 217-251.
Flap, Hendrik D., 1991: Social Capital in the Reproduction of Inequality. Comparative Sociology of Family, Health, and Education 20: 6179-6202.
Flap, Hendrik D., 2001: No Man Is An Island. S. 29-59 in: *Olivier Favereau* und *Emmanuel Lazega* (Hg.), Conventions and Structures. Oxford: Oxford University Press.

Flap, Hendrik D. und *Nan Dirk De Graaf*, 1988: Social Capital and Attained Occupational Status. Netherlands Journal of Sociology 22: 145-161.
Granovetter, Mark S., 1973: The strength of weak ties. American Journal of Sociology 78: 1360-1380.
Granovetter, Mark S., 1974: Getting a Job. A Study of Contacts and Careers. Cambridge: Harvard University Press.
Hennig, Marina, 2008: Mit welchem Ziel werden bestehende Netzwerke generiert? S. 295-308 in: *Christian Stegbauer* (Hg.), Netzwerkanalyse und Netzwerktheorie: Ein neues Paradigma in den Sozialwissenschaften. Wiesbaden: VS Verlag für Sozialwissenschaften
Lin, Nan, 1982: Social Resources and Instrumental Action. S. 131-145 in: *Peter V. Marsden* und *Nan Lin* (Hg.), Social Structure and Network Analysis. Beverly Hills CA: Sage.
Lin, Nan, 1999: Social Networks and Status Attainment. Annual Review of Sociology 25: 467-487.
Lin, Nan, 2001: Social capital: A theory of social structure and action. Cambridge, UK, New York: Cambridge University Press.
Lin, Nan und *Yanjie Bian*, 1991: Getting Ahead in Urban China. American Journal of Sociology 97: 657-688.
Lin, Nan und *Mary Dumin*, 1986: Access to Occupations Through Social Ties. Social Networks 8:365-385.
Lin, Nan, Walter M. Ensel und *John C. Vaughn*, 1981: Social Resources and Strength of Ties: Structural Factors in Occupational Statuts Attainment. American Sociological Review 46: 393-405.
Lin, Nan, Fu Yang-Chih und *Hsung Ray-May*, 2001a: The Position Generator: Measurement Techniques for Investigations of Social Capital.S. 57-81 in: *Nan Lin, Karen Cook* und *Ronald S. Burt* (Hg.), Social Capital: Theroy and Research. New York: de Gryter.
Marsden, Peter V. und *Jeanne S. Hulbert*, 1988: Social Resources and Mobility Outcomes: A Replication and Extension. Social Forces 66: 1038-1059.
Portes, Alex, 1998: Social Capital: Its Origins and Applications in Modern Sociology. Annual Review of Sociology 22: 1-24.
Portes, Alejandro und *Julia Sensenbrennner* 1993: Embeddedness and Immigration: Notes on the Social Determinants of Economic Action. American Journal of Sociology 98: 1320-1350.
Putnam, Robert, 1993: Making Democracy Work: Civic Traditions in Modern Italy. Princeton, NJ: Princeton University Press.
Putnam, Robert, 1995: Bowling Alone, Revisited. The Responsive Community Spring: 18-33.
Putnam, Robert, 2000: Bowling Alone: The Collapse and Revival of American Community. New York: Simon & Schuster.
Sprengers, Maarten, Fritz Tazelaar und *Hendrik D. Flap*, 1988: Social Resources, Situational Constraints, and Reemployment. Netherlands Journal of Sociology 24: 98-116.
Völker, Beate und *Hendrik D. Flap*, 1999: Getting Ahead in the GDR. Social Capital and Status Attainment under Communism. Acta Sociologica 42: 17-34.
White, Harrison C., 1992: Identity and Control. A Structural Theroy of Social Action. Princeton: Princeton University Press.
White, Harrison C., Scott A. Boorman und *Ronald L Breiger*, 1976: Social Structure from Multiple Networks: I. Blockmodels of Roles and Positions. American Journal of Sociology 81: 730-780.

Gesamtnetzwerke

3.11 Netzwerkanalyse, Emergenz und die Mikro-Makro-Problematik

Bruno Trezzini

1 Einleitung

Die Mikro-Makro-Problematik, d.h. die Frage, wie individuelles Handeln und soziale Struktur sich gegenseitig bedingen, ist seit jeher fester Bestandteil sozialwissenschaftlicher Selbstverständigungsversuche und Gegenstand wiederkehrender, mehr oder minder fruchtbarer akademischer Kontroversen. Sie hat in jüngster Zeit von zwei Seiten neue Impulse erhalten. Zum einen ist die Mikro-Makro-Wechselwirkung mit Rückgriff auf die neueren Emergenzdiskussionen in den Naturwissenschaften und der Philosophie begrifflich spezifiziert worden (Albert 2005; Healy 1998; Heintz 2004; Renn 2008; Sawyer 2005). Zum anderen wird die netzwerkanalytische Perspektive in zunehmendem Maße als ein Ansatz wahrgenommen, der besonders gut dazu geeignet erscheint, die Mikro- und Makroebene einer theoretischen und methodologischen Integration näherzubringen (Haines 1988; Jansen 2003; Trezzini 1998; Weyer 2000). Die Frage nach dem Verhältnis von Mikro- und Makroebene in der Netzwerkforschung kann dementsprechend in zwei Richtungen zugespitzt werden, nämlich mit Blick auf eine allgemein sozialwissenschaftliche und mit Blick auf eine spezifisch netzwerkanalytische Fragestellung:

1. Was kann die netzwerkanalytische Perspektive zum besseren empirischen und theoretischen Verständnis der Mikro-Makro-Interdependenz in sozialwissenschaftlichen Fragestellungen beitragen? Stellen Netzwerke als relationale soziale Gebilde ein eigenständiges, gar emergentes Analyseniveau dar, und bilden sie darüber hinaus ein im Mesobereich angesiedeltes, privilegiertes Vermittlungsglied zwischen der Mikro- und Makroebene?

2. Über welche speziellen Konzepte und Analyseverfahren verfügt der netzwerkanalytische Ansatz, um zwischen Mikro- und Makroeigenschaften empirischer Netzwerke zu unterscheiden? Welchen Stellenwert besitzt die Mikro-Makro-Wechselwirkung in netzwerkanalytischen Studien, und wie wird sie konzeptualisiert? Inwiefern kann davon gesprochen werden, dass Netzwerke emergente Charakteristiken besitzen, und wie können diese erfasst werden?

2 Die Mikro-Makro-Ebenenunterscheidung

In der Literatur finden sich eine Reihe von theoretischen und konzeptionellen Modellen, welche die Mikro-Makro-Interdependenz in den Griff zu bekommen versuchen (anstelle vieler: Burt 1982; Coleman 1986; Haller 2006). Es soll hier keines dieser Modelle favorisiert werden. Bevor wir uns der Beantwortung der obigen zwei Fragenkomplexe zuwenden können, ist es jedoch notwendig zu klären, was hier unter dem Begriffspaar „Mikro-Makro" verstanden werden soll. Es lassen sich mindestens drei miteinander verbundene und im vorliegenden Zusammenhang wichtige Bedeutungsinhalte unterscheiden:

1. Das Aggregationsniveau der gewählten Analyseebene und Untersuchungseinheiten, d.h. von kleinräumig („Mikro") zu großräumig („Makro"), von Individuen und Gruppen zu Organisationen und Nationen; so können z.b. Tauschhandlungen auf der Ebene von Individuen, Unternehmen oder Ländern im Prinzip gänzlich unabhängig voneinander gewinnbringend analysiert werden.

2. Das Spannungsverhältnis zwischen zielgerichtetem individuellem Handeln („Mikro") und überindividueller gesellschaftlicher Struktur und Kultur („Makro"); so werden zwar Individuen in jeweils vorbestehende, historisch entstandene soziale Strukturen hineingeboren und anhaltenden Prozessen der kulturellen Sozialisation unterzogen. Gleichzeitig sind diese Individuen aber nicht gänzlich willenlose Agenten irgendwelcher metaphysischer Systemlogiken. Vielmehr sind es die aneinander orientierten Handlungen individueller und kollektiver Akteure, über welche soziale Strukturen und kulturelle Normen sowohl reproduziert als auch verändert werden.

3. Die Annahme von Emergenz, d.h. die Sichtweise, dass das makrosoziale Ganze (z.B. die Gesellschaft) mehr darstellen kann als die Summe seiner mikrosozialen Bestandteile (z.B. die Individuen), nämlich dann, wenn es über Systemmerkmale verfügt, die auf der Ebene der Systemteile erstens keine direkte Entsprechung und zweitens keine ursächliche Erklärung finden. Ersteres wird als *schwache* Emergenz bezeichnet und basiert auf der minimalen Annahme der Existenz genuiner kollektiver Eigenschaften (z.B. die Alters- oder Einkommens*verteilung* einer Gesellschaft oder die Beziehungs*dichte* eines Netzwerkes); letzteres wird als *starke* Emergenz bezeichnet und basiert auf der zusätzlichen Annahme der erkenntnistheoretischen Irreduzibilität solcher Systemeigenschaften, d.h. der Unmöglichkeit, emergente Phänomene mittels fundamentalerer Theorien zu erklären respektive sie auf diese zu reduzieren (z.B. indem gesellschaftliche auf psychologische und psychologische auf biologische Prozesse zurückgeführt werden). Die Diskussion um Emergenz beinhaltet ferner die Frage nach der kausalen Beziehung zwischen Prozessen auf der Mikro- und Makroebene sowie zwischen Makrophänomenen.

Obwohl eine detaillierte Diskussion der natur- und sozialwissenschaftlichen Emergenzproblematik den Rahmen dieses Beitrages sprengen würde, bedarf der letzte Punkt einer etwas genaueren Ausführung (siehe auch die weiterführenden Diskussionen in Bedau und Humphreys 2008; Heintz 2004; Sawyer 2005; Stephan 2002).

3 Die Mikro-Makro-Interdependenz als Emergenzverhältnis

Der Emergenzbegriff hat – ähnlich wie der des Netzwerkes – in den letzten drei Jahrzehnten eine gesteigerte Aufmerksamkeit sowohl im natur- als auch im sozialwissenschaftlichen

Diskurs erfahren. Vor allem im Rahmen der Popularisierung der Komplexitätstheorie und im Lichte der Ergebnisse von Simulationen mit zellularen Automaten (wie z.B. das bekannte „Game of Life") und Multi-Agenten-Modellen hat er ein konjunkturelles Hoch erlebt (vgl. Bedau 2008; Epstein 2006; Sawyer 2005: Kap. 8). In der Regel wird mit Emergenz eine Qualität der Neuheit und Unvorhersagbarkeit sowie der Nichtreduzierbarkeit auf fundamentalere Erklärungseinheiten verbunden. Der Emergenzbegriff besitzt aber unterschiedliche Ausformulierungen und Akzentsetzungen, je nach dem fachspezifischen Hintergrund, vor dem sich die Diskussion abspielt. In den Naturwissenschaften – und speziell in der Komplexitätstheorie – wird unter Emergenz das oft spontane Auftauchen von komplexen globalen Mustern auf der Basis von einfachen lokalen iterativen Prozessen und bei gleichzeitigem Fehlen einer zentralen Entscheidungsinstanz verstanden. Ein vielzitiertes Beispiel ist die V-förmige Flugformation von Zugvögeln (Sawyer 2005: 3). Es wird hierbei argumentiert, dass keine zentrale Entscheidungsinstanz diese Flugform anstrebt, sondern sie allein aus multiplen lokalen Anpassungsprozessen der einzelnen Vögel entsteht.

In den Sozialwissenschaften werden sozialen Aggregaten emergente Eigenschaften zugebilligt, weil sie oft über Qualitäten verfügen, die zwar nicht völlig losgelöst von ihren konstitutiven Einheiten sind, letztlich aber auch nicht auf diese reduziert werden können. Es ist mit anderen Worten die Art und Weise, wie die Einheiten konfiguriert, d.h. aufeinander bezogen sind, welche zur Entstehung eines solchen qualitativen „Mehrs" führt, das dann seinerseits eine kausale Wirkungskraft auf die tiefer liegenden Einheiten entfalten kann. Dieses paradox anmutende, wechselseitige Determinierungsverhältnis wird entschärft, wenn man von einer synchronen Sichtweise, wie sie in der philosophischen Körper-Geist-Diskussion dominiert, zu einer diachronen, wie sie z.B. in der Komplexitätstheorie vorherrscht, wechselt (Humphreys 2008). Als das Resultat individueller und kollektiver Wahlhandlungen beeinflussen historisch gewachsene gesellschaftliche Strukturen die Handlungsalternativen heutiger Akteure (Healy 1998). Die sozialwissenschaftliche Mikro-Makro-Problematik ist demnach nur aus einer diachronen Perspektive wirklich sinnvoll fassbar, was z.B. in den Modellen von Coleman (1986: 1322) und vor allem Haller (2006: 583) gut zum Ausdruck kommt, aber von Heintz (2004: 6, Anm. 7) etwas vernachlässigt wird. Es ist diese Historisierung, welche die Interdependenz von Mikro und Makro, von Struktur und Handlung entmystifiziert.

Von einer kritischeren Warte aus besehen erscheint demgegenüber der Emergenzbegriff als Ausdruck temporären Unwissens und als sprachliche Hilfskonstruktion, die dazu geeignet ist, mehr zu verschleiern als zu erhellen. Die Vorstellung von Emergenz hat z.B. den Beigeschmack eines „something for nothing" (Chalmers 2006: 252) oder „mystery gap" (Epstein 2006: 37), weil einerseits eine vollständige Reduzierbarkeit emergenter Phänomene verneint, andererseits aber gleichzeitig ein ontologischer Dualismus abgelehnt, d.h., nur die physikalische Seinsform als real existierend angesehen wird. Der pragmatische Versuch von Heintz (2004: 25), diesem Widerspruch sprachlich mit dem Verweis auf einen „Dualismus der Beschreibungen" Rechnung zu tragen, erscheint dann sowohl aus einer reduktionistischen als auch einer dualistischen Sichtweise der Mikro-Makro-Problematik als nicht weitgehend genug.

Im Kontext sozialwissenschaftlicher Forschung stellt sich ohnehin die Frage, ob tatsächlich von einem emergenten „Quantensprung" zwischen der individuellen und der kollektiven Analyseebene ausgegangen werden kann. Die Übergänge von toter Materie zu lebendigen, stoffwechselbasierten Entitäten und dann zu solchen mit der Fähigkeit, Sinn zu verarbeiten, erscheinen ungleich größere *qualitative* Sprünge zu beinhalten als der Übergang von selbstreflexiven und intentional handelnden Individuen zu funktional differenzierten und arbeitsteilig integrierten Kollektiven solcher Individuen. Es ist zudem nicht in erster Linie die tatsächliche oder vermeintliche *Sui-generis*-Qualität sozialer Phänomene, die den Sozialwissenschaften zu schaffen macht, sondern der Umstand, dass das Auffinden von kausalen Regelmäßigkeiten und die Formulierung von treffgenauen Prognosen infolge mannigfaltiger Kontingenzen nur in sehr beschränktem Maße möglich sind.

4 Soziale Netzwerke als mesoanalytisches Verbindungsglied zwischen der Mikro- und Makroebene

Emirbayer (1997) hat mit seinem Plädoyer für eine relationale Soziologie in Erinnerung gerufen, dass soziales Geschehen nur relational gefasst wirklich Sinn macht. Der bloße Verweis auf die Wirkungsmächtigkeit von abstrakten sozialen Kräften muss demgegenüber unbefriedigend bleiben. Es kann dann nicht überraschen, dass die Netzwerkanalyse ins Zentrum des Interesses rückt, da Relationen und die spezifischen Strukturen, die sich in diesen Beziehungen manifestieren, ihr ureigenster Forschungsgegenstand bilden. Zudem können Netzwerke als ein Medium sowohl für die Herausbildung von emergenten Strukturen als auch für die Einbettung von Akteuren in solchen Strukturen angesehen werden. Dass die netzwerkanalytische Perspektive das Potenzial besitzt, eine gewissermaßen naturwüchsige Vermittlung zwischen Mikro- und Makro-Ebene zu ermöglichen, wurde von verschiedenen Autoren hervorgehoben (z.B. Burt 1982; Haines 1988; Jansen 2003; Weyer 2000). Netzwerke nehmen eine zentrale Vermittlungsposition oder „Scharnierfunktion" (Weyer 2000) ein, weil letztlich alles, was wir als gesellschaftliche Realität wahrnehmen, sich in ihnen und durch sie vollzieht. In einer solchen Sichtweise werden Intentionen und Handlungen von individuellen und kollektiven Akteuren der Mikroebene, die Einbettung dieser Akteure in ein übergreifendes Netzwerk sozialer Interaktionen der Mesoebene und kollektive Systemmerkmale und emergente Struktureigenschaften der Makroebene zugeordnet (vgl. *Abbildung 1*).

Weyer (2000) hat die überraschende Vernachlässigung des Netzwerkbegriffes bei einigen populären theoretischen Entwürfen deutschsprachiger Autoren hervorgehoben. Er argumentiert, dass zu einem erfolgreichen theoretischen Anschluss vor allem drei Aspekte berücksichtigen werden müssen: (1) die Entstehung von Netzwerken und damit das Verhältnis zwischen dem Eigeninteresse von Akteuren und ihrer Kooperationsbereitschaft; (2) die Emergenz von kollektiven Institutionen als Resultat sozialer Interaktionen in Netzwerken; und (3) Netzwerkeffekte, welche einerseits zur Reproduktion gesellschaftlicher Institutionen und andererseits zu ihrem Wandel führen.

Im Hinblick auf die Mikro-Makro-Problematik vielversprechende Anstrengungen zur theoretischen Unterfütterung der Netzwerkanalyse finden sich z.B. im Rahmen des Rational-Choice-Ansatzes (Doreian 2006; Hummon 2000), des Strukturationsansatzes von Giddens (Haines 1988), der Praxis- und Feldtheorie von Bourdieu (Bernhard 2008; De Nooy 2003) und der Systemtheorie von Luhmann (Bommes und Tacke 2005; Holzer 2008; White et al. 2007).

Abbildung 1: Interdependenzen zwischen der Mikro-, Meso- und Makroebene und Analysestrategien zu ihrer Erfassung

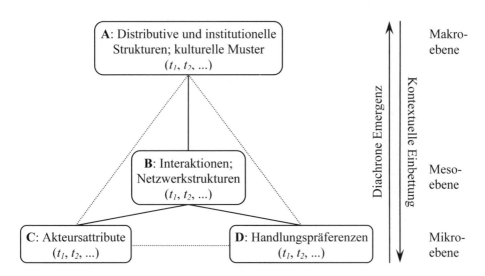

{A, B, C, D} ↔ {A, B, C, D}:	Computersimulationen, qualitative Netzwerkanalysen
{B} ↔ {C, D}:	„Stochastic actor-oriented models for network evolution"
{B} → {C, D}:	„Network autocorrelation models" (sozialer Einfluss), multiple Netzwerke und deren Verkoppelung
{C, D} → {B}:	„Exponential random graph models" (soziale Auswahl), statistische „multilevel network analysis"
{B}:	Blockmodellanalysen, „random graph models"

Quelle: In Ausarbeitung einer Darstellung in Weyer (2000: 241).

Durch den Einbezug von Netzwerken auf der Mesoebene stellt Weyers heuristisches Modell eine willkommene Erweiterung gegenüber Colemans (1986) Makro-Mikro-Makro-Modell dar. Andererseits fehlt bei ersterem ein expliziter Einbezug der Zeitdimension, die wir als zentral für ein adäquates Verständnis von Emergenz und der Mikro-Makro-Interdependenz hervorgehoben haben. Angesichts der Tatsache, dass soziale Strukturen sowohl einen distributiven als auch einen relationalen Charakter haben können, erscheint es uns auch wichtig, Akteursattribute explizit in das Modell einzubeziehen. Diese Akteursattribute sind zudem zentral im Hinblick auf das Entstehen, die Dynamik und den Wandel von sozialen Netzwerken. In empirischen Studien ist es dann notwendig, immer die potenziellen Interdependenzen von Akteursattributen, Handlungsintentionen, Interaktionen und Strukturen im Blick zu behalten (vgl. *Abbildung 1*).

Akteure können hierbei sowohl Einzelpersonen als auch kollektive Entitäten sein – die Mikro-Makro-Ebenenunterscheidung findet also keine direkte Entsprechung in der Akteur-Struktur-Unterscheidung. Es kann gegebenenfalls durchaus von Mikrostrukturen und Makrohandlungen die Rede sein (Haller 2006). Die entscheidenden Differenzierungskriterien zwischen Mikro und Makro sind dann relative „Ausdehnung" und „Reichweite". In *Abbildung 1* verweist „(t_1, t_2, ...)" zudem auf die Temporalität der Interdependenzbeziehungen und die Notwendigkeit einer diachronen Betrachtungsweise. Welche direkten und indirekten Interdependenzen im Rahmen einer gegebenen Fragestellung am zentralsten sind, ist von Fall zu Fall zu entscheiden und kann nicht a priori festgelegt werden.

Es ist außerdem wichtig hervorzuheben, dass der Strukturbegriff an zwei Stellen im Modell auftritt, nämlich als emergente distributive und institutionelle Struktur auf der Makroebene und als Struktur von Beziehungs- und Interaktionsnetzwerken auf der Mesoebene. Während jedes soziale Netzwerk ganz offensichtlich über eine Struktur verfügt und diese mit dem netzwerkanalytischen Instrumentarium adäquat beschrieben werden kann, wäre es gleichwohl eine unzulässige Verkürzung zu behaupten, dass soziale Strukturen letztlich am besten und erschöpfend über die Struktur von manifesten Interaktionsbeziehungen erfasst werden können. Die netzwerkanalytische Forschung erfasst also nur einen – wenngleich wichtigen – Aspekt von sozialer Struktur, und die Mikro-Makro-Problematik weist über soziale Beziehungsnetzwerke hinaus. Peter Blau hat dies mit der Unterscheidung zwischen attributiver Positionsstruktur („structure of social positions") und relationaler Beziehungsstruktur („structure of social relations") auf den Punkt gebracht (vgl. Trezzini 1998: 523f.).

5 Analysestrategien zur Erfassung von emergenten Netzwerkeigenschaften und Mikro-Meso-Makro-Interdependenzen

Wir wenden uns nun der Frage zu, inwiefern innerhalb der Netzwerkforschung Konzepte und Methoden entwickelt wurden, die zur Erfassung von kollektiven und emergenten Eigenschaften von Netzwerken sowie zur Analyse von Interdependenzen zwischen der Mikro- und Makroebene geeignet sind. Das konzeptionelle und analysetechnische Instrumentarium des Netzwerkansatzes erlaubt es zwar, relational definierte Mikro- und Makroeigenschaften von Netzwerken deskriptiv zu erfassen; die Möglichkeiten zu einer Modellierung der Wechselwirkung zwischen den beiden Ebenen stecken jedoch noch in den Kinderschuhen. In *Abbildung 1* haben wir einige Analysestrategien gemäß ihres jeweiligen Geltungsbereichs verortet. Wir beschreiben im Folgenden diese verschiedenen Ansätze in der gebotenen Kürze und gruppieren sie hierzu in vier Kategorien – statische und dynamische Strukturanalysen sowie statische und dynamische Interdependenzanalysen.

5.1 *Statische Strukturanalysen*

Traditionelle netzwerkanalytische Methoden wie z.B. die *Blockmodellanalyse*, die *Cliquenanalyse* oder der *Triadenzensus* sind in erster Linie Klassifikations- und Strukturdetektionsinstrumente und nicht als Mittel zur dynamischen Erfassung von emergenten Strukturbildungsprozessen geeignet. Zwar erlauben es positionale Netzwerkanalysen, Strukturmerkmale zu identifizieren, die von bloßem Auge kaum zu entdecken wären (Jansen 2003: 57) und deshalb als „emergent" erscheinen mögen. Ob es sich hierbei jedoch um Phänomene *starker* Emergenz handelt, kann nicht a priori gesagt werden, da wir über den zugrundeliegenden Entstehungsprozess und zukünftige Entwicklungstendenzen letztlich nichts aussagen können.

Die Blockmodellanalyse ist eine der populärsten Methoden zur Auffindung von relationalen Positionstrukturen in Gesamtnetzwerken. Sie basiert auf der Annahme, dass das Beziehungsmuster eines Netzwerkes in funktional differenzierte soziale Rollen zerlegt werden kann, z.B. auf der Basis des Konzeptes der strukturellen Äquivalenz. Der Ansatz ist statisch, da jeweils nur einzelne Zeitschnitte analysiert werden. Sind aber mehrere solcher Zeitschnitte verfügbar, so können zumindest komparativ-statische Analysen von Strukturveränderungen durchgeführt werden. Die Anwendbarkeit des Ansatzes auf gewisse Fragestellungen ist jedoch weiter dadurch limitiert, dass Beziehungsdaten zwischen allen Netzwerkeinheiten erfasst werden müssen, was nicht immer leicht zu bewerkstelligen ist.

Zufallsgraphen-Modelle („random graph models") haben innerhalb der Naturwissenschaften eine große Aufmerksamkeit gefunden (Newman et al. 2002; Watts 2004). Sie werden hier erwähnt, nicht weil sie besonders geeignet für die Analyse von Mikro-Makro-Interdependenzen sind, sondern weil sie von Vertretern der Komplexitätstheorie gerne als Beispiel für die Existenz emergenter Phänomene in Netzwerken herangezogen werden. So stellt Kogut (2007: 68) z.B. fest: „The theories of random graphs are intriguing precisely because they have the quality that ‚more is different'." Emergenz wird hier also im Sinne des altehrwürdigen Umschlagens von Quantität in Qualität – oder auch als „Phasenübergang" – aufgefasst. Im Falle von Zufallsgraphen kann z.B. beobachtet und auch analytisch gezeigt werden, dass in einem zunächst fragmentierten Netzwerk bei Erreichung eines gewissen Schwellenwertes relativ plötzlich eine Netzwerkkomponente entsteht, über die eine große Zahl der Netzwerkeinheiten miteinander verbunden sind. Zufallsgraphen haben im vorliegenden Zusammenhang zudem die wichtige Funktion, als Vergleichsmarken zu fungieren, z.B. wenn Eigenschaften empirischer Netzwerke mit denen von nach Zufallskriterien kreierten Netzwerken verglichen werden und bei Abweichungen auf die Existenz sozialer Kräfte als Erklärungsfaktoren geschlossen wird (Kang 2007: 595f.; Newman et al. 2002: 2571).

5.2 Dynamische Strukturanalysen

Stegbauer und Rausch (2006: 175) haben hervorgehoben, dass die komparativ-statische Betrachtung von nur ein paar wenigen, oft weit auseinanderliegenden Zeitpunkten kaum dazu geeignet ist, die eigentliche Veränderungsdynamik von Netzwerken zu erfassen. Im Prinzip kann eine solche vergleichende Strukturanalyse aber auf der Basis von beliebig vielen Zeitschnitten durchgeführt werden. Mit diesem Wechsel von einer Zeitraffer- zu einer Zeitlupenperspektive können dann Veränderungsprozesse detailgetreuer beschrieben werden. Stegbauer und Rausch (2006: Kap. 8) haben in diesem Zusammenhang eine Analysestrategie entwickelt, die es ermöglicht, sowohl die Veränderung der positionalen Gesamtstruktur eines Kommunikationsnetzwerkes als auch die wechselnde hierarchische Verortung der Diskussionsteilnehmer im Zeitverlauf abzubilden. In ähnlicher Weise, d.h. unter Rückgriff auf sehr viele Zeitschnitte, verfahren Trier und Bobrik (2008), wenn sie die zum Teil dramatischen Veränderungen der Zentralität von Akteuren in einem sich wandelnden Kommunikationsnetzwerk nachzeichnen. Es ist offensichtlich, dass diese Analysestrategien sehr große Datenmengen benötigen, und es ist somit auch kein Zufall, dass die beiden genannten Studien sich mit Forschungsgegenständen beschäftigen (Mailinglisten und firmeninterne E-Mail), bei denen große Mengen von Verlaufsdaten anfallen, die routinemäßig elektronisch gespeichert werden.

5.3 Statische Interdependenzanalysen

„Network autocorrelation models" wurden zur Analyse von sozialen Einfluss- und Diffusionsprozessen entwickelt (Leenders 2002; Marsden und Friedkin 1994; Robins, Pattison und Elliott 2001). Sie helfen bei der Beantwortung von Fragen, wie z.B., ob die Meinungsbildung von Individuen durch ihre Netzwerkbeziehungen beeinflusst wird. Netzwerkeffektmodelle modellieren also den Einflussprozess der Meso- und Makroebene (Struktur) auf die Mikroebene (Attribute und Verhalten). Gewissermaßen spiegelbildlich dazu fokussieren demgegenüber *„exponential random graph models"* auf die Modellierung sozialer Selektionsprozesse, wie sie z.B. basierend auf dem Konzept der Homophilie („gleich und gleich gesellt sich gern") erwartet werden (Anderson et al. 1999; Robins et al. 2007). Hier verläuft die Kausalrichtung dann von Attributen zu Interaktionsdyaden. In beiden Fällen ist die Analyse aber statisch, weil nur ein Zeitschnitt berücksichtigt wird und auch die simultane Verschränkung der beiden Prozesse vernachlässigt bleibt (Leenders 1997).

Eine andere Art der Interdependenz wird im Zusammenhang mit *Mehrebenen-Netzwerkanalysen* („multilevel network analysis") thematisiert. Der Begriff bezieht sich auf zwei Analysestrategien, welche unterschiedliche Motivationen besitzen. Die erste Strategie ist eine Anwendung der statistischen Mehrebenenanalyse („hierarchical linear modelling") auf Netzwerkdaten, wie z.B. Gesamtnetzwerke (Snijders und Baerveldt 2003; Snijders und Kenny 1999) oder egozentrierte Netzwerke (Van Dujin et al. 1999). Es wird hierbei der Tatsache statistisch Rechnung getragen, dass egozentrierte Netzwerkdaten eine hierarchisch verschachtelte Datenqualität besitzen und multiple Netzwerke (z.B. bei Vergleichen von Netzwerken in verschiedenen Schulklassen) die Modellierung von Kontexteffekten ermöglicht.

Beim zweiten Ansatz handelt es sich nicht um eine spezielle statistische Analysetechnik, sondern der Mehrebenencharakter ergibt sich aus der Anlage der Fragestellung und die Analysemethoden können durchaus „traditionell" sein. Hedström et al. (2000) z.B. zeigen auf, wie Diffusionsprozesse besser verstanden werden können, wenn nicht nur Beziehungsnetzwerke auf der Mikroebene, sondern auch auf einem höheren (geographischen) Aggregationsniveau mit in die Betrachtung eingeschlossen werden. Die Datenanalyse zur Hypothesenüberprüfung beruht dann jedoch auf einer klassischen Ereignisanalyse. Ähnlich schlagen Lazega et al. (2008) vor, im Rahmen eines „structural linked design" Netzwerke auf zwei unterschiedlichen Aggregationsniveaus zu erfassen (der interorganisationellen und der interpersonalen Ebene), um dann die Bedeutung unterschiedlicher Kontexte, wie sie aus der Verkoppelung dieser beiden Netzwerkebenen gebildet werden, für die Entwicklung verschiedener Akteursstrategien zu analysieren. Die Interpretation der so aufbereiteten Netzwerkdaten erfolgt dann mittels Korrespondenzanalysen.

5.4 Dynamische Interdependenzanalysen

Anders als die statischen Interdependenzansätze zielen *„stochastic actor-oriented models for network evolution"* auf die dynamische Erfassung von Interdependenzen zwischen individuellen Attributen und Handlungsentscheidungen auf der Mikroebene und Netzwerkstrukturen auf der Mesoebene ab (Burk et al. 2007; Heidler 2008; Huisman und Snijders 2003; Leenders 1997; Snijders et al. 2007; Van Dujin et al. 2003). Die Bezeichnung „actororiented" verweist hierbei auf die grundlegende Modellannahme, dass Akteure basierend auf gewissen Entscheidungskalkülen Beziehungen eingehen oder auflösen und so die Netzwerkstruktur aktiv verändern. Obschon dieser Ansatz einer der vielversprechendsten ist, da er diachrone Feedbackprozesse auf der Basis longitudinaler Daten modelliert, ist auch er kein Allheilmittel. Zum einen werden hohe Ansprüche an die Datenverfügbarkeit gestellt, zum anderen bildet die Koevolution von Netzwerken und individuellem Verhalten nur einen Aspekt sozialer Struktur ab und kommt somit die Mikro-Makro-Problematik nur partiell in den Griff.

Computersimulationen stellen eine weitere Möglichkeit dar, die Mikro-Makro-Interdependenz in Termini der Netzwerkentstehung und -veränderung dynamisch zu erfassen. Simulationen sind eine bewährte Strategie, um diachrone Selbstorganisations- und Emergenzphänomene nachzuvollziehen (Louzoun und Atlan 2007; Saam 1999; Sawyer 2005: Kap. 8; Squazzoni 2008; Stokman und Zeggelink 1996; Zeggelink et al. 1996). Interessanterweise gibt es aber auch Verfechter von Multi-Agenten-Modellen, die sich zunehmend skeptisch zum Emergenzbegriff äußern (vgl. Epstein 2006: 31ff.). Zudem stellt sich die Frage, wie relevant solche Simulationsergebnisse tatsächlich sind und was man aus ihnen für die soziale Praxis ableiten kann.

Zu guter Letzt sei hier auch auf die wichtige Rolle von *qualitativ-beschreibenden* und *historisch-vergleichenden Netzwerkanalysen* verwiesen (Franke und Wald 2006; Häußling 2006; Hollstein 2006). Um den komplexen Interdependenzen und Wirkungsprozessen, die zur Entstehung und Veränderung von Netzwerken führen, auf die Spur zu kommen, können qualitative Fallstudien oftmals besser geeignet sein als quantitativ-formale Methoden mit ihren relativ limitierten Modellierungsmöglichkeiten. Vor allem als Teil einer Strategie der theoretischen und methodologischen Triangulation können qualitative Netzwerkstudien zu einem adäquateren Verständnis darüber verhelfen, wie Netzwerke als Substrat von Emergenz- und Einbettungsprozessen zu „Mechanismen der Strukturbildung" (Weyer 2000: 254) werden.

6 Fazit

Abschließend pflichten wir Heintz (2004) bei, dass die sozialwissenschaftliche Mikro-Makro-Debatte entfundamentalisiert werden sollte. Ein bewusstes Fokussieren auf die intermediäre Mesoebene sozialer Netzwerke und auf Kontingenztheorien mittlerer Reichweite kann in dieser Hinsicht hilfreich sein. Wenngleich hier hervorgehoben wurde, dass soziale Beziehungsnetzwerke nicht die einzigen gesellschaftlichen Strukturphänomene darstellen, so sind sie doch ein wichtiger Mechanismus und Transmissionsriemen sowohl für die Reproduktion als auch den Wandel sozialer Strukturen und kultureller Muster im weiteren Sinne. Die interdependenten und diachronen Wirkungsprozesse, die hierbei am

Werk sind, können mit dem netzwerkanalytischen Instrumentarium zwar nicht perfekt, aber zunehmend besser erfasst werden.

7 Literatur

Albert, Gert, 2005: Moderater Methodologischer Holismus: Eine weberianische Interpretation des Makro-Mikro-Makro-Modells. Kölner Zeitschrift für Soziologie und Sozialpsychologie 57: 387-413.

Anderson, Carolyn J., *Stanley Wasserman* und *Bradley Crouch*, 1999: A p* primer: logit models for social networks. Social Networks 21: 37-66.

Bedau, Mark A. und *Paul Humphreys* (Hg.), 2008: Emergence: Contemporary Readings in Philosophy and Science. Cambridge, MA: Massachusetts Institute of Technology.

Bedau, Mark A., 2008 [2003]: Downward Causation and Autonomy in Weak Emergence. S. 155-188 in: *Mark A. Bedau* und *Paul Humphreys* (Hg.), Emergence: Contemporary Readings in Philosophy and Science. Cambridge, MA: Massachusetts Institute of Technology.

Bernhard, Stefan, 2008: Netzwerkanalyse und Feldtheorie. Grundriss einer Integration im Rahmen von Bourdieus Sozialtheorie. S. 121-130 in: *Christian Stegbauer* (Hg.), Netzwerkanalyse und Netzwerktheorie: Ein neues Paradigma in den Sozialwissenschaften. Wiesbaden: VS Verlag für Sozialwissenschaften.

Bommes, Michael und *Veronika Tacke*, 2005: Luhmann's systems theory and network theory. S. 282-304 in: *David Seidl* und *Kai Helge Becker* (Hg.), Niklas Luhmann and organization studies. Malmö: Liber & Copenhagen Business School Press.

Burk, William J., *Christian E. G. Steglich* und *Tom A. B. Snijders*, 2007: Beyond dyadic interdependence: Actor-oriented models for co-evolving social networks and individual behaviors. International Journal of Behavioral Development 31: 397-404.

Burt, Ronald S., 1982: Toward a Structural Theory of Action. Networkmodels of Social Structure, Perception, and Action. New York: Academic Press.

Chalmers, David J., 2006: Strong and Weak Emergence. S. 244-256 in: *Philip Calyton* und *Paul Davies* (Hg.), The Re-emergence of Emergence: The Emergentist Hypothesis from Science to Religion. Oxford: Oxford University Press.

Coleman, James S., 1986: Social theory, social research, and a theory of action. American Journal of Sociology 91: 1309-1335.

De Nooy, Walter, 2003: Fields and networks: correspondence analysis and social network analysis in the framework of field theory. Poetics 31: 305-327.

Doreian, Patrick, 2006: Actor network utilities and network evolution. Social Networks 28: 137-164.

Emirbayer, Mustafa, 1997: Manifesto for a Relational Sociology. American Journal of Sociology 103: 281-317.

Epstein, Joshua M., 2006: Generative Social Science: Studies in Agent-Based Computational Modeling. Princeton: Princeton University Press.

Franke, Karola und *Andreas Wald*, 2006: Möglichkeiten der Triangulation quantitativer und qualitativer Methoden in der Netzwerkanalyse. S. 153-175 in: *Betina Hollstein* und *Florian Straus* (Hg.), Qualitative Netzwerkanalyse: Konzepte, Methoden, Anwendungen. Wiesbaden: VS Verlag für Sozialwissenschaften.

Haines, Valerie A., 1988: Social network analysis, structuration theory and the holism-individualism debate, Social Networks 10: 157-182.

Haller, Max, 2006: Soziologische Theorie im systematisch-kritischen Vergleich. Wiesbaden: VS Verlag für Sozialwissenschaften.

Häußling, Roger, 2006: Eine netzwerkanalytisches Vierebenenkonzept zur struktur- und akteursbezogenen Deutung sozialer Interaktionen. S. 125-151 in: *Betina Hollstein* und *Florian Straus*

(Hg.), Qualitative Netzwerkanalyse: Konzepte, Methoden, Anwendungen. Wiesbaden: VS Verlag für Sozialwissenschaften.
Healy, Kieran, 1998: Conceptualizing constraint: Mouzelis, Archer and the concept of social structure. Sociology 32: 509-522.
Hedström, Peter, Rickard Sandell und *Charlotta Stern*, 2000: Mesolevel Networks and the Diffusion of Social Movements: The Case of the Swedish Social Democratic Party. American Journal of Sociology 106: 145-172.
Heidler, Richard, 2008: Zur Evolution sozialer Netzwerke. Theoretische Implikationen einer akteursbasierten Methode. S. 359-372 in: *Christian Stegbauer* (Hg.), Netzwerkanalyse und Netzwerktheorie: Ein neues Paradigma in den Sozialwissenschaften. Wiesbaden: VS Verlag für Sozialwissenschaften.
Heintz, Bettina, 2004: Neue Perspektiven auf das Mikro-Makro-Problem. Kölner Zeitschrift für Soziologie und Sozialpsychologie 56: 1-31.
Hollstein, Betina, 2006: Qualitative Methoden und Netzwerkanalyse – ein Widerspruch? S. 11-35, in: *Betina Hollstein* und *Florian Straus* (Hg.), Qualitative Netzwerkanalyse: Konzepte, Methoden, Anwendungen. Wiesbaden: VS Verlag für Sozialwissenschaften.
Holzer, Boris, 2008: Netzwerke und Systeme. Zum Verhältnis von Vernetzung und Differenzierung. S. 155-164, in: *Christian Stegbauer* (Hg.), Netzwerkanalyse und Netzwerktheorie: Ein neues Paradigma in den Sozialwissenschaften. Wiesbaden: VS Verlag für Sozialwissenschaften.
Huisman, Mark und *Tom A. B. Snijders*, 2003: Statistical Analysis of Longitudinal Network Data With Changing Composition. Sociological Methods & Research 32: 253-287.
Hummon, Norman P., 2000: Utility and dynamic social networks. Social Networks 22: 221-249.
Humphreys, Paul, 2008: Synchronic and Diachronic Emergence. Minds & Machines 18: 431-442.
Jansen, Dorothea, 2003: Einführung in die Netzwerkanalyse. Grundlagen, Methoden, Forschungsbeispiele. Opladen: Leske + Budrich.
Kang, Soong Moon, 2007: Equicentrality and network centralization: A micro-macro linkage. Social Networks 39: 585-601.
Kogut, Bruce, 2007: Introduction to complexity: emergence, graphs, and management studies. European Management Review 4: 67-72.
Lazega, Emmanuel, Marie-Thérèse Jourda, Lise Mounier und *Rafaël Stofer*, 2008: Catching up with big fish in the big pond? Multi-level network analysis through linked design. Social Networks 30: 159-176.
Leenders, Roger T. A. J., 1997: Longitudinal Behavior of Network Structure and Actor Attributes: Modeling Interdependence of Contagion and Selection, S. 165-184 in: *Patrick Doreian* und *Frans N. Stokman* (Hg.), Evolution of Social Networks. Amsterdam: Gordon and Breach Publishers.
Leenders, Roger T. A. J., 2002: Modeling social influence through network autocorrelation: constructing the weight matrix, Social Networks 24: 21-47.
Louzoun, Yoram und *Henri Atlan*, 2007: The emergence of goals in a self-organizing network: A nonmentalist model of intentional actions. Neural Networks 20: 156-171.
Marsden, Peter V. und *Noah E. Friedkin*, 1994 [1993]: Network Studies of Social Influence. S. 3-25 in: *Stanley Wasserman* und *Joseph Galaskiewicz* (Hg.), Advances in Social Network Analysis. Research in the Social and Behavioral Sciences. Thousand Oaks: Sage Publications.
Newman, Mark E. J., Duncan J. Watts und *Steven H. Strogatz*, 2002: Random graph models of social networks. Proceedings of the National Academy of Sciences of the United States of America 99 (Suppl. 1): 2566-2572.
Renn, Joachim, 2008: Emergenz – Das soziologische Problem heterogener Ordnungsebenen und die Zeit der Phänomenologie. S. 253-261 in: *Jürgen Raab et al.* (Hg.), Phänomenologie und Soziologie. Theoretische Positionen, aktuelle Problemfelder und empirische Umsetzungen. Wiesbaden: VS Verlag für Sozialwissenschaften.
Robins, Garry, Pip Pattison, Yuval Kalish und *Dean Lusher*, 2007: An introduction to exponential random graph (p*) models for social networks. Social Networks 29: 173-191.

Robins, Garry L., *Philippa Pattison* und *Peter Elliott*, 2001: Network models for social influence processes. Psychometrika 66: 161-190.
Saam, Nicole T., 1999: Simulating the Micro-Macro Link: New Approaches to an Old Problem and an Application to Military Coups. Sociological Methodology 29: 43-79.
Sawyer, R. Keith, 2005: Social emergence: Societies as complex systems. Cambridge: Cambridge University Press.
Snijders, Tom A. B. und *Chris Baerveldt*, 2003: A multilevel network study of the effect of delinquent behavior on friendship evolution. Journal of Mathematical Sociology 27: 123-151.
Snijders, Tom A. B. und *David A. Kenny*, 1999: The social relations model for family data: A multilevel approach. Personal Relationships 6: 471-486.
Snijders, Tom, *Christian Steglich* und *Michael Schweinberger*, 2007: Modeling the Coevolution of Networks and Behavior. S. 41-71 in: *Kees Van Montfort et al.* (Hg.), Longitudinal Models in the Behavioral and Related Sciences. New York: Routledge.
Squazzoni, Flaminio, 2008: The Micro-Macro Link in Social Simulation. Sociologica 1.
Stegbauer, Christian und *Alexander Rausch*, 2006: Strukturalistische Internetforschung. Netzwerkanalysen internetbasierter Kommunikationsräume. Wiesbaden: VS Verlag für Sozialwissenschaften.
Stephan, Achim, 2002: Emergentism, irreducibility, and downward causation. Grazer Philosophische Studien 65: 77-93.
Stokman, Frans N. und *Evelien P. H. Zeggelink*, 1996: ‚Self-organizing‘ Friendship Networks. S. 385-418 in: *Wim B. Liebrand* und *David M. Messick* (Hg.), Frontiers in Social Dilemmas Research. New York: Springer-Verlag.
Trezzini, Bruno, 1998: Theoretische Aspekte der sozialwissenschaftlichen Netzwerkanalyse. Schweizerische Zeitschrift für Soziologie 24: 511-544.
Trier, Matthias und *Annette Bobrik*, 2008: Dynamische Analyse von Netzwerken elektronischer Kommunikation. Kann der Zentralität getraut werden? S. 323-334 in: *Christian Stegbauer* (Hg.), Netzwerkanalyse und Netzwerktheorie. Ein neues Paradigma in den Sozialwissenschaften. Wiesbaden: VS Verlag für Sozialwissenschaften.
Van Dujin, Marijtje A. J., *Jooske T. Van Busschbach* und *Tom A. B. Snijders*, 1999: Multilevel analysis of personal networks as dependent variables. Social Networks 21: 187-209.
Van Dujin, Marijtje A. J., *Evelien P. H. Zeggelink*, *Mark Huisman*, *Frans N. Stokman* und *Frans W. Wasseur*, 2003: Evolution of sociology freshmen into a friendship network. Journal of Mathematical Sociology 27: 153-191.
Watts, Duncan J., 2004: The ‚new‘ science of networks. Annual Review of Sociology 30: 243-270.
Weyer, Johannes, 2000: Soziale Netzwerke als Mikro-Makro-Scharnier: Fragen an die soziologische Theorie. S. 237-254 in: *Johannes Weyer* (Hg.), Soziale Netzwerke: Konzepte und Methoden der sozialwissenschaftlichen Netzwerkforschung. München: Oldenbourg Verlag.
White, Harrison, *Jan Fuhse*, *Matthias Thiemann* und *Larissa Buchholz*, 2007: Networks and meaning: Styles and switchings. Soziale Systeme 13: 543-555.
Zeggelink, Evelien P. H., *Reinier Van Oosten* und *Frans N. Stokman*, 1996: Object Oriented Modeling Of Social Networks. Computational & Mathematical Organization Theory 2: 115-138.

3.12 Struktur und Dynamik in der Netzwerkanalyse

Matthias Trier

1 Einführung und Begriffe

Die Methodik der sozialen Netzwerkanalyse (SNA) ist auf die quantitative Untersuchung von strukturellen Mustern in Graphen ausgerichtet. Die Analyse arbeitet gegenwärtig meist mit Daten aus einer einmaligen und kumulierten Erhebung der Netzwerkstruktur zu einem bestimmten Zeitpunkt. Diese Herangehensweise erfordert, dass dieser eine Graph des finalen Zustands repräsentativ für die Gesamtentwicklung des Netzwerks ist. Diese Annahme ist jedoch nicht immer korrekt und vereinfacht die zugrunde liegende, nicht beobachtete, Dynamik stark. Gerade für die Untersuchung von Veränderungen sind daher explizitere Verfahren der sog. dynamischen Netzwerkanalyse erforderlich.

Trotz der großen Bedeutung dynamischer Netzwerkanalyse sind deren Begrifflichkeiten, Methoden und Metriken im Vergleich zu dem etablierten Instrumentarium zur Messung der Netzwerkstrukturen bisher noch nicht fest etabliert und vereinheitlicht. Viele Disziplinen, wie z.B. die Physik, die Sozialwissenschaften, die Statistik und die Informatik üben einen entsprechenden Einfluss auf das Analyseinstrumentarium und die Erkenntnisse zur Netzwerkdynamik aus. Trotzdem können einige erste Begriffe als ein Grundgerüst dynamischer Netzwerkanalyse vorgestellt werden.

Zur Definition der Dynamik eines Netzwerks ist zunächst die Theorie komplexer Systeme eine sinnvolle Perspektive. Demnach kann Netzwerkdynamik als *Veränderung* in einem System im Zeitablauf verstanden werden. Diese Veränderung kann bezüglich der Systemelemente und ihrer Relationen, also der Existenz und den Eigenschaften von Knoten und Kanten, betrachtet werden. So können Knoten hinzutreten oder aus dem Netzwerk ausscheiden. Kanten können entstehen oder sich wieder auflösen.

Auf höherer Aggregationsebene können ganze Gruppen bzw. *Cluster* aus Knoten und Kanten entstehen, sich in ihren *Konfigurationen* verändern, sich z.B. verdichten, stabilisieren oder auflösen. Dynamische Analyse kann somit neben der Betrachtung einzelner Verbindungen und Akteure ebenenübergreifend auch auf die allgemeinen Eigenschaften eines Gesamtnetzwerks bezogen werden und z.B. dessen Dichte oder Durchmesser im Zeitablauf untersuchen.

Eine grundlegende Messgröße der Veränderung ist die *Änderungsrate*. Diese kann zunächst als konstant angenommen werden, also beispielsweise als hoch oder niedrig. Die Änderungsrate eines Netzwerks kann jedoch auch zunehmen oder abnehmen, stabil oder sprunghaft sein. Die dynamische Betrachtung kann sich schließlich auch auf das Studium der Veränderung der Veränderung richten. Hierüber kann z.B. beschrieben werden, ob sich das System langsam und stetig ändert oder in schnellen Schüben (engl. Bursts). In einem dynamischen Netzwerk kann es zur Bildung von statischen (fixen) oder dynamischen (fließenden, alternierenden) Gleichgewichten kommen. Letztere zeigen dann wiederkehrende Muster in den Änderungsraten. Für eine solche Art von dynamischer Analyse in Netzwerken ist ein ganz spezielles und neues Vokabular erforderlich mit Begriffen wie beispielsweise „Puls", „Tempo", „Auflösung" etc. (vgl. auch Moody et al. 2005: 1209). Schließlich können die Unterschiede der Änderungsraten in verschiedenen Subnetzwerken des Gesamtnetzwerks verglichen werden, um beispielsweise Zonen mit besonders hoher Dynamik zu identifizieren oder sich verändernde Bereiche und ihre gegenseitigen Abhängigkeiten zu untersuchen.

Neben der Rate der Veränderung ist die *Sequenz* der Veränderung ein weiterer wichtiger temporaler Aspekt. Die Reihenfolge, in der Links entstehen, kann relevant sein, um bestehende Strukturen besser erklären zu können. Diese Perspektive vertritt der Interaktionismus nach Goffman, welcher argumentiert, dass Beziehungen und Rollen durch spezielle Interaktionsmuster mit einem definierten Ablauf entstehen. Die Umordnung dieser Abfolge würde die Beziehung beeinflussen (vgl. Moody et al. 2005: 1211).

Allgemein erfordert die Untersuchung von Netzwerkdynamik die Betrachtung von *Prozessen* der Interaktion im Netzwerk. Der *Netzwerkprozess* wird definiert als eine Abfolge von einzelnen *Ereignissen*, welche nach gewissen *Regeln* Relationen bilden und damit eine spezifische Netzwerkstruktur generieren, erhalten oder auflösen (vgl. auch Doreian und Stokman 1997: 3). Diese Definition betont die Erweiterung der strukturellen Betrachtung um eine zeitbezogene Perspektive: Die Ereignisse an einem bestimmten Zeitpunkt sind abhängig von davor liegenden Ereignissen. Das bedeutet, die im Zeitverlauf entstehende Form des Netzwerks ist von Bedeutung für die weiteren Möglichkeiten der Entwicklung. Die Beschreibung und Erklärung von zeitlichen Abhängigkeiten ist ein zentrales Ziel der Untersuchung von Netzwerkdynamik. Alternativ kann dieser Entwicklungsprozess auch indirekt über die *Transitionen* der Struktur zwischen jeweils zwei Entwicklungsstufen des Netzwerks abgeleitet und beschrieben werden (wie weiter unten im komparativ statischen Ansatz vorgestellt).

Ein wichtiger Begriff ist in diesem Kontext das *Zeitfenster* (engl. Sliding Window, Moving Window, Smoothing Window). Dieses definiert einen zeitlichen Ausschnitt aus einem Gesamtumfang an Netzwerkdaten. Sie dienen als Basis für komparativ statische Vergleiche zwischen zwei zeitlichen Netzwerkausschnitten. Zeitfenster können disjunkt nacheinander folgen oder sich auch überlappen. Bei der Vorstellung der zeitfensterbasierten Analyse wird genauer auf diesen Begriff eingegangen.

Die in der Definition des Netzwerkprozesses erwähnten Regeln können auch als *Konstruktionsregeln* für Mikroprozesse der Netzwerkdynamik bezeichnet werden. Sie beziehen sich auf Ursachen für die Auslösung einer Anzahl von Veränderungen. Aus soziologischer Perspektive kommen hier viele theoretisch begründete Ursachen in Betracht (vgl. Monge und Contractor 2003: 23). Beispiele sind die Übertragung von Akteurseigenschaften (z.B. Krankheitszustände oder Informationsstände), der Aufbau von Freundschaften, symmetrischen Beziehungen und höherer Ähnlichkeit zwischen Akteuren im Zeitablauf (Homophilie), weiterhin die Optimierung von Sozialkapital, das Erreichen von sozialem Status, die Kontrolle von Informationsflüssen und vieles mehr.

Bei der dynamischen Analyse kann auch die *Aktivität* der bestehenden Akteure bzw. Strukturen im Mittelpunkt stehen. Beispielsweise kann so untersucht werden, wie sich Informationen in einem ansonsten unveränderlichen Netzwerk ausbreiten.

Bei der Beschreibung von Methoden zur Analyse von Netzwerkdynamik ist zu beachten, dass im Instrumentarium des Netzwerkanalysten nicht eindeutig zwischen Statik und Dynamik unterschieden werden kann. Vielmehr existiert ein Übergang, da viele dynamische Vernetzungsprozesse ihren Ausdruck in den entstehenden statischen Strukturen finden, also dort spezifische Spuren hinterlassen. Somit können auch mit Methoden statischer Analyse aus einzelnen Beobachtungen von Strukturen gewisse allgemeine Rückschlüsse auf latente Konstruktionsregeln und vorherrschende Mikroprozesse der Interaktion abgeleitet werden. Über diese dynamische Analyse auf Basis statischer Strukturen hinaus ist jedoch auch eine explizite Analyse und Modellierung von dynamischen Netzwerkprozessen möglich. Hinsichtlich der Untersuchungsrichtung kann weiterhin eine Unterscheidung getroffen werden in Ansätze, die von empirischen Daten ausgehen, um Prozesse der Netzwerkdynamik zu erforschen und theoretische Ansätze, welche von abstrakten dynamischen Prozessregeln ausgehen bzw. hypothetische Netzwerke mit möglichst realitätsnahen Strukturen generieren wollen. Entlang dieses Spektrums haben sich verschiedene komplementäre Ansätze zum Studium der Netzwerkdynamik etabliert, die hinsichtlich Beobachtung, Modellierung und Simulation teilweise ineinander übergehen:

a. Theoretische Netzwerkmodelle der statistischen Mechanik
b. Stochastische Netzwerkanalyse auf Basis *einer* Netzwerkmessung,
c. Stochastische Netzwerkanalyse auf Basis *mehrerer* Netzwerkmessungen
d. Komparativ statische Netzwerkanalyse
e. Computergestützte zeitfensterbasierte bzw. ereignisbasierte Ansätze

2 Theoretische Modelle statistischer Mechanik

Der abstrakteste Ansatz zur Analyse von Netzwerken und ihrer Dynamik stammt aus der Physik. Hier stehen theoretische Modelle der statistischen Mechanik mit möglichst einfachen dynamischen Mikroprozessen (bzw. Konstruktionsregeln) im Mittelpunkt. Das Gütekriterium dieser Modelle ist es, in Simulationen komplexe Netzwerke mit real beobachtbaren Eigenschaften und Strukturen erzeugen zu können. Die vorgeschlagenen theoretischen Konstruktionsregeln für Vernetzungsprozesse verdeutlichen, wie globale Eigenschaften *komplexer Netzwerkstrukturen* mit auf wenigen Parametern basierenden *dynamischen Prozessen* bzw. Algorithmen erklärt werden können. Netzwerkstruktur wird so in direkte Verbindung mit der sie konstituierenden Netzwerkdynamik gebracht. Die Erkenntnisse dieser Perspektive sind verwendbar, um künstliche Netzwerke mit einer Reihe realistischer Eigenschaften für statistische Vergleiche oder zur Prognose zu erzeugen.

Die betrachteten theoretischen Mikroprozesse der statistisch mechanischen Modelle leiten sich meist von angenommenen und formalisierten Vernetzungsentscheidungen der Akteure ab. Wenn die über entsprechende Simulationen generierten komplexen Netzwerke in bestimmten Eigenschaften nachweislich realen Netzwerken ähneln, dann wird der modellierte Prozess als erklärende Grundregel bzw. eine typische dynamische Eigenschaft realer Netzwerke betrachtet.

Der Ausgangspunkt aller statistisch mechanischen Modelle ist die Erzeugung von *Zufallsnetzwerken* (engl. Random Graphs; Rapoport 1957; Erdös und Renyi 1959). Der Ansatz basiert auf ungerichteten Beziehungskanten, die unabhängig von den anderen Kanten mit einer gewissen Wahrscheinlichkeit p zufällig zwischen einer definierten Anzahl von Knoten erzeugt werden. Die Kontaktzahl der Knoten unterliegt dadurch einer Binomialverteilung. Diese Konstruktionsregel ist weit entfernt von realen Netzwerkprozessen. Der Ansatz ist aber trotzdem von Bedeutung als Null-Messung, mit der gezeigt werden kann, dass sich beobachtete Netzwerke nicht zufällig entwickelt haben können und somit irgendein besonderer Prozess der Netzwerkformation auf die Netzwerkstruktur eingewirkt haben muss – also ein, vorerst nicht näher beschreibbares, dynamisches Verhalten vorliegt. Der entstehende Zufallsgraph hat, wie reale soziale Netzwerke, eine kurze durchschnittliche Pfadlänge zwischen den Akteuren. Die Cliquen bzw. Community Bildung durch Verlinkung unter den Akteuren (Clustering Koeffizient) ist jedoch in realen Netzwerken viel stärker ausgeprägt als im reinen Zufallsnetzwerk.

Eine Weiterentwicklung dieses Grundansatzes ist dynamische Prozess der zufälligen Neuverbindung (Random Rewiring; Watts und Strogatz 1998). Dieser Prozess führt in Simulationen durch Bildung von Abkürzungen in der Netzstruktur zu sogenannten Small-World Netzwerken. Die entstehende Struktur weist mehr Gemeinsamkeiten mit realen sozialen Netzwerken auf. Der Ansatz erklärt hohes Clustering und die, selbst in sehr großen Netzwerken, typische kleine durchschnittlicher Pfadlänge („Six Degrees of Separation"). Ein weiterer dynamischer Konstruktionsprozess für realistische Netzwerkstrukturen stammt von Barabasi und Albert (1999). Die Autoren stellten fest, dass empirische Netzwerke meist einige wenige Knoten mit überaus vielen Relationen (engl. Hubs) und sehr viele Knoten mit sehr wenigen Relationen (engl. Long Tail) aufweisen. Diese Verteilung ist auch als Power-Law oder Scale-free Verteilung bekannt. Barabasi und Albert (1999) entwickelten einen theoretischen dynamischen Vernetzungsprozess, der eine Netzwerkstruktur mit dieser typischen Eigenschaft erzeugen kann. Dabei verbinden sich neu in das Netz kommende Knoten mit einer Wahrscheinlichkeit mit bestehenden Knoten, die proportional zu deren Kontaktanzahl ist. Diese Vorgehensweise wird daher auch als Preferential Attachement bezeichnet („Rich get richer").

Ein Modell, welches auch dynamische Eigenschaften großer Netzwerke erklären kann, ist das Forest Fire Modell (Leskovec et al. 2005). Die Autoren stellten in Analysen fest, dass Netzwerke im Zeitablauf exponentiell mehr Kanten ausbilden als Knoten hinzukommen. Dadurch sinkt in einem Netzwerk im Zeitablauf der Durchmesser (längster kürzester Pfad im Netzwerk) und die Dichte steigt an. Im Forest Fire Modell kommen neue Knoten in das Netzwerk und wählen jeweils einen bestehenden Knoten („Ambassador") aus. Dann folgen sie mit einer bestimmten Wahrscheinlichkeitsverteilung einer Zahl ein- und ausgehender Links dieses Knotens, um sich mit diesen zu verbinden. Das „Feuer" verläuft so über eine bestimme Distanz auf den bestehenden Strukturen.

Zusammenfassend zeigen die Algorithmen der statistischen Mechanik, dass viele beobachtete komplexe Netzwerke auf eine bestimmte Art und Weise organisiert sind und Gemeinsamkeiten haben, die sich auf einfache Regeln zurückführen lassen. Die Ansätze lassen sich für Netzwerksimulationen oder sogar für die Prognose bestimmter Reaktionsabläufe nutzen. Andererseits sind viele dieser Modelle und damit generierten synthetischen Netzwerke aus soziologischer Sicht noch sehr realitätsfern, da die theoretischen Mikroprozesse oft real nicht beobachtbar sind oder jeder Akteur das gesamte Netzwerk kennen müsste (weitere Kritikpunkte diskutieren Robins et al. 2005).

3 Stochastische Analyse basierend auf einer Messung

Stochastische Methoden der Netzwerkanalyse interpretieren eine beobachtete Netzwerkstruktur als eine konkrete Ausprägung im Sinne einer Stichprobe aus einer Menge theoretisch möglicher Netzwerke. Diese Ausprägung ist ein Resultat von nicht beobachteten latenten Prozessen der Netzwerkentwicklung. Diese Perspektive stellt die Netzwerkstruktur in direkten Bezug zu Fragen der Netzwerkdynamik. Es soll erklärt werden, inwieweit eine beobachtete Netzwerkstruktur durch einen als Nullhypothese postulierten und theoretisch begründeten stochastischen Konstruktionsprozess der Netzwerkdynamik erklärt werden kann. Der Fokus verlagert sich auf die Frage, ob ein beobachtetes Muster im Netzwerk wiederkehrt und damit wahrscheinlich ist. Dynamik ist dabei lediglich ein impliziter Untersuchungsgegenstand, der über eine einzelne beobachtbare Ausprägung des Netzwerks untersucht wird. Das Netzwerk wird dabei nicht deterministisch sondern stochastisch aufgefasst, da neben erklärbaren wiederkehrenden auch zufällige Muster (bzw. Zufallsvariablen) einbezogen werden.

Bei den oben vorgestellten mechanischen Modellen wird meist eine generelle Unabhängigkeit zwischen allen Mikroprozessen unterstellt. Wasserman et al. (2007: 45) kritisieren, dass diese Modellierungsannahme insbesondere in Netzwerken aus sozialen Akteuren nicht sehr realistisch ist. Vielmehr sind inzwischen für soziale Netze zahlreiche Abhängigkeiten theoretisch und empirisch belegt, wie z.B. Homophilie zwischen Akteuren oder die Bildung von transitiven Dreiergruppen (vgl. z.B. den Überblick bei Monge und Contractor 2003). Die Betrachtung von Abhängigkeiten ist insbesondere auch wichtig, weil bei den stochastischen Modellen nicht wie bei den mechanischen sehr große Netze mit Umfängen von oft mehreren Millionen Akteuren oder aber ganze Klassen von Netzwerken global betrachtet werden. Vielmehr rücken kleinere soziale Netzwerke (von 20-100 Akteuren) sowie konkrete Modelle für Verhaltensweisen von Akteuren und daraus resultierende soziologische Mikroprozesse der Interaktion in den Vordergrund. Aufgrund der fehlenden Unabhängigkeit der Aktivitäten im Netzwerk ist die Statistik in der Netzwerkanalyse nicht direkt mit konventionellen Methoden in den Sozialwissenschaften vergleichbar. Der Fokus liegt auf der gezielten Modellierung von Abhängigkeitsstrukturen bzw. auf der Entwicklung von Methoden, die ein bestimmtes Ausmaß an Abhängigkeiten berücksichtigen können. Die entstehenden stochastischen Methoden sind daher eher kompliziert und werden in der Praxis meist mit Software unterstützt.

Der historische Ausgangspunkt der stochastischen Methoden ist zunächst genau wie bei den mechanischen Ansätzen der Zufallsgraph (Rapoport 1957; Erdös und Renyi 1959) mit seiner gegebenen Anzahl von Akteuren und einer definierten Kantenwahrscheinlichkeit. Aus diesem Ansatz lässt sich ein statistischer Test entwickeln, welcher in der Nullhypothese fordert, dass die untersuchte Netzwerkstruktur durch einen (Bernoulli-) Zufallsprozess entstanden sein könnte (vgl Wasserman und Faust 1994: 533). Bei Vorliegen dieses Prozesses wären ganz bestimmte Netzwerkkonfigurationen und -parameter bei den darüber entstehenden Netzwerken sehr wahrscheinlich. Das beobachtete tatsächliche soziale Netzwerk kann mit seinen speziellen Merkmalen hinsichtlich seiner Auftrittswahrscheinlichkeit in dieser Referenzmenge bewertet werden. In aller Regel wird seine Form signifikant von den Zufallsnetzen abweichen. Dann wird die Nullhypothese abgelehnt. Das ist dann gleichbedeutend mit der ersten, noch sehr beschränkten Erkenntnis, dass der latente dynamische Konstruktionsprozess der beobachteten Netzwerkstruktur nicht zufällig ist – die Struktur also nicht durch einen Bernoulli Prozess erklärt werden kann. Das impliziert, dass die Netzwerkdynamik in diesen Fällen (irgend-) einem besonderen dynamischen Phänomen unterlegen haben muss.

Weiterentwicklungen dieses Basismodells ermöglichen realistischere Einschätzungen, indem sie eine Reihe von Bedingungen in der Grundgesamtheit kontrollieren und über bedingte Verteilungen den betrachteten Möglichkeitsraum für die Entstehung von entsprechenden Netzwerkstrukturen einschränken. So können zum Beispiel die in einem bestimmten Datensatz vorkommenden reziproken Beziehungen zwischen Akteuren mit einem Zufallsnetzwerk verglichen werden, in dem nur Graphen mit den Outdegrees des beobachteten Netzwerks eine Eintrittswahrscheinlichkeit größer Null haben. Mit dieser angenommenen Verteilung des Netzwerks kann dann untersucht werden, ob die beobachtete Anzahl reziproker Beziehungen signifikant von der Anzahl im Zufallsnetzwerk abweicht.

Eine Weiterentwicklung ist das U(MAN) Modell von Holland und Leinhardt (1976). Es nimmt eine Gleichverteilung mit bedingten Anzahlen von reziproken, asymmetrischen und nicht-existenten Dyaden an und basiert damit nicht mehr auf Relationen sondern auf Dyadentypen. Mit diesem Verfahren können Netzwerkkonstellationen aus drei Knoten (Triaden) analysiert werden. Diese Triaden sind quasi die „Moleküle" eines Netzwerks. Über die 16 möglichen Triadenkonstellationen (genannt Triadenzensus) können viele soziologische Theorien und ihre korrespondierenden dynamischen Konstruktionsprozesse als Teststatistik formalisiert werden. Für jede der 16 Dreieckskonstellationen kann dabei die erwartete und beobachtete Anzahl des Triadentyps verglichen werden. Aus einer Ablehnung der Nullhypothese wird dann beispielsweise geschlossen, dass bestimmte Triadenkonfigurationen (z.B. reziproke oder transitive Akteursgruppen) signifikant häufiger oder seltener sind als in bei einer zufallsbasierten Netzwerkentstehung. Über eine solche Triadenanalyse vergleichen Milo et al. (2002) Netzwerke sehr unterschiedlicher Domänen, vom Internet bis zum genetischen Transkriptionsnetzwerk und identifizieren jeweils charakteristische strukturelle ‚Motive'. Es scheinen also in den verschiedenen Netzwerkdomänen jeweils spezifische, bestimmte Triadenformen begünstigende Mikroprozesse der Netzwerkdynamik vorzuliegen.

Für die Analyse der Zentralität und des Prestiges existieren stochastische Modelle dyadischer Interaktion. Eine Dyade ist eine Kombination aus zwei Akteuren und ihren Relationen. Wo die bisherigen Ansätze unabhängige Relationen angenommen haben und als Basis für die statistischen Methoden erforderten, verwenden die dyadischen Interaktionsmodelle unabhängige Dyadenformen (Null-, asymmetrische, symmetrische Dyade, d.h. keine Verbindung, einseitige Verbindung und beidseitige Verbindung von Akteuren). Darüber wird die Einschätzung vieler weiterer Netzwerkparameter und Treiber der Netzwerkdynamik möglich, z.B. Outdegree (Expansiveness) einzelner Akteure im Netzwerk, Tendenzen zu unterschiedlichen Degreeverteilungen im Netzwerk oder Reziprozität. Das Ausgangsmodell bildet hierbei das p_1 Modell von Holland und Leinhardt (1981). In diesem Modell werden die Wahrscheinlichkeiten für die vier dyadischen Zustände über eine Anzahl Aussagen mit verschiedenen addierten Parametern für Outdegree (Expansiveness), Indegree (Responsiveness), und Reziprozität als eine Formel ausgedrückt. Mit einer Schätzprozedur (Maximum-Likelihood) wird diejenige Parameterkombination geschätzt, welche die größte Nähe („Fit") zur beobachteten Interaktion im Netzwerk aufweist, die Beobachtung also am besten erklärt.

Dabei wird von einem Ausgangsset an Parameterwerten ausgegangen und eine simulierte Verteilung des Graphen mit der beobachteten verglichen. Über iterative Änderungen der Parameterkombination wird die simulierte Verteilung dem beobachteten Netzwerk. Als signifikant eingestufte Netzwerkparameter wie z.B. das Vorkommen symmetrischer Dyaden oder bestimmter Triadenformationen können dann wieder verwendet werden, um Aussagen über die unterliegenden dynamischen Prozesse abzuleiten.

Ein großer Durchbruch (vgl. Wasserman et al. 2007: 46) gelang Frank und Strauss (1986) mit ihrem Konzept des Markov Zufallsgraphen (vgl. Robins et al. 2007). Diesem liegt die wichtige Annahme zugrunde, dass Abhängigkeiten zwischen Relationen in Netzwerken nur bei benachbarten Relationen existieren. Im Modell dürfen zwei Relationen bedingt voneinander abhängig sein, wenn sie einen gemeinsamen Akteur aufweisen. Ansonsten sind sie bedingt unabhängig. Dieser Ansatz bedient sich damit zum ersten Mal einer realistischeren Unabhängigkeitsannahme und kann daher bessere Schätzungen der Parameter eines Netzwerks liefern.

Die verschiedenen stochastischen Ansätze unterscheiden sich primär in ihren (Un-) Abhängigkeitsannahmen. Inzwischen wurden sie aus dieser Erkenntnis heraus formell zur Klasse der Exponential Random Graph Modelle (ERGM) verallgemeinert. Diese werden auch kurz als p* Modelle bezeichnet. Ein Softwarewerkzeug für diese ERGM Ansätze ist beispielsweise Statnet.

Bei den Modellen bestehen gegenwärtig noch verschiedene Nachteile, wie z.B. die Berechnungszeit und die noch oft ungünstige Konvergenz des Modells und seiner Parameter, wenn beispielsweise das beobachtete Netzwerk sehr heterogene Akteure aufweist. Wenn viele Parameter in einem Modell integriert werden, erschwert das die richtige Interpretation der Simulationsergebnisse, da in diesem Fall viele dynamische Mikroprozesse parallel einwirken können. Es werden weiterhin vereinfachend sehr langsame und kontinuierliche Änderungsprozesse bei einer konstanten Anzahl von Knoten angenommen. Weiterhin werden zur Vereinfachung der Rechnung homogene Akteure unterstellt.

4 Stochastische Analyse basierend auf mehreren Messungen

In den bisher genannten stochastischen Ansätzen wird lediglich *eine* Netzwerkbeobachtung herangezogen, um zu untersuchen, inwiefern diese Ausprägung besondere Typisierungsmerkmale aufweist und damit Hinweise auf einflussreiche Mikroprozesse liefert. Es gibt jedoch auch ein zeitbezogenes Exponential Random Graph Modell, das mehrere Netzwerkmessungen einbezieht und damit den dynamischen Vernetzungsprozess direkt in die stochastischen Ansätze integriert – den stochastischen akteurs-orientierten Ansatz der Netzwerkdynamik (Snijders 1997). Snijders schlägt ein komplexes dynamisches Modell vor, welches aus den Unterschieden zwischen Netzwerkdaten mehrerer Erhebungszeitpunkte Netzwerktransitionen ableitet und über simulationsbasierte und computergestützte statistische Methoden ähnlich den obigen ERGM Ansätzen entsprechende Parameter der Netzwerkdynamik schätzt und testet. Die treibende Kraft der Netzwerkänderung sind dabei die Aktionen der Akteure, welche durch ihre lokal umgebende Netzwerkstruktur beeinflusst werden. Die Akteure optimieren jeder individuell eine Nutzenfunktion, in der entsprechende Theorien über die Netzwerkentwicklung formalisiert und auf ihre Signifikanz getestet werden können.

In das Modell gehen Grundelemente ein, wie z.B. ein Zeitparameter, ein Set an Akteuren, Akteursattribute, ein Netzwerk an gerichteten Relationen, welches durch die beteiligten Akteure verändert werden kann und schließlich ein Raum der möglichen Netzwerke (vgl. Snijders 1997: 189). Der Zustand eines Akteurs ist abhängig von der Netzwerkstruktur zu einem Zeitpunkt. Der entsprechende Nutzen bzw. das resultierende Optimierungsverhalten des Akteurs wird dabei über eine Nutzenfunktion (bzw. Heuristik) abgebildet. Diese Funktion enthält modellierte Nutzeneffekte mit in ihrer Gewichtung zu schätzenden statistischen Parametern. Daneben ist auch eine Zufallsvariable im Modell vorhanden. Ein entsprechender Test kann dann zeigen, dass der modellierte Effekt der Reziprozität den Zufallsanteil in der Netzwerkdynamik verdrängt und die beobachteten Veränderungen maßgeblich erklären kann.

Das zu diesem Ansatz gehörende Programm Siena bietet mehr als 18 auswählbare Effekte als Bestandteile der Nutzenfunktion an. Beispiele sind Outdegree, Reciprocity, Balance, Activity oder Betweenness. Der Modellierer kann damit aus den Netzwerkdaten von mindestens drei Erhebungszeitpunkten die Rolle der einzelnen dynamischen Effekte in einem Netzwerk schätzen. Neben der Nutzenfunktion besteht der Ansatz aus einer Änderungsfunktion, die eine Änderungsrate bestimmt, also wie viele Änderungen auf welche Weise stattfinden.

Insgesamt lassen sich über den Ansatz von Snijders eine Vielzahl von Akteursattributen und Netzwerkparametern, wie z.B. Outdegree (Expansiveness), Reziprozität, oder Balance auf Basis weniger Erhebungen eines Netzwerks als Treiber dynamischer Veränderungseffekte bewerten. Das reicht bis zur Schätzung des Einwirkens von Homophilie, also der Annäherung von Akteuren mit ähnlichen Attributen (z.B. Raucher). Durch die Berücksichtigung mehrerer Messzeitpunkte zeigt der Ansatz im Vergleich zu den konventionellen ERG Modellen im vorhergehenden Abschnitt, ob im Netzwerk gleichbleibende (stationäre) Eigenschaften und Mikroprozesse vorherrschen oder veränderliche Tendenzen. Es kann untersucht werden, ob bestimmte Effekte zeitlich aufeinander folgen. Die Netzwerkveränderungen und damit die Dynamik werden dabei erstmals explizit betrachtet.

5 Komparativ statische Netzwerkanalyse

Die bis hierhin vorgestellten Methoden gehen von modellierten, mehr oder weniger realistischen Vernetzungsprozessen aus und analysieren das beobachtete Netzwerk über einen Vergleich mit dem hypothetischen Modell. Dieser Perspektive kann ein explorativer und eher deskriptiver Ansatz gegenübergestellt werden, welcher von einzelnen Fällen ausgehend Muster beschreibt und interpretiert. Die Beschreibung und Analyse erfolgt dabei meist über komparative Vergleiche mehrerer Erhebungen eines Netzwerks im Zeitablauf (vgl. Doreian und Stokman 1997: 6). Solche komparativ statischen Ansätze können insbesondere bei sehr heterogenen Prozessen oder Strukturen mit sehr unterschiedlichen Änderungsraten im Netzwerk nützlich sein, da die stochastischen Methoden starke Unterschiede im Netzwerk schlecht handhaben können. Mit beschreibenden Methoden wird ein konkreter realer Kontext genauer analysierbar und konkrete relevante Vernetzungsmuster können identifiziert werden. Weiterhin sind keine Unabhängigkeitsannahmen erforderlich. Auf der anderen Seite ist ein Vergleich zwischen Netzwerken schwieriger, da die komparativ statische

Sicht nur in der Lage ist, für ein Netzwerk (als einem Fall) dynamische Prozesse zu beschreiben.

Eine der ersten, für die komparativ statische Analyse verwendete Datensammlungen erfasst die Netzwerkstrukturen einer 17-köpfigen Gruppe männlicher Studenten einer Studentenverbindung, welche über 15 Wochen hinweg jeweils ihre gegenseitige Sympathie bewertet haben (Newcomb 1961). Ein Beispiel für eine entsprechende Analyse findet sich in Doreian et al. (1997: 138). Mit der komparativ statischen Methode lassen sich genauere Beschreibungen einzelner Mikroprozesse erzielen. So stellen Doreian et al. zum Beispiel fest, dass die Reziprozität im Studentennetzwerk sehr früh im Prozess aufgebaut wurde und sich die Entwicklung von Reziprozität anders verhielt als die Entwicklung der Balance und Transitivität (Doreian et al. 1997: 143). Moody et al. (2005: 1229) untersuchen den Zeitverlauf später genauer und stellen fest, dass eine Aufteilung in drei Gruppen die beobachtbare Dynamik besser erklären hilft: Eine Gruppe stabilisiert sich sehr schnell, eine weitere nach dem ersten Drittel und die letzte Gruppe ändert ihre Sympathiebewertung der anderen Akteure permanent. Das zeigt die Wichtigkeit eines genaueren Bildes über die verschiedenen Vorgänge von einzelnen Untergruppen innerhalb eines konkreten Netzwerks. Solche Aspekte sind in stochastischen Ansätzen, welche eher allgemeine Tendenzen feststellen, nicht vorgesehen.

6 Computergestützte Zeitfensteranalyse

Computergestützte Ansätze der dynamischen Netzwerkanalyse zerlegen Netzwerke mittlerweile in sehr feine und gegebenenfalls auch überlappende Zeitperioden und erlauben so eine (Teil-) Automatisierung der komparativ deskriptiven Vergleiche. Diese Weiterentwicklung zu detaillierter Zerlegung wird auch als Zeitfensteranalyse bezeichnet. Dahinter steht die Auffassung, dass durch eine Analyse kleinerer Zeitfenster auch sehr feine Veränderungen von Netzwerken beobachtet und analysiert werden können, was schließlich genauere Erkenntnisse über die Netzwerkdynamik erlaubt. Im Unterschied zur stochastischen Analyse, in der latente Prozesse theoretisiert und über die beobachtete Struktur evaluiert werden, können mit der Zeitfensteranalyse Prozesse quantitativ erfasst und explizit analysiert werden.

Ein großer Vorteil der Zeitfensteranalyse ist der enge Bezug zum Netzwerkgraph als Visualisierungsform. Ein Ansatz mit Schwerpunkt auf Visualisierung ist die Software Sonia, welche z.B. in Moody et al. (2005) diskutiert wird. Mittlerweile wird diese auch als eine Bibliothek im Statistikprogramm R angeboten. Das zeitgleich entstandene und speziell für die Analyse dynamischer Netzwerkdaten entwickelte SNA Werkzeug Commetrix (Trier 2005, 2008) verbindet schließlich optimierte Visualisierung dynamischer Graphen mit Möglichkeiten zur Filterung und Messung interaktiv ausgewählter Netzwerkdaten. Dieser Ansatz wird aufgrund seines etwas anderen unterliegenden Netzwerkmodells im nächsten Abschnitt genauer vorgestellt.

Bei der zeitfensterbasierten Netzwerkanalyse lassen sich zwei Vorgehensweisen unterscheiden: Bei der *kumulativen dynamischen Netzwerkanalyse* werden die einzelnen Kommunikations- und Kollaborationsaktivitäten schrittweise aufsummiert bis sich am Ende ein Gesamtnetzwerk gebildet hat. Im Gegensatz zur statischen Netzwerkanalyse wird eine Beziehung zwischen zwei Akteuren erst zu dem Zeitpunkt aktiviert bzw. verstärkt, in dem sie auch tatsächlich stattgefunden hat. Es lässt sich so untersuchen, wann, wie und aufgrund welcher zeitlichen Ereignisse das Netzwerk wächst bzw. sich stärker vernetzt. Alternativ kann die Netzwerkaktivität auch innerhalb eines bestimmten Zeitfensters (engl. Sliding Window) betrachtet werden. So werden alte Strukturen ausgeblendet und der Fokus liegt auf den neu hinzukommenden Strukturen und damit auf der Netzwerkänderung. Das Zeitfenster (z.B. 30 Tage) wird im Laufe der Analyse über den gesamten Untersuchungszeitraum weiter geschoben. Das kann überschneidungsfrei geschehen, z.b. von Tag 1 -30 auf 31-60 etc. Dies entspricht einem Zeitintervall von ebenfalls 30 Tagen. Das Zeitintervall für die Verschiebung kann auch kleiner als das aktive Zeitfenster definiert werden: Ein Zeitintervall von 1 Tag führt zu den Zeitfenstern Tag 1-30, Tag 2-31, etc. Die Zeitfenster werden anschließend verglichen.

Nachteilig ist insgesamt festzuhalten, dass die Größe und die Überlappung der Zeitfenster bisher willkürlich durch den Analysten definiert wird. Hierbei ist zu beachten, dass bei kleineren Zeitfenstern (z.b. einzelne Tage) kaum stabile Strukturen zu erkennen sind und bei zu großen Zeitfenstern (z.B. Quartale) der Blick auf die Dynamik durch viele alte und noch nicht ausgeblendete Strukturen verstellt wird. Die Zeitfenster sollten daher in Abhängigkeit von der Interaktionsfrequenz und der durch die Akteure wahrgenommenen zeitlichen Bedeutsamkeit einzelner Interaktionen bestimmt werden.

7 Ereignisgesteuerte Netzwerkanalyse

Ausgehend von der Zeitfensteranalyse wurde die Methode der ereignisbasierten Netzwerkanalyse entwickelt. Sie basiert auf einer engen Kombination von einem erweiterten ereignisbasierten Datenmodell der Netzwerkentwicklung, explorativer dynamischer Graphvisualisierung und dynamischer Netzwerkanalyse. Der Ansatz wird über die SNA Software Commetrix unterstützt (vgl. Trier 2005, 2008).

In der ereignisbasierten Netzwerkanalyse werden Beziehungskanten nicht wie in konventionellen Modellen der SNA direkt als Relation modelliert. Vielmehr werden die einzelnen relationalen Ereignisse erfasst, welche die Beziehungskanten konstituieren bzw. verstärken. So können in einem Kommunikationsnetzwerk die einzelnen ausgetauschten Nachrichten als konstituierende relationale Ereignisse der Akteursbeziehungen modelliert werden. Alternativ können aber auch z.B. die Teilnahme an Treffen oder die gemeinsame Mitwirkung an Dokumenten relationale (Affiliations-) Ereignisse darstellen.

Ein großer Vorteil des ereignisgesteuerten SNA Ansatzes ist das – im Vergleich zur konventionellen statischen Netzwerkanalyse – viel umfassendere Datenmodell. Es beinhaltet Knoten, Knoteneigenschaften, relationale Ereignisse und Ereigniseigenschaften (vgl. den Überblick in Trier 2008). Als Eigenschaft eines Ereignisses wird sein Eintrittszeitpunkt (Timestamp) in das Modell aufgenommen. Damit kann eine Sequenz relationaler Ereignisse zwischen Akteuren als sich verändernde Beziehung im Datenmodell erfasst und später im Rahmen dynamischer Analyse untersucht werden. Veränderungen im Netzwerk sind dabei direkt von einzelnen Ereignissen getrieben.

Zu den Ereignissen können nominale, ordinale oder metrische Variablen zugeordnet werden, wie z.B. Ereignistypen, quantifizierte Bewertungen, Orte, Entfernungen, etc. Über Ereignistypen können so auch mehrere Beziehungstypen in ein Netzwerk integriert werden (z.B. Freundschaft und Kommunikation). Es können weiterhin qualitative Daten für ein

Ereignis erfasst werden, also zugeordnete textliche Inhalte, Schlüsselworte, Codings, oder andere Typisierungen (z.B. Sozialisationsereignis versus Organisationsereignis). Bei Vorliegen solcher qualitativer Daten kann eine statische oder dynamische qualitative Inhaltsanalyse in sozialen Netzwerken erfolgen (vgl. Trier und Bobrik 2007b; Bobrik und Trier 2009). Diese Inhaltsanalyse von Netzwerkdaten zeigt wesentliche Themen des Netzwerks auf, untergliedert das Netzwerk in entsprechende Subnetzwerke mit Themen, zeigt die Dynamik der Ausbreitung von Themen im Zeitverlauf oder die Ähnlichkeit zwischen Akteuren basierend auf ihren inhaltlichen Beiträgen. Umfassende Beispiele, welche die Vorgehensweise bei der Analyse aufzeigen, sind in Trier (2007) dargestellt. Damit verbindet der ereignisbasierte Ansatz die Analyse von Netzwerkdaten mit qualitativer (Inhalts-) Analyse.

Neben den relationalen Ereignissen werden im ereignisgesteuerten Ansatz der SNA die zugehörigen (adjazenten) Knoten erfasst. Sie können Sender, Empfänger oder Teilnehmer eines Ereignisses sein. Analog zu den Ereigniseigenschaften können auch für die Akteure Variablen als knotenbezogene Attribute modelliert werden (z.B. Akteurstypen, Altersstufen, Bewertungen, Orte, Organisationszugehörigkeiten etc.). So können später z.B. Akteursattribute als Grund für bestimmte Netzwerkrollen untersucht werden.

Zeitfensterbasierte Ansätze und deren Erweiterung zum ereignisgesteuerten Ansatz setzen im Unterschied zu den anderen Ansätzen einen Schwerpunkt auf die Repräsentation und Analyse von Netzwerkveränderungen in dynamischen Graphen. Der von der Softwareanwendung Commetrix erzeugte dynamische Graph wird auch als Kommunigraph bezeichnet. Dieser baut auf dem Soziogramm auf, ist aber eine animierte Darstellung der Dynamik aus Knoten und Kanten, welche Änderungen des Netzwerks über iterative Änderungen des Graphlayouts abbilden kann. Dabei werden weiterhin Elemente der Informationsvisualisierung verwendet, um Metainformationen der Akteurs- und Beziehungsattribute als Größe der Kanten und Knoten, deren Farben, Labels, Transparenzen, Knotengröße oder Kantendicke im Graphen zu repräsentieren. So werden Änderungen in den Netzwerkstrukturen direkt durch den Analysten visuell erfahrbar und mit SNA analysierbar. Beispielhafte dynamische Graphanimationen mit Kommunigraphen werden in den elektronischen Anhängen in Trier (2008) aufgezeigt (vgl. auch www.commetrix.de/enron).

Mit ereignisgesteuerter Analyse zeigt sich beispielsweise, dass Zentralität gerade in elektronischen Umgebungen ein sehr temporäres und volatiles Konzept ist. Im Gesamtnetzwerk zentral auftretende Akteure können diese Positionen nicht nur durch stetige Vernetzung sondern auch in nur einem kleinen Bruchteil der gemessenen Lebensdauer des Netzwerks erreichen (vgl. Trier und Bobrik 2007; Trier 2008). Weiterhin lässt sich mit dem Ansatz die strukturelle Rolle von sehr aktiven Akteuren analysieren. Trier und Bobrik (2007) schlagen hierzu die dynamische Netzwerkmetrik der Brokering Activity vor. Die Rolle des Akteurs für die Formierung von Netzwerkstrukturen wird abgeleitet, in dem für jede inkrementelle Netzwerkaktivität eines Knotens untersucht wird, wie sich dadurch die Pfade im Gesamtnetzwerk verkürzen. Diese Metrik gibt Aufschluss über die durch den Akteur bewirkte Integration der Knoten des Netzwerks. Personen, die stark zwischen anderen Personen vermittelten und dabei Verbindungen anregten, werden durch die Metrik in den Vordergrund gestellt. Der Vergleich mit klassischen Zentralitätswerten zeigt auf, wo Personen das Netzwerk beeinflusst und integriert haben, ohne in einer zentralen (und häufig damit auch strukturell kritischen) Position zu enden. Damit kann Netzwerkaktivität und -altruismus untersucht werden.

Der ereignisbasierte SNA Ansatz umfasst schließlich auch die konventionelle statische SNA als Analysemethode, wenn im Datenmodell alle Ereignisse auf einen einzigen Zeitpunkt bezogen werden und jede Beziehungskante zwischen den Akteuren nur ein konstituierendes relationales Ereignis hat. Dann werden alle vorkommenden Beziehungen eines Netzwerks zum Zeitpunkt 0 auf einmal existent, haben eine Stärke von 1 und ändern sich nicht.

8 Fazit

Die vorgestellten Ansätze zur Untersuchung des Phänomens Netzwerkdynamik sind alle in verschiedenen Forschungsbereichen entstanden und damit schwer vergleichbar. Die deskriptiven Ansätze basieren auf einem komparativen Vergleich möglichst umfassender empirischer Netzwerkdaten zu verschiedenen Zeitpunkten und interpretieren Daten und beobachtbare Phänomene, um bestimmte Gesetzmäßigkeiten zu identifizieren. Die eher deduktiven mathematisch-statistischen Ansätze basieren auf Modellen der Netzwerkentwicklung, die gegebenenfalls mit empirischen Daten ergänzt werden, um z.B. die Einflüsse der allgemeinen modellierten Dynamikfaktoren zu schätzen oder komplexe Netzwerkeigenschaften auf definierte Grundregeln zurückzuführen. Insgesamt komplementieren sich beide Perspektiven jedoch im Sinne eines explorativen deduktiven Forschungszyklus, der signifikante Phänomene zunächst in einzelnen Datensets entdeckt, beschreibt und generalisiert. Die systematische Integration der verschiedenen Untersuchungsperspektiven stellt gegenwärtig eine wichtige Herausforderung dar, um das komplexe Phänomen der Netzwerkdynamik noch detaillierter beschreiben und erklären zu können.

9 Literatur

Barabasi, Albert-Laszlo und *Reka Albert*, 1999: Emergence of scaling in random networks. Science 286: 509-512.

Bobrik, Anette und *Matthias Trier*, 2009: Content-based Community Detection in Social Corpora. in: Tagungsband zur 9. Internationalen Tagung Wirtschaftsinformatik 2009, Wien: Schriftenreihe der Österreichischen Computer Gesellschaft (OCG).

Doreian, Patrick und *Frans N. Stokman*, 1997: The dynamics and evolution of social networks. S. 1-17 in: *Patrick Doreian* und *Frans N. Stokman* (Hg.), Evolution of Social Networks. New York: Gordon & Breach.

Doreian, Patrick, *Roman Kapuscinski*, *David Krackhardt* und *Janusz Szczypula*, 1997: A brief history of balance through time. S.129-147 in: *Patrick Doreian* und *Frans N. Stokman* (Hg.), Evolution of Social Networks. New York: Gordon & Breach.

Erdös, Paul und *Alfred Renyi*, 1959: On random graphs. Publicationes Mathematicae 6: 290-297.

Frank, Ove und *David Strauss*, 1986: Markov graphs. Journal of the American Statistical Association 81: 832-842.

Holland, Paul W. und *Samuel Leinhardt*, 1981: An exponential family of probability distributions for directed graphs. Journal of the American Statistical Association 76: 33-65.

Holland, Paul W. und *Samuel Leinhardt*, 1976: Conditions for eliminating intransitivities in binary digraphs. Journal of Mathematical Sociology 4: 314-318.

Leskovec, Jure, Jon M. Kleinberg und *Christos Faloutsos*, 2005: Graphs over time: densification laws, shrinking diameters and possible explanations. S. 177-187 in: ACM SIGKDD international conference on Knowledge discovery in data mining KDD. New York: ACM Press.

Milo, Ron, Shen-Orr Shai, Shalev Itzkovitz, Nadav Kashtan, David Chklovskii und *Uri Alon*, 2002: Network Motifs: Simple Building Blocks of Complex Networks. Science 298: 824-827.

Monge, Peter R. und *Noshir S. Contractor*, 2003: Theories of Communication Networks. New York: Oxford University Press.

Moody James, Daniel McFarland und *Skye Bender-DeMoll*, 2005: Dynamic Network Visualization. American Journal of Sociology 110: 1206-1241.

Newcomb, Theodore M., 1961. The Acquaintance Process. New York: Holt, Rinehart & Winston.

Rapoport, Anatol, 1957: Contribution to the theory of random and biased nets. Bulletin of Mathematical Biophysics 19: 257-277.

Robins, Garry, Pip Pattison, Yuval Kalish und *Dean Lusher*, 2007: An introduction to exponential random graph (p*) models for social networks. Social Networks 29: 173-191.

Robins, Gary L., Pip Pattison und *Jodie Woolcock*, 2005: Small and other worlds: Global network structures from local processes. American Journal of Sociology 110: 894-936.

Snijders, Tom A. B., 1997: Stochastic actor-oriented models for network change. S. 185-208 in: *Patrick Doreian* und *Frans N. Stokman* (Hg.), Evolution of Social Networks. New York: Gordon & Breach.

Trier, Matthias, 2005: IT-supported Visualization of Knowledge Community Structures. Proceedings of 38th IEEE Hawaii International Conference of Systems Sciences, Hawaii: IEEE Press. URL: http://ieeexplore.ieee.org/xpls/abs_all.jsp?arnumber=1385633.

Trier, Matthias, 2007: Virtual Knowledge Communities - IT-supported Visualization and Analysis. Saarbrücken: Dr. Müller.

Trier, Matthias, 2008: Towards Dynamic Visualization for Understanding Evolution of Digital Communication Networks. Information Systems Research 19: 335-350.

Trier, Matthias und *Annette Bobrik*, 2007: Analyzing the Dynamics of Community Formation using Brokering Activities. In: Proceedings of the Third Communities and Technologies Conference, Michigan: Springer Verlag.

Wasserman, Stanley, Gary Robins und *Douglas Steinley*, 2007: Statistical Models for Networks: A Brief History of some recent research. In: *Edoardo Airoldi, David Meir Blei* und *Stephen E. Fienberg* (Hg.), Statistical Network Analysis: Models, Issues, and New Directions, Berlin et al.: Springer Verlag.

Wasserman, Stanley und *Katherine Faust*, 1994: Social Network Analysis: Methods and Applications. Cambridge: Cambridge University Press.

Watts, Duncan J. und *Steven H. Strogatz*, 1998: Collective dynamics of 'small-world' networks. Nature 393: 440-442.

3.13 Small World

Dietrich Stauffer

1 Einleitung

Wieviele Verbindungen zwischen persönlichen Bekannten muss man hintereinander knüpfen, bis zwei zufällig gewählte Leute durch so eine Kette miteinander verbunden sind? Milgram schätzte für die USA vor vier Jahrzehnten, dass typischerweise sechs solche Verbindungsschritte nötig sind: „It's a small world!". Dieses Kapitel behandelt Modelle, vor allem aus der Physik, die im letzten Jahrzehnt für solche Phänomene analytisch (mit Bleistift und Papier) oder mit Computer-Simulationen untersucht wurden, mit Vorarbeiten der späteren Nobelpreisträger Paul Flory (Chemie) und Herbert Simon (Wirtschaft) sowie der Mathematiker Erdös und Rényi.

Ein Quadratgitter ist ein großes Stück Rechenpapier mit je L Kästchen in jeder der beiden Richtungen und damit mit N=L*L Knoten (Schnittpunkten der Linien). In drei Dimensionen gibt es das kubische Gitter mit N=L*L*L Knoten, und in d Dimensionen das nur noch mathematisch definierte hyperkubische Gitter mit N = L hoch d Knoten. Zwei zufällig ausgewählte End-Knoten haben normalerweise einen Abstand proportional zu L. Abstand sei definiert als die minimale Zahl der hintereinander zu durchlaufenden Einzelverbindungen zwischen Knoten, wenn man von einem zum anderen End-Knoten kommen will. Der Abstand ist also proportional zur Quadratwurzel aus N in zwei Dimensionen, und zur d-ten Wurzel in d Dimensionen. Bei endlichem d ist also ein reguläres Gitter keine „small world"; nur der mathematische Grenzfall unendlich hoher Dimension d mag dazu führen. Wir definieren small world als ein Netzwerk, bei dem der typische oder durchschnittliche Abstand zwischen zwei zufällig ausgewählten Endpunkten höchstens wie der Logarithmus der Gesamtzahl N der Knoten variiert. (Der dekadische Logarithmus von 1, 10, 100, 1000 usw ist 0, 1, 2, 3 und variiert langsamer als jede endliche Potenz oder Wurzel.)

Im nächsten Abschnitt bringen wir zwei anschaulichere alte Realisierungen unendlich hoher Dimension d, danach stellen wir Watts-Strogatz (WS) und vor allem Barabási-Albert (BA) Netzwerke als Kern dieses Kapitels vor, und schließlich Modelle, in denen die Knoten miteinander wechselwirkende „Agenten" tragen. Bekannte Übersichtsartikel stammen von Albert und Barabási (2002), Dorogovtsev und Mendes (2002); ein wichtiges Sammelwerk ist von Bornholdt und Schuster (2003) herausgegeben; und ein mehr populäres Buch hat Barabási (2002) geschrieben.

2 Bethe-Gitter, Erdös-Rényi (ER) Netzwerke, Perkolation

Statt obigem schwer vorstellbaren Grenzfall einer unendlich hohen Dimensionalität d beschreiben wir jetzt zwei praktikablere Netzwerke mit „small world" Eigenschaften sowie deren Anwendung auf „Perkolation".

Zur Konstruktion eines Bethe-Gitters (oder Cayley-Baums) fangen wir mit einem zentralen Knoten an, der von drei Nachbarknoten umgeben ist. Jeder dieser drei Nachbarknoten hat wieder drei Nachbarn, nämlich den Zentralknoten sowie zwei neue Knoten in einer zweiten Nachbarschale. Jeder dieser neuen Knoten hat wieder drei Nachbarn, den einen Knoten in der ersten Nachbarschale, mit dem sie bereits verbunden wurden, sowie zwei neue Knoten in einer dritten Nachbarschale. Und so kann nach der Kontruktion der Nachbarschale i die nächste Nachbarschale i+1 hinzugefügt werden: Jeder Knoten j aus Schale i erhält zwei neue Knoten, die zu Schale i+1 gehören, und bleibt Nachbar zu einem Knoten in Schale i-1. Die beiden neuen Nachbarknoten von Knoten j sind niemals Nachbarn eines anderen Knotens der Schale i, so dass keine geschlossenen Ringe von Verbindungen auftreten, sondern nur immer feinere Verzweigungen. Die Zahl der Knoten in Schale i+1 is doppelt so groß wie die Zahl in Schale i, so dass für große i sowohl die Zahl der Knoten in Schale i als auch die Gesamtzahl N der Knoten bis einschließlich Schale i zu 2 hoch i proportional ist. Also wächst i proportional zum Logarithmus von N an, ausser in den innersten Schalen.

Jeder Knoten in Schale i ist über i Nachbarverbindungen nacheinander mit dem Zentralknoten (Schale Null) verbunden, so dass zwei zufällig ausgewählte Knoten in Schalen i und i' durch maximal i+i' Schritte voneinander getrennt sind. Gehören sie zum gleichen Ast, Zweig, des Baumes, sind weniger Schritte erforderlich. Daher ist die mittlere Zahl der Schritte von einem zum anderen Punkt eines Bethe - Gitters mit insgesamt N Knoten und i Schalen zu i und damit zum Logarithmus von N proportional: Small World. Wenn man ein solches Gitter mit gleichen Abständen für alle Nachbarverbindungen zeichnet, so sieht man, dass die Dichte (Knoten pro Quadratzentimeter) nach außen mit wachsendem i immer weiter zunimmt, proportional zu zwei hoch i.

So eine anwachsende Dichte wird vermieden durch die Erdös-Rényi (ER) Netzwerke, die leider auch als Random Graphs bezeichnet werden (obwohl es viele andere Graphen mit zufälligen Eigenschaften gibt). Jeder der N Knoten wird mit jedem anderen verbunden, und damit braucht man stets nur einen Schritt, um von einem Knoten zu einem beliebigen anderen Knoten zu kommen. Diese small world ist also ziemlich trivial; interessanter werden die ER-Graphen, wenn Verbindungen mit Wahrscheinlichkeit 1-p unterbrochen werden und nur mit Wahrscheinlichkeit p aktiv bleiben. Die Entscheidung zwischen unterbrochener und aktiver Verbindung wird für jede Verbindung zufällig getroffen und danach beibehalten. Jetzt wird bei nicht zu kleinem p die Zahl der Schritte, um von einem Knoten auf noch aktiven Verbindungen zu einem anderen zu kommen, größer als Eins, aber nicht viel größer: Das Netzwerk behält seine small world Eigenschaft. Sinkt aber p unter den Schwellwert 2/N ab, so hat im Mittel jeder Knoten weniger als zwei Nachbarn und es gibt keine langen Ketten mehr, durch die beliebig weit voneinander getrennte Knoten noch verbunden werden. Das Netzwerk ist jetzt in endliche Cluster zerfallen, und nicht mehr mit dem Begriff small world zu beschreiben.

Die gleiche Verallgemeinerung mit unterbrochenen (1-p) und aktiven (p) Verbindungen lässt sich auch im Bethe-Gitter, im Quadratgitter, oder im d-dimensionalen Gitter einführen. Dann gibt es für p unterhalb eines Schwellwertes pc nur endliche Cluster, während für p oberhalb dieses Schwellwertes neben kleinen Clustern auch ein „unendliches" Netzwerk existiert, das einen endlichen Prozentsatz aller N Knoten enthält. (Nur für sehr große N ist dieser Schwellwert scharf definiert.) In obigem Bethe-Gitter mit drei Nachbarn pro Knoten und im Quadratgitter mit vier Nachbarn pro Knoten ist der

Schwellwert 1/2. Falls das Bethegitter mit z statt nur drei Nachbarn pro Knoten aufgebaut wird, verringert sich der Schwellwert zu $1/(z-1)$, und in regulären Gittern in drei und mehr Dimensionen sinkt der Schwellwert ebenfalls unter 1/2 auf einen nur numerisch bestimmten Wert, wie 0,249 im kubischen Gitter mit sechs Nachbarn pro Würfel.

Nur für p oberhalb des Schwellwertes macht die small-world Frage einen Sinn, weil für kleinere p zwei beliebige Knoten meist gar nicht verbunden sind. Und für p oberhalb des Schwellwertes bleiben Bethe-Gitter und ER-Graphen small worlds, wenn beide zufällig ausgewählten Knoten im unendlichen Netwerk und nicht in den endlichen Clustern liegen. Reguläre Gitter in d Dimensionen werden nie zu small worlds, ausser für unendlich große d.

Man nennt diese Fragestellung nach dem Schwellwert pc auch Perkolation (Stauffer und Aharony 1995); sie wurde 1941 von Flory für das Bethe-Gitter eingeführt, und in den fünfziger Jahren von Broadbent und Hammersley auf reguläre Gitter sowie von Erdös und Rényi auf Zufallsgraphen bezogen. Neben der small-world Eigenschaft interessiert man sich dort für die Zahl der endlichen Cluster mit einer vorgegebenen Knotenzahl, für fraktale Eigenschaften (wenn p genau auf dem Perkolationsschwellwert pc liegt) und für die kritischen Exponenten, mit denen für p nahe pc verschiedene Größen gegen Null oder Unendlich gehen. Nach heutiger Kenntnis gehören Bethe-Gitter, ER-Graphen, und reguläre Gitter mit Dimensionalität d größer als sechs zu einer einzigen Universalitätsklasse, d.h. sie haben die gleichen kritischen Exponenten und die gleiche fraktale Dimension, auch wenn sie sich in Details (wie dem Wert von pc) unterscheiden können. Eine andere Frage ist, ob Flory Recht hatte mit seiner Perkolation (auf Bethe-Gittern) die Vulkanisierung von Gummi und den Phasenübergang vom rohen zum hartgekochten Ei oder von Milch zu Käse, oder andere Gelierungsvorgänge zu beschreiben.

3   Watts-Strogatz (WS) und Barabási-Albert (BA) Netzwerke

Um auch reguläre Gitter zu small worlds zu machen, kombinierten Watts und Strogatz (1998) sie mit Konzepten von ER-Zufallsgraphen: Sie gehen aus von einem regulären Gitter, wo jeder Knoten nur mit seinen nächsten Nachbarn verbunden ist. Danach wird jede solche Nachbarverbindung mit Wahrscheinlichkeit p ersetzt durch eine Verbindung mit einem zufällig irgendwo im Gitter ausgesuchten Knoten. So hat man Anteile p und 1-p von kurz- bzw. lang-reichweitigen Verbindungen. Sehr realistisch scheint mir diese scharfe Trennung zwischen kurzen und langen Reichweiten nicht, aber sie liefert small worlds, war eine wichtige Zwischenstufe zu den skalenfreien BA-Netzwerken von 1999 und wurde intensiv benutzt.

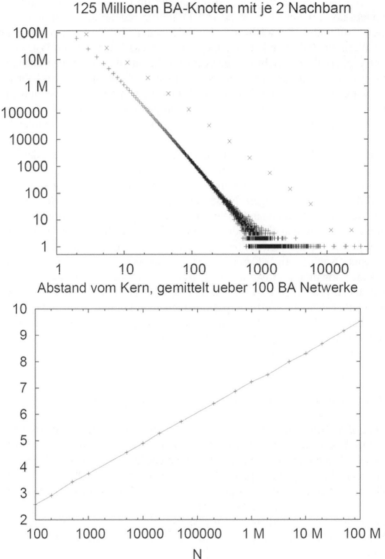

Abbildung 1: Oben: Verteilung P(k) der Zahl k der Nachbarn in einem BA-Netzwerk; Rohdaten (+) und schönere Summen über Intervalle (x) von k = 2-3, 4-7, 8-15, 16-31 usw. In dieser doppellogarithmischen Darstellung liefert das Potenzgesetz des Textes eine Gerade mit Steigung -g, da dann log[P(k)] = const - g*log(k) für die Rohdaten. Bei den Summen ist die Steigung nur noch 1-g. Unten: Mittlerer Abstand von einem Knoten zum Kern, als Funktion der Netzwerkgröße N zwischen 100 und 100M; M = Mega = 1 Million.

Eine selten verwendete Variante ist das Solomon-Netzwerk (Malarz 2003), wo jeder Knoten auf einem regulären Gitter zwei Sätze von Verbindungen hat, die üblichen zu den nächsten Nachbarn und dazu noch welche zu zufällig ausgewählten Knoten irgendwo im Gitter. Man kann sich unter dem ersten Satz die Wohnungsnachbarn vorstellen, unter dem zweiten die beruflichen Kontakte. Dieses Mischungsmodell wurde in der Physik erfunden, bevor Bruce Edmonds in Billari et al. (2006: 195) die Physik kritisierte, nicht solche Mischungsmodelle studiert zu haben.

Die BA Netzwerke werden auch skalenfrei genannt, weil die Zahl P(k) der Knoten mit je k Nachbarn einem einfachen Potenzgesetz $1/k^g$ folgt. Würde diese Verteilung P(k) auch eine Exponentialfunktion exp(-k/K) oder Normalverteilung $exp[-(k/K)^2]$ enthalten, so würde der neue Parameter K eine typische Skala für die Zahl k bestimmen. Die einfachsten BA-Netzwerke werden wie folgt konstruiert:

Anfangs verbindet man alle Knoten eines kleinen Kerns mit allen anderen Knoten dieses Kerns, eventuell auch mit sich selber. Danach wird Knoten für Knoten das Netzwerk erweitert. Jeder neue Knoten sucht sich aus dem bereits existierenden Netzwerk genau m Knoten zufällig aus, mit einer Wahrscheinlichkeit proportional zur Zahl der Nachbarn, die diese zu diesem Zeitpunkt schon haben: Berühmte oder reiche Leute sammeln leichter als normale Leute neue Freunde. Schon das Matthäus-Evangelium betonte: Wer hat, dem wir gegeben; Herbert Simon präsentierte eine Version vor einem halben Jahrhundert, noch ohne Computer-Simulation; und die Abbildung zeigt die Verteilung der Zahl P(k) der Nachbarn für ein BA-Netzwerk mit 125 Millionen Knoten und m=2. Ein Computerprogramm mit Erläuterung ist in Stauffer et al. (2006) abgedruckt und brauchte etwa eine Minute für die obere Abbildung. In dieser normalen BA-Version ist der Exponent g des Potenzgesetzes stets gleich drei; Modifikationen können andere Exponenten liefern.

Die durchschnittliche Zahl der Netzwerk-Verbindungen, um von einem Knoten zu einem beliebigen anderen zu kommen, steigt mit dem Logarithmus der Gesamtzahl N der Knoten im BA-Netwerk an: small world, siehe untere Abbildung. Zerschneidet man man (Cohen et al. 2000) mit Wahrscheinlichkeit 1-p zufällig jede Nachbarverbindung, so zerfällt das Netzwerk in kleine Cluster, wenn p kleiner als ein Perkolationsschwellwert pc proportional zu 1/log(N) ist. Diese BA-Netzwerke sind also stabiler gegen Zerfall als reguläre Gitter, wo pc nicht gegen Null geht (siehe oben).

Die zitierten Übersichten (Barabási 2002; Albert und Barabási 2000; Dorogovtsev und Mendes 2002; Bornholdt und Schuster 2003) geben zahlreiche Beispiele aus der Realität, die durch solche Netzwerke approximiert werden, aber es gibt natürlich auch Ausnahmen (Schnegg 2006). Insbesondere Computer-Netzwerke (e-mail; Web-Seiten), aber auch Verbindungen zwischen naturwissenschaftlichen Autoren sind untersucht worden; da findet man umfangreicheres Material mit weniger Mühe als in einem Karateklub oder einer antarktischenen Forschungsstation.

4 Agenten auf Netzwerken

Statt nur (wie bisher) die Struktur des Netzwerks zu betrachten, kann auch eine Variable auf jeden Knoten gesetzt werden, mit Wechselwirkungen zwischen benachbarten Variablen; man spricht von Agenten-basierten Modellen insbesondere wenn es sich um Menchen handelt (Billari et al. 2006). Diese können die Regierung oder die Opposition wählen, Schwaben oder Badenser sein, usw; dann hat man eine binäre Variable 0 oder 1 (oder +1 und -1; Bits oder Spins). Knoten wollen ihre Nachbarn von ihrer eigenen Meinung

(= Variablenwert) überzeugen, aber diese Überzeugung gelingt wegen anderer Störungen nicht immer. Die Physik hat dafür 1925 das Ising-Modell entwickelt; auf d-dimensionalen Gittern bei wenig Störung (= tiefe Temperatur) einigt sich die große Mehrheit nach einiger Zeit auf eine der beiden Möglichkeiten, falls d > 1 ist, nicht aber bei d=1.

Bei WS- und Solomon-Netzwerken gibt es einen solchen weitgehenden Konsens auch in einer Dimension (z.B. Barrat und Weigt 2000; Malarz 2003), bei BA-Netzwerken geht die kritische „Temperatur" (=Störung), unterhalb derer ein weitgehender Konsens herrscht, mit log(N) gegen Unendlich (Aleksiejuk et al. 2002). Das gilt so für ungerichtete Netzwerke, wo B automatisch Nachbar von A ist falls A Nachbar von B. Dies ist realistisch für physikalische Modelle (actio = - reactio nach Newton), nicht aber für alle sozialen Anwendungen (Dienstweg, Unterricht, ...). Bei gerichteten Netzwerken (A beeinflusst B, aber nicht umgekehrt) gibt es wieder einen Ising-Konsens bei WS-Netzwerken (Sanchez et al. 2002), nicht aber bei BA-Netzwerken (Sumour und Shabat 2005). Auch kompliziertere Modelle als das von Ising sind auf BA-Netze gesetzt worden, z.B. das Kauffman-Modell der Genetik (Fronczak et al. 2008).

Ein weiterer interessanter Fall ist die Simulation von Wahlergebnissen: Fortunato und Castellano (2007) analysierten Wahlen verschiedener Staaten und verschiedener Zeiten und fanden folgende Ähnlichkeit vor: Die Zahl der Stimmen pro Kandidat folgte einer universellen log-normalen Verteilung. Diese wiederum ergab sich durch Überzeugungsprozesse in einem Baum vom WählerInnen ähnlich zum Bethe-Gitter, nur dass die Zahl der Nachbarn nicht fest war, sondern wie bei BA-Netzwerken als Potenzgesetz angenommen wurde. Physiker finden die beobachtete Universalität der Wahlergebnisse interessant; Soziologen mögen eher fragen, warum ein bestimmter Kandidat eine bestimmte Wahl gewann[1]. Analog bemüht sich die Biologie seit langem, Klassifikationen zu finden (Homo, Primaten, Säugetiere, Wirbeltiere, ...), die universelle Eigenschaften, aber auch Unterschiede klarmachen; stattdessen kann man sich auch damit befassen, besonders schnelle Rennpferde oder große Schweine zu züchten.

5   Literatur

Albert, Reka und *Albert-László Barabási*, 2002: Statistical mechanics of complex networks. Rev. Mod. Phys. 74: 47-97.
Aleksiejuk, Agata, Janusz A. Holyst und *Dietrich Stauffer*, 2002: Ferromagnetic phase transition in Barabási-Albert networks. Physica A 310: 260-266.
Barabási, Albert-László, 2002: Linked. Cambridge: Perseus.
Barrat, Alain und *Martin Weigt*, 2002: On the properties of small-world network models. European Physical Journal B 51: 377-387.
Billari, Francesco C., Thomas Fent, Alexia Prskawetz und *Jürgen Scheffran*, 2006: Agent-based computational modelling. Heidelberg: Physica-Verlag.
Bornholdt, Stefan und *Heinz-Georg Schuster*, 2003: Handbook of Graphs and Networks. Weinheim: Wiley-VCH.
Castellano, Claudio, Santo Fortunato und *Vittorio Loreto*, 2009: Statistical physics of social dynamics. Reviews of Modern Physics 81: 591-646.
Cohen, Reuven, K. Erez, Daniel ben-Avraham und *Shlomo Havlin*, 2000: Resilience of the Internet to random breakdowns. Physical Review Letters 85: 4626-4628.

---

[1] Eine Übersicht zur Verbindung Soziologie-Physik geben Castellano et al. (2009).

Dorogovtsev, Sergey N. und *José F.F. Mendes*, 2002: Evolution of networks. Advances in Physics 51: 1079-1187.
Fortunato, Santo und *Claudio Castellano*, 2007: Scaling and universality in proportional elections. Physical Review Letters 99: Artikel 138701.
Fronczak, Piotr, Agata Fronczak und *Janusz A. Holyst*, 2008: Kauffman Boolean model in undirected scale-free networks. Physical Review E 77: Artikel 036119.
Malarz, Krzysztof, 2003: Social phase transition in Solomon network. International Journal of Modern Physics C 14: 561-565.
Sánchez A.D., Juan M. López und *Miguel A. Rodriguez*, 2002: Nonequilibrium phase transitions in directed small-world networks. Physical Review Letters 88: Artikel 048701.
Schnegg, Michael, 2006: Reciprocity and the emergence of power laws in social networks. International Journal of Modern Physics C 17: 1067-1076.
Sumour, Muneer A. und *Mohammed A. Shabat*, 2005: Monte Carlo simulation of Ising model on directed Barabási-Albert network. International Journal of Modern Physics C 16: 585-590.
Stauffer, Dietrich und *Amnon Aharony*, 1995: Perkolationstheorie. Weinheim: Wiley-VCH.
Stauffer, Dietrich, Suzana Moss de Oliveira, Paulo Murilo C. de Oliveira, und *Jorge S. Sá Martins*, 2006: Biology, Sociology, Geology by Computational Physicists. Amsterdam: Elsevier.
Watts, Duncan J. und *Steven H. Strogatz*, 1998: Collective dynamics of 'small-world' networks. Nature 393: 440-442.

3.14 Netzwerk und Kultur

Andreas Hepp

1 Einleitung

Die Netzwerkanalyse kann zumindest in ihrer standardisierten, quantitativen Variante als ein Ansatz begriffen werden, der darauf zielt, Beziehungsstrukturen aufzudecken. Netzwerkanalytiker behandeln „kulturelle Inhalte" – konkret: Kommunikation und soziales Handeln – als Typen unterschiedlicher Verbindungen oder Konnektivitäten und damit als eine Art „black box", die als solche nicht weiter analysiert wird (Mische 2003: 6f.). Es interessiert primär die Form der Beziehung als Kommunikations- und Handlungsresultat. Hiermit hat die Netzwerkanalyse einen grundlegend anderen Zugriff als kulturanalytische Zugangsweisen, die zumeist qualitativ-interpretativ darauf zielen, Bedeutungsproduktion in und durch Alltagspraktiken zu erfassen. Vor diesem Hintergrund bestand über lange Phasen ein Nebeneinander von sich entwickelnder Netzwerkanalyse auf der einen Seite und kulturanalytischen Verfahren und Vorgehensweisen auf der anderen Seite (Emirbayer und Goodwin 1994: 1446).

Seit den 1990er Jahren lassen sich aber Annäherungen von Netzwerk- und Kulturanalyse ausmachen, wobei hier zwei Linien der Annäherung ausgemacht werden könne: Erstens findet eine Erweiterung der Netzwerkanalyse statt. Ein Moment dieser Erweiterung ist, dass sich Vertreterinnen und Vertreter einer mit quantitativen Methoden arbeitenden Netzwerkanalyse zunehmend mit der kulturellen Kontextualisierung von Netzwerken befassen. Ein anderes Moment ist, dass sich Ansätze einer qualitativen Netzwerkforschung entwickeln bzw. wiedererstarken, für die ein interpretativ-analytisches Vorgehen kennzeichnend ist (Diaz-Bone 2007; Hollstein 2006). Zweitens hat sich – auch angestoßen durch technologische Entwicklungen, jedoch weit über diese hinaus – eine Beschäftigung mit ‚Netzkulturen' entwickelt. Insgesamt ist so ein vielschichtiges Diskussionsfeld um ‚Netzwerk und Kultur' entstanden, nicht nur innerhalb der Soziologie, sondern auch darüber hinaus, vor allem in der Kommunikations- und Medienwissenschaft bzw. den Cultural Studies (Hepp et al. 2006). Versucht man, dieses unübersichtliche Diskussionsfeld zu systematisieren, bieten sich die genannten beiden Entwicklungslinien an.

2 Netzwerkanalyse und Kultur

Betrachtet man die klassische Netzwerkanalyse – also den insbesondere in der amerikanischen Soziologie geprägten Ansatz einer formalen, zumeist standardisierten Erforschung sozialer Beziehungen als Netzwerke (siehe Kapitel 2.1), lässt sich nach einem anfänglichen Desinteresse gegenüber ‚Kultur' eine zunehmende Beschäftigung mit dieser ausmachen. Dies trifft insbesondere auf eine historisch ausgerichtete Netzwerkanalyse zu. Folgt man Mustafa Emirbayer und Jeff Goodwin (1994: 1425), hat hier ‚Kultur' bei allen klassischen Ansätzen der Netzwerkanalyse an Bedeutung gewonnen – dem „strukturalistischen Determinismus", dem „strukturalistischen Instrumentalismus" und dem „strukturalistischen Konstruktivismus".

Im Hinblick auf eine Auseinandersetzung mit Kultur können die frühen Arbeiten von Naomi Rosenthal et al. (1985) bzw. Harrison White et al. (1976) als charakteristisch für den Ansatz des „strukturalistischen Determinismus" gelten. Diese Studien sind auf die Analyse von sozialen Netzwerken als Beziehungsstrukturen von Personen oder Organisationen ausgerichtet, wobei hieraus soziales Bewusstsein und Kultur „erklärt" werden. Nicht in den Blick gerät allerdings, dass Netzwerke auf bestimmte „Ideale, diskursive Rahmen und kognitive Landkarten" (Emirbayer und Goodwin 1994: 1427) verweisen, auf die eine Kulturanalyse von Netzwerken ebenfalls zielen müsste.

Die Vorzüge des „strukturalistischen Instrumentalismus" sind in Abgrenzung zu einer solchen Perspektive, dass er die historische Rolle sozialer Akteure ernst nimmt (Emirbayer und Goodwin 1994: 1428). Beispiele dafür sind die Studien von Robert Gould (1991) und Peter Bearman (1993), die sich trotz ihrer unterschiedlichen Gegenstandsfelder (Pariser Kommune von 1871 und Elitennetzwerke in Großbritannien) darin treffen, dass sie die Formierung bzw. den Wandel einzelner Netzwerke kulturell kontextualisieren. Gleichzeitig bleibt der Akteur in den Netzwerken bei diesen Konzeptionen allerdings ein ‚instrumentell' handelnder *homo oeconomicus*. Handeln als kulturelle Praxis wird nicht weiter reflektiert.

Der „strukturalistische Konstruktivismus" ist der am weitesten entwickelte Ansatz einer kulturtheoretisch bzw. -historisch orientierten Netzwerkanalyse. Als exemplarisch können die Arbeiten von Doug McAdam (1986, 1988) zu Aktivistennetzwerken des „Freedom Summer" bzw. John Padgetts and Christopher Ansells (1993) Studie zu den Netzwerken der Medici gelten. Solche Studien zeichnen sich dadurch aus, dass sie Kultur nicht nur als Kontext von Netzwerkanalyse betrachten, sondern darüber hinaus Kultur und Handeln gleichberechtigt mit der sozialen (Netzwerk-)Struktur in die Analyse einbeziehen, einschließlich von Fragen der Identitätskonstruktion in und durch bestimmte soziale Netzwerke. Aber auch dieser Ansatz erscheint aus der Perspektive gegenwärtiger Kulturtheorie und -analyse nicht hinreichend, erkennt er doch „die (potentiell) autonome kausale Bedeutung von kulturellen oder politischen Diskursen auf die Formierung der komplexen Ereignissequenzen, die er untersucht" (Emirbayer und Goodwin 1994: 1436) nicht an.

Als ein wichtiger Schritt in eine solche Richtung können die späteren, sich dem „strukturalistischen Konstruktivismus" zuordnenden Arbeiten von Harrison White gezählt werden, vor allem sein Buch „Identity and Control. A Structural Theory of Social Action" (White 1992). Die Publikation versteht sich als eine theoretische Grundlegung der Netzwerkanalyse, die im Folgenden ausschließlich im Hinblick auf ihre kulturtheoretischen Implikationen betrachtet werden soll. Was man in dieser Veröffentlichung allerdings *nicht* findet, ist eine Auseinandersetzung mit Kulturkonzepten in den Sozialwissenschaften und eine Verortung der konstruktivistischen Netzwerkanalyse hierin. Vielmehr ist das Buch der Versuch, das Konzept des Netzwerks in das Zentrum der Sozialtheorie zu rücken, wobei teilweise sehr eigene begriffliche Konzepte entwickelt werden. Dabei bezieht White Fragen der Kultur mit ein.

In Abgrenzung zu einer empiristischen Netzwerkanalyse, die mittels unterschiedlicher Verfahren die reine Analyse einzelner Netzwerkbeziehungen („ties") in den Fokus rückt, bedarf nach White eine theoretisch fundierte Netzwerkanalyse auch der Berücksichtigung von „stories" (White 1992: 66-70), womit er die Charakterisierung von Netzwerkbeziehungen über deren faktische Existenz hinaus fasst. Es geht um die *Bedeutung* von Netzwerkbeziehungen im Rahmen einer phänomenologischen Betrachtung von Netzwerken. In einer fast klassischen Wendung formuliert er: „Social networks are phenomenological realities, as well as measurement constructs. Stories describe the ties in networks. [...] A social network is a network of meanings" (White 1992: 65, 67). Eine „story" ist als eine summarische (Selbst-)Beschreibung zahlreicher Episoden und Berichte über konkrete soziale Beziehungen zu verstehen, in der sich die mitunter widerstreitenden Perspektiven und Interessen der Beteiligten niederschlagen (vgl. Holzer 2006: 86f.).

Exakt dieser Begriff von „story" als Bedeutungskomponente sozialer Netzwerke ist der Punkt, an dem White das Konzept der Kultur einführt. Grundlegend stellt White fest, „stories are a form of agreement limiting the field" (White 1992: 127), eine Form der Musterbildung („patterning"), die sich insgesamt als Kultur analysieren lässt. Dabei sind gegenwärtige Kulturen für White wesentlich ungeordneter („messier") als es die Rhetorik der Sozialwissenschaften gerne sieht; in seinen Worten:

„[...] a culture should be seen as a continuously interacting population of interpretive forms articulated within some social formation. [...] culture is made up of practices. One can view culture as the interpretive contexts for all social actions so that it can be computed as an envelope from them as well as shaped by them." (White 1992: 289f.)

Eine gewisse akteursbezogene Konkretisierung erfährt eine auf solche Weise verstandene Kultur als „network domain". Hiermit wird ein spezialisiertes Interaktionsfeld (Nachbarschaft, Kollegium) gefasst, das durch bestimmte Cluster von Beziehungen und mit diesen verbundenen Bündeln von „stories" konstituiert wird.

Solche Theoretisierungen von White sind grundlegend zu würdigen, weil er sich mit diesen gegen eine Verdinglichung der Netzwerkanalyse als Beschreibung von im Hinblick auf deren Bedeutungsgehalt undifferenzierten Beziehungen zwischen „Netzwerkknoten" wendet. White ordnet Ergebnisse der empirischen Studien des „strukturalistischen Konstruktivismus" in einen weiteren und von der Einzelnetzwerkanalyse abstrahierenden Rahmen ein. Gleichzeitig bleibt aber als Defizit seines Ansatzes bestehen, dass die konkrete Art und Weise der Berücksichtigung von Kultur unklar und unausgefüllt bleibt. White weist eher auf ein Problem hin, nämlich das der adäquaten Berücksichtigung von kultureller Bedeutung als einen Aspekt der Netzwerkanalyse, statt, dass er dieses löst.

Einen wichtigen Schritt in diese Richtung stellen die Arbeiten von Ann Mische (1998, 2003) dar. Ihr Hauptargument ist, dass sowohl Netzwerke als auch Kultur grundlegende Analysekategorien sind, allerdings nicht als statisch und unveränderlich verstanden werden können. Entscheidend nach Überlegung von Mische (1998: 258) ist es, die *kommunikative* Artikulation von beidem im Blick zu haben. Konkret schlägt sie vor, den Fokus auf „Mechanismen der Beziehungsformation in Konversationssettings" (ebd.) zu lenken. Ihr Argument ist also, Kommunikation in Netzwerken selbst in den Analysefokus zu rücken, um eine Brücke zwischen der formalen Netzwerkanalyse bzw. eher interpretativen Ansätzen der Kommunikationsforschung zu schlagen und so die Kulturanalyse einzubeziehen. Ihr Untersuchungsinteresse im Blick habend – nämlich die Erforschung sozialer Bewegungen nicht nur als bestimmte Netzwerke, sondern ebenso als spezifische Kulturen – entwirft Mische einen praktischen Ansatz einer auf Fragen der Kultur orientierten Netzwerkanalyse: Während sie die Leistungen der (standardisierten) Netzwerkanalyse darin sieht, formal die unterschiedlichen Arten und Intensitäten sozialer Beziehungen herauszuarbeiten, bestehen für sie die Leistungen (nicht-standardisierter) Kommunikations- und Konversationsanalysen darin, die diskursiven Formen der Sinnzuweisung zu solchen Beziehungen zu analysieren – und damit deren kulturelle Dimension. Solche Fragen gewinnen insbesondere dann an Bedeutung, wenn man Netzwerkanalyse ebenfalls als ein qualitatives Vorgehen begreift (siehe den Beitrag „qualitative Netzwerkanalyse" in diesem Band).

3   Netzkulturen

Netzwerk und Kultur interessieren neben der Netzwerkanalyse noch in einem zweiten Strang: der kulturtheoretisch orientierten Forschung zur „Informations-" bzw. „Netzwerkgesellschaft". Der Ausgangspunkt dieses Diskussionsstrangs ist ein gänzlich anderer, nämlich der eher makrotheoretische Zugang einer Auseinandersetzung mit der gegenwärtigen Transformation der Gesellschaft, die nicht einfach nur die Ebene der Technologie betrifft, sondern auch die Ebenen der Wirtschaft, der Beschäftigung, der gesellschaftlichen Räume und der Kultur (Webster 2006: 8-31). Entsprechend bezeichnet „Netzkultur" in einem solchen Zusammenhang nicht „Internetkultur" oder „Cyberkultur", also ausschließliche Kulturformen des Internets (siehe zu letzteren Bell und Kennedy 2000; Kieseler 1997), sondern generell die heutige Formation von Alltagskultur in zunehmend als Netzwerke gestalteten Beziehungen. Eine solche Transformation verweist zwar auf den mit der Digitalisierung verbundenen Medienwandel, aber kann nicht mit diesem gleichgesetzt werden und geht über diesen hinaus.

Der sicherlich prominenteste Vertreter in diesem Diskurs ist Manuel Castells (2001), der mit seiner Trilogie zum Informationszeitalter einen umfassenden Entwurf der Netzwerkgesellschaft vorgelegt hat. Mit diesem Konzept zielt er darauf, dass in der Interaktion von neuen technologischen Paradigmen *und* sozialer Organisation das „Netzwerk" verstärkt zum Prinzip von Gesellschaft wurde. Indem diese Netzwerke nationale Grenzen durchschreiten, tendiert die Netzwerkgesellschaft zum Globalen (Castells 2006: 3-4; siehe auch Tomlinson 1999 und Urry 2003).

Die Kultur der Netzwerkgesellschaft charakterisiert Castells als „Kultur der realen Virtualität" (Castells 2001: 375). Sein Argument für einen gegenwärtigen, nachhaltigen Kulturwandel ist, dass Kultur generell kommunikativ vermittelt ist, wie auch kulturelle Bedeutungsproduktion sich insbesondere in Kommunikation konkretisiert. In dem Moment, in dem sich Kommunikationsformen mit der Etablierung der digitalen Medien verändern, kann dies selbst als Ausdruck der Transformation von Kultur begriffen werden (Castells 2001: 376). Als „Kultur der realen Virtualität" beschreibt Castells deshalb die heutigen Netzkulturen, weil sie in dem Sinne „virtuell" sind, dass sie auf medial vermitteltem symbolischen Handeln beruhen. Dabei nimmt das Internet in diesem Vermittlungsprozess einen immer größeren Stellenwert ein. „Real" sind diese Kulturen insofern, als sie den Raum des alltäglichen Handelns bestimmen (Castells 2001: 425f.).

Als charakteristische Sozialform solcher Netzkulturen lässt sich der „vernetze Individualismus" (Castells 2005: 142) ausmachen. Letztlich auf die Individualisierungstheorie verweisend fasst das Konzept des „vernetzten Individualismus" den Umstand, dass – so zumindest die Position von Castells – Menschen gegenwärtig ihr Leben zunehmend in gewählten, thematisch ausgerichteten Netzwerken als vorherrschende Form der Sozialität organisieren (siehe zu Prozessen „posttraditionaler Vergemeinschaftung" auch die Beiträge in Hitzler et al. 2008). Es sind also nicht die digitalen Medien – allen voran: Internet und

Mobilkommunikation – die den „vernetzen Individualismus" schaffen. Jedoch können diese als seine „materielle Stütze" (Castells 2005: 144) begriffen werden: Digitale Medien erleichtern einerseits die Organisation und das Aufrechterhalten solcher Netzwerke. Andererseits verlagern sich die entsprechenden Netzwerke *auch* in die digitale Kommunikation selbst, wofür „social software" (Stegbauer und Jäckel 2007) ein prominentes Beispiel ist.

Ohne ihn empirisch auszufüllen, umreißt Manuel Castells damit einen Gesamtrahmen der Analyse von Netzwerkkulturen, der in verschiedensten Studien aufgegriffen und fortgeführt wurde. Dies geschieht einerseits mit dem Versuch, die makrotheoretische Perspektive Castells mit weiteren, gerade auch historischen Analysen von „globalen Netzwerken" fortzuentwickeln (vgl. bspw. Holton 2008). Andererseits geschieht dies mit einem stärkeren Blickwinkel auf die Alltagsebene von „Netzkulturen" (siehe auch Faßler 2001; Terranova 2004).

Ein markantes Beispiel für diesen Diskussionshorizont ist Andreas Wittels (2006) ethnografische Untersuchung zur „Netzwerk-Sozialität". Mit diesem Ausdruck bezeichnet er das seiner Argumentation nach für Netzkulturen charakteristische Sozialitätsmuster. Dabei ist seine Studie explizit als mikrosoziologisches Pendant zu Castells makrosoziologischem Entwurf angelegt und ordnet sich in die Tradition einer qualitativen Netzwerkanalyse ein.

Auf der Basis einer empirischen Untersuchung der neuen Medienindustrie in London kann Wittel zeigen, dass für deren Angehörige eine Transformation ihrer Beziehungen kennzeichnend ist. Diese sozialen Beziehungen sind als „Netzwerk-Sozialität" erstens in dem Sinne individualisiert, dass Netzwerkbeziehungen aktiv und fortlaufend gestaltet werden müssen. Zweitens sind für sie kurzfristige und intensive Beziehungen typisch, d.h. für eine beschränkte Dauer ein sehr intensiver beruflicher und privater Kontakt. Drittens treten an die Stelle von Beziehungsnarrationen „Informationen" (Lash 2002) über die ‚richtigen Kontakte'. Viertens findet in der „Netzwerk-Sozialität" eine Angleichung von Arbeit und Spiel statt, d.h. die Grenzen zwischen einer privat-vergnüglichen und arbeitsbezogenen Beziehung werden fließend. Fünftens schließlich wird die „Netzwerk-Sozialität" durch in hohem Maße technologiegestützte Beziehungen in dem Sinne geprägt, dass digitale Kommunikationsmedien oder Datenbanken verbreitet zur Organisation dieser Beziehungen sind. Als Inbegriff einer „Netzwerk-Sozialität" können „Network-Events" wie „First Tuesday" oder verschiedene Formen des „speed dating" begriffen werden. Letztlich sind diese Ausdruck heutiger Netzkulturen.

In einen solchen Gesamtzusammenhang lassen sich ebenfalls Arbeiten der Cultural Studies einordnen, die Netzkulturen auf der Ebene der Alltagswelt analysieren. Ausgangspunkt sind hier weniger Fragen der „Informationsgesellschaft" – wobei dieses Konzept durchaus kritisch gesehen wird (vgl. Robins und Webster 1999; Krotz 2006) –, als vielmehr eine Betrachtung der Medienaneignung im Rahmen der (konfliktären) Artikulation von Alltagskultur. Im Zentrum steht eine Auseinandersetzung damit, wie digitale Medien in der Alltagswelt „kulturell lokalisiert" (Hepp 2004: 359) bzw. „domestiziert" (Hartmann 2008: 402) werden und wie in und durch solche(n) Prozesse(n) eine sich in der Gegenwart wandelnde Kultur artikuliert wird.

Die Blickwinkel dieser Beschäftigung mit Netzkulturen sind breit: Exemplarisch kann auf Studien zu unterschiedlichen Themen auch jenseits des Internets verwiesen werden. Diese behandeln beispielsweise die Herstellung personalisierter Sound-Räume durch iPod in Städten (Bull 2005; Bull 2006), das Bilden neuer Vernetzungs- und Ortsarrangements durch mobiles Telefonieren (Moores 2004; Moores 2006), das Entstehen neuer Subkulturen in der Webcam-Aneignung (Andrejevic 2004) oder kulturelle Zugehörigkeit und kommunikative Vernetzung von Migrationsgemeinschaften (Hepp et al. 2009). So verschieden diese Studien sind, sie treffen sich in dem Punkt, dass in ihnen heutige Kulturen als mit digitalen Medien durchdrungen – sprich: mediatisiert – beschrieben werden. In ihrer Analyse versuchen diese Untersuchungen interpretativ, den Stellenwert verschiedener Technologien für alltägliche Vernetzungsprozesse und damit verbundene kulturelle Sinnstiftung kritisch zu hinterfragen.

Charakteristisch für ein solches Vorgehen ist, dass jenseits eines „Techno-Determinismus" die Aneignung von (Medien-)Technologien in ihrem kulturellen Kontext erforscht wird. Es geht also darum, wie es David Morley (2007: 250) ausgedrückt hat, den Fokus auf die konkreten Interaktionsprozesse in einem bestimmten Kontext zu legen und dabei kritisch zu analysieren, wie bestimmte (Medien-)Technologien dazu ‚passen' bzw. auf welche Weise sie ‚passend' gemacht – sprich: angeeignet – werden. Durch eine Ausrichtung auf übergreifende Fragen kulturellen Wandels und kultureller Auseinandersetzung werden diese Analysen nicht als reine Mikrostudien betrieben, sondern Mikroprozesse als Manifestation von Makroprozessen begriffen.

4 Kontextualisierte Netzkulturforschung

Betrachtet man die unter den beiden Stichworten ‚Netzwerkanalyse' und ‚Netzkultur' skizzierten Studien, so wird deutlich, wie vielschichtig die wissenschaftliche Beschäftigung mit ‚Netzwerk und Kultur' ist. Dabei fällt auf, dass über das zuerst einmal offene Metaphernfeld des ‚Netzwerks' bzw. der ‚Konnektivität' Untersuchungen einer strukturalistischen Forschung, die sich auf soziale Beziehungsnetzwerke bezieht, zusammen kommen mit Arbeiten, die den Begriff des Netzwerks auf Prozesse kommunikativer Vernetzung durch digitale Medien beziehen. Kultur ist für beide Traditionen trotz unterschiedlicher Kulturverständnisse im Detail ein verbindender Rahmen. Mit diesem Konzept werden sowohl die soziale als auch kommunikative Vernetzung in den Zusammenhang weiterer Wandlungs- und Transformationsprozesse gestellt. Verbindend ist ebenfalls, dass über eine Auseinandersetzung mit Kultur und kulturellen Praktiken qualitativ-interpretative Verfahren einen großen Stellenwert haben.

Versucht man, diese Zusammenhänge perspektivisch zu sehen, verweisen sie auf die Notwendigkeit einer *kontextualisierten Netzkulturforschung* (Hepp 2008). Hierunter ist zu verstehen, ‚Kultur' nicht einfach nur als Kontext von Netzwerkanalysen zu berücksichtigen, sondern konkret Formen von Kultur insgesamt in den Mittelpunkt der Analyse einzelner Netzwerke zu rücken. Auf struktureller Ebene lassen sich gegenwärtige Formen von Kultur als Netzwerke (bspw. Netzwerke von Szenen, sozialen Bewegungen, Diasporas oder Religionsgemeinschaften) beschreiben. Während eine Beschäftigung mit solchen Kulturformen eine lange Tradition in der Kulturforschung bzw. den Cultural Studies hat, bietet die standardisierte und nicht-standardisierte Netzwerkanalyse methodische Instrumente an, die dort bisher randständig waren. Für eine kontextualisierte Netzkulturforschung gilt es entsprechend, dieses Set an Methodiken fruchtbar zu machen, sie gleichzeitig aber in eine Kommunikations- und Kulturanalyse zu integrieren.

5 Literatur

Andrejevic, Mark, 2004: The webcam subculture and the digital enclosure. S. 193-208 in: *Nick Couldry* und *Anna McCarthy* Hg., Place, Scale and Culture in a Media Age. London: Routledge.
Bearman, Peter S., 1993: Relations into rhetorics: local elite social structure in Norfolk, England, 1540-1640. New Brunswick, N.J.: Rutgers UP.
Bell, David und *Barbara M. Kennedy*, 2000: The Cybercultures Reader. London: Routledge.
Bull, Michael, 2005: No Dead Air! The iPod and the Culture of Mobile Listening. Leisure Studies 24: 343-355.
Bull, Michael, 2006: iPod-Kultur und Alltag: Einige grundlegende Gedanken. Ästhetik & Kommunikation 135: 49-54.
Castells, Manuel, 2001: Der Aufstieg der Netzwerkgesellschaft. Teil 1 der Trilogie Das Informationszeitalter. Opladen: Leske + Budrich.
Castells, Manuel, 2005: Die Internet-Galaxie. Wiesbaden: VS-Verlag.
Castells, Manuel, 2006: The Network Society: From Knowledge to Policy. S. 3-21 in: *Manuel Castells* und *Gustavo Cardoso* (Hg.), The Network Society: From Knowledge to Policy. Washington D.C.: Centre for Transatlantic Relations.
Diaz-Bone, Rainer, 2007: Gibt es eine qualitative Netzwerkanalyse? Review Essay: Betina Hollstein & Florian Straus (Hg.) (2006): Qualitative Netzwerkanalyse. Konzepte, Methoden, Anwendungen. Forum Qualitative Sozialforschung / Forum: Qualitative Social Research 8, http://www.qualitative-research.net/fqs-texte/1-07/07-1-28-d.pdf.
Emirbayer, Mustafa und *Jeff Goodwin*, 1994: Network analysis, culture, and the problem of agency. American Journal of Sociology 99: 1411-1454.
Faßler, Manfred, 2001: Netzwerke. Einführung in die Netzstrukturen, Netzkulturen und verteilte Gesellschaftlichkeit. München: Fink (UTB).
Gould, Robert V., 1991: Multiple networks and mobilization in the Paris commune, 1871. American Sociological Review 56: 716-729.
Hartmann, Maren, 2008: Domestizierung 2.0: Grenzen und Chancen eines Medienaneignungskonzeptes. S. 402-416 in: *Carsten Winter*, *Andreas Hepp* und *Friedrich Klotz* (Hg.), Theorien der Kommunikationswissenschaft. Wiesbaden: VS Verlag für Sozialwissenschaften.
Hepp, Andreas, 2004: Netzwerke der Medien. Medienkulturen und Globalisierung. Wiesbaden: VS Verlag für Sozialwissenschaften.
Hepp, Andreas, 2008: Konnektivität, Netzwerk und Fluss: Perspektiven einer an den Cultural Studies orientierten Medien- und Kommunikationsforschung. S. 155-174 in: *Andreas Hepp* und *Rainer Winter* (Hg.), Kultur – Medien – Macht. Cultural Studies und Medienanalyse. 4. Auflage. Wiesbaden: VS Verlag für Sozialwissenschaften.
Hepp, Andreas, *Laura Suna* und *Stefan Welling*, 2009: Kommunikative Vernetzung, Medienrepertoires und kulturelle Zugehörigkeit: Die Aneignung digitaler Medien in der polnischen und russischen Diaspora. S. 175-200. in: *Uwe Hunger* und *Kathrin Kissau* (Hg.), Internet und Migration. Wiesbaden: VS Verlag für Sozialwissenschaften.
Hepp, Andreas, *Friedrich Krotz*, *Shaun Moores* und *Carsten Winter*, 2006: Konnektivität, Netzwerk und Fluss. S. 7-19 in: *Andreas Hepp*, *Friedrich Krotz*, *Shaun Moores* und *Carsten Winter* (Hg.), Konnektivität, Netzwerk und Fluss. Konzepte gegenwärtiger Medien-, Kommunikations- und Kulturtheorie. Wiesbaden: VS Verlag für Sozialwissenschaften.
Hitzler, Roland, *Anne Honer* und *Michaela Pfadenhauer*, 2008: Posttraditionale Gemeinschaften. Theoretische Bestimmungen und ethnographische Deutungen. Wiesbaden: VS Verlag für Sozialwissenschaften.
Hollstein, Betina, 2006: Qualitative Methoden und Netzwerkanalyse – ein Widerspruch? S. 11-35 in: *Bettina Hollstein* und *Florian Straus* (Hg.), Qualitative Netzwerkanalyse. Wiesbaden: VS Verlag für Sozialwissenschaften.
Holton, Robert J., 2008: Global Networks. New York: Palgrave.

Holzer, Boris, 2006: Netzwerke. Münster: transcript.
Kieseler, Sara, 1997: Culture of the Internet. Mahwah: Lawrence Erlbaum.
Krotz, Friedrich 2006: Konnektivität der Medien: Konzepte, Bedingungen und Konsequenzen. S. 21-42 in: *Andreas Hepp, Friedrich Krotz, Shaun Moores* und *Carsten Winter* (Hg.), Konnektivität, Netzwerk und Fluss. Konzepte gegenwärtiger Medien-, Kommunikations- und Kulturtheorie. Wiesbaden: VS Verlag für Sozialwissenschaften.
Lash, Scott, 2002: Critique of Information. London u.a.: Sage.
McAdam, Douglas, 1986: Recruitment to high-risk activism: the case of Freedom Summer. American Journal of Sociology 92: 64-90.
McAdam, Douglas, 1988: Freedom summer. New York: Oxford University Press.
Mische, Ann, 1998: Between conversation and situation: public switching dynamics across network domains. Social Research 65: 695-724.
Mische, Ann, 2003: Cross-talk in movements: Reconceiving the culture-network link. S. 258-280 in: *Mario Diani* und *Douglas McAdam* (Hg.), Social movements and networks: Relational approaches to collective action. London: Oxford University Press.
Moores, Shaun, 2004: The doubling of space: electronic media, time-space arrangement and social relationships. S. 21-36 in: *Nick Couldry* und *Anna McCarthy* (Hg.), Place, Scale and Culture in a Media Age. London: Routledge.
Moores, Shaun, 2006: Ortskonzepte in einer Welt der Ströme. S. 189-206 in: Andreas Hepp, Friedrich Krotz, Shaun Moores, Carsten Winter (Hg.), Netzwerk, Konnektivität und Fluss. Analysen gegenwärtiger Kommunikationsprozesse. Wiesbaden: VS Verlag für Sozialwissenschaften.
Morley, David, 2007: Media, Modernity and Technology. The Geography of the New. London u.a.: Routledge.
Padgett, John F. und *Christopher K. Ansell*, 1993: Robust Action and the Rise of the Medici, 1400-34. American Journal of Sociology 98: 1259-1315.
Robins, Kevin und *Frank Webster*, 1999: Times of the Technoculture. From the Information Society to the Virtual Life. London, New York: Routledge.
Rosenthal, Naomi, Meryl Fingrutd, Michele Ethier, Robert Karant und *David McDonald*, 1985: Social movements and network analysis: A case study of nineteenth-century women's reform in New York State. American Journal of Sociology 90: 1022-1054.
Stegbauer, Christian und *Michael Jäckel*, 2007: Social Software. Formen der Kooperation in computerbasierten Netzwerken. Wiesbaden: VS Verlag für Sozialwissenschaften.
Terranova, Tiziana, 2004: Network Culture: Politics for the Information Age. London: Pluto Press.
Tomlinson, John, 1999: Globalization and Culture. Cambridge, Oxford: Polity Press.
Webster, Frank, 2006: Theories of the Information Society. 3. Auflage. London u.a.: Routledge.
White, Harrison C., 1992: Identity and control: A structural theory of social action. Princeton: Princeton University Press.
White, Harrision C., Scott A. Boorman und *Ronald L. Breiger*, 1976: Social structure from multiple networks. I. Blockmodels of roles and positions. American Journal of Sociology 81: 730-780.
Wittel, Andreas, 2006: Auf dem Weg zu einer Netzwerk-Sozialität. S. 163-188 in: *Andreas Hepp, Friedrich Krotz, Shaun Moores* und *Carsten Winter* (Hg.), Konnektivität, Netzwerk und Fluss. Konzepte gegenwärtiger Medien-, Kommunikations- und Kulturtheorie. Wiesbaden: VS Verlag für Sozialwissenschaften.
Urry, John, 2003: Global Complexity. Cambridge u.a.: Polity Press.

4 Theorien und Theoreme der Netzwerkforschung

Einleitung: Theorien und Theoreme der Netzwerkforschung

Dieser Abschnitt wurde mit dem Ziel zusammengestellt, die wichtigsten theoretischen Grundlagen der Netzwerkforschung darzustellen. Damit ergibt sich sofort eine große Schwierigkeit. Die Netzwerkforschung selbst bezieht sich auf wenige theoretische Figuren. Sie findet vielfach erst jetzt Anschluss an bereits vorhandene Theoriestränge. Zahlreiche Verbindungen, die möglich wären, sind noch nicht erkannt und bei weitem noch nicht ausgearbeitet. Insofern besitzt dieses Kapitel Lücken, die – so die Hoffnung der Herausgeber – in Zukunft gefüllt werden können. Mit unserer Auswahl haben wir versucht, Beziehungen zwischen klassischer soziologischer Theorie und der Netzwerkforschung zu identifizieren. Dieter Bögenhold und Jörg Marschall stellen dar, dass es ein Theoriedefizit gab und gibt. Mittlerweile ist zwar die Theorie von Harrison C. White (1992, 2008) weiter ausgearbeitet worden, dies wird jedoch noch nicht alle Teilnehmer zufrieden stellen. Netzwerkforschung kann zudem von verschiedenen theoretischen Standpunkten aus betrieben werden; und es lassen sich, wie angedeutet, noch weitere hinzufügen. In einige Überlegungen aus mehr inhaltlicher Perspektive wurde im 3. Kapitel bereits eingeführt. Eine Funktion unserer Einleitung ist es denn auch, auf das hinzuweisen, was hier nicht zu finden ist. Die klassische Wissenssoziologie (etwa Schütz) fehlt. Dies ist sehr schade, denn sie ist explizit relational definiert. Wenn es etwa darum geht, was wir wissen müssen, um uns verständigen und die Gewähr dafür haben zu können, dass diejenigen, mit denen wir reden, tatsächlich dasselbe meinen oder wenn wir verstehen wollen, was wir wissen und warum wir dieses Wissen über Positionen besitzen, die wir niemals einnehmen werden, so kommen wir um die Einbeziehung dieser Soziologie nicht umhin (in Anfängen Stegbauer 2002).

Bezüge zur Formalen Soziologie hingegen sind schon eher vorhanden. So wird in der Netzwerkanalyse im angelsächsischen Kontext durchgängig von „Simmelian ties" geredet, wenn eine Dreierclique gemeint ist. Der Wert von Simmel für die Netzwerkforschung ist aber ungleich viel bedeutender. Harrison White hat in der 1992er Ausgabe von Identity und Control auf die Nähe von seinen Überlegungen zu Simmels Formaler Soziologie hingewiesen. Auch dies ist noch nicht vollständig aufgearbeitet, auch wenn Hinweise auf die Ähnlichkeiten zwischen White einerseits und Simmel und von Wiese andererseits (Stegbauer 2001) bereits zu finden sind. Neben Simmel sind die relationalen Überlegungen von Leopold von Wiese Vorläufer der Netzwerkforschung, an die es sich lohnen würde, deutlicher anzuknüpfen, als dies bisher geschehen ist. Dies argumentiert der Beitrag zur Formalen Soziologie (Beitrag von Roger Häußling). Noch viel weniger gehoben ist der Schatz, der sich über eine Verbindung von Norbert Elias Figurationssoziologie mit der Netzwerkforschung heben ließe (siehe hierzu den Beitrag von Herbert Willems).

Etwas deutlicher ist hingegen die Verbindung zwischen Strukturalismus und Netzwerkforschung markierbar. Allerdings muss hierbei bemerkt werden, dass sich die konstruktivistische Weiterentwicklung der Netzwerkforschung (u.a. als „kulturalistische Wende" bekannt mit Vertretern wie Harrison White, Mustafa Emirbayer, Ann Mische, Paul DiMaggio und anderen) in den letzten Jahren wieder stärker vom Strukturalismus entfernt. Gleichwohl kann der Strukturalismus (Beitrag hierzu von Christian Stegbauer) als eine Wurzel der Forschungsrichtung angesehen werden. Nicht umsonst spricht man vom „neuen amerikanischen Strukturalismus". Dieser kann als Weiterentwicklung der ursprünglichen strukturalistischen Überlegungen angesehen werden. Er stellt die im Augenblick modernste Theorieentwicklung dar, wobei dieser Prozess ebenfalls im Gange und bei weitem noch nicht abgeschlossen ist.

Nach dem Tod des Hauptprotagonisten der Systemtheorie Niklas Luhmann, ist dort eine Weiterentwicklung der Theorie auf der Suche nach neuen Anknüpfungspunkten. Hierbei ist eine Annäherung an die Netzwerkforschung deutlich bemerkbar (hierzu der Beitrag von Boris Holzer und Jan Fuhse) und ebenfalls noch lange nicht abgeschlossen.

Viel älter hingegen ist die Verbindung von Rational-Choice Theorie und Netzwerkforschung. Fast durchgängig war die erste Generation der Netzwerkforscher im deutschsprachigen Raum an diesem Paradigma orientiert. Neben den USA, die eine kulturelle Nähe zu diesem Erklärungsparadigma aufweisen (Peter Ekeh 1974), sind die Niederlande (wo Werner Raub, der Autor des Beitrags zu dieser Thematik, arbeitet) ein bedeutender Hort der hierdurch motivierten Netzwerkforschung.

Ein Spezialfall stellt die Actor-Network Theorie dar (Beitrag von Birgit Peuker), die in einem anderen Zusammenhang entwickelt wurde. Sie weist dennoch zahlreiche Anknüpfungspunkte zur Netzwerkforschung auf und hat insbesondere in der Techniksoziologie einige Bedeutung gewonnen. Allerdings herrscht hier zumindest bei den Inauguratoren dieser Theorie (Latour, Callon, Law) eine rein metaphorische Verwendung des Netzwerkbegriffs vor. D.h. es wird nicht mit Methoden der Netzwerkanalyse gearbeitet und es geht ihr bei der Einbeziehung der Netzwerkperspektive primär um die Frage der Verteiltheit von Aktivität auf Mensch, Technik und Natur.

Damit ist zugleich eine weitere Lücke markiert. Gemeint sind all diejenigen Beiträge der vergangenen Jahrzehnte, die den populären Netzwerkbegriff zur Beschreibung der Gegenwartsgesellschaft bzw. bestimmter Entwicklungsdynamiken innerhalb der Gesellschaft herangezogen haben, diesen allerdings nicht im engeren Sinn theoretisch und/oder formal näher ausarbeiten. Allen voran wäre hier an Manuel Castells Netzwerkgesellschaft zu denken, aber auch an entsprechende Konzepte aus der Mediensoziologie oder zur so genannten „next society" (Baecker 2008). Diese soziologischen Beiträge wurden hier in diesen Band nicht aufgenommen, auch wenn sich dort eine Reihe von ähnlichen theoretischen Einsichten wiederfinden lassen. Anders als bei der Actor-Network Theorie lassen sich bei diesen Beiträgen keine Bestrebungen beobachten, sie an die Netzwerkforschung im engeren Sinn anzuschließen.

R. H. / C. S.

Literatur

Baecker, Dirk, 2008: Studien zur nächsten Gesellschaft. Frankfurt am Main: Suhrkamp.
Castells, Manuel, 1996: The Rise of the Network Society, Vol. 1: „The Information Age". Economy, Society and Culture. Oxford: Blackwell.
Ekeh, Peter P., 1974: Social exchange theory. The two traditions, London: Heinemann Educational.
Stegbauer, Christian, 2001: Grenzen virtueller Gemeinschaft. Strukturen internetbasierter Kommunikationsforen, Wiesbaden: Westdt. Verl.
Stegbauer, Christian, 2002: Reziprozität. Einführung in soziale Formen der Gegenseitigkeit, Wiesbaden: Westdt. Verl.

White, Harrison C., 1992: Identity and control. A structural theory of social action. Princeton, NJ: Princeton Univ. Press.
White, Harrison C., 2008: Identity and control. How social formations emerge. Princeton, NJ: Princeton Univ. Press.

4.1 Formale Soziologie[1]

Roger Häußling

Die Formale Soziologie steht für eine theoretische Richtung der Allgemeinen Soziologie, der in der ersten Hälfte des zwanzigsten Jahrhunderts besondere Aufmerksamkeit zu Teil wurde. Ihr Anspruch ist es, Soziales anhand beobachtbarer zwischenmenschlicher Beziehungen zu erklären. Dabei postuliert sie, dass es Formen des zwischenmenschlichen Zusammenlebens gibt, die man zu allen Zeiten und in allen Kulturen vorfinden kann. Sei es in der Freundesgruppe, oder in einer religiösen Vereinigung, in einer Intimbeziehung oder in einer Organisation – überall herrschen derartige prägende Formen vor. Georg Simmel und Leopold von Wiese gelten als die prominentesten Vertreter dieser Denk- und Theorierichtung.

In einem ersten Abschnitt sollen deshalb deren Konzeptionen Formaler Soziologie vorgestellt und kritisch diskutiert werden. Anschließend kommen jene Vertreter dieser Denkrichtung zu Wort, die an diese Konzeption teils anknüpfen und teils neue Wege gingen. In dem abschließenden dritten Abschnitt werden die Wirkungsgeschichte und die Erkenntnispotentiale der Formalen Soziologie erörtert.

1 Grundlinien der Formalen Soziologie

Die Kennzeichnung „Formale Soziologie" stammt zwar nicht von Simmel, geht aber auf seinen Vorschlag zurück, konsequent zwischen Form und Inhalt zu unterscheiden.[2] Beiden Begriffen liegt wiederum der Wechselwirkungsbegriff zugrunde. Dieser bildet den Dreh- und Angelpunkt der Simmelschen Soziologie. Der Wechselwirkungsbegriff hebt auf die zwischenmenschliche Sphäre sozialer Beziehungen ab, die strikt prozessual gedacht wird: Interaktionsbeiträge hängen von Interaktionsbeiträgen anderer ab und führen zu spezifischen Reaktionen. Es sind also die sozialen Beziehungen positiver oder negativer Art, die soziale Akteure verbinden und die in ihrer Wechselwirkung bestimmte Formen des Für-, Mit-, Neben- oder Gegeneinanders erzeugen. Gesellschaft wird von Simmel als ein komplexes und dynamisches Gefüge aus Wechselwirkungen gedacht.[3] Während Inhalte der Wechselwirkungen für Simmel beliebig variieren können, besitzen (Wechselwirkungs)Formen weit reichende Gültigkeit, bis hin zu einer universellen Gültigkeit. Derartige universelle Formen sind im Quer-Welt-ein-Vergleich in jeder historisch und kulturell bedingten Gesellschaft anzutreffen. Zu diesen universellen Formen zählt Simmel u.a. die Über- und Unterordnung, die Stellvertretung, den Streit, den Wettbewerb, das Geheimnis, den Fremden, die Triade. Daneben gibt es für ihn aber auch Formen, die in einem histori-

---

[1] Für wertvolle Hinweise danke ich Christian Stegbauer.
[2] Bei dieser Trennung zwischen Form und Inhalt bezieht sich Simmel (1992: 42) ganz explizit auf Immanuel Kant.
[3] Vereinzelt findet sich bei Simmel bereits der Netzwerkbegriff (vgl. z.B. Simmel 1995a: 76).

schen Kontext entstanden sind[4], aber sich gleichsam von ihren Entstehungskonstellationen emanzipiert haben. Die Formen existieren weiter, auch wenn die Anlässe ihrer Entstehung längst verschwunden sind. Im Grunde handelt es sich bei Simmel um ein offenes unerschöpfliches Kompendium der Wechselwirkungsformen.

Simmel sucht Form und Inhalt konsequent zu trennen. Mögliche Inhalte sind Zwecke, Interessen, Triebe, Neigungen und Emotionen. Prinzipiell unterscheidet er zwischen primären und sekundären Inhalten, wobei Erstere die Bildung von Formen veranlassen, und Letztere von vorgängigen Formen erzeugt werden. Erwiderte Liebe (als primärer Inhalt) kann sich zum Beispiel in *Form* einer Ehe verfestigen, die dann Treue (als sekundärer Inhalt) bei den Ehepartnern nach sich zieht. Den jeweiligen primären Inhalten kommt auf diese Weise eine fundamentale Konstruktionsfunktion von sozialer Wirklichkeit zu. Neben Gefühl bilden noch Intellekt und Geld Veranlasser von sozialen Wechselwirkungen. Dabei sind für Simmel Gefühl, Intellekt und Geld in genau dieser Reihenfolge evolutionär entstanden (vgl. Simmel 1999: 97ff.). Wie Gerhards betont, haben sie aber ganz unterschiedliche Geltungsansprüche: „Intellektuelle und geldmäßige Weltkonstruktion haben eine universelle und objektive Geltung, während das Gefühl subjektbehaftet bleibt." (Gerhards 1988: 47)

Simmel und von Wiese zufolge soll sich die Soziologie unter Absehung des je konkret vorherrschenden Inhaltlichen nur auf die ‚zeitlosen' Formen konzentrieren.[5] Ihr originäres Forschungsobjekt bilden dann die Formen des sozialen Zusammenlebens, die durch die vorherrschende Konstellation zwischenmenschlicher Beziehungen bewirkt werden. Diese Formen determinieren zwar nicht im kausalen Sinn das menschliche Handeln, sie spannen aber den Horizont an Interaktionsmöglichkeiten auf. Damit legen sie fest, was in ihnen an sozialen Wechselwirkungen stattfinden kann und was nicht. Die Formale Soziologie stellt demzufolge eine Theorierichtung dar, die zwischen den Positionen eines reinen Individualismus und eines reinen Kollektivismus die Mitte sucht und von dort aus ihre Beobachtungen und Analysen startet. Obgleich die beteiligten Akteure die Beziehungsformen maßgeblich gestalten, sind es die „Wechselwirkungen" (Simmel) bzw. die „Wechselbeziehungen" (von Wiese), welche die überdauernden Formen erzeugen und dadurch einen signifikanten Einfluss auf das (weitere) Handeln der Akteure nehmen.

Ausgehend von der Eigenart der Wechselwirkungen lassen sich dann individuelle und kollektive Phänomene erklären. Letztere werden von Simmel und von Wiese soziale Gebilde genannt, worin sich die gestaltende Wirkung äußert, die von den Interaktionsprozessen und den darin wirkenden Personen ausgeht. Von der Mitte aus werden formal soziologisch ebenso individuelle Einflussnahmen auf soziale Prozesse betrachtet und in ihrer sozialen Bedingtheit erforscht. Von Wiese ([4]1966: 165) brachte dies auf die Formel: „Sozialer Prozess = individuelle Haltung × soziale Situation". Mit anderen Worten lassen sich menschliche Aspekte nicht ohne Einbeziehung ihrer sozialen Einbettung sinnvoll soziologisch erforschen. Das Ziel der Formalen Soziologie bestand nun darin, durch Studium der Formen zu „allgemeinsten Regeln des Zusammenlebens" zu gelangen, „die für alle Zeiten und alle Breiten- und Längengrade der Erde gelten […]" (ebd.: 75). Dabei impliziert die Abstinenz

---

[4] Hier wäre zum Beispiel an die Form der Koketterie zu denken (vgl. Simmel 1996: 256ff.).
[5] Dabei ist zu berücksichtigen, dass Simmel sich selbst als interdisziplinärer Forscher verstanden hat: Entsprechend finden sich in seinem Werk neben soziologischen auch psychologische, geschichtswissenschaftliche, kunstwissenschaftliche, wirtschaftsgeschichtliche und philosophische Studien. Demzufolge trifft der Formalismus-Vorwurf (s.u.) Simmel nur bedingt, da er sich in diesen nicht soziologischen Studien ganz explizit und dezidiert mit der inhaltlichen Seite von Wechselwirkungen beschäftigt hat. Nicht zuletzt deshalb wird die Einordnung Simmels zur Formalen Soziologie hin und wieder kritisch gesehen (z. B. Lindemann 1986: 6ff.).

von allem Inhaltlichen noch etwas anderes: Formalisierung bedeutet nämlich auch, dass sich die Soziologie jeglichen Werturteils und inhaltlicher Bewertung zu enthalten habe.

Bereits früh wurde die strenge Trennung zwischen Form und Inhalt bei Simmel kritisiert.[6] Dazu müssen zuallererst die Gründe benannt werden, warum die Formale Soziologie nur die Formen behandeln wollte: Es ging ihr um nichts geringeres, als einen klar umrissenen, nur der Soziologie zukommenden Gegenstand zu markieren und damit die Eigenständigkeit der Soziologie als exakte Wissenschaft gegenüber anderen Wissenschaften zu unterstreichen. Sowohl Emotionen als auch Intentionen können – so Simmel und von Wiese – keine relevanten Gegenstände der Soziologie sein. In Bezug auf andere Sozial- und Geisteswissenschaften liefert die Formale Soziologie Einsichten, welche die formale Ordnung von Vergesellschaftungsprozessen betreffen und damit die Gegenstandsbereiche der anderen Disziplinen mit neuen Erkenntnissen und Wissen füttern. Für die Inhalte selbst sind dann die jeweiligen Fachdisziplinen zuständig: die Nationalökonomie, wenn es zum Beispiel um die Form der *wirtschaftlichen* Konkurrenz geht, die unter anderem zu einer Verbesserung der Produktqualität führt; die Rechtslehre, welche mitunter die Form des *juristischen* Streits beleuchtet; die Religionswissenschaft, die das *religiöse* Geheimnis des Lebens lüftet, etc. Ob Konkurrenz, Streit oder Geheimnis – zu jeder dieser universellen Formen liefert die Soziologie den anderen Fachdisziplinen das Wissen um ihre Entstehung, Wirkungsweise und ihren Wandel. Sie vermag diese Erkenntnisse durch ihre konsequente Rückbindung an Wechselwirkungsprozesse zu erzielen. Die Fachdisziplinen selbst behandeln dann gesellschaftliche Prozesse unter einem bestimmten inhaltlichen Aspekt. Dieser interdisziplinäre Zusammenhang wird an Simmels „Philosophie des Geldes" (Simmel 1989) besonders deutlich: Darin hebt er auf einen, für die Beschreibung der Moderne immer wichtiger werdenden Veranlasser von Wechselwirkungen ab: nämlich Geld (s.o.). Und sie ist deshalb keine Soziologie des Geldes, weil sie sich auf etwas Inhaltliches bezieht. Die Soziologie kommt erst dann ins Spiel, wenn betrachtet wird, welche Wechselwirkungsformen durch Geld ermöglicht werden. In diesem Sinn evoziert Geld für Simmel die spezifisch modernen unpersönlichen Beziehungen[7], die nur Teile einer Person in Anspruch nehmen und die davon unberührten Teile der Individualisierung des modernen Menschen zuführen. Darüber hinaus erzeugt Geld auf der sozialen Ebene auch eine drastische Zunahme der Abhängigkeit der Menschen untereinander.

Um der Formenvielfalt Herr zu werden, haben sowohl Simmel als auch von Wiese „basale Strukturmerkmale" identifiziert. Allerdings versammelt Simmel diese nicht in einem geschlossenen Theoriegebäude, sondern verstreut sie mehr oder weniger essayistisch über sein gesamtes Werk. Hollstein (2001: 110f.) hat den wohl überzeugendsten Systematisierungsvorschlag dazu vorgelegt.[8] Demgemäß kommen bei Simmel als zentrale Analysedimensionen einer konkreten Wechselwirkungsform ihre *quantitative Bestimmtheit*, die mit ihr verbundenen *Raum-* und *Zeitaspekte, der Grad des Wissens voneinander, die Wahlfreiheit, die Gleichheit* sowie *der Institutionalisierungsgrad* ins Spiel. An dem Merkmal der *quantitativen Bestimmtheit* von Wechselwirkungen wird die geometrische (Denk)konstruktion der Simmelschen Soziologie besonders deutlich: Die Gruppengröße bestimmt

---

[6] Emile Durkheim hat bereits 1900 auf die Probleme hingewiesen, die sich Simmel bei dem Trennungsversuch zwischen Form und Inhalt einhandelt (vgl. Durkheim 1960).
[7] Auch die modernen Großstädte führen zu diesen unpersönlichen Beziehungen (vgl. Simmel 1995: 116ff.).
[8] Weitere Systematisierungen finden sich beispielsweise bei Dahme (1981), Nedelmann (1999) und Münch (2002).

Form und Inhalt der Wechselwirkung, wobei er der Triade eine Sonderstellung einräumt[9], da die Rolle des Dritten die beiden widersprüchlichen Funktionen, zu trennen und zu verbinden, vereint.[10] Aufgrund dessen kann der Dritte die Rolle des Vermittlers, des Parteigängers, des lachenden Dritten oder des Konfliktstifters einnehmen. Im Bezug auf die *Raumdimension* spielen Faktoren der räumlichen Nähe, der Mobilität und die Beschaffenheit gegebener Grenzen eine Rolle. Auch diese Aspekte bestimmen fundamental Form und Inhalt von Wechselwirkungen. Zur Raumdimension Mobilität ist auch sein bekannter Exkurs über den Fremden zu rechnen: Der Fremde nähert sich einer Gruppe, wird aber von dieser nicht als gewöhnliches Mitglied aufgenommen. Vielmehr prägt seine Herkunft aus einer anderen Gruppe seine Position in der neuen Gruppe. Unter der *Zeitdimension* werden die Dauer einer Wechselwirkung, die prozessualen Muster („Rhythmus") und die parallelen Verläufe (u.a. Tendenzen und Gegentendenzen) betrachtet. Eine besondere Bedeutung ist der Kategorie des *Wissens voneinander* beizumessen. Denn für Simmel ist jegliche – auch noch so enge – Wechselwirkung von einem spezifischen Verhältnis von Wissen und Nichtwissen über den Anderen, mit dem man in Kontakt steht, geprägt. Insofern ein Akteur bestimmte Sachverhalte über einen Anderen nicht weiß, verschafft er sich Handlungsmöglichkeiten. Dem steht der Aspekt des Vertrauens gegenüber, das sich aus der relationalen Bestimmung des Wissens voneinander ergibt: „Vertrauen, als die Hypothese künftigen Verhaltens, die sicher genug ist, um praktisches Handeln darauf zu gründen, ist als Hypothese ein mittlerer Zustand zwischen Wissen und Nichtwissen um den Menschen. Der völlig Wissende braucht nicht zu *vertrauen*, der völlig *Nicht*wissende kann vernünftigerweise nicht einmal vertrauen. Welche Maße von Wissen und Nichtwissen sich mischen müssen, um die […] auf das Vertrauen gebaute praktische Entscheidung zu ermöglichen, das unterscheidet die Zeitalter, die Interessensgebiete, die Individuen." (Simmel 1992: 393f.)[11] Damit wird auch deutlich, dass die Formale Soziologie eine komplette Umarbeitung soziologischer Grundbegriffe – wie derjenige des Vertrauens – nach sich zieht. Sie werden auf Wechselwirkungen zurückgeführt. Auch die *Wahlfreiheit* einer Wechselwirkung hat maßgeblichen Einfluss auf deren Form und Inhalt: Während die vorgegebene Beziehung (z.B. zu Familienmitgliedern) Erwartungssicherheit, Identität und soziale Kontrolle impliziert, bedeutet die Wahlfreiheit (z.B. bei engen Freunden) die Möglichkeit aber auch die Notwendigkeit der Wahl. In der Moderne nimmt nach Simmel die Anzahl wählbarer Wechselwirkungen dramatisch zu. Der Machtaspekt kommt bei Simmel mit der Behandlung der Frage nach *Gleichheit* bzw. Ungleichheit der Akteure innerhalb einer Wechselwirkung ins Spiel. Schließlich widmet er sich mit dem Strukturmerkmal des *Institutionalisierungsgrads* dem Thema der gesellschaftlichen Einbettung der Wechselwirkung.

Von Wieses Verdienst besteht im Vergleich zu Simmel in einer systematischeren Erschließung sozialer Beziehungen einschließlich ihrer Dynamik. Vier Grundkategorien sollen die soziologische Analyse leiten: (1) *sozialer Prozess,* (2) *sozialer Abstand* (Distanzbegriff), (3) *sozialer Raum* und (4) *soziales Gebilde.* Diese Grundkategorien sind gleichsam topographische Bestimmungsmittel für die vorherrschenden sozialen Relationen zwischen Menschen. Er beschreibt seine Allgemeine Soziologie folgendermaßen: „Es ist ohne weite-

---

[9] Zur Bedeutung des Dritten in Simmels Soziologie vgl.: Freund 1976: 90-104.
[10] Bei einer Triade „wirkt nämlich jedes einzelne Element als Zwischeninstanz der beiden anderen und zeigt die Doppelfunktion einer solchen: sowohl zu verbinden wie zu trennen" (Simmel 1992: 114).
[11] Für Simmel ist es ein Kennzeichen der Moderne, dass in vielen Bereichen (wie etwa dem ökonomischen) die Akteure nur soweit voneinander wissen, wie es für die gerade anstehende Interaktion nötig ist (vgl. ebd.: 294).

res klar, dass eine Sphäre des reinen Zwischen-Seins, in der es keine selbständigen Existenzen gibt, nichts anderes darstellen kann als einen Bereich von zahllosen Verbindungen, Verflechtungen und Verknotungen. Graphisch würde sich diese Sphäre als ein scheinbar undurchdringliches Netz von Linien darstellen, die von Punkten (Menschen) ausgehen, die selbst am Rande des Feldes stehen. Es handelt sich darum, dieses Geflecht zu ordnen und zu erklären, wie erst diese zahllosen Verbindungen ein Kulturleben (das Wort im allerweitesten Sinne genommen) möglich machen. Es sind auf diesem Felde aber nicht nur starre, unveränderliche Verbindungslinien gegeben; es handelt sich vielmehr um ein energiegeladenes Kraftfeld. Die Verbindungen, die hier geschaffen werden, ändern sich beständig. Die Menschen werden durch die Geflechte des Sozialverkehrs fortwährend einander näher gerückt oder voneinander entfernt." (Wiese ^{4}1966: 109). Mit dieser Darstellung präsentiert von Wiese nicht nur eine inspirierende Allgemeine Soziologie. En passant rekonstruiert er die bei ihm im Mittelpunkt stehenden sozialen Phänomene netzwerktheoretisch.

Bei von Wiese wird die Kennzeichnung des Sozialen als eine Zwischensphäre soziologisch radikalisiert: So verschwindet zum Beispiel der Handlungsbegriff zugunsten der (mit der zweiten Auflage seiner „Beziehungslehre" strikt durchgehaltenen) Bezeichnung: *„soziale Prozesse"* vollständig (ebd.: 224f.). Menschliche Akteure tauchen als analytische Kategorie erst gar nicht mehr auf. Nicht ihre Intentionalität oder Handlungsimpulse sind soziologisch relevant, sondern das, was sich oftmals ‚hinter dem Rücken' der menschlichen Akteure sozial ereignet (ebd.). Für von Wiese lässt sich das Gesamtgeschehen innerhalb der Gesellschaft in eine große Fülle von *sozialen Prozessen* (1. Grundkategorie) zergliedern, „die *alle* Näherungs- und Entfernungsvorgänge (Ab- und An-Prozesse) sind" (ebd.: 110). Der durch solche sozialen Prozesse jeweils herbeigeführte labile „Zustand der Verbundenheit oder Getrenntheit zwischen Menschen" nennt von Wiese *soziale Beziehung*. Sie drückt in Anlehnung an Simmels Distanzmaß den sozialräumlichen *„Abstand"* zwischen Menschen – die 2. Grundkategorie der Beziehungslehre – aus. Die Messung des sozialräumlichen Abstands zwischen Menschen leitet förmlich von selbst zur 3. Grundkategorie über: zu der des *„sozialen Raumes"* als des näher zu bestimmenden Ortes, in dem sich die sozialen Prozesse abspielen. Die von diesen Prozessen ausgelösten beobachtbaren Verbindungen, Trennungen, Verteilungen, Brechungen und Gesellungen etc. lassen sich nicht nur zeitlich bestimmen, sie besitzen auch eine räumliche Dimension.[12] Die 4. Grundkategorie der Beziehungslehre, die *„sozialen Gebilde"*, stellt scheinbar einen gewissen Widerspruch zu den restlichen drei Kategorien dar, die alle auf Prozesshaftes abheben. Doch – genau besehen – sind sie Ergebnisse sozialer Prozesse von begrenzter Dauer. Sie heben damit gerade einen bestimmten Aspekt sozialer Prozesse hervor, der sich aus Einzelabläufen zusammensetzt, aber erst in komponierter Form seine Leistungsfähigkeit zu erkennen gibt und Stabilität erlangt: „Ein soziales Gebilde ist eine Mehrzahl von sozialen Beziehungen, die so miteinander verbunden sind, dass man sie im praktischen Leben als Einheiten deutet." (ebd.: 114) „Staat, Wirtschaft, Klasse, Stand, Kunst- und Wissenschaftsgebilde" sind für von Wiese derartige soziale Gebilde (ebd.). Insofern sind sie zeitüberdauernde „Träger

---

[12] Von Wiese hebt hervor, dass dieser soziologische Raumbegriff nichts mit dem 'physikalischen' oder dem 'populären' Raumbegriff zu tun hat. Zwar werden häufig Veränderungen im sozialen Raum von körperlichen Bewegungen begleitet („einem Sich-Abwenden", „Umarmen" etc.); dies ist aber keineswegs zwangsläufig so. Soziale Prozesse des menschlichen Zueinanders und Auseinanders können auch dann stattfinden, wenn kein Pedant im physikalischen oder alltagsweltlichen Bereich vorliegt.

des Zwischenmenschlichen" (ebd.: 115). Sie werden bei von Wiese strikt relationentheoretisch (vgl. ebd.: 117) gedacht und konzipiert.

2 Weitere Vertreter der Formalen Soziologie

Häufig taucht unter dem Label Formale Soziologie auch der Name Ferdinand Tönnies auf. Er wurde von den Vertretern der Formalen Soziologie oftmals als Ahnherr formalen Denkens, das von sozialen Beziehungen seinen Ausgang nimmt, herangezogen (vgl. z.B. Vierkandt ²1928: V). Mit seiner Gegenüberstellung von Gemeinschaft und Gesellschaft hebt Tönnies auf elementare Lebensformen ab, die sich vor allem durch zwischenmenschliche Dimensionen charakterisieren lassen.[13] Seine „Reine Soziologie"[14] erhebt ebenfalls den Anspruch, in naturwissenschaftlicher Manier Begriffe voneinander zu trennen. Die Begriffe „Gemeinschaft" und „Gesellschaft" sind ideelle soziale Formen, die in den verschiedenen gesellschaftlichen Epochen in unterschiedlichen Wechselverhältnissen vorkommen. In seiner Vorrede zur sechsten Auflage aus dem Jahre 1925 sucht Tönnies einen Schulterschluss mit der Formalen Soziologie von Wieses herzustellen: „In Wieses Werk finde ich viele Gedanken, die ausführen, was ich längst als Desiderate der reinen Soziologie und als für ihren Ausbau notwendige Elemente empfunden hatte. Was er als sein längst verfolgtes Ziel bezeichnet: zu zeigen wie abhängig die Menschen voneinander sind und wie die einen das Schicksal der anderen werden, ist für mich ein notwendiges Korollar aller soziologischen Erkenntnis." (Tönnies ⁸1935: XLI) Damit hat Tönnies selbst dafür gesorgt, dass er oftmals als ein weiterer Ahnherr der Formalen Soziologie genannt wird.

Als Vertreter der Formalen Soziologie im engeren Sinn kann Alfred Vierkandt bezeichnet werden. Bei Vierkandt erhalten die Begriffe der „Gruppe" und der „Wechselwirkung" eine Zentralstellung. Selbst die Gesellschaft definiert er als eine Gruppe, „deren Individuen in Wechselwirkung zueinander stehen" (Vierkandt 1915/16: 217). Dabei sind nach Vierkandt die Träger der Wechselwirkungen in einer Gesellschaft nicht etwa Individuen, sondern objektive, überindividuelle Kräfte: „Es ist [...] eine falsche Ausdrucksweise, dass die Gesellschaft durch Wechselwirkungen der Einzelnen entsteht [...]: [D]ie Gesellschaft betätigt sich in den Wechselwirkungen ihrer Glieder [...] Der Einzelne bildet nur ihren unselbständigen Bestandteil" (Vierkandt 1923: 55). In diesem Sinn sind es für Vierkandt also die überindividuellen Kräfte einer immer schon vorgängigen Gesellschaft und Kultur, die den Individuen den jeweils zu spielenden Part zuweisen. „[D]ie letzten Formen, Kräfte und Tatsachen des gesellschaftlichen Lebens schlechtweg" bilden für Vierkandt (²1928: V) die Gegenstände der allgemeinen, systematischen Gesellschaftslehre. Es handelt sich um Gebilde, wie Macht, Vertrag, Gemeinschaft, Führung und Gruppe, „die unabhängig von allem historischen Wandel aus dem Wesen der Gesellschaft folgen. Es ist

---

[13] So lautet bereits der Eröffnungssatz von „Gemeinschaft und Gesellschaft": „Die menschlichen Willen stehen in vielfachen Beziehungen zueinander; jede solche Beziehung ist eine gegenseitige Wirkung, die insofern, als von der einen Seite getan oder gegeben, von der anderen erlitten oder empfangen wird." (Tönnies ⁸1935: 3)

[14] Die Reine Soziologie zählt Tönnies zur Speziellen Soziologie, von der er die Allgemeine Soziologie abhebt, die im Grunde noch keine eigentliche Soziologie bildet, sondern soziologisch relevante Themen in anderen Forschungsgebieten beinhaltet. Die spezielle Soziologie untergliedert er noch feingranularer in Reine Soziologie, Angewandte Soziologie (Theorie sozialen Wandels), Empirische Soziologie (Untersuchung einzelner Phänomene) und Praktische Soziologie (sozialpolitische Umsetzung). Damit verfolgt er eindeutig ein anderes Wissenschaftsprogramm der Soziologie als etwa Simmel.

im Grunde dasjenige Ziel, das bereits Simmel vorgeschwebt hat, das aber bei dem damaligen Stand der Forschung noch nicht einlösbar war." (ebd.) Für Vierkandt liefert erst die Entwicklung der Phänomenologie das geeignete Instrumentarium, derartige apriorische Formen adäquat zu erfassen.

Bislang unentdeckt ist Litts Beitrag zum Ausbau und zur Verfeinerung der „Formalen Soziologie".[15] Seine Anlehnung an Tönnies' Gemeinschaftsbegriff kann als „einschneidende logische Entscheidung" verstanden werden, „dass diese Untersuchung [Litts „Gemeinschaft und Individuum", R.H.] sich auf die Seite derjenigen Forscher stellt, die ihre Wissenschaft als ‚formale' Gesellschaftswissenschaft zu allen den Fassungen der Soziologie in Gegensatz stellen, die diese zu einer Universalwissenschaft vom Gesamtgehalt der menschlichen Geschichte und Kultur ausbauen wollen" (Litt ³1926: 2). Neben dem Begriff der „Reziprozität der Perspektiven" bringt Litt – ähnlich wie bei Simmel – den formalen Aspekt der Anzahl Beteiligter ins Spiel: Erst mit dem Eintritt eines dritten Akteurs (Figur des Dritten) entsteht im Aufbau des zwischenmenschlichen Sozialzusammenhangs der „geschlossene Kreis" (ebd.: 234ff.). Die „Reziprozität der Perspektiven" ist demgegenüber ein anthropologisch und sozialpsychologisch ansetzender Erklärungsversuch, wie es zu sozialer Interdependenz überhaupt kommen kann.

Noch grundlegender setzte Johann Plenge mit seiner „Ontologie der Beziehung" an (Plenge 1964: 160f.). Schäfers zufolge „interessierte Plenge weniger »der eigentliche Gegenstand der Soziologie: die Wechselwirkungen zwischen Menschen«, als die »Ontologie der Beziehung« und damit der Tatbestand, dass wir selbst »in den letzten Tiefen unserer Geistigkeit« es mit Beziehungen zu tun haben. Plenge dachte hier bis in die Kosmologie hinein, »verortete« den Menschen im Kosmos, in Raum und Zeit, in Endlichkeit und Unendlichkeit [...]" (Schäfers 1996: 89f.).

Diese drei Versionen, Formale Soziologie zu betreiben, bilden Antworten auf das durch Simmel und von Wiese aufgeworfene Problem: Wie lassen sich die universellen Formen theoretisch begründen und empirisch erfassen? Neuere Entwicklungen der Phänomenologie (Vierkandt, Litt), der Sozialpsychologie (Litt) und der Ontologie (Plenge) werden zu Rate gezogen, um dieses grundsätzliche Problem einer letztlich spekulativ postulierten Welt sozialer Formen endlich Herr zu werden.

Die Formale Soziologie wird jedoch keineswegs nur von deutschen Wissenschaftlern getragen. Zu den Formalen Soziologen ist auch der belgische Forscher Eugène Dupréel (1912; 1948) zu zählen. Das Soziale konstituiert sich für ihn aus „sozialen Beziehungen" und „ergänzenden sozialen Beziehungen". Soziale Gruppen bilden sich um Werte herum, deren spezifischer Charakter die Struktur, Beständigkeit und den Umfang von Gruppen festlege. Dupréel geht aufgrund der Koexistenz vieler solcher Gruppen von einer pluralistischen Gesellschaft aus, die eine „gewürfelte Hierarchie" aufweise.

Auch Wissenschaftler in den USA beschäftigten sich intensiv mit den verschiedensten Werken der Formalen Soziologie. Ihr Engagement blieb nicht ohne Einfluss. Albion Small war – wie eine ganze Reihe amerikanischer Soziologen der ersten Generation – stark durch das Simmelsche Werk geprägt worden[16] und stimmte Simmel insbesondere in dem Erfordernis bei, dass die Soziologie einen eigenen Gegenstandsbereich benötige. Gleichwohl

---

[15] Allerdings grenzt sich Litt kritisch gegenüber der Art und Weise ab, wie Vierkandt und von Wiese das Simmelsche Denken weiter ausgebaut haben. Er wirft ihnen eine Funktionalisierung der Gesellschaft vor.
[16] Diese frühe Wirkungsgeschichte Simmels in den USA liegt nicht zuletzt daran, dass wichtige Teile seines Werks frühzeitig ins Amerikanische übersetzt worden sind. Vgl. hierzu ausführlicher: Levine et al. 1981.

muss es als problematisch angesehen werden, Small zu einem Vertreter der Formalen Soziologie zu rechnen – wie von einigen Autoren nahegelegt. Hingegen trifft diese Zuordnung auf Howard Becker durchaus zu. Dieser war Austauschstipendiat am Kölner „Forschungsinstitut für Sozialwissenschaften" und von der Beziehungslehre von Wieses stark beeindruckt. In seiner eigenen Soziologie folgte er Simmel und von Wiese in dem Bemühen, als Gegenstand der Soziologie abstrakte Eigenschaften „spezifisch zwischenmenschlicher" Phänomene zu formulieren (vgl. Becker in: Wiese/Becker 1932). Drei Gegensatzpaare waren dabei für Becker (ebd.) entscheidend: Die zwischenmenschlichen Phänomene lassen sich in die Handlungsmuster der Assoziation und diejenigen der Dissoziation einteilen. Das zweite Gegensatzpaar trennt den statischen Aspekt des Zwischenmenschlichen, die Distanz, von dem dynamischen Aspekt, der prozessualen Bewegung. Schließlich hebt das dritte Gegensatzpaar einerseits auf elementare Beziehungsformen (etwa Konkurrenz, Anpassung, Konflikt etc.) und andererseits auf komplexe und strukturierte Relationszusammenhänge (den sozialen Gebilden bei von Wiese vergleichbar) ab. Bei Becker ist allerdings auch eine strikte Hinwendung zu mikrosozialen Phänomenen beobachtbar; die sozialen Formen werden nicht als Strukturmuster begriffen, welche auf unterschiedlichen Aggregationsebenen des Sozialen zu analysieren sind. Vielmehr lässt sich über Becker der Einfluss der Formalen Soziologie auf den Symbolischen Interaktionismus und damit auf die Mikrosoziologie nachzeichnen.

3 Wirkungsgeschichte und Potentiale der Formalen Soziologie

Neben der bereits erwähnten frühen Kritik von Durkheim (1960) an dem strengen Trennungsversuch bezüglich Inhalt und Form sind noch mindestens zwei gravierende Einwände gegenüber der Formalen Soziologie erhoben worden: Zum Einen von der historischen Soziologie, zum Anderen von der Kultursoziologie. Ein folgenreicher Einwand gegenüber der Formalen Soziologie wurde von Hans Freyer (1930) formuliert. Dieser Einwand zielt auf den ahistorischen Charakter der Formen ab: Damit verliere die Soziologie nicht nur den Zugang zur adäquaten Analyse der gegenwärtigen gesellschaftlichen Wirklichkeit, es bleibe auch völlig unklar, warum die Formen „freischwebende Gebilde" (Freyer 1930: 56) und nicht historische Wirklichkeiten sind.[17] Diese Kritik Freyers hat Schule gemacht und findet sich beispielsweise bei Franz Oppenheimer (1922) und Alfred Weber (1963). Fast völlig in

---

[17] Die Formale Soziologie liefert für Freyer „ein Reich reiner und unbewegter Sozialformen, die analysiert und systematisch geordnet werden können [...] Damit aber sind die gesellschaftlichen Wirklichkeiten ihres Charakters völlig beraubt, sie sind ein Raub des an der Geometrie orientierten Formbegriffs geworden." (Freyer 1930: 55) Oftmals wird bei der Würdigung der Kritik Freyers übersehen, dass er damit keine grundsätzliche Ablehnung der Formalen Soziologie verfolgt hat. Eine Systematisierung des Sozialen ist in seinen Augen ebenso notwendig wie die Annahme sinnvoll, dass es elementare Verhaltensformen gebe, die in verschiedenen Zeitaltern und Kulturkreisen anzutreffen sind (vgl. auch Üner 1992: 50f.). Die Formale Soziologie werde allerdings eindimensional, wenn sie glaube, dass bei konkreten sozialen Gebilden noch eine unabhängige Variation der beiden Dimensionen Form und Inhalt bestehen könne. In Freyers „Soziologie als Wirklichkeitswissenschaft" werden die Formaspekte dialektisch mit der These von der historischen Natur des Gegenstands der Soziologie verknüpft und damit in ihrer gegenwartsdiagnostischen Bedingtheit restringiert. Überspitzt formuliert, kann dann Freyers (1930: 221ff.) eigener Schematismus soziologischer Strukturbegriffe als ein großangelegter Versuch verstanden werden, die sozialen Formen der Makroebene (Gesellschaft, Gemeinschaft, Stände, Klassen und Staat) historisch rückzubinden und gegenwartsdiagnostisch für die Beschreibung der gesellschaftlichen Wirklichkeit aufzuladen.

Vergessenheit geraten ist, dass Oppenheimer ausgehend von sozialpsychologischen Erwägungen eine eigene nicht-formale Beziehungslehre entworfen hat (vgl. Oppenheimer 1922: 336-604). In seiner Kultursoziologie priorisiert Alfred Weber die „überpersönlichen Kulturgüter" als gestaltende Kraft des Sozialen und bringt damit einen zweiten Kritikpunkt ins Spiel. Denn der weit reichende Gültigkeitsanspruch der Formen führt dazu, dass die Formale Soziologie blind wird für kulturelle Spezifika. Dieser Anspruch betrifft nämlich auch die Gültigkeit der sozialen Formen für alle möglichen Kulturen. Demgegenüber pochen die Kultursoziologen darauf, dass Gesellschaft eine kulturelle Objektivation des schöpferischen Geistes ist. Sie unterfüttern demzufolge die Formen mit kulturellen Deutungsmustern und mit objektiven Rahmenbedingungen, die mehr oder weniger materialiter die Sphäre des Zwischenmenschlichen prägen.[18]

Die Kritik an der Formalen Soziologie wurde nicht zuletzt deshalb so dezidiert erörtert, da sie ein regelrechtes Déjà-vu-Erlebnis bereithält: Die mit großem Neuheitsanspruch geführte Debatte (jüngst: Fuhse/Mützel 2010) um die „kulturelle Wende" der Netzwerkforschung durch die neuere Relationale Soziologie (White 1992) ist so neu nicht. Die Formale Soziologie stand 70 Jahre vorher vor genau der gleichen Herausforderung, kulturelle Aspekte in ihre relationale Perspektive (nämlich auf soziale Wechselwirkungen) aufzunehmen. Die in Abschnitt 2 behandelte Weiterentwicklung der Formalen Soziologie durch Alfred Vierkandt wollte genau diesem Anspruch genügen. Entsprechend postuliert Vierkandt lapidar in der Einleitung zu seiner Gesellschaftslehre: „Es gibt also einen eigenen Gegenstand für die Soziologie in Gestalt der Gesellschaft und der Kultur [...] Die Gesellschaft sowohl wie die einzelnen Kulturgüter [...] haben zwar die Existenz von Personen zur Voraussetzung, bilden jedoch ihnen gegenüber eigene Gebilde, teils wie die Gruppen und sonstige Gesellschaften von überpersönlichem, teils wie die Kulturen und Kulturgüter von unpersönlichem Charakter." (Vierkandt ²1928: 3) Die aktuelle Netzwerktheorie wäre gut beraten, diese historische Vorlage der disziplinären Einbindung von kulturellen Gesichtspunkten zur Kenntnis zu nehmen und daraus weiterführende theoretische Schlüsse zu ziehen.

Bei Norbert Elias (1970; siehe Kapitel 4.2 in diesem Band) ließen sich eine Fülle von Bezüge zur Formalen Soziologie finden – allen voran die Fokussierung auf soziale Beziehungen, die er in kritischer Abgrenzung zu Simmels Wechselwirkungsbegriff als „Interdependenzen" bezeichnet (vgl. Elias ³1996: 44), auf deren Eigendynamik und auf ihre strukturelle Wirkung in Form von „Figurationen". Ferner begreift auch Elias die Soziologie eingebettet in eine ganze Phalanx von Fachdisziplinen, die er „Menschenwissenschaften" nennt und die sich um die facettenreiche Erschließung der Figurationsdynamiken bemühen. Auch die strikt relationale Deutung von Macht im Sinne von „Machtbalancen" findet sich in Ansätzen bereits bei Simmel (s.o.). Schließlich ist an seine Studie zur Etablierten-Außenseiter-Beziehung zusammen mit Scotson zu erinnern (vgl. Fuhse 2010), welche die

---

[18] Soziologiegeschichtlich interessant ist die Reaktion von Wieses (⁴1966: 72f.) auf die kultursoziologischen Einwände von Alfred Weber: Für eine ganzheitliche Erfassung von Gesellschaft sei die Soziologie ohnehin auf die Mitwirkung anderer Fachdisziplinen angewiesen. In diesem Sinn seien Webers Kulturanalysen wertvolle Beiträge für ein besseres Verständnis der „Entwicklungsmöglichkeiten" konkreter Kultureinheiten. „Was aber nicht anerkannt werden kann, ist, daß Kulturanalyse schon Analyse der zwischenmenschlichen Sphäre ist und sich damit Kulturlehre und Soziologie als ein und dasselbe herausstellt." (ebd.: 74) Mit anderen Worten forschen Kulturlehre und Formale Soziologie von zwei verschiedenen Seiten aus an dem gleichen Gegenstand: hebt Erstere auf die kulturelle Geprägtheit der Inhalte ab, fokussiert Letztere auf die zwischenmenschliche Formenwelt.

Form des Fremden auf eine allgemeinere Betrachtungsweise zurückführt.[19] Gleichwohl gibt es einen gravierenden Unterschied, der sich ebenfalls auf den Kern zeitlos gedachter Formen bezieht. Denn Elias' Figurationssoziologie ist konsequent prozesssoziologisch konzipiert – von dieser prinzipiellen Geschichtlichkeit enthebt er auch nicht bestimmte Strukturmuster.

Anders als beim Strukturalismus werden die Formen in der Formalen Soziologie nicht auf universell gültige Denkfiguren des menschlichen Gehirns zurückgeführt. Vielmehr resultiert die Allgemeingültigkeit der Formen aus den beschränkten Lösungsmöglichkeiten des sozialen Miteinanders, Füreinanders, Nebeneinanders und Gegeneinanders, die sich vor dem Horizont der sozialen Verstricktheit der Menschen bieten. Trotz dieses Unterschieds in der Begründung der Allgemeingültigkeit von Strukturmustern, existiert eine Fülle von Parallelen zwischen dem Strukturalismus und der Formalen Soziologie[20], deren Aufarbeitung auch das Selbstverständnis der Netzwerkforschung und vor allem das Verständnis ihres Strukturbegriffs schärfen würde (siehe Kapitel 4.5). In diesem Zusammenhang wird dann auch Pierre Bourdieus ([6]1997) Versuch einer kritisch-konstruktiven Überführung des Strukturalismus (und des Subjektivismus) hin zu einer „Soziologie der symbolischen Formen" relevant.

Die Formale Soziologie verweist aber auch auf Parallelen zum Strukturbegriff des Strukturfunktionalismus, wie Gabor Kiss ([3]1977) herausarbeitet: Die Auffassung der Formalen Soziologie, dass „jeder soziale Prozess das Ergebnis von Wirkkräften aus einer persönlichen Haltung und einer Situation ist [...], kann als eine Vorstufe des Strukturfunktionalismus betrachtet werden" (ebd.: 87). Denn in dieser Formel, die sich bei von Wiese findet (siehe Abschnitt 1), ist unschwer das Grundmodell der Handlungstheorie von Talcott Parsons zu erkennen.[21]

Immer wieder wurde darauf hingewiesen, dass zwischen der modernen amerikanisch geprägten Netzwerktheorie und der Soziologie Simmels weit reichende Übereinstimmungen existieren (vgl. z.B. Breiger 1990): Sei es die relationale Deutung menschlicher Identität („Kreuzung sozialer Kreise"), sei es die strikt prozesssoziologische Perspektive („Vergesellschaftung"), sei es das erkenntnistheoretische Beharren auf eine mittlere Position zwischen Individualismus und Kollektivismus, sei es der mit der „kulturellen Wende" der neueren Relationalen Soziologie eng in Zusammenhang stehende „story"-Begriff bei White[22] – um nur einige Parallelen zu nennen. Wenn man gleichwohl einen entscheidenden Unterschied ausmachen wollte, so kann man ihn gerade im weitgehenden Verzicht auf so

---

[19] Ein entscheidendes Motiv, diese empirische Studie durchzuführen, bestand für Elias darin, den für ihn unbefriedigenden Erklärungsansätzen rassistischer Ausgrenzung im Nationalsozialismus eine grundsätzlichere Form sozialer Ausgrenzung und Deprivation als Deutungsansatz entgegenzusetzen. Ein englisches Arbeiterdorf bot ihm die passende Gelegenheit: Hier herrschten weder ethnische noch klassenspezifische Unterschiede und trotzdem konnten massive Ausgrenzungen durch Verhaltensweisen der Alteingesessenen und durch deren Geschichten beobachtet werden (vgl. Elias/Scotson 1990).

[20] Insbesondere wäre hier an die einflussreiche Untersuchung der Verwandtschaftsstrukturen von Claude Lévi-Strauss ([2]1984) zu erinnern.

[21] Kiss weist darauf hin, dass genau zu der Zeit, als von Wiese seine Beziehungslehre theoretisch ausgearbeitet hat, sich Parsons in Deutschland aufhielt und entsprechende Impulse in Vorlesungen erhalten haben könnte (vgl. Kiss [3]1977: 97).

[22] Bei Simmel resultieren Geschichten über die eingegangenen Wechselwirkungen, über die daran Beteiligten und über die sozialen Gebilde aufgrund des prinzipiell mitlaufenden Nichtwissens. Um sich ein vollständiges Bild von seinem Gegenüber zu verschaffen, von den Beziehungen, in denen man sich befindet, und von den Sozialzusammenhängen, in denen man eingebettet ist, sind spekulative Schlüsse auf das Ganze notwendig (vgl. Simmel 1992: 385).

etwas wie „freischwebende Formen" finden. Am ehesten verfolgen noch Harrison Whites „disziplines" einen derartigen prinzipiellen Anspruch, jenseits inhaltlicher Ausprägungen der disziplines (vgl. White ²2008: 63ff.). An die Stelle von Formen ist gleichsam das Prinzip der Selbstähnlichkeit getreten.[23] Auch bei der Aufarbeitung dieser Parallelen sind wertvolle Forschungsgegenstände zu vermuten: Die Formale Soziologie kann hierbei nicht nur historisch als Vorläuferin einer Relationalen Soziologie verstanden werden (siehe Kapitel 3.1), sondern sie könnte auch eine Reihe von Impulsen für die aktuelle Debatte liefern. Generell kann bei Vertretern der Relationalen Soziologie in Deutschland beobachtet werden, dass eine Rückbindung an eine europäische Theoriediskussion versucht wird, nicht zuletzt an die Formale Soziologie: Bei Stegbauer (2001: 104ff.) liegt zum Beispiel eine doppelte Bezugnahme sowohl zu von Wiese als auch zu Simmel vor. Hollstein (2001) und Häußling (2006) greifen in ihren Netzwerkkonzepten und -analysen explizit auf Simmel zurück. Letzterer reformuliert mittels eines Designbegriffs den gestaltenden und gestalteten Aspekt der Formen (vgl. Häußling 2010). Stegbauer (2002) hat den Reziprozitätsbegriff (siehe Kapitel 3.4) der Formalen Soziologie weiterentwickelt.

Eine Anknüpfung speziell an den Gedanken der Etablierung eines soziologischen Formalismus zu analytischen Zwecken findet sich bei Dirk Baecker (2005). So hebt er die Leistung von Simmel wie folgt hervor: „Form [ist] das, was einen analytischen Zugang zur Sache ermöglicht, und zwar einen Zugang, der einerseits auf Relationen, auf Beziehungen zu anderem, abstellt und andererseits dazu geeignet ist, zu untersuchen, wie die Elemente eines Phänomens, für das man sich interessiert, von den Relationen, in denen es steht, beeinflusst, geprägt, mitgeformt sind, ja schließlich kaum noch etwas anderes sind als die Relation, in der sie stehen." (Baecker 2005: 55) Allerdings kritisiert er Simmels Differenzierung in Form und Inhalt. Er sieht eine weiterführende Perspektive in Spencer-Browns (⁴1997) Formkalkül. Demgemäß wird Form als etwas verstanden, das durch Unterscheidung zustande kommt. Durch die Unterscheidung wird ein Raum aufgespannt, der sich mindestens in zwei bezeichenbare Seiten einteilen lässt, von denen aber nur eine durch die Formgebung spezifiziert wird. Gleichzeitig findet mit einem derartigen Formbegriff die eigene Geschichtlichkeit Eingang in die Betrachtung sozialer Formen. In Anlehnung an Baecker und an die neuere Relationale Soziologie hat jüngst Karafillidis (2010) eine Soziologie sozialer Formen vorgelegt.

Handelt es sich bei Baecker und Karafillidis um ein rein theoretisches Bemühen, den Formgedanken für die Soziologie wieder fruchtbar zu machen, demonstriert Hollstein (2003) die empirische Umsetzbarkeit der basalen Strukturelemente Simmels (s.o.). Anhand von egozentrierten Netzwerkanalysen der Freundschaftsstrukturen von verwitweten Personen kann Hollstein nachzeichnen, dass der Partnerverlust auch zum Verlust von Paarfreundschaften führen kann – und dies aufgrund der triadischen Struktur, die sich durch den Tod einer Person der Vierergruppe einstellt.

Von einer ganz anderen Seite wird die Figur des Dritten ebenfalls aktuell diskutiert, und damit eine Soziologie der sozialen Formen wiederbelebt: Gemeint sind die theoretischen Überlegungen zur Figur des Dritten als Keimzelle einer Fülle zentraler sozialer For-

---

[23] Selbstähnlichkeit meint in diesem Zusammenhang, dass sich ähnliche Strukturmuster auf unterschiedlichen Aggregationsstufen des Sozialen ausmachen lassen – sei es beispielsweise in einem engen Freundeskreis, oder in einer großen Internet-Community. Hier liegt auch ein weiterer Grund (neben der Ablehnung menschlicher Akteure als Ausgangspunkt der Betrachtung) für die abstrakte, – wenn man so will – „skalenfreie" Begrifflichkeit bei White (1992, ²2008).

men wie z.B. Konkurrenz, Rivalität, Intrige, Koalition, Mehrheitsbildung, Delegation, Stellvertretung, Repräsentation, des Boten und des Sündenbocks (Fischer 2006, Lindemann 2006). An diese theoretischen Diskussionen ließe sich von Seiten der Netzwerkforschung fruchtbar anschließen und zum Beispiel mit Konzepten der Triadenforschung und mit Überlegungen der Relationalen Soziologie verknüpfen.

An diesen unterschiedlichen Bemühungen in jüngerer Zeit wird deutlich, dass eine Soziologie sozialer Formen nach wie vor eine hohe Attraktivität und Plausibilität besitzt. Von der Wirkungsgeschichte der Formalen Soziologie kann man dabei lernen, dass bei deren Konzeption das zentrale Augenmerk auf genesespezifische und kulturelle Aspekte der betreffenden Formen zu legen ist. Die gegenwärtige Diskussion lässt erkennen, dass ein besonders erfolgversprechender Pfad in der Janusköpfigkeit der Formen selbst zu sehen ist: sie sind soziale und gleichzeitig „symbolische" (Cassirer ^{7}1977) bzw. kulturelle Formen, oder kurz: sie sind relationale Sozial- und Bedeutungsstrukturen. Sie werden also durch soziale Prozesse gebildet bzw. reproduziert und durch kulturell und historisch bedingte Deutungsmuster (kognitiv) repräsentiert. Letztere prägen die Sichtweisen menschlicher „Akteure" auf das Soziale und damit essentiell deren Versuche, in die sozialen Prozesse aktiv einzugreifen.

4   Literatur

Baecker, Dirk, 2005: Form und Formen der Kommunikation. Frankfurt a.M.: Suhrkamp.
Breiger, Ronald L., 1990: Social control and social networks: A model from Georg Simmel. S. 453-476 in: *Craig Calhoun, Marshall W. Meyer* und *W. Richard Scott* (Hg.), Structures of power and constraint. Papers in honor of Peter M. Blau. Cambridge et al.: Cambridge University Press.
Bourdieu, Pierre, ^{6}1997: Zur Soziologie der symbolischen Formen. Frankfurt a.M.: Suhrkamp.
Cassirer, Ernst, ^{7}1977: Philosophie der symbolischen Formen. Darmstadt: Wiss. Buchgesellschaft.
Dahme, Heinz-Jürgen, 1981: Soziologie als exakte Wissenschaft. Georg Simmels Ansatz und seine Bedeutung in der gegenwärtigen Soziologie. 2 Bände. Stuttgart: Ferdinand Enke.
Dupréel, Eugène, 1912: Le Rapport social. Essai sur l'objet et la méthode de la sociologie. Paris: Félix Alcan.
Dupréel, Eugène, 1948: Sociologie générale. Paris: PUF.
Durkheim, Emile, 1960: Sociology and its scientific field [zuerst 1900]. S. 354-375 in: *ders.*, Essays on Sociology and Philosophy, herausgegeben von Kurt Wolff. New York: Harper Torchbooks.
Elias, Norbert, 1970: Was ist Soziologie? München: Juventa.
Elias, Norbert, ^{3}1996: Die Gesellschaft der Individuen. Frankfurt a.M.: Suhrkamp.
Elias, Norbert und *John L. Scotson*, 1990: Etablierte und Außenseiter. Frankfurt a.M.: Suhrkamp.
Fischer, Joachim, 2006: Der Dritte / Tertiarität. Zu einer Theorieinnovation in den Kultur- und Sozialwissenschaften. S. 146-163 in: *Hans-Peter Krüger* und *Gesa Lindemann* (Hg.), Philosophische Anthropologie im 21. Jahrhundert. Berlin: Akademie Verlag.
Freund, Julien, 1976: Der Dritte in Simmels Soziologie. S.90-104 in: *Hannes Böhringer* und *Karlfried Gründer* (Hg.), Ästhetik und Soziologie um die Jahrhundertwende: Georg Simmel. Frankfurt/M.: Vittorio Klostermann.
Freyer, Hans, 1930: Soziologie als Wirklichkeitswissenschaft. Logische Grundlegung des Systems der Soziologie. Leipzig/Berlin: Teubner.
Fuhse, Jan, 2010: Zu einer relationalen Ungleichheitssoziologie, S. 179-206 in: Fuhse/Mützel 2010.
Fuhse, Jan und *Sophie Mützel* (Hg.), 2010: Relationale Soziologie. Zur kulturellen Wende der Netzwerkforschung. Wiesbaden: VS Verlag.

Gerhards, Jürgen, 1988: Soziologie der Emotionen. Fragestellungen, Systematik und Perspektiven, Weinheim/ München: Juventa.
Häußling, Roger, 2006: Interaktionen in Organisationen. Ein Vierebenenkonzept des Methodologischen Relationalismus und dessen empirische Anwendung. Universität Karlsruhe (Habilitationsschrift).
Häußling, Roger, 2010: Zum Designbegriff der Netzwerkgesellschaft. Design als zentrales Element der Identitätsformation in Netzwerken. S. 137-162 in: *Jan Fuhse* und *Sophie Mützel* (Hg.), Relationale Soziologie. Zur kulturellen Wende der Netzwerkforschung. Wiesbaden: VS Verlag.
Hollstein, Betina, 2001: Grenzen sozialer Integration. Zur Konzeption informeller Beziehungen und Netzwerke. Opladen: Leske + Budrich.
Hollstein, Betina, 2003: Netzwerkveränderungen verstehen. Zur Integration von struktur- und akteurstheoretischen Perspektiven. In: Berliner Journal für Soziologie, Heft 2/03, 153-174.
Karafillidis, Athanasios, 2010: Soziale Formen. Fortführung eines soziologischen Programms. Bielefeld: transcript.
Kiss, Gabor, [3]1977: Formale Soziologie (Beziehungslehre). S. 70-104 in: *ders.*, Einführung in die soziologischen Theorien II. Opladen: Westdeutscher Verlag.
König, René, 1966: Leopold von Wieses „Formale Soziologie" und das Lehren der Soziologie. Kölner Zeitschrift für Soziologie und Sozialpsychologie, 18.Jg.: 627-632.
Levine, Donald N., Ellwood B. Carter und *Eleanor Miller Gorman*, 1981: Simmels Einfluss auf die amerikanische Soziologie. S. 32-81 in: *Wolf Lepenies* (Hg.), Geschichte der Soziologie. Studien zur kognitiven, sozialen und historischen Identität einer Disziplin. Band 4. Frankfurt a.M.: Suhrkamp.
Lévi-Strauss, Claude, [2]1984: Die elementaren Strukturen der Verwandtschaft. Frankfurt/Main: Suhrkamp.
Lindemann, Gesa, 2006: Die dritte Person – Das konstitutive Minimum der Sozialtheorie". S. 125-145 in: *Hans-Peter Krüger* und *Gesa Lindemann* (Hg.), Philosophische Anthropologie im 21. Jahrhundert. Berlin: Akademie.
Lindemann, Manfred, 1986: Über „formale" Soziologie. Systematische Untersuchungen zum „soziologischen Relationalismus" bei Georg Simmel, Alfred Vierkandt und Leopold von Wiese. Bonn (Dis.).
Litt, Theodor, [3]1926: Individuum und Gemeinschaft. Grundlegung der Kulturphilosophie. Leipzig/Berlin: Teubner.
Münch, Richard, 2002: Formale Soziologie: Georg Simmel. S. 205-238 in: *ders.*, Soziologische Theorie. Band 1: Grundlegung durch die Klassiker. Frankfurt/New York: Campus.
Nedelmann, Birgitta, 1999: Georg Simmel (1858-1918). S. 127-149 in: *Dirk Kaesler* (Hg.), Klassiker der Soziologie. Band 1: Von Auguste Comte bis Norbert Elias. München: Beck.
Plenge, Johann, 1930: Zur Ontologie der Beziehung (Allgemeine Relationstheorie). Münster: Staatswiss. Verlag.
Schäfers, Bernhard, 1996: Die gesellschaftliche Funktionsbestimmung nach Johann Plenge. S. 79-95 in: *ders.*, Soziologie und Gesellschaftsentwicklung. Aufsätze 1966-1996. Opladen: Leske + Budrich.
Simmel, Georg, 1989: Philosophie des Geldes. Band 6 der Georg-Simmel-Gesamtausgabe, hg. v. *D.P. Frisby* und *K.C.Köhnke*. Frankfurt a.M.: Suhrkamp.
Simmel, Georg, 1992: Soziologie. Untersuchungen über die Formen der Vergesellschaftung. Band 11 der Georg-Simmel-Gesamtausgabe, hg. v. *Otthein Rammstedt*. Frankfurt a.M.: Suhrkamp.
Simmel, Georg, 1995: Aufsätze und Abhandlungen 1901-1908, 1. Teilband. Band 7 der Georg-Simmel Gesamtausgabe, hg. v. *R.Kramme, A.Rammstedt* und *O.Rammstedt*. Frankfurt a.M.: Suhrkamp.
Simmel, Georg, 1995a: Philosophie der Mode. Die Religion. Kant und Goethe. Schopenhauer und Nietzsche. Band 10 der Georg-Simmel-Gesamtausgabe, hg. v. *Michael Behr*. Frankfurt/M.: Suhrkamp.

Simmel, Georg, 1996: Hauptprobleme der Philosophie. Philosophische Kultur. Band 14 der Georg-Simmel-Gesamtausgabe, hg. v. *R.Kramme* und *O.Rammstedt.* Frankfurt/ M.: Suhrkamp.
Simmel, Georg, 1999: Der Krieg und die geistigen Entscheidungen. Grundfragen der Soziologie. Vom Wesen des historischen Verstehens. Der Konflikt der modernen Kultur. Lebensanschauung. Band 16 der Georg-Simmel-Gesamtausgabe, hrsg. v. *Gregor Fitzi* und *Otthein Rammstedt.* Frankfurt a.M.: Suhrkamp.
Stegbauer, Christian, 2001: Grenzen virtueller Gemeinschaft – Strukturen internetbasierter Kommunikationsforen. Wiesbaden: Westdeutscher Verlag.
Stegbauer, Christian, 2002: Reziprozität: Einführung in soziale Formen der Gegenseitigkeit. Wiesbaden: Westdeutscher Verlag.
Tönnies, Ferdinand, 2005: Gemeinschaft und Gesellschaft: Grundbegriffe der reinen Soziologie. Unveränderter Wiederabdruck der 8.Auflage [1935]. Darmstadt: Wiss. Buchgesellschaft.
Üner, Elfriede, 1992: Soziologie als „geistige Bewegung". Hans Freyers System der Soziologie und die „Leipziger Schule". Weinheim: VCH.
Vierkandt, Alfred, 1915/16: Die Beziehung als Grundkategorie des soziologischen Denkens. Bruchstücke aus dem Manuskripte einer ‚Gesellschaftslehre'. Archiv für Rechts- und Wirtschaftsphilosophie. Teil I: 83-90 und Teil II: 214-225.
Vierkandt, Alfred, 1923: Gesellschaftslehre. Hauptprobleme der philosophischen Soziologie. Stuttgart: Enke.
Vierkandt, Alfred, ²1928: Gesellschaftslehre. Stuttgart: Ferdinand Enke.
Wiese, Leopold von und *Howard Becker,* 1932: Systematic Sociology. New York: J. Wiley & Sons.
Wiese, Leopold von, ⁴1966: System der Allgemeinen Soziologie als Lehre von den sozialen Prozessen und den sozialen Gebilden der Menschen (Beziehungslehre). Berlin: Duncker & Humblot.
White, Harrison C., 1992: Identity and Control. A Structural Theory of Social Action. Princeton, NJ: Princeton UP.
White, Harrison C., ²2008: Identity and Control. How social Formations emerge. Princeton/ Oxford: Princeton University Press.
Wirkus, Bernd, 1996: Deutsche Sozialphilosophie in der ersten Hälfte des 20.Jahrhunderts. Darmstadt: Wiss. Buchgesellschaft.

4.2 Figurationssoziologie und Netzwerkansätze

Herbert Willems

Im Folgenden versuche ich einen Zusammenhang zwischen der Figurationssoziologie von Norbert Elias und Netzwerkansätzen herzustellen. Im ersten Schritt wende ich mich Elias, aber auch Georg Simmel, im zweiten Schritt Netzwerkansätzen zu.

Figurationssoziologie

Norbert Elias geht mit seiner in der Tradition Georg Simmels und Max Webers stehenden „Soziologie der Figurationen" von einem bestimmten methodologisch und programmatisch folgenreichen Verständnis des Sozialen aus. Es geht Elias grundsätzlich um das Bild von wechselseitigen und wechselwirksamen sozialen *Beziehungen* zwischen *Menschen* bzw. Akteuren, die „kraft ihrer elementaren Ausgerichtetheit, ihrer Angewiesenheit aufeinander und ihrer Abhängigkeit voneinander auf die verschiedenste Weise aneinander gebunden sind und demgemäß miteinander Interdependenzgeflechte" bilden (Elias 1981: 12). Der Begriff der Figuration zielt in diesem Sinne zunächst auf diverse soziale (Beziehungs-) Ordnungen und deren „ganz bestimmte Gestalt. Das ist es, was der Begriff der [Figuration] zum Ausdruck bringt" (Elias 2006: 74). Die Bandbreite der damit gefassten sozialen Gebilde ist in Inhalt sowie in struktureller Form und Komplexität höchst unterschiedlich. Man kann den Begriff „auf relativ kleine Gruppen ebenso wie auf Gesellschaften, die Tausende oder Millionen interdependenter Menschen miteinander bilden, beziehen. Lehrer und Schüler in einer Klasse, Arzt und Patienten in einer therapeutischen Gruppe, Wirtshausgäste am Stammtisch, Kinder im Kindergarten, sie alle bilden relativ überschaubare Figurationen miteinander; aber Figurationen bilden auch Bewohner eines Dorfes, einer Großstadt oder einer Nation, obgleich in diesem Falle die Figuration deswegen nicht direkt wahrnehmbar ist, weil die Interdependenzketten, die die Menschen hier aneinander binden, sehr viel länger und differenzierter sind" (Elias 1981: 143).

Neben den Aspekten der Relationalität, der Kontextualität und der Interdependenz sind Prozesshaftigkeit, Dynamik und ‚Spannung' definierende Eigenschaften von Figurationen. Elias vergleicht sie mit „Spielverläufen", die aus der „Verflechtung der Handlungen einer Gruppe interdependenter Individuen" hervorgehen und gegenüber den einzelnen Akteuren (‚Spielern') eine „relative Autonomie" besitzen (ebd.: 141). ‚Angetrieben' werden diese Prozesse von unterschiedlich motivierten Akteuren, Individuen und Ensembles von Individuen, deren Beziehungen zueinander als Verbündete und Gegner sich im (Spiel-) Prozess permanent wandeln, immer wieder neu konstellieren und rekonstellieren. Unter Figuration ist also das sich „wandelnde Muster" (ebd.: 142) zu verstehen, das Akteure in einem (Kontingenz-) Spielraum miteinander bilden, in dem als Voraussetzung und Effekt des ‚Spiels' und des ‚Spielens' eine gewisse „Machtbalance" und ein „fluktuierendes Spannungsgleichgewicht" herrscht (ebd.: 143). „Fluktuierende Machtbalancen (…) gehören zu den Struktureigentümlichkeiten jedes Figurationsstromes" (ebd.).

Mit seiner Abstraktheit und dadurch, dass er sich gleichzeitig auf Strukturen *und* – aktuale wie historische – Prozesse bezieht, trifft der Figurationsbegriff am besten (besser als Begriffe wie System oder Institution) die Realität der sozio-kulturellen Differenziertheit und Differenzierung, d. h. zunächst die differentielle Komplexität und die Diversifikation von sozialen Beziehungs- und Verflechtungstypen, in denen und hinter denen Akteure stecken und handeln und erleben. Ebenso gut trifft der Figurationsbegriff die *Bildung* und *Wandlung* (Verflüssigung) von im historischen Prozess immer unterschiedlicher fest gefügten Typen von sozialen Beziehungen und Ordnungen (Beziehungsgeflechte), speziell die mehr oder weniger ‚im Fluss' befindlichen *Netzwerke* und die wechselhaften Beziehungs- und Akteurs*konstellationen* innerhalb strukturierter Beziehungsgefüge, wie sie etwa formale Organisationen[24] darstellen.

Gleichzeitig und in unabtrennbarer Verbindung mit den sozialen Ordnungsebenen der Figurationen bezieht die Figurationssoziologie den *Menschen* ausdrücklich in die Begriffs- und Theoriebildung ein (vgl. Elias 2006: 73). Entsprechend diesem Ansatz wendet sich Elias wie dann auch Bourdieu programmatisch gegen herkömmliche ‚disziplinäre' Unterscheidungen und Trennungen verschiedener ‚Dimensionen' des Menschen und des Menschlichen in den ‚Menschenwissenschaften'. Es geht ihm um die „Spieler als Ganzes" (Elias 1981: 142) im ‚Ganzen' des Sozialen, das sie hervorbringt und von ihnen hervorgebracht wird. Elias richtet sich damit gegen den von ihm ausgemachten „gesellschaftlichen Zwang, so zu sprechen und zu denken, als ob ‚Individuum' und ‚Gesellschaft' zwei verschiedene und überdies auch noch antagonistische Figuren seien..." (ebd.: 140).[25] Das Bild und „Selbstbild vom ‚Ich im verschlossenen Gehäuse', das Bild des Menschen als ‚homo clausus'" (ebd.: 141), soll soziologisch nicht verdoppelt, sondern thematisiert und erklärt werden: aus Figurationen. Dem entspricht sozusagen als andere Seite der Medaille, die Wendung gegen eine Reifikation (Verdinglichung) von ‚Gesellschaft'. Mit dem „einfachen begrifflichen Werkzeug" (ebd.) der Figuration will Elias also „zwischen den zwei großen Gefahren der soziologischen Theoriebildung und der Menschenwissenschaften überhaupt hindurch(steuern), zwischen der Gefahr von einem gesellschaftslosen Individuum, also etwa von einem ganz für sich existierenden Handelnden auszugehen, und der Gefahr, ein ‚System', ein ‚Ganzes', kurzum eine menschliche Gesellschaft zu postulieren, die gleichsam jenseits des einzelnen Menschen, jenseits der Individuen existiert" (Elias 2006: 74).

Die Schöpfung des Figurationsbegriffs intendiert im Zugriff auf den Gegenstand eine umfassende sachliche Inklusion, Entdifferenzierung und Vernetzung von Gegenstandsaspekten. Das heißt nicht nur, dass alle ‚Seiten' des Menschen, neben den kognitiven und mentalen auch die körperlichen und emotionalen Seiten, betrachtet werden sollen. Vielmehr geht es auch darum, diese Aspekte in ihren genetischen, praktischen und funktionalen Zusammenhängen mit den jeweiligen Figurationen zu sehen und diese wiederum in historisch-differenzierungstheoretische Kontexte zu stellen.

Die jeweilige Figuration der Gesellschaft bzw. die jeweilige Figuration *in* der Gesellschaft erscheint als spezifisch ‚bildend': vor allem als Habitusgenerator und Habitus*re*generator. Sie braucht, generiert und regeneriert insbesondere ein ihrer (strukturellen) Verflechtungslogik und symbolischen Ordnung entsprechend orientiertes Individu-

---

[24] Dieser wichtigste soziale Figurationstyp der modernen Gesellschaft bleibt allerdings bei Elias unterbestimmt (vgl. Kiss 1991).
[25] Vgl. dazu Mongardini (1992), der Elias' figurationssoziologisches Denken zu Recht vor allem in die Tradition von Georg Simmel stellt.

um mit einem „bestimmten Schema der Selbstregulierung" (ebd.) und der Emotionalität. Die Funktionsweise und die Genese dieses Schemas hat Elias unter dem Titel Zivilisation zu seiner zentralen Sache gemacht. Zivilisation ist ein Effekt und Moment von Figurationen als sozialen Strukturen/Ordnungen im Rahmen von mehr oder weniger langfristigen „Figurationsprozessen" (Elias 1981: 144), in denen sich mit der Gesellschaft („Soziogenese") und ihren Figurationen auch die Menschen („Psychogenese") wandeln.

Figurationen und ihre Praxis denkt Elias als Beziehungen von menschlichen Akteuren, die aneinander gebunden sind und sich aneinander binden. Die „Frage ist, was Menschen in Figurationen zusammenbindet" (ebd.). Wie für Bourdieu spielen für Elias neben und mit kognitiven und moralischen Orientierungen symbolisch kontextierte und geladene Emotionen und die „emotionalen Bindungen der Menschen aneinander" (ebd.: 149) eine Schlüsselrolle in den, durch die und für die Figurationen. In erklärter Frontstellung gegenüber den soziologischen ‚Systemtheorien'[26], die „die Unabhängigkeit der menschlichen Persönlichkeitsstruktur relativ zu der Gesellschaftsstruktur einfach als Postulat" annehmen (ebd.: 146), betont Elias nicht nur grundsätzlich die sozusagen dialektische Beziehung zwischen Individuum und Gesellschaft, sondern auch die immanente Präsenz und Relevanz des ‚Bio-Psychischen' (und damit auch Emotionalen) in der Gesellschaft bzw. ihren Figurationen. In diesem Zusammenhang verwendet er, ähnlichen Begriffsschöpfungen Pierre Bourdieus vorausgehend, den für seine Perspektive charakteristischen und zentralen Begriff der *Valenz* und stellt fest:

> „Diese emotionalen Bindungen der Menschen aneinander (...) haben für die Interdependenz der Menschen keine geringere Bedeutung als die (...) Bindungen auf Grund zunehmender Spezialisierung. In der Tat sind die verschiedenen Typen der affektiven Bindungen unabtrennbar. Die emotionalen Valenzen, die Menschen, sei es direkt in ‚face-to-face'-Beziehungen, sei es indirekt durch die Verankerung in gemeinsamen Symbolen, aneinander binden, stellen eine Bindungsebene spezifischer Art dar." (Elias 1981: 150)

Aus figurationssoziologischer Sicht ist der Akteur also eine in gewisser Weise bivalente Größe. Einerseits ist er ein ‚Erzeugnis' sozialer (sozialisatorischer) Figurationen und bleibt immer von Figurationen abhängig und in seinen Möglichkeiten bedingt und eingeschränkt. Andererseits kann er und wird er normalerweise je nach der „Eigenart der betreffenden Figuration" (Elias 2006: 75) und je nach der Relation von Figuration und eigenem Habitusensemble einen „Freiheitsspielraum" (ebd.) besitzen. Dieser ermöglicht es ihm, innerhalb von Figurationen planend, wählend und gestaltend zu operieren, aber auch „sich von einer bestimmten Figuration abzulösen und sich in eine andere einzufügen" (ebd.). Je nach Figurationstyp und figurativer Position bzw. Kapitalausstattung tritt der Akteur bei Elias wie dann später auch bei Bourdieu sogar als ein maßgeblicher Faktor in Erscheinung – nicht nur für das Geschehen im Feld, sondern auch für die Entwicklung des Feldes selbst, nämlich insofern diese eine Funktion von ‚Spielverläufen' bzw. kämpferischen Auseinandersetzungen ist.

Welche ‚Rolle' der Akteur in konkreten Figurationen, auf Handlungsfeldern – hier und jetzt wie langfristig – spielen kann und tatsächlich spielt, ist (schon) für Elias wesentlich eine *Habitus*frage. Als ‚praxeologischer' (Kompetenz-) Begriff steht der Habitusbegriff

---

[26] Elias (1978) meint damit insbesondere Talcott Parsons.

durchaus im Zentrum der Figurationssoziologie, und zwar schon sehr früh[27]. Mit ihrem entsprechenden Verständnis von Verhaltens- und Lebensstilen, Ritualen und Strategien sowie mit ihrem Begriff von Habitus als ‚spielbestimmendem' Kapital, das systematisch sozial ungleich verteilt ist, geht die Figurationssoziologie in eine Richtung, in die sich auch die (Feld/Habitus-) Theorievorstellungen Bourdieus bewegen.

Gemäß der wiederum mit Bourdieu geteilten Vorstellung einer objektiven und relationalen Positionierung des Akteurs in der jeweils gegebenen Figuration (im Feld) fordert Elias vom soziologischen Forscher, nicht nur die positionale Struktur und Strukturierung der Figuration (des Feldes) sondern auch den entsprechend bestimmten „perspektivischen Charakter der menschlichen Interdependenzgeflechte" (Elias 1981: 138) zu beachten und zu rekonstruieren. In ausdrücklicher Tradition Max Webers und in ebenso ausdrücklicher Wendung gegen „struktur-" und „systemtheoretische" Ansätze der Soziologie will Elias in diesem Sinne die Subjektivität des Akteurs aus der Objektivität seiner figurativen Position und Positionierung ableiten und verständlich machen. Eingeschlossen ist dabei die „Aufgabe, zu bestimmen, wie die beteiligten Spieler ihre Züge und den Spielverlauf selbst erleben" (ebd.). In der figurationssoziologischen Reflexion steckt insofern auch eine auf ‚subjektiv gemeinten Sinn' bezogene Übersetzungsleistung, eine Art ‚doppelte Hermeneutik', die allerdings eben vom ‚Kontext' und nicht vom ‚Text' ausgeht.

Aus der Sicht der Figurationssoziologie (figurationsanalytisch) kommt es also darauf an, einzelne soziale Ordnungs- und Praxisaspekte (wie etwa Zeremonien), Aktionen und Dispositionen von Akteuren so zu rekonstruieren, „daß es möglich wird, in ihnen Aufbau und Funktionsweise der (...) Figuration, aus der sie einen Ausschnitt darstellen, und damit zugleich die Charaktere und die Attitüden der Menschen, die sie mit einander bilden und durch sie geprägt werden, verständlich zu machen" (Elias 1983: 126). Erst vor diesem Hintergrund, dem Hintergrund der Figuration(en), erschließt sich die jeweilige historische Sozialität in ihren konkreten Verfassungen. Damit wird dann auch symbolische Ordnung als symbolische Ordnung der sozialen Figuration (des Feldes) verständlich. So zeigt sich z. B. in der Figurationsanalyse der höfischen Gesellschaft, dass die Zeremonie des königlichen „Lever" (das morgendliche Aufstehen des Königs) ein in ein spezifisches soziales Beziehungs-, Macht- und Habitusgefüge eingebettetes Element der komplexen Theatralität des Hofes war und vom König als strategisches Herrschaftsinstrument genutzt wurde (vgl. ebd.: 126ff.). Der König instrumentierte auf der (Habitus-) Basis von Distinktionsbedürfnissen, Aufstiegsaspirationen und Abstiegsängsten durch eine persönliche Abstufung des Zugangs zu sich seine „privatesten Verrichtungen, um Rangunterschiede herzustellen, und Auszeichnungen, Gnadenbeweise oder entsprechend auch Mißfallensbeweise zu erteilen. (...) die Etikette hatte im Aufbau dieser Gesellschaft und dieser Regierungsform eine symbolische Funktion von großer Bedeutung" (ebd.: 129)[28].

---

[27] Elias zentrale Studien über die „höfische Gesellschaft" (Elias 1983) und den „Prozeß der Zivilisation" (Elias 1980) entstanden in den 30er Jahren des vorigen Jahrhunderts. Hier spielt der Habitusbegriff bereits explizit und implizit eine Schlüsselrolle. Das gilt erst recht für die späteren „Studien über die Deutschen" (Elias 1990), in denen der Habitusbegriff sogar im Titel erscheint. Vor allem muss man in diesen Zusammenhängen beachten, dass Elias' Begriff der Zivilisation selbst ein Verständnis von der Genese und der Funktionsweise von Habitus impliziert.

[28] Elias schildert ausführlich die verschiedenen „Züge" der königlichen Aufstehenszeremonie, die den Rahmen eines macht- und disziplinierungstechnischen ‚Privilegiensystems' bildete (vgl. Elias 1983: 126ff.).

Figurationen, Netzwerke und Netzwerker

Die Metapher und die Perspektive des sozialen *Netzwerks*[29] haben in den letzten Jahrzehnten und Jahren in allen Sozialwissenschaften, vor allem aber in der Soziologie, in der Politikwissenschaft und in den Wirtschaftswissenschaften, eine zunehmend bedeutende Rolle gespielt (vgl. z. B. Hepp u. a. (Hrsg.) 2006; Jansen 2006; Wittel 2006; Windeler 2007; Quandt 2007; von Kardorff 2008). Netzwerkansätze und Netzwerkanalysen gelten vielfach geradezu als avantgardistisch und werden von einigen Sozialwissenschaftlern „gar als die einzige Möglichkeit (angesehen, H. W.), moderne Gesellschaften zu erklären" (Windeler 2007: 348).

Allerdings kann in diesem Zusammenhang nicht von einer bestimmten theoretischen Orientierung oder empirisch-methodischen Zugangsweise gesprochen werden. Netzwerkforschung lässt sich von den verschiedensten theoretischen Positionen aus betreiben. Der Netzwerkbegriff zeichnet sich dementsprechend eher durch Uneinheitlichkeit und auf der Ebene eines ‚kleinsten gemeinsamen Nenners' eher durch Unbestimmtheit als durch Differenzierung aus. Fragen, wie die, was ein Netzwerk eigentlich ausmacht, worin seine *Identität* besteht, wie/wo sich (daher) seine *Grenzen* ergeben und was all dies für die *Akteure*, Handlungen und Handlungsspielräume bedeutet, sind mehr oder weniger ungeklärt und auch schwierig und problematisch. Die Figurationssoziologie verspricht diesbezüglich Aufschluss und kann damit zugleich die sozialen Realitäten aufklären, die der sozialwissenschaftlichen und sozialen Konjunktur des Netzwerkbegriffs bzw. der Netzwerkmetapher zugrunde liegen.

Unübersehbar ist, dass diese Konjunktur mit empirischen Phänomenen bzw. Wandlungen der Gesellschaft zu tun hat, wie gut oder schlecht immer die Netzwerkansätze diese Phänomene zu (be)greifen vermögen. Bezogen ist der Begriff und die empirische Arbeit der Netzwerkansätze auf sozio-kulturelle Transformationen und Neuformationen, für die sowohl wissenschaftliche Diskurse – etwa die Rede von der „Netzwerkgesellschaft" (Castells 2001) oder auch vom „Netzwerkzeitalter" – als auch der Eingang des Netzwerkbegriffs in den ‚allgemeinen Diskurs' und praktische Spezialdiskurse stehen.[30] Dass die diversen Akteurstypen der verschiedensten sozialen Felder ihre Beziehungen, ihre Praxis und sich selbst offenbar zunehmend im Sinne dieses Begriffs bzw. des in ihm implizierten Deutungsschemas auslegen, kann mit Elias (der Figurationssoziologie des Wissens) durchaus als Indikator realer Verhältnisse und realer Erfahrungen gewertet werden. Die weite Verbreitung, ‚Absickerung' und Veralltäglichung des Netzwerkbegriffs ist gleichsam symptomatisch, verweist auf eine normale Realität und ein praktisches Wissen und Bewusstsein von dieser Realität.

---

[29] Damit verbunden sind die Begriffe des Netzwerkers und des Netzwerkens (‚Networking'), die für einen dem sozialen (Beziehungs-) Gebilde entsprechenden Typus von Handelndem und von Handeln stehen.
[30] Dieser Begriff gehört ja mittlerweile nicht nur zur gängigen sozialwissenschaftlichen Terminologie, sondern zählt wie etwa der der Rolle, des Images oder der Performance auch zum Alltagsvokabular verschiedenster Feld-Akteure (Wirtschaftsmanager, Wissenschaftler, ‚Kulturschaffende', Kleriker, Umweltschützer, ‚Randgruppen' etc.) und jedermanns.

Gemeinsamkeiten, Differenzen und Komplementaritäten zwischen Netzwerkansätzen und Figurationssoziologie

Sozialwissenschaftliche Netzwerkansätze, so unterschiedlich ausgearbeitet und ausgerichtet sie sind (vgl. Windeler 2007: 351ff.), befinden sich mit ihren Verständnissen von sozialen *Akteuren* und *Beziehungen* bzw. Komplexen von Beziehungen (Beziehungen von Beziehungen) in der Nähe zum ordnungstheoretischen Grundansatz der Figurationssoziologie. Wie diesem geht es auch jenen Netzwerkansätzen in Differenz und im Gegensatz zur Systemtheorie, jedenfalls zu der (älteren) von Parsons[31], und zu ‚kulturalistischen' Perspektiven, die kulturellen Faktoren (wie Ideen, Werten, Normen, Skripts) eine primäre Relevanz im Sozialen und (damit) für die Erklärung des Sozialen zuschreiben, um eine von *Akteuren* als Einheiten ausgehende „relationale Sichtweise auf Sets sozialer Beziehungen" (Windeler 2007: 349). Als Akteure gelten dabei (den Netzwerkansätzen wie der Figurationssoziologie) sowohl Individuen (Personen) als auch alle sozialen Gebilde, die im Sinne eines Handlungsentwurfs koordiniert agieren können, insbesondere Personengruppen (‚Ensembles', Kleingruppen, ‚Cliquen' usw.) sowie Organisationen und Organisationseinheiten. (Groß-) Organisationen sind in diesem Zusammenhang nicht nur wegen ihrer ‚gesamtgesellschaftlichen' Zentralität besonders relevant, sondern auch insofern doppelt bedeutsam, als sich Netzwerke *zwischen* ihnen und anderen Akteuren (z. B. Organisationen) sowie *in* ihnen bilden und reproduzieren. Der Figurationstyp (‚Systemtyp') der Organisation ist seiner ganzen Anlage nach ein (vernetzter) ‚Netzwerker' par excellence. Er ist in Netzwerke eingebettet, bildet Netzwerke, operiert in und mit Netzwerken und stellt auch einen Raum von Netzwerken dar.

Netzwerkansätze einerseits und die Figurationssoziologie andererseits haben mit ihrem grundlegenden Gegenstandsverständnis und ‚Blick' auch gemeinsame sozialphilosophische Wurzeln. Zu Recht wird in diesem Zusammenhang immer wieder Georg Simmel genannt. Damit stellt sich aber auch die Frage nach den prinzipiellen Differenzen und eventuellen Komplementaritäten zwischen verschiedenen Netzwerkansätzen einerseits und der Figurationssoziologie andererseits. Hier geht es meines Erachtens vor allem um zwei Aspekte: Zum einen ist die Figurationssoziologie der umfassendere Ansatz, der Netzwerkansätze integrieren und deren Perspektive und in hohem Maße auch deren Terminologie reformulieren und (figurationssoziologisch) ergänzen kann. Die komplex dimensionierte Anlage der Figurationssoziologie mit ihren historisch-differenzierungstheoretischen, gesellschafts-, kontext-, praxis- und akteurstheoretischen (habitustheoretischen) Seiten kann auch für die Netzwerkansätze als ‚Haus' fungieren. Zum anderen können Netzwerkansätze und (empirische) Netzwerkanalysen zur Differenzierung, Spezifikation und Weiterentwicklung der Figurationssoziologie beitragen, indem sie das Augenmerk (und deren Augenmerk) auf veränderte und neue Verflechtungstypen, Verflechtungsprozesse und Verflechtungslogiken von und zwischen sozialen Feldern lenken. Der Netzwerkbegriff eignet sich vermutlich am besten zur Beschreibung jener dynamischen, veränderlichen und (hyper-) komplexen Figu-

---

[31] Wie Elias (s. o.) setzen sich auch die sogenannten Harvard-Strukturalisten, aber auch Vorläufer und Nachfolger aus der britischen und amerikanischen Sozialanthropologie entschieden von der damals in den USA dominierenden Forschungstradition des normativistischen Strukturfunktionalismus (Parsons' Ansatz) ab. „Sozialstrukturanalyse müsse an den sozialen Beziehungen und den durch sie geprägten Zwängen und Gelegenheiten ansetzen, statt an individuellen persönlichen Einstellungen" (Jansen 2006: 208).

rationen, die sich, von Akteuren ausgehend und Akteure konstellierend, im Zuge der Mediatisierung bzw. Internetisierung der Gesellschaft entwickelt haben und entwickeln.

Es bietet sich auch an, den Netzwerkansatz nicht nur in den ‚Rahmen' der Figurationssoziologie zu stellen, sondern auch deren konzeptuelle Komponenten mit ihm in Verbindung zu bringen. Besondere Aufschluss- und (weil) Anschlussfähigkeit versprechen hier die Konzepte Feld, Akteur, Strategie, Kapital, Habitus, Stil/Lebensstil und Mentalität (Denkstil).

Felder (und Unterfelder) bilden sozusagen, wenn man in der Metaphorik Simmels formuliert, makroskopische Kontexte, und zwar die wichtigsten Kontexte, von entweder mehr oder weniger dicht geknüpften oder mehr oder weniger lockeren Netzwerken. Aktivitäten des Netzwerkens und (Netzwerk-) Voraussetzungen und (Netzwerk-) Effekte des Netzwerkens entfalten und entwickeln sich *in* und *zwischen* Feldern, die durch ihre je spezifischen Bedingungen[32] auch die Charakteristika und Spielräume der jeweiligen Netzwerke und Netzwerker strukturieren, bestimmen und beeinflussen.[33] Grundsätzlich kann man davon ausgehen, dass von und zwischen einzelnen Akteuren (Netzwerkern) geknüpfte und unterhaltene Netzwerke auf allen sozialen (Groß-) Feldern (Wirtschaft, Politik, Wissenschaft, Kunst, Religion, Journalismus, Intimität usw.) eine zunehmend große Rolle spielen, und zwar auch derart, dass sie andere, insbesondere formalisierte, Beziehungsgefüge oder Strukturen überlagern, unterlagern oder durchdringen.

Ebenso kann man davon ausgehen, dass die Realität (und die Realisierung) von Netzwerken zwar oft nicht ganz zu verbergen ist oder sogar demonstrativ zu Tage tritt, dass sie aber vor allem in ihrer ‚operativen' Dimension zur Unsichtbarkeit tendiert, dass sie jedenfalls typischerweise nur sehr begrenzt sichtbar ist, sein muss und sein soll. Typisch dürfte für sehr viele Varianten der hier gemeinten Strukturform und Strukturierungspraxis sein, dass sie einen *strategischen* Charakter haben und daher absichtlich mehr oder weniger verdeckt und oft geheimgehalten werden. Das gilt natürlich insbesondere für kriminelle Netzwerke und für Netzwerke im Grenzbereich zur Kriminalität.[34] Aber auch schon nur *moralisch* problematische oder imageproblematische (verpönte) Netzwerke legen vernünftigerweise Wert auf Diskretion oder (besser) Geheimhaltung. Für Abschottung und Geheimhaltung sprechen daneben jenseits aller Moralität *rein strategische* Gründe. Das erfolgreiche (Ensemble-) Spiel von und in Netzwerken braucht typischerweise den Schutz der Dunkelheit, sein Hauptort ist die ‚Hinterbühne', auf der sich durchaus typischerweise verschworene und verschwörerische Beziehungen entfalten. Die entsprechenden Geheimnisse sind strategische Geheimnisse (Goffman 1969; 1981), die auf Geheimnisse derselben Art auf einer Gegenseite verweisen.

Dementsprechend liegt es nahe, den Aufbau und Betrieb von Netzwerken auch unter dem Gesichtspunkt der Theatralität (Dramaturgie, Informationskontrolle) bzw. der strategischen Theatralität zu betrachten, und das heißt, sie mit Mitteln des Theatralitätskonzepts und der (Spiel-) Theorie des strategischen Handelns bzw. der strategischen Interaktion[35] zu untersuchen. Der Sinn dieses Ansatzes ist zugleich ein wesentlicher Hinweis darauf, dass

---

[32] In der Wirtschaft sind es andere als in der Religion, in der Kunst andere als in der Politik usw.
[33] Ein Wissenschaftlern naheliegendes Beispiel ist die Wissenschaft. Sie ist seit jeher und heute mehr denn je eine ‚Netzwerkgesellschaft' besonderer Art, die alle Ebenen und Akteurstypen des Feldes inkludiert. Wissenschaftliche Karrieren bzw. Ressourcenbeschaffungen sind heute jedenfalls im Normalfall stark davon abhängig, wie erfolgreich das ‚Networking' des Akteurs ist.
[34] Neuerdings denkt man hier besonders an Terrorismus (vgl. Mayntz 2004).
[35] Vgl. dazu Goffman 1969; 1981.

das „Wissen über die Konstitution von Netzwerken und deren Wirkungen in modernen Kontexten (...) erstaunlich begrenzt (ist), obwohl sie heute so viel Aufmerksamkeit erhalten" (Windeler 2007: 363).

Figuration und Netzwerk bei Simmel

Georg Simmel kann, wegen seines Denkens in den Kategorien von sozialen (Macht-) Beziehungen, (Mikro-) Prozessen und Konflikten sowie wegen seiner – in diesem Denken implizierten – Akteurstheorie als der wohl wichtigste klassische Vorläufer der Figurationssoziologie und der Netzwerkansätze gelten. Den Netzwerkbegriff verwendet er ausdrücklich (z. B. in seinem „Exkurs über das Problem: Wie ist Gesellschaft möglich?", Simmel 1992: 61f.), und auch etwa seine Rede von „soziologischen Konfigurationen" (ebd.: 28), „Gruppierungsformen", „Gruppierungseinheiten" oder „Gruppenkonfigurationen" weist schon terminologisch deutlich auf die Verwandtschaft der hier thematischen Theorien und ‚Geister' hin.

Von größter Bedeutung dürfte diesbezüglich aber Simmels Begriff der „Wechselwirkung" (z. B. Simmel 1992: 85ff.) sein, denn er ist nicht nur ein sozialer Beziehungsbegriff im weiteren Sinne, sondern er läuft ziemlich genau auf das figurationssoziologisch zentrale – und für die Figurationsdefinition zentrale – Verständnis von „Vergesellschaftung" (Simmel) und Praxis hinaus, das Elias als „Interdependenz" fasst. In diesem Zusammenhang zeigt sich auch und vor allem, dass Simmels Begriff und Verständnis von „Gesellschaft", vom Denkansatz her gesehen, beinahe in eins mit Elias' Figurationsbegriff gesetzt werden kann. In Simmels theoretisch-programmatischem Einleitungsaufsatz zur „Soziologie" heißt es ganz ähnlich wie bei Elias in seiner figurationssoziologischen Antwort auf die (von ihm selbst gestellte) Frage „Was ist Soziologie?" (s. o.), dass „Gesellschaft (...) da existiert, wo mehrere Individuen in Wechselwirkung treten. Diese Wechselwirkung entsteht immer aus bestimmten Trieben heraus oder um bestimmter Zwecke willen. Erotische, religiöse oder bloß gesellige Triebe, Zwecke der Verteidigung wie des Angriffs, des Spieles wie des Erwerbes, der Hilfeleistung wie der Belehrung und unzählige andere bewirken es, daß der Mensch in ein Zusammensein, ein Füreinander-, Miteinander-, Gegeneinander-Handeln, in eine Korrelation der Zustände mit andern tritt, d. h. Wirkungen auf sie ausübt und Wirkungen von ihnen empfängt" (Simmel 1992: 17f.). „Gesellschaft" ist also bei Simmel – ähnlich wie bei Elias (Figuration) – nicht (wie etwa bei Luhmann) die Formel für alles Soziale, sondern vielmehr die in zahllos vielen Formen auftretende, jeweils konkrete Gestalt von Beziehungen, von ‚Netzwerken' im weitesten Sinne, die im Handeln entstehen, Handeln bedingen, sich im Handeln verändern. Das heißt: „Es gibt niemals schlechthin Gesellschaft, derart, dass unter ihrer Voraussetzung sich nun jene einzelnen Verbindungsphänomene bildeten; denn es gibt keine Wechselwirkung schlechthin, sondern besondere Arten derselben, mit deren Auftreten eben Gesellschaft da ist und die weder die Ursache noch die Folge dieser, sondern schon unmittelbar sie selbst sind" (ebd: 24). Die ‚besonderen Arten' von Gesellschaft, die als solche „Einheiten" (ebd.: 19) bilden, das sind bei Elias die Figurationen – konkrete, identische, identifizierbare und identifizierte Netzwerke sozialer Beziehungen wie die ‚höfische Gesellschaft', eine moderne Organisation oder eine praktizierte Psychotherapie, also in Aufbau, (Beziehungs-) Komplexität und Inhalt sehr unterschiedliche

(Verflechtungs-) Gebilde, die auch Simmel in dieser Bandbreite im Sinn hat (vgl. Simmel 1992: 18f.).

Simmel kann also schon und hauptsächlich deswegen als einer der wichtigsten Vorläufer der Figurationssoziologie und auch des netzwerkanalytischen Denkens gelten, weil er die strukturellen und strukturierenden ‚Wechselwirkungen' von „Beziehungen zwischen Individuen als Zentrum der Soziologie versteht und die Handlungsweisen und Orientierungen in elementarer Weise an ihre strukturell bestimmten Positionen im Beziehungsgeflecht bindet" (Windeler 2007: 352). Simmel ist es auch, der in seiner „Soziologie" mittels der Analogie von Organismus und Gesellschaft das Argument entwickelt, dass sich die „Gesellschaftswissenschaft" bislang zu sehr auf die „großen Organe und Systeme" (Familie, Klasse, Staat) konzentrierte und die Mikro- und Prozessformen der „Vergesellschaftung" übersah, vernachlässigte oder ignorierte.

Zwar denkt auch Simmel mit Begriffen wie Wechselwirkung und Gesellschaft an ‚große' und ‚größte' Gebilde, wie etwa den Staat, aber er fokussiert in erster Linie ‚kleinere' und ‚kleinste' Einheiten, Figurationen wie die, die zwei[36] oder drei Individuen oder Kleingruppen bilden. In diesem Zusammenhang sind seine Überlegungen über „Die quantitative Bestimmtheit der Gruppe" bzw. die Rolle und Bedeutung des „Dritten" (vgl. Simmel 1992) von prinzipieller Bedeutung, denn in ihnen steckt nicht weniger als eine Theorie der Figuration und des Figurationswandels, die auch von netzwerktheoretischem Belang ist. Konkret fragt Simmel z. B. danach, was die strukturelle Formdifferenz, die Differenz der ‚Polarität' zwischen Dyade und Triade für die „Qualität" der jeweiligen Einheiten (Figurationen) bedeutet. Ein grundsätzliches Ergebnis seiner Überlegungen (vgl. Simmel 1992: 46-133) ist die Feststellung, dass die Differenz zwischen einer Dyade und einer Triade menschlicher Individuen „qualitativer" Art ist: „Daß Verhältnisse zu zweien überhaupt als solche spezifische Züge haben, zeigt nicht nur die Tatsache, daß der Zutritt eines dritten sie ganz abändert, sondern mehr noch die vielfach beobachtete: daß die weitere Ausdehnung auf vier oder mehrere das Wesen der Vereinigung keineswegs noch entsprechend weiter modifiziert" (Simmel 1992: 96). Der „Dritte" bringt Simmel zufolge als solcher eine neue strukturelle (Beziehungs-) Formation, eine neue (Beziehungs-) ‚Polarisierung' oder überhaupt erst eine ‚Polarisierung' und damit Kontingenzen auf der Beziehungs- und Handlungsebene mit sich: „Während zwei wirklich eine Partei sein können bzw. ganz jenseits der Parteifrage stehen, pflegen in feinsten stimmungsmäßigen Zusammenhängen drei sogleich drei Parteien – zu je Zweien – zu bilden und damit das einheitliche Verhältnis des je einen zu dem je andern aufzuheben. Die soziologische Struktur der Verbindung zu zweien wird dadurch bezeichnet, daß beides fehlt: sowohl die verstärkte Verknüpfung durch den dritten bzw. durch einen über beide hinausgreifenden sozialen Rahmen, als auch die Störung und Ablenkung der reinen und unmittelbaren Gegenseitigkeit" (Simmel 1992: 94).

In diesem Zusammenhang ist es durchaus auch im Sinne der Eliasschen Begriffsfassung berechtigt, von Figuration zu sprechen – auch Elias verwendet den Figurationsbegriff in diesem ‚formalen' Sinne (vgl. Elias 1972). Allerdings ist es auch sinnvoll, dieses Verständnis von Figuration gegen zwei andere Figurationsverständnisse abzugrenzen, nämlich zum einen gegenüber einem Begriff von Figuration als objektives und objektiv strukturiertes (Handlungs-) Feld, wie es etwa die höfische Gesellschaft dargestellt hat oder eine mo-

---

[36] In dieser Tradition operiert in der modernen Soziologie etwa auch noch Karl Lenz mit seiner „Soziologie der Zweierbeziehungen" (Lenz 2003). Sie referiert ebenso auf Simmel wie auf den Simmel nahestehenden Goffman.

derne Organisation darstellt. Zum anderen, sozusagen auf der Gegenseite eines Kontinuums von strukturellen Verfestigungsgraden, geht es hier um Figuration im Sinne einer veränderlichen *Konstellation* von Akteuren im Rahmen einer gegebenen ‚polaren' Struktur. Im Rahmen einer Triade z. B., die im obigen Sinne eine Figuration von Akteuren darstellt, oder im Rahmen eines historisch konkreten sozialen (Handlungs-) Feldes können sich von Fall zu Fall aufgrund sehr unterschiedlicher Aspekte (Interessen, Neigungen etc.) sehr unterschiedliche (Beziehungs-) Konstellationen der Akteure ergeben und ihre Beziehungen situativ figurieren. So kann dem ‚Dritten' unter entsprechenden (Konflikt-) Umständen die Rolle des „Unparteiischen" (vgl. Simmel 1992: 103)[37] oder die des ‚lachenden Dritten' (Simmel 1992: 134) zuwachsen oder in einer Situation plötzlich zufallen. Mit solchen ‚Rollen' und ihren figurativen/konstellativen Hintergründen sind dann auch Zwänge, Spielräume und Effekte des Handelns bzw. des strategischen Handelns[38] beschrieben.

Simmel vertritt ein figurationstheoretisches Verständnis von Gesellschaft aber nicht nur in einem strukturtheoretischen Sinne als Beziehungsordnung („Verflechtungsordnung"), sondern es geht ihm auch, und zwar in einem soziologisch grundsätzlichen und programmatischen Sinne, um Prozessualität und *Prozessordnungen*. Denn, so sieht er es: „Fortwährend knüpft sich und löst sich und knüpft sich von neuem die Vergesellschaftung unter den Menschen, ein ewiges Fließen und Pulsieren, das die Individuen verkettet, auch wo es nicht zu eigentlichen Organisationen aufsteigt. Hier handelt es sich gleichsam um die mikroskopisch-molekularen Vorgänge innerhalb des Menschenmaterials, die aber doch das wirkliche Geschehen sind, das sich zu jenen makroskopischen, festen Einheiten und Systemen erst zusammenkettet und hypostasiert" (Simmel 1992: 15). Eben diesem ‚wirklichen Geschehen', d. h. dem sozialen (Interaktions-, Praxis-) Prozessgeschehen, den Verknüpfungen, Auflösungen, (Wieder-) Verkettungen[39] und „Verwebungen" (Simmel 1992: 58) zwischen Menschen/Akteuren, Handlungen und Erlebnissen widmet auch die Figurationssoziologie von Elias besondere Aufmerksamkeit. Dafür steht sein Figurationsbegriff in seiner ganzen Anlage auch ausdrücklich, indem er gleichzeitig die Stukturiertheit sozialer Beziehungen und Ordnungen bzw. die strukturellen Logiken sozialer Felder einerseits und die Prozesshaftigkeit allen sozialen (Netz- und Vernetzungs-) Geschehens andererseits betont, das ‚Fließen und Pulsieren'. Auch Elias spricht ja von Fluss/Fließen und Strom/Strömen bzw. vom „Figurationsstrom" (s. o.).[40] Mehr noch: Der Figurationsbegriff ist in gewisser Weise *primär* ein Prozessbegriff, und die Figurationssoziologie ist *primär* eine Prozess soziologie, indem sie nämlich alle ‚Struktur' als eine immer nur relative und (historisch) vorübergehende[41] Verfestigung betrachtet.

---

[37] Dieser wird, so Simmel, „entweder die Einigung der beiden kollidierenden andern zustande bringen, indem er sich auszuschalten und nur zu bewirken sucht, daß die beiden unverbundenen oder entzweiten Parteien sich unmittelbar verbinden; oder er wird als Schiedsrichter auftreten und die einander widerstreitenden Ansprüche jener gleichsam in sich zur Ausgleichung und das Unvereinbare daran zur Ausscheidung bringen" (Simmel 1992: 104).

[38] Für die Theorie des strategischen Handelns ist die Figuration in jedem Sinne, gerade auch als Konstellation verstanden, natürlich von großer Bedeutung.

[39] Elias spricht z. B. von „Handlungsketten".

[40] Man könnte figurationssoziologisch zwischen Mikro- und Makroprozessen unterscheiden. Also: zwischen dem Prozess der konkreten Figuration, z. B. einem sich bildenden oder operierenden Netzwerk, und dem historischen Prozess oder dem Prozess der historischen Figuration, der die gesellschaftliche Entwicklung im Ganzen umfasst.

[41] Man könnte sagen: transitorische.

Netzwerk, Kapital und Mentalität

Neben und mit den figurationssoziologischen Konzepten Feld, Akteur und Strategie/Theatralität sind hier Kapitalbegriffe, speziell der Kapitalbegriff Bourdieus (ökonomisches Kapital, kulturelles Kapital, soziales Kapital, symbolisches Kapital), anzuschließen und einzusetzen. Netzwerke, Netzwerker und Formen des Netzwerkens verweisen in erster Linie auf den Begriff des *sozialen* Kapitals, den Dorothea Jansen im Kontext der Netzwerkansätze ganz allgemein definiert als einen „Aspekt der Sozialstruktur, der individuellen oder korporativen Akteuren Handlungsmöglichkeiten eröffnet, die ihnen individuelle oder kollektive Vorteile verschaffen" (Jansen 2006: 209). Netzwerke können in diesem Sinne soziales Kapital darstellen und bilden; sie sind dann soziales Kapital, wenn in ihnen bzw. in einzelnen ‚Beziehungen' (prinzipiell unabhängig von den feldspezifischen ‚Inhalten') ein instrumenteller oder strategischer Wert oder ein Wertschöpfungspotential für einen Akteur oder ein Ensemble von Akteuren steckt. Dies ist heute offensichtlich in den verschiedensten Feld-Kontexten, speziell in beruflichen (Karriere-) Kontexten, der Fall, aber auch alle anderen Feld-Kontexte sind in diesem Zusammenhang von Belang.[42] Bestimmte ‚Beziehungen', nämlich die ‚richtigen', verschaffen, wie heute jedermann weiß, überall, auf allen Feldern der Gesellschaft Vorteile.

Neben dem Begriff des Sozialkapitals, der nicht nur Netzwerke und Effekte von Netzwerken/Netzwerkern, sondern auch Voraussetzungen von Netzwerkbildungen und Netzwerkentwicklungen beschreibt, ist hier auch der Bourdieusche Begriff des kulturellen Kapitals von spezifischer Bedeutung. Inkorporiertes kulturelles Kapital, d. h. kulturelles Kapital in der Form von Habitus, ist zum einen für die Konstitution (Initiierung) von Netzwerken sowie für den Zugang zu ihnen von Belang. Anschlussfähigkeit und Anschlusswahrscheinlichkeit, Exklusion und Inklusion können sich, etwa (oder gerade) im Kontext von themen- und interessenzentrierten Spezialkulturen, an den hier gemeinten Dispositionen entscheiden. Zum anderen sind diese Dispositionen für die Handlungsführung und den Handlungserfolg *innerhalb* von Netzwerken maßgeblich. Interaktionelle Umgangsformen, Neigungen, ‚Zivilisiertheit', Ausstrahlung etc. variieren mit diesem Faktor, dessen konkrete soziale Bedeutung sich aus netzwerk- wie aus figurationsanalytischer Sicht immer aus *Beziehungen* von und zwischen Akteuren bzw. der Relationalität ihrer (kulturellen) Kapitalausstattungen und Kapitaleinsätze ergibt. Das heißt, das kulturelle Kapital des Einen definiert sich prinzipiell im Bezug auf das kulturelle Kapital des Anderen und umgekehrt. ‚Networking' findet in diesem relationalen (dialektischen) Sinne immer auch unter kulturellen bzw. habituellen Kapitalbedingungen statt. Wer z. B. wem etwas und was zu ‚sagen' hat, wer mit wem (dauerhaft) ‚kann' und will, zwischen welchen Akteuren die ‚Chemie' stimmt, das ist nicht zuletzt eine Frage von Formen inkorporierten Kulturkapitals, die sich in Beziehungen entfalten und als „Kräfte" (Bourdieu) oder „Valenzen" (Elias) aufeinander wirken.

‚Networking' im Bourdieuschen Sinne einer ‚sozialkapitalistischen' Investitionsstrategie (der Bildung und ‚Pflege' von Sozialkapital) bedeutet eine reflexive Beziehungs-, Image- und Interaktionsarbeit mit den Mitteln von Theatralität, d. h. mit den Mitteln von (Selbst-) Darstellung, Inszenierung, Performanz/Performance und eventuell Korporalität. ‚Traditionell' im Rahmen von unmittelbaren Interaktionen, die sich im Kontext feldspezifi-

---

[42] Wenn man z. B. krank ist (und das Folgende gilt umso mehr, je kränker man ist), dann sind persönliche Beziehungen zu entsprechenden Fachärzten ein besonders wertvolles soziales Kapital.

scher Anlässe/Veranstaltungen abspielen (Kongressen, Messen, Parteitage usw.), zunehmend aber auch oder vor allem auf *medialer* Basis (im Internet: E-Mail, Chatrooms, Spezialforen usw.), wird soziales Kapital durch eine strategische Theatralität produziert und reproduziert, die den beteiligten Akteuren typischerweise als solche, d. h. als Arbeit (Investition, Kosten), bewusst ist. Direktes Ziel dieser Theatralität sind Formen *symbolischen* Kapitals bzw. ‚gute' und entsprechend (beziehungs-) folgenreiche ‚Eindrücke' bei bestimmten (relevanten) Publika. In Anlehnung an den Imagebegriff Goffmans kann man von Image-Kapital sprechen und von dem Produzieren von „Pluspunkten" (Goffman 1971: 30) bei einem Publikum, das sich dadurch auszeichnet, dass es im Sinne bestimmter Interessen nützlich ist oder sein kann.

Diese strategische Theatralität, die also dazu dient, soziale Akteure bzw. Publika in soziales Kapital zu verwandeln, ist von jener Theatralität zu unterscheiden, die das strategische Operieren von bestehenden Netzwerken begleitet, vollzieht oder ausmacht. Dabei handelt es sich nicht nur um Verhüllungs- und Geheimnis-Theatralität, die das Operieren des Netzwerks verdeckt und damit ermöglicht oder optimiert (s. o.), sondern auch um die Theatralität ‚konzertierter' strategischer Aktionen, hinter denen das Netzwerk (oder Elemente des Netzwerks) sozusagen als Subjekt steht. Netzwerke sind m. a. W. auch aktiv am Werk der gesellschaftlichen Theatralität und können, etwa im Kontext von Wahlkämpfen oder ‚sozialen Bewegungen' (vgl. Schicha 2004) auch theatrale oder dramaturgische Werke vollbringen.

Die Praxis des sozialkapitalbildenden ‚Networkings', die also viel mit den Handlungstypen des (Selbst-) Werbens, der Image-Arbeit und des (Selbst-) Vermarktens und mit den damit verbundenen Kapitalbedürfnissen zu tun hat, verweist auf die (Eigen-) Logiken von Figurationen bzw. von Feldern und deren (inneren) Figurationen, die mit sozialen Erfolgsbedingungen auch habituelle Dispositionen programmieren. Der strategischen Netzwerk gesellschaft und ihrem Sozialkapitalismus entspricht m. a. W. der Habitus des Netzwerkers[43]. Um als Akteur in Konkurrenz *und* Kooperation mit anderen Akteuren auf dem jeweiligen (Spiel-) Feld Zugangs- und Positionierungserfolg zu haben, braucht er ein spezifisches Ensemble von Kompetenzen und Attitüden: eine im Sinne strategischer Kalkulation rationalisierte Einstellung zu sich und anderen, Beobachtungsgabe und ‚psychologische' Feinfühligkeit, dramaturgische (inszenatorische, performative) Kompetenzen sowie eine gewisse strategische Grundausrichtung seiner Handlungs- und Lebensführung. ‚Networking' erfordert und indiziert also nicht nur ein bestimmtes Spektrum von ‚skills', sondern auch eine bestimmte, nämlich Klugheit einschließende *Mentalität*, die sich unter den jeweiligen (Feld-) Bedingungen (auch der Medienevolution) bewähren muss. Der strategische ‚Networker' der Gegenwart steht damit unter neuen sozio-kulturellen Bedingungen und in qualitativ und quantitativ neuen Formen in einer historisch weit zurückreichenden Tradition, insbesondere in der Tradition des Höflings, wie Elias ihn beschreibt, und des Imagearbeiters und ‚Marketing-Selbstes', wie es von Goffman (1971), Riesman (1958) und anderen (vgl. Kautt 2008) beschrieben worden ist. Die Figur des Networkers und die Praktiken und Praxen des Networkings sind also alles andere als neu. Neu erscheinen allerdings der soziale Generalisierungsgrad, die generellen Graduierungsgrade und die feldspezifischen Ausformungen dieser Phänomene. Neu erscheint auch die Ausrichtung und Zurichtung des Networkings und des Networkers durch die (neuen) Medien und medialen Bühnen.

---

[43] Damit ist natürlich ein Idealtyp gemeint.

Literatur

Castells, Manuel, 2001: Das Informationszeitalter. Bd. 1: Der Aufstieg der Netzwerkgesellschaft. Opladen: Leske + Budrich.
Elias, Norbert, 1972: Soziologie und Psychatrie. S. 11-41 in: *Hans-Ulrich Wehler* (Hg.), Soziologie und Psychoanalyse. Stuttgart: Kohlhammer.
Elias, Norbert, 1978: Zum Begriff des Alltags. Kölner Zeitschrift für Soziologie und Sozialpsychologie, Sonderheft 20: 22-29.
Elias, Norbert, 1980: Über den Prozeß der Zivilisation. Soziogenetische und psychogenetische Untersuchungen. 2 Bde. Frankfurt/Main: Suhrkamp.
Elias, Norbert, 1981: Was ist Soziologie? München: Juventa.
Elias, Norbert, 1983: Die höfische Gesellschaft. Untersuchungen zur Soziologie des Königtums und der höfischen Aristokratie. Darmstadt/Neuwied: Luchterhand.
Elias, Norbert, 1990: Studien über die Deutschen. Machtkämpfe und Habitusentwicklung im 19. und 20. Jahrhundert. Frankfurt/Main: Suhrkamp.
Elias, Norbert, 2006: Figuration. S. 73-76 in: *Bernhard Schäfers* und *Johannes Kopp* (Hg.), Grundbegriffe der Soziologie. Wiesbaden: VS Verlag für Sozialwissenschaften.
Goffman, Erving, 1969: Strategic Interaction. Oxford (u. a.): Blackwell.
Goffman, Erving, 1971: Verhalten in sozialen Situationen. Strukturen und Regeln der Interaktion im öffentlichen Raum. Gütersloh: Bertelsmann Fachverlag.
Goffman, Erving, 1981: Strategische Interaktion. München: Hanser.
Hepp, Andreas, Friedrich Krotz, Shaun Moores und *Carsten Winter* (Hg.), 2006: Konnektivität, Netzwerk und Fluss. Konzepte gegenwärtiger Medien-, Kommunikations- und Kulturtheorie. Wiesbaden: VS Verlag für Sozialwissenschaften.
Jansen, Dorothea, 2006: Einführung in die Netzwerkanalyse. Grundlagen, Methoden, Anwendungen. Wiesbaden: VS Verlag für Sozialwissenschaften.
von Kardorff, Ernst, 2008: Virtuelle Netzwerke – neue Formen der Kommunikation und Vergesellschaftung? S. 23-56 in: *Herbert Willems*, (Hg.), Weltweite Welten. Internet-Figurationen aus wissenssoziologischer Perspektive. Wiesbaden: VS Verlag für Sozialwissenschaften.
Kautt, York, 2008: Image. Zur Genealogie eines Kommunikationscodes der Massenmedien. Bielefeld: transcript.
Kiss, Gabor, 1991: Systemtheorie oder Figurationssoziologie – was leistet die Figurationsforschung? S. 79-94 in: *Helmut Kuzmics* und *Ingo Mörth* (Hg.), Der unendliche Prozeß der Zivilisation. Zur Kultursoziologie der Moderne nach Norbert Elias. Frankfurt am Main: Campus.
Lenz, Karl, 2003: Soziologie der Zweierbeziehung. Wiesbaden: Westdeutscher Verlag.
Luhmann, Niklas, 1964: Funktionen und Folgen formaler Organisation. Berlin: Duncker & Humblot.
Luhmann, Niklas, 1984: Soziale Systeme: Grundriß einer allgemeinen Theorie. Frankfurt/Main: Suhrkamp.
Luhmann, Niklas, 1997: Die Gesellschaft der Gesellschaft. 2 Bde. Frankfurt/Main: Suhrkamp.
Mayntz, Renate, 2004: Hierarchie oder Netzwerk? Zu den Organisationsformen des Terrorismus. Berliner Journal für Soziologie 14: 251-262.
Mongardini, Carlo, 1992: Wie ist Gesellschaft möglich in der Soziologie von Norbert Elias? Jahrbuch für Soziologiegeschichte: 161-169.
Quandt, Thorsten, 2007: Netzwerkansätze: Potentiale für die Journalismusforschung. S. 371-392 in: *Klaus Dieter Altmeppen, Thomas Hanitzsch* und *Carsten Schlüter*, (Hg.), Journalismustheorie: Next Generation. Soziologische Grundlegung und theoretische Innovation. Wiesbaden: VS Verlag für Sozialwissenschaften.
Riesman, David, 1958: Die einsame Masse. Eine Untersuchung der Wandlungen des amerikanischen Charakters. Reinbek bei Hamburg: Rowohlt.

Schicha, Christian, 2004: Die Theatralität der Politikvermittlung. Zur Medieninszenierung in der Wahlkampfkommunikation. S. 113-128 in: *Volker Kreyher* (Hg.), Handbuch Politisches Marketing. Impulse und Strategien für Politik, Wirtschaft und Gesellschaft. Baden-Baden: Nomos.

Simmel, Georg, 1992: Soziologie. Untersuchungen über die Formen der Vergesellschaftung. Georg Simmel. Gesamtausgabe. Band II, herausgegeben von Otthein Rammstedt. Frankfurt/Main: Suhrkamp.

Windeler, Arnold, 2007: Interorganisationale Netzwerke. S. 347-369 in: *Klaus-Dieter Altmeppen, Thomas Hanitzsch* und *Carsten Schlüter,* (Hrsg.): Journalismustheorie: Next Generation. Soziologische Grundlegung und theoretische Innovation. Wiesbaden: VS Verlag für Sozialwissenschaften.

Winter, Rainer, 1995: Der produktive Zuschauer. Medienaneignung als kultureller und ästhetischer Prozess. München: Quintessenz.

Wittel, Andreas, 2006: Auf dem Weg zu einer Netzwerk-Sozialität. S. 163-188 in: *Andreas Hepp, Friedrich Krotz, Shaun Moores* und *Carsten Winter* (Hg.), Konnektivität, Netzwerk und Fluss. Konzepte gegenwärtiger Medien-, Kommunikations- und Kulturtheorie. Wiesbaden: VS Verlag für Sozialwissenschaften.

4.3 Rational Choice[1]

Werner Raub

1 Soziale Netzwerke aus der Perspektive der Rational Choice Theorie

Rational Choice (RC) ist ein zentrales Forschungsprogramm der Soziologie. Man kann es zur „analytischen Tradition" (Hedström 2005) der Disziplin rechnen und als Variante der „erklärenden Soziologie" (Esser 1993, 1999-2001) und des methodologischen Individualismus betrachten. Theorien werden im Rahmen dieses Programms als Systeme von Aussagen betrachtet, nicht aber als Systeme von Begriffen oder „Konzepten". Es geht dabei um Aussagen, die zu empirisch prüfbaren und daher im Prinzip auch widerlegbaren Hypothesen führen – empirischer Gehalt als Qualitätsmerkmal soziologischer Theorien. Umgekehrt gilt es, Hypothesen in allgemeine Theorien „einzubetten", sie idealerweise aus allgemeinen Theorien und geeigneten zusätzlichen Annahmen deduktiv abzuleiten. Der Kern des Programms wird gut durch das bekannte Schema soziologischer Erklärungen in Abbildung 1 wiedergegeben, das man bereits bei McClelland (1961: 47) findet, bevor es durch Lindenberg (1977) und Lindenberg und Wippler (1978) genauer ausgearbeitet und durch Coleman (1990) und Esser (1993) breit bekannt wurde. Das Schema bezieht sich auf die Makro-Ebene sozialer Bedingungen (Knoten A) und zu erklärender kollektiver Effekte (Knoten D) sowie auf die Mikro-Ebene individueller Handlungen, wobei unterschieden wird zwischen Handlungsalternativen (Opportunitäten), Zielen (Präferenzen) und Informationen der Akteure (Knoten B) einerseits und ihren Handlungen, den individuellen Effekten, andererseits (Knoten C). Das RC Programm unterstellt auf der Mikro-Ebene anreizgeleitetes und zielgerichtetes Handeln der Akteure (Pfeil 2, bei Esser angedeutet als „Logik der Selektion"). Soziale Bedingungen beeinflussen die Opportunitäten der Akteure bzw. die Restriktionen, denen sie unterliegen, sowie ihre Ziele und Informationen (Pfeil 1, bei Esser angedeutet als „Logik der Situation"). Soziale Phänomene werden erklärt als Resultate, häufig unintendierte Folgen, des absichtsgeleiteten Handelns interdependenter Akteure (Pfeil 3, bei Esser angedeutet als „Logik der Aggregation"). Dieses Programm geht im Kern zurück auf die schottische Moralphilosophie (A. Smith, Hume u.a.), Coleman (1990) ist der herausragende moderne Vertreter, Boudon (1977) und Goldthorpe (2007) haben andere wichtige programmatische Beiträge geliefert. In Deutschland hat Albert (z.B. 1977) das Programm den Soziologen wieder in Erinnerung gebracht und Opp (1979), Hummell (1973), Vanberg (1975) und Bohnen (1975) haben es in der modernen Soziologie explizit formuliert, und zwar früher als das in anderen Ländern geschah (vgl. Raub und Voss 1981, Kapitel 3 für Details).

---

[1] Der Beitrag ist mit Unterstützung der Niederländischen Organisation für wissenschaftliche Forschung (NWO) für das PIONIER-Program „The Management of Matches" (S 96-168 und PGS 50-370) und für das Projekt „Commitments and Reciprocity" (400-05-089) entstanden.

Abbildung 1: Soziologische Erklärungen

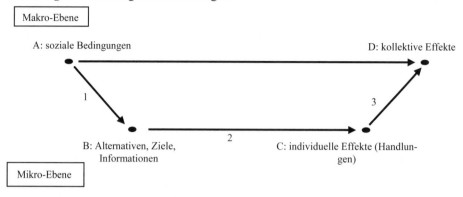

Soziale Netzwerke lassen sich ersichtlich an zwei Stellen des Schemas in Abbildung 1 situieren. Sie gehören erstens zu den typischen sozialen Bedingungen (Knoten A), von denen Soziologen annehmen, dass sie individuelles Handeln beeinflussen: soziale Netzwerke und ihre Merkmale als Teil des Explanans („unabhängige Variablen") in RC Erklärungen. Zweitens können Akteure häufig und jedenfalls in gewissem Umfang darüber entscheiden, mit welchen anderen Akteuren sie soziale Beziehungen aufnehmen, unterhalten oder abbrechen. Soziale Netzwerke und ihre Dynamik kommen in RC Erklärungen also auch als Explananda („abhängige Variablen") ins Bild (Knoten D). Schließlich liegt auf der Hand, wie sich das Schema zu einer Sequenz von Erklärungen erweitern lässt. Die erklärten kollektiven Effekte (Knoten D) können in einem folgenden Erklärungsschritt wiederum als soziale Bedingungen für die Erklärung individueller und kollektiver Effekte verwendet werden. So kommt man zu Erklärungen von sozialen Prozessen, einschließlich der Dynamik von sozialen Netzwerken und der Ko-Evolution von Netzwerken und Verhalten.

Unsere Skizze legt es nahe, soziale Netzwerke im Rahmen des RC Programms als „Sozialkapital" zu behandeln, d.h. als soziale Ressourcen, die beeinflussen, in welchem Umfang Akteure ihre Ziele realisieren können (Pfeil 1), und die ihrerseits jedenfalls in gewissem Umfang auch Resultat von Investitionen der Akteure in ihre sozialen Beziehungen sind, wobei solche Investitionen im Hinblick auf zu erwartende zukünftige Erträge erfolgen (vgl. z.B. Flap 2004 für eine klare Diskussion dieser Sichtweise). Damit sind natürlich nicht nur „materielle" Erträge gemeint, sondern alle Effekte sozialer Netzwerke für die Realisierung der Ziele der Akteure, was immer diese Ziele im Einzelnen beinhalten. Es kann dabei also um Effekte sozialer Netzwerke auf z.B. das erreichte Bildungsniveau, beruflichen Erfolg, politische Partizipation und Gesundheit gehen. Dabei ist aus Sicht des RC Programms der Kollektivgutaspekt sozialer Netzwerke zu berücksichtigen (vgl. z.B. Coleman 1990, Kapitel 12), da sie typischerweise auch für solche Akteure Effekte haben, die sich nicht an den Kosten des Aufbaus und der Pflege dieser Netzwerke beteiligt haben. Aus RC Annahmen folgt daher, dass sich das Investitionsverhalten von Akteuren im Hinblick auf ihr Sozialkapital typischerweise unterscheiden wird von ihrem Investitionsverhalten im Hinblick auf andere Kapitalformen, die keine oder jedenfalls weniger ausgeprägte Kollektivguteigenschaften haben.

Man kann das RC Programm als eine Möglichkeit betrachten, die „Theorielücke" (Granovetter 1979) in der Netzwerkforschung dadurch zu schließen oder jedenfalls zu verkleinern, dass man Mechanismen spezifiziert, die Netzwerkeffekten bzw. der Dynamik von Netzwerken zugrunde liegen. Im Folgenden versuchen wir, davon einen Eindruck zu geben, indem wir zunächst ein Beispiel für die Analyse von Netzwerkeffekten behandeln, nämlich Effekte für Kooperations- und Vertrauensprobleme oder, allgemeiner formuliert, soziale Dilemmas. Danach wenden wir uns einem Beispiel für die Analyse der Dynamik sozialer Netzwerke zu, das an Burts (1992) Theorie struktureller Löcher anschließt. Wir komplettieren den Beitrag mit einem kurzen Resümee zu den Möglichkeiten und Problemen der Anwendung des RC Programms in der Netzwerkforschung und einigen Hinweisen auf aktuelle Entwicklungen und weiterführende Literatur.

2 Netzwerkeffekte: Soziale Dilemmas als Beispiel

Soziale Dilemmas sind Situationen strategischer Interdependenz (wechselseitiger Abhängigkeit) zwischen zwei oder mehr Akteuren. In solchen Situationen hat kooperatives Verhalten aller Akteure sozial wünschenswerte kollektive Effekte für die beteiligten Akteure im Sinn der Pareto-Optimalität (eine Situation ist Pareto-optimal, wenn es keine andere ebenfalls mögliche Situation gibt, die zumindest einige Akteure besser stellt ohne irgendeinen Akteur schlechter zu stellen). Der Pareto-optimale Ausgang ist aber problematisch, weil mindestens einer der Akteure Anreize und Möglichkeiten für opportunistisches Verhalten hat, also ein Verhalten, das seinen eigenen Nutzen erhöht, aber schädlich ist für andere Akteure. Anreizgeleitetes Verhalten aller Akteure führt dagegen zu einem für alle Akteure weniger wünschenswerten kollektiven Effekt. Technischer formuliert: individuell rationales Verhalten, nämlich Verhalten im Sinn des Nash-Gleichgewichts der nichtkooperativen Spieltheorie (in einem Nash-Gleichgewicht maximiert jeder Akteur seinen eigenen erwarteten Nutzen, gegeben die Strategien aller anderen Akteure; vgl. z.B. Diekmann 2009 für eine elementare, aber zuverlässige und Rasmusen 1994 für eine fortgeschrittenere lehrbuchartige Darstellung der Spieltheorie und Raub und Buskens 2006 für eine knappe Einführung), ist Pareto-suboptimal. Der Pareto-optimale Ausgang stellt alle Akteure besser, ist aber selbst kein Resultat von Gleichgewichtsverhalten. In der griffigen Formulierung von Rapoport (1974): individuelle Rationalität ist – im angedeuteten Sinn – unvereinbar mit kollektiver Rationalität (vgl. Raub und Voss 1986 für Details). Ein klassisches formales Modell einer solchen Situation ist das Gefangenendilemma (z.B. Luce und Raiffa 1957), in dem für jeden der beiden Akteure Defektion dominante Strategie ist (Defektion liefert für jeden Akteur einen höheren Nutzen als Kooperation, unabhängig vom Verhalten des anderen Akteurs) und mithin wechselseitige Defektion das einzige Gleichgewicht, während wechselseitige Kooperation beide Akteure besser stellt und Pareto-optimal, aber kein Gleichgewicht ist.[2] Andere inzwischen gut bekannte Modelle sind das Vertrauensspiel (z.B. Dasgupta 1988; Kreps 1990), das z.B. wesentliche Merkmale sozialen und ökonomischen Tauschs repräsentiert (vgl. auch Coleman 1990, Kapitel 5), und Modelle für *n*-Personen Dilemmas (vgl. z.B. Taylor [1976] 1987). Der enge Zusammenhang mit dem nach Parsons und anderen zentralen Problem der Sozialtheorie, nämlich dem Problem der sozialen Ordnung, ist inzwischen hinlänglich bekannt (z.B. Voss 1985). Man mache sich am Fall des Gefangenendilemmas klar, dass Kooperation bzw. Defektion die relevanten individuellen

---

[2] Hier und im Weiteren beschränken wir uns auf informelle Skizzen der relevanten Sachverhalte. Für technische Details ziehe man die angegebene Literatur zu Rate.

Effekte im Sinn des Schemas in Abbildung 1 sind. Die erklärungsbedürftigen kollektiven Effekte sind die Pareto-Optimalität bzw. Pareto-Suboptimalität der Handlungsresultate. Die durch Pfeil 2 im Schema in Abbildung 1 angedeutete allgemeine Verhaltensannahme ist in unserem Fall im wesentlichen die des Nash-Gleigewichtsverhaltens.

Wir beschränken uns hier auf soziale Dilemmas zwischen zwei Akteuren und vernachlässigen den n-Personen Fall.[3] Wir nehmen an, dass ein solches soziales Dilemma in ein Netzwerk sozialer Beziehungen „eingebettet" (Granovetter 1985) ist. Dabei kann man an wiederholte Interaktionen zwischen denselben beiden Akteuren denken – der Fall der *dyadischen Einbettung*. Da eine Dyade ja bereits ein kleines Netzwerk ist (Wasserman und Faust 1994), könnte man auch von Netzwerkeinbettung im weiteren Sinn sprechen. Komplexer ist der Fall der *Netzwerkeinbettung im engeren Sinn*, in dem z.B. ein Treuhänder mit verschiedenen Treugebern interagiert, die ihrerseits Informationen über das Verhalten des Treuhänders austauschen können.[4] Buskens und Raub (z.B. 2004) unterscheiden zwei Mechanismen, durch die Netzwerke unter der Annahme rationalen Verhaltens individuelle und kollektive Effekte in sozialen Dilemmas beeinflussen. Der erste Mechanismus ist ein *Kontrolleffekt*. Falls das soziale Dilemma im angedeuteten Sinn eingebettet ist, wird ein rationaler Akteur seine kurzfristigen Anreize für opportunistisches Verhalten im fokalen sozialen Dilemma gegen die langfristigen Folgen dieses Verhaltens für zukünftige Interaktionen abwägen. Der Partner oder dritte Parteien können nämlich das Verhalten des Akteurs im fokalen sozialen Dilemma in zukünftigen Situationen sanktionieren. Positive Sanktionierung ist z.B. dadurch möglich, dass der Partner oder dritte Parteien bei Kooperation des Akteurs im fokalen Dilemma in zukünftigen Interaktionen selbst kooperieren. Negative Sanktionierung kann z.B. beinhalten, dass der Partner oder dritte Parteien bei Defektion des Akteurs im fokalen Dilemma in zukünftigen Interaktionen auch selbst defektieren. Dieser Mechanismus wird auch als bedingte Kooperation (Taylor [1976] 1987; Axelrod 1984) und Reziprozität (Gouldner 1960; Blau 1964; Diekmann 2004) angedeutet. Kooperation in einem „eingebetteten" sozialen Dilemma und damit soziale Ordnung können also Resultate des „aufgeklärten" – nämlich auch an langfristigen Folgen orientierten – eigeninteressierten Handelns sein.

Ein zweiter Mechanismus, der Netzwerkeffekten zugrunde liegt, lässt sich als *Lerneffekt* interpretieren. Man nehme z.B. an, dass ein Akteur in einem sozialen Dilemma unvollständig informiert ist über die Handlungsmöglichkeiten bzw. Anreize des Partners. Informationen über das Verhalten des Partners in vergangenen Interaktionen können dann verwendet werden, um Annahmen über diese Handlungsmöglichkeiten bzw. Anreize anzupassen. Entsprechende Informationen resultieren im Fall der dyadischen Einbettung aus eigenen Erfahrungen mit dem Partner. Im Fall der Netzwerkeinbettung kommen Informationen über den Partner hinzu, die der Akteur von dritten Parteien erhält.

Die Verbreitung von Informationen durch Netzwerkeinbettung ist nicht unproblematisch, gerade wenn man RC Annahmen zugrunde legt (z.B. Raub & Weesie 1990: 648; Buskens 2002: 18-20). In unserem Kontext ist die Verbreitung von Informationen ersicht-

---

[3] Viele der im Folgenden skizzierten Resultate lassen sich aber prinzipiell für n-Personen Situationen verallgemeinern.
[4] Der Kürze halber verwenden wir im Folgenden die Bezeichnung „dyadische Einbettung" an Stelle von „Netzwerkeinbettung im weiteren Sinn" und meinen mit „Netzwerkeinbettung" immer „Netzwerkeinbettung im engeren Sinn". Wir wollen aber im Gedächtnis behalten, das Effekte der dyadischen Einbettung im angegebenen Sinn auch Netzwerkeffekte sind.

lich ein Beitrag zur Erstellung eines kollektiven Guts, nämlich der Pareto-optimalen „Lösung" eines sozialen Dilemmas. Unter der Annahme, dass die Verbreitung von Informationen mit Kosten verbunden ist, liegt es nahe, die Verbreitung von Informationen selbst als ein soziales Dilemma zu betrachten (dieser Gesichtspunkt ist übrigens ein zentrales Problem für Institutionen von der Art des eBay „Feedback-Forums", vgl. z.B. Bolton und Ockenfels 2009). Darüber hinaus können Informationen, die ein Akteur von dritten Parteien erhält, mit seinen eigenen Erfahrungen inkonsistent sein. Schließlich können Informationen von dritten Parteien durch Missverständnisse und auch durch strategisches Verhalten dieser Parteien verzerrt sein. Man stelle sich etwa vor, dass die verschiedenen Treugeber eines Treuhänders Konkurrenten sind, die Güter vom selben Lieferanten beziehen. Insgesamt würde man erwarten, dass Effekte der Netzwerkeinbettung schwächer werden, wenn Probleme der Informationsverbreitung durch Netzwerkeinbettung zunehmen.

Schon seit längerem sind spieltheoretische Modellierungen für Effekte der dyadischen Einbettung und der Netzwerkeinbettung auf individuelles Verhalten und kollektive Effekte in sozialen Dilemmas verfügbar. Es handelt sich dabei um Modelle für endlich oft bzw. unbestimmt oft wiederholte Spiele (Taylor [1976] 1987 und Axelrod 1984 sind „moderne Klassiker" zur spieltheoretischen Modellierung dyadischer Einbettungseffekte, Raub & Weesie 1990 ist ein relativ frühes Modell für Kontrolleffekte der Netzwerkeinbettung, Buskens 2002 und 2003 präsentiert ebenfalls Modelle für Effekte der Netzwerkeinbettung, wobei auch Lerneffekte berücksichtigt werden). Diese Modelle erlauben die Ableitung empirisch prüfbarer Hypothesen über Einbettungseffekte. Dabei geht man typischerweise so vor (vgl. Buskens und Raub 2010 für Details und weitere Literatur), dass zunächst Theoreme bewiesen werden, die spezifizieren, unter welchen Bedingungen für ein eingebettetes soziales Dilemma ein Gleichgewicht existiert und als „Lösung" des Spiels angesehen werden kann, welches Kooperation der beteiligten Akteure und damit auch einen Pareto-optimalen Ausgang impliziert. Sodann untersucht man, wie sich Änderungen in der Einbettung des sozialen Dilemmas auf die Bedingungen für die Existenz eines solchen Gleichgewichts auswirken, ob also etwa mit „zunehmender" Einbettung die Bedingungen weniger restriktiv werden. Auf diese Weise gelangt man dann z.B. zu Hypothesen, dass individuelle Kooperation und mithin ein Pareto-optimaler Ausgang wahrscheinlicher werden, wenn es mehr positive und weniger negative Informationen – sei es durch eigene Erfahrungen, sei es durch Informationen dritter Parteien – über den Partner gibt (Lerneffekte), wenn die Wahrscheinlichkeit zukünftiger Interaktionen mit dem Partner zunimmt (der dyadische Kontrolleffekt, bei Axelrod treffend als „Schatten der Zukunft" angedeutet), wenn die Netzwerkdichte zunimmt und wenn der Innen- und Aussengrad der beteiligten Akteure zunehmen, wobei die Netzwerkdichte sowohl für Kontroll- als auch Lerneffekte der Netzwerkeinbettung wesentlich ist, während der Innengrad mit Lern- und der Aussengrad mit Kontrolleffekten zusammenhängt.

Inzwischen gibt es auch zahlreiche empirische Studien zu Effekten der dyadischen Einbettung und der Netzwerkeinbettung, und zwar Studien in unterschiedlichen Anwendungsbereichen, insbesondere in der Wirtschafts- und Organisationssoziologie, und mit unterschiedlichen Designs, die Feldforschung und experimentelle Untersuchungen einschließen (vgl. Buskens und Raub 2010 für einen neueren Überblick und Literaturhinweise). Diese Studien liefern beträchtliche empirische Evidenz für Netzwerkeffekte in sozialen Dilemmas. Häufig erlauben es die verfügbaren Studien aber nicht, zwischen verschiedenen Mechanismen zu unterscheiden, die zu Netzwerkeffekten führen. Soweit solche Unterscheidungen aber möglich sind, ergibt sich der Eindruck, dass Lerneffekte typischerweise stärker sind als Kontrolleffekte und Effekte der dyadischen Einbettung typischerweise stärker als Effekte der Netzwerkeinbettung.

3 Dynamik von Netzwerken: Strukturelle Löcher als Beispiel

In der Literatur begegnet man gelegentlich der Auffassung, dass das RC Programm zwar möglicherweise die Analyse von Netzwerkeffekten erlaube, nicht aber die Analyse der Dynamik von Netzwerken. Man kann diese Auffassung auch so formulieren, dass – aus welchen Gründen auch immer – Netzwerke und deren Merkmale in Erklärungen mittels RC Annahmen lediglich als unabhängige bzw. exogene Variablen auftreten können, nicht aber als abhängige bzw. endogene Variablen. Diese Auffassung ist ersichtlich merkwürdig (vgl. Braun und Gautschi 2008 für eine klare Diskussion). Wenn die Analyse von Netzwerkeffekten zeigt, dass (bestimmte Merkmale von) Netzwerke(n) Folgen haben für die Realisierung von Präferenzen der Akteure, dann haben die Akteure Anreize, ihre sozialen Beziehungen im Rahmen ihrer Opportunitäten so zu wählen, dass dadurch die Realisierung ihrer Präferenzen gefördert wird. Es liegt auf Grund von RC Annahmen also gerade auf der Hand, soziale Beziehungen und soziale Netzwerke auch selbst als Resultate anreizgeleiteten und zielgerichteten Handelns zu analysieren, ganz im Sinn der in der Einleitung angedeuteten Sozialkapital-Perspektive. Diese Sichtweise führt zu der Frage, wie Akteure ihre sozialen Beziehungen so einrichten und gegebenenfalls ändern, um ihre eigene Position zu verbessern, und was die kollektiven Folgen sein werden, wenn alle Akteure sich entsprechend verhalten. Was sind dann z.B. die stabilen Netzwerke, bei denen die Akteure keine individuellen Anreize mehr haben für die Änderung ihrer sozialen Beziehungen? Falls es im Prinzip verschiedene stabile Netzwerke gibt, welche dieser Netzwerke werden sich dann mit größerer Wahrscheinlichkeit ergeben? Fragen dieser Art lassen sich nicht nur zwanglos im Rahmen des RC Programms formulieren, sie werden bereits seit längerem auch von Soziologen untersucht, die dem RC Programm nahe stehen (z.B. Doreian und Stokman 1997; Stokman und Doreian 2001).

Wir beschränken uns hier auf ein Beispiel zur Analyse der Dynamik von Netzwerken. Das Beispiel betrifft einen Forschungsgegenstand, den man bereits zur „modernen Klassik" der Soziologie rechnen kann, und es verhält sich außerdem in einem bestimmten Sinn komplementär zu unserem Anwendungsfall für die Analyse von Netzwerkeffekten. In einflussreichen Arbeiten hat Burt (1992; 2005) theoretische Argumente und empirische Befunde für die Hypothese vorgelegt, dass es für einen Akteur vorteilhaft ist, wenn er ein *„strukturelles Loch"* füllt, also grob gesprochen eine Netzwerkposition besetzt, die ansonsten unverbundene Partner des Akteurs verbindet. Ein solcher Akteur befindet sich in einer Makler-Position, die ihm sowohl maximalen Zugang zu Informationen als auch Kontrollvorteile verschafft. Partner, die ihrerseits miteinander verbunden sind, werden nämlich typischerweise über ähnliche Informationen verfügen, und Kontakte mit ihnen sind für den Akteur daher jedenfalls in gewissem Umfang redundant. Andererseits kann der Akteur durch die Überbrückung eines strukturellen Lochs zwischen unverbundenen Partnern den Informationsaustausch zwischen ihnen kontrollieren (siehe Beitrag „Strukturelle Löcher" von Scheidegger in diesem Band). Es gibt zahlreiche empirische Indizien für die Vorteilhaftigkeit einer entsprechenden Netzwerkposition, etwa im Sinn von beruflichem Erfolg, besseren Aufstiegsmöglichkeiten, höheren Gehältern, guten Ideen usw. Man beachte, dass im Zusammenhang mit der Lösung sozialer Dilemmas die „Schließung" von Netzwerken (Dichte, Kohäsion) als vorteilhaft erschien, während Burt gerade die Vorteile von Beziehungen mit unverbundenen Anderen betont. Beide Auffassungen widersprechen einander aber keineswegs, wenn man berücksichtigt, dass es vom Kontext abhängt, welche Netzwerke und Netzwerkpositionen optimal sind (z.B. Flap und Völker 2001). Während dichte Netzwerke die Lösung von sozialen Dilemmas fördern, können nichtredundante Beziehungen z.B. bei der Arbeitsplatzsuche Vorteile bieten.

Burt hebt selbst hervor, dass Akteure einen Anreiz haben, strukturelle Löcher zu besetzen und in diesem Sinn als „strukturelle Unternehmer" zu operieren. Er betrachtet aber typischerweise die Situation, in der *ein* Akteur als Unternehmer operiert und soziale Beziehungen mit anderen aufbaut, unterhält bzw. abbricht, während sich alle anderen Akteure in seiner Umgebung passiv verhalten. In gewisser Weise beschränkt er sich auf eine Analyse des Mikro-Niveaus eines individuellen Akteurs, indem er untersucht, wie dieser unter der Annahme, dass die Besetzung struktureller Löcher individuell vorteilhaft ist und Beziehungen zwischen allen anderen Akteuren gegeben und konstant sind, seine eigene Netzwerkposition optimiert. Offensichtlich wird damit vernachlässigt, dass auch alle *anderen* Akteure Anreize haben können, als strukturelle Unternehmer ihre jeweiligen Netzwerkpositionen zu optimieren. Was sind die individuellen und kollektiven Effekte, wenn *alle* Akteure als strukturelle Unternehmer handeln?

Diese Fragen untersuchen Buskens und van der Rijt (2008) mittels RC Annahmen im Rahmen eines *spieltheoretischen Modells der Netzwerkdynamik*. Sie untersuchen für eine große Zahl von Netzwerken unterschiedlicher Größe (für alle Netzwerke mit weniger als 9 Knoten werden selbst *alle* logisch möglichen unterschiedlichen Startkonfigurationen untersucht), welche Netzwerkstrukturen entstehen und in einem genau spezifizierten Sinn *stabil* sind, wenn alle Akteure Beziehungen aufnehmen, fortsetzen und abbrechen können und danach streben, strukturelle Löcher zu besetzen. Diese Frage ist komplex und nicht einfach zu beantworten. Aus der Perspektive von Abbildung 1 geht es ersichtlich um eine dynamische Erklärung im Sinn einer Sequenz von Erklärungsschritten, wobei der kollektive Effekt, nämlich eine bestimmte Netzwerkstruktur, am Ende eines Erklärungsschritts zugleich die zentrale soziale Bedingung für den folgenden Erklärungsschritt ist. Mit analytischen Mitteln und Simulationen zeigen Buskens und van de Rijt, dass typischerweise sogenannte *balancierte vollständige bipartite Netzwerke* entstehen. Dies sind Netzwerke, die sich aus zwei Gruppen ähnlicher Größe zusammensetzen, wobei alle Inter- und keine Intragruppenbeziehungen gegeben sind. Diese Netzwerke sind Pareto-optimal und sie sind außerdem egalitär in dem Sinn, dass alle Akteure gleichermaßen von ihrer Netzwerkposition profitieren. Unter Burts Annahme, dass nur *ein* Akteur als struktureller Unternehmer operiert, kann dieser Akteur erhebliche Gewinne aus seiner Makler-Position realisieren. Verhalten sich hingegen *alle* Akteure als strukturelle Unternehmer, dann hat schließlich jeder eine starke Netzwerkposition im Sinn der Überbrückung struktureller Löcher, aber niemand hat eine bessere Position als andere Akteure.

Die theoretische Analyse von Buskens und van der Rijt wird in nützlicher Weise durch die experimentelle Studie von Burger und Buskens (2009) komplettiert, in der empirisch untersucht wird, welche Netzwerke entstehen, wenn Akteure entweder Anreize für die Etablierung sozialer Beziehungen mit ansonsten unverbundenen Partnern haben – ganz im Sinn von Burts „strukturellen Unternehmern" – oder aber von Beziehungen mit Partnern profitieren, die auch ihrerseits verbunden sind. Die empirischen Resultate zeigen, dass Akteure systematisch auf derartige Anreize reagieren, wodurch sich in der Tat unterschiedliche Netzwerkdynamiken ergeben.

4 Resümee, aktuelle Entwicklungen, ergänzende Literaturhinweise

Anwendungen des RC Programms in der Netzwerkforschung zeigen die *Stärken des Programms:* Annahmen werden explizit spezifiziert, es wird mit analytischen Mitteln und mit Hilfe von Simulationen untersucht, was die Implikationen dieser Annahmen sind, einschließlich empirisch prüfbarer Hypothesen, wobei sich regelmäßig auch überraschende und gegenintuitive Implikationen ergeben. Schließlich werden inzwischen in beträchtlichem Umfang empirische Studien ausgeführt, in denen die Hypothesen einem Test unterworfen werden, ganz im Sinn von Goldthorpes (2007) bekanntem Plädoyer für eine Allianz des RC Programms und der quantitativen empirischen Sozialforschung, wobei allerdings Goldthorpes Vorschlag in der Weise erweitert wird, dass unterschiedliche und komplementäre Designs zum Einsatz kommen und keineswegs ausschließlich Survey-Studien, denen Goldthorpes besonderes Augenmerk gilt (vgl. dazu Raub und Buskens 2008).

Auch typische *Probleme des RC Programms* werden bei Anwendungen in der Netzwerkforschung deutlich. Gerade bei solchen Anwendungen werden z.T. extreme Annahmen hinsichtlich der strategischen Rationalität der Akteure verwendet. Wenn man etwa für die Analyse von Lerneffekten der Netzwerkeinbettung eines sozialen Dilemmas auf die Theorie endlich oft wiederholter Spiele mit unvollständiger Information zurückgreift, dann unterstellt man u.a., dass die Akteure ihre Annahmen über unbeobachtbare Eigenschaften des Partners auf bayesianische Weise „updaten" (vgl. z.B. Rasmusen 1994: 52-53). Bei der Analyse von Kontrolleffekten der Netzwerkeinbettung eines sozialen Dilemmas unterstellt man im Prinzip erhebliche Fähigkeiten der Akteure im Hinblick auf die Antizipation des Verhaltens ihrer Partner. Solche Annahmen sind nicht nur unplausibel als Annahmen über faktische kognitive Kapazitäten der Akteure und über faktisch ablaufende kognitive Prozesse, auch die Implikationen solcher Annahmen für beobachtbares Verhalten sind teilweise problematisch (vgl. z.B. Buskens, Raub und van der Veer 2010).

In diesem Beitrag haben wir mancherlei Anwendungen des RC Programms in der Netzwerkforschung nicht besprechen können. Dazu gehören u.a. netzwerktheoretisch inspirierte Erweiterungen und empirische Anwendungen von Colemans (1973) *Austauschmodell* (z.B. Marsden 1983; Braun 1993; Kappelhoff 1993) und Modelle für kollektive Entscheidungen in Politiknetzwerken (z.B. Pappi und Kappelhoff 1984; Stokman et al. 2000; Henning 2000). Ein wichtiges Forschungsgebiet ist der *Netzwerktausch.* Hier wird theoretisch und empirisch untersucht, welche Tauschstrukturen und Profitaufteilungen sich unter alternativen und teils konkurrierenden Spezifikationen rationalen Verhaltens in einem Netzwerk möglicher Tauschbeziehungen ergeben (vgl. z.B. Willer 1999; Braun und Gautschi 2004; 2006, dort auch weitere Hinweise auf die umfangreiche Literatur).

Netzwerke und insbesondere Fragen zur Netzwerkdynamik und „strategischen Netzwerkbildung" werden in jüngerer Zeit auch von tonangebenden Ökonomen intensiv erforscht werden. Dies hat zu einer sich sehr rasch entwickelnden Literatur geführt, die inzwischen auch wichtige Sammelbände (z.B. Dutta und Jackson 2003; Demange und Wooders 2005) und lehrbuchartige Darstellungen einschließt (Goyal 2007; Vega-Redondo

2007; Jackson 2008). Auch erste Überblicke zur experimentellen Forschung in diesem Bereich sind mittlerweile verfügbar (Kosfeld 2005). Sind Soziologen in diesem Zusammenhang möglicherweise gut beraten, sich nicht wieder einmal in die marginale Situation derjenigen zu manövrieren, die interessante Forschungsfragen liefern, sich aber die genaue Analyse solcher Fragen durch andere Disziplinen aus der Hand nehmen lassen? Die kurz besprochene Arbeit von Buskens und van de Rijt zeigt, dass diese marginale Position vermieden werden kann, wenn Soziologen sich der Mühe unterziehen, mehr oder weniger tiefsinnige Spekulationen durch genaue Analysen zu ersetzen.

Anwendungen des RC Programms in der Netzwerkforschung führen schließlich auch zu interessanten *Weiterentwicklungen von RC Annahmen* selbst. Wir haben das Problem erwähnt, dass bei Anwendungen in der Netzwerkforschung z.T. extreme Rationalitätsannahmen verwendet werden. Dies führt zu der Frage nach alternativen theoretischen Modellen anreizgeleiteten und zielorientierten Verhaltens, die einerseits weniger radikale „als ob"-Annahmen über die kognitiven Fähigkeiten der Akteure verwenden, andererseits aber auch im Auge behalten, dass Interdependenzen zwischen Akteuren ein zentraler Gesichtspunkt bei der Analyse von Netzwerkeffekten und der Netzwerkdynamik sind, und die mithin die Annahme strategischen und antizipierenden Verhaltens der Akteure nicht völlig aufgeben (vgl. z.B. Flache und Hegselmann 1999; Corten 2009 für einige Schritte in diese Richtung und für weitere Literaturhinweise). Eine andere interessante Entwicklung sind die Beiträge von Snijders u.a. (z.B. Snijders 2001) zur *Integration von theoretischer und statistischer Modellierung der Netzwerkdynamik* und der *Ko-Evolution von Netzwerken und Verhalten*.

Für eine ausführlichere Literaturübersicht über Anwendungen des RC Programms in der Netzwerkforschung auf dem Stand der Kunst kann man Braun und Gautschi (2008) zu Rate ziehen. Diverse andere Beiträge in diesem Handbuch behandeln Themen und Problemstellungen ausführlicher, die hier nur in gebotener Kürze skizziert werden konnten. Dazu gehören u.a. der Beitrag von Ziegler über die deutschsprachige Netzwerkforschung, die Beiträge von Hummell und Sodeur über Balancetheorie und Dyaden- und Triadenanalyse, der Beitrag von Steglich und Knecht über dynamische Prozesse und der von Pappi über Netzwerkansätze in der Eliteforschung.

5 Literatur

Albert, Hans, 1977: Individuelles Handeln und soziale Steuerung. Die ökonomische Tradition und ihr Erkenntnisprogramm, S. 177-225 in: *Hans Lenk* (Hg.), Handlungstheorien – interdisziplinär IV: Sozialwissenschaftliche Handlungstheorien und spezielle systemwissenschaftliche Ansätze. München: Fink.
Axelrod, Robert, 1984: The Evolution of Cooperation. New York: Basic Books.
Blau, Peter M., 1964: Exchange and Power in Social Life. New York: Wiley.
Bohnen, Alfred, 1975: Individualismus und Gesellschaftstheorie. Tübingen: Mohr.
Bolton, Gary E. und *Axel Ockenfels*, 2009: The Limits of Trust in Economic Transactions. Investigations of Perfect Reputation Systems. S. 15-36 in: *Cook, Karen S., Chris Snijders, Vincent Buskens* und *Coye, Cheshire* (eds.), eTrust. Forming Relationships in the Online World, New York: Russel Sage.
Boudon, Raymond, 1977: Effets pervers et ordre sociale. Paris PUF.
Braun, Norman, 1993: Socially Embedded Exchange. Frankfurt a.M.: Lang.

Braun, Norman und *Thomas Gautschi*, 2004: Wer bekommt wieviel vom Kuchen? Zeitschrift für Soziologie 33: 493-510.
Braun, Norman und *Thomas Gautschi*, 2006: A Nash Bargaining Model for Simple Exchange Networks. Social Networks 28: 1-23.
Braun, Norman und *Thomas Gautschi*, 2008: Soziale Netzwerke und Rational Choice. Soziale Systeme, Themenheft „Theorie der Netzwerke oder Netzwerk-Theorie".
Burger, Martijn J. und *Vincent Buskens*, 2009: Social Context and Network Formation. Social Networks 31(1) 2009: 63-75.
Burt, Ronald S., 1992: Structural Holes. The Social Structure of Competition. Cambridge, MA: Harvard University Press.
Burt, Ronald S., 2005: Brokerage and Closure: An Introduction to Social Capital. Oxford: Oxford University Press.
Buskens, Vincent, 2002: Social Networks and Trust. Boston, MA: Kluwer.
Buskens, Vincent, 2003: Trust in Triads: Effects of Exit, Control, and Learning. Games and Economic Behavior 42: 235-252.
Buskens, Vincent und *Werner Raub*, 2004: Soziale Mechanismen rationalen Vertrauens: Eine theoretische Skizze und Resultate aus empirischen Studien. S. 183-216 in: *Andreas Diekmann* und *Thomas Voss* (Hg.), Rational-Choice-Theorie in den Sozialwissenschaften: Anwendungen und Probleme. Rolf Ziegler zu Ehren. München: Oldenbourg.
Buskens, Vincent und *Werner Raub*, 2010: Rational Choice Research on Social Dilemmas. Erscheint in: *Rafael Wittek, Tom A.B. Snijders* und *Victor Nee* (Hg.), Handbook of Rational Choice Social Research.
Buskens, Vincent, Werner Raub und *Joris van der Meer*, 2010: Trust in Triads. An Experimental Study. Erscheint in: Social Networks.
Buskens, Vincent und *Arnout van de Rijt*, 2008: Dynamics of Networks if Everyone Strives for Structural Holes. American Journal of Sociology 114: 371-407.
Coleman, James S., 1973: The Mathematics of Collective Action. London: Heinemann.
Coleman, James S., 1990: Foundations of Social Theory. Cambridge, MA: Belknap Press of Harvard University Press.
Corten, Rense, 2009: Co-evolution of Social Networks and Behavior in Social Dilemmas: Theoretical and Empirical Perspectives. PhD thesis, Utrecht.
Dasgupta, Partha, 1988: Trust as a Commodity. S. 49-72 in: Diego Gambetta (Hg.), Trust: Making and Breaking Cooperative Relations. Oxford: Blackwell.
Demange, Gabrielle und *Myrna Wooders* (Hg.), 2005: Group Formation in Economics. Networks, Clubs, and Coalitions. Cambridge: Cambridge University Press.
Diekmann, Andreas, 2004: The Power of Reciprocity. Journal of Conflict Resolution 48: 487-505.
Diekmann, Andreas, 2009: Spieltheorie: Einführung, Beispiele, Experimente. Reinbek bei Hamburg: Rowohlt.
Doreian, Patrick und *Frans N. Stokman* (Hg.), 1997: Evolution of Social Networks. Amsterdam: Gordon and Breach.
Dutta, Bhaskar und *Matthew O. Jackson* (Hg.), 2003: Networks and Groups. Models of Strategic Formation. Berlin: Springer.
Esser, Hartmut, 1993: Soziologie. Allgemeine Grundlagen. Frankfurt a.M.: Campus.
Esser, Hartmut, 1999-2001: Soziologie. Spezielle Grundlagen, 6 Bde. Frankfurt a.M.: Campus.
Flache, Andreas und *Rainer Hegselmann*, 1999: Rationality vs. Learning in the Evolution of Solidarity Networks: A Theoretical Comparison. Computational and Mathematical Organization Theory 5: 97-127.
Flap, Henk, 2004: Creation and Returns of Social Capital. S. 3-23 in *Henk Flap* und *Beate Völker* (Hg.), Creation and Returns of Social Capital. London: Routledge.
Flap, Henk, und *Beate Völker*, 2001: Goal-specific Social Capital and Job Satisfaction. Social Networks 23: 297-320.

Goldthorpe, John, 2007: On Sociology, erw. Neuausgabe in zwei Bänden. Stanford, CA: Stanford University Press.
Gouldner, Alvin W., 1960: The Norm of Reciprocity. American Sociological Review 25: 161-178.
Goyal, Sanjeev, 2007: Connections. An Introduction to the Economics of Networks. Princeton, NJ: Princeton University Press.
Granovetter, Mark S., 1979: The Theory-Gap in Social Network Analysis. S. 501-518 in: *Paul W. Holland* und *Samuel Leinhardt* (Hg.), Perspectives on Social Network Research. New York: Academic Press.
Granovetter, Mark S., 1985: Economic Action and Social Structure: The Problem of Embeddedness. American Journal of Sociology 91: 481-510.
Hedström, Peter, 2005: Dissecting the Social. On the Principles of Analytical Sociology. Cambridge: Cambridge University Press.
Henning, Christian H.C.A., 2000: Macht und Tausch in der europäischen Agrarpolitik. Eine positive Theorie kollektiver Entscheidungen. Frankfurt a.M.: Campus.
Hummell, Hans J., 1973: Methodologischer Individualismus, Struktureffekte und Systemkonsequenzen. S. 61-134 in: *Karl-Dieter Opp* und *Hans J. Hummell*, Probleme der Erklärung sozialer Prozesse II: Soziales Verhalten und soziale Systeme. Frankfurt a.M.: Athenäum.
Jackson, Matthew O., 2008: Social and Economic Networks. Princeton, NJ: Princeton University Press.
Kappelhoff, Peter, 1993: Soziale Tauschsysteme. Strukturelle und dynamische Erweiterungen des Marktmodells. München: Oldenbourg.
Kosfeld, Michael, 2005: Economic Networks in the Laboratory: A Survey. Review of Network Economics 3: 20-41.
Kreps, David M., 1990: Corporate Culture and Economic Theory. S. 90-143 in: *James E. Alt* und *Kenneth A. Shepsle* (Hg.), Perspectives on Positive Political Economy. Cambridge: Cambridge University Press.
Lindenberg, Siegwart, 1977: Individuelle Effekte, kollektive Phänomene und das Problem der Transformation. S. 46-84 in: *Klaus Eichner* und *Werner Habermehl* (Hg.), Probleme der Erklärung sozialen Verhaltens. Meisenheim: Hain.
Lindenberg, Siegwart und *Reinhard Wippler*, 1978: Theorienvergleich: Elemente der Rekonstruktion. S. 219-231 in: *Karl-Otto Hondrich* und *Joachim Matthes* (Hg.), Theorienvergleich in den Sozialwissenschaften. Darmstadt: Luchterhand.
Luce, R. Duncan und *Howard Raiffa*, 1957: Games and Decisions. New York: Wiley.
Marsden, Peter V., 1983: Restricted Access in Networks and Models of Power. American Journal of Sociology 88: 686-717.
McClelland, David C., 1961: The Achieving Society. New York: Free Press.
Opp, Karl-Dieter, 1979: Individualistische Sozialwissenschaft. Stuttgart: Enke.
Pappi, Franz-Urban und *Peter Kappelhoff*, 1984: Abhängigkeit, Tausch und kollektive Entscheidungen in einer Gemeindeelite. Zeitschrift für Soziologie 13: 87-117.
Rapoport, Anatol, 1974: Introduction. S. 1-14 in: *Anatol Rapoport* (Hg.), Game Theory as a Theory of Conflict Resolution, Dordrecht: Reidel.
Rasmusen, Eric, 1994: Games and Information: An Introduction to Game Theory. 2. Aufl., Oxford: Blackwell.
Raub, Werner und *Vincent Buskens*, 2006: Spieltheoretische Modellierungen und empirische Anwendungen in der Soziologie. Kölner Zeitschrift für Soziologie und Sozialpsychologie, Sonderheft „Methoden der Sozialforschung": 560-598.
Raub, Werner und *Vincent Buskens*, 2008: Theory and Empirical Research in Analytical Sociology: The Case of Cooperation in Problematic Social Situations. Analyse und Kritik 30: 689-722.
Raub, Werner und *Thomas Voss*, 1981: Individuelles Handeln und gesellschaftliche Folgen. Das individualistische Programm in den Sozialwissenschaften. Darmstadt: Luchterhand.

Raub, Werner und *Thomas Voss*, 1986: Die Sozialstruktur der Kooperation rationaler Egoisten. Zur „utilitaristischen" Erklärung sozialer Ordnung. Zeitschrift für Soziologie 15: 309-323.

Raub, Werner und *Jeroen Weesie*, 1990: Reputation and Efficiency in Social Interactions: An Example of Network Effects. American Journal of Sociology 96: 626-654.

Snijders, Tom A.B., 2001: The Statistical Evaluation of Social Network Dynamics. Sociological Methodology 2001: 361-395.

Stokman, Frans, Marcel A.L.M. van Assen, Jelle van der Knoop und *Reinier C.H. van Oosten*, 2000: Strategic Decision Making. Advances in Group Processes 17: 131-153.

Stokman, Frans N., und *Patrick Doreian* (Hg.), 1997: The Evolution of Social Networks, Part II. Special issue of Journal of Mathematical Sociology.

Taylor, Michael, [1976] 1987: The Possibility of Cooperation. Cambridge: Cambridge University Press. Rev. Neuausgabe von Anarchy and Cooperation. London: Wiley.

Vanberg, Viktor, 1975: Die zwei Soziologien. Tübingen: Mohr.

Vega-Redondo, Fernando, 2007: Complex Social Networks. Cambridge: Cambridge University Press.

Voss, Thomas, 1985: Rationale Akteure und soziale Institutionen. München: Oldenbourg.

Wasserman, Stanley und *Katherine Faust*, 1994: Social Network Analysis. Methods and Applications. Cambridge: Cambridge University Press.

Willer, David (Hg.), 1999: Network Exchange Theory. Westport, CN: Praeger.

4.4 Weder Methode noch Metapher.
Zum Theorieanspruch der Netzwerkanalyse bis in die 1980er Jahre

Dieter Bögenhold und Jörg Marschall

1 Einleitung

Die soziologische Netzwerkanalyse ist eine formale Methode zur Beschreibung der Struktur der Muster sozialer Beziehungen. Damit allein – „nur Methode" zu sein – mochte sie sich allerdings nie begnügen, sondern formulierte immer wieder den Anspruch, ein Paradigma, ein Ansatz oder eine Perspektive zu sein, mithin also auch eine *theoretische* Perspektive einzuschließen. Schon vor Harrison Whites (1992) Versuch der Ausweitung der Netzwerktheorie zu einem „*neuen* amerikanischen Strukturalismus"[1] nahm insbesondere Barry Wellman (1988) für die ältere „*structural analysis*" eine theoretische Positionierung vor.

Netzwerkanalyse[2] taucht denn als Thema immer selbstverständlicher in Theorie-Überlicken auf (z.B. Collins 1988; Turner 1998; Esser 2000; Kaesler 2005). Dies ist ein Anzeichen dafür, dass es sich nach Ansicht von Autoren und Herausgebern nicht bloß um ein Set von Methoden handelt, sondern dass unter Netzwerkanalyse zunehmend auch ein neues Element soziologischen Denkens und entsprechender Konzeptualisierung verstanden wird. Gleichzeitig wird in allen diesen Artikeln der Theoriestatus offen diskutiert: es wird stets die Frage aufgeworfen, ob und in welchem Ausmaß Netzwerkanalyse tatsächlich als soziologische Theorie anzusehen ist. Dabei findet sich kaum eine Position, die der Netzwerkanalyse uneingeschränkt den Status als Theorie konzediert. Die Mehrzahl der Beiträge argumentiert diesbezüglich diplomatisch, vorsichtig, risikoarm. Es herrschen Behelfsformulierungen vor, die einmal von Netzwerk*analyse* und andererseits von Netzwerk*theorie* sprechen, so als ob die Begriffe gegeneinander austauschbar seien. Diejenigen Beiträge, die bezüglich solcher Fragen nach dem Status der Netzwerkanalyse sensibler erscheinen, benennen konkrete Defizite, formulieren Entwicklungsperspektiven und machen Netzwerkanalyse letztlich zu einer Art von „theoretischem Schwellenland".

Der folgende Beitrag möchte (1.) diesbezüglich Positionen darstellen: Wie wird der theoretische Status der Netzwerkanalyse gesehen und wie sehen die entsprechenden Semantiken genau aus? Der Beitrag möchte (2.) die Argumente herausarbeiten, die hinter der jeweiligen Einschätzung stehen. Dabei wird sowohl auf die Defizite geachtet, die der

---

[1] Siehe dazu den Beitrag in diesem Band.
[2] Wir verwenden im Folgenden den Begriff Netzwerkanalyse, weil er international eingeführte Terminologie ist, und weil er am eindeutigsten diejenige Perspektive auf Soziales benennt, die soziale Struktur in konkreten Einheiten und Relationen fasst und das methodisch und – wie dieser Beitrag zeigen will – in gewissem Maße auch theoretisch umsetzt. Zwar mag der Begriff dem Stand der aktuellen umfassenderen Netzwerkforschung und Netzwerktheorie nicht gerecht werden, umso mehr aber der Theorieentwicklung bis zum Ende der 1980er Jahre, die uns hier beschäftigt.

Netzwerkanalyse zugeschrieben werden und die ihren Status als Theorie einschränken, als auch auf die Potentiale, die die Netzwerkanalyse nach Ansicht einiger Autoren hat. Der Beitrag endet mit dem Vorschlag, Netzwerkanalyse mit Bezug auf ihren theoretischen Status als ein *Ensemble von Theoremen* zu formulieren, die sich durch zweierlei auszeichnen: Erstens steht als verbindende Grundannahme der „antikategoriale Imperativ"[3] (Emirbayer/Goodwin 1994: 1414) hinter ihnen, also die Weigerung, Soziales ausschließlich durch Attribute von individuellen oder kollektiven Akteuren zu erklären und die Forderung, stattdessen die Eingebundenheit dieser Akteure in Strukturen sozialer Beziehung für Erklärungen heranzuziehen. Zweitens lassen sich diese Theoreme nicht oder nur schwer außerhalb eines Denkens in konkreten sozialen Relationen formulieren; sie sind also genuin relational.

2   Netzwerkanalyse in klassischen soziologischen Grundlagen

Die Netzwerkforschung geht mit ihren Anfängen mindestens bis zu Georg Simmel zurück, auch wenn Simmel aus heutiger Sicht kein expliziter Netzwerkforscher mit einer formalen Definition war, sondern eher jemand, der in jenen Kategorien „dachte" und Gesellschaft so konzipiert hatte, wie es heute einem netzwerktheoretischen Ansatz nahe läge. Soziologie war bei Simmel die *Geometrie sozialer Beziehungen*. In demselben Maße, wie die Geometrie die Formen betrachtet, durch die Materie überhaupt erst zu Körpern wird, ist die Hauptaufgabe der Soziologie bei Simmel die Untersuchung dieser abstrakten Formen. Deren kontinuierliche Wiederholung begründet und charakterisiert erst soziale Gebilde. Simmels Ausführungen zur „Kreuzung sozialer Kreise" (Simmel 1908) ähneln modernen Cliquenanalysen der Netzwerkanalyse.

Nicht nur, dass er Dispositionen von Individuen (wie etwa die Neigung zur Normbefolgung) auf die Position dieser Individuen in einem Netzwerk zurückführt, sondern Simmel stellt die Behauptung auf, Individualität überhaupt resultiere aus der „Kreuzung sozialer Kreise". Netzwerke sind der Modus zwischen sozialer Differenzierung und gesellschaftlicher Vereinheitlichung. Soziale Strukturen werden gedacht als relationale – und veränderliche – Beziehungen zwischen Individuen und Organisationen. Simmel stellte sich die Gesellschaft stets in Form von dualistischen Gegensatzpaaren vor. Hierzu gehörten beispielsweise Universalität und Partikularität, Dauer und Veränderung oder Konformismus und Unterscheidung. Der Mensch wird bei Simmel als ein dualistisches Wesen bezeichnet, wobei Dualismus als treibende Kraft von Entwicklung gedacht wird, aus der heraus Veränderung verstanden werden kann. Gesellschaft wird als ein Platz von permanentem Konflikt verschiedenster Arten gesehen, auf dem die einzelnen Menschen stets sowohl Teil einer Allgemeinheit als auch Gegenstand einer individuellen Hervorhebung sind. Korrespondierend zur Vorstellung des Dualismus ist im Werk von Simmel die Idee der *Wechselwirkung*.

Andere Wurzeln des heutigen Netzwerkprogramms finden sich in der Anthropologie. Marcel Mauss (1989) und Claude Lévi-Strauss (1967), die im Kontext einer Geschichte der Netzwerkanalyse interessant sind, weniger weil sie im engeren Sinne Vorläufer der Netzwerkanalyse wären, sondern weil sie komplexe strukturelle Eigenschaften ganzer Gesell-

---

[3] Der Anti-Kategoriale Imperativ wird durch drei implizite Vorstellung des Verhältnisses von Struktur und Handlung umgesetzt (Emirbayer/Goodwin 1994: 1425ff.): (1) ein strukturalistischer Determinismus, (2) ein strukturalistischer Instrumentalismus und (3) ein strukturalistische Konstruktivismus.

schaften auf den (zumeist reziproken) Austausch von Geschenken, Heiratsbeziehungen oder auch Gewalt zurückführen. Mauss zeigt dabei, wie an ökonomischen Notwendigkeiten vorbei, unter Entstehung von Solidarität und Allianzen, der Geschenketausch in den von ihm untersuchten Gesellschaften etwas wesentlich soziales ist. Denn häufig entsteht dabei weder eine Form der Arbeitsteilung (es werden die gleichen Dinge getauscht), noch zieht jemand einen wirtschaftlichen Vorteil daraus. In gleicher Weise sieht Mauss Kriege und Vendettas als einen reziproken Austausch von Gewalt: Der Mord an einem Mitglied des einen Stammes folgt auf einen anderen, so dass soziale Beziehungen von großer zeitlicher Reichweite entstehen und aufrecht erhalten werden.

3 Moderne Netzwerkanalyse aus der soziologischen Außenperspektive

Gehört die soziale Netzwerkanalyse eher in das Feld der soziologischen Theorie oder in das von empirischer Sozialforschung und deren Methodik? Damit wird nach Gehalt und perspektivischem Stellenwert der soziologischen Netzwerkforschung mit Blick auf deren Platzierung in der Soziologie gefragt.

Dabei ist der Status dessen, was wir in der Soziologie als Theorie bezeichnen, ohnehin klärungsbedürftig: Die Verbindung zwischen empirischer Forschung und theoretischen Formulierungen ist schwierig. Hinzu kommt, dass es kein hinreichend geteiltes Verständnis dessen gibt, was den Status von „Theorie" überhaupt ausmacht (Haller 2003, Teil I). Ferner lassen sich Theorietypen aus dieser Sicht anhand des Grades der Allgemeinheit bzw. Reichweite unterscheiden (Bunge 1996). Jonathan Turner (1998: 4) kommentierte folgendermaßen kritisch: „Theoretical sociology is often not scientific theory but merely abstract statements that are ideological pronouncements, that are untestable, and that are loose frameworks for interpreting social events. Theory is now the label that encompasses many diverse kinds of intellectual activity, from the history of ideas through biographies of major thinkers, from philosophical discourses to analyses of the great works of masters, from critiques of modern society to lambasting the prospects for a science of society. Only a portion of theoretical activity in sociology is devoted to the production of scientific theory." Turner (1998) selbst listet in seiner „Structure of sociological theory" Netzwerkanalyse als ein eigenes Kapitel – und damit als ein Element von Theorie – auf.

Dabei legt er sich allerdings keineswegs fest: So spricht er davon, dass Netzwerkanalyse ein großes *Potential* mit Blick auf soziologische Theorie habe: „the potential for network analysis as a theoretical approach is great because it captures an important property of social structure – patterns of relations among social units, whether people, collectivities, or positions" (Turner 1998: 5). Doch Turner sagt auch, dass dieses Potenzial letztlich aus verschiedenen Gründen ungenutzt geblieben ist. Erstens heißt es, dass Netzwerkanalyse gegenwärtig eher in erster Linie ein methodisches Werkzeug für empirische Beschreibungen ist. Zweitens erscheint es so, dass ohnehin nur sehr wenige Forscher auch genuin theoretische Fragen nach den Mechanismen und Dynamiken von Netzwerken stellen.

Drittens müsste die Netzwerkanalyse auch selber soziologisch-theoretische Ansätze aufgreifen und versuchen, diese in ihr Konzept von Netzwerksoziologie zu übersetzen, um entsprechende Vorteile eines Netzwerkansatzes demonstrieren zu können: „Network sociology has yet to translate traditional theoretical concerns and concepts into network terminology in a way that highlights the superiority, or at least the viability, of using network theoretical constructs for mainstream theory in sociology" (Turner 1998: 528f.). Eingeschliffene Begrifflichkeiten wie beispielsweise Macht oder Hierarchie müssten beispielsweise bemüht werden um darzulegen, wie die Netzwerkanalyse hier eine eigene Herangehensweise und Begrifflichkeit konzeptualisieren kann, die für die soziologische Theorie interessant ist, die Netzwerkanalyse zum Element soziologischer Theorie werden lässt. Obwohl die Aufgabe, eine kohärente Theorie von Netzwerkdynamiken zu konstituieren, gegenwärtig ungelöst erscheint, bleibt für Turner stets das Potential der Netzwerkanalyse für theoretische Anstrengungen vorhanden.

Ähnlich vage zeigt sich Collins in seiner Einschätzung im Rahmen seiner *Theoretical Sociology* (Collins 1988). In dieser gleichfalls breiten Abhandlung und Systematisierung jedweder soziologischer Theorien und Schulen werden Netzwerkanalysen unter „Mesotheorien" eingeordnet und behandelt. Collins macht explizit, was viele andere Autoren häufig implizit lassen, nämlich die Zuordnung von Netzwerkanalysen zu der Familie von Austauschtheorien einerseits und zu Meso-Theorien andererseits, die als „Micro-Macro-Connection" ein Bindeglied abgeben. Ähnlich wie Turner (1998) spricht Collins über Netzwerkanalysen als einer „technique in search of a theory" (Collins 1988: 412). Zwar formuliert er, dass Netzwerkanalysen ein eigener Stil soziologischer Theorie sind, dennoch spricht er von *realem theoretischen Potential*, das gegenwärtig noch deutlich unausgeschöpft erscheint.

Auch Werke deutschsprachiger Soziologen, die von der Theorie kommen und eher *auf* die Netzwerkanalyse sehen, sind hier gleichermaßen interessant, inhaltlich aber auch unentschieden bzw. uneinheitlich, wenn es um die Frage nach Theorie geht. Esser (2000) widmet sich im Rahmen seines 6-teiligen Werkes „Soziologie" im Band 4 *Opportunitäten und Restriktionen* ausgiebig Fragen nach Netzwerken. Noch deutlicher als bei den vorherigen Autoren entscheidet Esser sich dafür, der Netzwerkanalyse den Status einer methodischen Sichtweise beizumessen: „Die Netzwerkanalyse ist eine zwar nicht ganz neue, aber immer noch etwas ungewohnte und recht selten benutzte *Methode* der Beschreibung der Strukturen sozialer Systeme und der Erklärung sozialer Prozesse darüber" (Esser 2000: 182, Herv. durch die Autoren).

Mit „Methode" meint Esser offensichtlich nicht Methode im Sinne von Datenerhebung und -auswertung, sondern eine heuristische Methode, *Gesellschaft zu konzeptualisieren*. Was zuvor als Mikro-Makro-Link dargestellt worden war, erscheint bei Esser (2000) als Frage der sozialen Einbettung in gesellschaftliche Strukturen: „Es geht zu allererst darum, gewisse soziale Prozesse darüber verständlich zu machen und zu erklären, dass die Akteure in gewisse 'Systeme' von Beziehungsstrukturen eingebettet sind, durch die sie, etwa in typischer und objektiv strukturierter, von ihnen selbst nicht sonderlich beeinflussbarer Weise Zugang zu Informationen oder Möglichkeiten für Transaktionen haben – oder auch nicht. Es ist der Versuch, den Begriffen der 'sozialen Struktur' und der 'sozialen Einbettung' einen systemischen und systematischen Gehalt zu geben…" (Esser 2000: 182). Demnach erscheint Netzwerkanalyse als ein *Instrument*, um Einblick in die Dynamik gesellschaftlicher Prozesse zu erhalten, von dem eingeräumt wird, dass es sich gelegentlich methodisch sehr anspruchsvoll gerieren kann, weil „die Netzwerkanalyse, wie so viele andere methodische und theoretische Instrumente, die für die soziologischen Erklärungen so wichtig sind, wie das etwa auch schon die Spieltheorie, die Verhandlungstheorie oder die Marktanalyse sind, eine formal rasch sehr komplizierte Sache werden kann" (Esser 2000: 183-184).

In Dirk Kaesler's *Aktuelle Theorien der Soziologie*, also ebenfalls in einem Theorieüberblick, wirft Jens Beckert (2005) einen Blick auf die Netzwerkanalyse, wobei er der Fragestellung, ob Netzwerkanalyse primär als soziologische Theorie oder als empirische Methode zu betrachten ist, sehr nahe kommt. Er konstatiert eine relative Konvergenz zwischen Ideen, die bei Durkheim, Bourdieu oder Giddens angelegt sind, und dem was Netzwerkanalyse potenziell anzuwenden hat, doch Beckert (2005) folgert, dass es Netzwerkanalytikern in der Mehrzahl nicht vornehmlich um eine Weiterentwicklung soziologischer Theorie ginge, sondern eher um eine anwendungsbezogene Ausarbeitung bestehender theoretischer Konzepte mit den methodischen Mitteln der Netzwerkanalyse (Beckert 2005: 287).

Die Konsequenz eines fehlenden Re-Importes in Richtung soziologischer Theorie ist eine einseitige Rezeption, so dass Netzwerkanalyse von Seiten der soziologischen Theorie eher als eine fruchtbare soziologische Forschungsmethode, aber nicht als eine Sozialtheorie wahrgenommen wird. Diese Interpretation von Netzwerkanalyse als „nur" einem Instrument zur Anleitung empirischer Forschung spiegelt sich in der Semantik wider, da von Netzwerkanalyse und nicht von Netzwerktheorie gesprochen wird. Damit deckt sich Beckerts Sichtweise tendenziell mit denen der anderen hier diskutierten Autoren, wobei Beckert abschließend den konkreten Vorschlag macht, Netzwerkanalyse auf Grund der besprochenen Charakteristika in Anlehnung an Robert Merton (1968) als eine „Theorie mittlerer Reichweite" zu bezeichnen. Damit wird eher der Status einer Art Ergänzungstheorie vorgeschlagen als der einer eigenständigen soziologischen (Sozial-)Theorie.

4 Moderne Netzwerkanalyse in der Eigenbetrachtung

Barry Wellman (1988) propagiert ganz dezidiert einen eigenständigen theoretischen Status der Netzwerkanalyse, die er „Structural Analysis" nennt. In seinem Beitrag, erschienen in der von ihm und Steven Berkowitz herausgegebenen Anthologie *„Social Structures. A Network Approach" (1988)*, stellt er durch einen groß angelegten Forschungsüberblick die Netzwerkanalyse als ein Paradigma und eine Perspektive dar, nämlich als einen „distinctive way of tackling sociological questions that provides a means to the end of taking social structure seriously" (Wellman 1988: 30). Das Potential dieses Paradigmas – so Wellman – entfaltet sich nur dann, wenn nicht bloß mal diese Methode, mal jenes Konzept bemüht wird: So soll der Netzwerkansatz gerade *nicht* „a mixed bag of terms and techniques" sein. Seine Stärke liegt vielmehr in der integrierten Anwendung von theoretischen Konzepten, Arten und Weisen der Datenerhebung und Datenanalyse und einem wachsenden Korpus substanzieller Ergebnisse.

Da Wellman den Paradigmen-Begriff bemüht, ist es folgerichtig für ihn zu behaupten, dass es hier nicht bloß um Strömungen geht, die im Nachhinein oder von Außen als ein Paradigma gesehen werden. Seine Einheit ist vielmehr – neben organisatorisch-sozialen Zusammenschlüssen durch eigene Verbände und Zeitschriften[4] – durch fünf „paradigmatische Charakteristika" auch intellektuell gegeben. Das ist erstens die Überzeugung, dass strukturelle „constraints" Handeln besser erklären als die Annahme innerer Kräfte in Ein-

---

[4] V.a. INSNA (www.insna.org), das International Network for Social Network Analysis und die von diesem herausgegebene Zeitschrift Connections (http://www.insna.org/pubs/connections/)

heiten (z.B. Sozialisation von Normen), zweitens dass Relationen zwischen Einheiten untersucht werden sollten, anstatt Einheiten anhand innerer Attribute oder ihres „Wesens" in Kategorien zu sortieren. Ein drittes Charakteristikum der Structural Analysis besteht in der Überzeugung, dass die geordneten Muster zwischen *multiplen Anderen* Gegenstand der Forschung sein sollen, nicht bloß multiple Zweierbeziehungen. Struktur wird – viertens – als Networks of Networks verstanden und fünftens gehen analytische Methoden mit der geordneten relationalen Struktur um, und nicht (oder nicht nur) mit voneinander unabhängigen Einheiten.

Die Semantik bleibt bei Wellman – wie bei vielen anderen Autoren – vage: Paradigma, Ansatz, Perspektive, Weg: „It is a comprehensive paradigmatic way of taking social structure seriously by studying directly how patterns of ties allocate resources in a social system." Der Ansatz „Structural Analysis" ist irgendwo zwischen Methode und bloßer Metaphorik zu verorten: „Some have hardened it into a method whereas others have softened it into a metaphor" (Wellman 1988: 20). Seine Ausarbeitung von fünf paradigmatischen Charakteristika erscheint relativ gut geeignet, die Identität dieses Paradigmas zu fassen, nicht zuletzt durch explizite Abgrenzung von „variablenzentrierten Ansätzen", also der Suche nach Erklärungen in den Eigenschaften von Individuen oder anderen Untersuchungseinheiten.

Schließlich formuliert Wellman in seinem Fazit durchaus auch Entwicklungsbedarfe der „Structural Analysis", deren methodische Forschritte zwar eindrucksvoll sind, deren Beitrag zur Erklärung sozialer Phänomene jedoch uneinheitlich ist. Auch in der direkten Konkurrenz zu anderen Ansätzen müsste die *Structural Analysis* unter Beweis stellen, dass sie die gleichen Phänomene besser erklären kann. Somit sieht er die Structural Analysis durchaus noch in der Entwicklung: „The current state of structural analysis is probably just a way station in the road to more comprehensive formulations" (Wellman 1988: 48).

Neun Jahre vor Wellman beschäftigte sich bereits Mark Granovetter (1979) in etwas anderer Form mit Theoriefragen im Zusammenhang mit Netzwerkanalyse. In einem Konferenzbeitrag problematisierte er den „theory gap in social network analysis". Bei genauerem Hinsehen ist die Basis seiner Argumentation allerdings sehr verschieden von der Wellmans: Anstatt dass der theoretische Status der Netzwerkanalyse diskutiert würde, scheint für Granovetter klar zu sein, dass die Netzwerkanalyse für sich selbst keine Theorie liefert, sondern dass es eines theoretischen Fundaments von außen bedarf: „One nagging question keeps intruding: Where is the theoretical underpinning for all these models and analysis" (Granovetter 1979: 501). Granovetter sieht einen Punkt erreicht, an dem der Fortschritt netzwerkanalytischer Forschung immer kleiner wird und das fehlende theoretische Framework immer problematischere Auswirkungen entwickelt: „… we need to think through more exactly what it is we want to know about large networks, and why. Imagine that we had no sampling difficulty, and that by pressing a button we could find out anything about the network of the entire United States. The state of macronetwork theory is now such that it is not clear what we would want to know" (Granovetter 1979: 502).

Granovetter zeigt auf, wie die *Methode* Netzwerkanalyse uninformiert durch Theorie erscheint. Dies wirkt sich auf verschiedene Aspekte der Forschung aus, nämlich unter anderem auf die Verbindung von Mikro und Makro, auf die Frage, ob in bestimmten Verfahren von einer Null-Hypothese ausgegangen werden sollte, sowie auf die Frage ob es unterhalb der Ebene der Triade eine strukturelle Ebene von Interesse gibt. Granovetters Beitrag beschäftigt sich letztlich nicht mit der Frage, ob Netzwerkanalyse eine Theorie ist und wie eine solche auszusehen hätte, sondern er geht davon aus, dass die Netzwerkanalyse eine Forschungs*methode* ist, an die die Forderung der prinzipiellen Anleitung durch Theorie zu stellen ist. Granovetter bilanziert, dass Modelle über soziale Struktur (er bespricht exemplarisch *Markov Chains* und *Balance Theory*) als auch Netzwerkanalyse als Methode (Network Sampling, Random Graphs) implizite theoretische Annahmen über die Natur sozialer Struktur in sich tragen, die expliziert werden müssten. Geschieht eine solche Explikation nicht, werde es – in Granovetters Argumentation – unmöglich sein, Netzwerkanalyse in den Mainstream soziologischen Denkens aufzunehmen.

Bruno Trezzini (1998) beschäftigt sich in seinem 1998 erschienenen Beitrag *Theoretische Aspekte der sozialwissenschaftlichen Netzwerkanalyse* mit dem theoretischen Status der Netzwerkanalyse. Die Frage lautet für ihn, „ob die Netzwerkanalyse in theoretischer Hinsicht etwas qualitativ Neues darstellt oder ob sich ihre sozialwissenschaftliche Bedeutung in den mannigfaltigen methodischen und forschungstechnischen Innovationen erschöpft". Anders formuliert: „Haben wir es im Falle der sozialwissenschaftlichen Netzwerkanalyse auch mit einer allgemeinen Theorie sozialer Netzwerke zu tun oder nicht?" (Trezzini 1998: 513) Eine „zurückhaltende Position", wie sie Trezzini referiert, geht davon aus, dass Netzwerkanalyse eine Methode, aber keine Theorie ist: „Die Netzwerkanalyse erscheint somit am ehesten als eine Methode zur explorativen Untersuchung von Interaktionsnetzwerken mit dem Ziel, Einsichten über soziale Strukturen zu gewinnen" (Trezzini 1998: 514).

Andere Autoren formulieren einen wesentlich stärkeren theoretischen Anspruch für die Netzwerkanalyse: Hier nimmt sie „für sich in Anspruch, ein theoretisches und methodologisches Programm zu vertreten, das der empirischen Analyse komplexer sozialer Strukturen erst wirklich gerecht wird" (Trezzini 1998: 512). Darüber hinaus sieht man für die Netzwerkanalyse das Potential, klassische Problembereiche sozialwissenschaftlicher Theoriebildung einer Klärung näher bringen zu können, wie die Frage Individuum und Struktur, mikrosoziologischer Reduktionismus vs. makrosoziologischer Emergenzvermutung sowie individuelles Handeln vs. gesellschaftliche Strukturen. Trezzini selbst kommt hingegen zu der Einschätzung, dass innerhalb der Netzwerkanalyse kaum mehr als „ein paar einfache Prämissen hinsichtlich der konstitutiven Bedeutung sozialer Beziehungen resp. Interaktionen für die Bildung sozialer Strukturen und die Erklärung individueller Einstellungen und Handlungen" entstanden sind. Außerdem kennzeichnet der explizit relationale Blickwinkel den Ansatz als Ganzes. Dies stellt aber kein einheitliches Paradigma dar, geschweige denn ein geschlossenes und kohärentes Theoriegebäude.

5 Fazit

Die Zusammenstellung von Positionen, wie sie hier unternommen wurde, ist selbstverständlich weit davon entfernt, vollständig und repräsentativ zu sein. Unberücksichtigt blieb insbesondere der durch Harrison White wesentlich mitbestimmte „neue amerikanische Strukturalismus" und die Einbeziehung von Kultur in das Forschungsprogramm der Netzwerkforschung, da diese neueren Entwicklungen entscheidende Ausweitungen des klassischen Forschungsprogramms Netzwerkanalyse darstellen. Trotz dieser Einschränkung wollen wir aus dem Spektrum dargebotener Meinungen und Positionen eine Bilanz ziehen: Keiner der von uns diskutierten Autoren legt sich fest, wenn es hinsichtlich der Frage des

Theoriestatus der Netzwerkanalyse zum Schwur kommt. Die Semantik hierzu bleibt vage und (möglicherweise bewusst) unbestimmt, Positionen sind häufig so formuliert, dass sie risikolos und unangreifbar sind

Auch dort, wo die Netzwerkanalyse sich stärker selbst auf dem Weg in Richtung Theorie positioniert, wird nicht hinreichend deutlich, welche konkreten Schritte in welche konkrete Richtung zu unternehmen sind, um den Status einer größeren Theorieschärfe zu erhalten. Wie kann nun über die wenig befriedigende Feststellung, dass Netzwerkanalyse eine Middle Range-Theorie ist, wie es Beckert (2005) im Anschluss an Merton (1968) formulierte, etwas Konkretes und Weiterführendes über den theoretischen Status der Netzwerkanalyse gesagt werden?

Wenn auch diese Frage in einem Handbuchartikel nicht geklärt werden kann, soll hier dennoch der Vorschlag gemacht werden, Netzwerkanalyse, so weit sie über das rein methodische hinausgeht, als *ein Ensemble von genuin relationalen Theoremen* zu begreifen. Genuin relational ist ein solches Theorem dann, wenn es nur aus einer relationalen Perspektive heraus formuliert werden kann, und wenn es – im Idealfall – alle fünf Charakteristika von Wellman erfüllt. Der „mixed bag of terms and techniques", gegen den Wellman sich wandte, ist damit also nicht gemeint. Gleichzeitig wird aber das, was an Theorie in der Netzwerkanalyse tatsächlich vorfindbar ist, nicht überstrapaziert, denn diese ist weit davon entfernt, ein (geschlossenes) Theoriegebäude zu sein. Dieser Vorschlag eines *Ensembles von Theoremen* greift einerseits die Idee Wellmans auf, Netzwerkanalyse über paradigmatische Charakteristika zu fassen, andererseits können konkrete Theoreme benannt werden, „middle-range-Theorien", an denen konkret(er) geprüft werden kann, wie sie mit den anderen Theoremen in Verbindung stehen und ob es ein zentrales Theorem gibt, mit dem konkret weitergearbeitet werden kann.

Prominente netzwerkanalytische bzw. relationale Theoreme sind die Stärke schwacher Beziehungen (Granovetter 1973), das (strukturalistische) Embeddedness-Argument (Granovetter 1985; Zukin und DiMaggio 1990), Sozialkapital (Barthus und Davis 2009; Coleman 1988), strukturelle Äquivalenz (White et al. 1976), strukturelle Löcher und strukturelle Autonomie (Burt 1992) sowie das „Small World Phenomenon" (Watts 1999).[5]

Netzwerkanalyse als ein Ensemble von Theoremen zu verstehen, macht es nicht nur möglich, diese Theoreme verfügbar zu haben, mit denen wir es innerhalb der relationalen Perspektive zu tun haben, sondern auch nach ihrem Zusammenspiel zu fragen und dieses zu verbessern. Eine solche Verbesserung des Zusammenspiels relationaler Theoreme hieße ein Kriterium zu haben, um den Fortschritt der Netzwerkforschung hin zu einem „echten" Theoriegebäude zu haben.

---

[5] In dieser Zusammenstellung folgen wir in Teilen den „theoretischen Konzepten", die Haas und Mützel (2008) für die deutschsprachige Forschung in Verwendung sehen.

6 Literatur

Barthus, Viva Ona, James H. Davis, 2009: Social Capital. Reaching Out, Reaching In. Cheltenham: Edward Elgar.
Beckert, Jens, 2005: Soziologische Netzwerkanalyse. S. 286-312 in: *Dirk Kaesler* (Hg.), Aktuelle Theorien der Soziologie. Von Shmuel N. Eisenstadt bis zur Postmoderne. München: Beck.
Bunge, Mario, 1996: Finding Philosophy in Social Science. New Haven & London: Yale University Press.
Burt, Ronald S., 1992: Structural Holes: The Social Structure of Competition. Cambridge: Harvard University Press.
Coleman, James S., 1988: Social Capital in the Creation of Human Capital. American Journal of Sociology 94: 95-120.
Collins, Randall, 1988: Theoretical Sociology. San Diego: Hartcourt Brace Jovanovich.
Emirbayer, Mustafa und *Jeff Goodwin*, 1994: Network Analysis, Culture and the Problem of Agency. American Journal of Sociology 99: 1411-1454.
Esser, Hartmut, 2000: Soziologie, Bd. 4. Opportunitäten und Restriktionen, Frankfurt a. M.: Campus.
Granovetter, Mark S., 1973: The Strength of Weak Ties. American Journal of Sociology 78: 1360-1380.
Granovetter, Mark S., 1979: The theory gap in social network analysis. S. 501-518 in: *Paul W. Holland* und *Samuel Leinhardt* (Hg.), Perspectives on social network research. New York: Academic Press.
Granovetter, Mark S., 1985: Economic Action and Social Structure: The Problem of Embeddedness. The American Journal of Sociology 91: 481-510.
Haas, Jessica und *Sophie Mützel*, 2008: Netzwerkanalyse und Netzwerktheorie in Deutschland. Eine empirische Übersicht und theoretische Entwicklungspotentiale. S. 49-62 in: *Christian Stegbauer* (Hg.), Netzwerkanalyse und Netzwerktheorie. Ein neues Paradigma in den Sozialwissenschaften. Wiesbaden: VS Verlag.
Haller, Max, 2003: Soziologische Theorie im systematisch-kritischen Vergleich. Opladen: UTB.
Kaesler, Dirk (Hg.), 2005: Aktuelle Theorien der Soziologie. Von Shmuel N. Eisenstadt bis zur Postmoderne. München: Beck.
Lévi-Strauss, Claude, 1967: Strukturale Anthropologie. Frankfurt a. M.: Suhrkamp.
Mauss, Marcel, 1989: Soziologie und Anthropologie. Frankfurt a. M.: Fischer.
Merton, Robert K., 1968: Social Theory and Social Structure. New York: The Free Press.
Simmel, Georg, 1908: Soziologie. Untersuchungen über die Formen der Vergesellschaftung. Berlin: Duncker & Humblot.
Turner, Jonathan H., 1998: The Structure of Sociological Theory. Belmont: Wadsworth Publishing.
Trezzini, Bruno, 1998: Theoretische Aspekte der sozialwissenschaftlichen Netzwerkanalyse. Schweizerische Zeitschrift für Soziologie 24: 511-544.
Watts, Duncan J., 1999: Networks, dynamics, and the small-world phenomenon American Journal of Sociology 105: 493-527.
Wellman, Barry, 1988: Structural Analysis. From Method and Metaphor to Theory and Substance. S. 19-61 in: *Barry Wellman* und *Stephen D. Berkowitz* (Hg.), Social structures. A network approach. Cambridge: University Press.
White, Harrison C., 1992: Identity and Control. A Structural Theory of Social Action, Princeton: Princeton University Press.
White, Harrison C., Scott A. Boorman und *Ronald Breiger*, 1976: Social Structure from Multiple Networks. I. Blockmodells of Roles and Positions. American Journal of Sociology 81: 730-779.
Zukin, Sharon und *Paul DiMaggio*, 1990: Introduction. S. 1-35 in: *dies.* (Hg.), Structures of Capital. Cambridge: Cambridge University Press.

4.5 Strukturalismus

Christian Stegbauer

1 Struktur in der Sprachwissenschaft

Der Strukturalismus besitzt wichtige Bezüge zur Netzwerkforschung. Als Begründungsressource herangezogen wurde die sprachwissenschaftliche Lehre von Ferdinand de Saussure (2001, zuerst 1917). Dieser unterscheidet zwischen Langue, Langage und Parole. Die deutsche Sprache kennt nicht die Differenz zwischen Langue und Langage. Man bezeichnet „langue" mit Sprache und „langage" als menschliche Rede (Saussure 2001: 17). Der Hauptunterschied, der in der Literatur immer wieder dargestellt wird, ist die Differenz zwischen dem Begriff der Langue und dem der Parole. Langue meint die Gesamtheit der sprachlichen Regeln und Begriffe. Die Äußerung von Personen dagegen wird mit dem Begriff „parole" belegt. Mit Parole ist lediglich der aktuelle Ausschnitt, der gerade gebraucht wird, gemeint. Die Linguisten beschäftigten sich vor Saussure häufig mit dem Ausdruck von Personen – die Unterscheidung aber, auf die Saussure hinwies, öffnete den Weg zu einer Untersuchung der Regelhaftigkeit von Sprache, wie sie in der wissenschaftlichen Grammatik entdeckt wurde. Solchen Regeln, wenn auch in unterschiedlicher Ausformung, unterliegen alle Sprachen.

> „Aber was ist die Sprache? Für uns fließt sie keineswegs mit der menschlichen Rede zusammen; sie ist nur ein bestimmter, allerdings wesentlicher Teil davon. Sie ist zu gleicher Zeit ein soziales Produkt der Fähigkeit zu menschlicher Rede und ein Ineinandergreifen notwendiger Konventionen, welche die soziale Körperschaft getroffen hat, um die Ausübung dieser Fähigkeit durch die Individuen zu ermöglichen. Die menschliche Rede, als Ganzes genommen, ist vielförmig und ungleichartig; verschiedenen Gebieten zugehörig, zugleich physisch, psychisch und physiologisch, gehört sie außerdem noch sowohl dem individuellen als dem sozialen Gebiet an; sie lässt sich keiner Kategorie der menschlichen Verhältnisse einordnen, weil man nicht weiß, wie ihre Einheit abzuleiten sei.
> Die Sprache dagegen ist ein Ganzes in sich und ein Prinzip der Klassifikation. In dem Augenblick, da wir ihr den ersten Platz unter den Tatsachen der menschlichen Rede einräumen, bringen wir eine natürliche Ordnung in eine Gesamtheit, die keine andere Klassifikation gestattet." (de Saussure 2001: 11)

Sprache ist also ein Ordnungssystem, in dem abstrakte Regeln gelten. Das, was der Einzelne von sich gibt, macht davon Gebrauch. Das bedeutet aber auch, dass „Langue", also das Regelsystem der Sprache – in seiner Ganzheit (außer vielleicht durch einen wissenschaftlichen Zugang) nicht zum Vorschein kommt. Sie findet immer nur einen individuellen Ausdruck – sprechen kann nur ein Einzelner – keinesfalls ein Ordnungssystem. Der einzelne Sprecher bedient sich nur eines ganz kleinen Teils des unterliegenden Strukturregulariums.

Ohne das Ordnungssystem, welches von denjenigen, mit denen er spricht, auch verstanden wird, wäre Verstehen unmöglich[1].

Eine weitere Unterscheidung, die für den Strukturalismus wichtig wurde, ist die zwischen Synchronie und Diachronie. Diachronie steht für historische Untersuchungen der Sprache, d.h. die Veränderung der Sprache im Laufe der Zeit. Die strukturalistische Betrachtung aber untersucht das unterliegende Regelwerk, ist also mit der Synchronie bzw. statischen Sprachwissenschaft verbunden. Unter diesem Blickwinkel kommt es nicht auf Zeit, Geschichte, Entwicklung oder Dynamik an. Es geht vielmehr um die Verhältnisse der Sprachelemente untereinander. Begründet wird dies dadurch, dass für den einzelnen Sprecher die Sprachentwicklung im Moment des Sprachgebrauchs nicht von Bedeutung ist (Saussure 2001: 107).

Saussure definiert die für ihn bedeutende synchronische Sprachwissenschaft als eine, die sich befasst mit den

> „Verhältnissen, welche zwischen gleichzeitigen Gliedern, die ein System bilden, bestehen, so wie sie von einem und demselben Kollektivbewusstsein wahrgenommen werden" (Saussure 2001: 119).

Saussure behauptet in seinem Werk, dass man nur eines könne, entweder man beschäftigt sich mit dem Regelwerk, also den Relationen der Glieder oder mit der Sprachentwicklung. Begründet wird der Vorzug der synchronischen Betrachtung mit der Situation, in der Sprache gebraucht wird – es handelt sich um eine konkrete historische Situation – und hier sind für den Sprecher (oder Schreiber) nur die momentan gültigen Regeln von Bedeutung. Die historische Entwicklung bleibt in der Situation der Sprachanwendung für die Beteiligten unsichtbar und ist daher an dieser Stelle unwichtig.

2 Die Lingusitik als Vorbild

Lévi-Strauss wird als Verdienst angerechnet, die aufgezeigten aus der Linguistik stammenden Überlegungen zum Aufbau der Sprache auf die Ethnologie übertragen zu haben. Die Ethnologie gewinnt, so Lévi-Strauss (1977: 32, zuerst 1958) ihre Originalität aus der unbewussten Natur der kollektiven Phänomene. So wisse man, dass es bei der Mehrzahl der primitiven Völker sehr schwierig sei, moralische Rechtfertigungen, eine rationale Erklärung eines Brauchs oder einer Institution zu bekommen – befragte Eingeborne begnügten sich mit der Antwort, dass die Dinge schon immer so gewesen seien, dass es sich um eine göttliche Ordnung oder eine Lehre der Ahnen handele (Lévi-Strauss 1977: 32f). Zwar sind in unserer Gesellschaft Rituale und Bräuche eher „entzaubert", die alltäglichen Verhaltensweisen aber sind uns ebenfalls kaum reflexiv zugänglich – zumindest nicht während ihres Vollzugs. Dass man sich an Tischsitten, Bekleidungsvorschriften, soziale Bräuche auch in unserer modernen Gesellschaft hält, wird ähnlich wie in den von den Ethnologen untersuchten Gesellschaften, von uns ebenfalls im Alltag kaum hinterfragt. Oft kennen wir

---

[1] Das Verhältnis ist ähnlich, wie das zwischen individuellem Schmecken und der sozialen Konstruktion von Geschmack (vgl. Stegbauer 2007). Hier kann nur der einzelne Esser für sich schmecken – und dennoch unterliegt das Geschmackserlebnis einer kollektiven Interpretation.

auch gar nicht mehr deren Ursprung – wer weiß beispielsweise schon, warum wir zu Weihnachten einen Nadelbaum aufstellen und schmücken.

Das grundlegende Streben von Lévi-Strauss ist es, das „Willkürliche auf eine Ordnung zurückzuführen, eine Notwendigkeit zu entdecken, die der Illusion der Freiheit innewohnt." (Lévi-Strauss 1996:74).[2]

Lévi-Strauss beruft sich auf Boas (1911), der herausgefunden hat, dass

> „die Struktur der Sprache demjenigen, der spricht, bis zur Entstehung einer wissenschaftlichen Grammatik unbekannt blieb, und dass sie auch dann noch die Rede unabhängig von Bewusstsein des Subjekts formt, indem sie seinem Denken Begriffsrahmen aufdrängt, die für objektive Kategorien gehalten werden." (Lévi-Strauss 1977: 33f.)

Der wesentliche Unterschied, so Boas (1911: 67), auf den sich Lévi-Strauss beruft, sei der Grad an Reflexion, der hinsichtlich sprachlicher und kultureller Erscheinungen möglich wäre. Im Grunde aber seien sie identisch. Levi-Strauss begriff die Sprachwissenschaft als eine Verheißung für die Ethnologie.

Wenn man also das, was die Sprache reguliert (eine unterliegende Struktur), auf alles Verhalten übertragen würde, hätte man ein Analysesystem gefunden, mit dem sich viel Weitergehendes erklären ließe. Es ist wie beim Sprechen: Nur der Einzelne kann handeln – er tut dies aber immer mit einem Bezug auf das Gesamtsystem und – dieses ist ihm nicht einmal bewusst, es ist aber da und hat Einfluss darauf, wie er handelt. Wenn diese Übertragung korrekt ist, dann

> „ist es notwendig und ausreichend, die unbewusste Struktur, die jeder Institution oder jedem Brauch zugrunde liegt, zu finden, um ein Interpretationsprinzip zu bekommen, das für andere Institutionen und andere Bräuche gültig ist, vorausgesetzt natürlich, dass man die Analyse weit genug treibt." (Lévi-Strauss 1977: 35)

Mit anderen Worten – warum also sollte nur die Sprache eine aufdeckbare Struktur haben, die wir Grammatik nennen? Warum nicht auch Bräuche und Institutionen – erfolgt doch Sprechen und Handeln aufgrund dessen, was ein und dasselbe Hirn bewerkstelligt.

Die Phonologie untersucht zunächst die bewussten Spracherscheinungen und geht dann zur unbewussten Infrastruktur über – Ausdrücke werden dort nicht als unabhängige Entitäten behandelt, sondern es sind die Beziehungen zwischen ihnen, die Grundlage ihrer Analyse sind. Diese ergeben ein „phonologisches System", bei dem es auf die Struktur und die Entdeckung allgemeiner Gesetze ankommt (Lévi-Strauss 1977: 45). Lévi-Strauss bezieht sich hier auf den Phonetiker Trubetzkoi (1933). Er hält es nicht nur für erlaubt – für ihn ist es auch geboten, dass wenn eine solche Entdeckung in einer Nachbarwissenschaft gemacht wird, „unmittelbar die Folgen und ihre mögliche Anwendung auf die Tatsachen einer anderen Ordnung zu prüfen (Lévi-Strauss 1977: 46).

Wo sollten sich die Postulate der Sprachwissenschaftler besser prüfen lassen, als einem ganz ähnlichen System, welches man in allen Gesellschaften findet – dem Ver-

---

[2] In diesem Streben trifft er sich mit anderen großen Soziologen. Allen voran Durkheim (2008), der nachweist, dass selbst die individuellste Entscheidung, eigenhändig aus dem Leben zu scheiden, von gesellschaftlichen Bedingungen abhängt. Auch Simmel beschäftigt sich mit diesem Verhältnis, etwa in der Beschreibung der Ehe (1908: 65): „Es scheint als ob die moderne Kultur, indem sie den Charakter der einzelnen Ehe immer mehr individualisiert, doch die Überindividualität, die den Kern ihrer soziologischen Form bildet, ganz unberührt lässt, ja, in mancher Hinsicht steigert."

wandtschaftssystem. Die Verwandtschaftsbezeichnungen können als Bedeutungselemente angesehen werden, welche den Phonemen ähneln. Das unterliegende Regelsystem wird durch die Wiederholung von Verwandtschaftsformen, Heiratsregeln und gleichermaßen vorgeschriebenen Verhaltensweisen bei bestimmten Verwandtschaftstypen usw. gebildet (Lévi-Strauss 1977: 46). Hier finden wir die Begründung des Strukturalismus aus der Analogie der sozialen Struktur zur Grammatik der Sprachwissenschaften.

Man bräuchte also nur jene Elemente des Verhaltens, welche den Phonemen entsprechen, zu finden und könnte auf diese Weise eine Grammatik des Sozialen entdecken. Mit Grammatik ist auch hier eine unterliegende, nicht ins Bewusstsein dringende Struktur gemeint, die aber dennoch das Verhalten bestimmt. Als ein solches wesentliches Element macht Lévi-Strauss die Gegenseitigkeit aus, die als eine Form angesehen wird, welche die Möglichkeit eröffnet, den Gegensatz von ich und du zu integrieren (1977: 37).

3   Soziale Grammatik

Folgt man dem Postulat des Strukturalismus, so kommt man zu dem Ergebnis, dass überall Strukturen zu finden sind – überall existiert eine Ordnung (Lévi-Strauss 1968: 21; Meleghy 1995: 117) – allenfalls haben wir das Problem als Forscher, dass wir noch nicht in der Lage sind, diese Struktur zu entdecken. In diesem Postulat zeigt sich, dass der Strukturalismus über die Netzwerkforschung hinausgeht, auch wenn Mayhew (1980: 36) in seinem polemisch gemeinten Forschungsprogramm den Begriff „Strukturalismus" in einer Klammer mit „sozialem Netzwerk" erläutert. Lévi-Strauss beschäftigte sich außer mit dem Verwandtschaftssystem, dass der Netzwerkforschung sicherlich am nächsten kommt, mit den gedanklichen Kategorien und Klassifikationsschemata (Das wilde Denken, 1962) und mit den Mythologien der indigenen Bevölkerung des gesamten amerikanischen Kontinents (Mythologica). Lévi-Strauss' erstes Untersuchungsfeld, die Analyse von Verwandtschaftsstrukturen, wird von ihm verlassen, weil hier neben der geistigen Struktur auch noch gesellschaftliche Zwänge das Beziehungsmuster beeinflussen könnten. Die Mythologien hingegen seien reine Kopfgeburten. Verwandtschaft könnte also auch „aus den Anforderungen des gesellschaftlichen Lebens und aus der Art herrühren, in der dieses seine Zwänge dem Denken aufträgt" (Lévi-Strauss 1996: 74). In der Mythologie dagegen könne sich der „Geist anscheinend am freiesten seiner schöpferischen Spontaneität hingeben" (Lévi-Strauss 1996: 84). Er versucht also die strukturalistische Hypothese an einem sehr unwahrscheinlichen Fall zu überprüfen. Für die Netzwerkforschung vordergründig kann an die Verwandtschaftsforschung eher angeknüpft werden, weil hier explizit analysierbare Beziehungsstrukturen vorliegen. Dies wurde ja auch beispielsweise durch Harrison White (1963) getan.

Nach Lévi-Strauss (1967) konstituiert sich eine Gesellschaft durch den Tausch – er sei das zentrale Moment der Kultur und dies zeige sich auf mindestens drei Ebenen (Meleghy 1995: 122), dem Austausch von Frauen, von Gütern und Dienstleistungen und bei der Kommunikation, also dem Austausch von Mitteilungen. Alle drei Ebenen lassen sich durch eigene Regeln mit Hilfe einer Grammatik und Syntax beschreiben. Da die Grundlagen des Umgangs miteinander überall Gesetzmäßigkeiten wie denen der Sprachstruktur folgen, kann hierdurch eine Theorie der Gesellschaft und Kultur entwickelt werden, mit deren Hilfe diese sich erklären lässt[3].

Hinweise auf die Richtigkeit der Überlegung, dass Strukturen, in vielen Fällen auch immer wieder in ähnlicher Weise auftauchende Beziehungsstrukturen in den uns bekannten sozialen Formationen, Institutionen und Organisationen zu finden sind, gibt es zuhauf. Dies äußert sich beispielsweise in Überlegungen zur Selbstähnlichkeit von Strukturen, die in komplizierten Gebilden zu finden ist. Simmel beschreibt dies als die Eigentümlichkeit, dass das „Verhältnis eines Ganzen zu einem anderen sich innerhalb der Teile eines dieser Ganzen wiederholt" (Simmel 1890: 115). Eine Analogie, findet sich in der Mathematik unter dem Stichwort der Fraktale. Hier wird modelliert, wie sich ein Strukturmuster, etwa eines Blumenkohls, in den Einzelteilen wiederholt (Lossau und Zschäpitz 2004). Obgleich sich das mathematische Prinzip nicht ohne weiteres auf soziale Zusammenhänge übertragen lässt, mag eine Ähnlichkeit hinsichtlich der innewohnenden Schlichtheit des Modells gegeben sein. Soziale Konstruktionen sind aus einer beschränkten Anzahl an Elementen aufgebaut. Diese Beschränkung rührt von den grundsätzlichen kognitiven Beschränkungen aller beteiligten Menschen. Ähnlich wie in der Sprache handelt es sich um wenige Elemente, die nach bestimmten Regeln zusammengesetzt und variiert werden. Die angewendeten Regeln dürften dabei gar nicht sehr kompliziert sein.

Hierzu passt, dass in ganz unterschiedlichen Zusammenhängen ganz ähnliche soziale Ordnungen entstehen – mit manchmal verblüffend gleichartigen Strukturen. Ein Beispiel hierfür ist Whites (1992) Vergleich der Struktur ist das Kastensystem in indischen Dörfern mit Universitäten. Auch in den indischen Dörfern spielt die Verwandtschaftsstruktur eine Rolle: Nach den traditionellen Regeln ist es verboten, zwischen den Kasten zu heiraten. Um in derselben Kaste heiraten zu können, müssen sich die Heiratswilligen ihre Partner meist in anderen Dörfern suchen. Das bedeutet, dass Beziehungen zwischen unterschiedlichen Kasten eines Dorfes schwächer sind, als zwischen den derselben Kaste Angehörenden unterschiedlicher Dörfer. Dies findet man auch an Universitäten – hier findet sich der fachliche Austausch zwischen Angehörigen desselben Fachs und verschiedener Universitäten häufiger, als Beziehungen zwischen den Fächern einer Universität. Solcherlei Strukturen entstehen aber nicht nur zufällig aufgrund von einer Beschränkung der kombinierbaren Elemente, sie werden teilweise auch bewusst konstruiert, aufgrund von Erfahrungen und dem Abschauen von bewährten Strukturen.

Simmels (1908) Trennung der Sozialität in Form und Inhalt kann durchaus auch als eine frühe Form dessen angesehen werden, was hier als Strukturalismus betrachtet wird. Entscheidend ist dabei, dass die Form erhalten bleibt, auch wenn die beteiligten Personen wechseln. Und obgleich immer nur Individuen selbst handeln können, so tun sie dies ebenfalls aufgrund der in sie selbst eingegrabenen Strukturen und aufgrund der auf sie einwirkenden äußere Formen.

4 Beispiele für die Anwendung strukturalistischer Betrachtungen

Deutlich wird dies etwa bei der Betrachtung von Organisationen, die über lange Zeiträume bestimmte Strukturen behalten und oft selbst dann, wenn das Personal komplett ausgetauscht wurde. Ein Anwendungsfeld für strukturalistische Analyse ist daher der Versuch,

---

[3] Siehe hierzu den Beitrag „Reziprozität" in diesem Band.

Organisationen und die darin enthaltenen Interaktionen ebenfalls als Grammatik zu beschreiben. Ein Autor, der sich damit beschäftigte, ist Pentland (2003). Pentland (2003: 193) definiert Grammatik:

> „A grammar describes a (potentially infinite) set of patterns in terms of a finite lexicon and a finite set of rules or constraints that specify allowable combinations of the elements in the lexicon".

Zur Definition erläutert der Autor, dass in der Sprache „patterns" (also Muster) durch Sätze repräsentiert würden, das „lexicon" beinhalte die Worte und „constraints" (die Zwänge oder Begrenzungen) entsprächen den syntaktischen Regeln.

Der Versuch, mittels der Netzwerkanalyse solche Muster aufzudecken, liegt nahe. Tatsächlich finden sich Veröffentlichungen, die sich an strukturalistischen Vorstellungen orientieren. Als ein Beispiel sei hier der Band „Strukturalistische Internetforschung" von Stegbauer und Rausch (2006) genannt. Die Autoren beziehen sich auf die Analyse von internetgestützten Kommunikationsräumen und entdecken vorwiegend mit den Mitteln der positionalen Netzwerkanalyse strukturelle Ähnlichkeiten, die gar nicht so weit von der Formation von größeren Gruppen (Rauch 1983) außerhalb des Internet entfernt sind. Die Autoren versuchen aus den gegebenen Beschränkungen der Beteiligten, des Kommunikationsraums selbst und den aus der Zeit sich ergebenden Anforderungen Strukturprinzipien aufzuzeigen.

5 Kritik am Strukturalismus

Strukturalismus im klassischen Sinne betrachtet die Synchronie, also einen Zustand und nicht die Diachronie, wie die geschichtliche Entwicklung genannt wird. Die synchronische oder statische Sprachwissenschaft wird gegenüber der diachronischen als derjenige Wissenschaftszweig angesehen, der nicht den historischen Vergleich anstrebt, sondern das betrachtet, was als Regelwerk in der jeweiligen Situation für den einzelnen Sprecher von Bedeutung ist. Der Akteur kann sich immer nur an den momentan gültigen Regeln orientieren – eine, sowieso immer retrospektive Betrachtung der Entwicklung von Strukturen hilft im Moment der Handlung aufgrund der vorliegenden Strukturen kaum. In ähnlicher Weise ging lange (und geht immer noch) die Netzwerkanalyse (zumindest in weiten Teilen) vor. Es werden in Querschnittsbetrachtungen Beziehungsstrukturen ermittelt, was aber meistens fehlt, ist eine Untersuchung ihrer Dynamik. Der Sinn dieses Vorgehens erschließt sich durch die Analogie zur Sprachforschung: Wenn man sich als Akteur an den vorhandenen Strukturen orientiert, ist es nicht interessant, wie es zu den Strukturen kam. Eine solche Sichtweise mag für langlebige Organisationen nicht von Interesse sein und gleiches gilt sicherlich für die Entstehungsgeschichte von Formen, wie sie von Georg Simmel beschrieben werden (1908) und die für uns dennoch verhaltensrelevant sind. Die moderne Netzwerkanalyse kann beide Analyseebenen in den Blick nehmen – sowohl die langfristigen kaum veränderlichen und auch fast nicht bewusst zugänglichen Verhaltensstrukturen, die bereits zum Common Sense gehören, als auch die aktuellen, eher situativ entstandenen Beziehungsstrukturen.

Wahrscheinlich wird in der Netzwerkforschung der zuletzt genannte Strukturtyp eine bedeutendere Rolle spielen, nicht zuletzt deswegen, weil die Beeinflussbarkeit von Beziehungsstrukturen für den angewandten Teil der Netzwerkforschung (als Beispiele Burt 1992; 2004) von Bedeutung ist. Durch die Geschichte (hier z.B. als Abfolge von Situationen mit zumindest teilweise denselben Akteuren) werden Handlungsoptionen ausgeschlossen – nur so ist die Herstellung von Verlässlichkeit möglich. Geht man davon aus, dass sich Identitäten erst in den Situationen durch Aushandlungen entwickeln, dann ist die Geschichte zumindest für das Verständnis des Aktuellen von Bedeutung. Allerdings wurde die Geschichtlichkeit von Beziehungen lange als Formierungsgeschichte betrachtet (Newcomb 1963; Hummel und Sodeur 1984) – es wurde beispielsweise festgestellt, wie lange es dauerte, bis stabile Beziehungsstrukturen hergestellt waren.

Veränderungen in Netzwerken interessierten kaum (Suitor et al. 1997), was außer an den fehlenden Methoden vor allem daran lag, dass man damit rechnete, dass Netzwerke stabil seien, u.a. wegen der unterliegenden Strukturierungsregeln[4].

Durch das weitgehende Postulat der Nichtveränderbarkeit der diskutierten und vor allem als einschränkend betrachteten Grundlagen der Strukturierung ergibt sich das Problem, dass soziale Strukturen tendenziell als invariat angesehen werden. Die systematische Geringschätzung der diachronischen Betrachtung und der Vorzug einer Analyse des aktuellen Regelwerks brachte dem Strukturalismus den Vorwurf der Blindheit für Geschichte ein (Brauk 2002). Wie dargelegt, handelt es sich allerdings um eine selbst gewählte Schwachstelle. Dennoch könnte man kritisch fragen, wie gesellschaftliche Änderungen eigentlich möglich sind, wenn schon von vornherein festliegt, was grundlegende Elemente des Aufbaus von Gesellschaft sind und auch die Regeln ihrer Kombination nicht verändert werden können? Aus diesem Problem lässt sich leicht die zweite große Kritik ableiten, nämlich, dass der Strukturalismus keine Subjekte kenne (Brauk 2002) – wie auch, wenn sich das Wesentliche aus den Strukturierungsregeln ergibt? Einzelne Akteure sind dabei nicht von Bedeutung. Eine ähnliche Kritik wird auch von Emirbayer (1997) und Emirbayer und Mische (1998) geäußert.

Der neuere amerikanische Strukturalismus insbesondere von Harrison White (1992; 2008) und seinen Schülern versuchen, der genannten Kritik durch einen Konstruktivismus zu entgehen. Obgleich auch hier Strukturierungsregeln von Bedeutung sind, kommt der Aushandlung – und damit den Akteuren und der Aushandlungsgeschichte – die zentrale Rolle zu. Fand Mayhew 1980 in den USA, abgesehen von einigen Marxisten noch kaum Strukturalisten, so bildet der in den USA entwickelte neuere amerikanische Strukturalismus das heute wohl bedeutendste Fundament der theoriegestützten Netzwerkforschung. Allerdings konnte im neueren amerikanischen Strukturalismus zunächst ebenfalls die Geschichtlichkeit von Netzwerkprozessen nicht angemessen berücksichtigt werden (Emirbayer und Goodwin 1994). Bei den frühen positionalen Analysen (White et al. 1976) blieb selbst dort, wo Zeitabläufe in den Daten zu repräsentiert wurden, die Darstellung statisch. Diese Art der frühen Adaption strukturalistischen Denkens in die empirische Analyse wird von Emirbayer und Goodwin (1994) unter dem Stichwort „struktureller Determinismus" kritisiert. Hierbei würden kulturelle Muster und deren Veränderung, die innerhalb der Beziehungsstrukturen Verhaltensänderungen bewirken, systematisch ausgeblendet. Die darauf folgende Phase nennen die Autoren, „strukturalistischer Instrumentalismus". Hierbei werden die Beziehungsstrukturen als Infrastruktur gesehen für – vor allem – an rationalem Handeln orientierter Ausnutzung der Strukturen für die Interessen der Akteure. Die nächste

---

[4] Es liegt aber auch an der Struktur der Forschungsförderung. Die üblichen kurzen Förderungszeiträume geben kaum die Möglichkeit zur Untersuchung von Änderungen in der Struktur (vergl. Stegbauer und Rausch 2001).

Stufe sei der „strukturalistische Konstruktivismus". In diesem Ansatz würden die Schwächen der beiden ersten Ansätze überwunden, und hierdurch komme man zu einer Erklärung der Entstehung von Struktur und könne somit auch geschichtliche Verläufe interpretieren. Es handelt sich allerdings nicht um eine einfache Kombination der beiden Netzwerkforschungsrichtungen, vielmehr sei die Ausnutzung von sich durch das Netzwerk ergebenden Opportunitäten nur in der jeweilig spezifischen Situation unter den jeweilig gegebenen kulturellen Mustern möglich. Mit White (1992; 2008) würde man sagen, dass die Situation die Identität in Aushandlungen hervorbringt. Die dort entstehende Identität verfügt auch über spezifische Interessen und Präferenzen, die dann handlungsleitend wirken (vergl. Coleman und Kreuz 1997; Stegbauer 2010). Der strukturalistische Konstruktivismus verfügt damit über eine Variabilität, mit der auch in unvorhergesehenen Situationen notwendige Veränderungen erklärt werden können. Mit den Veränderungen ist nicht nur wie in der alten deterministischen Anschauung der Aufbau von Strukturen gemeint, sondern es kann auch deren Zerstörung thematisiert werden. Damit gehen die Überlegungen des strukturellen Konstruktivismus aber weit über den aus dem dargestellten französischen Strukturalismus ableitbaren strukturellen Determinismus und den mit dem Rational-Choice Ansatz verwandten strukturellen Instrumentalismus hinaus.

Am Ende dieses Beitrags kann man konstatieren, dass diese neueren Entwicklungen in der Theoriebildung hin zum amerikanischen Strukturalismus kaum ohne die im hier behandelten französischen Strukturalismus entwickelten Ansichten möglich gewesen wären.

6 Literatur

Boas, Franz, 1911: Handbook of American Indian languages. Washington: Govt. print. off. (Bulletin Smithsonian Institution. Bureau of American ethnology, bulletin 40).
Brauk, Stefan von, 2002: Zur Staats- und Ideologietheorie im strukturalistischen Marxismus. Online verfügbar unter http://deposit.ddb.de/cgi-bin/dokserv?idn=965459594&dok_var=d1&dok_ext=pdf&filename=965459594.pdf, zuletzt geprüft am 20.03.2010.
Burt, Ronald S., 1992: Structural Holes: The Social Structure of Competition. Cambridge, MA: Harvard University Press.
Burt, Roland, 2004: Structural holes and good ideas. American Journal of Sociology 110: 349-399.
Coleman, James S. und *Henrik Kreutz*, 1997: Begründet oder zerstört das Eigeninteresse jenes wechselseitige Vertrauen, das Gesellschaft überhaupt erst ermöglicht? S.13-22 in: *Henrik Kreutz* (Hg.), Leben und Leben lassen. Die Fundierung der Marktwirtschaft durch symbolischen Tausch und Reziprozität. Opladen: Leske und Budrich.
Durkheim, Émile, 2008: Der Selbstmord. Frankfurt am Main: Suhrkamp. (orig. Le suicide: Étude de sociologie. Félix Alcan, Paris 1897).
Emirbayer, Mustafa, 1997: Manifesto for a Relational Sociology. American Journal of Sociology 103: 281-317.
Emirbayer, Mustafa und Jeff Goodwin, 1994: Network Analysis, culture, and the Problem of Agency. American Journal of Sociology 99: 1411:1454.
Emirbayer, Mustafa und Ann Mische, 1998: What is agency? American Journal of Sociology 103: 962-1023.
Hummell, Hans J. und *Wolfgang Sodeur*, 1984: Interpersonelle Beziehungen und Netzstruktur. Bericht über ein Projekt zur Analyse der Strukturentwicklung unter Studienanfängern. Kölner Zeitschrift für Soziologie und Sozialpsychologie 36: 511-556.
Lévi-Strauss, Claude, 1977: Strukturale Anthropologie I. 1958. Frankfurt am Main: Suhrkamp. zuerst: Anthropologie Structurale, Paris, Librarie Plon.

Lévi-Strauss, Claude, 1996: Mythos und Bedeutung. Fünf Radiovorträge. Einmalige Sonderausg. Frankfurt am Main: Suhrkamp (zuerst 1980).
Lévi-Strauss, Claude, 2009: Das wilde Denken. Frankfurt am Main: Suhrkamp.
Lossau, Norbert und *Holger Zschäpitz* 2004: Das Genie, der Blumenkohl, das Chaos. Welt Online 05.10.2004, URL: http://www.welt.de/print-welt/article344382/Das_Genie_der_Blumenkohl_das_Chaos.html (20.03.2010).
Mayhew, Bruce H., 1980: Structuralism versus Individualism. Part 1. Shadowboxing in the Dark. Social Forces 59: 335-375.
Meleghy, Tamás, 1995: Der Strukturalismus: Claude Lévi-Strauss. S. 116-146 in: *Julius Morel, Eva Bauer, Tamás Meleghy, Heinz-Jürgen Niedenzu, Max Preglau* und *Helmut Staubmann* (Hg.), Soziologische Theorie. Abriss der Ansätze ihrer Hauptvertreter. 4. überarb. und erw. Aufl. München und Wien: Oldenbourg.
Newcomb, Theodor M., 1961: The acquaintance process. New York: Holt, Rinehart and Winston.
Pentland, Brian T., 2003: Grammatical Models of Organizational Processes. S. 191-214 in: *Thomas W. Malone, Kevin Crowston* und *George A. Herman*, Organizing Business Knowledge. The MIT Process Handbook.
Rauch, Herbert, 1983: Partizipation und Leistung in Großgruppen-Sitzungen. Qualitative und quantitative Vergleichsanalyse von 20 Fallstudien zum Sitzungsprozess entscheidungsfindender Großgruppen. In: Sonderheft der Kölner Zeitschrift für Soziologie und Sozialpsychologie 25: 256-274.
Saussure, Ferdinand de und *Charles Bally*, 2001: Grundfragen der allgemeinen Sprachwissenschaft. 3. Aufl. Berlin [u.a.]: de Gruyter. (Cours de linguistique générale, 1916, Lausanne und Paris).
Simmel, Georg, 1890: Über sociale Differenzierung. S. 109-295 in: *Georg Simmel*, Gesamtausgabe Bd. 2, Frankfurt: Suhrkamp 1989.
Simmel, Georg, 1908: Soziologie. Untersuchungen über die Formen der Vergesellschaftung. Leipzig: Duncker & Humboldt.
Suitor, Jill J., Barry Wellman und *David L. Morgan*, 1997: It's about time: how, why, and when networks change. Social Networks 19: 1-7.
Stegbauer, Christian, 2006: "Geschmackssache?". Eine kleine Soziologie des Genießens. Hamburg: merus verlag.
Stegbauer, Christian, 2010: Strukturbildung durch Begrenzungen und Wettbewerb. Im Erscheinen in: *Jan Fuhse* und *Sophie Mützel* (Hg.), Relationale Soziologie. Zur kulturellen Wende der Netzwerkforschung, Wiesbaden: VS Verlag.
Stegbauer, Christian und *Alexander Rausch*, 2001: Die schweigende Mehrheit – „Lurker" in internetbasierten Diskussionsforen. Zeitschrift für Soziologie 30: 47-64.
Stegbauer, Christian und *Alexander Rausch*, 2006: Strukturalistische Internetforschung. Netzwerkanalysen internetbasierter Kommunikationsräume. Wiesbaden: VS Verlag.
Trubetzkoi, Nikolai S., 1933: La phonologie actuelle. Journal de psychologie normale et patalogique 30: 227-246.
Weick, Karl E.. 1979: The social psychology of organizing. 2. ed. New York NY [u.a.]: McGraw-Hill.
White, Harrison C., 1963: An anatomy of kinship. Mathematical models for structures of cumulated roles. Englewood Cliffs N.J.: Prentice-Hall (Prentice-Hall series in mathematical analysis of social behavior).
White, Harrison C., 1992: Identity and Control. A Structural Theory of Social Action. Princeton: Princeton University Press.
White, Harrison C., 2008: Identity and Control. How social formations emerge. (Second Edition). Princeton: Princeton University Press.
White, Harrison C., Scott A. Boorman und *Ronald L. Breiger*, 1976: Social Structure from Multiple Networks. I. Blockmodels of Roles and Positions. American Journal of Sociology 81: 730-780.

4.6 Neuer amerikanischer Strukturalismus

Sophie Mützel

1 Einleitung

Der klassische amerikanische Strukturalismus begründet die methodologisch-theoretische Position der sozialwissenschaftlichen Netzwerkanalyse als „strukturale Analyse" (*structural analysis*). Ein Hauptakteur des klassischen amerikanischen Strukturalismus ist Harrison White, der nicht nur an der Ausbildung von Generationen von Netzwerkforschern maßgeblich mitgewirkt hat, sondern auch mit seinem 1992 erstmalig erschienenen *Identity and Control* eine zentrale Referenz für den *neuen* amerikanischen Strukturalismus liefert. Dieser neue amerikanische Strukturalismus baut auf den Annahmen und Erkenntnissen der strukturalen Analyse auf, öffnet und erweitert sie jedoch, insbesondere durch das Einbeziehen sowohl von kulturellen Aspekten, wie Geschichten, Praktiken und Bedeutungen, als auch von historischen Prozessen (Beckert 2005; Diaz-Bone 2006; Mizruchi 1994; Trezzini 1998).

Neben White gibt es eine Reihe von weiteren Protagonisten, die in der Entwicklung des neuen amerikanischen Strukturalismus zentrale Positionen einnehmen und sich, mit unterschiedlicher Akzentsetzung, um Erweiterungen des Programms der strukturalen Analyse bemühen. Die Untersuchungsfelder des neuen amerikanischen Strukturalismus sind breit gestreut und lassen sich u.a. in der Organisationsforschung (z.B. Lounsbury und Ventresca 2003) oder auch in Untersuchungen zu Protestbewegungen (z.B. Mische 2008) wiederfinden.

Dieser Beitrag liefert einen Überblick über das Feld des neueren amerikanischen Strukturalismus. Zunächst wird das grundlegende Verständnis von Strukturalismus erläutert und ein kursorischer Überblick über die wichtigsten Hauptakteure und Konzepte des klassischen amerikanischen Strukturalismus um Harrison White gegeben. Es folgen die Kernkonzepte und Hauptakteure des neueren amerikanischen Strukturalismus sowie ein kurzer Ausblick.

2 Konzepte und Hauptvertreter des klassischen amerikanischen Strukturalismus

> „The presently existing, largely categorical descriptions of social structure have no solid theoretical grounding; furthermore, network concepts may provide the only way to construct a theory of social structure" (White et al. 1976: 732).

Der amerikanische Strukturalismus in der Soziologie entwickelte sich zunächst langsam und mit nur wenigen Beteiligten in den 1950er Jahren, geprägt von dem Interesse der formalen, mathematischen Modellierung von Beziehungsstrukturen. In seiner Untersuchung zu US amerikanischen soziologischen Theorieströmungen stellt Mullins (1973) die Formation einer Gruppe von Strukturalisten Beginn der 1960er Jahren fest. Deren analytisches

Interesse besteht darin, typische Muster und Regelmäßigkeiten eines größeren sozialen Zusammenhangs aufzudecken, um zu erklären, wie diese Regelmäßigkeiten soziale Phänomene strukturieren. Untersuchungseinheiten dafür sind Beziehungen, wie sie auch schon von anderen Strukturalisten wie Lévi-Strauss genutzt worden sind. Die allgemeine Perspektive beschreibt Mullins so (256):

> „The fundamental structuralist perspective is that social structures show at least two levels of structural regularity: a surface, obvious level known to the structure's participants (e.g. a table of organization known to those listed in it) and a nonobvious ‚deep' level produced in certain fundamental behaviors and limited by the nature of those behaviors (e.g. the networks formed in an organization by those who talk to one another regularly – these communication systems are limited in size by the requirement of regular conversation)."

Allgemein gesprochen interessieren sich Strukturalisten für diese Tiefenstruktur und nutzen dazu typischerweise algebraische Modelle zur Berechnung von Gruppen, Sets und Netzwerken. Dabei besteht eine enge Verbindung zur Kleingruppenforschung (vgl. Fuhse 2006) von Homans (1950) und auch zur mathematischen Soziologie Colemans (1964).

Ein Hauptakteur des klassischen soziologischen Strukturalismus ist Harrison White.[1] In *An Anatomy of Kinship* arbeitete White Ideen von Lévi-Strauss zu Verwandtschaftsverhältnissen algebraisch auf und wies dabei insbesondere auf Rollenstrukturen hin. Sein B.A.-Einführungskurs in Harvard, *Social Relations 10*, wurde Mitte der 1960er Jahre zu „einer Art Mekka" für eine kleine Gruppe von Doktoranden (Schwartz 2008). In dieser Vorlesung wandte sich White fundamental gegen die in dieser Zeit dominierende strukturfunktionalistische Soziologie seines Kollegen Parsons und bot seine Alternative zu den Ansätzen der Attributs- und Einstellungssoziologie an. Anstelle von Individuen, die aufgrund ihrer internalisierten Normen handeln, rücken die Regelmäßigkeiten in den ausgeführten Handlungen von Einzelnen und Kollektiven in den Blick. Notizen dieser Vorlesung, die *Notes on the Contituents of Social Structure* (White 2008b), dienen seit Jahrzehnten als informelle Referenz der Netzwerkforschung (Santoro 2008). So taucht das Konzept der *catnets* hier erstmalig auf, also die Idee der dualen Verbundenheit von Beziehungen und Kategorien (vgl. Tilly 1978). Auch lassen sich in der Vorstellung von bestimmten kulturellen Rahmen (*frames*) bereits hier Ansätze zur Verbindung von struktureller und kultureller Analyse finden, die White insbesondere in seinem 1992 erstmalig erschienenem *Identity and Control* weiter ausarbeitet. Damit befindet sich die Wiege des neuen amerikanischen Strukturalismus, der sich verstärkt mit kulturellen Aspekten beschäftigt, bereits in Vorlesungen der 1960er Jahre.

Aus der Gruppe der Strukturalisten in Harvard heraus entstanden in den 1970er und 1980er Jahren eine Reihe von theoretischen und methodischen Arbeiten, die als „Harvard Breakthrough" verstanden werden können (siehe Kapitel 2.2). In seiner Arbeit zu Vakanzketten zeigt White, wie aus Beziehungen generelle Strukturmuster entstehen und wie diese wiederum die Arbeitsplatzsuche formatieren (White 1970). Einen Meilenstein der soziologischen Theoriediskussion setzen White und seine Koautoren mit der Ausarbeitung der Idee der *Rollenstruktur* (White und Breiger 1975) und liefern damit einen theoretischen Beitrag zu der Frage, wie Akteure in Netzwerken Bedeutung schaffen und somit, ohne dass

---

[1] Übersichten zu Whites soziologischem Beitrag bislang liefern Breiger (2005) und Azarian (2005). Eine umfassendere Studie des klassischen amerikanischen Strukturalismus würde sich ebenfalls mit den Strukturalismen um James Coleman, Linton Freeman und ihren Schülern wie Ronald Burt und Doug White beschäftigen.

individuelle Interessen eine Rolle spielten, die soziale Welt kategorisieren und strukturieren. Die Formalisierung von Rollenstruktur erfolgt durch das Konzept der *strukturellen Äquivalenz*. Die Idee der strukturellen Äquivalenz erklärt soziale Handlungen nicht aufgrund der unmittelbaren sozialen Verbundenheit von Akteuren, sondern aufgrund der Muster von Beziehungen, die die Position und die Rollenstruktur eines Akteurs relativ zu allen anderen Akteuren im Netzwerk definieren (vgl. Heidler in diesem Band). In der ursprünglichen Version (Lorraine und White 1971) sind zwei Akteure strukturell äquivalent, wenn sie genau die gleichen Verbindungen zu und von anderen Mitgliedern des Netzwerks aufweisen, ohne notwendigerweise miteinander verbunden zu sein. Die algorithmische Umsetzung dieser Äquivalenzidee findet sich in der *Blockmodellanalyse* (Breiger et al. 1975; White und Breiger 1975; White et al. 1976), mit deren Hilfe die Struktur der Beziehungen vereinfacht wird. Empirische Arbeiten, die die Blockmodellanalyse verwenden, erschienen zu unterschiedlichen Untersuchungsgebieten bereits Ende der 1970er Jahre (z.B. Breiger 1976, 1981; Breiger und Pattison 1978; Snyder und Kick 1979).

Andere zentrale Figuren des Harvard-Strukturalismus, allesamt ehemalige Doktoranden von White,[2] waren ebenfalls prägend für die weitere Theorie- und Methodendiskussion:

Mark Granovetters Arbeiten zu starken und schwachen Verbindungen (Granovetter 1973, 1995) weisen auf unterschiedliche Beziehungstypen hin und blicken damit eher auf einzelne Beziehungen als auf ganze Netzwerke als Untersuchungseinheiten, wie es bei der Blockmodellanalyse der Fall ist. Granovetters grundlegende Arbeit zur Einbettung wirtschaftlicher Akteure (1985) rückt die strukturale Perspektive in enge Verbindung mit dem sich entwickelnden Feld der neuen Wirtschaftssoziologie (siehe Kapitel 7.3).[3]

Ronald Breigers Arbeiten verlaufen an der Schnittstelle von mathematischer und theoretischer Soziologie. In den 1970er Jahren ist er an der Entwicklung des Blockmodellalgorithmus CONCOR zentral beteiligt (Breiger et al. 1975); gleichermaßen trägt er mit seiner mathematischen Umformulierung von Simmels Kreuzung der sozialen Kreise als Dualität von Akteuren und Gruppen (Breiger 1974) grundlegend zur theoretischen Diskussion bei.

Die Arbeiten von Michael Schwartz und Michael Useem beschäftigen sich vor allem mit einer strukturalen Analyse von Machtverhältnissen, insbesondere wirtschaftlichen Machtverhältnissen (Useem 1978, 1979, 1984). Ihre Arbeiten legen die Grundsteine für die Analyse von personellen Verflechtungen von Unternehmen, bspw. auf Aufsichtsratsebene (*interlocking directorates*, z.B. Mintz und Schwartz 1981, 1985; Mizruchi und Schwartz 1987).

Ende der 1980er Jahre fasst Barry Wellman fünf paradigmatische Charakteristika in einem starken Programm des amerikanischen Strukturalismus wie folgt zusammen (Wellman 1988: 20):

"1. Behavior is interpreted in terms of structural constraints on activity, rather than in terms of inner forces within units (e.g. "socialization to norms") that impel behavior in a voluntaristic, sometimes teleological, push toward a desired goal.
2. Analyses focus on the relations between the units, instead of trying to sort units into categories defined by the inner attributes (or essences) of these units.

---

[2] Zur weiteren Genealogie der Netzwerkforschung um Harrison White siehe vor allem Azarian (2005) und Freeman (2004).
[3] Granovetter ist außerdem institutionell für die Verankerung des Strukturalismus in den USA wichtig: er ist Herausgeber der Cambridge University Reihe *Structural Analysis in the Social Sciences*, in der seit 1987 methodische, konzeptionelle und theoretische Standardwerke der Netzwerkanalyse erschienen sind.

3. A central consideration is how the patterned relationships among multiple alters jointly affect network members' behavior. Hence, it is not assumed that network members engage only in multiple duets with separate alters.
4. Structure is treated as a network of networks that may or may not be partitioned into discrete groups. It is not assumed a priori that tightly bounded groups are, intrinsically, the building blocks of the structure.
5. Analytic models deal directly with the patterned, relational nature of social structure in order to supplement – and sometimes supplant – mainstream statistical methods that demand independent units of analysis."

Dieses strukturale Programm fokussiert auf die strukturellen Muster der Beziehungstypen und klammert kulturelle Bedeutungen von Netzwerkverbindungen explizit aus (White et al. 1976: 734). Die Lücken, die diese fehlende Konzeptualisierung von Kultur für die Weiterentwicklung des Strukturalismus bedeuten, werden besonders Ende der 1980er Jahre immer deutlicher. So gibt es Ansätze, einerseits kulturelle Phänomene mit Hilfe der strukturellen Äquivalenz zu erklären (z.B. Faulkner 1983; Gerhards und Anheier 1987), andererseits auch Untersuchungen die Kultur und Struktur gleichzeitig analysieren z.B. im Hinblick auf Organisationsstrukturen (DiMaggio 1986, 1992), Ideenbildungsprozesse (Bearman 1993) oder örtliche Zugehörigkeit (Gould 1991). Zudem mehrt sich die Kritik, dass die Netzwerkanalyse „all too often denies in practice that crucial notion that social structure, culture, and human agency presuppose one another" (Emirbayer und Goodwin 1994: 1413).[4] Netzwerke, so die Einsicht, bestehen aus sozialen Beziehungen, die auf kulturellen Annahmen basieren und denen Akteure Bedeutungen zuschreiben.

3 Konzepte und Hauptvertreter des neuen amerikanischen Strukturalismus

1992 schlägt Harrison White dann einen Ansatz vor, wie Struktur und Kultur gemeinsam neu strukturalistisch analysiert werden können. Als ehemals wichtigster Wegbereiter des klassischen strukturalistischen Programms versteht White nun Netzwerke als fluide Strukturformen und gilt mit seiner „phänomenologischen Netzwerktheorie" (Fuhse 2006: 254, Fuhse 2008), die die Entstehung von Netzwerkverbindungen und deren Dynamiken erklären kann, als wichtigster Vertreter der relationalen Soziologie (Fuhse 2009; Fuhse und Mützel 2010; Mützel 2009c). In *Identity and Control* (White 1992, 2008a) entwickelt er eine allgemeine Netzwerktheorie, in der er konzeptionell den Ansatz der strukturellen Äquivalenz mit der Einsicht verbindet, dass Netzwerke auf sozialen Beziehungen basieren, die auf kulturellen Annahmen und Interpretationen beruhen. In diesem Vorschlag zu einem „relationalen Konstruktivismus" (Holzer 2006: 79) geht es White zum einen darum zu zeigen, dass der vielgestaltige Charakter moderner sozialer Beziehungen durch die Fähigkeit von Akteuren ermöglicht wird, über unterschiedliche soziale Kontexte hinweg Verbindungen herzustellen und wieder zu lösen. Das strukturalistische Bild der Netzwerkforschung von Beziehungen als ermittelbare und erfassbare Verbindungen ohne Ziel- und Inhaltsambiguitäten wird damit grundsätzlich in Frage gestellt. In den Blick rückt dafür, *wie* Bedeutungen im sozialen Kontext entstehen. Zum anderen geht es White um die soziologische Klärung der Frage, wie neue soziale Formationen oder *fresh action* entstehen kön-

---

[4] Vgl. dazu Kapitel 3.14.

nen. Ausgehend von den soziologischen Erkenntnissen, dass soziale Handlungen in Interaktion geschehen, dass sie Interpretationen hervorrufen und dadurch andauernde Beziehungen schaffen, und dass Diskurs konstitutiv für soziale Beziehungen ist, unterbreitet White einen Vorschlag, *wie* die Vermischung von sozialen Beziehungen und diskursiven, kommunikativ-interaktiven Prozessen analysiert werden kann. Dazu rückt White Instabilitäten, Diskontinuitäten, abrupte Wechsel sozialer Interaktionen und soziales Chaos in den Mittelpunkt seiner soziologischen Theorie und weist jegliches Ausklammern von Kontext zurück.

Die relevanten Untersuchungseinheiten, die sich auf einer analytischen Ebene vor Einheiten wie Person, Handlung und Kontext befinden, sind in Whites Terminologie Identitäten (*identity*), Kontrolle (*control*) und Netzwerkdomänen (*netdoms*). Identitäten entstehen aus Bestrebungen nach Halt und Positionierung (Kontrolle) allein und in Interaktion mit anderen Identitäten. Durch die Positionierung einer Identität können andere, nach Halt strebende Identitäten sich in Beziehung dazu setzen. Die Kontrollbestrebungen einer Identität ergeben dann die soziale Realität für andere, die diesen Bestrebungen und damit der Identität Bedeutungen zusprechen. So kann eine Identität von anderen als stabil verankert wahrgenommen werden, und doch gleichzeitig durch ihre Bestrebungen nach Halt für andere Unsicherheit produzieren. Um sozialen Halt zu erreichen, nutzen Identitäten diskursive Interaktionen, denen andere Identitäten Bedeutung zumessen. Damit erstellen Identitäten Verbindungen.

Kontrollbestrebungen von Identitäten als Reaktion und Produkt von Unsicherheit finden zwischen und innerhalb von Netzwerkdomänen (*netdoms*) statt, einer gleichzeitigen „Verbandelung" und Verdichtung von Themenfeldern und Beziehungen. In diesem Geflecht aus Struktur und Kultur treffen Identitäten auf andere Identitäten. Jedes *netdom* ist durch seine Zusammensetzung von Geschichten und seine Arten von Beziehungen charakterisiert (Mische und White 1998: 704). Aus der Sicht von Identitäten bewegen sich diese auf der Suche nach Kontrolle in unterschiedlichen *netdoms*, können sich daran koppeln oder entkoppeln. Ereignisse, verstanden als Wechsel von Umgebungen, leiten Kontrollbestrebungen von Identitäten ein. Beim Auftreffen von neuen *netdoms* und neuen Identitäten kommt es zu so genannten *switchings*, einem situativen Umschalten, das gleichzeitig eine Entkopplung nicht mehr aktiver *netdoms* ist und eine Einbettung zu aktiven *netdoms* herstellt. Ein Wechsel von *netdom* zu *netdom* ermöglicht sowohl eine Reflektion über die Verbindungen innerhalb eines *netdoms* als auch die Möglichkeit für neue Bedeutungen. Wie Linguisten für den Gebrauch unterschiedlicher Sprachregister unterschiedlicher sozialer Domänen wie z.B. Familie oder Arbeit feststellen konnten, schalten Sprecher je nach Kontext von einem Sprachregister zu einem anderen um (z.B. Halliday 1973). Sprache und Kontext sind also gegenseitig miteinander gekoppelt. White nutzt diese Idee des *switchings* als zentralen Mechanismus, der durch soziokulturelle Diskontinuitäten neue Bedeutungen entstehen lässt (Mische und White 1998; Mützel 2008; White 1995, 2003; White und Godart 2007; White et al. 2007).

Nach White sind Netzwerke fluide, mehrlagige Beziehungsstrukturen, die auf Bedeutungszuschreibungen basieren und selber Bedeutungen generieren. Bedeutungen gerinnen und formieren sich zu Geschichten (*stories*). Geschichten entstehen somit als Begleiterscheinung des Wechselns zwischen Netzwerkdomänen, die neue Bedeutungszuschreibungen ermöglichen, und sind Interpretationen von Beziehungen. Verbindungen zwischen Akteuren sind also nicht nur und nicht unbedingt klassische Elemente des Austauschs (Freundschaft, Ressourcen), sondern sind auch phänomenologische Konstrukte, die aus dem Erzählen von Geschichten entstehen. Gleichzeitig konstruieren diese Geschichten, erzählt von einem selbst und von anderen, die Identitäten der beteiligten Akteure im jeweiligen Kontext.

Aus dieser Perspektive sind Netzwerke mehr als „spärliche soziale Strukturen" (Fligstein 1996: 657), denn sie generieren und befördern Bedeutung. Mit Geschichten werden Bedeutungen über Beziehungen kommuniziert, die als Signale für Dritte wirken (Mützel 2009b). Die Interpretation und die Auswirkungen dieser Signale können nicht von den Geschichtenerzählern kontrolliert werden, die demnach auch nicht entsprechend den Regeln von strategisch-rationalen Spielen oder argumentativen Debatten handeln. Vielmehr produzieren Geschichtenerzähler im lokalen Gefüge Zuschreibungen, die in der *gemeinsamen Interpretation* aller Beteiligter verknüpft oder entkoppelt werden (Mützel 2007, 2009a).

Neben White gibt es eine Reihe von weiteren Protagonisten, die dem neuen amerikanischen Strukturalismus zugeordnet werden können, da sie sich um Erweiterungen des strukturalistischen Programms bemühen. Bei diesen Erweiterungen geht es um das Einbeziehen sowohl von kulturellen Aspekten als auch von historischen Prozessen in die strukturalen Analysen. Es lassen sich also unterschiedliche Akzentsetzungen vorfinden. Einige von den bereits bekannten Protagonisten haben den „cultural turn" vom klassischen zum neuen strukturalistischen Programm mitgemacht und entscheidend mitgeprägt. Andere Netzwerkforscher wie Burt, Granovetter oder Wellman beziehen sich bei ihren Analysen nicht weiter auf die kulturelle Dimension und bleiben dem klassischen strukturalistischen Programm verhaftet.[5]

Hier sollen einzelne ausgewählte Protagonisten kurz vorgestellt werden:

Peter Bearman, der wie White aktuell an der Columbia Universität lehrt, hat den Wandel des klassischen strukturalistischen Programms entscheidend mitgeprägt. Bereits in seiner Arbeit zur Entstehung einer neuen Elitenstruktur in England im 16./17. Jahrhundert beschäftigt er sich aus struktualer Perspektive damit, wie Ideen und Rhetorik Einfluss auf Strukturbildungsprozesse nehmen (1993). Dabei ist sein analytischer Blick fundamental von dem Konzept der Rollenstruktur geprägt. Sein analytisches Interesse an der Tiefenstruktur von sozialen Phänomenen lässt ihn mit ganz unterschiedlichen empirischen Untersuchungsfeldern arbeiten, von denen einige klaren Bezug zur kulturellen Dimension haben. Seine Studie zu New Yorker Portiers ist eine qualitative Analyse von Beziehungen und deren Interaktionen, die sowohl ethnographisch als auch mit Hilfe einer Umfrage ermittelt wurden (Bearman 2005). Die Analyse kommt ohne formale, netzwerkanalytische Instrumente aus, ist jedoch stark vom strukturalistischen Denken in Mustern und Regelmäßigkeiten geprägt und verschmilzt strukturelle mit kulturellen Aspekten. Seine Arbeiten zu historischen Narrativen zeigen strukturelle Regelmäßigkeiten in erzählten Geschichten auf, die identitätsbildend wirken (Bearman und Stovel 2000; Bearman et al. 1999). Andere Arbeiten erneuern das klassische strukturalistische Programm vor allem durch einen historischen Blick auf soziale Phänomene (Stovel et al. 1996) und durch Bezugnahme auf lange Zeiträume (Erikson und Bearman 2006). An der strukturalistischen Untersuchung von Phänomenen an der Schnittstelle Wirtschaftssoziologie und historischer Soziologie arbeiten auch einige von Bearmans ehemaligen Doktoranden (z.B. Hillmann 2008a, 2008b; Van

---

[5] Dieses Verhaften wird allerdings auch von ihnen selbst reflektiert (z.B. Granovetter 2007). Fuhses Untersuchung der soziologischen Theorieschule „Phänomenologische Netzwerktheorie" liefert detaillierte Einsichten in die Strukturbildung des neueren amerikanischen Strukturalismus (2008).

Doosselaere 2009). Andere ehemalige Doktoranden Bearmans beschäftigen sich insbesondere mit strukturellen Mustern von unterschiedlichen sozialen Prozesse z.B. von Lynchmorden (Stovel 2001), neuen gemeinsamen Narrativen unterschiedlicher Kulturen (Smith 2007) oder der Zusammenarbeit in unterschiedlichen Wissenschaftsbereichen (Moody 2004; Moody und Light 2006).

Ein weiterer Protagonist des neuen amerikanischen Strukturalismus ist John Mohr. Er verfolgt einen „neuen strukturalistischen Institutionalismus" (Mohr 2000) und beschäftigt sich dabei insbesondere mit Methoden und Theorien der Kulturanalyse, u.a. dem Konzept der Dualität von Kultur und Praktiken und auch der Feld- und Praxistheorie Bourdieus.[6] Mohr ist maßgeblich daran beteiligt, dass die Methode der Galois Gitter (*Galois Lattices*) in die Diskussionen des neuen amerikanischen Strukturalismus eingebracht wurde. Anhand der damit modellierten Dualität von organisatorischen Praktiken und kulturellen Kategorien können Mohr und Duquenne (1997) eine sich über die Zeit verändernde institutionalisierte Struktur von Interpretationen der Armutsverwaltung in New York Ende des 19. Jahrhunderts zeigen. Seine institutionalistischen Arbeiten versuchen sowohl feld- als auch netzwerktheoretische Konzepte miteinander zu verbinden (Breiger und Mohr 2004; Mohr und Friedland 2008; Mohr und White 2008).

Ronald Breiger ist ebenfalls ein wichtiger Akteur des neuen amerikanischen Strukturalismus. Seine Formalisierung der Dualitätsidee lässt sich sowohl auf Galois Gitter-Analysen als auch Korrespondenzanalysen übertragen (Breiger 2000); damit ist die gleichzeitige Untersuchung von kulturellen und strukturellen Aspekten möglich. Seine Beiträge prägen die Diskussionen um relationale Methoden und theoretische Fortschritte in der Analyse von Kultur (Sonnett und Breiger 2004). In seinen Arbeiten zu „kulturellen Löchern" untersucht er systematisch die Brücke zwischen strukturalistischer Netzwerkanalyse und kultureller Dimension (Breiger 2007; Breiger und Pachucki 2010).

4 Ausblick

Der neue amerikanische Strukturalismus ist in der US amerikanischen Soziologie mittlerweile fest verankert. Perspektivisch lassen sich theoretische und methodische Erweiterungen ausmachen: So gibt es Auseinandersetzungen mit Kerngedanken des neuen amerikanischen Strukturalismus und der analytischen Soziologie, die soziale Phänomene aufgrund von sozialen Mechanismen erklärt (z.B. Bearman und Hedström 2009). Methodisch führen vor allem dynamische Modellierungen von sozialen Prozessen die weiteren Entwicklungen heran (z.B. Abbott 2001; Robins et al. 2007a; Robins et al. 2007b). Dabei ist eine Herausforderung, wie lokale, kulturelle Bedeutungsstrukturen sich im zeitlichen Verlauf in ihren Veränderungen formal mathematisch modellieren und auf höherer Ebene analysieren lassen können; die bisher vorliegenden Untersuchungen weisen den Weg in die Zukunft (z.B. Mische 2008; Stark und Vedres 2009).

Wird die deutsche formale Soziologie Simmels und von Wieses in der strukturalen Netzwerkforschung weitgehend ignoriert (als wichtige Ausnahme siehe Breiger 1974,

---

[6] Der von ihm herausgegebene Band der Zeitschrift *Poetics* (Jg. 27, Heft 2-3, März 2000) versammelt unter dem Titel „Relational analysis and institutional meanings" viele wichtige Beiträge zum neueren amerikanischen Strukturalismus. Darin findet sich auch ein Beitrag von John Levi Martin (2000), dessen Arbeiten aus Platzgründen hier nicht weiter diskutiert werden können.

1990), so finden die Arbeiten des neuen amerikanischen Strukturalismus in der aktuellen deutschsprachigen Netzwerkforschung fruchtbaren Boden. So schließen Überlegungen des neuen amerikanischen Strukturalismus einerseits eben an die Tradition der klassischen formalen Soziologie an und lassen sich ertragreich kombinieren und ergänzen (z.b. Häußling 2006; Hollstein 2001; Stegbauer 2001). Zum anderen wird aktuell in der deutschsprachigen soziologischen Theoriediskussion ein Brückenschlag zwischen spezifischen europäischen Traditionen und dem neuen amerikanischen Strukturalismus unternommen (z.B. Fuhse und Mützel 2010). Als relationale Soziologie wirkt der neue amerikanische Strukturalismus damit insgesamt beflügelnd für theoretische Diskussionen um soziale Akteure, Identitätskonstruktion und die empirische Untersuchung von sozialen Strukturen.

5 Literatur

Abbott, Andrew, 2001: Time Matters. On Theory and Method. Chicago: Chicago University Press.
Azarian, Reza, 2005: General Sociology of Harrison White. New York, NY: Palgrave Macmillan.
Bearman, Peter, 1993: Relations into Rhetorics. Local Elite Social Structure in Norfolk, England, 1540-1640. New Brunswick, NJ: Rutgers University Press.
Bearman, Peter, 2005: Doormen. Chicago: Chicago University Press.
Bearman, Peter und *Katherine Stovel,* 2000: Becoming a Nazi: A model for narrative networks. Poetics 27: 69-90.
Bearman, Peter und *Peter Hedström* (Hg.), 2009: The Oxford Handbook of Analytical Sociology. Oxford: Oxford University Press.
Bearman, Peter, Robert Faris und *James Moody,* 1999: Blocking the future. Social Science History 23: 501-533.
Beckert, Jens, 2005: Soziologische Netzwerkanalyse. S. 286-312 in: *Dirk Kaesler* (Hg.), Aktuelle Theorien der Soziologie. München: C.H. Beck.
Breiger, Ronald L., 1974: The duality of persons and groups. Social Forces 53: 181-190.
Breiger, Ronald L., 1976: Career Attributes and Network Structure: A Blockmodel Study of a Biomedical Research Specialty. American Sociological Review 41: 117-135.
Breiger, Ronald L., 1981: Structures of economic interdependence among nations. S. 353-380 in: *Peter Blau* und *Robert Merton* (Hg.), Continuities in Structural Inquiry. Newbury Park: Sage.
Breiger, Ronald L., 1990: Social control and social networks: a model from Georg Simmel. S. 453-476 in: *Craig Calhoun, Marshall W. Meyer* und *W.Richard Scott* (Hg.), Structures of power and constraint. Papers in honor of Peter M. Blau. Cambridge: Cambridge University Press.
Breiger, Ronald L., 2000: A tool kit for practice theory. Poetics 27: 91-115.
Breiger, Ronald L., 2005: White, Harrison. S. 884-886 in: *George Ritzer* (Hg.), Encyclopedia of Social Theory. Thousand Oaks: Sage Reference.
Breiger, Ronald L., 2007: Cultural Holes: Networks, Meanings, and Formal Practices. American Sociological Assocation annual meeting, Culture Section anniversary session. New York, NY.
Breiger, Ronald L. und *Philippa E. Pattison,* 1978: The Joint Role Structure of Two Communities' Elites. Sociological Methods Research 7: 213-226.
Breiger, Ronald L. und *John W. Mohr,* 2004: Institutional Logics from the Aggregation of Organizational Networks: Operational Procedures for the Analysis of Counted Data. Computational & Mathematical Organizational Theory 10: 17-43.
Breiger, Ronald L. und *Mark A. Pachucki,* 2010: Cultural Holes: Beyond Relationality in Social Networks and Culture. Annual Review of Sociology 36.
Breiger, Ronald L., Scott Boorman und *Phipps Arabie,* 1975: An algorithm for clustering relational data with applications to social network analysis and comparison with multidimensional scaling. Journal of Mathematical Psychology 12: 328-383.

Coleman, James, 1964: Introduction to Mathematical Sociology. New York: Free Press.
Diaz-Bone, Rainer, 2006: Gibt es eine qualitative Netzwerkanalyse? Review Essay: Betina Hollstein & Florian Straus (Hrsg.) (2006). Qualitative Netzwerkanalyse. Konzepte, Methoden, Anwendungen. Forum Qualitative Sozialforschung/ Forum: Qualitative Social Science Research, 1, http://www.qualitative-research.net/fqs-texte/1-07/07-1-28-d.htm.
DiMaggio, Paul, 1986: Structural Analysis of Organizational Fields: A Blockmodel Approach. Research in Organizational Behavior 8: 335-370.
DiMaggio, Paul, 1992: Nadel's Paradox Revisited: Relational and Cultural Aspects of Organizational Structure. S. 118-142 in: *Nitin Nohria* und *Robert Eccles* (Hg.), Networks and Organizations: Structure, Form and Action. Boston: Harvard Business School Press.
Erikson, Emily und *Peter Bearman*, 2006: Malfeasance and the Foundations for Global Trade: The Structure of English Trade in the East Indies, 1601–1833. American Journal of Sociology 112: 195-230.
Faulkner, Robert, 1983: Music on demand. New Brunswick, NJ: Transaction Books.
Fligstein, Neil, 1996: Markets as politics: A political-cultural approach to market institutions. American Sociological Review 61: 656-673.
Freeman, Linton, 2004: The Development of Social Network Analysis. A Study in the Sociology of Science. Vancouver: Empirical Press.
Fuhse, Jan, 2006: Gruppe und Netzwerk. Eine begriffsgeschichtliche Rekonstruktion. Berliner Journal für Soziologie 16: 245-263.
Fuhse, Jan, 2008: Gibt es eine Phänomenologische Netzwerktheorie? Geschichte, Netzwerk und Identität. Soziale Welt 59: 31-52.
Fuhse, Jan, 2009: The Meaning Structure of Social Networks. Sociological Theory 27: 51-73.
Fuhse, Jan und *Sophie Mützel* (Hg.), 2010: Relationale Soziologie. Zur kulturellen Wende der Netzwerkforschung. Wiesbaden: VS Verlag.
Gerhards, Jürgen und *Helmut K. Anheier*, 1987: Zur Sozialposition und Netzwerkstruktur von Schriftstellern. Zeitschrift für Soziologie 16: 385-394.
Gould, Roger V., 1991: Multiple Networks and Mobilization in the Paris Commune, 1871. American Sociological Review 56: 716-729.
Granovetter, Mark, 1973: The strength of weak ties. American Journal of Sociology 78: 1360-1380.
Granovetter, Mark, 1985: Economic action and social structure. The problem of embeddedness. American Journal of Sociology 91: 481-510.
Granovetter, Mark, 1995: Getting a Job: A Study of Contacs and Careers. Cambridge, MA: Harvard University Press.
Granovetter, Mark, 2007: Introduction for the French Reader. Sociologica, 1, http://www.sociologica.mulino.it/doi/10.2383/24767.
Halliday, Michael Alexander Kirkwood, 1973: The functional basis of language. S. 343-366 in: *Basil Bernstein* (Hg.), Class, Codes and Control II: Applied Studies Toward a Sociology of Language. London: Routledge.
Häußling, Roger, 2006: Interaktionen in Organisationen. Ein Vierebenenkonzept des Methodologischen Relationalismus und dessen empirische Anwendung. Karlsruhe. Universität Karlsruhe. Habilitationsschrift.
Hillmann, Henning, 2008a: Localism and the Limits of Political Brokerage: Evidence from Revolutionary Vermont. American Journal of Sociology 114: 287-331.
Hillmann, Henning, 2008b: Mediation in Multiple Networks: Elite Mobilization before the English Civil War. American Sociological Review 73: 426-454.
Hollstein, Betina, 2001: Grenzen sozialer Integration. Zur Konzeption informeller Beziehungen und Netzwerke. Opladen: Leske+Budrich.
Holzer, Boris, 2006: Netzwerke. Bielefeld: transcript.
Homans, George C., 1950: The Human Group. New York: Harcourt Brace Jovanovich.
Lorraine, Francois und *Harrison C. White*, 1971: Structural equivalence of individuals in social networks. Journal of Mathematical Sociology 1: 49-80.

Lounsbury, Michael und *Marc Ventresca,* 2003: The new structuralism in organizational theory. Organization 10: 457-480.

Martin, John Levi, 2000: What do animals do all day?: The division of labor, class bodies, and totemic thinking in the popular imagination. Poetics 27: 195-231.

Mintz, Beth und *Michael Schwartz,* 1981: Interlocking Directorates and Interest Group Formation. American Sociological Review 46: 851-869.

Mintz, Beth und *Michael Schwartz,* 1985: The Power Structure of American Business. Chicago: University of Chicago Press.

Mische, Ann, 2008: Partisan Publics. Communication and contention across Brazilian youth activist networks. Princeton, NJ: Princeton University Press.

Mische, Ann und *Harrison C. White,* 1998: Between conversation and situation: public switching dynamics across network domains. Social Research 65: 695-724.

Mizruchi, Mark, 1994: Social Network Analysis: Recent Achievements and Current Controversies. Acta Sociologica 37: 329-343.

Mizruchi, Mark und *Michael Schwartz* (Hg.), 1987: Intercorporate Relations. Structural Analysis in the Social Sciences. Cambridge: Cambridge University Press.

Mohr, John W. und *Roger Friedland,* 2008: Theorizing the institution: foundations, duality, and data. Theory and Society 37: 421-426.

Mohr, John W. und *Vincent Duquenne,* 1997: The duality of culture and practice: poverty relief in New York City, 1888-1917. Theory & Society 26: 305-356.

Mohr, John W. und *Harrison C. White,* 2008: How to model an institution. Theory and Society 37: 485-512.

Mohr, John W., 2000: Introduction: Structures, institutions, and cultural analysis. Poetics 27: 57-68.

Moody, James, 2004: The Structure of a Social Science Collaboration Network: Disciplinary Cohesion from 1963 to 1999. American Sociological Review 69: 213.

Moody, James und *Ryan Light,* 2006: A view from above: The evolving sociological landscape. The American Sociologist 37: 67-86.

Mullins, Nicholas, 1973: Theories and Theory Groups in Contemporary American Sociology. New York: Harper & Row.

Mützel, Sophie, 2007: Marktkonstitution durch narrativen Wettbewerb. Berliner Journal für Soziologie 17: 451-464.

Mützel, Sophie, 2008: Handlungskoordination in der neuen Wirtschaftssoziologie. Französische und US-amerikanische Ansätze im Vergleich. In: *Karl-Siegbert Rehberg* (Hg.), Die Natur der Gesellschaft, Verhandlungsband des 33. Kongresses der DGS. Frankfurt a.M./New York: Campus.

Mützel, Sophie, 2009a: Koordinierung von Märkten durch narrativen Wettbewerb. S. 87-106 in: *Jens Beckert* und *Christoph Deutschmann* (Hg.), Wirtschaftssoziologie. 49. Sonderheft der KZfSS. Wiesbaden: VS Verlag für Sozialwissenschaften.

Mützel, Sophie, 2009b: Geschichten als Signale: Zur diskursiven Konstruktion von Märkten. S. 225-244 in: *Rainer Diaz-Bone* und *Gertraude Krell* (Hg.), Diskurs und Ökonomie. Diskursanalytische Perspektiven auf Märkte und Organisationen. Wiesbaden: VS Verlag für Sozialwissenschaften.

Mützel, Sophie, 2009c: Networks as culturally constituted processes: a comparison of relational sociology and actor-network theory. Current Sociology 57: 871-887.

Robins, Garry, Pip Pattison, Yuval Kalish und *Dean Lusher,* 2007a: An introduction to exponential random graph (p*) models for social networks. Social Networks 29: 173-191.

Robins, Garry, Tom Snijders, Peng Wang, Mark Handcock und *Philippa Pattison,* 2007b: Recent developments in exponential random graph (p*) models for social networks. Social Networks 29: 192-215.

Santoro, Marco, 2008: Framing Notes. An Introduction to "Catnets". Sociologica, 1/2008, http://www.sociologica.mulino.it/doi/10.2383/26574.

Schwartz, Michael, 2008: A postscript to 'Catnets'. Sociologica, http://www.sociologica. mulino.it/ doi/10.2383/26577.
Smith, Tammy, 2007: Narrative boundaries and the dynamics of ethnic conflict and conciliation. Poetics 35: 22-46.
Snyder, David und *Edward L. Kick*, 1979: Structural Position in the World System and Economic Growth, 1955-1970: A Multiple-Network Analysis of Transnational Interactions. The American Journal of Sociology 84: 1096-1126.
Sonnett, John und *Ronald L. Breiger*, 2004: How relational methods matter. Culture 19: 8-9.
Stark, David und *Balázs Vedres*, 2009: Opening Closure: Intercohesion and Entrepreneurial Dynamics in Business Groups. MPIfG Discussion Paper.
Stegbauer, Christian, 2001: Grenzen virtueller Gemeinschaft: Strukturen internetbasierter Kommunikationsforen. Wiesbaden: VS Verlag für Sozialwissenschaften.
Stovel, Katherine, 2001: Local sequential patterns: The structure of lynching in the Deep South, 1882-1930. Social Forces 79: 843-880.
Stovel, Katherine, Michael Savage und *Peter Bearman*, 1996: Ascription into achievement: models of career systems at Lloyds Bank, 1980-1970. American Journal of Sociology 102: 358-399.
Tilly, Charles, 1978: From mobilization to revolution. New York: McGraw-Hill.
Trezzini, Bruno, 1998: Konzepte und Methoden der sozialwissenschaftlichen Netzwerkanalyse: Eine aktuelle Übersicht. Zeitschrift für Soziologie 27: 378-394.
Useem, Michael, 1978: The Inner Group of the American Capitalist Class. Social Problems 25: 225-240.
Useem, Michael, 1979: The Social Organization of the American Business Elite and Participation of Corporation Directors in the Governance of American Institutions. American Sociological Review 44: 553-572
Useem, Michael, 1984: The Inner Circle: Large Corporations and the Rise of Political Activity. New York: Oxford University Press.
Van Dosselaere, Quentin, 2009: Commercial Agreements and Social Dynamics in Medieval Genoa. Cambridge: Cambridge University Press.
Wellman, Barry, 1988: Structural analysis: from method and metaphor to theory and substance. S. 19-61 in: *Barry Wellman und S. D. Berkowitz* (Hg.), Social Structures: A Network Approach. Cambridge: Cambridge University Press.
White, Harrison C., 1970: Chains of opportunity: system models of mobility in organizations. Cambridge: Mass. Harvard University Press.
White, Harrison C., 1992: Identity and Control: A Structural Theory of Social Action. Princeton, NJ: Princeton University Press.
White, Harrison C., 1995: Network switchings and Bayesian forks: reconstructing the social and behavioral sicences. Social Research 62: 1035-1063.
White, Harrison C., 2003: Meanings out of ambiguity from switchings, with grammar as one trace: directions for a sociology of language. The Cultural Turn at UC Santa Barbara: Instituting and Institutions. UC Santa Barbara, CA.
White, Harrison C., 2008a: Identity and Control: How Social Formations Emerge. Princeton, NJ: Princeton University Press.
White, Harrison C., 2008b: Notes on the Constituents of Social Structure. Soc. Rel. 10 – Spring '65. Sociologica, http://www.sociologica.mulino.it/doi/10.2383/26576.
White, Harrison C., und Ronald L. Breiger, 1975: Pattern across Networks. Society 12: 68-73.
White, Harrison C. und *Frédéric Godart*, 2007: Stories from Identity and Control. Sociologica, 3/2007, http://www.sociologica.mulino.it/doi/10.2383/25960.
White, Harrison C., Scott Boorman und *Ronald L. Breiger*, 1976: Social structure from multiple networks. I. Blockmodels of roles and positions. American Journal of Sociology 81: 730-779.
White, Harrison C., Jan Fuhse, Matthias Thiemann und *Larissa Buchholz*, 2007: Networks and Meaning: Styles and Switchings. Soziale Systeme 13: 514-526.

4.7 Netzwerke aus systemtheoretischer Perspektive

Boris Holzer und Jan Fuhse

1 Einleitung

Fragt man nach dem Stellenwert von sozialen Netzwerken in der soziologischen Systemtheorie, so scheint es zunächst, als spielten sie *keine* wichtige Rolle: Anhand der Leitunterscheidung von System und Umwelt kommen Netzwerke nicht in den Blick, weil sie sich – im Gegensatz zu Interaktionssystemen, Organisationen und Funktionssystemen – nicht klar von ihrer sozialen Umwelt abzugrenzen scheinen. Systeme bedeuten immer eine *Grenzziehung* gegenüber einer Umwelt, während sich Netzwerke offenbar dadurch auszeichnen, *keine* Grenzen zu haben (White 1995: 1039). Andererseits jedoch ist der methodologische Grundgedanke, von Beziehungen statt von Individuen auszugehen, der Systemtheorie durchaus vertraut. Die Gesellschaft ist nicht eine Ansammlung von Menschen, sondern ein Kommunikationsgeschehen, dessen Ordnung darin besteht, dass Kommunikationen selektiv – und nicht zufällig – aufeinander Bezug nehmen: Die einzelne Kommunikation bestimmt sich „als Kommunikation *im* Netzwerk systemeigener Operationen" (Luhmann 1997: 76). Die Systemtheorie teilt also durchaus jene „relationale" Auffassung sozialer Wirklichkeit, die beispielsweise Emirbayer (1997) programmatisch für die Netzwerkanalyse in Anspruch nimmt. Beide beziehen sich auf den Sachverhalt, dass Elemente in selektiver Weise miteinander verknüpft werden – und zwar so, dass die Realisierung einiger (und das Ausbleiben anderer) Verknüpfungen einem bestimmten Muster oder Strukturierungsprinzip folgt. In dieser Hinsicht scheinen der System- und der Netzwerkbegriff denselben Sachverhalt zu bezeichnen: Sie sind Begriffe für „organisierte Komplexität", d.h. für selektive Beziehungsmuster zwischen Elementen.[1]

Allerdings: Welcher Art diese Beziehungsmuster sind und wie ihre Strukturprinzipien aussehen, wird in der Systemtheorie anders beschrieben als in der netzwerkanalytischen Tradition. Soziale Systeme werden nicht begriffen als Mengen von Elementen und Relationen (das heißt: nicht als Mengen von miteinander „verbundenen" Akteuren), sondern als Zusammenhang aufeinander folgender und aufeinander bezogener Operationen: Sie „bestehen" aus ihren eigenen Ereignissen, nämlich Kommunikationen. Kommunikation schließt nicht beliebig an das an, was jemand gesagt hat, sondern benutzt Strukturen, die bestimmte Anschlüsse wahrscheinlicher machen als andere. Der Tagesschau-Sprecher begrüßt die Zuschauer anders als die eigene Ehefrau – und würde er es nicht tun, bräuchte er sich über erstaunte Reaktionen nicht zu wundern. Mit dem Strukturbegriff bezeichnet die Systemtheorie den Sachverhalt, dass Kommunikation sich durch die Formulierung von Erwartungen darüber, was man in einer bestimmten Situation erwarten kann (oder soll), in Bahnen lenkt, in denen nicht mehr alles möglich zu sein scheint.

---

[1] Vgl. Bommes und Tacke (2007) zur Unterscheidung zwischen ‚Vernetzung' (kommunikativer Elemente) und ‚Netzwerken' (als spezifischen sozialen Systemen).

Natürlich können Netzwerke mit den Begriffen einer solchen Kommunikationstheorie beschrieben werden. Sie müssen sich durch und als *Kommunikation* reproduzieren und verändern. Einzelne Kommunikationen als aneinander anschließende Ereignisse sind die Grundlage dafür, dass soziale Beziehungen entstehen und sich stabilisieren – aber natürlich auch dafür, dass sie sich verändern (Albrecht 2008; Fuhse 2009b). Im Folgenden möchten wir drei Bausteine eines systemtheoretischen Netzwerkbegriffs diskutieren: Zunächst soll der Zusammenhang zwischen Kommunikation und sozialen Strukturen aus kommunikationstheoretischer Perspektive rekonstruiert werden; anschließend ist die Verortung von Netzwerken in einer Typologie sozialer Systeme zu klären; drittens schließlich werden wir das Verhältnis zwischen Netzwerken und funktionaler Differenzierung diskutieren.

2 Kommunikation und Struktur

Die Netzwerkforschung ist derzeit überwiegend handlungstheoretisch orientiert. Wenn man ihren Gegenstand mit kommunikationstheoretischen Mitteln reformulieren möchte, betrifft dies auch und vor allem den Grundbegriff der „Struktur". Die Analyse sozialer Netzwerke wird oft als ein „strukturalistisches" Forschungsprogramm beschrieben, weil es soziale Sachverhalte nicht aus den Motiven der Akteure erklärt, sondern aus interpersonellen Beziehungsmustern. Was hierbei als „Struktur" fungiert, ist in der Regel jedoch ein forschungspragmatisch definiertes und fixiertes „Muster tatsächlicher Beziehungen". Im Gegensatz etwa zum Strukturalismus von Lévi-Strauss, der nach Tiefenstrukturen hinter den beobachtbaren Beziehungen fragt, interessiert sich die Netzwerkforschung für soziale Beziehungen, die entweder von den Handelnden selbst als solche identifiziert werden oder aus ihren Transaktionen erschlossen werden können. Strukturen schlagen sich nieder in Prozessen und deren Beschreibungen, sind aber selbst in der Regel nicht direkt beobachtbar. Der Strukturbegriff der Systemtheorie orientiert sich nicht an einer Gegenüberstellung von Struktur und Prozess. Ihre maßgebliche Unterscheidung ist vielmehr jene von Struktur und Ereignis: Soziale Strukturen sind Erwartungen von Erwartungen; sie fungieren also als Antizipation möglicher Ereignisse. Mit Hilfe dieser Erwartungen wird Komplexität in dem Sinne reduziert, dass nicht mehr alles gleich wahrscheinlich ist, ja manches sogar gar nicht mehr erwartet werden muss. Strukturen bestehen „in der Einschränkung der im System zugelassenen Relationen" (Luhmann 1984: 384). Erwartungen darüber, welche Anschlussmöglichkeiten sinnvoll sind, können unterschiedliche Grade der Generalisierung aufweisen. Sie können sich auf hoch generalisierte Wertmaßstäbe für eine ganze Gesellschaft beziehen, auf stärker spezifizierte Programme (zum Beispiel innerhalb von Teilsystemen oder Organisationen), auf Rollenkomplexe – oder auf einzelne Personen.

Wenn von „sozialen Netzwerken" die Rede ist, haben wir es mit Strukturen zu tun, die sich an Personen festmachen.[2] Doch die Personen „machen" nicht die Netzwerke, wie dies die handlungstheoretische Netzwerkanalyse unterstellt, sondern werden selbst im Rahmen von Beziehungen erst konstruiert. Wie Luhmann verdeutlicht, entstehen ‚Personen' als

---

[2] Natürlich beschäftigt sich die Netzwerkanalyse auch mit Netzwerken zwischen Organisationen, die nur teilweise durch Personen vermittelt sind (so zum Beispiel im Fall von ‚interlocking directorates'). Wenn es nicht um diese Vermittlung, sondern um die direkte Kommunikation zwischen Organisationen geht, bietet die Systemtheorie die Alternative, mit dem Begriff der „sozialen Adresse" sowohl Personen als auch Organisationen einzuschließen. Im Folgenden beschränken wir uns jedoch auf persönliche Netzwerke.

Bündel von Erwartungen gewissermaßen als Nebenprodukte des Kommunikationsprozesses (1995c). Über verschiedene Situationen hinweg ist es so möglich, Erwartungssicherheit dadurch zu erlangen, dass man sich an den Persönlichkeiten der Beteiligten orientiert. Eine Voraussetzung dafür ist, dass die Kommunikation auch als ‚Handeln' von Individuen beobachtet, ihnen also *zugerechnet* wird (Schneider 1994). In diesem Punkt stimmen Netzwerk- und Systemtheorie weitgehend überein: Auch im Sinne der Netzwerktheorie entstehen ‚Identitäten' erst im sozialen Austausch, wie am deutlichsten wohl Somers (1994) und Tilly (2005) formuliert haben. Beziehungen konstituieren einen Bezugsrahmen jenseits individueller Absichten und Motive, eine soziale Realität *sui generis*: „Die Beziehung wird selbst zur Reduktion von Komplexität. Das aber heißt: sie muß als emergentes System begriffen werden" (Luhmann 1984: 154). Luhmann möchte den Systembegriff an die Stelle des Beziehungsbegriffs setzen: Der (wiederholte) Kontakt zwischen zwei Personen, also die „Dyade" ist immer schon ein Kommunikationssystem.[3] Doch es spricht wenig dagegen, seine Aussage auch als einen Hinweis auf den Systemcharakter sozialer Beziehungen zu lesen (Fuhse 2009b). Ein Beziehungs-„System" wäre dann ein spezifisches soziales System, das sich anhand der beteiligten Personen selbst beobachten und beschreiben kann. Je nachdem, wie eng man Beziehungen dabei an die Kommunikation unter Anwesenden binden möchte, stellt die Beziehung den paradoxen Fall einer Interaktion dar, die ihr eigenes Ende überdauert (Schmidt 2007), oder eine eigenständige Form sozialer Systembildung (Holzer 2010a, b).

Die Konstruktion und Reproduktion von sozialen Beziehungen muss auf der Basis von einzelnen Kommunikationen nachweisbar sein, zum Beispiel indem sie sich als selektive Kommunikationsmuster in Interaktionssituationen niederschlagen.[4] Dies gilt für die soziale Struktur dyadischer Beziehungen, aber auch für die ‚Verkettung' solcher Beziehungen zu einem sozialen Netzwerk (Fuhse 2009a). Die sich daran anschließende Frage ist, ob man nicht nur Dyaden, sondern auch Netzwerke als Ensembles verknüpfter Dyaden noch als „Systeme" begreifen kann. Für eine Erörterung dieser Frage wollen wir uns im Folgenden der etablierten Dreiertypologie von Kommunikationssystemen bei Luhmann (Interaktion, Organisation, Gesellschaft) zuwenden und diskutieren, in welchem Verhältnis Netzwerke zu diesen drei Systemebenen stehen.

3 Zwischen Interaktion und Gesellschaft?

Wie lassen sich Netzwerke – und nicht nur einzelne dyadische Beziehungen – in der Systemtheorie verorten? Man kann diese Frage zunächst an die Theorie sozialer Systeme richten und von den drei Typen sozialer Systeme ausgehen, die Luhmann (1975) unterscheidet: *Interaktionssysteme* sind „Encounters" im Sinne Goffmans (1961) – von einmaligen Begegnungen zwischen Unbekannten an der Kasse im Supermarkt, über Treffen mit mehr oder weniger bekanntem Personal in Vorlesungen, Vorstandssitzungen oder Gerichtsverhandlungen bis zur intimen Konversation zwischen Freunden und Ehepaaren. Interaktion ist damit ein System der „Kommunikation unter Anwesenden" (Kieserling 1999). *Organi-*

---

[3] An anderer Stelle formuliert er programmatisch: „Jeder soziale Kontakt wird als System begriffen bis hin zur Gesellschaft als Gesamtheit der Berücksichtigung aller möglichen Kontakte" (Luhmann 1984: 33).
[4] Interessant hierzu beispielsweise die Studien von David Gibson, der sich (eher nebenbei) auch auf Luhmann bezieht (Gibson 2003: 1357; 2005).

sationen beruhen demgegenüber auf formaler Mitgliedschaft, die mit Dienstschluss nicht beendet ist und sich auch in der Kommunikation unter Abwesenden, zum Beispiel in Akten und Berichten, niederschlagen kann. Die *Gesellschaft* schließlich umfasst alle Kommunikation, ist sozial inklusiv und kennt keine territorialen Grenzen. Die moderne Gesellschaft ist intern funktional differenziert nach *Teilsystemen* wie zum Beispiel Wirtschaft, Recht und Wissenschaft.

Netzwerke lassen sich auf den verschiedenen skizzierten Ebenen finden: *Persönliche* Netzwerke unter Freunden werden vor allem – aber nicht ausschließlich – in der Interaktion geformt. Dies gilt auch für informale Netzwerke unter Kollegen, die ihren Anlass jedoch aus *Organisationen* beziehen. Organisationen wiederum können selbst zu Knotenpunkten in Netzwerken werden – sich etwa zu Verbänden zusammenschließen oder Zulieferer-Netzwerke in einzelnen Branchen bilden. Auf der Ebene von *Gesellschaft* und *Funktionssystemen* schließlich finden wir die Netzwerke in der internationalen Politik oder auch Netzwerke in der Wissenschaft, sei es zwischen einzelnen Wissenschaftlern oder auch als „Zitationsnetzwerke" zwischen ihren Publikationen.

Angesichts dieser Allgegenwart von Netzwerken ist zu fragen, ob Netzwerke ein Spezialfall sozialer Systeme sind – oder ob es sich nicht vielleicht sogar anders herum verhält. Fuchs (2001) beispielsweise sieht Netzwerke als den allgemeineren Begriff: Kulturelle Begriffe, Personen, Interaktionen und einzelne Kommunikationen sind in Netzwerken miteinander verknüpft bzw. werden in relationalen Zusammenhängen konstituiert. Nur in Ausnahmefällen schließen sich solche Netzwerke zu Systemen wie Gruppen, Interaktions- oder Organisationssystemen (Fuchs 2001: 199ff.). Netzwerke wären diesem Verständnis nach nicht notwendig Systeme, sondern vielmehr die Grundlage für eine graduell erfolgende Systembildung: Wenn Netzwerke eine Außengrenze und in der Abgrenzung von der Umwelt eine eigene Identität entwickeln, werden sie zu sozialen Einheiten bzw. Systemen. Da Netzwerke bei Fuchs das umfassendere Konzept bilden, geht es bei ihm nicht mehr darum, sie in einer gesellschaftstheoretischen Architektur von Systemebenen zu verorten. Vielmehr müssten die Systemebenen nun in einer netzwerktheoretischen Architektur neu konzipiert werden. Eine entsprechend ausgearbeitete Netzwerktheorie der Gesellschaft fehlt aber bislang, weshalb es zumindest aus systemtheoretischer Perspektive naheliegt, die Fragerichtung umzukehren: Inwiefern können Netzwerke als ein bestimmter Typus der Bildung sozialer Systeme begriffen werden?

An diesem Punkt setzen verschiedene Versuche an, Netzwerken in der Systemtheorie eine eindeutige Stellung zuzuweisen:[5] Netzwerke als eine Verknüpfungstechnik zu begreifen, kann zunächst in einem eher allgemeinen Sinne den Sachverhalt bezeichnen, dass sich innerhalb der Form funktionaler Differenzierung vielfältige heterarchische Ordnungen bilden, zwischen den Teilen der modernen Gesellschaft also keine Rangverhältnisse bestehen (wie dies beispielsweise in stratifizierten Gesellschaften der Fall war). Spezifischer kommen damit System-zu-System-Beziehungen in den Blick, die sich zu einer Art „Kontaktsystem" oder „Zwischensystem" verfestigen. Luhmann hat im Zusammenhang seiner Verfahrenstheorie Kontaktsysteme dort vermutet, wo „dieselben Beteiligten häufiger aus verschiedenen Anlässen zusammentreffen und dabei in wechselnde Abhängigkeit voneinander geraten" (Luhmann 1983: 75). Gemeint sind Kontakte sowohl zwischen Verwaltungen und Interessenverbänden als auch zwischen Personen, zum Beispiel Richtern und Anwälten.

---

[5] Vgl. für ausführlichere Überblicke Fuhse (2010) und Holzer (2006: 93ff.).

Kontaktsysteme sind ein Spezialfall „dyadischer Beziehungen", die als Grundeinheiten von Netzwerken aufgefasst werden müssen (Luhmann 1995: 254; Tacke 2000: 297). Für die Anwendung des Netzwerkbegriffs in der Systemtheorie haben Kämper und Schmidt (2000: 234) derartige Phänomene vor Augen, beschränken sich aber darauf, solche über wiederholte Interaktion vermittelten Kontakte ausschließlich auf der Ebene von Organisationen zu verorten, wo sie dann zu einer „strukturellen Kopplung" der beteiligten Organisationen führen. Dass Netzwerke als Verknüpfungen – zwischen Personen, Organisationen, Staaten – aufgefasst werden können, ist unumstritten. Doch scheint die Einschränkung auf Organisationen eine Überanpassung an spezifische Forschungsinteressen zu sein, die nur schlecht mit dem sehr viel weiteren Anwendungsbereich des Netzwerkbegriffs harmoniert. Dieser beschränkt sich nicht auf den Kontakt zwischen Organisationen. Der entscheidende Punkt scheint vielmehr auch hier zu sein, dass Personen wichtige Orientierungspunkte von Netzwerken sind, Netzwerke also aus sozialen Beziehungen im oben erwähnten Sinn bestehen. Der Netzwerkbegriff wäre aber noch nicht eingeholt, wenn man ihn allein auf der Ebene einzelner dyadischer Beziehungen zu formulieren versuchte. Netzwerke können schließlich eine Vielzahl einzelner Beziehungssysteme mit unterschiedlichen Beteiligten umfassen. Mit Recht assoziiert man mit ihnen Möglichkeiten, von einem Kontakt zu einem anderen zu gelangen, über sie also nicht nur Freunde, sondern eben auch Freunde von Freunden erreichen zu können (Boissevain 1974). Wie also beschreibt die Systemtheorie diesen Bereich des Netzwerkens, der über einzelne Beziehungen hinausreicht?

Orientiert an der Unterscheidung von Interaktion, Organisation und Gesellschaft – und unterstützt durch die spätere, zunächst etwas halbherzige Hinzufügung von Protestbewegungen (Luhmann 1996) – könnte man vermuten, bei Netzwerken handele es sich um eine weitere, bislang unentdeckte Spezies sozialer Systeme. Teubner (1992) schlägt dementsprechend vor, Netzwerke als eine weitere Emergenzebene zwischen Organisation und Gesellschaft zu begreifen. Die spezifische Operation eines solchen Systems ist nach Teubner in der Zurechnung von Handlung auf die einzelnen Akteure *und* das Gesamtnetzwerk begründet: „Ein kommunikatives Ereignis im Netzwerk wird sowohl einem der autonomen Vertragspartner als auch gleichzeitig der Gesamtorganisation zugerechnet. ... Wenn diese Doppelattribution von Handlungen in die Selbstbeschreibung des sozialen Arrangements eingeht und dort auch operativ verwendet wird, dann hat sich das Netzwerk als autonomes Handlungssystem selbst konstituiert. ... Gegenüber Vertrag und Organisation stellen also Netzwerke autopoietische Systeme höherer Ordnung dar, insofern sie durch Doppelattribution emergente Elementarakte (»Netzwerkoperationen«) herausbilden und diese zirkulär zu einem Operationssystem verknüpfen" (1992: 199f.). Teubner bezeichnet in diesem Sinne den Staat als ein Netzwerk von Organisationen, in dem Operationen sowohl der einzelnen Organisation als auch dem Staat als umfassendes Netzwerk zugerechnet werden.

Doch Netzwerke als Systeme „höherer Ordnung" im Bereich organisierter Transaktionen zu definieren, erfasst allenfalls einen kleinen, eben auf Organisationen bezogenen Teil der Interessen der Netzwerkforschung. Ein weiteres Problem liegt darin, dass die „Autopoiesis" dieser Netzwerke nicht erkennbar ist – es bleibt unklar, inwiefern sie sich durch eine Verkettung gleichartiger Elemente selbstständig (re)produzieren? In Organisationsnetzwerken wird wirtschaftlich *und* rechtlich (und wahrscheinlich auch noch anders) kommuniziert, aber daraus ergibt sich noch keine eigene Ebene der Ordnungsbildung (vgl. Kämper und Schmidt 2000: 220-222).

Auch Bommes und Tacke plädieren dafür, „Netzwerke als soziale Systeme im strengen Sinne auzufassen" (Bommes und Tacke 2006: 56). Sie orientieren sich dafür an Arbeiten Luhmanns zu Exklusionsphänomenen und der Rolle von Tauschnetzwerken in Süditalien (Luhmann 1995b; 1995a), erweitern dessen Perspektive aber in Richtung alltäglicherer Phänomene der reziproken Hilfe und Unterstützung. Netzwerke haben ihrer Meinung nach immer eine „partikularistische" Prägung, weil sie nicht aus universalistischen Rollenzusammenhängen bzw. funktional spezifizierten Situationen entstehen. Ihre Entstehung ist einerseits „prekär", weil sie deshalb auch keine institutionelle Absicherung haben; andererseits wirkt das Eintreten in ein Netz wechselseitiger Verpflichtungen selbstverstärkend, weil an einmal erprobten Kontakten schnell weitere Möglichkeiten sichtbar werden. Netzwerke entwickeln so ihren eigenen Operationsmodus: die „Kommunikation reziproker Leistungserwartungen ", das heißt, „die Erbringung von Leistungen im Hinblick auf zukünftige andere, noch unbestimmte weitere Leistungen" (Bommes und Tacke 2007: 15). Es gibt mithin eine Art „netzwerkspezifisches Leistungsspektrum" (ebd.: 16f.), anhand dessen man verschiedene Netzwerke voneinander abgrenzen kann – zum Beispiel Netzwerke von Freunden und Bekannten, Wissenschaftlern, Frauen oder Migranten, die sich auf der Basis wechselseitiger Hilfe, Beratung oder sonstiger Wohltaten stabilisieren.[6]

Netzwerke können also nicht einfach auf oder zwischen den Systemebenen Interaktion, Organisation und Gesellschaft platziert werden. Sie benutzen regelmäßig Interaktion, überspannen aber *mehrere* Interaktionsepisoden – nicht zuletzt, indem sie auch Möglichkeiten der Kommunikation unter Abwesenden nutzen (Holzer 2010a). Auch in und zwischen Organisationen können sich Netzwerke bilden, und Vernetzungen haben häufig einen sachthematischen Fokus: Es gibt Netzwerke zwischen Politikern, Künstlern und Wissenschaftlern (beispielsweise in Form sogenannter ‚invisible colleges'). Doch diese Netzwerke sind keine Systeme, solange es ihnen an Abgeschlossenheit und Ausdifferenzierung gegenüber einer sozialen Umwelt fehlt – und damit auch an der Möglichkeit, ihre eigene Identität zu beobachten und von anderen als soziale Einheit beobachtet zu werden. Soziale Netzwerke wären in diesem Sinne prinzipiell unabgeschlossene Verweisungsstrukturen von an Personen ansetzenden dyadischen Sozialbeziehungen, also selbst keine sozialen Systeme. Diese recht weite Fassung entspricht dem empirisch durchaus fruchtbaren, formal ansetzenden Netzwerkbegriff der Netzwerkforschung. Insofern ist das „Netzwerk" zunächst vor allem ein Komplementärkonzept zum Systembegriff. Doch wenn Netzwerke sich in beobachtbaren Mechanismen und Grenzen der In- und Exklusion niederschlagen oder sich über längere Zeiträume in Form von klar adressierten Reziprozitätserwartungen reproduzieren, dann liegt es durchaus nahe, sie als soziale Systeme zu beschreiben.

Aus systemtheoretischer Perspektive muss man also deutlich unterscheiden zwischen Netzwerken als prinzipiell unabgeschlossenen Verknüpfungsstrukturen von dyadischen Beziehungen und dem Spezialfall, dass sich Netzwerke zu Sozialsystemen ausbilden, indem sie eine Sinngrenze zu ihrer sozialen Umwelt etablieren. Im Falle einer entsprechenden Verdichtung und Verselbständigung – deren Mechanismen etwa Stephan Fuchs formuliert hat (s.o.) – muss mit Netzwerken auch in dem Sinne gerechnet werden, dass sie nicht

---

[6] Allerdings schränken Bommes und Tacke den Netzwerkbegriff auf solche Fälle ein, in denen in Sozialbeziehungen tatsächlich eine „Leistungskommunikation" stattfindet – also eine Person nicht nur als Person, sondern als Person in einer Rolle (oder mehreren) relevant wird. Damit grenzt Tacke den Netzwerkbegriff ab von „anderen ‚persönlichen Beziehungen' wie Verwandtschaft, Liebe, Freundschaft oder auch bloßer Bekanntschaft" (Tacke 2007: 172).

nur auf der Ebene der *sozialen* Differenzierung in unterschiedliche Systemtypen, sondern auch auf der Ebene *gesellschaftlicher* Differenzierung eine Rolle spielen. Für die moderne Gesellschaft heißt dies: Netzwerke entstehen im Rahmen funktionaler Differenzierung, und ebenso wie Interaktion und Organisation können sie von dieser benutzt werden – oder aber mit ihr in Konflikt geraten.

4 Netzwerk und funktionale Differenzierung

Das wichtigste Kennzeichen der modernen Gesellschaft ist funktionale Differenzierung, das heißt: Ausdifferenzierte Teilsysteme wie Wirtschaft, Wissenschaft, Rechtssystem, Politik, Massenmedien, Medizin, Erziehungssystem, Kunst und Familie übernehmen jeweils spezifische Aufgaben für die Gesellschaft. Kommunikation wird spezialisiert und dadurch, dass sie sich an binären Codes wie Zahlen/Nicht-Zahlen oder Recht/Unrecht orientiert, jeweils einem Teilsystem eindeutig zurechenbar (Luhmann 1997: Kap. 4). Während die oben angesprochenen Systemebenen Interaktion und Organisation jeweils auch von anderen Theorien beschrieben werden, hat die Systemtheorie auf der Ebene der Gesellschaftsstruktur eine Alleinstellung: Nur sie beschreibt die moderne Gesellschaft als Ganze und bietet damit neben einer Theorie von „Mikro"- (Interaktion) und „Meso-Ebene" (Organisation) auch eine „makro"-soziologische Beschreibung der Gesellschaft.

Auch auf dieser Ebene können Netzwerke systemtheoretisch interpretiert werden. Funktionale Differenzierung bietet Voraussetzungen und Anlässe für die Bildung von Netzwerken. In der funktional differenzierten (Welt-)Gesellschaft kommt es zu einer „Freisetzung sozialer Netzwerkbildung" (Bommes und Tacke 2007: 14): Im Prinzip kann nun jeder mit jedem in Kontakt treten, jenseits etwaiger sozialer oder territorialer Grenzen von Stämmen, Schichten oder auch Nationalstaaten. Doch die Möglichkeiten, Kontakte zu knüpfen, vervielfältigen sich nicht nur, sie werden auch differenzierter: Man ist als Wähler registriert, führt ein Bankkonto, kann als Staatsbürger Rechte in Anspruch nehmen usw. – kurz gesagt: Personen sind in verschiedene Funktionsbereiche inkludiert und werden dadurch in vielfältiger Hinsicht „adressierbar". Durch die Simultan-Inklusion in unterschiedliche Funktionssysteme wird ein und dieselbe Adresse in mehreren „Konturen" von Sinnverweisen anschlussfähig – sie wird zu einer „polykontexturalen Adresse" (Fuchs 1997). Auf dieser Grundlage entstehen Netzwerke aus dem *reflexiven Umgang mit Adressen* (Tacke 2000): Jede Adresse kann als Verweis auf weitere Adressen in verschiedenen Funktionssystemen dienen und in dieser Hinsicht „angesteuert" werden; über Adressen werden also Kontaktmöglichkeiten reflexiv verknüpft, so dass neue Kontaktmöglichkeiten entstehen. Da Netzwerke sich die Möglichkeiten funktionaler Differenzierung über die Ansteuerung polykontexturaler Adressen zunutze machen, sind sie „Formen *sekundärer* Ordnungsbildung" (Tacke 2000: 298). Insofern sie nach dieser Lesart von den Sinnressourcen der Funktionssysteme abhängig sind und sich von diesen „ernähren", kann man sie auch als „parasitäre Formen der Strukturbildung" bezeichnen, die „auf funktionaler Differenzierung beruhen und diese als gesellschaftliche Primärstruktur voraussetzen" (ebd.: 317).

Netzwerke wären demnach eine *sekundäre* Form der Ordnungsbildung, die den Funktionssystemen strukturell und genetisch nachgeordnet wäre: Erst durch die Adressenkonstruktion in Funktionssystemen entstehen Verknüpfungsmöglichkeiten, an denen Netzwerke ansetzen. Es ist hinlänglich bekannt und Thema zahlreicher Netzwerkstudien, dass man über Netzwerke und das in ihnen gebündelte „Sozialkapital" (Bourdieu 1983) vielerlei erreichen kann – etwa bessere Informationen über offene Stellen auf dem Arbeitsmarkt bekommt (oder auf Seiten des Arbeitgebers: Informationen über Bewerber) oder seine Durchsetzungschancen in wissenschaftlichen oder politischen Auseinandersetzungen erhöhen kann. Aus einer differenzierungstheoretischen Perspektive sind solche Fälle, in denen die selektive Berücksichtigung von Kontakten angesichts eines Überflusses an Informationen, Personen oder Argumenten Netzwerke *innerhalb* spezifischer Funktionskontexte reproduziert, allerdings deutlich zu unterscheiden von Fällen, in denen vermittelt über Netzwerke Konvertierungssperren *zwischen* Funktionssystemen aufgehoben werden. Netzwerke können Verknüpfungsmöglichkeiten nicht nur parasitär nutzen, sondern auch die Logik der Funktionssysteme punktuell aushebeln (Luhmann 1995a; Hiller 2005). Der Politiker braucht zum Beispiel für die Erlangung von politischer Macht Wahlkampfspenden und sagt für solche Spenden dem befreundeten Rüstungsunternehmer Unterstützung bei einem Beschaffungsauftrag des Verteidigungsministeriums zu. Beruht ein solcher Tausch nicht nur auf einer situativen Bestechlichkeit, sondern fungiert er selbst als Leistung in einem Netzwerk, so koppelt das Netzwerk die Logik beider Funktionssysteme: Die Wahlchancen des Politikers erhöhen sich durch die Spende und nicht durch die Überzeugungskraft der politischen Programme – und der Rüstungsunternehmer erhält den Zuschlag, obwohl ein Konkurrent möglicherweise ein günstigeres Angebot macht. Aus dem allgegenwärtigen „Vitamin B" kann so ein Mechanismus der Unterwanderung von Systemlogiken bis hin zur Korruption werden, der schlussendlich die Form funktionaler Differenzierung selbst in Frage stellen kann. Derartige Beispiele konsolidierter Korruption finden sich dort, wo Netzwerke nicht einfach im Rahmen funktionaler Differenzierung entstehen, sondern selbst als Inklusionsmechanismus auftreten und damit in Konkurrenz zu gesellschaftlichen Teilsystemen treten (Luhmann 1995b).

Eine ganz andere Möglichkeit, Netzwerke als Alternative zu funktionaler Differenzierung zu begreifen, besteht darin, sie als grundsätzlich andere *Form der Kommunikation*, also gerade *nicht* als soziale Systeme zu verstehen. So ist für Baecker das Netzwerk eine Form von Kommunikation neben anderen Formen wie dem System, der Person, dem Medium und der Evolution (Baecker 2005: 79f). Alle diese Formen zeichnen sich dadurch aus, dass sie bestimmte Unterscheidungen in die Kommunikation einführen und dadurch Anschlüsse von Kommunikation an Kommunikation konditionieren. Sozialsysteme haben bei Baecker unter den verschiedenen Formen von Kommunikation keine privilegierte Stellung mehr. Vielmehr sieht er die funktional in abgeschlossene Systeme differenzierte Gesellschaft derzeit einer primär über Netzwerke strukturierten Gesellschaft Platz machen (Baecker 2005: 136, 234; 2007: 21ff.). Über Netzwerke werden die verschiedenen Funktionssysteme derart miteinander verschränkt, dass in Zukunft die Eingebundenheit in Netzwerke die Eigenlogik der verschiedenen Funktionssysteme übertönen soll. So werde etwa das ‚Schicksal der Unternehmen' nicht mehr alleine auf wirtschaftlichen Märkten entschieden, sondern auch „in den Labors der Wissenschaft, in den Gebetshallen der Kirchen, in den Sälen der Gerichte, in den Hinterzimmern der Politik und in den Redaktionen der Zeitungen, Fernsehanstalten und Internetportalbetreiber" (2007: 22). Ob dies so neu ist, sei dahingestellt. Im Vergleich zur konsolidierten Korruption fällt jedenfalls auf, dass die hier genannten Netzwerkeffekte funktionale Differenzierung – sogar auf einem relativ hohen Niveau – voraussetzen. Man könnte deshalb zweifeln, ob hier tatsächlich Netzwerke als Alternative zu funktionaler Differenzierung fungieren. Vielmehr scheint es darum zu gehen, dass Vernetzung in einer differenzierten Gesellschaft vielfältigere Möglichkeiten hat.

Insgesamt zeigt sich, dass Netzwerke auf vielfältige Weise an den Kommunikationsmöglichkeiten der Funktionssysteme ansetzen, aber nicht auf diese beschränkt sind. Es gibt zahlreiche Anlässe dafür, Netzwerke innerhalb von Funktionssystemen zu bilden (zum Beispiel in der Wissenschaft) und an den durch Funktionssysteme konstruierten Adressen anzusetzen. Eine andere Frage ist, wann und in welcher Form Netzwerke über Funktionssysteme hinweg bedeutsam werden und mitunter sogar die „Logik" der Funktionssysteme aushebeln können. Dies ist dann der Fall, wenn nicht der Universalismus der Funktionssysteme, sondern der Partikularismus der Netzwerke über Fragen gesellschaftlicher Inklusion entscheidet. Entsprechende Phänomene sind keineswegs nur exotische Ausnahmefälle, sondern für einige Weltregionen durchaus typisch (Holzer 2007). Dort könnte man davon sprechen, dass Netzwerke und die durch sie vermittelten Inklusionschancen – und nicht etwa funktionale Differenzierung – das primäre Ordnungsschema des Alltags darstellen.

5 Schluss

Die Systemtheorie bietet verschiedene Ansatzpunkte, Netzwerke zu berücksichtigen. Sowohl Systeme als auch Netzwerke basieren darauf, dass Elemente in selektiver Weise miteinander verknüpft werden – und zwar so, dass die Realisierung einiger (und das Ausbleiben anderer) Verknüpfungen einem bestimmten Muster oder Strukturierungsprinzip folgt. In dieser Hinsicht erscheinen der System- und der Netzwerkbegriff weitgehend austauschbar. Dies gilt jedoch nicht mehr, wenn man den Systembegriff in der Weise verwendet und spezifiziert, wie dies Luhmann für soziale Systeme getan hat. Dann sind Systeme nicht mehr durch die Unterscheidung von Element und Relation, sondern durch die von System und Umwelt definiert. Dies ist möglich, weil Luhmann soziale Systeme als Zusammenhang bestimmter Operationen auffasst: Sie „bestehen" aus ihren eigenen Ereignissen, nämlich Kommunikationen. Der Systembegriff Luhmanns stellt ab auf die zeitliche Abfolge und Verknüpfung von Operationen und unterscheidet sich dadurch vom üblichen Konzept sozialer Netzwerke. Gerade deshalb ist es jedoch möglich, soziale Netzwerke mit den Begriffen der Kommunikationstheorie zu beschreiben. Die Grundbausteine sozialer Netzwerke, dyadische Beziehungen, müssen demnach selbst als Sozialsysteme aufgefasst werden, die „Personen" als zentrale Strukturelemente benutzen. Auf dieser Basis kann man sich Netzwerke als einen Verweisungshorizont miteinander verketteter Dyaden vorstellen. Bekanntschaftsnetzwerke wären ein Beispiel solcher Netzwerke, die nicht als soziale Einheit (also als Sozialsystem) auftreten, sondern als ein Horizont möglicher Kontakte.

Etwas anders liegt der Fall, wenn Netzwerke sich anhand einer spezifischen Form des Kommunizierens von einer Umwelt abgrenzen. Man kann dann wissen, ob man dazu gehört oder nicht, also beispielsweise auf Hilfe „des Netzwerks" vertrauen kann (und selbst entsprechende Erwartungen erwarten muss). Solche Sozialsysteme, die auf persönlich zugerechneten Reziprozitätserwartungen basieren, können die Ressourcen von Organisationen und Funktionssystemen „parasitieren" und sich fallweise soweit aneignen, dass funktionale Differenzierung selbst in Frage gestellt wird. Üblicherweise jedoch profitieren Netzwerke davon, dass funktionale Differenzierung eine Vielzahl von Kontexten schafft, in denen Personen als „Adressen" von Kommunikation relevant werden können. Durch die Verknüpfung dieser Möglichkeiten schaffen Netzwerke die Grundlagen ihrer eigenen Reproduktion. Gerade in einer funktional differenzierten Gesellschaft erlangt Vernetzung besondere Bedeutung. Sachlich getrennte Kommunikationsbereiche können über soziale Adressen verknüpft werden. Die Tatsache, dass Netzwerke stets partikularistisch begründet sind (zum Beispiel in den Eigenschaften oder Leistungen einzelner Personen), erklärt, warum sie im Einzugsbereich universalistisch orientierter Funktionssysteme gleichwohl irritieren müssen.

6   Literatur

Albrecht, Steffen, 2008: Netzwerke und Kommunikation. Zum Verhältnis zweier sozialwissenschaftlicher Paradigmen. S. 165-178 in: *Christian Stegbauer* (Hg.), Netzwerkanalyse und Netzwerktheorie. Ein neues Paradigma in den Sozialwissenschaften, Wiesbaden: VS Verlag für Sozialwissenschaften.
Baecker, Dirk, 2005: Form und Formen der Kommunikation. Frankfurt/Main: Suhrkamp.
Baecker, Dirk, 2007: Studien zur nächsten Gesellschaft. Frankfurt/Main: Suhrkamp.
Boissevain, Jeremy, 1974: Friends of Friends. Networks, Manipulators and Coalitions. Oxford: Basil Blackwell.
Bommes, Michael und *Veronika Tacke,* 2006: Das Allgemeine und das Besondere des Netzwerkes. S. 37-62 in: *Bettina Hollstein* und *Florian Straus* (Hg.), Qualitative Netzwerkanalyse. Konzepte, Methoden, Anwendungen, Wiesbaden: VS Verlag für Sozialwissenschaften.
Bommes, Michael und *Veronika Tacke,* 2007: Netzwerke in der '*Gesellschaft der Gesellschaft*'. Funktionen und Folgen einer doppelten Begriffsverwendung. Soziale Systeme 13: 9-20.
Bourdieu, Pierre, 1983: Ökonomisches Kapital, kulturelles Kapital, soziales Kapital. S. 183-198 in: *Reinhard Kreckel* (Hg.), Soziale Ungleichheiten (Sonderband 2 der Sozialen Welt), Göttingen: Schwartz.
Emirbayer, Mustafa, 1997: Manifesto for a relational sociology. American Journal of Sociology 103: 281-317.
Fuchs, Peter, 1997: Adressabilität als Grundbegriff der soziologischen Systemtheorie. Soziale Systeme 3: 57-80.
Fuchs, Stephan, 2001: Against Essentialism. A Theory of Culture and Society. Cambridge MA: Harvard University Press.
Fuhse, Jan, 2009a: The meaning structure of social networks. Sociological Theory 27: 51-73.
Fuhse, Jan, 2009b: Die kommunikative Konstruktion von Akteuren in Netzwerken. Soziale Systeme 15: i.E.
Fuhse, Jan, 2010: Verbindungen und Grenzen: Der Netzwerkbegriff in der Systemtheorie. In: *Johannes Weyer* (Hg.), Soziale Netzwerke, München: Oldenbourg (2. Aufl., i.E.).
Gibson, David R., 2003: Participation shifts: order and differentiation in group conversation. Social Forces 81: 1335-1381.
Gibson, David R., 2005: Taking turns and talking ties: networks and conversational interaction. American Journal of Sociology 110: 1561-1597.
Goffman, Erving, 1961: Encounters, Indianapolis: Bobbs-Merrill.
Hiller, Petra, 2005: Korruption und Netzwerke. Konfusionen im Schema von Organisation und Gesellschaft. Zeitschrift für Rechtssoziologie 26: 57-77.
Holzer, Boris, 2006: Netzwerke. Bielefeld: transcript.
Holzer, Boris, 2007: Wie "modern" ist die Weltgesellschaft? Funktionale Differenzierung und ihre Alternativen. Soziale Systeme 13: 355-366.

Holzer, Boris, 2010a: Die Differenzierung von Netzwerk, Interaktion und Gesellschaft. In: *Michael Bommes* und *Veronika Tacke* (Hg.), Netzwerke in der funktional differenzierten Gesellschaft, Wiesbaden: VS Verlag für Sozialwissenschaften (i.E.).
Holzer, Boris, 2010b: Von der Beziehung zum System - und zurück? Relationale Soziologie und Systemtheorie. In: *Jan Fuhse* und *Sophie Mützel* (Hg.), Relationale Soziologie: Zur kulturellen Wende der Netzwerkforschung, Wiesbaden: VS Verlag für Sozialwissenschaften (i.E.).
Kämper, Eckard und *Johannes K. Schmidt*, 2000: Netzwerke als strukturelle Kopplung. Systemtheoretische Überlegungen zum Netzwerkbegriff. S. 211-235 in: *Johannes Weyer* (Hg.), Soziale Netzwerke. Konzepte und Methoden der sozialwissenschaftlichen Netzwerkforschung, München/Wien: Oldenbourg.
Kieserling, André, 1999: Kommunikation unter Anwesenden. Studien über Interaktionssysteme. Frankfurt/Main: Suhrkamp.
Luhmann, Niklas, 1975: Interaktion, Organisation, Gesellschaft. S. 9-20 in: *Niklas Luhmann*, Soziologische Aufklärung, Band 2, Opladen: Westdeutscher Verlag.
Luhmann, Niklas, 1983: Legitimation durch Verfahren. Frankfurt/Main: Suhrkamp.
Luhmann, Niklas, 1984: Soziale Systeme. Grundriß einer allgemeinen Theorie. Frankfurt/Main: Suhrkamp.
Luhmann, Niklas, 1995a: Kausalität im Süden. Soziale Systeme 1: 7-28.
Luhmann, Niklas, 1995b: Inklusion und Exklusion. S. 237-264 in: *Niklas Luhmann*, Soziologische Aufklärung 6. Die Soziologie und der Mensch, Opladen: Westdeutscher Verlag.
Luhmann, Niklas, 1995c: Die Form "Person". S. 142-154 in: *Niklas Luhmann*, Soziologische Aufklärung 6. Die Soziologie und der Mensch, Opladen: Westdeutscher Verlag.
Luhmann, Niklas, 1996: Protest. Systemtheorie und soziale Bewegungen. Frankfurt/Main: Suhrkamp.
Luhmann, Niklas, 1997: Die Gesellschaft der Gesellschaft (2 Bde.). Frankfurt/Main: Suhrkamp.
Schmidt, Johannes F.K., 2007: Soziale Beziehung als systemtheoretischer Begriff? Soziale Systeme 13: 516-527.
Schneider, Wolfgang L., 1994: Die Beobachtung von Kommunikation. Zur kommunikativen Konstruktion sozialen Handelns. Opladen: Westdeutscher Verlag.
Somers, Margaret, 1994: The narrative constitution of identity: a relational and network approach, Theory and Society 2: 605-649.
Tacke, Veronika, 2000: Netzwerk und Adresse. Soziale Systeme 6: 291-320.
Tacke, Veronika, 2007: Netzwerk und Geschlecht – im Kontext. S. 165-189 in: *Christine Weinbach* (Hg.), Geschlechtliche Ungleichheit in systemtheoretischer Perspektive, Wiesbaden: VS Verlag für Sozialwissenschaften.
Teubner, Gunther, 1992: Die vielköpfige Hydra: Netzwerke als kollektive Akteure höherer Ordnung. S. 189-216 in: *Wolfgang Krohn* und *Günter Küppers* (Hg.), Emergenz: Die Entstehung von Ordnung, Organisation und Bedeutung, Frankfurt/Main: Suhrkamp.
Tilly, Charles, 2005: Identities, Boundaries and Social Ties. Boulder, CO: Paradigm.
White, Harrison C., 1995: Network switchings and Bayesian forks: reconstructing the social and behavioral sciences. Social Research 62: 1035-1063.

4.8 Akteur-Netzwerk-Theorie (ANT)

Birgit Peuker

1 Einleitung

Die Akteur-Netzwerk-Theorie (engl. *actor-network theory*) (ANT) ist ein Ansatz aus der konstruktivistischen Wissenschafts- und Technikforschung. Über die spezifischen wissenschafts- und techniksoziologischen Fragestellungen hinaus, beansprucht sie, ein neues transdisziplinäres Paradigma aufzustellen. Drei Namen sind mit der Entwicklung dieses Ansatzes verbunden: Michel Callon, Bruno Latour und John Law.[1]

Die ANT hat mit der Sozialen Netzwerkforschung nicht mehr gemein als das Wort „Netzwerk". Die Tragfähigkeit dieses Begriffes für das, was mit ihm bezeichnet werden sollte, wird von ihren Vertretern selbst angezweifelt. Als alternative Bezeichnungen für die ANT wurden „Soziologie der Assoziationen" (*sociology of associations*) (vgl. Latour 2005: 9) und „Soziologie der Übersetzung" (*sociology of translation*) (vgl. Callon 1980; Callon 1986) vorgeschlagen. Es geht in dem Grundkonzept weniger um die Gleichrangigkeit der Knoten, als um die Einheit von Akteur und Netzwerk. Die Betonung liegt damit auf den Begriff des „Akteur-Netzwerkes". Er bezieht sich darauf, dass ein Akteur erst zu einem Akteur gemacht wird und dieser Prozess als Aufbau eines Netzwerkes beschrieben werden kann. Dieses Netzwerk wird nicht als ein soziales Netzwerk gedacht, sondern als *heterogenes Netzwerk*: Die Knoten eines Netzwerkes bilden nicht nur soziale Akteure, sondern ebenso materielle Dinge, wie technische Artefakte, oder diskursive Konzepte. Nach Ansicht der ANT werden in einem heterogenen Netzwerk nicht nur soziale Akteure, sondern auch nichtsoziale Akteure, wie insbesondere Technik und Wissen, zum Handeln gebracht. Aus diesem Grund wird der Begriff des Akteurs durch den des *Aktanten* ersetzt, um darauf hinzudeuten, dass nicht nur sozialen Akteuren bzw. menschlichen Wesen Handlungsfähigkeit bzw. Aktivität (engl. *agency*) zugestanden wird. Der Prozess aber, der zu der Konstruktion eines Akteur-Netzwerkes führt, wird als ein *Transformationsprozess* beschrieben, in welchem die Aktivitäten und Eigenschaften aller einbezogenen Akteure bzw. Aktanten eingehen und dabei verändert werden. Die Aktanten sind ihrer Vernetzung nicht vorgängig, sie werden durch den Vernetzungsprozess erst hervorgebracht.

Die ANT sieht sich als konstruktivistischer Ansatz, der sich stark vom Sozialkonstruktivismus abgrenzt (vgl. Latour und Woolgar 1986: 281). Ihr Grundgedanke besteht darin, dass Gesellschaft nicht nur allein aus sozialen Beziehungen besteht, sondern soziale Beziehungen durch materielle, nichtsoziale Dinge (den *missing masses*) gestützt und gefestigt werden (vgl. Latour 1992). Dabei nimmt sie Abschied vom soziologischen Gesellschaftsbegriff und ersetzt ihn zunächst durch den des Netzwerkes und später durch

---

[1] Vgl. Callon/Latour 1981; Callon 1986; Law 1986b; Callon/ Latour 1992 sowie die einführende Textsammlung in Belliger/Krieger 2006. Zu den weiteren Umkreis der ANT können folgende Autorinnen gezählt werden: Madeleine Akrich, Donna Harraway, Joan Fujimura, Andrew Pickering, Marianne de Laet, Annemarie Mol, Susan Leigh Star, Isabelle Stengers, Steve Woolgar.

den des Kollektivs (vgl. Latour 2000). Ein Kollektiv besteht aus der Gesamtheit an Verbindungen und Abhängigkeiten zwischen sozialen und nichtsozialen Akteuren. Damit lässt sich die ANT als ein Dritter Weg zwischen soziologischem Relativismus und wissenschaftlichem Objektivismus kennzeichnen. Die Aktivitäten sozialer und nichtsozialer Akteure ermöglichen und begrenzen sich gegenseitig. Makrophänomene (stabile und abgrenzbare Akteur-Netzwerke) entstehen der ANT zufolge in kontextualisierten Mikroprozessen, die durch die Vorstrukturierung der in einer Situation vorliegenden Elemente begrenzt und ermöglicht werden. Ein Anspruch der ANT ist von Beginn an, die Mikro-Makro-Trennung zu überwinden (vgl. Callon und Latour 1982).

Die ANT kann weniger als eine einheitliche Theorie als ein dynamisches Theoriefeld mit unterschiedlichen Ansätzen und Theoriesträngen bezeichnet werden, die bereits in ihre Post-Phase eingetreten ist (engl. *After-ANT*) (vgl. Law und Hassard 1999). Die Wurzeln der ANT liegen in den Laborstudien, die im Rahmen des wissenssoziologischen Ansatzes der Wissenschaftsforschung unter anderen Ende der 1970er Jahre von Latour und Steven Woolgar durchgeführt wurden (vgl. Latour und Woolgar 1986).[2] Die Laborstudien gingen durch die Beobachtung wissenschaftlichen Handelns im Labor der Frage nach, wie Wissen und hierbei insbesondere wissenschaftliches Wissen entsteht. Damit lässt sich die Theorieentwicklung der ANT in drei Phasen gliedern. In der *ersten Phase*, die durch wissenschaftssoziologische Fragestellungen beeinflusst war, ging es um die Frage, wie ausgehend von den beständigen Transformationsprozessen auf der Mikroebene dennoch Stabilität (von Wissen oder Technik) erreicht werden könne. In der *zweiten Phase* der klassischen ANT wurde sich insbesondere der Frage zugewandt, wie Verbindungen in Netzwerken und zu Netzwerken gestärkt bzw. geschwächt werden können, um strategisch Netzwerkstrukturen etablieren zu können. Die Post-ANT-Ansätze hingegen fragen in einer *dritten Phase* nach den Konsequenzen der Netzwerkeinbindung für die Gleichheit und Differenz von Aktanten. Hier wird auf die Fraktionalität, Multiplizität und Mehrfacheinbindung von Subjekten und Objekte verwiesen. Das Grundkonzept der ANT lässt sich auch trotz der Heterogenität der Ansätze und der Dynamik der Theorieentwicklung in Anlehnung an das formale Netzwerkkonzept darstellen.

2 Grundkonzept: Akteur – Verbindung – Netzwerk

2.1 Entitäten: Der Akteursbegriff

Die Begriffe für das, was in einem Netzwerk als Knoten und was als Verbindung angesehen wird, wandelten sich in der Theorieentwicklung der ANT und diese können sich auch je nach Autor unterscheiden. Die Knoten in einem Netzwerk stellen zunächst die *Akteure bzw. Aktanten* dar. Der Begriff des Aktanten stammt aus der Semiotik und wurde von den Akteur-Netzwerk-Theoretikern gewählt, da er sich nicht nur allein auf Menschen beziehen kann. Eines der Hauptkennzeichen der ANT ist die konzeptionelle Gleichbehandlung sozia-

---

[2] Die theoretischen Wurzeln der ANT liegen in der Semiotik und der Ethnomethodologie. Ebenso stand Michel Serres sowohl für den Begriff der Übersetzung als auch für den Begriff des Quasi-Objekes Pate. Vgl. Callon 1980: 211; Latour 1998: 71ff.

ler und nichtsozialer Akteure bzw. menschlicher und nichtmenschlicher Wesen. Diese Forderung nach Gleichbehandlung wird auch zuweilen als „erweitertes Symmetrieprinzip" in Anlehnung an das Symmetrieprinzip bei David Bloor bezeichnet. Bloor hatte in Bezug auf die Untersuchung wissenschaftlichen Wissens gefordert, Wissensansprüche unabhängig davon zu untersuchen, ob sie wahr oder falsch seien. Sowohl für wahre als auch für falsche Aussagen sollten die gleichen Gründe angeführt werden (vgl. Bloor 1991: 7ff.). Das Symmetrieprinzip bezieht sich bei der ANT darüber hinaus auf die Zuschreibung von Aktivität bzw. Handlungspotential. In der Konsequenz wurde bei der Untersuchung von Netzwerkbildungsprozessen nicht vorgängig zwischen der Handlungsfähigkeit des Menschen und der Aktivität nichtmenschlicher Entitäten unterschieden. Prominent für diese Vorgehensweise ist das vielzitierte und -kritisierte Beispiel über die Muschelzucht von Callon, bei dem er die Muscheln so beschreibt, als hätten sie eigene Interessen, die sie mit ihrer Aktivität verfolgen (vgl. Callon 1986).

Ein Aktant ist dadurch definiert, dass er fähig ist zu wirken und Aktivität auszuüben (vgl. u.a. Callon/ Latour 1992: 350). Diese Fähigkeit wird dem Symmetrieprinzip folgend zunächst jeder Entität zugesprochen. Ein Unterschied zwischen den Entitäten und damit eine Asymmetrie wird erst mit dem Blackboxing gesetzt. Auch eine Black Box kann demnach als ein Knoten in einem Netzwerk auftauchen. Der Begriff der *Black Box* stammt aus der Kybernetik und beschreibt eine Einheit, bei der nur der Input und der Output betrachtet wird, nicht aber die im Innern ablaufenden Prozesse. Eine Black Box zu etablieren heißt nach einer ersten Fassung, „im Namen anderer zu sprechen" (vgl. Callon/ Latour 1981). Das Konzept der politischen Repräsentation wird dabei auf die wissenschaftliche Repräsentation übertragen: So wie bei einer politischen Repräsentation ein Sprecher im Namen anderer spricht und deren Interessen vertritt, spricht bei einer wissenschaftlichen Repräsentation ein Wissenschaftler im Namen anderer, jedoch nicht nur im Namen von menschlichen, sondern ebenso von nichtmenschlichen Wesen. Indem aber ein Sprecher im Namen anderer spricht, muss er die anderen zum Schweigen bringen und disziplinieren. Dieser Vorgang wird als Blackboxing bezeichnet: Die Netzwerke, die es dem Wissenschaftler bzw. Sprecher ermöglichen zu sprechen, werden verdunkelt. Somit können auch Sprecher als Knoten eines Netzwerkes auftauchen. Damit aber eine Repräsentation hält, muss sich der designierte Sprecher für seine Repräsentation „Verbündete" suchen, welche die Repräsentation stützen (vgl. Latour 1987: 70ff.; Callon 1986: 214ff.). Diese Verbündeten können sowohl diejenigen sein, die repräsentiert werden, als auch diejenigen, welche zu einer gleichen Repräsentation gelangen. Somit können als Knoten eines Netzwerkes auch die Verbündeten auftauchen. Diese werden auch teilweise als Vermittler (*intermediaries* bzw. *mediators*) bezeichnet, da sie zwischen unterschiedlichen Kontexten vermitteln (vgl. Latour 2005).[3]

Mit der Kritik an dem „Machiavellismus" der ANT und der zentralen Stellung eines allmächtig gedachten Subjektes, welches das Netzwerk erbaut (vgl. Law 1999), verschwindet die Figur des Sprechers in der weiteren Theorieentwicklung. Nun ist jede Entität fähig zu wirken und zu repräsentieren – wenn auch in unterschiedlicher Weise. Dabei steht der Begriff des Quasi-Objektes als Knoten eines Netzwerkes im Mittelpunkt (vgl. Callon und

---

[3] Bei Latour 2005 wird zwischen den *intermediaries* als Vermittler, welche gegen Transformationen immun sind, und *mediatoren*, welche das zu Transportierende und damit sich selbst transformieren, unterschieden. Vgl. Latour 2005: 37ff.

Latour 1992: 348; Latour 1996b: 378ff.). Es wird stärker darauf hingewiesen, dass auf der konzeptionellen Ebene jede Entität alles zugleich ist: materiell, sozial und diskursiv.

Auf die Kritik reagierten insbesondere die Post-ANT-Ansätze (vgl. Fujimura 1992: 170ff.; Mol und Law 1994: 650ff.; Star 1991: 27ff.). Sie modifizierten sowohl die Fragestellung als auch die Konzeption des Gegenstandes. So wurde nicht mehr nach den Bedingungen für die Herstellung von Stabilität gefragt, sondern nach der Auswirkung der Netzwerkeinbindung auf die Disziplinierten. Eine Folge davon war, dass der strategische Aspekt in der klassischen ANT zurückgedrängt wurde. Der Konstrukteur eines Netzwerkes als das zentrale Subjekt, also der Sprecher, verschwand. In den Mittelpunkt der Gegenstandskonzeption wurden nun die beständigen Transformationsprozesse und das Phänomen der Mehrfacheinbindung von Entitäten – Subjekten wie Objekten – gerückt. Dabei wurde darauf verwiesen, dass Stabilität trotz Transformationsprozessen möglich ist und damit eine Differenz trotz Angleichung an Netzwerkstrukturen bestehen bleibt (Konzept der *fluid objects* (vgl. Mol und Law 1994; Law und Singleton 2005). Damit können dieselben Objekte in unterschiedliche Kontexte bzw. soziale Welten integriert werden und Kooperation ermöglichen (Konzept der *boundary objects* (vgl. Griesemer und Star 1989; Fujimura 1992).

2.2 Verbindungen: Der Begriff der Übersetzung

Durch den Vorgang des Blackboxings werden die Verbindungen in einem Netzwerk erst hergestellt. Dieser Prozess wird in der ANT als Übersetzung (*translation*) konzeptionalisiert. Der Begriff der Übersetzung ist ein Schlüsselkonzept der ANT und wird als Übersetzung von Interessen gedacht. Das Konzept wurde insbesondere durch Callon theoretisch ausgebaut (vgl. Callon 1986: 203ff.). Nach ihm vollzieht sich eine Übersetzung in unterschiedlichen Schritten. In einem *ersten Schritt* wird ein Problem definiert (*problematization*), durch dessen Lösung die potentiellen Netzwerkpartner ihre Interessen verwirklicht sehen könnten. Anschließend werden in einem *zweiten Schritt* konkurrierende Problematisierungen zurückgedrängt und die potentiellen Netzwerkpartner daran interessiert, bestimmte Rollen für die Lösung der bevorzugten Problematisierung zu übernehmen (*interessement*). Ist dieser Schritt erfolgreich, wird in einem *dritten Schritt* ein gesamtes aufeinander abgestimmtes Rollenset etabliert (*enrolement*). In einem *vierten Schritt* kooperieren die Netzwerkpartner solcherart miteinander, dass sie als einheitlich agierender Akteur erscheinen und für andere Netzwerkbildungsprozesse mobilisiert werden können (*mobilization*). In dem Prozess der Übersetzung wird ein heterogenes Netzwerk erbaut, gleichzeitig wird es in eine Black Box eingeschlossen. Mit einem heterogenen Netzwerk wird der (vorläufig handlungsfähige) Akteur erst erschaffen. Damit ist jeder Akteur ein Netzwerk und jedes Netzwerk ein Akteur. Aus diesem Grund wird von Akteur-Netzwerken gesprochen.

Durch den Prozess des Blackboxings ist es möglich, das lokal erzeugte Netzwerk an anderen Orten zu re-präsentieren (*displacement*) und damit die Netzwerke auszuweiten. So finden wissenschaftliche Fakten in einem Netzwerk von Laboren immer wieder erneut ihre Bestätigung, werden technische Artefakte an anderen Orten wiederholt rekonstruiert. Diese Ausweitung der Netzwerke erfordert abermals Übersetzungsarbeit. Das bedeutet zugleich, dass die Verhandlungen über die Interessensangleichung von Neuem aufgenommen werden müssen, was potentielle Transformationen der beteiligten Aktanten nach sich ziehen könnte. Mit dem Blackboxing werden die einzelnen Verbindungen der Diskussion entzogen. Jedoch lässt sich eine Black Box nie vollständig verschließen. Die Black Box kann wieder geöffnet werden, indem einzelne Verbindungen und Rollenzuschreibungen in Frage gestellt werden. Damit gelten die in einer Black Box enthaltenen Verbindungen und Rollenzuschreibungen nur als *vorläufig* stabilisiert.

In dem Konzept des Blackboxings ist das spezifische *Machtkonzept* der ANT enthalten. Mit der Konstruktion eines heterogenen Netzwerkes und seines Einschlusses in eine Black Box werden die Verbindungen der Diskussion entzogen. Wer genügend Black Boxes kontrolliert und im Namen anderer spricht, besitzt Macht. Er definiert die Rollen, die andere zu verfolgen haben, und ihre Interessen. Um eine Aussage in Frage zu stellen, ist es notwendig, ebenso viele Ressourcen zu mobilisieren, wie für die Konstruktion des Erkenntnisanspruches aufgebracht worden waren (vgl. Latour 1987: 79ff.). Je alternativloser eine Repräsentation wird, desto eher sind andere Akteure gezwungen eine Repräsentation zu übernehmen, um ihre Interessen weiter zu verfolgen. Die Repräsentation wird zu einem *obligatory point of passage (OPP)* (vgl. Callon 1986: 203ff.; Latour 1987: 129f.).

2.3 Die Ausbreitung von Netzwerken

In dem Konzept der Übersetzung ist die *gegenseitige Transformation* der Repräsentierten und des Repräsentierenden bereits enthalten. Die klassische ANT konzentrierte sich darauf, Prozesse der Stabilisierung zu erklären, während die Post-ANT stärker die Transformationsprozesse in den Mittelpunkt rückte. Stabilität wird in der klassischen ANT durch die Form der Ausbreitung der Netzwerke begründet. Stabilität wird erreicht, wenn eine Repräsentation in anderen Kontexten bzw. von anderen Aktanten möglichst unverzerrt, das heißt undeformiert übernommen wird. Damit ein vorläufig stabilisierter Aktant nicht wieder zerfällt, zum Beispiel eine wissenschaftliche Aussage ihre Gültigkeit behält, ist es notwendig, dass sie in unterschiedliche Materialien inkorporiert wird: in wissenschaftliche Artikel, in die Fähigkeiten der Labormitarbeiter (*tacit knowledge*) und in technische Apparaturen, welche darauf ausgerichtet sind, empirisches Material zu produzieren, das als Beleg für die Aussage angeführt werden kann. In paralleler Weise muss ein technisches Artefakt, damit es funktioniert, nicht nur beständig repariert, auch der Kontext muss ihm angeglichen werden: Zum Beispiel genügt es nicht nur ein Auto zu haben, sondern es sind Straßen notwendig, um darauf zu fahren.

Eine erfolgreiche Inkorporierung einer Aussage bzw. ein erfolgreicher Transport ist dann erreicht, wenn idealiter eine Repräsentation in einem anderen Kontext undeformiert übernommen wird bzw. wenn kaum Änderungen an einem Artefakt oder einer Aussage vorgenommen werden müssen. Artefakte und Aussagen zerfallen in ihrer Konsistenz, wenn sie verändert, reinterpretiert und ihre Grenzen verwischt werden, aber auch, wenn sie nicht weitergetragen und ignoriert werden, was heißt, dass ihre *Zirkulation* in dem Netzwerk unterbrochen wird. Damit eine Repräsentation wie eine wissenschaftliche Aussage oder ein technisches Artefakt stabilisiert werden kann, ist es demnach notwendig, dass sie möglichst undeformiert weitergetragen wird und dies sowohl im zeitlichen als auch im räumlichen Sinne.

Nur indem sich die Netzwerke ausbreiten bzw. indem wissenschaftliche Aussagen und technische Artefakte zirkulieren, erhalten sie Gültigkeit und Funktionstüchtigkeit. Daraus folgt, dass Gültigkeit und Funktionstüchtigkeit von der Länge der Netzwerke abhängen, in denen sie zirkulieren. Eine wissenschaftliche Aussage ist nicht deswegen wahr, da sie mit einer objektiven Wirklichkeit korrespondiert, sondern weil sie durch ein heterogenes Netzwerk wahr gemacht wurde. Sie ist nur wahr in Bezug zu dem heterogenen Netzwerk, in dem sie zirkuliert, ebenso wie Technik nur in Bezug auf das Netzwerk funktioniert, das seine Funktionstüchtigkeit vorbereitet.

Die Netzwerke bestehen damit in einer Kette von Übersetzungsleistungen. Nur indem eine Spur aus dieser Übersetzungskette herausgegriffen wird, erscheint Stabilität. Dies wird *Inversion der Übersetzung* genannt (vgl. Callon 1995: 50ff.; Latour 1987: 93ff.). Erst wenn sie losgelöst von ihrem Kontext gesehen werden, erscheinen Aussagen als wahr und Technik als funktionstüchtig. Stabilität ist jedoch zeitlich und räumlich begrenzt. Allgemein gesehen treten die Eigenschaften der Entitäten erst in gefestigten Netzwerken auf und erst innerhalb dieser können Entitäten als materiell, sozial oder diskursiv beschrieben werden. Jeder Punkt in einer Übersetzungskette repräsentiert demzufolge die vorangegangenen. Die Figur des Sprechers ist nicht mehr notwendig, da jede in ein Netzwerk eingebundene Entität allein schon durch ihre Vorstrukturierung sich selbst und das Netzwerk, in das sie eingebettet ist, repräsentiert. Entitäten werden durch die Vielzahl von situierten Interaktionen geformt (*summing up*), wodurch ihrer weiteren potentiellen Aktivität ein Rahmen gesetzt wird (*framing*) (vgl. Latour 1999: 17ff.).

2.4 Merkmale des Netzwerkkonzepts

Das *Netzwerkkonzept* der ANT besitzt demnach drei spezifische Merkmale: die Heterogenität und die Nichtgleichrangigkeit der Elemente sowie der räumliche Bezug. Die Heterogenität der Elemente bezieht sich auf die Eigenschaftszuschreibungen, die erst innerhalb des Netzwerkbildungsprozesses hervortreten. In der Moderne werden hier, darauf weist Latour in seinen späteren modernisierungstheoretischen Schriften hin, vor allem die Eigenschaften materiell, sozial und diskursiv verteilt. Es besteht aber konzeptionell gesehen die Möglichkeit auch die Zuschreibung anderer Eigenschaften zu beobachten. Weiterhin können die Elemente eines Netzwerkes nicht als gleichrangig bezeichnet werden. Zwar wird konzeptionell gesehen jeder Entität die Fähigkeit zu wirken zugeschrieben, doch jede Entität baut auf einer Asymmetrie auf, die das Netzwerk, das jene hervorbringt, auf sich ausrichtet. Das Netzwerkkonzept beinhaltet die Asymmetrien zwischen den Knoten und unterscheidet zwischen Knoten, die eher im Zentrum, und Knoten, die eher in der Peripherie zu verorten sind. Damit ist mit dem Netzwerkkonzept ein spezifisches Konzept der Macht verbunden. Erst in den Post-ANT-Ansätzen löst sich das Netzwerk in einem allgemeinen Kräftefeld auf. Nach der Konjunktur der Netzwerkmetapher in den Sozialwissenschaften, als den Akteur-Netzwerk-Theoretikern der Begriff Netzwerk selbst suspekt geworden war, wurde darauf verwiesen, dass der Netzwerkbegriff dafür mobilisiert wurde, ein anderes Raumverständnis zu verdeutlichen (vgl. Law 1999: 6f.; Latour 1999: 15). Das Netzwerkkonzept verdeutlicht, dass benachbarte Elemente obwohl räumlich vereint, doch weit voneinander entfernt sein können, wenn sie nicht miteinander verbunden sind (vgl. Latour 2005: 131ff.). Damit soll ebenso aufgezeigt werden, dass Universalien bzw. als Universalien gedachte Entitäten lokal produziert sind.

2.5 Methode

Die Grundperspektive der ANT lässt sich durch ihren wissenschafts- und rationalitätskritischer Anspruch kennzeichnen. Sie richtet sich gegen die Sonderstellung wissenschaftlichen Wissens. Vielmehr wird jedem (sozialen) Akteur zugestanden, einen Zugang zur Welt zu besitzen und die Welt, die er erkennt, gleichzeitig zu erschaffen. Nach Ansicht der ANT übt jegliche Repräsentation, die Anspruch auf Allgemeingültigkeit erhebt, Macht aus, da sie die Repräsentierten zum Schweigen bringt und diszipliniert. Ihr Anspruch ist es, nicht zu repräsentieren, sondern den von heterogenen Netzwerkstrukturen Ausgeschlossenen zur Sprache zu verhelfen und damit die Vielfalt zu steigern. Ihre Begrifflichkeiten sollen nicht repräsentieren und interpretieren, sondern es ermöglichen, unterschiedliche Netzwerke zu bereisen. Dazu will sie eine „Infrasprache" bereitstellen, die nicht die Zuschreibung von Eigenschaften analytisch festlegt (vgl. Latour 1996b: 276ff.; Latour 2005: 173f). Um die Akteure selbst zu Wort kommen lassen zu können und den Akteuren zu folgen (*following the actor*), sollte sich bei der Beobachtung von Netzwerkbildungsprozessen jeglicher theoretischer Vorannahmen enthalten werden. Die „modernen Trennungen" wie die von Natur und Gesellschaft, Rationalität und Irrationalität, Wissenschaft und Nichtwissenschaft werden als analytische Kategorien abgelehnt. Es soll vielmehr erklärt werden, wie die Trennung von Natur und Gesellschaft entsteht (vgl. Latour 1987).

Die ANT erfindet einen neuen Gegenstand der Beobachtung: die Akteur-Netzwerke. Ihr methodischer Hauptansatzpunkt ist das Studium von Verbindungen (vgl. Callon und Latour 1981: 300; Latour 1987: 140f.), da das Soziale in dem Ziehen von Verbindungen gesehen wird (vgl. Latour 2005). Nicht welche Eigenschaften Entitäten haben, sondern wie diese Eigenschaften aus der Konstruktion heterogener Netzwerkstrukturen heraus entstehen, soll geklärt werden. Damit kennzeichnet die ANT ein Antiessentialismus: Entitäten besitzen nicht aus ihrem Wesen heraus bestimmte Eigenschaften, sie werden erst durch das Zusammenspiel unterschiedlicher Elemente mit unterschiedlichen Eigenschaften versehen.

Zur Umsetzung dieses Forschungsprogramms bedient sich die ANT der aus der Anthropologie stammenden ethnographischen Methoden, wie nichtteilnehmende Beobachtung und dichte Beschreibung, als methodisches Instrument. Sie arbeitet aber ebenso historisch, um die Genese von Netzwerkstrukturen nachzuzeichnen, als auch mittels neuer literarischer Formen, wie dem Erzählen von Geschichten, um der *agency* der Dinge aus multiplen Perspektiven nachzugehen (vgl. Law 2002; Law 2004).

2.6 Kritik

An der ANT ist vielfältige Kritik geübt worden. Einer der Haupteinwände bezieht sich auf die Gleichbehandlung von Menschen und Nichtmenschen. Es wird weniger kritisiert, dass mit der Gleichbehandlung in der Zuschreibung von Aktivität der Eindruck entstehe, dass auch nichtsoziale Akteure der intentionalen Handlung fähig seien, was auf dem ersten Blick dem Alltagsverständnis widerspreche (vgl. Pickering 1993: 562ff.). Vielmehr wird kritisiert, dass die ANT es nicht vermag, die Aktivität nichtsozialer Akteure beschreiben zu können, sie also ihren eigenen Anspruch nicht einzulösen vermag (vgl. Collins und Yearly 1992a: 312ff.; Gingras 1995: 128ff.). Für die Beschreibung der Aktivität nichtmenschlicher Aktivität seien nicht Soziologen sondern die Naturwissenschaftler kompetent (vgl. Collins und Yearly 1992a: 309ff.). Ebenso würde die ANT durch diesen Anspruch die disziplinären Grenzen der Soziologie sprengen und in einen naiven Realismus zurückfallen (vgl. Collins und Yearly 1992b; Gingras 1995: 126f.). Doch genau dies ist die Intention der ANT, indem sie den Gegenstand der Soziologie neu definiert und das Soziale in dem Ziehen von Verbindungen verortet.

Die Einebnung der Grenze zwischen Menschen und Nichtmenschen wurde noch aus einer anderen Richtung in Frage gestellt. Mit dieser Einebnung würde die Möglichkeit, die spezifische Verantwortungsfähigkeit des Menschen zu begründen, abhanden kommen. Durch ihren Anspruch, sowohl soziale als auch nichtsoziale Aktivität und damit alle Verbindungen repräsentieren und beschreiben zu wollen, könne die ANT nicht mehr das Nichtassimilierbare denken (vgl. Lee/ Brown 1994; Weber 2003: 95). Auch hier lässt sich entgegnen, dass der Gedanke einer nicht restlosen Bestimmung der Aktanten in dem Konzept der ANT enthalten ist: Eine Black Box lässt sich prinzipiell immer wieder öffnen. Jedoch wird mit dem erweiterten Symmetrieprinzip die Möglichkeit aus der Hand gegeben, zwischen Fakt und Fiktion bzw. zwischen Wissenschaft und Ideologie zu unterscheiden (vgl. Collins/ Yearly 1992b: 372ff.; Kenshur 1996: 294f.).

Ein weiterer Kritikpunkt an der ANT bezieht sich auf die ungenügende Trennung zwischen Epistemologie und Ontologie (vgl. Gingras 1995: 126; Weber 2003: 91f.). Diese folgt aus ihrer Grundannahme, dass etwas zu erkennen heißt, es gleichzeitig zu erschaffen. Die Einebnung der Trennung zwischen Epistemologie und Ontologie ist durch die ANT bezweckt, es folgen hieraus jedoch einige Probleme. So kann sie nicht zwischen theoretischen und empirischen Begrifflichkeiten unterscheiden. Die Selbstbeschreibung der Akteure bedeutet nicht, dass dem in Wirklichkeit so ist. Die Auflösung der Differenz zwischen Technik und Sozialem in theoretischer Hinsicht lässt nicht darauf schließen, dass sie keine gesellschaftliche Relevanz besitzt (vgl. Shapin 1988: 541ff.; Gingras 1995: 137f.; Weber 2003). Infolge der Ablehnung theoretischer Vorannahmen, geht die Vorstrukturierung der beobachteten Akteur-Netzwerke in die Untersuchung nicht mit ein und demnach kann auch nicht geklärt werden, wieso manche Verbindungen gezogen werden und andere nicht (vgl. Collins und Yearly 1992a: 322ff.; Gingras 1995: 138ff.). Damit vermag sie nur ungenügend gesellschaftliche Ungleichheitsstrukturen zu analysieren (vgl. Weber 2003: 110).

Ebenso wird in der Konsequenz der Einebnung von Epistemologie und Ontologie das Reflexivitätsprinzip für den eigenen Ansatz verletzt. Zwar stellt sie die soziale Konstruktivität wissenschaftlichen Wissens heraus, nicht aber die soziale Konstruktivität des eigenen Ansatzes (vgl. Collins und Yearly 1992a: 317ff., Kenshur 1996: 295; Schaffer 1991: 175ff.). Diese Probleme ließen sich theorieimmanent lösen, wenn die ANT stärker zwischen der Produktion und Ausbreitung von Netzwerken unterscheiden würde. Auch ihre eigenen Konzepte wären dann örtlich und zeitlich begrenzte Aussagen, die in mehr oder weniger langen Netzwerken zirkulieren (vgl. Latour 1987: 179ff.). Auf der empirischen Ebene könnte sie die Vorstrukturierung der Entitäten durch eine stärkere Beachtung bereits verfestigter heterogener Netzwerkstrukturen in die Untersuchung mit einbeziehen.

2.7 Rezeption und Weiterentwicklung

Insbesondere John Law hat die wissenschaftskritische Perspektive fortgetrieben. In seinen Arbeiten unterstützt er einen Multiperspektivismus, der auf eine Erweiterung der herkömmlichen wissenschaftlichen Methoden, seien sie quantitativ oder qualitativ, zielt. Damit soll der Untersuchungsbereich der Sozialwissenschaften auf die ephemeren Bereiche jenseits stabilisierter Netzwerke ausgeweitet werden (vgl. Law 2002; Law 2004). Bruno Latour hingegen gelangte über die ANT zu einer Beschreibung der Moderne. In seinen auch im deutschen Sprachraum weithin rezipierten modernisierungstheoretischen Schriften, wie sein Essay *Wir sind nie modern gewesen* (Latour 1998) und *Das Parlament der Dinge* (Latour 2001) plädiert er für eine Ablehnung der Unterscheidung von Natur und Gesellschaft. Nur hierdurch könne in Hinblick auf die gesellschaftspolitische Praxis auf sozial-ökologische Problemlagen angemessen reagiert werden. Michel Callon hingegen arbeitete an einer Anwendung der ANT auf wirtschaftssoziologische Fragestellungen (vgl. Callon 1999).

Die Rezeption in Deutschland erfolgt zumeist aus einer kritischen Perspektive (vgl. Kneer et al. 2008) und ist zu unterteilen nach den verschiedenen Phasen der Theorieentwicklung. So ist zum einen der Gedanke des Anteils von materiellen Dingen an der Konstitution der Gesellschaft aufgenommen worden (vgl. Joerges 1996) sowie der Gedanke der Handlungsfähigkeit von Technik (vgl. Greif 2005; Rammert und Schulz-Schaeffer 2002). Die Kritik an der Trennung der Differenz von Natur und Gesellschaft in der Moderne, machte die ANT und hier insbesondere die modernisierungstheoretischen Schriften Latours für umweltsoziologische und risikosoziologische Fragestellungen interessant (vgl. Brand 2006; Holzinger 2004; Voss und Peuker 2006).

3 Literatur

Belliger, Andréa und *David J. Krieger* (Hg.), 2006: ANThology. Ein einführendes Handbuch zur Akteur-Netzwerk-Theorie. Bielefeld: transcript.
Bloor, David, 1991: Knowledge and Social Imagery. Chicago, London: University of Chicago Press.
Brand, Karl-Werner (Hg.), 2006: Von der Agrarwende zur Konsumwende? Die Kettenperspektive. Ergebnisband 2. München: Oekom-Verlag.
Callon, Michel, 1980: Struggles and Negotiations to Decide What is Problematic and What is Not. The Socio-logics of Translation. S. 197-220 in: *Karin D. Knorr et al.* (Hg.), The Social Process of Scientific Investigation. Dordrecht, Boston: Reidel Publishing.
Callon, Michel, 1986: Some Elements of a Sociology of Translation: Domestication of the Scallops and the Fishermen of St. Brieuc Bay. S. 196-230 in: *John Law* (Hg.), Power, Action and Belief. A New Sociology of Knowledge? London: Routledge & Kegan Paul.
Callon, Michel, 1995: Four Models for the Dynamics of Science. S. 29-63 in: *Sheila Jasanoff et al.* (Hg.), Handbook of Science and Technology Studies. Thousand Oaks, London, New Dehli: Sage.
Callon, Michel, 1999: Actor-network theory – the market test. S. 181-195 in: *John Law* und *John Hassard* (Hg.), Actor Network Theory and After. Oxford, Malden: Blackwell.
Callon, Michel und *Bruno Latour*, 1981: Unscrewing the Big Leviathan: How Actors Macro-Structure Reality and How Sociologists Help Them to Do so. S. 277-303 in: *Karin Knorr-Cetina* und *Aaron V. Cicourel* (Hg.), Advances in Social Theory and Methodology. Toward an Integration of Micro- and Macro Sociologies. Boston, London, Henley: Routledge & Kegan Paul.
Callon, Michel und *Bruno Latour*, 1992: Don't Throw the Baby out With the Bath School. A Reply to Collins and Yearley. S. 343-368 in: *Andrew Pickering* (Hg.), Science as Practice and Culture. Chicago: Chicago University Press.
Collins, Harry M. und *Steven Yearly*, 1992a: Epistemological Chicken. S. 301-326 in: *Andrew Pickering* (Hg.), Science as Practice and Culture. Chicago: Chicago University Press.

Collins, Harry M. und *Steven Yearly*, 1992b: Journey Into Space. S. 369-389 in: *Andrew Pickering* (Hg.), Science as Practice and Culture. Chicago: Chicago University Press.
Fujimura, Joan H., 1992: Crafting Science: Standardized Packages, Boundary Objects, and 'Translation'. S. 168-211 in: *Andrew Pickering* (Hg.), Science as Practice and Culture. Chicago: Chicago University Press.
Gingras, Yves, 1995: Following Scientists Through Society? Yes, but at Arms Length! S. 123-148 in: Jed Z. Buchwald (Hg.), Scientific Practice. Theories and Stories of Doing Physics, Chicago: University of Chicago Press.
Greif, Hajo, 2005: Wer spricht im Parlament der Dinge? Über die Idee einer nicht-menschlichen Handlungsfähigkeit. Paderborn: Mentis-Verlag.
Holzinger, Markus, 2004: Natur als sozialer Akteur. Realismus und Konstruktivismus in der Wissenschafts- und Gesellschaftstheorie. Wiesbaden: VS Verlag.
Joerges, Bernward, 1996: Technik, Körper der Gesellschaft. Arbeiten der Techniksoziologie. Frankfurt am Main: Suhrkamp.
Kenshur, Oscar, 1996: The Allure of the Hybrid. Bruno Latour and the Search for a New Grand Theory. S. 288-297 in: *Paul R. Gross et al.* (Hg.), The Flight From Science and Reason. New York: New York Academy of Sciences.
Kneer, Georg, Markus Schroer und *Erhard Schüttpelz* (Hg.), 2008: Bruno Latours Kollektive. Kontroversen zur Entgrenzung des Sozialen. Frankfurt am Main: Suhrkamp.
Latour, Bruno, 1987: Science in Action. How to Follow Scientists and Engineers Through Society. Cambridge: Harvard University Press.
Latour, Bruno, 1992: Where are the Missing Masses? The Sociology of a Few Mundane Artifacts. S. 225-258 in: *Wiebe E. Bijker und John Law* (Hg.), Shaping Technology/Building Society. Studies in Sociotechnical Change. Cambridge, London: MIT Press.
Latour, Bruno, 1996b: On Actor-Network Theory. A Few Clarifications. Soziale Welt 47: 269-381.
Latour, Bruno, 1998: Wir sind nie modern gewesen. Versuch einer symmetrischen Anthropologie. Frankfurt am Main: Fischer.
Latour, Bruno, 1999: On Recalling ANT. S. 15-25 in: *John Law* und *John Hassard* (Hg.), Actor Network Theory and After. Oxford, Malden: Blackwell.
Latour, Bruno, 2000: Die Hoffnung der Pandora. Untersuchungen zur Wirklichkeit der Wissenschaft. Frankfurt am Main: Suhrkamp.
Latour, Bruno, 2001: Das Parlament der Dinge. Für eine politische Ökologie. Frankfurt am Main: Suhrkamp.
Latour, Bruno, 2005: Reassembling the Social: An Introduction to Actor-Network-Theory. Oxford: Oxford University Press.
Latour, Bruno und *Steven Woolgar*, 1986: Laboratory Life. The Construction of Scientific Facts. Princeton: Princeton University Press.
Law, John, 1986: On the Methods of Long-distance Control: Vessels, Navigation and the Portuguese Route to India. S. 234-263 in: *John Law* (Hg.), Power, Action and Belief. A New Sociology of Knowledge? London: Routledge & Kegan Paul.
Law, John, 1999: After ANT: Complexity, Naming and Topology. S. 1-14 in: *John Law* und *John Hassard* (Hg.), Actor Network Theory and After. Oxford, Malden: Blackwell.
Law, John, 2002: Aircraft Stories. Decentering the Object in Technoscience. Durham, London: Duke University Press.
Law, John, 2004: After Method. Mess in Social Science Research. London, New York: Routledge.
Law, John und *John Hassard* (Hg.), 1999: Actor Network Theory and After. Oxford, Malden: Blackwell.
Law, John und *Vicky Singleton*, 2005: Object Lessons. Organizations. The Critical Journal of Organization. Theory and Society 12: 331-355.
Lee, Nick und *Steve Brown*, 1994: Otherness and the Actor Network. The Undiscovered Continent. American Behavioural Scientist 36: 722-790.

Mol, Annemarie und *John Law*, 1994: Regions, Networks and Fluids: Anaemia and Social Topology. Social Studies of Science 24: 641-671.
Pickering, Andrew, 1993: The Mangle of Practice: Agency and Emergence in the Sociology of Science. American Journal of Sociology 99: 559-589.
Rammert, Werner und *Ingo Schulz-Schaeffer*, 2002: Technik und Handeln: Wenn soziales Handeln sich auf menschliches Verhalten und technische Abläufe verteilt. S. 11-64 in: *dies.* (Hg.), Können Maschinen handeln? Soziologische Beiträge zum Verhältnis von Mensch und Technik. Frankfurt am Main, New York: Campus.
Schaffer, Simon, 1991: The Eighteen Brumaire of Bruno Latour. Studies in History and Philosophy of Science 22: 174-192.
Shapin, Steven, 1988: Following Scientists Around. Social Studies of Science 18: 533-550.
Star, Susan Leigh, 1991: Power, Technologies and the Phenomenology of Conventions: On Being Allergic to Onions. S. 26-56 in: *John Law* (Hg.), A Sociology of Monsters. Essays on Power. Technology and Domination. London: Routledge.
Star, Susan Leigh und *James Griesemer*, 1989: Institutional Ecology, "Translations" and Boundary Objects: Amateurs and Professionals in Berkeley's Museum of Vertebrate Zoology, 1907-1939. Social Studies of Science 19: 387-420.
Voss, Martin und *Birgit Peuker* (Hg.), 2006: Verschwindet die Natur? Die Akteur-Netzwerk-Theorie in der umweltsoziologischen Diskussion. Bielefeld: transcript.
Weber, Jutta, 2003: Umkämpfte Bedeutungen. Naturkonzepte im Zeitalter der Technoscience. Frankfurt am Main: Campus.

5 Methoden der Netzwerkforschung

Einführung: Methoden der Netzwerkforschung

Auch die Wurzeln der empirischen Methoden der Netzwerkforschung reichen weit zurück. An erster Stelle ist Jacob Moreno (1953, zuerst 1934) zu nennen, der Sympathie-Antipathie-Netzwerke untersuchte und bereits eine Reihe von formalen Methoden – angefangen von der Adjazenzmatrix bis hin zu visuellen Darstellungsformen entwickelt hat. Die Pionierleistung von Moreno wird jedoch geschmälert durch heute nicht mehr haltbare gesellschafts- bzw. ordnungspolitische Vorstellungen. Auch in der englischen Sozialanthropologie und in der Ethnologie wurde bereits in der ersten Hälfte des zwanzigsten Jahrhunderts mit (quasi) netzwerkanalytischen Methoden gearbeitet. Die entscheidende Wende brachte dann die in den 1960er und 1970er Jahren in Harvard tätige Arbeitsgruppe, in dessen Mittelpunkt Harrison C. White stand. Insbesondere die von ihnen entwickelte Blockmodellanalyse ermöglichte die Betrachtung von Netzwerken auf einem höheren Abstraktionsniveau, nämlich in Bezug auf Positionen und Rollensets. Die methodischen und auch theoretischen Implikationen der Blockmodellanalyse können kaum überschätzt werden. Sie führte eindringlich vor Augen, dass das Nichtvorhandensein von Beziehungen mitunter strukturell bedeutsamer sein kann als das Vorhandensein konkreter Beziehungen. Damit war auch der Weg geebnet für die Analyse struktureller Löcher. Die theoretische Implikation der Blockmodellanalyse besagt, dass Akteure, die in gleicher oder zumindest ähnlicher Weise mit anderen Akteursgruppierungen in Beziehung stehen, als strukturell äquivalent zu werten sind. Sie sind ähnlichen Einflussnahmen ausgesetzt und können in die Netzwerkprozesse nur in spezifischer Form – nämlich über die konkret vorherrschenden direkten und indirekten Beziehungen – eingreifen. Dies legitimiert zu einer abstrakteren Betrachtung zu wechseln: Nicht mehr Akteure und ihre Beziehungen werden analysiert, sondern zu Positionen zusammengeführte äquivalente Akteure und das Beziehungsmuster zwischen diesen Positionen stehen nun im Untersuchungsfokus.

Die Fülle an Netzwerkmethoden und deren Verfeinerung, die Auswertungskapazitäten sowie die Analysesoftware haben seit den 1960er Jahren stetig zugenommen.

Wenn in diesem fünften Großkapitel wichtige Methoden der Netzwerkforschung behandelt werden, so ist damit der Anspruch verknüpft, einen ersten Einblick in die Vielfalt der Analysemethoden zu bieten. Die nachfolgenden Ausführungen können einschlägige Einführungen in die Netzwerkanalyse nicht ersetzen, allen voran das mittlerweile bereits zum Klassiker avancierte Nachschlagebuch Wasserman und Faust (1994).

Eine wichtige Grundlage der Netzwerkanalyse bildet die Graphentheorie, die ein Teilgebiet der Mathematik bildet. Ein Graph besteht aus Knoten und Kanten, wobei man zwischen ungerichteten und gerichteten Graphen unterscheidet. Die Wurzeln der Graphentheorie gehen zurück bis in das 18. Jahrhundert, in dem Leonhard Euler das Königsberger Brückenproblem mittels eines Graphen löste. Dieses Problem bestand in der Frage, ob ein Rundgang durch die Stadt Königsberg möglich ist, bei dem jeweils nur einmal die sieben Brücken der Stadt passiert werden. Auch soziale Netzwerke können in Form von Graphen repräsentiert werden. Die für die Netzwerkanalyse grundlegenden Aspekte der Graphentheorie werden in dem Beitrag von Ulrik Brandes behandelt. Eine mathematische Formalisierung des Graphen stellt eine Beziehungsmatrix dar, die das Vorhandensein bzw.

Nicht-Vorhandensein jeder möglichen Knotendyade in einer Matrize festhält (siehe Beitrag von Jürgen Lerner). Mittels dieser Matrizen sind nun Berechnungen möglich, die sich entweder auf einzelne Knoten, Kanten, Teilareale des Netzwerks oder auf das Gesamtnetzwerk beziehen.

Eindeutig einzelnen Knoten zurechenbare Kenngrößen bilden Zentralitäts- und Prestigemaße, die Peter Mutschke in seinem Beitrag behandelt. Hier koexistieren – wie so oft bei entsprechenden Berechnungsverfahren – verschiedene Messkonzepte, die jeweils unterschiedliche Aspekte zentraler Positionierung eines Knotenpunkts in den Fokus nehmen. Der Beitrag von Hans J. Hummell und Wolfgang Sodeur führen in die bedeutsame Dyaden- und Triadenforschung ein. Soziale Netzwerke lassen sich in einer Art „bottom-to-top"-Strategie auf dem Weg einer *Triadenanalyse* untersuchen. Der Grundgedanke, der hinter diesem Ansatz steckt, lautet: Jede komplexere Figuration lässt sich analytisch ohne gravierenden Informationsverlust in Triaden zerlegen, bei denen jeweils das dritte Element für die anderen beiden in Relation befindlichen Elemente den Außenbezug bildet. Eine Figuration aus vier Elementen lässt sich folglich mindestens in zwei Triaden aufteilen, die man einzeln auf ihre Verbundenheit(sstruktur) untersuchen kann. Die erarbeiteten Ergebnisse lassen sich anschließend wieder zusammensetzen, um so zu Aussagen über die Netzwerkstruktur insgesamt zu gelangen. Die Triade wird also als Keimzelle aller komplexeren Verbände (die über die Triade hinausgehen) angesehen. Offen ist dabei zunächst, wie intensiv der Verbund im Einzelnen ist. Es können ebenso verdichtete Figurationen – also beispielsweise Cluster und Gruppen – wie lose Verbände untersucht werden. Darüber hinaus lassen sich mittels des Triadenmodells auch hierarchische Strukturen analysieren. Entscheidende Bedeutung kommt bei diesem Verfahren dem *Transitivitätstheorem* zu. Es liefert eine einfache Deutung für den Aufbau von komplexeren Strukturen. Dabei wird angenommen, dass Elementen in Triaden eine Tendenz innewohnt, „ihre soziale Umwelt in einem noch zu spezifizierenden Sinne »ausgeglichen« zu gestalten" (Hummell/Sodeur, 1984: 526). Der Beitrag von Volker G. Täube widmet sich der Cliquenanalyse und der Analyse anderer Teilgruppen in Netzwerken.

Ein weiteres (mathematisches) Modell, das den Zusammenhang des Datennetzwerks von Knotenpunkten und Relationen mit der sozialen Struktur (als emergente Netzwerkeigenschaft) untersucht, bildet die sogenannte *Blockmodellanalyse*. Sie stellt den Versuch dar, die soziologischen Konzepte 'Rolle', 'Position' und 'Rollenstruktur' einer netzwerkanalytischen Untersuchung zugänglich zu machen. Man unterscheidet zwischen dem einfachen Netzwerkfall und dem multiplexen Netzwerkfall, bei dem mehrere Relationstypen Berücksichtigung finden können. Erst bei dem letzt genannten Fall kann die Blockmodellanalyse ihre volle Bedeutung entfalten. Das Ziel der Blockmodellanalyse besteht nun darin, die Besonderheiten der verschiedenen vorherrschenden Relationen zu wahren, gleichzeitig aber zu einer zusammenführenden Untersuchung aller vorliegenden Relationen zu gelangen. Dazu werden Knotenpunkte identifiziert, die in gleicher Weise in das Netzwerk eingebettet sind, d.h. ein gleiches Beziehungsmuster zu den anderen Knotenpunkten des Netzwerks aufweisen. Dies schließt vor allem die Nichtexistenz einer Beziehung ein. Bei der Analyse werden gleichverknüpfte Knoten zu Positionen aggregiert, sodass man zu einer abstrakteren Betrachtungsebene wechseln kann: Jetzt besteht die Matrix aus allen identifizierten Positionen und der Existenz bzw. Nicht-Existenz einer Relation zwischen jedem Positionspaar je Beziehungstyp. Eine Einführung in dieses Verfahren liefert der Beitrag von Richard Heidler.

Eine weitere zentrale Analysemethode bildet die bimodale Netzwerkanalyse, die Alexander Rausch in seinem Beitrag vorstellt. Durch dieses Verfahren wird es möglich, strukturelle Konstellationen mit „kulturellen" Aspekten zu verknüpfen. Hier können beispielsweise Akteursnetzwerke mit gemeinsam besuchten Events verknüpft werden. Letztere werden dann als Gelegenheitsstrukturen aufgefasst, an denen Akteure miteinander in Kontakt treten und gleichen Erfahrungen ausgesetzt sind (im Sinne einer gemeinsamen Erlebnishemisphäre).

Strukturalistische Betrachtungen, so wurde bereits von de Saussure argumentiert, sind verwurzelt in einer synchronischen Zeit – nur das, was sich heute als Beziehungsstrukturen in Netzwerken repräsentiert, ist für die Handlung der Akteure und deren Begrenzungen von Bedeutung. Selten nur wurde auf diese Weise argumentiert – meist, etwa Radcliffe-Brown (1940), wurde die Bedeutung diachronischer Sichtweisen (die zeitliche Entwicklung) betont. Allerdings wurde dieser Anspruch nur selten eingelöst. Dort wo Beziehungsentwicklung einbezogen wurde, etwa in Newcombs (1961) „Fraternity-Studie" blieb die Untersuchung bei der Beobachtung der Etablierung von Beziehungsstrukturen stehen. Für eine derartige Betrachtung spricht die Beobachtung, dass sich solche Beziehungsstrukturen meist für eine Zeit stabilisieren. Dies ist auch eine wesentliche Bedeutung von Netzwerken – stabile Beziehungen dienen der „Control" (White 1992), sie sind ein Element der Ordnung in einem Chaos an Angeboten und Möglichkeiten. Eine solche Sichtweise wurde allerdings mittlerweile kritisiert (Emirbayer & Goodwin 1994). Der Zerfall von Strukturen (Decoupling) verläuft oft genug chaotisch, wie beispielsweise an den oft analysierten Daten des zusammengebrochenen Unternehmens ENRON (z.B. Trier und Bobrik 2008) gezeigt wurde. Dies deutet auf die Bedeutung dynamischer Betrachtungsweisen hin – und in der Tat haben Analyseverfahren in diesem Bereich an Bedeutung gewonnen. Oft scheiterte die Untersuchung von Netzwerkänderungen an geeigneten Daten. Wenn überhaupt, lagen oft nur Beziehungsdaten für zwei Zeitpunkte vor (Suitor et al. 1997). Eine Einführung unter besonderer Berücksichtigung des in Groningen entwickelten Programmpakets Siena wird hierzu von Christian Steglich und Andrea Knecht gegeben.

Vor allem durch die Möglichkeit, Datenbanken mit Informationen, die als Beziehungsdaten interpretiert werden können, zu analysieren, ist die Anforderung entstanden, große Datensätze auszuwerten. Auf diesem Gebiet findet sich ein regelrechter Wettbewerb zwischen den Informatikern (gezeigt etwa bei den „Wizard-Sessions" auf den Weltkongressen der Netzwerkforschung, den Sunbelt Tagungen). Probleme und Strategien zur Analyse solcher großen Datensätze werden von Sebastian Schnorf thematisiert.

Eine wachsende Bedeutung kommt in den letzten Jahren auch der Verwendung qualitativer Erhebungs- und Auswertungsmethoden in der Netzwerkforschung zu. Wobei die Bezeichnung „qualitativ" missverständlich ist: Viele Erhebungsverfahren besitzen zumindest implizit qualitativ-deutende Anteile, zum Beispiel wenn lapidar nach Freundschaftsbeziehungen gefragt wird, aber nicht spezifiziert wird, ab wann eine Freundschaft eine Freundschaft ist. Ferner können qualitativ erhobene Netzwerkdaten – zum Beispiel durch teilnehmende Beobachtung – anschließend quantifiziert werden und mit formalen Netzwerkanalyseverfahren ausgewertet werden. Davon sind Forschungsstrategien abzuheben, die im Rahmen von narrativen Interviews unter Einsatz von so genannten Netzwerkkarten (siehe Kapitel 6.1) egozentrierte Netzwerke erheben. Bei derartig gewonnenen Daten bietet es sich an, auch qualitativ auszuwerten. An dieser Beschreibung sollte bereits deutlich geworden sein, dass in der Netzwerkforschung quantitative mit qualitativen Methoden Hand in Hand gehen. Insofern ist die Netzwerkforschung prädestiniert, eine Triangulation der Methoden vorzunehmen und zu Mixed Methods Forschungsdesigns vorzustoßen. In dieses Themenfeld führt der Beitrag von Betina Hollstein ein.

Eine grundsätzliche Frage stellt sich bei Forschungssettings zur Erhebung von Akteursnetzwerken, ob man „ganze" Netzwerke oder egozentrierte Netzwerke erhebt. Bei Ersterem befragt man (möglichst) alle Akteure einer Population (z.B. Schulklasse). Man erhält auf diese Weise mehr oder weniger korrespondierende Nennungen von Beziehungstypen pro Dyade. Eine andere Strategie besteht darin, Personen nach ihrem persönlichen Netzwerk zu fragen. Zum Beispiel bei großformatig angelegten Sozialstrukturanalysen kann man beispielsweise ‚nur' danach Fragen, ob man regelmäßigen Kontakt zu Verwandten hat, in welcher Entfernung jeweils die drei besten Freunde wohnen etc. In Kombination mit soziodemographischen Daten ergibt sich dann daraus ein spezifisches Beziehungssetting pro sozialem Milieu. Den Möglichkeiten der Erhebung und Auswertung egozentrierter Netzwerke geht der Beitrag von Christoph Wolf nach.

Sehr häufig werden in der Netzwerkanalyse Modellierungen eingesetzt. Solche Verfahren dienen dazu, zum einen theoretische Einsichten in Modelle zu gießen und diese durch eine Konfrontation mit der Empirie zu bewerten, zum anderen werden Messungen hierdurch verdichtet und einer Theoretisierung leichter zugänglich. Einblicke in die dort verwendeten Verfahren bieten die Beiträge von Jürgen Pfeffer und Peter Fleissner sowie das Kapitel von Gero Schwenk.

Noch weiter gehen Überlegungen, aus Texten relationale Daten zu extrahieren. Überlegungen hierzu stellt Jana Diesner zusammen mit Kathleen M. Carley dar, die gemeinsam ein solches Verfahren entwickelt haben.

R. H. / C. S.

Literatur

Emirbayer, Mustafa; Goodwin, Jeff, 1994, Network Analysis, Culture, and the Problem of Agency. American Journal of Sociology 99, 6, May: 1411-1454.
Hummell, Hans J. und *Wolfgang Sodeur*, 1984: Interpersonelle Beziehungen und Netzstruktur. Bericht über ein Projekt zur Analyse der Strukturentwicklung unter Studienanfängern. Kölner Zeitschrift für Soziologie und Sozialpsychologie 36: 511-556.
Moreno, Jacob L, 1953: Who shall survive? Foundations of sociometry group psychotherapy and sociodrama, Beacon N.Y.: Beacon House.
Newcomb, Theodore M., 1961: The acquaintance process. New York: Holt Rinehart and Winston.
Radcliffe-Brown, Alfred R., 1940: On Social Structure. The Journal of the Royal Anthropological Institute of Great Britain and Ireland 70: 1-12.
*Suitor, Jill J.; Barry Wellman;*und *David L. Morgan,* 1997: It's about time: how, why, and when networks change. Social Networks 19: 1-7.
Trier, Matthias und *Annette Bobrik*, 2008: Dynamische Analyse von Netzwerken elektronischer Kommunikation. Kann der Zentralität getraut werden?", S. 323-334 in: C. Stegbauer (Hrsg.): *Netzwerkanalyse und Netzwerktheorie. Ein neues Paradigma in den Sozialwissenschaften.* Wiesbaden: VS Verlag für Sozialwissenschaften.
Wasserman, Stanley und *Katherine Faust*, 1994: Social network analysis. Methods and applications. Vol. 8, Cambridge New York: Cambridge University Press.

White, Harrison C., 1992: Identity and control. A structural theory of social action. Princeton, NJ: Princeton Univ. Press.
White, Harrison C., 2008: Identity and control. How social formations emerge. Princeton, NJ: Princeton Univ. Press.

5.1 Graphentheorie

Ulrik Brandes

Die Graphentheorie ist ein Zweig der Diskreten Mathematik, dessen Entstehung für gewöhnlich auf eine 1736 erschienene Arbeit von Leonhard Euler über das so genannte *Königsberger Brückenproblem* zurückgeführt wird (Euler 1936). Sie hat in der zweiten Hälfte des letzten Jahrhunderts eine rasante Ausbreitung erfahren und ist gleichzeitig auch zu einem wichtigen Teilgebiet der Informatik geworden.

Wesentlicher Grund dafür ist, dass aus dem Zusammenspiel von Beziehungen zwischen Objekten, unabhängig von deren Art und Kontext, häufig ähnliche strukturelle Fragestellungen und Lösungsansätze erwachsen. In der reinen Graphentheorie werden deshalb keine Annahmen darüber gemacht, um was es sich bei den Objekten handelt und welche Bedeutung die Beziehungen haben. Indem von allem abstrahiert wird, was sich nicht als Konsequenz aus dem bloßen Vorhandensein paarweiser Beziehungen ergibt, beschränkt sich die Graphentheorie auf den strukturellen Kern einer Fragestellung. Dadurch ist es möglich, Konzepte und Verfahren (formal) in beliebige Anwendungskontexte zu übertragen oder sogar Lösungen für Probleme zu entwickeln, die bisher noch in keinem Kontext überhaupt als solche formuliert wurden. In Bezug auf Beziehungsstrukturen ist die Rolle der Graphentheorie damit vergleichbar mit derjenigen, welche die Statistik für Häufigkeiten spielt.

Aus der Allgemeinheit des Modells ergeben sich einige wichtige Konsequenzen für die Anwendung auf sozialwissenschaftliche Fragestellungen, die zwar eigentlich selbstverständlich erscheinen, aber trotzdem häufig außer Acht gelassen oder zumindest nicht in vollem Umfang bedacht werden:

1. Wie die ganze Mathematik ist die Graphentheorie abstrakt, da nicht die modellierten Gegenstände, sondern nur einige der im jeweiligen Kontext wesentlichen Eigenschaften derselben behandelt werden. Dies macht den Umgang mit ihr mitunter mühsam, hat aber den Vorteil der Präzision und der Übertragbarkeit von Erkenntnissen.
2. Notwendige Bedingung für die Anwendbarkeit von graphentheoretischen Methoden ist, dass ihre oft impliziten Voraussetzungen erfüllt sind. Netzwerkforschung kann also nur mit ausreichender, in der Regel theoriegeleiteter Fundierung zu relevanten Ergebnissen führen, andernfalls wird auch noch so anspruchsvolle graphentheoretische Analyse vor allem Scheinpräzision erzeugen.
3. Graphentheoretische Methoden werden in so ziemlich jedem Wissen- und Wirtschaftszweig verwendet und entwickelt. Entsprechend breit gestreut und teils idiomatisch sind die Konzepte. Verschiedene Dinge werden mitunter gleich bezeichnet und gleiche Dinge verschieden. Bei der Übertragung ist also einerseits Vorsicht geboten, andererseits existiert ein riesiger Methodenfundus, dessen Exploration sich lohnen kann.

In diesem Kapitel kann natürlich nur eine kurze Einführung wesentlicher Begriffe geleistet werden. Es soll gezeigt werden, dass viele der – oft eher metaphorisch – als Netzwerk bezeichneten Strukturen sich durch bestimmte Typen von Graphen, deren Elemente meist durch eine Reihe von Attributen näher beschrieben werden, modelliert werden können, und welche Sorten von Eigenschaften dabei erhalten bleiben.

Neben einer Einführung in die Terminologie soll dadurch auch eine Bewusstseinsschärfung für Modellierungsaspekte erfolgen. Von den zahlreichen weiterführenden Büchern zum Thema seien hier nur ein grundlegendes (Diestel 2006), ein algorithmisches (Krumke und Noltemeier 2005), ein besonders anschauliches (Nitzsche 2005), ein historisch bedeutsames (König 1936) und ein durch soziale Netzwerke beeinflusstes (Harary et al. 1965) genannt.

1 Graphen

Ein *Graph* $G = (V, E)$ ist ein Paar aus einer Menge V von *Knoten* (engl. *vertices*, oft auch *nodes* oder *points*), welche die Akteure des Netzwerks repräsentieren, und einer Menge E von *Kanten* (engl. *edges*, oft auch *links*, *ties* oder *lines*), die Beziehungen zwischen den Akteuren repräsentieren. Wir bezeichnen die Anzahl[1] der Knoten eines Graphen $G = (V, E)$ durchgängig mit $n = |V|$, und die Anzahl seiner Kanten mit $m = |E|$.

Abbildung 1: Beispiele eines schlichten ungerichteten Graphen und eines gerichteten Multigraphen

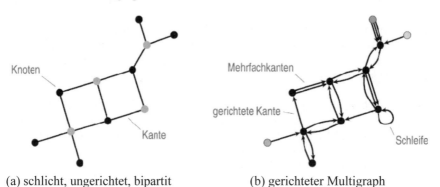

(a) schlicht, ungerichtet, bipartit   (b) gerichteter Multigraph

1.1 Richtungen und Vielfachheiten

Sind die repräsentierten Beziehungen symmetrisch, dann kommt es bei einer Kante nur darauf an, welche Knoten durch sie verbunden sind. Die Kantenmenge zu einer symmetrischen Beziehung besteht daher aus (ungeordneten) Paaren von Knoten, $E \subseteq \{\{v, w\} : v, w \in V\}$, die als *ungerichtete* Kanten bezeichnet werden.

---

[1] Sozialnetzwerke haben naturgemäß eine endliche Zahl von Akteuren, es sei aber angemerkt, dass in der Graphentheorie auch unendliche Graphen betrachtet werden.

Sind die beiden Akteure einer Beziehung hingegen in unterschiedlicher Weise daran beteiligt, z.B. weil einer vom anderen Nachrichten empfängt, dann darf diese Asymmetrie im Modell nicht verloren gehen. Die Kantenmenge besteht in solchen Fällen aus geordneten Paaren von Knoten, $E \subseteq V \times V = \{(u,v) : v, w \in V\}$, die als *gerichtete* Kanten bezeichnet werden.

Ein Graph wird daher auch als gerichtet oder ungerichtet bezeichnet, je nachdem, ob seine Kantenmenge aus gerichteten oder ungerichteten Kanten besteht. In seltenen Fällen werden auch beide Arten von Kanten im selben Graphen verwendet und dieser dann als *gemischter Graph* bezeichnet.

Wenn verschiedene Instanzen der Beziehung zwischen denselben Akteuren unterscheidbar sein sollen, wird für die Kanten eine Multimenge verwendet, d.h. eine Menge, bei der für jedes enthaltene Element zusätzlich eine *Vielfachheit* (Anzahl der verschiedenen Vorkommen) anzugeben ist. Eine Kante mit Vielfachheit größer eins heißt dann *Mehrfach-* oder *parallele Kante*, und ein Graphen mit Mehrfachkanten heißt *Multigraph*. Soll betont werden, dass keine Mehrfachkanten unterschieden werden, wird der Graph als *einfach* bezeichnet.

Steht ein Akteur mit sich selbst in Beziehung, d.h. gibt es einen Knoten $v \in V$ mit $\{v,v\} \in E$ bzw. $(v,v) \in E$, so spricht man von einer *Schleife* (engl. *loop*). Ein Graph ohne Schleifen heißt *schleifenfrei*.

Ein *schlichter* Graph enthält weder Schleifen noch Mehrfachkanten. Der Graph in Abbildung 1 ist ein Beispiel dafür.

Die Unterscheidung verschiedener Graphentypen ist eine notwendige Komplikation, die einerseits die Anwendbarkeit der Graphentheorie stark erweitert und ohne die vielfach keine schlüssigen Vereinbarungen für analytische Konzepte getroffen werden könnten. Schon so einfache Kenngrößen wie die *Dichte*, also das Verhältnis der Anzahl vorhandener Kanten m zur Anzahl der möglichen Kanten (mehr dazu im nächsten Kapitel) könnten sonst gar nicht sinnvoll bestimmt werden. In einem schlichten ungerichteten Graphen mit $n = |V|$ Knoten ist die maximale Anzahl der Kanten nämlich $\binom{n}{2} = \frac{n(n-1)}{2}$ (Anzahl der ungeordneten Paare aus verschiedenen Knoten), in einem einfachen gerichteten Graphen dagegen n^2 (Anzahl der geordneten Paare einschließlich Schleifen).

Bei den in diesem Kapitel vorgestellten Konzepten sollte daher immer überprüft werden, ob die Formulierung für eine bestimmte Graphenart anwendbar ist. Da gerichtete Multigraphen offensichtlich den allgemeinsten bisher vorgekommenen Typ darstellen, sind die meisten Konzepte dafür formuliert und für speziellere Graphentypen möglicherweise zu modifizieren.

Tabelle 1: Beispiele für Graphenmodelle verschiedenen Typs

Netzwerk	Akteure	Beziehung	Graphentyp
Verwandtschaft	Personen	familiäre Beziehungen	schlicht, ungerichtet
Kapitalverflechtung	Firmen & Banken	finanzielle Beteiligung	bimodal, gerichtet
bibliographisch	Personen & Aufsätze	Autorenschaft	bimodal, bipartit, ungerichtet
Zitationen	Autoren	Zitation	gerichteter Multigraph (mit Schleifen)

1.2 Attribute

Akteure und Beziehungen eines Netzwerks sind durch bloße Angabe ihres Vorhandenseins in der Regel unzureichend beschrieben. Um Graphenmodelle mit zusätzlichen Informationen anzureichern, werden daher Knoten- und Kantenattribute hinzugefügt. Diese können einfache Beschriftungen sein, die lediglich der Identifikation oder Zuordnung dienen (und werden dann in der formalen Analyse meist nicht berücksichtigt), oder sie modifizieren Qualität oder Quantität eines Graphenelements und sind daher entscheidend für die Analyse. In letzterem Fall spricht man von *bewerteten Graphen* (engl. *valued graphs*).

Bewertungen können Daten beliebigen Typs sein, z.B. kann man mit einem Knotenattribut $\lambda : V \rightarrow \{A, B, C\}$ die Akteure in drei Gruppen einteilen oder durch ein Kantenattribut $\omega : E \rightarrow [0,1]$ die Wahrscheinlichkeit für das Funktionieren einer Verbindung angeben.

Typ und Bedeutung der Attribute hängen wie das spezielle Graphenmodell vom Anwendungskontext ab, und es ist auch hier darauf zu achten, dass nur damit kompatible Analyseformen angewandt werden. Ein Beispiel dafür wird weiter unten im Abschnitt über Wege gegeben. Hinzu kommt, dass sich die geeignete Darstellung mancher Arten von Attributen erst aus der anzuwendenden Analysemethode ergibt.

1.3 Bimodale, bipartite und Hypergraphen

Ein besonders häufiger Fall von Knotenattributen ist dieEinteilung in zwei Gruppen prinzipiell verschiedener Akteure, z.B. Personen und Organisationen, denen sie angehören, oder Personen und Dokumente, die sie verfasst haben. Man spricht dann von *bimodalen* Netzwerken (engl. *two-mode network*). Oft ist es sogar so, dass die Beziehungen nur zwischen Akteuren unterschiedlichen Typs bestehen können (kein/e Person/Dokument verfasst ein/e andere/s).

Ein bimodales Netzwerk kann äquivalent auch durch einen so genannten *Hypergraphen* repräsentiert werden. In einem Hypergraphen $G = (V, E)$ besteht die Kantenmenge E aus Teilmengen der Knotenmenge; an einer (Hyper-)Kante können also mehr als zwei Knoten beteiligt sein. Für bimodale Netzwerke fasst eine Hyperkante alle Knoten des einen

Typs zusammen, die mit einem gemeinsamen Knoten des anderen Typs in Beziehung stehen. Ein Beispiel zeigt Abbildung 2.

Abbildung 2: Die gleichen Mitgliedschaftsdaten als bimodaler Graph aus Direktoren (rund) und Aufsichtsräten (rechteckig), als Hypergraph (Aufsichtsräte umschließen darin vertretene Direktoren) und als zwei Multigraphen (Aufsichtsräte mit gemeinsamen Direktoren bzw. Netzwerk gemeinsamer Zugehörigkeiten)

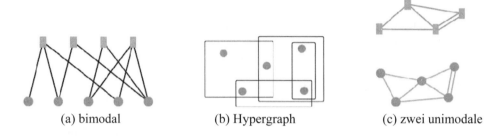

(a) bimodal   (b) Hypergraph   (c) zwei unimodale

Die Modellierung des bimodalen Graphen durch einen Hypergraphen setzt voraus, dass es keine Beziehungen zwischen Akteuren gleichen Typs gibt. Dies ist eine Grapheigenschaft, die auch unabhängig von einer bekannten Einteilung in zwei Gruppen vorliegen kann. Ein Graph heißt daher *bipartit* (engl. *bipartite*), wenn seine Knoten auf mindestens eine Weise so in zwei Teilmengen partitioniert werden können, dass keine Kanten innerhalb einer der beiden Mengen verläuft. Die Graustufen in Abbildung 1 definieren eine solche Bipartition.

Bimodal und bipartit bezeichnen also nicht ganz den gleichen Sachverhalt: für einen bipartiten Graphen kann es verschiedene Einteilungen in je zwei intern nicht verbundene Gruppen geben, während in einem bimodalen Graphen die Einteilung bereits (durch extrinsische Attribute) festgelegt ist und zumindest grundsätzlich auch Beziehungen zwischen Knoten gleichen Typs bestehen können (im obigen Beispiel etwa Organisationen, die anderen Organisationen angehören).

Im nächsten Abschnitt wird gezeigt, wie aus bipartiten bimodalen Graphen neue Beziehungen zwischen Knoten desselben Typs abgeleitet werden können (für Personen etwa die mit der Organisationsanzahl bewertete Beziehung gemeinsamer Zugehörigkeit).

1.4 Multiplexität

Sind die Kanten eines Graphen typisiert, d.h. werden mehrere Beziehungsarten in einem Netzwerk zusammen betrachtet, handelt es sich um ein *Mehrfachnetzwerk* (engl. *multiplex network*). Je nach Zusammenhang ist es besser, Mehrfachkanten zwischen Knoten zu verwenden, wenn die Akteure in Beziehungen verschiedenen Typs stehen (eine für jede vorkommende Beziehungsart), oder die Kanten eines einfachen Graphen mit der Menge der jeweils zutreffenden Beziehungstypen zu beschriften.

1.5 Dynamik

Zu den interessantesten Attributen, die Netzwerkelemente aufweisen können, zählt ihre Veränderung über die Zeit. *Längsschnitt-Netzwerke* (engl. *longitudinal networks*) werden durch *dynamische* Graphen modelliert, es sind allerdings so viele Klassen zu unterscheiden, dass auf eine ausführliche Behandlung verzichtet wird. Für die Analysemöglichkeiten macht es nämlich einen großen Unterschied, ob Kanten hinzukommen und/oder aus dem Graphen herausfallen können, ob die Knotenmenge veränderlich ist, ob sich Attributwerte ändern können, ob die Änderungen getaktet sind (z.B. Erhebungswellen bei Paneldaten) oder kontinuierlich (z.b. zeitlich erfasste Ereignisbeziehungen) auftreten können u.s.w. Viele dieser Varianten bedingen außerdem nochmals weitere Varianten der nachstehenden Konzepte; unter welchen Voraussetzungen sollen z.B. zwei Akteure in einem zeitlich veränderlichen Netzwerk als verbunden betrachtet werden?

2 Isomorphie und Teilgraphen

Um Netzwerkstrukturen vergleichen oder Arten von Teilstrukturen untersuchen zu können, braucht man eine Möglichkeit, Graphen zueinander in Beziehung setzen zu können.

Abbildung 3: Der Graph H enthält einen Kreis der Länge vier und ist siebenmal im Graphen G enthalten (ein Vorkommen hervorgehoben)

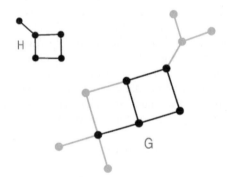

Zwei Graphen $G_1 = (V_1, E_1)$ und $G_2 = (V_2, E_2)$ heißen *isomorph*, $G_1 \cong G_2$, wenn es eine bijektive Abbildung $\phi: V_1 \to V_2$ gibt, die

$$(u,v) \in E_1 \iff (\phi(u), \phi(v)) \in E_2$$

für alle $(u,v) \in E_1$ erfüllt. Bijektiv bedeutet dabei, dass jeder Knoten aus V_2 genau einem Knoten in V_1 zugeordnet wird, die Abbildung ist also umkehrbar. Isomorphe Graphen sind strukturell, d.h. wenn man alle Attribute und sonstigen Identifikationen weglässt, nicht zu unterscheiden.

Zu einem Graphen $G = (V, E)$ und einer Teilmenge seiner Knoten $V' \subseteq V$ ist der *knoteninduzierte* Teilgraph $G[V'] = (V', \{(u,v) \in E : u, v \in V'\})$. Der von einer Kantenteilmenge $E' \subseteq E$ *kanteninduzierte* Teilgraph $G[E'] = (V', E')$ enthält alle Knoten $V' \subseteq V$, die an mindestens einer Kanten von E' beteiligt sind. Allgemein besteht ein *Teilgraph* aus einer Teilmenge von Knoten und Kanten, sodass mindestens die Endknoten der Kantenteilmenge vorhanden sind.

Ein Graph G *enthält* einen anderen Graphen H, falls H zu einem Teilgraphen von G isomorph ist. Häufig interessieren z.B. möglichst große *Cliquen*, d.h. Teilgraphen, in denen jeder Knoten mit jedem anderen verbunden ist.

3 Knotengrad

In einem schlichten Graphen ist der *Grad*, $\deg(v)$, eines Knotens $v \in V$ definiert als die Anzahl der Kanten, an denen er beteiligt ist,
$$\deg(v) = |\{e \in E : v \in e\}|.$$
In gerichteten Graphen ist zu unterscheiden, ob v Anfangs- oder Endknoten der jeweiligen Kanten ist. Entsprechend sind der *Eingangsgrad* $\deg^-(v) = |\{e \in E : e = (v, w)\}|$ und *Ausgangsgrad* $\deg^+(v) = |\{e \in E : e = (u, v)\}|$ definiert. Mit Grad wird in gerichteten Graphen dann die Summe aus Ein- und Ausgangsgrad bezeichnet. Die Knotengrade der Graphen aus Abbildung 1 sind in Abbildung 4 Grundlage der Knotendarstellung.

Abbildung 4: Graphische Darstellung von ungerichteten Knotengraden durch Fläche und von Ein- und Ausgangsgraden durch Seitenverhältnisse

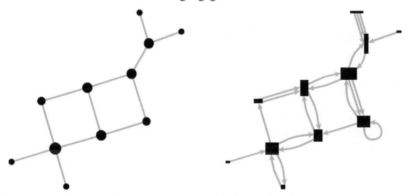

(a) Knotengrade (b) Ein- und Ausgangsgrade

Obwohl der Knotengrad eine lokal definierte Größe ist, lassen sich aus ihm bereits interessante Eigenschaften eines Netzwerks bestimmen. So ist die Summe der Knotengrade gerade doppelt so groß wie die Kantenzahl, woraus sich ein Zusammenhang zwischen dem durchschnittlichen Knotengrad und der Dichte ergibt (siehe den nächsten Abschnitt). Eine wichtige Statistik ist die *Gradverteilung* $(p_d)_{d=0,1,2,...}$, wobei p_d die relative Häufigkeit bezeichnet, mit welcher der Knotengrad d auftritt. Ist p_d im Wesentlichen proportional zu $d^{-\gamma}$ für eine Konstante $\gamma > 0$, spricht man von *Skaleninvarianz* (engl. *scale-free network*).

4 Wege

Neben den direkten Beziehungen, die durch Kanten repräsentiert sind, interessieren fast immer auch die indirekten Beziehungen in einem Netzwerk.

Abbildung 5: Ein kürzester Weg von A nach B.

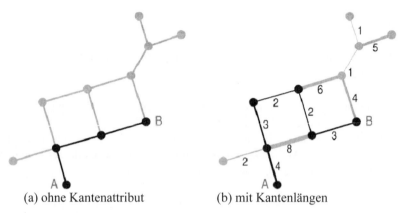

(a) ohne Kantenattribut   (b) mit Kantenlängen

Ein (gerichteter) *Weg* ist eine Folge von Kanten derart, dass der Anfangspunkt einer Kante der Endpunkt der vorhergehenden ist. Sind zwei Knoten $s, t \in V$ durch einen Weg verbunden, heißt der Weg auch (s,t)-*Weg*, und t von s aus *erreichbar*. Erreichbarkeit ist die grundlegende indirekte Beziehung zwischen Knoten und Basis für eine Vielzahl von Analysemethoden, die in diesem Buch besprochen werden.

Ein Weg, der an keinem Knoten zweimal ankommt, heißt *einfach*, und ein Weg, der am selben Knoten beginnt und endet, heißt *geschlossen* und auch *Kreis* oder *Zykel*.

Die *Länge* eines Weges ist die Anzahl seiner Kanten und der (graphentheoretische) *Abstand* zweier Knoten $s, t \in V$ ist die Länge eines kürzesten (s,t)-Weges. Gibt es keinen (s,t)-Weg, wir das Abstand oft als unendlich aufgefasst. Mit Hilfe der Weglängen lässt sich beispielsweise der *Durchmesser* eines Graphen als der größte Abstand zweier seiner Knoten erklären. Als weitere Kenngröße für die Struktur eines Netzwerks ist auch der durchschnittliche Abstand unter der Bezeichnung *charakteristische Weglänge* gebräuchlich. Geringe charakteristische Weglänge ist eine wesentliche Eigenschaft von Graphen, die als *kleine Welten* (engl. *small worlds*) bezeichnet werden.

Sind die Kanten des Graphen mit Attributen versehen, lassen sich daraus auch Attribute für Wege ableiten. Ist z.B. $\delta : E \to R$ eine Abbildung, die jeder Kante $e \in E$ eine reelle Zahl $\delta(e) \in R$ als Länge zuordnet, wird die Länge eines Weges oft als die Summe der Längen seiner Kanten vereinbart und der Abstand zweier Knoten $s, t \in V$ wieder als die Länge eines kürzesten (s,t)-Weges. Dies verallgemeinert den erstgenannten Längenbegriff, da er als Sonderfall, in dem alle Kantenlängen gleich eins sind, enthalten ist. Das Beispiel in Abbildung 5 zeigt, dass sich durch die Hinzunahme von Kantenattributen Eigenschaften von Wegen ändern können.

Als weiteres Beispiel betrachte mit $\omega : E \to [0,1]$ die Wahrscheinlichkeit $0 \leq \omega(e) \leq 1$ des Funktionierens einer Kommunikationsverbindung $e \in E$. Dann ist z.B. das Produkt der Kantenfunktionswahrscheinlichkeiten die Wahrscheinlichkeit für das Funktionieren eines Kommunikationsweges bei voneinander unabhängig auftretenden Ausfällen, und die Wahrscheinlichkeit für das Bestehen irgendeiner Verbindung zwischen zwei Knoten eine deutlich komplizierte Funktion der Kantenbewertungen.

5 Zusammenhang

Erreichbarkeit ist unter anderem Grundlage für die Zerlegung von Netzwerken in ihre wesentlichen Bestandteile. Ein Graph heißt *stark zusammenhängend*, wenn jeder Knoten von jedem anderen aus erreichbar ist und *(schwach) zusammenhängend*, wenn jeder Knoten von jedem anderen auf ungerichteten Wegen erreichbar ist. Die maximalen zusammenhängenden Teilgraphen sind dann die starken bzw. schwachen *Zusammenhangskomponenten*. Der Graph in Abbildung 1(b) ist schwach zusammenhängend, hat aber vier (farblich markierte) starke Zusammenhangskomponenten.

Ein Graph der durch Wegnahme jeder beliebigen Kante unzusammenhängend würde, ist kreisfrei (enthielte der Graph einen Kreis, so könnte eine seiner Kanten entfernt werden, ohne den Graphen zu zerlegen) und heißt *Baum*. Entfernt man aus dem Graphen H in Abbildung 3 eine Kante, so wird daraus entweder ein Baum, oder er zerfällt in zwei Zusammenhangskomponenten. Bäume sind typisch für Organigramme und andere hierarchische Strukturen.

6 Literatur

Diestel, Reinhard, 2006: Graphentheorie. Heidelberg: Springer.
Euler, Leonhard, 1736: Solutio problematis ad geometriam situs pertinentis. Commentarii Academiae Scientiarum Imperialis Petropolitanae 8: 128-140.
Harary, Frank, *Robert Z. Norman* und *Dorwin Cartwright*, 1965: Structural Models: An Introduction to the Theory of Directed Graphs. New York: John Wiley & Sons.
König, Denes, 1936: Theorie der endlichen und unendlichen Graphen: Kombinatorische Topologie der Streckenkomplexe. Leipzig: Akademische Verlagsgesellschaft.
Krumke, Sven O. und *Hartmut Noltemeier*, 2005: Graphentheoretische Konzepte und Algorithmen. Wiesbaden: Vieweg+Teubner.
Nitzsche, Manfred, 2005: Graphen für Einsteiger. Wiesbaden: Vieweg+Teubner.

5.2 Beziehungsmatrix

Jürgen Lerner

Außer durch Graphen lassen sich Netzwerke auch durch Matrizen repräsentieren. Zunächst einmal ist diese Art der Darstellung nicht ausdrucksstärker als die durch Graphen (siehe vorherigen Beitrag). Da es für Matrizen – als abstrakte mathematische Objekte – aber eine Vielzahl von Theoremen, algebraischen Operationen und algorithmischen Verfahren gibt, gewinnt man so auch neue Einsichten und Methoden für die Netzwerkanalyse.

1 Repräsentation von Netzwerken durch Matrizen

Dieser Beitrag behandelt die Darstellung von Netzwerken durch Matrizen und geht darauf ein, wie sich gewisse algebraische Operationen auf Matrizen anwenden lassen, um Beziehungen miteinander zu kombinieren und so neue Beziehungen zu erhalten. Definitionen und Aussagen rund um Matrizen finden sich bei Artin (1991). Der Zusammenhang zwischen Graphen (Netzwerken) und Matrizen wird von Godsil und Royle (2001) behandelt. Beide Referenzen gehen aber weit über die Themen dieses Beitrags hinaus.

Unter einer *Matrix* versteht man zunächst einmal nichts weiter als eine rechteckige Anordnung von Zahlen, wie beispielsweise in Abb. 1 (*links*) gezeigt.

Abbildung 1: Adjazenzmatrix X (*links*) eines Netzwerkes mit drei Akteuren (*rechts*). Die Tabelle in der Mitte zeigt die Matrix X zusammen mit der Indizierung der Zeilen und Spalten durch die Akteure A, B, C

$$X = \begin{bmatrix} 0 & 1 & 0 \\ 0 & 0 & 1 \\ 1 & 0 & 0 \end{bmatrix} \quad \begin{bmatrix} & A & B & C \\ A & 0 & 1 & 0 \\ B & 0 & 0 & 1 \\ C & 1 & 0 & 0 \end{bmatrix}$$

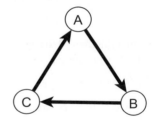

Die *Dimension* einer Matrix ist gegeben durch ihre Zeilenzahl (Höhe) und Spaltenzahl (Breite). Der Ausdruck $m \times n$-Matrix bezeichnet Matrizen mit genau m Zeilen und n Spalten. Der Ausdruck $X_{i,j}$ bezeichnet den Eintrag (d.h. die Zahl) in Zeile i und Spalte j der Matrix X; für die Matrix X aus Abb. 1 gelten zum Beispiel $X_{1,2} = 1$ und $X_{2,1} = 0$.

1.1 Adjazenzmatrix

Matrizen eignen sich dafür, die paarweisen Beziehungen innerhalb einer Menge von Akteuren zu codieren. Dazu werden zuerst die Akteure in eine beliebige aber fest gewählte Reihenfolge gebracht, wodurch man eine Zuordnung der Akteure zu den Zeilen und Spalten einer Matrix X erhält (vgl. Abb. 1, *Mitte*). Der Eintrag in Zeile i und Spalte j von X codiert dann ob Akteur i und Akteur j in der jeweiligen Netzwerkbeziehung stehen oder nicht: ist $X_{i,j} = 1$, so ist die Beziehung von i nach j gegeben; ist $X_{i,j} = 0$, so gibt es keine Beziehung von i nach j. Kurz gesagt ist die *Adjazenzmatrix* eines gerichteten Netzwerks $G = (V, E)$ mit n Akteuren $\{v_1, \ldots, v_n\} = V$ die $n \times n$-Matrix X definiert durch

$$X_{i,j} = \begin{cases} 1 & \text{falls } (v_i, v_j) \in E \\ 0 & \text{falls } (v_i, v_j) \notin E. \end{cases}$$

Zum Beispiel codiert die Matrix X aus Abb. 1 (*links*) das Netzwerk aus Abb. 1 (*rechts*), falls A der erste, B der zweite und C der dritte Akteur ist.

Wir betonen, dass eine Matrix nur dann auf eindeutige Weise ein Netzwerk definiert, wenn die Reihenfolge der Akteure festgelegt wurde. Werden aus einem Netzwerk unter Verwendung von verschiedenen Akteurs-Reihenfolgen verschiedene Adjazenzmatrizen erzeugt, so sieht man diesen unter Umständen nicht einmal an, dass sie dasselbe Netzwerk definieren.

1.1.1 Ungerichtete Beziehungen

Die Adjazenzmatrix eines ungerichteten Netzwerks ist, unter Verwendung der obigen Notation, definiert durch

$$X_{i,j} = X_{j,i} = \begin{cases} 1 & \text{falls } \{v_i, v_j\} \in E \\ 0 & \text{falls } \{v_i, v_j\} \notin E. \end{cases}$$

Allgemein heißen Matrizen X, die für alle Indizes i und j die Gleichung $X_{i,j} = X_{j,i}$ erfüllen, *symmetrisch*. Die Matrix X in Abb. 1 ist zum Beispiel nicht symmetrisch da $X_{1,2} \neq X_{2,1}$.

1.1.2 Gewichtete Beziehungen

Die Beziehung zwischen zwei Akteuren kann ein *Gewicht* oder eine *Vielfachheit* haben. Beispiele sind etwa die Anzahl der gemeinsam veröffentlichten Artikel in Koautoren-Netzwerken oder eine Zahl die die subjektive Intensität einer Freundschaftsbeziehung codiert. Gewichtete Beziehungen lassen sich in Adjazenzmatrizen speichern, indem man in den Eintrag an Stelle (i, j) das Gewicht der Beziehung von Akteur i zu Akteur j schreibt (der Eintrag ist weiterhin gleich Null, falls i mit j nicht in der jeweiligen Beziehung stehen).

1.2 Bimodale Adjazenzmatrix

Bimodale Beziehungen sind Beziehungen zwischen verschiedenen Typen von Akteuren und/oder Objekten. Ein Beispiel hierfür sind wissenschaftliche Autoren (Akteure), die mit den von ihnen geschriebenen Artikeln (Objekten) in Beziehung stehen, vergleiche Abb. 2.

Abbildung 2: Bimodales Netzwerk von Autoren und Artikeln (*rechts*) und dessen Adjazenzmatrix (*links*). Die Tabelle in der Mitte zeigt die Indizierung der Zeilen durch die Autoren A, B, C und die Indizierung der Spalten durch die Artikel U, V, W, X, Y

$$\begin{bmatrix} 1 & 1 & 0 & 1 & 0 \\ 0 & 1 & 1 & 0 & 0 \\ 1 & 0 & 1 & 1 & 1 \end{bmatrix} \quad \begin{bmatrix} & U & V & W & X & Y \\ A & 1 & 1 & 0 & 1 & 0 \\ B & 0 & 1 & 1 & 0 & 0 \\ C & 1 & 0 & 1 & 1 & 1 \end{bmatrix}$$

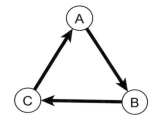

Solche bimodalen Beziehungen kann man durch Matrizen codieren, indem man zum Beispiel die Zeilen durch die Autoren und die Spalten durch die Artikel indiziert. Eine Eins in Zeile i und Spalte j bedeutet dann, dass Artikel j von Autor i geschrieben wurde. Auch eine bimodale Adjazenzmatrix ist erst dann eindeutig durch das Netzwerk gegeben, wenn die Reihenfolgen, sowohl der Akteure als auch der Objekte, festgehalten sind.

1.3 Inzidenzmatrix und Hypergraphen

Ein ungerichtetes Netzwerk kann auch auf andere Weise durch eine Matrix repräsentiert werden. Ist $G = (V, E)$ ein Netzwerk mit n Knoten $\{v_1, ..., v_n\}$ und m Kanten $\{e_1, ..., e_m\}$, so ist die *Inzidenzmatrix* von G die $n \times m$ Matrix X deren Eintrag in Zeile i und Spalte j gleich Eins ist, falls der Knoten v_i mit der Kante e_j inzident ist; $X_{i,j}$ ist gleich Null, falls v_i nicht mit e_j inzident ist.

Die Definition der Inzidenzmatrix lässt sich leicht auf so genannte *Hypergraphen* verallgemeinern (siehe vorherigen Beitrag "Graphentheorie"). Hypergraphen sind nicht auf dyadische Beziehungen beschränkt, sondern können Beziehungen zwischen einer beliebigen Anzahl von Akteuren codieren. Zum Beispiel definiert in bimodalen Autor/Artikel-Netzwerken (siehe Abb. 2) ein Artikel eine Hyperkante, die eine Beziehung zwischen einer variablen Anzahl von Autoren darstellt. Sieht man die Artikel als Kanten eines Hypergraphen an, dann ist die in Abb. 2 (*links*) gezeigte Matrix die Inzidenzmatrix des Hypergraphen, die angibt, welcher Akteur mit welcher Kante inzident ist.

2 Netzwerkdichte

Die *Dichte* $\rho(G)$ eines Netzwerks G ist generell definiert als das Verhältnis

$$\rho(G) = \frac{\text{Anzahl vorhandener Kanten in } G}{\text{Anzahl moglicher Kanten in } G}.$$

Die Anzahl möglicher Kanten ist abhängig davon, ob die Beziehung gerichtet oder ungerichtet ist und ob *Schleifen* (d.h. Kanten die einen Akteur mit sich selbst verbinden) erlaubt sind. Für ein Netzwerk mit n Akteuren sind die maximal möglichen Kantenzahlen in den verschiedenen Fällen gegeben durch Tabelle 1.

Tabelle 2: Maximale Anzahl von Kanten in einem Netzwerk mit n Akteuren.

	gerichtet	ungerichtet
schleifenfrei	$n(n-1)$	$\frac{n(n-1)}{2}$
mit Schleifen	n^2	$\frac{n(n+1)}{2}$

Die Anzahl der vorhandenen Kanten kann man unter anderem aus der Adjazenzmatrix X berechnen, indem man über die Matrixeinträge summiert. Die Zahl der Kanten in einem gerichteten Netzwerk ist gegeben durch $\sum_{i,j} X_{i,j}$ (hier wird über alle geordneten Paare (i, j) summiert). Die Zahl der Kanten in einem ungerichteten Netzwerk ist gegeben durch $\sum_{i<j} X_{i,j}$ (hier wird nur eines der beiden Paare (i, j) und (j, i) als Summationsindex verwendet).

Die Dichte von sozialen Netzwerken strebt gewöhnlicherweise gegen Null, wenn die Anzahl ihrer Akteure zunimmt. Daraus folgt, dass zwei Netzwerke nur dann bezüglich ihrer Dichte verglichen werden sollten, wenn sie die gleiche Anzahl von Akteuren haben. Eine Kennzahl für Netzwerke, die robuster gegenüber Unterschieden in der Anzahl der Akteure ist, ist der *durchschnittliche Grad* (vgl. vorherigen Beitrag „Graphentheorie").

3 Matrixoperationen

Außer für die reine Darstellung von Netzwerken lassen sich Matrizen auch noch einsetzen, um Beziehungen zu transformieren oder zu kombinieren. Wir werden hier die algebraischen Operationen für Matrizen, die in der Netzwerkanalyse häufig gebraucht werden, vorstellen.

3.1 Transposition

Eine der einfachsten Operationen auf Matrizen ist die Transposition, die ausgeführt wird, indem Zeilenindizes und Spaltenindizes miteinander vertauscht werden. Die *transponierte* Matrix einer $m \times n$-Matrix X ist die $n \times m$-Matrix X^T, deren Einträge durch $X^T_{i,j} = X_{j,i}$ gegeben sind. Vergleiche das folgende Beispiel.

$$X = \begin{bmatrix} 3 & 2 & 0 \\ 0 & 0 & 1 \end{bmatrix} \qquad X^T = \begin{bmatrix} 3 & 0 \\ 2 & 0 \\ 0 & 1 \end{bmatrix}$$

Die Transposition von Adjazenzmatrizen entspricht der Umkehrung der Beziehungsrichtung. Codiert zum Beispiel eine Matrix, welcher Akteur wem eine E-Mail geschickt hat, dann codiert die transponierte Matrix, wer von wem eine E-Mail erhalten hat. In Abbildungen von Netzwerken (z.B. Abb. 1, *rechts*) spiegelt sich das Transponieren durch die Umkehrung der Pfeile wider.

3.2 Addition

Matrizen der gleichen Dimension (und nur solche) können miteinander addiert werden. Die Summe $Z = X + Y$ von zwei $m \times n$-Matrizen X und Y ist ebenfalls eine $m \times n$-Matrix, definiert durch $Z_{i,j} = X_{i,j} + Y_{i,j}$. Vergleiche das folgende Beispiel.

$$\begin{bmatrix} 2 & 0 & -2 \\ 2 & 0 & -1 \end{bmatrix} + \begin{bmatrix} 1 & 1 & 4 \\ -1 & 2 & 2 \end{bmatrix} = \begin{bmatrix} 2+1 & 0+1 & -2+4 \\ 2-1 & 0+2 & -1+2 \end{bmatrix} = \begin{bmatrix} 3 & 1 & 2 \\ 1 & 2 & 1 \end{bmatrix} \qquad (1)$$

Die Addition von Adjazenzmatrizen entspricht einer *oder-Verknüpfung* der Beziehungen. Codiert zum Beispiel, im Kontext eines Koautoren-Netzwerks, eine Matrix X die Anzahl der gemeinsam veröffentlichen Zeitschriftenartikel und Y die Anzahl der gemeinsam veröffentlichten Konferenzartikel, so codiert ihre Summe $Z = X + Y$ die Anzahl der gemeinsam in Zeitschriften *oder* auf Konferenzen veröffentlichten Artikel.

3.3 Multiplikation

Die Multiplikation von Matrizen ist etwas komplizierter als die bisherigen Operationen – die Mühe lohnt sich aber, da die Multiplikation von Adjazenzmatrizen dafür verwendet werden kann, um Verkettungen von Beziehungen, wie z.B. „Feind eines Freundes" zu erhalten, wodurch sich vielfältige Anwendungsmöglichkeiten für die Netzwerkanalyse ergeben. Wir geben erst die Definition der Produktmatrix und veranschaulichen dann, dass damit tatsächlich die Verkettung von Beziehungen formalisiert wird.

Zwei Matrizen X und Y können dann (und nur dann) multipliziert werden, wenn die Spaltenzahl von X gleich der Zeilenzahl von Y ist. Der Eintrag in Zeile i und Spalte j der Produktmatrix $X \cdot Y$ entsteht dadurch, dass nacheinander die Einträge der i-ten Zeile von X mit denen der j-ten Spalte von Y multipliziert und diese Teilprodukte addiert werden. Präzise gesagt falls X eine $k \times m$-Matrix und Y eine $m \times n$-Matrix ist, dann ist das Produkt $Z = X \cdot Y$ eine $k \times n$-Matrix, deren Eintrag in Zeile i und Spalte j definiert ist durch

$$Z_{i,j} = \sum_{h=1}^{m} X_{i,h} \cdot Y_{h,j}. \quad (2)$$

Diese auf den ersten Blick willkürlich erscheinende Definition kann nachvollziehbar gemacht werden, indem man sich an die ursprüngliche Absicht, nämlich die Verkettung von Beziehungen zu definieren, vor Augen führt. Nehmen wir zum Beispiel an, dass die Matrix X Freundschaften und die Matrix Y Feindseligkeiten auf der selben Akteursmenge definiert, d.h. $X_{i,h} = 1$ bedeutet, dass Akteur i mit Akteur h befreundet ist, während $Y_{h,j} = 1$ bedeutet, dass h und j in Feindschaft stehen. Ein Summand $X_{i,h} \cdot Y_{h,j}$ in Gleichung (2) ist damit gleich Eins, falls i mit h befreundet und h mit j befeindet ist; ist dies nicht der Fall, d.h. ist i mit h nicht befreundet oder h mit j nicht befeindet, so ist der Summand $X_{i,h} \cdot Y_{h,j}$ gleich Null. Lassen wir also den Index h in Gleichung (2) über alle Akteure laufen, so erhalten wir die Anzahl von Akteuren, die zugleich Freund von i und Feind von j sind. Die Matrixmultiplikation und ihr Zusammenhang mit der Verkettung von Beziehungen ist in Abb. 3 veranschaulicht.

Abbildung 3: (*Links*) Matrix X codiert gegenseitige Freundschaft zwischen Akteuren; (*Mitte*) Matrix Y codiert gegenseitige Feindschaft zwischen Akteuren; (*rechts*) das Matrixprodukt $X \cdot Y$ codiert welcher Akteur Feind eines Freundes eines anderen Akteurs ist. Hier ist Akteur A ein Feind eines Freundes von C. Die entsprechende Eins in der Produktmatrix $X \cdot Y$ entsteht durch Multiplikation der dritten Zeile von X mit der ersten Spalte von Y (jeweils fett gedruckt)

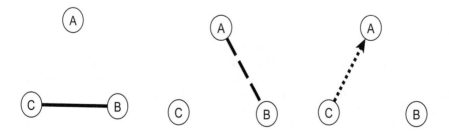

Das Beispiel aus Abb. 3 demonstriert auch, dass die Verkettung von zwei symmetrischen Beziehungen nicht immer symmetrisch ist. Tatsächlich ist in diesem Beispiel Akteur C *nicht* der Feind eines Freundes von Akteur A.

Multipliziert man eine Matrix X mit sich selbst, so erhält man die Matrix $X^2 = X \cdot X$ die für jedes Paar von Akteuren i, j angibt, wie viele Wege der Länge Zwei es von i zu j gibt. Allgemeiner gibt der Eintrag in Zeile i und Spalte j der Matrix

$$X^k = \underbrace{X \cdot ... \cdot X}_{k\text{-mal}}$$

an wie viele Wege der Länge k es von i zu j gibt (vgl. *Katz Status* in Kapitel 5.3).

Die Multiplikation lässt sich auch auf bimodale Matrizen anwenden. Dadurch können aus bimodalen Netzwerken interessante unimodale Netzwerke gebildet werden. Nehmen wir an, wir haben eine bimodale Adjazenzmatrix X, die die Verbindungen zwischen Autoren (entsprechend den Zeilenindizes) und denen von ihnen veröffentlichten Artikeln (entsprechend den Spaltenindizes) codiert. Die Matrix $Z = X \cdot X^T$ definiert dann ein Koautoren-Netzwerk in dem für je zwei Autoren angegeben ist, wie viele Artikel sie *gemeinsam* veröffentlicht haben. Vergleiche das Beispiel in Abb. 4.

Abbildung 4: Multipliziert man die Autor/Artikel-Matrix (*links*) mit ihrer Transponierten (der Artikel/Autor-Matrix, *Mitte*), so erhält man die Koautor-Matrix (*rechts*), die für je zwei Autoren angibt, wie viele Artikel diese gemeinsam veröffentlicht haben

$$\begin{bmatrix} 1 & 1 & 0 & 1 & 0 \\ 0 & 1 & 1 & 0 & 0 \\ 1 & 0 & 1 & 1 & 1 \end{bmatrix} \cdot \begin{bmatrix} 1 & 0 & 1 \\ 1 & 1 & 0 \\ 0 & 1 & 1 \\ 1 & 0 & 1 \\ 0 & 0 & 1 \end{bmatrix} = \begin{bmatrix} 3 & 1 & 2 \\ 1 & 2 & 1 \\ 2 & 1 & 4 \end{bmatrix}$$

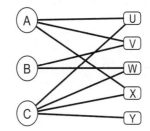

3.4 Rechenregeln für Matrixoperationen

Die Addition und Multiplikation von Matrizen erfüllen einige Rechenregeln, die den entsprechenden Regeln für die Addition und Multiplikation von reellen Zahlen gleichen; wir betonen aber, dass nicht alle Regeln, die man von den reellen Zahlen her kennt, auch für Matrizen gelten. Alle Regeln können durch Nachrechnen verifiziert werden (vgl. Artin 1991).

3.4.1 Assoziativität

Die Addition und die Multiplikation von Matrizen ist *assoziativ*, d.h. werden drei oder mehr Matrizen miteinander addiert/multipliziert, dann spielt es keine Rolle, welche davon zuerst miteinander verknüpft werden. Genauer gesagt, gilt für drei beliebige Matrizen X, Y und Z,

- falls die Summen $X+Y$ und $Y+Z$ definiert sind, so gilt
$$X+(Y+Z)=(X+Y)+Z;$$
- falls die Produkte $X \cdot Y$ und $Y \cdot Z$ definiert sind, so gilt $X \cdot (Y \cdot Z) = (X \cdot Y) \cdot Z$.

3.4.2 Distributivität

Falls für drei beliebige Matrizen X, Y und Z, die Produkte $X \cdot Y$ und $X \cdot Z$, sowie die Summe $Y + Z$ definiert sind, so gilt
$$X \cdot (Y+Z) = (X \cdot Y) + (X \cdot Z).$$
Falls für drei beliebige Matrizen X, Y und Z, die Produkte $X \cdot Z$ und $Y \cdot Z$, sowie die Summe $X + Y$ definiert sind, so gilt
$$(X+Y) \cdot Z = (X \cdot Z) + (Y \cdot Z).$$
Nach Konvention wird bei fehlenden Klammern die Multiplikation vor der Addition ausgeführt, d.h. wir schreiben zum Beispiel $X \cdot Y + X \cdot Z$ für $(X \cdot Y) + (X \cdot Z)$.

3.4.3 Transposition von Summen und Produkten

Falls für zwei beliebige Matrizen X und Y die Summe $X+Y$ definiert ist, so gilt
$$(X+Y)^T = X^T + Y^T.$$
Falls für zwei beliebige Matrizen X und Y das Produkt $X \cdot Y$ definiert ist, so gilt
$$(X \cdot Y)^T = Y^T \cdot X^T.$$
Zu beachten ist, dass sich beim Transponieren eines Produktes die Reihenfolge der Faktoren ändert.

3.4.4 Kommutativität der Addition

Bei der Addition von Matrizen spielt die Reihenfolge der Summanden keine Rolle, d.h. für zwei beliebige Matrizen X und Y, deren Summe definiert ist, gilt
$$X+Y=Y+X.$$

3.4.5 Matrixmultiplikation ist nicht kommutativ

Im Gegensatz zur Addition spielt bei der Multiplikation die Reihenfolge der Faktoren eine Rolle. Dies bedeutet, dass es Matrizen X und Y gibt, für die gilt
$$X \cdot Y \neq Y \cdot X,$$
selbst dann, wenn beide Produkte definiert sind. Beispielsweise mit den Matrizen aus Abb. 3.

$$\begin{bmatrix} 0 & 0 & 0 \\ 0 & 0 & 0 \\ 1 & 0 & 0 \end{bmatrix} = \begin{bmatrix} 0 & 0 & 0 \\ 0 & 0 & 1 \\ 0 & 1 & 0 \end{bmatrix} \cdot \begin{bmatrix} 0 & 1 & 0 \\ 1 & 0 & 0 \\ 0 & 0 & 0 \end{bmatrix} \neq \begin{bmatrix} 0 & 1 & 0 \\ 1 & 0 & 0 \\ 0 & 0 & 0 \end{bmatrix} \cdot \begin{bmatrix} 0 & 0 & 0 \\ 0 & 0 & 1 \\ 0 & 1 & 0 \end{bmatrix} = \begin{bmatrix} 0 & 0 & 1 \\ 0 & 0 & 0 \\ 0 & 0 & 0 \end{bmatrix}$$

Insbesondere gilt in diesem Netzwerk nicht, dass Freunde von Feinden gleich Feinde von Freunden sind.

Es kann vorkommen, dass Matrix-Gleichungen, die im Allgemeinen nicht gelten für spezielle Matrizen doch gelten, was auf nicht-triviale und interessante Eigenschaften des Netzwerks hinweist. Dieses Thema wird ausführlich von Pattison (1993) behandelt.

4 Eigenvektorzentralität

Die *Eigenvektorzentralität* ist ein Beispiel dafür, wie Definitionen und Theoreme aus der Matrixtheorie sich auf die Netzwerkanalyse übertragen lassen. Eine Zentralität ist dadurch gegeben, dass den Akteuren eines Netzwerkes reelle Werte, die die Wichtigkeit des jeweiligen Akteurs angeben, zugewiesen werden. Speziell bei der Eigenvektorzentralität möchte man diese Werte so wählen, dass Akteure umso wichtiger sind, je wichtiger ihre Nachbarn sind. Präziser formuliert, sucht man nach Akteursbewertungen $(c_1, c_2, ..., c_n)$, so dass mit einem geeigneten Proportionalitätsfaktor λ für alle Akteure i gilt

$$\lambda \cdot c_i = \sum_{j \in N(i)} c_j,$$

d.h. die Summe der Bewertungen der Nachbarn von i ergibt ein konstantes Vielfaches der Bewertung von i. Diese Gleichung ist für alle Akteure genau dann erfüllt, wenn die Adjazenzmatrix X und der Spaltenvektor $C = [c_1, ..., c_n]^T$ der Zentralitätswerte die Gleichung

$$A \cdot C = \lambda \cdot C$$

erfüllen. Vergleiche Abb. 5, in der diese Eigenschaft mit $\lambda = 2$ erfüllt ist.

Abbildung 5: Netzwerk aus fünf Akteuren von denen jeder mit seiner Eigenvektorzentralität beschriftet ist. Es gilt, dass für jeden Akteur die Summe der Bewertungen seiner Nachbarn das Doppelte seiner eigenen Bewertung ergibt. Der Spaltenvektor, dessen Einträge die einzelnen Akteursbewertungen darstellen wird durch die Adjazenzmatrix auf das Doppelte seiner selbst abgebildet

$$\begin{bmatrix} 0 & 1 & 1 & 1 & 1 \\ 1 & 0 & 0 & 0 & 0 \\ 1 & 0 & 0 & 0 & 0 \\ 1 & 0 & 0 & 0 & 0 \\ 1 & 0 & 0 & 0 & 0 \end{bmatrix} \cdot \begin{bmatrix} 2 \\ 1 \\ 1 \\ 1 \\ 1 \end{bmatrix} = 2 \cdot \begin{bmatrix} 2 \\ 1 \\ 1 \\ 1 \\ 1 \end{bmatrix} = \begin{bmatrix} 4 \\ 2 \\ 2 \\ 2 \\ 2 \end{bmatrix}$$

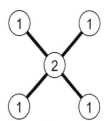

Im allgemeinen heißt ein Vector C ein *Eigenvektor* einer quadratischen Matrix X, falls C nicht der Nullvektor ist und es eine Zahl λ gibt, so dass $X \cdot C = \lambda \cdot C$ erfüllt ist. Ein bekanntes Theorem aus der „algebraischen Graphentheorie" (Godsil und Royle 2001) garantiert, dass es für Adjazenzmatrizen von stark zusammenhängenden Graphen immer einen Eigenvektor gibt, dessen Einträge alle positiv sind. Zudem ist der Eigenvektor mit dieser Eigenschaft bis auf Multiplikation mit einer Konstanten eindeutig und definiert somit einen (bis auf Normalisierung eindeutigen) Zentralitätswert für jeden Knoten.

5 Literatur

Artin, Martin, 1991: *Algebra*. Prentice Hall.
Godsil, Chris und *Gordon Royle*, 2001: Algebraic Graph Theory. Heidelberg, New York: Springer.
Pattison, Philippa, 1993: Algebraic Models for Social Networks. Cambridge: Cambridge University Press.

5.3 Zentralitäts- und Prestigemaße

Peter Mutschke

1 Einführung

1.1 „Zentralität" und „Prestige" in sozialen Netzwerken

Zentralitätsmaße sind Indizes für die „Wichtigkeit" (Wasserman und Faust 1994) oder „Prominenz" (Knoke und Burt 1983) eines Knotens in einem Graphen bzw. Akteurs in einem sozialen Netzwerk[1]. Allerdings hat sich in der Netzwerkforschung bislang keine allgemein akzeptierte Definition von Zentralität durchgesetzt (Borgatti und Everett 2006), sodass ungefähr so viele Zentralitätsmaße existieren wie es Vorstellungen von der „Wichtigkeit" eines Akteurs in einem Netzwerk gibt. Eine zusätzliche Heterogenität resultiert aus dem Umstand, dass die Maße auf zwei grundverschiedenen Richtungen basieren: der Graphentheorie und der Matrixalgebra (Freeman 2008). Dennoch haben alle in der Netzwerkforschung gebräuchlichen Zentralitätsmaße einige grundlegende, allgemein akzeptierte Gemeinsamkeiten (vgl. Borgatti und Everett 2006; Freeman 1978/79; Koschützki et al. 2005; Wasserman und Faust 1994):

1. Zentralität ist ein *knotenbezogenes* Maß: Zentralitätsmaße liefern keine Aussagen über den betrachteten Graphen selbst, sondern einen positionalen Index für jeden seiner Knoten[2]. Die Grundintention dabei ist die Lokalisierung „zentraler" Akteure.
2. Zentralität ist ein *strukturelles* Attribut: Zentralitätsmaße machen Aussagen über die Involviertheit eines Knotens in die *Beziehungsstruktur* eines Netzwerkes. Ein Zentralitätsindex ist somit ausschließlich von der Struktur des betrachteten Graphen abhängig.
3. Zentralitätsmaße definieren eine *lineare Ordnung* auf der Menge der Knoten V eines Graphen durch Zuweisung numerischer Werte zu den betrachteten Knoten $v \in V$, sodass für ein gegebenes Zentralitätsmaß C und alle Knoten $i, j \in V$ gilt: $C(i) \leq C(j)$ oder $C(j) \leq C(i)$. Zentralitätsmaße liefern somit eine geordnete Menge $(V, \leq)$, die vergleichende Aussagen über die relative strukturelle Position der Akteure in einem Netzwerk und damit auch eine Identifizierung „zentraler" Akteure erlaubt.

Die Idee der strukturellen Zentralität (Bavelas 1948; Freeman 1977, 1978/79) beschreibt Zentralität somit als Eigenschaft der strategischen Position von Knoten in der Beziehungsstruktur eines Netzwerkes. Zentralitäts*maße* repräsentieren unterschiedliche Interpretationen von Zentralität und sind daher unterschiedliche Methoden, dieses strukturelle Knotenattribut zu operationalisieren. Allgemein akzeptiert ist dabei die Auffassung, dass Zentrali-

---
[1] Die Begriffe Knoten/Akteur, Kante/Beziehung und Graph/Netzwerk werden im Folgenden synonym verwendet.
[2] Die meisten Zentralitätsmaße für Kanten wurden als Varianten der Zentralitätsindizes für Knoten entwickelt (Koschützki et al. 2005).

tätsmaße die Einflussmöglichkeiten von Akteuren auf Interaktionsprozesse im Netzwerk, den sog. *network flow*, reflektieren und sich dabei lediglich in ihren Grundannahmen über die Struktur der Netzwerkprozesse unterscheiden (vgl. Borgatti und Everett 2006; Friedkin 1991; Jansen 2003). Zentrale Akteure sind demnach Akteure, die innerhalb der betrachteten Struktur im Sinne des jeweils verwendeten Zentralitätskonzepts wohlpositioniert sind und daher über ein hohes Einflusspotential im Netzwerk verfügen. „Prestige" wird dabei als eine spezielle Form von Zentralität für gerichtete Graphen betrachtet.

Dieser Beitrag führt in die wichtigsten Zentralitätskonzepte ein – ohne Anspruch auf Vollständigkeit, aber in dem Bemühen, einen Katalog grundlegender, in der Netzwerkforschung gebräuchlicher Zentralitäts- und Prestigemaße (Kapitel 2 und 3) zu liefern. Dabei wurde der Schwerpunkt auf die Darstellung der Konzepte gelegt[3]. Kapitel 4 diskutiert die Maße im Hinblick auf ihre Interpretier- und Anwendbarkeit sowie einige Desiderate der Zentralitätsforschung. Im Folgenden wird von einem ungerichteten, ungewichteten und zusammenhängenden Graphen $G = (V,E)$ mit der mindestens zweielementigen Knotenmenge V und der Kantenmenge E ausgegangen; ferner sei $n = |V|$ und $A=[a_{ij}]$, $i,j \in V$, die symmetrische $n \times n$-Adjazenzmatrix von G, wobei $a_{ij}=a_{ji}=1$ falls $(i,j) \in E$ und $a_{ij}=a_{ji}=0$ falls $(i,j) \notin E$; in den Formeln wird von jeweils distinkten Knoten ausgegangen (vgl. auch Kapitel 5.2 dieses Handbuches).

1.2 Klassifikation von Zentralitätsmaßen

Für einen Überblicksartikel empfiehlt es sich, die dargestellten Maße nach einem geeigneten Kriterium zu sortieren. Borgatti und Everett (2006) haben eine graphentheoretisch motivierte Klassifikation vorgeschlagen, die sich an der Position der Knoten auf den betrachteten Wegen (*walk position*) orientiert. Sie unterscheiden Maße, die Wege evaluieren, die von dem betrachteten Knoten ausgehen (oder an ihm enden), von Maßen, die Wege betrachten, welche über den jeweiligen Knoten laufen. Erstere nennen sie *radiale*, letztere *mediale* Zentralitätsmaße. Radiale Maße evaluieren demnach alle Dyaden mit dem betrachteten Knoten, mediale Maße dagegen alle Triaden, bei denen der betrachtete Knoten zwischen zwei anderen Knoten positioniert ist.

Zentralitätsmaße evaluieren allerdings nicht nur, *wo* Knoten auf den betrachteten Wegen positioniert sind (walk position). Sie unterscheiden sich – neben ihrer Schrittweite (*walk distance*) – vor allem auch darin, *welche* Wege betrachtet werden (*walk type*, Borgatti und Everett 2006). Hier lässt sich zwischen Maßen unterscheiden, welche die Betrachtung ausschließlich auf kürzeste Pfade beschränken, und solchen, die diese Einschränkung nicht machen. Maße des ersten Typs könnte man als *proximity*-orientierte Indizes bezeichnen, da sie auf möglichst direkte Verbindungen zwischen den betrachteten Knoten Bezug nehmen. Typische Anwendungsfälle für proximity-orientierte Maße sind Optimierungsprobleme in Verkehrsnetzwerken. Maße des zweiten Typs dagegen sind *connectivity*-orientierte Indizes, da sie auch multiple und längere Verbindungen zwischen den betrachteten Knoten berücksichtigen. Typische Anwendungsfälle für connectivity-orientierte Maße sind die Diffusion von Gerüchten oder Krankheiten in Kontaktnetzwerken.

---

[3] Einzelheiten und Beispiele zu den Verfahren können der jeweils zitierten Literatur sowie den Übersichtswerken von Wasserman und Faust (1994), Jansen (2003) und Trappmann et al. (2005) entnommen werden.

2 Zentralitätsmaße

2.1 Radiale Maße

2.1.1 Degree Centrality (Shaw 1954, Nieminen 1974, Freeman 1978/79)

Degree-Zentralität $C_D(i)$ misst die Zahl der direkten Nachbarn eines Knotens i anhand der Zahl der Kanten a_{ij}, die i mit anderen Knoten j verbinden: $C_D(i) = \sum_j a_{ij}$. Die auf den Maximalwert normierte Version ist $C'_D(i) = C_D(i)/(n-1)$. Zentral nach Degree sind demnach Akteure, die eine große Nachbarschaft von direkten Kontakten haben. Eine Position mit hohem Degree ermöglicht nicht nur eine direkte, sondern potentiell auch simultane Interaktion mit vielen anderen Netzwerkmitgliedern. Degree-Zentralität kann daher auch als Gradmesser für das Potential eines Akteurs für Netzwerkaktivitäten mit *unterschiedlichen* Ko-Akteuren betrachtet werden (Freeman 1978/79, Freeman et al. 1979/80). Degree ist allerdings ein rein lokales Maß, da es jeweils nur das unmittelbare Umfeld eines Akteurs betrachtet. Bei gerichteten Netzwerken wird zwischen dem relativen Innen- und dem relativen Außengrad eines Akteurs unterschieden. Der relative Außengrad (*Out-Degree*) entpricht der Anzahl der von einem Akteur ausgehenden Beziehungen. Der relative Innengrad (*In-Degree*) dagegen ist die Anzahl eingehender Beziehungen (s. auch Kapitel 3). Eine Erweiterung der Degree-Zentralität ist die Anzahl der Knoten, die der betrachtete Knoten in k Schritten erreichen kann (*Reach Centrality*) sowie die Anzahl der von einem Knoten ausgehenden Pfade der maximalen Länge k (*k-Path Centrality*, vgl. Sade 1989; Borgatti und Everett 2006).

2.1.2 Closeness Centrality (Bavelas 1950, Beauchamp 1965, Sabidussi 1966)

Closeness misst die Nähe eines Knotens zu allen anderen im Graphen auf der Basis graphentheoretischer Distanzen. Die Distanz $d(i,j)$ zwischen zwei Knoten i und j ist dabei definiert als die Zahl der Kanten des kürzesten i und j verbindenden Pfades. Die Closeness-Zentralität $C_C(i)$ eines Knotens i ist der Kehrwert der Summe der Distanzen von i zu allen anderen Knoten j: $C_C(i) = 1/\sum_j d(i,j)$. Das auf den Maximalwert normierte Maß ist $C'_C(i) = (n-1)/C_C(i)$. Nach Closeness ist ein Akteur zentral, wenn er durch kurze Pfaddistanzen von anderen Knoten im Netzwerk getrennt wird. Ein Knoten mit hoher Closeness ist daher weniger auf die Vermittlung durch andere Knoten angewiesen. Closeness gilt daher auch als Maß für die Effizienz eines Knotens im Sinne von Unabhängigkeit (Freeman 1978/79). Ein Problem des Closeness-Maßes ist allerdings, dass die Pfaddistanz zwischen unverbundenen Knoten unendlich ist. In diesen Fällen wird üblicherweise von einem maximalen Distanzwert von (n-1) ausgegangen (vgl. Jansen 2003; Koschützki et al. 2005).

In der Literatur werden eine Reihe verwandter Konzepte diskutiert: *Radiality* (Valente und Foreman 1998) setzt Distanz in Beziehung zum Diameter des Graphen (Länge des längsten aller kürzesten Pfade). *Eccentricity* (Hage und Harary 1995) evaluiert die Länge des längsten aller kürzesten vom betrachteten Knoten ausgehenden Pfade zu allen anderen Knoten. *Distance-Based F-Measure* (Borgatti 2006) misst die relative Abnahme der Netzwerkkohäsion nach Entfernung des betrachteten Knotens (vgl. auch Latora und Marchiori 2007). *Markov Centrality* (White und Smyth 2003) begreift Zentralität als die Wahrscheinlichkeit, mit der ein Knoten andere in möglichst wenig Schritten (mean first-passage time) während eines *random walks* erreicht.

2.1.3 Information Centrality (Stephenson und Zelen 1989)

Die Grundannahme der Information Centrality ist, dass sich Interaktionsprozesse in Netzwerken nicht allein über kürzeste Pfade entfalten, sondern alle Pfade für das Verständnis dynamischer Netzwerkprozesse wichtig sind. Information Centrality ist wie Closeness ein distanz-basiertes Maß, evaluiert aber nicht nur kürzeste, sondern alle kantendisjunkten Pfade, die vom betrachteten Knoten i ausgehen. Ein Pfad von i nach j wird dabei nach seinem „Informationsgehalt" gewichtet (*path information*), der definiert ist als der Kehrwert seiner Länge. Der „informationelle" Wert I_{ij} aller Pfade von i nach j (*combined path*) ergibt sich aus der Summe der Gewichte der einzelnen Pfade, wobei sich bei Redundanz von Kanten im combined path der Wert allerdings verringert. Die Kernaussage der Information Centrality ist nun, dass ein combined path eine größere Menge an Information „tragen" kann als ein kürzester Pfad. Information Centrality $C_I(i)$ schließlich ist definiert als der harmonische Durchschnitt der Informationswerte aller vom betrachteten Knoten i ausgehenden kombinierten Pfade zu anderen Knoten j im Netzwerk: $C_I(i)=n/\sum_j(1/I_{ij})$. Das relative Maß, bezogen auf den gesamten „Informationsfluss" im Netzwerk, ist $C'_I(i)= C_I(i)/\sum_j C_I(j)$ (Wasserman und Faust 1994). Der Fokus liegt hier also auf dem Potential eines Akteurs, Einfluss über unterschiedlich konfigurierte Kanäle im Netzwerk ausüben zu können (vgl. Friedkin 1991).[4] Da der Informationsgehalt eines Pfades mit seiner Länge abnimmt, favorisiert dieses Maß allerdings, wie Closeness, Akteure, die kurze Verbindungen zu anderen im Netzwerk haben.

2.1.4 Eigenvector Centrality (Katz 1953, Hubbell 1965, Bonacich 1972, 1987, 2001, 2004)

Eigenvector Centrality geht von einer systeminhärenten Zirkularität von Zentralität aus, nach der die Zentralität eines Knotens nicht isoliert von der Zentralität benachbarter Knoten betrachtet werden kann, sondern sich vielmehr durch Verbundenheit mit anderen zentralen Knoten steigert (was wiederum deren Zentralität erhöht usw.). Eigenvector Centrality $C_\lambda(i)$ ist daher wie folgt rekursiv definiert (Bonacich 1972): $C_\lambda(i)=\lambda\sum_j a_{ij} C_\lambda(j)$. Die Zentralität eines Knotens ergibt sich somit aus der Summe der Zentralität seiner jeweiligen Nachbarn. Die Konstante λ entspricht dabei dem Eigenvektor zum größten Eigenwert der Adjazenzmatrix. Nach diesem Zentralitätskonzept ist ein Akteur zentral, wenn er viele (direkte oder indirekte) Beziehungen zu Akteuren hat, die selbst wiederum zentral sind. Das Maß war zunächst nur für symmetrische Netzwerke definiert. Bonacich und Lloyd (2001) führen eine Verallgemeinerung für nicht-symmetrische Netzwerke ein (*Alpha Centrality*). Tam (1989) unterscheidet die reine, von anderen Knoten abgeleitete Zentralität von der vom betrachteten Knoten reflektierten Zentralität.

Eigenvektor-Zentralität basiert auf der Idee des positiven Feedbacks. Bonacich (1987) schlägt eine Variante vor, welche auch negatives Feedback berücksichtigt. Diese Spielart geht von negativ-verbundenen Netzwerken aus, wo sich das Einflusspotential eines Akteurs

---

[4] Die von Brandes und Fleischer (2005) vorgeschlagene *Current Flow Closeness Centrality* entspricht Information Centrality.

in dem Maße erhöht, in dem er mit Akteuren verbunden ist, die keine oder wenige Optionen haben. Bonacich's *Beta Centrality*, auch *Power Centrality* genannt, erweitert Eigenvector Centrality daher um einen Parameter β, der die maximal erlaubte Pfaddistanz definiert und positive wie negative Werte haben kann: $C_\beta(i,\alpha,\beta)=\sum_j(\alpha+\beta C_\beta(j,\alpha,\beta))a_{ij}$.[5] Ein positiver β-Wert erhöht die Zentralität eines Knotens in dem Maße, in dem er mit hochbewerteten Knoten verbunden ist, die maximal β Schritte vom betrachteten Akteur entfernt sind. Entsprechend vermindert sich die Zentralität des betrachteten Knotens bei einem negativen β-Wert, so dass semi-periphere Knoten einen höheren Zentralitätswert erhalten. Bonacich und Lloyd (2004) führen eine weitere Verallgemeinerung ein, welche auch negative Relationen berücksichtigt.

2.1.5 Entropy Centrality (Tutzauer 2007)

Entropy Centrality basiert auf Shannon's (1948) informationstheoretischem Modell von Kommunikation. Wie bei Information Centrality ist auch hier die Grundannahme, dass Interaktionsprozesse in einem Netzwerk nicht nur entlang kürzester Pfade verlaufen. Im Unterschied zu Information Centrality, das (wie Closeness) ein rein distanz-basiertes Maß ist, betrachtet Entropy Centrality die Wahrscheinlichkeiten, mit denen Pfade von einem betrachteten Knoten i zu einem beliebigen Knoten j im Graphen beschritten werden. Die Übergangswahrscheinlichkeit $\tau^{(ij)}(k)$ von i auf einen Nachfolgerknoten k auf einem Pfad von i nach j ist definiert als der Kehrwert des *downstream degrees* von k (k's Degree, vermindert um die Zahl seiner auf dem Weg von i nach j bereits besuchten Nachbarn). Das Produkt der Übergangswahrscheinlichkeiten für alle Knoten auf dem Pfad ergibt dann die einzelne Pfadwahrscheinlichkeit und die Summe der einzelnen Pfadwahrscheinlichkeiten für alle Pfade zwischen i und j die Gesamtwahrscheinlichkeit P_{ij}, mit der ein bei i startender network flow bei j ankommt: $P_{ij}=\sum_{(ij)}\prod_{i\leq k\leq j}\tau^{(ij)}(k)$. Die Entropie-Zentralität $C_E(i)$ eines Knotens i schließlich ist die Kumulation der Pfadwahrscheinlichkeiten für alle (i,j)-Paarungen und wie folgt definiert: $C_E(i)=-\sum_j P_{ij}\log P_{ij}$. Das auf Maximum-Entropie normalisierte Maß ist $C'_E(i)= C_E(i)/\log n$. Entropie-Zentralität entspricht somit der Wahrscheinlichkeit, mit der ein Knoten andere Knoten im Netzwerk erreicht. Diese vermindert sich, wie bei Closeness und Information Centrality, mit der Distanz zu anderen Knoten. Ein wesentlicher Unterschied zu Closeness und Information Centrality ist jedoch, dass sich die Zentralität eines Knotens auch mit dem Vorhandensein von Optionen intermediärer Knoten vermindert.

Ein verwandtes Zentralitätsmodell ist die von Noh und Rieger (2004) vorgeschlagene *Random Walk Centrality*, die nicht von einer bekannten Pfadstruktur ausgeht und den network flow daher als random walk modelliert. Der Unterschied zu Entropy Centrality ist hier, dass die Übergangswahrscheinlichkeit von einem Knoten i auf einen Nachfolgerknoten k eine Funktion des Gesamt-Degrees von k's Vorgängerknoten i ist.

---

[5] α ist hier eine normalisierende Konstante.

2.2 Mediale Maße

2.2.1 Betweenness (Bavelas 1948, Shimbel 1953, Anthonisse 1971, Freeman 1977)

Betweenness misst das Ausmaß, in dem ein Knoten auf kürzesten Pfaden *zwischen* anderen Knoten im Graphen positioniert ist. Der Fokus liegt hier also auf der strukturellen Abhängigkeit eines Knotenpaares (i,j) von einem dritten Knoten k, der zwischen i und j lokalisiert ist. Diese Abhängigkeit nimmt allerdings in dem Maße ab, in dem kürzeste Pfade zwischen i und j existieren, die k nicht enthalten. Die Paarabhängigkeit $\delta_{ij}(k)$ zweier Knoten i und j von einem dritten Knoten k ist daher definiert als das Verhältnis der Anzahl $\sigma_{ij}(k)$ der i und j verbindenden kürzesten Pfade mit k zur Anzahl σ_{ij} aller zwischen i und j existierenden kürzesten Verbindungen: $\delta_{ij}(k)=\sigma_{ij}(k)/\sigma_{ij}$. Die Betweenness $C_B(k)$ von k ergibt sich dann aus der Summe aller Paarabhängigkeiten mit k für alle ungeordneten Knotenpaare (i,j): $C_B(k)=\sum_{i,j}\delta_{ij}(k)$[6]. Das auf den Maximalwert normierte Maß ist $C'_B(k)=C_B(k)/(n^2-3n+2)$. Je häufiger ein Knoten eine solche intermediäre Rolle für andere Knotenpaare spielt, je häufiger er also als „Schnittstelle" zwischen anderen Knoten benötigt wird oder sogar die Rolle eines „cutpoint" zwischen ansonsten unverbundenen Substrukturen einnimmt, desto zentraler ist er nach dem Betweenness-Maß. Betweenness gilt daher als Gradmesser für das Potential an Kontrollmöglichkeiten im Netzwerk (Freeman 1977, 1978/79, 1980). Empirische Untersuchungen stellen allerdings eine starke Zufallsanfälligkeit der Betweenness-Zentralität fest (Trappmann et al. 2005; Kim und Jeong 2007; vgl. auch Mutschke 2008).

Borgatti und Everett (2006) und Brandes (2008) diskutieren einige Betweenness-Varianten, von denen insbesondere *k-Betweenness*, das nur Pfade der maximalen Länge k berücksichtigt, und *Length-Scaled Betweenness*, das Pfade im umgekehrten Verhältnis zu ihrer Länge gewichtet, hervorzuheben sind. Die von Everett und Borgatti (2005a) vorgeschlagene *Ego Network Betweenness* ist eine sinnvolle Variante bei sehr großen Netzwerken. Everett und Borgatti zeigen, dass Ego Network Betweenness eine gute Approximation von Betweenness für viele reale Netzwerke liefert. *Reachability-based F-Measure* (Borgatti 2006) evaluiert den Beitrag eines Knotens zur Netzwerkkohäsion, indem der Anteil der unverbundenen Paare nach Entfernung des betrachteten Knotens gemessen wird.

2.2.2 Flow Betweenness (Freeman et al. 1991)

Flow Betweenness ist nicht auf kürzeste Pfade beschränkt, sondern betrachtet, wie Information und Entropy Centrality, alle kantendisjunkten Pfade. Flow Betweenness basiert auf dem graphentheoretischen Konzept des *maximalen Flusses* zwischen einem Quellknoten s und einem Zielknoten t. Die Ausgangsüberlegung hierbei ist, dass die Interaktion zwischen Knoten eine beschränkte Belastbarkeit hat, d.h. die Kanten sind mit der maximalen Kapazität der Interaktion zwischen den jeweiligen Knoten gewichtet. Ein *maximaler Fluss* zwischen s und t entspricht einer optimalen Verteilung der Lasten auf alle s und t verbindenden Pfade, so dass es zu einer maximalen Auslastung der Pfade, an keiner Kante aber zu einer Kapazitätsüberschreitung kommt. Der Wert m_{st} des maximalen Flusses zwischen s und t entspricht der Summe der Belegungen aller aus s ausgehenden Kanten, die in dem Fluss enthalten sind. Flow Betweenness $C_{FB}(k)$ misst nun das Ausmaß, in dem maximale Flüsse

---

[6] Das Maß ist auch auf unverbundene Netzwerke anwendbar, wobei $\delta_{ij}(k)=0$, falls $\sigma_{ij}=0$ (Freeman 1977), sowie auf gerichtete Graphen (White und Borgatti 1994).

zwischen Knoten im Netzwerk von einem intermediären Knoten k abhängen. Dies ist die Summe der Werte $m_{st}(k)$ der maximalen Flüsse zwischen Knoten s und t, die über k laufen: $C_{FB}(k)=\sum_{st}m_{st}(k)$. Das auf den gesamten Flow zwischen allen Knotenpaaren normierte Maß ist $C'_{FB}(k)= C_{FB}(k)/\sum_{st}m_{st}$. Flow Betweenness ist für gewichtete Graphen definiert, eignet sich aber auch für ungewichtete Graphen (jede Kante ist dann mit 1 gewichtet). Flow Betweenness kann z.B. im Falle eines Gatekeeping durch einen cutpoint (Freeman 1980) eine Möglichkeit sein, einen alternativen Weg über andere zentrale Knoten zu finden.

Koschützki et al. (2005) schlagen eine Variante vor, die berücksichtigt, dass es zwischen zwei Knoten mehrere maximale Flüsse geben kann, entsprechend den Möglichkeiten, eine Last optimal zu verteilen. Dieses *Max-Flow Betweenness Vitality* genannte Maß kalkuliert die unterschiedlichen, über k laufenden Möglichkeiten für maximale Flüsse, indem k aus dem Graphen entfernt und der Wert eines maximalen Flusses ohne k vom Ausgangswert $m_{st}(k)$ abgezogen wird. Je kleiner der Wert des verbleibenden Flusses (ohne k), desto größer die Abhängigkeit von k und somit k's Flow Betweenness.

2.2.3 Random Walk Betweenness (Newman 2003)

Random Walk Betweenness knüpft wie Flow Betweenness ebenfalls an die Grundannahme an, dass Interaktionsprozesse in einem Netzwerk nicht nur entlang kürzester Wege verlaufen. Im Unterschied zu Flow Betweenness, das die Pfadstruktur zwischen Quell- und Zielknoten kennen muss, um optimale Routen berechnen zu können, geht Random Walk Betweenness von einem Szenario aus, wo die Pfadstruktur des Netzwerkes nicht a priori bekannt ist: Knoten s hat eine Nachricht für Knoten t, kennt die kürzesten Wege zu t aber nicht, so dass s die Nachricht für t an einen zufällig ausgewählten benachbarten Knoten weitergibt. Der Transfer durch den Graphen ist also als *random walk* modelliert. Die Übergangswahrscheinlichkeit von einem Knoten i auf einen Nachfolgerknoten k ist hier definiert als der Kehrwert des Degrees von k's Vorgängerknoten i. Random Walk Betweenness $C_{RWB}(k)$ ist dann die Summe der Wahrscheinlichkeiten $P_s(k)$ für einen intermediären Knoten k, in random walks zwischen Knoten s und t involviert zu sein: $C_{RWB}(k)=\sum_{s<t}P_s(k)$. Das auf den Maximalwert normierte Maß ist $C'_{RWB}(k)= C_{RWB}(k)/(1/2n(n-1))$. Das Random-Walk-Modell betrachtet somit grundsätzlich *alle* (zyklenfreien) Wege im Graphen, favorisiert allerdings eindeutig kürzeste Pfade, da t über kürzeste Pfade „schneller" erreicht wird.

3 Prestigemaße

Der Begriff „Prestige" wird nur für solche Zentralitätsmaße verwendet, die auf Beziehungen beruhen, die auf den jeweils betrachteten Knoten *gerichtet* sind (Knoke und Burt 1983; Wasserman und Faust 1994). Sie finden also nur in gerichteten Netzwerken und dort auch nur in den Fällen Anwendung, wo der betrachtete Knoten *Rezipient* von Verbindungen ist, die von anderen ausgehen. In der Literatur wird für diese Fälle gerne die Metapher „Wahl" benutzt, in dem Sinne, dass der betrachtete Akteur von anderen „gewählt" wird (gelegentlich ist auch von „Feedback" bzw. Feedbackmaßen die Rede, s. Koschützki et al. 2005). Ein Knoten ist also in dem Maße prestigereich, in dem er Objekt positiver gerichteter Beziehungen ist. Prestigemaße evaluieren demnach das Ausmaß an „Achtung", das ein Akteur von anderen Akteuren im Netzwerk bezieht (vgl. Jansen 2003).

3.1 Degree-Prestige *(Knoke und Burt 1983, Wasserman und Faust 1994)*

Degree-Prestige misst die Zahl der direkt auf den betrachteten Knoten gerichteten Beziehungen bzw. die Zahl der empfangenen „Wahlen" und entspricht somit dem *In-Degree* eines Knotens. Ein Akteur ist demnach dann prestigereich, wenn er von vielen anderen direkt „gewählt" wird. Zu beachten ist, dass sich Degree und Degree-Prestige eines Akteurs diametral gegenüber stehen können. Dies ist z.B. der Fall, wenn ein wissenschaftlicher Autor viele andere Autoren zitiert (hoher Degree), selbst aber nicht zitiert wird (Degree-Prestige von 0). Prestigemaßzahlen messen daher nicht nur den Grad der Einbettung eines Akteurs in das Beziehungsgeflecht eines Netzwerkes, im Fokus steht vielmehr die sich aus der Wertschätzung anderer ergebende *„Ungleichheit* zwischen den Akteuren" (Jansen 2003).

3.2 Proximity-Prestige *(Knoke und Burt 1983, Wasserman und Faust 1994)*

Proximity-Prestige evaluiert neben den direkten auch die indirekten, auf einen betrachteten Knoten gerichteten Beziehungen. Analog zum nähebasierten Zentralitätsmaß Closeness betrachtet Proximity-Prestige die Distanz eines Knotens i zu allen anderen Knoten j im Netzwerk. Dabei werden jedoch nur kürzeste, aus gleichgerichteten Kanten bestehende Pfade berücksichtigt, die von j nach i laufen (*In-Closeness*). Betrachtet wird also die inverse Distanz $d(j,i)$ von Knoten j zum betrachteten Knoten i. Im Unterschied zu Closeness wird nicht die Summe der Distanzen, sondern die durchschnittliche Länge der Pfade gemessen, was das Maß auch für unverbundene Netzwerke anwendbar macht.

3.3 Rank-Prestige *(Knoke und Burt 1983, Wasserman und Faust 1994)*

Rank-Prestige entspricht einer Anwendung der Eigenvektor-Zentralität auf gerichtete Graphen. Das Prestige eines Akteurs ist also eine Funktion des Prestiges der ihn „wählenden" Akteure. Das Konzept des Rank-Prestige quantifiziert demnach nicht nur den reinen (direkten oder indirekten) „Wahlerfolg" eines Akteurs, sondern auch seinen „Rang" innerhalb einer Menge von Akteuren, der sich nach dem Ausmaß bemisst, in dem er von seinerseits prestigereichen Akteuren „gewählt" wird. Rank-Prestige ist somit die gewichtete Summe der In-Degrees, die ein Akteur von anderen Knoten erhält.

4 Diskussion

4.1 Anwendungsaspekte von Zentralitätsmaßen

In der Netzwerkforschung allgemein akzeptiert ist die Auffassung, dass die unterschiedlichen Ansätze von Zentralität eine beträchtliche konzeptionelle Überlappung haben, so dass sie sich nicht wechselseitig ausschließen, sondern sich eher komplementär ergänzen (vgl. Borgatti und Everett 2006; Friedkin 1991; Valente et al. 2008). Diese konzeptionellen Verwandtschaften spiegeln sich auch in empirischen Korrelationsanalysen wider. Generell belegen die Studien starke, aber variierende Korrelationen zwischen den Maßen, so dass man von einer Redundanz der Maße nicht sprechen kann (Valente et al. 2008). Bei genauerer Betrachtung gibt es in der Regel immer eine kleinere Zahl von Knoten, wo die Maße zu ganz unterschiedlichen Ergebnissen kommen (vgl. Newman 2003). In der Anwendung kommt es dann darauf an, diese Unterschiede herauszuarbeiten. Grundsätzlich aber ist Zentralität als multidimensionales Konzept zu begreifen, das alle Maße braucht, um ein vollständiges Bild von dem Beitrag eines Akteurs zum Netzwerk zu erhalten (vgl. Borgatti und Everett 2006; Freeman 1978/79). Die Wahl zwischen verschiedenen Zentralitätskonzepten ist daher eher als Wahl zwischen den verschiedenen *Rollen* zu sehen, die die Akteure im Netzwerk spielen. Während radiale Maße den Beitrag zur Kohäsion innerhalb von Gruppen evaluieren, messen mediale Maße das Ausmaß, in dem Brückenfunktionen zwischen Gruppen wahrgenommen werden (Borgatti und Everett 2006). Das Rollenmodell des Anwendungskontextes ist daher ein wichtiger Faktor für die Wahl des „richtigen" Maßes.

Ein ebenso wichtiger Anwendungsaspekt ist die kohäsive Struktur des betrachteten Netzwerkes. Generell gehen Borgatti und Everett (2006) davon aus, dass radiale Maße am besten interpretierbar sind, wenn das Netzwerk auch eine ausgeprägte Core-Peripherie-Struktur hat, während mediale Maße sich am besten eignen, wenn das Netzwerk kohäsive Substrukturen hat, die nur locker miteinander verbunden sind[7]. Hinweise für die Kompatibilität eines konkreten Netzwerkes mit dem für das jeweilige Zentralitätsmaß idealen Modell eines Netzwerkes liefern die von Freeman (1978/79) eingeführten Zentralisierungsmaße sowie die von Everett und Borgatti (2005b) vorgeschlagenen Core-Peripherie-Maße.

Der wohl wichtigste Faktor bei der Wahl des Maßes aber ist die Beschaffenheit des den Interaktionradius der Akteure definierenden *network flow*. Borgatti (2005) stellt in einer Simulationsstudie fest, dass Zentralitätsmaße nur für die Flow-Prozesse voll anwendbar sind, für die sie auch konzipiert wurden. Demnach hängt die Wahl zwischen proximity- und connectivity-orientierten Maßen oder gar Random-Walk-Modellen ganz entscheidend von den Annahmen des Anwendungskontextes über den network flow ab.

4.2 Netzwerkeffekte von Zentralität

Eine wichtige Implikation *struktureller* Zentralitätsmaße ist, dass nicht die tatsächliche Netzwerkaktivität (der tatsächlich ausgeübte Einfluss) im Fokus steht, sondern das Interaktions*potential* (Bonacich 1972; Freeman 1978/79), das einem Akteur aufgrund seiner stra-

---

[7] In diesem Zusammenhang zu beachten sind auch Aspekte der Robustheit der Maße, insbesondere bei großen und weniger dichten Netzwerken (vgl. Borgatti et al. 2006; Kim und Jeong 2007; Zemljič und Hlebec 2005).

tegischen Position im Netzwerk zukommt. Dennoch hat die Frage, welche Effekte zentrale Positionen auf Netzwerkprozesse haben, in der Netzwerkforschung stets eine Rolle gespielt. So wurde bereits in der Pionierarbeit von Bavelas (1950) ein Zusammenhang zwischen der Nennung von Führungspersonen und der Zentralität dieser Personen in Kommunikationsnetzwerken festgestellt. Freeman et al. (1979/80) bestätigen diesen Zusammenhang für Betweenness-Zentralität. Auch die jüngere Forschung stellt einen signifikanten Zusammenhang zwischen Akteurszentralität und anderen Qualitätsfaktoren fest. So belegen, um zwei Studien aus ganz unterschiedlichen Forschungsfeldern zu nennen, Sparrowe et al. (2001) einen Zusammenhang zwischen der Zentralität von Teammitgliedern und deren Erfolg; Mutschke und Quan-Haase (2001) bestätigen eine hohe Korrelation zwischen zentraler Positionierung von Autoren in Ko-Autorennetzwerken und der Zentralität der von diesen Autoren behandelten Themen in Themennetzwerken.

Aber auch in struktureller Hinsicht wird, allerdings kontrovers, diskutiert, ob das Potential einer zentralen Position auch mit (tatsächlicher) Macht korrespondiert. Während für viele traditionelle Netzwerkforscher Zentralität und Macht äquivalente Kategorien sind, gehen viele Exchange-Networks-Forscher von gänzlich unterschiedlichen Konzepten aus. So zeigen Mizruchi und Potts (1998), dass das Verhältnis zwischen Zentralität und Macht stark von der Parität der Untergruppen im Netzwerk abhängt. Friedkin und Johnson (1997) entwickeln ein formales Modell sozialen Einflusses, das nicht von Zentralität, sondern von struktureller Äquivalenz ausgeht (vgl. auch Burt's (1982) Prestigemodell auf der Basis von Statusgruppen). Diese Arbeiten werfen die Frage auf, ob und wie Zentralität mit anderen positionalen Merkmalen von Akteuren sozialer Netzwerke (wie z.B. struktureller Äquivalenz) sinnvoll kombiniert werden kann.

4.3 „Skalierbarkeit"[8] von Zentralitätsmaßen

Die hier diskutierten Maße wurden auf der Basis kleiner Netzwerke entwickelt und evaluiert. Mit den Möglichkeiten der modernen Computertechnologie ist jedoch auch das Interesse an der Analyse sehr großer Netzwerke (wie z.B. des Internets) gestiegen. Hier zeigt sich allerdings, dass die Maße sowohl verfahrenstechnisch als auch konzeptionell an ihre Grenzen stoßen. So argumentieren Everett und Borgatti (2005a), dass die Berechnung von z.B. Closeness auf der Basis eines 10.000-Knoten-Netzwerkes (inhaltlich) kaum noch Sinn macht. Everett und Borgatti schlagen vor, nicht Gesamtnetzwerke, sondern lokale Netzwerke zu analysieren (z.B. Ego-Network-Betweenness). Mutschke (2008) dagegen konstatiert, dass herkömmliche Zentralitätsmaße neue Erkenntnisse der Theoretischen Physik über die strukturelle Beschaffenheit sozialer Netzwerke nicht berücksichtigen, wie insbesondere deren Tendenz zur Community-Bildung (Albert und Barabasi 2002; Watts 1999). Unplausible Zentralitätswerte bei großen Netzwerken sind demnach nicht ein Problem der Netzwerkgröße, sondern *Anomalien*, die die Inkompatibilität widerspiegeln zwischen dem, was Zentralitätsmaße messen und dem, was (große) Netzwerke strukturell tatsächlich repräsentieren. Mutschke schlägt daher ein Mehrebenenmodell vor, dass Zentralität auf der Basis

---

[8] Skalierbarkeit meint hier nicht das Verhalten einer Software bezüglich ihres Ressourcenbedarfs bei steigender Last, sondern die Leistungsfähigkeit der Maße bei zunehmender Netzwerkgröße.

der Community-Struktur eines Netzwerkes evaluiert[9]. Die Entwicklung gut „skalierender" Zentralitätsmaße ist allerdings nach wie vor ein Forschungsdesiderat.

4.4 Dynamische Zentralität

Ein weiteres grundsätzliches Problem ist, dass die bisher in der Netzwerkforschung verbreiteten Zentralitätsmaße ausschließlich statische Netzwerke betrachten. Soziale Netzwerke entwickeln sich jedoch in der Regel über Zeit, so dass man davon ausgehen muss, dass sich auch Positionen im Netzwerk über Zeit verändern. Aber auch innerhalb eines bestehenden Netzwerkes können die *tatsächlich* ablaufenden Interaktionsprozesse andere Wege nehmen als von den Zentralitätsmaßen prognostiziert. Während „real existierende" Zentralität durch ein dynamisches Flow-Modell operationalisiert werden kann, das z.B. evaluiert, wie oft etwas über einen Knoten oder wie schnell etwas zu einem Knoten fließt (Borgatti 2005), steht die Evaluation von Zentralität über Zeit vor der Schwierigkeit, dass es hierzu noch keine allgemeinen formalen Modelle gibt, die mit der temporären Existenz von Kanten *und* Knoten umgehen können. Die Forschung hierzu steht noch ganz am Anfang (vgl. Brandes 2008). Gelegentlich diskutierte Modelle, die auf der Kumulation der Ergebnisse von Zeitscheibenanalysen beruhen oder Zentralität auf der Basis von gewichteten Graphen berechnen, wo Kanten mit zeitlichen Werten (z.B. Zeitintervallangaben) bewertet sind, sind rein pragmatische Ansätze, da sie lediglich Anwendungen der herkömmlichen Zentralitätsmaße auf zeitspezifische Settings sind, das Grundproblem der zeitlichen Dynamik von Netzwerken aber nicht lösen.

4.5 Theoriedefizit

Das Hauptproblem ist allerdings die defizitäre theoretische Fundierung der vorgeschlagenen Zentralitätskonzepte. Mit Ausnahme vielleicht von Tutzauer's Entropie-Modell ist keines der hier präsentierten Maße wirklich aus einer übergeordneten allgemeinen Theorie abgeleitet (vgl. Friedkin 1991; vgl. auch Freeman 1978/79).[10] Die meisten Maße haben sich aus Überlegungen ergeben, die bezüglich der Datenstruktur des Graphen angestellt wurden und sind somit lediglich „ad hoc formalizations of plausible ideas" (Friedkin 1991). Eine rein hypothetische Konzeptualisierung von „Zentralität" wirft jedoch das Problem eines interpretativen Defizits bezüglich des behaupteten positionalen Status' der Akteure auf. Beispielhaft sei hierzu auf die konträre Interpretation der Position des „Dazwischenseins" bei Shimbel (1953) und Freeman (1977) hingewiesen: Die gleiche strategische Position wird von Shimbel (negativ) als „stress" interpretiert, von Freeman dagegen (positiv) als Vorhandensein von Kontrollpotential. Was also fehlt, sind so etwas wie Theorien der „Wichtigkeit" von Akteuren in sozialen Netzwerken, die auch die der Netzwerkformung

---

[9] Vgl. vor diesem Hintergrund auch die von Everett und Borgatti (1999, 2005b) vorgeschlagenen Maße für Gruppenzentralität.
[10] Wobei Freeman (1978/79) die Einführung von Maßen als einen *Weg* versteht, der zunächst einmal beschritten werden müsse, um „Zentralität" überhaupt verstehen zu können. Friedkin (1991) greift immerhin auf ein Prozessmodell der sozialen Beeinflussung zurück, um daraus drei Zentralitätsmaße abzuleiten (*Total, Immediate* und *Mediative Effects Centrality*). Die Maße korrespondieren allerdings im Wesentlichen mit Degree- bzw. Eigenvector Centrality, Closeness und Betweenness (vgl. Wasserman und Faust 1994).

zugrundeliegenden, strukturgenerierenden Kräfte[11] berücksichtigen und aus denen dann Zentralitätskonzepte abgeleitet werden könnten, deren Ergebnisse im Lichte dieser Theorien eindeutiger interpretierbar wären. Hier gibt es noch erheblichen Forschungsbedarf. Ohne theoretische Einbettung jedoch bleibt ein Zentralitätsmaß letztlich nichts weiter als ein methodisches *Angebot*, die eigentliche Kernfrage jedoch – „Was ist Zentralität?" – vermutlich unbeantwortet.

5 Literatur

Anthonisse, JacM., 1971: The rush in a graph. Amsterdam: Mathematisch Centrum mimeo.
Albert, Reka und *Alberto-Laszlo Barabási*, 2002: Statistical mechanics of complex networks. Reviews of Modern Physics 74: 47-97.
Bavelas, Alex, 1948: A mathematical model for group structure. Applied Anthropology 7: 16-30.
Bavelas, Alex, 1950: Communication patterns in task oriented groups. Journal of the Acoustical Society of America 22: 271-282.
Beauchamp, Murray A., 1965: An improved index of centrality. Behavioral Science 10: 161-163.
Bonacich, Phillip, 1972: Factoring and weighting approaches to status scores and clique identification. Journal of Mathematical Sociology 2: 113-120.
Bonacich, Phillip, 1987: Centrality and power: a family of measures. American Journal of Sociology 92: 1170-1182.
Bonacich, Phillip und *Paulette Lloyd*, 2001: Eigenvector-like measures of centrality for asymmetric relations. Social Networks 23: 191-201.
Bonacich, Phillip und *Paulette Lloyd*, 2004: Calculating status with negative relations. Social Networks 26: 331-338.
Borgatti, Stephen P., 2005: Centrality and network flow. Social Networks 27: 55-71.
Borgatti, Stephen P., 2006: Identifying sets of key players in a social network. Computational and Mathematical Organization Theory 12: 21–34.
Borgatti, Stephen P. und *Martin Everett*, 2006: A Graph-theoretic perspective on centrality. Social Networks 28: 466-484.
Borgatti, Stephen P., Kathleen M. Carley und *David Krackhardt*, 2006: On the robustness of centrality measures under conditions of imperfect data. Social Networks 28: 124-136.
Brandes, Ulrik und *Daniel Fleischer*, 2005: Centrality measures based on current flow. S. 533-544 in: *Volker Diekert* und *Bruno Durand* (Hg.), STACS 2005, LNCS 3404. Berlin-Heidelberg: Springer.
Brandes, Ulrik, 2008: On variants of shortest-path betweenness centrality and their generic computation. Social Networks 30: 136-145.
Burt, Ronald S., 1982: Towards a structural theory of action. New York: Academic Press.
Everett, Martin G. und *Stephen P. Borgatti*, 1999: The centrality of groups and classes. Journal of Mathematical Sociology 23: 181-201.
Everett, Martin G. und *Stephen P. Borgatti* 2005a: Ego network betweenness. Social Networks 27: 31-38.
Everett, Martin G. und *Stephen P. Borgatti*, 2005b: Extending centrality. S. 57-76 in: *Peter J. Carrington, John Scott* und *Stanley Wassermann* (Hg.), Models and methods in social network analysis. Cambridge: Cambridge University Press.
Freeman, Linton C., 1977: A set of measures of centrality based on betweenness. Sociometry 40: 35-41.

---

[11] Vgl. die Diskussion bei Borgatti und Everett 2006

Freeman, Linton C., 1978/79: Centrality in social networks: Conceptual clarification. Social Networks 1: 215-239.
Freeman, Linton C., 1980: The gatekeeper, pair-dependency and structural centrality. Quality and Quantity 14: 585-592.
Freeman, Linton C., 2008: Going the wrong way on a one-way street: Centrality in Physics and Biology. Journal of Social Structure 9.
Freeman, Linton C., Stephen P. Borgatti und *Douglas R. White*, 1991: Centrality in valued graphs: A measure of betweenness based on network flow. Social Networks 13; 141-154.
Freeman, Linton C., Douglas Roeder und *Robert R. Mulholland*, 1979/80: Centrality in social networks: II. Experimental results. Social Networks 2: 119-141.
Friedkin, Noah E., 1991: Theoretical foundations for centrality measures. American Journal of Sociology 96: 1478-1504.
Friedkin, Noah E. und *Eugene Johnson*, 1997: Social positions in influence networks. Social Networks 19: 209-222.
Hage, Per und *Frank Harary*, 1995: Eccentricity and centrality in networks. Social Networks 17: 57-63.
Hubbell, Charles H., 1965: An input-output approach to clique identification. Sociometry 28: 377-399.
Jansen, Dorothea, 2003: Einführung in die Netzwerkanalyse. 2. Auflage. Opladen: Leske+Budrich.
Katz, Leo, 1953: A new status index derived from sociometric analysis. Psychometrika 18: 39-43.
Kim, Pan-Jun und *Hawoong Jeong*, 2007: Reliability of rank order in sampled networks. European Physical Journal 55: 109-114.
Knoke, David und *Ronald S. Burt*, 1983: Prominence. S. 195-222 in: *Ronald S. Burt* und *Michael J. Minor* (Hg.), Applied Network Analysis. Newbury Park, CA: Sage: 195-222.
Koschützki, Dirk, Katharina A. Lehmann, Leon Peeters, Stefan Richter, Dagmar Tenfelde-Podehl, Oliver Zlotowski, 2005: Centrality Indices. S. 16-61 in: *Ulrik Brandes* und *Thomas Erlebach* (Hg.), Network Analysis. Methodological Foundations. Lecture Notes in Computer Science 3418. Berlin-Heidelberg: Springer.
Latora, Vito und *Massimo Marchiori*, 2007: A measure of centrality based on network efficiency. New Journal Physics 9: 188.
Mizruchi, Mark S. und *Blyden B. Potts*, 1998: Centrality and power revisited: actor success in group decision making. Social Networks 20: 353-387.
Mutschke, Peter und *Anabel Quan-Haase*, 2001: Collaboration and Cognitive Structures in Social Science Research Fields: Towards Socio-Cognitive Analysis in Information Systems. Scientometrics 52: 487-502.
Mutschke, Peter, 2008: Zentralitätsanomalien und Netzwerkstruktur. Ein Plädoyer für einen „engeren" Netzwerkbegriff und ein community-orientiertes Zentralitätsmodell. S. 262-272 in: *Christian Stegbauer* (Hg.), Netzwerkanalyse und Netzwerktheorie. Wiesbaden: VS-Verlag für Sozialwissenschaften.
Newman, Mark E. J., 2003: A measure of betweenness centrality based on random walks. arXiv:cond-mat/0309045 (auch erschienen in Social Networks 27 (2005): 39-54.
Nieminen, Juhani, 1974: On centrality in a graph. Scandinavian Journal of Psychology 15: 322-336.
Noh, Jae Dong und *Heiko Rieger*, 2004: Random walk on complex networks. Physical Review Letters 92.
Sabidussi, Gert, 1966: The centrality index of a graph. Psychometrika 31: 581-603.
Sade, Donald S., 1989: Sociometrics of macaca mulatta III: N-path centrality in grooming networks. Social Networks 11: 273-292.
Shimbel, Alfonso, 1953: Structural parameters of communication networks. Bulletin of Mathematical Biophysics 15: 501-507.
Shannon, Claude E., 1948: A mathematical theory of communication. The Bell System Technical Journal 27: 379-423, 623-656.

Shaw, Marvin E., 1954: Group structure and the behavior of individuals in small groups. Journal of Psychology 38: 139-149.

Sparrowe, Raymond T., *Robert C. Liden*, *Sandy J. Wayne*, und *Maria L. Kraimer*, 2001: Social networks and the performance of individuals and groups. Academy of Management Journal 44: 316-325.

Stephenson, Karen und *Marvin Zelen*, 1989: Rethinking centrality: methods and examples. Social Networks 11: 1-37.

Tam, Tony, 1989: Demarcating the boundaries between self and the social: the anatomy of centrality in social networks. Social Networks 11: 387-401.

Trappmann, Mark, *Hans J. Hummell* und *Wolfgang Sodeur*, 2005: Strukturanalyse sozialer Netzwerke. Konzepte, Modelle, Methoden. Wiesbaden: VS Verlag für Sozialwissenschaften.

Tutzauer, Frank, 2007: Entropy as a measure of centrality in networks characterized by path-transfer flow. Social Networks 29: 249-265.

Valente, Thomas W. und *Robert K. Foreman*, 1998: Integration and radiality: measuring the extent of an individual's connectedness and reachability in a network. Social Networks 20: 89-105.

Valente, Thomas W., *Kathryn Coronges*, *Cynthia Lakon* und *Elizabeth Costenbader*, 2008: How correlated are network centrality measures? Connections 28: 16-26.

Wasserman, Stanley, *Katherine Faust*, 1994: Social Network Analysis. Methods and Applications. Structural Analysis in the Social Sciences 8. Cambridge: Cambridge University Press.

Watts, Duncan J., 1999: Small Worlds. Princeton: Princeton University Press.

White, Douglas R. und *Stephen P. Borgatti*, 1994: Betweenness centrality measures for directed graphs. Social Networks 16: 335-346.

White, Scott und *Padhraic Smyth*, 2003: Algorithms for estimating relative importance in networks. Proc. 9th ACM SIGKDD Conference, Washington: 266-275.

Zemljič, Barbara und *Valentina Hlebec*, 2005: Reliability of measures of centrality and prominence. Social Networks 27: 73-88.

5.4 Dyaden und Triaden

Hans J. Hummell und Wolfgang Sodeur

Dyaden und Triaden können im Rahmen der Netzwerkanalyse mit unterschiedlicher Bedeutung auftreten, nämlich
- als eigenständige „Einheiten", die zum Gegenstand der Aussage gemacht werden;
- als sozialer Kontext für die zur Dyade gehörenden Akteure bzw. als sozialer Kontext für die zur Triade gehörenden Akteure oder Dyaden;
- als Bestandteile eines größeren Beziehungsnetzes, dessen Struktur vereinfachend auf die Struktur-Formen der in ihm enthaltenen Dyaden und Triaden zurückgeführt wird.

Wie auch in anderen Bereichen der Sozialforschung sollte deshalb immer vorab geklärt werden, auf Einheiten welcher Ebene (einzelne Akteure, Dyaden, Triaden, das gesamte Beziehungsnetz) sich die Aussagen konzentrieren sollen und in welchem Verhältnis dazu gegebenenfalls Einheiten anderer Ebenen stehen. Die möglichen Beziehungen zwischen Einheiten auf unterschiedlichen Ebenen sind ausführlich in dem häufig zitierten Aufsatz von Lazarsfeld und Menzel (1961) beschrieben worden (mit speziellem Bezug des Lazarsfeld-Menzel-Schemas zur Netzwerkanalyse vgl. auch Hummell und Sodeur 1992, 1997).

Dyaden und Triaden kommen in der Netzwerkanalyse i.e.S. – um es vorweg zu nehmen – als Einheiten des eigentlichen Interesses („Aussage-Einheiten") praktisch nicht vor. Diese Rolle spielen sie vielmehr traditionell in anderen Zusammenhängen. So stehen häufig Dyaden im Mittelpunkt der Analyse verheirateter Paare oder Dyaden bzw. Triaden (Quadrupel usf.) bilden den sozialen Kontext für die Untersuchung der Sozialisationsbedingungen von Kindern, z.B. bei Alleinerziehenden oder in vollständigen Familien, mit oder ohne Geschwister. Im Prinzip könnten bei solchen Analysen durchaus Konzepte der Netzwerkanalyse Verwendung finden. Tatsächlich ist dies aber kaum der Fall.

Häufig dagegen finden Dyaden und Triaden als „Hilfsgrößen" Eingang entweder
(1) in die Analyse der Struktur größerer Beziehungsnetze oder
(2) zur Beschreibung der strukturellen Einbettung einzelner Akteure in das umgebende Beziehungsnetz.

In beiden Fällen reduzieren sie zunächst die Komplexität: Anstelle einer Fülle unterschiedlicher Struktur-Eigenschaften des gesamten Beziehungsnetzes betrachtet man (zunächst) nur die wesentlich einfacher zu überschauenden Formen der Anordnung von Verbindungen innerhalb der Dyaden oder Triaden. In einem nächsten Schritt wird dann versucht, die interessierenden Struktur-Eigenschaften dieser relativ kleinen Einheiten wieder zu einem „Gesamtbild" der Struktur des Beziehungsnetzes zusammenzuführen (im Lazarsfeld-Menzel-Schema: „analytische" bzw. „strukturelle" Eigenschaften von Kollektiven, vgl. Hummell und Sodeur 1992: 269ff.). Oder es wird versucht, sie den Akteuren als Eigenschaften des umgebenden Beziehungsnetzes zuzuschreiben (im Lazarsfeld-Menzel-Schema: „kontextuelle" Eigenschaften von Individuen, vgl. Hummell und Sodeur 1992: 269ff.).

In den folgenden Abschnitten behandeln wir zunächst die Grundzüge der Struktur-Analyse von Dyaden (Abschnitt 5.4.1) und Triaden (Abschnitt 5.4.2). Im jeweils unmittelbaren Anschluss werden Ableitungen einiger Struktur-Eigenschaften des gesamten Beziehungsnetzes aus den Dyaden bzw. Triaden sowie die Zuordnung solcher Eigenschaften zu den Akteuren des Netzes als „Kontext-Merkmale" beschrieben. Abschließend erläutern wir anhand eines Beispieles etwas ausführlicher (Abschnitt 5.4.3), wie eine eigentlich auf der Ebene des gesamten Beziehungsnetzes angesiedelte Umgebungseigenschaft von Akteuren zunächst vereinfachend auf ihre jeweiligen Mikro-Umgebungen (Triaden) bezogen sowie anschließend versucht wird, die so entstehenden Einzelaussagen wieder zu einem Gesamtbild zusammenzufassen, das auch Aussagen über die Entwicklung des Netzes insgesamt impliziert. In allen Abschnitten verweisen wir auf die vielfältigen Bezüge zu anderen Kapiteln dieses Handbuches. So ist z.B. die Ableitung wichtiger Struktur-Eigenschaften des gesamten Beziehungsnetzes aus den Eigenschaften der Triaden ein zentrales Thema der Balancetheorien (siehe Kapitel 3.1 zur Relationalen Soziologie in diesem Band). Die Beschreibung der strukturellen Einbettung der Akteure in das umgebende Beziehungsnetz gibt andererseits allgemeine Grundlagen wie auch spezielle Beispiele für die Analyse von Positionen (siehe Kapitel 3.6).

1 Struktur-Eigenschaften von Dyaden und ihre Verwendung zur Beschreibung ganzer Beziehungsnetze

Die Möglichkeiten unterschiedlicher Anordnungen von Verbindungen in Dyaden sind eng begrenzt: Bei ungerichteten („symmetrischen") Beziehungen besteht eine Verbindung ('1' bzw. '+') oder sie besteht nicht ('0' bzw. '-').[1] Bei gerichteten Beziehungen gibt es 4 Möglichkeiten: Keine Verbindung in beiden Richtungen ('0 0' bzw. '- -'), eine Verbindung entweder nur in der einen Richtung ('1 0' bzw. '+ -' bzw. '-->'), nur in der anderen Richtung ('0 1' bzw. '- +' bzw. '<--') oder gleichzeitig in beiden Richtungen ('1 1' bzw. '+ +' bzw. '<-->'). Wenn man die beiden Knoten der Dyade nicht benennt, gibt es nur drei strukturell unterschiedliche Typen von Dyaden, die sich lediglich in der Zahl der vorhandenen gerichteten Verbindungen (0,1,2) unterscheiden. Die Übersichtlichkeit möglicher Anordnungen („Struktur") der Verbindungen erklärt, warum sich hier die Verwendung besonderer Konzepte der Netzwerkanalyse gegenüber umgangssprachlichen Beschreibungen kaum lohnt. Viel wichtiger als die Struktur der Verbindungen sind für die inhaltliche Analyse deshalb spezielle Eigenschaften der Beziehungen wie ihre Art, Dauer und Intensität.

Anders ist es dagegen, wenn man die Struktur-Eigenschaften aller Dyaden zur Beschreibung des gesamten Beziehungsnetzes kombiniert oder wenn man die kombinierten Struktur-Eigenschaften aller (oder aller einen Akteur umgebenden) Dyaden des Netzes den eingebetteten Akteuren als Kontext-Eigenschaften zuordnet. Naturgemäß können damit bei weitem nicht alle denkbaren Netz-Eigenschaften berücksichtigt werden, sondern vollständig nur die auf „Ein-Schritt-Verbindungen" (eben in Dyaden!) beruhenden Struktur-Eigenschaften. Trotzdem lassen sich auf diese Weise bemerkenswert komplexe Struktureigenschaften abbilden.

---

[1] Manchmal wird das Fehlen von Verbindungen auch als „inhaltlich gegensätzlich" zu bestehenden Verbindungen interpretiert, z.B. als Vorhandensein negativer gegenüber positiven Verbindungen.

Dyaden und Triaden

So ist z.B. die „Netzwerk-Dichte" (siehe Kapitel 5.3) ein solches, durch Aggregation und Standardisierung aus Dyaden-Eigenschaften erzeugtes Maß. Es entsteht durch Aggregation der Zahl vorhandener (gerichteter bzw. ungerichteter) Verbindungen über alle Dyaden und anschließender Standardisierung anhand der Zahl möglicher Verbindungen der entsprechenden Art. Im Falle gerichteter Verbindungen sind insgesamt $n*(n-1)$ möglich, im Falle ungerichteter Verbindungen $n*(n-1)/2$. Mit der Dichte ist eine wichtige Eigenschaft des Netzes beschrieben, die allerdings – je nach Anordnung der einzelnen Ein-Schritt-Verbindungen jenseits der Dyaden-Grenzen – mit sehr unterschiedlichen Globalstrukturen vereinbar sein kann. So kann bei geeigneter Anordnung ein Beziehungsnetz von n Personen mit (minimal) n-1 Verbindungen (z.B. in Form einer „Kette" oder eines „Sterns") vollständig verbunden sein. Wenn sich bei gleicher Dichte die n-1 Verbindungen aber auf eine sehr kleine Untergruppe von Personen konzentrieren, so dass dort jede Person mit jeder anderen verbunden ist („1-Clique", siehe Kapitel 5.5), so bleibt der übrige Teil der Population sowohl mit dieser Clique als auch untereinander völlig unverbunden. Will man allein auf der Grundlage der Struktur-Eigenschaften in Dyaden mehr über die Anordnung der Verbindungen im gesamten Netz erfahren, sind weitere Zwischenschritte erforderlich, die neben der Dichte auch die mehr oder weniger gleichmäßige Verteilung der Verbindungen in der Netzpopulation kennzeichnen.

Wie bereits oben angedeutet, können die kombinierten Struktur-Eigenschaften der einen bestimmten Akteur umgebenden Dyaden auch zur Beschreibung seines sozialen Kontexts benutzt werden. Entsprechend den Verfahrensschritten zur Ermittlung der Dichte werden nun die Eigenschaften aller Dyaden zusammengefasst, denen dieselbe Person angehört. Auf diese Weise erhält man die Zahl (man spricht vom „Grad") der ungerichteten Verbindungen einer Person bzw. bei gerichteten Beziehungen die Zahl der eingehenden („Innengrad"), der ausgehenden („Außengrad") oder der zweiseitigen, sowohl ein- wie ausgehenden Verbindungen (siehe Kapitel 5.6). Einige solcher Maße haben der häufigen und frühen Verwendung wegen auch spezielle Namen erhalten wie z.B. Zentralitätsmaße und darunter speziell Prestigemaße auf der Basis eingehender und ggf. positiv bewerteter Verbindungen.

Bevor wir den nächsten Schritt zur Ermittlung der Verteilung von (Innen-/Außen-) Graden beschreiben, soll im Sinne des oben genannten Lazarsfeld-Menzel-Schemas der bisherige Weg der Daten und die dabei erfolgte Bedeutungsverschiebung zusammengefasst werden. Ausgehend von Informationen über die Existenz einzelner Verbindungen zwischen Personen war die Binnenstruktur jeder Dyade ermittelt worden. Aus diesen Struktur-Eigenschaften der Dyaden wurden entweder Eigenschaften des gesamten Netzes abgeleitet oder es wurden die Eigenschaften der Dyaden in der Umgebung jeder einzelnen Person zu Struktur-Merkmalen aggregiert und der betreffenden Person als Kontext-Eigenschaften zugeordnet.

Damit sind bisher Einheiten auf folgenden Ebenen involviert:
- ungerichtete oder gerichtete Verbindung zwischen zwei Personen, meist als empirisch ermittelte Information;
- Dyaden aus zwei Personen mit allen zwischen ihnen existierenden Verbindungen und daraus abgeleiteten Eigenschaften ihrer Binnenstruktur;
- gesamtes Beziehungsnetz mit von den Personen oder Dyaden abgeleiteten Struktur-Eigenschaften;

- Personen, denen Kontext-Eigenschaften zugeordnet sind, die von allen sie umgebenden Dyaden oder dem Netz insgesamt stammen.

Aus den Kontext-Eigenschaften der Akteure – die ihrerseits durch Aggregation aus Dyaden und der Zuordnung zu den von diesen jeweils umschlossenen Akteure gewonnen sind – lassen sich durch erneute Aggregation weitere Eigenschaften auf der Ebene des gesamten Beziehungsnetzes erzeugen, nämlich „Aggregatdaten 2. Ordnung". Ermittelt man z.B. die Verteilung der Innengrade über alle Personen, so wird damit erneut eine Eigenschaft des Netzes beschrieben. Sind diese Innengrade annähernd gleichverteilt, so nehmen die Personen in diesem Sinne „gleiche Positionen" ein bzw. sind im Netzwerk ähnlich „zentral"; bedeutsame Unterschiede zwischen den Personen deuten u.U. auf eine ausgeprägte Hierarchie in der Population hin.

Zwar kann mit solchen Verteilungen die grundsätzliche Beschränkung auf Ein-Schritt-Verbindungen nicht völlig aufgehoben werden, die auf die Wahl der Dyade als Basiseinheit zurückgeht. Mit derartigen Verteilungen können jedoch - wenn auch nicht immer eindeutig - Eigenschaften des gesamten Netzes induziert werden, die über bloße Ein-Schritt-Verbindungen hinausreichen.

Ein Beispiel dafür sind die sogenannten „scale free networks" (einen Überblick gibt Watts 2004, siehe Kapitel 3.13 in diesem Band), wo von der Verteilung der Grade aller Knoten u.a. auf das Ausmaß der Verbundenheit im gesamten Netz geschlossen wird: Bei zufälliger Verteilung einer bestimmten Zahl von Verbindungen auf die Dyaden wäre eine binomiale Verteilung der Grade aller Knoten zu erwarten. Tatsächlich zeigen jedoch viele (große) Beziehungsnetze wie z.B. das World Wide Web eine davon sehr stark abweichende (nämlich exponentielle) Verteilung, die sich vor allem durch häufigeres Auftreten von Knoten mit besonders hoher Zahl von Verbindungen auszeichnet. Diese letztgenannte Eigenschaft sorgt für eine relativ starke Verbundenheit des gesamten Netzes, selbst wenn sich die übrigen Verbindungen vorwiegend auf intern eng vernetzte Untergruppen konzentrieren. Nur dadurch gelingt die (allerdings nicht eindeutige) Ableitung einer Eigenschaft des gesamten Netzes wie Verbundenheit („Viel-Schritt-Umgebung") auf der Basis bloß dyadischer Informationen mit eigentlich sehr beschränkter Reichweite.

Generell darf man aber nicht darauf hoffen, sich auf diese Weise wie Münchhausen „am eigenen Schopf aus dem Sumpf zu ziehen". Struktur-Eigenschaften, die auf komplexere Konstellationen der Anordnung von Verbindungen zielen, werden sich häufig nicht allein auf dyadischer Basis ableiten lassen. So ist die im folgenden Abschnitt behandelte Struktur-Eigenschaft der „Transitivität" erst auf der Ebene von Zwei-Schritt-Umgebungen definiert. Gleichwohl wird man auch bei notwendigen Erweiterungen der betrachteten Teile des Netzwerks immer sparsam vorgehen, weil sonst der Zweck des hier betonten Vorgehens verfehlt würde, nämlich (zunächst) zu möglichst einfachen und leicht überschaubaren Analyse-Einheiten zu gelangen: Bei gerichteten Beziehungen ohne Identifizierung der Knoten gibt es in Dyaden, wie oben erwähnt, nur 3 mögliche Formen der Anordnung von Verbindungen; bei Triaden sind es, wie noch gezeigt wird, schon 16, bei Quadrupeln 218 und bei Quintupeln (5 Knoten, Vier-Schritt-Umgebungen) bereits 9608 (vgl. Harary 1974, Anhang 2 mit graphischen Darstellungen bis zur Ebene der Quadrupeln). Der folgende Abschnitt 5.4.2 erweitert deshalb die primär beachteten Ausschnitte des Beziehungsnetzes nur vorsichtig auf Triaden (Zwei-Schritt-Umgebungen von Knoten).

2 Struktur-Eigenschaften von Triaden und ihre Verwendung zur Beschreibung ganzer Beziehungsnetze

Triaden bestehen aus jeweils 3 Knoten und den zwischen ihnen vorhandenen gerichteten bzw. ungerichteten Kanten (Verbindungen). Die häufige Beachtung von Triaden in der Literatur ist auf die Zusammenhänge zwischen der Struktur der Verbindungen in den Triaden und der Struktur im gesamten Beziehungsnetz zurückzuführen. Vor allem aus der Abwesenheit bestimmter Anordnungen der Verbindungen innerhalb der Triaden wird auf globale Struktur-Eigenschaften des Beziehungsnetzes geschlossen wie die Gliederung in „Cliquen", deren hierarchische Ordnung oder (in Extremfällen) die Polarisierung des Netzes in nur zwei antagonistische „Cliquen".

Triaden selbst kommen dagegen in der Netzwerkanalyse i.e.S. kaum als Hauptgegenstand des Interesses vor. Das liegt vor allem daran, dass Triaden meist nicht als „kollektive Akteure" angesehen werden können. Die Fähigkeit zum ziel-gerichteten Handeln wird in der Regel nur den zugehörigen drei Akteuren zugeschrieben.

Als soziale Umgebungen von Knoten werden Triaden ebenfalls nur selten und dann meist missbräuchlich aufgrund mangelnder Klärung der genauen Relationen zwischen den Ebenen der individuellen und kollektiven Einheiten (im Sinne des Lazarsfeld-Menzel-Schemas, s.o.) behandelt. Ein wesentlicher Grund dafür ist, dass die drei Akteure derselben Triade bei vielen der möglichen Anordnungen von Verbindungen auf unterschiedliche Weise in ihre Triade eingebettet sind. Für die Beschreibung sozialer Kontexte „aus der Sicht" einzelner Akteure muss deshalb statt auf die Struktur der gesamten Triade auf andere Konstrukte wie auf Tripletts oder (im Zusammenhang mit Positionen, siehe Kapitel 3.6) auf „triadische Positionen" zurückgegriffen werden. Wir kommen darauf an späteren Stellen dieses Abschnitts zurück.

2.1 Triaden

Bei ungerichteten Beziehungen gibt es in einer Triade 3 unterscheidbare Paare von Knoten, zwischen denen jeweils eine Kantenverbindung möglich ist, und entsprechend 2**3=8 mögliche Anordnungen von Kanten. Wenn man die drei Knoten nicht benennt, sich also auf die Struktur der Verbindungen konzentriert, sind einige dieser 8 Anordnungen strukturgleich. Es bleiben dann noch 4 strukturell unterscheidbare Typen von Triaden, die sich nur durch die Zahl der vorhandenen (ungerichteten) Verbindungen (0, 1, 2, 3) unterscheiden.

Etwas komplizierter wird es bei gerichteten Beziehungen. Bei 3 Knoten gibt es insgesamt 6 unterscheidbare geordnete Paare von Knoten, zwischen denen jeweils eine Kantenverbindung möglich ist. Die 2**6=64 möglichen Anordnungen gerichteter Kanten bilden – wieder bei unbenannten Knoten – 16 strukturell unterscheidbare Typen von Triaden, die zusammen mit der auf James A. Davis, Paul Holland und Samuel Leinhardt (z.B. Holland und Leinhardt 1975) zurückgehenden M-A-N-Notation in Abbildung 5.4.1 dargestellt sind. Diese 16 Struktur-Typen sind einmal vertikal nach der Zahl der bestehenden Verbindungen und horizontal nach „transitiven" und „intransitiven" Triaden geordnet , wobei in der oberen Hälfte der linken Spalte die Triaden aufgeführt sind, die nur in einem weiteren ("leeren") Sinne transitiv sind, in der unteren Hälfte hingegen die im strengen Sinne transitiven (s.u. zu Tripletts; mehr über transitive Triaden in Kapitel 3.06). Die 3 Ziffern unterhalb der

Struktur-Typen kennzeichnen die Zahl der Verbindungen, getrennt nach M(utual), A(symmetric) und N(ull). Beispielsweise steht links oben in der Abbildung der Struktur-Typ 003 mit 0 gegenseitigen (mutual), 0 einseitigen (asymmetric) und 3 abwesenden (null) Verbindungen. In einigen Fällen sind die Struktur-Typen auf diese Weise noch nicht eindeutig zu unterscheiden. Zusätzlich wird dann ein Buchstabe angefügt: U(p) für aufwärts bzw. weg von der „symmetrischen" Verbindung (egal, ob Mutual oder Null); D(own) für abwärts bzw. hin zur „symmetrischen" Verbindung; T(ransitive) für eine Strukturform, bei der eine gerichtete Verbindung zwischen 2 Knoten über 2 Schritte durch eine direkte Verbindung in derselben Richtung zwischen diesen beiden Knoten ergänzt wird; schließlich C(yclic) für eine Anordnung der Verbindungen in der Triade, bei der Verbindungen nur in einer „Uhrzeiger-Richtung" („zyklisch") vorkommen. Das ist entweder der Weg über 2 Schritte in einer Richtung (021C) oder über 3 Schritte, wobei der Ausgangspunkt wieder erreicht wird (030C).

Der eigentliche Wert dieser Bildung von Struktur-Typen liegt wie oben erwähnt darin, dass von ihrem Auftreten bzw. insbesondere vom Fehlen einzelner Struktur-Typen in einem Beziehungsnetz auf verschiedene Eigenschaften der globalen Struktur geschlossen werden kann. Dazu wird zunächst gezählt, wie sich die $n*(n-1)*(n-2)/6$ unterschiedlichen Triaden eines Netzwerks aus n Knoten auf die 16 Struktur-Typen aus Abbildung 1 verteilen („Triaden-Zensus"). Vom Ergebnis des Triaden-Zensus lassen sich dann größere oder geringere Näherungen der Struktur des gesamten Beziehungsnetzes an bestimmte Idealtypen wie z.B. eine vollständige Hierarchie, eine Gruppierung in „parallele" oder hierarchisch geordnete Cliquen oder eine Polarisierung in genau 2 antagonistische Gruppen ableiten (vgl. dazu Hummell und Sodeur 1987a: 149ff.).

Neben der Beschreibung der Netzstruktur mit Hilfe des Triaden-Zensus kann auch versucht werden, diese Struktur inhaltlich zu spezifizieren: Weicht sie überhaupt von Netzen ab, die von reinen Zufallsprozessen mit verschiedenen Vorgaben erzeugt werden (vgl. Hummell und Sodeur 1985)? Kann man sie auf systematische Struktur-Eigenschaften anderer Ebenen als der triadischen zurückführen, z.B. auf Eigenschaften der Dyaden? Eine ausführliche Diskussion mit Literaturverweisen und einem empirischen Beispiel ist bei Peter Kappelhoff (1987: 162-176) zu finden.

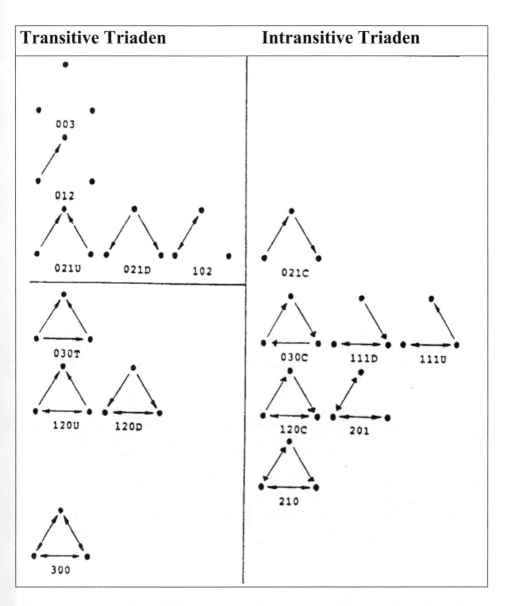

Abbildung 1: 16 strukturell unterscheidbare Typen von Triaden in der M-A-N-Notation von Davis, Holland und Leinhardt (z.B. Holland und Leinhardt 1975).

2.2 Triadische Positionen

Zur Beschreibung der sozialen Umgebung von Akteuren im Beziehungsnetz sind Triaden ungeeignet. Bereits ein Blick auf die Abbildung 1 zeigt, dass viele der triadischen Struktur-Typen ihre Knoten auf recht unterschiedliche Weise einbetten. Als Beispiel soll hier nur der Struktur-Typ 021C dienen (oberste Triade in rechter Spalte). Deutet man die Pfeile (Verbindungen) als hierarchische Ordnungen, so steht je einer der drei Knoten oben, in der Mitte und unten. Derselbe Struktur-Typ beschreibt also für die 3 zugehörenden Knoten denkbar unterschiedliche Umgebungen. Für die Beschreibung triadischer Umgebungen der einzelnen Knoten im Beziehungsnetz stellen die oben genannten Struktur-Typen deshalb eine zu starke Abstraktion dar. Die 16 Typen wurden aus den ursprünglich $2**6=64$ unterschiedlichen Anordnungen der jeweils 6 möglichen Verbindungen in jeder Triade unter dem Gesichtspunkt gebildet, dass man auf die Identifizierung der 3 Knoten verzichtet bzw. sie als „strukturell austauschbar" erklärt. Will man nun aber triadische Umgebungen „aus der Sicht der einzelnen Knoten" beschreiben, so sind jeweils nicht alle 3 Knoten untereinander austauschbar: Einer dieser Knoten steht jeweils „im Fokus" und die jeweils beiden anderen bilden seinen sozialen Kontext. Strukturell austauschbar sind nur jeweils jene beiden Knoten, welche die Umgebung repräsentieren.

Sucht man unter solchen Voraussetzungen unter den insgesamt 64 unterschiedlichen Anordnungen der jeweils 6 möglichen Verbindungen einer Triade wieder nach unterscheidbaren Struktur-Typen, so ergeben sich 36 unterschiedliche „triadische Positionstypen", die eine Person innerhalb einer Triade einnehmen kann (vgl. dazu Hummell und Sodeur 1987b). Diese 36 strukturell unterscheidbaren Typen der Einbettung einer Person in ihre triadischen Umgebungen sind in Abbildung 2 dargestellt und folgen einer gegenüber dem Original späteren und wesentlich verbesserten Darstellung von Burt (1990).

Entsprechend dem Vorgehen beim Triaden-Zensus kann hier ein Positionen-Zensus gebildet werden. Triadische Positionen jedes einzelnen von n Knoten im Netz werden durch die Menge aller triadischen Umgebungen definiert, die aus jeweils 2 der übrigen (n-1) bzw. (n-2) Knoten im Netz bestehen. Untereinander sind die beiden „Umgebungs-Knoten" strukturell nicht unterscheidbar und können ohne Folgen für die Struktur der Umgebung „ihre Plätze tauschen". Für jeden der n Knoten wird entsprechend gezählt, wie sich seine (n-1)*(n-2)/2 triadischen Umgebungen auf die 36 „triadischen Positionstypen" aus Abbildung 2 verteilen. Dieser Zensus kann anschließend zur Ableitung zahlreicher Varianten von Positionsbeschreibungen verwandt werden (vgl. dazu Hummell und Sodeur 1987b: 192ff.; Trappmann et al. 2010, Kapitel 4).

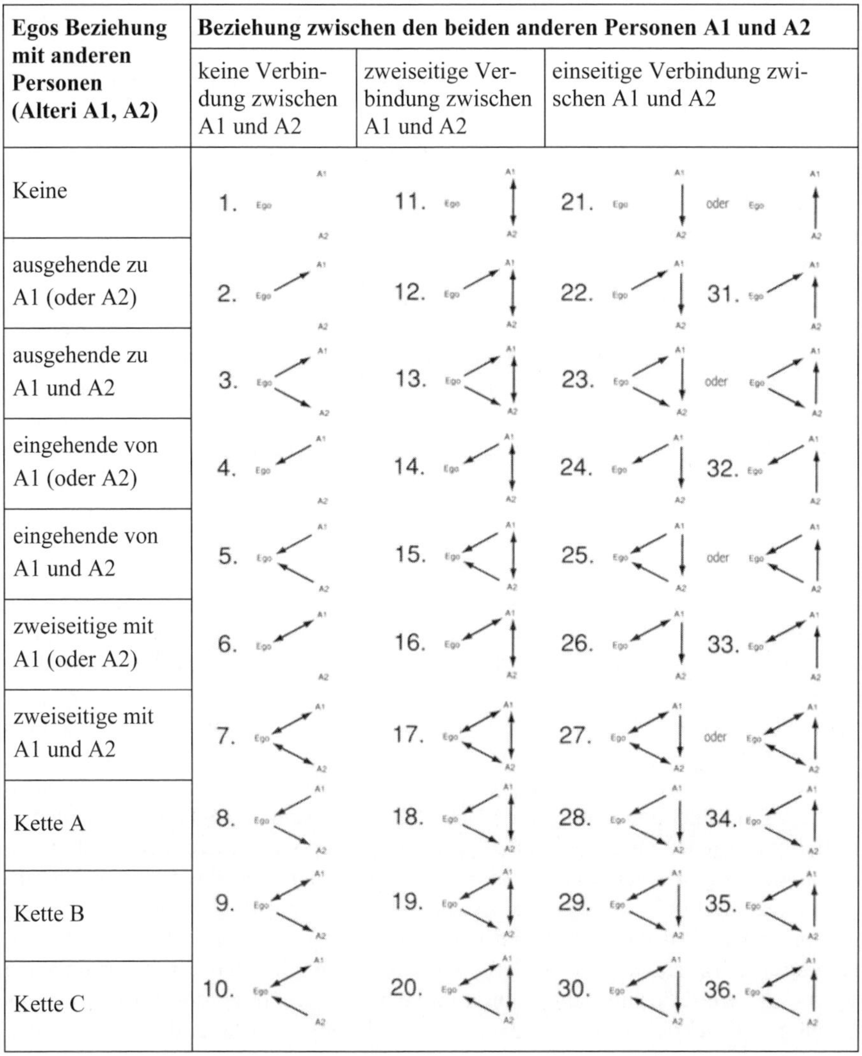

Dyaden und Triaden

Egos Beziehung mit anderen Personen (Alteri A1, A2)	Beziehung zwischen den beiden anderen Personen A1 und A2		
	keine Verbindung zwischen A1 und A2	zweiseitige Verbindung zwischen A1 und A2	einseitige Verbindung zwischen A1 und A2
Keine	1.	11.	21. oder
ausgehende zu A1 (oder A2)	2.	12.	22. 31.
ausgehende zu A1 und A2	3.	13.	23. oder
eingehende von A1 (oder A2)	4.	14.	24. 32.
eingehende von A1 und A2	5.	15.	25. oder
zweiseitige mit A1 (oder A2)	6.	16.	26. 33.
zweiseitige mit A1 und A2	7.	17.	27. oder
Kette A	8.	18.	28. 34.
Kette B	9.	19.	29. 35.
Kette C	10.	20.	30. 36.

Abbildung 2: 36 strukturell unterscheidbare Typen der Einbettung von Ego in seine triadischen Umgebungen („triadische Positionstypen"); (Reihenfolge, Bezeichnung und Nummerierung nach Burt 1990; urspr. Hummell und Sodeur 1987b)

2.3 Tripletts

Eine weitere Form der Beschreibung triadischer Umgebungen „aus der Sicht der einzelnen Knoten" stellen Tripletts dar. Aufgrund ihres speziellen Verwendungszweckes, nämlich zur Beschreibung des Grades der Transitivität der Umgebungen (vgl. Hummell und Sodeur 1987a: 134ff.) werden die bedeutsamen triadischen Umgebungen hier jedoch weit restriktiver als zur Beschreibung der triadischen Positionen ausgewählt. Ein Triplett beschreibt die von einem Knoten ausgehenden, gerichteten Zwei-Schritt-Umgebungen im Netz. Für den Knoten i in einer Triade aus den drei Knoten i, j und k gibt es demnach zwei Tripletts: Eines besteht aus den potentiellen (d.h. bestehenden oder nicht bestehenden) Zwei-Schritt-Verbindungen i-->j-->k sowie der potentiellen direkten Verbindung i-->k. Ein weiteres Triplett mit dem gleichen Knoten i als Ausgangspunkt führt in „umgekehrter Richtung" und betrifft die potentiellen Zwei-Schritt-Verbindungen i-->k-->j und die direkte Verbindung i-->j. Als „transitiv" wird ein Triplett bezeichnet, wenn alle drei Verbindungen existieren, nämlich z.B. im Triplett (ijk) sowohl die beiden Kanten der Zwei-Schritt-Verbindung i-->j-->k als auch die direkte Verbindung i-->k. Im übertragenen Sinn wird die Transitivität oft so umschrieben, dass der „Freund meines Freundes" (Zwei-Schritt-Verbindung) auch mein Freund (direkte Verbindung) ist bzw. sein sollte. „Intransitiv" nennt man entsprechend Tripletts mit bestehender Zwei-Schritt-Verbindung, aber fehlender direkter Verbindung. Schließlich heißen „neutral" oder „transitiv im weiteren (leeren) Sinne" alle Tripletts, bei denen (unabhängig von der Existenz der direkten Verbindung i-->k) keine vollständige Zwei-Schritt-Verbindung besteht, also mindestens eine der beiden potentiellen Verbindungen aus i-->j-->k fehlt.

Innerhalb derselben Triade aus den 3 Knoten i,j und k gehen jeweils 2 weitere Triplettpaare von den beiden anderen Knoten j und k aus, so dass jede einzelne Triade insgesamt 6 Tripletts enthält. Jede Umgebung eines einzelnen Knotens im Netz aus n Knoten enthält (n-1)*(n-2) Tripletts und das gesamte Netz daher insgesamt n*(n-1)*(n-2) Tripletts.

Schließlich weist jedes einzelne Triplett genau eine von 8 verschiedenen Strukturformen auf. Abbildung 3 gibt einen Überblick über die möglichen Anordnungen der Verbindungen in Tripletts einschließlich ihres Transitivitäts-Status (Transitiv, Neutral, Intransitiv).

Im Zusammenhang mit dem speziellen Untersuchungsziel „Transitivität" haben Tripletts offenkundige Vorzüge. Die Transitivität im gesamten Netz mit den damit verbundenen Strukturfolgen (s.o.) wurde früher häufig unter einfacher Verwendung des Triaden-Zensus (siehe Abbildung 1) beschrieben. Das ist auch prinzipiell möglich. Dabei darf jedoch nicht übersehen werden, dass die Transitivität nicht auf der Ebene von Triaden, sondern der von Tripletts definiert ist. Ein Triaden-Typ kann jedoch eine unterschiedliche Zahl transitiver oder intransitiver Tripletts enthalten, in manchen Triaden-Typen kommen sogar gleichzeitig sowohl transitive als auch intransitive Tripletts vor (zum letztgenannten Fall vgl. z.B. Typ 120C in Abbildung 1). Entsprechend müssen zur Beschreibung der Transitivität die Häufigkeiten des Triaden-Zensus mit den Häufigkeiten der darin enthaltenen Tripletts gemäß deren Transitivitäts-Status gewichtet werden, wenn man es nicht vorzieht, solche Kennzeichnungen gleich auf der dafür angemessenen Ebene der Tripletts vorzunehmen.

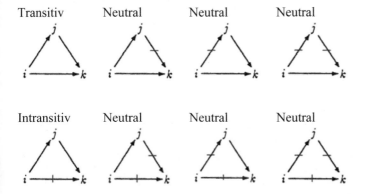

Abbildung 3: Strukturformen und Transitivitäts-Status des Tripletts (ijk) mit i-->j-->k als potentieller Zwei-Schritt-Verbindung und i-->k als potentieller direkter Verbindung

3 Beispiel: Transitivität von Triplett-Umgebungen und Netzentwicklung

Abschließend soll an einem Beispiel gezeigt werden, wie in einer theoretischen Erklärung versucht wird, (a) ausgehend von der ursprünglich intendierten Aussage über eine komplexe Eigenschaft des umgebenden Beziehungsnetzes (b) letztere zunächst vereinfachend auf möglichst kleine Teile des Beziehungsnetzes (und zwar hier auf Tripletts) zu beziehen und schließlich (c) die Teilaussagen über viele Triplett-Umgebungen wieder zusammenzufassen und damit der ursprünglich angestrebten Aussage anzunähern.

Ausgangspunkt ist dabei die Annahme, dass Akteure bestimmte Strukturformen des sie umgebenden Beziehungsnetzes (hier: Balance bzw. Transitivität) bevorzugen und das Netz bzw. einzelne Verbindungen darin, soweit diese ihrem Einfluss unterliegen, gemäß ihren Präferenzen zu gestalten versuchen. Ein unmittelbarer Einfluss wird Akteuren vor allem (aber nicht ausschließlich) auf die von ihnen ausgehenden Verbindungen zugeschrieben. Wenn die Transitivität für viele oder sogar alle Akteure bei der Bewertung ihrer jeweiligen Umgebungen im Beziehungsnetz tatsächlich eine Rolle spielt, könnte man über solche Präferenzen der Akteure und deren Konsequenzen für ihr Verhalten den Prozess der Entwicklung des Beziehungsnetzes zumindest teilweise erklären. Aber selbst bei Beschränkung auf die nur von einem Akteur potentiell ausgehenden Verbindungen gibt es davon n-1 (in einem Netz mit n Personen), und jede dieser n-1 potentiell ausgehenden Verbindungen steht innerhalb des Beziehungsnetzes in einem komplexen Gefüge zahlreicher anderer Verbindungen.

In einem ersten und für die Verwendung von Dyaden und Triaden in der Netzwerkanalyse typischen Schritt wird versucht, die Komplexität zu reduzieren. In diesem Fall betrachtet man für einen gegebenen Akteur i nur eine der potentiell von ihm ausgehenden Verbindungen i-->k – wir nennen sie im Folgenden „Entscheidungskante" –, und zunächst nur die triadischen Umgebungen, die sich aus der Berücksichtigung nur einer weiteren Person j ergeben. Da die theoretische Erklärung der Entwicklung des Netzes auf Annahmen über Präferenzen für Transitivität beruht, bietet sich innerhalb der Triade i,j,k die Konzentration auf die beiden Tripletts (ijk) und (ikj) mit i als Ankerpunkt und k und j als Umgebung an (vgl. den vorhergehenden Abschnitt über Tripletts).

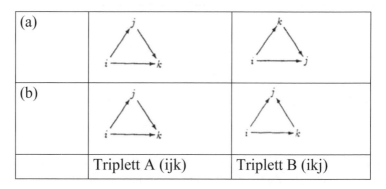

Abbildung 4: Tripletts (ijk) und (ikj) als Umgebungen der Entscheidungskante i-->k

Im oberen Teil (a) der Abbildung 5.4.4 sind die beiden, die Entscheidungskante i-->k umschließenden Tripletts in der üblichen Form dargestellt. Die Tripletts A und B unterscheiden sich nur dadurch, dass j und k „ihre Plätze getauscht haben". Da es hier auf die Entscheidungskante i-->k und auf die Betrachtung genau einer Triade mit der gleichen „dritten Person" j ankommt, soll dies auch optisch durch eine veränderte Darstellung des rechten Tripletts (B) zum Ausdruck kommen: Im unteren Teil (b) der Abbildung 5.4.4 nehmen die drei Triadenmitglieder i,j,k in beiden Tripletts deshalb im Dreieck dieselben „Positionen" ein: j wird immer an der „Spitze" des Dreiecks dargestellt und die Entscheidungskante i-->k bildet immer die „Basis" des Dreiecks.

Abbildung 5 beschreibt aus der Sicht des Akteurs i die Konsequenzen des Aufbaus einer ursprünglich nicht vorhandenen Entscheidungskante i-/->k, Abbildung 6 entsprechend die Konsequenzen des Abbaus einer ursprünglich vorhandenen Entscheidungskante i-->k, und zwar jeweils im Kontext der beiden kombinierten Triplett-Umgebungen mit j als dritter Person. Dargestellt wird dabei, welche Konsequenzen eine Veränderung der Entscheidungskante i-->k im Kontext der beiden umgebenden Tripletts für den Akteur i unter dem Gesichtspunkt der Transitivität hätte. Im Kopf beider Tabellen stehen jeweils die 4 möglichen Umgebungen (I,II,III,IV) der Entscheidungskante im Triplett A, in den Zeilen stehen die entsprechenden 4 möglichen Umgebungen (V,VI,VII,VIII) im Triplett B. Unterhalb der kleinen Graphen, welche die Kontexte I - VIII kennzeichnen, stehen Hinweise auf den Transitivitäts-Status der Tripletts vor bzw. nach einer Veränderung der Entscheidungskante: I(ntransitiv), T(ransitiv), N(eutral). Die Buchstabenfolge IT im Kopf (Spalte I) der Abbildung 5 bedeutet also, dass sich der Status des Tripletts A durch Veränderung (hier Aufbau) der Entscheidungskante von I(ntransitiv) zu T(ransitiv) verschiebt. Gleichzeitig verschiebt sich der Transitivitäts-Status des Tripletts B von N(eutral) zu T(ransitiv). Die Änderungen im Transitivitäts-Status der Tripletts A bzw. B werden durch die beiden ordinalskalierten Variablen TRA bzw. TRB zum Ausdruck gebracht, deren Ausprägungen dem „Ausmaß" dieser Änderungen entsprechen.

Vergleicht man in den Tabellen die Verschiebungen im Transitivitäts-Status unter den durch die beiden Tripletts A und B unterschiedlich definierten Umgebungsbedingungen (Spalten innerhalb der gleichen Zeile bzw. Zeilen innerhalb der gleichen Spalte), so wird deutlich, dass durch den Aufbau bzw. Abbau einer Verbindung i-->k keine gegenläufigen Verschiebungen vorkommen, die Status-Änderungen andererseits aber auch nicht unter beiden Bedingungen genau gleich erfolgen. Die Zahlen in den Zellen der beiden Tabellen bewerten deshalb die Entwicklungen des Transitivitäts-Status unter den kombinierten Kontext-Bedingungen beider Tripletts.

Beim Aufbau einer noch nicht bestehenden Verbindung i-/->k in Abbildung 5 sind die Werte 1-5 mit zunehmender Tendenz zur Transitivität verbunden: Der kleinste Wert „1" bedeutet eine Abnahme der Transitivität bzw. Zunahme der Intransitivität vom neutralen zum intransitiven Status im Triplett B (NI) bei unverändert neutralem Status im Triplett A (NN); der Wert „2" einen gleichbleibend neutralen Status beider Tripletts (NN, NN) usf. bis hin zum Wert „5", der eine Stärkung der Transitivität in beiden Tripletts (NT, IT) kennzeichnet. Den zugrundeliegenden Annahmen folgend entspricht also der Aufbau einer noch nicht bestehenden Entscheidungskante entsprechend der Rangordnung der kombinierten Triplett-Kontexte von 1-5 immer stärker den Transitivitäts-Präferenzen eines Akteurs und müsste deshalb (ceteris paribus, s.u.) vergleichsweise immer häufiger zu beobachten sein.

Beim Abbau einer bereits bestehenden Verbindung i-->k in Abbildung 6 ist der kleinste Wert „1" mit einer Verminderung der Intransitivität zum neutralen Status in einem der beiden Tripletts bei unverändert neutralem Status im anderen Triplett (IN, NN), der Wert „2" mit wiederum gleichbleibend neutralen Tripletts und der Wert „5" schließlich mit einer Reduktion der Transitivität in beiden Tripletts (TN, TI) verbunden. Den zugrundeliegenden Annahmen folgend entspricht also der Abbau einer bestehenden Entscheidungskante entsprechend der Rangordnung der kombinierten Triplett-Kontexte von 1-5 immer weniger den Transitivitäts-Präferenzen eines Akteurs und wäre deshalb (ceteris paribus, s.u.) immer seltener zu beobachten.

Die Richtung der bewertenden Rangzahlen (1-5 oder 5-1) ist an sich willkürlich. Darüber muss im Zusammenhang der weiteren Verwendung entschieden werden. Bei der hier getroffenen Wahl sind im Falle des Aufbaus neuer Verbindungen hohe Rangordnungs-Werte der kombinierten Triplett-Umgebungen mit einer Tendenz zur Transitivität (Erwartung relativ häufigen Auftretens) und im Falle des Abbaus vorhandener Verbindungen hohe Rangordnungs-Werte der Triplett-Umgebungen mit einer Tendenz zur Intransitivität (Erwartung relativ seltenen Auftretens) verbunden.

		Kontext	I	II	III	IV
		Triplett A (ijk)	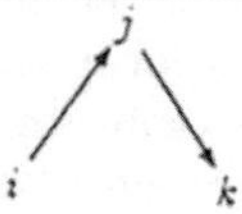 IT	 NN	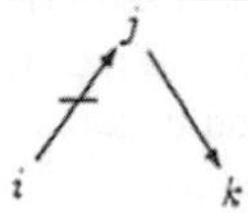 NN	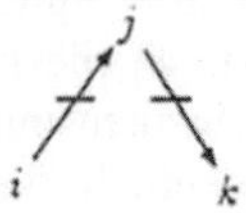 NN
Kontext	Triplett B (ikj)		TRA = 2	TRA = 1		
V	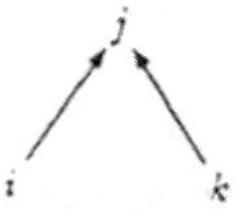 NT	TRB = 3	5	3		
VI / VIII	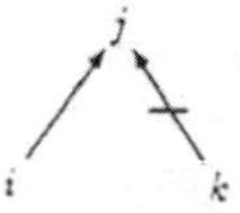 NN / NN	TRB = 2	4	2		
VII	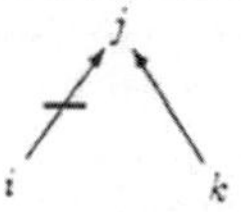 NI	TRB = 1	*siehe Anmerkung	1		

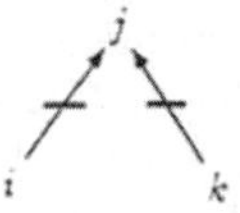

Abbildung 5: Aufbau einer bislang nicht bestehenden Verbindung i-->k und Folgen für den Transitivitäts-Status der beiden umgebenden Tripletts (ijk) und (ikj) mit j als dritter Person

*) Anmerkung: Die Kombination von TRB=1 und TRA=2 ist nicht möglich, da ein gemeinsames Auftreten der Kontexte VII und I hinsichtlich der Verbindung i-->j einen Widerspruch erzeugen würde.

Damit ist der zweite Schritt (b) einer Übertragung des ursprünglich komplexen Problems der Netzwerkanalyse auf kleine und überschaubare Einheiten (hier Tripletts) in Grundzügen abgeschlossen. Ausführlicher wird dieses Vorgehen beschrieben in Hummell und Sodeur (1992, 1997).

		Kontext	I	II	III	IV
		Triplett A (ijk)	⟨triangle i→j→k⟩ TI	⟨triangle⟩ NN	⟨triangle⟩ NN	⟨triangle⟩ NN
Kontext	Triplett B (ikj)		TRA = 2		TRA = 1	
V	 ⟨TN⟩	TRB = 3	5		3	
VI	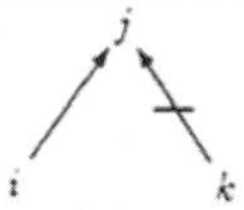 ⟨NN⟩	TRB = 2	4		2	
VIII	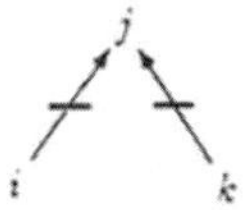 ⟨NN⟩					
VII	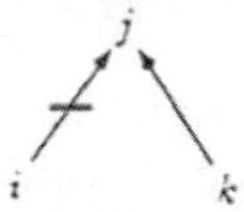 ⟨IN⟩	TRB = 1	*siehe Anmerkung zu Abbildung 5		1	

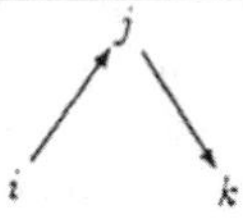

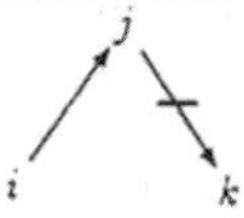

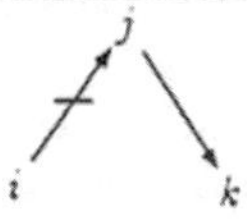

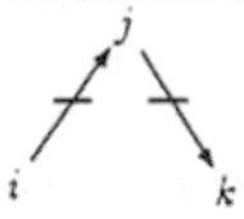

Abbildung 6: Abbau einer bestehenden Verbindung i-->k und Folgen für den Transitivitäts-Status der beiden umgebenden Tripletts (ijk) und (ikj) mit j als dritter Person

Abschließend soll skizziert werden, wie aus den bislang nur ceteris paribus geltenden Zusammenhängen in einzelnen Triaden auch unter dem komplexen Einfluss des gesamten Beziehungsnetzes Erwartungen über die Entscheidung von Akteuren hinsichtlich der von ihnen ausgehenden Verbindungen (auf der Mikro-Ebene) bzw. über die Netzentwicklung insgesamt (auf der Makro-Ebene) abgeleitet werden können.

Ein Akteur i müsste sich bei der Gestaltung seiner Entscheidungskante i-->k bezüglich seiner Verbindung zu k an den Triplettpaaren aus allen n-2 Triaden orientieren, die durch „dritte Personen" (außer i und k) im Netz aufgespannt werden. Als Rahmenbedingungen für seine Entscheidung im Hinblick auf seine Verbindung zu k ist deshalb nicht nur eine einzige Umgebungs-Konstellation aus einem Triplettpaar mit einer dritten Person (wie in Abbildung 5 bzw. 6 dargestellt) zu berücksichtigen, sondern die Verteilung dieser Konstellationen von Triplettpaaren über alle umgebenden n-2 Triaden des Netzes. Fraglich ist dabei, ob allen n-2 triadischen Umgebungen derselben Entscheidungskante gleiches Gewicht zukommen soll oder ob sie je nach Bedeutung der jeweils dritten Personen unterschiedlich gewichtet werden müssen (vgl. das Konstrukt des „signifikanten Anderen"). In jedem Fall aber sind zur Erklärung der Entscheidung auch nur eines Akteurs i über nur eine seiner Entscheidungskanten i-->k im Rahmen eines multivariaten Ansatzes bis zu n-2 triadische Umgebungsbedingungen zu berücksichtigen, von anderen möglicherweise Einfluss nehmenden Faktoren ganz zu schweigen. Ein illustratives Beispiel für eine entsprechende multivariate Analyse geben H.J. Hummell und W. Sodeur (1997).[2]

Vor dem Hintergrund der hier angenommenen Präferenz für Transitivität kann die „optimale" Entscheidung über eine potentielle Verbindung auch in Widerspruch geraten zur gleichfalls optimalen Entscheidung desselben Akteurs über eine andere seiner ausgehenden Verbindungen (zu einer anderen Person k). Gleiches gilt für den Fall, dass mehrere Akteure im selben Beziehungsnetz gleichzeitig ihre Umgebungen den jeweiligen Präferenzen entsprechend gestalten wollen. Selbst wenn auf individueller Ebene im jeweiligen Einzelfall Entscheidungen relativ konsistent den hier angenommenen Regeln folgen würden, wäre damit die Entwicklung der Struktur des Beziehungsnetzes noch nicht hinreichend geklärt. In diesen Fällen muss ein Prozess mit komplexen Rück- und Wechselwirkungen modelliert werden, wie es derzeit nur mit dynamischen Simulationsmodellen geschehen kann (siehe Kapitel 5.12).

4 Zusammenfassung

In diesem Kapitel werden Dyaden und Triaden entsprechend ihrer ganz überwiegenden Verwendung in der Netzwerk-Analyse als Hilfsgrößen behandelt, die zur indirekten Beschreibung der Struktur von Beziehungen in größeren Teilen des Beziehungsnetzes oder im Netz insgesamt dienen bzw. als entsprechende Umgebungseigenschaften den eingebetteten Personen zugeordnet werden. Die Wahl von Dyaden und Triaden anstelle des gesamten Netzwerks geschieht vor allem zur Reduzierung von Komplexität und erfolgt in solchen Fällen, in denen ein direkter Zugriff auf die eigentlich interessierende Struktur in größeren Einheiten des Beziehungsnetzes nicht möglich ist oder mit den verfügbaren Mitteln als nicht realisierbar erscheint. Diese bewusste Reduzierung von Komplexität beim ersten Schritt der Analyse ist aber nur sinnvoll, wenn von Struktureigenschaften der Dyaden oder Triaden entweder direkt oder indirekt über ihre Verteilung im Netz oder über sonstige Verknüpfungen Rückschlüsse auf die interessierende Struktur auf höheren Ebenen des Netzes gezogen werden können. In den vorangehenden Kapiteln wurde die Analyse der internen Struktur von Dyaden und Triaden ebenso dargestellt wie die wichtigsten Gesichtspunkte für die daraus abzuleitenden Struktureigenschaften des Gesamtnetzes.

---

[2] Die auf Knoten, Dyaden und Triaden bezogenen, aber jeweils aus denselben, gerichteten Paarbeziehungen abgeleiteten Daten des Modells werden dort behandelt, als seien sie unabhängig voneinander. Angesichts der zwischenzeitlichen Weiterentwicklung der Mehrebenen-Analyse müssten diese Analysen auf einen aktuellen Stand gebracht werden; vgl. z.B. T. Snijders und Bosker (1999).

5   Literatur

Burt, Ronald S., 1990: Detecting Role Equivalence. Social Networks 12: 83-97.
Harary, Frank, 1974: Graphentheorie. München und Wien: Oldenbourg.
Holland, Paul W. und *Samuel Leinhardt*, 1975: Local Structure in Social Networks. S. 1-45 in: *David Heise* (Hg.), Sociological Methodology 1976. San Francisco: Jossey Bass.
Hummell, Hans J. und *Wolfgang Sodeur*, 1985: Beurteilung der Struktureigenschaften sozialer Netze durch Vergleiche mit eingeschränkten Zufallsnetzen. S. 391-406 in: *Dietrich Seibt u.a.* (Hg.), Angewandte Informatik. Braunschweig, Wiesbaden: Vieweg.
Hummell, Hans J. und *Wolfgang Sodeur*, 1987a: Triaden- und Triplettzensus als Mittel der Strukturbeschreibung. S. 129-161 in: *Franz U. Pappi* (Hg.), Methoden der Netzwerkanalyse. München: Oldenbourg.
Hummell, Hans J. und *Wolfgang Sodeur*, 1987b: Strukturbeschreibung von Positionen in sozialen Beziehungsnetzen. S. 177-202 in: *Franz U. Pappi* (Hg.), Methoden der Netzwerkanalyse. München: Oldenbourg.
Hummell, Hans J. und *Wolfgang Sodeur*, 1992: Multivariate Analyse von Struktureigenschaften auf mehreren Ebenen. Netzwerkanalyse als "metatheoretisches" Konzept. S. 269-294 in: *Hans Jürgen Andreß u.a.* (Hg.), Theorie, Daten, Methoden. Neue Modelle und Verfahrensweisen in den Sozialwissenschaften. München: Oldenbourg.
Hummell, Hans J. und *Wolfgang Sodeur*, 1997: Structural Analysis of Social Networks with Respect to Different Levels of Aggregation. Mathématiques, Informatique et Sciences Humaines 137: 37-60.
Kappelhoff, Peter, 1987: Die Triade als System dichotomer Variablen. S. 162-176 in: *Franz U. Pappi* (Hg.), Methoden der Netzwerkanalyse. München: Oldenbourg.
Lazarsfeld, Paul F. und *Herbert Menzel*, 1961: On the Relation between Individual and Collective Properties. S. 422-440 in: *Amitai Etzioni* (Hg.), Complex Organizations. New York: Wiley.
Snijders, Tom A.B. und *Roel J. Bosker*, 1999: Multilevel Analysis: An Introduction to Basic and Advanced Multilevel Modeling. London: Sage.
Trappmann, Mark, Hans J. Hummell und *Wolfgang Sodeur*, 2010: Strukturanalyse sozialer Netzwerke. Konzepte, Modelle, Methoden; 2.Aufl.. Wiesbaden: VS Verlag für Sozialwissenschaften.
Watts, Duncan J., 2004: The "new" Science of Networks. Annual Review of Sociology 30: 243-270.

5.5 Cliquen und andere Teilgruppen sozialer Netzwerke

Volker G. Täube

1 Die Kleingruppenforschung als theoretischer Bezugspunkt der Cliquenanalyse

Im alltäglichen Sprachgebrauch bezeichnet der Begriff *Clique* gemeinhin eine Gruppe von Individuen, welche in relativ engen, direkten und wechselseitigen Beziehungen stehen. Der gemeinsame Zweck, den die Gruppenmitglieder einer Clique verfolgen, kann dabei sehr verschieden sein: Eine Straßengang, ein Kaffeekränzchen oder ein Stammtisch sind nur einige Beispiele für derartige Kleingruppen.

Aus sozialwissenschaftlicher Sicht sind solche Beziehungsgebilde von besonderem Interesse, da sich hier in überschaubarer Weise studieren lässt, welche sozialen und sozialpsychologischen Mechanismen für die Entstehung und den Erhalt von informellen Gruppen von Bedeutung sind. Aber nicht nur für sich genommen, sondern auch in einem übergeordneten Sinne kommt derartigen Kleingruppen eine besondere Bedeutung zu. Begreift man etwa mit Georg Simmel (1890) soziale Organisation als ein Prinzip, wonach sich Gruppen („soziale Kreise") gleichsam konzentrisch umschließen, wobei übergeordnete Gruppen als Resultat einer Tendenz der Ausdehnung von untergeordneten (Teil-)Gruppen betrachtet werden, so wird deutlich, warum die in der Kleingruppe existierenden sozialen Kräfte in Bezug auf die Erklärung von sozialen Sachverhalten auf unterschiedlichen Ebenen von zentraler Bedeutung sind: Höher entwickelte Sozialstrukturen gehen aus einfacheren Beziehungsstrukturen hervor, wobei letztere innerhalb der neuentstandenen Gebilde fortexistieren und diese beeinflussen können. Eindrücklich wurde dieser Sachverhalt durch die Untersuchungen zur informellen Gruppe in den „Hawthorne-Studien" von Elton Mayo (1933) dokumentiert und in der Folge von Autoren wie George Casper Homans (1951) – etwa in seinen Arbeiten zur Theorie der Gruppe (1951) und über die elementaren Formen sozialen Verhaltens (1974) – oder Theodore M. Newcomb (1961) weiter ausgearbeitet.

Mittlerweile ist die Kleingruppenforschung im Bereich der Netzwerkanalyse zu einem fest etablierten Forschungsgebiet geworden, innerhalb dessen auch der Frage nach der Generalisierbarkeit der in informellen Gruppen identifizierten sozialpsychologischen Verhältnismässigkeiten in theoretischer und methodischer Hinsicht nachgegangen wird. Dabei eröffnet die soziale Netzwerkanalyse gerade in Hinblick auf die aus soziologischer Sicht oft als problematisch betrachtete Abgrenzung von Gruppen[1] verschiedene Lösungsmöglichkeiten; hier wurden verschiedene Konzepte zur Identifikation von Teilgruppen in sozialen Strukturen entwickelt, die unterschiedlichen theoretischen Gesichtspunkten Rechnung tragen. Die diesen Konzepten zugrunde liegenden graphentheoretischen Vorstellungen basieren auf der Differenzierung zwischen *Knoten* (Akteuren) und *Kanten* (Relationen), wobei die Darstellung eines Netzwerks als *Graph* dann aus einer Menge von Knoten und den zwischen diesen existierenden oder fehlenden Kanten besteht. Für paarweise Relationen (Beziehungen zwischen jeweils zwei Akteuren) lassen sich dann in Abhängigkeit theoreti-

---

[1] Für eine kritische Diskussion zu diesem Punkt siehe auch R. Häußling (2009).

scher Erwägungen formale Eigenschaften – beispielsweise die direkte oder indirekte Erreichbarkeit – festlegen, die dazu führen, dass ein Graph in (ein oder mehrere) disjunkte Teilgebilde, so genannte Teil- oder Subgraphen, zerfällt. Teilgruppen können in diesem Sinne entweder als Mengen von Akteuren definiert werden, die sich in Nähe zueinander befinden („Erreichbarkeit"), oder zwischen denen möglichst viele direkte Beziehungen bestehen.

Bevor im Weiteren die gängigsten Konzepte zur Bestimmung von Teilgraphen – Clique, n-Clique, n-Clan, k-Plexe, Komponenten – vorgestellt und einige Beispiele für deren Anwendung gegeben werden, erfolgt im nächsten Abschnitt die Darstellung einiger formaler graphentheoretischer Grundlagen. Der Einfachheit halber beschränken sich alle folgenden Ausführungen auf ungerichtete (und somit per Definition auf symmetrische) Relationen. Für die Anwendung der Teilgraphenkonzepte auf gerichtete oder bewertete Relationen, sei hier auf die entsprechenden Definitionen in Wasserman und Faust (2001) oder Trappmann et al. (2005) verwiesen.

2 Graphen und Teilgraphen

Die Anfänge der sozialen Netzwerkanalyse werden häufig mit den Arbeiten von Moreno (1934) in Zusammenhang gebracht. Obwohl Moreno unbestritten ein Vorreiter in der Anwendung der Graphentheorie auf soziale Strukturen war, weist Freeman (2005) darauf hin, dass es auch bereits zuvor ähnlich gelagerte Bemühungen gab. Generell resultierte die Motivation zu diesem Schritt aus dem Wunsch, wichtige sozialstrukturelle Merkmale einer formalen Darstellung und Quantifizierung zugänglich zu machen. Eine Zielsetzung war und ist dabei die Identifikation sozialstruktureller Muster, die andernfalls unentdeckt bleiben würden. Die bis dato im Bereich der sozialen Netzwerkanalyse entwickelten Konzepte und Methoden geben Sozialwissenschaftlern bereits eine Reihe von Instrumenten an die Hand, mittels derer unterschiedliche Aspekte sozialer Strukturen empirisch gehaltvoll analysiert werden können. Die Untersuchung der Beziehung zwischen größeren, übergeordneten Sozialstrukturen und den konstituierenden Untereinheiten kann dabei ebenso von Interesse sein, wie die Betrachtung von Teilgruppen in ihren gegenseitigen Beziehungen, oder die Untersuchung der Stabilität gegebener Strukturen im Zeitverlauf.

Bevor wir uns den verschiedenen Teilgruppenkonzepten zuwenden, sollen im Folgenden zunächst einige formale Eigenschaften von Graphen und Teilgraphen vorgestellt werden.

Ein Graph **G** besteht aus einer Menge von *Knoten* (engl. „nodes") **N** = {n1, n2,... ng} und einer Menge von ungerichteten, dichotomen[2] *Kanten* (engl. „lines") **L** = {l1, l2,...lL}, wobei eine Kante zwischen zwei Knoten entweder existiert oder nicht. Die Selbstbezogenheit eines Knotens (Schleife) wird dabei per Definition ausgeschlossen.

Sind in einem Graphen alle möglichen paarweisen Kanten vorhanden, spricht man von einem *vollständigen* Graphen.

Die in einem Graphen zum Ausdruck kommenden strukturellen Gegebenheiten können auch in Form einer (Knoten x Knoten) Matrix, dargestellt werden, wobei der Wert „1"

---

[2] Dichotomie bedeutet hier, dass wenn eine Relation A-B vorliegt, dies auch das Vorhandensein einer Relation B-A impliziert.

einer vorhandenen, der Wert „0" der Abwesenheit einer Relation (hier 1-Schritt Beziehungen) entspricht.

Abbildung 1: Ein vollständig verbundener Graph **G**, bestehend aus den Knoten **N** = {A, B, C, D} sowie den Kanten **L** = {A-B, A-C, A-D, B-C, B-D, C-D} und die entsprechende Darstellung als Matrix

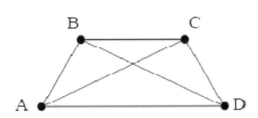

Abbildung 1 zeigt einen verhältnismässig kleinen Graphen, bestehend aus vier Knoten und sechs Kanten, sowie die zugehörige Matrix. Da hier, wie bereits eingangs erwähnt, die Selbstbezogenheit von Knoten ausgeschlossen wird, weisen sämtliche Werte der Diagonalen der Matrix den Wert „0" (keine Beziehung) auf.

Mit zunehmender Zahl von Knoten und Kanten steigt natürlich die strukturelle Komplexität eines Graphen; ferner wird ein Graph häufig nur unvollständig verbunden sein, er wird also neben Bereichen, die durch eine grössere Beziehungsdichte gekennzeichnet sind, auch schwächer verbundene oder sogar unverbundene Bereiche aufweisen. Gerade die beiden letztgenannten Punkte legen die Untersuchung des Graphen in Hinblick auf eventuelle Strukturmuster nahe.

Bezeichnet man die Knoten im Teilgraphen **Gs** mit **Ns** und die Kanten in **Gs** mit **Ls**, dann ist **Gs** ein Teilgraph von **G** wenn gilt das **Ns** $\subseteq$ **N** und **Ls** $\subseteq$ **L**, wobei alle Kanten in **Ls** zwischen Paaren von Knoten in **Ns** verlaufen (vgl. Wasserman und Faust 1994: 97).

Ferner kann ein Teilgraph **Gs** als *maximal* hinsichtlich einer bestimmten Eigenschaft (z.B. Verbundenheit aller Knoten) bezeichnet werden, wenn das Hinzufügen eines beliebigen weiteren Knotens oder einer Kante aus dem Graphen **G** zum Verlust dieser Eigenschaft führen würde.

Ein Teilgraph **Gs** gilt als *knotengeneriert*, wenn die in ihm enthaltene Menge von Kanten **Ls** identisch mit der Menge der Kanten zwischen den gleichen Knoten im Graphen **G** ist.

Abbildung 2: Ein Graph **G**, bestehend aus Knoten (A, B, C, D, E) und Kanten (A-B, A-C, B-C, C-D, C-E) und die entsprechende Matrixrepräsentation

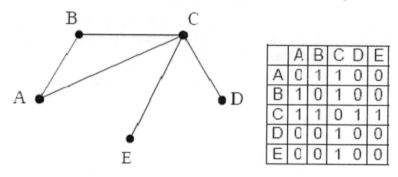

Fokussieren wir in dem Graphen **G** in Abbildung 2 nun ausschliesslich auf die Knoten A, B, C und die Kanten zwischen diesen Knoten (A-B, A-C, B-C), so stellen wir fest, dass es sich hier in Hinblick auf die Eigenschaft der direkten Verbundenheit aller Knoten, um einen *maximalen* Teilgraphen **Gs** von **G** handelt. Besäße der Knoten D im Graphen **G** beispielsweise noch die Kanten A-D und B-D, wäre der besagte Teilgraph **Gs**, bestehend aus den Knoten **Ns** = {A, B, C} sowie den Kanten **Ls** = {A-B, A-C, B-C} nicht maximal, da eben noch (mindestens) ein Knoten im ursprünglichen Graphen **G** existierte, der auch die Bedingung der direkten Verbundenheit mit den übrigen Knoten erfüllte. Würde der Knotenmenge von **Gs** zusätzlich noch ein Knoten F hinzugefügt **Ns** ={A, B, C, D, F}, würde es sich um keinen Teilgraphen mehr handeln, da dieser Knoten nicht Bestandteil des ursprünglichen Graphen **G** ist.

Darüber hinaus wird der besagte Teilgraph **Gs** = **Ns** ={A, B, C} ∪ **Ls** ={A-B, A-C, B-C}auch als *knotengeneriert* bezeichnet, da er sämtliche Kanten enthält, die auch im ursprünglichen Graphen **G** zwischen diesen Knoten vorhanden sind.

3 Die soziometrische Clique

Die Definition einer soziometrischen Clique ergibt sich unmittelbar aus den bereits erwähnten Vorstellungen der direkten Erreichbarkeit der Cliquenmitglieder. In einer Clique ist jedes Mitglied für jedes andere Mitglied direkt erreichbar. Folglich sind alle Knoten im Teilgraphen **Gs** direkt miteinander verbunden, wobei es im zugrundeliegenden Graphen **G** keinen weiteren Akteur gibt, der gleichermassen direkt mit allen Mitgliedern des Teilgraphen verbunden ist. Die *Pfaddistanz*[3] zwischen allen Cliquenmitgliedern ist 1.

Im Allgemeinen spricht man bei einer einzelnen dyadische (Paar-)Beziehungen noch nicht von einer Clique; als Mindestumfang gelten drei Akteure.

---

[3] Die Pfaddistanz oder geodätische Distanz ist definiert als die Länge des kürzesten Pfades zwischen zwei Knoten n_i und n_j.

Trappmann et al.(2005: 74) definieren eine Clique wie folgt:

„Eine Clique ist ein maximaler (knotengenerierter) vollständiger Teilgraph. Innerhalb einer Clique sind also alle Knoten durch einen Pfad der Länge 1, d.h. direkt, verbunden."

Der im vorangegangenen Abschnitt betrachtete Teilgraph **Gs**, bestehend aus der Knotenmenge **Ns** ={A, B, C} und der Kantenmenge **Ls** ={A-B, A-C, B-C}, entspricht dieser Definition und kann daher als soziometrische Clique bezeichnet werden. Wie die nochmalige Untersuchung des Graphen in Abbildung 2 zeigt, enthält dieser nur eine Clique.

Abbildung 3: Eine soziometrische Clique und die entsprechenden Matrix

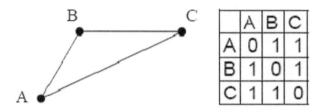

Bei der Bestimmung von Cliquen innerhalb eines Graphen kommt es häufig zu Überschneidungen, d.h., einzelne oder mehrere Knoten erscheinen als Mitglieder verschiedener Cliquen. Eine Clique kann jedoch nie gänzlich in einer anderen Clique enthalten sein, da der entsprechende Teilgraph in diesem Fall ja nicht *maximal* wäre.

Aufgrund seiner unmittelbaren Nähe zu den intuitiv bestimmbaren Merkmalen der Nähe und der direkten Erreichbarkeit von Akteuren in kohäsiven Teilgruppen ist das Cliquenkonzept ein durchaus nützliches, wenn auch aufgrund der restriktiven Operationalisierung in seinen Anwendungsmöglichkeiten limitiertes, Instrument für die Analyse sozialer (Teil-)Strukturen.

Padgett und Ansell (1993) untersuchten beispielsweise Netzwerke von Geschäfts- und Heiratsbeziehungen unter florentinischen Familien zu Zeiten der Renaissance, indem sie Mitgliedschaften in den Cliquen beider Netzwerke miteinander verglichen. Auf diese Weise konnten die Autoren etwa studieren, wie sich die Heiratspolitik verschiedener Familien konkret auf deren Geschäftsbeziehungen auswirkte.

Trappmann et al. (2005) analysierten anhand von Daten zur Entwicklung der Beziehungen unter Studienanfängern (Newcomb Fraternity) die Tendenz zur Cliquenbildung im Zeitverlauf, sowie die Beständigkeit von Freundschaftsbeziehungen in Abhängigkeit der strukturellen Einbettung.

4 Teilgraphen als n-Clique und n-Clan

Ein zentrales Problem der Cliquendefinition liegt in der restriktiven Annahme der direkten Verbundenheit aller Akteure. Das Fehlen einer einzigen Verbindung zwischen zwei Knoten führt dazu, dass ein Knoten als nicht zur Clique gehörend ausgesondert wird. In der Konsequenz sind Cliquen häufig verhältnismäßig klein, was neben der bereits erwähnten Tendenz zur Überlappung zusätzlich die Nützlichkeit dieses Konzepts einschränkt.

Auch in Bezug auf eine häufig anzutreffende Systematik der Datenerhebung wird das Problem der restriktiven Definition von Cliquen deutlich: Bei Befragungen zu Sozialkontakten (Namensgeneratoren) wird die Zahl der möglichen Kontakte pro Person häufig auf drei Akteure begrenzt; entsprechend nachfolgende Kontakte werden dann aufgrund der Untersuchungsanlage nicht mehr erfasst. In der Konsequenz kann dies zu einer Fehleinschätzung der tatsächlichen Verbundenheit sozialer Strukturen führen. Hinzu kommt, dass bei direkter Verbundenheit aller Akteure in einer Clique keine strukturellen Unterschiede hinsichtlich der internen Differenzierung, etwa hinsichtlich unterschiedlicher Rollen (vgl. Täube 2002, 2008) mehr möglich ist.

Als Alternative zum Konzept der (1-)Clique werden bei der Identifikation von *n-Cliquen* auch indirekte Beziehungen zugelassen. In diesem Fall werden zwei Knoten über eine zuvor festgelegte Anzahl von maximal (n-)Schritten (Pfaddistanz) miteinander verbunden.

Eine n-Clique ist folglich ein maximaler Teilgraph, dessen Knoten durch eine maximale Pfaddistanz n im zugrundeliegenden Graphen (!) miteinander verbunden sind. D.h., alle Paare von Knoten sind in maximal 2, 3...n Schritten miteinander verbunden, wobei die Mehrschrittverbindungen nicht notwendigerweise über Knoten hergestellt werden, die ihrerseits zum n-Clan gehören.

Als Schwellenwert für den Parameter n werden häufig 2-Schritt-Verbindungen gewählt. Bei der Entscheidung für längere Pfaddistanzen (größere n Werte) sollte man sich darüber im Klaren sein, dass die oft als theoretisch bedeutsam eingestufte Nähe der Akteure zunehmend aus dem Blickwinkel gerät.

Das Konzept des n-Clans entspricht weitgehend jenem der n-Clique, wobei hier im Gegensatz zur n-Clique *alle* Knoten und Kanten, die die Knoten des Teilgraphen miteinander in n-Schritten verbinden, Bestandteile desselben Teilgraphen sind. Abbildung 4 veranschaulicht die Teilgruppenkonzepte der Clique, n-Clique und des n-Clans unter Beschränkung auf direkte bzw. 2-Schritt-Verbindungen.

Abbildung 4: Ein Graph (und die dazugehörige Matrix[4]), bestehend aus:

einer Clique .

$\mathbf{Gs} = \mathbf{Ns} = \{A, B, C\} \cup \mathbf{Ls} = \{A\text{-}B, A\text{-}C, B\text{-}C\};$

zwei 2-Cliquen:

$\mathbf{Gs1} = \mathbf{Ns} = \{A, B, C, D, F\} \cup \mathbf{Ls} = \{A\text{-}B, A\text{-}C, A\text{-}F, B\text{-}C, C\text{-}D\};$

$\mathbf{Gs2} = \mathbf{Ns} = \{A, C, D, E, F\} \cup \mathbf{Ls} = \{A\text{-}C, A\text{-}F, C\text{-}D, D\text{-}E, E\text{-}F\};$

drei 2-Clans:

$\mathbf{Gs1} = \mathbf{Ns} = \{A, C, D, E, F\} \cup \mathbf{Ls} = \{A\text{-}C, A\text{-}F, C\text{-}D, D\text{-}E, E\text{-}F\};$

$\mathbf{Gs2} = \mathbf{Ns} = \{A, B, C, D\} \cup \mathbf{Ls} = \{A\text{-}B, A\text{-}C, B\text{-}C, C\text{-}D\};$

$\mathbf{Gs3} = \mathbf{Ns} = \{A, B, C, F\} \cup \mathbf{Ls} = \{A\text{-}B, A\text{-}C, B\text{-}C, A\text{-}F\}$

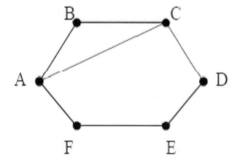

	A	B	C	D	E	F
A	0	1	1	0	1	0
B	1	0	1	0	0	0
C	1	1	0	1	0	0
D	0	0	1	0	0	1
E	1	0	0	0	0	1
F	0	0	0	1	1	0

Bei genauerer Betrachtung der 2-Clique **Gs1** in Abbildung 4 wird deutlich, dass die geforderte 2-Schritt-Verbindung zwischen den Knoten D und F über die nicht zum Teilgraphen gehörenden Kanten D-E und E-F bzw. den Knoten E zustande gekommen ist. Die 2-Clique **Gs2** umfasst hingegen alle Kanten und Knoten über die die 2-Schritt-Verbindungen zwischen ihren Knoten hergestellt werden und entspricht aus diesem Grund auch der Definition eines 2-Clans (hier dem 2-Clan **Gs1**). Für die Beziehung zwischen n-Clique und n-Clan gilt generell, dass jeder n-Clan auch eine n-Clique ist; der Umkehrschluss gilt allerdings nicht immer, nicht jede n-Clique ist auch gleichzeitig ein n-Clan.

An anderer Stelle (Täube 2002: 139) haben wir unter Verwendung von Daten zu der bereits erwähnten Newcomb-Studentenschaft (Newcomb 1961) 2-Clans[5] bestimmt. Dies

---

[4] Wie schon in den vorangegangenen Beispielen bildet die Beziehungsmatrix direkte (1-Schritt) Beziehungen ab. Für die Darstellung der 2-Schritt- Verbindungen hätte auch eine vergleichbare Matrix berechnet werden können.

geschah in der Absicht, sogenannte „Maklerrollen", als verbindungsstiftende Elemente zwischen verschiedenen Teilgruppen, zu untersuchen.

5 Die Abwesenheit von Beziehungen als Kriterium zur Bestimmung von k-Plexen

Anders als bei den bisher vorgestellten Teilgraphen, der Clique, der n-Clique und dem n-Clan, deren Konzeptualisierungen vor allem auf dem Gedanken der (paarweisen) Erreichbarkeit der Knoten, in Abhängigkeit zuvor festgelegter Pfaddistanzen, basieren, zielt die Definition von k-Plexen auf eine möglichst große Zahl von direkten Verbindungen zwischen einem Knoten i und allen übrigen Knoten n des Teilgraphen, wobei nur k Kanten fehlen dürfen:

> „A k-plex is a maximal subgraph containing gs nodes in which each node is adjacent to no fewer than gs – k nodes in the subgraph. In other words, each node in the subgraph may be lacking ties to no more than k subgraph members" (Wasserman und Faust 1994: 265).

Da üblicherweise die Selbstbezogenheit (Schleife) bei der Bestimmung von k-Plexen ausgeschlossen wird, entspricht ein k-Plex mit k = 1 einer (1-)Clique, lediglich die Abwesenheit einer Kante (Selbstbezogenheit) pro Knoten ist also erlaubt, zu allen anderen Knoten in Gs besteht eine Pfaddistanz von einem Schritt.

Der für k gewählte Schwellenwert sollte mit Bedacht und in Abhängigkeit der Größe des Teilgraphen gewählt werden, um sicher zu stellen, dass der resultierende Teilgraph eine analytisch relevante Struktur aufweist. So könnte beispielsweise ein 2-Plex bei einer Größe des Teilgraphen von drei Knoten irrelevant sein, da alle drei Knoten aufgrund fehlender Beziehungen zu k = 2 anderen Knoten möglicherweise keine Beziehung untereinander aufweisen.

Rothenberg (et al. 1998) bestimmten unter anderem k-Plexe um den Einfluss von sozialen Strukturen auf die Ausbreitung von HIV/AIDS zu untersuchen.

6 Komponenten

Wie bereits in den Ausführungen zu Graphen und Teilgraphen deutlich wurde, sind aus struktureller Sicht, neben der *vollständigen direkten Verbundenheit* (in diesem Falle entsprechen sich Graph und Clique), vor allen Dingen (nicht vollständig) *verbundene* bzw. *unverbundene* Graphen bedeutsam. Ein Graph gilt als *verbunden*, wenn alle Paare von Knoten durch einen Pfad beliebiger Länge verbunden sind. Ist diese Bedingung für mindestens ein Paar von Knoten nicht erfüllt, ist der Graph *unverbunden*.

Ein unverbundener Graph kann in zwei oder mehrere Teilgraphen zerlegt werden, wobei es keine Pfade zwischen den Knoten der unterschiedlichen Teilgraphen gibt; die verbundenen Teilgraphen heißen dann Komponenten.

---

[5] Diese Teilgruppen wurden als „rekursive 2-Cliquen" definiert (vgl. Wasserman und Faust 1994: 273), ein weiteres Konzept, das unter Berücksichtigung der Richtung von Beziehungen zu dem gleichen Resultat gelangt wie 2-Clans.

Eine Komponente eines Graphen ist ein maximal verbundener Teilgraph innerhalb dessen es einen Pfad zwischen allen Knoten gibt und keinen Pfad zwischen einem Knoten der Komponente und irgendeinem nicht zu dieser Komponente gehörenden Knoten.

Abbildung 5:   Unverbundener Graph **G** mit zwei Komponenten:

$$Gs1 = \mathbf{Ns} = \{A, B, C\} \cup \mathbf{Ls} = \{A\text{-}B, A\text{-}C, B\text{-}C\}$$

$$Gs2 = \mathbf{Ns} = \{D, E, F\} \cup \mathbf{Ls} = \{D\text{-}F, E\text{-}F\}$$

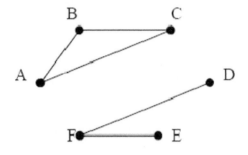

Da die einzige Forderung für eine Komponente die prinzipielle gegenseitige Erreichbarkeit aller dazugehörigen Knoten ist, gilt dieses Teilgruppenkonzept im Vergleich zu den zuvor präsentierten Konzepten als weniger restriktiv.

7   Literatur

Freeman, Linton C., 2005: The Development of Social Network Analysis. A Study in the Sociology of Science. Vancouver: Empirical Press.
Häußling, Roger, 2009: Grenzen von Netzwerken. Wiesbaden: VS Verlag für Sozialwissenschaften.
Homans, George C., 2000 [1951]: The Human Group. Transaction Publishers.
Homans, George C., 1974: Social Behaviour, Its' Elementary Forms. New York: Harcourt Brace Jovanovich.
Mayo, Elton, 1933: Human Problems of Industrial Civilization. Routledge.
Moreno, Jacob L., 1934: Who Shall Survive? Foundations of Sociometry, Group Psychotherapy, and Sociodrama; Washington D.C.
Newcomb, Theodore M., 1961: The Acquaintance Process. New York: Holt, Reinhart, and Winston.
Padget, John F. und *Christopher K. Ansell*, 1993: Robust action and the rise of the Medici, 1400-1434. American Journal of Sociology 98: 1259-1319.
Rothenberg, Richard B., John J. Potterat, Donald E. Woodhouse, Stephen Q. Muth, William W. Darrow, Alden S. Klovdahl, 1998: Social Network Dynamics and HIV Transmission. AIDS. Official Journal of the AIDS Society: 1529-1536.
Simmel, Georg, 1890: Über soziale Differenzierung. DigBib.Org: Die freie digitale Bibliothek.
Täube, Volker G., 2002: Zur Messung des Sozialkapitals von Akteuren mit Einfluss in empirischen Netzwerken. Frankfurt a.M. (u.a.): Peter Lang.

Täube, Volker G., 2008: Local Social Capital in Unfolding Structures. S. 61-74 in: *Uwe Serdült* und *Volker G. Täube* (Hg.), Applications of Social Network Analysis. Berlin: Wissenschaftlicher Verlag.

Trappmann, Mark, Hans J. Hummell und *Wolfgang Sodeur*, 2005: Strukturanalyse sozialer Netzwerke, Konzepte, Modelle, Methoden. Wiesbaden: VS Verlag für Sozialwissenschaften.

Wasserman, S. und Faust, K. (2001). *Social Network Analysis*; Cambridge University Press.

5.6 Positionale Verfahren (Blockmodelle)

Richard Heidler

1 Einleitung

Die Idee soziale Positionen in Netzwerken zu identifizieren, steht am Beginn des von Harrison White initiierten sogenannten „Harvard-Breakthrough" (Scott 2000) der sozialwissenschaftlichen Netzwerkanalyse.[1] Positionale Verfahren, die versuchen die Position von sozialen Akteuren in einer übergeordneten Netzwerkstruktur zu identifizieren und im Falle der Blockmodellanalyse diese zu gruppieren, um die Austauschbeziehungen zwischen den Gruppen zu beschreiben, sind zentrale Analysemethoden zur explorativen Erforschung sozialer Netzwerkstrukturen. Anders als in der Cliquenanalyse geht es dabei nicht nur darum, die vorhandenen Beziehungen zu identifizieren, sondern auch die nicht vorhandenen Beziehungen, die Löcher und Grenzen des Netzwerkes in die Analyse miteinzubeziehen. Zentrale Idee ist es dabei, Akteure mit einem gleichen Beziehungsmuster (strukturell äquivalente Akteure), gemeinsam zu Positionen zu gruppieren und die Beziehungen zwischen und innerhalb dieser Positionen zu betrachten.[2] So kann sich beispielsweise eine hierarchische Position dadurch auszeichnen, dass die zentralen Akteure miteinander vernetzt sind, die peripheren Akteure aber untereinander kaum kommunizieren, sondern nur in Richtung der zentralen Akteure kommunizieren (Stegbauer und Rausch 2006). Im Falle von Arbeitsbeziehungen in einem Unternehmen beispielsweise würde solch eine Netzwerkstruktur den zentralen Akteuren eine Machtposition verschaffen, aus der sie Untergebene gegeneinander ausspielen können. Solche Strukturmuster lassen sich mit Hilfe der Blockmodellanalyse identifizieren. Die ursprüngliche theoretische Idee der Blockmodellanalyse ist, dass die Positionen von Akteursgruppen in einer übergeordneten Netzwerkstruktur das Handeln der Akteure bestimmen, ohne dass diese sich dessen zwingend bewusst sein müssen. Durch die Beziehungen wird quasi eine relationale soziale Rolle definiert (Nadel 1965). White et al. (1976) zeigen dies beispielhaft in ihrem Begründungstext der Blockmodellanalyse. Sie untersuchen umfangreiche Beziehungsdaten aus einem amerikanischen Kloster. In einer finalen Krise verlassen einige Mönche das Kloster, wobei sich das Verlassen des Klosters und die Reihenfolge des Exodus anhand des Blockmodells erklären lassen.[3] Eine weitere bekannte Anwendung der Blockmodellanalyse stammt von Padgett und Ansell (1993), die den Aufstieg der Medici im Florenz des 14. Jahrhunderts anhand der Position der Medici im Beziehungsgeflecht der wichtigen Florentiner Familien erklären, wobei hier insbesonde-

---

[1] Eine genauere wissenschaftshistorische Einordnung der Geschichte der Blockmodellanalyse ist bei Heidler (2006) zu finden.
[2] Die Idee der strukturellen Äquivalenz wie sie Lorrain und White (1971) erstmals formuliert haben, ist klar von ethnologischen Theorien zur Struktur von Verwandtschaftsbeziehungen inspiriert und diente ursprünglich dazu theoretische Konzepte über zusammengesetzte Verwandtschaftsbeziehungen (die Tochter des Bruders der Mutter usw.) algebraisch zu untersuchen.
[3] In der Essenz ist die Krise das Resultat von Macht und Anerkennungskonflikten, die sich anhand der Beziehungsstruktur rekonstruieren lassen.

re die Trennung der Heiratsbeziehungen (prestigeträchtige Familien) und der Handelsbeziehungen (mit dem aufsteigenden Bürgertum) den Aufstieg der Medici bedingt. Seit diesen frühen Arbeiten ist die Blockmodellanalyse weiterhin vielfach in verschiedenen Bereichen sinnvoll angewendet worden. Allerdings haben die positionale Analyse und die darauf aufbauende Blockmodellanalyse auch eine kaum überschaubare Variationsbreite an mathematischen Konzepten und methodischen Spielarten mit entsprechender Software hervorgebracht. Insbesondere sind eine Vielzahl von Äquivalenzdefinitionen entwickelt worden, anhand derer Akteure gruppiert werden können. Die wichtigsten und anwendungsrelevantesten Formen von Äquivalenz, die im folgenden erklärt werden, sind „strukturelle Äquivalenz", „reguläre Äquivalenz" und „stochastische Äquivalenz". Im Abschnitt 2 wird zunächst das Konzept der strukturellen Äquivalenz an einem einfachen Beispiel erläutert sowie die zentralen Begriffe der Blockmodellanalyse erklärt. Daran anschließend wird am Beispiel des „Pajek-Verfahrens" erläutert, wie strukturelle Äquivalenz mit einem direkten Verfahren identifiziert werden kann und anhand eines Beispiels das Konzept der regulären Äquivalenz erklärt. Das Programm BLOCKS von Snijders und Nowicki (1997) wird in Abschnitt 4 als exemplarisches Verfahren der stochastischen Blockmodellanalyse vorgestellt. In Abschnitt 5 werden schließlich einige Hinweise zur Interpretation von Blockmodellen gegeben und entsprechende Verfahren benannt. Abschließend wird dann ein (tabellarischer) Überblick über ein breites Spektrum an Blockmodellanalyseverfahren gegeben, die jeweiligen Anwendungsmöglichkeiten, sowie Vor- und Nachteile diskutiert. Dies wird anhand der wichtigsten methodischen Überlegungen bei der Entscheidung für ein adäquates Verfahren zur Blockmodellanalyse verdeutlicht.

2 Ein beispielhaftes Netzwerk, strukturelle Äquivalenz

Gegeben sei ein einfaches Netzwerk bestehend aus acht Akteuren. Die Darstellung der Soziomatrix erfolgt mit schwarzen und weißen Feldern (schwarze Felder stehen für Einsen, also vorhandene Beziehungen, weiße Felder für Nullen, also für nicht vorhandene Beziehungen). Solch eine Darstellung von Soziomatrizen für Blockmodelle ist allgemein üblich, da dadurch das Konzept der Blockmodellanalyse visuell intuitiv verstehbar wird. Das Netzwerk ist auch als Graph in Abbildung 1 abgebildet.[4] Schaut man sich die Soziomatrix an, ist auf den ersten Blick keine Struktur erkennbar. Wenn man allerdings die Matrix permutiert (d.h. die Reihenfolge der Spalten/Zeilen ändert) lässt sich eine Struktur erkennen. Dafür muss die Matrix so permutiert werden, dass Akteure, die die gleichen ein- und ausgehenden Beziehungen haben, beieinanderstehen. Solche Akteure sind „strukturell äquivalent"[5], d.h. sie sind bezüglich ihrer Position im Netzwerk vollkommen austauschbar. Würden für diese zwei Akteure die Bezeichnungen entfernt, wären sie nicht mehr unterscheidbar.[6] In unserem Fall gibt es drei Gruppen äquivalenter Akteure (John Bosco und Bonaventure/Basil, Mark und Victor/Berthold, Peter und Gregory). Es entstehen also drei Gruppen

---

[4] Solche Darstellungen lassen sich relativ unkompliziert mit Pajek erstellen.
[5] Wasserman und Faust (1994: 356) definieren strukturelle Äquivalenz wie folgt: "Briefly, two actors are structurally equivalent if they have identical ties to and from all other actors in the network".
[6] Eine allgemeinere Äquivalenzdefinition, die aber für Blockmodellanalyse unerheblich ist, ist die „automorphe Äquivalenz". Diese ist gegeben, wenn zwei oder mehr Akteure nicht mehr unterscheidbar sind, wenn von *allen* Akteuren die Bezeichnungen (z.B. der Name) entfernt würden (Borgatti und Everett 1992).

von äquivalenten Akteuren, solche Gruppen nennt man auch Position oder Block.[7] Der Begriff Block ist hier jedoch missverständlich, da er auch für etwas anderes verwendet wird: Wenn man die Akteure gruppiert und die Gruppen durch Linien (wie in Abbildung 1) abgrenzt, entstehen auf der Soziomatrix Felder. Diese Felder nennt man auch Blöcke. Um die Begriffe voneinander abzugrenzen, werden im Folgenden die Gruppen äquivalenter Akteure als Position bezeichnet und die durch Linien abgegrenzten Felder als Block. Besteht solch ein Block nur aus Einsen nennt man ihn Einserblock, besteht er nur aus Nullen, Nullblock (die Diagonalwerte können dabei natürlich eine Ausnahme bilden). In unserem Fall besteht die permutierte Soziomatrix nur aus Nullblöcken und Einserblöcken. Dies ist auch nicht weiter überraschend, sind doch unsere Akteure in den Gruppen jeweils perfekt strukturell äquivalent.[8] Nun lässt sich die Soziomatrix zu einer sogenannten Image-Matrix reduzieren. Dafür werden die Akteure in einer neuen Matrix durch Positionen ersetzt, aus den Nullblöcken werden Nullen, und aus den Einserblöcken werden Einsen. Die nun entstandene Image-Matrix lässt sich als Graph visualisieren, dies ist der sogenannte Image-Graph. Der Image-Graph ist nun schließlich eine reduzierte Darstellung der Netzwerkstruktur. Hier lässt sich erkennen, dass die Netzwerkstruktur aus einer hierarchischen Struktur mit einer isolierten Clique besteht. Die auf eine Position zurückgerichteten Pfeile stellen positionsinterne Beziehungen dar. Position 1 ist intern vernetzt und wird von Position 2 gewählt. Position 2 steht hierarchisch unter Position 1, sie wählt Position 1 und ist intern nicht vernetzt. Position 3 ist eine isolierte Clique. Diese Analyse stellt allerdings ein aus vier Gründen vereinfachtes Beispiel dar. Erstens handelt es sich um ein kleines Netzwerk, so dass der Informationsgewinn aus der Blockmodellanalyse begrenzt war. Zweitens lassen sich die Akteure leicht den drei Positionen zuordnen, da sie perfekt „strukturell äquivalent" sind, hätte z.B. Basil zu Victor eine Beziehung wäre dies nicht mehr möglich. Drittens wird nur ein Beziehungstyp analysiert. Die Blockmodellanalyse kann aber auch mehrere Beziehungstypen simultan analysieren. Hierzu werden die Soziomatrizen simultan permutiert. Und viertens ist das Beispiel auf die Äquivalenzdefinition der strukturellen Äquivalenz beschränkt, andere Äquivalenzdefinitionen werden ausgespart.

---

[7] Manchmal auch „color" oder „class".
[8] Dieser Zusammenhang lässt sich auch mathematisch beweisen, siehe Doreian et al. (1992).

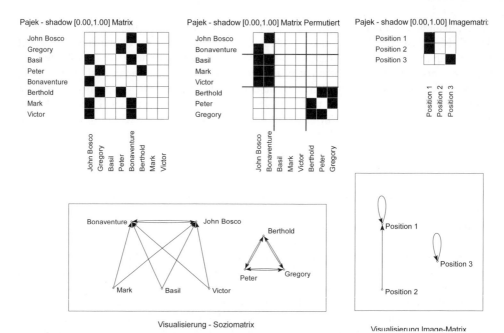

Abbildung 1: Eine einfache Blockmodellanalyse mit perfekter struktureller Äquivalenz. (Beziehungstyp: Freundschaftsbeziehungen)

In Abbildung 2 ist dagegen die Soziomatrix eines Netzwerkes mit drei Positionen dargestellt, in der keine perfekte strukturelle Äquivalenz innerhalb der Gruppen gegeben ist. Ist dies der Fall, lassen sich aus dem Netzwerk und den Positionen nicht so einfach eine Image-Matrix und ein Image-Graph produzieren. Eine einfache und verbreitete Möglichkeit, daraus dennoch einen Image-Graphen zu produzieren, ist der Weg über eine sogenannte Blockdichtematrix (Abbildung 2) (Wassermann und Faust 1994). Zur Berechnung der Blockdichtematrix wird die jeweilige Dichte der einzelnen Blöcke berechnet (die Diagonalwerte natürlich ausgenommen). Diese Blockdichtematrix lässt sich schon interpretieren, da sie die Beziehungsdichte zwischen den Blöcken angibt. Allerdings geht die Struktur des Netzwerkes, wie sie der Image-Graph in Abbildung 1 zeigt, aus der Blockdichtematrix noch nicht klar genug hervor. Eine gebräuchliche Art der Erstellung einer Image-Matrix aus einer Blockdichtematrix ist es daher, die Blockdichtematrix anhand der Gesamtdichte (hier 0,429) zu dichotomisieren. Die nun entstandene Image-Matrix ergibt, würde man sie visualisieren, eine hierarchische Struktur, mit einer isolierten Clique. Sie zeigt also ein reduziertes Abbild der Netzwerkstruktur. Die wichtige Frage, wie sich die Positionszugehörigkeit der Akteure bestimmen lässt und was die Idee hinter alternativen Äquivalenzdefinitionen wie „reguläre Äquivalenz" und „stochastische Äquivalenz" ist, wurde bislang nicht geklärt. Dies geschieht nun in den nächsten zwei Abschnitten.

Positionale Verfahren (Blockmodelle)

		Soziomatrix								Blockdichtematrix		
	A	B	C	D	E	F	G	H		P1	P2	P3
A	0	1	0	0	0	0	0	1	P1	1,0	0,0	0,25
B	1	0	0	0	0	0	0	0	P2	0,25	0,917	0,125
C	0	0	0	1	1	1	0	0	P3	0,0	0,75	1,0
D	0	1	1	0	1	1	0	1				
E	0	1	1	0	0	1	0	0			Image-Matrix	
F	0	0	1	1	1	0	0	0		P1	P2	P3
G	0	0	1	0	1	1	0	1	P1	1	0	0
H	0	0	1	1	1	0	1	0	P2	0	1	0
									P3	0	1	0

Dichte: 0,429

Abbildung 2: Soziomatrix, Blockdichtematrix, Imagematrix

3 Pajek-Verfahren, „Generalized Blockmodeling" und reguläre Äquivalenz

Um einen besseren Überblick über die Vielzahl an Blockmodellanalyseverfahren zu bekommen, macht es Sinn die verschiedenen Konzepte anhand ihrer Grundkonzeption zu unterscheiden. Im Wesentlichen gibt es drei verschiedene Typen von Blockmodellanalyseverfahren: indirekte Verfahren, direkte Verfahren und probabilistische/stochastische Verfahren (Doreian et al. 1992; Snijders und Nowicki 1997). Indirekte Verfahren berechnen zuerst ein Ähnlichkeitsmaß zwischen allen Akteurspärchen (z.B. die Euklidische Distanz) und gruppieren die Akteure dann meist mit Hilfe eines Clusteranalyseverfahrens. Diese Verfahren sind nicht blockorientiert, wie die direkten Verfahren, sondern akteursorientiert. Die direkten Verfahren versuchen die Abweichung einer idealen Blockstruktur von der Netzwerkstruktur anhand eines Gütekriteriums direkt zu messen und zu optimieren. Hierzu wird die Soziomatrix permutiert, bis sich eine minimale Abweichung zwischen Soziomatrix und Idealmatrix (Image-Matrix) ergibt. Probabilistische Verfahren nehmen an, dass die Netzwerkstruktur durch Positionen determiniert ist und durch diese Positionen die Wahrscheinlichkeiten von Beziehungen zwischen und innerhalb der Blöcke bestimmt wird. Die heute gebräuchlichsten und statistisch sinnvollsten Verfahren sind direkte und stochastische Verfahren. Hier werden nun ein direktes Verfahren (das Pajek-Verfahren, auch „generalized blockmodeling") und ein stochastisches Verfahren (BLOCKS) kurz vorgestellt. Beide Verfahren verfügen noch über spezielle Besonderheiten und bieten somit interessante Anwendungsoptionen.

Das Pajek-Verfahren ist in seiner Grundkonzeption relativ simpel und auch mathematisch nicht zu komplex. Es ist in Pajek implementiert und lässt sich komfortabel anwenden. Eine ausführliche Beschreibung findet sich bei Doreian et al. (2005). Idee des Verfahrens ist es, ein Gütemaß für das Blockmodell zu entwickeln und die Matrix dann so lange zu permutieren, bis das Gütemaß optimiert ist. Der Nutzer muss hierbei die gewünschte Zahl an Positionen vorher festlegen. Die Güte eines Blockmodells ist dann maximal, wenn die Gesamtabweichungen in den jeweiligen Null-Blöcken und Einser-Blöcken minimal ist. Das

Verfahren basiert auf dem mathematischen Nachweis, dass wenn Akteure innerhalb ihrer Positionen perfekt strukturell äquivalent sind, nur Null-Blöcke und Einser-Blöcke existieren können. Bei nicht perfekter strukturellen Äquivalenz in Positionen werden die Abweichungen in den Blöcken gezählt und aufsummiert. In Abbildung 2 können die Abweichungen von Hand gezählt werden: in den Blöcken P1-P1; P1-P2; P3-P1 und P3-P3 gibt es keine Abweichung, es handelt es sich hierbei um Null-Blöcke oder Einser-Blöcke (die Nullen in den Diagonalwerten werden nicht als Abweichungen gezählt). In den Blöcken P2-P2, P2-P3 und P1-P3 gibt es jeweils eine Abweichung, einmal ist eine Null in einem Einserblock und zweimal eine Eins in einem Nullblock. In den übrigen Blöcken P2-P1 und P3-P2 gibt es jeweils zwei Abweichungen. Es gibt also insgesamt 1+1+1+2+2=7 Abweichungen. Hierbei stellt sich nun die Frage, welcher Blocktyp von Pajek nun als ideal angenommen wird, um die Zahl der Abweichungen festzustellen. Pajek zählt hierzu einfach die Abweichungen für beide ideale Blocktypen (hier Null-Block und Einser-Block) und entscheidet sich dann für den Blocktyp mit der geringeren Zahl an Abweichungen. Pajek beginnt nun eine Blockmodellanalyse mit einer Zufallszuordnung der Akteure zu Positionen. Für diese Zufallszuordnung wird nun die Zahl der Abweichungen, wie in dem Beispiel erfolgt, kalkuliert. Nun beginnt Pajek ein Optimierungsverfahren. In diesem Schritt werden Akteure vertauscht oder verschoben. Falls die Zahl der Abweichungen kleiner wird, und somit die Güte des Modells besser, wird dieser Schritt beibehalten, ansonsten wird er rückgängig gemacht. Standardmäßig wird diese Prozedur in Pajek 100 Mal wiederholt, bis eine „optimale" Positionszuordnung erreicht wird. Es kann unter Umständen (insbesondere bei Netzwerken mit einer sehr niedrigen oder sehr hohen Dichte) sinnvoll sein, die Berechnung der Abweichungen zu gewichten (Doreian et al. 2005: 186). Beispielsweise gibt es in einem Netzwerk mit der Dichte 0,2 mehr Nullen als Einsen.[9] Deshalb ist eine Abweichung von 1 zu 0 (Null statt Eins) wahrscheinlicher, als eine Abweichung von 0 zu 1, man sollte darum die erste Abweichung mit einem niedrigeren Gewicht versehen. Die Gewichtung sollte so vorgenommen werden, dass sie dem Verhältnis der Nullen zu den Einsen entspricht. Für unser Beispiel gewichten wir die Abweichung 1 zu 0 nach unten, und zwar mit 0,8/0,2 = 0,25. Ein Resultat eines solchen Vorgehens ist es, dass als Idealblock nun schon ein Einser-Block angenommen wird, wenn die Blockdichte über der Gesamtdichte liegt.

Nun lassen sich mit dem Pajek-Verfahren auch Blockmodelle nach anderen Äquivalenzdefinitionen erstellen. Insbesondere das Konzept der regulären Äquivalenz ist sehr anschaulich operationalisiert, so dass es sich anbietet, die reguläre Äquivalenz am Beispiel seiner Umsetzung in Pajek zu beschreiben. Das Konzept der regulären Äquivalenz ist methoden-historisch sowohl aus einer Kritik an dem theoretischen Konzept der strukturellen Äquivalenz als auch aus praktischen Gründen entwickelt worden (Winship 1988). Auf praktischer Ebene wurde strukturelle Äquivalenz kaum je erreicht und die reguläre Äquivalenz stellt hier ein weicheres Kriterium dar, das mit Abweichungen besser umgehen kann. Auf theoretischer Ebene wurde kritisiert, dass die strukturelle Äquivalenz nur dann gegeben ist, wenn Akteure die gleichen Beziehungen zu *genau den gleichen* Personen haben (Borgatti und Everett 1992). Insbesondere weil es auf theoretischer Ebene als Operationalisierung von relational definierten sozialen Rollen gesehen wurde, schien das Konzept der strukturellen Äquivalenz zu unpräzise. Dies lässt sich an folgendem Beispiel

---

[9] Die Gewichtung lässt sich in Pajek beim Aufruf der Blockmodellanalyse (Operations > Blockmodelling > Random Start) über ein Klick auf die Blocktypen ändern. Hierzu müssen allerdings die „restricted options" über Operations > Blockmodelling ausgeschaltet sein.

erklären: Es gibt zwei Schulklassen mit jeweils einem Lehrer und drei Schülern. Nun scheinen die Lehrer und die Schüler auf Basis ihrer Position im Netzwerk die gleiche Rolle einzunehmen. Dem Konzept der strukturellen Äquivalenz zufolge wären die Schüler aber nur innerhalb einer Schulklasse und die Lehrer auch nicht miteinander äquivalent, da sie zwar ähnliche Beziehungen zu Akteuren in ähnlichen Positionen haben, aber nicht zu den gleichen Personen.[10] Auf solchen Überlegungen aufbauend wurde dann das Konzept der regulären Äquivalenz entwickelt (Borgatti und Everett 1992; Faust 1988; Sailer 1978). Akteure sind dann *regulär äquivalent*, wenn sie die gleichen Beziehungen zu *regulär äquivalenten* Akteuren haben.[11] Was auf den ersten Blick wie eine Tautologie erscheint, lässt sich dann doch relativ klar operationalisieren.[12] Batagelj et al. (1992) haben gezeigt, dass ähnlich wie für eine Gruppierung nach struktureller Äquivalenz, für eine Gruppierung von regulär äquivalenten Akteuren nur bestimmte ideale Blocktypen vorkommen können. Hierbei handelt es sich um Null-Blöcke und um sogenannte reguläre Blöcke. Reguläre Blöcke haben in jeder Zeile und in jeder Spalte mindesten eine Eins. Lässt sich ein Blockmodell nur aus solchen Idealblöcken bilden, (Null-Blöcke und reguläre Blöcke) sind die Akteure in den Positionen regulär äquivalent.

Im beispielhaften Netzwerk in Abbildung 3 ist der Block P2-P1 solch ein regulärer Block. Ähnlich wie bei einem Blockmodell nach struktureller Äquivalenz zählt Pajek die Abweichungen von den Idealblöcken und versucht die Gesamtabweichung über ein iteratives Verfahren zu minimieren. Auf diese Art ist es dann beispielsweise möglich, die reguläre Äquivalenz der Schüler und der Lehrer in diesem Netzwerk zu identifizieren.

Eine besondere Erweiterung erfährt dieses in Pajek implementierte Verfahren durch die Möglichkeit eines „generalized blockmodeling". Das „generalized blockmodeling" erlaubt, neben den schon erwähnten Null-Blöcken, Einser-Blöcken und regulären Blöcken weitere Blöcke (wie. z.B. row-dominant oder column-dominant) vorab zu definieren und das Blockmodell dementsprechend zu optimieren (Doreian et al. 2005).

---

[10] In einer Analyse von Nahrungsketten, bei der Konzepte der SNA auf biologische Nahrungsnetzwerke übertragen werden, zeigen Luczkovich et al. (2003), dass zur Identifizierung von trophischen Positionen von Lebewesen in einer Nahrungskette die reguläre Äquivalenz bessere Analyseergebnisse liefert als die strukturelle Äquivalenz. Lebewesen befinden sich nicht dann in der selben Position in einer Nahrungskette, wenn sie die gleichen Tiere essen und von den gleichen Tieren gejagt werden (strukturelle Äquivalenz), sondern wenn sie von Tieren in ähnlichen Positionen gejagt werden und Tiere in ähnlichen Positionen essen (reguläre Äquivalenz).
[11] Eine gebräuchliche Definition lautet: "More generally, if actors i and j are regularly equivalent, and actor i has a tie to/from some actor k, then actor j must have the same kind of tie to/from some actor l, and actors k and l must be regulary equivalent" (Wasserman und Faust 1994: 474).
[12] Erste Versuche von White und Reitz (1985) und Borgatti und Everett (1989,1993) reguläre Äquivalenz mit dem REGE-Algorithmus zu operationalisieren, wurden allerdings als überkomplex und mathematisch nicht ausgereift kritisiert (Wasserman und Faust 1994: 473).

	Soziomatrix							
	L1	L2	S1	S2	S3	S4	S5	S6
L1	0	0	0	0	0	0	0	1
L2	0	0	0	0	0	0	0	0
S1	1	0	0	0	0	0	0	0
S2	1	0	0	0	0	0	0	0
S3	1	0	0	0	0	0	0	0
S4	0	1	0	0	0	0	0	0
S5	0	1	0	0	0	0	0	0
S6	0	1	0	0	0	0	0	0

Image-Matrix

	P1	P2
P1	null	null
P2	reg	null

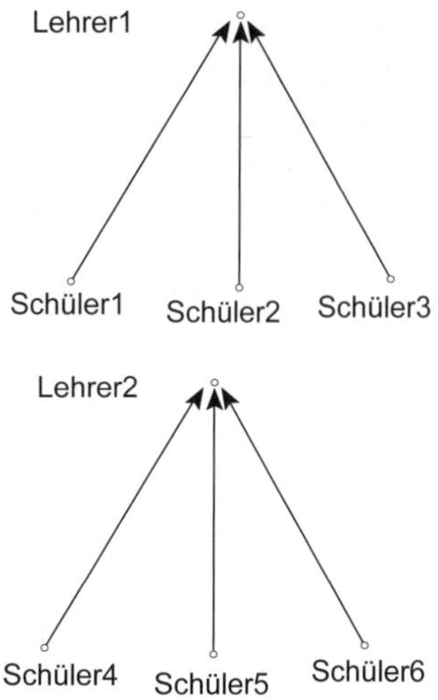

Abbildung 3: Reguläre Äquivalenz

4 BLOCKS und stochastische Äquivalenz

Neben den direkten Verfahren stellen probabilistische bzw. stochastische Blockmodellanalyseverfahren eine zweite gut etablierte und durch Software unterstützte Analysemethode dar. Die Idee von probabilistischen Verfahren ist es, mit Hilfe von stochastischen Modellen Wahrscheinlichkeiten von Beziehungen zwischen einzelnen Blöcken zu berechnen. Die erhobene Netzwerkstruktur wird dabei als eine mögliche Ausprägung der unbekannten (latenten) Positionszugehörigkeit der Akteure gesehen. Stochastisch äquivalent sind Akteure dann, wenn sie dieselben Beziehungs*wahrscheinlichkeiten* zu anderen Blöcken haben, ohne dass die konkreten Beziehungen immer gleich sein müssen (Wassermann & Faust 1994: 696).

Die ersten Versuche, Verfahren für stochastische Blockmodelle zu erstellen, stammen von Holland et al. (1983) und Wassermann und Anderson (1987) und basieren auf p1-Modellen von Holland und Leinhard (1981). Diese Verfahren waren jedoch problematisch, da sie auf Basis von Parametern (expansivenesss, popularity) für alle Akteure, mit Hilfe einer Clusteranalyse Blockzugehörigkeiten berechneten und somit einerseits rechenintensiv waren und ihnen andererseits eine Blockorientierung fehlte. Moderne Verfahren basieren auf einem Bayesschen Schätzansatz. Sowohl die Blockparameter als auch die Wahrscheinlichkeiten der Blockzugehörigkeit werden mit Hilfe des Gibbs-Sampling berechnet (Snijders und Nowicki 1997). Das Gibbs-Sampling ist ein Spezialfall eines Markoff-Ketten-Monte-Carlo Ansatzes, das heißt die Blockzugehörigkeiten und Beziehungswahrscheinlichkeiten werden iterativ durch Zufallsziehungen berechnet. Von Snijders und Nowicki wurde darauf aufbauend das Programm BLOCKS entwickelt, mit dem sich eine stochastische Blockmodellanalyse durchführen lässt. Das Programm ist hervorragend dokumentiert (Snijders und Nowicki 2004) und lässt sich in der StOCNET-Umgebung anwenden. Zwei Hauptergebnisse werden durch dass Programm produziert: erstens, die Wahrscheinlichkeiten von Akteurspärchen, dass sie derselben Position zugehörig sind. Zweitens, die Wahrscheinlichkeiten von Beziehungen zwischen und innerhalb der Positionen. Da die Positionszugehörigkeiten auf Wahrscheinlichkeiten beruhen, ist es auch möglich, dass einzelne Akteure nicht eindeutig Positionen zugerechnet werden. Mit Hilfe von Grenzwerten kann das Programm aber eindeutige Positionszuordnungen erzwingen. Ein Vorteil des Programms ist, dass es gleich mehrere Blockmodelle für eine verschiedene Anzahl an gewünschten Positionen produzieren kann und somit Hinweise auf eine sinnvolle Zahl an Positionen gibt. Anhand zweier Gütewerte der *information* I_y und der *clarity* H_x kann der Nutzer dann entscheiden aus wie vielen Positionen das Blockmodell bestehen sollte. I_y gibt an, wie groß der Informationsgewinn für die Vorhersage von Beziehungen durch das Wissen um die Positionszugehörigkeit ist. Der Parameter H_x gibt dagegen an, wie eindeutig die Zuordnung der Akteure zu gleichen Positionen ist. Eine weitere Besonderheit von BLOCKS ist, dass es nicht nur Blockmodelle für einzelne Beziehungen erstellen kann, sondern auch Blockmodelle auf Basis von zwei Beziehungen erstellt und dann auch gesondert Wahrscheinlichkeiten für kombinierte Beziehungen angibt. Für das Medici-Netzwerk von Padgett und Ansell (1993) könnten also z.B. die Wahrscheinlichkeit, dass zwischen zwei Blöcken sowohl eine Heirats-, als auch eine Handelsbeziehung besteht sowie die Einzelwahrscheinlichkeit für Heirats- und Handelsbeziehungen errechnet werden.

5 Interpretation von Blockmodellen

Die Erstellung eines Blockmodells endet nicht mit der Berechnung der Positionszugehörigkeiten und der Beziehungsdichten/Beziehungswahrscheinlichkeiten zwischen den Blöcken. Erst durch eine Interpretation des Blockmodells können soziologische Schlüsse aus der Analyse gezogen werden. Eine Interpretation des Blockmodells umfasst im Allgemeinen zumindest drei verschiedene Interpretationsebenen (Heidler 2006; Wasserman und Faust 1994): erstens, Validierung und Interpretation der Blockzuordnung mit attributionalen Daten; zweitens, Interpretation der relationtionalen Lage der einzelnen Positionen/Positionstypologie; drittens, Interpretation der Gesamtstruktur.

Eine Validierung der Blockzuordnung kann anhand von attributionalen Daten erfolgen. Dahinter steckt die theoretische Idee, dass die Blockzuodnung zwar nur anhand der Beziehungen erfolgt ist, attributionale Daten, wie Alter, Geschlecht und Einstellung aber sowohl Resultat als auch erklärende Ursache des Beziehungsmusters sein können. Demzufolge müsste also eine Überschneidung mit entsprechend ausgewählten attributionalen Daten sichtbar sein. So hat Arabie (1984) beispielsweise für sein Blockmodell des Beziehungsmusters von Gefängnisinsassen die Zusammenhänge von Netzwerkposition mit Hautfarbe, Alkoholkonsum, Bildung usw. geprüft.

Die einzelnen Positionen können bezüglich ihrer Lage im Netzwerk mit Hilfe einer auf Harary et al. (1965) und Burt (1976) aufbauenden Positionstypologie von Marsden (1989) näher charakterisiert werden (Tabelle 1). Diese Typologie versucht Positionen anhand von drei Kriterien zu beschreiben. Erstens, wie stark, in welcher Menge, mit welcher Wahrscheinlichkeit (je nach Verfahren) gehen Beziehungen zur Position? Zweitens, wie stark (in welcher Menge oder mit welcher Wahrscheinlichkeit) sendet die Position Beziehungen? Drittens, ist die Position intern vernetzt? Eine intern stark vernetzte Position, die auch überproportional häufig gewählt wird, aber kaum Beziehungen aussendet, ist z.B. eine „High Status Clique". Eine intern nicht vernetzte Position die stark gewählt wird und Beziehungen aussendet, wird als „Broker" bezeichnet. Als Sycophant („Kriecher/Schmeichler") bezeichnet Marsden eine Position, die andere Positionen wählt (z.B. bei Freundschaftsbeziehungen), sich selbst aber nicht wählt und auch nicht von anderen Positionen gewählt wird.

Stärke der ausgehenden Beziehungen	Stärke der eingehenden Beziehungen	Stärke der Positionsinternen Beziehungen	
		stark	schwach
stark	stark	Primary Position	Broker
	schwach	Low Status Clique	Sycophant
schwach	stark	High Status Clique	Snob
	schwach	Isolate Clique	Isolate

Tabelle 1: Positionstypologie nach Marsden (1989: 448)

Schließlich kann noch die Gesamtstruktur des Netzwerkes interpretiert werden (Wasserman und Faust 1994). Dies geschieht am besten mithilfe eines Image-Graphen wie er schon vorgestellt wurde. Typische Netzwerkstrukturen sind zentralisierte Strukturen (zentrale Akteure werden von verschiedenen Positionen gewählt) oder Zentrum-Peripherie Strukturen (die zentralen Positionen erwidern hier Beziehungen). Auch komplexere Strukturen sind möglich, Flandreau und Jobst (2005) stellen beispielsweise für das internationale Finanzsystem um 1900 neben einem Zentrum mit angebundener Peripherie auch eine intermediäre Position fest.[13] Auch hierarchische Strukturen oder hierarchisch angeordnete Cliquen sind möglich. Exotische Strukturen wie die Ringstruktur eines Frauentauschnetzwerkes[14] der Aborigines, wie von Bearman (1997) festgestellt, können in Kombination mit ethnographischen Daten weitgehende Rückschlüsse auf soziale Strukturen und Tauschmechanismen zulassen.

---

[13] Dies ist insoweit überraschend, als dass das Vorhandensein dieser intermediären Gruppe bis dahin von Historikern weitgehend ignoriert wurde und der spätere Aufstieg des Dollar sich auch aus seiner Position in dieser Gruppe erklären lässt.
[14] Von einem Frauentauschnetzwerk kann gesprochen werden, da die meist minderjährigen Frauen von ihren Verwandten verheiratet werden.

Tabelle 2: Verschiedene Verfahren im Überblick

Verfahren	CONCOR	Clusteranalyse	Panning-Algorithmus	Generalized Blockmodeling	BLOCKS	REGE/CatRege	Reichhardt-White
Positionale Verfahren	Strukturelle Äquivalenz	Strukturelle Äquivalenz	Strukturelle Äquivalenz	Strukturelle Äquivalenz, Reg. Aquivalenz, Kombination von Blocktypen	Stochastische Äquivalenz	Reguläre Äquivalenz	Strukturelle Äquivalenz
Direkt/Indirekt/Stochastisch	Mischung	Indirekt	Direkt	Direkt	Stochastisch	Indirekt	Direkt
Multiple Netzwerke	Ja	Ja	Nein	Nein	Ja	Ja	Ja
Gütekriterium	Konvergenz der Iterationen	Je nach Distanzmaß, z.B. Fehlerquadratsumme	R-Quadrat	Kriteriumsfunktion Zahl der Abweichungen (eventuell gewichtet)	Information: I_y Clarity: H_x	regular similarity measure	Q^*
Kriterium zur Festlegung der Zahl der Positionen	Nein Produziert standardmäßig Partitionen als Zweierpotenzen	Ja, Ellenbogen-Kriterium oder andere klassische Kriterien der Clusteranalyse	nein	Ja (Hsieh/Magee 2008)	Ja	Ja, Ellenbogen-Kriterium oder andere klassische Kriterien der Clusteranalyse	Ja
Metrische Daten	Ja	Ja	Ja	Ja (Ziberna 2007)	Nein (nur ordinal)	Ja (REGE)	Ja
Software	UCINET ORA	STATA CLUSTAN	UCINET	PAJEK GNU-R NetMiner	BLOCKS (implementiert in StocNET)	UCINET	Ist geplant
Literatur zum Verfahren	Breiger et al. (1975)	Wasserman und Faust (1994); Heidler (2006)	Panning, W. H. (1982)	Doreian et al. (2005)	Snijders und Nowicki (1997); Nowicki und Snijders (2001)	White und Reitz (1985); Borgatti und Everett (1989); Borgatti und Everett (1993)	Reichhardt und White (2007)
Beispielhafte Analysen	White et al. (1976); Bearman (1997)	Blümel et al. (2007)			Flandreau und Jobst (2005)	Luczkovich et al. (2003)	
Besonderheiten	Produziert standardmäßig Partitionen als Zweierpotenzen	Clusteranalysesoftware sollte missing values handhaben können		Blocktypen können einzeln definiert werden	Beziehungkombinationen		Gewichtet Abweichungen Akteursspezifisch

6 Schluss

In Tabelle 2 sind abschließend noch einige der gebräuchlichsten und interessantesten Blockmodellanalyseverfahren überblicksartig dargestellt. Hier sind auch einige bislang noch nicht erwähnte Verfahren aufgeführt, die von Interesse sein könnten. Das Panning-Verfahren ist in UCINET implementiert und ist auch gut für metrische Daten geeignet. Panning folgt einem regressionsanalytischen Ansatz der gute Ergebnisse liefert (Heidler 2006).[34] Reichhardt und White (2007) haben ein Verfahren entwickelt, das bei der Messung von Äquivalenz eine etwas andere Standardisierung als andere Verfahren verwendet. Akteure werden bezüglich ihrer Gesamtmenge an ein- und ausgehenden Beziehungen standardisiert, so dass beispielsweise Länder, die klein sind und deshalb geringere Handelsströme als ein anderes Land haben, ansonsten aber das gleiche Handelsmuster besitzen, als äquivalent gesehen werden. Je nach theoretischer Perspektive können also unterschiedliche Verfahren und Äquivalenzdefinitionen Sinn machen. Aus der Tabelle lassen sich auch einige Kriterien ablesen, anhand derer sich die verschiedenen Verfahren unterscheiden und bewerten lassen. Erstens können die Verfahren bezüglich ihrer Äquivalenzdefinitionen unterschieden werden; strukturelle-, reguläre- und stochastische Äquivalenz sind hier am verbreitetsten. Zweitens kann man die Verfahren anhand der statistischen Umsetzung der Positionsanalyse unterscheiden: Hier lassen sich direkte, indirekte und stochastische Verfahren unterscheiden. Nicht alle Programme und Verfahren können mehrere Netzwerke simultan analysieren. Die Idee hinter einer simultanen Analyse ist, dass die Position von Akteuren im Netzwerk über mehrere Beziehungstypen hinweg vergleichbar ist (White et al. 1976).[35] Die meisten Verfahren haben eigene Gütekriterien, die entweder direkt optimiert werden oder anhand derer sich Rückschlüsse über eine sinnvolle Zahl an Positionen treffen lässt (siehe Tabelle 2). Die Frage, wie bei Blockmodellanalysen über die Zahl der Positionen entschieden werden kann, wird noch ausgiebig diskutiert (Handcock et al. 2007). Programme wie BLOCKS bieten aber schon eine gute Hilfestellung. Der CONCOR-Algorithmus, der neben dem BLOCKER-Algorithmus (Heil und White 1976) (hier nicht in der Tabelle) in den Frühzeiten der Blockmodellanlyse entwickelt wurde, ist in dieser Hinsicht besonders problematisch, produziert er doch automatisch nur Zweier-Potenzen als Partitionen (also 2, 4, 8 oder 16 usw. Positionen). Auch die Mathematik des Verfahrens wurde schon frühzeitig kritisiert (Schwartz 1977). Dennoch wird es weiterhin häufig verwendet.[36] Dies ist wohl durch eine spezielle Problematik zu erklären, die eine Anwendung neuerer Blockmodellanalyseverfahren behindert. Selbst relativ gut dokumentierte Verfahren wie BLOCKS sind in ihrer Verbreitung begrenzt (Wasserman 2007). Die Verfahren werden zunehmend von Mathematikern, Physikern und methodischen Spezialisten in ihrer Komplexität vorangetrieben. Dabei werden auch wenig anwendungsnahe Kombinationen von ohnehin schon komplexen Verfahren wie den P*-Modellen und ähnlichen Verfahren mit Blockmodellanalysetechniken vorgeschlagen (Handcock et al. 2007). Dies führte Wasserman zu der Aussage, dass vor einigen Jahren die Netzwerke komplexer waren als die zur

---

[34] Gemessen an klassischen Gütekriterien für Blockmodelle wie dem Carrington-Heil-Berkowitz-Index (Carrington et al. 1980). Mehr über diese klassischen Gütekriterien lässt sich in Heidler (2006) und Wasserman und Faust (1994) nachlesen.
[35] Ein Beispiel für eine komplexe multiple Blockmodellanalyse für verschiedene Welthandelsbeziehungen findet sich bei Reichhardt und White (2007).
[36] Zur Verwendung der Verfahren wurden, soweit möglich und vorhanden in der Tabelle, einige beispielhafte Anwendungen aufgelistet.

Verfügung stehenden Analysemethoden und heute sei es umgekehrt.[37] Eine gute, benutzerfreundliche Softwareimplementation der Verfahren, sowie eine gute Dokumentation sind deswegen für den Nutzer von besonderer Bedeutung. Beides ist in der Tabelle 2 notiert.

7 Literatur

Arabie, Phipps, 1984: Validation of sociometric structure by data on individuals' attribute. Social Networks 6: 373-403.
Batagelj, Vladimir, *Patrick Doreian* und *Anuŝka Ferligoj*, 1992: An optimizational approach to regular equivalence. Social Networks 14: 121-135.
Bearman, Peter, 1997: Generalized exchange. American Journal of Sociology 102: 1383-1415.
Blümel, Clemens, *Richard Heidler* und *Frank Lerch*, 2007: Stuktur vor Entscheidung. Ein Beitrag zur Diskussion der Governance in Interorganisationsnetzwerken aus struktureller Perspektive. in: *Dieter Wagner*, *Christoph Lattemann*, *Sören Kupke* und *Alexander Legel* (Hg.), Governance-Theorien oder Governance als Theorie? Berlin: Wissenschaftlicher Verlag.
Borgatti, Stephen P. und *Martin G. Everett*, 1989: The class of all regular equivalences: Algebraic structure and computation. Social Networks 11: 65-88.
Borgatti, Stephen P. und *Martin G. Everett*, 1992: Notions of position in social network analysis. Sociological Methodology 22: 1-35.
Borgatti Stephen P. und *Martin G. Everett*, 1993: Two algorithms for computing regular equivalence. Social Networks 15: 361-376.
Breiger, Ronald S., *Scott Boorman* und *Phipps Arabie*, 1975: An algorithm for clustering relational data, with applications to social network analysis and comparison with multidimensional scaling. Journal of Mathematical Psychology, 12: 328-383.
Burt, Ronald S., 1976: Positions in networks. Social Forces 55: 93-122.
Carrington, Peter J., *Gregory H. Heil* und *Stephen D. Berkowitz*, 1980: A goodness-of-fit index for blockmodels. Social Networks, 2: 219-234.
Doreian, Patrick, *Vladimir Batagelj* und *Anuŝka Ferligoj*, 1992: Direct and indirect methods for structural equivalence. Social Networks 14: 63-90.
Doreian, Patrick, *Vladimir Batagelj* und *Anuŝka Ferligoj*, 2005: Generalized blockmodeling. Cambridge: Camebridge University Press.
Faust, Katherine, 1988: Comparison of methods for positional analysis: Structural and general equivalence. Social Networks 10: 313-341.
Flandreau Marc und *Clemens Jobst*, 2005: The ties that divide: A network analysis of the international monetary System, 1890–1910. The Journal of Economic History 65: 977-1007.
Handcock Mark S., *Adrian E. Raftery* und *Jeremy Tantrum*, 2007: Model-based clustering for social networks. Journal of the Royal Statistical Society 2: 301-354.
Harary, Frank, *Robert Z. Norman* und *Dorwin Cartwright*, 1965: Structural models: An introduction to the theory of directed graphs. New York: John Wiley & Sons.
Holland, Paul W. und *Samuel Leinhardt*, 1981: An exponential family of probability distributions for directed graphs. Journal of the American Statistical Association 76: 33-50.
Holland, Paul W., *Kathryn B. Laskey* und *Samuel Leinhardt*, 1983: Stochastic blockmodels: Some first steps. Social Networks 5: 109-137.
Heidler, Richard, 2006: Die Blockmodellanalyse - Theorie und Anwendung einer netzwerkanalytischen Methode. Deutscher Universitätsverlag.
Heil, Gregory H. und *Harrison C. White*, 1976: An algorithm for finding simultaneous homomorphic correspondence between graphs and there image graphs. Behavioral Science 21: 26-35.

---

[37] "A friend of mine years ago remarked that network data are more complicated than the models that are used to study them. I think that the opposite is now true." (Wasserman 2007: 345)

Hsieh, Mo-Han und *Christopher L. Magee*, 2008: An algorithm and metric for network decomposition from similarity matrices: Application to positional analysis. Social Networks 30: 146-158.

Marsden, Peter V., 1989: Methods for the characterization of role structures in network analysis. S. 489-530 in: *Linton Freeman, Douglas White, Kimball Romney* (Hg.), Research methods in social network analysis. Fairfax, Virginia: George Mason University Press.

Lorrain, François und *Harrison C. White*, 1971: Structural equivalence of individuals in social networks. Journal of Mathematical Sociology 1: 49-80.

Luczkovich, Joseph J., Stephen P. Borgatti, Jeffrey C. Johnson und *Martin G. Everett*, 2003: Defining and measuring trophic role similarity in food webs using regular equivalence. Journal of Theoretical Biology 220: 303-321.

Nadel, Siegfried F., 1965: The theory of social structure (3. Auflage, 1. Auflage 1957). London: Cohen & West Ltd.

Nowicki, Krzysztof und *Tom A. B.* Snijders, 2001: Estimation and prediction for stochastic blockstructures. Journal of the American Statistical Association 96: 1077-1087.

Padgett, John F. und *Cristopher K. Ansell*, 1993: Robust action and the rise of the medici. American Journal of Sociology 98: 1259-1319.

Panning, William H., 1982: Fitting blockmodels to data. Social Networks 4: 81-101.

Reichhardt, Joerg und *Douglas R. White*, 2007: Role models for complex networks. The European Physical Journal B - Condensed Matter and Complex Systems 60: 217-224.

Sailer, Lee D., 1978: Structural equivalence: Meaning and definition, computation and application. Social Networks 1: 73-90.

Schwartz, Joseph E., 1977: An examination of CONCOR and related methods of blocking sociometric data. S. 255-282 in: *David R. Heise* (Hg.), Sociological Methodology. San Francisco: Jossey-Bass.

Scott, John P., 2000: Social network analysis: A handbook. SAGE Publications. Paperback.

Snijders, Tom A. B. und *Krzysztof Nowicki*, 1997: Estimation and prediction for stochastic block models for graphs with latent block structure. Journal of Classification 14: 75-100.

Snijders, Tom A. B. und *Krzysztof Nowicki*, 2004: Manual for BLOCKS version 1.6.

Stegbauer, Christian und *Alexander Rausch*, 2006: Strukturalistische Internetforschung. VS Verlag.

Wasserman, Stanley und *Carolyn J. Anderson*, 1987: Stochastic a posteriori blockmodels: Construction and assessment. Social Networks 9: 1-36.

Wasserman Stanley, 2007: Discussion on the paper by Handcock, Raftery and Tantrum. Journal of the Royal Statistical Society 2: 301-354.

Wasserman, Stanley und *Katherine Faust*, 1994: Social network analysis: Methods and applications. Cambridge: Cambridge University Press.

White, Harrison C., Scott Boorman und *Ronald Breiger*, 1977: Social structure from multiple networks, I. Blockmodels of roles and positions. American Journal of Sociology 81: 730-780.

White, Douglas R. und *Karl P. Reitz*, 1985: Measuring role distance: Structural, regular and relational equivalence. unpubliziertes Manuskript. University of California, Irvine.

Winship, Christopher, 1988: Thoughts about roles and relations: An old document revisted. Social Networks 10: 209-231.

Žiberna, Aleš, 2007: Generalized blockmodeling of valued networks. Social Networks 29: 105-126.

5.7 Bimodale Netzwerke

Alexander Rausch

Die Analyse bimodaler Netzwerke ist durch die Überlegung motiviert, dass soziale Beziehungen nicht unabhängig voneinander entstehen, sondern dass es Gelegenheiten bedarf, die den Rahmen für die Entstehung sozialer Beziehungen bieten. Gelegenheiten zum Herstellen sozialer Beziehungen können auf sehr unterschiedliche Weisen entstehen, z.B. dadurch, dass sich mehrere Akteure zur selben Zeit am selben Ort befinden oder dadurch, dass mehrere Akteure gemeinsam ein und denselben Kommunikationskanal benutzen. Derartige Gelegenheiten bilden in dieser Sichtweise jedoch keine hinreichende, sondern nur eine notwendige Bedingung für die Entstehung von sozialen Beziehungen.

Bimodale soziale Netzwerke stellen eine Relation zwischen einer definierten Menge von Akteuren und einer definierten Menge von Gelegenheiten her, die von den Akteuren genutzt werden können, um untereinander soziale Beziehungen einzugehen. Welche Paare von Akteuren dabei tatsächlich eine soziale Beziehung eingehen, bleibt offen. Bimodale Netzwerke bilden lediglich die Potentialität sozialer Beziehungen ab. Allerdings ist es plausibel anzunehmen, dass die Entstehung einer sozialen Beziehung zwischen zwei Akteuren umso wahrscheinlicher ist, je öfters sich hierzu die Gelegenheit bot und je kleiner die Anzahl der bei den entsprechenden Gelegenheiten konkurrierenden Akteure war[1].

1 Das klassische Beispiel für die Analyse eines bimodalen Netzwerkes

Ein klassisches Beispiel für die Analyse eines bimodalen Netzwerkes findet sich in der Studie *Deep South* von Davis et al. (1941). Ein Teil dieser Studie beschäftigt sich mit der Abhängigkeit der Muster informeller Kontakte zwischen Personen von deren Klassenzugehörigkeit. Um der Frage nachzugehen, inwieweit informelle Kontakte vornehmlich zwischen Personen derselben Klassenzugehörigkeit bestehen, erhoben Davis et al. die Teilnahme von 18 Frauen bei 14 informellen sozialen Anlässen in „Old City". Dabei handelt es sich z.B. um "a day's work behind the counter of a store, a meeting of a women's club, a church supper, a card party, a supper party, a meeting of the Parent-Teacher Association, etc." (Homans 1992, 82).

Dieses Beispiel soll im Folgenden zur Demonstration der Konzepte der Analyse bimodaler Netzwerke dienen. Tabelle 1 zeigt eine Matrix, in denen zeilenweise die Namen der 18 Frauen und spaltenweise die Zeitpunkte der 14 untersuchten sozialen Anlässe in „Old City" notiert sind. Die Matrix enthält ein ✖, wenn die in der Zeile genannte Frau an dem in der Spalte genannten Ereignis teilgenommen hat.

---

[1] Zwischen n Akteuren sind potentiell ½*n*(n-1) Beziehungen möglich. Dass diese für große n nicht tatsächlich realisiert werden, hat seine Ursache nicht nur in den unterschiedlichen Interessen und Vorlieben der Akteure, sondern beispielsweise auch in deren kognitiven Beschränktheit, die verhindert, dass die Akteure aller potentiellen Beziehungen überhaupt gewahr werden.

Tabelle 1: Akteur - Ereignis - Soziomatrix reproduziert nach Davis et al. (1941, 148). Vgl. hierzu auch die Diskussion der Daten in Freeman (2003, 42-44)

Names of Participants of Group I	Code Numbers and Dates of Social Events Reported in Old City Herald													
	(1) 6/27	(2) 3/2	(3) 4/12	(4) 9/26	(5) 2/25	(6) 5/19	(7) 3/15	(8) 9/16	(9) 4/8	(10) 6/10	(11) 3/23	(12) 4/7	(13) 11/21	(14) 8/3
1. Mrs. Evelyn Jefferson	x	x	x	x	x	x	....	x	x	....	....	....	....	....
2. Miss Laura Mandeville	x	x	x	....	x	x	x	x	....	....	....	....	....	....
3. Miss Theresa Anderson	....	x	x	x	x	x	x	x	x	....	....	....	....	....
4. Miss Brenda Rogers	x	....	x	x	x	x	x	x	....	....	....	....	....	....
5. Miss Charlotte McDowd	....	....	x	x	x	....	x	....	....	....	....	....	....	....
6. Miss Frances Anderson	....	....	x	....	x	x	....	x	....	....	....	....	....	....
7. Miss Eleanor Nye	....	....	....	....	x	x	x	x	....	....	....	....	....	....
8. Miss Pearl Oglethorpe	....	....	....	....	....	x	....	x	x	....	....	....	....	....
9. Miss Ruth DeSand	....	....	....	....	x	....	x	x	x	....	....	....	....	....
10. Miss Verne Sanderson	....	....	....	....	....	....	x	x	x	....	....	x	....	....
11. Miss Myra Liddell	....	....	....	....	....	....	....	x	x	x	....	x	....	....
12. Miss Katherine Rogers	....	....	....	....	....	....	....	x	x	x	....	x	x	x
13. Mrs. Sylvia Avondale	....	....	....	....	....	....	....	x	x	x	x	x	x	x
14. Mrs. Nora Fayette	....	....	....	....	....	....	x	x	....	x	x	x	x	x
15. Mrs. Helen Lloyd	....	....	....	....	....	....	x	x	....	x	x	x	....	....
16. Mrs. Dorothy Murchison	....	....	....	....	....	....	....	x	x	....	....	....	....	....
17. Mrs. Olivia Carleton	....	....	....	....	....	....	....	....	x	....	x	....	....	....
18. Mrs. Flora Price	....	....	....	....	....	....	....	....	x	....	x	....	....	....

Die von Davis et al. erhobenen Daten kann man folgendermaßen formal beschreiben:
- Gegeben sind eine Menge N von g Akteuren $n_1,...,n_i,...,n_g$ und eine Menge M von h Gelegenheit $m_1,...,m_j,...,m_h$, soziale Beziehungen einzugehen. Die beiden Mengen N und M sind durch eine Relation **R** verknüpft, durch die die Partizipation der verschiedenen Akteure an den verschiedenen Gelegenheiten definiert ist. Es gilt n_i und m_j stehen in der Relation **R** genau dann, wenn Akteur n_i an der Gelegenheit m_j teilnahm.
- Das Tripel (N, M, **R**) aus der Menge der Akteure N, der Menge der Gelegenheiten M und der Relation **R** nennt man ein bimodales Netzwerk.
- Ein bimodales Netzwerk kann als eine binäre Matrix A geschrieben werden, wobei $a_{ij} = 1$ genau dann gilt, wenn der Akteur n_i an der Gelegenheit m_j teilnahm.

Bei der Netzwerkmatrix eines bimodalen Netzwerkes kommt es auf die Reihenfolge der Zeilen und Spalten nicht an. Man hätte es mit dem gleichen Netzwerk zu tun, egal ob die Zeilen und Spalten zufällig oder aber die Zeilen alphabetisch nach dem Namen der Akteure und/oder die Spalten nach dem Datum der verschiedenen sozialen Ereignisse sortiert wären. Auf diesem Umstand basiert der intuitive Zugang zur Analyse (kleinerer) bimodaler Netzwerke. Die Idee besteht darin, die Zeilen und Spalten der Netzwerkmatrix so zu sortieren, dass die Struktur der sozialen Beziehungen sichtbar wird. Genau diesen Zugang haben Davis et al. gewählt.

Dabei ging es Davis et al. um zwei Aspekte: einerseits die Bestimmung sich überlappender Cliquen und andererseits die Charakterisierung von Teilnehmerinnen als zentrale bzw. periphere Akteure des sozialen Netzwerkes.

Abbildung 1: Bimodale Netzwerkmatrix[2] für die von Davis et al. erhobenen Daten (links) sowie die von Davis et al. (1941, 150) konstruierte Zerlegung in zwei sich überlappende Cliquen (rechts).
Innerhalb jeder Clique unterscheiden Davis et al. zwischen zentralen (**C**) sowie primär (**P**) und sekundär (**S**) Mitgliedern.[3]

```
            1 1 1 1 1                                    1 1 1 1 1
1 2 3 4 5 6 7 8 9 0 1 2 3 4              1 2 3 4 5 6 7 8 9 0 1 2 3 4
E E E E E E E E E E E E E E              E E E E E E E E E E E E E E

  EVELYN   1 1 1 1 1 1 · 1 1 · · · · ·     EVELYN   C C C C C C · C C · · · · ·
   LAURA   1 1 1 · 1 1 1 1 · · · · · ·      LAURA   C C C · C C C C · · · · · ·
 THERESA   · 1 1 1 1 1 1 1 1 · · · · ·    THERESA   · C C C C C C C · · · · · ·
  BRENDA   1 · 1 1 1 1 1 1 · · · · · ·     BRENDA   C · C C C C C C · · · · · ·
CHARLOTTE  · · 1 1 1 · 1 · · · · · · ·   CHARLOTTE  · · P P P · P · · · · · · ·
 FRANCES   · · 1 · 1 1 · 1 · · · · · ·    FRANCES   · · P · P P · P · · · · · ·
 ELEANOR   · · · · 1 1 1 1 · · · · · ·    ELEANOR   · · · · P P P P · · · · · ·
   PEARL   · · · · · 1 · 1 1 · · · · ·      PEARL   · · · · · S · S S · · · · ·
    RUTH   · · · · 1 · 1 1 1 · · · · ·       RUTH   · · · · S · S S S · · · S ·
   VERNE   · · · · · · 1 1 1 · · · 1 ·      VERNE   · · · · · · S S S · · · S ·
   MYRNA   · · · · · · · 1 1 1 · 1 · ·      MYRNA   · · · · · · · P P P · P · ·
KATHERINE  · · · · · · · · 1 1 1 1 1 1   KATHERINE  · · · · · · · · P P P P P P
  SYLVIA   · · · · · · 1 1 1 1 1 1 1 1     SYLVIA   · · · · · · C C C C C C C C
    NORA   · · · · · 1 1 · 1 1 1 1 1 1       NORA   · · · · · C C · C C C C C C
   HELEN   · · · · · · 1 1 · 1 1 1 · ·      HELEN   · · · · · · C C · C C C · ·
 DOROTHY   · · · · · · · 1 1 · · · · ·    DOROTHY   · · · · · · · S S · · · · ·
  OLIVIA   · · · · · · · · 1 · 1 · · ·     OLIVIA   · · · · · · · · S · S · · ·
   FLORA   · · · · · · · · 1 · 1 · · ·      FLORA   · · · · · · · · S · S · · ·
```

Clique 1 (Zeilen EVELYN–RUTH, Spalten 1–7)
Clique 2 (Zeilen PEARL–FLORA, Spalten 6–14)

Es gibt verschiedene Versuche, die Zerlegung der Netzwerkmatrix anhand mathematischer Kriterien zu optimieren. Diese Verfahren beruhen in der Regel auf Algorithmen, die auch in der Blockmodellanalyse Verwendung finden (vgl. hierzu Borgatti und Everett 1997: 265ff.). Ziel einer geeigneten Umordnung von Zeilen und Spalten (Seriation) der Netzwerkmatrix ist es, die in den Daten enthaltenen Strukturen sichtbar zu machen.

2 Visualisierung bimodaler Netzwerke als bipartite Graphen

Eine graphentheoretisch basierte Visualisierung bimodaler Netzwerke bietet das Konzept des bipartiten Graphen eines bimodalen Netzwerkes, das bei geeigneter Darstellung (spring embedding - Algorithmus) zu ähnlichen Ergebnissen führt, wie die Korrespondenzanalyse, auf die in diesem Zusammenhang lediglich verwiesen werden soll (vgl. dazu Wasserman & Faust (1997, 334-343) sowie Faust (2005)).

Bei der Darstellung eines bimodalen Netzwerkes in Form eines bipartiten Graphen werden sowohl die Akteure als auch die Ereignisse als Knoten eines Graphen betrachtet (vgl. Abb. 2). Dabei sind ein Akteursknoten und ein Ereignisknoten genau dann durch eine (ungerichtete) Kante verbunden, wenn der zugehörige Akteur an dem entsprechenden Ereignis teilgenommen hat. Die Akteursknoten untereinander sind nicht miteinander verbunden - ebenso wenig die Ereignisknoten. Formal ist ein bipartiter Graph also ein Graph,

---

[2] Hier wurde der mit dem Netzwerkanalyseprogramm Ucinet mitgelieferte Beispieldatensatz *davis.##[dh]* benutzt. Die Ereignisse sind mit E1,...,E14 bezeichnet und die beteiligten Frauen mit ihren Vornamen.

[3] Davis et al. (1941, 150) schreiben: Where it is evident that a group of people participate together in these informal activities consistently, it is obvious that a clique had been isolated. ... Those persons who participate together most often and at the most intimate affairs are called *core members*; those who participate with core members upon some occasions but never as a group by themselves alone are called *primary members*; while individuals on the fringes, who participate only infrequently, constitute the *secondary members* of a clique.

dessen Knotenmenge sich in zwei nichtleere, disjunkte Teilmengen zerlegen lässt, innerhalb derer keine Knoten durch Kanten miteinander verbunden sind.

Einen Graphen als mathematische Struktur sollte man stets von dessen Visualisierung unterscheiden. So visualisieren die beiden folgenden Darstellungen ein und denselben Graphen. In beiden Darstellungen sind die beiden Cliquen samt deren Überschneidungen sowie die zugehörigen Ereignisse mehr oder weniger gut zu erkennen.

Abbildung 2: Zwei Darstellungen des aus den von Davis et al. erhobenen bimodalen Netzwerk generierten bipartiten Graphen. In der rechten Darstellung wurde ein spring embeddig - Algorithmus zur Positionierung der Knoten verwendet.

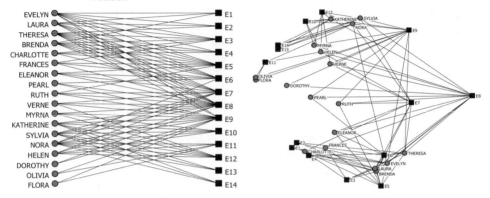

Die Netzwerkmatrix A_{bi} des bipartiten Graphen lässt sich mit Hilfe der Netzwerkmatrix des bimodalen Netzwerkes A und der zugehörigen transponierten Matrix A^T darstellen:

$$A_{bi} = \left(\begin{array}{c|c} 0 & A \\ \hline A^T & 0 \end{array} \right)$$

Abbildung 3: Netzwerkmatrix des bipartiten Graphen der Daten von Davis et al..

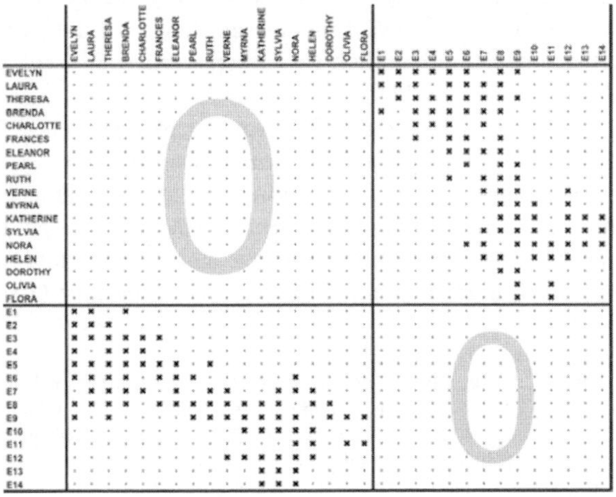

3 Transformation eines bimodalen Netzwerkes in zwei unimodale Netzwerke

Schon eingangs wurde darauf hingewiesen, dass bimodale Netzwerke potentielle Beziehungen zwischen Akteuren wiedergeben. Mutmaßlich wird eine Beziehung zwischen zwei Akteuren umso eher realisiert, je häufiger sich die Gelegenheit dazu bietet. Dieser Überlegung folgend, bilden wir aus dem bimodalen Netzwerk, das Akteure und Ereignisse miteinander verknüpft, ein unimodales Netzwerk zwischen den Akteuren. Dabei wird jedem Paar von Akteuren die Anzahl der Ereignisse zugeordnet, an denen beide gemeinsam teilgenommen haben. Je größer diese Anzahl ist, umso eher dürfte tatsächlich eine Beziehung zwischen den beiden Akteuren entstanden sein.

Die Netzwerkmatrix des durch die Ko-Präsenz der Akteure bei den verschiedenen Ereignissen definierten Netzwerkes ist gegeben durch die folgende Definition.

Abbildung 4: Definition des der Netzwerkmatrix des Ko-Präsenznetzwerkes (links) und Netzwerkmatrix des aus den Daten von Davis et al. erzeugten Ko-Präsenznetzwerkes (rechts).

$$X^{\mathcal{N}} = (x_{ij}^{\mathcal{N}})_{i,j=1,\ldots,g}$$

$$x_{ij}^{\mathcal{N}} = \begin{cases} \text{Anzahl der Ereignisse, an denen Akteur } n_i \text{ und Akteur } n_j \text{ gemeinsam teilgenommen haben.} & i \neq j \\ 0 & i = j \end{cases}$$

	EVELYN	LAURA	THERESA	BRENDA	CHARLOTTE	FRANCES	ELEANOR	PEARL	RUTH	VERNE	MYRNA	KATHERINE	SYLVIA	NORA	HELEN	DOROTHY	OLIVIA	FLORA
EVELYN	·	6	7	6	3	4	3	3	3	2	2	2	2	2	1	2	1	1
LAURA	6	·	6	6	3	4	4	2	3	2	1	1	2	2	2	1	0	0
THERESA	7	6	·	6	4	4	4	3	4	3	2	2	3	3	2	2	1	1
BRENDA	6	6	6	·	4	4	4	2	3	2	1	1	2	2	2	1	0	0
CHARLOTTE	3	3	4	4	·	2	2	0	2	1	0	0	1	1	1	0	0	0
FRANCES	4	4	4	4	2	·	3	2	2	1	1	1	1	1	1	1	0	0
ELEANOR	3	4	4	4	2	3	·	2	3	2	1	1	2	2	2	1	0	0
PEARL	3	2	3	2	0	2	2	·	2	2	2	2	2	2	1	2	1	1
RUTH	3	3	4	3	2	2	3	2	·	3	2	2	3	2	2	1	1	1
VERNE	2	2	3	2	1	1	2	2	3	·	3	3	4	3	3	2	1	1
MYRNA	2	1	2	1	0	1	1	2	2	3	·	4	4	3	3	2	1	1
KATHERINE	2	1	2	1	0	1	1	2	2	3	4	·	6	5	3	2	1	1
SYLVIA	2	2	3	2	1	1	2	2	3	4	4	6	·	6	4	2	1	1
NORA	2	2	3	2	1	1	2	2	2	3	3	5	6	·	4	1	2	2
HELEN	1	2	2	2	1	1	2	1	2	3	3	3	4	4	·	1	1	1
DOROTHY	2	1	2	1	0	1	1	2	2	2	2	2	2	1	1	·	1	1
OLIVIA	1	0	1	0	0	0	0	1	1	1	1	1	1	2	1	1	·	2
FLORA	1	0	1	0	0	0	0	1	1	1	1	1	1	2	1	1	2	·

In Lehrbüchern (z.B. in Wasserman und Faust 1997: 308) findet man oft die Formel

$$X^{\mathcal{N}} = AA^{T}, \quad x_{ij}^{\mathcal{N}} = \sum_{k=1}^{h} a_{ik} a_{jk}$$

wobei A die Netzwerkmatrix des bimodalen Netzwerkes und A^T deren transponierte Matrix ist. Dass beide Definitionen (bis auf die Diagonalelemente von $X^{\mathcal{N}}$) übereinstimmen ist leicht einzusehen: Die Matrixelemente a_{ik} und a_{jk} sind 0 oder 1. Das Produkt ist also genau dann 1, wenn sowohl $a_{ik} = 1$ als auch $a_{jk} = 1$ sind. Dies ist wiederum genau dann der Fall, wenn sowohl Akteur n_i als auch Akteur n_j am Ereignis m_k teilgenommen haben. Damit ist die Summe gleich der Anzahl der Ereignisse, an denen sowohl Akteur n_i als auch Akteur n_j am Ereignis m_k teilgenommen haben.

Was die Diagonale betrifft, so wird diese üblicherweise ignoriert. Das i-te Diagonalelement ist nach der zweiten Definition der Matrix $X^{\mathcal{N}}$ gleich der Anzahl der Ereignisse, an denen Akteur n_i teilgenommen hat. In der ersten Definition ist die Diagonale sinnvoller Weise Null gesetzt worden (vgl. Abb. 4).

Auf ganz analoge Weise lässt sich ein unimodales Netzwerk der Ereignisse konstruieren. In ihm werden die Ereignisse in Beziehung gesetzt, die über gemeinsame Teilnehmer verknüpft sind. Die Stärke der Beziehung zwischen zwei Ereignissen ist dabei durch die Anzahl der gemeinsamen Teilnehmer definiert.

$$X^{\mathcal{M}} = A^T A, \quad x^{\mathcal{M}}_{kl} = \sum_{i=1}^{g} a_{ik} a_{il}$$

Die Superskripte in den Bezeichnungen der Netzwerkmatrizen $X^{\mathcal{N}}$ und $X^{\mathcal{M}}$ geben an, auf welchen Modus sich die jeweiligen, aus dem bimodalen Netzwerk erzeugten unimodalen Netzwerke beziehen, auf den Akteursmodus (Knotenmenge N) oder den Ereignismodus (Knotenmenge M).

Abbildung 5: Die beiden aus dem bimodalen Netzwerkdaten von Davis et al. generierten unimodalen Netzwerke: Links das Akteursnetzwerk, rechts das Ereignisnetzwerk. (In beide Darstellungen wurden der Übersichtlichkeit halber nur die Beziehungen eingezeichnet, deren Stärke größer als zwei ist.)

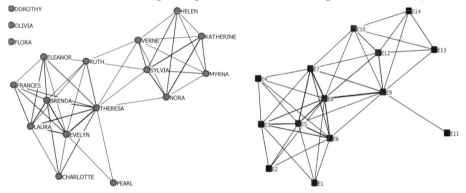

Als Ergänzung zu der hier dargestellten Standardmethode zur Erzeugung zweier unimodaler Netzwerke aus einem bimodalen Netzwerk, seien hier noch einige Randbemerkungen erlaubt:

1. Es kann sich als sinnvoll erweisen, die Stärke der Beziehungen zwischen den Akteuren so zu normalisieren, dass sie von der Größe der Ereignisse unabhängig ist. Hierfür bietet beispielsweise das Programmpaket Ucinet eine entsprechende Option an.

2. Bimodale Netzwerke weisen oft eine implizite temporale Struktur auf, die durch die zeitliche Aufeinanderfolge der Ereignisse gegeben ist. Hierdurch wird sowohl das unimodale Netzwerk der Akteure als auch das unimodale Netzwerk der Ereignisse u.U. tiefgreifend beeinflusst.
   - Nur Akteure, der bereits an vergangenen Ereignissen teilgenommen haben, verfügen gegenüber einem „Neuling" über ein direktes Wissen um die Geschichte des Netzwerkes. Es darf angenommen werden, dass der

unterschiedliche Kenntnisstand der Akteure über die Geschichte des Netzwerkes deren zukünftiges Handeln beeinflusst.
- Nur vorangegangene Ereignisse können zeitlich folgenden als „Vor"bild dienen und so zukünftiges Handeln der beteiligten Akteure beeinflussen.

Dieser Aspekt bleibt bei der oben dargestellten Standardmethode zur Erzeugung zweier unimodaler Netzwerke aus einem bimodalen Netzwerk völlig ausgeblendet. Eine Möglichkeit zur Lösung dieses Problems bestünde darin, die Akteure bzw. die Ereignisse durch gerichtete Kanten (Pfeile) zu verbinden. Im Akteurs-Akteurs-Netzwerk würde der Pfeil jeweils von dem Akteur ausgehen, der in das Netzwerk früher (oder zum gleichen Zeitpunkt) eingetreten ist, als der Akteur auf den der Pfeil weist. Im Ereignis-Ereignis-Netzwerk würde der Pfeil jeweils von dem Ereignis ausgehen, das zeitlich vor dem liegt, auf das der Pfeil weist (vgl. hierzu Stegbauer (2009).

3. Die formale Definition der beiden aus einem bimodalen Netzwerk erzeugten unimodalen Netzwerke ist nur bedingt verallgemeinerbar. Für die Analyse *bewertete* bimodale Netzwerke erweist sie sich als ungeeignet. Hierauf soll am Ende dieses Beitrags eingegangen werden.

4 Darstellung von bimodalen Netzwerken als Galois-Gitter

Eine in der Analyse sozialer Netzwerke mittlerweile ungebräuchlich gewordene, dafür aber in der Computerlinguistik oft verwendete Visualisierung bimodaler Netzwerke nimmt die wechselseitige Konstitution der beiden Moden eines bimodalen Netzwerkes zum Ausgangspunkt der Betrachtung.

Ein bimodales soziales Netzwerk beschreibt den Zusammenhang von Akteuren und den Gelegenheiten, die sich ihnen boten, um soziale Beziehungen einzugehen. Dabei ist es äquivalent, ob man einen Akteur durch die Menge der Gelegenheiten beschreibt, die sich ihm boten, um soziale Beziehungen einzugehen oder ob man eine Gelegenheit durch die Menge der Akteure beschreibt, die durch diese Gelegenheit potentiell miteinander in Beziehung treten konnten. Ersteres entspricht dem zeilenweisen Lesen der Akteur - Ereignis - Soziomatrix und Letzteres dem spaltenweisen Lesen dieser Matrix. Einen methodischen Zugang zur Visualisierung dieser wechselseitigen Konstitution von Akteuren und Gelegenheiten bietet das mathematische Konzept des Galois-Gitters.[4]

Um die Idee der Visualisierung eines bimodalen Netzwerkes mit Hilfe eines Galois-Gitters zu verdeutlichen, betrachten wir das bimodale Netzwerk der Musiker, die an (ausgewählten) Plattenalben von Miles Davis in den späten 60er Jahren mitgewirkt haben. Die zugehörige Soziomatrix ist rechts von der folgenden Graphik abgebildet.

Jeder Knoten des Galois-Gitters (außer dem obersten und dem untersten) muss mit mindestens einem Namen eines Musikers oder mit mindestens einem Titel eines Plattenalbums etikettiert sein. Jeder Knoten entspricht einer Menge von Musikern *und* einer Menge

---

[4] Einen Überblick über die Anwendung von Galoisgittern im Rahmen der Analyse sozialer Netzwerke bietet die von Douglas R. White und Vincent Duquenne herausgegebene Sonderausgabe der Zeitschrift *Social Networks* vom August 1996 (Band 18, Heft 3) mit dem Titel *Social Network and Discrete Structure Analysis*.

von Plattenalben. Die Menge der Musiker, die zu einem Knoten gehört ist durch die Knoten definiert, die über aufsteigende Kanten unterhalb des Knotens mit diesem verbunden sind, einschließlich des Knotens selbst. Die Menge der Alben, die zu einem Knoten gehören ist durch die Knoten definiert, die über absteigende Kanten oberhalb des Knotens mit diesem verbunden sind, einschließlich des Knoten selbst. Insofern kann man sofort einen ersten Eindruck der Zentralität der verschiedenen Akteure gewinnen: die unter stehenden Musiker sind zentraler als die über ihnen angeordneten Musiker. In gewisser Weise werden die Akteure und die Gelegenheiten in einem Galois-Gitter nach ihrer Bedeutsamkeit sortiert.

Abbildung 6: Vereinfachtes Galois-Gitter der Musiker, die an Plattenalben von Miles Davis in den späten 60er Jahren mitwirkten und zugehörige Soziomatrix.

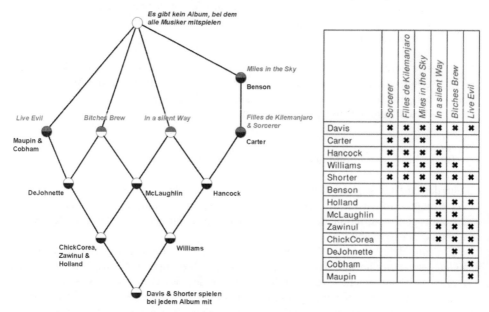

	Sorcerer	Filles de Kilemanjaro	Miles in the Sky	In a silent Way	Bitches Brew	Live Evil
Davis	✖	✖	✖	✖	✖	✖
Carter	✖	✖	✖			
Hancock	✖	✖	✖	✖		
Williams	✖	✖	✖	✖	✖	
Shorter	✖	✖	✖	✖	✖	✖
Benson			✖			
Holland				✖	✖	✖
McLaughlin				✖	✖	
Zawinul				✖	✖	✖
ChickCorea				✖	✖	✖
DeJohnette					✖	✖
Cobham						✖
Maupin						✖

Eine formale Definition des Begriffs Galois-Gitter findet man beispielsweise in Wasserman und Faust (1997, 326-333) sowie in Freeman und White (1993). Freeman und White analysieren in dem genannten Artikel die von Davis et al. (1941) erhobenen "Southern Women" – Daten mit Hilfe eines Galois-Gitters.

Die beiden folgenden Graphiken geben einen Hinweis auf die Konstruktion des obigen Galois-Gitters, ohne dass darauf im Einzelnen eingegangen werden soll:

Bimodale Netzwerke

Abbildung 7: Konstruktion eines Galois-Gitters
Die in das vereinfachte Galois-Gitter eingetragenen Teile der Knotenetiketten sind in den beiden obigen Darstellungen jeweils rot eingetragen.

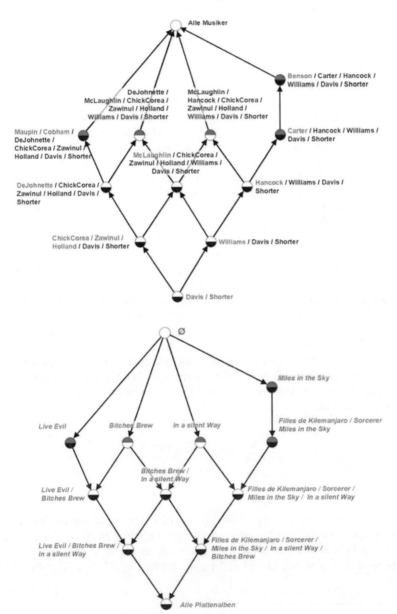

Eine Anwendung finden Galois-Gitter auch bei der Erweiterung des Zentralitätsbegriffs auf bimodale Netzwerke (Faust 1997, 178).

Weiter verbreitet als bei der Analyse sozialer Netzwerke ist die Anwendung von Galois-Gittern in der Computerlinguistik, insbesondere der *Formalen Begriffsanalyse* (Formal Concept Analysis, FCA).[5] In diesem Kontext wurden auch verschiedene Programme zur Darstellung und Analyse von Galois-Gittern entwickelt.

5 Bewertete bimodale Netzwerke

Ein bimodales Netzwerk verknüpft Akteure mit Gelegenheiten, soziale Kontakte einzugehen. Mit dem bisher beschriebenen Ansatz stößt man jedoch leicht an Grenzen: So kann es sinnvoll sein, eine solche Verknüpfung nicht bloß zu konstatieren, sondern deren Bedeutung im Vergleich zu den anderen mit einem Gewicht zu *bewerten*. Oder es kann von Interesse sein, Gruppen gleichartiger Akteure zusammenzufassen und die (potentiellen) internen und externen Beziehungen dieser Akteursgruppen zu analysieren. Als Beispiel hierfür sei etwa das Netzwerk der Teilnehmer und Teilnehmerinnen verschiedener Nationalität an Sessions internationaler Kongresse genannt. Auch in diesem Fall käme man mit dem bisherigen Ansatz nicht aus. Notwendig wäre in beiden Fällen die Definition eines *bewerteten* bimodalen Netzwerkes. Diese Definition müsste natürlich eine konsistente Erweiterung des oben definierten Begriffs des bimodalen Netzwerkes sein. Im Folgenden soll das zweite der beiden oben genannten Beispiele diskutiert werden.

Als Netzwerkmatrix des *bewerteten* bimodalen Netzwerkes definieren wir $A = (a_{ij})$, wobei a_{ij} die Anzahl der Teilnehmer und Teilnehmerinnen aus dem Herkunftsland j ($j=1...h$) in der Session i ($i=1...g$) ist.[6] Ganz analog wie bei (unbewerteten) bimodalen Netzwerken kann man dann das unimodale Netzwerk im „Spalten"modus (Parteien) und das unimodale Netzwerk im „Zeilen"modus (Gremiensitzungen) definieren. So ist etwa die Anzahl der potentiellen Kontakte von Teilnehmern und Teilnehmerinnen aus dem Herkunftsland k und solchen aus dem Herkunftsland l über alle betrachteten g Sessions („Spalten"modus) gegeben durch

$$x_{kl}^{\mathcal{M}} = \begin{cases} \sum_{i=1}^{g} a_{ik} a_{il} & \text{für } k \neq l \\ \sum_{i=1}^{g} \frac{a_{ik}(a_{il}-1)}{2} & \text{für } k = l \end{cases}$$

Diese Definition erweist sich als eine *sinnvolle* Verallgemeinerung der Definition des zu einem (unbewerteten) bimodalen Netzwerk gehörigen unimodalen Netzwerkes im „Spalten"modus. Denn falls in jeder Session pro Herkunftsland höchstens ein Teilnehmer bzw. eine Teilnehmerin sitzt, sind alle Diagonalelemente der Matrix $X^{\mathcal{M}}$ Null. Für die Elemente

---

[5] Vgl. dazu etwa die FCA-Homepage von Uta Priss http://www.upriss.org.uk/fca/fca.html.
[6] Im „zugehörigen" (unbewerteten) bimodalen Netzwerk würde jedes in einer Session vertretene Herkunftsland nur einmal gezählt, egal wie viele Teilnehmer bzw. Teilnehmerinnen aus einem Land kommen. Diese wäre formal dasselbe, als dürfte zu jeder Session aus jedem Herkunftsland nur höchstens ein Teilnehmer oder eine Teilnehmerin erscheinen.

außerhalb der Diagonale sind die Definitionen bei unbewerteten und bewerteten bimodalen Netzwerken ohnehin identisch.

Was kann man nun damit anfangen? Die Summe der Diagonalelemente von X^M gibt die (maximale) Anzahl von Beziehungen von Teilnehmern und Teilnehmerinnen jeweils gleicher Herkunftsländer untereinander („Homogamie") an und die Summe der oberen bzw. unteren Dreiecksmatrix die (maximale) Anzahl der Kontakte zwischen Teilnehmern und Teilnehmerinnen aus jeweils unterschiedlichen Herkunftsländern („Heterogamie"); jeweils summiert über alle erfassten Sessions.

In einer Studie von Stegbauer und Rausch (2008, Sunbelt XXVIII) konnte gezeigt werden, dass es bei internationalen Konferenzen aufgrund der gemeinsamen Teilnahme an Sessions in einem weit geringen Maß zu einer Mischung von Teilnehmern aus unterschiedlichen Ländern kommt, als dies aufgrund der Gesamtzahl der Teilnehmer aus den verschiedenen Ländern (bei konstant gehaltenen Anzahlen von Teilnehmern pro Session) möglich wäre.

6 Literatur

Borgatti, Stephen P. und *Martin G. Everett*, 1997: Network analysis of 2-mode data. Social Networks 19: 243-269.
Borgatti, Stephen P., 2007: 2-Mode Concepts in Social Network Analysis. Vorabdruck aus: Meyers, Robert A. (Hg.): *Encyclopedia of Complexity and System Science*. Berlin, Heidelberg: Springer. http://www.steveborgatti.com/papers/2modeconcepts.pdf, abgerufen am 25. Januar 2009
Borgatti, Stephen P., *Martin G. Everett* und *Linton C. Freeman*, 2002: Ucinet for Windows: Software for Social Network Analysis. Harvard MA: Analytic Technologies.
Breiger, Ronald L., 1974: The Duality of Persons and Groups. Social Forces 53: 181-190.
Davis, Allison, Burleigh B. Gardner und *Mary R. Gardner*, 1941: Deep South: A Social Anthropological Study of Caste and Class. Chicago: University of Chicago Press.
Faust, Katherine, 1997: Centrality in affiliation networks. Social Networks 19: 157-191.
Faust, Katherine, 2005: Using Correspondence Analysis for Joint Displays of Affiliation Networks. in: Peter J. Carrington, John Scott; Stanley Wasserman (Hg.): Models and Methods in Social Network Analysis. Cambridge: Cambridge University Press. S. 117-147.
Freeman, Linton C., 2003: Finding Social Groups: A Meta-Analysis of Southern Women Data. in: Ronald Breiger, Kathleen Carley und Philippa Pattison (Hg.), Dynamic Social Network Modeling and Analysis. Washington: The National Academies Press. S. 39-77.
Freeman, Linton C. und *Douglas R. White*, 1993: Using Galois Lattices to Represent Networks. Sociological Methodology 23: 127-146.
Ganter, Bernhard: The Dresden Formal Concept Analysis Page.
http://www.math.tu-dresden.de/~ganter/fba.html, abgerufen am 25.01.2009.
Homans, George C., 1992 [1950]: The Human Group. New Brunswick, NJ: Transaction Publishers.
Macgill, S. M., 1985: Structural analysis of social data: a guide to Ho's Galois lattice approach and a partial respecification of Q-analysis. Environment and Planning A 17: 1089-1109.
Priss, Uta: A Formal Concept Analysis Homepage. http://www.upriss.org.uk/fca/fca.html, abgerufen am 25.01.2009.
Rausch, Alexander und *Christian Stegbauer*, 2008: The myth of internationality – international congresses regarded as weighted bimodal networks. Sunbelt XXVIII - International Sunbelt Social Network Conference, St. Pete Beach, Florida, USA, 22.-27. Januar 2008.
Stegbauer, Christian, 2008: Raumzeitliche Struktur im Internet. Aus Politik und Zeitgeschichte 39: 3-9.

Stegbauer, Christian, 2009: Kommunikative Verkettung von Events oder was können wir au seiner Blickverschiebung bei der bimodalen Analyse lernen? Vortrag auf der Herbsttagung der AG-Netzwerkforschung. 01./02.10.2009, Hamburg.

Wasserman, Stanley und *Katherine Faust*, 1997 [1994]: Social Network Analysis. Cambridge: Cambridge University Press.

Yevtushenko, Serhiy A., 2000: System of data analysis "Concept Explorer". (In Russian). Proceedings of the 7th national conference on Artificial Intelligence KII-2000, S. 127-134.

Yevtushenko, Serhiy A. u.a., 2006: The Concept Explorer (Version 1.3). http://conexp.sourceforge.net/index.html, abgerufen am 25.01.2009.

5.8 Die statistische Analyse dynamischer Netzwerke

Christian Steglich und Andrea Knecht

Das sozialwissenschaftliche Interesse an dynamischen Netzwerkfragestellungen ergibt sich aus dem oft vorläufigen Charakter von Analysen einzelner Messungen eines Netzwerks. Solche Querschnittsanalysen lassen im Allgemeinen wenig kausale Rückschlüsse zu und bieten daher lediglich ein eingeschränktes Verständnis des Netzwerkes. So kann man mit herkömmlichen (d.h., beschreibenden) Querschnittsverfahren beispielsweise den Zusammenhang zwischen strukturellen Eigenschaften der Akteure im Netzwerk und ihren individuellen Eigenschaften studieren. Beispiele hierfür finden sich überall in der Netzwerkliteratur, zu denken wäre etwa an den Zusammenhang zwischen *strukturellen Löchern* in Netzwerken von Managern und deren *Leistung* (Burt 1992), zwischen *strukturell kohäsiven* Netzwerkregionen und *Kooperation* der Akteure (Gould 1993) oder zwischen *Segregation* von Netzwerken und *Ethnizität, Geschlecht* oder *Verhaltensdimensionen* der Akteure (Moody 2001; Vermeij et al. 2009). Solche beschreibenden Analysen einzelner Netzwerke werfen aber vor allem die Frage auf, wie sich der gefundene Zusammenhang erklären lässt. Oft gibt es verschiedene Erklärungen für denselben Sachverhalt. Beim Beispiel der Theorie struktureller Löcher wäre die Frage zu klären, ob tatsächlich die Fähigkeit eines Manager, unverbundene Netzwerkregionen zu vernetzen, zu seinem Berufserfolg beiträgt – oder ob nicht vielmehr umgekehrt der Berufserfolg ihm erst eine Reputation zuteil werden lässt, aufgrund derer andere Netzwerkakteure ihn als Mittelsmann akzeptieren. Empirisch lassen sich diese Erklärungen nur dann voneinander unterscheiden, wenn man longitudinale Daten zur Verfügung hat. Wie das Beispiel verdeutlicht, sind es oft gerade die Prozesse, die zur Entstehung eines beobachteten Netzwerks führten, die von inhaltlichem Interesse sind. In vielen Fällen lassen sich Netzwerkdaten daher als Momentaufnahme eines Evolutionsprozesses verstehen. Dem beschreibenden Schritt der Analyse einer solchen Momentaufnahme folgt dann auf natürliche Weise der im Verständnis tiefer gehende Schritt der Analyse von generierender Netzwerkdynamik, den wir in diesem Kapitel behandeln wollen.

Wie bei der Analyse von Netzwerk-Querschnittdaten, ist auch für den Fall dynamischer Daten zwischen zwei Möglichkeiten der Datenerhebung zu unterscheiden. Es gibt einerseits die ego-zentrierte Datenerhebung innerhalb eines Surveys, in denen die lokale Netzwerknachbarschaft einzelner, isolierter Respondenten erhoben wird. Dem gegenüber steht die Erhebung vollständiger Netzwerkdaten innerhalb einer sinnvoll abgegrenzten Gruppe sozialer Akteure, die einzeln als Respondenten fungieren, aber auch gemeinsam den Pool der nennbaren Netzwerkpartner darstellen. Nur dieser letztere Datentyp ist Gegenstand dieses Kapitels, da der Fall ego-zentrierter Daten im Allgemeinen durch nicht netzwerkspezifische Verfahren der Datenanalyse abgedeckt ist, wie Regressionsverfahren (wenn auf der Respondentenebene analysiert wird), oder Mehrebenenanalyse (wenn Partnernennungen der Respondenten analysiert werden). Für vollständige Netzwerke ist die statistische Modellierung aber allein deshalb schon eine Herausforderung, weil die zu modellierenden Abhängigkeitsstrukturen zwischen Akteuren nicht-trivial sind – was sich in der relativen Komplexität der Modelle niederschlägt. In diesem Kapitel wollen wir die einschlägigen Verfahren der Analyse dynamischer Netzwerke kurz vorstellen, mit Schwerpunkt auf das am weitesten verbreitete Verfahren: Die stochastische, akteurbasierte Modellierung von Netzwerkevolutionsprozessen (Snijders 1996, 2001, 2005; Snijders et al. 2010). Wir begannen mit einer allgemeinen Motivation, warum das Studium von Netzwerkveränderungsprozessen in vielen Fällen sinnvoller sein kann als die Analyse von Querschnittdaten. Weiter werden die Eigenheiten von Netzwerk-Längsschnittdaten diskutiert und eine Übersicht über gängige Analyseverfahren gegeben. Es folgt eine Beschreibung des stochastischen, akteurbasierten Ansatzes, der durch Analyse eines Beispieldatensatzes illustriert wird. In der abschließenden Diskussion werden Grenzen des skizzierten Modells aufgezeigt und Erweiterungsmöglichkeiten aufgezeigt.

1 Netzwerk-Längsschnittdaten

Zum Studium dynamischer Netzwerkprozesse sind Längsschnittdaten nötig. Das wohl am häufigsten erhobene Datenformat ist das Netzwerkpanel. Hierbei wird für eine gewisse Anzahl von Zeitpunkten jeweils das gesamte Netzwerk innerhalb der betrachteten Gruppe von Akteuren gemessen. Meist enthalten diese Daten zusätzlich Informationen über die individuellen Akteure (z.B. demografische Eigenschaften) und umfassen nicht nur eine Netzwerkvariable, sondern mehrere (z.B. Vertrauen, Freundschaft, formelle Hierarchie). Ein allgemeines Problem, das der Gebrauch von Paneldesigns nach sich zieht, ist die Unvollständigkeit der Beobachtungen[1]. Wenn in zwei aufeinanderfolgenden Messungen einer Beziehung zwischen zwei Akteuren keine Veränderung beobachtet wird, muss das nicht heißen, dass in der dazwischen liegenden unbeobachteten Periode tatsächlich keine – wenngleich vorübergehende – Veränderung auftrat. Der dem Paneldatensatz zugrunde liegende Echtzeitprozess kann komplizierter sein, und gerade bei der Erforschung sozialer Mechanismen ist es wichtig, dies auch in der Modellierung zu berücksichtigen.

Des Weiteren ist bei Netzwerk-Längsschnittdaten zu unterscheiden zwischen *Ereignisdaten* und *Zustandsdaten*. Unter Zustandsdaten verstehen wir ein sich vergleichsweise langsam veränderndes Netzwerk, wie es etwa im Fall von Freundschaftsbeziehungen oder Vertrauensverhältnissen vorliegt. Als typisches Ereignisnetzwerk hingegen kann man sich das Netzwerk von Telefongesprächen vorstellen, die zu einem bestimmten Zeitpunkt stattfinden. Der genaue Zeitpunkt der Messung bestimmt hier sehr stark, wie das Netzwerk aussieht. In der sozialwissenschaftlichen Netzwerkforschung haben solche vom exakten Messzeitpunkt stark abhängigen Daten wenig Aussagekraft, da man ja mit der Messung die Anwesenheit sozialer Beziehungen zwischen den Akteuren feststellen will. Erst durch Aggregation von Ereignisdaten über einen gewissen Zeitraum hinweg ergibt sich ein zuverlässiges Bild über den Zustand dieser sozialen Beziehungen. Im Folgenden wollen wir stets von Zustandsdaten ausgehen.

---

[1] Im Zuge der zunehmend automatisierten Datenerfassung werden auch Echtzeit-Datensätze, in denen jede Veränderung des Netzwerks protokolliert ist, immer häufiger. Wegen der mit diesem Datenformat verbundenen Problematiken der Netzwerkabgrenzung und der de-facto Gleichzeitigkeit von erzwungenen sequentiellen Ereignissen (Stegbauer und Rausch 2006), wollen wir hierauf nur am Rande (in der abschließenden Diskussion) eingehen.

2 Longitudinale Modellierung

Für Quer- wie Längsschnittdatensätze gleichermaßen gibt es nur wenige Verfahren, die für die Analyse kompletter Netzwerke geeignet sind. Das rührt vor allem daher, dass in vollständigen Netzwerken weder die Akteure noch die Dyaden statistische Unabhängigkeit aufweisen. Einerseits sind sie nicht als Zufallsstichprobe gezogen worden, andererseits gibt es endogene, durch die Daten selbst ausgedrückte Abhängigkeiten, wie sie sich in Tendenzen zur Triangulierung, Clusterbildung, oder Segregation äußern können. Wenn man Abhängigkeiten zwischen sozialen Akteuren studieren will (und das ist ja das Ziel der Netzwerkforschung), sind statistische Verfahren, die die Unabhängigkeit eben jener Akteure erfordern, prinzipiell nicht anwendbar. Das betrifft die große Mehrheit der Standardmethoden, wie Regressions- und Varianzanalyseverfahren. Stochastische Verfahren der Netzwerkanalyse hingegen geben ein explizites Abhängigkeitsmodell vor, dessen Parameter an den Datensatz angepasst werden. Für Querschnittdaten sind die am häufigsten gebrauchten Modelle dieser Art das exponentielle Zufallsgraphenmodell (ERGM) für einzelne Netzwerke (Wasserman und Robins 2005; Snijders et al. 2006), das Social Relations Model (Kenny et al. 2006) und das p2-Modell (Zijlstra et al. 2006). Für Längsschnittdaten ist es das stochastische, akteurbasierte Modell für dynamische Netzwerke, das Snijders (1996, 2001, 2005) und Kollegen (Snijders et al. 2007, 2010) entwickelten. Dieses letztere Modell werden wir in den folgenden Abschnitten etwas detaillierter vorstellen, da es die besten Möglichkeiten bietet, soziale Mechanismen in Netzwerkevolutionsprozessen zu identifizieren.

Auf andere, noch sehr junge Ansätze, die in der Zukunft sicherlich an Bedeutung gewinnen werden, wollen wir hier nicht tiefer eingehen, sie aber übersichtshalber erwähnen. Einerseits handelt es sich hierbei um verwandte Modelle für Netzwerkevolution in diskreter Zeit (Franzese et al. 2008), welche sich vornehmlich zur Analyse aggregierter Ereignisdaten eignen. Andererseits handelt es sich um Erweiterungen stochastischer Modelle für Querschnittdaten auf den longitudinalen Fall, wie exponentielle Zufallsgraphenmodelle (Igarashi et al. 2006; Goodreau et al. 2008) oder das ‚social relations model' (Westveld und Hoff 2008). Ebenfalls auf Analyseverfahren für Querschnittdaten beruhende Techniken sind einerseits die Metaanalyse (oder Mehrebenenanalyse) von Resultaten aus separaten Querschnittanalysen (Lubbers 2003; Snijders und Baerveldt 2003), in denen der Zeitfaktor als erklärende Variable auf dem Metaniveau hinzugezogen werden kann. Andererseits lassen sich in allen erwähnten stochastischen Querschnittverfahren frühere Messungen eines Netzwerks als erklärende Variable für eine darauffolgende Messung benutzen, was es vor allem erlaubt, Stabilität des Netzwerks von verschiedenen Veränderungsmustern abzugrenzen. Unseres Wissens sind aber auch diese Verfahren noch nicht breiter eingesetzt worden.

Schließlich wollen wir noch eine Technik erwähnen, die aus der Analyse egozentrierter (also: nicht vollständiger) Netzwerkdaten stammt. Da ego-zentrierte Daten gemeinhin in Zufallsstichproben erhoben werden, lassen sich hier Standardverfahren der Datenanalyse durchaus anwenden. Die im Netzwerkmodul erhobenen persönlichen Netzwerke der Respondenten können aggregiert werden zu Variablen auf Akteursniveau (z.B. Grad, clustering coefficient, Burt constraint), die dann wie andere Variablen auch in gebräuchlichen Längsschnitt-Analyseverfahren eingesetzt werden können, wie z.B. Varianzanalyse für wiederholte Wahrnehmungen, oder Panelregressionsmodellen wie Poisson-Regression. Dieses Prinzip der Aggregation lässt sich auch auf vollständige Netzwerke übertragen. Durch Aggregation von vollständigen Netzwerken in eine Handvoll zusammenfassender

Statistiken lassen sich beispielsweise Zeitreihenmodelle zur Datenanalyse einsetzen. Aufgrund des massiven Datenverlusts bei der Aggregation ist ein solches Vorgehen aber nur für sehr spezielle Anwendungen sinnvoll, die meist auf sehr große, automatisch gesammelte Datensätze zurückgreifen können, und Signaldetektion als Hauptziel haben. Fragwürdiger ist die Anwendung von Aggregationsverfahren in Kombination mit Standardmethoden, wenn vollständige Netzwerkdaten nicht auf dem Netzwerk-, sondern auf dem Akteurniveau aggregiert werden. Durch die oben beschriebenen Abhängigkeiten in vollständigen Netzwerken lässt sich die Anwendung von Standardverfahren dann nur durch komplizierte konditionelle Unabhängigkeitsannahmen rechtfertigen, die wenig überzeugend (weil unübersichtlich) sind. Das hindert leider Forscher wie Herausgeber von Zeitschriften nicht immer daran, solche Analysen zu publizieren (z.B. Hochberg et al. 2007), freilich ohne Diskussion der implizit zugrundeliegenden Annahmen.

3 Akteurbasierte Modellierung der Netzwerkevolution

Die von Snijders (1996, 2001, 2005) eingeführte stochastische, akteurbasierte Modellierung von Netzwerkevolutionsprozessen ist zurzeit die meistverbreitete Analysemethode für dynamische Netzwerkdaten. Ausgegangen wird bei diesem Ansatz von Netzwerkpaneldaten, die sich als Zustandsdaten interpretieren lassen, also eine gewisse Stabilität aufweisen. Der Einfachheit halber gehen wir hier von einem Panel mit nur zwei Erhebungen aus, gemessen zu den Zeitpunkten $t_1 < t_2$ in einer Gruppe von n Akteuren. Die Netzwerkdaten seien gegeben als gerichtete, binäre n×n Adjazenzmatrizen $x(t_1)$ und $x(t_2)$, d.h. $x_{ij}(t_m)=1$ steht für Anwesenheit der gerichteten sozialen Beziehung von Akteur i zu Akteur j zum Zeitpunkt t_m, während $x_{ij}(t_m)=0$ für deren Abwesenheit steht. Im empirischen Teil werden wir hier das Beispiel von Freundschaftsnennungen unter Oberschülern betrachten. Nähere Informationen über die Akteure seien vorhanden als individuelle Variablen v, z.B. in Vektorform, wobei v_i den Wert angibt, den Akteur i auf der Variable annimmt. Als Beispiel kann man an eine Geschlechtsindikatorvariable denken. Informationen über weitere soziale Beziehungen zwischen den Akteuren seien gegeben als dyadische Variablen (Prediktornetzwerke) w, die in Matrixform ausgedrückt werden können; dabei steht w_{ij} für den Wert der Beziehung von Akteur i zu Akteur j. Im Beispiel unten betrachten wir die dem Analysezeitraum zeitlich vorgelagerten Freundschaftsbeziehungen an der Grundschule als eine solche dyadische Variable.

Die Paneldaten werden modelliert durch einen stochastischen Prozess X(t) auf dem Zeitintervall $[t_1,t_2]$ der Werte im Raum $X=\{0,1\}^{n(n-1)}$ aller möglichen gerichteten, binären Netzwerke zwischen n Akteuren annimmt. Die erste Wahrnehmung des Netzwerks $x(t_1)$ fungiert hierbei als Startwert des Prozesses, wird also selbst nicht modelliert. Das Evolutionsmodell lässt sich nun am einfachsten als stochastische Simulation verstehen: Ausgehend von einer vorläufigen Modellparametrisierung wird für jeden Akteur i eine zufallsbedingte Wartezeit τ_i gezogen. Falls das Zeitintervall $[t_1,t_2]$ dadurch nicht verlassen wird, bekommt der Akteur mit der kürzesten Wartezeit die Möglichkeit, die von ihm kontrollierte Netzwerknachbarschaft leicht zu verändern. Das bedeutet, dass er entweder einen neuen Partner nominieren, eine bestehende Nominierungen zurückziehen oder den status quo beibehalten kann. Nach diesem sogenannten *Mikroschritt* im Netzwerkevolutionsprozess werden erneut für alle Akteure Wartezeiten gezogen und die Mikroschritt-Prozedur wiederholt sich, bis das Ende des Zeitintervalls [t_1,t_2] erreicht ist. Idealerweise endet eine solche Sequenz von Mikroschritten in der zweiten Wahrnehmung des Netzwerks $x(t_2)$. Da dies aber besonders unter vorläufigen Modellparametrisierungen unwahrscheinlich ist, werden Diskrepanzen zwischen den beobachteten Daten und parameterabhängigen Tendenzen in der Simulation dazu genutzt, die vorläufige Modellparametrisierung iterativ zu verbessern[2], was im Normalfall zu Konvergenz und eindeutiger Identifikation der Modellparameter führt.

Die Modellierung der Wartezeiten τ_i und das den Mikroschritten zugrunde liegende Entscheidungsmodell sind somit die Hauptbestandteile des Modells. Beide Komponenten werden durch Spezifikation parameterabhängiger Funktionen definiert.

Wartezeiten werden mithilfe der Exponentialverteilung modelliert, also $\tau_i \propto \exp(-\rho_i)$, wobei $\rho_i(X,t) = \sum_k \lambda_k r_{ik}(X(t))$ die *Ratenfunktion* heißt. Je höher die Veränderungsrate ρ_i eines Akteurs, desto kürzer ist seine gemittelte Wartezeit, und desto höher somit die Wahrscheinlichkeit, dass er den nächsten Mikroschritt setzen darf. Die Ratenfunktion ist ihrerseits eine Linearkombination von Statistiken r_{ik}, die positionelle Eigenschaften des Akteurs im Netzwerk (aber auch andere individuelle Eigenschaften) ausdrücken können. Die Gewichte λ_k dieser Statistiken geben an, welchen Einfluss die jeweilige Statistik auf die Wartezeit des Akteurs hat. Diese *Ratenparameter* werden aus den Daten geschätzt, wobei ein positiver Wert für kürzere Wartezeit steht.

Entscheidungen über Mikroschritte werden mithilfe der multinomialen Logit-Verteilung modelliert. Wenn $X(i \leadsto j)$ abkürzend für dasjenige Netzwerk steht, das aus Netzwerk $X(t)$ entsteht indem Akteur i seine gerichtete Beziehung zu Akteur j verändert (also von $X_{ij}(t)=0$ zu $X_{ij}(t+\tau_i)=1$, oder umgekehrt), und wenn $X(i \leadsto i) = X(t)$ formell für die Option „keine Veränderung" steht, dann sind die für Akteur i möglichen Mikroschritte beschrieben durch die Menge $\{X(i \leadsto j) \mid j \in \{1,...,n\}\}$. Die Wahlwahrscheinlichkeiten für Akteur i sind nun gegeben als $P(X(i \leadsto j)) \propto \exp(f_i(X(i \leadsto j)))$, wobei $f_i(X) = \sum_k \alpha_k s_{ik}(X)$ die *Zielfunktion* (*objective function*) heißt. Je höher der Wert der Zielfunktion f_i für einen Mikroschritt $X(i \leadsto j)$ ist, desto höher die Wahrscheinlichkeit, dass dieser Mikroschritt gewählt wird. Auch die Zielfunktion ist ihrerseits eine Linearkombination von Statistiken s_{ik}, die positionelle Eigenschaften des Akteurs im Netzwerk (aber auch andere individuelle oder dyadische Eigenschaften) ausdrücken. Das Gewicht α_k einer Statistik gibt an, inwieweit die entsprechende Eigenschaft von den Akteuren im Netzwerk angestrebt bzw. (im Falle eines negativen Wertes) vermieden wird. Auch diese *Zielfunktionsparameter* werden empirisch aus den Daten geschätzt. In Tabelle 1 wird eine kleine Liste von Beispielstatistiken gegeben, welche auch im Anwendungsbeispiel zur Modellparametrisierung eine Rolle spielen. Eine größere Auswahl findet sich bei Snijders et al. (2008).

---

[2] Das kann auf unterschiedliche Weise geschehen. Bei Modellschätzung nach der Momentenmethode werden hierfür Differenzen zwischen Statistiken des simulierten Endnetzwerk $X(t_2)$ und des beobachteten Netzwerk $x(t_2)$ herangezogen. Unter Maximum-Likelihood-Schätzung wird die Gleichheit dieser beiden Netzwerke erzwungen, und man nutzt die mit Hilfe von MCMC-Methoden berechnete Wahrscheinlichkeit von verschiedenen interpolierenden Mikroschritt-Sequenzen zum iterativen Verbessern der Modellparameter. Wir verweisen in diesem Zusammenhang auf Snijders et al. (2010) und Snijders (2005), die die Schätzalgorithmen im Detail darstellen.

Tabelle 1: Beispiele von Zielfunktionseffekten*

Effektname	Statistik s_{ik}	Verbale Umschreibung
Außengrad	$\sum_j x_{ij}$	Gemittelte Netzwerkaktivität der Akteure; der Parameterwert 0 steht für eine (hohe!) Netzwerkdichte von 0,5.
Reziprozität	$\sum_j x_{ij} x_{ji}$	Neigung der Akteure zur gegenseitigen Nennung.
Transitive Tripel	$\sum_{jh} x_{ij} x_{jh} x_{ih}$	Neigung der Akteure zur Schließung transitiver Dreiecksbeziehungen.
Effekt einer dyadischen Variable w	$\sum_j x_{ij} w_{ij}$	Haupteffekt einer zweiten Beziehungsvariablen auf Partnernennung.
Ego-Effekt einer individuellen Variable v	$v_i \sum_j x_{ij}$	Effekt einer individuellen Eigenschaft auf Aktivität im Netzwerk, d.h., die Anzahl abgegebener Nennungen.
Alter-Effekt einer individuellen Variable v	$\sum_j x_{ij} v_j$	Effekt einer individuellen Eigenschaft auf Popularität im Netzwerk, d.h., die Anzahl empfangener Nennungen.
Ähnlichkeitseffekt einer individuellen Variable v	$\sum_j x_{ij} \left(1 - \frac{|v_i - v_j|}{v_{max} - v_{min}}\right)$	Effekt von Ähnlichkeit in einer individuellen Eigenschaft auf Partnernennung.

* *dyadische und individuelle Variablen werden vom SIENA-Programm intern zentriert, d.h. in den Formeln müssen unzentrierte Rohdaten* w_{ij} *und* v_i *substituiert werden durch* $(w_{ij} - \overline{w})$ *bzw.* $(v_i - \overline{v})$.

Insgesamt gehört das vorgestellte Modell zur Klasse der Markoffprozesse in kontinuierlicher Zeit. Mithilfe des SIENA-Programms (Snijders et al. 2008) lassen sich Modellspezifikationen an empirische Datensätze anpassen. Existenz und Eindeutigkeit der hierfür zu bestimmenden Parameterschätzer wird durch Theoreme aus der Theorie der Markoffprozesse garantiert. Neben den Parametern λ_k und α_k werden durch SIENA auch deren Standardfehler geschätzt, was Signifikanztests mithilfe approximativ normalverteilter t-Verhältnisse ermöglicht.

Im Folgenden werden wir auf die Modellierung der Ratenfunktion nicht weiter eingehen. In Anwendungen, in denen die Akteure im Netzwerk prinzipiell gleichgestellt sind (z.B. die Schüler in einer Schulklasse) ist es meist auch nicht nötig, Geschwindigkeitsunterschiede zwischen den Akteuren zu modellieren. Eine für alle Akteure identische Veränderungsrate ρ ist im Allgemeinen für erste Analysen mit einem Basismodell zu empfehlen.

Wenn sich hierbei Schätzprobleme ergeben (Divergenz oder unrealistisch hohe Standardfehler) sollte man die Akteure auf Heterogenität hin untersuchen. Auf die Modellierung der Verhaltensregeln der Netzwerkakteure mithilfe der Zielfunktion wird im Anwendungsbeispiel noch deutlicher eingegangen.

Wie aus der Modellskizze folgt, erfordert der Modellansatz, dass sich die beobachteten Veränderungen zwischen zwei Messpunkten als Sequenz konditionell unabhängiger Mikroschritte darstellen lassen. Aus der empirischen Anwendung heraus sollte es also zu rechtfertigen sein, dass zu jedem Zeitpunkt höchstens ein solcher Schritt stattfindet. Ausgeschlossen werden hiermit koordinierte Aktionen mehrerer Akteure oder simultane Aktionen desselben Akteurs. Hieraus ergeben sich Probleme für die Anwendbarkeit des Basismodells für spezielle Datentypen, wie z.B. Vertragsabschlüsse zwischen Firmen (bei denen stets zwei Akteure am Zustandekommen einer Beziehung aktiv beteiligt sind) oder Koautorschaft (bei denen sogar mehr als zwei Akteure beteiligt sein, aber auch mehrere bilaterale Zusammenarbeitsbeziehungen simultan entstehen können). In der den Beitrag abschließenden Diskussion wird näher darauf eingegangen, inwieweit diese Datentypen durch leichte Modifikation des Modellansatzes analysierbar werden.

Schließlich wollen wir noch erwähnen, dass das skizzierte Modell sich einfach im Sinne eines locker gefassten *Rational-Choice-Paradigmas* interpretieren lässt (Heidler 2008). Der Grund hierfür ist statistischer Natur: nach McFadden (1974) lassen sich die multinomialen Logit-Wahrscheinlichkeiten für die Mikroschritte interpretieren als das Resultat von Optimierungsentscheidungen der Netzwerkakteure. Die Zielfunktion spielt hierbei die Rolle einer mikroökonomischen Nutzenfunktion, zu der aber noch eine Gumbelverteilte Zufallskomponente addiert wird (*Random-Utility-Modell*). Bei einer solchen Interpretation des Modells muss man sich aber immer darüber im Klaren sein, dass zahlreiche Modellparameter nicht eigentlich den *Nutzen* des Netzwerks für den Akteur ausdrücken, sondern vielmehr *Randbedingungen* wie Anreize oder Restriktionen, die sich aus dem Netzwerk für den Akteur ergeben. Weiterhin ist die Maximierungsentscheidung als bestenfalls kurzsichtig zu sehen, da strategische Berücksichtigung des zukünftigen Verhaltens anderer Akteure im Modell nicht stattfindet. Vor allem in frühen Publikationen wie Snijders (1996) wird auf diese Interpretation viel Nachdruck gelegt, hier scheint es uns aber eher hilfreich, auf die Hinlänglichkeit des akteurbasierten Modellansatzes auch ohne Rationalitätsannahmen hinzuweisen.

4   Ein Anwendungsbeispiel

Als Anwendungsbeispiel betrachten wir die Dynamik eines Freundschaftsnetzwerks in einer niederländischen Schulklasse während des ersten Schuljahres an der Oberschule. Die Daten wurden im Rahmen einer größeren Panelstudie zu Freundschaftsbeziehungen in Schulklassen an weiterführenden Schulen erhoben (Knecht 2006). Insgesamt wurden im Rahmen dieser Studie 3165 Schüler aus 126 Klassen an 14 unterschiedlichen Schulen in den Niederlanden befragt. Es gab vier Erhebungswellen im Abstand von jeweils 3 Monaten. Die für unsere Beispielanalyse ausgewählte Klasse zeichnet sich durch ihr vollständiges Antwortverhalten aus. Alle 25 Schüler nahmen zu allen vier Zeitpunkten an der Studie teil, füllten die Fragebögen vollständig aus, und es gab keine Veränderung in der Klassenzusammenstellung (kein Neuzugang oder Abgang von Schülern). Die ausgewählte Klasse ist eine von 7 Klassen ihres Jahrgangs an einer Schule auf dem Niveau HAVO/VWO (Hochschulreife). In der Klasse waren keine ethnischen Minderheiten anwesend, 44% der Schüler waren Mädchen (Kodierung Geschlecht: 1=Mädchen, 2=Junge), und das modale Alter der Schüler zu Beginn des Schuljahres war 12 Jahre. Im Netzwerkmodul konnten die Schüler bis zu 12 Klassenkameraden als Freunde angeben; im Durchschnitt stieg die Zahl der genannten Freunde von 2,5 in der ersten Erhebung auf 4,7 in der vierten. Über alle Erhebungen hinweg gemittelt war die Netzwerkdichte 0,16 (16% aller theoretisch möglichen Freudschaften wurden tatsächlich genannt), der Reziprozitätsindex betrug 0,63 (63% aller Freudschaftsnennungen wurden vom genannten Freund bestätigt), der Transitivitätsindex betrug 0,45 (45% aller indirekten Freundschaftsnennungen i→j→h wurden auch direkt i→h genannt), und 95% aller Freundschaftsnennungen waren gleichgeschlechtlich.

Wir wollen in unserem Beispiel der Frage nachgehen, in welchem Maße diese in solchen Netzwerken typische Segregation der Geschlechter sich direkt durch den sozialen Mechanismus der Wahl von gleichgeschlechtlichen Freunden erklären lässt, und welche modifizierende Rolle netzwerkendogene Prozesse hierbei spielen. Zu denken ist hierbei einerseits an Reziprozitätsnormen, nach denen potentiell bis zur Hälfte aller gleichgeschlechtlichen Freundschaftsbeziehungen sich alternativ als reziproke Bestätigung einer einseitig initiierten Freundschaft auffassen lassen. Andererseits könnten Prozesse der Gruppenbildung wie transitive Schließung von Dreiecksbeziehungen („Die Freunde meiner Freunde sind auch meine Freunde") schwache Segregationstendenzen deutlich verstärken. Als Nebeneffekt motivieren wir so auch gleich, warum ein Netzwerkansatz umfassender und in diesem Fall auch realistischer ist als ein rein interpersoneller Ansatz, wie er die Literatur in der Entwicklungspsychologie bis heute dominiert.

Wir schätzen hierfür drei ineinander geschachtelte Modelle. Das erste Modell für die Freundschaftsdynamik unter den 25 Schülern enthält den Basiseffekt *Außengrad*, der die gemittelte Anzahl von Freundschaftsnennungen modelliert, einen Haupteffekt von *Grundschulfreundschaft* sowie drei geschlechtsabhängige Effekte, die angeben, ob die Geschlechter (1) in gemittelter Popularität oder (2) Aktivität voneinander abweichen, bzw. (3) ob Freundschaft vornehmlich innerhalb desselben Geschlechts geschlossen wird. Die genannten netzwerkendogenen Prozesse werden in dieser Modellspezifikation noch nicht mit aufgenommen wohl aber in Modellen 2 (Reziprozität) und 3 (Reziprozität und Transitive Tripel). In Tabelle 2 werden die Ergebnisse der Modellschätzungen wiedergegeben. Neben dem Schätzwert ist (in Klammern) dessen geschätzter Standardfehler angegeben sowie auf dem approximativ normalverteilten t-Verhältnis dieser Werte beruhende Signifikanzindikatoren für den Test, dass der Parameter Null ist.

Die Schätzwerte der Parameter sind wie folgt zu interpretieren: Die Ratenparameter geben die Häufigkeit an, mit der die Modellakteure die Gelegenheit haben, die Zusammenstellung ihres Freundeskreises zu verändern. Zu Beginn des Schuljahres, also in Periode t_1 → t_2, wenn neue Freundschaften sich nach dem Übergang zur Oberschule erst formieren müssen, werden signifikant mehr Mikroschritte gesetzt als in den folgenden Perioden. Welcher Art diese Mikroschritte sind, wird durch die Zielfunktionsparameter angegeben. Zu deren Interpretation sind ein paar begleitende Überlegungen sinnvoll. Zunächst ist zu bemerken, dass eine konstante Zielfunktion, die jedem möglichen Mikroschritt denselben Wert zuordnet, Indifferenz des Akteurs ausdrückt und somit gleiche Wahlwahrscheinlichkeiten für alle Mikroschritte impliziert. Ein solcher (fiktiver) Netzwerkevolutionsprozess strebt einem Gleichgewichtszustand zu, in dem jede Freundschaftsbeziehung mit gleicher Wahrscheinlichkeit an- wie abwesend ist, deren Wahrscheinlichkeit also 50% ist. Empirische Netzwerkdatensätze weisen aber meist eine viel geringere Dichte auf; bei unserem Datensatz sind es, wie oben genannt, 16%. Diese Abweichung nach unten von einer 50% Netzwerkdichte wird ausgedrückt durch den signifikant negativen „Außengrad"-Parameter. Er gibt an, dass die Schüler konsistent weniger als die Hälfte ihrer Klassenkameraden als Freunde nominieren, oder (äquivalent) dass zwei willkürlich identifizierte Schüler mit einer Wahrscheinlichkeit unter 50% in einer Freundschaftsbeziehung miteinander stehen. Für Modell 3 ist diese Wahrscheinlichkeit über eine invers-logistische Transformation zu berechnen als exp(-2,19)/(1+exp(-2.19))=0,10. Dass dieser Wert unter den beobachteten 16% liegt, legt nahe, dass die in unserem Datensatz beobachteten Freundschaften sich nicht hinreichend durch die im „Außengrad"-Parameter ausgedrückte allgemeine Tendenz zu Freundschaftsbildung erklären lassen. Vielmehr sind die anderen geschätzten Modellparameter nötig, um die genaue Natur der beobachteten Dynamik zu erklären.

Der signifikant positive Reziprozitätsparameter gibt an, dass in der analysierten Schulklasse Freundschaftsnennungen sehr oft beidseitig bestätigt werden. Der Parameterwert 0,84 (nach Modell 3) ergibt eine um den Faktor exp(0,84)=2,31 erhöhte (also 131% höhere) Wahrscheinlichkeit einer zweiseitigen Freundschaftsnennung, wenn bereits eine einseitige Nennung vorliegt, als wenn diese nicht vorliegt. Der Parameter „Transitive Tripel" zeigt, dass es Tendenzen zur Clusterbildung (Gruppenformation) gibt; nach Modell 3 erhöht jede Zwischenperson, über die eine indirekte Freundschaftsverbindung läuft, die Zielfunktion um 0,18 und somit die Wahrscheinlichkeit für eine direkte Freundschaft um Faktor exp(0,18)=1,20 (also um 20%). Neben diesen dem Netzwerk endogenen, strukturellen Effekten findet sich auch ein Effekt von Grundschulfreundschaft auf Freundschaft an der Oberschule, und ein Effekt von Geschlechtersegregation. Effekte der Geschlechtsvariable auf die Anzahl empfangener oder gegebener Freundschaftsnominierungen sind nicht signifikant. Besondere Aufmerksamkeit gilt aber dem Parameter „Gleiches Geschlecht", der die Tendenz zur Geschlechtersegregation direkt modelliert. In allen Modellen ist er signifikant positiv, jedoch nimmt Signifikanz und Effektgröße umso mehr ab, je mehr endogenstrukturelle Netzwerktendenzen das Modell als Kontrollvariablen enthält. Berechnet man 95%-Konfidenzintervalle für diesen Parameter, so überlappen diese sich für Modelle 1 und 3 nicht. Transformiert in Mikroschritt-Wahrscheinlichkeiten ergibt sich unter Modell 1 ein Intervall von 79% bis zu 89% für die Wahrscheinlichkeit, einen Freund des gleichen anstelle des anderen Geschlechts zu nominieren (bei ansonsten identischen Bedingungen). Unter dem realistischeren Modell 3 liegt dieses Intervall nur noch zwischen 64% und 78%, was nahelegt, dass tatsächlich ein beträchtlicher Anteil der Tendenz zur Geschlechtersegregation im studierten Netzwerk auf segregationsverstärkende Tendenzen von Reziprozitätsnormen und Gruppenbildung zurückzuführen ist. Die Resultate deuten also an, dass falsch spezifizierte Modelle, in denen strukturelle Tendenzen vernachlässigt werden, den direkten Segregationseffekt systematisch überschätzen. Diese Resultate über endogene Netzwerkmechanismen stehen folglich in einer Reihe mit Forschungsergebnissen, die ähnliche Verzerrungseffekte bei Vernachlässigung von Informationen über Zugehörigkeit zu sozialen Kontexten (Feld 1982) oder von Wohnsitzinformationen (Mouw und Entwisle 2006) nachweisen konnten.

Tabelle 2: Ergebnisse der Beispielanalyse (Maximum-Likelihood-Schätzung)

	Modell 1	Modell 2	Modell 3
Ratenfunktion (Freundschaftsnetzwerk)			
Veränderungsrate $t_1 \rightarrow t_2$	7,54 (0,97)	8,81 (1,31)	10,87 (2,63)
Veränderungsrate $t_2 \rightarrow t_3$	2,73 (0,45)	2,92 (0,50)	3,04 (0,52)
Veränderungsrate $t_3 \rightarrow t_4$	3,29 (0,49)	3,56 (0,54)	3,80 (0,65)
Zielfunktion (Freundschaftsnetzwerk)			
Außengrad	-1,92 (0,17) ***	-2,03 (0,16) ***	-2,19 (0,16) ***
Reziprozität	—	1,09 (0,16) ***	0,84 (0,17) ***
Transitive Tripel	—	—	0,18 (0,03) ***
Grundschulfreundschaft	0,54 (0,21) *	0,30 (0,21)	0,40 (0,20) *
Genannter Schüler ist Junge	0,30 (0,18)	0,28 (0,18)	0,05 (0,17)
Nennender Schüler ist Junge	0,11 (0,19)	0,07 (0,19)	-0,17 (0,18)
Gleiches Geschlecht	1,70 (0,18) ***	1,39 (0,18) ***	0,93 (0,18) ***

Modellparameter und (in Klammern) deren Standardfehler; * $p<0,05$; ** $p<0,01$; *** $p<0,001$.

5 Diskussion

In diesem Kapitel haben wir, nach einer kurzen Übersicht über alternative Methoden, die zurzeit am weitesten verbreitete Methode der dynamischen Netzwerkanalyse beschrieben: das Modellieren von Netzwerkpaneldaten mithilfe des stochastischen, akteurbasierten Ansatzes von Snijders (2005) und Kollegen (Snijders et al. 2007, 2008). Die beobachtete globale Netzwerkdynamik eines kompletten Netzwerks wird hier aufgefasst als Resultat von lokalen und unbeobachteten Veränderungen, die als Aktionen der Netzwerkakteure begriffen und modelliert werden. Die Regeln, nach denen die Akteure neue Beziehungen zu anderen Akteuren eingehen oder bestehende Beziehungen abbrechen, werden als ein Satz von

Modellparametern aus den Daten geschätzt. Als Beispiel betrachteten wir die Evolution eines Freundschaftsnetzwerks in einer niederländischen Schulklasse im ersten Jahr an der Oberschule. Wir konnten zeigen, dass die beträchtliche Geschlechtersegregation in diesem Netzwerk sich nicht als einfacher Haupteffekt verstehen lässt, nach dem Schüler sich zum gleichen Geschlecht hingezogen fühlen. In signifikantem Maß wird sie auch durch zwei netzwerkendogene, strukturelle Effekte verursacht: Eine Reziprozitätsnorm beim Benennen von Freunden, und Gruppenbildung nach dem Muster des Schließens transitiver Dreiecksbeziehungen.

Die beschriebene Methode ist bisher erfolgreich angewandt worden auf Netzwerkdatensätze zwischen ca. 20 Akteuren (Schulklassengröße; Knecht 2008) und wenigen hundert Akteuren (Schulkohorten; Burk et al. 2007; Steglich et al. 2008). Kleine(re) Netzwerke erlauben es nicht, Modelle von theoretisch sinnvollem Umfang zu schätzen, da die statistische Teststärke der Methode in solchen Datensätzen nicht hoch genug ist, um Effekte aufzuspüren. In solchen Fällen kann man aber mehrere kleine Datensätze analysieren, und die Resultate meta-analytisch zusammenfassen und so die Teststärke erhöhen (Knecht et al. 2010b; Snijders und Baerveldt, 2003). Für größere Netzwerke mit etlichen hundert oder mehr Akteuren wiederum wird vor allem die Modellannahme fragwürdig, dass ein Akteur sich jederzeit aller Netzwerkoptionen bewusst ist und tatsächlich Beziehungen zu allen Akteuren im Netzwerk in Betracht zieht. Für derartige Datensätze ist es wichtig, erklärende Variablen in der Modellspezifikation aufzunehmen, die die tatsächliche Interaktionsstruktur wiederspiegeln.

Die Anzahl der Messpunkte in bisherigen Analysen liegt üblicherweise bei wenigen (2-5) Messungen, Analysen von 10-20 Messungen bereiten aber keine Probleme (Checkley und Steglich 2007; Whitbred et al. 2007). Wichtig ist hier einerseits, dass gute Information über die Netzwerkdynamik vorhanden sein muss, also nicht zu wenig Veränderung zwischen dem ersten und dem letzten Messpunkt vorliegt (um überhaupt etwas zum Analysieren zu haben), aber es sollte auch nicht zu viel Veränderung zwischen zwei aufeinanderfolgenden Messpunkten stattfinden (weil es ansonsten schwierig wird, Veränderungsmuster im Detail zu identifizieren). Andererseits dürfen die Verhaltensregeln der Akteure in den verschiedenen aufeinanderfolgenden Perioden nicht wesentlich voneinander abweichen, denn das Modell postuliert eine gemeinsame Zielfunktion für alle Perioden. Falls das Akteursverhalten über die Perioden hinweg zu heterogen ist, sollte man entweder periodenweise Analysen von jeweils zwei aufeinanderfolgenden Zeitpunkten machen (Steglich et al. 2009), oder aber Interaktionseffekte mit Zeitindikatoren in die Zielfunktion aufnehmen.

Basierend auf dem skizzierten Grundmodell für Netzwerkevolution gibt es einige Modellerweiterungen, die den Ansatz breiter anwendbar machen. Einerseits betrifft dies die Art der Netzwerke die analysiert werden können. Während das beschriebene Modell von gerichteten Netzwerkdaten ausgeht, lassen sich ähnliche Modelle auch für ungerichtete Netzwerke formulieren. Durch den akteurbasierten Ansatz ist dies etwas komplizierter, da eine Verbindung zwischen zwei Akteuren hier potentiell die Aktionen zweier Akteure benötigt (was bei einseitigen Nennungen nicht so ist). Eine Beschreibung dieser Modellerweiterung findet sich z.B. bei van de Bunt und Groenewegen (2007), eine Anwendung bei Checkley und Steglich (2007). An Erweiterungen auf nicht-binäre, ordinale Netzwerkdaten (z.B. starke und schwache Beziehungen), bipartite Daten (z.B. Koautorennetzwerke), und multiplexe Daten wird gearbeitet, zurzeit wird deren Analyse nicht unterstützt.

Andererseits gibt es Modellerweiterungen, die es erlauben, die Koevolution von Netzwerken mit individuellen Verhaltens- oder Einstellungsvariablen multivariat zu analysieren (Snijders et al. 2007). Besonders für Fragen nach der Kausalität, wie sie in der Einleitung angesprochen wurden, sind diese Modelle nützlich, da sie es ermöglichen, empirisch Beeinflussungseffekte (vom Netzwerk auf das Individuum) von Selektionseffekten (vom Individuum auf das Netzwerk) zu trennen (Burk et al. 2007; Knecht 2008; Knecht et al. 2010a, 2009b; Steglich et al. 2006, 2009, 2010). Nicht unerwähnt bleiben, sollte auch die Option, mithilfe von Anpassungstests (Schweinberger, 2007) ineinander geschachtelte Modelle miteinander zu vergleichen.

Angesichts der mit fortschreitender Kenntnis immer weniger im Beschreiben verharrenden Forschungsfragen, und der sich daraus ergebenden wachsenden Zahl von guten Längsschnitt-Netzwerkdatensätzen, wird der hier beschriebene akteurbasierte Analyseansatz sicherlich noch einigen Belastungsproben ausgesetzt werden. Ein systematischer Vergleich der in der Übersicht genannten alternativen Methoden, dynamische Netzwerkprozesse zu studieren, ist aufgrund des wachsenden Bedarfs für solche Methoden überfällig.

6 Literatur

Bunt, Gerhard G. van de und *Pieter Groenewegen*, 2007: An Actor-Oriented Dynamic Network Approach: The Case of Interorganizational Network Evolution. Organizational Research Methods 10: 463-482.

Burk, William J., *Christian Steglich* und *Tom A.B. Snijders*, 2007: Beyond Dyadic Interdependence: Actor-oriented Models for Co-evolving Social Networks and Individual Behaviors. International Journal of Behavioral Development 31: 397-404.

Burt, Ronald S., 1992. Structural Holes: The Social Structure of Competition. Cambridge, Mass.: Harvard University Press.

Checkley, Matthew und *Christian Steglich*, 2007: Partners in Power: Job Mobility and Dynamic Deal-Making. European Management Review 4: 161-171.

Feld, Scott L., 1982: Social Structural Determinants of Similarity among Associates. American Sociological Review 47: 797-801.

Franzese, Robert J. Jr., *Jude C. Hays* und *Aya Kachi*, 2008: The m-STAR Model as an Approach to Modeled, Dynamic, Endogenous Interdependence in Comparative & International Political Economy. Arbeitspapier präsentiert auf der Konferenz Networks in Political Science (NIPS 2008), Boston Massachusetts.

Goodreau, Steven M., *James A. Kitts* und *Martina Morris*, 2008: Birds of a Feather, or Friend of a Friend? Using Statistical Network Analysis to Investigate Adolescent Social Networks. Erscheint in „Demography".

Gould, Roger V.. 1993: Collective Action and Network Structure. American Sociological Review 58: 182-196.

Heidler, Richard, 2008: Zur Evolution sozialer Netzwerke. Theoretische Implikationen einer akteursbasierten Methode. S. 359-375 in: *Christian Stegbauer* (Hg.), Netzwerkanalyse und Netzwerktheorie. Ein neues Paradigma in den Sozialwissenschaften. Wiesbaden: VS Verlag für Sozialwissenschaften.

Hochberg, Yael, *Alexander Ljungquist* und *Yang Lu*, 2007. Whom You Know Matters: Venture Capital Networks and Investment Performance. Journal of Finance 62: 251-301.

Igarashi, Tasuku, *Garry Robins* und *Philippa Pattison*, 2006: Longitudinal Changes in Friendship Networks: An Approach from Exponential Random Graph Models. Arbeitspapier präsentiert auf der Konferenz NetSci2006, Bloomington, Indiana.

Kenny, David A., Deborah A. Kashy und William L. Cook, 2006: Dyadic Data Analysis. New York: The Guilford Press.
Knecht, Andrea, 2006: The Dynamics of Networks and Behavior in Early Adolescence [2003/04]. Utrecht, Universität Utrecht (ICS Codebook #61).
Knecht, Andrea, 2008: Friendship Selection and Friends' Influence. Dynamics of Networks and Actor attributes in early adolescence. Dissertation, Universität Utrecht (ICS Dissertationsreihe #140).
Knecht, Andrea, Chris Baerveldt, Tom A.B. Snijders, Christian Steglich und Werner Raub, 2010a: Friendship and Delinquency: Selection and Influence Processes in Early Adolescence. Erscheint in Social Development.
Knecht, Andrea, William J. Burk, Jeroen Weesie und Christian Steglich, 2010b: Friendship and Alcohol Use in Early Adolescence: A Social Network Approach. Erscheint in Journal of Research on Adolescence.
Lubbers, Miranda, 2003: Group Composition and Network Structure in School Classes: A Multilevel Application of the p* Model. Social Networks 25: 309-332.
McFadden, Daniel L., 1974: Conditional Logit Analysis of Qualitative Choice Behavior. S. 105-142 in Paul Zarembka (Hg.), Frontiers in Econometrics. New York, Academic Press.
Moody, James, 2001: Race, School Integration, and Friendship Segregation in America. American Journal of Sociology 107(3): 679–716.
Mouw, Ted und Barbara Entwisle, 2006: Residential Segregation and Interracial Friendship in Schools. American Journal of Sociology 112: 394-441.
Schelling, Thomas C., 1971. Dynamic Models of Segregation. Journal of Mathematical Sociology 1: 143-186.
Schweinberger, Michael, 2007: Statistical Methods for Studying the Evolution of Networks and Behavior. Dissertation, Universität Groningen (ICS Dissertationsreihe #132).
Snijders, Tom A.B., 1996: Stochastic Actor-oriented Dynamic Network Analysis. Journal of Mathematical Sociology 21: 149-172.
Snijders, Tom A.B., 2001: The Statistical Evaluation of Social Network Dynamics. Sociological Methodology: 361-395.
Snijders, Tom A.B., 2005: Models for Longitudinal Network Data. S. 215-247 in Peter J. Carrington, John Scott und Stanley Wasserman (Hg.) Models and Methods in Social Network Analysis. New York: Cambridge University Press.
Snijders, Tom A.B und Chris Baerveldt, 2003: A Multilevel Network Study of the Effects of Delinquent Behavior on Friendship Evolution. Journal of Mathematical Sociology 27: 123-151.
Snijders, Tom A. B., Philippa E. Pattison, Garry L. Robins und Mark S. Handcock, 2006: New Specifications for Exponential Random Graph Models. Sociological Methodology: 99-153.
Snijders, Tom A.B., Johan Koskinen und Michael Schweinberger, 2010: Maximum Likelihood Estimation for Social Network Dynamics. Erscheint in Annals of Applied Statistics.
Snijders, Tom A.B., Christian Steglich und Michael Schweinberger, 2007: Modeling the Co-evolution of Networks and Behavior. S. 41-71 in: Kees van Montfort, Han Oud und Albert Satorra (Hg.), Longitudinal Models in the Behavioral and Related Sciences. Mahwah, New Jersey: Lawrence Erlbaum.
Snijders, Tom A.B., Christian Steglich, Michael Schweinberger und Mark Huisman, 2008: Manual for SIENA version 3.2 . Groningen: ICS, University of Groningen; Oxford: Department of Statistic, University of Oxford. http://stat.gamma.rug.nl/snijders/siena.html.
Snijders, Tom A.B., Gerhard G. van de Bunt und Christian Steglich, 2010: Introduction to Actor-Based Models for Network Dynamics. Social Networks 32: 44-60.
Stegbauer, Christian und Alexander Rausch, 2006: „Moving Structure" als Analyseverfahren für Verlaufsdaten am Beispiel von Mailinglisten. Sozialwissenschaftlicher Fachinformationsdienst (soFid) - Methoden und Instrumente der Sozialwissenschaften 1: 11-30.
Steglich, Christian, Tom A.B. Snijders und Patrick West, 2006: Applying SIENA: An illustrative analysis of the co-evolution of adolescents' friendship networks, taste in music, and alcohol consumption. Methodology 2: 48-56.

Steglich, Christian, Philip Sinclair, Jo Holliday und *Laurence Moore,* 2009: Actor-based Analysis of Peer Influence in A Stop Smoking In Schools Trial (ASSIST). Erscheint in Social Networks.

Steglich, Christian, Tom A.B. Snijders und *Mike Pearson,* 2010: Dynamic Networks and Behavior: Separating Selection from Influence. Sociological Methodology 40.

Vermeij, Lotte, Marijtje van Duijn und *Chris Baerveldt,* 2009: Ethnic segregation in context: Social discrimination among native Dutch pupils and their ethnic minority classmates. Social Networks 21: 230-239.

Wasserman, Stanley und *Garry Robins,* 2005: An Introduction to Random Graphs, Dependence Graphs, and p*. S. 148-161 in: *Peter J. Carrington, John Scott* und *Stanley Wasserman* (Hg.), Models and Methods in Social Network Analysis. New York: Cambridge University Press.

Westveld, Anton H. und *Peter D. Hoff,* 2008: Statistical Methodology for Longitudinal Social Network Data – The Gaussian Case. Arbeitspapier präsentiert auf der Konferenz Networks in Political Science (NIPS 2008), Boston Massachusetts.

Whitbred, Rob, Fabio Fonti, Noshir Contractor und *Christian Steglich,* 2007: From micro-actions to macro-structure: A structurational approach to the evolution of organizational networks. Arbeitspapier.

Zijlstra, Bonne J. H., Marijtje A. J. van Duijn und *Tom A. B. Snijders,* 2006: The Multilevel p2 Model. A Random Effects Model for the Analysis of Multiple Social Networks. Methodology 2: 42-47.

5.9 Analyse großer Netzwerke

Sebastian Schnorf

Netzwerke verfügen häufig über eine große Anzahl an Knoten: Im Gehirn werden Botenstoffe zwischen Milliarden von Nervenzellen ausgetauscht, Handelsgüter werden zwischen unterschiedlichsten Destinationen verschoben und Computernetzwerke erlauben einem Großteil der Weltbevölkerung, miteinander zu kommunizieren. Die schier grenzenlose Vernetzung und die Erweiterung der eigenen Struktur aufgrund neu eintretender Akteure ist oftmals ein inhärentes Merkmal von Netzwerken.

Die Analyse von Netzwerken – und damit sind vorwiegend soziale gemeint – beschränkt sich in der Regel auf relativ übersichtliche Populationen mit bis zu mehreren hundert Akteuren. Dies liegt unter anderem daran, dass sich die Erhebung von Verbindungsdaten mittels Fragebogen aufwändig gestaltet. Netzwerkanalysen mit wenigen Akteuren bieten ausführliche Erkenntnisse über die Bedeutung der nächsten sozialen Umwelt. Die Resultate aus solchen Studien beziehen sich jedoch lediglich auf die untersuchte Umgebung und die Einsichten zu bestimmten Netzwerkmechanismen können nur bedingt verallgemeinert werden.

Die letzten Jahrzehnte, und vermutlich auch die kommenden, sind geprägt durch die Entwicklung elektronischer Kommunikationssysteme. Immer kleinere und leistungsfähigere Geräte durchdringen die unterschiedlichsten Lebensbereiche von modernen Gesellschaften zunehmend. Der Betrieb solcher Systeme generiert Transaktions- und Kommunikationsdaten, die das Verhalten von Personen dokumentieren. Im Unterschied zu hypothesengeleiteten Befragungsdaten fallen diese Daten, beispielsweise der E-Mail-Kommunikation, quasi einfach an. Die Erhebung solcher Netzwerkdaten zu Studienzwecken ist in der Regel weniger aufdringlich; zudem weisen die Daten eine hohe externe Validität auf. Sie erlauben gesellschaftliche Analysen auf mehreren Ebenen zugleich: von der Akteurs-Dynamik in bestimmten Gruppen bis zur Vernetzung von Ländern. Das Verhalten von Akteuren untereinander kann mit solchen Daten sehr akkurat gemessen werden. Denkansätze und Metaphern, welche die Gesellschaft als umfassendes Geflecht betrachten, können in der sozialwissenschaftlichen Entwicklungsgeschichte verschiedentlich gefunden werden (vgl. u. a. Borgatti 2009) – empirische Untersuchungen in solchen Dimensionen waren bislang jedoch nicht möglich. Unter Umständen können aufgrund solcher umfassenden Daten, Erkenntnisse gewonnen werden, anhand derer sich soziale Phänomene besser erklären lassen.

1 Alte Fragen in neuen Dimensionen

Im Folgenden wird eine Auswahl an Studien mit umfassenden Netzwerken vorgestellt, um aufzuzeigen, in welch ungewöhnlich grossen Dimensionen heute Untersuchungen möglich sind. Mit den vorliegenden, vorwiegend deskriptiven Resultaten stellen sich grundsätzliche Fragen bezüglich des Forschungsprozesses.

1.1 Portrait einzelner Studien

Eine aktuelle, daher wohl kaum komplette Durchsicht von Studien über große Netzwerke zeigt auf, dass solche Analysen vorwiegend auf Kommunikationsdaten basieren. Analysen könnten selbstverständlich auch aufgrund anderer Daten, beispielsweise von Finanztransaktionen, durchgeführt werden. In der Betriebswirtschaft, in welcher Analysen vom Kaufverhalten bis hin zur Kundenpflege eingesetzt werden, berücksichtigt man vermehrt auch die Beziehungen der Kunden untereinander. Shawndra Hill et al. (2006) untersuchen beispielsweise in der Telekommunikation den Zusammenhang zwischen Kundenbeziehungen und dem Absatz neuer Produkte. Die Studie zeigt auf, dass umfassende Netzwerkdaten über individuelle oder gruppenspezifische Merkmale hinaus eine neuartige Segmentierung von Kunden ermöglichen.

Analysen über die Struktur von Kommunikationsnetzwerken können mehrere Millionen Akteure enthalten. Jukka-Pekka Onnela et al. (2007) bereiten Daten der Mobilkommunikation zu einem Graphen mit über 4,6 Millionen Knoten auf. Die Analyse illustriert unter anderem, dass mit zunehmender Stärke der Interaktion zwischen zwei Akteuren auch eine Überlappung mit anderen lokalen Akteuren vorhanden ist. Simulationen deuten darauf hin, dass diese lokalen Vernetzungen verantwortlich dafür sind, warum Diffusionsprozesse teilweise lokal begrenzt sind.

Renaud Lambiotte et al. (2009) betrachten die geographische Verteilung der Mobilkommunikation in Belgien. Ihr untersuchtes Netzwerk besteht aus 2,5 Millionen Kunden und 810 Millionen einzelnen Kommunikationsverbindungen. Die Autoren zeigen, dass die Dauer der Kommunikation mit zunehmender Distanz steigt und ab ungefähr 40 Kilometer ein Deckeneffekt bei einer durchschnittlichen Gesprächsdauer von 4 Minuten eintritt.

Jure Leskovec und Eric Horvitz (2007) konstruieren ein Netzwerk aus den Kommunikationsdaten eines Chat-Dienstes. Der Service wird vom Software-Anbieter Microsoft weltweit zur Verfügung gestellt und das entsprechende Netzwerk umfasst über 180 Millionen Knoten mit 1,3 Billionen Kanten. Die Studie verdeutlicht eine Reihe bekannter Netzwerkeigenschaften einschließlich der Homophilie bezüglich Alter, Sprache und Aufenthaltsort. Beim Geschlecht zeigt sich allerdings, dass die Mehrheit der Kommunikation zwischen Frauen und Männern stattfindet.

Eine Vielzahl aktueller Studien basiert auf Daten von Internet-Anwendungen, die einer breiten Nutzerschicht das vereinfachte Publizieren und Vernetzen ermöglichen (siehe u. a. Stegbauer/Jaeckel 2007). Lada Adamic und Natalie Glance (2005) stellen fest, dass die politische Blogosphäre in den Vereinigten Staaten von ihrer Vernetzungsstruktur her stark in die beiden parteipolitischen Lager aufgeteilt ist. Über deskriptive Studien hinaus ermöglicht das Internet auch Experimente mit einer umfassenden Anzahl Teilnehmer. Solche Untersuchungen können ebenfalls den Netzwerkgedanken berücksichtigen und bieten solidere Aussagen bezüglich kausaler Zusammenhänge (vgl. u. a. Watts 2007).

1.2 Daten und ihre soziale Relevanz

Bei einer zusammenfassenden Betrachtung fällt auf, dass viele der vorangehend erwähnten Analysen von Forschern mit mathematisch-naturwissenschaftlichem Hintergrund durchgeführt worden sind. Die Verarbeitung von umfassenden Datenbeständen stellt für Informatiker eine interessante Herausforderung dar und die Entwicklung effizienter Algorithmen bringt immer wieder neue, auch kommerziell erfolgreiche Anwendungen hervor. Physiker entdecken in den Daten interessante Gesetzmäßigkeiten und versuchen diese im Sinne einer universellen Anwendbarkeit formal zu erweitern. Diese Arbeiten sind für die Analyse von umfassenden Netzwerken essentiell und bieten einen wertvollen Beitrag zur allgemeinen Netzwerkforschung.

Der naturwissenschafltiche Fokus auf Netzwerke beruht – aus sozialwissenschaftlicher Perspektive betrachtet – oftmals auf sehr abstrakten mechanistischen Vorstellungen von sozialen Praktiken (Borgatti 2009). Die Studien erinnern stellenweise an eine Zeit vor der kognitiven Wende, als sich sozialwissenschaftliche Erkenntnisse bezüglich der Erklärung von Verhalten ausschliesslich auf das Beobachtbare konzentrierten. Teilweise entsteht der Eindruck, dass Daten theoretische Konzepte ersetzen. Eine Grundproblematik besteht sicherlich darin, dass die anfallenden Daten im Prinzip wenig weitergehende Aussagen über das eigentliche Verhalten als sinnbezogenes Handeln erlauben. Die Daten sind ohne Kontextinformationen in ihrer weiteren sozialen Bedeutung offen.

Wie ist es möglich die Abbildung bestimmter sozialer Prozesse in umfassenden Verhaltensdaten zu messen? Ein breites Spektrum an herkömmlichen analytischen Instrumenten ist durch die Charakteristik der Daten obsolet. In diesem Beitrag werden anhand von vorangehend erwähnten Studien und eigenen Erfahrungen (Schnorf 2004, 2008) aufgezeigt, welche forschungspraktischen Eigenheiten und Herausforderungen mit der Untersuchung von umfassenden Netzwerken verbunden sein können. Dies erfolgt aus einer vielfältigen sozialwissenschaftlichen Perspektive und mit dem Ziel, mögliche Vorgehensweisen aufzuzeigen, wie sinnvolle Bezüge zwischen umfassenden Verhaltensdaten und netzwerkanalytischen Konzepten hergestellt werden können.

2 Überlegungen zu methodischen Aspekten

In der sozialwissenschaftlichen Forschung werden oftmals relativ eng definierte Forschungsfragen mit entsprechenden Befragungsdaten untersucht. In einem krassen Gegensatz zu diesem Forschungsvorgehen steht die Analyse von Verhaltensdaten, weil die Daten beim sozialen Prozess selber generiert werden. Solche und weitere Eigenheiten der Analyse von umfassenden Netzwerken werden in den folgenden fünf Abschnitten aufgezeigt.

2.1 Datenzugang und -schutz

Eine eigentliche Knacknuss bei der Analyse großer Netzwerke für die akademische Forschung ist die Verfügbarkeit von Daten (vgl. Lazer 2009). Die umfassenden Nutzungsdaten befinden sich in der Regel im Besitz von Unternehmen oder Regierungsorganisationen. Die Daten werden, unter Berücksichtigung des Datenschutzes, vorwiegend zu betriebswirtschaftlichen Zwecken oder zur Verbesserung von Dienstleistungen ausgewertet. Das Internet-Unternehmen Google schaltet beispielsweise bei seinem E-Mail-Dienst neben dem Texteingabefeld Werbung aufgrund einer Inhaltsanalyse der vorangehenden E-Mail-Konversation. Dabei werden Daten ausgewertet, die im Prinzip die Dyade betreffen, also die Beziehung zwischen involvierten Akteuren. Ähnlich konzeptionierte Funktionen können bei Kunden allerdings auch auf Ablehnung stoßen (vgl. Facebook 2007).

Um akademisch ausgerichtete Projekte zusammen mit Unternehmen aufzubauen, müssen Forscher in der Regel viel Überzeugungsarbeit leisten, Kompromisse eingehen und ethische Aspekte berücksichtigen. Unternehmen wollen meistens einen praktischen Nutzen durch die Projekte, was in einem gewissen Maße der Natur der Forschung widerspricht. Dies gilt insbesondere für die Sozialwissenschaft, da sie basale Motive oder Verhalten verstehen will. Kommen Kooperationsprojekte zu Stande, werden Forscher vertraglich an die jeweilige Organisation gebunden. In der Regel dürfen Rohdaten nicht und die Forschungsresultate nur in aggregierter Form oder nach internen Überprüfungen veröffentlicht werden. Solche Umstände erschweren zwar ein direktes Peerreview, haben aber nachvollziehbare Gründe: Die Verhinderung eines „risk of reidentification" in Netzwerkdaten ist ein aktives Forschungsgebiet in der Informatik (vgl. u. a. Hay et al. 2008). Bezüglich der Projektergebnisse müssen Fragen des geistigen Eigentums vorab geklärt werden. Die zuständigen Kommissionen, welche Forschungsanträge überprüfen, sollten die erwähnten Konstellationen berücksichtigen und neue Formen der Kollaboration unterstützen.

2.2 Werkzeuge zur Aufbereitung und Analyse

Aufgrund des Volumens kann sich die Aufbereitung der Daten in einer rechenstarken Datenbankumgebung als praktikabel erweisen. Im eigens durchgeführten Projekt wurden soziale Netzwerkstrukturen und damit zusammenhängende Diffusionsprozesse aufgrund von umfassenden Mobilkommunikationsdaten untersucht (Schnorf 2004, 2008). Dazu wurden Verbindungstabellen, folgend genauer erläutert, mit skriptbasierten Abfragen erzeugt. Weiter wurde eine zusätzliche so genannte Akteurstabelle gebildet, die Angaben zu den Knoten im Netzwerk enthält. Aus diesen beiden gebildeten Mastertabellen lassen sich, mit Referenz auf die bekannten Probleme der Netzwerkbegrenzung, kleinere Datensätze für weitere Untersuchungen extrahieren. Dies kann zum einen mittels Abfragen aus der gesamten Verbindungstabelle geschehen. Zum anderen können, unter Bezug der Akteurstabelle, alle Verbindungen von, zu oder unter bestimmten Akteuren, auch zusammenfassend herausgezogen werden.

Die gebildeten Subtabellen können weiter für den Export in allgemeine Statistikanwendungen oder spezielle Programme der Netzwerkanalyse (Huisman/Van Duijn 2005) aufbereitet werden. Das Programm „Pajek" bietet effiziente Algorithmen und Visualisierungsmöglichkeiten, die helfen können, einen Überblick von umfassenden Netzwerkstrukturen zu erhalten. Pajek soll Netzwerke mit bis zu knapp einer Million Knoten verarbeiten können. Limitierter in der Anzahl Knoten sind UCINET (Borgatti et al. 2002) und die Netzwerkpakete, die mit dem Programm „R" angeboten werden. Letztere ist eine Statistikumgebung für kleinere Netzwerke, welche die Möglichkeit bietet, eigene Erweiterungen zu schreiben. Diese können mit anderen Entwicklern offen ausgetauscht werden, was beim Umgang mit Verhaltensdaten vorteilhaft sein kann. Aufgrund ihrer Prämissen eignen sich fortgeschrittene Netzwerk-Modelle wie ERGM oder SIENA nicht für Datensätze mit tausenden von Akteuren (vgl. Snijders 2003).

Am meisten Flexibiltät, speziell für die repetitive Aufbereitung von großen Mengen an Verhaltensdaten, bietet selbstverständlich die gänzlich eigene Programmierung. Eine effiziente Verarbeitung erlauben, wie bereits erwähnt, skriptartige Abfragen in Datenbanken. Dadurch lassen sich auch einfachere netzwerkspezifische Kennzahlen berechnen. Mehr Flexibilität bieten selbstverständlich Umgebungen die auf den Sprachen C, C++ und Java basieren. Besonders geeignet für die Analyse von umfassenden Daten ist die quellfrei verfügbare und einfach erlernbare Sprache Python.

Damit Verbindungsdaten netzwerkanalytisch ausgewertet werden können, müssen sie in einem geeigneten Format vorliegen. In der Netzwerkanalyse werden Daten normalerweise in Matrizen gespeichert, wobei die Einträge darin mit den eigentlichen Verbindungen zwischen Akteuren korrespondieren. Bei umfassenden Daten sollten Verbindungen aus Gründen der Rechenperformanz im Listenformat aufbereitet werden. In so einer Verbindungstabelle ist die erste Spalte dem Sender zugeordnet und die zweite Spalte enthält Angaben zum jeweiligen Empfänger. In den weiteren Spalten können Verbindung weiter qualifiziert werden, beispielsweise mit einem Zeitstempel.

2.3 Handhabung von Anomalien

Neben der Formatierung verbirgt sich im Umgang mit den natürlichen Schwankungen in Verhaltensdaten oftmals ein unerwarteter Projektaufwand. Die folgenden Ausführungen sollen die Charakteristik solcher Probleme aufzeigen, gerade weil sie in den Studien schlussendlich wenig dokumentiert sind und in den eigens durchgeführten Projekten (Schnorf 2004, 2008) Zugang zu Datenquellen bestand.

Verhaltensdaten verlaufen, und darin liegt ein Teil ihrer Attraktivität, in der Regel unstetig. An einem Tag mit schönem Wetter dürften mehr Bilder per Mobiltelefon verschickt werden als an einem regnerischen Tag. Von der Seite der Anbieter her können parallel laufende Promotions-Kampagnen das Verhalten der Nutzer und daraus resultierende Daten beeinflussen. Längere Messperioden und rollend kalkulierte Durchschnitte sind mögliche Strategien, um mit solchen Schwankungen umzugehen.

„Fehler" in der Dateninfrastruktur müssen zuerst einmal erkannt und deren Ursache entdeckt werden. Beispielsweise können bei der Mobilkommunikation falsche Zuordnungen der Kundendaten aufgrund neuer Verträge vorkommen. Um Daten der vorangehenden Periode zu berücksichtigen, muss zuerst die vorangehend aktivierte Vertragsnummer eruiert werden. Weitere Unregelmäßigkeiten sind auf die Kundenadministration zurückzuführen, etwa wenn Akteure mehrere Kundennummern haben oder umgekehrt. Eine unangenehme Überraschung bei Mobilkommunikationsdaten mit entsprechenden Konsequenzen für die Netzwerkanalyse kann das sogenannte „reversed billing" sein. Dabei wird aufgrund der Verrechnungsadministration bei bestimmten Kunden die ausgehende Kommunikation als eingehend vermerkt. Mit solchen Datensätzen muss entsprechend umgegangen werden.

Bei mehreren Millionen Personen wird praktisch von jeder erdenklichen Nutzungsmöglichkeit des Mobiltelefons Gebrauch gemacht. Gewisse Personen rufen offenbar sich selbst an, um sich Mitteilungen zu hinterlassen – sie benutzen also ihren Apparat als eine Art Diktiergerät. Dieses Verhalten bietet interessante Impulse für die Entwicklung neuer Produkte, die Dateneinträge dazu verzerren jedoch netzwerkanalytische Aussagen. Auffallend sind Ausreißerwerte von Akteuren, die während eines Monats einen „Out-Degree" von mehr als 500 aufwiesen. Dabei kann es sich um Geschäftskunden aus der Transportbranche handeln. Auch Jugendliche können über umfassende persönliche Netzwerke verfügen.

Ergänzende qualitative Angaben (Schnorf 2004) deuten darauf hin, dass manche Jugendliche per Kurznachrichtendienst entferntere Kontakte aufrechterhalten wollen. Bei einem längeren Beobachtungszeitraum bildet sich so in den Daten kumulativ ein umfangreiches persönliches Netzwerk ab.

Im gesamten Projektverlauf müssen aufgrund der illustrierten Dateneigenschaften grundsätzliche Entscheidungen gefällt werden, die je nach Ziel der Untersuchung mit forschungsrelevanten Konsequenzen verbunden sind. Elektronische Systeme sind primär nach technischen- und administrativen Kriterien aufgebaut und können die Resultate sozialwissenschaftlich orientierter Studien verzerren. Selbstverständlich können Verbindungsdaten gänzlich „zur Verfügung" gestellt werden. Viele Unregelmässigkeiten dürften jedoch erst im Laufe von detaillierten Analysen entdeckt werden. Projektpartner aus der Industrie bringen in der Regel nur limitierte Kapazitäten für akribische Bereinigungsaktionen auf. Für die Aufklärung von Anomalien sind Zugang zur Datenquelle und ergänzende Informationen hilfreich für den Forscher. Vorangehende Ausführungen sollten verdeutlicht haben, dass das „Rauschen" auf ein vertretbares Mass reduziert werden sollte – perfekte Daten[1] jedoch eine Illusion bleiben.

2.4 Vorgehen und Abklärungen bezüglich der Repräsentation

Ziel in selbst durchgeführten Projekten mit den Mobilkommunikationsdaten war es unter anderem, ein angemessenes strukturelles Abbild des Sozialverhaltens zu messen. Deshalb wurden Anrufe ins Festnetz (also in einen ganzen Haushalt) nicht berücksichtigt. Das Geschäftskundensegment wurde mitberücksichtigt, weil interne Studien vom Telekommunikationsunternehmen zeigten, dass für die private Kommunikation vorwiegend auch das Mobiltelefon genutzt wird. Zudem kommt den Arbeitskollegen bei sozialen Diffusionsprozessen (ein weiterer Fokus der Studie) eine wichtige Rolle zu. Die Daten wurden pro Verbindung aus einem einzelnen Monat zusammengefasst. Im Vergleich zu anderen Beobachtungszeiträumen verlaufen die monatlichen Werte relativ stabil, was einer geeigneten, systemcharakterisierenden Variable entspricht.

Wie verhält sich das gebildete Netzwerk zu bekannten Bevölkerungs- und Marktanteilen? Die Daten beruhen auf der ausgehenden mobilen Kommunikation[2] von mehreren Millionen Privat- und Geschäftskunden des untersuchten Anbieters zu Kunden von Schweizer Mobilfunkanbietern im Monat Juni 2006. Ende 2005 betrug die Penetration der aktiven Mobilkommunikationsnutzer[3] in der Schweiz 91,6% der gesamten Bevölkerung (Bakom 2007). Davon sind 77,5% im untersuchten Netzwerk vorhanden. Enthalten im Netzwerk sind folglich auch kontaktierte Akteure, welche bei anderen Anbietern Kunde sind.

Abklärungen haben ergeben (Schnorf 2008), dass – im Vergleich zur gesamten Bevölkerung im untersuchten Netzwerk – Männer leicht und Akteure im mittleren Alter vermehrt überrepräsentiert sind. Ansonsten stimmt das untersuchte Netzwerk mit den bekannten Kunden- und Marktanteilen des Anbieters überein. In Bezug auf das Kommunikationsvo-

---

[1] Hier gibt es eine Parallele zu Befragungsdaten, wo Unterschiede zwischen verbalem und eigentlichem sozialen Verhalten bestehen.
[2] Entspricht 52,6% aller Verbindungen zu Akteuren, wenn Anrufe zu Festnetz, Ausland- oder weiteren Nummern eingerechnet werden.
[3] In dieser amtlichen Statistik wird die Anzahl Nutzer aufgrund der Verträge berechnet. Es werden sowohl private als auch geschäftliche Vertragsabschlüsse berücksichtigt.

lumen kommt es jedoch zu einer Verzerrung zugunsten des untersuchten Anbieters. Dies dürfte unter anderem auf dessen Preisstrategien zurückzuführen sein. Die Kommunikation unter den eigenen Kunden wird nämlich verbilligt – ein Hinweis auf einen Effekt, der möglicherweise auf die Netzwerkstruktur zurückzuführen ist.

Vorangehende Abklärungen bezüglich der Repräsentation (vgl. auch Leskovec und Horvitz 2008) sind wichtig, um die Bedeutung der Forschungsergebnisse in Bezug auf andere Populationen abzuschätzen. Ergebnisse aus Studien ohne Vergleichsangaben oder Untersuchungen, die auf einem geringen Marktanteil beruhen, können entsprechend verzerrte Erkenntnisse liefern. Unternehmen stehen in einem starken Wettbewerb zueinander und positionieren sich gegenüber Kunden bewusst mit unterschiedlichem Profil. Anbieter verfügen deshalb über unterschiedliche Kundengruppen wie beispielsweise preissensitive Jungendliche, deren Verbindungsdaten eine entsprechend andere Qualität aufweisen. Wird die Analyse beispielsweise auf Verbindungen innerhalb eines Anbieters eingeschränkt (vgl. Onnela et al. 2006), bietet dies eine mathematisch saubere Grundlage für komplexere Analysen. Wertvolle Vergleiche mit anderen Studien, beispielsweise bezüglich der Größe von persönlichen Netzwerken, gestalten sich jedoch schwierig. Damit sind auch weitergehende theoretische Erkenntnisse, wie beispielsweise zum sozialen Kapital, problematisch.

2.5 Strategien zur Reduktion und Analyse der Daten

Eine Möglichkeit, große Netzwerke zu analysieren, besteht im Fokus auf bestimmte Elemente im Gesamtnetzwerk. Dabei kann es sich um Anomalien handeln, wie vorangehend erwähnte Akteure, die über eine ungewöhnlich hohe Anzahl an Alteri verfügen. Diese Vorgehensweise kann selbstverständlich auch mit anderen strukturellen Formationen wie Triaden oder Cliquen durchgeführt werden. Der Vorteil umfassender Daten besteht darin, ohne aufwändige Schneeballverfahren einen Zensus solcher Formationen erstellen zu können. Neben eigens programmierten Verfahren ist die Identifikation von strukturellen Mustern mit dem Programm Pajek möglich.

Eine simple Strategie der Reduktion sowie eine Möglichkeiterste Analysen durchzuführen besteht in der Zusammenfassung von Verbindungsdaten. Dies kann durch bereits erwähnte boolesche Abfragen in Datenbanken bewerkstelligt werden (vgl. Abschnitt 2.2). Beispielsweise können nur Verbindungen während der „Bürozeiten" kategorisiert werden oder zu Zeiten, in denen üblicherweise Freizeitaktivitäten stattfinden. Im Gegensatz zu Befragungsdaten bieten Verhaltensdaten genaue, unter Umständen sogar zeit- und ortsabhängige Angaben. Über einen längeren Beobachtungsraum kumuliert erlauben diese differenzierte Aussagen über die Qualität einer sozialen Beziehung und damit, in Anlehnung an Granovetter (1973), Ansätze zur Operationalisierung von starken und schwachen Verbindungen. In der Mobilkommunikation kann dies beispielsweise die Anzahl Gesprächsminuten zwischen zwei Akteuren sein; doch besteht hier die Gefahr, dass einmalige längere Gespräche – wie unterhaltungsorientierte Gespräche mit einem entfernten Bekannten – überbewertet werden. Die Anzahl Wörter, welche mit einem Dienst übermittelt werden, könnte eine weitere Möglichkeit sein (Canright et al. 2003). Aufgrund der speziell verdichteten Semantik, die insbesondere beim Kurznachrichtendienst stark von Kontextfaktoren abhängig ist, dürfte eine solche Umsetzung problematisch sein. Als Intensität können auch die Anzahl Anrufe respektive Nachrichten berücksichtigt werden. Bei einem längeren Beobachtungszeitraum kann davon ausgegangen werden, dass sich in der Häufigkeit kumulativ eine gewisse Regelmäßigkeit in der Kommunikation abbildet[4] – was eines der zentralen Merkmale sozialer Beziehungen darstellt. In ähnlichen Varianten lassen sich weitere Konzepte der Netzwerkforschung, wie etwa Reziprozität und Multiplexität, operationalisieren.

Liegen Merkmale zu den Akteuren vor, kann selbstverständlich eine Zusammenfassung der Verbindungen durch diese Angaben erfolgen. Homophilie bezüglich Alter oder geographischen Angaben könnten so untersucht werden. Allerdings können durch diese „dyadische Reduktionen" wichtige strukturelle Informationen, eine Kernidee der Netzwerkanalyse, verloren gehen.

Aufbauend auf der Dyade kann, in Richtung strukturelle Analyse gehend, die Ego-Netzwerk-Ebene betrachtet werden, welche intuitiv verständliche Resultate bietet. Im durchgeführten Projekt (Schnorf 2008) wurde die Verteilung des Kommunikationsvolumens auf unterschiedliche Partner analysiert. Die Berechnungen ergaben, dass sich ungefähr 80% der Kommunikation auf bis zu fünf Alteri beschränken. Das Resultat verdeutlicht, dass sich trotz einer theoretisch fast unbegrenzten Anzahl an Kommunikationspartnern bekannte soziale Qualitäten in den Verhaltensdaten wiederspiegeln. Der Aufwand zur Aufrechterhaltung sozialer Verbindungen begrenzt sich auf eine beschränkte Anzahl Alteri (vgl. Granovetter 1973). Auf individueller Ebene kann es jedoch nach wie vor zu einer gleichmäßigeren Verteilung der Kommunikation kommen. Angaben aus ergänzenden qualitativen Interviews (Schnorf 2008) verdeutlichen – gerade bei älteren Gelegenheitsnutzern – dass sich die Kommunikation auf wenige wichtige Akteure beschränkt. Eine geringe Intensität im Vergleich zu anderen Akteuren deutet deshalb nicht unbedingt auf eine schwache Beziehung. Bei den persönlichen intensiveren Kommunikationsverbindungen dürfte es sich mit grosser Wahrscheinlichkeit auch um die sozial starken Beziehungen handeln.

Zur Zerlegung von Netzwerken in Subnetzwerke, eine weitere Analysestrategie, existiert eine Reihe von Verfahren (vgl. u. a. DeNooy et al 2005; Girvan und Newman 2004; Wasserman und Faust 1994). Diese gewinnen mit dem Aufkommen von umfassenden Daten zunehmend an Bedeutung. Komponenten, normalerweise eine der ersten Abklärungen bei der Netzwerkanalyse, bieten quasi eine natürliche Aufteilung eines Netzwerkes. Bei der Identifikation von Subnetzwerken innerhalb eines zusammenhängenden Netzwerks soll das Innenleben der gebildeten Einheiten je nach Fokus der Studie eine intensive, wechselseitige und gegenseitig vernetzte Kommunikation aufweisen. Im Weiteren kann die in Abschnitt 1.1 erwähnte Überlappung von Akteuren zur Bildung der Gemeinschaften genutzt werden (vgl. u. a. Schnorf 2008). Die Bildung von Cluster auf der Basis von umfassenden Daten ist ein nicht-triviales Unterfangen. Dem Vorgehen liegt eine annähernde Lösung zugrunde, ähnlich wie bei der Blockmodellanalyse für Netzwerke mit einer beschränkten Anzahl Akteure.

Die Reduktion eines umfassenden Netzwerks in kleinere Subnetzwerke macht sowohl aus einer analytischen, als auch aus einer theoretischen Perspektive Sinn; beispielsweise wenn normativen Einflüssen innerhalb einer sozialen Gruppe, wie bei der Verbreitung von gesundheitsförderndem Verhalten (Kincaid 2004), eine Bedeutung zukommt. Die Frage, ob es sich um vielfach erwähnte „Communities" im Sinne von sozialen Gemeinschaften handelt, geht jedoch über das angewendete Cluster-Verfahren hinaus. Mit anderen Worten, der gemeinschaftliche Zusammenhalt, welcher per definitionem aus mehr als die strukturellen

---

[4] Ausnahme hierzu wäre ein intensiver Kurznachrichten-Dialog, der während einer bestimmten Zeitperiode massiert auftritt.

Gegebenheiten besteht, sollte ex-post untersucht werden. Eine Aufteilung der Netzwerke erlaubt es also, in weiteren Schritten das Innenleben der Subnetzwerke differenzierter zu analysieren. Eine andere Möglichkeit besteht darin, die gebildeten Einheiten wiederum selber als neue Knoten im umfassenden Netzwerk zu betrachten und somit deren strukturelles Zusammenspiel zu untersuchen.

3 Fazit

Umfassende Verhaltensdaten erlauben Netzwerkanalysen in neuen Dimensionen mit entsprechend robusten Aussagen über deren strukturelle Eigenschaften. Während des Forschungsprozesses müssen sich wenig standardisiertes Datenmaterial und theoretische Ansätze annähern. Im vorangehenden Abschnitt wurden ausgewählte Aspekte im Forschungsprozess chronologisch betrachtet. Im Folgenden werden in einer Zusammenfassung bestimmte Herangehensweisen erläutert, welche sich durch die verschiedenen Stadien im Forschungsprozess hindurch ziehen.

3.1 Iteratives Vorgehen

Bei der Analyse von umfassenden Verhaltensdaten müssen Forschungsfragen wesentlich mehr als bei konventioneller sozialwissenschaftlicher Forschung überdacht werden. Theoretische Vorstellungen vorab bleiben wichtig zur Orientierung in der Datenflut, doch empfiehlt es sich die Konzepte früh einem „Feldtest" zu unterziehen. Um Vorhaben mit umfassenden Netzwerkdaten starten zu können, müssen zuerst einmal Kooperationen mit Besitzern von Daten aufgebaut werden. Bei der Verarbeitung der Daten erfordert die Abklärung von Unregelmässigkeiten, das Erproben sinnvoller Aggregationsschritte und geeigneter Operationalisierungen ein ständiges Anpassen der vorangehenden Arbeitsschritte. Eine Analyse-Umgebung, optimal mit Zugang zur Datenquelle, sollte so ein Vorgehen mit zahlreichen Zwischenanalysen unterstützen. Dadurch kann die Sinnhaftigkeit der Verfahren fortlaufend überprüft werden und die Ergebnisse sowohl theorie- also auch datengeleitet erarbeitet werden. In diesem Sinne erinnert der Forschungsprozess ohne starr festgelegtes Hypothesen-Konstrukt an Vorgehensweisen der Grounded Theory (Glaser und Strauss 1980).

3.2 Ergänzende Kontext-Informationen

Um die Interpretationen der quantitativen Berechnungen zu verbessern, empfiehlt sich der Einbezug von ergänzendem Studienmaterial. Sowohl bei der Aufbereitung, als auch bei den weiteren Datenanalysen erweisen sich Angaben, die mit Methoden wie etwa ethnographischen Interviews erhoben wurden, als hilfreich. Diese Informationen ermöglichen es, ein narratives Bedeutungsspektrum der an sich leblosen Daten aufzustellen. Im Weiteren sind Angaben aus Vergleichserhebungen dienlich, um festzustellen, welche Verzerrungen sich in Bezug auf Forschungsfragen ergeben könnten. Trotz Millionen von Akteuren ist der Datenumfang nach wie vor begrenzt und bildet nicht einfach die Interaktionsstruktur einer gesamten Gesellschaft ab, sondern nur diejenige der Nutzer eines bestimmten Dienstes. Gerade für die Sozialwissenschaften dürfte die Dokumentation von menschlichem Verhalten in elektronischen Systemen und das wahrlich komplexe Verhältnis zu „realen" sozialen Phänomenen ein interessantes und zunehmend relevantes Untersuchungsgebiet darstellen. Im Vordergrund stehen nicht die vorhandenen Daten, sondern der exakte soziale Prozess, wie Daten generiert werden. Mehr Einsichten dazu könnten helfen, Verhaltensdaten und damit auch umfassende soziale Strukturen sinnvoll zu analysieren.

3.3 Disziplinäre Zusammenarbeit

Übliche Instrumente der Netzwerkanalyse können den Anforderung von umfassenden Netzwerkdaten oftmals nicht gerecht werden. Die Netzwerkanalyse wird in den Sozialwissenschaften vielfach als eine methodische Spezialität wahrgenommen. Mit der Analyse von Verhaltensdaten findet eine weitere Entfernung vom eigenen „Methodengarten" statt. Wie sollen die erwähnten Herausforderungen einer gegenseitigen Annäherung von wenig standardisiertem Datenmaterial und passenden theoretischen Konzepten gemeistert werden?

In diesem Beitrag wurde darauf hingewiesen, dass aggregierte Verbindungsdaten mit bestehenden Netzwerk-Programmen analysiert werden können. Dazu wurden Daten in rechenstarken Datenbankumgebungen aufbereitet. Das Datenvolumen kann sich auf die Berechnung mancher Kennwerte erschwerend auswirken, andere Modelle werden gänzlich obsolet. Flexibilität in der Aufbereitung und Entwicklung neuer Metrik bietet die eigene Programmierung. Durch eine Zusammenarbeit mit den „exakten Wissenschaften" könnte ein fruchtbarer Weg beschritten werden. Doch wie soll so eine viel gepriesene disziplinarärere Kollaboration konkret aussehen? Paradigmen und Ziele involvierter Disziplinen können weit auseinander liegen, was für einen gegenseitig ergänzenden Charakter der Zusammenarbeit spricht. Derzeit dominiert ein gewisser Daten-Enthusiasmus gegenüber bestechenden Forschungserkenntnissen. Kommende Projekte werden zeigen, welche Formen der Zusammenarbeit sich bewähren.

4 Literatur

Bakom, 2007: Fernmeldestatistik des Bundesamtes für Kommunikation. http://www.bakom.admin.ch/dokumentation/zahlen (1.7.2009).

Borgatti, Stephen P., Ajay Mehra, Daniel G. Brass und *Giuseppe Labianca*, 2009: Network Analysis in the Social Sciences. Science 323: 892-895.

Borgatti, Stephen P., Martin Everett und *Linton Freeman*, 2002: UCINET 6 for Windows: Software for Social Network Analysis. Harvard Analytic Technologies.

Canright, Geoffrey, Kenth Engø-Monsen und *Asmund Weltzien*, 2003: Multiplex structure of the communications network in a small working group. Unpublished research paper. Telenor R&D. Norway.

De Nooy, Wouter, Andrej Mrvar und *Vladimir Batagelj*, 2005: Exploratory Social Network Analysis with Pajek. Cambridge: Cambridge University Press.

Facebook, 2007: Thoughts on Beacon. http://blog.facebook.com/blog.php?post=7584397130 (1.7.2009).

Girvan, Michelle und *Mark Newman*, 2002: Community structure in social and Biological networks. Proceedings of the National Academy of Sciences: 7821-7826.

Glaser, Barney und *Anselm Strauss,* 1980: The Discovery of Grounded Theory. Strategies of Qualitative Research. New York, NY: Aldine.

Granovetter, Mark S., 1973: The Strength of Weak Ties. American Journal of Sociology 78: 1360-1380.

Hay, Michael, Gerome Miklau, David Jensen, Din Towsly und *Phillip Weis,* 2008: Resisting Structural Reidentification in Anonymized Social Networks. Proceedings of the VLDB Endowment 23.-28. August, 2008, Auckland, Neu Seeland.

Hill, Shawndra, Foster Provost und *Chris Volinsky,* 2006: Network-based Marketing: Identifying Likely Adoptors via Consumer Networks. Statistical Science 21: 256-276.

Huisman, Mark und *Marijtje Van Duijn,* 2005: Software for statistical analysis of social networks. S. 270-316 in: *Peter Carrington, John Scott* und *Stanley Wasserman* (Hg.), Models and Methods in Social Network Analysis. Cambridge: Cambridge University Press.

Kincaid, Lawrence, 2004: From innovation to social norms: Bounded Normative Influence. In: Journal of Health Communication 9: 37-57.

Lambiotte, Renaud, Vincent D. Blondel, Kristobald de Kerchove, Etiens Huens, Christophe Prieur, Zbigienw Smoreda und *Paul van Doren,* 2009: Geographical dispersal of mobile communication networks. Physica A. 387: 5317-5325.

Lazer, David, Alex Pentland, Lada Adamic, Sinan Aral, Albert-László Barabási, Devon Brewer, Nicholas Christakis, Noshir Contractor, James Fowler, Myron Gutmann, Tony Jebara, Gary King, Michael Macy, Deb Roy und *Marshall Van Alstyne,* 2009: Computational Social Science. Science 323: 721-723.

Leskovec, Jure und *Eric Horvitz,* 2008: Planetary-Scale Views on a Large Instant-Messaging Network. Proceedings of WWW 2008. Peking, China.

Onnela, Jukka-Pekka et al., 2007: Structure and tie strengths in mobile communication networks, Proceedings of the National Academy of Sciences, 7332-7336.

Schnorf, Sebastian, 2004: Like Text to Likes. Soziale Netzwerke in der Mobilkommunikation. In: Serdült, Uwe (ed.) Anwendungen sozialer Netzwerkanalyse. Zurich.

Schnorf, Sebastian, 2008: Diffusion in sozialen Netzwerken der Mobilekommunikation. Konstanz: UVK Verlag.

Stegbauer, Christian und *Michael Jaeckel,* 2007: Social Software. Formen der Kooperation in computerbasierten Netzwerken. Wiesbaden: VS-Verlag.

Snijders, Tom 2003: P* and Large Networks. Socnet Mailinglist Discussion Archive. http://www.lists.ufl.edu/cgi-bin/wa?S1=socnet&X=- (1.7.2009).

Wassermann, Stanley und *Katherine Faust,* 1998: Social Network Analysis: Methods and Applications. Cambridge: Cambridge University Press.

Watts, Duncan 2007: A twenty-first century science. In: Nature, 445, 489.

5.10 Qualitative Methoden und Mixed-Method-Designs

Betina Hollstein

1 Einleitung

Seit ihren Anfängen arbeitet die Netzwerkforschung mit qualitativen Daten, mit offenen Formen der Datenerhebung und interpretativen Verfahren der Beschreibung und Analyse von sozialen Netzwerken. In ethnographischen Gemeindestudien untersuchten britische Sozialanthropologen in den 1950er und 1960er Jahren Netzwerke in norwegischen Gemeinden (Barnes 1954), in zentralafrikanischen Städten (Mitchell 1969), und persönliche Netzwerke im eigenen Land (Bott 1957). Auch die für die Organisationsforschung wegweisende Untersuchung der Western Electric Company (Roethlisberger und Dickson 1939) ist gekennzeichnet durch eine grundsätzliche Offenheit für die Prozesse in den Arbeitsteams, explorative Vorgehensweisen bei den Arbeitsplatzbeoachtungen und non-direktive Gesprächsführung. Die in diesen Studien entwickelten Konzepte wurden wichtige Referenzpunkte der Netzwerkforschung: Hierzu gehören die Dichte (Mitchell 1969), Cliquen und Cluster (Barnes 1969), oder die Unterscheidung zwischen formeller und informeller Organisation (Roethlisberger und Dickson 1939).

Die Möglichkeiten qualitativer Daten und Verfahren für die Netzwerkforschung erschöpfen sich jedoch nicht in der Exploration und Entwicklung neuer Konzepte. Qualitative Erhebungs- und Auswertungsverfahren können die Untersuchung sozialer Netzwerke substantiell bereichern. Unter anderem können sie Aufschlüsse zu aktuellen theoretischen und methodologischen Herausforderungen der Netzwerkforschung liefern, wie der Verknüpfung von Struktur- und Akteursebene sowie der Konstitution und Dynamik sozialer Netzwerke. Dabei werden die besten Resultate erzielt, wenn qualitative Verfahren mit stärker standardisierten, quantitativen Verfahren kombiniert werden (Mixed-Method-Designs). Im Folgenden zeige ich zunächst Potentiale qualitativer Methoden für die Untersuchung sozialer Netzwerke auf (2)[1]. Anschließend gehe ich auf die Erträge von Mixed-Method-Designs ein und illustriere ertragreiche Forschungsstrategien anhand von Studien aus unterschiedlichen Feldern der Netzwerkforschung (3).

2 Erträge qualitativer Methoden

Um zu klären, was qualitative Methoden zur Erforschung sozialer Netzwerke beitragen, muss zunächst bestimmt werden, was unter qualitativen Daten und qualitativen Methoden verstanden wird. Im Folgenden werden hierunter alle Verfahren der empirischen Sozialforschung gefasst, welche auf den Nachvollzug von Sinn und von Sinnbezügen gerichtet sind, oder, mit anderen Worten, auf „methodisch kontrolliertes Fremdverstehen" (vgl. Hollstein

---

[1] Im Rahmen dieses Beitrags können nur knappe Hinweise auf die jeweiligen, zum Einsatz kommenden konkreten Verfahren gegeben werden. Vergleiche dazu ausführlicher Hollstein (im Erscheinen).

und Ullrich 2003). Für die Erhebung und Auswertung ergeben sich aus dieser Zielsetzung bestimmte methodische Prinzipien: zum einen, dass bei der Erhebung *offene* Verfahren eingesetzt werden (offene Interviews, gering strukturierte Beobachtungsmethoden), und zum anderen, dass bei der Auswertung *interpretative* Verfahren verwendet werden. Entsprechend kann man als qualitative Daten alle Äußerungen (Handlungen, verbale Äußerungen, schriftliche Texte) verstehen, die Rückschlüsse auf die Handlungskontexte, Bedeutungszusammenhänge und Sinnbezüge der jeweiligen Äußerung zulassen.

Bei den Einsatzmöglichkeiten im Rahmen der Netzwerkforschung unterscheide ich sechs Aspekte, für deren Untersuchung qualitative Verfahren besonders geeignet sind: für die Exploration von Netzwerken, die Untersuchung von Netzwerkpraktiken, von Netzwerkinterpretationen, von Netzwerkwirkungen und von Netzwerkdynamiken sowie für den Zugang zu bestimmten Akteuren und Netzwerken.

2.1 Exploration von Netzwerken

Erstens, das klassische und eingangs schon angesprochene Anwendungsfeld qualitativer Verfahren: Fragestellungen, über die man wenig weiß, weil sie neu oder unerforscht sind. Dabei dient die qualitative Studie der Exploration, auf welche dann zu einem späteren Zeitpunkt eine quantitative, hypothesenprüfende Untersuchung folgen kann. Dabei kann es sich um die Exploration der Ego-Netzwerke bestimmter Personen, Gruppen oder Organisationen handeln, zum Beispiel um Netzwerke von „Mobilitätspionieren", wie Journalisten und Medienschaffenden (Kesselring 2006), von Migranten (Wong und Salaff 1998; Schütze 2006), von zwischen verschiedenen Kontinenten pendelnden Nachwuchswissenschaftlern (Scheibelhofer 2006) oder von Wirtschaftsunternehmen (Uzzi 1997). Gegenstand der Exploration können auch komplette Netzwerke sein: Netzwerke in kleinen Orten oder Städten (Barnes 1954; Mitchell 1969), Netzwerke von Institutionen (Provan und Milward 1995; Jütte 2006; Franke und Wald 2006), soziale Bewegungen (Mische 2008) oder transnationale *issue networks* (Riles 2000).

Häufig ist die Exploration nur die erste Phase vor der eigentlichen quantitativen Untersuchung, z.B. wenn bei der Untersuchung von Politiknetzwerken oder Kooperationsnetzwerken von Forschergruppen zunächst wichtige Themen, Ereignisse, relevante Akteure und Arten der Zusammenarbeit eruiert werden (vgl. Franke und Wald 2006; Baumgarten und Lahusen 2006). Mittel der Wahl sind typischerweise Akten-/Dokumentenstudium und Expertengespräche. Sorgfältige qualitative Vorstudien bzw. Pretests sind insbesondere vor der quantitativ-standardisierten Untersuchung von Gesamtnetzwerken angezeigt: Da diese Studien in der Regel mit einem enormen Erhebungsaufwand verbunden sind, ist die genaue Kenntnis des Forschungsfeldes eine wichtige Vorbedingung für gehaltvolle Ergebnisse (Baumgarten und Lahusen 2006).

Neben diesem eher formalen Aspekt der Exploration, lassen sich vier inhaltliche Bereiche benennen, für deren Untersuchung qualitative Herangehensweisen besonders ertragreich sind.

2.2 Netzwerkpraktiken

Offene Beobachtungs- und Interviewverfahren erlauben, die konkrete Praxis, Interaktionen und Handlungsvollzüge der Subjekte in ihrem jeweiligen Kontext zu rekonstruieren, also gewissermaßen die Vernetzungs- und „Netzwerkarbeit". Wie sehen die Austauschbeziehungen von Migranten aus (Menjivar 2000; Dominguez und Watkins 2003)? Welche Kooperationsmuster pflegen mittelständische Unternehmen der Bekleidungsindustrie (Uzzi 1997) und welche Interaktionsformen kennzeichnen innovative Teams (Franke und Wald 2006; Gluesing et al., im Erscheinen)? Welche kulturellen Praktiken kennzeichnen die "art of networking" in der italienischen Renaissance (McLean 1998)? Methoden der Wahl, um solche Fragen zu bearbeiten, sind Dokumentenanalysen, Beobachtungsverfahren und offene Interviews, wie sie Sozialanthropologen immer schon verwendet haben (Barnes 1954; Mitchell 1969). Die Chicago School und das Birmingham Centre for Contemporary Cultural Studies benutzten ethnographische Methoden auch zum Studium der eigenen Gesellschaft, insbesondere für die Untersuchung der kulturellen Praktiken von Randgruppen und Subkulturen, wie William Foote Whytes (1955) klassische Studie der „street corner society". Ethnographische Zugänge, Beobachtungsverfahren und offene Interviews werden auch eingesetzt bei der Untersuchung von Kooperations- und Innovationsnetzwerken in global agierenden Unternehmen (Gluesing et al., im Erscheinen). Einen ethnographischen Zugang wählt Mische in ihrer Studie über Diskursformen und Konversationsdynamiken brasilianischer Jugendbewegungen (2008). Manchmal sind Dokumente die einzige Datenquelle, wie in McLeans Studie zur politischen Kultur und den Netzwerkpraktiken florentinischer Adeliger der Renaissance (McLean 1998). Angelehnt an Goffman analysiert er hunderte privater Bittbriefe und rekonstruierte die Strategien, um Netzwerke mit Schutzherrn aufzubauen und dadurch die eigene Karriere voranzutreiben. Netzwerkpraktiken können auch anhand von Handlungstypen beschrieben werden. Engelbrecht (2006) rekonstruiert zwei Akteurstypen, die Wissensbestände zwischen religiösen Netzwerken hin- und herbewegen und strukturelle Löcher überbrücken: Die „Botschafter", die als Vertreter ihres Netzwerkes spannungsvolle Beziehungen mit anderen Netzwerken aufrechterhalten, und die „Wanderer", die eher auf eigene Rechnung und unter Ignorierung der Selbstabgrenzungen religiöser Netzwerke Wissen sammeln.

2.3 Netzwerkinterpretationen

Ferner sind qualitative Verfahren besonders geeignet, um *Deutungen der Akteure*, subjektive Wahrnehmungen, individuelle Relevanzsetzungen und handlungsleitende Orientierungen zu erfassen. Für die Netzwerkforschung ist dieser Aspekt relevant, wenn es um die Gesamtwahrnehmung und -einschätzung der Akteure bezogen auf die Netzwerke, in denen sie eingebunden sind, geht. Hierzu gehören Studien zur subjektiven Verortung und Gefühlen der Zugehörigkeit, z.B. wenn Integrationsmuster und Netzwerkorientierungen von Migranten (Schütze 2006), Pendlern (Scheibelhofer 2006), von Mitgliedern neuer sozialer Bewegungen (Höfer et al. 2006), oder von älteren Menschen (Hollstein 2002) untersucht werden. In diesen Studien beziehen sich individuelle Wahrnehmungen, Bedeutungszuschreibungen, Handlungsorientierungen und -strategien auf persönliche egozentrierte Netzwerke. Manchmal werden nur einzelne Beziehungstypen untersucht, wie die Bedeutung von

Freundschaften (Pahl und Spencer 2004). Andere Studien nehmen gezielt bestimmte Leistungen von Beziehungen in den Blick, z.B. die Rolle von Netzwerkbeziehungen bei der Entscheidung zur Elternschaft (Bernardi et al. 2007) oder die Bedeutung von „emotionaler Nähe" (Hollstein 2002).

Individuelle Wahrnehmungen und Einschätzungen spielen nicht nur in persönlichen, egozentrierten Netzwerken eine Rolle, sondern auch bei Netzwerken innerhalb und zwischen Organisationen. Hierzu gehören Untersuchungen zur Arbeitsweise und zur Bewertung von Forschungs- und Innovationsnetzwerken (Franke und Wald 2006) oder zur Einschätzung der Effektivität von Gesundheitssystemen (Provan und Milward 1995). Hier werden die Befragten als Experten ihres Handlungsfelds betrachtet.

Bei der Erhebung werden in der Regel unstrukturierte oder teilstrukturierte Interviews und offene Fragen eingesetzt, in denen die Befragten ihre Relevanzsetzungen möglichst ungehindert entfalten können. Grundsätzlich können Wahrnehmungen, Relevanzen und Bedeutungszuschreibungen auch standardisiert erhoben werden. Eine offene, induktive Herangehensweise ist jedoch bei eher explorativen Fragestellungen angezeigt sowie in Fällen, in denen anzunehmen ist, dass individuelle Bedeutungen und/oder die Relevanzsetzungen stark zwischen den Befragten variieren bzw. nicht mit dem vom Forscher gesetzten Relevanzsystem übereinstimmen (vgl. Franke und Wald 2006).

Während es sich bei Netzwerkpraktiken und Netzwerkinterpretationen um eher deskriptive Zielsetzungen handelt, sind die beiden folgenden Aspekte auch mit einem erklärenden Anspruch verbunden: Qualitative Verfahren können dabei helfen zu verstehen, wie Netzwerke wirken und wie sie sich über die Zeit verändern.

2.4 Netzwerkwirkungen

Qualitative Methoden eröffnen nicht nur Einsichten in Netzwerkpraktiken. Sie können auch dazu beitragen, zu verstehen, wie Netzwerke wirken („how networks matter"). So untersucht Sandra Susan Smith (2005) das Unterstützungsverhalten bei der Arbeitssuche von „black urban poor" und dabei, auf welche Weise Sozialkapital aktiviert wird. Die Tiefeninterviews zeigen, dass Personen, die über Job-relevante Informationen und Einfluss verfügen, größte Bedenken haben, diese an andere weiter zu geben, da es Zeit und emotionale Energie kostet und unter Umständen die eigene Reputation gefährdet. Andere Studien untersuchen mithilfe qualitativer Interviews und teilnehmender Beobachtung Unterstützungsverhalten unter armen Immigranten (Menjivar 2000; Dominguez und Watkins 2003), Einflüsse von persönlichen Netzwerken auf Immigrationsentscheidungen (Wong und Salaff 1998) und auf Fertilitätsentscheidungen (Bernardi et al. 2007) oder Zusammenhänge zwischen Netzwerkeinbettung und Konversion (Smilde 2005). Auch in der Organisationsforschung werden qualitative Interviews und Beobachtungsverfahren eingesetzt: etwa um den Gründen für den Erfolg oder Misserfolg von Innovationsnetzwerken in der Forschung genauer nachzugehen (Franke und Wald 2006) oder die Bedingungen der Effektivität von Gesundheitssystemen zu untersuchen (Provan und Milward 1995). Die Organisationsmitglieder werden dabei als Experten zu den Netzwerken befragt, in denen sie eingebunden sind: zu ihrer Wahrnehmung und Einschätzung von Problemen (z.B. warum die Zusammenarbeit zwischen Forscherteams nicht funktioniert hat), zu spezifischen Handlungskontexten und Handlungsstrategien (z.B. unterschiedlichen Rahmenbedingungen und feldspezifischen Deutungsmustern in der Nanotechnologie, der Astrophysik und Mikroökonomie; Franke und Wald 2006). Auf der Basis ethnographischer Feldforschung in Unternehmen der Bekleidungsindustrie identifiziert Brian Uzzi (1997) die Merkmale von besonders wichtigen Kooperationsbeziehungen, sogenannten „embedded ties" (Vertrauen, ausführlicher Informationsaustausch und gemeinsame Problemlösungsstrategien) und zeigt, auf welche Weise diese Beziehungen zu organisationalem und ökonomischem Erfolg beitragen.

2.5 Netzwerkdynamiken

Eine besondere theoretische und methodologische Herausforderung der Netzwerkforschung liegt in der Frage nach den Konstitutionsbedingungen, dynamischen Prozessen und zeitlichen Veränderungen von Netzwerken. Dies gilt nicht nur für die Bewegungen von Netzwerken in der Zeit, sondern auch – da häufig damit verknüpft – für Bewegungen von Netzwerken im Raum (z.B. Migrantennetzwerke). Für das „Verstehen" der Bewegungen und Veränderungen von Netzwerken, gibt die qualitative Sozialforschung besondere Möglichkeiten an die Hand: Da bislang nur wenig über die Entstehung und Veränderung von Netzwerken bekannt ist, handelt es sich häufig um explorative Fragestellungen. Handlungsorientierungen und -strategien der beteiligten Akteure liefern hier bereits wichtige Hinweise zum Verständnis von Netzwerkbildungen und -veränderungen. Da an Netzwerkdynamiken aber immer mehrere Akteure beteiligt sind, ist zu deren Verständnis die Analyse konkreter Interaktionen und Praktiken der Akteure erforderlich. So liefern Uzzis (1997) Interviews mit Managern wichtige Anhaltspunkte zu der Frage, wie die sogenannten „embedded ties" gebildet werden: „Embedded ties", die sich im Unterschied zu „arm's-length ties" durch ein besonderes Vertrauensverhältnis auszeichnen und mit spezifischen Wettbewerbsvorteilen verbunden sind, entstehen offenbar in erster Linie durch Empfehlung Dritter sowie aus bestehenden persönlichen Netzwerken. Hierbei spielen Personen, die beide Akteure kennen, eine Vermittlerrolle (sogenannte „go-betweens"; Uzzi 1997). Werden bei den Bedingungen von Netzwerkdynamiken auch Zusammenhänge zwischen Netzwerkorientierungen der Akteure und den faktischen Netzwerkveränderungen untersucht, sind Längsschnittdaten, bei denen sowohl die konkreten Netzwerke, ihre Veränderungen als auch die Handlungsorientierungen der Akteure und deren Veränderungen erhoben werden, am besten geeignet. Etwa bei der Untersuchung der Akkulturationsprozesse von Migranten (Menjivar 2000; Schütze 2006) oder der Sozialisation und sozialen Integration junger Erwachsener (Bidart und Cacciuttolo, im Erscheinen). Basis der interpretativen Analyse von Netzwerkveränderungen können auch Dokumente sein, wie z.B. in Crossleys (2008) Studie der Veränderungen der Musikszene in Manchester. Werden die konkreten Interaktionen und Praktiken der Akteure und deren Bedeutung für die Dynamik von Netzwerken untersucht, liefern Beobachtungen über längere Zeiträume die besten Daten. Beispiel sind Gluesings et al. (im Erscheinen) Studie zu Innovationsnetzwerken in globalen Teams oder Misches (2008) Studie brasilianischer Jugendbewegungen. Auf der Basis teilnehmender Beobachtungen und unstrukturierter Interviews rekonstruiert sie verschiedene Konversationstypen, die je nach Kontext unterschiedliche Wirkungen für die Netzwerkbildung und für Mobilisierungsprozesse haben (2008).

2.6 Zugang zu Netzwerken

Schließlich kann es auch in Studien, in denen Netzwerkdaten ausschließlich mit den etablierten, formalisierten Verfahren der Social Network Analysis (SNA) ausgewertet werden sollen, sinnvoll sein, bei der Erhebung neben stark standardisierten offene Erhebungsverfahren einzusetzen.

Zum einen ist die systematische, standardisierte und auf Vergleichbarkeit zielenden Abfrage der Alteri und der Beziehungsinhalte mit erheblichem Erhebungsaufwand verbunden. Deshalb können z.B. in standardisierten Untersuchungen von Gesamtnetzwerken meist nur wenige Kontakt- oder Beziehungsdimensionen erhoben werden und oft nur recht allgemeine Beziehungsmuster abgefragt werden. Insbesondere bei sehr heterogenen Akteursgruppen (etwa bei Politiknetzwerken) sowie bei stark multiplexen Beziehungen kann es bei der Erhebung von Netzwerkstrukturdaten deshalb manchmal ökonomischer sein, einzelne Aspekte offen zu erheben. In diesen Fällen können offene Fragen, die auf die Sinnzusammenhänge und Relevanzkontexte der Befragten zielen, die Mehrdimensionalität der Netzwerke besser abbilden (vgl. Baumgarten und Lahusen 2006; Franke und Wald 2006).

Zum anderen kann ein „weicher" Zugang im Rahmen von qualitativen Interviews manchmal die beste (oder einzige) Möglichkeit sein, Zugang zu und Informationen von bestimmten Gruppen zu erhalten. Der Vorteil gering strukturierter Interviews ist, dass sie zum einen eher als standardisierte Fragebögen den Charakter „normaler Kommunikation" haben. Zum anderen können sie flexibel auf den jeweiligen Gegenüber und die Erfordernisse der Situation abgestimmt werden. Dies kann wichtig sein, um von bestimmten Gruppen überhaupt Netzwerkinformationen zu erhalten, etwa weil diese wenig Zeit haben (z.B. Politiker), weil sie kriminell (Mafia, Drogenabhängige) oder weil sie gefährdet sind (z.B. Menschenrechtler in Diktaturen). Nicht zu vergessen ist, dass es sich bei Netzwerkdaten um sensible und teilweise heikle Daten handelt. Dies trifft umso mehr auf Fälle zu, in denen es nicht nur um die Vernetzung von Ego geht, sondern auch um die Beziehungen zwischen den Alteri.

3 Erträge von Mixed-Method-Designs

Bei den meisten der bisher erwähnten Studien handelt es sich um Mixed-Method-Studien, bei denen qualitative Daten mit Daten zur Beschreibung der formalen Strukturen von Netzwerken (wie Netzwerkgröße, Dichte, Zentralität etc.) in Beziehung gesetzt werden. Diese spezifische Daten-Triangulation (Denzin 1970) ist die Voraussetzung dafür, dass tatsächlich Aussagen über soziale Netzwerke gemacht werden können und von "Netzwerken" nicht nur in einem metaphorischen Sinne gesprochen wird. Darüber hinaus bieten Mixed-Method-Designs, bei denen qualitative und quantitativ-formalisierte Auswertungsstrategien systematisch miteinander verknüpft werden, besondere Möglichkeiten die *Erklärungskraft* und *Generalisierbarkeit* der Aussagen zu steigern (vgl. Greene et al. 1989; Tashakkori und Teddlie 2003; Axinn und Pearce 2006; Bryman 2006). Darauf gehe ich in diesem Abschnitt genauer ein.

Mixed-Methods-Forschungsdesigns können sehr unterschiedlich aussehen. Creswell et al. (2003) finden Unterschiede in der Forschungslogik (explorativ oder hypothesenprüfend), der Priorität eines Ansatzes (steht der quantitative oder der qualitative Teil im Vordergrund?), der Abfolge der Methoden (werden quantitative und qualitative Verfahren parallel oder nacheinander durchgeführt?) und der Frage, an welcher Stelle des Forschungsprozesses die Methoden integriert werden (bei der Datenerhebung, der Datenauswertung oder der Dateninterpretation). Aus diesen Aspekten ergibt sich eine große Anzahl möglicher Forschungsdesigns. Im Folgenden gehe ich auf die, in den wenigen Mixed-Method-Netzwerkstudien am häufigsten verwendeten Designs[2] ein und illustriere deren Erträge.

3.1 Sequentielles erklärendes Design

Das sequentiell erklärende Design beginnt mit der Erhebung und Auswertung quantitativer Daten, auf welche dann eine qualitative Teilstudie folgt. Beispielsweise haben Bearman und Parigi mithilfe offener Fragen untersucht, was Individuen meinen, wenn sie im General Social Survey angeben, mit anderen Personen über „wichtige Angelegenheiten" (important matters) zu sprechen (Bearman und Parigi 2004). Die qualitative Befragung dient hier dazu, Ergebnisse der quantitativen Analyse zu *vertiefen* und genauer aufzuklären. Daneben können quantitative Analysen die Grundlage für die *Auswahl* und *Verortung* bestimmter *Fälle*, welche dann qualitativ untersucht werden (sog. „mapping"; z.B. McLean 1997; Wong und Salaff 1998; Hollstein 2002). In einer Untersuchung von Kooperationsnetzwerken in der beruflichen Weiterbildung wählt Jütte (2006) anhand der Netzwerkstruktur die Fälle (Gatekeeper) aus, welche dann qualitativ eingehender untersucht und typisiert werden. Eine andere Möglichkeit der Lokalisierung der Fälle ist die multidimensionale Skalierung (MDS; McLean 1997). Das Kriterium der Fallauswahl kann dabei unterschiedlich sein: Manchmal interessieren die extremen Fälle oder die „outlier", manchmal gerade besonders typische Fälle.

3.2 Sequentielles exploratives Design

Das sequentiell explorative Design beginnt mit einer qualitativen Teilstudie, auf welche ein quantitativer Untersuchungsteil folgt. Auf diese Weise kann z.B. mithilfe der quantitativen Analyse die *Verbreitung* von Handlungsmustern (etwa Netzwerkpraktiken) bestimmt werden. Oder die quantitative Analyse dient dazu, die *Bedingungen des Auftretens* der qualitativ gefundenen Muster zu klären (Mische 2008). So zeigten Smith's (2005) Interviews zum Unterstützungsverhalten von *black urban poor*, dass manche Personen, die job-relevante Information besitzen, diese nur ungern weitergeben. Im Anschluss prüft sie mit Surveydaten die Bedingungen von Unterstützung. Die Ergebnisse zeigen, dass Informationen eher innerhalb von „starken" Bindungen sowie in Nachbarschaften mit höherem sozioökonomischen Status gegeben werden (Smith 2005). Eine andere Möglichkeit ist, qualitativ gewonnene Ergebnisse in einer Simulationsstudie auf die *längerfristigen Konsequenzen* hin zu analysieren. Dieses Vorgehen wenden Rogers et al. (im Erscheinen) an, um die langfris-

---

[2] Bei der Bezeichnung der Designs lehne ich mich an die Typologie von Creswell et al. (2003) an. Sie unterscheiden sechs Mixed-Method-Designs. Für eine erste Klassifikation der wenigen Netzwerkstudien, die mit Mixed-Method-Designs arbeiten, und eine Systematisierung der damit jeweils verbundenen Erträge halte ich die Unterscheidung von drei Design-Typen für ausreichend und brauchbar (s.o.).

tigen Folgen des Unterstützungsverhaltens salvadorianischer Migranten in San Francisco (Menjivar 2000) für die sozialen Netzwerke zu untersuchen.

3.3 Parallel-Design

In anderen Untersuchungen werden quantitative und qualitative Strategien parallel eingesetzt und stärker integriert (z.B. Uzzi 1997; Bernardi et al. 2007; Mische 2008). Ziel einer Daten-*Triangulation* ist die *Datenvalidierung* und *Bestätigung* der Ergebnisse. Entsprechende Strategien wendeten Provan und Milward (1995) in ihrer Studie zur Effektivität lokaler Gesundheitsnetzwerke an: In qualitativen Interviews mit Organisationsmitgliedern wurde geklärt, ob Fragebogenfragen richtig verstanden worden waren. Telephonische Follow-ups wurden durchgeführt, wenn Fragebogenantworten und Feldnotizen widersprüchlich erschienen. Schließlich wurden erste Ergebnisse mit Organisationsangehörigen diskutiert, um sicherzustellen, dass wichtige Schlussfolgerungen nicht im Widerspruch mit deren Verständnis der Wirkungsweise des Systems standen („Realitätscheck"; Provan und Milward 1995).

Daneben dienen Paralleldesigns dazu, ein *breites, vielschichtiges und möglichst umfassendes Verständnis* von sozialen Phänomenen zu erhalten und erhöhen so die Reichweite und Generalisierbarkeit der Ergebnisse. Angezielt ist also weniger Konvergenz als *Komplementarität*. So sammelten Gluesing et al. (im Erscheinen) in klassischer ethnographischer Einstellung alle verfügbaren Daten über die Kommunikationsmuster der beteiligten Akteure in den Innovationsnetzwerken in global agierenden Unternehmen: neben Tausenden von E-mails gehörten dazu auch Tiefeninterviews und die Beobachtung der Interaktionen der Teammitglieder, welchen die Forscher über Tage lang folgten („shadowing"). Die Analyse der verschiedenen Datentypen ergab überraschende Unterschiede in der E-mail-Nutzung zwischen US-Amerikanern und Deutschen. (Erstere wickeln viele Arbeiten über E-mail ab, auch wenn der Adressat im Büro nebenan sitzt. Deutsche Teammitglieder suchen in diesem Fall den Adressaten persönlich auf; Gluesing et al. im Erscheinen). Die Beobachtungsdaten helfen hier bei der *Einordnung* und dem Verständnis der Relevanz der E-mail-Kommunikation. Ein anderes Beispiel ist Häusslings Studie (2006) zur Umstrukturierung der Vertriebsabteilung eines Automobilkonzerns, in der unterschiedliche Ebenen von Interaktionen analysiert werden: semantische Kontexte, Interaktionsnetzwerke und Handlungsorientierungen der Akteure. Die Analysen, bei denen alle diese Ebenen miteinander in Beziehung gesetzt werden, zeigen, dass die Implementierung von Wissensmanagementmaßnahmen in dem Unternehmen nicht gelingt, weil diese durch informelle Kontakte der Mitarbeiter systematisch unterlaufen werden.

Schließlich kann man als Paralleldesigns auch Studien bezeichnen, welche Methoden verwenden, die sowohl qualitative als auch quantifizierende Analyseschritte enthalten und entsprechend stark integriert sind. Darunter fallen z.B. Studien, die mit der „Qualitative Comparative Analysis" (QCA) arbeiten, einem Verfahren, das Boolesche Algebra, Fuzzy Algebra und qualitative Einzelfallanalysen integriert und die *Erklärungskraft* und *Generalisierbarkeit* insbesondere von Studien mit mittelgroßer Fallzahl steigert (Ragin 2008; übertragen auf Netzwerkfragestellungen von Smilde 2005; Hollstein und Wagemann im Erscheinen).

4 Fazit

Insgesamt sollte deutlich geworden sein, dass qualitative Verfahren wichtige Beiträge für die Untersuchung sozialer Netzwerke liefern können. Ihre Stärken liegen im Explorieren von Netzwerken und beim Feldzugang sowie im Beschreiben von Netzwerkpraktiken und Netzwerkinterpretationen (Netzwerkorientierungen und -evaluationen) und ihrem Beitrag zum Verständnis von Netzwerkwirkungen und Netzwerkdynamiken.

Die ertragreichsten Ergebnisse verspricht die Kombination von qualitativen und quantitativen Daten und Analysestrategien. Solche Mixed-Method-Designs helfen bei der Auswahl und Verortung von Einzelfällen, sie erhellen die Verbreitung, die Bedingungen und die Folgen von Handlungsmustern und Netzwerkpraktiken. Sie unterstützen die Validierung und Bestätigung der Ergebnisse und tragen zu einem umfassenderen, weil vielschichtigeren Bild sozialer Phänomene bei (vgl. Greene et al. 1989). Dabei können sich die so gewonnenen Befunde unterschiedlich zueinander verhalten: Häufig werden sie sich komplementär ergänzen, manchmal bestätigen, gelegentlich aber auch widersprechen bzw. zu überraschenden Einsichten führen. Dieses kann dann wiederum Nachfolgestudien anregen und initiieren – was letztlich die Breite und Tiefe der Einsicht fördert und die Erklärungskraft der Ergebnisse erhöht.

Nicht zuletzt hat eine solche Daten-Verknüpfung auch theoretische Implikationen: Da qualitative Daten verglichen mit den relationalen Daten zu Beziehungs- und Netzwerkstruktur näher an einzelnen Akteuren, ihren Relevanzsetzungen im Kontext ihrer Lebenswelt sind, bietet die Integration von qualitativen und von Strukturdaten auch einen Weg, um struktur- und akteurstheoretische Perspektiven verbinden zu können (Hollstein 2002; Häußling 2006). Dies fordern Vertreter der Relational Sociology seit Anfang der 90er Jahre (White 1992; Emirbayer und Goodwin 1994). Entsprechend lassen solche empirischen Studien auch theoretisch anregende Ergebnisse erwarten.

5 Literatur

Axinn, *William G.* und *Lisa D. Pearce*, 2006: Mixed Method Data Collection. Cambridge: Cambridge University Press.

Barnes, *John A.*, 1954: Class and committees in a Norwegian island parish. Human Relations 7: 39-58.

Barnes, *John A.*, 1969: Networks and political process. S. 51-77 in *J. Clyde Mitchell* (Hg.), Social networks in urban situations. Analyses of personal relationships in central African towns. Manchester: Manchester University Press.

Baumgarten, *Britta* und *Christian Lahusen*, 2006: Politiknetzwerke – Vorteile und Grundzüge einer qualitativen Analysestrategie. S. 177-199 in: *Betina Hollstein* und *Florian Straus* (Hg.), Qualitative Netzwerkanalyse. Konzepte, Methoden, Anwendungen. Wiesbaden: VS Verlag für Sozialwissenschaften.

Bearman, *Peter S.* und *Paolo Parigi*, 2004: Cloning Headless Frogs and Other Important Matters: Conversation Topics and Network Structure. Social Forces 83: 535-557.

Bernardi, Laura, Sylvia Keim, und *Holger von der Lippe,* 2007: Social Influence on Fertility. A Comparative Mixed Methods Study in Eastern and Western Germany. Journal of Mixed Methods Research 1: 23-47.

Bidart, Claire und *Patrice Cacciuttolo,* 2010: Socialization Processes and Networks of Young Adults: A Mixed-Method Longitudinal Study. Im Erscheinen in: *Silvia Dominguez* und *Betina Hollstein* (Hg.), Mixed-Methods in Studying Social Networks.

Bott, Elisabeth, 1957: Family and social network. London: Tavistock.

Broadbent, Jeffrey, 2003: Movement in Context: Thick Networks and Japanese Environmental Protest. S. 204-229 in: *Mario Diani* und *Doug McAdam* (Hg.), Social movements and networks. Relational approaches to collective action. Oxford: Oxford University Press.

Bryman, Alan (Hg.), 2006: Mixed Methods Set, 4 Vol.. London: Sage.

Creswell, John W., Vicki L. Plano Clark, Michelle L. Gutmann und *William E. Hanson,* 2003: Advanced Mixed Methods Research Designs. S. 209-241 in: *Abbas Tashakkori* und *Charles Teddlie* (Hg.), Handbook of mixed methods in social and behavioral research. Thousand Oaks: Sage.

Crossley, Nick, 2009: The man whose web expanded: Network dynamics in Manchester's post/punk music scene 1976-1980. Poetics 37: 24-49.

Denzin, Norman K., 1970: The Research Act. Chicago: Aldine.

Dominguez, Silvia und *Celeste Watkins,* 2003: Creating Networks for Survival and Mobility: Social Capital among African-American and Latin American Low-Income Mothers. Social Problems 50: 111-135.

Emirbayer, Mustafa und *Jeff Goodwin,* 1994: Network analysis, culture, and the problem of agency. American Journal of Sociology 99: 1411-1454.

Engelbrecht, Martin, 2006: Netzwerke religiöser Menschen – Die Dynamik von Wissensbeständen und Netzwerken religiöser Traditionen zwischen kollektiver Selbstabgrenzung und individueller Wahl. S.243-267 in: *Betina Hollstein* und *Florian Straus* (Hg.), Qualitative Netzwerkanalyse. Konzepte, Methoden, Anwendungen. Wiesbaden: VS Verlag für Sozialwissenschaften.

Foote Whyte, William, 1955: Street corner society. The social structure of an Italian slum. Chicago/London: University of Chicago Press.

Franke, Karola und *Andreas Wald,* 2006: Möglichkeiten der Triangulation quantitativer und qualitativer Methoden in der Netzwerkanalyse. S. 153-177 in: *Betina Hollstein* und *Florian Straus* (Hg), Qualitative Netzwerkanalyse. Konzepte, Methoden, Anwendungen. Wiesbaden: VS Verlag für Sozialwissenschaften.

Gluesing, Julia, Kenneth Riopelle und *James A. Danowski,* 2010: Innovation Networks in Global Organizations: Understanding Network Practices and Dynamics by Mixing Ethnography and Information Technology Data. Im Erscheinen in: *Silvia Dominguez* and *Betina Hollstein* (Hg.), Mixed-Methods in Studying Social Networks.

Greene, Jennifer C., Valerie J. Caracelli und *Wendy F. Graham,* 1989: Toward a conceptual framework fir Mixed-Method Evaluation designs. Educational Evaluation and Policy Analysis 11: 255-274.

Häußling, Roger, 2006: Interaktionen in Organisationen. Ein Vierebenenkonzept des Methodologischen Relationalismus und dessen empirische Anwendung. Karlsruhe: Universität Karlsruhe.

Höfer, Renate, Heiner Keupp und *Florian Straus,* 2006: Prozesse sozialer Verortung in Szenen und Organisationen – Ein netzwerkorientierter Blick auf traditionale und reflexiv moderne Engagementformen. S. 267-295 in: *Betina Hollstein* und *Florian Straus* (Hg.), Qualitative Netzwerkanalyse. Konzepte, Methoden, Anwendungen. Wiesbaden: VS Verlag für Sozialwissenschaften.

Hollstein, Betina, 2002: Soziale Netzwerke nach der Verwitwung. Eine Rekonstruktion der Veränderungen informeller Beziehungen. Opladen: Leske + Budrich.

Hollstein, Betina, 2010: Qualitative Approaches. Im Erscheinen in: *John Scott* und *Peter J. Carrington* (Hg.), Sage Handbook of Social Network Analysis. London/New Delhi: Sage.

Hollstein, Betina und *Carsten G. Ullrich*, 2003: Einheit trotz Vielfalt? Zum konstitutiven Kern qualitativer Sozialforschung. Soziologie. Forum der Deutschen Gesellschaft für Soziologie: 29-44.
Hollstein, Betina und *Claudius Wagemann*, im Erscheinen: How Networks affect the Transition from School to Work: Fuzzy-Set Analysis and Mixed-Methods. In: Silvia Dominguez und Betina Hollstein (Hg.), Mixed-Methods in Studying Social Networks.
Jütte, Wolfgang, 2006: Netzwerkvisualisierung als Triangulationsverfahren bei der Analyse lokaler Weiterbildungslandschaften. S. 199-221 in: *Betina Hollstein* und *Florian Straus* (Hg.), Qualitative Netzwerkanalyse. Konzepte, Methoden, Anwendungen. Wiesbaden: VS Verlag für Sozialwissenschaften.
Kesselring, Sven, 2006: Topographien mobiler Möglichkeitsräume. Zur sozio-materiellen Netzwerkanalyse von Mobilitätspionieren. S. 333-359 in: *Betina Hollstein* und *Florian Straus* (Hg.), Qualitative Netzwerkanalyse. Konzepte, Methoden, Anwendungen. Wiesbaden: VS Verlag für Sozialwissenschaften.
McLean, Paul D., 1998: A Frame Analysis of Favour Seeking in the Renaissance: Agency, Networks, and Political Culture. American Journal of Sociology 104: 51-91.
Menjivar, Cecilia, 2000: Fragmented ties: Salvadoran immigrant networks in America. Berkeley: University of California Press.
Mische, Ann, 2008: Partisan Publics. Communication and Contention across Brazilian Youth Activist Networks. Princeton/Oxford: Princeton University Press.
Mitchell, J. Clyde (Hg.), 1969: Social networks in urban situations. Analysis of personal relationships in central African towns. Manchester: Manchester University Press.
Pahl, Ray und *Liz Spencer*, 2004: Personal Communities: Not simply families of ‚fate' or ‚choice'. Current Sociology 52: 192-221.
Provan, Keith G. und *H. Brinton Milward*, 1995: A preliminary theory of interorganizational network effectiveness: A comparative study of four mental health systems. Administrative Science Quarterly 40: 1-33.
Ragin, Charles C. 2008: Redesigning Social Inquiry. Fuzzy Sets and Beyond. Chicago/ London: University of Chicago Press.
Riles, Annelise, 2000: The network inside out. http://stabikat.sbb.spk-berlin.de/DB=1/FKT=12/FRM=309431921/IMPLAND=Y/LNG=DU/LRSET=1/SET=1/SID=0 f197dbb-2/TTL=1/MAT=/NOMAT=T/CLK?IKT=1008&TRM=%3C&cvtourl%3E Ann Arbor: University of Michigan Press.
Rogers, Bruce, Cecilia Menjívar und *Tom Taylor*, 2010: Visualizing Ties: Simulating the Social Networks and Interactions of Poor Immigrants. Im Erscheinen in: *Silvia Dominguez* und *Betina Hollstein* (Hg.), Mixed-Methods in Studying Social Networks.
Roethlisberger, F.J. und *William J. Dickson*, 1939: Management and the Worker. Cambridge: Harvard University Press.
Scheibelhofer, Elisabeth, 2006: Migration, Mobilität und Beziehung im Raum: Egozentrierte Netzwerkzeichnungen als Erhebungsmethode. S.311-333 in: *Betina Hollstein* und *Florian Straus* (Hg.), Qualitative Netzwerkanalyse. Konzepte, Methoden, Anwendungen. Wiesbaden: VS Verlag für Sozialwissenschaften.
Schütze, Yvonne, 2006: Quantitative und Qualitative Veränderungen in den sozialen Netzwerken junger Migranten – Eine Langzeitstudie. S. 295-311 in: *Betina Hollstein* und *Florian Straus* (Hg.), Qualitative Netzwerkanalyse. Konzepte, Methoden, Anwendungen. Wiesbaden: VS Verlag für Sozialwissenschaften.
Smilde, David, 2005: A Qualitative Comparative Analysis of Conversion to Venezuelan Evangelicalism: How Networks Matter. American Journal of Sociology 111: 757-796.
Smith, Sandra Susan 2005: "Don't put my name on it": Social Capital Activation and Job-Finding Assistance among the Black urban Poor. American Journal of Sociology 111: 1-57.
Tashakkori, Abbas und *Charles Teddlie*, 2003: Handbook of mixed methods in social and behavioral research. Thousand Oaks: Sage.

Uzzi, Brian, 1997: Social structure and competition in interfirm networks: The paradox of embeddedness. Administrative Science Quarterly 42: 35-67.
White, Harrison C., 1992: Identity and Control. Princeton: Princeton University Press.
Wong, Siu-lun und *Janet W. Salaff*, 1998: Network capital: emigration from Hong Kong. British Journal of Sociology 49: 358-374.

5.11 Egozentrierte Netzwerke: Datenerhebung und Datenanalyse

Christof Wolf

1 Einleitung

Unter einem egozentrierten Netzwerk versteht man die Beziehungen einer fokalen Person (Ego) zu anderen Personen (Alteri), mit denen sie in einem direkten Kontakt steht. Statt von einem egozentrierten Netzwerk wird manchmal auch von einem persönlichen Netzwerk gesprochen. Die notwendigen Angaben stammen meist von Ego; d. h. die fokale Person gibt Auskunft über ihre Beziehungen zu anderen Personen, über die Beziehungen zwischen diesen Anderen sowie über deren Eigenschaften. Während die Analyse sozialer (Gesamt-) Netzwerke typischerweise auf verhältnismäßig kleine Gruppen beschränkt ist, eröffnet das Konzept des egozentrierten Netzwerkes die Möglichkeit, Aussagen über die soziale Einbettung einer großen Anzahl von Personen zu machen. Auf diese Weise werden die Vorzüge von Zufallsstichproben mit denen der Beziehungs- und Netzwerkanalyse verknüpft.

Im Folgenden werden verschiedene Zugänge zur Erhebung egozentrierter Netzwerkdaten (Abschnitt 2) sowie die Möglichkeiten zu ihrer Analyse (Abschnitt 3) beschrieben. Der Beitrag ist auf die Darstellung wesentlicher Grundlagen beschränkt. Weiterführende Hinweise können der angeführten Literatur entnommen werden.

2 Erhebung egozentrierter Netzwerke

Instrumente zur Erhebung egozentrierter Netzwerke bestehen aus drei Bestandteilen. Erstens, Stimuli, mit denen nach konkreten Kontaktpersonen gefragt wird, so genannten Namensgeneratoren. Zweitens, Fragen nach Eigenschaften der Kontaktpersonen bzw. der Beziehung zwischen dem Befragten und den Kontaktpersonen, so genannte Namensinterpretatoren. Drittens, Fragen nach den Beziehungen zwischen den Kontaktpersonen, auch als Fragen zur Dichte bezeichnet.

2.1 Namensgeneratoren

In den ersten in der einschlägigen Literatur beschriebenen Namensgeneratoren wurden soziale Rollen angesprochen; z. B. wurde nach den drei besten *Freunden* (Laumann 1966) oder den zwei *Familien,* mit denen man am häufigsten privat verkehrt (Mayntz 1958: 223), gefragt. Ein Problem dieser Vorgehensweise ist, dass das Verständnis dessen, was ein „Freund" oder eine „Familie" ist, zwischen verschiedenen Bevölkerungsgruppen variiert (Allan 1977; Fischer 1982a). Als Alternative wurde vorgeschlagen nach konkreten Interaktionen zu fragen. Ein entsprechendes Instrument wurde zum ersten Mal im Rahmen der

North California Community Study (NCCS) entwickelt. Es besteht aus den folgenden
Fragen (McCallister und Fischer 1978: 137):[1]

1. who would care for the respondents' homes if they went out of town;
2. if they work, with whom they talk about work decisions;
3. who, if anyone, had helped with household tasks in the last three months;
4. with whom they engaged in social activities (like inviting home for dinner, or going to a movie);
5. who they talk with about hobbies;
6. if unmarried, who their fiancé(e) or „best friend" is;
7. with whom they talk about personal worries;
8. whose advice they consider in making important decisions;
9. from whom they would or could they borrow a large sum of money;
10. enumeration of adult members of the respondents' households.
...
Is there anyone who is important to you who doesn't show up on this list?

Der Vorteil dieses Instruments ist, dass man aufgrund der großen Anzahl an Namensgeneratoren vergleichsweise große egozentrierte Netzwerke, mit Beziehungen unterschiedlicher Stärke und Qualität erhält. In der NCCS nannten die Befragten beispielsweise durchschnittlich 18,5 Netzwerkpersonen. Von diesen waren ca. 42 % Verwandte, 10 % Nachbarn, 10 % Kollegen, 6 % Mitglied im selben Verein, 6 % andere und 23 % Freunde ohne weitere rollenförmige Verbindung zu Ego (Fischer 1982b: 41). Ein weiterer Vorzug dieser Methode besteht darin, dass zwischen Beziehungen, die auf nur einer Interaktion beruhen, z. B. über Hobbys sprechen, und solchen, die an mehreren Interaktionen beteiligt sind, z. B. über wichtige persönliche Dinge reden *und* Geld leihen, unterschieden werden kann. Somit lassen sich uniplexe von multiplexen Beziehungen unterscheiden.

Steht die Erhebung egozentrierter Netzwerke im Vordergrund einer Untersuchung, dann ist die Verwendung mehrerer Namensgeneratoren die Methode der Wahl. In vielen Situationen dürfte diese Methode jedoch zu aufwändig und zeitintensiv sein. In dieser Situation empfiehlt es sich das von Burt (1984) vorgeschlagene Verfahren zu verwenden. Burt sollte für den General Social Survey, die allgemeine Bevölkerungsumfrage der USA, ein kurzes Instrument zur Erhebung egozentrierter Netzwerke erstellen. Als Ausgangspunkt dienten ihm die Daten der NCCS und das vorgegebene Ziel, mit möglichst wenig Aufwand den Kern der egozentrierten Netzwerke zu identifizieren. Die entsprechende Frage lautet (Burt 1984: 331):[2]

From time to time, most people discuss important personal matters with other people. Looking back over the last six months, who are the people *with whom you discussed an important personal matter*? Please just tell me their first names or initials.

---

[1] Dieses Instrument wurde auch außerhalb der USA vielfach eingesetzt; z. B. in Deutschland (Pfenning und Pfenning 1987), in Israel (Fischer und Shavit 1995) und Mexico (Bernard et al. 1990).
[2] Die deutsche Variante lautet: „Hin und wieder besprechen die meisten Leute wichtige Angelegenheiten mit anderen. Wenn Sie an die letzten sechs Monate zurückdenken: Mit wem haben Sie über Dinge gesprochen, die Ihnen wichtig waren?" (ZA 1987: 256)

Die mit diesem Indikator erhobenen egozentrierten Netzwerke bestehen aus relativ nahen Beziehungen, mit einem im Vergleich zum Netzwerk nach Fischer höheren Anteil von Freunden und Verwandten.

Eine an McCallister und Fischer angelehnte, aber nicht ganz so aufwändige Methode zur Erhebung egozentrierter Netzwerke wurde von Kecskes und Wolf (1996) entwickelt und seither mit leichten Modifikationen in weiteren Studien eingesetzt (Friedrichs und Blasius 2000; Friedrichs et al. 2002; Kecskes 2000; Wolf 2003; vgl. die Übersicht in Wolf 2006). Wie beim Instrument von McCallister und Fischer werden mehrere Namensgeneratoren eingesetzt, die sich auf konkrete soziale Interaktionen beziehen. Allerdings beschränken wir uns auf drei Interaktionsformen: Ratsuche, instrumentelle Hilfe und geselligen Verkehr. Für jeden dieser drei Bereiche wurden zwei bzw. drei Namensgeneratoren formuliert (Kecskes und Wolf 1996: 40f.):[3]

1. Die meisten Leute besprechen hin und wieder wichtige Angelegenheiten mit anderen Personen. Wenn Sie an die letzten 14 Tage zurückdenken:
a) An wen haben Sie sich gewandt, um Dinge zu besprechen, die Ihnen wichtig waren?
b) Und wer hat sich in den letzten 14 Tagen an Sie gewandt, um Dinge zu besprechen, die ihr oder ihm wichtig waren?

2. Es gibt viele Dinge, die durch die praktische Hilfe anderer erleichtert werden können, wie z. B. Reparaturen im Haushalt oder am PKW, die Erledigung von Besorgungen, die Hilfe im Krankheitsfalle und die Betreuung von Kindern oder alten Menschen.
a) Wem haben Sie in den letzten 14 Tagen in der einen oder anderen Weise praktische Hilfe geleistet?
b) Wer hat Ihnen in diesem Zeitraum in der einen oder anderen Weise praktische Hilfe geleistet?

3. Kommen wir nun auf die Personen zu sprechen, mit denen Sie Ihre Freizeit verbringen. Wenn Sie wiederum an die letzten 14 Tage denken:
a) Wer hat Sie in dieser Zeit zu Hause besucht?
b) Und wen haben Sie in den letzten 14 Tagen zu Hause besucht?
c) Mit wem haben Sie in den letzten 14 Tagen Freizeitaktivitäten außerhalb des Hauses unternommen?

[Nach Auflistung aller bisher genannten Personen wird noch gefragt:]
Wenn Sie jetzt noch einmal an alle Menschen denken, die Sie mir gerade genannt haben. Fehlen jetzt noch Personen, die Ihnen wichtig sind oder die in Ihrem Leben eine wichtige Rolle spielen?

Die Interviewer wurden darauf hingewiesen, bei den Fragen 1 und 2 keine Personen aufzunehmen, denen Ego in seiner Berufsrolle geholfen hat bzw. die Ego in ihrer Berufsrolle geholfen haben, z. B. als Arzt, Priester oder Pfleger. Bei Frage 3c) sollten zudem keine Personen aufgeführt werden, mit denen ausschließlich Aktivitäten im Rahmen von Vereinsveranstaltungen unternommen wurden, wie z. B. die Fußballkameraden. Diese Personen sollten nur dann aufgeführt werden, wenn mit ihnen zudem weitere Freizeitaktivitäten unternommen wurden, wie ein Kinobesuch nach dem Training.

---

[3] Ursprünglich hatten wir gehofft, mit diesen Fragen Aussagen über die Reziprozität der Beziehungen machen zu können. Unsere Analysen und ähnliche Untersuchungen einer niederländischen Forschergruppen (Tilburg 1992) zeigten jedoch, dass diese Hoffnung sich nicht erfüllt. Dennoch haben wir die Namensgeneratoren in den Folgeuntersuchungen in dieser Form beibehalten, weil die jeweiligen Rückfragen doch zu weiteren Namen führen, die jeweilige Interaktionsform somit besser abgebildet wird.

Mit Fischer und Burt sind zwei prototypische Methoden zur Erhebung egozentrierter Netzwerke genannt. Beide Verfahren erlauben es, einen mehr oder weniger großen Ausschnitt der sozialen Beziehungen Egos zu erheben, die durch regelmäßige Interaktionen gekennzeichnet sind. Die Art der Interaktionen ist dabei durch die Formulierung der Namensgeneratoren vorgegebenen. Je nach Anzahl der verwendeten Namensgeneratoren kann diese Form der Erhebung egozentrierter Netzwerke verhältnismäßig aufwändig sein, sie ist aber auch sehr flexibel. Der genaue Inhalt des Namensgenerators sollte in Abhängigkeit von der Forschungsfrage gewählt werden, um so den jeweils relevanten Ausschnitt der Netzwerke zu erfassen.[4]

2.2 Fragen zu den Netzwerkpersonen

Zur Charakterisierung der Beziehungen zwischen der befragten Person und der von ihr genannten Netzwerkpersonen bzw. dem egozentrierten Netzwerk insgesamt müssen weitere Angaben zu den Alteri erhoben werden. Welche Eigenschaften benötigt werden, hängt von der Fragestellung ab. Meist schließt dies demographische Angaben (Alter, Geschlecht, Familienstand), teilweise auch weiterführende Angaben wie Staatsangehörigkeit, Geburtsort, Wohnort oder Konfession ein. Ebenso werden häufig Indikatoren der sozialen Stellung der Alteri, wie ihre Schulbildung, ihr Erwerbsstatus und ihre berufliche Stellung erhoben. Neben Angaben zu den Alteri selbst, werden meist auch Angaben zur Beziehung zwischen Ego und den Alteri erhoben. Entsprechende Fragen beziehen sich auf Art bzw. Kontext der Beziehung (Verwandtschaft, Arbeitsplatz, Nachbarschaft etc.), Dauer der Bekanntschaft, Kontakthäufigkeit oder die emotionale Verbundenheit.

Im Zusammenhang mit Egos Auskünften über die Alteri stellt sich die Frage nach der Zuverlässigkeit und Gültigkeit dieser Auskünfte mit besonderer Dringlichkeit. Allerdings sollte nicht übersehen werden, dass Angaben über Dritte, so genannte Proxy-Interviews, im Rahmen sozialwissenschaftlicher Umfragen nicht nur in Netzwerkerhebungen vorkommen. Daher existieren einige Erfahrungen mit der Güte derartiger Angaben. Wie die Ergebnisse methodischer Forschung in diesem Bereich zeigen, gilt allgemein, dass Angaben über andere umso zuverlässiger sind, je besser sich die Auskunft gebende Person und die Person, über die berichtet wird, kennen und je eher es um Dinge geht, die der Auskunft gebenden Person bekannt sind (vgl. Wolf und Lüttinger 2009 und die dort zitierte Literatur). Solange es bei der Erhebung egozentrierter Netzwerke um das „Kernnetzwerk" der engen Beziehungen geht, kann demnach von einer befriedigenden Zuverlässigkeit und Gültigkeit ausgegangen werden. Dies muss allerdings nach der Art der erfragten Merkmale differenziert werden. Für demographische und sozialstrukturelle Merkmale kann die Zuverlässigkeit der Angaben zu den Alteri als befriedigend gelten, während Angaben zu den Einstellungen der Netzwerkpersonen als wenig reliabel einzustufen sind (vgl. Pfenning 1988; Pappi und Wolf 1984: 298; Kogovšek und Ferligoj 2005). Dagegen können die Angaben zur Beziehung als in hohem Maß reliabel und valide gelten (vgl. Hammer 1984).

Prinzipiell können die Fragen zu den Netzwerkpersonen in zwei verschiedenen Varianten erhoben werden: entweder personenbezogen oder merkmalsbezogen. Bei der merkmalsbezogenen Vorgehensweise wird jedes Merkmal, z. B. das Alter der Netzwerkperson,

---

[4] Einen ausführlichen Überblick über weitere Erhebungsverfahren für egozentrierte Netzwerke und verwandte Konzepte bietet Wolf (2006).

für alle Netzwerkpersonen erhoben, bevor zum nächsten Merkmal übergegangen wird. Bei der personenbezogenen Variante werden dagegen zunächst alle Fragen zur ersten Person, dann alle Fragen zur zweiten Person usw. gestellt. Die vorliegenden Ergebnisse deuten darauf hin, dass die Datenqualität bei der personenbezogenen Vorgehensweise etwas höher ist als bei der merkmalsbezogenen Variante (vgl. Kogovšek et al. 2002). Allerdings scheint die Frage, welche der beiden Möglichkeiten die überlegene ist, auch vom Modus der Datenerhebung abzuhängen (Vehovar et al. 2008).

Ob die Informationen für alle Netzwerkpersonen erhoben werden können oder ob dies nur für eine Auswahl der genannten Personen möglich ist, hängt von den zur Verfügung stehenden Mitteln ab. Insbesondere bei der Verwendung mehrerer Namensgeneratoren wird häufig eine Beschränkung auf einen Teil der genannten Personen nötig sein. Dazu kann man sich unterschiedlicher Auswahlverfahren bedienen (vgl. Wolf 2006: 256).

2.3 Fragen zur Dichte

Um Aussagen über die Verbundenheit des egozentrierten Netzwerkes machen zu können, wird ein Schätzer der Netzwerkdichte benötigt. Zur Berechnung eines solchen Schätzers müssen Informationen über die Beziehungen zwischen den Netzwerkpersonen vorliegen. Die einfachste Möglichkeit ist eine binäre Abfrage, bei der die Befragten angeben müssen, ob sich jeweils zwei der von ihnen genannten Netzwerkpersonen (gut) kennen oder nicht (gut) kennen. Diese Variante wird z. B. im ALLBUS verwendet. Alternativ kann der Grad des Kennens abgestuft erfragt werden; etwa wie in der Nachwahlbefragung 1987: „Stehen diese einander sehr nahe (1), nahe (2), einander nicht nahe (3), oder kennen sie sich überhaupt nicht (4)?" (ZA 1987: 12).

Da die Zahl der möglichen Beziehungen in einem Netzwerk exponentiell mit seiner Größe steigt, stellt sich schon bei verhältnismäßig kleinen Netzwerken die Frage, ob alle Alteri bzw. alle Beziehungen zwischen den Alteri in die Erhebung der Dichte einbezogen werden sollen. Bei fünf Alteri müssen 10, bei sieben Alteri 21 und bei 10 Alteri bereits 45 Beziehungen abgefragt werden. In den Studien, die mir bekannt sind, wurden daher jeweils fünf Alteri bzw. 10 Beziehungen zwischen Alteri (zufällig) ausgewählt.

3 Aufbereitung und Analyse egozentrierter Netzwerkdaten

In diesem Abschnitt wird dargelegt, welche Analysemöglichkeiten Daten egozentrierter Netzwerke bieten. Es wird beschrieben, wie diese Daten sowohl auf der Ebene von Beziehungen als auch auf der Ebene des Netzwerks ausgewertet werden können. Zuvor wird jedoch kurz auf die Aufbereitung egozentrierter Netzwerkdaten eingegangen.

3.1 Datenaufbereitung

Grundsätzlich kann unterschieden werden zwischen einer netzwerkspezifischen Perspektive auf die Daten und einer beziehungsspezifischen Perspektive. Bei der netzwerkspezifischen Perspektive besteht der Datensatz aus so vielen Fällen wie Netzwerke erhoben wurden.

Dies entspricht der Anzahl der Befragten, die mindestens eine Netzwerkperson genannt haben. Im Gegensatz dazu hat ein Datensatz der Beziehungen so viele Einheiten wie Alteri genannt wurden. Netzwerk- bzw. beziehungsspezifische Datensätze korrespondieren mit den auch aus anderen Kontexten, z. B. bei Ereignisdaten, bekannten Bezeichnungen breites (Netzwerke) versus langes (Beziehungen) Datenformat.

Abbildung 1: Daten in Beziehungs- und Netzwerkform

A. Daten in Beziehungsform (langes Format)

ID	AID	GES	ALT	FAM
1	1	M	29	ledig
1	2	M	35	gesch
1	3	F	30	ledig
2	1	M	50	verh
2	2	F	55	verh
3	1	F	18	ledig
4	1	M	66	verh
4	2	F	80	verw

B. Daten in Netzwerkform (breites Format)

ID	GES1	ALT1	FAM1	GES2	ALT2	FAM2	GES3	ALT3	FAM3	GR
1	M	29	ledig	M	35	gesch	F	30	ledig	3
2	M	50	verh	F	55	verh				2
3	F	18	ledig							1
4	M	66	verh	F	80	verw				2

Legende:

ID	Ego Nummer
AID	Alter Nummer
GES_	Geschlecht
ALT_	Alter
FAM_	Familienstand
GR	Netzwerkgröße

In Abbildung 1 ist ein Ausschnitt eines umfangreicheren Datensatzes wiedergegeben. Der Ausschnitt zeigt Angaben von insgesamt vier egozentrierten Netzwerken, die aus insgesamt acht Alteri bestehen. Für jede Netzwerkperson liegen Angaben zum Geschlecht, zum Alter und zum Familienstand vor. Im oberen Teil der Abbildung ist schematisch ein Datensatz im langen Format, also in Beziehungsform, wiedergegeben. Den acht Netzwerkpersonen entsprechen die Angaben in den acht Zeilen dieser Datenmatrix. Die zweite Datenmatrix enthält dieselben Daten im breiten Format, also in Netzwerkform. Die Merkmale für die Alteri, z. B. Geschlecht, wiederholen sich so häufig, wie der Anzahl der maximal erhobenen Netzwerkpersonen entspricht. In Ergänzung zu den Merkmalen der Alteri werden hier auch Netzwerkmerkmale festgehalten, etwa die Netzwerkgröße.[5]

---

[5] Da es sich um *egozentrierte* Netzwerke handelt, ist der Netzwerkdatensatz lediglich eine Ergänzung zu dem üblichen rechteckigen Datensatz für die Befragten.

Für die Dokumentation und Archivierung bietet es sich an, die Daten zu den Alteri in der langen Form zu verarbeiten. Jede Variable kommt nur einmal vor und es gibt keine „Lücken" in der Datenmatrix wie dies beim breiten Format der Fall ist. Die Angaben zu den Netzwerken, z. B. Größe oder Dichte, müssen dagegen im Netzwerkdatensatz abgelegt werden. Für die Analyse sind beide Datenformate von Interesse und werden, je nach Fragestellung, zu verwenden sein.[6] Sollen Dyaden (Beziehungen) untersucht werden, so können den Daten in Beziehungsform die entsprechenden Angaben Egos zugespielt werden. Sollen Netzwerkeigenschaften untersucht werden, dann können diese entweder durch Aggregation aus den Beziehungsdaten oder – meist einfacher – aus den Daten im Netzwerkformat gewonnen werden.

Die Angaben zu den Beziehungen zwischen den Alteri werden meist mit in den Datensatz im Netzwerkformat aufgenommen. Alternativ kann diese Information auch in einem Triadendatensatz abgelegt werden. Wobei den Triaden weitere Merkmale der jeweiligen Alteri und Egos zugespielt werden können.[7] In der Praxis wird von dieser Möglichkeit jedoch kaum Gebrauch gemacht (siehe aber Pappi und Melbeck 1988).

3.2 Analysemöglichkeiten auf Ebene der Netzwerke

Für die egozentrierten Netzwerke interessiert gemeinhin ihre Größe, ihre Dichte, ihre Zusammensetzung und Reichweite. Als Indikator der Netzwerkgröße wird auf die Zahl der genannten Alteri zurückgegriffen. Die Dichte ergibt sich aus dem Quotienten von Anzahl bestehender Beziehungen zur Anzahl der möglichen Beziehungen zwischen den Alteri. Die Zusammensetzung kann in vielfältiger Hinsicht abgebildet werden; beispielsweise über die Zusammensetzung der Netzwerke nach Beziehungsarten – z. B. in der Unterscheidung von Verwandten, Arbeitskollegen, Nachbarn – oder nach Personengruppen – z. B. dem Anteil Ausländer. Die soziale und räumliche Reichweite der Netzwerke wird durch die Konzentration oder Ausbreitung im (sozialen) Raum gemessen – etwa durch die Heterogenität der Bildungsabschlüsse der Alteri oder die räumliche Entfernung ihrer Wohnorte.

Die Tabellen 1 und 2 geben entsprechende Beispiele wieder. Tabelle 1 enthält Angaben über die Größe, die Zahl bzw. den Anteil an Verwandten sowie die Dichte der Netzwerke nach dem Alter und dem höchsten Schulabschluss Egos. Es zeigt sich, dass die Netzwerke mit zunehmendem Alter kleiner werden, dass die Anzahl der Verwandten jedoch tendenziell steigt. Dadurch nimmt der Anteil der Verwandten im Netzwerk mit dem Alter stark zu: von ca. 30 % bei den unter 35-Jährigen auf fast 50 % bei den über 64-Jährigen. Zusammen genommen führen die mit dem Alter rückläufige Netzwerkgröße und der zunehmende Anteil Verwandter zu einer Zunahme der Dichte der Netzwerke. Ein ähnliches Phänomen kann in Bezug auf die Bildung konstatiert werden. Mit höheren Bildungsabschlüssen gehen größere Netzwerke einher, gleichzeitig sinkt der Anteil der Verwandten und damit dann auch die Dichte im Netzwerk. Interessanterweise steht jedoch nur der *An-*

---

[6] In gängigen Statistik-Paketen existieren mittlerweile Prozeduren um langes Datenformat in weites Datenformat umzuwandeln und vice versa. In SPSS heißen die entsprechenden Kommandos CASESTOVARS (langes in breites Format) bzw. VARSTOCASES (weites in langes Format); in Stata heißen die entsprechenden Befehle reshape long bzw. reshape wide.
[7] Ein egozentriertes Netzwerk mit k Alteri besteht aus k x (k-2) Triaden, wenn nur solche Triaden betrachtet werden, in denen Ego beteiligt ist.

teil der Verwandten in einem Zusammenhang mit der Bildung, nicht jedoch die *Anzahl* der Verwandten.

Tabelle 1: Größe, Verwandtschaftsanteil und Dichte egozentrierter Netzwerke nach Alter und Bildung Egos

	Größe	Verwandte Anzahl	Verwandte Anteil	Dichte
Alter				
18 – 34 Jahre	10,89	3,12	0,31	0,37
35 – 49 Jahre	9,90	3,76	0,40	0,50
50 – 64 Jahre	8,84	3,85	0,47	0,57
65 Jahre und älter	8,02	3,44	0,49	0,56
eta	0,20**	0,11*	0,28**	0,26**
Schulabschluss				
Hauptschule	7,62	3,75	0,50	0,61
Realschule	9,36	3,51	0,43	0,50
Abitur	10,75	3,13	0,31	0,39
Hochschule	12,24	3,49	0,31	0,37
eta	0,32**	0,09	0,33**	0,32**

* p < 0,05; ** p < 0,001

Quelle: Kecskes und Wolf (1996: 130); Datenbasis: Religion und soziale Netzwerke, ZA-Nr. 2667.

Indikatoren für die Reichweite der Netzwerke sind in Tabelle 2 zusammengestellt. Die ersten zwei Kennzahlen beziehen sich auf die *räumliche* Reichweite. Es handelt sich um die Anzahl und den Anteil der Alteri, die im selben Stadtteil wie Ego wohnen. Beide Kennzahlen steigen zunächst mit dem Alter an und fallen dann wieder ab. Ebenso sinkt der Anteil der Alteri aus demselben Stadtteil deutlich mit zunehmender Bildung. Interessanterweise zeigt sich ähnlich wie im Falle der Verwandten, dass die *Anzahl* der Alteri aus demselben Stadtteil *nicht* mit der Bildung variiert.

Zur Bestimmung der *sozialen* Reichweite der Netzwerke werden hier ebenfalls zwei Kennzahlen verwendet: die Heterogenität der Netzwerkpersonen nach ihrem Alter und ihrer Bildung. Nach den in Tabelle 2 berichteten Ergebnissen steigt die Altersheterogenität der Netzwerke mit zunehmendem Alter Egos. Das heißt die Netzwerke jüngerer Personen sind in Bezug auf das Alter der Netzwerkpersonen viel homogener als die Netzwerke älterer Personen. Umgekehrt verhält es sich mit Bezug auf die Bildung. Hier nimmt die Heterogenität mit zunehmendem Alter ab, oder, um es mit anderen Worten zu sagen, die Netzwerke werden mit zunehmendem Alter in Bezug auf die Bildung homogener. Eine weiterführende Analyse könnte nun etwa untersuchen, inwieweit dieses Phänomen dadurch erklärbar ist, dass auch für die Gesamtpopulation gilt, dass Ältere (bzw. die Angehörigen früherer Geburtskohorten) in Bezug auf die Bildung homogener sind als Jüngere.

Zusammengefasst zeigen diese Analysen, dass höher Gebildete deutlich größere Netzwerke besitzen, die sich durch eine größere räumliche und soziale Reichweite auszeichnen als die Netzwerke weniger Gebildeter. Dies bedeutet jedoch nicht, dass höher

Gebildete ein Defizit bei den „starken" Beziehungen zu Verwandten oder Nachbarn aufweisen. Hier unterschieden sich die Bildungsgruppen nicht.

Tabelle 2: Die räumliche und soziale Reichweite egozentrierter Netzwerke nach Alter und Bildung Egos

	Im selben Stadtteil		Heterogenität[a]	
	Anzahl	Anteil	Alter	Bildung
Alter				
18 – 34 Jahre	2,58	0,28	11,7	0,64
35 – 49 Jahre	3,54	0,41	13,8	0,61
50 – 64 Jahre	2,93	0,38	14,0	0,54
65 Jahre u. älter	2,81	0,36	14,3	0,58
eta	0,13*	0,19**	0,21**	0,12
Schulabschluss				
Hauptschule	3,06	0,45	13,9	0,48
Realschule	2,89	0,35	13,8	0,66
Abitur	2,60	0,26	12,1	0,64
Hochschule	3,15	0,27	13,3	0,72
eta	0,08	0,31**	0,14*	0,34*

a Heterogenität der Alters: Standardabweichung; Heterogenität der Bildung: Index der qualitativen Variation.

* p < 0,01; ** p < 0,001

Quelle: Kecskes/Wolf (1996: 133/137); Datenbasis: Religion und soziale Netzwerke, ZA-Nr. 2667.

3.3 Analysemöglichkeiten auf Ebene von Beziehungen

Egozentrierte Netzwerkdaten können nicht nur auf der Ebene der Netzwerke, sondern auch auf der Ebene der einzelnen Beziehungen zwischen Ego und Alter, auch als Dyaden bezeichnet, untersucht werden. Aus einer statistischen Perspektive ist die Analyse von Beziehungen zunächst problematisch, da eine der Grundannahmen der herkömmlichen Analyseverfahren, die Annahme der Unabhängigkeit der Beobachtungseinheiten, verletzt ist. In den letzten Jahren gab es jedoch eine ganze Reihe von Weiterentwicklungen, die diese Probleme beherrschbar machen (vgl. als Überblick das Buch von Kenny et al. 2006, insbesondere Kapitel 10). Im Folgenden beschränke ich mich auf ein einfaches deskriptives Beispiel, dass keine weitergehenden statistischen Kenntnisse voraussetzt.

Eine häufig gestellte Frage ist die nach dem Grad der Ähnlichkeit zwischen Ego und Alter oder, wie Merton (Lazarsfeld und Merton 1954: 23) dies ausdrückt, der Grad der Homophilie (näheres bei Wolf 1996: Kapitel 2; Mollenhorst et al. 2008). Ein gutes Beispiel für diese Form der Analyse findet sich im Beitrag von Clar (1986). Er fragt „in welcher Form Positionen in einer Gesellschaft durch ein Netz von im weitesten Sinne sozialen Beziehungen verknüpft sind" (S. 107). Konkret untersucht er, wie berufliche Stellungen durch entweder intergenerationale Mobilität zwischen Vätern und Söhnen oder durch Freundschaften miteinander verbunden sind. Auf Basis der von Clar berichteten Häufigkeiten wurde die Homophilie der Freundschaftsbeziehungen nach der beruflichen Stellung berechnet. Die Ergebnisse sind in Tabelle 3 zusammengestellt.[8] Ähnlich wie eine (quadratische) Tabelle für intergenerationale Mobilität enthält diese Tabelle die berufliche Stellung Egos und jeweils eines Freundes.

Tabelle 3: Homophilieindex der Freundschaftswahlen nach Berufsgruppen[a]

		Berufsgruppe des Freundes					
		I	II	III	V	VI	VII
Berufsgruppe Egos	I	4,65	1,30	1,28	0,92	0,35	0,40
	II	1,63	3,45	1,11	0,79	0,48	0,42
	III	0,89	1,78	2,96	0,73	0,84	0,35
	V	0,77	0,92	1,12	2,03	1,02	0,61
	VI	0,48	0,46	0,57	1,14	2,83	2,48
	VII	0,40	0,30	0,37	0,82	2,42	11,36

a Bezeichnung der Berufsgruppen (ohne Landwirte und kleine Selbstständige):

I	un- und angelernte Arbeiter
II	gelernte und Facharbeiter
III	Meister, Poliere, Industrie- und Werkmeister
V	Beamte einfacher und mittlerer Dienst, Angestellte einfache und schwierige Aufgaben
VI	Beamte gehobener Dienst, Angestellte selbstständige Aufgaben
VII	Selbstständige mit 10 und mehr Beschäftigten, freie Berufe, Beamte im höheren Dienst, Angestellte mit Führungsaufgaben

Quelle: Eigene Berechnungen auf Basis der Angaben in Clar (1986: 114f.); Datenbasis: ALLBUS 1980, ZA-Nr. 1000.

Das Interessante an dieser Tabelle ist die Assoziation zwischen dem Merkmal von Ego und dem Merkmal von Alter – und zwar bei Kontrolle der Randverteilungen, also der Verfügbarkeit von Partnern. Eine einfache Möglichkeit, diesen Zusammenhang zu beschreiben, bieten loglineare Modelle.[9] Hier wird die beobachtete Häufigkeit f_{ij} zerlegt in einen Effekt

---

[8] Die Daten stammen aus dem ALLBUS 1980. Clar bezieht nur die jeweils erstgenannte Netzwerkperson in seine Analysen ein, um statistische Abhängigkeit zwischen den Analyseeinheiten auszuschließen. In die hier präsentierten Analysen wurde die Gruppe der Landwirte und kleinen Selbstständigen nicht aufgenommen.

[9] Zur Einführung siehe Andreß et al. (1997); spezielle loglineare Modelle, die sich auf quadratische Tabellen beziehen, stellt Agresti (2002: Kap.10) vor.

der Randverteilung des Merkmals A, einen Effekt der Randverteilung des Merkmals B sowie einen Interaktionseffekt zwischen den Merkmalen A und B an der Stelle (i,j). Unter bestimmten Restriktionen für die Parameter entsprechen die Interaktionseffekte des saturierten, multiplikativen Modells folgendem Ausdruck (vgl. Wolf 1995: 350):

$$H_{ij} = f_{ij} \frac{G}{G_{i.} G_{.j}}$$

mit:

f_{ij} : beobachtete Häufigkeit in Zelle i. j
G geometrisches Mittel aller Häufigkeiten
$G_{i.}$ geometrisches Mittel der Häufigkeiten in der i-ten Zeile
$G_{.j}$ geometrisches Mittel der Häufigkeiten in der j-ten Spalte

Dieser Index, der hier als Homophilieindex bezeichnet wird, drückt aus, um welchen Faktor die beobachtete Häufigkeit in einer gegebenen Zelle über der Häufigkeit liegt, die zu erwarten wäre, wenn die beiden betrachteten Merkmale unabhängig voneinander wären.

Wie die in Tabelle 3 wiedergegebenen Homophilieindizes zeigen, weisen die Statusgruppen am Rand der Statushierarchie die größten Werte auf (vergleiche die Werte auf der Hauptdiagonale). Das heißt diese Gruppen sind durch eine besonders hohe Rate an statusgleichen Freundschaften gekennzeichnet, sie sind besonders stark von Personen anderer Berufsgruppen abgeschnitten.[10] Je weiter wir in die Mitte der Statushierarchie kommen, desto geringer wird die Homophilie. Allerdings beobachten wir auch in der Gruppe der einfachen Angestellten und Beamten (Berufsgruppe V) noch doppelt so viele statusgleiche Freundschaften wie bei einer Zufallswahl zu erwarten wäre. Ein weiterer interessanter Befund ist, dass sich die soziale Distanz zwischen den Berufsgruppen an der Dichte der Freundschaftswahlen zwischen ihnen ablesen lässt. Dies wird an den Homophilieindizes deutlich, die jeweils von der Hauptdiagonale aus nach links und rechts abnehmen.

4 Schluss

In diesem Beitrag wurde in die Erhebung und Analyse egozentrierter Netzwerkdaten eingeführt. Zur Vertiefung dieser Thematik sei insbesondere die Lektüre der Fachzeitschrift Social Networks empfohlen. Hier werden regelmäßig die Ergebnisse neuerer Forschung zur Erhebung und Analyse egozentrierter Netzwerkdaten publiziert. Darüber hinaus bietet die Webseite des International Network for Social Network Analysis (www.insna.org) viele weitere Hinweise z. B. auf Datensätze, Tagungen oder Software. Unter dem Namen Connections publiziert die INSNA zudem eine eigene Fachzeitschrift, deren Volltext über das World Wide Web freizugänglich ist.

---

[10] Ob dies freiwillig geschieht oder aber gezwungenermaßen, kann diesen Analysen nicht entnommen werden.

5   Literatur

Agresti, Alan, 2002: Categorical Data Analysis. 2. Aufl. Hoboken, NJ: Wiley.
Allan, Graham, 1977: Class Variation in Friendship Patterns. British Journal of Sociology 28: 389-393.
Andreß, Hans-Jürgen, Jaques A. Hagenaars und *Steffen Kühnel*, 1997: Analyse von Tabellen und kategorialen Daten. Log-lineare Modelle, latente Klassenanalyse, logistische Regression und GSK-Ansatz. Berlin: Springer.
Bernard, H. Russell, Eugene C. Johnsen, Peter D. Killworth, Christopher Mccarthy, Gene A. Shelley und *Scott Robinson*, 1990: Comparing four different methods for measuring personal social networks. Social Networks 12: 179-215.
Burt, Ronald S., 1984: Network Items and the General Social Survey. Social Networks 6: 293-339.
Clar, Michael, 1986: Soziale Mobilität und Freundschaftswahlen. Ein Vergleich beider Prozesse in ihren Auswirkungen auf die soziale Lage der Person. Zeitschrift für Soziologie 15: 107-124.
Fischer, Claude S., 1982a: What Do We Mean by 'Friend'? An Inductive Study. Social Networks 3: 287-306.
Fischer, Claude S., 1982b: To Dwell Among Friends. Personal Networks in Town and City. Chicago-London: Chicago University Press.
Fischer, Claude S. und *Yossi Shavit*, 1995: National Differences in Network Density: Israel and the United States. Social Networks 17: 129-145.
Friedrichs, Jürgen und *Jörg Blasius*, 2000: Leben in benachteiligten Wohngebieten. Opladen: Leske + Budrich.
Friedrichs, Jürgen, Robert Kecskes und *Christof Wolf*, 2002: Struktur und sozialer Wandel einer Mittelstadt. Euskirchen 1952-2002. Opladen: Leske + Budrich.
Hammer, Muriel, 1984: Explorations into the Meaning of Social Network Interview Data. Social Networks 6: 341-371.
Kecskes, Robert, 2000: Abschlussbericht zum Forschungsvorhaben "Lebensbedingungen, Einstellungen und Verhaltensweisen türkischer Jugendlicher". Köln: Forschungsinstitut für Soziologie.
Kecskes, Robert und *Christof Wolf*, 1996: Konfession, Religion und soziale Netzwerke. Zur Bedeutung christlicher Religiosität in personalen Beziehungen. Opladen: Leske + Budrich.
Kenny, David A., Deborah A. Kashy und *William L. Cook*, 2006: Dyadic data analysis: Guilford Press.
Kogovšek, Tina und *Anuska Ferligoj*, 2005: Effects on reliability and validity of egocentered network measurements. Social Networks 27: 205-229.
Kogovšek, Tina, Anuška Ferligoj, Germa Coenders und *Willem E. Saris*, 2002: Estimating the reliability and validity of personal support measures: full information ML estimation with planned incomplete data. Social Networks 24: 1-20.
Laumann, Edward O., 1966: Prestige and Association in an Urban Community. An Analysis of an Urban Stratification System. Indianapolis-New York: Bobbs-Merrill.
Lazarsfeld, Paul F. und *Robert K. Merton*, 1954: Friendship as Social Process: A Substantive and Methodological Analysis. S. 18-66 in: *Morroe Berger, Theodor Abel* und *Charles H. Page* (Hg.), Freedom and Control in Modern Society. Toronto et al.: Van Nostrand.
Mayntz, Renate, 1958: Soziale Schichtung und sozialer Wandel in einer Industriegemeinde. Stuttgart: Enke.
Mccallister, Lynne und *Claude S. Fischer*, 1978: A Procedure for Surveying Personal Networks. Sociological Methods and Research 7: 131-148.
Mollenhorst, Gerald, Beate Völker und *Henk Flap*, 2008: Social contexts and personal relationships: The effect of meeting opportunities on similarity for relationships of different strength. Social Networks 30: 60-68.

Pappi, Franz U. und *Christian Melbeck*, 1988: Die sozialen Beziehungen städtischer Bevölkerungen. S. 223-250 in: *Jürgen Friedrichs* (Hg.), Soziologische Stadtforschung. Kölner Zeitschrift für Soziologie und Sozialpsychologie, Sonderheft 29. Opladen: Westdeutscher Verlag.

Pappi, Franz U. und *Gunter Wolf*, 1984: Wahrnehmung und Realität sozialer Netzwerke. Zuverlässigkeit und Gültigkeit der Angaben über beste Freunde im Interview. S. 281-300 in: *Heiner Meulemann* und *Karl-Heinz Reuband* (Hg.), Soziale Realität im Interview. Empirische Analysen methodischer Probleme. Frankfurt/Main: Campus.

Pfenning, Astrid, 1988: Zuverlässigkeit von Netzwerkangaben. Empirische Analysen anhand der ZUMA-Methodenstudie 'Egozentrierte Netzwerke in Massenumfragen'. Mannheim: Diplomarbeit.

Pfenning, Astrid und *Uwe Pfenning*, 1987: Egozentrierte Netzwerke: Verschiedene Instrumente - verschiedene Ergebnisse? ZUMA-Nachrichten 21: 64-77.

Tilburg, Theo G. Van, 1992: Question Sequence Effects in the Measurement of Reciprocity. Quality and Quantity 26: 395-408.

Vehovar, Vasja, Katja Lozar Manfreda, Gasper Koren und *Valentina Hlebec*, 2008: Measuring ego-centered social networks on the web: Questionnaire design issues. Social Networks 30: 213-222.

Wolf, Christof, 1995: Religiöse Sozialisation, konfessionelle Milieus und Generation. Zeitschrift für Soziologie 24: 345-357.

Wolf, Christof, 2003: Soziale Ungleichheit, Krankheit und Gesundheit. Abschlussbericht an die Deutsche Forschungsgemeinschaft. Köln: Forschungsinstitut für Soziologie.

Wolf, Christof, 2006: Egozentrierte Netzwerke. Erhebungsverfahren und Datenqualität. S. 244-273 in: Andreas Diekmann (Hg.), Methoden der Sozialforschung. Kölner Zeitschrift für Soziologie und Sozialpsychologie, Sonderheft 44. Wiesbaden: VS Verlag für Sozialwissenschaften.

Wolf, Christof und *Paul Lüttinger*, 2009: Verteilung von Proxy-Interviews im deutschen Mikrozensus. S. 395-412 in: *Martin Weichbold, Johann Bacher* und *Christof Wolf* (Hg.), Umfrageforschung: Herausforderungen und Grenzen. Wiesbaden: VS Verlag für Sozialwissenschaften.

ZA - Zentralarchiv für Empirische Sozialforschung, 1987: Wahlstudie 1987, Teil 2: Panel-Studie (ZA-Nr. 1537). Maschinenlesbares Codebuch. Köln: ZA.

ZA – Zentralarchiv für Empirische Sozialforschung, o.J.: Religiosität und soziale Netzwerke (ZA-Nr. 2667). Köln: ZA.

5.12 Modellbildung

Jürgen Pfeffer und Peter Fleissner

1 Einleitung

Die Beobachtung und die Analyse von Netzwerken ist in der Regel ein statischer Vorgang. Die Erhebung der Akteure und der Beziehungen in einem Netzwerk erfolgt zu einem bestimmten Zeitpunkt. Selbst wenn verschiedene Zeitpunkte im Längsschnitt beobachtet werden, geschieht dies in der Regel durch einen Vergleich mehrerer statischer Netzwerke. Will man jedoch die Dynamiken in einem Netzwerk beobachten, verstehen und vielleicht sogar Aussagen über die zukünftige Entwicklung des Netzwerkes treffen, reichen statische Analysen nicht aus. Um die Verbreitung von Krankheiten oder Informationen in einer Gesellschaft oder die Stabilität von Netzwerken bei Ausfall einzelner Knoten analysieren zu können, müssen Simulationen dieser Netzwerke durchgeführt werden. Auch im Kontext der Analyse der Struktur von Netzwerken (z.B. das World Wide Web oder die sozialen Interaktionen innerhalb einer Stadt) spielen Simulationen eine zentrale Rolle (vgl. Kapitel „Small Worlds"). Eine notwendige Vorraussetzung für Netzwerksimulationen stellt die Nachbildung des zu beobachtenden Netzwerkes in ein Computermodell dar.

In diesem Kapitel wird Modellbildung als Methode zur Beschreibung von Systemen generell und im speziellen in Bezug auf Netzwerke aufbereitet. Ein *Modell* wird dabei im Kontext der Computersimulation „als ein formales Modell, das ein Objekt abbildet und das Verhalten oder ein anderes gewünschtes Merkmal dieses Objektes auf dem Computer reproduzieren kann", verstanden (Saam 2005). Das Experimentieren mit den dynamischen Abläufen eines Modells kann als *Simulation* definiert werden. Im Kontext der Netzwerkanalyse bildet ein Modell im Kern ein System nach, das aus Akteuren und deren Beziehungen untereinander besteht

Eine Beschreibung eines Modells wird 1973 von Herbert Stachowiak in seiner *allgemeinen Modelltheorie* (Stachowiak 1973) vorgenommen. Demnach zeichnet ein Modell drei Kriterien aus

a. Abbildung. Ein Modell ist immer eine Repräsentation eines Systems.
b. Verkürzung. Es ist weder möglich noch erwünscht, alle Eigenschaften des Originals abzubilden. Es wird versucht, die für die Fragestellung oder Aufgabenstellung relevanten Eigenschaften zu extrahieren.
c. Pragmatismus. Ein Modell steht nicht für sich selbst, sondern muss interpretiert werden. Diese Interpretation orientiert sich an der Nützlichkeit für die Modellierer.

Für die Generierung von Modellen bedeutet das, dass ein Modell zwar einerseits die Struktur des beobachteten Systems nachbilden soll, aber andererseits auch klarstellt, dass diese Nachbildung nicht umfassend sein kann und auch nicht sein soll. Modelle sind also Nachbildungen und gleichzeitig Entwürfe, die „kleiner, weniger detailliert, weniger komplex"

(Gilbert/Troitzsch 2005) sind, und dennoch Rückschlüsse auf das nachzubildende System zulassen.

2 Ein Modell als Konstruktion und Abbildung

Modellbildungsprozesse sind gleichzeitig Konstruktions- und Abbildungsprozesse. Die Modellbauer trennen durch Abstraktion das Wesentliche vom Unwesentlichen und konstruieren damit einen Entwurf des beobachteten Systems. Andererseits sind Modelle im erkenntnistheoretischen Sinn Abbilder der „Wirklichkeit", da diese Eigenschaften des abzubildenden Objekts beinhalten.

Die Menschen spiegeln ihre Umwelt zunächst geistig wider, indem sie Bilder und Zusammenhänge des Wahrgenommenen, mentale Modelle, im Kopf erzeugen. Dabei handelt es sich um vereinfachte, weniger komplexe und oft auch verfälschte Abbildungen des beobachteten Systems. Diese Widerspiegelungsprodukte sind nie eine objektive Wiedergabe der Realität (zu der es ja keinen direkten Zugang gibt), sondern immer gleichzeitig *Abbildung* und *Entwurf*, also menschliche Konstruktionen bestimmter Aspekte der Umwelt. In diesen Konstruktionen gehen die bisherigen Erfahrungen des Einzelnen genauso ein, wie seine Interessenslagen, Lebensbedingungen, ja auch die genetische Disposition. Durch Interaktion mit anderen Menschen oder mit der sonstigen Umwelt kann sich die Sicht der Dinge durchaus verändern. Die Konstruktionen sind daher im Zeitverlauf nicht unbedingt invariant, sondern die Sicht der Dinge ist potentiell variabel.

Der Entwurfsaspekt der Widerspiegelung hat als Theorie unter dem Namen Konstruktivismus ideengeschichtlich eine lange Tradition und unterschiedliche Ausprägungen (vgl. zur Einführung z.B. Collin 2008, von Foerster et al. 2008). Als Vorgänger kann unter anderem Immanuel Kant (1724-1804) gesehen werden, für den die Wirklichkeit „eine Widerspiegelung unseres menschlichen Erkenntnisapparates, nicht der Wirklichkeit an sich" darstellt. Der zentrale Gedanke des Konstruktivismus ist, dass Realität nicht objektiv wahrgenommen werden kann (wie dies z.B. von Vertretern des Behaviorismus angenommen wird), sondern von den Betrachtern konstruiert wird. Realität wird demnach „als eine interaktive Konzeption verstanden, in der Beobachter und Beobachtetes gegenseitig und strukturell miteinander gekoppelt sind" (Baumgartner und Payr 1994). Aus der Sicht des Konstruktivismus ist das menschliche Gehirn ein System, das zwar energetisch offen, aber informationell geschlossen ist. Was also in der Kognition verarbeitet wird, wird innerhalb des Systems Gehirn selbst erzeugt. Mentale Modelle sind „eine gedankliche Konstruktion (Vorstellung) des interessierenden Sachverhaltes, die uns beim Handeln anleitet" (Baumgartner und Payr 1994).

Häufig bleiben die geistigen Konstruktionen nicht nur in den Köpfen der Menschen, sondern werden in vielfältigen Formen wieder veräußerlicht und vergegenständlicht, z.B. in der Sprache, in Gesten, in Gesang, Tanz, Texten, Bildern oder anderen Artefakten, wodurch Momentaufnahmen der jeweiligen Interpretation der Umwelt entstehen, die möglicherweise viele Menschen erreichen und dort neue *Widerspiegelungs-* und *Vergegenständlichungsprozesse* auslösen können. Manche dieser Prozesse führen zu menschlichen *Entscheidungen*, die vermittelt über menschliche Praxis *Handlungen* nach sich ziehen, die unter Umständen die Umwelt verändern. Damit schließt sich der Kreis. Neue Bilder der Umwelt werden in den Köpfen der Menschen erzeugt und haben neue Vergegenständlichungen zur Folge.

Mathematische Modelle stellen in diesem Zusammenhang eine spezielle Form der Vergegenständlichung dar. Teile der theoretischen Widerspiegelung der Welt werden auf Papier, in einen mathematischen Formalismus oder in eine Programmiersprache übersetzt, wodurch mit den Theorien so „gearbeitet" werden kann, als ob es „die Wirklichkeit" selbst wäre.

Von besonderer Bedeutung ist auch, dass die Modelle auf dem Computer in der Regel dynamisch sind, d.h., dass die Veränderungen der Modellkenngrößen in der Zeit beobachtet werden können, meist in anderen zeitlichen Maßeinheiten als im beobachteten System. So können Prozesse der Wirtschaftsentwicklung in wenigen Minuten betrachtet werden, die im tatsächlichem Ablauf Jahrzehnte brauchen würden, aber auch molekulare Bewegungen, die sich in Mikrosekunden abspielen, menschlichen Beobachtungsmöglichkeiten entsprechend in der Zeit gedehnt und verlangsamt werden. In manchen Fällen können die provisorischen Resultate der Simulation mit dem beobachteten System verglichen werden, sie erlauben vielleicht die Projektierung eines Experiments, in der die Umwelt gezielt manipuliert wird und die daraus entstehenden Veränderungen mehr oder weniger direkt beobachtet werden können. Diese Eingriffe in die Gesellschaft können verschiedenster Natur sein, sie können (dem Kanon der Einzelwissenschaften entsprechend) politisch, ökonomisch, ökologisch, sozial, rechtlich, künstlerisch, religiös sein und physikalische, chemische, biologische, physiologische oder psychologische Aspekte beinhalten und vereinen.

3 Verschiedene Modelle der Wirklichkeit

Seit den 1960er Jahren hat sich eine Vielzahl unterschiedlicher Methoden entwickelt, beobachtete Systeme in Modelle nachzubilden. Eine Übersicht über die Entwicklung dieser Methoden sowie eine Einführung in diese findet sich bei Gilbert und Troitzsch (2005). Als zentrales Unterscheidungskriterium dieser Methoden kann herangezogen werden, wie die generierten Modelle die „Wirklichkeit" einteilen. Im Folgenden werden zwei im Grunde sehr gegensätzliche Verfahren zur Modellbildung und Simulation vernetzter Systeme vorgestellt, sowie je ein Modell desselben Systems nachgebildet: System Dynamics und Multiagentensimulation.

System Dynamics wurde von Jay Wright Forrester in den 1950er Jahren am Massachusetts Institute of Technology (MIT) entwickelt (vgl. Forrester 1961, 1969, 1971; Meadows et al. 1972; zur Einführung auch http://sysdyn.clexchange.org/sdep/papers/D-4165-1.pdf) und wird zur Analyse und Simulation von dynamischen Systemen verwendet. System Dynamics teilt das zu beschreibende System in Bestands- und Flussgrößen ein. Diese Größen stehen miteinander in Wechselwirkung und beschreiben in positiven und negativen Rückkopplungsschleifen auf der Makroebene das Verhalten des Systems. System Dynamics ignoriert das Verhalten von einzelnen Akteuren oder aggregiert diese in eine kleine Anzahl von Gruppen. System Dynamics kann zur Beschreibung von unterschiedlichen Systemen, z.B. sozialen (Verbreitung eines Produktes), biologischen (Entwicklung der Artenverteilung in einem Ökosystem) oder ökonomischen (Entwicklung der Weltwirtschaft in den Weltmodellen von Forrester), verwendet werden.

Unter einem System versteht man im Gebiet von System Dynamics „eine Ansammlung von Elementen, die kontinuierlich über die Zeit miteinander interagieren und dadurch ein gemeinsames Ganzes ergeben" (Martin 1997). Als Struktur werden die Beziehungen der Elemente in diesem System bezeichnet. „Dynamisch" sind die Modelle von Forrester deshalb, weil eine kontinuierliche Veränderung der Variablen des Systems über die Zeit stattfindet, die als Verhalten des Systems bezeichnet wird. Ein zentraler Aspekt von System Dynamics ist der Zusammenhang zwischen Struktur und Verhalten des beobachteten Systems. Während die Struktur gemeinsam mit den Parametern das Verhalten des Systems bestimmt, lässt das Verhalten Rückschlüsse auf und Erkenntnisse über die zugrundeliegende Struktur zu. Martin (Martin 1997) nennt System Dynamics den „mentalen Link" zwischen Struktur und Verhalten eines Systems.

Im Gegensatz dazu stehen im Zentrum von Multiagentensystemen die einzelnen Akteure eines Systems und ihre Interaktionen. Die Beschreibung der Akteure erfolgt auf lokaler (Mikro-) Ebene. Durch das lokale Wirken der Akteure kann auf der Makroebene eine qualitative Veränderung des Systems entstehen, welche aus dem Verhalten der einzelnen Akteure nicht direkt vorhersehbar ist. Multiagentensysteme werden für die Nachbildung von Systemen verwendet, die sich aus vielen Akteuren zusammensetzen (z.B. Verhalten von Ameisenkolonien, die Verbreitung von Informationen oder Krankheiten in der Bevölkerung) und sind in der Simulation von Netzwerken die vorherrschende Simulationsmethode.

Der Grundgedanke, auf dem Simulationen mit Multiagentensystemen beruhen, ist jener der Dezentralisierung und Individualisierung (Resnick 1994). Steven Johnson beschreibt in seinem Buch (Johnson 2001) verschiedene Phänomene der Emergenz. Darunter versteht man das Entstehen von Bottom-Up Strukturen aufgrund lokalen Verhaltens. Ausgangspunkt seiner Schilderungen sind dabei die Forschungen von Deborah Gordon über das Verhalten der Ameisen. Gordon untersuchte über mehrere Jahre rote Ernteameisen (Pogonomyrmex barbatus) in der Wüste von Arizona (Gordon 1999) und beobachtete dabei neben dem Verhalten der einzelnen Ameisen vor allem Eigenschaften und Verhalten unterschiedlicher Ameisenkolonien.

Die Simulation einzelner Akteure auf der Mikroebene mit relativ einfachem lokalem Verhalten und die Beobachtung der dadurch entstehenden Veränderung des Gesamtsystems auf der Makroebene sind die Kernelemente der agentenbasierten Simulationen. Als Agent in solchen Systemen bezeichnet man die Repräsentation einer existierenden Einheit (Ameise, Mensch, Firma,...) innerhalb eines Computerprogramms (Gilbert 2007). Eine wichtige Eigenschaft dieser Agenten ist die Interaktion mit anderen Agenten oder der Umwelt. Das Verhalten dieser Akteure folgt in jedem Simulationsschritt eindeutigen und meist einfachen Regeln.

Im Folgenden finden sich zur Veranschaulichung der beiden Methoden die Modellbildung und ein anschließender Simulationslauf eines Epidemischen SIR-Models nach Reed Frost (Abbey 1952). Das zu modellierende System besteht aus 1.000 Akteuren, die untereinander verbunden sind, so dass jeder Akteur im Schnitt 5 Beziehungen hält.

Der Kontagionsindex, also die Wahrscheinlichkeit, dass ein Kontakt zwischen einem infizierten und einem empfänglichen Akteur tatsächlich zu einer Ansteckung führt, wird mit 50 % festgelegt. Wird ein Akteur infiziert, ist dieser 3 Zeiteinheiten lang in der Lage, andere anzustecken. Danach folgt eine Regenerationsphase von 2 Zeiteinheiten, in der der

Modellbildung 489

Akteur immun ist, um anschließend wieder empfänglich für eine Ansteckung zu sein. Im Startzustand ist 1 Akteur infiziert und 999 sind für eine Infektion empfänglich.

Abbildung 1 zeigt auf der linken Seite ein systemdynamisches Modell des oben beschriebenen Systems, das mit der Simulationsumgebung Stella erstellt worden ist. Die Rechtecke repräsentieren die oben erwähnten Bestandsgrößen (Stock), dicke Pfeile stellen Flussgrößen (Flow) dar, Kreise (Converter) können als Variablen interpretiert werden und dünne Pfeile (Connector) symbolisieren Abhängigkeiten. Auf der rechten Seite von Abbildung 1 findet sich die Multiagentenmodellierung desselben Systems auf Basis eines Erdos/Renyi Zufallsnetzwerks in einer Netzwerkdarstellung[1]. Jeder Akteur wird durch einen Knoten repräsentiert, der Kontakt zwischen den Akteuren wird für jedes Paar als Kante dargestellt. Die beiden Kurven in der unteren Hälfte der Darstellung zeigen die Entwicklung der Anzahl der Infizierten (Prävalenz). In beiden Fällen konvergiert der Zustand des Gesamtsystems gegen einen Wert von ca. 450 Infizierten. Durch die systemdynamische Modellierung auf Makroebene auf der linken Seite kann dieser erwartete Wert schneller erreicht werden und zudem erweist sich dieser als stabil. Im Fall des Multiagentensystems benötigt die Annäherung weitaus länger und das System erreicht einen stabilen Zustand nur innerhalb einer bestimmten Bandbreite. Ausführungen über die Gründe dafür sowie Detailanalysen würden den Rahmen dieses Artikels sprengen. Dieses Beispiel soll lediglich ein Bild für die unterschiedlichen Betrachtungsweisen auf dasselbe System bieten.

---

[1] Details zur Erzeugung von Zufallsnetzwerken finden sich im Kapitel „Small Worlds" in diesem Handbuch sowie bei Newman et al. 2006.

Abbildung 1: Modellbildung und Simulation der Verbreitung einer ansteckenden Krankheit nach dem „Reed Frost Epidemic Model": N: 1.000. Degree: 5. Kontagionsindex: 0,5. Infektionsdauer: 3 Zeiteinheiten. Regenerationsdauer: 2 Zeiteinheiten. Die Kurven zeigen den Anteil der Infizierten. Links: System Dynamics. Rechts: Multiagentensystem

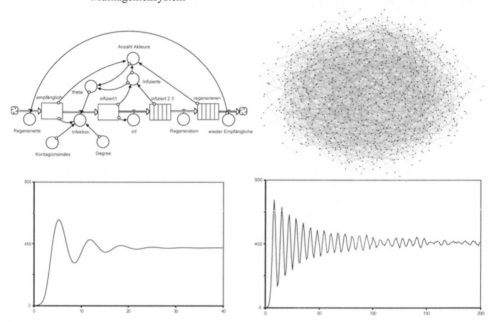

4 Modellbildung und Simulation als virtuelles Experiment

Eine zentrale Aufgabe der Modellbildung ist es, Einsicht in das beobachtete System zu erlangen. Mit Modellen in einer Simulationsumgebung experimentieren, indem verschiedene Parameter verändert und die dabei entstandene Auswirkung auf einzelne Elemente oder das gesamte System beobachtet werden, hat einen spielerischen Charakter (vgl. z.B. Colella et al. 2001). Gleichzeitig ist dies mit dem Sammeln von Erfahrungen über das System verbunden und führt so zu Erkenntnisgewinn. In Verbindung mit einer Fragestellung, die mit Hilfe des Modells beantwortet werden soll, wird aus dem spielerischen Experimentieren ein Experiment.

Unter einem Experiment versteht man ein Untersuchungsdesign, in dem „der Forscher einzelne Bedingungsfaktoren (unabhängige Variablen) variiert, um zu sehen, welche Effekte (abhängige Variablen) sich daraus ergeben" (Kühl 2005). Als unabhängige Variablen werden dabei jene bezeichnet, die von den Forschern „absichtsvoll und geplant" verändert werden. Durch diese gewollte Veränderung geschieht auch die Veränderung von anderen, den abhängigen Variablen. Als Hypothese bezeichnet man die Vorhersage dieses Effekts. Störvariablen sind jene, die diesen experimentell beobachteten Effekt verfälschen.

Von den in Kühl (2005) aufgezählten Formen des Experiments entsprechen Experimente mit computerunterstützten Modellen der Definition von Laborexperimenten, in denen ein kontrolliertes Verändern der unabhängigen Variablen sowie eine Kontrolle der Störvariablen, so weit bekannt, möglich sind.

Der Ablauf eines Experimentes folgt in unterschiedlichen wissenschaftlichen Bereichen im Kern folgenden Schritten (Kirkup 1994):

- Festlegen eines Ziels, einer Hypothese
- Erstellen eines Umsetzungsplanes des Experiments
- Vorbereitungen und Organisation des Experiments
- Testphase des Experiments
- Durchführungsphase inklusive Datensammlung
- Wiederholung des Experiments
- Analyse der Daten
- Schlussfolgerungen inklusive Überprüfung der Hypothesen
- Erstellung eines Berichts

Diese Punkte finden sich auch in virtuellen Experimenten wieder, allerdings mit veränderter Bedeutung. Die Vorbereitungen sind weit weniger aufwändig und bestehen bei einem fertigen Modell nur aus der Einrichtung der Startwerte der Variablen. Die Testphase ist bei Simulationen im Computer nicht notwendig, da aufgrund der Geschwindigkeit, der Verfügbarkeit und der Kosten von Computern der eigentliche Simulationslauf ein unwesentlicher Aufwand ist. Die Datensammlung verläuft bei Computersimulationen in der Regel automatisch. Wiederholungen sind in Computersimulationen kein zusätzlicher Aufwand, daher werden in vielen wissenschaftlichen Projekten tausende Simulationsdurchläufe durchgeführt.

Einen relevanten Aspekt bei der Verwendung einer Computersimulation als virtuelles Experiment stellen die Schlussfolgerungen dar. Abbildung 2 ist eine Erweiterung der Logik der Simulation aus Gilbert und Troitzsch (2005). Durch Abstraktion entsteht ein Modell. Durch Simulation werden Daten gewonnen, die mit den durch Beobachtung gesammelten Daten verglichen werden. Erweitert man die Simulation um eine Hypothese zu einem Experiment, wirkt diese ebenfalls auf die Simulation und die daraus erzielten Effekte. Diese Effekte, die in herkömmlichen Experimenten Rückschlüsse auf die Hypothese zulassen und zu einer Adaption dieser führen können, stehen aber auch in direkter Abhängigkeit zum zugrundeliegenden Modell, und sind durch die Grundannahmen der Abstraktion determiniert.

Einfach gesagt kann aus einem unerwarteten Ergebnis nicht klar gefolgert werden, ob die Hypothese oder das Modell fehlerhaft ist. Das Modell kann demnach als eine Art Störvariable in Experimenten mit Simulationsumgebungen gesehen werden bzw. mit verzerrenden Einflussfaktoren, wie sie aus der sozialwissenschaftlichen Forschung bekannt sind (z.B. Interviewereffekt), verglichen werden. Tatsächlich findet die Abstraktion des beobachteten Systems in ein Modell, wie oben beschrieben, noch zusätzlich über den Umweg des mentalen Modells statt. Das Computermodell ist also eine Abstraktion des mentalen Modells, das eine Abstraktion des beobachteten Systems darstellt.

Abbildung 2: Logik des computersimulierten Experiments

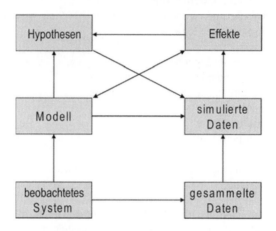

5 Möglichkeiten und Grenzen der Methode

Ein beobachtetes System zu beschreiben, kann mitunter ein sehr komplexes Unterfangen sein. Wenn das zu beschreibende System noch dazu ein soziales ist, ist in vielen Fällen eine zufriedenstellende umfassende Beschreibung nicht möglich, aber auch nicht notwendig. Durch Verkürzung werden die für wesentlich gehaltenen Eigenschaften des beobachteten Systems beschrieben. Diese ist Voraussetzung für die Übertragung in ein computerunterstütztes Modell. Der Vorgang vom Erfassen eines beobachteten Systems in ein mentales Modell zur Abbildung in ein Computermodell ist zudem einer, der neben dem jeweiligen sozial- oder naturwissenschaftlichen Fachwissen auch technische Fertigkeiten erfordert. Hier liegt auch die wesentliche Grenze der Methode: Sämtliche Erkenntnisse und Schlussfolgerungen, die aus Modellen und Simulationsexperimenten gezogen werden, beruhen auf Richtigkeit von Beobachtung, Modellannahmen und Implementierung.

Im Gegensatz dazu stehen die Möglichkeiten der Methode, die in drei Bereiche gegliedert werden können, die zwar ineinander greifen, jedoch unterschiedliche Aspekte betonen.

Beschreibung eines Systems. Ein zentraler Aspekt beim Einsatz von Modellen ist das Verstehen des beobachteten Systems, die Frage also, ob sämtliche für das System relevante Einflussfaktoren bekannt und in ein Modell übertragbar sind. Weist das Computermodell ähnliche Eigenschaften und im Falle von Simulationsexperimenten ähnliches Verhalten wie das nachgebildete System auf, kann von einer hinreichenden Beschreibung der relevanten Eigenschaften ausgegangen werden. Die zentrale Herausforderung bei der Nachbildung in ein Computersystem ist es, dass genau so viele Eigenschaften des beobachteten Systems übertragen werden, wie unbedingt zur Beschreibung notwendig sind – und nicht mehr. Miller und Page (2007) nennen diesen Aspekt „Keep the model simple". Als Beispiel für diesen Bereich kann jegliche Nachbildung sozialer Systeme genannt werden, z.B. Wahlverhalten, Meinungsbildung, Nutzungsverhalten öffentlicher Verkehrsmittel.

Hypothesenbildung. Unter der Annahme, dass es gelungen ist, die wesentlichen Eigenschaften von Struktur und Dynamik eines Systems zu erfassen, können durch Veränderung der Parameter Simulationsexperimente durchgeführt werden. Zum Beispiel können die unterschiedlichen Verbreitungen einer Krankheit oder einer Meinung in einer Gesellschaft in Abhängigkeit von Eigenschaften des „Virus" oder der Netzwerkstruktur untersucht werden. Aus den beobachteten Effekten können Hypothesen das System betreffend gebildet werden, um daraus Maßnahmen, z.B. Impfstrategien, abzuleiten.

Vorhersage. Der Versuch der Voraussagung des zukünftigen Verhaltens eines Systems ist ein wesentlicher Aspekt von Modellbildung und Simulation und findet von der Wirtschaftsforschung bis zur Wettervorhersage weit gefächerte Anwendungsbereiche vor. Zudem verhilft die Behauptung, die Zukunft voraussagen zu können, den Methoden der Modellbildung und Simulation immer wieder zu Aufmerksamkeit, die weit über universitäre Grenzen hinausgeht. System Dynamics hat z.B. durch die Weltmodelle von Forrester (1971) und deren publizistischer Verwertung von Meadows (1972) bis heute anhaltende Bekanntheit.

6 Literatur

Abbey, Heather, 1952: An Examination of the Reed Frost Theory of Epidemics. Human Biology 24: 201-233.
Baumgartner, Peter und *Sabine Payr*, 1994: Lernen mit Software. Innsbruck: Österreichischer Studien-Verlag.
Colella, Vanessa S., Eric Klopfer und *Mitchel Resnick*, 2001: Adventures in Modeling, Exploring Complex, Dynamic Systems with StarLogo. New York: Teachers College Press.
Collin, Finn, 2008: Konstruktivismus für Einsteiger. Paderborn: Wilhelm Fink GmbH & Co. Verlags-KG.
Foerster, Heinz von, Ernst von Glasersfeld, Peter M. Hejl, Siegfried J. Schmidt und *Paul Watzlawick*, 2008: Einführung in den Konstruktivismus – Beiträge, 10. Auflage. München: Piper Verlag.
Forrester, Jay W., 1961: Industrial Dynamics. Cambridge: The M.I.T. Press.
Forrester, Jay W., 1969: Urban Dynamics. Cambridge: The M.I.T. Press.
Forrester, Jay W., 1971: World Dynamics. Cambridge: Wright-Allen Press.
Gilbert, Nigel und *Klaus G. Troitzsch*, 2005: Simulation for the Social Scientist, 2nd. Edition. New York: Open University Press.
Gilbert, Nigel, 2007: Agent-Based Models, Series: Quantitative Applications in the Social Sciences. Thousand Oaks: Sage Pubn Inc.
Gordon, Deborah, 1999: Ants at Work, How an Insect Society is Organiszed. New York: W. W. Norton & Company Ldt.
Johnson, Steven, 2001: Emergence. London: The Penguin Press.
Kirkup, Les, 1994: Experimental Methods – An Introduction to the Analysis and Representation of Data. Brisbane: John Wiley & Sons.
Kühl, Stefan, 2005: Experiment. S. 213-242 in: *Stefan Kühl, Petra Strodtholz* und *Andreas Taffertshofer* (Hg.), Quantitative Methoden der Organisationsforschung. Wiesbaden: VS Verlag für Sozialwissenschaften.
Martin, Leslie A., 1997: The First Step, In: Jay W. Forrester, Road Maps Vol 2: A Guide to Learning System Dynamics. Massachusetts Institute of Technology.
Meadows, Dennis, Donella H. Meadows, Erich Zahn und *Peter Millig*. 1972: Die Grenzen des Wachstums. Stuttgart: dva informativ.
Miller, John H. und *Scott E. Page*, 2007: Complex Adaptive System – An Introduction to Computational Models of Social Life. Princeton: Princeton University Press.
Newman Mark, Albert-Laszlo Barabasi, Duncan J. Watts, 2006, The Structure and Dynamics of Networks, Princeton: Princetcon University Press.

Resnick, Mitchel, 1994: Turtles, Termites, and Traffic Jams. Cambridge: MIT Press.
Saam, Nicole J., 2005: Computersimulation, S. 167-189 in: *Stefan Kühl, Petra Strodtholz* und *Andreas Taffertshofer* (Hg.), Quantitative Methoden der Organisationsforschung. Wiesbaden: VS Verlag
Stachowiak, Herbert, 1973: Allgemeine Modelltheorie. Wien: Springer-Verlag.

5.13 Netzwerkstrukturen für Multi-Agenten-Systeme. Probabilistische Modelle

Gero Schwenk

1 Einführung

In den letzten Jahren erfreuen sich Multi-Agenten-Simulationen kollektiven Verhaltens wachsender Beliebtheit und Anwendung (vergl. Gilbert und Troitzsch 1999). Diese Verfahren stellen eine spezielle Form von Computerexperimenten dar, in welchen dynamische Interaktionsprozesse zwischen individuellen Akteuren mittels der Interaktion sog. Softwareagenten modelliert werden. So können gleichsam „künstliche Gesellschaften" geschaffen werden, welche wesentliche Elemente mit ihren realweltlichen Pendants teilen und nach Belieben manipuliert werden können.

Die Popularität des Multi-Agenten-Ansatzes mag sowohl dadurch begründet sein, dass sie auf mathematisch leicht zugängliche Weise die Modellierung und Untersuchung sozialer Interaktionsprozesse ermöglichen, als auch dadurch, dass die Verfügbarkeit von Modellierungsumgebungen wie RePast, NetLogo, Swarm oder Mason (Luke et al. 2004, Swarm 1999, ROAD 2008, Wilensky 1999), um nur einige zu nennen, die technische Umsetzung stark vereinfacht hat.

Eine weitere interessante Entwicklung ist, dass verstärkt Konzepte und Methoden der sozialen Netzwerkanalyse im Bereich der Sozialsimulation Anwendung finden (vergleiche Journal for Artificial Societies and Social Simulation / JASSS). Die moderne Technik der Multi-Agenten-Modellierung läd hierbei geradezu zur Verwendung von Modellen mikroskopischer Interaktionsstrukturen ein. Beide Forschungsbereiche ergänzen sich hierbei hervorragend, da es die Sozialsimulation ermöglicht, die auf den Netzwerken ablaufende Eigenschaftsdynamik (d.h. den im Fokus stehenden sozialen Prozess) zu untersuchen.

In diesem Beitrag soll es darum gehen, wie geeignete Netzwerkstrukturen zur Lösung des jeweilig interessierenden Problems gefunden werden können. Prinzipiell können hierbei zwei Szenarien unterschieden werden:

Das erste Szenario ist, dass man nach Strukturen verlangt, welche repräsentativ für eine Menge sozialer Konstellationen sind und es erlauben, prinzipielle Aussagen über das Verhalten dieser Menge zu machen, ohne notwendigerweise jede Einzelbeziehung rekonstruieren zu wollen. Ein Beispiel wäre hier die Frage, wie sich z.B. die Klumpung eines Kommunikationsnetzes auf eine eventuelle Gleichgewichtsverteilung eines Meinungsbildungsprozesses auswirkt. Hierfür benötigt man einen Mechanismus, welcher kontrolliert eine Vielzahl von Netzen mit den gewünschten Eigenschaften erzeugen kann, die der Forschungsfrage, und wenn möglich, detaillierten empirischen Daten genügen. Hierzu eignen sich besonders sog. Random Graphen, welche im Beitrag von *Stauffer* in diesem Band genauer beschrieben werden.

Das zweite Szenario ist, dass man sich für spezifische, in der sozialen Wirklichkeit realisierte Interaktionsbeziehungen interessiert: Sei es zur Analyse eines bestimmten Falles oder zur detaillierten Planung einer Intervention in ein vorliegendes Sozialsystem. Ein Beispiel wäre hier die Erhebung des Beziehungsnetzes einer Gruppe von Zielpersonen mit dem Zweck, einflussreiche Personen zum Zweck der gezielten Ansprache zu identifizieren. Hierfür ist es notwendig, die (möglicherweise latenten) Einzelbeziehungen in einer für das in der Simulation angenommene Verhaltensmodell geeigneten Weise zu rekonstruieren. Dieses Szenario wird das Thema dieses Beitrags darstellen.

Nach einer Einführung in die verwendete Notation werden wir uns der Messung bzw. Modellierung von einzelnen Netzwerkbeziehungen zuwenden. Die Darstellungsweise der einzelnen Verfahren soll hierbei möglichst knapp und intuitiv gehalten werden, um dem Anspruch eines einführenden Übersichtsartikels genügen zu können.

2 Knoten, Kanten und Gewichte

Ein Interaktionsnetzwerk werden wir im Rahmen dieses Aufsatzes als sog. Graphen verstehen. Ein Graph sei hierbei definiert als eine Menge von Knoten und einer Menge diese Knoten verbindender Kanten. Die Knoten repräsentieren für unsere Zwecke die Akteure des Interaktionssystems, während die Kanten Beziehungen zwischen diesen darstellen. Diese Beziehungen können sowohl gerichtet als auch ungerichtet sein.

Es ist weiterhin möglich, einzelne Kanten mit einem Attribut zu versehen. Dieses Attribut w wird für unsere Zwecke ein kontinuierliches Einflussgewicht oder eine einfache Klassenvariable (z.B. eine positive oder negative Beziehung) darstellen. Der grundlegendste Fall ist jedoch die Annahme eines binären Gewichts, welches 1 in Anwesenheit einer Beziehung annimmt und 0 in deren Abwesenheit.

Trägt man die einzelnen Knoten eines Graphen in einer Matrix gegeneinander auf, so kann man das Gewicht einer Netzwerkkante in die zu den jeweiligen zwei Knoten gehörende Zelle eintragen. Eine solche Nachbarschaftsmatrix ist in *Tabelle 3* dargestellt.

Die im Rahmen dieses Beitrags gestellte Aufgabe, nämlich die Messung von Netzwerkstrukturen, lässt sich vor diesem Hintergrund folgendermaßen betrachten: Je nachdem, ob man an der Messung von Beziehungen oder an der Modellierung von Gesamtnetzen interessiert ist, geht es nun darum, entweder einzelne Zellen dieser Matrix individuell zu besetzen, oder eben eine größere Struktur auf dieser Matrix zu fordern, z.B. eine wie sie bei Reziprozität von Beziehungen zu erwarten wäre. Wie die Besetzung einzelner Zellen, also die Messung einzelner Beziehungen geschehen kann, soll nun skizziert werden.

3 Ad-Hoc-Verfahren

Die einfachste Möglichkeit der Messung von Beziehungen besteht natürlich darin, sie weitgehend frei von einem messtheoretischen Instrumentarium zu „beobachten". Dies hat zwar den Vorteil schnell und ohne größeren Aufwand vonstatten zu gehen, erschwert aber unter Umständen eine konsistente und vergleichbare Interpretation des erhobenen Netzwerks und verringert vor allem die Glaubwürdigkeit der im Simulationsmodell hergeleiteten Prozessdynamik, da diese auf der zahlenmäßigen Repräsentation des Netzwerks beruht. Verlässliche Schlussfolgerungen sind wie immer nur auf Grundlage sauber organisierter Daten zu erwarten.

Erhebungstechnisch betrachtet, kann die Anwesenheit oder ordinale Ausprägungsstärke w_{ij} einer Beziehung zwischen zwei Personen i und j sowohl standardisiert als auch auf Basis von qualitativen Interviews erhoben werden. Bei der Auswertung qualitativer Interviews sollte aus erwähntem Grund besonders darauf geachtet werden, ein explizites Kriterium für die Zuweisung von Beziehungsstärken, bzw. deren Existenz zu formulieren. Die Erhebung kann durch Befragung der beteiligten Personen oder auch Dritter geschehen, wobei im letzteren Fall die Glaubwürdigkeit der Informanten berücksichtigt werden sollte. (Hierfür existieren jedoch formalisierte Verfahren, auf die später eingegangen werden soll.)

Eine weitere Möglichkeit, auf die hier eingegangen werden soll, ist die Kalibrierung der Beziehungsstärke w_{ij} von Beziehungen durch sog. Proxy-Variablen. Angenommen das ungewichtete Beziehungsmuster der Zielpersonen ist bekannt, jedoch nicht die Beziehungsstärken. Hier ist denkbar, eventuell bekannte Eigenschaften der jeweiligen Zielpersonen zu nutzen, welche als geeignete „Stellverteter" für die Beziehungseigenschaft erscheinen.

Abbildung 1 zeigt ein Beispiel, in dem die Stärke von Einflussbeziehungen zwischen den Angehörigen einer Bostoner Anwaltskanzlei betrachtet wird (Lazega 2001) und welches der Autor als Fallbeispiel im Rahmen einer Simulationsstudie verwendete (Schwenk und Reimer 2008).

Abbildung 1: Einflussbeziehungen zwischen den Partnern einer Bostoner Anwaltskanzlei. Die Schattierung der Kanten symbolisiert die gemessene Beziehungsstärke, die hellblaue Farbe einzelner Knoten die Favorisierung einer Änderung der Arbeitszuweisungspolicy in der Kanzlei.

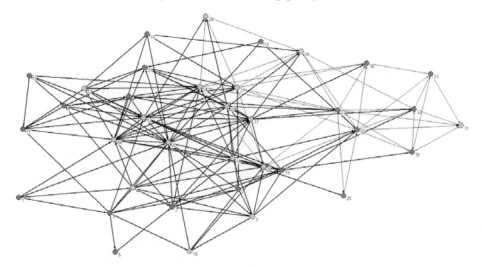

Die ungewichtete Netzwerkstruktur ist hier aufgrund einer standardisierten Befragung bekannt, ebenso wie der Stundensatz, den sich die Angehörigen der Kanzlei gegenseitig genehmigen. Entsprechend wurde der relative Stundensatz als Proxy für die relative Einflussstärke verwendet. Der dienstälteste und teuerste der Anwälte bekam für alle seine ausgehenden Beziehungen eine Einflussstärke von eins zugewiesen, während seine Kollegen für ihre ausgehenden Beziehungen eine Stärke zugewiesen bekamen, die dem Anteil ihres

Honorars an dem in der Kanzlei maximal beobachteten Honorar entsprach. Die Verteilung des individuellen Anteils am maximal möglichen Honorar ist in *Abbildung 2* dargestellt.

Abbildung 2: Statusverteilung der Partner der Bostoner Anwaltskanzlei, gemessen über den Anteil des eigenen Stundensatzes am maximal möglichen Stundensatz

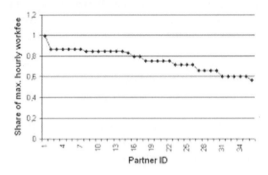

Ausgehend von diesen Daten wurden nun verschiedene mögliche Abläufe eines Abstimmungsprozesses durchsimuliert, bei dem es um eine Änderung der Arbeitszuweisungspolitik innerhalb der Anwaltskanzlei ging. Ziel war es, die Wahrscheinlichkeit der unterschiedlichen Ausgänge der Abstimmung bewerten zu können.

4 Probabilistische Messmodelle

Eine kontrolliertere und damit vorteilhaftere Möglichkeit, aufgrund von Beobachtungsdaten ein Beziehungsgewicht w_{ij} zu bestimmen, ist es, die im Fokus stehende Beziehung als unbeobachtete (latente) Variable aufzufassen und sie mit Hilfe eines Messmodells zu „erschließen". Das Messmodell nimmt hierbei die Stellung einer Brücke zwischen Beobachtungen und latenter Beziehungsvariable ein: Es spezifiziert die Vorstellung des Forschers, wie die Beobachtungen erzeugt werden.

Ein Beispiel soll dies intuitiv verdeutlichen: Nehmen wir einmal an, zwei Personen haben eine glückliche Liebesbeziehung (dies sei die latente Variable). Wenn wir annehmen, dass solch eine Beziehung unter anderem darin resultiert, dass man mit gewisser Wahrscheinlichkeit entsprechende Personen händchenhaltend in der Öffentlichkeit sehen kann, haben wir damit einen datengenerierenden Mechanismus spezifiziert, der das Auftreten der Beobachtung von händchenhaltenden Pärchen erklären kann. Machen wir nun entsprechende Beobachtungen, können wir nun im Umkehrschluss mit gewisser Sicherheit erwarten, dass die latente Beziehungsvariable die Ausprägung „glückliche Beziehung" hat.

Probabilistische Messmodelle spezifizieren nun genau solche datengenerierenden Mechanismen, wenn auch auf kompliziertere Weise. Die Grundlage hierfür ist, dass die Wahrscheinlichkeitstheorie durch das sog. Bayes'sche Theorem den erwähnten Umkehr- bzw. Abduktionsschluss formalisiert und damit das rechnerische Erschließen von latenten Variablen ermöglicht (Jaynes 1978, Schwenk und Möser 2008).

Vor diesem Hintergrund betrachten wir nun die Messung von Kognitionen sozialen Einflusses. Hiermit meinen wir subjektive Einschätzungen, wie z.B. kompetent oder mächtig eine Kontaktperson ist, welche wir als Gewicht w_{ij} an eine gerichtete Beziehung verwenden können (Schwenk 2009, Schwenk und Reimer 2008).

Hierfür wenden wir uns zunächst dem Rasch-Modell zu, welches als sog. Item-Response-Modell (Embretson und Reise 2000, van der Linden und Hambleton 1997) nach der erwähnten Logik arbeitet. Die Annahme des Rasch-Modells und seiner Verwandten ist für den datengenerierenden Mechanismus hierbei folgende: Die Wahrscheinlichkeit einer Person, einer bestimmten Frage mit dichotomem Antwortformat zuzustimmen (z.B. „Es ist normal, sich nach Person X zu richten") ist Funktion der Differenz zweier latenter Variablen.

Die erste latente Variable ist der sog. Itemparameter $delta_k$, welcher die Schwierigkeit einer Frage abbildet. So kann man z.B. annehmen, dass es schwieriger ist, einer Frage zuzustimmen, die Gehorsam zum Inhalt hat, als einer Frage zuzustimmen, welche sich mit persönlichem Respekt beschäftigt. Der zweite Parameter ist der sog. Personenparameter $theta_m$, welcher die Ausprägung der latenten Einflusseinschätzung darstellt und für die befragten Personen spezifisch ist. Beide Parameter wirken zusammen, indem man annimmt, dass die Wahrscheinlichkeit der Zustimmung einer Person m zu einer Frage k von der Differenz der beiden zugehörigen Parameter abhängt. Sind beide Parameter gleich, ist die Chance der Zustimmung 50%. Ist der Personenparameter kleiner als der Itemparameter (und damit die Einflusseinschätzung geringer als das von der Frage implizierte Ausmaß an Einfluss), sinkt die Zustimmungswahrscheinlichkeit, ist umgekehrt der Personenparameter größer, so steigt diese. Formal lässt sich das Rasch-Modell wie folgt darstellen:

$$P(X_{mk}=1 \mid \theta_m, \delta_k) = \frac{\exp(\theta_m)}{1+\exp(\theta_m - \delta_k)}$$

$P(X_{mk}=1 \mid \theta_m, \delta_{ki})$ ist hierbei die Zustimmungswahrscheinlichkeit einer Person m zum Item k, gegeben den latenten Personenparameter $theta_m$ und den latenten Itemparameter $delta_k$.

Will man nun das Modell zur Schätzung einzelner Beziehungseinschätzungen verwenden, so ist es vorbereitend notwendig, ausgehend von einer Teststichprobe Item- und Personenparameter simultan zu schätzen. Sind die Itemparameter bekannt, lassen sich die Personenparameter auch für einzelne Personen erschließen. Beides kann mit Maximum-Likelihood- oder Bayesianischen Methoden geschehen. Es stehen zur Schätzung von Item-Response-Modellen kostenlose Softwarepakete zur Verfügung (BEAR Center 2008, Rizopoulos 2006).

Das Rasch-Modell lässt sich weiterhin von dichotomen auf polytome Variablen verallgemeinern, so auch zur detaillierten Abfrage von wahrgenommenen Beziehungsintensitäten. Dies geschieht u.a. durch das sog. Partial-Credit-Model (Masters und Wright 1997), welches ebenfalls zur Messung von Schätzungen sozialen Einflusses verwendet werden kann (Schwenk 2009). Die Verallgemeinerung des Rasch-Modells erfolgt hier folgendermaßen: Der Sprung von einer Kategorie einer polytomen Variablen zur nächsten wird im Rahmen der Logik des Rasch-Modells erfasst und für jede Schwelle zwischen den einzelnen Antwortkategorien wird eine Übergangswahrscheinlichkeit geschätzt. Formal lässt sich das Partial-Credit-Model folgendermaßen darstellen:

$$P(X_{mk} = x \mid \theta_m, \delta_{k1},...,\delta_{kr}) = \frac{\exp\sum_{s=0}^{r}(\theta_m - \delta_{ks})}{\sum_{h=0}^{r}\exp\sum_{k=0}^{h}(\theta_m - \delta_{kk})} \mid x = 0,1,...,r$$

Die Zielquantität ist hier die Wahrscheinlichkeit einer Person m, eine Antwortkategorie r eines Items k auszuwählen, wiederum bedingt auf ihren Personenparameter *theta$_m$* und die s kategorienspezifischen Schwellen *delta$_{ks}$* des Items k. Für eine detaillierte Darstellung des Partial-Credit-Modells möchte ich an dieser Stelle auf Masters und Wright (1997) verweisen.

Als Anwendungsbeispiel soll nun auf die Untersuchung von Einflussbeziehungen in einer interdisziplinären Arbeitsgruppe von Forschern an zwei deutschen Universitäten eingegangen werden (Schwenk 2009).

Zunächst wurden im Rahmen einer Vorstudie Skalen zur Messung von Kognitionen sozialen Einflusses entwickelt. Die Annahme war hierbei, dass sich dieser in Anlehnung an Turners Drei-Prozess Theorie des sozialen Einflusses (Turner 2005) über die Dimensionen Überzeugung, Autorität und Zwang abbilden lässt. Hier soll nun beispielhaft auf die Skala der Dimension Zwang eingegangen werden.

Erster Schritt war die Entwicklung eines größeren Pools von Kandidatenitems mit deutlicher Bedeutungsvariation, aus denen die zu entwickelnden Skalen gebildet werden sollten. Antworten konnten auf einer fünfstufigen Zustimmungsskala gegeben werden. Die Items wurden in einem Pretest dreiundsechzig Befragten in einer Survey-Situation vorgelegt. Diese wurden aufgefordert, mehre Kontaktpersonen aus ihrem täglichen Leben in eine Liste einzutragen, aus der mit Hilfe eines Zufallsverfahrens eine Person ausgewählt wurde, auf die sich die Items im Folgenden beziehen sollten.

In diesem Rahmen sollten so gleichzeitig Personen- und Itemparameter eines Partial-Credit-Modells geschätzt werden und vor allen Dingen eine Itemanalyse durchgeführt werden. Es ist zu beachten, dass die klassischen Kriterien der Itemanalyse wie homogene Korrelationsmuster vor dem Hintergrund der Item-Response-Messung keine Verwendung finden. Hier zeichnet sich eine gute Skala durch die sog. Rasch-Homogenität aus: Die Skalenitems sind bedingt auf die latenten Parameter unabhängig. Eine Vorbedingung hierfür ist eine ausgeglichenes Verhältnis von beobachteter Item-Varianz zur vorhergesagten Item-Varianz (den sog. Infit-Meansquares), ein Kriterium, welches sich leicht überprüfen lässt.

Ausgehend von formalen Kriterien und inhaltlichen Überlegungen wurde so eine Skala zur Dimension Zwang gebildet, deren Items nach Schwierigkeit sortiert in Tabelle 1 dargestellt sind.

Tabelle 1: Wahrgenommener Einfluss – Skala: Zwangsausübung (0 – lehne vollständig ab, 4 –stimme vollständig zu)

Skala: Zwang		Mittel	Std. Abw.
Item 1	Diese Person fängt an zu diskutieren, wenn man anderer Meinung ist wie sie.	1.97	1.30
Item 2	Es kann Konsequenzen haben, wenn man anderer Meinung ist als diese Person.	1.14	1.22
Item 3	Diese Person wird böse, wenn man anderer Meinung ist wie sie.	0.59	0.99
Item 4	Diese Person wird mich meiden, wenn ich anderer Meinung bin als sie.	0.38	0.83

Diese Items wurden nun wiederum einer sog. Kalibrierungsstichprobe von dreihundertzweiundsechzig Befragten in einem vergleichbaren Survey-Setting vorgelegt, um so möglichst genaue Schätzer vor allem der Itemparameter zu erhalten. Die Itemparameter des kalibrierten Modells sind in Tabelle 2 dargestellt. Mit Hilfe dieser Itemparameter war es nun möglich aus dem Antwortmuster neuer zu befragender Personen mittels Maximum-Likelihood-Methode die Personenparamter dieser Personen zu erschließen.

Tabelle 2: Skala Zwangsausübung – Itemspezifische Schwellenwerte

Threshold	Estimate	Error	Infit MnSq
Item 1			
1.1	-1.921	0.121	1.05
1.2	-1.210	0.113	1.01
1.3	-0.338	0.144	0.99
1.4	-0.287	-	-
Item 2			
2.1	-0.826	0.114	1.01
2.2	-0.146	0.134	0.95
2.3	0.067	0.192	0.92
2.4	0.293	-	-
Item 3			
3.1	0.323	0.124	0.93
3.2	0.091	0.170	0.91
3.3	0.839	0.301	0.91
3.4	0.287	-	-
Item 4			
4.1	0.823	0.139	0.97
4.2	0.911	0.222	1.03
4.3	-0.005	0.305	1.00
4.4	1.099	-	-

Konkrete Anwendung fand die entwickelte Itembatterie nun im Rahmen der erwähnten interdisziplinären Forschergruppe, deren Teilnehmer mit Hilfe eines Online-Fragebogens über ihre Kognitionen bezüglich ihrer Kontakte in der Arbeitgruppe befragt wurden. Für das ungewichtete Netz der Kontakte ergab sich das in Abbildung 3 dargestellte Bild. Unter Anwendung der Zwangs-Skala ließ sich die in Tabelle 3 dargestellte Nachbarschaftsmatrix rekonstruieren, welche nun als Grundlage für Simulationsexperimente zur Verfügung stand.

Abbildung 3: Ungewichtetes Netzwerk einer interdiziplinären Arbeitsgruppe an zwei Universitäten. Die Knoten des Netzwerks werden durch Professoren und Assistenten aus drei verschiedenen Fachgebieten (Soziologie, Psychologie und Betriebswirtschaftslehre) gebildet. Mitarbeiter der einen Universität sind hellblau markiert, die der anderen grau.

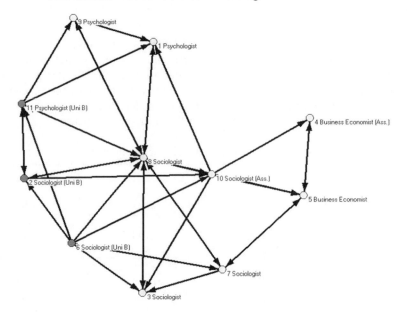

Tabelle 3: Nachbarschaftsmatrix der interdisziplinären Arbeitsgruppe mit Einflussgewichten – Skala: Zwangsausübung. Je höher der Wert, desto höher das von der Spaltenperson wahrgenommene Potential der Zeilenperson Zwang auszuüben. Die Diagonale ist per Definition auf den Maximalwert 1 gesetzt, nicht vorhandene Beziehungen auf den Minimalwert 0.

	1 Psychologist	*2 Sociologist (Uni B)*	*"3 Sociologist*	*4 Business Economist (Ass.)*	*5 Business Economist*	*6 Sociologist (Uni B)*	*7 Sociologist*	*8 Sociologist*	*9 Psychologist*	*10 Sociologist (Ass.)*	*11 Psychologist (Uni B)*
1 Psychologist	1	0	0	0	0	0	0	0.442	0.309	0	0
2 Sociologist (Uni B)	0	1	0	0	0	0	0	0.419	0	0.217	0.0005
3 Sociologist	0	0	1	0	0	0	0	0.361	0	0	0
4 Business Economist (Ass.)	0	0	0	1	0.501	0	0	0	0	0	0
5 Business Economist	0	0	0	0.578	1	0	0.464	0.442	0	0	0
6 Sociologist (Uni B)	0	0.368	0.557	0	0	1	0.501	0.442	0	0.310	0.0005
7 Sociologist	0	0	0.557	0	0.420	0	1	0.462	0	0	0
8 Sociologist	0.222	0.309	0.538	0	0.394	0	0.443	1	0.216	0.310	0.0005
9 Psychologist	0.465	0	0	0	0	0	0	0.419	1	0	0
10 Sociologist (Ass.)	0.501	0	0.519	0.395	0.361	0	0	0.394	0	1	0
11 Psychologist (Uni B)	0.366	0.217	0	0	0	0	0	0.419	0.216	0	1

Die durch das Wahrscheinlichkeitsmodell kalibrierte Nachbarschaftsmatrix bietet hierbei zwei wesentliche Vorteile gegenüber einer ad-hoc Spezifikation: Erstens ist sie genauer und erlaubt dadurch bei angebbarem Messfehler sicherere Schlussfolgerungen aus Simulationsexperimenten. Zweitens ermöglicht der theoriegeleitete Messprozess die Identifikation der wirksamen Einflusskanäle im Rahmen einer weiterführenden Modellbildung. So konnte unter Nutzung der Messungen nachgewiesen werden, dass im Netzwerk der Forschergruppe vor allem Überzeugungskraft der Kontakte, nicht aber deren legitime Autorität oder ihr Zwangspotential zur erfolgreichen Vorhersage individueller Einstellungen herangezogen werden können (Schwenk 2009).

5 Schlussfolgerung

Die in diesem Beitrag dargestellten Methoden stellen zwei durchaus verschiedene Pole auf dem Kontinuum möglicher Messmethoden dar. Ihr Kernunterschied besteht im Ausmaß der Kontrolle, welche der anwendende Forscher über den Prozess der Messung ausübt, bzw. im Rahmen seiner Forschungsfrage ausüben kann. Diese Kontrolle wirkt sich letztendlich auch auf die Interpretierbarkeit der auf den Messungen basierenden Simulationsergebnisse aus: Unter Nutzung der umfassend kontrolliert erhobenen Item-Response-Daten lassen sich glaubwürdigere Ergebnisse generieren als unter Nutzung von mit ad-hoc Annahmen erhobenen Daten.

Dennoch darf nicht verschwiegen werden, dass eine solche, sowohl inhaltlich theoriegeleitete als auch messtheoretisch begründete Vorgehensweise nicht für jeden Anwendungsfall vorteilhaft ist.

Hier wäre zunächst das für den Anwendungsfall notwendige hohe Vorwissen zu nennen, ohne welches sich ein inhaltlich sinnvolles Messinstrument nicht entwerfen lässt. Aus diesem Grund ist eine Item-Response-Messung in einem eher explorativ angelegten Projekt kaum anwendbar. Hier ist es eher sinnvoll ein ad-hoc Verfahren zu wählen, welches interaktiv im Rahmen des Forschungsprozesses entwickelt und verbessert werden kann. Gerade die Verarbeitung qualitativer Informationen ist hier ein Vorteil eines weniger strukturierten Vorgehens.

Ein weiterer Punkt ist der nicht unerhebliche Arbeitsaufwand der für die Konstruktion einer Item-Response-Skala zu leisten ist. Dieser lohnt sich vor allen Dingen dann, wenn eine wiederholte Anwendung des Instrumentes angedacht oder plausibel ist, so z.B. als Kalibirerungswerkzeug für netzwerkbasierte Multiagentenmodelle.

Multi-Agenten-Systeme sind in der Lage, das Versprechen der Netzwerkanalyse, nämlich die Untersuchung sozial eingebetteter Akteure, auf einer neuen Detailstufe zu realisieren. Diese Stufe ist die der Eigenschaftsdynamik in sozialen Netzwerken und damit auch die der Emergenz mehr oder weniger stabiler Eigenschaftsstrukturen wie Macht- oder Rollensysteme. Gerade in solchen Settings, wo übergeordnete Strukturen durch die Interaktion von Individuen erklärt werden sollen, ist die genaue Messung dieser Interaktionen von größter Wichtigkeit und hier kann die probabilistische Messtheorie ihren Beitrag leisten.

Es ist zu erwarten, dass die Welten der Analyse sozialer Netzwerke und der Sozialsimulation immer weiter zusammenwachsen, nicht zuletzt durch die ständige Weiterentwicklung benutzerfreundlicher Simulationsumgebungen wie Repast (ROAD 2005).

6 Literatur

BEAR Center, 2008: Constructmap. Berkeley Graduate School of Eductaion. University of California. Verfügbar über http://bearcenter.berkeley.edu/GradeMap/index.php?page_id=0_.
Embretson, S. E./ Reise, S. P., (2000). Item response theory for psychologists, Lawrence Erlbaum Associates, Mahwah New Jersey
Gilbert, Nigel und *Klaus Troitzsch*, 1999: Simulation for the Social Scientist. Buckingham: Open University Press.
Jaynes, Edwin, 1974: Probability Theory with Applications in Science and Engineering: A Series of Informal Lectures. Fragmentary Edition. http://bayes.wustl.edu/etj/articles/mobil.pdf.
Lazega, Emanuel, 2001: The collegial phenomenon: The social mechanisms of cooperation among peers in a corporate law partnership. Oxford:: Oxford University Press.
Luke, Sean, Claudia Cioffi-Revilla, Liviu Panait und *Keith Sullivan*, 2004: MASON: A New Multi-Agent Simulation Toolkit. Proceedings of the 2004 SwarmFest Workshop.
Masters, Geoff N. und *Benjamin D. Wright*, 1997: The Partial Credit Model. in: *Wim J. van der Linden* und *Ronald K. Hambleton* (Hg.), Handbook of Modern Item Response Theory. New York: Springer Verlag.
Rizopoulos, Dimitris, 2006: ltm: An R Package for Latent Variable Modeling and Item Response Analysis. Journal of Statistical Software 17.

ROAD (Repast Organization for Architecture and Design), 2005: Repast Home Page. Chicago. Verfügbar über http://repast.sourceforge.net.
Schwenk, Gero, 2009: Evaluating Social Influence Relations: An Item-Response-Modelling Approach. Methodoloski zveski, Vol. 6, No. 1, 2009, 27-50.
Schwenk, Gero und *Guido Möser*, 2008: Intention and Behavior: A Bayesian Meta-Analysis with Focus on the Ajzen-Fishbein Model in the Field of Environmental Behavior. Quality and Quantity. Vol.43, Number 5 / September 2009
Schwenk, Gero und *Torsten Reimer*, 2008: Simple Heuristics in Complex Networks: Models of Social Influence. Journal of Artificial Societies and Social Simulation 11: 4.
Schwenk, Gero und Torsten Reimer, 2007: Social Influence and Bounded Rationality: Heuristic Decision Making in Complex Networks. in: *Danielle. S. McNamara* und *Greg. Trafton* (Hg.), Proceedings of the Twenty-ninth Annual Conference of the Cognitive Science Society. New York: Taylor and Francis.
Swarm Development Group 1999: Swarm. www.swarm.org. Swarm Development Group, Santa Fe, New Mexico.
Turner, Jonathan C., 2005: Explaining the nature of power: A three-process theory. European Journal of Social Psychology 35: 1-22.
van der Linden, Wim J. und *Ronald K. Hambleton*, (Hg.) 1997: Handbook of Modern Item Response Theory. Springer, New York.
Wilensky, Uri, 1999: NetLogo. http://ccl.northwestern.edu/netlogo/. Center for Connected Learning and Computer-Based Modeling. Northwestern University. Evanston.

5.14 Extraktion relationaler Daten aus Texten

Jana Diesner und Kathleen M. Carley

1 Einleitung

Daten für netzwerkanalytische Projekte können explizit oder implizit in natürlichsprachlichen, un- oder halbstrukturierten Texten enthalten sein. In dieser Situation ermöglichen Verfahren zur Relationsextraktion die Gewinnung oder Anreicherung von Netzwerkdaten. Die folgenden Beispiele verdeutlichen Einsatzgebiete für diese Familie von Methoden: Analysten aus Wirtschaft und Verwaltung entnehmen Berichten von und über Organisationen Angaben zu deren Zusammensetzung, Effizienz und Entwicklung (Corman et al. 2002; Krackhardt 1987). Kognitions- und Sozialwissenschaftler untersuchen auf der Grundlage von Interviews, wer welche Themen anspricht und wie in Verbindung setzt (Carley und Palmquist 1991; Collins und Loftus 1975). Journalisten und Analysten durchsuchen Meldungen und Archive nach Beteiligten, Gegenstand, Grund, Verlauf, Ort, Zeit, und Zusammenhängen von Ereignissen (Gerner et al. 1994; van Cuilenburg et al. 1986). Marktforscher analysieren Kundenbewertungen um herauszufinden, welche Marken und Produkte welche Empfindungen hinterlassen (Wiebe 2000). Internetforscher verfolgen die akteursbezogene Diffusion von Themen im Internet (Adar und Adamic 2005; Kleinberg 2003). Nutzer senden Suchmaschinen Anfragen, deren Beantwortung Informationen von mehr als einer Webseite bedarf (Berners-Lee et al. 2001; Brin 1999). All diesen Aufgaben ist gemeinsam, dass sie gelöst werden können, indem die jeweils relevanten Informationen (Knoten) und deren Verbindungen (Kanten) aus Texten herausgefunden, wiedergegeben und netzwerkanalytisch ausgewertet werden (McCallum 2005). In diesem Kapitel erläutern wir, unter welchen Bedingungen das Extrahieren relationaler Daten aus Texten sinnvoll ist, welche Verfahren dafür zur Verfügung stehen, und zeigen Grenzen und bislang ungelöste Probleme der Methodik auf.

2 Möglichkeiten und Grenzen des Einsatzes von Relationsextraktion

Die Extraktion relationaler Daten aus Texten ermöglicht zum einen das Erfassen von klassischen sozialen Netzwerkstrukturen. Zum Beispiel kann bei der Analyse von Emails aus den Emailköpfen entnommen werden, wer mit wem kommuniziert, was im Ergebnis ein traditionelles soziales Netz ergibt. Darüber hinaus erlauben Relationsextraktionsverfahren, Netzwerkdaten um das anzureichern, was durch ein Netz hindurchfließt. Diese zweite Dimension von Netzwerkdaten ist dann wertvoll, wenn die im Netz transportierte Materie zusätzliche Erkenntnisse über das zu untersuchende System ermöglicht. „Travelling through the network are fleets of social objects" (Danowski 1993: 198). Diese Materie oder sozialen Objekte können unter anderem Güter, Viren, Informationen, oder Emotionen sein. Beim Beispiel der Emailnetzwerke kann das soziale Netz mit einem semantischen Netz, das aus den Emailbodys extrahiert wird, fusioniert und erweitert werden. Dabei entsteht ein multi-modales Netz, mit dem untersucht werden kann, wer was mit wem kommuniziert. Wir verwenden den Begriff des semantischen Netzes hier recht allgemein als Bezeichnung für das Ergebnis der Verlinkung von relevanten Informationen aus Texten in eine Struktur. Diesner et al. (2007) haben für die interne Kommunikation von Enron, einem Konzern mit zweifelhaften Geschäftsmethoden, gezeigt, dass die Struktur und Merkmale sozialer und semantischer Netze, die aus gleicher Quelle (Emails) erhoben wurden, stark voneinander abweichen und somit Einsichten in verschiedene Aspekte sozialer Dynamik vermitteln können. Corman et al. (2002: 164) fassen diesen Punkt treffend zusammen: „We cannot reduce communication to message transmission".

Eine weitere Stärke relationaler Textanalysen ist die Berücksichtigung des Kontextes von Aussagen (Carley 1997; Collins und Loftus 1975; Janas und Schwind 1979). Die Methodik bietet damit eine Ergänzung und Erweiterung zu Verfahren, die den Inhalt von Texten erfassen, indem sie Worte oder deren Zuordnung zu Kategorien als von anderen Worten oder Kategorien konditional unabhängige Datenpunkte betrachten und deren jeweilige kumulative Häufigkeit ermitteln und vergleichen, wie z.B. bei der Inhaltsanalyse (Berelson 1952; Krippendorff 2004; Van Atteveldt 2008). Die dabei resultierenden Daten bilden ein Netz ohne Kanten, auf das jedes Netz im Bedarfsfall reduziert werden kann. Bedeutungsunterschiede, die nicht in der Identität und Häufigkeit von Knoten begründet liegen, sondern in deren Verlinkung und resultierenden Position im Netzwerk, können dabei nicht aufgedeckt werden. Die Kontextualisierung von Informationen, die sich durch die Berücksichtigung von Relationen ergibt, ermöglicht es, den Beziehungen zwischen Worten (Syntax), dem sozialen Gebrauch von Sprache (Pragmatik) und der Bedeutung von Aussagen (Semantik) näher zu kommen (Bernard und Ryan 1998; Carley und Palmquist 1992; Doerfel 1998; Mohr 1998; Woods 1975). Damit kann man Texte, deren Struktur und deren Bedeutung mit mikroskopischem (einzelne Worte, Knoten, Kanten) und makroskopischem (Triaden, Cluster, Netze) Blick untersuchen, zwischen diesen Perspektiven wechseln, Symbole bzw. Daten in Informationen und Wissen überführen, und Fehlinterpretationen komplexer Zusammenhänge reduzieren.

Relationsextraktion aus Texten ist dann eine sinnvolle Ergänzung oder Alternative zu klassischen Verfahren der Netzwerkdatengewinnung, wenn Informationen über ein zu untersuchendes System nicht mit traditionellen Verfahren wie Fragebögen, Beobachtungen oder Datenbankabfragen erhoben werden können, aber Textdaten zu dem System vorliegen. Das kann der Fall sein bei:

- Verdeckt agierenden und illegalen Netzen wie Wirtschaftskriminalität (Baker und Faulkner 1993) und Terrorgruppen (Krebs 2002).
- Ephemeren und nicht mehr bestehenden Netzen wie ehemaligen Regimen (Seibel und Raab 2003) und bankrotten Firmen (Diesner et al. 2005).
- Sehr großen Netzen, bei denen die Erhebung von personenbezogenen Daten innerhalb der Netzwerkgrenzen zu ressourcenintensiv ist, z.B. bei Studien zu den Mitgliedern der verschiedenen Gemeinschaften oder Ethnien in einer Region (Burt und Lin 1977).
- Netzen, denen keine bereits bestehende soziale Struktur zugrunde liegt, sondern die lediglich aus den Datenspuren, die von oder in ihnen generiert werden, bestehen, wie z.B. das Internet und Blogs (Adar und Adamic 2005). Wir bezeichnen solche Netze als WYSIWII - what you see is what it is (Diesner und Carley 2009a).
- Sozialen Netzen, die mit semantischen Netzen kombiniert werden (Diesner und Carley 2005).

In den genannten Fällen, die sich überlappen können, sind Textdaten wie z.b. gerichtliche Dokumente, Jahresberichte, Bücher, Nachrichtenmeldungen, Interviews, E-Mails und Webseiten oft die einzige Informationsquelle von oder über ein System. Wenn aus solchen Texten zu den hier genannten Arten von Systemen relationale Daten extrahiert werden, ist deren Validierung, also der Abgleich von erhobener und tatsächlicher Struktur, schwierig bis unmöglich. Daher sind das stringente und umfassende Testen der Extraktionsverfahren seitens der Entwickler, die Kommunikation und Rezeption dieser Ergebnisse, sowie die informierte Anwendung entsprechender Methoden, Maßzahlen und Software seitens der Nutzer unabdingbar. Dieser Beitrag soll diesem Zweck dienlich sein.

3 Verfahren zur Extraktion von Relationen

Im Allgemeinen erfordern Relationsextraktionsverfahren das Durchführen der folgenden Schritte: Zunächst sind ein Problem, eine Forschungsfrage oder ein konkretes Ziel, für deren Bearbeitung relationale Daten hilfreich sind, zu formulieren. Falls nicht bereits vorhanden, ist ein Korpus von Textdaten zu erheben. Entsprechende Daten fallen häufig als Nebenprodukt von Organisations- und Kommunikationsprozessen an. Ein Beispiel hierfür sind die Antworten auf offene Fragen in Interviews, die bei Datenanalysen häufig unberücksichtigt bleiben oder in kleiner Menge qualitativ ausgewertet werden. Anschließend werden in den zu untersuchenden Textdaten die relevanten Knoten und deren Verbindungen identifiziert. Darüber hinaus ermöglichen fortgeschrittene Verfahren das Klassifizieren von Knoten (multi-modale Netze) und Kanten (multirelationale Netze) gemäß vordefinierter oder aus den Daten abgeleiteter Ontologien oder Taxonomien. Knoten in semantischen Netzen werden auch als Konzepte bezeichnet. Konzepte bestehen aus ein oder mehreren Worten und geben Informationen aus dem Text in wortgetreuer, normalisierter, disambiguierter oder abstrahierter Form wieder. Kanten verbinden Konzepte und können, je nach Verfahren, binär oder gewichtet, benannt oder unbenannt, und gerichtet oder ungerichtet sein. Knoten und Kanten können, ebenfalls in Abhängigkeit des Verfahrens, mit Attributen und deren Werten versehen werden. Die extrahierten Daten werden als Graph, Liste oder Tabelle repräsentiert. Dieser Schritt markiert das Ende der Extraktionsphase, nicht aber des Untersuchungsprozesses: Es folgt die zielgerichtete Nutzung der Daten als Input z.B. für Datenbanken (McCallum 2005; Shapiro 1971), Visualisierungen (Hartley und Barnden 1997), Analysen sozialer Netze (Diesner und Carley 2005), Simulationen (Carley et al. 2007) und statistische Verfahren sowie Methoden des maschinellen Lernens und der künstlichen Intelligenz (McCallum 2005). Schließlich sind die Ergebnisse der Datennutzung zu interpretieren und zu validieren.

Im Einzelnen unterscheiden sich die Verfahren hinsichtlich ihrer Terminologie, Anwendungsbereiche, theoretischen Anbindung, Annahmen, Mechanismen für das Auffinden und Klassifizieren von Knoten und Kanten, Automatisierungsgrades, und Evaluierung. Wir konzentrieren uns in der folgenden Diskussion von Gruppen von Verfahren auf Ansätze zum Lokalisieren und Klassifizieren von Knoten und Kanten.

Wie kann man also vorgehen, wenn in einem Textkorpus die relevanten Knoten und Kanten möglichst systematisch, vollständig, richtig und effizient identifiziert und im Bedarfsfall klassifiziert werden sollen? Zunächst ist zu beachten, dass das Ziehen von Stichproben aus Texten problematisch ist, weil Sprache zu Ungunsten sinntragender bzw. relevanter Terme schief verteilt ist (Zipf 1949). Das heißt, potentielle Knoten und Kanten sind mager und unregelmäßig über die Texte verteilt, während bedeutungsarme Begriffe dicht und häufig vorkommen. Das gleiche Prinzip gilt auch beim Erheben von Netzwerkdaten mit anderen Methoden wie z.B. Befragungen (Frank 2004): je weniger vollständig die Daten innerhalb der definierten Netzwerkgrenze erfasst werden, umso ungleich grösser ist die Chance, schwach vernetzte Knoten zu überrepräsentieren und zentrale Knoten zu unterrepräsentieren. Bei der Analyse komplexer, dynamischer und soziotechnischer – kurz alltäglicher – Systeme ist es also notwendig, die Daten über ein System in ihrem ganzen Umfang zu nutzen (Corman et al. 2002). Je nach System- und Korpusgröße, vorhandenen Ressourcen und erforderlicher Genauigkeit stehen dafür eine Reihe von Verfahren zur Verfügung.

3.1 Qualitative Textanalyse

Bei der qualitativen Textanalyse übernimmt der Mensch das datengeleitete Identifizieren von relevanten Konzepten (*Kodes*), das anfängliche Auffinden und Kommentieren von Instanzen der Kodes in den Daten, und das Erstellen von benannten Links zwischen Kodes (Bernard und Ryan 1998). Zahlreiche Computerprogramme unterstützen Analysten beim systematischen und iterativen Assoziieren von Textpassagen mit Schlagworten oder Kodes (Kodieren, Indexieren), Erläutern des Kodes in Memos, Aggregieren ähnlicher Kodes zu Variablen und Ausgeben aller Segmente, die mit bestimmten Kodes versehen wurden (Lewins und Silver 2007). Die Suchergebnisse können der Datenbasis als Material hinzugefügt werden (*system closure*, Richards 2002). Alle Objekte in der nutzerdefinierten Datenbasis (*hermeneutischen Einheit*), wie Texte, Kodes, Memos, multimediale Daten und Ergebnisse, können mit Attributen versehen und analysiert werden. Durch das manuelle Arrangieren und Verbinden von Variablen entstehen Netze, die implizite Beziehungen in den Daten explizit abbilden und der Entwicklung von Modellen und Theorien dienen (*Grounded Theory*, Glaser und Strauss 1967). Diese Netze können computergestützt visualisiert und manipuliert werden. Die qualitative Textanalyse dient der Exploration von Daten und Phänomen, dem Generieren von Hypothesen, und der Erlangung eines tiefgründigen Verständnisses basierend auf überschaubaren Datenmengen. Computerprogramme übernehmen hierbei keinerlei analytischen Aufgaben, sondern dienen lediglich als Arbeitsumgebung, während der Mensch die Verantwortung für das konsistente und zuverlässige Erkennen von Kodes trägt. Die Evaluierung der Ergebnisse erfolgt durch das Testen der Modelle mit neuen Daten, und die der Daten durch das Messen der Konsistenz in der Kodierung mehrerer Texte durch eine oder mehrere Personen (*Goldstandard*, King und Lowe 2003).

3.2 Listen, Regeln und Verfahren aus der Computerlinguistik

Wie können das Lokalisieren und Klassifizieren relevanter Konzepte und Kanten erleichtert und beschleunigt werden? Eine Möglichkeit ist die Nutzung vorhandener Hilfsmittel wie Listen und Thesauren bzw. Wörterbücher. Sollen beispielsweise die Mitgliedschaften eines Landes in internationalen Organisationen erkannt werden, können diese Organisationen aus dem CIA World Factbook (Central Intelligence Agency) entnommen, als Liste repräsentiert, und die Listeneinträge mit den Textdaten abgeglichen werden. Sind diese internationalen Organisationen als Akronym indexiert (z.b. WHO), helfen Thesauren bei der Aufschlüsselung von Symbolen (z.B. WHO, World Health Organisation). Listen und Thesauren dienen der Normalisierung, also der Indexierung verschiedener Schreibvarianten von Konzepten und der Zuweisung von Synonymen zu einheitlichen Schlagworten, der Auflösung von Mehrdeutigkeiten (Disambiguierung) durch Unterscheidung von Groß- und Kleinschreibung (Hoch versus hoch) oder mittels kurzer Phrasen (ein Hoch über Sachsen versus hoch über der Stadt), sowie als positive Filter (Züll und Alexa 2001). Solche Hilfsmittel bergen eine Reihe von Risiken: sie können unvollständig, veraltet und fehlerhaft sein. Zudem ist ihre Anwendung deterministisch, das heißt, nicht indexierte Terme wie Rechtschreibfehler und Wortableitungen werden in den Texten nicht gefunden.

Mehr Flexibilität bietet das Durchsuchen von Texten nach Instanzen abstrahierter Muster von Symbolen (*reguläre Ausdrücke*, Kleene 1956). Damit lassen sich beispielsweise Telefonnummern, Datumsangaben und URLs recht präzise identifizieren und klassifizieren. Der reguläre Ausdruck *[A-Z]* bewirkt z.B. die Ausgabe aller großgeschriebenen Worte. Deren Zuordnung zu Unterkategorien von Eigennamen (*named entities*) wie Personen, Organisationen und Orten kann mit Hilfe regulärer Ausdrücke jedoch nicht geleistet werden, sondern bedarf weiterer Verfahren (Diesner und Carley 2008).

Eine weitere Möglichkeit sind regelbasierte Verfahren, die beobachtete Regelmäßigkeiten im Aufbau oder der Formatierung von Texten generalisieren, und diese Regeln auf das gesamte Datenset anwenden. Carafalla et al. (2006) nutzen diesen Ansatz, um aus Tabellen, die in HTML ausgedrückt sind, Informationen, deren Bedeutung wie im Tabellenkopf angegeben, und deren Relationen zu extrahieren. Problematisch sind hierbei die deterministische Natur von Regeln, das mögliche Zutreffen von Regeln auf irrelevante Phrasen, dass zu Fehlern 1. Art bzw. α-Fehlern führt, und die Bewältigung von Ausnahmen, die nur durch extensive Erweiterung des Regelwerks oder gar nicht realisiert werden kann.

Die Computerlinguistik hält schließlich Verfahren zur Sprachverarbeitung bereit, mit denen Textdaten aufbereitet (Jurafsky und Martin 2000) und relevante Terme gefunden werden können (*feature selection*, Yang und Pedersen 1997). Zu diesen Verfahren zählen unter anderem das Segmentieren von Texten in Sätze und in Worte, das Entfernen nicht sinntragender Symbole und Worte wie Sonderzeichen und Präpositionen, das Rückführen von Wortableitungen auf deren Stammform bzw. Lexem (*Stemming*), das Bestimmen der Wortklasse wie z.B. Substantiv oder Adjektiv, das Erkennen von sinntragenden Mehrwortgruppen und Eigennamen, und das Separieren von relevanten versus irrelevanten Begriffe durch Termgewichtungsverfahren. Diese Verfahren sind meist vollautomatisiert und funktionieren regelbasiert und/ oder probabilistisch. Aufgrund der Komplexität natürlicher Sprache einschließlich ihrer Unregelmäßigkeit können computergestützte Verfahren eine Reihe von Stilmitteln und Mehrdeutigkeiten jedoch nicht immer korrekt verarbeiten. Dazu zählen Metaphern, umgangssprachliche Wendungen und Slang, und Worte mit gleicher Schreibweise und Wortklasse aber unterschiedlicher Bedeutung (*Homonyme*, z.B. *Leiter* als Kabel, Chef und Werkzeug).

Praktische Anwendungen zum Auffinden relevanter Konzepte kombinieren häufig die genannten Verfahren. So zum Beispiel in einer Serie von Systemen, die Politikwissenschaftler zum Kodieren und Auswerten internationaler Ereignisse entwickelt und eingesetzt haben (Schrodt et al. 2008). Dabei wird zunächst die syntaktische Oberflächenstruktur jedes

Satzes (Wortklasse pro Wort) automatisch ermittelt, um die Position von Verben und Nominalphrasen zu finden. Die relevanten Instanzen beider Wortklassen werden manuell gegen eine existierende Typologie von Ereignissen (Verben) und eine Liste von Akteuren (Eigennamen) abgeglichen und die Listen um fehlende Einträge erweitert. Um die Vergleichbarkeit von Studien und die Adaption an Veränderungen in der Weltpolitik zu gewährleisten, passt die Fachgemeinschaft diese Listen stetig an und integriert existierende Standards Dritter wie z.b. der Vereinten Nationen. Schließlich werden die Listen vollautomatisiert auf das gesamte Textset angewandt, um Triplets zu extrahieren, in denen Akteure über Ereignisseverbunden sind. Ein geübter Analyst kodiert fünf bis zehn solcher Triplets pro Stunde (Schrodt et al. 2008). Geeignete Software kann große Datenmengen in wesentlich kürzerer Zeit und vergleichbarer Qualität wie ein Mensch bei einer höheren Wahrscheinlichkeit von α-Fehlern bewältigen (King und Lowe 2003). Über alle Relationsextraktionsverfahren hinweg tauchen die Triplets aus Subjekt, Handlung und Objekt immer wieder als kleinste sinntragende Einheit semantischer Netze auf (siehe z.B. Berners-Lee et al. 2001; Franzosi 1989; Mohr 1998; van Cuilenburg et al. 1986). Je nach Verfahren kann diese Grundstruktur durch weitere Angaben wie Ort, Zeit und Attribute erweitert werden.

3.3 Distanzbasierte Verfahren

Wenn die relevanten Konzepte in den Texten lokalisiert wurden, gilt es, sie zu verlinken. Ein weit verbreiteter, regelbasierter und deterministischer Ansatz hierfür ist das Windowing (Danowski 1993). Dabei definiert der Analyst die Weite eines Fensters (Anzahl von Worten) innerhalb einer ebenfalls vom Nutzer festgelegten Texteinheit, wie z.B. einer bestimmten Anzahl von Sätzen, Paragraphen oder dem gesamten Text. Das Fenster wird über den Text gezogen und die dabei darin gemeinsam erscheinenden Paare relevanter Konzepte in einer Adjazenzmatrix vermerkt. Die Datenstruktur der Adjazenzmatrix ist Grundlage für eine Reihe von Analyseverfahren:

Methoden zur Reduktion der Dimensionen von Daten sind ein Ansatz: Bei der multidimensionalen Skalierung werden die Werte in der Adjazenzmatrix räumlich interpretiert: Je öfter zwei Konzepte gemeinsam auftreten, umso kürzer ist ihre euklidische Distanz in einer zweidimensionalen Visualisierung (Doerfel und Barnett 1999; Osgood 1959). Mehrfachbedeutungen von Worten können damit allerdings häufig nicht klar unterschieden werden (Tversky und Gati, 1982). Clusteringverfahren, die auf die Adjazenzmatrix oder deren graphische Repräsentation angewandt werden, ermöglichen das Finden und Vergleichen von Gruppen häufig gemeinsam und selten mit anderen auftretender Datenpunkte (Smith und Humphreys 2006).

Carley (1997) wendet eine Kombination aus teilautomatisierter Sprachverarbeitung und Windowing (Map Analysis) auf Textdaten an, um kognitive Modelle (*mental models*) von Individuen und Gruppen zu extrahieren. Solche Modelle sind vereinfachende Darstellungen der Welt inklusive individueller Wahrnehmung (Johnson-Laird 2005; Rumelhart 1981). Die Modelle werden netzwerkanalytisch und mengenalgebraisch untersucht, verglichen und kombiniert, um die soziale Bedeutung und Entwicklung von Informationen zu erschließen. In der praktischen Anwendung der Methode kann sich die Bedeutungsfindung auf die Intensionen des Autors wie auch auf Texte als Indikatoren menschlichen Verhaltens beziehen (Bernard und Ryan 1998; Roberts 2000). Das Mapping von Sprache auf kognitive

Strukturen unterliegt einer Reihe von Annahmen: kognitive Modelle sind eine Repräsentationen der Organisation von Informationen im Gedächtnis und können als Netz repräsentiert werden, Sprache gibt uns einen Zugang zu diesen internen Strukturen, und individuelle Kognition beeinflusst soziales Verhalten. Tatsächlich sind die Beziehungen zwischen Sprache, deren Repräsentationen als Netzen, und deren Bedeutung nach wie vor unzureichend erforscht (Carley und Palmquist 1991).

Das Konstrukt der kognitiven Modelle ist theoretisch motiviert (Carley 1997). Die Wahl der Fenstergröße ist es nicht. Diese unterliegt der Entscheidung, den Tests und der Erfahrung des Forschers und kann zu Fehlern erster und zweiter Art (zuviel und zuwenig Links) führen, was Fehlinterpretationen der Ergebnisse nach sich ziehen kann (Carley 1997; Corman et al. 2002). Eine Steigerung der Genauigkeit und Validität der Ergebnisse ist durch die Kombination des Windowing mit anderen Methoden, die wir nachfolgend erläutern, möglich.

Unschärfen im Verständnis der Methodik und der Ergebnisse von Relationsextraktionsverfahren können zudem durch Überschneidungen in der Terminologie verschiedener Verfahren zur nicht-linearen Wissensrepräsentation entstehen. Diese Verfahren haben mitunter nichts gemeinsam außer der Tatsache, dass sie den Gegenstand oder das Ergebnis ihrer Analyse als semantisches Netz bezeichnen. Wir möchten ein paar dieser Begriffe unterscheiden: Mind Maps (Buzan 1984) und Concept Maps (Novak und Cañas 2008) sind graphische Darstellungen der Fakten oder persönlichen Gedanken zu einem Thema. Bei der manuellen oder computergestützten Erstellung dieser Maps definieren Personen Konzepte, die sie mit selbst benannten Kanten nach persönlichem Ermessen verbinden . Solche heuristischen Denkwerkzeuge werden zum Brainstorming und als Lernhilfe eingesetzt, stoßen aber bei umfangreichen und komplexen Themen an die Grenzen der menschlichen Wahrnehmung und Informationsverarbeitung (Hartley und Barnden 1997). Beim Semantischen Web ist der Name Programm: Menschen nutzen eine vorgegebene Beschreibungssprache, um Begriffe und deren Relationen zu definieren und damit Webinhalte für Computer interpretierbar und verwertbar zu machen (Berners-Lee et al. 2001).

3.4 Linguistische und kognitionswissenschaftliche Verfahren

Bei Satzanalysen (parsing) werden die Beziehungen zwischen Worten durch die Anwendung von Grammatiken ermitteln. Grammatiken sind Regelwerke, die spezifizieren, welche Wortfolgen in einer Sprache zulässig sind. Grammatiken werden eingesetzt, um die syntaktischen Beziehungen zwischen Paaren einzelner Worte (*Dependenzgrammatik*, Tesnière 1959) oder Bestandteilen von Sätzen, die auch Mehrwortgruppen sein können *(generative Transformationsgrammatiken, kontextfreie Grammatiken*, Chomsky 1956), als hierarchische Struktur bzw. Ableitungsbaum abzubilden. Für Relationsextraktionen sind Ableitungsbäume zunächst ungeeignet, da viele Satzbestandteile für semantische Analysen irrelevant sind (magere Daten) und der Platz relevanter Worte im Baum variiert (Roberts 2000). Präzise Kenntnisse über die Wortklasse und Abhängigkeiten aller Satzbestandteile, wie sie syntaktische Satzanalysen bereitstellen, sind jedoch als Input für semantische Grammatiken essentiell (Franzosi 1989; Roberts 1997). In semantischen Grammatiken sind die Regeln und Satzbestandteile auf die Konzepte und Relationen einer bestimmten Domain abgestimmt. Den Einbußen an Generalität steht somit die Gewinnung der bedeutsamen Interpretierbarkeit der Ergebnisse gegenüber. Frühe semantische Grammatiken sind kognitionswissenschaftlich inspiriert. Fillmore's (1968) Kasusgrammatik geht beispielsweise davon aus, dass das Verb der zentrale Bestandteil eines Satzes ist und es zudem einen Tiefenkasus hat, der bestimmte andere Satzbestandteile zwingend oder möglicherweise erforderlich macht. Semantische Kasus, die auch Fälle oder Rollen genannt werden, kann man analog zu grammatischen Fällen, wie z.B. dem Nominativ oder Genitiv, verstehen: sie stellen Erwartungen an das Umfeld eines Wortes. So bezeichnet der *agentive* das Subjekt und der *dative* das Objekt einer Handlung. Die Instanzen der Rollen, also die Worte im Text, füllen die Positionen innerhalb eines durch die Wortidentität des Verbs vorgegebenen Rahmens (*frame*) aus. Das individuelle Füllen dieser Positionen spiegelt das Kontinuum von universellen Regeln von Sprache und stereotypen Schablonen für Situationen über kulturelle Eigenheiten bis hin zu persönlichen Erfahrungen, die nicht logisch oder korrekt sein müssen, wieder (Fillmore 1982; Minsky 1974; Woods 1975). Die individuelle Bedeutung eines Wortes in einem Netz kann somit als die Netzwerkumgebung, die durch das Wort motiviert oder aktiviert wird, erschlossen werden (Carley und Palmquist 1991; Collins und Loftus 1975). Semantische Grammatiken können erfolgreich eingesetzt werden, wenn die Grammatik den Wortschatz und die Struktur der Texte ausreichend erschöpfend abdeckt, was in der Praxis oft extensive manuelle Arbeit am Regelwerk bedeutet.

3.5 Ansätze aus der Künstlichen Intelligenz

Im Gegensatz zu den bis hier vorgestellten Anwendungen von Relationsextraktionen untersucht man in der Künstlichen Intelligenz (KI) nicht, was ein relationaler Ausdruck bedeutet, sondern ob er wahr oder falsch ist (Woods 1975). In der KI werden semantische Netze erstellt, indem ein klar definierter Prozess oder ein Algorithmus manuell oder computergestützt angewandt werden, um die möglichen Bedeutungen natürlichsprachlicher Sätze in eine formale, präzise und eindeutige Repräsentation von Wissen zu übersetzen (Norvig und Russell 1995). Die KI folgt Platos Definition von Wissen als gerechtfertigten und wahren Annahmen. Auf die erhobenen relationalen Daten werden Inferenzregeln angewandt, um logische oder probabilistische Schlussfolgerungen zu ziehen, das heißt aus bestehendem Wissen neues Wissen abzuleiten. Das Verfahren wird eingesetzt, um Wissen zu managen und für Abfragen bereitzustellen (Allen und Frisch 1982), zum Aufdecken und Korrigieren von Widersprüchen in Wissensdatenbanken (Sowa 1992), zur Beweisführung, zum Verstehen natürlicher Sprache (Shapiro 1971), zur Manipulation oder dynamischen Veränderung von Netzen (Petri 1962), und zu Berechnungen auf der Grundlage graphischer Modelle, in denen Sachverständige die Richtung und Wahrscheinlichkeit der Abhängigkeiten zwischen den relevanten Variablen einer Domain darstellen (Howard 1989; Pearl 1988).

Das Inferieren von Schlüssen aus einer Wissensdatenbank ist nur sinnvoll, wenn die relationalen Ausdrücke einer bestimmten Syntax und Logik fehlerfrei und ohne Unschärfen folgen. Das Wissen einer Domain kann in einer standardisierten Beschreibungssprache (Ontologie) für gültige Konzepte und deren Beziehungen spezifiziert werden. Ontologien organisieren Konzepte in der Regel vom Allgemeinen zum Spezifischen, wobei Oberklassen ihren Unterklassen Eigenschaften vererben. Durch die Benennung der Relationen können zum Beispiel Bestandteile von Objekten und Kausalität beschrieben werden. Eine für praktische sprachverarbeitende Anwendungen einsetzbare Ontologie ist WordNet

(Fellbaum 1998). In WordNet sind bedeutungsgleiche Verben, Substantive, Adjektive und Adverbien in Synonymgruppen, sogenannten synsets, zusammengefasst. Die synsets sind mit einer kurzen Definition versehen und untereinander durch semantische Beziehungen wie Hyperonymie (Oberbegriffe) und Hyponymie (Unterbegriffe) verbunden.

Wenn die relevanten Konzepte in einem Satz identifiziert wurden, sind sie gemäß einer Logik zu verbinden: Die Aussagenlogik erlaubt die Verknüpfung von Aussagen durch Verneinung, Konjunktion, Disjunktion, Implikation und Äquivalenz. Die Prädikatenlogik behandelt Aussagen als Tuples von Objekten und Prädikaten (Relationen) und stellt Quantoren bereit, mit denen man ausdrücken kann, ob eine Aussage auf alle oder weniger als alle Objekte zutrifft (Allen und Frisch 1982; Janas und Schwind 1979).

Die Erstellung von semantischen Netzen nach den Prinzipien der KI ist eine Übersetzung von Sprache in relational Daten, die als Netzwerkvisualisierung oder linearer Ausdruck ausgegeben werden können. Beide Ausgaben sind isomorph, das heißt sie drücken das Gleiche aus (Sowa 1992). Weil die Syntax von Visualisierungen (das Netzwerklayout) im Gegensatz zu linearen Ausdrücken in der Regel keine Entsprechung in der Logik hat, hat sich dafür keine einheitliche Lösung durchgesetzt (Hartley und Barnden 1997). Die Visualisierung kann damit nicht automatisiert analysiert werden; ein Problem, dass sich nicht auf die KI beschränkt. Weitere Nachteile ergeben sich bei der Wissensverarbeitung im Sinne der KI dadurch, dass die verwendeten Symbole und Regeln oft nicht allgemeingültig, sondern auf eine bestimmte Anwendung zugeschnitten und somit nur mit großem manuellen Aufwand wiederverwertbar, in größerem Maßstab anwendbar und auf andere Projekte übertragbar sind (Minsky 1974). Schließlich führen lokale Unstimmigkeiten zur globalen Inkonsistenz der Wissensdatenbank und damit zum Scheitern valider Schlussfolgerungen.

3.6 Statistische Verfahren und maschinelles Lernen

Große Mengen von Textdaten können einfach, schnell und billig gesammelt und gespeichert werden. Die systematische, effiziente und kontrollierte Extraktion und Auswertung von Instanzen nutzerdefinierter Knoten- und Kantenklassen aus sequentiellen Daten erfordert adäquate Techniken, Software und Maße sowie deren sachkundige Anwendung. Wenn die zeitlichen, finanziellen und personellen bzw. kognitiven Ressourcen für die Verarbeitung großer Textmengen beschränkt sind und eine Stichprobenziehung ungeeignet ist, können Netzwerkdaten durch Methoden der Statistik und des maschinellen Lernens erhoben werden. Maschinelles Lernen (ML) sind Verfahren, bei denen das System seine Leistung hinsichtlich eines bestimmten Kriteriums, z.B. der Genauigkeit, auf der Grundlage von gesammelter Erfahrung eigenständig verbessert (Mitchell 1997). Dabei werden Modelle oder Klassifikatoren gelernt, die sich auf neue Daten mit abschätzbarer Genauigkeit anwenden lassen. Verfahren aus der Statistik und dem maschinellen Lernen sind zudem als Erweiterung in alle der in diesem Beitrag erwähnten Familien von Verfahren integriert worden; bislang mit Ausnahme der qualitativen Textanalyse.

Relationale Daten, die mittels Statistik und ML aus Texten gewonnen werden, spiegeln nicht die Wahrheit wieder. Vielmehr sind sie eine Annährung (Approximation) an die in den Texten enthaltenen Netzwerkdaten inklusive der Ungenauigkeiten, die natürliche Sprache in sich birgt, und der probabilistischen Natur von Statistik und ML. Die bestmögliche Approximation ist eine Herausforderung an die moderne Wissenschaft und Technik.

Die Förderung von Forschungswettbewerben, das Bereitstellen von Daten und die Entwicklung stringenter Evaluationsmaße durch die US-Regierung hat seit den 90ern zu einer Fülle von erfolgreichen Innovationen und Produkten auf dem Gebiet der Relationsextraktion geführt (Doddington et al. 2004; Grisham und Sundheim 1996; Miller et al. 2000).

Diesner und Carley (2008) haben beispielsweise solche Daten und ein maschinelles Lernverfahren genutzt, um ein Modell zu entwickeln, dass die Instanzen der Knotenklassen *Akteur, Organisation, Ereignis, Wissen, Ressource, Aufgabe, Ort,* und *Zeit* automatisiert in englischsprachigen Texten findet und der entsprechenden Knotenklasse zuweist. Das Modell ist in AutoMap, einer Software für relationale Textanalyse, verfügbar, und hat eine aus Trefferquote und Genauigkeit kombinierte Prognosegenauigkeit von 83% (ebd.). Die Lerntechnologie, mit der das Modell entwickelt wurde, kann wiederverwendet werden, um Modelle für andere, nutzerdefinierte Knotenklassen zu erstellen. Das genutzte Lernverfahren heißt Conditional Random Fields (CRF) und gehört zur Familie konditionaler, ungerichteter und graphischer Modelle (Dietterich 2002; Lafferty et al. 2001). Diese Modelle eignen sich aufgrund ihrer mathematischen Eigenschaften gut zur Arbeit mit großen Datenmengen in denen nur wenige Konzepte relevant sind (magere Daten). Zu diesen Eigenschaften gehört das Schließen von lokalem Kontext auf global optimierte Lösungen und die Berücksichtigung lexikalischer, syntaktischer und sich gegenseitig beeinflussenden Texteigenschaften (*features*), die über weite Textdistanzen zum Tragen kommen (Bunescu und Mooney 2007; Culotta et al. 2006).

Nachdem die relevanten Konzepte identifiziert wurden, helfen statistische oder ML Verfahren auch bei deren Verlinkung. Dazu einige Beispiele: Zelenko et al. (2003) nutzen mehrdimensionale Ähnlichkeitsfunktionen (*kernels*), um potenzielle und mit Wortklassen annotierte Relationen aus neuen Texten mit einem Modell bereits bestätigter Relationen zu vergleichen. Brin's System (1999) sucht in großen Textmengen wie z.B. dem Internet nach Übereinstimmung mit einem kleinen Set von abstrahierten Repräsentationen einiger weniger Relationen. Aus den gefundenen Übereinstimmung werden die an vielen der Relationen beteiligten Terme herausgelöst, um dann nach weiteren Mustern, in denen diese Terme hinreichend oft vorkommen, zu suchen (*bootstrapping*). Dieser Zyklus wird wiederholt bis die Basis an Entsprechungen, also die eigentlichen Relationen, und Mustern ausreichend groß ist. Culotta et al. (2006) extrahieren Kanten mittels CRF und Speichern diese Kanten in einer Datenbank. Dort werden weitere Data Mining Verfahren auf die Relationen angewandt, um diese zu bereinigen und neue, implizite Beziehungen aufzudecken.

Im Gegensatz zu den hierin besprochenen KI Verfahren ist die Überführung von Texten in relationale Daten mittels statistischer und ML Verfahren keine Übersetzung, sondern eine Transformation. Das Endprodukt dieser Transformation hat keine direkte Entsprechung in den Originaldaten, sondern ist das Ergebnis von strukturbewahrenden- und enthüllenden Reduktions- und Abstraktionsprozessen, die es uns ermöglichen, die Mechanismen und Dynamiken von Netzen klarer zu sehen und zu kommunizieren (Franzosi 1989; McCallum 2005; Mohr 1998). "Yet only through such abstractions can we come to understand the structural interrelations among the confusing mass of concrete events" (White 1993: 159).

Die Lösungen, die approximative Verfahren vorschlagen, sind nicht unbedingt die richtigen, sondern die wahrscheinlichsten. Deshalb ist die bestmögliche Approximation auch eine soziale Herausforderung: Die entsprechenden Verfahren sind komplex hinsichtlich ihrer Annahmen, Algorithmen und Parameter, und fordern daher den Entwicklern eine

Reihe von Entscheidungen zwischen möglichen Alternativen ab. Diese Entscheidungen können das Verhalten der Verfahren, Maßzahlen und Produkte, welche die Entwickler den Endnutzer zur Verfügung stellen, beeinflussen (Diesner und Carley 2009b). Das ist dann kritisch, wenn ein Teil der Varianz im Netzwerk nicht durch das zugrundeliegende soziale System, sondern das Analysewerkzeug induziert wird. Wir argumentieren, dass deshalb mehr Brücken zwischen beiden Seiten benötigt werden: Entwickler sollten ihre Lösungen mit Sachverstand und Sorgfalt erstellen, deren Robustheit und Verhalten stringent testen und die Testergebnisse klar verständlich kommunizieren. Anwender sollten sich bemühen, die Produkte und Methoden, die sie nutzen, hinsichtlich ihrer Annahmen und ihres Verhaltens zu verstehen und Ergebnisse dementsprechend zu interpretieren. Dazu gehört zum Beispiel die Kenntnis darüber, ob eine Methode deterministisch oder probabilistisch ist sowie die adäquate Auswertung der Resultate. Diese zusätzlichen Anstrengungen aller involvierten Partner sind langfristig für eine aussagekräftige Nutzung der Netzwerkanalyse essenziell.

4 Schlussfolgerung und Ausblick

Die Extraktion relationaler Daten aus Texten ist eine interdisziplinäre Methodik, die Komponenten aus verschiedenen Disziplinen integriert und Paradigmen wie quantitative und qualitative Forschung zusammenführt. Damit wird es möglich, explizit und implizit in Texten enthaltene Konzepte und deren Verbindungen aufzudecken und als Input für weitere Zwecke bereitzustellen. Herkömmliche Textanalyseverfahren ermöglichen in der Regel die tiefgründige Analyse kleiner Textmengen oder die oberflächige Analyse großer Datensätze (Corman et al. 2002). Um jedoch große Textmengen zu bearbeiten und Theorien über komplexe, soziotechnische Systeme zu überprüfen, benötigt man automatisierte und skalierbare Verfahren, die ein tiefgründiges Verständnis der Interaktionen und Wechselwirkungen zwischen den Elementen dieser Systeme ermöglichen. Verfahren des maschinellen Lernens, die Bausteine aus weiteren Disziplinen wie den Sprach-, Geistes- und Sozialwissenschaften sachkundig auswählen und integrieren, sind dafür möglicherweise der vielversprechendste Ansatz (Diesner und Carley 2008; McCallum 2005; Van Atteveldt 2008). Dieser Weg stellt Nutzer wie Entwickler vor Herausforderungen, zu deren Bewältigung Kommunikation genauso wichtig ist wie das öffentlich zugängliche Bereitstellen, Formalisieren und Integrieren von Daten, Prozessen, Algorithmen und Ein- und Ausgabeformaten.

5 Literatur

Adar, Eytan und *Lada A. Adamic*, 2005: Tracking Information Epidemics in Blogspace. Proc. of IEEE/WIC/ACM International Conference on Web Intelligence, September 2005, Compiegne, Frankreich: 207-214.

Allen, James F. und *Allen M. Frisch*, 1982: What's in a semantic network? Proc. of 20th annual meeting of Association for Computational Linguistics Toronto, Canada: 19-27.

Baker, Wayne E. und *Robert R. Faulkner*, 1993: The Social Organization of Conspiracy: Illegal Networks in the Heavy Electrical Equipment Industry. American Sociological Review 58(6): 837-860.

Berelson, Bernard, 1952: Content analysis in communication research. Glencoe, Ill: Free Press.

Bernard, H. Russel und *Gery W. Ryan*, 1998: Text analysis: Qualitative and quantitative methods. S. 595-646 in: *H. Russel Bernard* (Hg.), Handbook of methods in cultural anthropology, Walnut Creek: Altamira Press.
Berners-Lee, Tim, James Hendler und *Ora Lassila*, 2001: The Semantic Web. Scientific American 284(5): 34-43.
Brin, Sergey, 1999: Extracting Patterns and Relations from the World Wide Web. WebDB Workshop at 6th International Conference on Extending Database Technology (EDBT), März 1998, Valencia, Spanien: 172–183.
Bunescu, Razvan und *Raymond J. Mooney*, 2007: Statistical Relational Learning for Natural Language Information Extraction. S. 535-552 in: *Lise Getoor* und *Ben Taskar* (Hg.), Statistical Relational Learning. Cambridge: MIT Press.
Burt, Ronald und *Nan Lin*, 1977: Network Time Series from Archival Records. S. 224-254 in: *David R. Heise* (Hg.), Sociological Methodology, San Francisco, CA: Jossey-Bass.
Buzan, Tony, 1984: Make the Most of Your Mind. New York, NY: Simon and Schuster.
Cafarella, Michael J., *Michele Banko* und *Oren Etzioni*, 2006: Relational web search. Proc. of World Wide Web Conference (WWW), Mai 2006, Edinburgh, UK.
Carley, Kathleen M., 1997: Network text analysis: The network position of concepts. S. 79-100 in: *Carl W. Roberts* (Hg.), Text analysis for the social sciences: Methods for drawing statistical inferences from texts and transcripts. Mahwah, NJ: Lawrence Erlbaum Associates.
Carley, Kathleen M., *Jana Diesner*, *Jeffrey Reminga* und *Maksim Tsvetovat*, 2007: Toward an interoperable dynamic network analysis toolkit. Decision Support Systems. 43(3): 1324-1347.
Carley, Kathleen M. und *Michael Palmquist*, 1991: Extracting, Representing, and Analyzing Mental Models. Social Forces 70(3): 601 - 636.
Central Intelligence Agency. World Factbook: Available from: https://www.cia.gov/library/publications/the-world-factbook/.
Chomsky, Noam, 1956: Three models for the description of language. IRE Transactions on Information Theory 2(3): 113-124.
Collins, Allan M. und *Elisabeth F. Loftus*, 1975: A spreading-activation theory of semantic processing. Psychological Review 82: 407-428.
Corman, Stephen R., *Timothy Kuhn*, *Robert D. McPhee*, und *Kevin J. Dooley*, 2002: Studying Complex Discursive Systems: Centering Resonance Analysis of Communication. Human Communication Research 28: 157-206.
Culotta, Aron, *Andrew McCallum* und *Jonathan Betz*, 2006: Integrating probabilistic extraction models and data mining to discover relations and patterns in text. Proc. Human Language Technology Conference of the North American Chapter of the Association of Computational Linguistics (HLT-NAACL), Juni 2006, New York, NY.
Danowski, James A., 1993: Network Analysis of Message Content. Progress in Communication Sciences 12: 198-221.
Diesner, Jana und *Kathleen M. Carley*, 2005: Revealing Social Structure from Texts: Meta-Matrix Text Analysis as a novel method for Network Text Analysis. S. 81-108 in: *V. K. Narayanan* und *Deborah J. Armstrong* (Hg.), Causal Mapping for Information Systems and Technology Research: Approaches, Advances, and Illustrations, Harrisburg, PA: Idea Group Publishing.
Diesner, Jana und *Kathleen M. Carley*, 2008: Conditional Random Fields for Entity Extraction and Ontological Text Coding. Journal of Computational and Mathematical Organization Theory 14(3): 248-262.
Diesner, Jana und *Kathleen M. Carley*, 2009a: WYSIWII - What You See Is What It Is: Informed Approximation of Relational Data from Texts. Presentation General Online Research (GOR), April 2009, Wien, Österreich.
Diesner, Jana und *Kathleen M. Carley* 2009b. He says, she says. Pat says, Tricia says. How much reference resolution matters for entity extraction, relation extraction, and social network analysis. Proceedings of IEEE Symposium on Computational Intelligence for Security and Defence Applications (CISDA), Juli 2009, Ottawa, Canada.

Diesner, Jana, Kathleen M. Carley und *Harald Katzmair*, 2007: The morphology of a breakdown. How the semantics and mechanics of communication networks from an organization in crises relate. Präsentation, XXVII Sunbelt Social Network Conference, Mai 2007, Korfu, Griechenland.

Diesner, Jana, Terrill L. Frantz und *Kathleen M. Carley*, 2005: Communication Networks from the Enron Email Corpus "It's Always About the People. Enron is no Different". Journal of Computational and Mathematical Organization 11(3): 201-228.

Dietterich, Thomas G., 2002: Machine Learning for Sequential Data: A Review. Proc. of Joint IAPR International Workshops SSPR 2002 and SPR 2002, August 2002, Windsor, ON, Canada: 15-33.

Doddington, George, Alexis Mitchell, Mark Przybocki, Lance Ramshaw, Stephanie Strassel und *Ralph Weischedel*, 2004: The Automatic Content Extraction (ACE) Program–Tasks, Data, and Evaluation. Proc. of Language Resources and Evaluation Conference (LREC), Mai 2004, Lissabon, Portugal: 837-840.

Doerfel, Marya, 1998: What Constitutes Semantic Network Analysis? A Comparison of Research and Methodologies. Connections 21(2): 16-26.

Doerfel, Marya und *George A. Barnett*, 1999: A Semantic Network Analysis of the International Communication Association. Human Communication Research 25(4): 589-603.

Fellbaum, Christiane, 1998: WordNet: An electronic lexical database. Cambridge MA: MIT Press.

Fillmore, Charles J., 1982: Frame Semantics. S. 111-137 in: *The Linguistic Society of Korea* (Hg.), Linguistics in the morning calm. Seoul, Süd Korea: Hanshin Publishing Co.

Fillmore, Charles J., 1968: The Case for Case. S. 1-88 in: *Emon Bach* and *Robert T. Harms* (Hg.), Universals in Linguistic Theory. New York: Holt, Rinehart and Winston.

Frank, Ove, 2004: Network sampling and model fitting. S. 31–56 in: *Peter J. Carrington, John Scott* und *Stanley Wasserman* (Hg.), Models and methods in social network analysis. New York: Cambridge University Press.

Franzosi, Roberto, 1989: From words to numbers: A generalized and linguistics-based coding procedure for collecting textual data. Sociological Methodology 19: 225-257.

Gerner, Deborah, Phillip A. Schrodt, Ronald A. Francisco und *Judith L. Weddle*, 1994: Machine Coding of Event Data Using Regional and International Sources. International Studies Quarterly 38(1): 91-119.

Glaser, B. und *A. Strauss*, 1967: The Discovery of Grounded Theory: Strategies for Qualitative Research. New York, NY: Aldine.

Grisham, Ralph und *Beth Sundheim*, 1996: Message understanding conference - 6: A brief history. Proc. of 16th International Conference on Computational Linguistics, Kopenhagen, Dänemark, Juni 1996.

Hartley, Roger und *John Barnden*, 1997: Semantic networks: visualizations of knowledge. Trends in Cognitive Sciences 1(5): 169-175.

Howard, Ronald A., 1989: Knowledge maps. Management Science 35(8): 903-922.

Janas, Jtirgen und *Camilla Schwind*, 1979: Extensional Semantic Networks. S. 267-302 in: *Nicholas V. Findler* (Hg.), Associative Networks. Representation and Use of Knowledge by Computers. New York u.a.: Academic Press.

Johnson-Laird, Phil N., 2005: The history of mental models. S. 179–212 in: *Ken Manktelow* und *Man C. Chung* (Hg.), Psychology of Reasoning: Theoretical and Historical Perspectives. London: Psychology Press.

Jurafsky, Daniel und *James H. Martin*, 2000: Speech and Language Processing: An Introduction to Natural Language Processing, Computational Linguistics, and Speech Recognition. Upper Sadle River NJ: Prentice Hall.

King, Gary und *Will Lowe*, 2003: An Automated Information Extraction Tool for International Conflict Data with Performance as Good as Human Coders: A Rare Events Evaluation Design. International Organization 57(3): 617-642.

Kleene, Stephen, 1956: Representation of events in nerve nets and finite automata. S. 3-41 in: *Claude Shannon* und *John McCarthy* (Hg.), Automata Studies. Princeton NJ: Princeton University Press.

Kleinberg, Jon, 2003: Bursty and Hierarchical Structure in Streams. Data Mining and Knowledge Discovery 7(4): 373-397.

Krackhardt, David, 1987: Cognitive social structures. Social Networks 9: 109-134.

Krebs, Valdis E., 2002: Mapping networks of terrorist cells. Connections 24(3): 43-52.

Krippendorff, Klaus, 2004: Content analysis: An introduction to its methodology. Thousand Oaks CA: Sage.

Lafferty, John, Andrew McCallum und Fernando Pereira, 2001: Conditional Random Fields: Probabilistic Models for Segmenting and Labeling Sequence Data. Proc. of 18th International Conference on Machine Learning, Juni 2001, Willliamstown, MA: 282-289.

Lewins, Ann und Christina Silver, 2007: Using software in qualitative research: a step-by-step guide. London: Sage.

McCallum, Andrew, 2005: Information extraction: distilling structured data from unstructured text. ACM Queue 3(9): 48-57.

Miller, Scott, Heidi Fox, Lance Ramshaw und Ralph Weischedel, 2000: A novel use of statistical parsing to extract information from text. Proc. of 1st Conference of North American chapter of the Association for Computational Linguistics (NAACL), Seattle, WA: 226-233.

Minsky, Marvin, 1974: A Framework for Representing Knowledge. MIT-AI Laboratory Memo 306.

Mitchell, Tom, 1997: Machine Learning. Muggleton: McGraw-Hill.

Mohr, John W., 1998: Measuring Meaning Structures. Annual Review of Sociology 24(1): 345-370.

Norvig, Peter und Stuart Russell, 1995: Artificial Intelligence: A Modern Approach. Upper Saddle River: Pearson Education.

Novak, Joseph D. und Alberto Cañas, 2008: The Theory Underlying Concept Maps and How to Construct Them. Florida Institute for Human and Machine Cognition, Report No. IHMC CmapTools Rev 01-2008.

Osgood, Charles E., 1959: The representational model and relevant research methods. S. 33-88 in: *Ithiel de Sola Pool* (Hg.), Trends in content analysis. Urbana, IL: University of Illinois Press.

Pearl, Judea, 1988: Probabilistic reasoning in intelligent systems: networks of plausible inference. San Francisco: Morgan Kaufmann.

Petri, Carl Adam, 1962: Kommunikation mit Automaten. Universität Bonn, Ph. D. Dissertationsschrift.

Richards, Tom, 2002: An intellectual history of NUD* IST and NVivo. International Journal of Social Research Methodology 5(3): 199-214.

Roberts, Carl W., 1997: A Generic Semantic Grammar for Quantitative Text Analysis: Applications to East and West Berlin Radio News Content from 1979. Sociological Methodology 27: 89-129.

Roberts, Carl W., 2000: A Conceptual Framework for Quantitative Text Analysis. Quality and Quantity 34(3): 259-274.

Rumelhart, David E., 1981: Schemata: The building blocks of cognition. Comprehension and teaching: Research reviews: 3-26.

Schrodt, Phillip A., Ömür Yilmaz, Deborah J. Gerner und Dennis Hermick, 2008: Coding Sub-State Actors using the CAMEO (Conflict and Mediation Event Observations) Actor Coding Framework. Präsentation, Annual Meeting of the International Studies Association, März 2008, San Francisco, CA.

Seibel, Wolfgang und Jörg Raab, 2003: Verfolgungsnetzwerke. Kölner Zeitschrift für Soziologie und Sozialpsychologie 55(2): 197-230.

Shapiro, Stuart C., 1971: A net structure for semantic information storage, deduction and retrieval. Proc. of Second International Joint Conference on Artificial Intelligence: 512-523.

Smith, Andrew E. und Michael S. Humphreys, 2006: Evaluation of unsupervised semantic mapping of natural language with Leximancer concept mapping. Behavior Research Methods 38(2): 262-279.

Sowa, John F., 1992: Semantic Networks. S. 1493-1511 in: *Stuart C. Shapiro* (Hg.), Encyclopedia of Artificial Intelligence. New York: Wiley and Sons.
Tesnière, Lucien, 1959: Elements de syntaxestructurale. Paris: Klincksieck.
Tversky, Amos, und *Itamar Gati*, 1982: Similarity, separability, and the triangle inequality. Psychological Review, 89(2): 123-154.
Van Atteveldt, Wouter, 2008: Semantic network analysis: Techniques for extracting, representing, and querying media content. Charleston: Book Surge Publishers.
van Cuilenburg, Jan J., Jan Kleinnijenhuis und *Jan A. de Ridder*, 1986: A Theory of Evaluative Discourse: Towards a Graph Theory of Journalistic Texts. European Journal of Communication 1(1): 65-96.
White, Harrison C., 1993: Canvases and careers: institutional change in the French painting world. Chicago: University of Chicago Press.
Wiebe, Janyce M., 2000: Learning Subjective Adjectives from Corpora. Proc. of 17th National Conference on Artificial Intelligence (AAAI) 2000, Juli 2000, Austin, TX: 735-741.
Woods, William A., 1975: What's in a link: Foundations for semantic networks. S. 35-82 in: *Daniel G. Bobrow* und *Allan Collins* (Hg.), Representation and Understanding: Studies in Cognitive Science. New York: Academic Press.
Yang, Yiming und *Jan O. Pedersen*, 1997: A comparative study on feature selection in text categorization. Proc. 14th International Conference on Machine Learning (ICML), Nashville, TN.
Zelenko, Dmitry, Chinatsu Aone und *Anthony Richardella*, 2003: Kernel methods for relation extraction. Journal of Machine Learning Research 3(2): 1083-1106.
Zipf, George K., 1949: Human Behavior and the Principle of Least Effort: An Introduction to Human Ecology. Cambridge, MA: Addison-Wesley Press.
Züll, Cornelia und *Melina Alexa*, 2001: Automatisches Codieren von Textdaten. Ein Überblick über neue Entwicklungen. S. 303-317 in: *Werner Wirth* und *Edmund Lauf* (Hg.), Inhaltsanalyse - Perspektiven, Probleme, Potenziale. Köln: Herbert von Halem.

Diese Publikation wurde unter anderem gefördert von: National Science Foundation (IGERT Programm DGE-9972762), Office of Naval Research (ONR, MMV & ROE N00014-06-1-0104), Army Research Institute (W91WAW07C0063), Army Research Lab (DAAD19-01-2-0009), AFOSR GMU MURI (FA9550-05-1-0388), und ONR MURI (N000140811186). Die hierin enthaltenen Ansichten und Schlussfolgerungen sind die der Autoren und sollten weder als explizit noch implizit repräsentativ für offizielle Grundsätze und Richtlinien der Sponsoren und der U.S. Regierung interpretiert werden.

6 Visualisierung von Netzwerken

Einleitung: Visualisierung von Netzwerken

Ähnlich wie in der Chaostheorie besitzen visuelle Darstellungen erklärenden und verständnisfördernden Charakter in der Netzwerkforschung. Dies hat zu einem Umdenken in der Mathematik und den mathematiknahen Forschungsgebieten geführt: Wurden lange Zeit Visualisierungen als unwissenschaftlich hingestellt, wird spätestens bei komplexitätstheoretischen Gegenständen der Ruf nach veranschaulichenden Hilfsmitteln laut. Bereits Netzwerke mit wenig Knotenpunkten und Kanten können einen Komplexitätsgrad erlangen, der nur noch durch visuelle Veranschaulichung erfasst werden kann. Große und dichte Netzwerke hingegen bedürfen einer speziellen Veranschaulichung damit sie noch ‚lesbar' bleiben. Dies ruft die Frage auf den Plan, welche Visualisierungsstrategien opportun und nicht gegenstandsverzerrend sind. Jedes Netzwerk lässt sich in vielfältiger Form visuell darstellen. Und jede Darstellung rückt etwas Spezifisches in das Zentrum der Aufmerksamkeit und marginalisiert anderes. Je mehr Knoten und Kanten ins Spiel kommen, umso schwieriger wird die Suche nach einer verständnisfördernden, nicht verzerrenden Darstellung des Netzwerks. Lothar Krempel führt mit seinem Beitrag in diese Thematik ein.

Doch nicht nur die Analyse von erhobenen bzw. generierten Netzwerkdaten bedient sich der Visualisierung, auch in der Erhebungsphase selbst können Visualisierungsstrategien zum Einsatz kommen. Generell provoziert man bei Fragen nach Beziehungsstrukturen mittels Namensgeneratoren ein Denken in Netzwerken bei dem Befragten. Nun ist bekannt, dass die kognitive Repräsentation der Beziehungsgefüge, in denen sich Menschen bewegen, hochgradig subjektiv und lückenhaft ist sowie nicht weit in die Struktur indirekter Beziehungen ausgreift. Bereits die Personen, mit denen wir über zwei Makler verknüpft sind, kennen wir in der Regel schon nicht mehr. Aber bereits bei der Klärung der Wichtigkeit von direkten Beziehungen im Vergleich zu anderen direkten Beziehungen in anderen Lebensbereichen haben Befragte Schwierigkeiten. Genau an dieser Stelle greifen so genannte Netzwerkkarten als Erhebungsinstrument, die Gegenstand des Beitrags von Florian Straus sind. Sie kommen bei qualitativen Interviews zum Einsatz, um das egozentrierte Netzwerk der Befragten zu erfassen und ggf. nach Themengebieten und Relevanz zu systematisieren. Hier gibt es eine ganze Fülle von alternativen Netzwerkkarten, die zum Einsatz kommen können. Ein wesentlicher Vorzug dieser Karten besteht darin, dass sie den an sich schwierig zu erhebenden Gegenstand persönlicher Beziehungen in einfacher und eleganter Form befragbar machen. Sie stellen damit auch ein probates Mittel bei der Befragung von Kindern dar (vgl. Häußling 2008).

R. H. / C. S.

Literatur

Häußling, Roger, 2008: Zur Verankerung der Netzwerkforschung in einem methodologischen Relationalismus. S. 65-78 in: *Christian Stegbauer* (Hg.), Netzwerkanalyse und Netzwerktheorie – Ein neues Paradigma in den Sozialwissenschaften, Wiesbaden: VS Verlag.

6.1 Netzwerkkarten – Netzwerke sichtbar machen

Florian Straus

Netzwerkstrukturen sind nicht einfach sichtbar, sondern bilden ein komplexes und fein gesponnenes Geflecht hinter sozialen Beziehungen und Objekten. Um dieses sichtbar zu machen, brauchen wir ein Spektrum an Methoden, das uns hilft, Netzwerke zu verstehen. Ein entscheidendes Element dabei bilden Techniken der Visualisierung. Diese helfen die in den unterschiedlichsten Datenquellen erkennbaren Deutungs- und Handlungsmuster von Akteuren auf die relationalen Strukturen der dabei entstandenen Netzwerke zu beziehen.

1 Zur Geschichte der Visualisierung von Netzwerkstrukturen

Die Visualisierung von sozialen Beziehungen ist vermutlich so alt wie das Denken in sozialen Bezügen. Man kann davon ausgehen, dass gerade die sehr bildhafte Metapher des Netzwerks immer auch begleitet wurde von dem Versuch, diese optisch darzustellen. Die vielfach zitierte Entstehungsgeschichte des Netzwerkbegriffs bei John Barnes[1] ist hier ebenso ein Beleg wie die Tradition der Soziogramme von Moreno oder die Zeichnungen von Familienstammbäumen.

Vereinfacht gesehen kann man zwei Entwicklungspfade der Visualisierung von Netzwerken unterscheiden. Beide haben ihren gemeinsamen Beginn in den Soziogrammen. Der eine Pfad hat sich auf der Basis mathematischer Modelle und in den letzten Jahren mit den erweiterten Möglichkeiten der Computertechnik in Richtung komplexer, drei-dimensionaler Netzwerkbilder entwickelt. Der zweite Pfad läuft parallel. Hier werden einfachere, zwei-dimensionale Netzwerkdarstellungen (als Abbild von realen Netzwerken oder idealtypischen Netzwerken) verwendet.

Es ist vor allem Freeman (2000) und für den deutschen Sprachraum Krempel (2001) zu verdanken, dass die Frage der Visualisierung auch als eigenes Thema innerhalb der Netzwerkgemeinde bzw. derer, die sich für diese interessieren, Aufmerksamkeit erfahren hat. Freeman (2000) nennt zwei einfache Hauptmotive für den Wunsch nach Visualisierung:

- sich etwas zu verdeutlichen,
- anderen etwas zeigen, das einem klar geworden ist.

Für die qualitative Forschung kann man noch ein drittes Motiv hinzufügen. Eine Visualisierung ist auch ein hervorragendes Medium für einen gemeinsamen Reflexionsprozess zwischen Forscher/in und Interviewpartner/in.

---

[1] John Barnes, ein englischer Anthropologe hatte in einem kleinen norwegischen Fischerdorf neben der formellen hierarchischen Struktur auch die informellen sozialen Beziehungen untersucht. Auf der Suche nach einem geeigneten Begriff für das Erkannte wird Barnes, so die Erzählung am Hafen sitzend von den dort ausgebreiteten Fischernetzen zur Netzwerkmetapher angeregt. Erzählt von Clyde Mitchell, zit. nach Curtis (1979: 15).

In beiden Entwicklungspfaden wurden in den letzten zwei Jahrzehnten deutliche Fortschritte erzielt. Der formalen Netzwerkanalyse gelang es mit computergestützten Programmen komplexe Strukturen sichtbar zu machen und sie via Internet anderen Interessierten in einer Form zugänglich zu machen, die in Büchern kaum noch adäquat abbildbar ist. In der qualitativen Forschung wurde mit unterschiedlichen Formen der Darstellung experimentiert und Fragen der Erhebung und Auswertung der Netzwerkkarten systematischer diskutiert. Auch hier gibt es seit kurzem erste Varianten EDV-gestützter Visualisierungstools (z.B. Vennmaker, EgoNet.QF).[2]

2 Netzwerkkarten als Verfahren der qualitativen Netzwerkforschung

In den dreißiger Jahren des letzten Jahrhunderts war es vor allem Moreno, der bildlichen Darstellungen einen besonderen Stellenwert zumaß und farbige Soziogramme entwickelte, um Gruppenstrukturen zu verdeutlichen. Aus diesen hat sich dann in den folgenden Jahrzehnten auch die Darstellung zu konzentrischen Kreisen entwickelt. Beispiele sind das Target Sociogramm von Northway (1940), das Target Sociogramm Board von McKenzie (1952), wie auch die nachträglichen egozentrierten Kreisdarstellungen von Bott (1971), Wellman (Wellman und Berkowitz 1988) und die Erhebungsmethode von Kahn und Antonucci (1980).[3]

Aus dieser Tradition der Visualisierungen, die unaufwendiger und weniger mathematisch geprägt ist als die formale Netzwerkanalyse, haben sich die meisten heute angewandten Formen von Netzwerkkarten entwickelt. Deren Entwicklungspfad ist allerdings nicht so geradlinig verlaufen wie in der quantitativ ausgerichteten formalen Netzwerkanalyse und das Potenzial der Netzwerkkarten[4] scheint bei weitem noch nicht ausgeschöpft.

3 Varianten von Netzwerkkarten

Man kann inzwischen vier Formen von Netzwerkkarten unterscheiden:
- *Egozentrierte Karten* arbeiten mit einem Modell konzentrischer Kreise, die um das ICH angeordnet sind und die je nach Entfernung zum ICH eine inhaltlich definierte Nähe und Distanz ausdrücken.
- *Nicht egozentrierte Karten* ermöglichen es dem Interviewten auf einer zweidimensionalen Unterlage sich und das weitere Netzwerk über unterschiedlich definierte Symbole aber ohne Zentrierung des ICHs darzustellen.
- *Legevarianten* sind im Grund genommen eine Unterform vor allem der nicht egozentrierten Karten. Hier wird auf einer Art Spielfläche das Netzwerk mit Hilfe von Gegenständen visualisiert.

---

[2] EGONET-QF kann man sich unter www.zweipunktnull.at/egonet kostenlos downloaden. Näheres zum Vennmaker findet sich unter http://www.netzwerk-exzellenz.uni-trier.de /? site_id=108&proj_id=b7464e 29d0da7fa229dbcecdd6d7622a&sitename=Startseite
[3] Die beiden letzten weisen allerdings keinen direkten qualitativen Methodenbezug auf.
[4] Der Begriff der qualitativen Netzwerkanalyse wird im Weiteren nur für jene Arbeiten genutzt, die mit einer eigenen Methodik, Netzwerke im Rahmen eines qualitativen Erhebungsdesigns analysieren. Dies bedeutet in den meisten Fällen, die Integration der Netzwerkkarte in ein qualitatives Interview.

- *Freie Zeichnungen* überlassen es dem Befragten wie er seine sozialen Bezüge und Verortungen bildlich darstellt. Folglich gibt es Zeichnungen unterschiedlichster Abstraktion.

Eine weitere Unterscheidung betrifft die Frage, ob in den Netzwerkkarten ausschließlich andere Menschen dargestellt werden *(soziale Netzwerkkarten)* oder auch Nonhumans (wie Tiere), Gegenstände, Räume oder andere Bezüge und Verortungen (beispielsweise zur Musik). Netzwerkkarten, die diese Bezüge mit aufnehmen, sollen im Weiteren als *soziomaterielle Netzwerkkarten* bezeichnet werden.

3.1 Beispiele egozentrierter Netzwerkkarten

Die häufigste Form ist die egozentrierte Variante des Netzwerks mit Personen. Erhoben wird zumeist das aktuelle Netzwerk, wie es zum Zeitpunkt des Interviews gilt. Eingezeichnet werden um die in der Mitte[5] stehende Person (des/der Interviewten) alle für sie wichtigen Personen aus ihren verschiedenen Lebenswelten (zu den methodischen Überlegungen vgl. Straus 2009). In der Form des EgoNet-QF (Straus 2002, 2009) findet sich eine Strukturierung nach Sektoren (Lebensbereiche). Diese Sektoren können der Arbeitsbereich sein, der familiale Kontext, der Freundes- und Bekanntenkreis, organisierte und nicht organisierte Freizeitbereiche, Nachbarn etc. Dabei bestimmt der/die Interviewte welche Sektoren er/sie wählt und wie groß die Sektoren sind. An das EgoNet-QF angelehnt bzw. ähnlich ausgerichtet findet sich inzwischen eine Bandbreite von Variationen der Netzwerkdarstellungen, die ausgehend von dem oben skizzierten Grundmodell viele weitere Varianten der Differenzierung und Auswertung erlauben. In dem am Network Questionaire nach Kahn und Antonucci (1980) angelegten Vorgehen (Beispiele finden sich in Hollstein 2002) werden statt Sektoren objektivierte Kreise definiert (beispielsweise steht der innerste Kreis für all jene Personen, denen man sich sehr eng verbunden fühlt). Eine weitere Spielart ist das mehrstufige Vorgehen von Bernardi, Keim und von der Lippe (2006: 365f.). Neben der räumlichen Zuordnung der Personen in die Netzwerke (mit oder ohne Sektoren) ist es dann noch wichtig, die Beziehung der Personen untereinander zu klären (Diaz-Bone 2007).

---

[5] Diese Position begründet sich aus einer logischen, und nicht einer zentralitätsbegründeten Position. Das ICH ist nicht der Mittelpunkt der jeweiligen Teilnetze.

Abbildung 1: Beispiele zweier egozentrierter Netzwerkkarten (links das Netzwerk einer Mutter eines gehörlosen Sohnes aus Hintermair et al. 2000: 190; rechts das Netzwerk eines jungen Erwachsenen (aus Keupp et al. 1999)

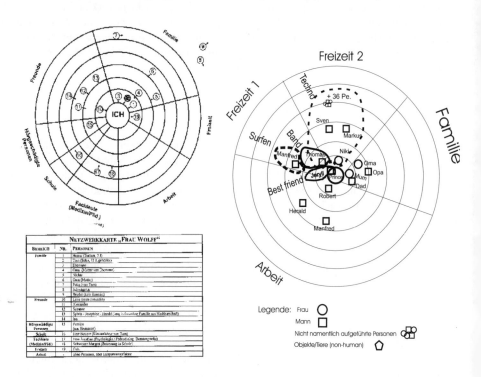

3.2 Beispiel einer nicht egozentrierten Netzwerkkarte

Höfer und Knothe (2010) haben in einer Studie zum Stellenwert sozialer Verortungsprozesse für unterschiedliche Fragestellungen (Exklusionsbedrohung, Europäische und nationale Identitätsanmutungen) ein offenes Verfahren entwickelt. Der einzige Stimulus bestand darin, dass die Befragten für sie wichtige Zugehörigkeiten thematisieren sollen. Dabei werden zunächst die Zugehörigkeitsbereiche und die dazu gehörenden subjektiv wichtigen Beschreibungsmerkmale gesammelt und auf unterschiedlich große Klebeetiketten aufgeschrieben. Die Zugehörigkeitsbereiche werden anschließend auf einem etwa A3 großen Korkbrett angeordnet. Wie die Zugehörigkeiten angeordnet werden ist den Interviewten freigestellt; sie können die Bereiche solange verschieben, bis sich ein für sie stimmiges Bild ergibt. Die abgefragten Ordnungskriterien sind Nähe und Distanz, Zentralität, Hierarchisierung und Hybridisierung. Am Ende des Interviews wird mit den Befragten ein abschließendes Resümee gezogen.

Abbildung 2: Beispiel einer nicht egozentrierte Netzwerkkarte /aus den Studien von Höfer und Knothe 2010)

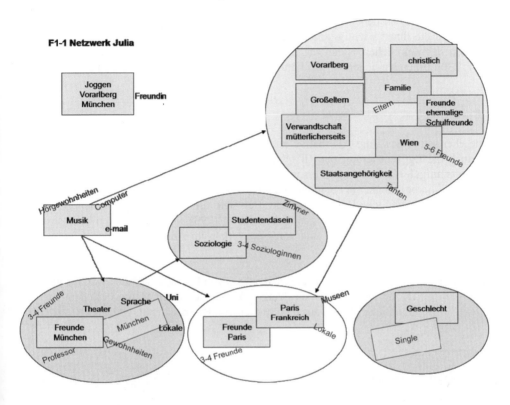

3.3 Beispiel Legevarianten

In einem Forschungsprojekt „Moralische Landkarten engagierter und disengagierter Bürger/innen" nutzen Corsten und Rosa ein Strukturlegespiel mit dem Namen „Meine Stadt und ich" (siehe auch Corsten 2007). Dabei werden im Rahmen von halboffenen leitfadengestützten Interviews sozialkognitive Karten über das lokale Umfeld erstellt, in dem die Interviewten leben, und an dem sie als bürgerschaftlich engagierten Personen aktiv beteiligt sind.

Das Spielmaterial war durch ein DIN A3 großes weißes Spielfeld, einem Sortiment an Mühlesteinen und verschiedenfarbigen Halmafiguren gegeben. Die Interviewten sollten auf dem weißen Blatt, das den Raum der Stadt repräsentiert, die für sie relevanten Einrichtungen der Stadt legen. Als einzige räumliche Platzierungsanweisung sollte beachtet werden, wie intensiv die Kooperations-, Kommunikations- und/oder Interaktionsbeziehungen zwischen den gelegten Institutionen sind. Nach der gleichen Regel wurden dann im Anschluss öffentliche Personen, Bekannte und Familienmitglieder aufgestellt. Zum Schluss sollte sich die Person selbst auf das Spielfeld setzen.

Für die Erstellung von Portraits im Rahmen der World Vision Studie haben Picot und Willert (2007) ein ähnliches Vorgehen gewählt. Ebenfalls in Form eines Spiels haben sie auf einer 1 m² großen Fläche Kindern die Möglichkeiten gegeben, mit Bauklötzchen und Figuren die Orte, an denen sie sich regelmäßig aufhalten und die Menschen, die sie dort treffen und die ihnen wichtig sind darzustellen. Das Modell berücksichtig sowohl die Dimension der räumlichen Nähe wie auch der psychosozialen Nähe (Picot und Schröder 2007: 230). Einen ähnlichen Ansatz hatte zuvor schon einmal Gödde (1989) ausprobiert.

3.4 Beispiel Netzwerkzeichnung

Eine eher selten gewählte Alternative zu Netzwerkkarten sind, sowohl was die Vorgaben als auch die Egozentrierung betrifft, *Netzwerkzeichnungen*. Hier wird der/die Betroffene ebenfalls aufgefordert wichtige Personen in einer für sein/ihr Netzwerk typischen Form zu zeichnen. Hierbei können je nach dem inneren Bild, das eine Person von seinem Netzwerk hat, sehr unterschiedliche Bilder entstehen. Beispiele für ein solches Vorgehen gibt es u.a. von Freundschaftsbeziehungen Jugendlicher (Kolip 1993), von Netzwerken homosexueller Männer (Reisbeck et al. 1995) und von Netzwerken im Ausland lebender Wissenschaftler/innen (Scheibelhofer 2006).

Abbildung 3: Netzwerkbilder (links Zeichnungen von Freundschaftsnetzwerken aus Kolip 1993; rechts, das Netzwerk eines schwulen Mannes aus dem ländlichen Raum aus den Studien von Reisbeck et al. 1993)

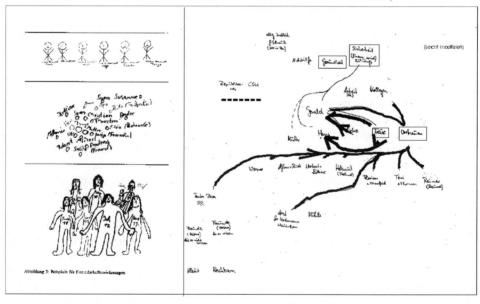

4 Erstellung von Netzwerkkarten im Interview

Netzwerkkarten werden mit den Interviewten in der Regel manuell während des Interviews erstellt.[6] An welcher Stelle sie eingesetzt werden hängt von der Zielsetzung und dem Aufbau des Interviews ab. Davon beeinflusst wird auch die Frage, welche Form der Netzwerkkarte man wählt, ob man das gesamte Netzwerk oder nur einen Teil des Netzwerks einer Person erheben will und wie viele unterstützende Vorgaben der/die Interviewte bei der Darstellung seines Netzwerks erhält.

Einen wichtigen Stellenwert haben die Namensgeneratoren. Abgesehen von der generell nicht zu lösenden Frage (Hollstein 2006: 48ff.; Bernardi et al. 2006: 365), ob es eine beste Netzwerk-generierende Frage für ein egozentriertes Netzwerk gibt, zeigen die Beispiele eine häufige Einteilung nach dem Grad der Wichtigkeit: Nennen Sie bitte all jene Personen, die ihnen aktuell in ihrem Netzwerk wichtig sind. Dieser Namensgenerator liefert einerseits den in qualitativen Interviews gewünschten Grad subjektiver Offenheit. Es gelingt den Interviewpartner/innen sehr leicht diese Aufforderung umzusetzen und die dahinter stehenden Bewertungsmaßstäbe lassen sich wiederum ebenso leicht im Interview rekonstruieren. Andererseits gibt es, wie die Ergebnisse von Bernardi, Keim und von der Lippe zeigen, offensichtlich einen Überlappungsbereich mit anderen Bewertungsaspekten (wie Nähe, Sympathie, usw.). Zusätzliche Karten muss man für diese Aspekte, selbst wenn es gelänge die Interviewpartner/innen dafür zu motivieren, eher selten erheben, da der zusätzliche Erkenntniswert gering erscheint (vgl. die Erfahrungen von Bernardi et al. 2006: 377).

Der bisherige Einsatz der Netzwerkkarten zeigt positive Erfahrungswerte:
- So gelingt die Verbindung von strukturierten und narrativen, themenoffenen Erzählanstößen gut. Die Netzwerkkarte funktioniert selbst nochmals als Erzählanstoß (Bernardi et al. 2006; Höfer et al. 2006)
- Die Anordnung von Netzwerkpartner/innen in der Netzwerkkarte bringt eine kognitive Erleichterung für den/die Interviewpartner/in. Es dient als Gedankenstütze und fördert die Übersichtlichkeit (vgl. Bernardi et al. 2006: 365). Ähnliches gilt auch für die Interviewer/in sowie den/die Auswerter/in (Straus 2002).
- Entsprechend gering fällt die Verweigerungsquote der Interviewten zum Verfahren aus. (Reisbeck 1993; Scheibelhofer 2006; Straus 2002) aus. Bei der Aufforderung zum freien Zeichnen ist sie etwas höher, als bei den vorstrukturierten Netzwerkkarten.
- Die Netzwerkkarte ist in der Lage ein systematischeres und vollständigeres Bild der Netzwerkkontakte einer Person zu liefern als beispielsweise die quantitativen Verfahren der Netzwerkanalyse (Baumgarten und Lahusen 2006: 183ff.).

5 Auswertung von Netzwerkkarten

Man kann vier Auswertungsebenen unterscheiden. Die erste, basale Ebene wird meist bereits im Interview genutzt. Da die Netzwerkkarte für die Interviewten in der Regel eine neue Erfahrung ist, produziert das Erstellen eine ungewöhnliche, neue Sicht auf das eigene Netzwerk. Dieses selbstreflexive Element wird oft auch am Ende noch mal explizit genutzt („Wenn Sie jetzt ihr Netzwerk noch einmal anschauen, was fällt Ihnen auf?"). Auch die

---
[6] Beim EGONET- QF beispielsweise wird das Netzwerk auf einem A3 Blatt auf einem Korkbrett mit Nadeln und Namensetiketten gesteckt. Der/die Interviewte hat bis zum Ende die Möglichkeit das Netzwerk zu verändern.

zweite Auswertungsebene nutzt das Interviewsetting über zusätzliche Auswertungskategorien. In dem oben dargestellten Beispiel von Hintermair u.a. wurde der/die Interviewpartner/in gebeten, die Unterstützungsqualität der einzelnen Personen des Netzwerks bezüglich der Erziehung/Betreuungsqualität des gehörlosen Kindes zu bewerten. Je unterstützender, desto stärker sollte der Pfeil auf das EGO zeigen. Dieses Verfahren führt nicht nur zu einer entsprechenden Bewertung (Pfeilrichtung), sondern auch zu einer Gesamtsicht, die mit dem Interviewten reflektiert werden kann.

Die dritte Auswertungsebene besteht aus der Konfrontation der Netzwerkkarte mit dem transkribierten Interview. Man „liest" die Netzwerkkarte parallel zum transkribierten Text. Als „Dialog" zwischen abgebildeter Struktur und der Beschreibung im Text. Die Netzwerkkarte erläutert relationale Bezüge und hilft dem/der Auswerter/in beim Verstehen der sozialen Bezüge.

In der vierten Auswertungsebene werden die Netzwerke mit Hilfe zusätzlicher Strategien analysiert. Beispielsweise

- kann man (wie im oben dargestellten Beispiel von Straus 2009) die Gestalt der Netzwerkkarte grafisch verändern um bestimmte Strukturen deutlicher zu machen;
- kann man verschiedene Indikatoren aus der quantitativen Netzwerkanalyse auch qualitativ nutzen (Anzahl der Personen, Dichte, Multiplexität, usw.);
- kann man die Netzwerkkarte auch quantitativ auszählen. Vor allem die Kombination mit Netzwerktabellen bieten noch vielfältige Auswertungsmöglichkeiten auch für quantitative Auswertungen. Gelingt eine Befragung auch von Alteri in einem überschaubaren Netzwerksegment, können auch formale Netzwerkanalysen angewandt werden (Kühnel und Matuschek 1995). Softwaretools wie EgoNet-QF bieten hier auch spezielle Schnittstellen an (PAJEK).

Das Potenzial von Netzwerkkarten erschließt sich allerdings erst, wenn deren Auswertung sich nicht auf deskriptive Maße, wie Größe des Netzwerkes, Dichte, Alter und Stärke der Beziehungen beschränkt. Ziel muss vor allem sein, die strukturelle Analyse des Netzwerks mit der funktionalen Analyse seiner Leistungen bzw. von Teilnetzwerken zu verknüpfen. Eine Herausforderung für die Zukunft wird sein, die verschiedenen Auswertungsstrategien zu systematisieren und ihren Ertrag auch unter einer theoretischen Perspektive weiter zu optimieren, wie etwa Häußlings Konzept einer Vierebenenanalyse, mittels derer soziale Interaktionen in ihrer Mehrperspektivität bzw. -dimensionalität erkennbar werden (Häußling 2006).

6 Präsentation der Netzwerkkarten

Die Präsentation der Netzwerkstruktur ist ein besonderes „Leistungsmerkmal" der Visualisierung. Freemanns Ziel „anderen etwas zeigen, das einem klar geworden ist" verlässt die sonst nahezu ausschließlich genutzte Darstellung über Wort und Text. Auch hier zeigen die Erfahrungen, dass die Netzwerkkarten in der Regel gut vermittelbar sind. Umso überraschender ist, dass diese Möglichkeit bislang vergleichsweise wenig genutzt wurde.

Neue Möglichkeiten bieten hier nun die EDV-unterstützten Tools (wie Vennmaker, EgoNet.QF).

7 Ausblick

Wer heute Netzwerkkarten einsetzt, greift auf eine Methode mit Tradition zurück, ohne dass diese jedoch eine bereits ausreichend lang und intensiv diskutierte Forschungslandschaft markiert. Netzwerkkarten, wie qualitative Netzwerkstudien, entstehen noch jenseits des methodischen Mainstreams, der entweder Netzwerkanalysen negiert oder auf quantitative Verfahren der Netzwerkanalyse zurückgreift – noch – denn es ist offensichtlich, dass die Zahl qualitativer Netzwerkanalysen seit einigen Jahren deutlich zunimmt.

7.1 Entwicklungslabor qualitative Netzwerkanalyse mit Netzwerkkarten

Aktuell gleicht das Feld der qualitativen Netzwerkanalysen einem Entwicklungslabor, in dem mit bewährten und neuen Zutaten experimentiert wird (Straus 2006). Beispiele, die zugleich den Entwicklungsbedarf markieren sind:

- Die Erhebung von *egozentrierten Netzwerkkarten in einem Setting mit alteri*. Bernardi, Keim und von der Lippe bilden mit ihrer Studie hier noch eine Ausnahme. In der Regel wird aus kosten- und zeitökonomischen Gründen auf die Einbeziehung von Alteri verzichtet.
- Die *Dynamik von Netzwerken*. Die Entwicklung und Veränderung von Netzwerkstrukturen über Zeiträume und verschiedene Lebensabschnitte erfordert in der Regel die Erhebung von Netzwerkkarten in einem qualitativen Längsschnittdesign
- Die Verknüpfung von *egozentrierten Netzwerkkarten mit einer netzwerkbezogenen Positionsanalyse*. Die logisch begründete Stellung des Ichs als Mittelpunkt erleichtert dem/der Interviewpartner/in die Darstellung. Es macht aber nicht deutlich, welche Stellung dieser in seiner Clique, Familie etc. hat. Was bislang fehlt ist die Berücksichtigung der jeweiligen Rolle, Zentralität bzw. Cliquenzugehörigkeit der interviewten Personen in ihren Netzwerken. (Zu ersten Überlegungen siehe Straus 2009).
- Netzwerkkarten sind häufig stark an Personen gebunden. Es gibt zwar Erfahrungen zur Verwendung auch im Rahmen von *Organisations- und Gruppenanalysen*, diese sind jedoch noch zu wenig dargestellt und validiert.
- Während wir bei den sozialen Netzwerkkarten auf eine Reihe von Erfahrungen und methodologischen Vorüberlegungen zurückgreifen konnten (Hollstein 2001, 2002; Kahn und Antonucci 1980; Straus 1994, 2002), gibt es kaum Ansätze zu *soziomateriellen Netzwerkanalysen*. Die wenigen Erfahrungen machen Mut weiter damit zu experimentieren. Dahinter steht, um mit Bruno Latour (1998) zu sprechen, auch das Ziel der künstlichen Zerteilung der Welt in Natur, Gesellschaft und Diskurs entgegenzutreten. Sozio-materielle Netzwerkanalysen sehen die Welt als ein Geflecht von Beziehungen, bei dem die Frage der Ein- und Zuordnung (als Natur, Gesellschaft, Diskurs) eigentlich sekundär ist. Sozio-materielle Netzwerkkarten sind eine Möglichkeit der Hybridität vieler Erscheinungsformen eine Ausdrucksmöglichkeit zu geben. Notwendig ist wie Kesselring (2006) es vorschlägt, entsprechende Aufforderungsgeneratoren bzw. Erzählstimuli für das Instrument der Netzwerkkarte zu entwickeln. Die sozio-materiellen Netzwerkanalysen bieten die Chance bislang nicht thematisierte Zusammenhänge verstehbar zu machen.

7.2 Grenzen der qualitativen Netzwerkanalyse mittels Netzwerkkarten

Netzwerkkarten lassen sich sehr vielseitig einsetzen. Drei Grenzlinien bestehen jedoch, die auch trotz dieses großen Möglichkeitsspektrums nicht ohne weiteres überschritten werden können.

Die erste thematisiert das normative Ideal einer Netzwerkanalyse: *die Vollständigkeit*. Die Relationalität eines Netzwerks soll, so die Idealvorstellung, nicht nur aus einer (Ego) Perspektive, sondern wenn möglich auch aus Sicht aller anderen (Alteri) Netzwerkpartner/innen erhoben werden. Gesamtnetzwerke, wenn sie über Befragungs- bzw. Interviewdaten erhoben werden, lassen sich jedoch nur bei kleinen Gruppen erheben (vgl. beispielsweise Kühnel und Matuschek 1995). Ansonsten muss die Erhebung von Gesamtnetzwerken als wissenschaftstheoretische Fiktion gelten (Baumgarten und Lahusen 2006: 190). Die Möglichkeiten darüber hinaus zu gehen sind begrenzt. Dies zeigen auch die Ausnahmen bzw. der Versuch über qualitative Verfahren der „Stichprobengewinnung" dieses Manko zu überwinden, etwa durch eine Fallauswahl, die dem Konzept der „most dissimilar cases" folgt (Bernardi et al. 2006).

Die zweite Grenze liegt im *Zeitbedarf*, den Netzwerkanalysen (teilweise) benötigen. Je umfangreicher man beispielsweise versucht im Netzwerkinterview bzw. in jenem Teil eines qualitativen Interviews in dem es um Netzwerke geht, Netzwerkdaten zu erheben, desto eher stößt man an die Grenzen zeitlicher Erfassbarkeit. (Bernardi et al. 2006: 377; Straus 2006).

Die dritte Grenze besteht in der *Zweidimensionalität der Darstellungsmöglichkeit*. Zeichnungen, Karten und auch Legespiele sowie zunächst auch die EDV-gestützten Animationen basieren weitgehend auf einer zweidimensionalen Anordnung. Diese wird der Komplexität der Netzwerke nur annähernd gerecht. Es gibt zwar erste Möglichkeiten eine dritte Dimension einzuführen. Diese wird jedoch erst annäherungsweise und faktisch in einem Nacheinander von Bewertungsaktionen eingefügt. Das komplexe und fein gesponnene Geflecht hinter sozialen Beziehungen und Objekten kann mit Netzwerkkarten deshalb bislang nur zum Teil abgebildet werden.

Alle drei Grenzen verweisen auf die Notwendigkeit gut vorbereiteter und strukturierter Begründungsstrategien seitens des Forschers/der Forscherin in Bezug auf die Auswahl und Darstellungsform der für das Interview relevanten Netzwerke. Und sie verdeutlichen, dass Netzwerkkarten kein Eigenleben führen, sondern stets im Dialog mit dem Interviewaussagen gelesen werden sollten. Jenseits dieser Grenzen handelt es sich bei den Netzwerkkarten um eine vielseitige, aussagekräftige und weiter ausbaufähige Methode innerhalb der qualitativen Sozialwissenschaft.

8 Literatur

Baumgarten, Britta und *Christian Lahusen*, 2006: Politik-Netzwerke – Vorteile und Grundzüge einer qualitativen Analysestrategie. S. 177-197 in: *Betina Hollstein* und *Florian Straus* (Hg.), Qualitative Netzwerkanalyse. Konzepte, Methoden, Anwendungen. Wiesbaden: VS Verlag für Sozialwissenschaften.

Bernardi, Laura, *Sylvia Keim* und *Holger von der Lippe*, 2006: Freunde, Familie und das eigene Leben. Zum Einfluss sozialer Netzwerke auf die Lebens- und Familienplanung junger Erwachsener in Lübeck und Rostock. S. 359-390 in: *Betina Hollstein* und *Florian Straus* (Hg.), Qualitative Netzwerkanalyse. Konzepte, Methoden, Anwendungen. Wiesbaden: VS Verlag für Sozialwissenschaften..

Bott, Elizabeth, 1971: Family and Social Network. Roles, Norms, and External Relationships in Ordinary Urban Families. New York: The Free Press.

Corsten, Michael, 2007: Lokales Sozialkapital und soziale Kognitionen über die eigene Stadt. Sozialwissenschaftliches Journal II: 60-83.

Curtis, W. Robert, 1979: The future use of social networks in mental health. Boston: Social matrix reSearch, inc.

Diaz-Bone, Rainer, 2007: Gibt es eine qualitative Netzwerkanalyse? Review Essay: *Betina Hollstein* und *Florian Straus* (Hg.) (2006). Qualitative Netzwerkanalyse. Konzepte, Methoden, Anwendungen In: Forum Qualitative Sozialforschung, Volume 8, No. 1, Art. 28, Januar 2007

Freeman, Linton, 2000: Visualising Social Networks. Journal of Social Structure. www.library.cmu.edu:7850\JoSS: Carnegie Mellon, 1(1), 1-30.

Gödde, Mechthild, Anette Engfer und Maria Gavranidou, 1989: Familiäre und außerfamiliäre Beziehungen: Die sozialen Netzwerke 6-jähriger Kinder. Ergebnisse aus einer empirischen Untersuchung. Tagungsbeitrag

Häußling, Roger, 2006: Ein netzwerkanalytisches Vierebenenkonzept zur struktur- und akteursbezogenen Deutung sozialer Interaktionen. In: *Betina Hollstein* und *Florian Straus* (Hg.) (2006): Qualitative Netzwerkanalyse. Konzepte, Methoden, Anwendungen. Wiesbaden: VS Verlag für Sozialwissenschaften. S. 125-151

Hintermair, Manfred, Gertrud Lehmann-Tremmel und Sandra Meiser, 2000: Wie Eltern stark werden. Soziale Unterstützung von Eltern hörgeschädigter Kinder. Eine empirische Bestandsaufnahme. Hamburg: Verlag hörgeschädigter Kinder.

Höfer, Renate und Holger Knothe, 2010: Subjektives Zugehörigkeitsgefühl in Zonen gesellschaftlicher Verwundbarkeit. In: *Werner Schneider* und *Wolfgang Kraus* (Hg.), Individualisierung und die Legitimation sozialer Ungleichheit in der reflexiven Moderne. Budrich Verlag: Opladen: (im Erscheinen).

Höfer, Renate, Heiner Keupp und Florian Straus, 2006: Prozesse sozialer Verortung in Szenen und Organisationen – Ein netzwerkorientierter Blick auf traditionale und reflexiv moderne Engagementformen. In: *Betina Hollstein* und *Florian Straus* (Hg.) (2006): Qualitative Netzwerkanalyse. Konzepte, Methoden, Anwendungen. Wiesbaden: VS Verlag für Sozialwissenschaften.

Hollstein, Betina, 2001: Grenzen sozialer Integration. Zur Konzeption informeller Beziehungen und Netzwerke. Opladen: Leske + Budrich.

Hollstein, Betina, 2002: Soziale Netzwerke nach der Verwitwung. Eine Rekonstruktion der Veränderungen informeller Beziehungen. Opladen: Leske + Budrich

Hollstein, Betina, 2006: Qualitative Methoden und Netzwerkanalyse – ein Widerspruch? In: *Betina Hollstein* und *Florian Straus* (Hg.) (2006): Qualitative Netzwerkanalyse. Konzepte, Methoden, Anwendungen. Wiesbaden: VS Verlag für Sozialwissenschaften. S. 11-35

Kahn, Robert und Toni Antonucci, 1980: Convoys over the life course: Attachment, roles and social support. In: *Paul Baltes* und *Orville Brim*. (Hrsg.), Life-span development and behaviour. (S. 383-405). New York: Academic Press.

Keupp, Heiner, Thomas Ahbe, Wolfgang Gmür, Renate Höfer, Beate Mitzscherlich, Wolfgang Kraus und Florian Straus, 1999: Identitätskonstruktionen. Das Patchwork der Identitäten in der Spätmoderne. Reinbek: Rowohlt Taschenbuch Verlag.

Kesselring Sven, 2006: Topographien mobiler Möglichkeitsräume. Zur sozio-materiellen Netzwerkanalyse von Mobilitätspionieren In: *Betina Hollstein* und *Florian Straus* (Hg.) (2006): Qualitative Netzwerkanalyse. Konzepte, Methoden, Anwendungen. Wiesbaden: VS Verlag für Sozialwissenschaften. S. 333-358

Krempel, Lothar, 2001: Netzwerkvisualisierung: Prinzipien und Elemente einer graphischen Technologie zur multidimensionalen Exploration sozialer Strukturen. Köln: Max-Planck-Institut für Gesellschaftsforschung.

Kühnel, Wolfgang und *Ingo Matuschek*. 1995: Gruppenprozesse und Devianz. Risiken jugendlicher Lebensbewältigung in großstädtischen Monostrukturen. München: Juventa.

Latour, Bruno, 1998/1991: Wir sind nie modern gewesen. Versuche einer symmetrischen Anthropologie. Frankfurt a. M.: Fischer.

Kolip, Petra 1993: Freundschaften im Jugendalter. Der Beitrag sozialer Netzwerke zur Problembewältigung. München: Juventa.

McKenzie, 1952, abgebildet in: *Mary Northway* 1952: A Primer of Sociometry. Toronto: Toronto University Press.

Northway, Mary 1940: A method for depicting social relationships obtained be sociometric testing. Sociometry, 3, 144-150.

Picot Sibylle und *Daniel Schroeder* 2007: 7 Kinderpersönlichkeiten. In: *Klaus Hurrelmann* und *Sabine Andresen*, TNS Infratest Sozialforschung (Hrsg) (2007). Kinder in Deutschland 2007. Erste World Vision Kinderstudie. Frankfurt a.M.: Fischer.

Reisbeck, Günther, *Manfred Edinger*, *Matthias Junker*, *Heiner Keupp* und *Christian Knoll*, 1993: Soziale Netzwerke schwuler Männer im Zeichen von Aids. In *Cornelia Lange* (Hrsg.), Aids - eine Forschungsbilanz (S. 129-138). Berlin: Ed. Sigma.

Scheibelhofer, Elisabeth, 2006: Migration, Mobilität und Beziehung im Raum: Egozentrierte Netzwerkzeichnungen als Erhebungsmethode. In: *Betina Hollstein* und *Florian Straus* (Hg.) (2006): Qualitative Netzwerkanalyse. Konzepte, Methoden, Anwendungen. Wiesbaden: VS Verlag für Sozialwissenschaften. S.311-331.

Straus, Florian, 2009: EgoNet-QF. Egozentrierte Netzwerkkarten für die qualitative Forschung – Neuauflage des Manuals. München: IPP-Broschüre

Straus, Florian, 2002: Netzwerkanalysen. Gemeindepsychologische Perspektiven für Forschung und Praxis. Wiesbaden: Deutscher Universitätsverlag.

Straus, Florian, 2006: Entwicklungslabor qualitative Netzwerkforschung. In: *Betina Hollstein* und *Florian Straus* (Hg.) (2006): Qualitative Netzwerkanalyse. Konzepte, Methoden, Anwendungen. Wiesbaden: VS Verlag für Sozialwissenschaften. S. 481-494

Wellman, Barry und *Stephen Berkowitz*, 1988: Social structures: A network approach. Cambridge: Cambridge University Press.

6.2 Netzwerkvisualisierung

Lothar Krempel

1 Einleitung

Mit der Ausbreitung des Netzwerkparadigmas von der Soziologie und Anthropologie in die Informatik, Biologie, Physik und Ökonomie sind viele Computerprogramme verfügbar geworden, mit denen Netzwerke graphisch dargestellt werden können. Obwohl graphische Darstellungen von Netzwerken einfacher zu produzieren sind als jemals zuvor, hat die schnelle Ausbreitung dieser neuen wissenschaftlichen visuellen Technologie deren Potential bisher nur ansatzweise entfaltet.

Dieser Betrag versucht deshalb allgemeine Grundlagen einer graphischen Exploration von Netzwerken zu vermitteln; er zeigt wie Darstellungen effizienter gestaltet werden können und wie durch die Integration zusätzlicher Informationsschichten Einblicke in multivariate Zusammenhänge entstehen. Wie und warum Netzwerkvisualisierungen numerische und statistische Analysen von Netzwerkdaten komplementär ergänzen, gilt es besser zu verstehen.

Der Fortschritt in der Analyse sozialer Netzwerke basiert auf parallelen Entwicklungen durch die im letzten Jahrzehnt immer größere Netzwerke analysiert werden konnten. Lange war die Erhebung von relationalen Daten selbst für kleine Netzwerke mühsam. Mit dem Internet stehen heute riesige Datenmengen zur Verfügung, mit denen Interaktionen Tausender oder selbst von Millionen von Akteuren näher untersucht werden können.

Die Entwicklung effizienter Algorithmen ist ein zweites Feld, das die Reichweite der Netzwerkanalyse dramatisch verbessert hat: Während formale Konzepte der Netzwerkanalyse unter Verwendung der Matrix Algebra entwickelt worden sind (Wasserman und Faust 1994), ist diese nur bedingt geeignet, Computer zu programmieren. Große Netzwerke weisen in der Regel nur geringe Dichten auf und erfordern andere Algorithmen (Brandes und Erlebacher 2005). Zusammen mit dem enormen Zuwachs an Rechenkapazitäten und der Entwicklung moderner Datenbanktechnologien können heute aufwendige Berechnungen an extrem großen Netzwerk-Datensätzen vorgenommen werden. In numerischer Form sind diese großen Datenmengen kaum zu überblicken. Bei der Analyse von Netzwerkdaten wird daher immer häufiger von graphischen Darstellungen Gebrauch gemacht.

Die Computer der 50er Jahren waren vornehmlich geeignet, numerische Berechnungen durchzuführen. Bildschirme, mit denen graphische Informationen dargestellt werden konnten, waren sehr teuer und der für graphische Darstellungen benötigte Rechenaufwand zu hoch. Erst in den achtziger Jahren wurden Grafiktechnologien für PCs verfügbar, und Farbtechnologien in den neunziger Jahren. Seitdem hat eine rasante Entwicklung eingesetzt die immer leistungsfähigere graphische Technologien zur Verfügung stellt.

Wie man diese neuen graphischen Möglichkeiten nutzen kann, beschäftigt diverse wissenschaftliche Gemeinschaften: die *Social Networks Community*[1] die anwendungsspezifische Fragen und methodologische Fragestellungen untersucht, die *mathematische Graph Drawing Community*[2], die versucht mathematischer Graphen unter einer Vielzahl von Einschränkungen optimal darzustellen. Die *Information Visualization Community* beschäftigt sich eher mit der Gestaltung geeigneter Benutzerschnittstellen (Interfaces) und Fragen der Informationskommunikation und die Statistical Graphics Community (vgl. Chen et al. 2008) versucht, klassische statistische Diagramme mit den neu verfügbaren graphischen Mitteln weiterzuentwickeln.

Graphische Verfahren werden heute auch in verschiedenen Bereichen der bildenden Kunst aufgegriffen: Inspiriert durch dynamische Systeme und die Möglichkeiten digitaler Visualisierungsverfahren, haben auch Künstler begonnen Datenflüsse und Netzwerktopologien zu bearbeiten (Ars Electronica 1994).

1.1 Netzwerke als mathematische Graphen

Abbildung 1: Eine einfache Netzwerkdarstellung mit Knoten und Kanten

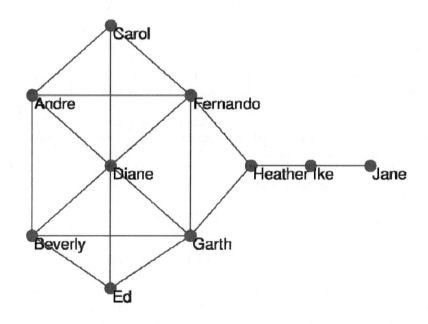

---

[1] http://www.insna.org
[2] http://www.graphdrawing.org

Netzwerke bestehen aus *Knoten* (nodes), die durch *Relationen* (links) verknüpft sind. Die *Knoten* von Graphen sind Einheiten der realen Welt: Individuen, Organisationen, Nationen, technische oder logische Einheiten. *Relationen (links, ties, edges, arcs)* verbinden diese Einheiten und können vielfältiger Natur sein: Kontakte, Freundschaften, Kontrolle, Macht, Besitz, Austausch aber auch Koauthorenschaften, Zitationen. Auch die Verbundenheit durch dritte Ereignisse (*co-occurences*) erlaubt es, Abhängigkeiten zwischen Einheiten als Graph zu analysieren.

Die formale Definition eines mathematischen Graphen beschreibt eine *Menge von Knoten,* die durch eine *Menge von Relationen* verbunden ist. Die verbindenden Relationen sind eine Untermenge der möglichen Kombinationen aller Knoten, des *kartesischen Produktes* der Knotenmenge.

Links können *gerichtet* oder *ungerichtet* sein. Wenn Relationen *unterschiedliche Stärke* besitzen, dann spricht man von einem *bewerteten* Graph. Einheiten eines Graphen, die durch *unterschiedliche Relationen* verbunden sind, werden als *multi-graph* bezeichnet. Graphen die Verbindungen zweier unterschiedlicher Mengen beschreiben werden als *two-mode* oder auch *bipartite* Graphen bezeichnet (Borgatti und Everett 1997).

Besonders reichhaltige Graphen entstehen bei der Analyse von Texten, die als mathematische Graphen repräsentiert werden. Dabei werden die Inhalte der Texte mit formalen Grammatiken kodiert, die das gemeinsame Auftreten z.B. von *Personen, Institutionen, Ressourcen, Orten* beschreiben (vgl. Diesner und Carley 2004). Derartige Graphen beschreiben natürlichsprachige Texte als *n-mode* Graphen.

2 Netzwerkdaten Ordnen

Eine der fundamentalen Fragen der Netzwerkvisualisierung ist, wie man aus der Verbundenheit der Einheiten eines Graphen räumliche Konfigurationen der Knoten (ihre xy oder xyz Koordinaten) generieren kann. Eine *Anordnung (Layout)* positioniert die Knoten eines Graphen, so dass deren Entfernungen im Bild bestimmten Eigenschaften ihrer Verbindungen entsprechen.

Die Abbildung in 3D Repräsentationen hat höhere Freiheitsgrade und erlaubt es multidimensionale Zusammenhänge besser aufzulösen, allerdings sind zur Inspektion intuitiv bedienbare Schnittstellen (interfaces) erforderlich, um deren Anordnungen genauer zu inspizieren. Darüber hinaus werden zusätzliche Transformationen erforderlich, um 3D Repräsentationen durch ein 2D Fenster betrachten zu können.

Durch die Berechnung der Anordnungen entstehen Bildlandschaften, in denen die Nähe der Einheiten ihren Verbindungen entspricht. Im Gegensatz zu geographischen Karten ist die Nähe in diesen Abbildungen durch funktionale Abhängigkeiten bestimmt: Wer stark mit anderen Akteuren verbunden ist oder wer mit den gleichen Personen verbunden ist, wird benachbart angeordnet. *Nähe* in geordneten Netzwerken beschreibt potentielle Sphären der Beeinflussung, Reichweiten von Handlungen bzw. Kontexte, in denen Handlungen von Akteuren wechselseitig bedeutsam werden. Je nach Art der Verbundenheit (i.e. Freundschaft, Kontakt, Kommunikation, Zusammenarbeit, Austausch oder Informationsübertragung) entstehen Wirkungen über *kürzere* oder *weitere* Entfernungen.

Lange hat man versucht, bedeutungsvolle Anordnungen der Knoten eines Netzes per Hand, durch Trial und Error zu ermitteln. Heute stehen dazu automatische Verfahren zur

Verfügung, die in der Lage sind, Positionen der Knoten aufgrund ihrer Verbundenheit zu berechnen, wodurch verbundene Knoten in der Regel benachbart positioniert und Knoten, die nur indirekt oder aber nicht verbunden sind, entfernt voneinander platziert werden. *Spring Embedder* sind heute die am meisten genutzten Verfahren um räumliche Ordnungen zu erzeugen. Multivariate statistische Verfahren (SVD) und auch Verfahren der Korrespondenz Analyse sind weitere Verfahren, mit denen metrische Anordnungen von Netzwerkdaten erzeugt werden können (Freeman 2000, 2005).

2.1 Netzwerkkarten

Während die Geisteswissenschaften in den letzten Jahrhunderten ein sehr distanziertes Verhältnis zu bildlichen Darstellungen hatten, ist die Kartographie eine der Wissenschaften, die sehr früh begonnen hat, Wissen mit graphischen Mitteln darzustellen. Kartographische Karten informieren darüber „Was wo ist".

Bereits im 16 Jahrhundert konnten Kartographen Triangulationsverfahren anwenden, um die Lage geographischer Orte zu ermitteln. In der Ebene kann man die Entfernung zwischen A an C ermitteln, indem man den *Abstand* zwischen A und B bestimmt sowie die *Winkel* der Linien die A mit B und C verbinden. Die räumlichen Anordnungen von Straßen, Seefahrtsrouten, des Handels und von Bevölkerungsbewegungen zwischen Orten haben sich dabei als äußerst nützlich erwiesen.

Weil viele soziale Phänomene mehr oder weniger stark von geographischen Distanzen abhängen, ist der geographische Raum ein natürlicher Bezugspunkt für soziale Aktivitäten. Darstellungen der Handelsaktivitäten zwischen Staaten haben ein mehr als zweihundertjährige Geschichte (Playfair 1807; vgl. auch Friendly 2008), aber auch Personenbewegungen wie Mobilitätsmuster sind durch Geographen intensiv untersucht worden (Tobler 1987, 2004). Der Vergleich geographischer Karten mit Netzwerkabbildungen hat viel Potenzial. Hier gilt es zu verstehen, wann soziale Aktivitäten geographische Distanzen überbrücken. Erstaunlicherweise ist dieses Feld bis heute vergleichsweise wenig untersucht.

2.2 Algorithmen

Abbildung 2: Ein Spring-Layout der deutschen Kapitalverflechtungen 1996.

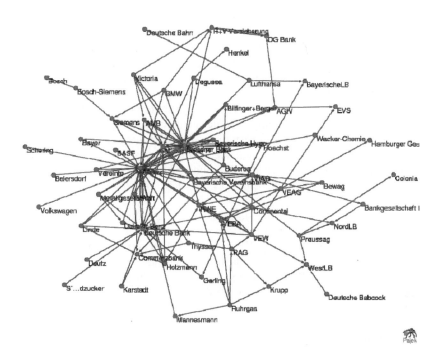

Räumliche Einbettungen von Netzwerkdaten können verschiedene Informationen kodieren. Abbildung 2 stellt die Kapitalverflechtungen der einhundert größten deutschen Unternehmen im Jahr 1996 dar. (Höpner und Krempel 2004, Daten: Monopolkommission). Ordnet man die Daten mit einem Spring Embedder, dann werden zwei Firmen A und B benachbart dargestellt, wenn Firma A Anteile an Firma B besitzt. Die gleichen Daten werden in Abb.10b mit einer radialen Anordnung dargestellt, die den (systemweiten) Status der Firmen kodiert. Firmen mit hohem Status befinden sich im Zentrum: je größer die Statusdifferenz, umso größer ist der Abstand zum Zentrum. Darüber hinaus wird die Lage der Firmen (unter den Einschränkungen konzentrischer Distanzen) optimiert, wodurch verbundene Firmen benachbart angeordnet werden.

Die Erfindung statistischer Prozeduren, mit denen *Ähnlichkeiten* und *Distanzen* repräsentiert werden können, geht auf die Arbeiten von Togerson (1958) und Kruskal (1964) zurück. Diese Algorithmen erlauben es Ähnlichkeiten oder Distanzen in metrische Räume abzubilden. Eventuelle Inkonsistenzen werden dabei durch eine Art Kleinst-Quadrate-Methode korrigiert.

Damit ähneln diese Verfahren den Methoden der Kartographen, wie diese geographische Distanzen verwenden, um den geographischen Raum zu rekonstruieren. Die Anpassungsgüte der so berechneten Einbettungen kann durch den Vergleich der *empirischen* mit den *Bilddistanzen* untersucht werden (Togerson Diagramm).

Heute werden geeignete Anordnungen vornehmlich durch Verwendung verschiedenartiger *Spring Embedder* (Eades 1984; Fruchterman und Reingold 1991; Kamada und Kawai 1984) erzeugt, bei denen die Anordnung der Knoten eines Graphen durch *Federkräfte* entstehen, die die Relationen repräsentieren. Die *anziehenden* Kräfte werden durch *abstoßende* Kräfte, die um jeden Knoten wirken, in ein *Gleichgewicht* gebracht. Skaliert man die abstoßenden Kräfte, so entstehen in der Bildstruktur kleinere oder größere Abstände, die die Lesbarkeit der Anordnungen nicht beeinflussen, solange sich die Nachbarschaften der Anordnungen nicht verändern. *Zentrale* Knoten liegen oft im Zentrum eines Bildes, Knoten mit geringer Anzahl von Kanten oder nur *lokal verbundene* Einheiten werden dagegen in der Peripherie angeordnet.

Der Algorithmus von Fruchterman und Reingold benötigt dazu Beobachtungen der direkten Links und kann auch Gewichtungen berücksichtigen. Der Kamada und Kawei Algorithmus verwendet dagegen Distanzinformationen. Typischerweise werden dazu die geodätischen Distanzen verwendet, die kürzesten Wege, mit denen sich Paare von Knoten erreichen können. Je nach den Gewichten der Relationen, können einzelne Verbindungen die Wirkung vieler kleiner Kräfte aufheben, wodurch stark verbundene Knoten benachbart platziert werden.

Die Attraktivität der Spring Embedder resultiert aus deren Fähigkeit, verschiedene Layouts zu erzeugen. Diese können sich *metrischen Repräsentationen* annähern, aber auch *Gitterstrukturen*, wenn die abstoßenden Kräfte stark skaliert werden. Die wichtigste Eigenschaft der Layouts ist allerdings, dass in den so entstehenden Anordnungen *lokale Nachbarschaften* erhalten bleiben: Wer mit wem (wie stark) verbunden ist, kann aus der Nähe der Einheiten in der Darstellung erschlossen werden.

2.3 Mehr planare Anordnungen (optional)

Da die räumlichen Anordnungen die effektivsten graphischen Mittel sind, verwenden vielfältige Ansätze planare Anordnungen.

Traditionelle statistische Diagramme bilden bi-variate Abhängigkeiten als Scatterplots ab. Dabei verweisen die x und y Koordinaten auf die Ausprägungen zweier Attribute einer Markierung, die auf einer sequentiellen (bzw. metrischen) Skala gemessen worden sind. Diese Eigenschaften bestimmen die x und y Koordinaten der Beobachtung. Da in Zufallsumfragen Beobachtungen als unabhängig behandelt werden, gibt es keine Information die die Abhängigkeiten der Einheiten beschreibt.

Relationale Daten beschreiben dagegen die Verbundenheit von Beobachtungen. Eine Abbildung, die die Verbindungen zwischen den Einheiten darstellt, erlaubt es abzulesen, wer mit wem verbunden ist: Freunde werden näher dargestellt als Freunde von Freunden. Potentielle Einflüsse können aus den Nachbarschaften der Knoten abgelesen werden.

Interessiert man sich dagegen für Einflüsse im Gesamtsystem, so wird man *Zentralitäten* wie die *closeness* oder *betweeness* zu Rate ziehen müssen. Diese Netzwerkmetriken berücksichtigen zusätzlich zu den *direkten* auch die *indirekten* Verbindungen zwischen Akteuren. Der Fokus wendet sich damit der Systemperspektive zu: Akteure die in den Zentralitätsverteilungen höhere Ränge einnehmen, wird systemweit ein größeres Handlungspotential unterstellt.

Die mathematische *Graph Drawing Community* untersucht, mit welchen Algorithmen man planare, orthogonale Gitteranordnungen, hierarchische oder radiale Repräsentationen von Graphen erzeugen kann. Andere Gattungen sind Graphen mit geschwungenen Linien (curved) oder rechtwinkligen Verbindungen. Diese algorithmischen Studien versuchen, bedeutsame Repräsentationen unter vielen weiteren Einschränkungen zu bestimmen. Dabei wird auch versucht, bestimmten Aesthetiken Rechnung zu tragen, die die Lesbarkeit der Darstellungen verbessern: Dazu zählt u.a. die Minimierung der Überschneidungen von Kanten eines Graphen.

Darstellungen von Graphen kann man vereinfachen, indem ein Bild auf gleichabständige Bildpunkte in 2D oder 3D reduziert wird. Bildet man Layouts auf reduzierte Lösungsräume ab, so bleiben die Rangordnungen der Nachbarschaften erhalten: Dichte Zentren werden gespreizt, wogegen große Entfernungen schrumpfen. Diese Transformationen beschränken allerdings die Sichtbarkeit der Verbindungen zwischen den Einheiten, insbesondere für *dichte* Graphen.

Andere Darstellungen untersuchen dagegen Netzwerke auf Hierarchien und stellen diese als Ebenen in 2D Anordnungen dar (layered maps). In diesen Darstellungen wird die y- Achse verwendet, um den Status (bzw. die Statusunterschiede) der Akteure zu kommunizieren, wobei die Anordnung auf der x-Achse entsprechend ihrer Verbundenheit optimiert werden, so dass direkt verbundene Akteure benachbart zueinander dargestellt werden (Brandes et al. 2002).

Centrality Maps verwenden dagegen konzentrische Kreise, auf denen die Akteure eines Netzes angeordnet werden. Hierbei steht die Entfernung zum Zentrum der Darstellung für Unterschiede in deren Zentralität, Autorität oder anderen Netzwerkmetriken. Knoten mit geringer Macht finden sich auf den peripheren Kreisen der Darstellung. Anschließend werden die Anordnungen auf und zwischen den Kreisen so optimiert, dass verbundene Einheiten benachbart und unverbundene oder nur indirekt verbundene Einheiten entfernt zueinander dargestellt werden.

3 Visuelle Schichten von Attributen

Die Übersetzung numerischer Attribute in *Schichten graphischer Merkmale* erlaubt es, alle Einheiten eines Netzes sowie deren Attribute elementar darauf hin zu inspizieren, wie sich deren Merkmale im geordneten Raum eines Layouts verteilen. Wie Jacque Bertin (ein französischer Kartograph) bereits in seiner „Semiologie der Graphik" (1981) bemerkt, besteht der Vorteil des visuellen Systems darin, dass verschiedene Information gleichzeitig kommuniziert werden können, wogegen Zahlen, mathematische Formeln oder die Schriftsprache nur sequentiell gelesen werden können.

Unter einer allgemeineren Perspektive übersetzen Visualisierungen numerische Informationen in das graphische Zeichensystem. Wählt man dazu einfach zu unterscheidende graphische Merkmale, um Eigenschaften der Knoten und Kanten auf das Layout eines Netzwerkes in weiteren Schichten auf das Layout abzubilden, dann können diese simultan in Bezug auf die Anordnung im Netz untersucht werden. Eine effiziente Visualisierung benötigt sowohl umfassende Kenntnis der Computer Graphik (mit welchen Mitteln man numerische Informationen graphisch kodieren kann) sowie Kenntnisse der menschlichen Wahrnehmung (wie Menschen bestimmte graphische Informationen entschlüsseln können) und wann diese Entkodierungsprozesse besonders schnell ablaufen. Für eine ausführlichere Darstellung dieses Kapitels siehe Krempel (2005).

3.1 Numerische Informationen kodieren

Bertin (1981) beschreibt die Entwicklung effektiver Karten als Übersetzung numerischer Daten in *elementare Wahrnehmungsaufgaben* (elementary perceptual tasks). Verwendet man die „natürlichen Ordnungen der menschlichen Wahrnehmung", dann wird graphische Kommunikation besonders schnell, fast automatisch. Benutzt man *universelle Codes,* so entsteht nicht nur eine besonders schnelle sondern auch eine internationale graphische Sprache. Wenn die Übersetzung in graphische Zeichen *bijektiv* ist, so dass die visuelle Repräsentation die Ordnung und Relationen zwischen den Beobachtungen erhält, dann werden visuelle Zeichen so in Empfindungen übersetzt, dass die zugrunde liegenden numerischen Informationen erhalten bleiben.

In der Psychologie sind die Empfindungen, die durch visuelle Zeichen (Stimuli) ausgelöst werden, bereits seit mehr als einhundert Jahren untersucht. Die dabei ermittelten Funktionen (*psychometric functions*) beschreiben wie man visuelle Stimuli (Größen, Formen, Farben) verwenden muss, um *gleichgroß abgestufte menschliche Wahrnehmungsunterschiede* zu erzeugen (vgl. Stevens 1965).

Um effiziente Darstellungen zu erzeugen benötigt man also entsprechende Kenntnisse, wie und wann Beobachter graphische Information lesen (dekodieren) können. Mit der Ausnahme der Länge von Linien sind diese Funktionen nichtlinear.

3.2 Dekodierung

Visuelle Darstellungen gelten dann als effektiv, wenn sie besonders schnell interpretiert werden können und gleichzeitig helfen, verschiedene Verteilungen mit einer geringeren Fehlerquote zu interpretieren als alternative Darstellungen. Wie man den Berichten vieler Praktiker entnehmen kann, können bestimmte visuelle Darstellungen fast unmittelbar gelesen werden (Tufte 1983, 1990), während andere eher komplexe visuelle Puzzles sind. Die Tatsache, dass bestimmte Wahrnehmungsaufgaben besonders schnell dekodiert werden können, wird durch die Tatsache erklärt, dass der Mensch bestimmte Wahrnehmungsaufgaben parallel durch spezialisierte Zentren im Gehirn entschlüsselt. Solche elementaren Aufgaben werden besonders schnell in *präattentiver* Weise (in weniger als 200 Millisekunden) dekodiert, einer Zeitspanne die geringer ist als die willentliche Bewegung der menschlichen Augen. Auf der anderen Seite werden komplexe Symbole, die mehrere der elementaren Informationen als Ikonen oder Symbole kombinieren nicht präattentiv wahrgenommen. Diese Kombinationen visueller Codes benötigen sehr viel größere Zeitspannen, um entschlüsselt zu werden. Typischerweise ist deren Bedeutung auch an bestimmte Kulturen gebunden, während elementare graphische Wahrnehmungsaufgaben weltweit universell schnell bearbeitet werden.

4 Ein visuelles Alphabet für Netzwerke

Knoten und Linien in Netzen können verschiedene *Größen* aufweisen, können sich durch *Farbtöne* oder *Texturen* unterscheiden und *zwei- oder dreidimensional* dargestellt werden. Viele dieser Variationen finden sich bereits in Bertins Liste elementarer Wahrnehmungsaufgaben (der Lage, der Größen, der Texturen, Farbtöne, Formen, Richtungen und Winkeln). Eine vollständigere Liste identifiziert weitere elementare Wahrnehmungsaufgaben wie (3D Darstellungen, Bewegungen und Blinken), die in der neueren Forschung als *präattentiv* identifiziert worden sind. Deren Kombinationen sind in aller Regel jedoch nicht präattentiv, sondern benötigen längere Zeiten zur Dekodierung.

Größen

Wie Größen von der menschlichen Wahrnehmung dekodiert werden, ist bereits seit mehr als einhundert Jahren untersucht. Stevens (1975) hat zur Beschreibung des Zusammenhangs zwischen der Größe von Markierungen und den korrespondierenden Empfindungen eine generelle Funktion identifiziert, die diese Zusammenhänge mit einer Potenzfunktion beschreibt: $f(I)=kI^{a}$, wobei I der Größe eines Stimulus entspricht, und $f(I)$ die psychophysikalische Funktion die die *subjektive Größenordnung der* resultierenden *Empfindung* beschreibt, und a ein Exponent, der nach der Art des visuellen Stimulus (Größe, Helligkeit ..) variiert. k ist eine Proportionalitäts-Konstante die in Abhängigkeit der Größenordnung der Stimuli variiert. Die Gleichung erlaubt es, vielfältige physikalische Reize zu vergleichen, wie diese mit korrespondierenden Empfindungen verbunden sind.

Während die Eindrucksurteile von Linien ihrer physikalischen Größe entsprechen (einen Exponent von eins haben), sind die Größeneindrücke von Flächen nicht linear: Die visuell empfundene Größe einer Fläche entspricht der geometrischen Fläche, wenn diese in der Darstellung mit einem Exponenten von 0.7 skaliert wird. Eine Regel, die auch in der kartographischen Praxis entdeckt worden ist und bei der Darstellung der Größe von Städten in Karten angewendet wird.

Formen und Symbole

Nominale Klassen von Knoten können mithilfe von Formen, Ikonen oder Symbolen abgebildet werden. Farbkodierungen sind eine weitere Alternative. Einfache Formen wie Kreise, Dreiecke, Quadrate, Sterne oder auch dreidimensionale Elemente wie Quader, Cones können verwendet werden, wenn es darum geht Klassen von Knoten zu unterscheiden. Symbole und Warenzeichen sind weitere Kandidaten, die allerdings oft kulturspezifisch sind.

In öffentlichen Zeichensystemen werden heute oft Piktogramme verwendet. Bereits in den 1920 Jahren haben Otto Neurath und Gerd Arntz für die Wiener Bildstatistik vereinfachte Symbole (Isotypen) entwickelt, um komplexe gesellschaftliche Vorgänge auch für einfache Leute verständlich zu machen (Neurath und Otto 1937,1936).

Linien

Linien oder Pfeile in Graphen können unterschiedliche Größe haben, was schnell zu Überlappungen führen kann, wenn es sich um dichte Graphen handelt. Die Lesbarkeit dichter Graphen kann verbessert werden, wenn die Linien nach ihrer Längen sortiert werden und z.B. kurze Linien längere Linien verdecken.

Farbschemata für die Links können aus den Farbkodes der Knoten abgeleitet werden, in anderen Fällen können Klassen von Relationen aufgrund ihrer Stärke unterschieden werden. Wenn für die Relationen quantitative Attribute vorliegen dann können diese mit einem Farbschema übersetzt werden, das gleichabständige Farbunterschiede aufweist.

Farbe

Die Übersetzung von Attributen mit Farbschemata ist ein komplexes Problem das im Rahmen dieses Artikels nur elementar behandelt werden kann. Gleichzeitig liegt hier ein enormes Potential. Selbst heute sind Farbwahrnehmungen nur elementar verstanden. Allerdings kann man mit diesem Wissen numerische Informationen in *unterscheidbare, sequentielle* oder *gleichabständige Skalen* übersetzen. Auf einer höheren Ebene sind Farbwahrnehmungen auch mit ästhetischen Empfindungen, kulturellen Bedeutungen und physiologischen Reaktionen verbunden.

Menschliche Farbempfindungen unterscheiden sich nach drei Dimensionen: dem *Farbton (hue)*, der *Helligkeit (lightness)* und der *Sättigung (saturation)*. Damit stehen im Prinzip drei weitere Dimensionen zur Verfügung; mit denen Informationen unabhängig kommuniziert werden können. Jede dieser Dimensionen kann im Prinzip ein eigenes Signal übertragen.

Abbildung 3: Das Munsell-Farbsystem unterscheidet in der Vertikalen neun Helligkeitsstufen (values) und zehn Farbtöne (hues); die auf jeder Stufe radial angeordnet sind. Farbtöne gleicher Sättigung (chroma) liegen in jeweils gleicher Entfernung zum Zentrum. Es gilt als ein wahrnehmungsmäßig gleichförmiges Farbsystem.

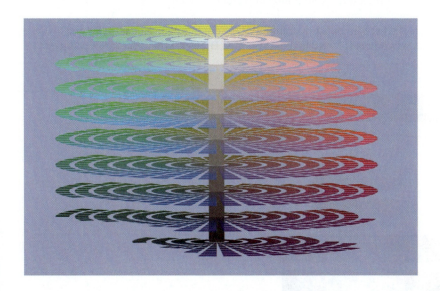

Obwohl es viele an diesen Dimensionen orientierte Farbsysteme gibt, unterscheiden nur wenige Farbtöne, Helligkeiten und Sättigungen derart, dass deren Variationen als *gleichgroße Unterschiede* wahrgenommen werden. Ein solches System ist z.B. das Munsell-Farbsystem in Abb. 3. Es ist wenig bekannt, dass die modernen psychometrischen Farbsysteme längst in unseren Alltag eingetreten sind: Computer und Fernsehgeräte digitale Kameras und Drucker basieren auf den 1976 als internationale Standards eingeführten Standard (CIE lab), bzw. verwenden dieses System, um gleichartige Farbeindrücke mit verschiedenen Techniken (Bildschirm, Drucker) zu erzielen. Diese Entwicklung ist das Ergebnis der einhundert jährigen Forschung einer kleiner Gruppe von Colorimetrikern, denen es gelungen ist, die physikalischen Dimensionen des Lichtes auf die menschlichen Farbempfindungsmetriken abzubilden (Wyszecki und Stiles 1982).

Farbwahrnehmungen werden darüber hinaus durch weitere Faktoren beeinflusst: So wird die Wahrnehmung eines einzelnen Farbtons besonders durch den Kontrast zum Hintergrund der Darstellung moderiert (vgl. z.B. Jacobson und Bender 1996). Ein dunkler Hintergrund lässt Farbtöne heller erscheinen, während helle Hintergründe die gleichen Farbtöne schwächer erscheinen lassen. Die Kommunikation von Information mit Farben wird daher auch durch die Gesamtanordnung und den Farb-, Helligkeits- und Sättigungskontrasten sowie durch den Kontrast zum Hintergrund beeinflusst.

Psychometrische Farbsysteme beschreiben Farbunterschiede, die durch den Menschen als gleich groß wahrgenommen werden. Sie sind damit der Schlüssel zur Kommunikation *geordneter* und *quantitativer* Informationen. Moderne wahrnehmungsmäßig gleichförmig Farbsysteme wie CIE lab erlauben es, Abstufungen der Töne, Sättigung und Helligkeiten so zu wählen, dass diese einem menschlichen Beobachter als gleich große Abstufungen erscheinen. Dies erlaubt es Farbschemata zu entwickeln, mit denen *nominale, ordinale* und auch *metrische* Informationen kommuniziert werden können.

Abbildung 4: Farbschemata zur Kommunikation qualitativer, sequentieller und divergenter Verteilungen. (Cynthia Brewer, www.colorbrewer.org)

Wenn man Attribute mit Farbschemata kommunizieren will, dann ist es hilfreich, sich mit den Arbeiten von Cynthia Brewer (Brewer 1994, 1999) vertraut zu machen. Sie hat sich als Geographin an der Penn State Universität intensiv mit der Farbkodierung von numerischen Attributen in geographische Karten beschäftigt und dabei viele Farbschemata entwickelt, mit denen Verteilungen von Attributen in Karten übertragen kann. Abb.4 zeigt jeweils zwei Beispiele für *qualitative, sequentielle* oder *divergierende Farbschemata*, sowie die korrespondierenden Helligkeitsmuster.

Um statistische Informationen mit Farben zu kommunizieren, sollten die Farben bei *kategorialen Merkmalen* nicht zu unterschiedlich sein. Bei *Rangordnungen* sollten die gewählten Farbtöne als geordnet erscheinen. Um *quantitative* Informationen zu kommunizieren, werden Farbgradienten bzw. Schemata benötigt bei denen die Abstufungen als gleich groß erscheinen Rogowitz und Treinish (1996).

Netzwerkvisualisierung   551

5 Zur visuellen Kommunikation von Graph Eigenschaften

Eine zweite Art von Bild entsteht, wenn man auf das Layout eines Netzwerkes Eigenschaften eines Netzwerkes abbildet, Eigenschaften der Elemente (Knoten, Kanten) oder seiner Subsysteme. Dies erfordert die Verwendung zusätzlicher graphischer Elemente wie *Größen, Farbtönen* oder *Formen,* mit denen diese Merkmale auf die Anordnung eines Netzwerks übertragen werden können. Dabei werden Eigenschaften der Knoten oder Kanten auf das Layout mit zusätzlichen graphischen Zeichen abgebildet. Diese graphischen Elemente können innerhalb bestimmter Grenzen unabhängig voneinander verwendet werden. Die so entstehenden Informationsschichten können *simultan* in Bezug auf die räumliche Anordnung der Knoten in einem gegebenen Layout interpretiert werden.

Abbildung 5: Die Übertragung verschiedener Zentralitätsmaße mit Größenmarkierungen (vgl. auch Abb.1) erlaubt es die Verteilungen verschiedener Zentralitätsmasse zu inspizieren.

Degree

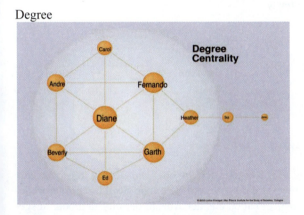

Closeness

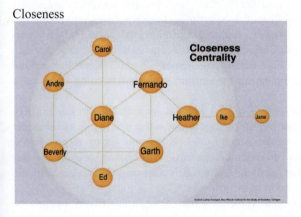

Betweeness

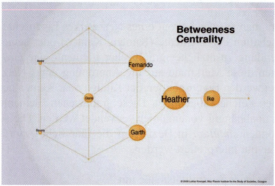

Eigenvector Centrality

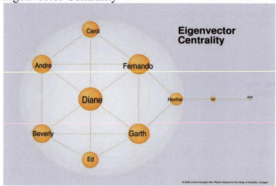

Verschiedene Arten der Zentralitäten von Knoten: der *in-* oder *out-degree*, die *closeness* oder *betweeness* können wichtige Hinweise darauf liefern, wie man Strukturen interpretieren muss. Während der *Knotengrad (degree)* auch aus der Anzahl der ein- und/oder ausgehenden Linien abgelesen werden kann, sind Zentralitäten wie die *closeness* oder *betweeness* nicht direkt aus den Anordnungen erschließbar. Kodiert man diese Knoteneigenschaften mit der Größe der Symbole dann werden lokale von global zentralen Positionen einfach unterscheidbar. Die Abbildungen 3 (a,b,c,d) übersetzen verschiedene Zentralitätsmaße mit den Größen der Knoten. Dies ermöglicht eine detaillierte Inspektion ihrer Verteilungen und welche Akteure durch welche Zentralitäten als bedeutsam eingestuft werden. (vgl. auch Abbildung 1).

Von großem Interesse sind alle *intermediären Ebenen* in sozialen Strukturen: z.B. *dichte Bereiche* die durch Teilmengen von Knoten gebildet werden, die eng miteinander verbunden sind. Hier existiert eine große Anzahl von Konzepten (*components, cores, cliques, n-cliques, clans, clubs*). Da in verbundenheitsorientierten Netzwerklayouts verbundene Einheiten benachbart angeordnet werden, eignen sich auch hier Farbcodes, um die Zugehörigkeit zur gleichen Menge zu kodieren.

Wie man in Netzwerkdarstellungen verschiedenste Netzwerkmetriken integrieren kann, soll hier an einem klassischen Datensatz der Netzwerkforschung vorgeführt werden. Davis, Gardener & Gardener (1942) haben in ihrer Studie "Deep South" (1942) unter anderem Interaktionsmuster von 18 Frauen über eine neunmonatige Periode dokumentiert, während der diese Frauen in unterschiedlichen Zusammensetzungen an insgesamt 14 informellen Ereignissen teilgenommen haben. Dieser bipartite Graph ist oft als exemplarischer Anwendungsfall für neue Analyseverfahren verwendet worden (Breiger 1974; Freeman 2003). In den Abbildungen 6 und 7 zeigen wir, wie mit graphischen Mitteln analytische Eigenschaften dieses Graphen in das Layout eines Springembedders übertragen werden können. In 7a übertragen wir dabei einerseits die Mengen der Frauen und Events mit einem Farbcode (gelb/blau) sowie deren Degrees durch die Größen der Symbole.

Abbildung 6:   Ein bipartiter Graph: Davis Southern Women

Layout, Degrees und Sets

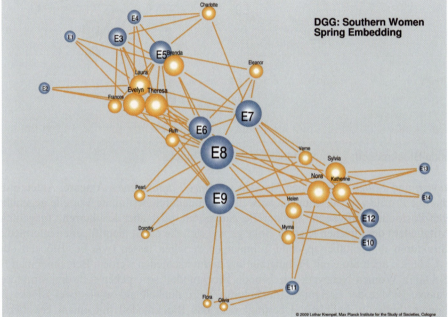

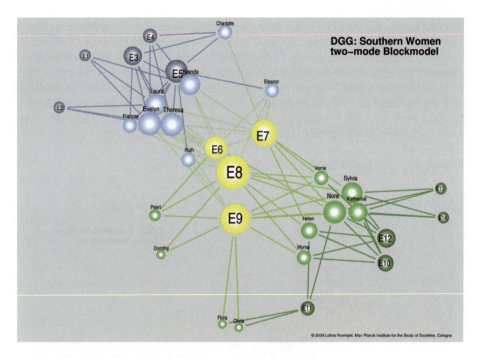

2 mode Blockmodell: 2 women blocks and 3 event blocks

Positionen und *Rollen* beschreiben Mengen *strukturell äquivalenter* Akteure, Akteure die gleichartige Profile von Beziehungen aufweisen und dadurch bestimmte Vorteile gegenüber anderen Positionen aufweisen: strukturelle Autonomie oder aber Konkurrenz (gegenüber den Mitgliedern der gleichen Klasse). Solange wie sich die damit identifizierten intermediären Strukturen in nichtüberlappende Teilmengen zerlegen lassen (wie bei Blöcken oder Cores), können auch diese mit Farbmarkierungen unterschieden werden. Berechnet man für das Southern Women Netzwerk ein 2-mode Blockmodell so ergeben sich drei strukturell äquivalente Blöcke der Ereignisse (dunkelgrün, gelb, dunkelblau) sowie zwei Blöcke für die Frauen (hellgrün, hellblau). Überträgt man das Blockmodell mit einem erweiterten Farbschema auf die Anordnung von Abb. 7a so entsteht Abb. 7b .

Tortendiagramme erlauben es, die Beziehungen der Frauen zu den Ereignisblöcken näher zu inspizieren. Sie stellen die Verbindungen zu den Blöcken als Häufigkeiten dar und erlauben es abzulesen, welche der Frauen wie stark mit welchen der Ereignisklassen verbunden sind. Abb. 8a zeigt, dass alle Frauen eines Blocks jeweils nur mit zwei Ereignisklassen verbunden sind: gelb/blau bzw. grün/gelb. Die gelben Ereignisse sind zentral und werden von beiden Gruppen besucht.

Ein weiteres graphisches Hilfsmittel sind *konvexe Hüllen*, mit denen die Lage bestimmter Mengen von Einheiten in der geordneten Struktur verdeutlicht werden kann. *Konvexe Hüllen* sind ein Konzept aus der algorithmischen Geometrie. Eine Hülle umschließt die Fläche in einem Layout, die von Knoten einer bestimmten Klasse eingenommen wird. Berechnet man die Hüllen für alle Klassen einer Klassifikation, so identifizieren deren Schnittmengen Bereiche im Layout, die gemeinsam von Angehörigen verschiedener Klassen eingenommen werden (vgl. Johnson & Krempel 2003). Für das Beispiel der Southern Women ergibt sich Abb. 8b. Dabei zeigt sich, dass das Spring-Embedder Layout die Blöcke von Einheiten benachbart in räumlich getrennten Bereichen positioniert hat. Andererseits zeigen die Tortendiagramme, dass Pearl und Dorothy ausschließlich mit den zentralen Ereignissen des gelben Blocks verbunden sind und damit eine klar definierte zusätzliche Position einnehmen (vgl. Doreian et al. 2005: 257-265).

Abbildung 7: Ein Blockmodell: Southern Women
Tortendiagramme als Knotensymbole

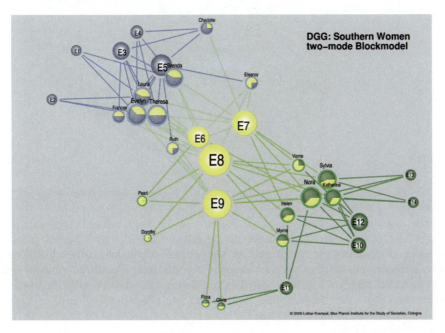

Blöcke als Hüllen

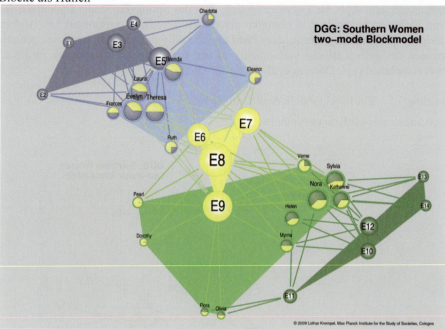

Während die visuelle Darstellung einzelner Netzwerke die vollständige Verteilung der Knoten und Merkmale in geordneten Layouts darstellen können, sind Visualisierungen weniger geeignet verschiedene Netzwerke zu vergleichen. Vergleiche unterschiedlicher Netzwerke erfordern zusätzliche Normalisierungen um die unterschiedliche Anzahl von Knoten zu berücksichtigen. Typische Metriken mit denen Netzwerke verglichen werden können sind die *Dichte*, die *Degrees*, ihre *Transitivität* und *Clusteringkoeffizienten*, sowie die Anzahl dichter Bereiche und *Positionen*.

6   Erklärungen Abbilden

Eine dritte Art analytischer Graphiken entsteht, wenn man in ähnlicher Weise *externe Informationen* über die Einheiten oder ihrer Relationen (z.B. theoretische Klassifikationen oder unabhängig erhobene Merkmale als Attribute der Knoten oder kannten) mit weiteren Informationsschichten in die Topologien überträgt. Dazu eignen sich vornehmlich Farbschemata.

Netzwerkvisualisierung 557

Abbildung 8: Externe Attribute graphisch kodieren

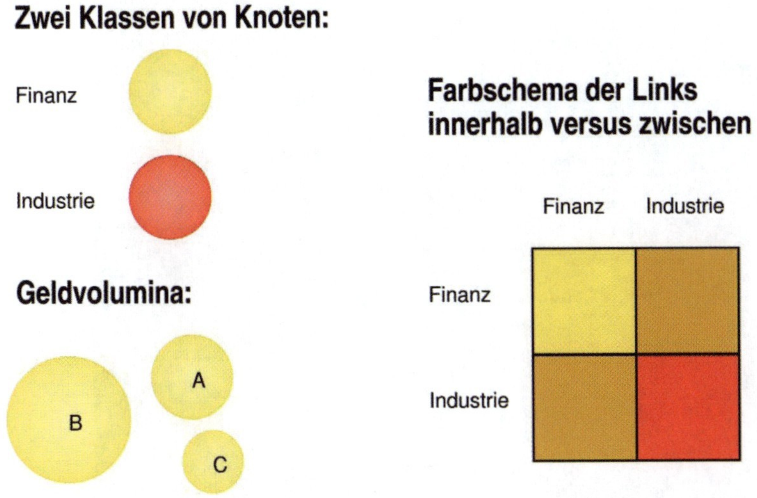

Zwei Klassen von Knoten:

Finanz

Industrie

Farbschema der Links innerhalb versus zwischen

Geldvolumina:

Farbkodes der Partitionen eines Netzwerkes und der daraus abgeleiteten Farbschemata für die Relationen erlauben es, festzustellen wer mit wem durch welche Beziehungen verbunden ist. Die Übertragung exogener Attribute in das Layout eines Graphen erlaubt es, zu untersuchen, wie bestimmte Akteure in einem Netzwerk miteinander interagieren, wo externe Attribute im Layout eines Netzes Muster bilden. Korrelationen erscheinen als lokale farbliche Cluster und identifizieren lokal homogen verbundene Subgraphen.

Bei der Analyse der Kapitalverflechtungen erlaubt es z.B. die Unterscheidung von Banken und Versicherungen gegenüber Industrieunternehmen Besonderheiten zu entdecken. Durch die Kodierung dieser theoretischen Klassifikation der Knoten mit unterschiedlichen Farbtönen (gelb, rot), und die Markierung der Kanten zwischen und innerhalb dieser Klassen (orange, gelb, rot) können die Verflechtungen unter den Banken von denen zwischen den Industrieunternehmen und den Beteiligungen der Banken an Industrieunternehmen vergleichsweise einfach inspiziert werden.

Abbildung 9: Kapitalverflechtungen und Attribute
Attribute im Spring Embedder Layout

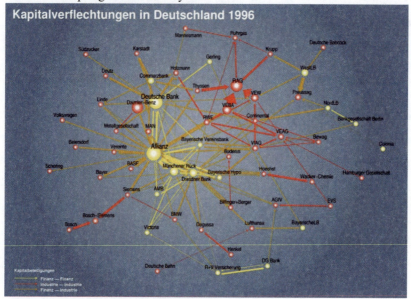

Ein radiales Layout von Statusdifferenzen (Baur et al. 2008)

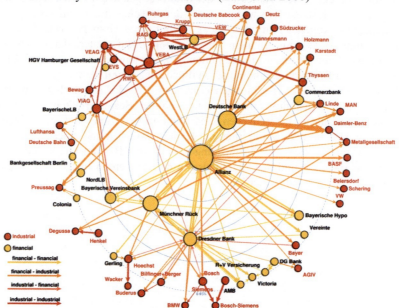

Unter Zuhilfenahme des aus der Knotenklassifikation abgeleiteten Farbschemas wird eine theoretische Klassifikation auf die Kanten des Netzwerkes abgebildet. Dabei treten in Abbildung 9a die Überkreuzverflechtungen unter den Finanzunternehmen als ein gelbes Cluster und die der Industrieunternehmen als rotes Cluster hervor. Der Großteil der Kapitalverflechtung besteht darüber hinaus aus Investments von Finanzunternehmen in Industrieunternehmen (orange). Eine solche Darstellung erlaubt es, zu inspizieren, inwieweit eine theoretische Unterscheidung systematische Muster in der optimierten Anordnung sichtbar werden lässt. Im Gegensatz zu einer statistischen Behandlung treten dabei auch schwache, bzw. lokale Zusammenhänge hervor.

In Abbildung 9b werden dagegen die Statusunterschiede des gleichen Datensatzes mit einem radialen Layout dargestellt. Eine solche Darstellung beruht auf der Annahme das Kapitalverflechtungen über die damit einhergehenden bilateral definierten Kontrollrechte hinaus Wirkung entfalten. Hier nimmt das Versicherungsunternehmen Allianz die dominierende Position im Zentrum der Anordnung ein, wogegen die mit der Allianz verflochtenen Banken in der Halb-Peripherie erscheinen. Da alle Markierungen in Zentrum ausschließlich gelb sind, folgt, dass die Banken systemweit dominante Positionen einnehmen. Das industrielle Cluster wird dagegen im Nord-Nord-Westen auf den äußeren Kreisen angeordnet und besitzt einen geringeren Status.

7 Große und temporale Netzwerke

Netzwerke mit mehreren tausend Knoten sind in der Regel nicht mehr einfach lesbar, selbst wenn große Darstellungsformate benutzt werden. Bei der Analyse großer Netzwerke müssen deshalb *formale* oder *inhaltliche* Strategien gewählt werden, um bedeutsame Teilstrukturen zu identifizieren.

Eine Strategie besteht in der Anwendung von *Schwellenwerten* (filtering), um ein großes Netzwerk auf die bedeutsamsten Knoten oder aber die wichtigsten Kanten reduzieren. Die Idee besteht darin, eine Art Kernstruktur (backbone) des Graphen zu identifizieren. *Node-cuts* oder *Line-Cuts* sind zwei Strategien, um dies zu erreichen. Ein *Node-Cut* entsteht durch Selektion von Knoten, deren Attribute einen bestimmten *Schwellenwert* überschreiten, z.B. Knoten mit einem bestimmten Degree oder Zentralität. Der entstehende *Teilgraph* enthält nur noch die Relationen zwischen den so ausgewählten Knoten. Verwendet man dagegen einen Schwellenwert für die Kanten des Graphen (*line-cut*), so enthält der *Teilgraph* nur solche Knoten, die durch die verbleibenden Kanten verbunden sind.

Ein anderer Ansatz besteht darin, besonders dichte Bereiche des Netzes zu identifizieren. So sind *k-cores* Teilgraphen, in denen alle Einheiten untereinander mit einer bestimmten Anzahl von Kanten verbunden sind. Während *Cliquen* überlappende Teilmengen identifizieren, sind *k-cores* hierarchisch verschachtelt und generieren nicht überlappende Knoten Partitionen eines Netzes.

Block-Modelle sind ein traditioneller Ansatz mit dem vereinfachte Bildstrukturen eines Netzes generiert werden können. Strukturelle Äquivalenz berechnet soziale Positionen (Mengen von Knoten), die mit identischen Dritten verbunden sind. Diese Positionen sind nicht notwendigerweise untereinander verbunden, sondern identifizieren Akteure mit den gleichen Kontaktpartnern. Eine *Bildmatrix* beschreibt die Beziehungen zwischen den Positionen und fasst alle Knoten der gleichen Position sowie die Beziehungen zwischen den Blöcken per Aggregation zusammen.

Multi-Graphen enthalten verschiedene Arten von Beziehungen. In einem solchen Fall könnte man schrittweise bestimmte Arten von Beziehungen aus dem Graph eliminieren: Welche Beziehungsarten erzeugen die stärkste Verbundenheit? Welche Beziehungstypen dominieren, nachdem diese aus dem Graph entfernt worden sind?

Zeitliche Netzwerkdaten sind eine der vordersten Forschungsfronten der heutigen Netzwerkanalyse und Visualisierung. „Der kombinierte Gebrauch von zeitlichen und relationalen Daten wird üblicherweise als Dynamische Netzwerkanalyse bezeichnet. ... Zur allgemeinen Verwirrung wird die Bezeichnung dynamisches Netzwerk in der Literatur für verschiedene spezielle Unterklassen verwendet: Netzwerke in denen die Knoten und Kantenmengen unverändert bleiben, aber die Attribute der Knoten oder Kanten in der Zeit variieren (Übertragungsmodelle), Netzwerke in denen die Gewichte der Kanten über Zeit variieren (neurale Netze, Austauschbeziehungen), Kanten über Zeit hinzukommen oder wegfallen (Computernetzwerke oder Freundschaftsbeziehungen), Netzwerke in welchen Knoten hinzukommen oder aber wegfallen (ökologische Modelle von Nahrungsketten, Organisationen) .. sicherlich sind diese Kategorien nicht erschöpfend .." (Bender-de Moll et al. 2008). Viele Probleme der Realwelt zeigen noch kompliziertere Dynamiken: so z.B. Kapitalverflechtungen bei denen über Zeit neue Firmen entstehen, Firmen insolvent werden, sich Paare von Firmen zusammenschließen, während andere sich aufteilen bzw. Ausgründungen vornehmen.

Abbildung 10: Eine Darstellung der komparativ statischen Entwicklung der deutschen Kapitalverflechtungen (1996 - 2006), die Auflösung des überkreuzverflochtenen Kerns der Finanzunternehmen der Deutschland AG zeigt.

1966

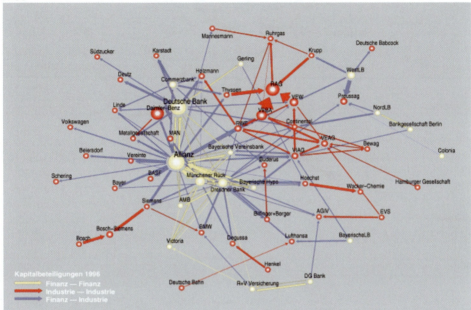

2000

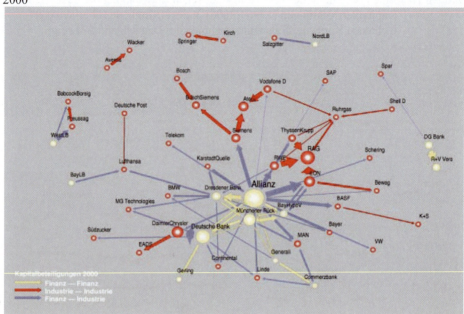

2004

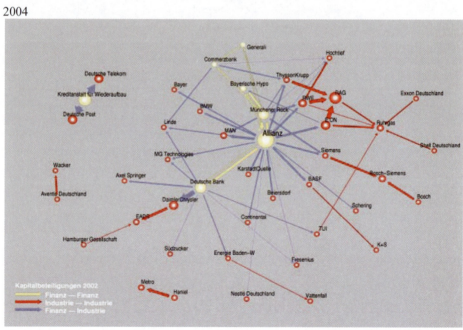

2006

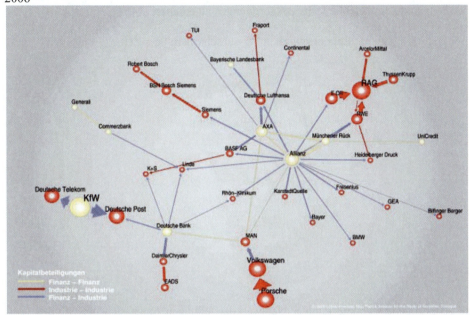

Veränderungen von Netzwerken haben in letzter Zeit zunehmend Aufmerksamkeit auf sich gezogen. Da die Zeitachse eine weitere Dimension zu diesen Daten hinzufügt, gibt es eine Tendenz 3D Lösungen zu bevorzugen. Sequenzen von 2D Darstellungen können eine Alternative sein, wenn die Populationen vergleichsweise stabil sind. Überwiegen dagegen die Dynamiken, so wird es schwierig, einzelne Darstellungen zu vergleichen.

In der Graph Drawing Community (Purchase et al. 2006) versucht man dieses Problem durch Algorithmen zu lösen, die die Lageveränderungen der Knoten zwischen unterschiedlichen Zeitpunkten einschränken (die mentalen Karten der Betrachter zu erhalten). Eine Strategie besteht darin, ein Layout für den Supergraphen (die Vereinigungsmenge aller Graphen einer Sequenz) zu berechnen und nur die jeweils zu bestimmten Zeiten aktiven Elemente auf das Layout abzubilden.

Wachstumsprozesse, bei denen über Zeit neue Relationen entstehen, sind vergleichsweise einfache Prozesse. Dabei lagern sich einzelne Relationen an einen frühen Kern an und führen zu einem schneekristallartigen Wachstum. Neue Kanten (die über Zeit stabil bleiben) verbinden über Zeit mehr und mehr Knoten in der Ausgangspopulation. GRAPHAEL (Forrester et al. 2004) zeigt derartige Wachstumsprozesse, wobei Koautorenschaften unter Wissenschaftlern der Graph-Drawing Community untersucht werden.

Sky Bender de Moll und Mc Farland (2006) präsentieren Netzwerkprozesse als Sequenzen von Darstellungen oder als Filme. Dabei verwenden die Autoren Glättungsverfahren (smoothing techniques) indem sie ähnlich gleitenden Durchschnitten (moving average) mehrere Zeitpunkte in verschiedenen Zeitfenstern aggregieren, bzw. die Layouts verschiedener Zeitpunkte, um leichter lesbare Anordnungen zu erhalten.

Abbildung 11: Geomi: Emails zwischen Wissenschaftlern über Zeit

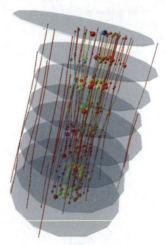

Eine zeitbezogene Variante radialer Netzwerkdarstellungen findet sich bei GEOMI (Ahmend et al. 2006).

„Die 2.5D Methode ist eine der Lösungen wie zeitbezogene Netzwerkdaten dargestellt werden können. Bei diesem Verfahren, wird ein Schnappschuss zu einem bestimmten Zeitpunkt auf einer 2D Fläche angeordnet, wobei ein Layout-Algorithmus angewendet werden kann; eine Reihe derartiger Lösungen wird in zeitlicher Sequenz angeordnet und erlaubt es, die Veränderungen zu untersuchen. Um einen einzelnen Knoten in einer anderen Zeitscheibe zu identifizieren, werden die gleichen Knoten über Zeit miteinander verbunden. Unter Verwendung der geomispezifischen Navigationswerkzeuge können Benutzer die Veränderungen jedes einzelnen Knoten aber auch die Evolution des Gesamtnetzwerkes untersuchen".

Abbildung 11 zeigt ein Beispiel für den Austausch von Emails in einer Forschungsgruppe. Jede Fläche repräsentiert einen Monat und jeder Knoten eine Person. Die Kanten zwischen den Knoten stehen dabei für den Emailverkehr zwischen den Personen. Zusätzlich wird die Degree Zentralität mit den Knotengrößen dargestellt, wogen die Farben die betweeness Zentralität anzeigen.

8 Zusammenfassung

Das Potential einer „visuellen statistischen Methodologie" beruht auf verschiedenen Teilproblemen: Wie kann man quantitative Informationen graphisch kommunizieren? Wann sind Darstellungen einer Vielzahl von Informationen besonders einfach und schnell lesbar? Viele dieser Fragen hat bereits Jaque Bertin in seiner „Semiologie der Grafik" versucht zu beantworten.

Der Vorzug graphischer Symbole gegenüber anderen Kommunikationssystemen (wie Schrift, Sprache oder Musik) ist die Möglichkeit, gleichzeitig verschiedenartige Informationen übertragen zu können. Die Übertragung numerischer Symbole in elementar wahrnehmbare graphische Zeichen ist ein Umsetzungsprozess, der auch die Relationen zwischen den Beobachtungen erhalten kann. Benutzt man die elementaren graphischen Eigenschaften von Größen, Farben und Formen, dann können verschiedenste Metriken von Netzwerken in das visuelle System übertragen werden. Diese können unabhängig und gleichzeitig entschlüsselt werden. Verwendet man die natürlichen Ordnungen der menschlichen Wahrnehmung (Bertin), die elementaren psychophysikalischen Funktionen die numerische Informationen in menschliche Empfindungen übersetzen, dann sind diese graphischen Formen besonders effektiv.

Es entstehen hoch optimierte graphische Landschaften, Welten, in denen vielfältige Beschreibungen von Objekten nach systematischen Regeln zusammengefügt werden. Dies erlaubt es, lokale multidimensionale Muster zu inspizieren, aber auch deren Positionierung in einem Gesamtsystem zu beurteilen. Insbesondere Farben gestatten es, innerhalb dieser Anordnungen lokale Konzentrationen zu entdecken.

In dem Ausmaß in dem wir in der Lage sind diese Regeln besser zu verstehen und anzuwenden, werden wir in der Lage sein, Besonderheiten der menschlichen Wahrnehmung zur wissenschaftlichen Kommunikation zu verwenden und die besonderen Fähigkeiten der menschlichen Wahrnehmung mit dem Potential automatischer Prozeduren zusammenzuführen.

Visualisierungen multidimensionaler Netzwerkdaten sind sensibler als traditionelle statistische Verfahren: Während die lineare Statistik versucht, die systemweiten Effekte von Linearkombinationen zu quantifizieren, erkennt das menschliche Auge in geordneten Netzen *maximal verbundene homogene lokale Muster* gleichartiger Kombinationen externer Variablen. Derartige Konstellationen verdienen eine größere Aufmerksamkeit, da sie helfen, Entwicklungspotentiale und emergente soziale Prozesse zu erkunden. Darüber hinaus geben Visualisierungen auch Hinweise darauf, wo zusätzliche Informationen nützlich sind und lenken die Aufmerksamkeit auf Bereiche, die einer weiteren Untersuchung bedürfen.

9 Literatur

Ahmed, A. T., *M. Dwyer*, *X. Forster*, *J. Fu*, *S.-H. Ho*, *D. Hong*, *C. Koschützki*, *N. Murray*, *N. S. Nikolov*, *R. Taib*, *A. Tarassov*, *K. Xu*, *P. Healy* und *P. Eades* (Hg..), 2006: GEOMI: GEOmetry for Maximum Insight. S. 468-479 in; Proc. Graph Drawing, GD 2005. Springer.
Ars Electonica, 2004: Language of Networks. Conference and Exhibition on networks. http://www.aec.at/en/festival2004/programm/LON_folder_lowres.pdf
Baur, Michael, *Ulrik Brandes* und *Dorothea Wagner*, 2007: Attribute-Based Visualization in Visone.
Bender-de Moll, Skye, *Martina Morris* und *James Moody*, 2008: Prototype Packages for Managing and Animating Longitudinal Netzwork Data: dynamic networks and RSonia. Journal of Statistical Software, Ferburary 2008, Volume 24, Issue 7 http://www.jstatsoft.org.
Bender-de Moll, Skye und *Daniel A. Mc Farland*, 2006: The Art and Science of Dynamic Network Visualization. Journal of Social Structures 7.
Bertin, Jaques, 1981: Graphics and Graphic Information-Processing. Berlin: Walter de Gruyter.
Borgatti, Stephen und *Martin G. Everett*, 1997: Network analysis of 2-mode data. Social Networks, 19: 243-269.

Brandes, Ulrik und *Thomas Erlebacher*, (Hg.), 2005: Network Analysis. Methodological Foundations. Heidelberg: Springer.
Brandes Ulrik, Jörg Raab, Dorothea Wagner, 2002: Exploratory Network Visualization: Simultaneous Display of Actor Status and Connections. Jounal of Social Structure 2.
Breiger, Ronald L,. 1974: The Duality of Persons and Groups. Social Forces 53: 181-190.
Brewer, Cynthia A., 1999: Color Use Guidelines for Data Representation. Proceedings of the Section on Statistical Graphics, American Statistical Association, Baltimore: 55-60.
Brewer, Cynthia A., 1994: Guidelines for Use of the Perceptual Dimensions of Color for Mapping and Visualization. Color Hard Copy and Graphic Arts III, herausgegeben von J. Bares, Proceedings of the International Society for Optical Engineering (SPIE), San José, Februar 1994, Vol. 2171, S. 54-63.
Chen, Chun houh, Wolfgang Härdle und *Anatony Unwin*, (Hg.), 2008: Handbook of Data Visualization. Berlin/Heidelberg: Springer.
Davis, Allison, Burleigh B. Gardener und *Mary R. Gardener*, 1941: Deep South. Chicago: The University of Chicago Press.
Diesner, Jana und *Kathleen M. Carley*, 2005: Revealing Social Structure from Texts: Meta-Matrix Text Analysis. S. 81-108 in: *V. K. Narayanan* und *Deborah J. Armstrong* (Hg.), Causal Mapping for Information Systems and Technology Research. Harrisburg PA: Idea Group.
Diesner Jana und *Kathleen M. Carley*, 2004: AutoMap 1.2 Extract, analyze, represent, and compare mental models from texts. CASOS Technical Report Januar 2004 CMU-ISRI-04-100.
Eades, Peter, 1984: A heuristic for graph drawing. Congressus Numerantium 42: 149-160.
Forrester D, S. Kobourov, A. Navabi, K. Wampler und *G. Yee*, 2004: Graphael: A System for Generalized Force-Directed Layouts. Department of Computer Science, University of Arizona (http://graphael.cs.arizona.edu).
Freeman. Lincton C., 2005: Graphic Techniques for Exploring Social Network Data. S. 248-269 in: *Peter J. Carrington, John Scott* und *Stanley Wasserman* (Hg.), 2005: Models and Methods in Social Network Analysis.Cambridge: Cambridge University Press.
Freeman, Linton C., 2004: The Development of Social Network Analysis. A Study in the Sociology of Science. Vancouver: Empirical Press.
Freeman, Linton C., 2003: Finding Social Groups: A Meta-analysis of the Southern Women Data. S. 39-77 in: *Ronald L. Breiger, Kathleen Carley* und *Philippa Pattison* (Hg.), Dynamic Social Network Modeling and Analysis. Washington, D.C.: The National Academies Press.
Freeman, Linton C., 2000: Visualizing Social Networks. Jounal of Social Structure 1.
Friendly, Michael, 2008: Milestones in the history of thematic cartography, statistical graphics, and data visualization.
Fruchtermann, Thomas M.J und *Edward M. Reingold*, 1991: Graph Drawing by Force directed Placement. Software-Practice and Experience 21: 1129-1164.
Hartmann, Frank und *Erwin K. Bauer* (Hg.), 2002: Bildersprache. Otto Neurath: Visualisierungen. Wien: WUV Universitätsverlag.
Höpner, Martin und *Lothar Krempel*, 2004: The Politics of the German Company Network. Competition & Change 8: 339-356.
Höpner Martin und *Lothar Krempel*, 2003: The Politics of the German Company Network. Cologne: Max Planck Institut für Gesellschaftsforschung. MPIfG Working Paper 03/9.
Jacobson, Nathaniel und *Walter Bender*, 1996: Color as a determined communication. IBM Systems Journal 36: 526-538.
Johnson, Jeffrey C. und *Lothar Krempel* (2004): Network Visualization: The "Bush Team" in Reuters News Ticker 9/11-11/15/01. Jounal of Social Structure 5.
Kamada, Tomihisa und *Saturo Kawai*, 1989: An algorithm for drawing general undirected graphs. Information processing Letters 31: 7-15.
Krempel, Lothar, 2005: Visualisierung komplexer Strukturen. Grundlagen der Darstellung mehrdimensionaler Netzwerke. Frankfurt/Main: Campus.
Kruskal, Joseph B. und *Myron Wish*, 1978: Multidimensional Scaling. Beverly Hills: Sage

Kruskal, Joseph B., 1964: Nonmetric Multidimensional Scaling: A Numerical Method. Psychometrika 29: 115-129.
McGrath, Cathleen und Jim Blythe, 2004: Do You See What I Want You to See? The Effects of Motion and Spatial Layout on Viewers' Perceptions of Graph Structure. Journal of Social Structure 5.
Moody, James, Daniel A. McFarland und Skye Bender-DeMoll, 2005: Dynamic Network Visualization: Methods for Meaning with Longitudinal Network Movies? American Journal of Sociology 110: 1206-1241.
Neurath, Otto, 1937: Basic by Isotype. London, K. Paul, Trench, Trubner & co.
Neurath, Otto, 1936: International picture language; the first rules of Isotype. London: K. Paul, Trench, Trubner & co.
de Nooy, Wouter, Andrej Mrvar und Vladimir Batagelj, 2005: Exploratory Social Network Analysis with Pajek (Structural Analysis in the Social Sciences). Cambridge: Cambridge University Press.
de Nooy, Wouter, 2008: Signs over Time: Statistical and Visual Analysis of a Longitudinal Signed Network. Journal of Social Structure 9.
Moody, James, Daniel McFarland und Skye Bender-deMoll, 2005: Dynamic Network Visualization. American Journal of Sociology 110: 1206-1241.
Playfair William, 1807: An Inquiry into the Permanent Causes of the Decline and Fall of Powerful and Wealthy Nations.
Purchase Helene C., Eve Hoggan und Carsten Görg, 2006: How Important is the "Mental Map"? – an Empirical Investigation of a Dynamic Graph Layout Algorithm. Proceedings of 14th International Symposium on Graph Drawing, Karlsruhe, September 2006.
Rogowitz, Bernice E. und Lloyd A. Treinish, 1996: Why Should Engineers and Scientists Be Worried about Color ? http://www.research.ibm.com/people/l/lloydt/color/color.HTM.
Scott, John, 2000: Social Network Analysis. London et al.: Sage.
Spence, Ian und Howard Wainer, 1997: Who Was Playfair? Chance 10: 35-37.
Stevens, Stanley S., 1975: Psychophysics. Introduction to its Perceptual, Neural, and Social Prospects. New York: John Wiley.
Sugiyama, Kozo und Kazuo Misue, 1994: A Simple and Unified Method for Drawing Graphs: Magnetic Spring Algorithm. 364-375 in: Robert Tamassia und Ioannis G. Tollis (Hg.), Graph Drawing. Berlin/Heidelberg: Springer.
Tobler, Waldo, 2004: Movement Mapping. http://csiss.ncgia.ucsb.edu/clearinghouse/FlowMapper. 2004.
Tobler, Waldo, (1987): Experiments in Migration Mapping by Computer. American Cartographer 1987.
Tufte, Edward R., 1990: Envisioning Information. Ceshire: Graphics Press.
Tufte, Edward R., 1983: The Visual Display of Quantitative Information. Ceshire: Graphics Press.
Torgerson, Warren S., 1958: Theory and Methods of Scaling. New York: John Wiley.
Wilkinson. Leland, 2008: Graph-theoretic Graphics. S. 122-150 in: Chun houh Chen, Wolfgang Härdle und Anatony Unwin (Hg.), Handbook of Data Visualization. Berlin/Heidelberg: Springer.
Wilkinson, Leland, 2005: The Grammar of Graphics. New York: Springer Science and Business Media.
Wasserman, Stanley und Katherine Faust, 1994: Social Network Analysis: Methods and Application. Cambridge: Cambridge University Press.
White, Harrison C., 2008: Identity and Control. How Social Formations emerge. Princeton. Princeton University Press.
Wyszecki, Günter und W. S. Stiles, 1982: Color Science. Concepts and Methods, Quantitative Data nd Formulae. 2nd Edition. New York: John Wiley & Sons.

7 Anwendungsfelder der Netzwerkforschung

Einleitung: Anwendungsfelder der Netzwerkforschung

Es gibt kaum Themenfelder, in denen nicht Netzwerkforschung betrieben werden könnte. Dies gilt sowohl für den gesamten Gegenstandsbereich der Soziologie als auch über die disziplinären Grenzen hinweg. Entsprechend kann die Netzwerkforschung aus einem weiteren Blickwinkel als interdisziplinäres, ja zum Teil sogar transdisziplinäres Forschungsprogramm begriffen werden.[1] Auf der internationalen Tagung der Netzwerkforscher, organisiert von der INSNA (International Network for Social Network Analysis), herrscht ein reger Austausch zwischen Soziologen, Informatikern, Physikern, Kommunikationswissenschaftlern, Wirtschaftswissenschaftlern, Kulturwissenschaftlern und Psychologen. Die Soziologie kann in diesem interdisziplinären Feld als eine Art Leitdisziplin begriffen werden, da sie eine konzeptuelle, methodische und methodologische Klammer um die heterogenen Forschungsfelder legen kann. In der Soziologie selbst hat bereits jetzt die Netzwerkforschung in viele Spezielle Soziologien Eingang gefunden. Prinzipiell kann sie in jeder Speziellen Soziologie die herrschenden Diskussionen mit eigenständigen Beiträgen in Bewegung versetzen.

Das siebte Buchkapitel versucht, einen Überblick zu geben über die verschiedenen Anwendungsfelder diesseits und jenseits der Soziologie. Die gebotenen Gegenstandsfelder erheben keinen Anspruch auf Vollständigkeit, auch wenn von den Herausgebern versucht wurde, eine möglichst umfassende Darstellung der Anwendungsfelder einzubeziehen. Anwendungsfelder, in denen die Herausgeber den Eindruck hatten, dass dort noch zu wenig eigenständige Netzwerkforschung betrieben wird, wurden nicht mit aufgenommen. Allerdings sind die Herausgeber nicht mit allen anderen Fachdisziplinen so vertraut, dass alle Entwicklungen hier in gleichem Ausmaß nachgezeichnet werden können.

Die nachfolgenden Beiträge wurden in fünf untereinander verwandte Themenkreise eingeteilt: „Wirtschaft & Organisation", „Politik & Soziales", „ Wissenschaft, Technik & Innovation", „Soziale Räume & Zeiten", und „Psyche & Kognition". Teilweise finden sich gewollt Überschneidungen zwischen den hier aufgezeigten Bereichen. Gleichwohl sollen die Themenkreise Einheiten des Verstehens schaffen, innerhalb derer die Beiträge wie Mosaiksteine ein neues Bild bekannter Untersuchungsgegenstände liefern soll, sodass sich nach der Lektüre eines Themenkreises die genuin netzwerkforscherische Perspektive zu diesem Thema erschließt.

R. H. / C. S.

---

[1] Der Unterschied zwischen interdisziplinärer und transdisziplinärer Forschung wird darin gesehen, dass bei interdisziplinärer Forschung die Disziplingrenzen gewahrt bleiben und ‚nur' ein Erkenntnisimport und -export zwischen den beteiligten Fachdisziplinen stattfindet. Bei transdisziplinärer Forschung gibt es demgegenüber keine disziplinär aufteilbaren Forschungsgegenstände mehr, sondern bei der Forschung sind unentwirrbar verschiedene Aspekte beteiligt. Ein Prototyp transdisziplinärer Forschung stellt zum Beispiel die Nanotechnologie dar.

A. Wirtschaft und Organisation

Einleitung in das Anwendungsfeld: Wirtschaft und Organisation

Eine bedeutende Rolle spielt die Netzwerkforschung bei den Untersuchungsgegenständen Wirtschaft und Organisationen. Hier sind auch besonders relevante Praxisfelder der Netzwerkforschung markiert. Gleichwohl handelt es sich um ein heterogenes und durch zahlreiche Facetten geprägtes Feld. Frühe, heute bereits klassische Untersuchungen wandten sich der Konstitution von politischen Eliten, meist in Gemeinden zu. Eine, vielleicht die wichtigste Untersuchung auf diesem Gebiet ist die Alt-Neu-Stadtuntersuchung, die der Autor dieses Beitrags (Franz Urban Pappi) selbst durchgeführt hatte. Wesentliche Impulse erhielt die Netzwerkforschung auch durch die Analyse von Organisationen. Dies wird von Jörg Raab dargestellt. Die neuere Wirtschaftssoziologie (siehe Beitrag von Sophie Mützel) wäre ohne Netzwerkforschung kaum auf ihrem heutigen Stand. Gleiches gilt für die Betrachtungen von Märkten (siehe Beitrag von Rainer Diaz-Bone), die ohne die Impulse u.a. des Netzwerkforschers Harrison C. White ebenfalls nicht einen solchen Aufschwung erlebt hätten. Aber auch die Managementforschung, die Konsumforschung und die Arbeitsmarktforschung können mittels des neue theoretische Erklärungen einbeziehenden Netzwerkparadigmas andere, weiterreichende Überlegungen anstellen, als dies ohne Netzwerkforschung möglich gewesen wäre. Neue Einblicke sind durch die neue Forschungsrichtung auch in der Unternehmensgründungsforschung zu verzeichnen (siehe Beitrag von Mike Weber). Die stärker anwendungsorientierten Felder des Consulting (siehe Beitrag von Harald Katzmair) und der Wirtschaftsinformatik (siehe Beitrag von Kai Fischbach und Johannes Putzke) treffen auf eine deutliche Nachfrage aus außeruniversitären Institutionen. Hier kann man zuschauen, wie durch soziologische Grundlagenforschung angestoßen ganz neue Berufsfelder entstanden sind.

R. H. / C. S.

Literatur

White, Harrison C., 2002: Markets from networks. Socioeconomic models of production. Princeton, NJ: Princeton Univ. Press.

7.1 Netzwerke und Netzwerkanalyse in der Organisationsforschung

Jörg Raab

1 Einleitung

Die relationale Perspektive und der Einsatz der Netzwerkanalyse haben innerhalb der Organisationsforschung seit den 1980er Jahren enorm an Popularität gewonnen. Ausdruck dafür ist die inzwischen fast unüberschaubare Menge an Artikeln in den sozialwissenschaftlichen Zeitschriften, die sich der relationalen Perspektive bei der Erklärung von organisatorischen Phänomenen und Charakteristiken wie Organisations-, Team- oder Netzwerkperformanz, Leadership, Macht, Jobzufriedenheit, Unternehmerschaft, Innovation und organisationalem Lernen bedienen, und damit auch in den Bereichen traditioneller Organisationsforschung innovative Beiträge geleistet haben (vgl. Borgatti und Foster 2003).

Da Organisationen und Organisieren zu einem wesentlichen Teil auf Kommunikation und Koordination unterschiedlicher sozialer Einheiten (Individuen, Abteilungen, Teams, Gruppen, ganzen Organisationen) und damit auf den Beziehungen zwischen diesen sozialen Einheiten beruhen, ist es nicht erstaunlich, dass sich die relationale Perspektive als ein wichtiger Ansatz und die (quantitative) Netzwerkanalyse als ein zentrales Instrument innerhalb der Organisationsforschung etabliert hat (siehe zum Beispiel das Handbuch „Quantitative Methoden der Organisationsforschung" [Kühl et al. 2005] und The Blackwell Companion to Organizations [Baum 2002]). Zum Erfolg hat dabei beigetragen, dass es mit der Netzwerkanalyse erstens möglich ist, informelle Beziehungsstrukturen innerhalb von Organisationen sichtbar zu machen und zweitens die (häufig informellen) Koordinationsmechanismen innerhalb inter-organisatorischer Netzwerke, die bei der Erzeugung von Gütern und Dienstleistungen zunehmend an Bedeutung gewinnen, zu analysieren. Zudem dient die Netzwerkanalyse der systematischen Beschreibung von Phänomenen des Wettbewerbs, des (Wissens-)austauschs sowie der Kooperation, die für das Verständnis von Organisationen unentbehrlich sind und die in den derzeit meist verwendeten Organisationstheorien wie institutionenökonomischen oder neo-institutionalistischen Ansätzen eine zentrale Rolle einnehmen (vgl. auch Jansen 2002: 102).

Die Bedeutung der Netzwerkanalyse für die Organisationsforschung wird weiter dadurch dokumentiert, dass in den letzten Jahren neben unzähligen empirischen Aufsätzen in den führenden Zeitschriften auch zwei Sonderhefte der Academy of Management (Brass et al. 2004; Parkhe et al. 2006) herausgegeben wurden, in denen Netzwerkanalyse und Netzwerktheorie prominent platziert wurden.

Zwischen Netzwerk- und Organisationsforschung besteht dabei ein enger Bezug, der dadurch sichtbar wird, dass prominente Forscher oftmals in beiden Feldern eine herausgehobene Rolle spielen, wie beispielsweise Steve Borgatti, David Krackhardt, Joe Galaskiewicz, David Knoke oder Ronald Burt. In Deutschland finden sich allerdings nur relativ wenige etablierte Organisationsforscher, die in ihrer Forschung die Netzwerkanalyse oder das Netzwerkkonzept prominent verwenden. Am ehesten ist dies noch auf dem Gebiet der inter-organisationalen Netzwerke der Fall (Jansen 2008; Maurer und Ebers 2006, Sydow und Windeler 1998, Windolf und Beyer 1995).

Bei der Anwendung der Netzwerkanalyse in der Organisationsforschung erstrecken sich die Analyseeinheiten über das volle Spektrum des Organisierens, vom Individuum bis zu inter-organisatorischen Netzwerken. Zudem dienen in der Organisationsforschung, bei der die Netzwerkanalyse zum Einsatz kommt, nicht nur Akteure als Analyseeinheit, sondern auch deren Beziehungen untereinander wie etwa bei der Erklärung von Wissenstransfer. Leider kann im Folgenden nur ein sehr kursorischer Überblick gegeben werden. Verwiesen sei darum insbesondere auf die bereits oben erwähnten Sonderhefte der Academy of Management sowie auf die beiden Kompendien „The Blackwell Companion to Organizations" (Baum 2002) mit Kapiteln zu inter- (Baker und Faulkner 2002), intra- (Raider und Krackhardt 2002) und organisatorischen (Gulati et al. 2002) Netzwerken und das „Oxford Handbook of Inter-organisational Relationships (Cropper et al. 2008) mit einer großen Anzahl von Reviewartikeln zu den verschiedensten Aspekten von inter-organisatorischen Beziehungen und Netzwerken.

Nach dem kurzen Überblick entlang der Analyseeinheiten folgt eine kurze Diskussion über die Eigenheiten der Erhebung und Analyse von relationalen Daten innerhalb der Organisationsforschung. Der Beitrag schließt mit einem kurzen Resümee und Ausblick im Hinblick auf den Einsatz der Netzwerkanalyse innerhalb der Organisationsforschung.

2 Die Anwendung der Netzwerkanalyse in der Organisationsforschung: vom Individuum zu ‚Whole Networks'

Die Netzwerkanalyse wird innerhalb der Organisationsforschung zur Erklärung der verschiedensten Phänomene verwendet. Diese können auf sehr unterschiedlichen Analyseebenen auftreten und reichen vom einzelnen Individuum, über Teams und Gruppen, Abteilungen, ganzen Organisationen bis hin zu „whole networks" (Provan et al. 2007), d.h. bewusst geschaffenen Netzwerken aus drei oder mehr Organisationen, die gemeinsame Ziele verfolgen. Zudem sind die Forschungsfragen häufiger auch auf die einzelnen dyadischen Beziehungen zwischen Individuen oder Organisationen gerichtet sowie auf diesen Beziehungen basierende Aggregate wie beispielsweise inter-individuelle Netzwerke oder naturwüchsig entstandene inter-organisatorische Netzwerke.

Ein großer Teil der Netzwerkforschung innerhalb den Management- und Organisationswissenschaften, die sich auf das *Individuum* als Analyseeinheit richtet, geht der Frage nach, welche strukturelle Position für das Individuum innerhalb der Organisation im Hinblick auf seine Performanz am vorteilhaftesten ist. So hat vor allem Ronald Burt in zahlreichen Studien zu Sozialkapital in Organisationen erfolgreich gezeigt, dass Manager, die „Structural Holes" überbrücken, d.h. verschiedene Cluster innerhalb eines Netzwerks als Broker miteinander verbinden, im allgemeinen hinsichtlich innovativer Ideen, Performanz, Karriere- und Verdienstentwicklung besser abschneiden als Manager, die diese günstige strukturelle Position nicht besetzen (Burt et al. 2000; Burt 2007; siehe Kapitel 3.7 in diesem Band).

Einen der derzeit interessantesten Bereiche innerhalb der Organisationsforschung, in dem relationale Variablen in allgemeine theoretische Modelle integriert werden, ist die

Teamforschung. Insbesondere in der Frage, inwieweit und auf welche Weise Diversität in Teams zur Teamperformanz beiträgt, führt die Kombination von relationalen Variablen mit Attributvariablen zu wichtigen neuen Erkenntnissen. So konnten Reagans und Zuckerman (2001) zeigen, dass eine erhöhte Diversität in Teams zum einen die interne Dichte der Kommunikationsbeziehungen verringert, zum anderen aber die Reichweite der externen Beziehungen des Teams erhöht, was beides einen positiven Effekt auf die Teamperformanz hat. Curseu et al. (2010) stellen darüber hinaus eine Methode vor, die Teamzusammensetzung auf Basis reziproker relationaler Präferenzen vorzunehmen, d.h. die Einteilung von Mitgliedern eines Teams nicht nach deren persönlichen Charakteristiken zu bestimmen, sondern die Anzahl der zuvor erhobenen gegenseitigen positiven Präferenzen der potentiellen Mitglieder innerhalb eines Teams zu optimieren („Teamdating").

Auf der Ebene der *individuellen Organisation* stehen meist Fragen nach den positiven oder negativen Konsequenzen der strukturellen Einbettung oder Position einer Organisation hinsichtlich ihrer Innovation, Performanz oder des Überlebens im Zentrum des Interesses. So haben beispielsweise Owen-Smith und Powell (2004) in ihrer beeindruckenden Studie zur Boston Biotechnology Community zeigen können, dass die Innovationskraft von Organisationen unter bestimmten Umständen von strukturellen Charakteristiken wie beispielsweise ihrer Betweennesszentralität innerhalb des Kommunikationsnetzwerks abhängt.

Eine weitere interessante Entwicklung innerhalb der Organisationsforschung ist die Diskussion zu „Whole Networks" (Provan et al. 2007). Damit werden *interorganisatorische* Netzwerke als bewusst geschaffene und zielgerichtete Organisationsgebilde konzeptionalisiert und von naturwüchsig entstandenen Netzwerken als Aggregaten von Organisationen und ihren Beziehungen abgegrenzt. Solchermaßen kategorisiert, stellen sich dann (neue) Fragen, wie etwa des Managements bzw. der Governance von Netzwerken (Provan und Kenis 2008), deren Legitimität (Human und Provan 2000) oder des Verhältnisses zwischen bestimmten Struktureigenschaften von Netzwerken und ihrer Effektivität (Provan und Milward 1995). Die Netzwerkanalyse dient hier der Bestimmung von strukturellen Netzwerkattributen wie des Zentralisierungsgrades, des Ausmaßes von Cliquenüberlappung, der Dichte etc. (Raab und Kenis 2009; siehe Kapitel 5.3 und Kapitel 5.5 in diesem Band). Einen wesentlichen Beitrag zum Verständnis von ‚Whole Networks' und zeitlich begrenzten Projektnetzwerken stellen die Arbeiten von Sydow und Windeler dar (u.a. Sydow und Windeler 1998; Sydow 2004; Windeler und Sydow 2002), in denen in zahlreichen Studien das Zustandekommen, die Entwicklung sowie der Output und die Evaluation von Netzwerken mit qualitativen Methoden auf Basis der Gidden'schen Strukturationstheory analysiert werden. Dabei zeigt sich, dass diese Herangehensweise sehr geeignet ist, um insbesondere Evaluationsprozesse in Netzwerken als Dualität von Prozess und Struktur zu analysieren und damit zu Einsichten zu kommen, die mit der quantitativen Netzwerkanalyse kaum möglich sind.

Neben den Akteuren als Analyseeinheit bietet die Netzwerkanalyse die einmalige Möglichkeit, *Beziehungen zwischen Akteuren*, gleich ob Individuen oder Organisationen und die daraus entstehenden naturwüchsigen Netzwerke zu analysieren. So werden in der Unternehmensberatung inzwischen häufiger netzwerkanalytische Techniken bei der Begleitung von Veränderungsprozessen eingesetzt, die insbesondere die informellen Netzwerke innerhalb einer Organisation sichtbar und damit mögliche Veränderungsblockaden identifizieren sollen (Krackhardt und Hanson 1993). Aus einem sehr ähnlichen Blickwinkel startet Häußling (2006) seine Analyse eines Prozesses der Zusammenlegung zweier Abteilungen innerhalb einer Organisation. Im Unterschied zu Krackhardt und Hanson beschränkt er sich jedoch nicht nur auf die quantitative Netzwerkanalyse, um die Interaktionsebene abzubilden, sondern bezieht auch die semantische sowie die Interventionsebenen in seine Analyse des Veränderungsprozesses mit ein. Dabei werden qualitative und quantitative Netzwerkanalyse kombiniert. Der qualitative Teil bestand dabei in einer Erhebung der Wahrnehmungen und Deutungen der Akteursstrukturen sowohl von Seiten des Managements als auch von Seiten der Mitarbeiter. Durch die gemeinsame Analyse der verschiedenen Ebenen gelang es, den stockenden Fortgang des Integrationsprozesses zu erklären, da sich eine Kollision zwischen der gewünschten Struktur auf der semantischen Ebene und den Aktionen auf den Interventionsebenen zeigen ließ. Die Kollision der zwei Ebenen offenbarte sich dann in der tatsächlichen Struktur auf der Interaktionsebene, die mit der quantitativen Netzwerkanalyse beschrieben wurde.

Im Hinblick auf die Erklärung des Zustandekommens von inter-individuellen oder inter-organisatorischen Beziehungen wurden in den letzten Jahren große Fortschritte erzielt. Dabei werden auch zunehmend komplexere statistische Modellierungsverfahren angewendet, womit longitudinale relationale Daten analysiert werden können (siehe weiter unten den Abschnitt Datenauswertung). So testeten beispielsweise van den Bunt et al. (2005) verschiedene Hypothesen etwa auf Basis der Homophily- oder Balancetheorie zur Entstehung von Vertrauensbeziehungen zwischen Managern in einer deutschen Papierfabrik.

Gulati und Gargiulo (1999) gingen dagegen der Frage nach, wie inter-organisatorische Netzwerke auf Basis von bilateralen Allianzen zustande kommen. Sie konnten dabei nachweisen, dass sowohl die gegenseitige Abhängigkeit der Organisation als auch ihre strukturelle Einbettung beispielsweise hinsichtlich einer ähnlichen Zentralität im Netzwerk die Wahrscheinlichkeit einer Allianz zwischen zwei Organisationen innerhalb eines Sektors erhöht.

3 Datenerhebung

Die Arten der Erhebung relationaler Daten im Bereich der Organisationsforschung unterscheiden sich prinzipiell nur unwesentlich von denen innerhalb der Netzwerkanalyse insgesamt, jedoch gibt es einige wichtige Besonderheiten, die beachtet werden sollten. Ziel der Datenerhebung ist es, Informationen über die unterschiedlichsten Beziehungen zwischen den Akteuren in einem Netzwerk zu erhalten, die innerhalb der Organisationsforschung meist durch Individuen, Teile von Organisationen wie Abteilungen oder Teams oder gesamte Organisationen repräsentiert werden. Dies kann mittels der allgemein gebräuchlichen Datenerhebungsverfahren wie Interview, Fragebogen und Beobachtung geschehen (siehe Marsden 1990, 2005 für eine Übersicht zur Erhebung von relationalen Daten; siehe auch Kapitel 5.11 und Kapitel 6.1 zur Datenerhebung in diesem Band). Ein Vorteil für die Datenerhebung, den Organisationen im Vergleich zu mehr informellen personengebundenen wie beispielsweise Freundschaftsnetzwerken haben, ist ihre Eigenschaft, Organisationsprozesse sowie externe und interne Kommunikation häufig schriftlich festzuhalten. Organisationsakten stellen daher einen Schatz an relationaler Information in Form archivalischer Quellen bereit, der jedoch relativ selten systematisch gehoben wird, da die inhaltsanalytische Auswertung von Dokumenten relativ aufwendig ist (siehe Seibel und Raab [2003] für ein Verfahren zur Codierung relationaler Daten). Gelingt dies jedoch, können auch longitudinale Daten ex post mit relativ hoher Reliabilität erhoben werden, was mit den anderen oben genannten Erhebungsinstrumenten ex post nur begrenzt möglich ist. Der Einsatz von Email bietet neuerdings die Möglichkeit, Informationen zu intra-organisatorische Kommunikationsbeziehungen automatisiert zu erheben (Gloor 2005). Ein neues Verfahren der automatisierten Datenerhebung, das derzeit vom MIT Media Lab entwickelt wird, beruht auf der Aufzeichnung von Kontakten und Kommunikationsinformationen mittels tragbarer Sensoren (Olguin et al. 2009).

Darüber hinaus können vor allem für inter-organisatorische Netzwerke Daten aus Datenbanken wie etwa Verzeichnisse von Vorständen und Aufsichtsräten zur Bestimmung von Interlocking Directorates oder Allianzen und Joint Ventures erhoben werden (Mizruchi 1982; Mizruchi und Galaskiewicz 1993; Gulati und Gargiulo 1999).

Eine grundsätzliches Problem der quantitativen Netzwerkanalyse ist die hohe Rücklaufquote (idealiter sollten mehr als 90% der Akteure in einem Netzwerk die Fragen beantworten), die man für eine zuverlässige Analyse benötigt. Da es bisher noch nicht gelungen ist, Stichprobenverfahren für relationale Daten zu entwickeln, die zur Beschreibung ganzer Netzwerke gebraucht werden, muss in allen Fällen eine Vollerhebung durchgeführt werden (anders ist dies im Fall von Egonetzwerken). Zudem sollte die Menge der „Missing Data" möglichst gering gehalten werden, da anders als bei der Analyse von Attributdaten keine etablierten Verfahren existieren, „Missing Data" näherungsweise zu ersetzen. Darüber hinaus ist es nicht möglich, die Fragebögen zu anonymisieren, da zur richtigen Eingabe und Auswertung der Daten die Information zum Sender und Empfänger einer Beziehung benötigt wird, d.h. der Forscher muss bei jedem Fragebogen wissen, welcher Akteur ihn ausgefüllt hat. Diese Gegebenheiten können die Erhebung und Verwertbarkeit von relationalen Daten in Organisationskontexten erleichtern, je nach Situation aber auch sehr stark erschweren. Im Unterschied zur Erhebung von relativ amorphen sozialen Gruppen wie beispielsweise Freundschaftsnetzwerke in Nachbarschaften handelt es sich bei intra- oder inter-organisatorischen Netzwerken häufig um relativ klar abgegrenzte soziale Netzwerke, in denen die Akteure oft über einen längeren Zeitraum hinweg miteinander interagieren und eine mehr oder weniger stark ausgeprägte organisatorische Verfasstheit aufweisen. Vorteil davon ist, dass es meist verantwortliche Ansprechpartner gibt, mit denen über einen Zugang zum Netzwerk verhandelt werden und über die eine Unterstützung für eine Untersuchung organisiert werden kann. Wenn dies gelingt, können relativ hohe Rücklaufquoten erzielt werden. Erhält man jedoch keinen offiziellen Zugang zu einer Organisation, ist eine Datenerhebung aussichtslos, da für die Datenerhebung die Zustimmung der Organisation und der Respondenten nötig ist. Zudem können im Laufe der Datenerhebung Konflikte innerhalb der Organisation entstehen bzw. zum Vorschein kommen, die die Datenerhebung torpedieren können, da die Respondenten nicht gewillt sind, über ihre Beziehungen in einer nicht-anonymisierten Form wahrheitsgemäß Auskunft zu geben. Dies trifft insbesondere auf sehr sensitive Informationen wie Vertrauensbeziehungen zu.

In den letzten Jahren wird die Netzwerkanalyse zunehmend auch im Bereich der Unternehmensberatung zur Analyse sowohl von inter-organisatorischen als auch von intra-organisatorischen Netzwerken eingesetzt. Damit können sich mit ihrem Einsatz möglicherweise schwerwiegende Konsequenzen für die Respondenten im Hinblick auf Reorganisationen oder Beförderungen ergeben, insbesondere, wenn die Ergebnisse der Organisationsleitung in nicht-anonymisierter Form zugänglich gemacht werden bzw. die Ergebnisse sich nur schwer anonymisieren lassen. Aber auch im Falle von wissenschaftlicher Grundlagenforschung wünschen Organisationsleitungen häufig Zugang zu den Ergebnissen als Bedingung für die Erlaubnis zur Datenerhebung. Da dies potentiell zu ethischen Dilemmata führen kann, wurde im Jahr 2005 ein Sonderheft von Social Networks veröffentlicht, in dem diese Problematik diskutiert und Richtlinien insbesondere auch für die Erhebung von Netzwerkdaten in Organisationskontexten aufgestellt wurden. Darin schlagen Borgatti und Molina (2005: 112f.) ein Protokoll vor, in dem insbesondere die genaue Aufklärung der Respondenten über das Ziel der Untersuchung und die Verwendung der erhobenen Daten garantiert werden soll. Zudem muss es allen Respondenten gestattet sein, nicht an der Untersuchung teilzunehmen. Somit dürfen Daten zu diesen Respondenten, die von Dritten gewonnen werden, ebenfalls nicht in die Untersuchung miteinbezogen werden.

Im Falle von inter-organisatorischen Netzwerken stellt sich die Vertraulichkeitsproblematik in weit geringerem Maße, da die Akteure im Netzwerk Organisationen sind und Respondenten als Repräsentanten von Organisationen antworten. Damit besteht bei inter-organisationalen Netzwerken ein weit geringeres persönliches Abhängigkeitsverhältnis der Respondenten.

4 Datenauswertung

Die Auswertung relationaler Daten innerhalb der Organisationsforschung basiert zum Großteil auf den Verfahren, die im Bereich der Netzwerkanalyse insgesamt angewendet werden. So finden sich auch hier die Standardprogramme zur Bestimmung von Maßzahlen wie Zentralitäten, Dichte etc., oder Strukturmerkmalen wie Cliquenstruktur, Structural Holes, strukturell äquivalente Akteure etc. wie u.a. UCINet (Borgatti et al. 2002). Zunehmend finden sich auch Studien, die longitudinale Daten mit Hilfe des Computerprogramms Siena (Snjider et al. 2007) analysieren (siehe z.B. die bereits oben erwähnte Studie von van den Bunt et al. 2005). Die Datenauswertung geht jedoch inzwischen weit über die reine Beschreibung von Akteursstrukturen in oder zwischen Organisationen hinaus. So gibt es zu allen Analyseebenen Studien, die relationale Variablen quantitativ bestimmen und diese beispielsweise innerhalb von Korrelationen oder Regressionen beim Hypothesentest gebrauchen, wobei die abhängige Variable dabei sowohl Attribut- (z.B. Erfolg eines Unternehmens oder Effektivität eines Netzwerks) als auch relationale Variable (z.B. Existenz einer Beziehung zwischen zwei Akteuren im Zeitpunkt t_1 sein kann. Darüber hinaus wird innerhalb der Organisationsforschung inzwischen relativ häufig von der Möglichkeit zur Visualisierung Gebrauch gemacht, wie sie u.a. durch die Programme NetDraw (Borgatti et al. 2002) und Visone (Brandes und Wagner 2004) geboten werden (siehe auch Kapitel 6). Die Visualisierung von Netzwerkstrukturen ist daher attraktiv, da die Anzahl der Akteure bei Organisationsstudien häufig noch in einem Bereich liegt (<50) in dem Visualisierung einen zusätzlichen Erkenntnisgewinn durch Datenexploration und einen zusätzlichen Wert bei der Kommunikation der Ergebnisse hat (Brandes et al. 2006). Dies gilt insbesondere dann, wenn es sich um die tatsächlichen, häufig auf informellen Interaktionen beruhenden, Organisationsstrukturen handelt, wie im folgenden Beispiel der Befehlsstruktur, die der Deportation einer Gruppe sogenannter „konvertierter Juden" in den Niederlanden im Jahr 1942 zugrunde lag (Seibel und Raab 2003). Die für die Netzwerkanalyse verwendeten Daten wurden dabei mittels Inhaltsanalyse aus Dokumenten erhoben. Die Knoten repräsentieren deutsche (schwarz) und niederländische (grau) Akteure, die in irgendeiner Form in den Entscheidungs- und Implementationsprozess involviert waren, der zur Deportation dieser Personengruppe führte. Beziehungslinien geben an, welche Akteure an welche anderen Akteure während dieses Prozesses Befehle erteilten. Die Positionierung der Knoten erfolgt auf Basis des Statuswerts, der sich mittels der relationalen Daten (hier der Befehlsbeziehungen) berechnen läßt. Je höher ein Akteur in der visuellen Hierarchie platziert ist, desto höher sein Status und desto stärker seine Machtposition. Schwarze, durchgezogenen Linien geben in Pfeilrichtung an, wenn ein Akteur mit höherem Status einem Akteur mit niedererem Status einen Befehl erteilt. Graue, gepunktete Linien zeigen an, wenn ein Akteur mit niedererem Status einem Akteur mit höherem Status einen Befehl erteilt. Analyse und Visualisierung verdeutlichen, dass bei diesem Prozess die niederländischen Akteure lediglich Befehlsempfänger waren. Zudem verdeutlicht die Gesamtstruktur, dass dem Prozess keine klare hierarchische Struktur zugrunde lag, in der immer die dazu formell berechtigten Akteure Befehle erteilten. Dies zeigt, dass es auch innerhalb des nationalsozialistischen Verfolgungsapparats polykratische Strukturen gab, die zu der in der historischen Forschung angegebenen „organisierten Anarchie" führen konnten. Daraus ergibt sich dann die weitere Forschungsfrage, wie der nationalsozialistische Verfolgungsapparat unter diesen Umständen dann seine mörderische Effektivität entfalten konnte (Seibel und Raab 2003).

Abbildung 1: Visualisierung der Befehlsstruktur bei der Deportation „konvertierter Juden" in den Niederlanden 1942 mit Visone

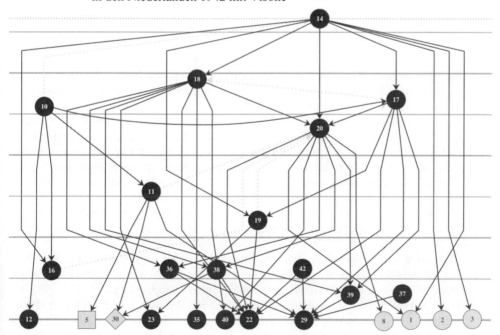

5 Resümee und Ausblick

„Netzwerk" ist in den letzten Jahren zu einem der am meist gebrauchten Konzepte in den Sozialwissenschaften geworden. Aber auch die Entwicklung und der Einsatz der Netzwerkanalyse hat enorme Fortschritte gemacht, wie dieser Band eindrucksvoll bestätigt. Die Organisationsforschung ist dabei keine Ausnahme, sondern sogar ein Forschungsbereich innerhalb der Sozialwissenschaften, der als einer der Vorreiter sowohl beim Einsatz der Methode selbst als auch bei der Einbeziehung relationaler Variablen in die allgemeine Theorieentwicklung gelten kann.

Ein wesentlicher Grund dafür ist zunächst sicherlich die im Vergleich zu anderen sozialwissenschaftlichen Disziplinen relativ gute Ressourcenausstattung, mit der die Datenerhebung finanziert werden kann, da die Ergebnisse der Forschung häufig direkt (instrumentell) anwendbar sind. Zudem hat man inzwischen auch in den Organisationen selbst die Wichtigkeit der externen relationalen Positionierung und der internen Kommunikationsströme für die Innovations- und Konkurrenzfähigkeit erkannt, wobei der Wissenstransfer zwischen Individuen, organisatorischen Subeinheiten und externen Partnern als zentraler Geschäftsprozess begriffen wird (Häußling 2006).

Aus wissenschaftlicher Sicht gelang es mit der Netzwerkanalyse zweitens, lang gebräuchliche Konzepte in der Organisationsforschung, wie etwa die informellen Kommunikations- und Machtstrukturen innerhalb einer einzelnen Organisation bis hin zu ganzen Sektoren oder Regionen zu operationalisieren und zu messen. Zudem wurde es dadurch möglich, emergente Eigenschaften von Akteuren, Gruppen, Netzwerken und ganzen Branchen zu analysieren (Jansen 2002). Mit Hilfe der Netzwerkanalyse sind Forscher inzwischen in der Lage, Organisationsphänomene auf den verschiedensten Analyseebenen systematisch und genau zu beschreiben, die früher unzugänglich waren (vgl. Mizruchi und Galaskiewicz 1993).

Im Bereich inter-organisatorischer Netzwerke hat sich die Netzwerkanalyse drittens als *die* empirische Methode etabliert, um die zunehmende organisatorische Verflechtung moderner Gesellschaften analysieren zu können.

Viertens trug die Quantifizierung von relationalen und strukturellen Variablen dazu bei, relationale Aspekte in allgemeine theoretische Modelle zu integrieren und damit relationale Theorien beispielsweise mit Handlungs- und Evolutionstheorien zu verbinden (Jansen 2002), da nunmehr Hypothesen zu relationalen Variablen getrennt aber auch im Zusammenspiel mit Attributvariablen getestet werden können. Aber selbst in den Fällen, in denen die Fallzahlen einen statistischen Test nicht zulassen, lassen sich mit der Netzwerkanalyse Ausprägungen von Variablen viel genauer als früher bestimmen und anschließend mit Methoden der vergleichenden Fallstudienanalyse wie etwa der Qualitative Comparative Analysis (QCA) auswerten (Raab und Suijkerbuijk 2009).

Zuletzt kann man feststellen, dass die Analyse von inter-organisatorischen Beziehungen und Netzwerken, ob qualitativ oder quantitativ, sich inzwischen zu einem der Kerngebiete innerhalb der Organisationsforschung entwickelt hat (Cropper et al. 2008).

Den unzweifelhaften Fortschritten stehen allerdings auch einige problematische Punkte gegenüber. Der Einsatz der quantitativen Netzwerkanalyse erfordert einen sehr hohen Forschungsaufwand, da die Datenerhebung sowohl für Forscher als auch für die Respondenten vergleichsweise anspruchsvoll ist. So ist das Ausfüllen langer Akteurslisten oftmals ermüdend und den Forschern muss es gelingen, eine Vollerhebung mit einer hohen Rücklaufquote durchzuführen. Netzwerkforschung ist daher relativ risikobehaftet und Aufwand und Ertrag stehen somit stets in einem gewissen Spannungsverhältnis zueinander.

Die instrumentelle Verwertbarkeit der Ergebnisse und die häufig (notwendige) enge Kooperation mit den Organisationsleitungen birgt zudem die Gefahr, dass ethische Probleme entstehen können und die Netzwerkanalyse Gefahr läuft, ein negatives Image zu bekommen, wenn die Ergebnisse unbedacht oder zum Nachteil von Angestellten verwendet werden, da eine volle Anonymisierung im Vergleich zu herkömmlichen statistischen Methoden sehr viel schwieriger zu bewerkstelligen ist. Zudem hat sich in den letzten Jahren stark ein funktionalistischer bzw. instrumenteller Trend bei der Anwendung der Netzwerkanalyse bemerkbar gemacht. Gesellschaftskritische Studien zum Beispiel zur Unternehmensverflechtungen und der sich daraus ergebenden Machtpositionen von einzelnen Unternehmen oder Unternehmenstypen wie etwa den Banken wie noch in den 1970er und 1980er Jahren (Mizruchi 1982; Windolf und Beyer 1995 oder Ziegler 1984) findet man derzeit weniger.

Aus konzeptioneller Sicht kann man feststellen, dass sich im Hinblick auf das Netzwerkkonzept auch in der Organisationsforschung bisher kein ontologischer Kern herausgebildet hat, der allgemein akzeptiert wäre. So findet sich der Begriff nach wie vor in den verschiedensten Bedeutungszusammenhängen wie etwa als „soziale Struktur", als „Koordinationsmechanismus" oder als „empirisches Analysewerkzeug" von Strukturen (siehe Raab 2004). In letzterer Bedeutung hat sich jedoch inzwischen die Minimaldefinition von Netzwerk als einer Gruppe von Knoten bzw. Akteuren und die unter ihnen bestehenden bzw. abwesenden Beziehungen bzw. Variationen dieser Definition etabliert (siehe Kapitel 3.1 und Kapitel 4.4).

Zuletzt bleiben natürlich noch stets offene Forschungsfragen. In der Vergangenheit wurde der Netzwerkanalyse oft ihr statischer Charakter vorgehalten. Innerhalb der sozialen Netzwerkanalyse wurden in den letzten Jahren große Fortschritte im Hinblick auf die Analyse longitudinaler Netzwerkdaten erzielt und es gibt mehr und mehr Studien, die Daten von zumindest zwei Erhebungszeitpunkten verwenden (siehe Kapitel 5.8). Auch stehen inzwischen unter anderem mit Siena (Snijders et al. 2007) und Sonia (Moody et al. 2005) zwei Computerprogramme zur Verfügung, mit denen Netzwerkdynamiken analysiert werden können. Trotz dieser Fortschritte steht man hier noch relativ am Anfang und die Analyse von Netzwerkdynamiken und Netzwerkprozessen wird daher auch innerhalb der Organisationsforschung einer der wesentlichen Forschungsschwerpunkte für die nächsten Jahre sein. Darüber hinaus bleibt die Verknüpfung der verschiedenen Analyseebenen Individuum, Organisation und inter-organisatorisches Netzwerk eine der großen Herausforderungen für die kommende Zeit (vgl. auch Ibarra et al. 2005), auch wenn es erste Ansätze für eine Mehrebenenanalyse im Bereich inter-organisatorischer Netzwerke gibt (Lazega et al. 2008).

Kritiker der Netzwerkanalyse in der Organisationsforschung wie beispielsweise Salancik (1995) erheben den Vorwurf, dass die Netzwerkanalyse theorielos sei bzw. dass von Netzwerktheorie bei weitem noch keine Rede sein könne, obwohl dieser Begriff häufig gebraucht würde. Salancik (1995) zum Beispiel stellt im Hinblick auf die Organisationsforschung die Behauptung auf, dass die Netzwerkanalyse bis dato lediglich der Überprüfung anderer Theorien wie etwa der Ressourcenabhängigkeitstheorie gedient hätte, es jedoch noch nicht gelungen sei, eine Netzwerktheorie der Organisation zu entwickeln. Die Arbeiten vieler Organisationsforscher, die relationale Variablen gebrauchen und die Netzwerkanalyse in ihrer Forschung einsetzen, haben sich in den letzten Jahren insbesondere auf die Entwicklung von verschiedenen Netzwerktheorien zu allgemeinen organisatorischen Phänomenen gerichtet, d.h. Netzwerkcharakteristiken wurden häufig als unabhängige Variablen etwa zur Erklärung von Outputs oder Outcomes gebraucht (z.B. eine Netzwerktheorie der Innovation). Der Entwicklung von Netzwerktheorien, d.h. von Theorien, die das Entstehen, Funktionieren, die Struktur, den Zusammenbruch, etc. von (inter-) organisationalen Netzwerken erklären können, wurde bisher weniger Aufmerksamkeit zugewandt (Raab und Kenis 2009). Trotz einiger ermutigender Fortschritte besteht in theoretischer Hinsicht daher bei der Entwicklung von Netzwerktheorien insbesondere im Bereich der interorganisationalen Netzwerke noch erheblicher Forschungsbedarf. Gelingt es, innerhalb der Organisationsforschung auf den hier genannten Gebieten in den nächsten Jahren Fortschritte zu erzielen, wird dies auch zur weiteren Entwicklung beim Einsatz der Netzwerkanalyse in den Sozialwissenschaften insgesamt beitragen.

6 Literatur

Baker, Wayne E. und *Robert R. Faulkner*, 2002: Interorganizational networks. S. 520-540 in: *Joel A. C. Baum* (Hg.), The Blackwell Companion to Organizations. Oxford: Blackwell Publishers Ltd.

Baum, Joel A. C, (Hg.), 2002: The Blackwell Companion to Organizations. Oxford: Blackwell Publishers Ltd.

Borgatti, Stephen P., Martin G. Everett und *Linton C. Freeman*, 2002: Ucinet for Windows: Software for Social Network Analysis. Harvard, MA: Analytic Technologies.

Borgatti, Stephen P. und *José-Luis Molina*, 2005. Toward ethical guidelines for network research in organizations. Social Networks 27: 107-117.

Borgatti, Stephen P. und *Pacey C. Foster*, 2003: The network paradigm in organizational research: A review and typology. Journal of Management 29: 991-1013.

Brandes, Ulrik, Patrick Kenis und *Jörg Raab*, 2006: Explanation through network visualization. Methodology 2: 16-23.

Brandes, Ulrik und *Dorothea Wagner*, 2004: visone - Analysis and Visualization of Social Networks. S. 321-340 in: *Michael Jünger* und *Petra Mutzel* (Hg.), Graph Drawing Software. Heidelberg: Springer-Verlag.

Brass, Daniel J., Joseph Galaskiewicz., Heinrich R. Greve und *Wenpin Tsai* (Hg.), 2004: Special Research Forum on Building Effective Networks. Academy of Management Journal 47, H. 6.

Bunt, Gerhard G. van den, Rafael P.M. Wittek, und *Maurits C. de Klepper*, 2005: The Evolution of Intra-Organizational Trust Networks: The Case of a German Paper Factory: An Empirical Test of Six Trust Mechanisms. International Sociology 20: 339-370.

Burt, Ronald S., Robin M. Hogarth und *Claude Michaud*, 2000: The Social Capital of French and American Managers. Organization Science 11: 123-147.

Burt, Ronald S., 2007: Secondhand Brokerage: Evidence on the Importance of Local Structure For Managers, Bankers, and Analysts. Academy of Management Journal 50: 119-148.

Cropper, Steve, Mark Ebers, Chris Huxham und *Peter Smith-Ring* (Hg.), 2008: Oxford handbook of inter-organizational relationships. Oxford: Oxford University Press.

Curseu, Petre, Patrick Kenis, Jörg Raab und *Ulrik Brandes*, 2010: Composing Effective Teams through Team Dating. Organization Studies, im Erscheinen.

Gloor, Peter A., 2005: Capturing Team Dynamics Through Temporal Social Surfaces, Proceedings of 9th International Conference on Information Visualisation IV05, London, 6.-8. Juli 2005. http://www.ickn.org/documents/gloorp_surfaces.pdf (Zugriff 4.2.2009).

Gulati, Ranjay, Dania Dialdin und *Lihua Wang*, 2002: Organizational Networks. S. 281-303 in: *Joel A.C. Baum* (Hg.), The Blackwell Companion to Organizations. Boston: Blackwell Publishers.

Gulati, Ranjay und Martin Gargiulo, 1999: Where do inter-organizational networks come from? American Journal of Sociology 104: 1439-1493.
Häußling, Roger, 2006: Ein netzwerkanalytisches Vierebenenkonzept zur Struktur- und akteursbezogenen Deutung sozialer Interaktionen. S. 125-152 in: Betina Hollstein und Florian Straus (Hg.), Qualitative Netzwerkanalyse. Konzepte, Methoden, Anwendungen. Wiesbaden: VS Verlag für Sozialwissenschaften.
Human, Sherry E. und Keith G. Provan, 2000: Legitimacy Building in the Evolution of Small Firm Multilateral Networks: A Comparative Study of Success and Demise. Administrative Science Quarterly 45: 327-365.
Ibarra, Herminia, Martin Kilduff und Wenpin Tsai, 2005: Zooming in and out: Connecting individuals and collectivities at the frontiers of organizational network research. Organization Science 16: 359-371.
Jansen, Dorothea, 2002: Netzwerkansätze in der Organisationsforschung. S. 88-118 in: Jutta Allmendinger und Thomas Hinz (Hg.), Organisationssoziologie. Sonderband 42 der Kölner Zeitschrift für Soziologie und Sozialpsychologie. Wiesbaden: Westdeutscher Verlag.
Jansen, Dorothea, 2008: Research Networks - Origins and Consequences: First Evidence from a Study of Astrophysics, Nanotechnology and Micro-economics in Germany. S. 209-230 in: Max Albert, Dieter Schmidtchen und Stefan Voigt (Hg.), Scientific Competetion. Tübingen: Mohr Siebeck.
Krackhardt, David und Jeffrey R. Hanson, 2003: Informal Networks: The Company behind the Chart. Harvard Business Review 71: 104-111.
Kühl, Stefan, Petra Strodtholz und Andreas Taffertshofer (Hg.), 2005: Quantitative Methoden der Organisationsforschung. Ein Handbuch. Wiesbaden: VS-Verlag.
Lazega, Emmanuel, Marie-Thérèse Jourda, Luise Mounier und Rafaël Stofer, 2008: Catching up with big fish in the big pond? Multi-level network analysis through linked design. Social Networks 30: 159-176.
Marsden, Peter van, 1990: Network Data and Measurement. Annual Review of Sociology 16: 435-463.
Marsden, Peter van, 2005: Recent Developments in Network Management. S. 8-30 in: Peter J. Carrington, John Scott und Stanley Wasserman (Hg.), Models and Methods in Social Network Analysis. New York: Cambridge University Press.
Maurer, Indre und Mark Ebers, 2006: Dynamics of Social Capital and Their Performance Implications: Lessons from Biotechnology Start-ups. Administrative Science Quarterly 51: 262-292.
Mizruchi, Mark S., 1982: The American Corporate Network, 1904-1974. Beverly Hills, CA: Sage
Mizruchi, Mark S. und Joseph Galaskiewicz, 1993: Networks of Interorganizational Relations. Sociological Methods & Research 22: 46-70.
Moody, James, Daniel A. McFarland und Skye Bender-deMoll. 2005. Dynamic Network Visualization. American Journal of Sociology 110: 1206-1241.
Olguin, Daniel O., Peter A. Gloor und Alex Pentland: Capturing Individual and Group Behavior with Wearable Sensors. to appear in Proc AAAI 2009 Spring Symposium, Stanford, 23-25. März, http://www.ickn.org/documents/AAAI2009_olguin_gloor_pentland.PDF (Zugang 4.2.2009).
Owen-Smith, Jason und Walter W. Powell, 2004: Knowledge Networks as Channels and Conduits: The Effects of Spillovers in the Boston Biotechnology Community. Organization Science 15: 5-21.
Parkhe, Arvind, Stanley Wasserman und David A. Ralston (Hg.), 2006: Special Topic Forum on Building Effective Networks [Special issue]. Academy of Management Review, 31, H. 3.
Provan, Keith G., Amy Fish und Jörg Sydow, 2007: Interorganizational Networks at the Network Level: A Review of the Empirical Literature on Whole Networks. Journal of Management 33: 479-516.
Provan, Keith G. und H. Brinton Milward, 1995: A Preliminary Theory of Interorganizational Network Effectiveness: A Comparative Study of Four Community Mental Health Systems. Administrative Science Quarterly 40: 1-33.

Provan, Keith G. und *Patrick N. Kenis*, 2008: Modes of Network Governance: Structure, Management, and Effectiveness. Journal of Public Administration Research and Theory 18: 229-252.
Raab, Jörg, 2004: More than Just a Metaphor: The Network Concept and its Potential in Holocaust Research. S. 321-339, in: *Gerald D. Feldman* und *Wolfgang Seibel* (Hg.), Networks of Nazi Persecution. Business, Bureaucracy and the Organization of the Holocaust, London/New York: Berghahn.
Raab, Jörg und *Patrick Kenis*, 2009: Heading towards a Society of Networks - Empirical Developments and Theoretical Challenges. Journal of Management Inquiry 18: 198-210.
Raab, Jörg und *Stef Suijkerbuijk*, 2009: Heading Towards a Network Theory of Effectiveness. A replication with set-theoretic extension on Keith G. Provan und H. Brinton Milward (1995). Paper, Sunbelt Conference 2009, San Diego, CA.
Raider, Holly und *David Krackhardt*, 2002: Intraorganizational Networks. S. 58-74 in: *Joel A. C. Baum* (Hg.), Companion to Organizations. Oxford, UK: Blackwell.
Reagans, Ray und *Ezra W. Zuckerman*, 2001: Networks, diversity, and productivity: The social capital of corporate R&D teams. Organization Science 12: 502-517.
Salancik, Gerald R., 1995: Wanted: A Good Network Theory of Organization. Administrative Science Quarterly 40: 345-349.
Seibel, Wolfgang und *Jörg Raab*, 2003: Verfolgungsnetzwerke. Zur Messung von Arbeitsteilung und Machtdifferenzierung in den Verfolgungsapparaten des Holocaust. Kölner Zeitschrift für Soziologie und Sozialpsychologie 55: 197-230.
Snijders, Tom A.B., Christian E.G. Steglich, Michael Schweinberger und *Mark Huisman*, 2007: Manual for SIENA version 3.1. University of Groningen: ICS / Department of Sociology; University of Oxford: Department of Statistics.
Sydow, Jörg, 2004: Network development by means of network evaluation? Explorative insights from a case in the financial services industry. Human Relations 57: 201-220.
Sydow, Jörg und *Arnold Windeler*, 1998: Organizing and Evaluating Interfirm Networks – A Structurationist Perspective on Network Processes and Effectiveness. Organization Science 9: 265-284.
Windeler, Arnold und *Jörg Sydow*, 2002: Project Networks and Changing Industry Practices Collaborative Content Production in the German Television Industry. Organization Studies 22: 1035-1060.
Windolf, Paul und *Jürgen Beyer*, 1995: Kooperativer Kapitalismus - Unternehmensverflechtungen im internationalen Vergleich. Kölner Zeitschrift für Soziologie und Sozialpsychologie 47: 1-36.
Ziegler, Rolf, 1984: Das Netz der Personen- und Kapitalverflechtungen deutscher und österreichischer Wirtschaftsunternehmen. Kölner Zeitschrift für Soziologie und Sozialpsychologie 36: 585-614.

7.2 Netzwerkansätze in der Eliteforschung

Franz Urban Pappi

Die empirische Eliteforschung in den 1950er und 1960er Jahren konzentrierte sich paradigmatisch auf Gemeindeeliten und war stark von zwei klassischen Studien beeinflusst: der Studie des Soziologen Floyd Hunter (1953) über die Machtstruktur von Atlanta, Georgia, und der Studie des Politikwissenschaftlers Robert Dahl (1961) über kommunalpolitische Entscheidungen in New Haven, Connecticut. Diese Studien haben ihre Hauptergebnisse jeweils mit einer dominanten Methode erzielt, Hunter mit der Reputationsmethode und Dahl mit der Entscheidungsmethode. Bei der Reputationsmethode fragt man Informanten aus der Elite, wer über besonderen Einfluss in Gemeindeangelegenheiten verfügt; bei der Entscheidungsmethode untersucht man, wer an wichtigen Gemeindeentscheidungen teilgenommen und wer sich tatsächlich durchgesetzt hat. Hauptergebnis von Hunter war die Diagnose von mehreren Machtpyramiden, die an der Spitze von einem kleinen Kreis von sich informell abstimmenden Wirtschaftsführern koordiniert wurden; Hauptergebnis von Dahl war die Diagnose einer pluralistischen Machtstruktur, in der sich je nach Sachgebiet andere Interessen durchsetzten. An Hunter wurde kritisiert, dass er tatsächlichen Entscheidungsprozessen keine Beachtung geschenkt habe und die Machtreputation mit tatsächlicher Machtausübung verwechsle (vgl. Polsby 1980), Hauptkritik am Entscheidungsansatz war der Einwand, dass sich wahre Macht daran zeige, dass man für einen nachteilige Themen gar nicht erst auf die öffentliche Agenda gelangen lasse (vgl. Bachrach und Baratz 1963; Lukes 1974). Diese in den Sozialwissenschaften heftig geführte Kontroverse (vgl. den Überblicksartikel von Knoke 1981) galt es zu beachten, wenn man mit dem Netzwerkansatz „New directions in the study of community elites" (Laumann und Pappi 1973) aufzeigen wollte.

1 Die Altneustadt-Studie

Eliten als Netzwerke zu verstehen ist auch 1973 keine neue Idee gewesen. Ein solches Verständnis ist außerdem nicht auf die Sozialwissenschaften beschränkt, sondern prägt mit Ausdrücken wie „Machtclique" oder „old boys' network" auch die öffentliche Debatte. In der soziologischen Literatur setzte z.B. Hunter (1953) Soziogramme schon mit Erfolg zur Elitenbeschreibung ein. Trotzdem überwog die metaphorische Verwendung des Begriffs und man stieß nicht zu einer brauchbaren analytischen Begrifflichkeit und entsprechenden Vorschlägen für eine systematische Erhebung von Netzwerkdaten vor.

Der Übergang von einem metaphorischen zu einem analytischen Begriff eines sozialen Netzwerks, der sich auch in der Feldforschung anwenden ließ, wurde zuerst in der britischen Kulturanthropologie vollzogen (vgl. Barnes 1954; Mitchell 1969; Laumann und Pappi 1976:17ff.). So konnte Pappi im Anschluss an Mitchell ein soziales Netzwerk als „eine durch Beziehungen eines bestimmten Typs verbundene Menge von sozialen Einheiten wie Personen, Positionen, Organisationen usw." definieren (1987:13). Bei der Übertragung auf Gemeindeeliten war demnach die Frage zu klären, welche Beziehungen dafür als besonders geeignet anzusehen sind. Dies setzt wiederum einen anschlussfähigen Elitenbegriff voraus. In strukturell differenzierten Sozialsystemen wie dem einer Gemeinde kann die Elite als die Inhaber der Führungspositionen in den einzelnen institutionellen Bereichen wie der Wirtschaft, dem politisch-administrativen System, dem Vereinswesen und dem kulturellen Bereich mit Schulsystem und Religionsgemeinschaften verstanden werden, die bei kollektiven Entscheidungen mit Auswirkungen auf das System insgesamt über besonderen Einfluss verfügen. Eine Elite in diesem Sinn ist in einem ersten Schritt über die Positionsmethode identifizierbar. Aus dieser Menge von Personen in Führungspositionen wird eine Elite als soziales System, soweit sich die Mitglieder untereinander als mächtig ansehen und sich daher gegenseitig in Rechnung stellen, wenn wichtige Gemeindeangelegenheiten entschieden werden müssen. Dieses gegenseitige Zurechnen von Macht und Einfluss kann somit bereits als eine Beziehung aufgefasst werden, die ein Netzwerk aufspannt.

Mit diesem Verständnis einer Gemeindeelite als soziales System konzipierten Laumann und Pappi (1976) den Eliteteil der Altneustadt-Studie. Sie wählten Altneustadt als Pseudonym für eine Stadt mittlerer Größe im Rheinland, weil die Gründung eines großen naturwissenschaftlichen Forschungsinstituts in den 1950er Jahren zur Zuwanderung vieler, akademisch ausgebildeter Neubürger geführt hatte, deren Wertorientierungen sich stark von denen der einheimischen Altbürger unterschieden. Mit Hilfe des Positionsansatzes konnten die Inhaber der Führungspositionen in den institutionellen Bereichen identifiziert werden, so dass die Zielpopulation für die Befragung schnell feststand. Diese Zielgruppe wurde interviewt und dabei wurde eine Frage nach der Einflussreputation zur Systemabgrenzung verwendet. Die ursprüngliche Liste der mit dem Positionsansatz identifizierten Personen erwies sich auch unter Einflussgesichtspunkten als gültige Auflistung der Elite.

Wie bei der Auswahl der Führungspositionen die verschiedenen institutionellen Bereiche der Gemeinde berücksichtigt wurden, wurde auch bei der Auswahl der „wichtigen Gemeindeangelegenheiten" Wert auf eine Streuung der strittigen Themen und Entscheidungen nach denselben Bereichen geachtet. Im Falle einer Fehlanzeige für einen Bereich erfanden Laumann und Pappi „hypothetische Issues". So war von der Anlage der Untersuchung her gewährleistet, dass alle gängigen Methoden der Elitenidentifikation zum Einsatz kamen: Positions-, Reputations- und Entscheidungsansatz. Da die letzten beiden Ansätze aber erst in der bereits laufenden Befragung zum Tragen kamen, war die Positionsmethode zentral für die Erstellung einer Liste von 50 potentiellen Eliteangehörigen. Nur eine weitere Person musste auf Grund der auf sie entfallenden Machtnennungen zusätzlich berücksichtigt werden (vgl. zu dieser Vorgehensweise allgemein Melbeck 2004: 98ff.). Diese Information ist hier deshalb relevant, weil die Namensliste den Befragten bei den Netzwerkfragen vorgelegt wurde. Auf diese Weise stellten Laumann und Pappi einen für die Befragten sinnvollen Bezug auf das Gesamtsystem her, so dass mit den einzelnen Netzwerknennungen ein valides Gesamtnetzwerk aufgespannt werden konnte: eine Berührungsmatrix für einen bestimmten Typ einer sozialen Beziehung zwischen allen Eliteangehörigen, bei der eine 1 für das Vorhandensein dieser Beziehung und eine 0 für ihr Nichtvorhandensein trotz Kenntnis der entsprechenden Person steht.

Zusätzlich zum Netzwerk der Einflussreputation erhoben Laumann und Pappi ein Netzwerk der Diskussion von Gemeindeangelegenheiten, ein Netzwerk der beruflich-geschäftlichen Kontakte und ein Netzwerk der privaten Kontakte. Was ließ sich mit diesen Netzwerken in der Eliteforschung erreichen, was über den damaligen Forschungsstand hinausging? Das ist einmal eine nachvollziehbare Beschreibung der Machtstruktur und zum anderen eine bessere Erklärung der politischen Entscheidungen, die sich dadurch ergibt, dass man zu individuellen Machtressourcen die Position im Netzwerk (z.B. zentrale versus periphere Position) als Erklärungsfaktor hinzunimmt.

Bei der *Untersuchung der Machtstruktur* kann man sich für die Identifizierung von Machtcliquen und ihre interne Struktur interessieren oder man will in der Gesamtstruktur der verschiedenen sozialen Beziehungen Muster der Hierarchie und Polarisierung entdecken. Die erste Fragestellung ist verbundenheitsorientiert, es zählen direkte und indirekte Beziehungen zwischen allen Eliteangehörigen, aus denen sich ihre gegenseitige Erreichbarkeit ergibt. Die zweite Fragestellung ist positionsorientiert in dem Sinn der strukturellen Äquivalenz oder, abgeschwächt, der strukturellen Ähnlichkeit, die aus gleichen oder ähnlichen Beziehungsmustern von Personen zu allen anderen im Netz resultiert. Hier ist das Fehlen von Beziehungen genauso strukturbildend wie ihr Vorhandensein. Die verbundenheitsorientierte Fragestellung führt zur Cliquenanalyse (vgl. im Hinblick auf Eliten Kappelhoff 1987a), die positionsorientierte Fragestellung führt zur Blockmodellanalyse (vgl. Kappelhoff 1987b; siehe Kapitel 3.6 in diesem Band).

Laumann und Pappi entschieden sich für eine verbundenheitsorientierte Analyse und wählten dafür das Netzwerk der privaten Kontakte aus mit dem Ziel, auf diese Weise die grundlegende Koalitionsstruktur in der Elite von Altneustadt zu entdecken (1976: 101-118). Zu einer Clique sollten alle diejenigen gehören, die über private Kontakte füreinander erreichbar waren (starke Zusammenhangskomponente). Dabei ist daran zu erinnern, dass das Netzwerk der privaten Kontakte einem gerichteten Graphen entspricht, bei dem Person i zwar Person j nennen kann, j aber nicht i nennen muss. Außerdem konnten entgegen inzwischen anerkannter Empfehlungen nur drei Personen genannt werden. Das Ergebnis war umso erstaunlicher. Die Spaltung der Gemeinde in Alt- und Neubürger setzte sich auf der Elitenebene fort und fand dort auch parteipolitisch Ausdruck in einer großen CDU-Komponente mit Bürgermeister und Landrat und fester Verankerung unter den Altbürgern (26 Personen) und einer kleineren SPD-Komponente (7 Personen) mit Vertretern des naturwissenschaftlichen Forschungsinstituts und anderen Neubürgern. Daneben gab es eine kleine Clique von Unternehmern (3 Personen) und Personen ohne Cliquenzugehörigkeit, die aber zum Teil als Brücken zwischen der CDU- und SPD-Clique dienten (vgl. dazu auch die Sekundäranalyse von Breiger 1979). Das Bemerkenswerte an dem kondensierten gerichteten Graphen der privaten Kontakte ist die Aufdeckung der Machtcliquen angesichts der Tatsache, dass die Wahl eines einzigen SPD-Angehörigen durch nur ein Mitglied der 26 Personen umfassenden CDU-Clique zu einer Vereinigung der beiden Komponenten geführt hätte (vgl. Kappelhoff 1987a: 45).

Die *Erklärung von kommunalpolitischen Entscheidungen mit Hilfe von Netzwerkinformation* setzt darauf, dass zentrale Personen in Netzwerken, die Aspekte der Machtstruktur abbilden, sich besser durchsetzen als periphere Personen. Als Grundlage für eine Analyse der Konfliktstrukturen bei den einzelnen Streitfragen führen Laumann und Pappi eine weitere verbundenheitsorientierte Analyse durch. Sie symmetrisieren dazu das Netzwerk der Diskussion von Gemeindeangelegenheiten – eine Beziehung ist vorhanden, wenn i j nennt oder j i oder beides – berechnen die Pfaddistanzen, d.h. die kürzeste Verbindung zwischen allen Paaren, und verwenden die entsprechende Distanzmatrix als Input in eine multidimensionale Skalierung. Ergebnis ist ein Schaubild der Eliteangehörigen, das als Ergebnis zweier Mechanismen interpretiert wird (vgl. Abbildung 1). Der erste Mechanismus ist der der integrativen Zentralität, wonach „Personen, die Schlüsselrollen der Integration und Koordination in einer gegebenen Struktur spielen, in der zentralen Region der räumlichen Repräsentation platziert sind" (1976: 139). Der zweite Mechanismus ist der der Sektordifferenzierung; er „teilt den Raum in relativ homogene Regionen, die strahlenförmig vom Zentrum ausgehen und typischerweise Personal aus demselben institutionellen Bereich und daher mit gemeinsamen Interessen enthalten" (1976: 139). In diese Schaubilder können die Bruchlinien der Konfliktstruktur eingezeichnet werden (1976:169), die für die einzelnen Streitfragen Befürworter und Gegner trennen. Je nach Issue laufen diese Konfliktlinien verschieden, so dass sich trotz der Zweiteilung der Machtcliquen nicht immer genau dieselben Koalitionen gegenüber stehen. Das liegt zum Teil an internen Differenzen in der CDU-Clique zwischen den Interessen der Stadt und denen des Landkreises, obwohl Bürgermeister und Landrat damals beide der CDU angehörten. Diese Visualisierungen der Macht- und Konfliktstrukturen wurden bald um analytische Modelle von Arten der Machtstruktur und von Theorien kollektiven Entscheidens ergänzt, die teilweise mit Sekundäranalysen der Altneustadtstudie illustriert und mit Replikationen dieser Untersuchung getestet wurden.

Abbildung 1: Übernommen aus Laumann und Pappi (1977: 303).

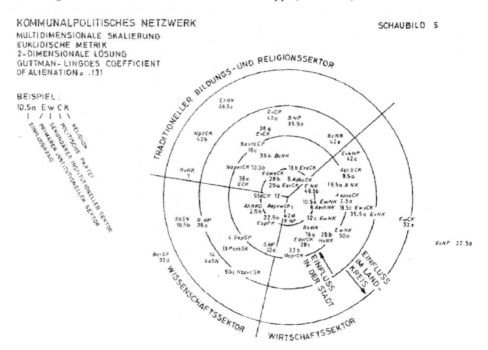

2 Replikationen und Sekundäranalysen

Die Altneustadtstudie wurde 1971 durchgeführt und 1978 als Altneustadt II repliziert (Pappi und Melbeck 1984; Kappelhoff 1993:137-195). Außerdem replizierte Laumann den Untersuchungsplan der Elitestudie in zwei amerikanischen Gemeinden, denen er die Pseudonyme Towertown und River City gab (Laumann et al. 1977). Towertown ist in Größe und Wirtschaftsstruktur mit Altneustadt vergleichbar, so dass es sich für einen direkten Vergleich eignet (Melbeck 1987). Bei den Replikationen wurde stärker als in Altneustadt I auf die Dualität von Personen und Führungspositionen in bestimmten Organisationen und die Erklärung von kommunalpolitischen Entscheidungen als Folge des Tauschs von Einfluss- und Machtressourcen geachtet. Letzteres Thema wird in Abschnitt 4 behandelt werden. Die Dualität von Personen und Positionen/ Organisationen betrifft die Konzipierung von Elitestudien und ist für den Vergleich von kommunalen und nationalen Elitesystemen von zentraler Bedeutung. Sie wird uns deshalb in diesem Abschnitt als erstes beschäftigen, bevor wir auf die Sekundäranalysen eingehen.

Unser Ausgangsbegriff einer lokalen Elite lautete: Inhaber von Führungspositionen in den einzelnen institutionellen Bereichen der Gemeinde. Eine Führungsposition setzt aber eine Organisation voraus, in der man diese Position einnimmt, so dass Handlungen in dieser Position der Organisation als einer juristischen Person zugerechnet werden. Logischerweise kann man dann keine Führungsposition in einem institutionellen Bereich wie z.B. der Wirtschaft insgesamt haben, sondern man hat eine Führungsposition in einer Organisation, die ihrerseits dem Wirtschaftssystem zugerechnet wird wie z.B. im Unternehmen X oder dem Wirtschaftsverband Y. Für Personen in Führungspositionen stellt sich die Frage, ob sie nur als Agenten ihrer Organisation handeln oder ob sie als Inhaber von Führungspositionen in mehreren Organisationen eher als Personen von anderen als einflussreich in Rechnung gestellt werden. Je nachdem, wie man diese Frage beantwortet, wird man Eliten als Einflusssystem von Personen oder von korporativen Akteuren (Organisationen) verstehen. Für mittelgroße Städte wie Altneustadt oder Towertown ist die Annahme eines Personensystems gerechtfertigt. Führungspositionen vor allem bei Parteien und Vereinen werden noch nicht hauptberuflich ausgeübt und über multiple Führungspositionen können sich Personen Einflussressourcen sichern. Über Führungspositionen sind die Personen mit den Organisationen verbunden – dies lässt sich als bipartiter Graph abbilden – und daraus kann man eine symmetrische Matrix der Personenverbindungen erstellen, deren Einträge angeben, durch wie viele gemeinsame Vorstandsmitgliedschaften zwei Personen verbunden sind. Der Dualität von Personen und Organisationen entsprechend (Breiger 1974) kann andererseits auch ein Netzwerk der Organisationsverbindungen erstellt werden, das angibt, durch wie viele Eliteangehörige zwei Organisationen verbunden sind. Diese Organisationsverbindungen waren in Altneustadt viel dichter als in Towertown, was auf eine größere Bedeutung multipler Führungspositionen als Einflussstrategie in der deutschen Gemeinde hinweist (Melbeck 1987).

Was die Sekundäranalysen der Netzwerkdaten von Altneustadt I betrifft, waren sie vor allem aufschlussreich für die Vorteile der positionszentrierten Verfahren zur Analyse von Machtstrukturen. Zwei Versionen solcher Verfahren wurden angewendet, die Blockmodellanalyse (Breiger 1979, vgl. auch Kappelhoff 1987b; siehe Kpaitel 5.6 in diesem Band) und die Strukturanalyse sozialer Distanzen nach Burt (1976, 1977; vgl. auch Ziegler 1987). Im Unterschied zur individuellen Distanz zwischen zwei Personen im Netz in Form z.B. der

Pfaddistanzen berechnet Burt eine soziale Distanz als Euklidische Distanz zwischen zwei Akteuren, in die sowohl der Vektor der gesendeten als auch der erhaltenen Wahlen zu allen anderen Akteuren eingeht. Genau wie bei der Blockmodellanalyse werden strukturell gleiche oder ähnliche Positionen im Gesamtnetz gesucht durch Berücksichtigung des gesamten Beziehungsmusters und nicht nur der Verbundenheit zwischen zwei Akteuren. Dazu kommt die Möglichkeit, die Positionen im Hinblick auf die Ähnlichkeit der Beziehungsmuster in mehreren Netzen gleichzeitig zu bestimmen.

Die von Harrison White und Mitarbeitern (White et al. 1976) an der Harvard Universität entwickelte Blockmodellanalyse hat nicht nur das Ziel, die Knoten des Netzwerks zu strukturell gleichen bzw. ähnlichen Positionen zusammenzufassen, sondern auch die aggregierten Beziehungen zwischen den Positionen zu einer Bildstruktur zu vereinfachen. In ihr werden hohe Dichten mit 1 und niedrige Dichten mit 0 kodiert, was leichte Vergleiche mit Idealtypen von Beziehungsmustern ermöglicht. Außerdem können über die Multiplikation von Bildstrukturen Verkettungen zwischen Beziehungsarten festgestellt werden wie z.B. „der Freund eines Geschäftspartners ist ein Geschäftspartner" (Breiger 1979: 45ff.).

Die wichtigsten Idealtypen für Machtstrukturen sind Polarisierung, Hierarchie und Zentrum/ Peripherie. Nehmen wir mit Breiger zwei Positionen A und B in einer Machtstruktur an, von denen A die mächtigere sei, und sei die relevante – nicht symmetrisierte – Beziehung „Diskussion von Gemeindeangelegenheiten", so lassen sich die in Tabelle 1 aufgeführten idealtypischen Bildstrukturen postulieren. Im Falle der Polarisierung zerfällt die Elite in zwei Lager, die wichtige Angelegenheiten unter sich besprechen. Die Hierarchie kommt in zwei Formen vor, die gemeinsam haben, dass die unterlegene Gruppe Gesprächsangebote an den Machtkern richtet, der seinerseits die unterlegene Gruppe aber nicht als Gesprächspartner nennt. Die beiden Formen unterscheiden sich darin, ob die unterlegene Gruppe intern verbunden ist oder nicht. Zentrum/ Peripherie ist ein Muster, das man z.B. oft in der Wissenschaft findet: „[…] a coherent set of active members (or a ‚leading crowd') is surrounded by isolated individuals who have interchange both to and from them" (Breiger 1979: 29).

Tabelle 1: Idealtypische Bildstrukturen für Elitesysteme

		\multicolumn{8}{c}{Empfänger}
		A	B	A	B	A	B	A	B
Sender	A	1	0	1	0	1	0	1	1
	B	0	1	1	1	1	0	1	0
		\multicolumn{2}{c}{**Polarisierung**}	\multicolumn{2}{c}{**Hierarchie**}			\multicolumn{2}{c}{**Zentrum/Peripherie**}

Sowohl Breiger (1979) als auch Burt (1977) verwandten für ihr Verfahren der Positionsbestimmung strukturell ähnlicher Akteure alle drei Beziehungsnetze von Altneustadt I, ohne die Eignung der Einzelnetze für eine Untersuchung der Machtstruktur näher zu begründen. In späteren Untersuchungen der Machtstruktur von Altneustadt II (vgl. Pappi 1984; Kappelhoff 1993: 144ff.) wurde das Netzwerk der Machtreputation als zentral für die Erfassung einer Machtstruktur angesehen, weil es Aufschluss darüber gibt, wen man bei kommunalen Entscheidungen in Rechnung stellt und von wem man sich deshalb abhängig fühlt. Dazu kommt als weitere wichtige Beziehungsart die Diskussion von Gemeindeangelegenheiten wie schon in Altneustadt I und ein neues Netzwerk des Tauschs von politischen Gefälligkeiten, das der Überprüfung der Theorie des Tauschs von Einflussressourcen diente. Damit haben alle drei Beziehungen einen direkten Bezug zum politischen System (Kappelhoff 1993: 144f.). Trotz des unterschiedlichen Ansatzes und der anderen Auswahl der Beziehungen erweist sich die Machtstruktur von Altneustadt sieben Jahre nach der ersten Studie im Kern als stabil. Es gibt einen großen CDU-Block mit der Stadtratsfraktion im Kern, einen Wirtschaftsblock und einen SPD-Block. Dazu kommen zwei periphere Blöcke, die wir hier außer Acht lassen. Die Bildstrukturen für die drei Blöcke mit den meisten Machtnennungen sind für alle verwendeten Netzwerke in Tabelle 2 dargestellt. Dabei zeigt sich zunächst, dass alle drei Gruppen in allen drei Beziehungen intern stark verbunden sind. Das schließt z.B. eine Zentrum-Peripherie-Struktur schon aus. Es handelt sich vielmehr eindeutig um eine Machthierarchie, bei der die CDU unabhängig von der Beziehung immer an der Spitze steht. Bei Diskussion und Tausch wählt andererseits die SPD nicht den Wirtschaftsblock, der aber seinerseits genau wie die SPD die CDU wählt, ohne dass diese Beziehung erwidert würde.

Tabelle 2: Bildstrukturen für die drei wichtigsten Machtblöcke in Altneustadt II[1)]

	CDU	Wirtschaft	SPD	CDU	Wirtschaft	SPD	CDU	Wirtschaft	SPD
CDU	1	1	0	1	0	0	1	0	0
Wirtschaft	1	1	0	1	1	0	1	1	0
SPD	1	1	1	1	0	1	1	0	1
	Machtreputation			Diskussion			Tausch		

1) Übernahme der Daten aus Graphiken von Kappelhoff 1993: 147

Wie bei der Analyse von kommunalen Eliten findet sich auch in nationalen Elitestudien eine Zweiteilung in verbundenheits- und positions-zentrierte Analysen, soweit diese Studien überhaupt den Netzwerkansatz verwenden. Erstere werden im nächsten und letztere im übernächsten Abschnitt skizziert.

3 Nationale Eliten als soziale Kreise

Kadushin (1968) hat unter Bezug auf Simmel (1908) einen sozialen Kreis als intern dicht verbundene Teilgruppe definiert, die nach außen unklare Grenzen hat, im Unterschied zur Clique, und die sich durch geringe Zielgerichtetheit auszeichnet wie die Clique, aber im Unterschied zu einer Koalition (siehe Kapitel 3.8). Dieses Konzept wurde von Moore (1979) zur Untersuchung der nationalen Elite der USA und von Higley auf die nationale australische Elite (vgl. Higley und Moore 1981 zum Vergleich der beiden Eliten) angewendet. Nach dem Untersuchungsplan dieser Autoren ist dann der Netzwerkteil der Mannheimer Elitestudie 1981 gestaltet worden (vgl. Hoffmann-Lange 1992: 354-399), dessen Auswertungsergebnisse im Folgenden skizziert werden.

Bei einer nationalen Elitestudie ist der Positionsansatz als Einstieg unabdingbar. Hat man die obersten Führungspositionen in den verschiedenen institutionellen Bereichen der Gesellschaft identifiziert, interessieren die Kommunikationsbeziehungen der Inhaber dieser Führungspositionen, um so Aufschluss über die soziale Integration dieser Gruppe zu bekommen. Bei verbundenheitsorientierten Ansätzen geht es dabei um die Vermutung, dass Personen im Zentrum des Netzwerks auch besonders einflussreich sein werden. Ob man dem Zentrum angehört, kann eine Positionsanalyse allein nicht sagen. Dieses Zentrum hatte in den USA und Australien die Eigenschaften eines sozialen Zirkels.

Die Identifikation sozialer Elitezirkel beruht auf einem mehrstufigen Vorgehen, das man verstehen muss, um die Ergebnisse beurteilen zu können. Die Inhaber der Führungspositionen wurden dabei zunächst gefragt, mit welchen Themen, „die auch über den Rahmen Ihrer eigenen Organisation hinaus von Bedeutung sind" (Frage 20 in Wildenmann et al. 1982), sie sich in den letzten 12 Monaten beschäftigt haben. Für das wichtigste Thema wurde darauf nach den „wichtigsten Gesprächspartnern im Zusammenhang mit diesem Problem" gefragt, wobei den Befragten eine Liste mit den erfassten institutionellen Bereichen von „Bundesregierung, Bundestag" bis zu „Wissenschaftsbereich" als Erinnerungsstütze vorgelegt wurde. Berücksichtigt man nur solche Befragte, die mindestens einmal als wichtiger Gesprächspartner genannt wurden – das waren in Deutschland 780 Befragte – ergeben deren Nennungen ein Kommunikationsnetzwerk, dem auch Nicht-Befragte als Genannte angehören können. Durch Symmetrisierung der Beziehungen konnten auch die Nicht-Befragten als normale Mitglieder des Gesamtnetzes behandelt werden, so dass man für die jetzt 1230 Personen eine Cliquenanalyse (siehe Kapitel 5.5) durchführen konnte. 1-Cliquen in dem Sinn, dass alle Cliquenmitglieder direkt verbunden sind, bedeuten praktisch, dass man verschiedenen Cliquen angehören kann. Deshalb wurden Cliquen mit einer Zwei-Drittel-Überlappung der Mitglieder zusammengelegt. Das Ergebnis war ein großer Zirkel mit 559 Mitgliedern und mehrere sehr kleine. Definitionsgemäß wird der große Zirkel als der zentrale Elitenzirkel festgelegt.

Warum dieses aufwändige Vorgehen? Es macht Sinn unter der Voraussetzung, dass man damit den Kern eines Elitesystems identifizieren kann. Das Ergebnis muss nicht notwendig ein großer zentraler Zirkel sein. Er war es aber in Deutschland genauso wie auch in den USA und in Australien. Higley und Moore (1981) interpretieren diese Elitestruktur als konsensuell integriert – die Kommunikationsstruktur sei nicht fragmentiert oder sogar polarisiert – und stellen dieses Elitemodell den traditionellen Modellen einer pluralistischen Elite, einer Machtelite oder dem Modell der herrschenden Klasse gegenüber.

Der für die Bundesrepublik des Jahres 1981 identifizierte zentrale Zirkel zeigt – naturgemäß möchte man sagen – eine starke Überrepräsentanz der politischen Führungspositionen gegenüber der Gesamtheit aller Führungspositionen. Im Vergleich zu insgesamt 14 Prozent Inhabern politischer Führungspositionen im Ausgangssample sind es im zentralen Zirkel 37 Prozent (Hoffmann-Lange 1992: 387). Das führt zu einer entsprechend schwächeren Vertretung der anderen institutionellen Sektoren, mit Ausnahme der Ministerialbürokratie, die in etwa gleich stark vertreten ist (15 bzw. 18 Prozent). Alle anderen institutionellen Bereiche haben im Übrigen einen zwar leicht geschwächten, aber ansonsten angemessenen

Zugang zum zentralen Zirkel. Man kann als Generierungsmechanismen dieser Struktur unschwer die zwei Prinzipien der integrativen Zentralität und der Sektordifferenzierung erkennen, die Laumann und Pappi (1976) für die verbundenheitsorientierte Auswertung der altneustädter Elitenetzwerke postulierten. Inhaltlich ist an den Befunden für die Bundesrepublik in der Spätzeit der sozialliberalen Koalition bemerkenswert, wie stark einige Ministerpräsidenten der Länder auf der nationalen Elitenebene präsent sind. Wählt man die 26 Personen, die die meisten Nennungen als Gesprächspartner erhielten, als integrativen Kern des zentralen Zirkels, sind darunter 9 Mitglieder der Bundesregierung, je 7 Mitglieder von Landesregierungen oder Partei- bzw. Bundestagsfranktions-Vorständen, zwei Wirtschaftsführer und der Vorsitzende des Deutschen Gewerkschaftsbundes (Hoffmann-Lange 1992: 360).

Der zentrale Zirkel eines Elitesystems deckt sicher wichtige Aspekte der Kommunikationsstruktur auf. Für deren Untersuchung lässt sich auch eine Symmetrisierung der Nennungen als Gesprächspartner rechtfertigen. Allerdings nimmt man damit eine gewisse Präjudizierung der Ergebnisse zugunsten einer Zentrum-Peripherie-Struktur in Kauf. Jeder Kontakt eines Abgeordneten zu einem Bundesminister wird dadurch automatisch erwidert. Der Asymmetrie von Machtbeziehungen wird nicht Rechnung getragen (Pappi 1984).

Ein weiterer Kritikpunkt ist die völlige Ausblendung des Entscheidungsansatzes. Man kann also nicht beantworten, wer sich bei Entscheidungen durchsetzt. Die nationale Elite wird letztlich als Palavergemeinschaft verstanden. Das ist nicht abwertend gemeint, weiß man doch aus der Kulturanthropologie, dass wichtigen Entscheidungen der Stammesältesten ein Palaver vorausgeht.

4 Netzwerke und Entscheidungsansatz auf nationaler Ebene

Akzeptiert man für eine parlamentarische Demokratie wie Deutschland das Parlament, also den „Bundestag als Entscheidungszentrum" (von Beyme 1997), muss man bei Anwendung des Entscheidungsansatzes wichtige Gesetzesvorhaben auswählen und dazu, je nach Land verschieden, höchstrichterliche Entscheidungen hinzunehmen. Dazu können außerhalb des engeren staatlichen Bereichs Vertragsabschlüsse wie z.B. Tarifverträge kommen. Diese Aufzählung zeigt bereits die Problematik einer Elitenkonzeption, die eine kleine Gruppe von Personen mit gleichen Interessen an den Schalthebeln der Macht sieht. In modernen ausdifferenzierten Gesellschaften gibt es viele Schalthebel und Inhaber der höchsten Führungspositionen sind weniger als Personen denn als Agenten ihrer Organisationen, d.h. in ihrer Rolle als Agenten korporativer Akteure von Bedeutung. Im Hinblick auf die bereits erwähnte Dualität von Personen und Organisationen wird man nationale Eliten im Sinn von Einflusssystemen als System von Organisationen/ korporativen Akteuren verstehen. Deren Handlungsauftrag erstreckt sich nicht auf alles und jedes, sondern ist enger auf die Interessenvertretung in bestimmten Bereichen gerichtet. Im Hinblick auf Gesetzesvorhaben sind diese Bereiche relativ klar als Politikfelder ausdifferenziert mit eigenen Ministerien, Parlamentsausschüssen und Interessengruppen. Solche Politikfelder entstehen nicht naturwüchsig, sondern werden zu einem guten Teil von politischen Unternehmern gestaltet (Knoke 2004). Folgerichtig haben Knoke und Laumann ein Politikfeld (policy domain) definiert als ein Subsystem des politischen Systems, „das ein inhaltliches Kriterium gegenseitiger Relevanz oder gemeinsamer Orientierung einer Menge einflussreicher Akteure spezifiziert, die

[...] (Policyoptionen) formulieren, vertreten und auswählen zur Lösung der anstehenden, klar abgegrenzten inhaltlichen Probleme" in ihrem Bereich (hier zitiert nach Knoke 2004: 82f.). Auf nationaler Ebene lässt sich eine Elite als soziales System also untersuchen als System der in einem Politikfeld einflussreichen korporativen Akteure, die sich bei den anstehenden Entscheidungen aneinander orientieren. Damit kann der für Altneustadt entwickelte Netzwerkansatz auf die nationale Ebene der Politikfelder übertragen werden.

Die erste Übertragung haben Laumann und Knoke (1987) mit einer Untersuchung der zwei Politikfelder Gesundheit und Energie in den USA der späten 1970er Jahre unternommen. Eine zweite Untersuchung war international vergleichend angelegt. Knoke et. al. (1996) untersuchten die Machtstrukturen in der Arbeits- und Sozialpolitik der USA, Japans und der Bundesrepublik Deutschland in den 1980er Jahren und erklärten den Entscheidungsausgang bei wichtigen Gesetzesvorhaben in dieser Zeit mit einem Ressourcentauschmodell. Dieses Modell war ursprünglich von Coleman entwickelt worden (1973) und in einer ersten Version zur Voraussage der Entscheidungen in Altneustadt II verwendet worden (Pappi und Kappelhoff 1984; Kappelhoff 1993). Eine entscheidende Weiterentwicklung im Hinblick auf – empirisch in Netzwerken feststellbare – Tauschbarrieren erfolgte durch Henning (2000), der sein Tauschmodell für das Politikfeld der gemeinsamen europäischen Agrarpolitik testete.

Zur Ergänzung der verbundenheitsorientierten Netzwerkperspektive eines großen Teils der Elitenforschung soll hier abschließend auf den hierarchischen Machtaspekt eingegangen werden, der auch in Netzwerken der Informationsweitergabe beobachtbar ist. So wurde in der Untersuchung des Politikfelds Arbeit den Befragten als Vertretern ihrer Organisation nicht nur die Frage gestellt, wem sie wertvolle Information senden, sondern auch, von wem sie wertvolle Information empfangen (Pappi et al. 1995: 278-324). Das eröffnete die Möglichkeit der Konstruktion eines Netzwerks der bestätigten Informationsweitergabe. Für Akteur i in der Zeile und j in der Spalte der Berührungsmatrix bedeutet der Eintrag 1, dass j als Sender i als Empfänger der Information angab, was von i als Empfänger bestätigt wurde. Diese Matrix ist aber nicht symmetrisch, weil i nicht auch an j gesendet haben musste. Der für Machtbeziehungen charakteristische hierarchische Aspekt kommt darin zum Ausdruck, dass der Sender wertvoller Information den Empfänger, der diese Informationsweitergabe bestätigt, dann von sich abhängig macht, wenn dieser sich nicht revanchiert, wenn also die bestätigte Informationsweitergabe nicht gegenseitig ist. Eine derartige Beziehung der bestätigten Informationsweitergabe kann somit als wesentlicher Bestandteil einer Blockmodellanalyse der Machtstruktur eines Elitesystems verwendet werden (Pappi 1995).

Man kann noch einen Schritt weitergehen und den Ausgang politischer Entscheidungen mit Hilfe des Netzwerks der bestätigten Informationsweitergabe voraussagen (Pappi et al. 1995: 327-378). Im Politikfeld Arbeit ging es um die Voraussage der endgültigen Annahme oder Ablehnung arbeitsrechtlicher und sozialpolitischer Gesetzesvorhaben. Die Politikfeldakteure waren unterschiedlich stark an der Annahme oder Ablehnung dieser Vorhaben interessiert und kannten den Kreis der Entscheidungsberechtigten. Dieser variierte leicht, in Deutschland z.B. danach, ob es sich um ein Einspruchs- oder Zustimmungsgesetz handelte. Je nach ihren Interessen hatten die Akteure also ein entsprechend abgeleitetes Interesse an den Entscheidungsberechtigten als den zuständigen Agenten. Analog zum Tauschmodell von Coleman (1973) kann man annehmen, dass die Akteure die Agenten kontrollieren und diese Kontrolle so tauschen werden, dass sie die für ihre Interessen optimale Kontrolle erhalten. Der entscheidende Schritt bei der Modellanwendung war die

Gleichsetzung der Kontrolle mit dem Senden wertvoller Information an die Agenten, die diese Information auch tatsächlich nachfragen und dies durch Nennung des Akteurs als Sender bestätigen. Dann handelt es sich um privilegierten Zugang der Akteure zu den Agenten, der auch in dem Sinn getauscht werden kann, dass man sich als Makler zwischen einem Akteur und einem Agenten zur Verfügung stellt.

In diesem Zugangsmodell zu den Entscheidungsberechtigten treten die Akteure, die Interessen haben, in der Rolle der Sender wertvoller Information auf und die Entscheidungsberechtigten oder Agenten als Empfänger, die von den Sendern instrumentalisiert werden. Dabei darf man nicht vergessen, dass die Agenten gleichzeitig auch Akteure sind, was das für ein Netzwerk untypische Problem der Selbstkontrolle aufwirft. Im Zugangsmodell wird davon ausgegangen, dass sich die Kontrolle über einen Agenten auf 1 summiert. Die Akteure, die Zugang zu diesem Agenten haben, teilen sich die Kontrolle anteilsmäßig auf. Wie hoch diese Anteile sein können, hängt aber wesentlich davon ab, wie viel Kontrolle der Akteur für sich selbst behält, um seine eigenen Interessen durchzusetzen, z.B. wegen seiner Gebundenheit an Wahlversprechen. Pappi et al. (1995) setzen diese Selbstkontrolle mit den vom Agenten nicht bestätigten Informationsangeboten gleich. „Grundüberlegung für die Messung der Selbstkontrolle ist, dass ein ‚Akteursagent' um so mehr Selbstkontrolle haben wird, je mehr er es sich leisten kann, angebotene Information nicht anzunehmen" (Pappi et al. 1995: 359).

Politikfeldeliten als in diesem Politikfeld einflussreiche Agenten korporativer Akteure und die Verwendung von Netzwerken als Operationalisierungen von Ressourcentausch, der seinerseits wieder zur Voraussage kollektiver Entscheidungen verwendet wird, führen relativ weit von der traditionellen Eliteforschung weg. Von daher gesehen ist es vielleicht gar nicht überraschend, dass zumindest die neuere deutsche Elitendiskussion kaum auf den Netzwerkansatz Bezug nimmt.

5   Elitestudien mit und ohne Netzwerkinformation

Die Erhebung von Netzwerkdaten mit Hilfe von Umfragen ist aufwändig. So hat die Potsdamer Elitestudie 1995 (Bürklin et al. 1997), die in der Tradition der Mannheimer Elitestudien steht, nur noch Kontakte zu Institutionen und Kategorien von Organisationen erhoben und damit auf das Aufspannen eines Gesamtnetzes zwischen korporativen Akteuren verzichtet. Immerhin lassen sich die Befragten nach ihren Kontaktmustern gruppieren. So lässt sich z.B. feststellen, dass ostdeutsche Eliteangehörige im Kommunikationszentrum des Systems ihrem Anteil in der Elite insgesamt entsprechend vertreten sind, im Cluster der Verwaltungs- und Wirtschaftseliten aber unterrepräsentiert sind (Sauer und Schnapp 1997: 279).

Dank der Dualität von Personen und Organisationen lassen sich aus allgemein zugänglichen Dokumenten auch Verbindungen zwischen Personen über gemeinsame Mitgliedschaften in Ausschüssen, Verbandspräsidien und Aufsichtsräten feststellen und als Kommunikationspotentiale interpretieren. Für den Bereich der Wirtschaftseliten werden sog. *interlocking directorates* seit langem als Datenquelle für Netzwerke genutzt. Mit derartigen Daten hat z.B. Windolf (1998) die größere Dichte der Personalverflechtungen in der deutschen im Vergleich zur britischen Wirtschaftselite festgestellt. Außerdem konnte er so die interne Struktur des Systems der Unternehmensverflechtungen untersuchen. Diese Art Netzwerkanalyse ließe sich auch auf andere Bereiche ausdehnen.

Die Fragestellungen der traditionellen Eliteforschung sind einmal das Problem der Elitenrekrutierung und damit zusammenhängend der Elitenzirkulation und dann die Homogenität oder Heterogenität der Elite im Hinblick auf politische Einstellungen generell und ganz spezifisch im Hinblick auf politische Interessen. Für die Beantwortung dieser Fragen benötigt man nicht unbedingt Netzwerkdaten. Will man aber zusätzlich Aussagen über die soziale Kohäsion, die interne Struktur und die Funktionsweise eines Elitensystems machen, ist der Netzwerkansatz unverzichtbar.

6 Literatur

Bachrach, Peter und *Morton S. Baratz*, 1963: Decisions and nondecisions: An analytical framework. American Political Science Review 57: 632-642.
Barnes, John A., 1954: Class and committees in a Norwegian Island Parish. Human Relations 7: 39-58.
Beyme, Klaus von, 1997: Der Gesetzgeber: Der Bundestag als Entscheidungszentrum. Opladen: Westdeutscher Verlag.
Breiger, Ronald L., 1974: The duality of persons and groups. Social Forces 53: 181-190.
Breiger, Ronald L., 1976: Career Attributes and Network Structure: A Blockmodel Study of a Biomedical Research Specialty. American Sociological Review 41: 117-135.
Breiger, Ronald L., 1979: Toward an operational theory of community elite structures. Quality and Quantity 13: 21-57.
Burt, Ronald S., 1976: Positions in networks. Social Forces 55: 93-122.
Burt, Ronald S., 1977: Positions in multiple network systems, part two: Stratification and prestige among elite decision-makers in the community of Altneustadt. Social Forces 56: 551-575.
Bürklin, Wilhem, Viktoria Kaina u.a., 1997: Eliten in Deutschland. Opladen: Leske + Budrich.
Coleman, James S., 1973: The Mathematics of Collective Action. London: Heinemann Educational Books.
Dahl, Robert A., 1961: Who governs? Democracy and Power in an American City. New Haven und London: Yale University Press.
Henning, Christian H.C.A., 2000: Macht und Tausch in der europäischen Agrarpolitik: Eine positive politische Theorie kollektiver Entscheidungen. Frankfurt/ New York: Campus.
Higley, John und *Gwen Moore*, 1981: Elite integration in the United States and Australia. American Political Science Review 75: 581-597.
Hoffmann-Lange, Ursula, 1992: Eliten, Macht und Konflikt in der Bundesrepublik. Opladen: Leske + Budrich.
Hunter, Floyd, 1953: Community Power Structure. New York: Doubleday.
Kadushin, Charles, 1968: Power, influence and social circles: A new methodology for studying opinion makers. American Sociological Review 33: 685-699.
Kappelhoff, Peter, 1987a: Cliquenanalyse. Die Bestimmung von intern verbundenen Teilgruppen in Netzwerken. S. 39-63 in: *Franz Urban Pappi* (Hg.), Methoden der Netzwerkanalyse. München: Oldenbourg.
Kappelhoff, Peter (1987b) Blockmodellanalyse: Positionen, Rollen und Rollenstrukturen. S. 101-128 in: *Franz Urban Pappi* (Hg.), Methoden der Netzwerkanalyse. München: Oldenbourg.
Kappelhoff, Peter, 1993: Soziale Tauschsysteme: Strukturelle und dynamische Erweiterungen des Marktmodells. München: Oldenbourg.
Knoke, David, 1981: Power structures. S. 275-332 in: *Samuel L. Long* (Hg.), The Handbook of Political Behavior,. New York, London: Plenum Press.

Knoke, David, 2004: The sociopolitical construction of national policy domains. S. 81-96 in: *Christian H.C.A. Henning* und *Christian Melbeck* (Hg.), Interdisziplinäre Sozialforschung. Frankfurt, New York: Campus.

Knoke, David, Franz Urban Pappi, Jeffrey Broadbent und Yutaka Tsujinaka, 1996: Comparing Policy Networks. Labor Politics in the U.S., Germany, and Japan. Cambridge: Cambridge University Press.

Laumann, Edward O. und David Knoke, 1987: The Organizational State. Social Choice in National Policy Domains. Madison: University of Wisconsin Press.

Laumann, Edward O., Peter V. Marsden und Joseph Galaskiewicz, 1977: Community-elite influence structures: Extension of a network approach. American Journal of Sociology 83: 594-631.

Laumann, Edward O. und Franz Urban Pappi, 1973: New directions in the study of community elites. American Sociological Review 38: 212-230 (deutsch S. 281-316 in: *Paul Kevenhörster* (Hg) 1977: Lokale Politik unter exekutiver Führerschaft. Meisenheim am Glan: Anton Hain).

Laumann, Edward O. und Franz Urban Pappi, 1976: Networks of Collective Action. A Perspective on Community Influence Systems. New York: Academic Press.

Lukes, Steven, 1974: Power: A Radical View. London und Basingstoke: Macmillan.

Melbeck, Christian, 1987: Kommunale Machtstruktur und Community Power Structure. Universität Kiel: Dissertation.

Melbeck, Christian, 2004: Netzwerkanalyse zur empirischen Messung von Macht in politischen Systemen. In: Christian H.C.A. Henning und Christian Melbeck, (Hg.) Interdisziplinäre Sozialforschung, S. 97-114. Frankfurt/ New York: Campus.

Mitchell, J.Clyde, 1969: The concept and use of social networks. In: J. C. Mitchell, (Hg.) Social Networks in Urban Situations, Manchester, Eng.: Manchester University Press.

Moore, Gwen, 1979: The structure of a national elite network. American Sociological Review 44: 673-692.

Pappi, Franz Urban, 1984: Boundary specification and structural models of elite systems: Social circles revisited. Social Networks 6: 79-95.

Pappi, Franz Urban, 1987: Die Netzwerkanalyse aus soziologischer Perspektive. S. 11-37 in: Franz Urban Pappi (Hg.), Methoden der Netzwerkanalyse. München: Oldenbourg.

Pappi, Franz Urban, 1995: Macht in Politikfeld-Netzen: Die Beziehungen zwischen arbeits- und sozialpolitischen Akteuren der Bundesrepublik im internationalen Vergleich. S. 101-136 in: *Karl-Heinz Reuband, Franz Urban Pappi* und *Heinrich Best* (Hg.), Die deutsche Gesellschaft in vergleichender Perspektive. Opladen: Westdeutscher Verlag.

Pappi, Franz Urban und Peter Kappelhoff, 1984: Abhängigkeit, Tausch und kollektive Entscheidung in einer Gemeindeelite. Zeitschrift für Soziologie 13: 87-117.

Pappi, Franz Urban, Thomas König und David Knoke, 1995: Entscheidungsprozesse in der Arbeits- und Sozialpolitik. Der Zugang der Interessengruppen zum Regierungssystem über Politikfeldnetze. Ein deutsch-amerikanischer Vergleich. Frankfurt, New York: Campus.

Pappi, Franz Urban und Christian Melbeck, 1984: Das Machtpotential von Organisationen in der Gemeindepolitik. Kölner Zeitschrift für Soziologie und Sozialpsychologie 36: 557-584.

Polsby, Nelson W., 1980: Community Power and Political Theory: A Further Look at Problems of Evidence and Inference. New Haven: Yale University Press.

Sauer, Martina und Kai-Uwe Schnapp, 1997: Elitenintegration durch Kommunikation? Eine Analyse der Kontaktmuster der Positionseliten. S. 239-283 in: *Wilhelm Bürklin u.a.* (Hg.), Eliten in Deutschland. Opladen: Leske + Budrich.

Simmel, Georg, 1908: Soziologie. Untersuchung über die Formen der Vergesellschaftung, 4. Auflage. Berlin: Duncker und Humblot.

White, Harrison C., Scott A. Boorman und Ronald L. Breiger, 1976 Social structure from multiple networks I: Blockmodels of roles and positions. American Journal of Sociology 81: 730-781.

Wildenmann, Rudolf, Max Kaase, Ursula Hoffmann-Lange, Albrecht Kutteroff und Gunter Wolf, 1982: Führungsschicht in der Bundesrepublik Deutschland 1981. Maschinenlesbares Codebuch [ZA-Nr. 1139]. Mannheim: Universität Mannheim.

Windolf, Paul, 1998: Elite networks in Germany and Britain. Sociology 32: 321-351.
Ziegler, Rolf, 1987: Positionen in sozialen Räumen. Die multivariate Analyse multipler Netzwerke. S. 64-100 in: *Franz Urban Pappi* (Hg.), Methoden der Netzwerkanalyse. München: Oldenbourg.

7.3 Netzwerkansätze in der Wirtschaftssoziologie

Sophie Mützel

1 Einleitung

Die neue Wirtschaftssoziologie versteht ökonomisches Handeln als soziales Handeln, das eingebettet in soziale Kontexte stattfindet. Aufbauend auf den soziologischen Klassikern prägt vor allem eine relationale Blickweise auf wirtschaftliches Handeln das sich seit Anfang der 1980er Jahre entwickelnde Forschungsfeld. Dabei stehen Analysen der Voraussetzungen und Konsequenzen von Netzwerken für das wirtschaftliche Handeln im Vordergrund. So können Studien zeigen, dass die Position im Netzwerk das Handeln von Unternehmen beeinflusst (z.b. Gulati und Higgins 2003) und unternehmerisches Handeln möglich macht (z.b. Burt 2004). Zentrales methodisches Instrument ist dafür die Netzwerkanalyse, deren Verbreitung und Institutionalisierung in den Sozialwissenschaften seit den 1970ern in enger Verflechtung mit den Entwicklungen der neuen Wirtschaftssoziologie insbesondere in den USA verlief (Beckert 2005; Convert und Heilbron 2007). Es überrascht daher nicht, dass die Diskussion um Netzwerke ein zentrales Thema der neuen Wirtschaftssoziologie bildet und sich durch die einschlägigen Handbücher (Beckert und Zafirovski 2005; Carruthers und Babb 2000; Dobbin 2004; Granovetter und Swedberg 2001; Guillen et al. 2002; Hirsch-Kreinsen 2005; Maurer 2008; Mikl-Horke 2008; Smelser und Swedberg 1994, 2005, darin besonders Powell und Smith-Doerr 1994; Smith-Doerr und Powell 2005), durch Monographien und Sammelbände, die sich explizit mit der Rolle von Netzwerken in der Wirtschaft beschäftigen (z.B. Fligstein 2001; Grabher und Powell 2004; Kilduff und Tsai 2003; Nohria und Eccles 1992; Rauch und Casella 2001; White 2002), sowie durch Übersichtsaufsätze zu den klassischen Anwendungsfeldern der Wirtschaftssoziologie „Markt" und „Unternehmen" (z.B. Brass et al. 2004; Fligstein und Dauter 2007; Fourcade 2007; Provan et al. 2007, siehe auch Kapitel 7.4 in diesem Band) zieht.[2]

Allgemein lassen sich wirtschaftliche Netzwerke als soziale Phänomene in ganz unterschiedlichen Bereichen und von ganz unterschiedlicher Dimension wieder finden, wie z.B. lokale Austauschnetzwerke (z.B. Hinz und Wagner 2006), Migrationsnetzwerke (z.B. Portes 1995), Unternehmensnetzwerke (z.B. Windeler 2001) oder internationale Handelsnetzwerke (z.B. Erikson und Bearman 2006). Dabei zeichnen sich Netzwerke als eigenständige Organisationsformen zunächst durch besondere Vorteile für das soziale Handeln aus: Sie ermöglichen Beteiligten den einfacheren und schnelleren Zugang zu Informationen und anderen Ressourcen. Zu klären ist, wie die Verbindungen zwischen Akteuren inhaltlich und strukturell geartet sind, unter welchen Bedingungen soziale Netzwerke entstehen und welche Konsequenzen sie haben.

---

[2] Dabei zeigt sich eine enge analytische wie empirische Verbundenheit zur Organisations- und Managementforschung. Seit einiger Zeit ist auch die Ökonomie verstärkt an netzwerkanalytischen Überlegungen interessiert. Netzwerke werden hierbei als die sozialen Kontexte wirtschaftlichen Handelns verstanden und u.a. spieltheoretisch modelliert (z.B. Economides 1996; Goyal 2009; Jackson 2008).

Dieser Beitrag gibt eine Übersicht der sich rasch entwickelnden empirischen Literatur und diskutiert dabei unterschiedliche Ansätze der Netzwerkforschung in der Wirtschaftssoziologie. Zwei klassische Herangehensweisen – die netzwerkanalytische und die Untersuchung von Netzwerken als Handlungsformen – werden vorgestellt und deren Kernkonzepte diskutiert. Als Reaktion auf bekannte Grenzen der netzwerkanalytischen Forschung und der wirtschaftssoziologischen Diskussion lassen sich aktuelle Entwicklungen erkennen. Unterschiedliche Ansätze werden dazu vorgestellt.

2 Klassische netzwerkanalytische Studien und wirtschaftssoziologische Konzepte

Netzwerkanalytische Studien in der Wirtschaftssoziologie beschäftigen sich klassischerweise mit den Auswirkungen von Beziehungen auf das Handeln von wirtschaftlichen Akteuren. Dabei werden soziale Beziehungen als Kanäle verstanden, durch die Ressourcen wie Geld, Zeit, Freundschaft oder Informationen fließen können und die sich je nach Art der Einbettung (Granovetter 1985), nach Beziehungsstärke (Granovetter 1973, siehe Kapitel 3.3 in diesem Band) und nach der Struktur des Netzwerkes (Burt 1992) unterscheiden. Die Verbindungen in interpersonalen Beziehungsnetzwerken stellen für die Akteure primär Ressourcen dar, können aber auch negative Folgen haben. Insbesondere lassen sich diese Auswirkungen bei unterschiedlichen Verbindungsgraden feststellen: schwache Verbindungen erweisen sich als stark bei der Arbeitsplatzsuche (Granovetter 1995), aber starke Verbindungen innerhalb von Netzwerken verhindern Einfluss von außen (Krackhardt 1992). In vielen interpersonalen wirtschaftlichen Netzwerken hat sich eine Balance zwischen starken und schwachen Verbindungen als Faktor für wirtschaftlichen Erfolg gezeigt (Uzzi 1997).

Die empirischen, wirtschaftssoziologischen Studien der letzten 25 Jahren nutzen die gängigen Methoden der Netzwerkforschung, analysieren sowohl persönliche als auch ganze Netzwerke und arbeiten mit qualitativen wie quantitativen Daten. Zentrale wirtschaftssoziologische Konzepte sind entscheidend von netzwerkanalytischen Überlegungen geprägt worden.

2.1 Einbettung

Mark Granovetters Aufsatz zur sozialen Einbettung (1985) bildet den zentralen Referenz- und Diskussionspunkt für die neue Wirtschaftssoziologie: Wirtschaftliche Akteure handeln weder aufgrund von kulturellen Normen, noch aufgrund von rationalen Kosten-Nutzen-Abwägungen, sondern „economic action is embedded in concrete, ongoing systems of social relations" (Granovetter 1985: 487). Damit meint Granovetter soziale Netzwerke, in denen Akteure eben nicht atomisiert, sondern voneinander abhängig handeln. Resultate wirtschaftlichen Handelns können durch die strukturellen Eigenschaften sozialer Netzwerke, insbesondere der Netzwerke persönlicher Beziehungen, erklärt werden (z.B. McGuire et al. 1993). Innerhalb ihrer strukturellen Rahmenbedingungen handeln Akteure durchaus rational (Granovetter 1985: 506).

2.2 Strukturelle Löcher

Ronald Burt verbindet die Theorie rationalen Handelns und netzwerktheoretischen Überlegungen in seinen Arbeiten zu einer strukturellen Handlungstheorie (Burt 1982), nach der sich Akteursinteressen entsprechend der Akteursposition in Netzwerken formieren und diese auch strategisch nutzenmaximierend verändern lassen. In seinen Arbeiten zu strukturellen Löchern und *brokerage* zeigt Burt (1992, 2004, 2005), dass für das wirtschaftliche Handeln eines Akteurs nicht die Beziehungsstärke entscheidend ist, sondern ob der Akteur aufgrund der Struktur seiner Beziehungen in der Lage ist, Akteure ohne direkte Kontakte zueinander als Vermittler zu verbinden und damit sogenannte „strukturelle Löcher" zu überbrücken. Im Ergebnis wird der Informationsfluss über strukturelle Löcher hinweg zu anderen Netzwerken möglich und der rational-kalkulierende Vermittler kann als Gewinn aus dieser Position Kontrolle über die entstandene Beziehung als *tertius gaudens* ausüben (siehe Kapitel 3.7).

2.3 Strukturelle Äquivalenz

Eine weitere zentrale Figur für die Entwicklungen der soziologischen Netzwerkanalyse und der neuen Wirtschaftssoziologie gleichermaßen ist Harrison White. Die gemeinsam mit Koautoren in den 1970er Jahren entwickelte Idee der strukturellen Äquivalenz erklärt soziale Handlungen nicht aufgrund der unmittelbaren sozialen Verbundenheit von Akteuren, wie es die Studien von Granovetter tun, sondern aufgrund der Muster von Beziehungen, die die Position und die Rollenstruktur eines Akteurs relativ zu allen anderen Akteuren im Netzwerk definieren.[3] In der ursprünglichen Version (Lorraine und White 1971) sind zwei Akteure strukturell äquivalent, wenn sie genau die gleichen Verbindungen zu und von anderen Mitgliedern des Netzwerks aufweisen, ohne notwendigerweise miteinander verbunden zu sein. Die algorithmische Umsetzung dieser Äquivalenzidee findet sich in der Blockmodellanalyse (Breiger et al. 1975; White et al. 1976), mit deren Hilfe die Struktur der Beziehungen vereinfacht wird. Die Idee der strukturellen Äquivalenz hat insbesondere die neue Marktsoziologie entscheidend geprägt, die durch Whites Frage „Where do markets come from?" (1981) initiiert wurde (z.B. Beckert et al. 2007; Fourcade 2007). Kerngedanke ist dabei, dass Produzenten durch Beobachtung und Signalisierung einer kleinen Gruppe von vergleichbaren, äquivalenten Konkurrenten Informationen über die Marktstruktur erlangen können, die es ihnen erlauben, ihre eigene Nische auf dem Markt zu finden und sich somit dem ständigen Wettbewerb entziehen können (siehe Kapitel 3.6 und Kapitel 5.6).

3 Wirtschaftliche Netzwerke als Handlungsform

Neben den netzwerkanalytischen Ansätzen, fokussiert eine zweite klassische Herangehensweise der Wirtschaftssoziologie auf die institutionellen Mechanismen und sozialen Kontexte, die die Koordination, Gründung, Kontrolle, Veränderungen und Beendigung von Netzwerken ermöglichen oder verhindern und damit wirtschaftliches Handeln entscheidend

---

[3] Diese Orientierung wird im Gegensatz zur relationalen Betrachtungsweise der Verbindungen auch als „positionale Analyse" bezeichnet (Burt 1980).

mitbestimmen. Netzwerke werden hier als *besondere Formen der Handlungskoordination* verstanden und verweisen auf Verbindungen zwischen individuellen oder kollektiven Akteuren gleichermaßen. Die beiden Herangehensweisen schließen sich nicht aus, sondern ergänzen sich in Untersuchungen.

Als Alternative zur marktförmigen Organisation und zu bürokratisch-organisierten Interaktionen (Powell 1990) erlauben Netzwerke Flexibilität, koordiniertes Verhalten und damit größere Effizienz und Leistungsfähigkeit (Weyer 2000). Wie eine Reihe von empirischen Studien zeigt, sind Netzwerke insbesondere für Lern- und Innovationsprozesse ertragreich (z.B. Ahuja 2000; Jansen 2006; Powell et al. 1996). Auch zeigen Kooperationsnetzwerke gesteigerte Wirtschaftlichkeit und höherwertige Produktqualitäten auf (Uzzi 1997). Notwendige Voraussetzung und Kern solcher Netzwerke ist die vertrauensvolle (informelle oder formelle) Kooperation autonomer, jedoch voneinander abhängiger Akteure. Nichtsdestotrotz weisen Studien auch immer wieder auf die schädlichen Konsequenzen dieser Handlungsform hin. Insbesondere informelle Netzwerke decken und unterstützen illegale Aktivitäten (z.B. Baker und Faulkner 1993; Brass et al. 1998; Raab und Milward 2003) und tragen zur Schließung von sozialen Kreisen bei (Kadushin 1995). Informelle interorganisationale Netzwerke, wie Untersuchungen zu Personal- und Unternehmensverflechtungen zeigen, strukturieren zudem Machtpositionen innerhalb eines Wirtschaftsrahmens oder einer Gemeinschaft (z.B. Heinze 2002; Mintz und Schwartz 1985; Mizruchi 1992; Useem 1984; Windolf und Beyer 1995; Ziegler 1984).

Die Herangehensweise, Netzwerke als besondere Formen der Handlungskoordination zu verstehen, hat sich eng mit dem neuen Institutionalismus in der Organisationsforschung entwickelt und führt die Beschaffenheit von Netzwerken auf das größere institutionelle und kulturelle Umfeld zurück. So lassen sich die auf traditioneller Reziprozität basierenden japanischen Unternehmensnetzwerke im kulturellen Kontext spezifischer staatlicher Intervention erklären (Hamilton und Biggart 1988). Auch regionale Unterschiede können mit Blick auf institutionelle Rahmenbedingungen und bestimmte lokale Voraussetzungen erklärt werden, wie die Arbeiten zu *industrial districts* zeigen (Piore und Sabel 1984). Ferner stellen sich Unterschiede in der Form der Handlungskoordination je nach zeitlicher Dauer heraus: langfristige Netzwerke profitieren vom eingespielten Austausch zwischen Kooperationspartnern, doch kann ihnen diese Enge auch schaden (Grabher 1993). Netzwerkartige Koordinationsformen können zudem unterschiedlich intern strukturiert sein, von hierarchisch bis heterarchisch (Sydow 2001; Windeler 2001).

In der Literatur finden sich unterschiedliche Typen solcher Netzwerke als Handlungsform, die von informaler bis zur formalen Handlungskoordination reichen.

3.1 Informelle Netzwerke

Informelle Netzwerke, wie die klassische Studie von Geertz (2001) zeigt, sind von persönlichen, vertrauensvollen Beziehungen zwischen Händlern und Käufern geprägt, ein Befund, der der neoklassischen Annahme von starkem Wettbewerb zwischen Händlern und Käufern im Handel um den besten Preis widerspricht. Im reziproken Austausch von Informationen zu Preis und Qualität verbessern Händler und Käufer die Verlässlichkeit und den Gehalt von Informationen für Markthandlungen und handeln mitunter gegen ihre eigentlichen wirtschaftlichen Interessen (Uzzi 1996, 1997). Andere Studien von zentralen Orten des theoretisch angenommenen, reinen Marktaustauschs, wie der Börse und des Finanzmarkts (Abolafia 1996; Baker 1990; Uzzi 1999), aber auch allgemein unter miteinander konkurrierenden Geschäftsleuten (Zuckerman und Sgourev 2006), bestätigen diese Befunde. Ebenfalls werden Konsumentscheidungen von informellen Netzwerken geprägt (Beckert und Lutter 2007; DiMaggio und Louch 1998).

3.2 Projektnetzwerke

In zeitlich limitierten Projektnetzwerken, wie sie sich beispielsweise in der Film-, Musik- oder Werbeindustrie finden, sind persönliche Netzwerke entscheidend. Es gilt die persönliche Reputation als Maß für wiederholte Kooperation (z.B. Faulkner und Anderson 1987; Grabher 2001).

3.3 Regionale Wirtschaftsnetzwerke

Auch für das Funktionieren von regionalen Wirtschaftsnetzwerken sind persönliche Beziehungen essentiell. Erfolgreiche Regionen wie Baden-Württemberg (Herrigel 1996) oder Silicon Valley (Kenney 2000; Saxenian 1994) werden als besonders eingebettet in die kulturellen, politischen und institutionellen Rahmenbedingungen verstanden.

3.4 Unternehmungsnetzwerke

Regionale Wirtschaftsnetzwerke können auch als Cluster gegründet und durch Unternehmungsnetzwerke fixiert sein. Unternehmungsnetzwerke sind dann formale netzwerkartige Organisationsformen, die durch vertragliche Kooperationsvereinbarungen zwischen Unternehmen oder auch strategische Allianzen zustande kommen (z.B. Podolny und Page 1998; Sydow 1992; Todeva und Knoke 2002; Windeler 2001).

4 Entwicklungen der Netzwerkforschung in der Wirtschaftssoziologie und Ausblick

Netzwerkansätze ermöglichen der Wirtschaftssoziologie eine soziale, relationale Sichtweise auf wirtschaftliche Phänomene. Methodisch und konzeptionell stoßen netzwerkanalytisch fundierte Arbeiten jedoch an bekannte Grenzen (z.B. Emirbayer und Goodwin 1994; Hollstein 2006): Sie behandeln einzelne Zeitpunkte, erfassen häufig nur eine Beziehungsdimension, argumentieren deterministisch oder wandeln Messwerte aus Netzwerkstrukturen zu individuellen Attributen um. Zudem zeigt die Forschung der letzten Jahrzehnte, dass Einbettung inhaltlich wie auch theoretisch ein mehrdeutiges Konzept bleibt (Beckert 1996; Krippner und Alvarez 2007). Zu dieser inhaltlichen Mehrdeutigkeit kommt auch theoretische Kritik: die manifesten, sozialen Interaktionen, mit denen sich Einbettungsstudien beschäftigen, sind die Konsequenzen weitreichender sozialer Strukturierung und greifen daher zu kurz (Bourdieu 2002).

Gegenwärtig stellt sich die netzwerkorientierte neue Wirtschaftssoziologie, ähnlich wie die Wirtschaftsgeographie (Grabher 2006), diesen methodischen, konzeptionellen und theoretischen Herausforderungen. Wie schon zu Beginn der neuen Wirtschaftssoziologie geben netzwerkanalytische Einsichten und methodische Fortschritte der aktuellen Forschungsliteratur neue Impulse.

Analytisch lassen sich sechs Ansätze als wichtige Anknüpfungspunkte erkennen:

4.1 Kleine Welten

Der gleichzeitige Fokus auf lokale Verdichtungen und globale Erreichbarkeit von Netzwerkmitgliedern des Small World-Phänomens (Watts 1999) lässt sich auch auf wirtschaftssoziologische Themen anwenden. So kann beispielsweise die Eigentümerstruktur der deutschen Wirtschaft als „kleine Welt" verstanden werden, die sich experimentell als robust gegenüber weitgehenden Netzwerkveränderungen erweist (Kogut und Walker 2001). Eigenschaften von „kleinen Welten" zeigen sich förderlich für die Entstehung von künstlerischen Neuheiten und wirken sich positiv auf wirtschaftlichen Erfolg aus, wie eine Studie von Broadway Musicals belegt (Uzzi und Spiro 2005; siehe Kapitel 3.13 in diesem Band).

4.2 Strukturelle Mehrdeutigkeit

Auch die Verknüpfung der *tertius gaudens*-Position und der Analyse der strukturellen Äquivalenz, die Beziehungsmuster freilegt, lässt sich für die Wirtschaftssoziologie jenseits des Einbettungskonzepts nutzen. In ihrer Studie zu den Wirtschafts- und Heiratsstrukturen im Florenz der Renaissance zeigen Padgett und Ansell mit Hilfe der Netzwerkanalyse eine erfolgreiche Handlungsform auf: *robust action*. Ausschlaggebend für den Machterhalt der Medici war, dass sich Cosimo als „indecipherable sphinx" (Padgett und Ansell 1993: 1262) mehrdeutig zu seinen Gegenübern verhielt, sich so Optionen offen ließ und gleichzeitig Unklarheit für Andere schuf. Stark (1996) kann ganz ähnliche Strukturen der Multivokalität und des flexiblen Opportunismus für die post-sozialistische Wirtschaft Ungarns nachweisen. Andere empirische Studien, die sich ebenfalls mit historischen wirtschaftlichen Prozessen beschäftigen, entwickeln das Modell der Brokerage weiter und weisen auf weitere strukturelle Positionen der Mehrdeutigkeit hin (Hillmann 2008; Stark und Vedres 2009; Van Dooselaere 2009).

4.3 Dynamische Netzwerkmodelle

Zur Dynamisierung von Netzwerkbeziehungen sind nicht nur Längsschnittdaten, sondern auch Erweiterungen des analytischen Werkzeugkastens vonnöten (Kappelhoff 2000; siehe Kapitel 5.8 in diesem Band). Richtungweisende Arbeiten benutzen vor allem Modelle aus der Biologie und der Chemie, um damit die Ko-Evolutionen von unterschiedlichen Netzwerken und deren Struktureffekte aufzuzeigen, z.B. von wirtschaftlichen, politischen und familiären Netzwerken im Florenz der Renaissance, deren Verflechtungen zur Entstehung des modernen Finanzsystems führten (Padgett und McLean 2006), von wissenschaftlichen und wirtschaftlichen Netzwerken, die zur Entstehung des Biotech-Feldes beitrugen (Powell et al. 2005) oder von interorganisationalen Netzwerken und ausländischen Direktinvestitionen, die in Ungarn zu unterschiedlichen Wirtschaftsformen führten (Stark und Vedres 2006).

4.4 Beobachtung in Netzwerken

Ein anderer Ansatz legt den Schwerpunkt auf die kognitiven Fähigkeiten der Akteure. Podolny versteht Netzwerke als informative Linsen und beschäftigt sich mit den beobachtbaren Beziehungsmustern von wirtschaftlichen Akteuren, die es Dritten erlauben, Rückschlüsse über den Status der handelnden Akteure zu erhalten. Im Kern des Modells, das Podolny auf unterschiedliche Märkte angewandt hat (Benjamin und Podolny 1999; Podolny 2005), geht es um Unterscheidungen und die Erzeugung von Ungleichheiten im Markt, basierend auf kognitiver Wahrnehmung bestimmter Schemata.

4.5 Geschichten in Netzwerken

Bereits in seinem marktsoziologischen Aufsatz hat White (1981) gezeigt, dass Verbindungen zwischen Akteuren durch Kognition entstehen: Jeder Produktionsmarkt konstituiert sich durch einander beobachtende Teilnehmer, die sich als vergleichbar erachten. Aus den beobachteten Handlungen der Konkurrenz gewinnen Akteure dann Hinweise für das eigene Handeln. Die eigene Handlung, die nach Beobachtung der Konkurrenz und einer Evaluation folgt, liefert wiederum rekursiv Hinweise für diese Konkurrenz (Leifer und White 1987).

Die soziale Struktur *Markt* konstituiert sich aus diesen netzwerkartigen Verbindungen der Beobachtung. Seit Anfang der 1990er Jahre erweitert White sein kognitives Modell um erzählte *Geschichten* (*stories*) und damit verbunden um die Schaffung von Bedeutung (White 1992, 2000, 2008; White und Godart 2007; White et al. 2007; siehe Kapitel 4.6 in diesem Band). Beim Erzählen von Geschichten nehmen Akteure Zuschreibungen von sozialen Beziehungen und von ihrer eigenen Position in diesen Beziehungen vor – die Beziehungen und die Akteure selbst werden wiederum von den erzählten Geschichten geprägt. Dies gilt für Akteure in wirtschaftlichen Kontexten gleichermaßen wie für andere soziale Akteure. Geschichten von wirtschaftlichen Akteuren, wie beispielsweise Pressemeldungen von Unternehmen, liefern der Konkurrenz informationsreiche Hinweise über die Wahrnehmung des Beziehungsgefüges und ermöglichen die eigene Präsentation. Auf der Grundlage von schriftlichen oder verbalen Erzählungen können sich wirtschaftliche Akteure mit der Konkurrenz vergleichen und ihre eigene Position im Marktgefüge besser einschätzen. Märkte entstehen somit aus gemeinsam konstruierten Bedeutungsnetzwerken; die zwischen den beteiligten Akteuren erzählten Geschichten bilden die Verbindungen. Übertragungen dieser Marktkonzeption aus Beobachtungen, Interaktionen und nach außen erzählten Geschichten finden sich bei Aspers (2006, 2007), Kennedy (2005, 2008) und Mützel (2002, 2007, 2009).

4.6 Performativität

Vorrangig in England und Frankreich entwickelt, hat die Akteur-Netzwerk Theorie (ANT) seit Ende der 1990er Jahre einen festen Platz in marktsoziologischen Analysen. So zeigt Michel Callon (1998) in seinen ersten marktsoziologischen Arbeiten, wie die Wirtschaftswissenschaften performative Wirtschaftsteilnehmer sind und somit, dass die Wirtschaft und die Wirtschaftswissenschaften keine getrennten Objekte/ Akteure sind. Weitere Arbeiten versuchen mit Hilfe der methodischen Herangehensweise der ANT *ex post* den Verbindungen der Objekte/ Akteure zu folgen und deren Wertzuschreibungen zu skizzieren (Callon et al. 2002). Besonders die Finanzmarktsoziologie setzt sich mit Callons Arbeiten zur Performativität und dem ANT-Ansatz auseinander (z.B. Beunza und Stark 2004; Callon und Muniesa 2005; MacKenzie und Millo 2003; MacKenzie et al. 2007).

Perspektivisch lassen sich neben der dynamischen Modellierung und der Analyse von „kleinen Welten" weitere methodische Erweiterungen ausmachen, die ebenfalls für die kommende Forschung richtungsweisend sein werden. So ermöglichen neuere statistische Modelle die strukturbildenden Effekte von mehrdimensionalen, bestehenden Beziehungen zu analysieren (Lazega und Pattison 1999). Andere Herausforderungen ergeben sich aus der theoretischen Fundierung: Geklärt werden müssen fruchtbare Verbindungen oder ausschließende Divergenzen zu anderen Theorieansätzen, wie zur Systemtheorie oder Bourdieus Feld- und Praxistheorie. Gleichzeitig sollte der inhaltliche Blick auch andere Teilsoziologien wie die Kultursoziologie, politische Soziologie und historische Soziologie berücksichtigen, um eine innovative Zusammenarbeit beispielsweise zu Fragen der Entstehung von wirtschaftlichen Strukturen zu ermöglichen.

5 Literatur

Abolafia, Mitchel, 1996: Making markets: opportunism and restraint on Wall Street. Cambridge, MA: Harvard University Press.
Ahuja, Gautam, 2000: Collaboration networks, structural holes, and innovation: A longitudinal study. Administrative Science Quarterly 45: 425-455.
Aspers, Patrik, 2006: Markets in Fashion. Oxford: Routledge.
Aspers, Patrik, 2007: Wissen und Bewertung auf Märkten. Berliner Journal für Soziologie 17: 431-449.
Baker, Wayne E., 1990: Market networks and corporate behavior. American Journal of Sociology 96: 589-625.
Baker, Wayne E. und *Robert R. Faulkner*, 1993: The social organization of conspiracy: illegal networks in the heavy electrical equipment industry. American Sociological Review 58: 837-860.
Beckert, Jens, 1996: Was ist soziologisch an der Wirtschaftssoziologie? Zeitschrift für Soziologie 25: 125-146.
Beckert, Jens, 2005: Soziologische Netzwerkanalyse. S. 286-312 in: Dirk Kaesler (Hg.), Aktuelle Theorien der Soziologie. München: C.H. Beck.
Beckert, Jens und *Milan Zafirovski* (Hg.), 2005: International Encyclopedia of Economic Sociology. London: Routledge.
Beckert, Jens und *Mark Lutter*, 2007: Wer spielt, hat schon verloren? Zur Erklärung des Nachfrageverhaltens auf dem Lottomarkt. Kölner Zeitschrift für Soziologie und Sozialpsychologie 59: 240-270.

Beckert, Jens, Rainer Diaz-Bone und *Heiner Ganßmann* (Hg.), 2007: Märkte als soziale Strukturen. Frankfurt a.M./New York: Campus.
Benjamin, Beth und *Joel M. Podolny*, 1999: Status, quality, and social order in the California wine industry. Administrative Science Quarterly 44: 563-589.
Beunza, Daniel und *David Stark*, 2004: Tools of the trade: the socio-technology of arbitrage in a Wall Street trading room. Industrial and Corporate Change 13: 369-400.
Bourdieu, Pierre, 2002: Das ökonomische Feld. S. 185-226 in: *Pierre Bourdieu* (Hg.), Der Einzige und sein Eigenheim. Hamburg: VSA-Verlag.
Brass, Daniel J., Kenneth D. Butterfield und *Bruce C. Skaggs*, 1998: Relationships and Unethical Behavior: A Social Network Perspective. The Academy of Management Review 23: 14-31.
Brass, Daniel J., Joseph Galaskiewicz, Henrich R. Greve und *Wenpin Tsai*, 2004: Taking stock of networks and organizations: A multilevel perspective. Academy of Management Journal 47: 795-817.
Breiger, Ronald L., Scott Boorman und *Phipps Arabie*, 1975: An algorithm for clustering relational data with applications to social network analysis and comparison with multidimensional scaling. Journal of Mathematical Psychology 12: 328-383.
Burt, Ronald S., 1980: Models of network structure. American Sociological Review 6: 79-141.
Burt, Ronald S., 1982: Toward a Structural Theory of Action. New York: Academic Press.
Burt, Ronald S., 1992: The Social Structure of Competition. S. 57-91 in: *Nitin Nohria* und *Robert Eccles* (Hg.), Networks and Organization. Boston, MA: Harvard Business School Press.
Burt, Ronald S., 2004: Structural Holes and Good Ideas. American Journal of Sociology 110: 349-399.
Burt, Ronald S., 2005: Brokerage and Closure: An Introduction to Social Capital. Oxford: Oxford University Press.
Callon, Michel, 1998: Introduction: the embeddedness of economic markets in economics. S. 1-57 in: *Michel Callon* (Hg.), The Laws of the Market. Oxford: Blackwell.
Callon, Michel und *Fabian Muniesa*, 2005: Economic Markets as Calculative Collective Devices. Organization Studies 26: 1229-1250.
Callon, Michel, Cecile Meadel und *Vololona Rabeharisoa*, 2002: The economy of qualities. Economy and Society 31: 194-217.
Carruthers, Bruce und *Sarah Babb*, 2000: Economy/ Society: Markets, meanings, and social structure. Thousand Oaks: Pine Forge Press.
Convert, Bernard und *Johan Heilbron*, 2007: Where did the new economic sociology come from? Theory and Society 36: 31-54.
DiMaggio, Paul und *Hugh Louch*, 1998: Socially embedded consumer transactions: for what kinds of purchases do people most often use networks? American Sociological Review 63: 619-637.
Dobbin, Frank (Hg.), 2004: The Sociology of the Economy. New York: Russell Sage.
Economides, Nicolas, 1996: The economics of networks. International Journal of Industrial Organization 14: 673-699.
Emirbayer, Mustafa und *Jeff Goodwin*, 1994: Network analysis, culture, and the problem of agency. American Journal of Sociology 99: 1411-1454.
Erikson, Emily und *Peter Bearman*, 2006: Malfeasance and the Foundations for Global Trade: The Structure of English Trade in the East Indies, 1601–1833. American Journal of Sociology 112: 195-230.
Faulkner, Robert und *Andy B. Anderson*, 1987: Short-term projects and emergent careers: evidence from Hollywood. American Journal of Sociology 92: 879-909.
Fligstein, Neil, 2001: The Architecture of Markets: An Economic Sociology of Twenty-First-Century Capitalist Societies. Princeton, NJ: Princeton University Press.
Fourcade, Marion, 2007: Theories of Markets and Theories of Society. American Behavioral Scientist 50: 1015-1034.

Geertz, Clifford, 2001: The bazaar economy: information and search in peasant marketing. S. 139-145 in: *Mark Granovetter* und *Richard Swedberg* (Hg.), The Sociology of Economic Life. Boulder, CO: Westview.
Goyal, Sanjeev, 2009: Connections: An Introduction to the Economics of Networks. Princeton, NJ: Princeton University Press.
Grabher, Gernot, 1993: The weakness of strong ties: The lock-ins of regional development in the Ruhr area. S. 265-277 in: *Gernot Grabher* (Hg.), The embedded firm. London: Routledge.
Grabher, Gernot, 2001: Locating Economic Action: Projects, Networks, Localities and Institutions. Environment & Planning A 33: 1329-1334.
Grabher, Gernot, 2006: Trading routes, bypasses, and risky intersections: mapping the travels of 'networks' between economic sociology and economic geography. Progress in Human Geography 30: 163-189.
Grabher, Gernot und *Walter W. Powell*, 2004: Networks. Cheltenham: Edward Elgar.
Granovetter, Mark, 1973: The strength of weak ties. American Journal of Sociology 78: 1360-1380.
Granovetter, Mark, 1985: Economic action and social structure. The problem of embeddedness. American Journal of Sociology 91: 481-510.
Granovetter, Mark, 1995: Getting a Job: A Study of Contacs and Careers. Cambridge, MA: Harvard University Press.
Granovetter, Mark, und *Richard Swedberg* (Hg.), 2001: The Sociology of Economic Life. Boulder: Westview Press.
Guillen, Mauro, Randall Collins, Paula England und *Marshall Meyer* (Hg.), 2002: The new economic sociology: developments in an emerging field. New York, NY: Russell Sage Foundation.
Gulati, Ranjay und *Monica C. Higgins*, 2003: Which ties matter when? The contingent effects of interorganizational partnerships on IPO success. Strategic Management Journal 24: 127-144.
Hamilton, Gary und *Nicole Woolsey Biggart*, 1988: Market, Culture, and Authority: A Comparative Analysis of Management and Organization in the Far East. American Journal of Sociology 94: 52-94.
Heinze, Thomas, 2002: Die Struktur der Personalverflechtung großer deutscher Aktiengesellschaften zwischen 1989 und 2001. Zeitschrift für Soziologie 31: 391-410.
Herrigel, Gary, 1996: Industrial Constructions: The Sources of German Industrial Power. New York: Cambridge University Press.
Hillmann, Henning, 2008: Mediation in Multiple Networks: Elite Mobilization before the English Civil War. American Sociological Review 73: 426-454.
Hinz, Thomas und *Simone Wagner*, 2006: Gib und Nimm. Lokale Austauschnetzwerke zwischen sozialer Bewegung und Marktergänzung. Soziale Welt 57: 65-82.
Hirsch-Kreinsen, Hartmut, 2005: Wirtschafts- und Industriesoziologie. Grundlagen, Fragestellungen, Themenbereiche. Weinheim und München: Juventa Verlag.
Hollstein, Betina, 2006: Qualitative Methoden und Netzwerkanalyse - ein Widerspruch? S. 11-35 in: *Betina Hollstein* und *Florian Straus* (Hg.), Qualitative Netzwerkanalyse. Konzepte, Methoden, Anwendungen. Wiesbaden: VS Verlag.
Jackson, Matthew O., 2008: Social and Economic Networks. Princeton, NJ: Princeton University Press.
Jansen, Dorothea, 2006: Innovation durch Organisationen, Märkte oder Netzwerke? S. 77-97 in: *Reinhold Reith, Rupert Pichler* und *Christian Dirninger* (Hg.), Innovationskultur in historischer und ökonomischer Perspektive. Innsbruck/ Wien/ Bozen: Studienverlag.
Kadushin, Charles, 1995: Friendship Among the French Financial Elite. American Sociological Review 60: 202-221.
Kappelhoff, Peter, 2000: Der Netzwerkansatz als konzeptueller Rahmen für eine Theorie interorganisationaler Netzwerke. S. 25-57 in: *Jörg Sydow* und *Arnold Windeler* (Hg.), Steuerung von Netzwerken. Opladen: Westdeutscher Verlag.

Kennedy, Mark T., 2005: Behind the one-way mirror: Refraction in the construction of product market categories. Poetics 33: 201-226.
Kennedy, Mark T., 2008: Getting Counted: Markets, Media, and Reality. American Sociological Review 73: 270-295.
Kenney, Martin (Hg.), 2000: Understanding Silicon Valley: The Anatomy of an Entrepreneurial Region. Stanford, CA: Stanford University Press.
Kilduff, Martin und *Wenpin Tsai*, 2003: Social Networks and Organizations. London: Sage.
Kogut, Bruce und *Gary Walker*, 2001: The small world of Germany and the durability of national networks. American Sociological Review 66: 317-335.
Krackhardt, David, 1992: The Strength of Strong Ties: The Importance of Philos in Organizations. S. 216-239 in: *Nitin Nohria* und *Robert Eccles* (Hg.), Networks and Organizations. Boston: Harvard Business School Press.
Krippner, Greta R. und *Anthony S. Alvarez*, 2007: Embeddedness and the Intellectual Projects of Economic Sociology. Annual Review of Sociology 33: 219-240.
Lazega, Emmanuel und *Philippa Pattison*, 1999: Multiplexity, generalized exchange and cooperation in organizations: a case study. Social Networks 21: 67-90.
Leifer, Eric und *Harrison C. White*, 1987: A structural approach to markets. S. 85-108 in: *Mark Mizruchi* und *Michael Schwartz* (Hg.), Intercorporate Relations. Cambridge: Cambridge University Press.
Lorraine, Francois und *Harrison C. White*, 1971: Structural equivalence of individuals in social networks. Journal of Mathematical Sociology 1: 49-80.
MacKenzie, Donald und *Yuval Millo*, 2003: Constructing a market, performing theory: the historical sociology of a financial derivatives exchange. American Journal of Sociology 109: 107-145.
MacKenzie, Donald, Fabian Muniesa und *Lucia Siu* (Hg.), 2007: Do Economists Make Markets? On the Performativity of Economics. Princeton: Princeton University Press.
Maurer, Andrea (Hg.), 2008: Handbuch der Wirtschaftssoziologie. Wiesbaden: VS Verlag.
McGuire, Patrick, Mark Granovetter und *Michael Schwartz*, 1993: Thomas Edison and the Social Construction of the Early Electricity Industry in America. S. 213-246 in: *Richard Swedberg* (Hg.), Explorations in Economic Sociology. New York, NY: Russell Sage.
Mikl-Horke, Gertraude, 2008: Sozialwissenschaftliche Perspektiven der Wirtschaft. München: Oldenbourg.
Mintz, Beth und *Michael Schwartz*, 1985: The Power Structure of American Business. Chicago: University of Chicago Press.
Mizruchi, Mark, 1992: The Structure of Corporate Political Action: Interfirm Relations and their Consequences. Cambridge: Harvard University Press.
Mützel, Sophie, 2002: Making meaning of the move of the German capital: networks, logics, and the emergence of capital city journalism. Ann Arbor: UMI.
Mützel, Sophie, 2007: Marktkonstitution durch narrativen Wettbewerb. Berliner Journal für Soziologie 17: 451-464.
Mützel, Sophie, 2009: Koordinierung von Märkten durch narrativen Wettbewerb. S. 87-106 in: *Jens Beckert* und *Christoph Deutschmann* (Hg.), Wirtschaftssoziologie. 49. Sonderheft der KZfSS. Wiesbaden: VS Verlag für Sozialwissenschaften.
Nohria, Nitin und *Robert Eccles* (Hg.), 1992: Networks and Organizations. Cambridge, MA: Harvard Business School Press.
Padgett, John und *Christopher K. Ansell*, 1993: Robust action and the rise of the Medici, 1400-1434. American Journal of Sociology 98: 1259-1319.
Padgett, John, Doowan Lee und *Nick Collier*, 2003: Economic production as chemistry. Industrial and Corporate Change 12: 843-877.
Piore, Michael J. und *Charles Sabel*, 1984: The Second Industrial Divide. New York: Basic Books.
Podolny, Joel M., 2005: Status signals: a sociological study of market competition. Princeton, NJ: Princeton University Press.

Podolny, Joel M. und Karen Page, 1998: Network forms of organization. Annual Review of Sociology 24: 57-76.
Portes, Alejandro, 1995: The Economic Sociology of Immigration: Essays on Networks, Ethnicity, and Entrepreneurship. New York, NY: Russell Sage.
Powell, Walter W., 1990: Neither market nor hierarchy: network forms of organization. Research in Organizational Behavior 12: 295-336.
Powell, Walter W. und Laurel Smith-Doerr, 1994: Networks and economic life. S. 368-402 in: *Neil Smelser* und *Richard Swedberg* (Hg.), The Handbook of Economic Sociology. Princeton, NJ: Princeton University Press.
Powell, Walter W., Kennth W. Koput und Laurel Smith-Doerr, 1996: Interorganizational collaboration and the locus of innovation: networks of learning in biotechnology. Administrative Science Quarterly 41: 116-145.
Powell, Walter W., Douglas White, Kenneth Koput und Jason Owen-Smith, 2005: Network dynamics and field evolution: the growth of interorganizational collaboration in the life sciences. American Journal of Sociology 110: 1132-1205.
Provan, Keith G., Amy Fish und Jörg Sydow, 2007: Interorganizational networks at the network level: A review of the empirical literature on whole networks. Journal of Management 33: 479-516.
Raab, Jorg und H. Brinton Milward, 2003: Dark Networks as Problems. Journal of Public Administration Research and Theory 13: 413-439.
Rauch, James E. und Alessandra Casella (Hg.), 2001: Networks and markets. New York, NY: Russell Sage Foundation.
Saxenian, AnnaLee, 1994: Regional Advantage: culture and competition in Silicon Valley and Route 128. Cambridge, MA: Harvard University Press.
Smelser, Neil und Richard Swedberg (Hg.), 1994: The Handbook of Economic Sociology. Princeton, NJ: Princeton University Press.
Smelser, Neil und Richard Swedberg (Hg.), 2005: The Handbook of Economic Sociology. Princeton, NJ: Princeton University Press.
Smith-Doerr, Laurel und Walter W. Powell, 2005: Networks and Economic Life. S. 379-402 in: *Neil Smelser* und *Richard Swedberg* (Hg.), The Handbook of Economic Sociology. Princeton: Princeton University Press.
Stark, David, 1996: Recombinant property in East European capitalism. American Journal of Sociology 101: 993-1027.
Stark, David und Balázs Vedres, 2006: Social Times of Network Spaces: Network Sequences and Foreign Investment in Hungary. American Journal of Sociology 111: 1367-1411.
Stark, David und Balázs Vedres, 2009: Opening Closure: Intercohesion and Entrepreneurial Dynamics in Business Groups. MPIfG Discussion Paper.
Sydow, Jörg, 1992: Strategische Netzwerke. Wiesbaden: Gabler.
Sydow, Jörg, 2001: Management von Netzwerkorganisationen - Zum Stand der Forschung. S. 293-354 in: *Jörg Sydow* (Hg.), Management von Netzwerkorganisationen. Wiesbaden: Gabler.
Todeva, Emanuela und David Knoke, 2002: Strategische Allianzen und das Sozialkapital von Unternehmen. S. 345-380 in: *Jutta Allmendinger* und *Thomas Hinz* (Hg.), Organisationssoziologie. Sonderheft der KZfSS 42. Wiesbaden: Westdeutscher Verlag.
Useem, Michael, 1984: The Inner Circle: Large Corporations and the Rise of Political Activity. New York: Oxford University Press.
Uzzi, Brian, 1996: The sources and consequences of embeddedness for the economic performance of organizations: the network effect. American Sociological Review 61: 674-698.
Uzzi, Brian, 1997: Social structure and competition in interfirm networks: the paradox of emdeddedness. Administrative Science Quarterly 42: 35-67.
Uzzi, Brian, 1999: Embeddedness in the making of financial capital: How social relations and networks benefit firms seeking financing. American Sociological Review 64: 481-505.
Uzzi, Brian und Jarrett Spiro, 2005: Collaboration and Creativity: The Small World Problem. American Journal of Sociology 111: 447-504.

Van Doosselaere, Quentin, 2009: Commercial Agreements and Social Dynamics in Medieval Genoa. Cambridge: Cambridge University Press.
Watts, Duncan J., 1999: Networks, dynamics, and the small-world phenomenon. American Journal of Sociology 105: 493-527.
Weyer, Johannes, 2000: Einleitung: Zum Stand der Netzwerkforschung in den Sozialwissenschaften. S. 1-34 in: *Johannes Weyer* (Hg.), Soziale Netzwerke. München: Oldenbourg.
White, Harrison C., 1981: Where do markets come from? American Journal of Sociology 87: 517-547.
White, Harrison C., 1992: Identity and Control: A Structural Theory of Social Action. Princeton, NJ: Princeton University Press.
White, Harrison C., 2000: Modeling discourse in and around markets. Poetics 27: 117-133.
White, Harrison C., 2002: Markets from Networks: Socioeconomic Models of Production. Princeton, NJ: Princeton University Press.
White, Harrison C., 2008: Identity and Control: How Social Formations Emerge. Princeton, NJ: Princeton University Press.
White, Harrison C. und *Frédéric Godart*, 2007: Stories from Identity and Control. Sociologica, 3/2007, http://www.sociologica.mulino.it/doi/10.2383/25960.
White, Harrison C., Scott Boorman und *Ronald L. Breiger*, 1976: Social structure from multiple networks. I. Blockmodels of roles and positions. American Journal of Sociology 81: 730-779.
White, Harrison C., Jan Fuhse, Matthias Thiemann und *Larissa Buchholz*, 2007: Networks and Meaning: Styles and Switchings. Soziale Systeme 13: 514-526.
Windeler, Arnold, 2001: Unternehmungsnetzwerke. Konstitution und Strukturation. Wiesbaden: Westdeutscher Verlag.
Windolf, Paul und *Jürgen Beyer*, 1995: Kooperativer Kapitalismus. Unternehmensverflechtungen im internationalen Vergleich. Kölner Zeitschrift für Soziologie und Sozialpsychologie 47: 1-36.
Ziegler, Rolf, 1984: Das Netz der Personen- und Kapitalverflechtungen deutscher und österreichischer Unternehmen. Kölner Zeitschrift für Soziologie und Sozialpsychologie 36: 557-584.
Zuckerman, Ezra W. und *Stoyan Sgourev*, 2006: Peer Capitalism: Parallel Relationships in the U.S. Economy. American Journal of Sociology 111: 1327-1366.

7.4 Märkte als Netzwerke

Rainer Diaz-Bone

1 Einleitung

Die sozialwissenschaftliche Netzwerkanalyse hat seit den 1970er Jahren wesentlich zur neuen Wirtschaftssoziologie beigetragen. Letztere ist keine soziologische Ergänzung der Wirtschaftswissenschaften, sondern beansprucht aus soziologischer Perspektive die eigenständige Analyse der ökonomischen Institutionen aufnehmen zu können. Es sind insbesondere Netzwerktheoretiker, die die Analyse der ökonomischen Institution „Markt" als soziologischen Forschungsgegenstand wieder erschlossen haben und die damit zugleich den Anspruch (erneut) formuliert haben, dass Märkte ein *genuin soziologischer* Forschungsgegenstand sind.

Worin kann nun der eigenständige Beitrag eines soziologischen Ansatzes liegen, der „Märkte als Netzwerke" (Baker 1981) auffasst?[1] Allein die Feststellung, *dass* Markttransaktionen auch als Beziehungen in Netzwerken betrachtet werden können, verspricht zunächst keinen wesentlichen Erkenntnisgewinn, der über denjenigen des etablierten Marktmodells vom geldvermittelten freien Tausch zwischen vielen Anbietern und Nachfragern unter der Bedingung des Wettbewerbs hinausreichen würde. Es gibt verschiedene netzwerkanalytische Grundpositionen, die hier nun bedeutsam werden (Zuckerman 2003).

1. Netzwerkanalytiker gehen davon aus, dass Netzwerke Markt*strukturen* aus Tauschbeziehungen darstellen, die dann die Eigenschaften und Funktionsweisen (Performativität) des Marktes je nach Art der Struktur in unterschiedlicher Weise bedingen. Das je konkrete Netzwerk aus Tauschbeziehungen ist dann als Marktstruktur nicht durch herkömmliche wirtschaftswissenschaftliche Marktmodelle zu erklären. Denn hier werden die Beziehungsformen nur als kurzfristige Transaktionen gedacht und die Struktur der Netzwerke wird nicht in Betracht gezogen.[2] Viele Tauschstrukturen sind beständigere und keineswegs nur am einzelnen Tausch ausgerichtete Beziehungen. Struktureigenschaften dieser Netzwerke – wie die Dichte oder das Fehlen von Beziehungen – können sich vor- oder nachteilig für die Akteure im Markt auswirken und sie können Markteigenschaften (wie z. B. Effizienz) erst ermöglichen.
2. Mit dem Konzept der *Einbettung* wird zunächst die Einbettung von Akteuren und Beziehungen in umfassendere Netzwerke als Kontexte beschrieben. Diese Perspektive auf Einbettung lässt dann erklärlich werden, dass z.B. Akteure Handlungsorientierungen in Netzwerken erwerben und Beziehungen durch den Netzwerkkontext konditioniert werden. Weiter betrachten Netzwerkanalytiker die Einbettung von ökonomischen Tauschnetzwerken in andere soziale Beziehungsnetzwerke. Betrachtet wird, in welcher Weise nicht-ökonomische Beziehungen den ökonomischen Beziehungen voraus-

---

[1] So der Titel der Dissertation von Wayne Baker (1981).
[2] „Since ‚market' is typically assumed – not studied – most economic analyses implicitly characterize ‚market' as a ‚featureless plan'" (Baker 1981: 211).

gehen, d. h. diese ermöglichen, behindern, reglementieren und in Wechselwirkung mit ihnen stehen. Hier sind Märkte dann mehr als nur Systeme aus Tauschbeziehungen, sie sind nicht „nur ökonomische" Netzwerke, sondern bestehen aus multiplexen Beziehungen. Die Einbettung von ökonomischen Netzwerken wird dabei in der Analyse zumeist so aufgefasst, dass die nicht-ökonomischen Netzwerke (aus Beziehungen, die aus sozialen Bereichen wie Recht, Kultur, Wissenschaft, Politik, Familie und Freundschaft stammen) den ökonomischen Marktbeziehungen vorausgehen müssen, so dass funktionierende Märkte möglich werden.

3. Mit den ersten beiden Grundpositionen hängt eine dritte zusammen. Der „Märkte als Netzwerke"-Ansatz hängt zusammen mit der Forschung zu *Interorganisationsnetzwerken*. Die Vernetzungen zwischen Unternehmen (und anderen marktrelevanten Organisationen – wie administrativen, politischen Organisationen) kann eine entscheidende Bedeutung für Märkte haben. Organisationen in Märkten orientieren und positionieren sich aneinander – beispielsweise gehen sie Kooperationsbeziehungen ein. Die Interorganisationsforschung setzt allerdings zunächst viel allgemeiner an als der „Märkte als Netzwerke"-Ansatz. Nur ein Teil widmet sich Unternehmensbeziehungen in Märkten. Aber auch dann sind Beziehungssysteme zwischen Unternehmen weder notwendig auch Marktbeziehungen noch muss sich die Einbettung von Unternehmen in Unternehmensnetzwerke unmittelbar auf ihr Marktverhalten auswirken. Bedeutsam werden Interorganisationsanalysen dann, wenn sie Marktphänomene wie zum Beispiel Wettbewerb, Positionierung, Preisbildung, Produktkategorisierungen in Märkten fokussieren.[3]

Die drei Grundpositionen erfordern, dass zu erklären ist, wie Märkte als soziale Strukturen entstehen und „funktionieren", was die sozialen Struktureigenschaften sind, die das praktische Geschehen in Märkten ermöglichen und reproduzieren (wie z.B. die Etablierung der Statusordnung der Produzenten, die Koordination der Produktion, der Informationsaustausch, die Wertdefinition von Produkten sowie deren Vertrieb und Markttausch). Bei Netzwerkanalysen kommt es heutzutage aber auch darauf an, die historische Analyse der Netzwerkstruktur zwischen Marktakteuren zu unternehmen und die Marktdynamik zu verstehen. Hinzu kommt, dass den Praxisformen von Akteuren (agency) und kulturellen Mustern in dem „Märkte als Netzwerke"-Ansatz zunehmend Aufmerksamkeit gewidmet wird.

In diesem Beitrag werden ausgewählte netzwerkanalytische Arbeiten mit ihren Zugängen für die Analyse und Modellierung von Märkten vorgestellt. Das sind zunächst die Arbeiten von Harrison C. White und Mark S. Granovetter, die heute als klassisch bezeichnet werden können, einmal weil auf ihre Konzepte und Modelle auch in der aktuellen Netzwerkforschung immer wieder Bezug genommen wird, dann weil diese Arbeiten konkret für die Marktsoziologie (Swedberg 2005; Fligstein und Dauter 2007; Fourcade 2007), dann aber auch für die Wirtschaftssoziologie (siehe Kapitel 7.3) insgesamt maßgeblich geworden sind (Smith-Doerr und Powell 2005). Weiter sind die Arbeiten von Wayne E. Baker, Ro-

---

[3] Beiträge zur netzwerkanalytischen Interorganisationsforschung finden sich in Mizruchi und Schwartz (Hg.) (1987), Nohria und Eccles (Hg.) (2001), Dobbin (Hg.) (2004) sowie mit dem Beitrag von Gulati und Gargiulo (1999), Ingram und Roberts (2000).

nald S. Burt, Brian Uzzi und Joel Podolny beispielhaft für die netzwerkanalytische Zugangsweise zu Märkten geworden.[4]

2 Das Marktmodell von Harrison White

Die Initialzündung für die moderne Netzwerkforschung erfolgte in den 1970er Jahren durch Harrison White und seine Studenten an der Harvard University. White hat als erster ein soziologisches Marktmodell entwickelt (White 1981, 2002, White und Godard 2007). Märkte sind aus Sicht von White Formationen von Produzenten, womit er Märkte als Produktionsmärkte und nicht als Tauschstrukturen auffasst. Solche Märkte entstehen als stabile Netzwerkstrukturen, wenn es einer Gruppe von Produzenten gelingt, sich so zu arrangieren, dass sie einerseits als Hersteller *vergleichbarer Produkte* wahrgenommen werden – womit sie als *ein* Markt identifizierbar werden. Es muss ihnen aber andererseits auch gelingen, Produkte mit *unterschiedlicher Qualität* herzustellen, so dass sie der direkten Konkurrenz untereinander entgehen können, indem sie je eigene Qualitätsnischen besetzen. Ein Markt ist für White ein sozialer Raum, in dem sich die Produzenten untereinander beobachten und in dem sie durch Signalisierungen über die produzierte Menge und die erzielten Preise (indirekt) über die produzierte Qualität der je anderen Unternehmen informiert sind. Ein Markt ist damit zugleich eine für alle sichtbare Qualitätsordnung von Produzenten. White unterscheidet in seinem Marktmodell nicht nur Anbieter und Nachfrager, sondern insgesamt drei Rollen: Lieferanten, Produzenten und Käufer (bei Konsumprodukten: Konsumenten). In einem Markt bestehen die Netzwerkbeziehungen aus den Zulieferungen (upstream) der Vorprodukte von den Lieferanten an die Produzenten (Unternehmen in einem Produktionsmarkt) und aus den Belieferungen von fertigen Produkten an die Käufer (downstream). Produzenten sind für White zunächst „Kombinierer" von Vorprodukten. Die Käufer ihrer Produkte können selbst wiederum Kombinierer auf nachfolgenden Produktionsmärkten oder Endverbraucher (Konsumenten) sein. Märkte sind so durch das Netzwerk aus Lieferungen von (Vor)Produkten untereinander regional, national oder global vernetzt. Produzenten eines Marktes haben häufig dieselben Lieferanten. Ihre Position zu den Lieferanten ist dann strukturell äquivalent. Indem Produzenten hinsichtlich abzunehmender Mengen Verbindlichkeiten mit ihren Lieferanten eingehen und indem die Produzenten sich untereinander beobachten, versuchen diese die Unsicherheit über die zukünftige Marktentwicklung (Bezugs- und Absatzmöglichkeiten, neue technologische Standards etc.) zu bewältigen. Sie versuchen damit Handlungsorientierung zu gewinnen und Stabilität in Märkten einzurichten (White und Godard 2007).

---

[4] Siehe für weitere netzwerkanalytische Beiträge zur Soziologie des Marktes die Hinweise in Rauch und Casella (Hg.) 2001, Smith-Doerr und Powell 2005, Fligstein und Dauter 2007, Fourcade 2007, Krippner und Alvarez 2007.

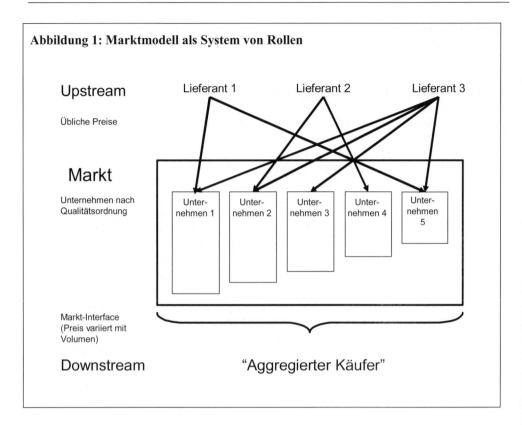

Abbildung 1: Marktmodell als System von Rollen

Ob die Entscheidungen der Produzenten angemessen waren und ob Märkte bestand haben, entscheiden aber letztlich die Käufer. Diese sind im Moment der Planung und Produktion von den Produzenten nicht einzeln beobachtbar. Umgekehrt können aber die Käufer die einzelnen Produzenten sehr wohl auf ihre unterschiedliche Produktqualität hin beobachten. Die Käufer treten auf dem Markt als „aggregierter Käufer" auf. Damit ist gemeint, dass die Summe der Kaufentscheidungen die Marktordnung (die Qualitätsordnung) reproduzieren muss, in dem die Käufer die nach Qualität unterscheidbaren Produkte der verschiedenen Produzenten auch kaufen. Denn mit den unterschiedlichen Qualitätsstufen sind aus Sicht der Produzenten auch unterschiedliche Produktionskosten und damit unterschiedliche Preise verbunden. Nur wenn die Produzenten und die Käufer Qualitätsstufen in gleicher Weise wahrnehmen, sind die damit verbundenen Mengen- und Preispolitiken stabil. White veranschaulicht dies anhand des Marktprofils (White und Godard 2007). Dieses positioniert Produzenten anhand des hergestellten Produktionsvolumens (y) und des erzielten Umsatzes (W(y)). In der folgenden Abbildung mit 7 Produzenten auf einem Marktprofil stellen deren Positionen zugleich Qualitätsnischen dar, die sie allein innehaben und die ihnen ermöglichen, der direkten Konkurrenz zu entgehen und deshalb Gewinne zu erzielen.

Abbildung 2: Marktprofil

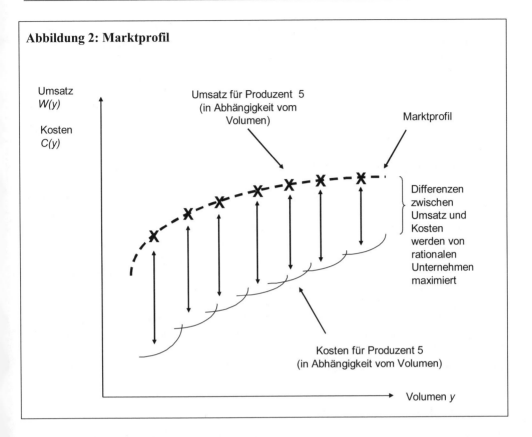

3 Granovetters embeddedness-Konzept

Das Entstehen von Vertrauen zwischen Tauschpartnern und die Bewältigung von Unsicherheiten (wie die über die Qualität von Produkten) werden Mark Granovetter zufolge erst durch die Einbettung von Tauschbeziehungen in soziale Netzwerke ermöglicht, die verlässliche Informationen bereitstellen und die opportunistisches Verhalten sanktionieren. Ohne diese Einbettung könnte der Marktmechanismus nicht einsetzen. Granovetter geht noch einen Schritt weiter, indem er wirtschaftswissenschaftliche Konzepte wie Effizienz in Märkten und Organisationen auf die dort jeweils vorhandene Qualität der Einbettung in Netzwerkstrukturen zurückführt und diese Konzepte nicht als Wesensmerkmale dieser ökonomischen Institutionen anerkennt.[5] Granovetter hat die in der Wirtschaft durch Oliver E. Williamson (1985) herausgearbeitete Unterscheidung zwischen den institutionellen Formen Markt und Organisation kritisiert, weil er Netzwerke als Märkte und Organisationen übergreifende und ihre institutionellen Grenzen überschreitende soziale Strukturen ansieht. Erst die empirische Analyse, wie diese institutionellen Formen in Netzwerke eingebettet sind, könne erklärlich werden lassen, wie sie sich verhalten und welche Eigen-

---

[5] Granovetter entlehnt das Konzept von Karl Polanyi, wobei er es kritisch umarbeitet. Siehe zur Genealogie des emeddedness-Konzepts Beckert (2007).

schaften wie zutage treten können. Zudem kommen mehrheitlich Mischformen vor, die die idealtypische Unterscheidung fraglich werden lassen. Das Modell des homo oeconomicus wird aus netzwerkanalytischer Sicht als ein Modell eines „untersozialisierten" Akteurs kritisiert, denn es unterstellt, dass ein Akteur bereits über die anthropologische Grundausstattung verfügt eigennützig und Nutzen maximierend zu handeln. Genauso werden solche soziologischen Akteurmodelle als „übersozialisiert" kritisiert, die Handeln allein normorientiert denken und Akteure so aus ihrem Kontext entbetten. Handlungsorientierungen entstehen aber – so Granovetter – in Netzwerkbeziehungen, die verschiedene ökonomische Handlungslogiken *zur Folge* haben können, sowohl die des homo oeconomicus aber auch die von zum Beispiel kooperativ handelnden Akteuren. Das embeddedness-Konzept ist vielfach in empirischen Analysen angewandt worden (Krippner und Alvarez 2007) – insbesondere von Brian Uzzi (s.u.). Die Studie zu den Interorganisationsbeziehungen von Gulati und Gargiulo (1999) wendet das embeddedness-Konzept an, um zu zeigen, wie das Entstehen *neuer* Interorganisationsbeziehungen (und damit Netzwerkdynamik) aus den *bestehenden* Netzwerkstrukturen erklärt werden kann. Die Studie von Ingram und Roberts (2000) zeigt, wie die Einbettung von Hoteliers in einem Freundschaftsnetzwerk mit ihren örtlichen Wettbewerbern die Profite dennoch begünstigen kann. In materialreichen historischen Analysen haben Padgett und McLean die Entstehung des florentinischen Finanzsektors in der frühen Neuzeit analysiert. Sie erweitern hierbei das embeddedness-Konzept, weil sie argumentieren, dass die Netzwerke in den verschiedenen sozialen Sphären Wirtschaft, Politik, Familie *wechselseitig* ineinander eingebettet sind und Märkte als moderne Ko-Konstruktionen mit den neuzeitlichen politischen und sozialen Institutionen entstehen (McLean und Padgett 2004; Padgett und McLean 2006).

4 Wayne Baker

Eine viel beachtete empirische Analyse der Bedeutung von Netzwerkstrukturen für die Funktionsweise von Märkten hat Wayne Baker (1984) vorgelegt. Er hat die Beziehungen zwischen Börsenhändlern in zwei Optionsbörsen untersucht. Börsen gelten als Handelseinrichtungen, die effizienten Handel ermöglichen und sie sollen in dieser Hinsicht dem Modell des perfekten Marktes am nächsten kommen.[6] Baker geht genauer der Frage nach, *wie* die Struktur des Netzwerks aus den Handelsbeziehungen zwischen Käufern und Verkäufern sich auf die Preisschwankungen (Volatilität) auswirkt. Baker identifiziert in seinen beiden Fallstudien zwei Netzwerke von Händlern. Er kann zeigen, dass in einer Börse ein kleines und dichtes Netzwerk von Händlern auf dem Parkett, die nicht auf bestimmte Produkte (Wertpapiere) spezialisiert sind, den Handel effizient abwickeln kann. Denn die Händler können sich hier wechselseitig schnell wahrnehmen und stehen in unmittelbar wahrgenommener Konkurrenz. Die schnelle Preisinformation und Abstimmung werden durch die Struktur des Netzwerks begünstigt. Dagegen findet er in der anderen Börse ein Netzwerk vor, das deutlich größer ist, dabei eine geringere Dichte hat und zudem mehr (auf bestimmte Wertpapiere) spezialisierte Händler aufweist. Dieses hat eine geringere Effizienz, da die Kommunikation und Wahrnehmungen zwischen diesen Händlern nicht in derselben Weise durch die Struktur der Netzwerkbeziehungen effizient organisiert sind. Der Befund Bakers widerspricht der mikroökonomischen Auffassung von Märkten. Demnach müsste eine

---

[6] „Effizient" sind Märkte, wenn alle marktrelevanten Informationen im Preis unverzüglich aufgenommen werden.

größere Anzahl von Händlern dem idealen Markt näher kommen, da hier angenommen wird, dass die Konkurrenz dann höher ist und sich auf eine effektivere Preisbildung auswirkt. Tatsächlich ist das kleine Netzwerk kompetitiver als das große, es hat eine höhere Marktperformanz als es die Mikroökonomie vorhersagt. In einer Reihe weiterer Untersuchungen hat Baker die Marktbeziehungen zwischen Unternehmen analysiert, wie zwischen Firmen und Investmentbanken (Baker 1990) oder Firmen und ihren Werbeagenturen (Baker et al. 1998).

5 Ronald Burt

Das (nach dem embeddedness-Konzept) für den „Markt als Netzwerke"-Ansatz zweitwichtigste Konzept ist dasjenige der strukturellen Löcher von Ronald Burt (1992; siehe Kapitel 3.7 in diesem Band). Diese liegen vor, wenn zwischen Akteuren keine Netzwerkbeziehungen vorliegen. Ein Dritter ist „reich" an strukturellen Löchern, wenn er diese fehlenden Beziehungen zwischen anderen Akteuren überbrückt. Das Ausmaß, in dem ein Akteur strukturelle Löcher zwischen anderen überbrückt ist sein soziales Kapital. Bemerkenswert ist, dass Burts Konzept des sozialen Kapitals auf dem systematischen Fehlen von Beziehungen (und eben nicht auf der Anhäufung von Beziehungen) beruht. Man kann hierbei als „lachender Dritter" die fehlende Vernetzung bei anderen strategisch ausnutzen – so Burt. Wer in einem Markt über viel soziales Kapital verfügt, dem eröffnen sich vielfältige Möglichkeiten zu brokern und als Makler unternehmerisch tätig zu werden. Denn ihm entstehen Freiheiten, Informationen oder Güter zu vermitteln und dadurch Profite zu erzielen. Eine günstige Marktposition entsteht aus Sicht von Burt für ein Unternehmen also nicht zuerst dadurch, dass es z. B. im Besitz von Ressourcen ist oder sehr groß ist, sondern weil es Freiheiten zum brokern hat. Für Burt entsteht der Profit eines Unternehmens weniger durch eine hohe Produktivität, als vielmehr durch den Umstand, dass seine Lieferanten bzw. seine Abnehmer untereinander nicht vernetzt sind (Burt 1992, S. 82). Burt hat in verschiedenen Studien die Wirkungsweise dieser Art von sozialem Kapital analysiert wie z. B. bei Managern, die Profite im Unternehmen erzielen, wenn sie zwischen unverbundenen Abteilungen Ideen vermitteln (Burt 2004) und wie sie ihr soziales Kapital nutzen können, um im Unternehmen aufzusteigen (Burt 1992).[7] Burt hat zudem die US-amerikanische Volkswirtschaft als Netzwerk von Märkten untersucht und für die einzelnen Märkte deren Positionierung in der US-Wirtschaft, wobei er sowohl das Whitesche Konzept der strukturellen Äquivalenz als auch das der strukturellen Löcher einsetzt (Burt 1988, Burt 1992, Burt und Carlton 1989).

6 Brian Uzzi

Zu den einflussreichsten empirischen Anwendungen des embeddedness-Konzeptes zählen die Studien von Brian Uzzi. Er konnte zeigen, wie Unternehmen durch ihre Einbettung in ihren Marktkontext Vorteile erzielen, aber auch, welche Nachteile sich ergeben, wenn Unternehmen zu stark eingebettet sind (Uzzi 1996, 1997). Er unterscheidet zwischen zwei Arten von Interorganisationsbeziehungen: (1) Marktbeziehungen (arm's-length ties) sind

---
[7] Siehe dazu einführend Jansen (2006).

kurzfristige Transaktionen, die sich lediglich am Preis orientieren, sie entsprechen der wirtschaftswissenschaftlichen (neoklassischen) Auffassung vom eigennützigen und „kalkulierenden" Marktverhalten. (2) Eingebettete Beziehungen (embedded ties) sind dagegen dauerhafte und durch Kooperation charakterisierte Geschäftsbeziehungen. Unternehmen sind in unterschiedlicher Weise in diese beiden Beziehungsformen eingebettet. Aus Sicht eines Unternehmens stiften eingebettete Beziehungen Vertrauen, sie liefern detaillierte und umfassende produktionsrelevante Informationen und sie ermöglichen gemeinsame Problemlösungsstrategien. Diese Beziehungen reduzieren so Unsicherheiten, weil sie opportunistisches Verhalten verhindern helfen und sie reduzieren so die Kosten für Entscheidungsfindung und Kooperation. Diese eingebetteten Beziehungen entstehen zumeist durch Vermittlung Dritter, sind also selbst in einem Netzwerkkontext eingebettet. Vorteile bestehen darin, dass durch solche Beziehungen vernetzte Unternehmen durch schnellere und koordinierte Kooperation Wettbewerbsvorteile erzielen können – insbesondere dann, wenn das Netz durch ein zentrales Unternehmen integriert wird. Uzzi zeigt in seiner Studie von Kleidungsproduzenten (1996, 1997), dass erfolgreiche Unternehmen eine Kombination von arm's-length ties und embedded ties eingehen. Unternehmen, die nur eine Beziehungsform zu anderen Unternehmen eingehen sind untereingebettet (nur arm's-length ties) oder übereingebettet (nur embedded ties). Die Vorteile der embedded ties können sich zu Nachteilen wenden, wenn die starke Einbettung eine Anpassung an neue Situationen erschwert, von denen Uzzi drei benennt: (1) in dem Fall, dass ein zentrales, das Netzwerk integrierendes Unternehmen wegfällt, (2) wenn ein Markt so rationalisiert wird, dass embedded ties ihren Vorteil verlieren (z. B. weil die Art der Interorganisationsbeziehung gesetzlich reguliert wird) und (3) wenn Unternehmen in einem dichten Netzwerk sich nur aneinander orientieren, so dass wenig Kontakt zum weiteren Markt besteht. Denn dann werden Informationen über neue Trends kaum wahrgenommen. Die Übereinbettung kann hier auch dazu führen, dass die nicht-ökonomischen Beziehungsaspekte die Unternehmensentscheidungen dominieren und so die Kooperation im Netzwerk nicht mehr effizient ist.[8]

7 Joel Podolny

Wie White betrachtet auch Joel Podolny Märkte als Qualitätsordnung von Produzenten. Podolny führt – im Unterschied zu White – die Qualitätsordnung aber auf ein Konzept von Status zurück und er nimmt die empirische Analyse des Signalisierens auf. Ein zentrales Problem ist für Podolny, dass die Qualität von Produkten vor der Transaktion zumeist nicht beobachtbar ist. Die zugeschriebene Statusposition eines Produzenten fungiert dann für die anderen Akteure im Markt als ein Signal für Qualität. Status ist daher (1) im Markt wahrgenommene Qualität, hat also eine kognitive Realität. Zudem wird Status (2) in Relation zur Statusposition anderer (konkurrierender) Produzenten bewertet. Hieraus folgt, dass der Status beeinflusst wird durch die Netzwerkbeziehungen zu anderen Produzenten. Denn der wahrgenommene hohe Status eines Produzenten kann sich zurückführen lassen auf die Vernetzung mit anderen statushohen Produzenten. Eine solche Vernetzung wird damit selbst zum Statussignal. Podolny (1993, 2005) konnte in einer Studie zeigen, dass bei gegebener Qualität eines Produktes die Produktionskosten bei höherem wahrgenommenem

---

[8] Uzzi hat in weiteren Studien untersucht, wie sich die Vernetzung von Unternehmen mit Banken auf die Konditionen für den Erhalt von Krediten auswirkt (1999).

Status niedriger sind. Der Grund ist, dass die kognitive Eigenschaft des Status sich als Kostenvorteil auswirkt. Denn für einen statushohen Produzenten sind die Werbekosten geringer und die Transaktionskosten niedriger, statushohe Produzenten haben niedrigere Kapitalbeschaffungskosten (sie erhalten einfacher Kredite) und Arbeitnehmer sind eher bereit für ein niedrigeres Gehalt für diese Produzenten zu arbeiten. Dieser Kostenvorteil von statushohen Produzenten ermöglicht es ihnen, dass sie sich den Preiswettbewerb mit Produzenten eines niedrigeren Status „leisten" können, wenn dieser Wettbewerb so weit geht, dass die statusniedrigeren Produzenten nur mit Verlust auf dem Markt Angebote machen können. Die statushohen Produzenten haben so einen Preisvorteil, um ihre Statusposition zu erhalten. Podolny (1993, 2005) identifiziert damit einen „Matthäus-Effekt". Dieser besteht darin, dass statushohe Produzenten sowohl größere Aufmerksamkeit als auch höhere Belohnungen für die Bewältigung einer bestimmten Aufgabe erhalten und dass es sich bei statusniedrigeren Produzenten entsprechend umgekehrt verhält. Statushöhere Produzenten können höhere Profite aus Kooperationen erzielen als statusniedrigere, was Benjamin und Podolny (1999) auch für die kalifornische Weinbranche zeigen konnten. Die Suche nach Kooperationsbeziehungen mit statusgleichen oder statushöheren Produzenten ist auch eine Strategie, um Unsicherheit auf Märkten zu reduzieren. Aber Podolny zeigt auch die Kehrseite: dass nämlich statushohe Produzenten versuchen, Kooperationen mit statusniedrigeren Produzenten zu vermeiden, da sie Gefahr laufen, dass ihr wahrgenommener Status sich angleicht (Podolny 1993, 2005).

8 Ausblick: Die Rolle der Kultur im „Märkte als Netzwerke"-Ansatz

Dem „Märkte als Netzwerke"-Ansatz ist von der Seite der neuen amerikanischen Kultursoziologie vorgehalten worden, dass hierin der Rolle der Kultur für die Konstitution und die Reproduktion von Märkten nur wenig Beachtung geschenkt wird (Zelizer 1988: 629). Die Vertreter der französischen Économie des conventions (EC) haben bei dem Marktmodell von White angefragt, wie hierin die im Markt kollektiv *geteilte* Verständigung über die Qualitätsordnung erklärt wird (Favereau et al. 2002). White hat aber in den letzten Jahren in der Weiterentwicklung seiner Netzwerktheorie und seines Marktmodells die kulturellen Praktiken von Akteuren und kulturelle Ordnungen zu integrieren versucht. Wie die EC so ergänzt nun auch White (2002, 2008) sein Marktmodell um kulturelle Formen („styles"), die für die Art und Weise, wie in Märkten Qualitätszuschreibungen erfolgen, als grundlegende soziale Muster gedacht werden. Zudem versucht er die Verkopplung „netzwerkender" und symbolisierender Praktiken zu integrieren (White 2000: 2008; siehe Kapitel 4.6 in diesem Band). Allerdings ist diese kultursoziologische Erweiterung Whites bislang kaum in empirischen Studien umgesetzt worden. Dennoch finden sich andere Studien, die hier beispielhaft sind.[9]

Ezra Zuckermann (1999) hat die These untersucht, dass die kognitiven Kategorien, anhand derer Wertpapieranalysten den Markt nach Branchen aufteilen, auch die Spezialisierungslinien für ihre Analysetätigkeit sind. Analysten stellen dann in ihrem Spezialbereich Analysen der Gewinnerwartungen derjenigen Firmen an, die sie als zu ihrem Bereich zugehörig ansehen. Auf diese Weise vernetzen die Analysten durch ihre Analysen verschiedene

---

[9] Sophie Mützel (2007) hat für den deutschen Zeitungsmarkt untersucht, wie sich Zeitungsredaktionen untereinander beobachten, indem sie Themen untereinander aufgreifen und sich so diskursiv vernetzten.

Firmen innerhalb eines Marktsegments. Die Wertpapiere von Firmen, die solchen Bereichen nicht einfach zuzuordnen sind – weil sie branchenübergreifend tätig sind – erleiden dadurch Nachteile, denn sie sind nicht angemessen in das Netzwerk eingebettet, d. h. ihnen wird nicht dieselbe Aufmerksamkeit zuteil und sie werden nicht im selben Maß durch die Analysten bewertet. Ihr tatsächlicher Unternehmenswert wird dann – so Zuckermann – nicht valide erkannt und die Aktien werden niedriger bewertet als der Unternehmenswert dies substantiell rechtfertigt. Die adäquate Wahrnehmung der „Produktidentität" ist aber die Voraussetzung dafür, dass die Firmenqualitäten (damit die Werte der Aktien) und damit ihr erwarteter Nutzen identifiziert werden und letztlich so ein nutzenmaximierender Vergleich im Markt erfolgen kann.

John Porac et al. (1995) haben die Beobachtungspraxis von Unternehmen in der schottischen Textilindustrie und die Auswirkungen auf den Wettbewerb zwischen ihnen analysiert. Dabei konnten sie zeigen, dass die Unternehmen in einem Markt kognitive Modelle vom Markt formieren, wenn sie versuchen, eigene (Produkt)Positionierungen in Bezug auf andere relevante Unternehmen zu formieren. Die Kategorisierungen, die die Unternehmen dabei für die Auswahl der relevanten Konkurrenten heranziehen, sind konstitutiv für die kognitiven Marktmodelle und die darin enthaltenen Markteinteilungen.

9   Literatur

Baker, Wayne E., 1981: Markets as networks. (Ph.D. Dissertationsschrift) Evanston: Northwestern University.
Baker, Wayne E., 1984: The social structure of a national securities market. American Journal of Sociology 89: 775-811.
Baker, Wayne E., 1990: Market networks and corporate behaviour. American Journal of Sociology 96: 589-625.
Baker, Wayne E., *Robert Faulkner* und *Gene A. Fisher*, 1998: Hazards of the market: The continuity and dissolution of interorganizational market relationships. American Sociological Review 63: 147-177.
Beckert, Jens, 2007: The great transformation of embeddedness: Karl Polanyi and the new economic sociology. Discuss. Paper 07/1, Max Planck Institute for the Study Societies. Cologne: MPIfG.
Benjamin, Beth A. und *Joel M. Podolny*, 1999: Status, quality, and social order in the California wine industry. Administrative Science Quarterly 44: 563-589.
Burt, Ronald S., 1982: Towards a structural theory of action. New York: Academic Press.
Burt, Ronald S., 1988: The stability of American markets. American Journal of Sociology 94: 356-395.
Burt, Ronald S., 1992: Structural holes. Cambridge: Harvard University Press.
Burt, Ronald S., 2004: Structural holes and good ideas. American Journal of Sociology 110: 349-399.
Burt, Ronald und *Debbie S. Carlton*, 1989: Another look at the network boundaries of American markets. American Journal of Sociology 95: 723-753.
Dobbin, Frank (Hg.), 2004: The sociology of the economy. New York: Russel Sage Foundation.
Favereau, Olivier, Olivier Biencourt und *François Eymard-Duvernay*, 2002: Where do markets com from? From (quality) conventions!, S. 213-252 in: *Olivier Favereau* und *Emmanuel Lazega* (Hg.), Conventions and structures in economic organization. Cheltenham: Edward Elgar.
Fligstein, Neil und *Luke Dauter*, 2007: The sociology of markets. Annual Review of Sociology 33: 105-128.
Fourcade, Marion, 2007: Theories of markets and theories of societies. American Behavioral Scientist 50: 1015-1034.

Granovetter, Mark S., 1973: The strength of weak ties. American Journal of Sociology 78: 1360-1380.
Granovetter, Mark S., 1985: Economic action and social structure: The Problem of embeddedness. American Journal of Sociology 91: 481-510.
Gulati, Ranjay und *Martin Gargiulo*, 1999: Where do interorganizational networks come from? American Journal of Sociology 104: 1439-1493.
Ingram, Paul und *Peter W. Roberts*, 2000: Friendships among competitors in the Sydney Hotel Industry. American Journal of Sociology 106: 387-423.
Jansen, Dorothea, 2006: Einführung in die Netzwerkanalyse. 3. Auflage. Wiesbaden: VS-Verlag.
Krippner, Greta A. und *Anthony S. Alvarez*, 2007: Embeddedness and the intellectual projects of economic sociology. Annual Review of Sociology 33: 219-240.
McLean, Paul und *John F. Padgett*, 2004: Obligation, risk, and opportunity in the renaissance economy. Beyond social embeddedness to network co-construction, S. 193-227 in: *Frank Dobbin* (Hg.), The sociology of the economy. New York: Russel Sage Foundation.
Mizruchi, Mark S. und *Joseph Galaskiewicz*, 1994: Networks of interorganizational relations, S. 230-253 in: *Stanley Wassermann* und *Joseph Galaskiewiecz* (Hg.), Advances in social network analysis. Thousand Oakes: Sage.
Mizruchi, Mark S. und *Michael Schwartz* (Hg.), 1987: Intercorporate relations. Cambridge: Cambridge University Press.
Mützel, Sophie, 2007: Marktkonstitution durch narrativen Wettbewerb. Berliner Journal für Soziologie 17: 451-464.
Nohria, Nitin und *Robert G. Eccles*, 1992: Networks and organizations. Boston: Harvard Business School Press.
Padgett, John F. und *Paul MacLean*, 2006: Organizational invention and elite transformation: The birth of partnership systems in renaissance Florence. American Journal of Sociology 111: 1463-1568.
Podolny, Joel M., 1993: A status-based model of market competition. American Journal of Sociology 98: 829-872.
Podolny, Joel M., 2005: Status signals. Princeton: Princeton University Press.
Porac, Joseph F., *Howard Thomas*, *Fiona Wilson*, *Douglas Paton* und *Alaina Kanfer*, 1995: Rivalry and the industry model of Scottish knitwear producers. Administrative Science Quarterly 40: 203-227.
Powell, Walter, *Douglas White*, *Kenneth Koput* und *Jason Owen-Smith*, 2005: Network dynamics and field evolution: The growth of interorganizational collaboration in the life sciences. American Journal of Sociology 110: 1132-1205.
Rauch, James E. und *Alessandra Casella* (Hg.), 2001: Networks and markets. New York: Russel Sage Foundation.
Smith-Doerr, Laurel und *Walter W. Powell*, 2005: Networks and economic life, S. 379-402 in: *Neil J. Smelser* und *Richard Swedberg* (Hg.), The handbook of economic sociology. 2. Auflage New York: Russel Sage Foundation.
Swedberg, Richard, 2005: Markets as social structures. S. 233-253 in: *Neil J. Smelser* und *Richard Swedberg* (Hg.), Handbook of economic sociology. 2. Auflage New York: Russel Sage Foundation.
Uzzi, Brian, 1996: The sources and consequences of embeddedness for the economic performance of organizations: The network effect. American Sociological Review 61: 674-698.
Uzzi, Brian, 1997: Social structure and competition in interfirm networks: The paradox of embeddedness. Administrative Science Quarterly 42: 35-67.
Uzzi, Brian und *Ryon Lancaster*, 2004: Embeddedness and price formation in the corporate law market. American Sociological Review 69: 319-344.
White, Harrison C., 1981: Where do markets come from? American Journal of Sociology 87: 517-547.
White, Harrison C., 2000: Modeling discourse in and around markets. Poetics 27: 117-133.

White, Harrison C., 2002: Markets from networks. Princeton: Princeton University Press.
White, Harrison C., 2008: Identity and control. 2. Auflage. Princeton: Princeton University Press.
White, Harrison C. und *Frédéric Godart*, 2007: Märkte als soziale Formationen, S. 197-215 in: *Jens Beckert, Rainer Diaz-Bone* und *Heiner Ganßmann* (Hg.), Märkte als soziale Strukturen. Frankfurt: Campus.
Williamson, Oliver E., 1985: The economic institutions of capitalism. New York: Free Press.
Zelizer, Viviana A., 1988: Beyond the polemics of the market. Sociological Forum 3: 614-634.
Zuckerman, Ezra, 1999: The categorical imperative: Securities analysts and the illegitimacy discount. American Journal of Sociology 104: 1398-1438.
Zuckerman, Ezra, 2003: On "Networks and markets" by Rauch and Casella. Journal of Economic Literature 41: 545-565.

7.5 Netzwerkansätze in der Managementforschung

Andreas Wald

1 Dimensionen der Netzwerkperspektive

Dieser Beitrag bietet einen Überblick über Netzwerkansätze in der Managementforschung. Wie in vielen anderen sozialwissenschaftlichen Disziplinen ist auch hier eine erhebliche Zunahme von Arbeiten zu beobachten, die eine Netzwerkperspektive einnehmen. Da sowohl die Netzwerkforschung als auch die Managementforschung häufig nur unscharf definierte Begriffe sind, soll zunächst deren Inhalt für die vorliegende Betrachtung bestimmt werden.

Folgt man einem weit gefassten Verständnis, zählen zur Managementforschung grundsätzlich die zentralen betriebswirtschaftlichen Teildisziplinen. Darunter fallen die unterschiedlichen betrieblichen Funktionen wie Einkauf, Marketing und Produktion, aber auch die nach Industriezweigen oder einzelnen Branchen differenzierten Bereiche wie Public Management, Dienstleistungsmanagement oder Bankbetriebswirtschaftslehre. Schließlich können auch methodisch getriebene Forschungsfelder wie Operations Research unter den Begriff Managementforschung subsumiert werden. Im engeren Sinne befasst sich die Managementforschung jedoch mit Problemstellungen, die unternehmenspolitischen und strategischen Inhalt haben und dabei insbesondere Organisations- und Führungsfragen umfassen. In der Regel werden dazu sozial- und verhaltenswissenschaftliche Erklärungsansätze herangezogen und entsprechend angepasst.

Zur Schärfung des Netzwerkbegriffes wird von einer Minimaldefinition ausgegangen, nach der ein Netzwerk aus einer Menge von Knoten (Akteuren) besteht, die über eine Menge von Beziehungen mit bestimmbaren Inhalten verbunden sind (Wasserman und Faust 1994: 20). In der Managementforschung können die Knoten aus einzelnen Mitarbeitern, organisatorischen Teileinheiten oder ganzen Unternehmen bestehen. Sind diese über Beziehungen mit Inhalten wie Informationsflüsse, soziale Beziehungen oder Weisungsbeziehungen verbunden, handelt es sich analog zu anderen sozialwissenschaftlichen Disziplinen um soziale Netzwerke. Folgt man der weit gefassten Definition von Managementforschung, werden darüber hinaus auch nicht-soziale Netzwerke betrachtet. Als Beispiel seien Materialflüsse zwischen Produktionseinheiten oder die Streckennetzwerke von Fluggesellschaften genannt. All diese Gebilde können als *Netzwerkphänomene* bezeichnet werden.

Die Fragen, wie diese Phänomene entstehen, ob es sich dabei um eine eigenständige Organisationsform mit spezifischen Koordinationsmechanismen handelt und welche Auswirkungen Netzwerkstrukturen auf die Handlungen und Handlungsmöglichkeiten der Akteure (Knoten) haben, ist Gegenstand von *Netzwerktheorien* (Jansen und Wald 2007; Wald und Jansen 2007; siehe Kapitel 4 in diesem Band).

Die Analyse von Netzwerkstrukturen, d.h. dem Muster der Beziehungen zwischen den Knoten, mit dem Ziel der Strukturbeschreibung sowie der Überprüfung der theoretisch postulierten Zusammenhänge, wird mit Hilfe von *Netzwerkmethoden* durchgeführt. Die Netzwerkanalyse umfasst ein breites Arsenal von Maßzahlen und Analyseverfahren, die sich gegenüber herkömmlichen Methoden der empirischen Sozialforschung dadurch auszeichnet, dass sie speziell für die Untersuchung der Beziehungen zwischen den Knoten und nicht für die Analyse einzelner Merkmalsträger konzipiert wurde. In Abbildung 1 sind die Dimensionen der Netzwerkperspektive und deren Zusammenspiel veranschaulicht.

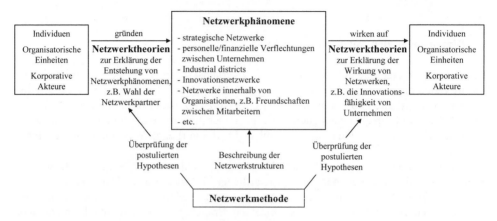

Abbildung 1: Dimensionen der Netzwerkperspektive

Auch wenn in der Forschung die Dimensionen Netzwerkphänomen, Netzwerktheorie und Netzwerkmethode oft vermengt werden, ist es aus analytischen Gründen sinnvoll, diese zunächst separat zu betrachten. Die Methode der Netzwerkanalyse ist weitgehend anwendungsneutral und unterscheidet sich kaum in den unterschiedlichen Feldern. Disziplinspezifisch sind hingegen die betrachteten Phänomene und die damit verbundenen Fragestellungen. Im Folgenden stehen daher die Phänomen- und die Theorieebene im Vordergrund. Der Ausrichtung dieses Bandes entsprechend fokussiert dieser Beitrag zudem auf soziale Netzwerke in der Managementforschung und entspricht damit dem enger gefassten Begriffsverständnis.

2 Netzwerkphänomene in der Managementforschung

Die in der Managementforschung untersuchten Netzwerkphänomene sind vielfältig. Zur Orientierung bietet sich eine grundlegende Unterscheidung zwischen Ansätzen an, die Netzwerke neutral als empirisch beobachtbares Phänomen betrachten, das im Sinne der eingangs geleisteten Minimaldefinition aus Knoten und Beziehungen besteht und solchen Ansätzen, die Netzwerke als eine eigenständige Organisations- und/oder Koordinationsform erachten.

2.1 Netzwerke als eigenständige Organisations- und/oder Koordinationsform

In der betriebswirtschaftlichen Netzwerkforschung weit verbreitet sind Ansätze, die Netzwerke als eine spezifische Organisationsform ökonomischen Tauschs betrachten. Dementsprechend vielfältig sind die Begriffe, die dafür verwendet werden: Netzwerkunternehmen, Unternehmensnetzwerk oder Netzwerkorganisation. Häufig wird das institutionenökonomische Argumentationsmuster übernommen, wonach Netzwerke eine Organisationsform zwischen Markt und Hierarchie darstellen, die mit spezifischen Koordinationsmechanismen einhergehen (Williamson 1991). Netzwerkunternehmen in diesem Sinne sind in Abhängigkeit der konkreten Transaktionscharakteristika besser oder schlechter als die Alternativen Markt und Hierarchie (siehe Kapitel 7.1. und 7.4). Mit unterschiedlicher Akzentuierung findet sich dieses Argumentationsmuster auch in der Soziologie bei Fragen der Sozialen Ordnung oder in der Politikwissenschaft in der Diskussion um politische Steuerung (Pappi 1993). In der jüngeren Diskussion werden disziplinübergreifend unter dem Begriff der Governance ähnliche Aspekte behandelt (Benz 2004).

Neben den terminologischen Gemeinsamkeiten gibt es auch inhaltliche Überschneidungen, die insbesondere in der a priori Zuschreibung von bestimmten Eigenschaften zu Netzwerkorganisationen liegen. In der Managementforschung wird sowohl intra- als auch interorganisatorischen Netzwerken oft eine hohe Flexibilität und Anpassungsfähigkeit gegenüber internen und externen Veränderungen zugeschrieben (Borgatti und Foster 2003). Als Ursache für die Entstehung von Netzwerkunternehmen und deren Überlegenheit gegenüber anderen Organisationsformen werden Entwicklungen wie die Fragmentierung von Wertschöpfungsprozessen, die zunehmende Dematerialisierung und Dienstleistungsorientierung, Entwicklungen in der Informationstechnologie, die Globalisierung und die steigende Bedeutung temporärer Arbeitsstrukturen und Prozesse angeführt. Eher vage bleiben die Konzepte zu Netzwerkorganisationen bei der Beschreibung der konstituierenden Merkmale sowie der präzisen Abgrenzung gegenüber anderen Organisationsformen. Problematisch ist dieser Umstand, wenn es darum geht, Operationalisierungen für empirische Untersuchungen vorzunehmen um beispielsweise zu überprüfen, ob sich die a priori zugeschriebenen Eigenschaften tatsächlich beobachten und sich die vermuteten Vorteile von Netzwerkorganisationen nachweisen lassen. Hier wird häufig nicht über die Ebene einer metaphorischen Verwendung des Netzwerkbegriffs hinausgegangen. Ein anschauliches Beispiel stellen die in den späten 80er und frühen 90er Jahren erschienenen Beiträge zu Netzwerkorganisationen in der Literatur zum internationalen Management dar (Ghoshal und Bartlett 1990; Snow et al. 1992).

Konkreter wird der Netzwerkbegriff auf Formen der interorganisatorischen Zusammenarbeit angewandt. Die konstituierenden Merkmale sind bei Kooperationsformen wie strategischen Allianzen oder Joint-Ventures recht eindeutig definiert (Grandori und Soda 1995; Gulati und Gargiulo 1998). Allerdings wird das Netzwerkphänomen hier auch nicht immer mit einem korrespondierenden Koordinationsmechanismus gleichgesetzt, sondern eher neutral, als Form der Zusammenarbeit zwischen unabhängigen Firmen betrachtet. Die Beziehungen über die die Partner verbunden sind, können sich auf die Zusammenarbeit im Innovationsprozess, der Produktion oder der Vermarktung von Produkten und Dienstleistungen erstrecken. Untersucht man diese Beziehungsmuster und deren Wirkungen, kommen wir zur zweiten Gruppe von Ansätzen, die Netzwerke neutral als empirisch beobachtbares Phänomen betrachten.

2.2 Netzwerke als empirisch beobachtbares Phänomen

In der Managementforschung werden sowohl intra- als auch interorganisatorische Netzwerke untersucht. Im intraorganisatorischen Kontext stellen entweder einzelne Mitarbeiter die Netzwerkknoten da oder organisatorische Einheiten wie Abteilungen oder Tochtergesellschaften eines Konzerns. Der Inhalt der Beziehungen kann arbeitsbezogen sein. Dies ist beispielsweise beim Austausch von Informationen mit betriebsbezogenen Inhalten der Fall. Der Beziehungsinhalt kann sich jedoch auch auf die Privatsphäre der Mitarbeiter beziehen und Freundschaften umfassen. Zu unterscheiden sind formale Beziehungen, d.h. solche die in der Aufbau- und Ablauforganisation vorgegeben sind, von informellen oder faktischen Beziehungen, die entweder spontan entstanden sind oder aber bewusst geknüpft werden, jedoch in der formalen Organisation nicht vorgesehen sind (Wald 2005).

Hervorzuheben ist, dass sich grundsätzlich alle organisatorischen Beziehungsstrukturen als Netzwerk abbilden und analysieren lassen. Dies gilt insbesondere auch für hierarchische Beziehungen, die nach dem weiter oben skizzierten Verständnis von Netzwerken als Organisations- und Koordinationsform nicht unter den Begriff von organisatorischen Netzwerken fallen würden. Gerade in der interorganisatorischen Netzwerkforschung werden auch Relationen untersucht, die nur mittelbar als soziale Beziehungen bezeichnet werden können. Dies sind beispielsweise finanzielle Verflechtungen in der Form einer gemeinsamen Kapitalbeteiligung von zwei Unternehmen an einem dritten, oder aber rechtliche Beziehungen. In Tabelle 1 sind die unterschiedlichen Analyseebenen zusammengefasst.

	Netzwerkknoten (Akteure)	Netzwerkbeziehungen	
		formal	informell / faktisch
Intraorganisatorische Netzwerke	einzelne Mitarbeiter, Areitsgruppen, Abteilungen, Tochterunternehmen	hierarchische Weisungen, Information, Kooperation, Beteiligungen, etc.	Information, Kooperation, Unterstützung, soziale Beziehungen, etc.
Interorganisatorische Netzwerke	unabhängige Unternehmen	personelle/finanzielle/rechtliche Verflechtungen, Information, Kooperationen, etc.	

Tabelle 1: Netzwerkknoten und -beziehungen

Insgesamt lässt sich keine eindeutige Zuordnung der in der Managementforschung betrachteten Knoten und Beziehungsinhalte zu einzelnen Subdisziplinen vornehmen. Geht es um die Frage des Erfolgs einzelner Manager, der Leistung von Arbeitsgruppen oder Führungsfragen, also Themen, die sich im weitesten Sinne der Personalforschung zuordnen lassen, werden häufig Informationsflüsse, Unterstützungsverhältnisse und Freundschaften untersucht (Burt 1992; Oh et al. 2004; Wald und Weibler 2005). Der Austausch von Informationen und Wissen steht auch in Studien aus der Organisationsforschung im Vordergrund (Hansen 1999; Tsai 2001). Bei der Forschung zur Corporate Governance werden vor allem personelle und finanzielle Verflechtungen zwischen Unternehmen analysiert (Beyer 1996).

3 Netzwerktheorien in der Managementforschung

Für die theoretische Dimension ist festzuhalten, dass bislang keine in sich geschlossene Netzwerktheorie entwickelt wurde. Es handelt sich vielmehr um eine Reihe von Ansätzen, die sich sowohl in ihrem Explanans als auch in ihrem Explanandum unterscheiden. Dies trifft auch für die Managementforschung zu. Als angewandte oder anwendungsorientierte Forschung, geht das Ziel hier über die reine Erkenntnis von Wirkungszusammenhängen hinaus und hat auch die Ableitung von Gestaltungsempfehlungen zum Inhalt. Die verwendeten Erklärungsansätze beinhalten daher oft Erfolgsgrößen als zu erklärendes Phänomen, oder aber vorgelagerte Faktoren, deren Einfluss auf den Unternehmenserfolg bekannt ist oder zumindest plausibel angenommen werden kann. Sind die den Unternehmenserfolg bedingenden Variablen hinsichtlich ihrer Einflussrichtung und -stärke sowie etwaiger Wechselwirkungen bekannt, lassen sich aus den empirisch bewährten Theorien Implikationen für die Praxis ableiten. Dementsprechend stehen in der Managementforschung zu Netzwerken ähnlich wie in der sozialwissenschaftlichen Netzwerkforschung allgemein, zwei zu erklärende Phänomene im Vordergrund. Einerseits geht es darum, die Entstehung und Evolution von Netzwerken zu erklären und andererseits, die Wirkung von Netzwerken und der Netzwerkeinbettung einzelner Akteure auf die unterschiedlichen Dimensionen des Unternehmenserfolgs oder anderer (individueller) Erfolgsgrößen.

Wie auf der linken Seite der Abbildung 1 dargestellt, geht es bei einer Spielart der Netzwerktheorien darum zu erklären, unter welchen Bedingungen Netzwerke entstehen und wie sich diese im Zeitablauf weiterentwickeln. Eindeutig dominierend ist in diesem Bereich die Transaktionskostentheorie sowie darauf aufbauende Ansätze (Jones et al. 1997). Hier stellt die Entstehung von Netzwerken als Organisations- und Koordinationsform das Explanandum dar. Für die Erklärung der Entstehung, Weiterentwicklung und Aufgabe einzelner Beziehungen werden andere Erklärungsmuster benötigt. Dies sind einerseits auf rationalen Kalkülen der Netzwerkakteure basierende Auswahlprozesse (selection) und Effekte sozialen Einflusses (contagion), sowie andererseits auch die empirisch häufig beobachtbare zufällige Entstehung von Beziehungen (Jansen und Wald 2007). Dieser Bereich ist in der Managementforschung jedoch vergleichsweise dünn besetzt. Dies gilt ebenso für konzeptionelle Arbeiten zur Netzwerktheorie. Die überwiegende Mehrzahl der Arbeiten ist empirisch orientiert und zielt auf die Überprüfung von theoretisch abgeleiteten Hypothesen ab. Hier stehen Erklärungsansätze im Vordergrund, die die Wirkung von Netzwerken (Netzwerkeffekte) zum Inhalt haben. Auch hier unterscheidet sich die Managementforschung nicht grundsätzlich von verwandten Disziplinen wie der Soziologie. Vorherrschend ist die Theorie des Sozialkapitals wobei beide Spielarten, das auf dichten Netzwerken und starken Beziehungen basierende Bonding Capital und das auf schwachen Beziehungen und strukturellen Löchern beruhende Bridging Capital (Burt 2001) erforscht werden (siehe Kapitel 3.7 und Kapitel 3.10).

Tsai (2001) untersucht beispielsweise die Geschäftseinheiten innerhalb von Unternehmen und findet einen positiven Zusammenhang zwischen der Zentralität organisatorischer Einheiten in Unternehmen und deren Innovationsfähigkeit. Neben der Zentralität hat auch die Stärke der Beziehungen Auswirkung auf die Informationsversorgung. Hansen (1999) zeigt, dass die Einbettung in starke Beziehungen die Weitergabe von komplexem Wissen erleichtert, während schwache Beziehungen das Auffinden von neuem Wissen in der Organisation ermöglichen. Walter et al. (2007) befassen sich mit den positiven Effekten von Sozialkapital auf den Wissenstransfer in unterschiedlichen Netzwerktypen. Allerdings steht dabei die Unterscheidung zwischen Sozialkapital als kollektive vs. individuelle Ressource im Vordergrund (siehe Kapitel 3.3).

In diesen und in weiteren Untersuchungen wurden die vermuteten Netzwerkeffekte nachgewiesen. Die Anwendungsgebiete reichen von so unterschiedlichen Teildisziplinen wie die Innovationsforschung und Entrepreneurship, über das Internationale Management und Dienstleistungsmanagement bis hin zum Supply Chain Management. Die Theorie des Sozialkapitals und die korrespondierenden Netzwerkansätze sind fest in der Managementforschung etabliert (Adler und Kwon 2002). In den empirischen Arbeiten wird jedoch auch hier eindeutig auf die positiven Aspekte des Sozialkapitals abgehoben und die Erforschung negativer Netzwerkeffekte vernachlässigt. Neben Studien zum Sozialkapital werden auch Netzwerkeffekte untersucht, die sich auf die Wahrnehmung von Managern in Organisationen beziehen. So sind in der Führungsforschung einige Arbeiten erschienen, die den Einfluss der Netzwerkeinbettung der Mitarbeiter auf die Wahrnehmung von Vorgesetzten untersuchen (Pastor et al. 2002; Wald und Weibler 2005). Die theoretische Grundlage bilden hier sowohl Netzwerkansätze (vgl. z.B. die Beiträge von Hennig und Raub in diesem Band) als auch Führungstheorien, deren Erklärungsmuster entsprechend miteinander verknüpft werden.

4 Netzwerkmethoden in der Managementforschung

Die Methoden der Netzwerkanalyse sind disziplinübergreifend einsetzbar. Dies gilt sowohl für die Datenerhebungs- als auch -analysephase. Die methodischen Zugänge variieren in Abhängigkeit von der Fragestellung. Bei der Datengewinnung kommen in der Managementforschung sowohl die für die Erhebung von Gesamtnetzwerken konzipierten Akteurslisten zum Einsatz (z.B. Walker et al. 1997; Shaw et al. 2005), als auch die Namensgeneratoren und -interpretatoren für egozentrierte Netze (z.B. Moran 2005; Oh et al. 2004; Xiao und Tsui 2007). Dementsprechend unterscheiden sich auch die eingesetzten Methoden bei der Datenanalyse. Ego-zentrierte Netzwerkdaten bilden oft die Grundlage für großzahlige Studien, bei denen neben den relationalen Daten auch attributive Daten untersucht werden und insbesondere auch Zusammenhänge zwischen der Netzwerkstruktur und/oder der Position einzelner Akteure und der Performanz von Individuen oder Organisationen als Attribute (siehe Kapitel 5.11). Ein prominentes Beispiel dafür bietet die Studie von Burt (1992) zum Sozialkapital von Managern und deren Karriereentwicklung. Die Position in den ego-zentrierten Netzwerken wird hier als unabhängige Variable betrachtet, die Karriereentwicklung (Attribut) stellt die zu erklärende Variable dar. Insgesamt überwiegen in der Managementforschung ego-zentrierte Netzwerke, was sich einerseits darauf zurückführen lässt, dass die Daten einfacher zu erheben sind und andererseits auch den Einsatz von Stichprobentechniken mit entsprechenden statistischen Auswertungen ermöglicht. In der Managementforschung zum Sozialkapital kommt noch ein dritter Ansatz zur Anwendung, bei dem vollständig auf die Erhebung relationaler Daten verzichtet wird. Hier wird nicht die Netzwerkeinbettung betrachtet, sondern (mögliche) Folgen des Sozialkapitals, die in der Regel mit Standardinstrumenten der Sozialforschung, z.B. Likert-Skalen, gemessen werden (Batjargal 2007; Presutti 2007). Methodisch ist dieser Ansatz jedoch problematisch, da allenfalls Effekte des Sozialkapitals betrachtet werden und keine Kausalität zwischen der Netzwerkeinbettung und den Effekten hergestellt werden kann. In der empirischen Managementforschung zu Netzwerken überwiegen quantitative Studien. In der jüngeren Vergangenheit kommen jedoch verstärkt auch qualitative Designs zum Einsatz (Newell et al. 2004; Maurer und Ebers 2006). Triangulierende Forschungsstrategien, bei denen qualitative mit quantitativen Verfahren kombiniert werden, bilden die Ausnahme (Xiao und Tsui 2007).

5 Fazit

Die unter dem Begriff des Netzwerkes firmierenden Arbeiten sind in theoretischer und methodischer Hinsicht sowie auf der Ebene der betrachteten Phänomene ähnlich weit gefächert wie in den Nachbardisziplinen der Soziologie und der Politikwissenschaft. Zudem werden in der Managementforschung auch weitgehend identische Erklärungsansätze und Untersuchungsmethoden zugrunde gelegt. Dies unterstreicht den interdisziplinären Charakter der Netzwerkforschung. Spezifisch für die Netzwerkansätze in der Managementforschung sind hingegen die untersuchten Fragestellungen, bei denen häufig die unterschiedlichen Dimensionen des Unternehmenserfolgs im Fokus stehen.

6 Literatur

Adler, Paul S. und *Seok-Woo Kwon*, 2002: Social Capital: Prospects for a new Concept. Academy of Management Review 27: 17-40.
Batjargal, Bat, 2007: Internet entrepreneurship: Social capital, human capital, and performance of internet ventures in China. Research Policy, 36: 605-618.
Benz, Arthur, 2004: Governance - Regieren in komplexen Regelsystemen: Eine Einführung. Wiesbaden: VS Verlag.
Beyer, Jürgen, 1996: Unternehmensverflechtungen und Unternehmenserfolg in Deutschland. Zeitschrift für Betriebswirtschaft Ergänzungsheft 3/96: 79-101.
Borgatti, Stephen P. und *Pacey C. Foster*, 2003: The network paradigm in organizational research: A review and typology. Journal of Management 29: 991-1013.
Brass, Daniel J., *Joseph Galaskiewicz*, *Henrich R. Greve* und *Wenpin Tsai*, 2004: Taking stock of networks and organization: A multilevel perspective. Academy of Management Journal 47: 795-817.
Burt, Ronald S., 1992: Structural Holes. The Social Structure of Competition. Cambridge: Harvard University Press.
Burt, Ronald S., 2001: Structural Holes versus Network Closure as Social Capital. S. 31-56 in: *Lin, Nan*, *Karen Cook* und *Ronald S. Burt* (Hg.), Social Capital. Theory and Research, New York: Aldine de Gruyter.
Grandori, Anna und *Giuseppe Soda*, 1995: Inter-firm networks: antecedents, mechanisms and forms. Organization Studies 16: 183-214.
Gulati, Ranjai, 1998: Alliances and networks. Strategic Management Journal 19: 293-317.
Hansen, Morten T., 1999: The Search-Transfer Problem: The Role of Weak Ties in Sharing Knowledge across Organization Subunits. Administrative Science Quarterly 44: 82-111.
Jansen, Dorothea und *Andreas Wald*, 2007: Netzwerktheorien. S. 188-199 in: *Arthur Benz*, *Susanne Lütz*, *Uwe Schimank* und *Georg Simonis* (Hg.), Handbuch Governance. Theoretische Grundlagen und empirische Anwendungsfelder. Wiesbaden: VS Verlag.

Jones, Candace, William S. Hesterly und *Stephen P. Borgatti,* 1997: A General Theory Of Network Governance: Exchange Conditions And Social Mechanisms. Academy of Management Review 22: 911-945.

Moran, Peter, 2005: Structural vs. Relational Embeddedness: Social Capital And Managerial Performance. Strategic Management Journal 26: 1129-1151.

Newell, Sue, Carole Tansley und *Jimmy Huang,* 2004: Social Capital and Knowledge Integration in an ERP Project Team: The Importance of Bridging and Bonding. British Journal of Management 15 : 45-57.

Oh, Hongseok, Myung-Ho Chung und *Giuseppe Labianca,* 2004: Group Social Capital And Group Effectiveness: The Role Of Informal Socializing Ties. Academy of Management Journal 47 : 860-875.

Pappi, Franz U., 1993: Policy-Netze. Erscheinungsform moderner Politiksteuerung oder methodischer Ansatz. Politische Vierteljahresschrift Sonderheft 24: 84-94.

Pastor, Juan-Carlos, James R. Meindl und *Margarita C. Mayo,* 2002: A network effects model of charisma attributions. Academy of Management Journal 45: 410-420.

Presutti, Manuela, Cristina Boari und *Luciano Fratocchi,* 2007: Knowledge acquisition and the foreign development of high-tech start-ups: A social capital approach. International Business Review 16: 23-46.

Shaw, Jason D., Michelle K. Duffy, Jonathan L. Johnson und *Daniel E. Lockhart,* 2005: Turnover, Social Capital Losses, And Performance. Academy of Management Journal 48: 594-606.

Snow, Charles C., Raymond E. Miles und *Henry R. Coleman,* 1992: Managing 21st century network Organizations. Organizational Dynamics 20: 5-20.

Tsai, Wenpin, 2001: Knowledge Transfer In Organizational Networks: Effects Of Network Position And Absorptive Capacity On Business Unit Innovation And Performance. Academy of Management Journal 44: 996-1004.

Wasserman, Stanley und *Katherine Faust,* 1994: Social Network Analysis: Methods And Applications. Cambridge: Cambridge University Press.

Williamson, Oliver E., 1991: Comparative Economic Organization: The Analysis of Discrete Structural Alternatives. Administrative Science Quarterly 36: 269-296.

Wald, Andreas, 2005: Zur Effektivität von Organisationsstrukturen: Ein Vergleich formaler Soll- und realisierter Ist-Struktur. Die Unternehmung 59: 161-180.

Wald, Andreas und *Dorothea Jansen,* 2007: Netzwerke. S. 93-105 in: *Arthur Benz, Susanne Lütz, Uwe Schimank* und *Georg Simonis* (Hg.), Handbuch Governance. Theoretische Grundlagen und empirische Anwendungsfelder. Wiesbaden.

Wald, Andreas und *Jürgen Weibler,* 2005: Soziale Einbettung und die Zuschreibung von Führung - Ein Netzwerkansatz. Zeitschrift für Betriebswirtschaft 75: 947-969.

Walker, Gordon, Bruce Kogut und *Weijian Shan,* 1997: Social Capital, Structural Holes and the Formation of an Industry Network. Organization Science 8: 109-125.

Walter, Jorge, Christoph Lechner und *Franz W. Kellermanns,* 2007: Knowledge transfer between and within alliance partners: Private versus collective benefits of social capital. Journal Of Business Research 60: 698-710.

Xiao, Zhixing und *Anne S. Tsui,* 2007: When Brokers May Not Work: The Cultural Contingency of Social Capital in Chinese High-tech Firms. Administrative Science Quarterly 52: 1-31.

7.6 Netzwerke und Arbeitsmarktprozesse

Per Kropp

1 Einleitung

Welche Bedeutung haben soziale Netzwerke für Arbeitsmarktprozesse? In den letzten 35 Jahren ist zu vielen Aspekten dieser Frage eine reichhaltige Forschungslandschaft entstanden. Im Folgenden sollen die wichtigsten „Gegenden" dieser Landschaft erkundet werden. Oft wird über beruflich Erfolgreiche gemutmaßt, dass diese nur über Kontakte an diesen Job oder auf diese Position gekommen sind. Es existieren zahlreiche Ratgeber zu Netzwerken, sowohl für die Stellensuche als auch für die erfolgreiche Nutzung von Netzwerken im Beruf. Eine wichtige Motivation für die Entwickler des Web 2.0 war es, die Pflege und die Nutzung realer Netzwerke zu erleichtern und neue Netzwerke entstehen zu lassen, oft mit einer deutlichen Business-Orientierung. Welche Rollen spielen Netzwerke bei der Jobsuche? Inwiefern sichern sie beruflichen Erfolg? Mit diesen Fragen wird der vorliegende Aufsatz beginnen. Allerdings ist es nicht die Absicht, einen (weiteren) Karriereratgeber vorzulegen. Aus sozialwissenschaftlicher Sicht geht es vielmehr darum, die sozialen Konsequenzen von Netzwerkprozessen, die für die obigen Fragen eine Rolle spielen, zu erkennen. Welche Rolle spielen Netzwerkprozesse auf dem Arbeitsmarkt für soziale Ungleichheit, für Mobilität? Führen sie zur sozialen Abschottung oder erleichtern sie sozialen Aufstieg? Gibt es kulturspezifische Antworten auf diese Fragen, und wenn ja, welche Folgen haben sie für das Funktionieren der Arbeitsmärkte? Einige Antworten auf diese Fragen, die in den letzten Jahrzehnten der Forschung gefunden wurden, oder die sich aus diesen Arbeiten ableiten lassen, werden im Folgenden vorgestellt.

2 Stellenbesetzungsprozesse

Den ersten maßgeblichen Beitrag zu Bedeutung sozialer Beziehungen auf dem Arbeitsmarkt lieferte Mark Granovetter (1973, 1974). Seine Arbeit lässt sich nach Preisendörfer und Voss (1988: 107f.) in fünf Thesen zusammenfassen: Erstens die These der *geringeren Suchkosten*, sowohl für Arbeitnehmer als auch Arbeitgeber, zweitens die These der *günstigeren Platzierung über Kontakte*, drittens die These der günstigeren Platzierung über *schwache Kontakte*, das sogenannte Weak-Tie-Argument im engeren Sinne (siehe Kapitel 3.3), viertens die *Karrierezyklus-These* (weak ties und ihre Bedeutung bilden sich erst im Verlauf des Karriereprozesses heraus) und fünftens die *Qualifikationsniveau-These* (Beziehungen – insbesondere weak ties – sind vor allem wichtig für Positionen, die eine höhere Qualifikation erfordern).

2.1 Die generelle Bedeutung von Netzwerken

Die *zentrale Rolle von Netzwerken bei* Stellenvermittlungen ist inzwischen unbestritten. Eine aktuelle Studie das IAB zeigt, dass Arbeitgeber neues Personal am häufigsten über eigene Mitarbeiter und persönliche Kontakte gefunden haben, nämlich zu 27% im Jahr 2006 und zu 34% 2007 (Kettner und Spitznagel 2008: 5f.). Diese Zahl liegt geringfügig höher als die etwas über 25%, die Holzer (1996: 52, Tabelle 3.3) für die USA berichtet. In dessen Studie zeigen sich Unterschiede zwischen Berufsgruppen mit den höchsten Werten für Hilfsarbeiter mit 45%, 19% bei Verkaufspersonal und 25% bei Angestelltenberufen. Holzer interpretiert dieses Granovetters Vermutung (These 5) widersprechende Resultat so: „The importance of informal networks thus appears to be relatively greater in the sectors in which fewer cognitive skills are required for work, and perhaps where more basic issues of personal behaviour (a lack of absenteeism) are of relatively greater concern to employers" (1996: 52-54; zitiert nach Voss 2007: 326). Dass auch Arbeitgeber über Netzwerke nach Beschäftigten suchen, führt mitunter zu dem überraschenden Ergebnis, dass Personen über Netzwerke zu einem neuen Job kommen, ohne überhaupt aktiv gesucht zu haben.

Umgekehrt berichtet auf Arbeitnehmerseite im Sozio-oekonomischen Panel (SOEP) etwa ein Drittel der Befragten bei einer erfolgreichen Stellensuche von der Beteiligung von Freunden und Bekannten (Brenke und Zimmermann 2007: 326). Andere Studien berichten häufig vergleichbare, durchaus aber auch deutlich höhere Zahlen: Niederlande 32% (1982) bzw. 50% (1991), die USA 59% (1975), die BRD 43% (1980) (De Graaf & Flap 1988: 461; Moerbeek et al. 1996) und für die DDR 50% (Völker und Flap 1999: 23).[1] Wiederum in Widerspruch zu Granovetters Qualifikationsthese steht anscheinend, dass Netzwerke bei Personen ohne Berufsausbildung (43%) häufiger zum Job führen als bei Hochschulabsolventen (31%; Brenke und Zimmermann 2007: 326, Tabelle 1). Noch größer ist die Bedeutung von Netzwerken bei der Suche selbst. Informelle Suchwege (Freunde, Bekannte) werden sehr häufig neben formellen (Anzeigen und Ausschreibungen in Zeitungen und zunehmend im Internet) genutzt. So suchten nach den SOEP-Daten 2005 65% der Erwerbslosen über Bekannte und Freunde einen Arbeitsplatz, eine Zahl, die den Vergleich mit klassischen Suchwegen wie die Arbeitsvermittlung (75%) oder Anzeigen (85%) nicht zu scheuen braucht (ebenda: 330). Bei den Suchwegen spielen Freunde und Bekannte bei Hochschulabsolventen mit 68% sogar eine etwas größere Rolle als bei Ungelernten mit 64% (ebenda, Tabelle 2). Dies bestätigt Holzers obige Argumentation, denn offensichtlich gelingt es Ungelernten nicht in dem Maße wie Hochschulabsolventen, über formale Suchwege erfolgreich einen Arbeitsplatz zu finden. Auch für spezifische Personengruppen gibt es aktuelle Untersuchungen in Deutschland, z.B. zur Bedeutung von sozialen Kontakten als Weg aus der Arbeitslosigkeit (Brandt 2006).

Dennoch kann weder aus dem Suchen nach Jobs noch aus dem Finden von Jobs über informelle Wege geschlussfolgert werden, dass Netzwerke für die Stellenbesetzungsprozesse von Hochqualifizierten weniger wichtig wären als bei Un- oder weniger Qualifizierten. Einige Autoren (Boxman et al. 1991; Preisendörfer und Voss 1988; Voss 2007) vermuten einen u-förmigen Zusammenhang, nach der die Bedeutung informeller Rekrutierung in Berufen im unteren und im oberen Qualifikations- oder Statussegment höher ist als im mittleren. Angehörige von Spitzenpositionen werden in Bevölkerungsumfragen allerdings

---

[1] Bei diesen Unterschieden dürfte auch die Art und Weise der Stichprobenziehung und des Erhebungsdesigns eine Rolle spielen – siehe die Anmerkungen im Abschnitt zur Methodik.

praktisch nicht wahrgenommen. Darüber hinaus muss die Einstellung von Höherqualifizierten insbesondere im öffentlichen Dienst in der Regel formell erfolgen. Dass informelle Prozesse dennoch eine wichtige Rolle bei solchen Stellenbesetzungen spielen können, wird offensichtlich, wenn man an die Besetzung von Professuren denkt. Diese Stellen werden formell ausgeschrieben, die Informationen über ausgeschriebene Stellen können aber auf informellen Wege fließen, und auch im Bewerbungsprozess können sowohl zusätzliche Hintergrundinformationen als auch die direkte Unterstützung des Bewerbers durch Personen aus seinem Netzwerk für den Bewerbungserfolg ausschlaggebend sein. Schließlich argumentiert Montgomery (1992) wie soziale Netzwerke auch dann zu einer besseren beruflichen Platzierung führen können, wenn sie für die Suche nicht genutzt werden und auch bei der Stellenbesetzung selbst keine Rolle spielen: Jobsuchende mit einem geeigneten Suchnetzwerk werden eine bessere Marktübersicht haben als Akteure mit weniger geeignetem Netzwerk. Nach Montgomery werden Suchende mit einem guten Netzwerk darum einen höheren Reservationslohn haben, das heißt einen Lohnsatz, zu dem der Akteur bereit ist, das Angebot anzunehmen und die aktive Suche aufzugeben. Diese Überlegung lässt sich durchaus auf andere nicht zwangsläufig monetäre Eigenschaften von Stellen übertragen, z.B. die Ausbildungsadäquatheit, das Betriebsklima oder Entwicklungsmöglichkeiten.

2.2 Merkmale von Netzwerken

Dass Beziehungen für Stellenbesetzungen relevant sind, korrespondiert vielfältig mit einschlägigen Alltagserfahrungen. Granovetters Verdienst liegt vor allem darin, mit seiner kontra-intuitiven These von der Stärke schwacher Bindungen den entscheidenden Anstoß zu empirischen und theoretischen Arbeiten gegeben zu haben, die untersuchen, wie Netzwerke wirken. Granovetter folgert aus sozialpsychologischen Überlegungen wie z.B. Heiders Balance-Theorie (Cartwright und Harary 1956; Heider 1958), dass Informationen über Beschäftigungsmöglichkeiten, die zu sozialer Mobilität führen, vor allem durch schwache Beziehungen (Weak Ties) weitergegeben werden. Dichte Freundes- oder Familiennetzwerke sind für diesen Zweck weniger geeignet, denn sie liefern eher redundante Informationen aus einem gut bekannten Umfeld. Schwache Beziehungen zu eher flüchtig Bekannten reichen dagegen auch über die Grenzen des eigenen sozialen Umfeldes hinaus. So ermöglichen sie den Informationsfluss zwischen nicht zusammenhängenden Gruppen und liefern eher nichtredundante Informationen. Mit Hilfe netzwerktheoretischer Methoden konnten in einer Vielzahl von Replikationen Einflüsse sozialer Bekanntschaftsbeziehungen bei der Vermittlung eines neuen Beschäftigungsverhältnisses nachgewiesen werden, insbesondere auf die Chancen einer Stellenfindung (Lin 1982; Marsden und Hurlbert 1988), auf das Prestige einer mit Hilfe von Beziehungen gefundenen Stelle (De Graaf und Flap 1988; Flap und De Graaf 1986; Granovetter 1974; Lin 1982; Lin et al. 1981a; Lin et al. 1981b; Wegener 1989), auf den Berufsstatus (Boxman et al. 1991; Lin und Dumin 1986; Wegener 1989) oder das Einkommen (Granovetter 1974; Meyerson 1994; Boxman et al. 1991) der über diese Beziehungen vermittelten Arbeitsplätze. Auch auf dem deutschen Arbeitsmarkt ist die Bedeutung sozialer Netzwerke (Deeke 1991; Preisendörfer und Voss 1988; Wegener 1989; Völker und Flap 1999) oder Seilschaften (Emrich et al. 1996) im Zuge beruflicher Mobilität zu beobachten (siehe Kapitel 3.10).

Es zeigt sich, dass die aus Granovetters Arbeiten ableitbaren Thesen nicht generell haltbar sind (Preisendörfer und Voss 1988: 117). Nicht zuletzt aus diesem Grund wurde der Zusammenhang zwischen Netzwerken und Stellenbesetzungen auch theoretisch seit den 80er Jahren weiter entwickelt. Nach einer Übersicht über verschiedene Studien, die seine Weak-Tie-Hypothese stützen, stellt Granovetter klar, dass die These sich ausschließlich auf die Beziehungen bezieht, die Brückenfunktionen erfüllen (Granovetter 1982: 130).[2] Weak Ties sind nicht immer automatisch Brücken zu anderen Netzen, aber alle Brücken sind nach Granovetter als Weak Ties definiert (1973: 1064). Dagegen meint Burt einschränkend, dass Brückenbeziehungen nicht unbedingt immer Weak Ties sein müssen und auch aus Strong Ties bestehen können (1992: 29). Nach Lin, Ensel und Vaughn (1981) sind weder die Stärke der Beziehung noch die Brückenfunktion die erfolgsrelevanten Merkmale von Netzwerken, sondern deren Reichweite. Nützlich sind vor allem Beziehungen, die hohe Hierarchieebenen erreichen. Für Personen, die selbst einen niedrigen Berufsstatus haben – wie dies bei Berufsanfängern oft der Fall ist –, werden dies häufig schwache Bindungen sein, aber nicht zwangsläufig, und zwar vor allem dann nicht, wenn sie selbst den oberen Hierarchieebenen zuzurechnen sind oder dies für andere Personen des Kernnetzwerkes (z.B. der Familie) gilt. Lins These von der Bedeutung der beruflichen Position der Kontaktperson findet empirisch deutlich klarere Unterstützung als Granovetters weak-tie-Hypothese.

2.3 Die Bedeutung der institutionellen Rahmenbedingungen

Eine weitere interessante Perspektive fügt die Arbeit von Bian (1997) zu. Er untersucht unter sehr spezifischen Umständen, nämlich der illegalen Vermittlung von Ausbildungsstellen im China der siebziger und achtziger Jahre die Bedeutung von Intermediären. Interessant sind dabei zwei zentrale Gedanken; zum einen, dass es in ausgeprägten Netzwerken eigentlich immer irgend eine Person gibt, die jemanden in Verbindung mit einer 'Zielposition' kennt, und zum zweiten, dass, wenn es nicht nur um Informationen, sondern um tatsächliche Unterstützung geht, starke Bindungen natürlich von besonderem Interesse sind. Mögliche strukturelle Nachteile von Beziehungen mit engen Bindungen können demnach dadurch ausgeglichen werden, dass nicht auf die Informationen der Alteri zurückgegriffen wird, sondern auf Informationen und Unterstützung, auf die diese wiederum zurückgreifen können. Indirekte Beziehungen werden somit zu einem Äquivalent für schwache Bindungen. Dass institutionelle und strukturelle Unterschiede von (Teil-) Arbeitsmärkten Unterschiede in der Bedeutung von sozialen Kontakten generieren, wird durch weitere empirische Ergebnisse gestützt (vgl. Voss 2007: 328).

---

[2] Einen aktuelleren Überblick liefert Granovetter selbst in seinem Nachwort zur Neuausgabe seines Buches 1995. Siehe auch Lin (1999, 2001), Mouw (2003) sowie Ionnides und Loury (2004).

2.4 Zusammenfassung: Methodologische und theoretische Probleme

Die unterschiedlichen Befunde sowohl den Anteil der Stellen betreffend, die über Kontakte vergeben werden, als auch die heterogenen Befunde zur Beziehungsstärke werfen die Frage auf, inwiefern bei den Untersuchungen des Zusammenhangs von Netzwerken bzw. ihren Eigenschaften und Arbeitsmarktresultaten methodologische und theoretische Unzulänglichkeiten eine Rolle spielen. Die starke Heterogenität der Zahlen ist möglicherweise einem Problem geschuldet, auf das bereits Wegener (1989: 276) hinweist, nämlich dass die berichteten Anteile stark von der Art, wie die Daten über die Netzwerke erhoben werden, und von der befragten Personengruppe abhängen. Die Übersicht bei Haug und Kropp (2002: 33ff.) zeigt, dass es sich selten um repräsentative Bevölkerungsumfragen handelt, sondern häufig regional sehr begrenzte Stichproben und/oder um eine Vorauswahl bestimmter Personengruppen. Wie das Beispiel Bians (1997) weiter zeigt, ist der Zusammenhang zwischen Netzwerken und beruflicher Platzierung von institutionellen Rahmenbedingungen moderiert, die es schwierig machen dürften, einen universellen Wirkungsmechanismus zu identifizieren. Zusätzlich erschweren Endogenitätsprobleme den Nachweis der unterstellten Kausalität. Auch auf dieses Problem weist Wegener hin (1989: 273). Wenn wie bei Lin et al. (1981a, b) die soziale Positionierung von Personen deren soziale Ressourcen determiniert und diese wiederum die Chancen der sozialen Positionierung, dann liegt die Gefahr eines Zirkelschlusses nahe.[3] In der Tat zeigt Mouw (2003, 2006), dass der von Lin postulierte Einfluss der sozialen Position der Kontaktperson deutlich geringer wird, wenn methodisch für Endogenitätsprobleme kontrolliert werden kann.

Voss (2007: 338) folgert aus den die weak-tie-Hypothese selten stützenden empirischen Befunden, dass die Bedeutung der Beziehungsstärke nicht aus der kognitiven Konsistenz- und mikrosoziologischen Interaktionstheorie heraus abgeleitet werden sollte. Eine Alternative stellen Theorieansätze dar, die die Entstehung und Nutzung von sozialen Netzwerken in unterschiedlichen institutionellen Kontexten modellieren können. Beispiele dafür bietet Burts (1992) Ansatz, der zeigt, wie Netzwerke zielgerichtet geformt werden, um Wettbewerbsvorteile zu erzielen (siehe dazu Abschnitt 3). Weil in zahlreichen Studien und theoretischen Aufsätzen stark mit ökonomischen such- und transaktionskostentheoretischen Überlegungen argumentiert wird, liegt zudem der Schritt in Richtung einer stärker nutzenorientierten Argumentation nahe. Zum einen können Netzwerke Suchkosten sowohl für Arbeit Suchende als auch für Arbeitgeber senken (oder bei gleichen Suchkosten mehr Informationen liefern) und zugleich reduzieren sie ein weiteres zentrales Problem aller Marktprozesse, das Vertrauensproblem. Dies geschieht z.B. durch bessere Informationen über die Position bzw. den Bewerber, die eine bessere Passung ermöglichen. Außerdem spielen insbesondere bei Belegschaftsempfehlungen für den Arbeitgeber Homophilieprozesse eine Rolle. In der Regel ähneln empfohlene Personen wegen der in sozialen Netzwerken wirkenden Homophilietendenzen den Empfehlenden, was sie aus Arbeitgebersicht tendenziell geeigneter für vergleichbare Tätigkeiten erscheinen lassen könnte. Gleichzeitig steht der Empfehlende in gewisser Weise für seine Empfehlung gerade und wird darum eher geeignete Personen empfehlen und ggf. deren Fehlverhalten missbilli-

---

[3] Tatsächlich finden sich beide Wirkungsrichtungen. So beeinflussen Netzwerke sicherlich, welche Positionen auf dem Arbeitsmarkt erreicht werden können. Die berufliche Position selbst, und vor allem der Erwerbstatus, d.h. ob man beschäftigt oder (langzeit-)arbeitslos ist, beeinflusst wiederum die Netzwerke (siehe z.B. Diewald 2007).

gen. All diese Überlegungen lassen sich in nutzentheoretische Argumentationen[4] integrieren, die sowohl die Ressourcen der Akteure auf der Mikroebene wie auch institutionelle Rahmenbedingungen auf der Makroebene integrieren. Nan Lins Monogaphie „Soziales Kapital" (2001), stellt den bislang umfangreichsten Versuch dar, soziale Netzwerke als Ressourcen zu verstehen, in die ähnlich wie z.B. in Humankapital investiert wird, um eine Rendite zu erzielen. Dieses Konzept von sozialem Kapital schließt enger bei einer theoretischen Auffassung an, nach der soziales Kapital eine Ressource ist, in die, wie in physisches Kapital, investiert oder de-investiert werden kann und deren Wert abhängt von externen Bedingungen (Flap und Tazelaar 1989: 102). Als soziales Kapital sind persönliche Netzwerke gekennzeichnet durch „die Anzahl von Personen, die Hilfe bieten wollen und die Ressourcen, welche diese dafür zu mobilisieren bereit sind" (De Graaf und Flap 1988: 453). Weil diese Ressourcen nur indirekt, nämlich durch die Kontaktperson mobilisiert werden können, spricht man auch von sozialem Kapital als einer 'second order resource'. Diese Interdependenz macht auch die Verwendung spieltheoretischer Modellierungen sinnvoll. Beispiele dafür, wie spieltheoretische Überlegungen mit empirischer Netzwerkanalyse verknüpft werden können, bieten Boorman (1975) und in jüngerer Zeit Calvó-Armengol (2004) sowie Goyal und Vega-Redondo (2007).[5]

In dieser Weise lassen sich Hypothesen ableiten, unter welchen Bedingungen welche Formen sozialer Beziehungen wichtig werden. Soziale Netzwerke sind dann nützlich, wenn andere Strategien vergleichsweise schwierig zu realisieren sind und wenn sie bessere Erfolgschancen versprechen als andere Strategien. Dafür muss spezifiziert werden, welche Art Netzwerke günstig für die Informationsbeschaffung oder für Unterstützung sind, und es muss angegeben werden, unter welchen Umständen der Einsatz dieser Ressourcen Vorteile gegenüber alternativen Such- oder Bewerbungsstrategien bietet (vgl. Kropp 1998: 29).

3 Die Bedeutung von Netzwerken im Karriereprozess

Bisher wurde die Bedeutung von sozialen Netzwerken ausschließlich im Kontext von Stellenbesetzungsprozessen diskutiert. Diese stellen für die meisten Erwerbstätigen wahrscheinlich das wichtigste Element für berufliche Karrieren dar.[6] Beruflicher Erfolg hängt aber auch davon ab, wie erfolgreich sich Personen in einem Unternehmen oder einer Organisation entwickeln können oder – im Falle von Selbständigen - wie gut sie ihre Produkte oder Dienstleistungen auf dem Markt platzieren können. In diesem Kontext kann man Arbeitsmarktakteure mit Unternehmern vergleichen. So wie diese ihre Produkte und Dienstleistungen auf Märkten anbieten, so bieten Arbeitsmarktteilnehmer ihre Arbeitskraft auf dem Arbeitsmarkt an. Damit werden auch für Arbeitsmarktprozesse Netzwerkansätze anwendbar, die in der Organisationssoziologie (siehe Kapitel 7.1) entwickelt wurden. Die

---

[4] Die Einführung einer nutzentheoretischen Modellierung ist nicht gleichbedeutend mit der Unterstellung rein strategischer Erwägungen bei den Akteuren. Häufig spielen Netzwerke für Arbeitsmarktprozesse eine Rolle, die sich aus ganz anderen Gründen formiert haben. Nutzentheoretische Modellierungen sollen im hier beschriebenen Kontext auch keine Vorhersagen über die „Investitionen" in Netzwerke machen sondern über deren Nützlichkeit.
[5] Experimentelle Untersuchungen in diesem Kontext nahmen Berninghaus et al. (2006) vor.
[6] Eine besondere Rolle spielt in diesem Zusammenhang der Berufseinstieg, weil die berufliche Erstplatzierung einer der wichtigsten Faktoren für den weiteren Berufserfolg ist. Für diesen Berufsabschnitt liefern Absolventstudien wertvolle Informationen (z.B. Franzen und Hangartner 2005; Haug und Kropp 2002).

bisherigen suchkosten- und transaktionskostentheoretischen Überlegungen stammen beispielsweise aus der Organisationsforschung.

Ein explizit auf Netzwerke gerichteter Theorieansatz in der Organisationssoziologie ist Ronald Burts Idee struktureller Lücken (1992, 2002; siehe Kapitel 3.7 in diesem Band). Damit erweitert er die Überlegungen zur Bedeutung von Brückenbeziehungen. Brückenbeziehungen verbinden ansonsten eher unverbundene Netzwerke. Ihr Vorteil besteht darin, dass sie exklusive und nichtredundante Informationen liefern. Was bereits bei der Jobsuche von Vorteil ist, erweist sich auch dann als Vorteil, wenn es darum geht, unternehmerisch erfolgreich zu sein, was ja ein wesentliches Erfolgskriterium auch für viele Arbeitnehmer ist. Der Inhaber einer Brückenposition nimmt die Position eines Brokers ein. Er vermittelt z.B. zwischen Unternehmen, die Waren oder Dienstleistungen anbieten und den Abnehmern dafür, oder bringt die richtigen Leute aus verschiedenen Abteilungen für ein Projekt zusammen, oder die wichtigen Personen für eine wissenschaftliche Konferenz, oder er ist der Broker für Informationen aus den Netzwerken, die nur über ihn verbunden sind. Auch Baker (2000), Lin (2001) und Voss (2007) weisen darauf hin, dass soziales Kapital für bestimmte Berufsgruppen wie z.B. Manager oder Vertriebsmitarbeiter unmittelbar zur Tätigkeit gehört. Auch der hohe Stellenwert, der bei vielen Einstellungen auf die sozialen Fähigkeiten der Bewerber gelegt wird, zeigt, dass Arbeitgeber die Fähigkeit wertschätzen, sich für die berufliche Tätigkeit in Netzwerke in und außerhalb des Unternehmens zu integrieren oder diese aufzubauen.

Allerdings sind Netzwerke nicht nur eine Quelle der Produktivität für ein Unternehmen. Granovetter (1985) zeigt, wie sich Netzwerke parallel zu formalen Organisationsstrukturen bilden können, um Partikularinteressen von Gruppen in Unternehmen zu realisieren. Aus Sicht der Akteure kann beruflicher Erfolg darin bestehen, ihr Einkommen mit möglichst wenig Aufwand zu realisieren, und selbstverständlich bieten auch für diesen Zweck Unterstützungsnetzwerke gute Möglichkeiten, wobei die Unterstützung in diesem Fall darin bestehen kann, den verminderten Arbeitsaufwand zu verschleiern. Schließlich definieren Netzwerke auch immer Grenzen, nämlich zwischen denen, die dazu gehören, und denen, die außerhalb stehen (vgl. auch Moerbeck 2001; Moerbeck und Need 2004).

Zusammenfassend kann man sagen, dass beruflicher Erfolg innerhalb von Unternehmen ähnlich wie bei der Stellenbesetzung auch von guten Informations- und Unterstützungsnetzwerken abhängt. Strategisches „Netzwerken" dürfte in diesem Kontext sogar noch viel wichtiger sein, weil innerhalb einer Organisation oder eines Unternehmens häufig viel besser einzuschätzen ist, welche Personen für die eigene berufliche Entwicklung wichtig sind. Dagegen ist es für das Finden einer Stelle oft überraschend und darum kaum vorhersehbar, welcher Kontakt letztendlich entscheidend ist. Aus diesem Grund spielen strategische Erwägungen bei Investitionen in berufliche Netzwerke eine wesentlich größere Rolle.

4 Netzwerke und Arbeitsmarkt zwischen Mikro- und Makroebene

Bisher wurden Netzwerke als etwas betrachtet, das Individuen nutzen können, um ihren Erfolg auf dem Arbeitsmarkt zu verbessern. Dies entspricht der Mikro-Perspektive auf Netzwerke. Zugleich wurde bereits thematisiert, dass die Verfügung über soziales Kapital abhängig ist von der Bereitschaft der Netzwerkmitglieder, Informationen und Unterstützung bereitzustellen. Betrachtet man also die Netzwerke von Individuen, so hat man die Individualebene verlassen und betrachtet bereits Gruppenprozesse auf einer Meso-Ebene. Aus einer Makro-Perspektive auf Gesellschaften zeigt sich, dass sich die typischen Netzwerke zwischen Gesellschaften unterscheiden. Solche Unterschiede werden im folgenden Abschnitt skizziert.

Eine der populärsten Arbeiten in diesem Zusammenhang ist Francis Fukuyamas (1995) Buch „Konfuzius und Marktwirtschaft: der Konflikt der Kulturen". In ihm argumentiert er vielfältig, dass sich Kulturen darin unterscheiden, in welchem Maße vertrauensvolle Beziehungen und damit Kooperation zwischen Fremden existieren können. Das Ausmaß der Soziabilität, wie er es nennt, erklärt zum Beispiel die Größe von privaten Unternehmen, die in einem Land entstehen, aber auch Formen der Arbeitsorganisation im Arbeitsalltag (Fukuyama 1995, Kapitel 18). In Ländern mit einem hohen Grad an Soziabilität (wie Deutschland oder Japan) können Facharbeiter beispielsweise sehr flexibel eingesetzt werden. Damit lassen sich Produktionsprozesse gut an neue Erfordernisse anpassen und die Hierarchien in Unternehmen flach halten. Andere Länder zahlen den Preis mangelnder vertrauensvoller Arbeitsbeziehungen durch inflexiblere Arbeitsregimes mit höherem Kontroll- und Koordinationsaufwand. Unterschiedliche Produktionsregimes lassen wiederum unterschiedliche Spezialisierungen zu: Qualitätsprodukte oder wenig standardisierte Produkte lassen sich besser in flexiblen Produktionsprozessen herstellen, während eine solche Voraussetzung für standardisierte Massenproduktion nicht gegeben sein muss. Während die empirische Beweisführung für eine solche Argumentationskette nicht leicht fallen dürfte (Fukuyama beschränkt sich eher auf anekdotische Evidenz), zeigt eine Reihe von Arbeiten den Zusammenhang zwischen sozialem Kapital, das in der Regel als Vertrauen operationalisiert wird, und Wirtschaftsentwicklung. Die Aufsätze von Knack und Keefer (1997) und Whiteley (2000) zählen in diesem Zusammenhang zu den am häufigsten zitierten. Inzwischen ist auch unter renommierten Makroökonomen die Einsicht angekommen, dass in Gesellschaften mit unterschiedlichen Kulturen auch die Arbeitsmärkte Besonderheiten aufweisen, die spezifische Arbeitsmarktpolitiken erfordern (siehe z.B. Blanchard 2005).

Eine weitere Studie, die den Zusammenhang von sozialem Kapital als einer kollektiven Ressource und Arbeitsmarktprozessen zeigt, ist Markus Freitags (2000) Analyse der Arbeitsmarktentwicklung Schweizer Kantone. Er findet, dass die ungleiche Verteilung von sozialem Kapital in den Kantonen neben anderen Einflussgrößen zu einem erheblichen Teil die unterschiedliche Verwundbarkeit kantonaler Arbeitsmärkte im Konjunkturverlauf erklärt (Freitag 2000: 186). Diese Wirkung auf der Makroebene lässt sich durch bei hohem Sozialkapital niedrigen Informations- und Transaktionskosten auf beiden Seiten des Arbeitsmarktes auf der Mikroebene erklären. Niedrige Informations- und Transaktionskosten sichern die Qualität von Stellenbewerbern, mindern die Marktabschottungsstrategien von Insidern gegenüber Outsidern auf dem Arbeitsmarkt und steigern die Suchaktivitäten von

Erwerbslosen (ebenda: 198).⁷ Dieses Beispiel verdeutlicht auch die Bedeutung sozialen Kapitals als Kollektivgut (siehe auch Diekmann 1993; Ostrom 2004).

5 Zusammenfassung

Der vorliegende Aufsatz zeigt die Bedeutung sozialer Netzwerke für Arbeitsmarktprozesse. Sie werden erstens für *Stellenbesetzungsprozesse* relevant, bei denen der Arbeitsmarkt nicht wie ein idealer Markt im neoklassischen Sinne, nämlich ohne Informationskosten und mit austauschbaren, uniformen Gütern, funktioniert. Vielmehr vermittelt der Arbeitsmarkt zwischen sehr heterogenen Arbeitskraftanbietern und Arbeitsplätzen mit sehr unterschiedlichen Anforderungen. In diesem Prozess gilt es sowohl Informations- wie auch Vertrauensprobleme zu lösen.⁸ Soziale Netzwerke können einen Beitrag zur Lösung beider Probleme liefern und sind darum sowohl für Arbeitgeber als auch Arbeitnehmer wichtig. Die Verfügung über die „richtigen" sozialen Ressourcen wird dadurch zu einem wichtigen Faktor für beruflichen Erfolg. Zum zweiten spielen soziale Netzwerke auch auf *internen Arbeitsmärkten* eine Rolle, denn sie bestimmen nicht unerheblich mit, welche Personen innerhalb von Unternehmen erfolgreich Karriere machen. Für manche Berufsgruppen sind Netzwerke unverzichtbar, um Arbeitsaufgaben erfolgreich erfüllen zu können. Drittens wird die Bedeutung sozialer Netzwerke auch auf der *Makroebene* sichtbar. Die Art und Weise, wie Netzwerke z.B. Vertrauensprobleme zwischen Arbeitgebern und Arbeitnehmern lösen können, beeinflusst nicht nur die Stellenbesetzung und individuelle Karriereprozesse, sondern schlägt sich auch in der Geschlossenheit oder Durchlässigkeit der sozialen Schichtung von Gesellschaften nieder⁹ und prägt die Produktionsregimes und Spezialisierungsformen von Volkswirtschaften.

Die bisherigen Ausführungen haben deutlich gemacht, dass Netzwerke auf verschiedenen Betrachtungsebenen mit Arbeitsmarktprozessen in Verbindung stehen. Hier zeigt sich, dass eine Netzwerkperspektive sowohl eine atomistische Betrachtungsweise, wie sie typisch ist für viele ökonomische Modellierungen und auf Mikrodaten beruhende empirische Analysen, als auch eine rein kollektivistische Betrachtung, die die Entscheidungen der Akteure ausblendet, ausschließt (vgl. Granovetter 1985). Vielmehr vermittelt die Netzwerkperspektive zwischen Mikro- und Makroebene und erlaubt so die Verknüpfung von mikroökonomischer Modellierung und soziologischer Theorieentwicklung (vgl. Kropp 2008).

Die vielfältigen Perspektiven, die in Bezug auf Netzwerke eingenommen werden können, finden sich in der Diskussion zum Sozialkapitalbegriff wieder, auf die an dieser Stelle nicht eingegangen werden kann (siehe dazu Franzen und Freitag 2007b). Für die Lösung einer Reihe von Problemen, die in der vorliegenden Übersicht gezeigt wurden, ist eine

---

⁷ Dass durch die Wirkung von Netzwerken, insbesondere bei Belegschaftsempfehlungen wegen der oben beschriebenen Homophilieprozesse, Insider-Outsider-Effekte z.B. für ethnische Minderheiten verstärken kann, zeigt Voss (2007: 327ff.).
⁸ Eine Darstellung des Arbeitsmarktes im Vergleich zur neoklassischen Modellvorstellung in der Ökonomie bieten Hinz und Abraham (2005). In ihrem Aufsatz erfolgt auch eine Einführung in ökonomische und soziologische Theorieansätze, die für die Untersuchung von Informations- und Vertrauensproblemen relevant sind.
⁹ Hinz und Abraham sprechen in diesem Zusammenhang vom Arbeitsmarkt als einer „Ungleichheitsmaschine" (2005: 18).

weitere theoretische Ausarbeitung des Zusammenhangs zwischen Netzwerken und Arbeitsmarktprozessen notwendig.

6 Literatur

Abraham, Martin und *Thomas Hinz*, 2005: Arbeitsmarktsoziologie: Probleme, Theorien, empirische Befunde. Wiesbaden: VS Verlag für Sozialwissenschaften.
Baker, Wayne E., 2000: Achieving Success Through Social Capital. San Francisco: Jossey-Bass.
Berninghaus, Siegfried K., Sven Fischer und *Werner Güth*, 2006: Do Social Networks Inspire Employment? An Experimental Analysis. Publikationen aus dem Sonderforschungsbereich 504, No 06-11. Universität Mannheim.
Bian, Yanjie, 1997: Bringing Strong Ties Back In: Indirect Ties, Network Bridges, and Job Searches in China. American Sociological Review 62: 366-385.
Blanchard, Olivier J., 2005: European Unemployment: The Evolution of Facts and Ideas. Department of Economics Working Paper. MIT (Massachusetts Institute of Technology).
Boorman, Scott A., 1975: A Combinatorial Optimization Model for Transmission of Job Information Through Contact Networks. The Bell Journal of Economics 6: 216-249.
Boxman, Ed, Nan D. de Graaf und *Henk D. Flap*, 1991: The impact of social and human capital on the income attainment of Dutch managers. Social Networks 13: 51-73.
Brandt, Martina, 2006: Soziale Kontakte als weg aus der Erwerbslosigkeit. Kölner Zeitschrift für Soziologie und Sozialpsychologie 58: 468-488.
Brenke, Karl und *Klaus F. Zimmermann*, 2007: Erfolgreiche Arbeitssuche weiterhin meist über informelle Kontakte und Anzeigen. Wochenbericht des DIW Berlin 74: 325-331.
Burt, Ronald S., 1992: Structural Holes. The Social Structure of Competition. Cambridge, Mass.: Cambridge University Press.
Burt, Ronald S., 2002: The Social Capital of Structural Holes. S. 148-190 in: *Mauro F. Guillén ,Randall Collins,Paula England* und *Marshall Meyer* (Hg.), The New Economic Sociology: Developments in an Emerging Field. New York: Russell Sage Foundation.
Calvó-Armengol, Antoni 2004: Job Contact Networks. Journal of Economic Theory 115: 191-206.
Cartwright, Dorwin und *Frank Harary*, 1956: Structural Balance: A Generalization of Heider's Theory. Psychological Review 63: 277-292.
de Graaf, Nan D. und *Henk D. Flap*, 1988: „With a little help from my friends": Social Resources as an Explanation of Occupational Status and Income in West Germany, the Netherlands, and the United States. Social Forces 67: 452-472.
Deeke, Axel, 1991: Informelle Beziehungen auf dem Arbeitsmarkt. Marktregulierung und Chancenverteilung durch Arbeitsvermittlung. Frankfurt u.a.: Campus Verlag.
Diekmann, Andreas, 1993: Sozialkapital und das Kooperationsproblem in sozialen Dilemmata. Analyse und Kritik 15: 22-35.
Diewald, Martin, 2007: Arbeitsmarktungleichheiten und die Verfügbarkeit von Sozialkapital. Die Rolle von Gratifikationen und Belastungen. S. 183–210 in: *Axel Franzen* und *Markus Freitag* (Hg.), Sozialkapital. Grundlagen und Anwendungen. Sonderheft 47/2007 der Kölner Zeitschrift für Soziologie und Sozialpsychologie. Wiesbaden: VS-Verlag für Sozialwissenschaften.
Emrich, Eike, Vassilios Papathanassiou und *Werner Pitsch*, 1996: Klettertechnik für Aufsteiger. Seilschaften als soziales Phänomen. Kölner Zeitschrift für Soziologie und Sozialpsychologie 48: 141-155.
Flap, Henk D., Tazelaar, Frits, 1989: The Role of Informal Social Networks on the Labor Market: Flexibilisation and Closure. S. 99-118 in: *Flap, Henk D.* (Hg.), Flexibilization of the Labor Market: Isor.
Flap, Henk D. und *Nan D. de Graaf*, 1986: Social Capital and Occupational Status. The Netherland Journal of Sociology 22: 45-61.

Franzen, Axel und *Markus Freitag,* 2007: Aktuelle Themen und Diskussionen der Sozialkapitalforschung. S. 7-22 in: *Axel Franzen* und *Markus Freitag* (Hg.), Sozialkapital. Grundlagen und Anwendungen. Sonderheft 47/2007 der Kölner Zeitschrift für Soziologie und Sozialpsychologie. Wiesbaden: VS-Verlag für Sozialwissenschaften.

Franzen, Axel und *Dominik Hangartner,* 2005: Soziale Netzwerke und beruflicher Erfolg. Eine Analyse des Arbeitsmarkteintritts von Hochschulabsolventen. Kölner Zeitschrift für Soziologie und Sozialpsychologie 57: 443-465.

Freitag, Markus, 2000: Soziales Kapital und Arbeitslosigkeit: Eine empirische Analyse zu den Schweizer Kantonen. Zeitschrift für Soziologie 29: 186-201.

Fukuyama, Francis, 1995: Konfuzius und Marktwirtschaft: der Konflikt der Kulturen München: Kindler.

Goyal, Sanjeev und *Fernando Vega-Redondo,* 2007: Structural Holes in Social Networks. Working Paper, University of Essex: Dept. of Economics.

Granovetter, Mark S., 1973: The Strength of Weak Ties. American Journal of Sociology 78: 1360-1380.

Granovetter, Mark S., 1974: Getting a Job: Chicago: University of Chicago Press.

Granovetter, Mark S., 1982: The Strength of Weak Ties: A Network Theory Revisited. S. 105-130 in: *Peter V. Marsden* und *Nan Lin* (Hg.), Social Structure and Network Analysis. Beverly Hills, CA: Sage.

Granovetter, Mark S., 1985: Economic Action and Social Structure: The Problem of Embeddedness. American Journal of Sociology 91: 481-510.

Granovetter, Mark S., 1995: Afterword 1994: Reconsiderations and a New Agenda. S. 139-181 in: *Mark Granovetter* (Hg.), Getting a job: A study of contacts and careers. Cambridge: Harvard University Press.

Haug, Sonja und *Per Kropp,* 2002: Soziale Netzwerke und der Berufseinstieg von Akademikern. Eine Untersuchung ehemaliger Studierender an der Fakultät für Sozialwissenschaften und Philosophie in Leipzig. Leipzig. Universität Leipzig. Arbeitspapier des Instituts für Soziologie Nr. 32.

Heider, Fritz, 1958: The Psychology of Interpersonal Relations: New York: John Wiley and Sons.

Hinz, Thomas und *Martin Abraham,* 2005: Theorien des Arbeitsmarktes: Ein Überblick. S. 17-68 in: *Martin Abraham* und *Thomas Hinz* (Hg.), Arbeitsmarktsoziologie. Probleme, Theorien, empirische Befunde. Wiesbaden: VS Verlag.

Holzer, Harry J., 1996: What Employers Want. Job Prospects for Less Educated Workers. New York: Russell Sage.

Ionnides, Yannis M. und *Linda D. Loury,* 2004: Job Information, Networks, Neighborhood Effects, and Inequality. Journal of Economic Literature 42: 1056–1093.

Kettner, Anja und *Eugen Spitznagel,* 2008: Betriebliche Personalsuche: Stellenangebot geht zurück, bleibt aber auf hohem Niveau. IAB-Kurzbericht. Nürnberg: 8.

Knack, Stephen und *Philip Keefer,* 1997: Does Social Capital Have An Economic Payoff? A Cross-Country Investigation. Quarterly Journal of Economics 112: 1251-1288.

Kropp, Per, 1998: Berufserfolg im Transformationsprozeß. Eine theoretisch-empirische Studie über die Gewinner und Verlierer der Wende in Ostdeutschland. Amsterdam: Thesis Publishers.

Kropp, Per, 2008: Methodologischer Individualismus und Netzwerkforschung – ein Diskussionsbeitrag. S. 145-153 in: *Christian Stegbauer* (Hg.), Netzwerkanalyse und Netzwerktheorie: Ein neues Paradigma in den Sozialwissenschaften. Wiesbaden: VS Verlag.

Lin, Nan, John C. Vaughn und *Walter M. Ensel.,* 1981b: Social Resources and Occupational Status Attainment. Social Forces 59: 1163-1181.

Lin, Nan, 1982: Social Resources and Instrumental Action. S. 131-145 in: *Nan Lin* und *Peter V. Marsden* (Hg.), Social Structure and Network Analysis. Beverly Hills, CA: Sage.

Lin, Nan, 1999: Social Networks and Status Attainment. Annual Review of Sociology 25: 467–487.

Lin, Nan, 2001: Social Capital. A Theory of Social Structure and Action. Cambridge: Cambridge University Press.

Lin, Nan und *Mary Dumin,* 1986: Access to Occupational Resources through Social Ties. Social Networks 8: 365-385.
Lin, Nan, Walter M. Ensel und *John C. Vaughn,* 1981a: Social Resources and Strength of Ties: Structural Factors in Occupational Status Attainment. American Sociological Review 46: 393-405.
Marsden, Peter V. und *Jeanne S. Hurlbert,* 1988: Social Resources and Mobility Outcomes: A Replication and Extension. Social Forces 66: 1038-1059.
Meyerson, Eva M. , 1994: Human Capital, Social Capital and Compensation: The Relative Contribution of Social Contacts to Managers Incomes. Acta Sociologica 37: 383-399.
Moerbeek, Hester, Henk D. Flap und *Wout Ultee,* 1996: That's what freinds are for: Ascribed and Achieved Social Capital in the Occupational Career. Utrecht, Netherlands. Utrecht University.
Moerbeek, Hester H.S., 2001: Friends and foes in the occupational career—the influence of sweet and sour social capital on the labour market. Amsterdam: Thela thesis.
Moerbeek, Hester H.S. und *Ariane Need,* 2003: Enemies at work: can they hinder your career? Social Networks 25: 67-82.
Montgomery, James D., 1992: Jobsearch and Network Compostition: Implication of the Strength-Of-Weak-Ties-Hypothesis. American Sociological Review 57: 586-596.
Mouw, Ted, 2003: Social Capital and Finding a Job: Do Contacts Matter? American Sociological Review 68: 868-898.
Mouw, Ted, 2006: Estimating the Causal Effect of Social Capital: A Review of Recent Research. Annual Review of Sociology 32: 79-102.
Ostrom, Elinor, 2004: Constituting Social Capital and Collective Action. Journal of Theoretical Politics 6: 527-562.
Paul, F. Whiteley, 2000: Economic Growth and Social Capital. Political Studies 48: 443-466.
Peter Preisendorfer und *Thomas Voss,* 1988: Arbeitsmarkt und soziale Netzwerke: Die Bedeutung sozialer Kontakte beim Zugang zu Arbeitsplatzen. Soziale Welt 39: 104-119.
Völker, Beate und *Henk Flap.,* 1999: Getting Ahead in the GDR: Human Capital and Social Capital in the Status Attainment Process Under Communism. Acta Sociologica 42: 17-34.
Voss, Thomas, 2007: Netzwerke als soziales Kapital im Arbeitsmarkt. S. 321–342 in: *Axel Franzen* und *Markus Freitag* (Hg.), Sozialkapital. Grundlagen und Anwendungen. Sonderheft 47/2007 der Kölner Zeitschrift für Soziologie und Sozialpsychologie. Wiesbaden: VS-Verlag für Sozialwissenschaften.
Wegener, Bernd, 1989: Soziale Beziehungen im Karriereprozess. Kölner Zeitschrift für Soziologie und Sozialpsychologie 41: 270-297.

7.7 Netzwerkanalyse in der Konsumforschung

Kai-Uwe Hellmann und Jörg Marschall

1 Einleitung

In der Konsumforschung, vor allem der nordamerikanischen „Consumer Research", taucht mitunter der Begriff des Netzwerks auf, ohne dass immer klar wird, wie dieser Begriff eigentlich gemeint ist. Dabei liegt es durchaus nahe, die Konsumforschung daraufhin zu befragen, ob und inwiefern sie auf den Netzwerkbegriff zurückgreift, wissen wir doch spätestens seit Mark Granovetter (1985), dass jeder Marktteilnehmer in mindestens ein soziales Netzwerk strukturell eingebettet ist (Arnould und Thompson 2007; DiMaggio und Louch 1998; Dholakia et al. 2004; Frenzen und Davis 1990; Radić und Posselt 2009; Stafford 1966; Varnam und Costa 2008; Vargo 2008). Bei genauerer Betrachtung zeigt sich jedoch, dass die konkrete Struktur der sozialen Beziehungen zwischen Konsumentinnen und Konsumenten oder gar ihre Bezugsgruppe als soziales Netzwerk nur höchst selten untersucht werden (Brown und Reingen 1987; Frenzen und Davis 1990; DiMaggio und Louch 1998). Von daher sind gewisse Zweifel angebracht, ob die Konsumforschung mit der Verwendung des Netzwerkbegriffs einen sehr konkreten Sinn, gar eine Methode oder Theorie verbindet. Denn meistens kommt der Netzwerkbegriff nur metaphorisch zum Einsatz, oft bloß als Bezeichnung für ein unbestimmtes Geflecht sozialer Beziehungen, ohne dieses auch nur ansatzweise netzwerkanalytisch zu untersuchen. Angesichts dieses Forschungsstandes wird zum Schluß dieses Beitrags aufgezeigt, wie Netzwerkanalyse für die Konsumforschung auch theoretisch bzw. methodisch nutzbar gemacht kann.

Um die vorherrschende Verwendungsweise des Netzwerkbegriffs in der Konsumforschung aufzuzeigen, werden zunächst zwei Forschungsbereiche der neueren Konsumforschung sowie ein Lehrbuch angeführt, das – selten genug – den Netzwerkbegriff zumindest verwendet. Anschließend werden drei weitere, vor allem ältere Arbeiten vorgestellt, die sich der Netzwerkanalyse konkret bedient haben, damit in der Konsumforschung aber singulär geblieben sind. Abschließend werden Grundzüge der Netzwerkforschung, soweit sie für die vorliegenden Fälle von Bedeutung sind, kurz vorgestellt, um dann eine Schlussbewertung hinsichtlich der Relevanz der Netzwerkanalyse für die Konsumforschung vorzunehmen.

2 Konsumforschung und soziale Netzwerke[1]

Der vorherrschende Stand der Konsumforschung beschränkt sich weitgehend darauf, Konsumenten als Individuen zu beobachten, und nicht als Netzwerkmitglieder. Hiervon wird

---

[1] In Haas und Mützels (2008) Untersuchung zur Verwendung von Netzwerkanalyse und Netzwerktheorie in sechs begutachteten deutschen Zeitschriften konstatierten die Autorinnen die Verwendung des Netzwerkbegriffs in 15 Themengebieten. Konsum gehört nicht dazu.

nur selten abgewichen. Eine Ausnahme von der atomisierten Sichtweise auf Konsumenten stellt insbesondere der relativ neue Forschungsbereich „Brand Community" dar.

Startpunkt für diese Forschung war der Artikel „Brand Community" von Albert M. Muniz, Jr. und Thomas C. O'Guinn aus dem Jahre 2001, worin sie sich mit dem Zusammenschluss von Liebhabern der gleichen Marke befassen. Freilich wird der Netzwerkbegriff von Muniz und O'Guinn nur einmal erwähnt. Und für die Definition des Begriffs „brand community" sparen sie den Netzwerkbegriff sogar völlig aus: „A brand community is a specialized, non-geographically bound community, based on a structured set of social relations among admirers of a brand." (Muniz und O'Guinn 2001: 412)

Bei der Illustration ihres Untersuchungsfeldes verwenden Muniz und O'Guinn (2001: 416) jedoch eine Graphik, die sich der Netzwerklogik bedient, indem sie drei, äußerst kleine und rein qualitativ erhobene Markengemeinschaften (*Bronco* (Ford), *Mac* (Apple) und *Saab*) für eine kleine Nachbarschaftsgemeinde in Form von Kleinstnetzwerken darstellen, einschließlich dreier „computer mediated environments" (CMEs) (vgl. Abb. 1).

Abbildung 1:   Markengemeinschaften in der Fairlawn Nachbarschaft

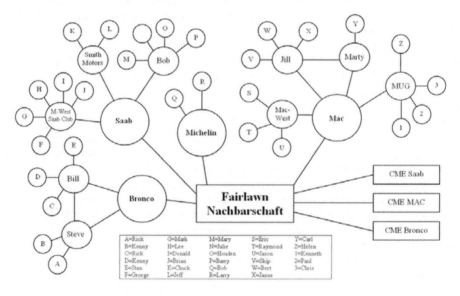

Indessen schreitet die eigentliche Analyse mitnichten netzwerkanalytisch fort. Begriff und Bedeutung spielen anschließend keinerlei Rolle mehr. Insofern handelt es sich hierbei um einen rein graphischen Effekt, ohne jede konzeptionelle Konsequenz.

Nicht viel anders verhält es sich übrigens mit der Folgestudie „Building Brand Community" von James H. McAlexander, John W. Schouten und Harold F. Koenig (2002), in der mit einer Graphik gearbeitet wird, die spinnennetzartig gestaltet ist, ohne jedoch netzwerkanalytisch zu argumentieren.[2] Und bei neueren Arbeiten, etwa von René Algesheimer (2004) und Fabian von Loewenfeld (2006), die standardisierte Online-Befragungen zu Brand Communities durchführen, werden individuelle Attribute, jedoch keine relationalen Daten erhoben.

Als zweiter Bereich wird die „Online Community"-Forschung herangezogen, deren Gegenstand für die Konsumsoziologie immer wichtiger wird. So setzten schon John Hagel III und Arthur G. Armstrong (1997) in ihrer Bestandsaufnahme „Net Gain. Expanding Markets through Virtual Communities" den Netzwerkbegriff für die Beschreibung solcher „virtual communities" (siehe Kapitel 7.17) sehr häufig ein. Bei näherer Betrachtung stellt sich jedoch heraus, dass es bei einem rein assoziativ-metaphorischen Begriffsverständnis bleibt, ohne dass streng netzwerkanalytisch argumentiert wird.

Ähnlich verhält es sich mit dem Buch „Smart Mobs. The Next Social Revolution" von Howard Rheingold (2002), das sich mit einem sehr verwandten Phänomen befasst: der Emergenz neuer Kundenkollektive im Bereich der mobilen Kommunikation. So greift Rheingold sehr häufig auf den Begriff des Netzwerks zurück, um diese Form sozialer Organisation zu erfassen, und er operiert durchaus auch mit einem technischen Begriff von Netzwerk: „Networks include nodes and links, use many possible paths to distribute information from any link to any other, and are self-regulated through flat governance hierarchies and distributed power." (Rheingold 2002: 163) Am Ende jedoch begnügt sich auch Rheingold damit, den Netzwerkbegriff lediglich als eine terminologische Konstante einzusetzen, ohne damit ernsthaft Netzwerkanalyse zu betreiben – übrigens die vorwiegende Haltung in diesem Bereich der Konsumforschung (Davis 1973; Lonkila und Gladarev 2008).[3]

Nicht zuletzt soll das Lehrbuch „Consumer Behaviour" von Gerrit Antonides und W. Fred van Raaij (1998) mit aufgenommen werden. Darin findet sich nämlich ein eigener Abschnitt, der mit „Networks and Social Communication" überschrieben ist. Als Netzwerke werden darin Kollegen und Geschäftsbeziehungen, Freunde und Bekannte, Mitglieder von Clubs und Vereinen, Familienmitglieder und Nachbarn bezeichnet. Was die Struktur von Netzwerken betrifft, so treffen Antonides/van Raaij zunächst die Unterscheidung zwischen interpersonalen Beziehungen („the network") und dem Informationsfluss im Netzwerk. Anschließend unterscheiden sie nochmals zwischen starken und schwachen Bindungen, und sie zeichnen starke Beziehungsnetzwerke durch den Begriff der „Clique" (siehe Kapitel 5.5) aus: „A clique is a group in a social network characterized by relatively intensive communication (strong ties) and similar types of information exchange (homophilous communication)." (Antonides und van Raaij 1998: 345) Im weiteren wird noch erläutert, welche Unterschiede es gibt, wenn man zwischen starken und schwachen Bindungen unterscheidet, und welche Folgen sich wiederum aus der Unterscheidung zwischen homo- und heterophilen Kommunikationsformen ergeben, etwa in Richtung Mundpropaganda („word-of-mouth", „viral marketing"). In beiden Fällen bleibt es jedoch bei vergleichsweise allgemeinen Anmerkungen, und im weiteren Verlauf der Darstellung wird auf die Verwendung des Netzwerkbegriffs nicht mehr Bezug genommen, so dass diese Passage im Prinzip isoliert bleibt. Der Netzwerkbegriff taucht somit auf, erfüllt aber keinerlei zentrale Funktion.

---

[2] Ähnlich der sehr informative Überblick „Brand Communities als neue Markenwelten. Wie Unternehmen Markennetzwerke initiieren, fördern und nutzen" von Ekkehart Baumgartner (2007), der sich zwar explizit mit „Markennetzwerken" befasst, dafür aber nicht eigens auf Netzwerkforschung rekurriert.

[3] Dieses Fazit gilt für Online-Community-Forschung, soweit sie sich mit Konsumforschung überschneidet. Dagegen wurden Online-Communities im Allgemeinen durchaus mit netzwerkanalytischen Methoden und Theoremen untersucht.

Etwas anders stellt sich die Situation für die folgenden drei Arbeiten dar. 1998 haben sich Paul DiMaggio und Hugh Louch mit einer bis dahin eher vernachlässigten Frage befasst: Lässt sich, ausgehend von Granovetters Einbettungsthese, der Einfluss sozialer Netzwerke auf die Kaufentscheidung bestimmter Sach- oder Dienstleistungen konkret nachweisen? Zur Überprüfung dieser These haben sie eine Sekundäranalyse des „General Social Survey" aus dem Jahre 1996 unternommen, an dem 1.444 Personen teilgenommen haben und in dem es um die Ermittlung der Relevanz sozialer Beziehungen für den Kauf von Autos, Häusern, Rechtsbeihilfen und Hausreparaturen ging. Zu diesem Zwecke wurde eine Art Netzwerkanalyse durchgeführt, ohne diese jedoch selbst mit darzulegen. Im Ergebnis, soweit es die Relevanz der Netzwerkanalyse für die Konsumforschung betrifft, konnte festgestellt werden, dass soziale Netzwerke insbesondere für Käufer dann bedeutsam sind, wenn es erhebliche Unsicherheit hinsichtlich der Produktqualität und der Zuverlässigkeit des Verkäufers gibt. In solchen Fällen wird bevorzugt auf Kontakte im sozialen Netzwerk zurückgegriffen, seien es Familienmitglieder, Freunde, Bekannte oder Kollegen.

Eine Vorläuferstudie stellt übrigens die Arbeit „Purchasing Behavior in Embedded Markets" von Jonathan K. Frenzen und Harry L. Davis (1990) dar, in der geprüft werden sollte, ob bei „home partys", wie sie für *Tupperware* bekannt sind, nur der Gebrauchswert der angepriesenen Waren („acquisition utility") oder auch der Beziehungswert („exchange utility") zwischen den beteiligten Personen („demonstrator", häufig eine Verkäuferin, „hostess", d.h. einladende Hausfrau, und „invitees" bzw. „guests", d.h. andere Hausfrauen) ausschlaggebend sind dafür, eines der präsentierten Konsumgüter zu kaufen. Auch hier wurde zumindest ansatzweise Netzwerkanalyse betrieben. Ergebnis dieser Studie war, dass für die generelle Kaufentscheidung insbesondere die sozialen Beziehungen zwischen einladender Hausfrau und bewirteten Hausfrauen maßgebend waren, welche auf die Menge der gekauften Güter aber keinen nennenswerten Einfluss hatten.

Als letzte Studie wird die Arbeit „Social Ties and Word-of-Mouth Referral Behavior" von Jacqueline Johnsons Brown und Peter H. Reingen aus dem Jahre 1987 angeführt. In dieser Studie geht es um den Einfluss, den soziale Kontakte und Beziehungen für die Wahl von drei Klavierlehrern hatten. Die zu prüfende These lautete, dass starke Bindungen („strong ties") darauf einen größeren Stellenwert haben als schwache, und dass Homophilie wichtiger ist als Heterophilie (siehe Kapitel 3.3). Befragt wurden insgesamt mehr als 150 Personen innerhalb des Vororts einer größeren Stadt im Südwesten der Vereinigten Staaten, für die abschließende Bewertung blieben noch 113 Personen übrig.

Zur Veranschaulichung ihrer Ergebnisse haben Brown und Reingen (1987: 358) einen Teil der sozialen Beziehungen ihres Samples in eine Netzwerkgraphik überführt, um daran detaillierter aufzuzeigen, wie die Einflussströme verlaufen sind und dass in den meisten Fällen tatsächlich starke Bindungen wichtiger waren als schwache, wenn es um die Wahl eines bestimmten Klavierlehrers ging, während die Homophilieannahme so eindeutig nicht bestätigt werden konnte (vgl. Abb. 2).

Abbildung 2: Informationsdiffusion und Gruppenstruktur

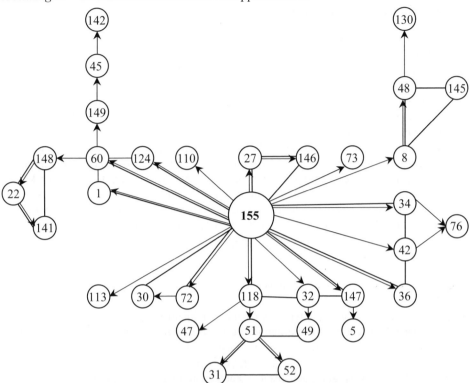

Das abgebildete „who-told-whom"-Netzwerk (gerichtete Kanten) ist in eine Struktur aus Subgruppen eingebettet (ungerichtete Kanten). Es gilt für einen der Klavierlehrer (155). Zum Zwecke der Veranschaulichung wurde nicht jede Gruppe und jede dyadische Sozialbeziehung aufgeführt. Zu lesen im Uhrzeigersinne, bestehen die Gruppen aus den Personen {27, 146, 155}, {8, 48 und 145}, {34, 36, 42 und 155}, {32, 118, 147 und 155}, {31, 51 und 52}, {30, 72 und 155}, {1, 60 und 155}, {60, 124 und 155} und {22, 141 und 148}. Die Entstehung von Subgruppen korrespondiert teilweise durch Ko-Mitgliedschaften, etwa in Kirche und Nachbarschaft.

Mit dieser Arbeit liegt der einzige gefundene Beitrag vor, der innerhalb der Konsumforschung konsequent Netzwerkanalyse betrieben hat. Naheliegenderweise hätte dies für die anschließende Konsumforschung bezüglich „Word-of-Mouth" (WOM) und „Viral Marketing" Vorbild werden können. Der gegenwärtige Stand der WOM-Forschung zeugt aber eher vom gegenteiligen Effekt (Langner 2006; Lee und O'Connor 2003; Radić und Posselt 2009).

3 Methode, Theorie oder Metapher? Netzwerkbegriffe in der Konsumforschung aus Sicht der Netzwerkanalyse

Wie deutlich geworden sein dürfte, operiert die Konsumforschung zwar mit verschiedenen Verwendungsweisen des Netzwerkbegriffs, betreibt selbst aber kaum Netzwerkanalyse. Der Unterschied wird verständlich, wenn man sich klar macht, was Netzwerkanalyse auszeichnet, nämlich einen Kanon von Methoden sowie eine lose Sammlung von Theoremen, die als genuin „netzwerkperspektivisch" oder „relational" gelten. Darüber hinaus begreift sich die Netzwerkanalyse – teilweise zumindest – als eine Sozialtheorie oder Paradigma (Beckert 2005; Wellman 1988).

Um für die Zukunft einschätzen zu können, ob und in welchem Ausmaß netzwerkanalytische Methoden und Theoreme in der Konsumforschung zur Anwendung kommen und welche Rolle die Netzwerkanalyse in der Konsumforschung also zukünftig spielen könnte, ist zu entscheiden, ob (a) eine *Methode* und/ oder (b) ein *Theorem* der Netzwerkanalyse zum Einsatz kommt. Trifft keine dieser Möglichkeiten zu, liegt (c) eine bloß *metaphorische Verwendung* des Netzwerkbegriffs vor, d.h., es wird lediglich auf die Tatsache verwiesen, dass Individuen irgendwie mit anderen verknüpft sind.[4]

3.1 Netzwerkanalyse als Methodenensemble

Die *Methoden* der Netzwerkanalyse sind leicht zu identifizieren, besteht diese doch aus einem Set einzelner Verfahren, die genuin netzwerkanalytisch sind, wie etwa Maßzahlen zur Beschreibung von Netzwerken (Dichte, Distanz, Zentralität) oder Cliquen- und Komponentenanalysen (siehe Kapitel 5.2, 5.3 und 6.2). Hinzu kommen Visualisierungstechniken, von einfachen Soziogrammen bis hin zur Darstellung großer komplexer Strukturen. Die Struktur der zugrunde liegenden Daten muss dabei relational sein, üblicherweise in Form einer Matrix bzw. mehreren Matrizen vorliegend. Knoten, etwa Konsumenten, müssen zudem durch definierte Relationen als miteinander verbunden angenommen werden.

Wendet man sich an diesem Punkt noch einmal dem Beispiel von Muniz und O'Guinn (2001) zu, zeigt sich: Die Abbildung stellt Knoten dar, die durch Linien miteinander verbunden sind. Ein Problem ergibt sich dadurch, dass die Knoten ganz unterschiedliche Ebenen darstellen: Große Kreise stellen Brand Communities dar, mittelgroße Kreise hingegen Plätze oder Personen. Hinzu kommen „computer mediated environments" (CME's), durch Rechtecke repräsentiert, deren Verbindung zu konkreten Personen nicht transparent ist. Zu guter Letzt ist „Fairlawn Neighborhood" selbst, also (mehr oder weniger) das Gesamtnetzwerk, genau wie ein Knoten in sich selbst eingetragen. Ein zweites Problem besteht darin, dass die Art der Verbindung nicht angegeben ist, die den die Knoten verbindenden Linien zu Grunde liegt. Man weiß nicht, ob es sich hierbei um Informationsaustausch, Freundschaftsbekundungen oder das gemeinsame Sich-Beschäftigen mit der Marke handelt. Ein solches bloß angedeutetes Netzwerk könnte daher nicht mit Hilfe von Maßzahlen näher

---

[4] Im Fall (c) ist aber nicht ausgeschlossen, dass Grundgedanken der NWA vorliegen. Auch in der NWA selbst waren die Grundgedanken vorhanden, bevor (a) Methoden und (b) eine eigene distinkte Perspektive deklariert wurde. Solche Grundgedanken oder Kernannahmen, die in der NWA bis auf Georg Simmel zurückverfolgt werden können gehört z.B. die Auffassung, dass Handeln in Begriffen von strukturellen Bedingungen (oder Einschränkungen) beschrieben werden muss.

bestimmt oder verglichen werden. Seine Cliquenstruktur kann so nicht aufgedeckt werden. Wahrscheinlich liegen dieser Darstellung nicht einmal echte relationale Daten zugrunde. Noch weniger als in Muniz/ O'Guinn werden in den Diagrammen in McAlexander et al. (2002) konkrete soziale Relationen modelliert.

Im Unterschied dazu wurden in der „Word-of-Mouth"-Studie von Brown und Reingen (1987) relationale Daten erhoben und in einem Soziogramm dargestellt, das als Knoten Akteure in einem „Who-told-Whom"-Netzwerk enthält, als Kanten einerseits die Empfehlung eines Klavierlehrers (gerichtete Kanten) und andererseits gegenseitiges Sich-bekanntsein abbildet (Abbildung 2). Wenn auch keine netzwerkanalytischen Maßzahlen ermittelt werden, so kann die Studie doch aufgrund der Verwendung relationaler Daten und der Auswertung mittels Soziogramm von der methodischen Seite als genuine Netzwerkstudie in der Konsumsoziologie gezählt werden.

3.2 Netzwerkanalyse als Theoremensemble

Der Status der Netzwerkanalyse als Theorieperspektive, gar als Sozialtheorie, ist umstritten. Dennoch wird Netzwerkanalyse immer weniger auf eine Sammlung von Methoden reduziert (Beckert 2005; Emirbayer 1997; Wellman 1988; siehe Kapitel 3.1 und Kapitel 4.4 in diesem Band). Sie kann zumindest beanspruchen, eine Reihe von „Theoremen" hervorgebracht zu haben, die sich nur schwer außerhalb eines Denkens in konkreten sozialen Relationen reformulieren lassen. Dazu gehören u. a. das Theorem der Stärke schwacher Verbindungen („the strength of weak ties") von Mark Granovetter (1973), das „Embeddedness"-Argument, ebenfalls von Granovetter (1985), die Idee der „Structural Holes" (siehe Kapitel 3.7) von Ronald Burt (1992) oder das „Small World Phänomen" (Watts und Dodds 2007; siehe Kapitel 3.13 in diesem Band). Damit hängt übrigens auch die Verwendung von Netzwerkeigenschaften oder Positionen in Netzwerken als erklärende Variablen zusammen (für einen Überblick Swedberg 1994).

In der oben angeführten Studie „Smart Mobs" von Howard Rheingold liegt uns eine Definition vor, die einerseits formal ist, weil sie von Knoten und Verbindungen ausgeht, andererseits substantiell, weil sie unter Netzwerk eine bestimmte Form der Handlungskoordination versteht (die sich von Märkten einerseits, von Hierarchien andererseits unterscheidet). Begrifflich bewegt sich Rheingold hier also schon recht nahe an der Terminologie der Netzwerkanalyse. Gerade dort, wo es ihm um Diffusion und Distribution von Informationen geht, hätten sich entsprechende Konzepte aus der Netzwerkanalyse angeboten. Ein solches Konzept ist etwa die Idee der Stärke schwacher Verbindungen. Von Mark Granovetter 1973 veröffentlicht, besagt diese, dass sich Informationen über schwache Verbindungen eher verbreiten können. Schwache Verbindungen haben das Potential, als „Brücken" zu fungieren, über die sich Informationen im größeren Netzwerk leichter fortpflanzen können. Im Gegensatz dazu führen starke Verbindungen zu größerer Redundanz, so dass Informationen innerhalb kleiner Cliquen verbleiben.

Aber auch die Handlungsfähigkeit von Kollektiven kann auf Eigenschaften ihrer Netzwerke zurückgeführt werden, wie Granovetter (1973, 2005) mehrfach ausgeführt hat. Auch in diesem Sinne bietet sich das „Ernstnehmen von Strukturen" an. So hätte das Lehrbuchkapitel von Antonides und van Raaij nicht nur hinsichtlich der Clique auf gut operationalisierte netzwerkanalytische Konzepte der Clique zurückgreifen können (Wasserman und Faust 1994: 254ff.; siehe Kapitel 5.5 in diesem Band). Zudem liegt es nahe, gerade dort, wo es um Kommunikation geht, auf Theoreme der Diffusion von Informationen in Netzwerken zurückzugreifen (Stärke schwacher Beziehungen, structural holes, Small World).

Brown und Reingen (1987) bedienen sich in ihrer oben angeführten Studie des Theorems der Stärke schwacher Beziehungen (nebst einer Reihe weiterer konzeptioneller Ideen). Schwache Beziehungen, über die Konsum-Empfehlungen gegeben werden, so formulieren sie eine von mehreren zu testenden Hypothesen, werden häufiger als starke Beziehungen als eine Brücke dienen, über die Empfehlungen fließen. In weiteren Hypothesen spielen der Einfluss starker Beziehungen sowie die Wirkung von Ko-Mitgliedschaft in mehreren Netzwerken eine Rolle – beide Faktoren sind Eigenschaften sozialer Beziehungen, die nur innerhalb eines netzwerkanalytischen Begriffs- und Theorierahmens formulierbar sind. Auch aus der Perspektive der Netzwerkanalyse als Theoremensemble kann also Brown und Reingens Arbeit als nahezu einzige Arbeit gelten, die für konsumsoziologische Fragestellungen Netzwerkanalyse verwendet.

4 Fazit: Das Vorherrschen einer Netzwerksemantik und -metaphorik in der Konsumforschung

Die aktuelle Konsumforschung betreibt weder im Hinblick auf Methode noch Theorieperspektive tatsächlich Netzwerkanalyse. Vielmehr liegt in der Regel eine relativ unverbindliche Netzwerksemantik vor, die bloß die Idee widerspiegelt, dass Individuen oder Konsumenten irgendwie miteinander verbunden sind (Clarke et al. 2007; Warde und Tampubolon 2002). Hierzu passt sehr schön, was Wellman (1988: 20) zur Situation der Netzwerkanalyse schrieb: „Some have hardened it into a method, whereas others have softened it into a metaphor". Für die Konsumforschung lässt sich dieses Fazit eines „vortheoretischen Stadiums" nicht ziehen, weil die metaphorische Verwendung zwar konstatiert werden kann, nicht aber die Verwendung der Methode. Dennoch liegen – so wie im einst „vortheoretischen Stadium" der Netzwerkanalyse insgesamt – in der Konsumforschung Grundgedanken vor, die eine theoretisch wie methodisch substantiellere Verwendung der Netzwerkanalyse nahelegen. Die Grundgedanken einer relationalen Perspektive sind in der Konsumforschung insofern vorhanden, als man zunehmend von eingebetteten und nicht mehr bloß atomisierten Akteuren ausgeht und dabei annimmt, dass deren Handeln und Präferenzen von der sozialen Struktur, in der sie sich befinden, mit beeinflusst werden (Stafford 1966).

5 Literatur

Algesheimer, René, 2004: Brand Communities. Begriff, Grundmodell und Implikationen. Wiesbaden: Deutscher UniversitätsVerlag.
Antonides, Gerrit und *Willem Fred van Raaij*, 1998: Consumer Behaviour. A European Perspective. Chichester u.a.: Wiley.
Arnould, Eric J. und *Craig J. Thompson*, 2007: Consumer Culture Theory (and We Really Mean *Theoretics*): Dilemmas and Opportunities Posed by an Academic Branding Strategy. S. 3-22 in: Russell Belk und John F. Sherry, Jr. (Hg.), Consumer Culture Theory. (Research in Consumer Behavior 11). Oxford: Elsevier.

Baumgartner, Ekkehard, 2007: Brand Communities als neue Markenwelten. Wie Unternehmen Markennetzwerke initiieren, fördern und nutzen. Heidelberg: Redline Wirtschaft.
Beckert, Jens, 2005: Soziologische Netzwerkanalyse. S. 286-312 in: Dirk Kaesler (Hg.), Aktuelle Theorien der Soziologie. Von Shmuel N. Eisenstadt bis zur Postmoderne. München: Beck.
Brown, Jacquiline Johnson und *Peter H. Reingen*, 1987: Social ties and word-of-mouth referral behavoir. Journal of Consumer Research 14: 350-362.
Burt, Ronald S., 1992: Structural Holes. The Social Structure of Competition. Cambridge, London: Harvard University Press.
Clarke, Nick, Clive Barnett, Paul Cloke und *Alice Malpass*, 2007: The Political Rationalities of Fair-Trade Consumption in the United Kingdom. Politics & Society 35: 583-607.
Davis, Nanette J., 1974: The Abortion Consumer: Making It Through the Network. Urban Life and Culture 2: 432-459.
Dholakia, Utpal M., Richard P. Bagozzi und *Lisa Klein Pegaro*, 2004: A social influence model of consumer participation in network- and small-group-based virtual communities. International Journal of Research in Marketing 21: 241-263.
DiMaggio, Paul und *Hugh Louch*, 1998: Socially embedded consumer transactions: For what kinds of purchases do people most often use networks? American Sociological Review 63: 619-637.
Emirbayer, Mustafa, 1997: Manifesto for a Relational Sociology. American Journal of Sociology 103: 281-317.
Frenzen, Jonathan K. und *Harry L. Davis*, 1990: Purchasing in Embedded Markets. Journal of Consumer Research 17: 1-12.
Granovetter, Mark, 1973: The Strength of Weak Ties. American Journal of Sociology 78: 1360-1380.
Granovetter, Mark, 1985: Economic Action and Social Structure: The Problem of Embeddedness. American Journal of Sociology 91: 481-510.
Granovetter, Mark, 2005: The Impact of Social Structure on Economic Outcomes. Journal of Economic Perspectives 19: 33-50.
Haas, Jessica und *Sophie Mützel*, 2008: Netzwerkanalyse und Netzwerktheorie in Deutschland. Eine empirische Übersicht und theoretische Entwicklungspotentiale. S. 49-62 in: Christian Stegbauer (Hg.), Netzwerkanalyse und Netzwerktheorie. Ein neues Paradigma in den Sozialwissenschaften. Wiesbaden: VS Verlag.
Hagel, John III und *Arthur G. Armstrong*, 1997: Net Gain. Expanding Markets through Virtual Communities. Boston: Harvard Business School Press.
Langner, Sascha, 2006: Viral Marketing. Wie Sie Mundpropaganda gezielt auslösen und Gewinn bringend nutzen. Wiesbaden: Gabler.
Lee, Yikuan und *Gina Colarelli O'Connor*, 2003: New Product Launch Strategy for Network Effects Products. Journal of the Academy of Marketing 31: 241-255.
Lonkila, Markku und *Boris Gladarev*, 2008: Social networks and cellphone use in Russia: local consequences of global communication technology. New Media & Society 10: 273-293.
McAlexander, James H., John W. Schouten und *Harold F. Koenig*, 2002: Building Brand Community. Journal of Marketing 66: 38-54.
Muniz, Albert M., Jr. und *Thomas C. O'Guinn*, 2001: Brand Community. Journal of Consumer Research 27: 412-432.
Radić, Dubravko und *Thorsten Posselt* 2009: Word-of-Mouth Kommunikation, S. 249-266 in: Manfred Bruhn, Franz-Rudolf Esch und Tobias Langner (Hg.), Handbuch Kommunikation. Grundlagen – Innovative Ansätze – Praktische Umsetzungen. Wiesbaden: Gabler.
Rheingold, Howard, 2002: Smart Mobs. The Next Social Revolution. Transforming Cultures and Communities in the Age of Instant Access. New York: Basic Books.
Stafford, James E., 1966: Effects of Group Influence on Consumer Brand Choice Preferences. Journal of Marketing Research 3: 68-75.
Swedberg, Richard, 1994: Markets as Social Structures. S. 255-282 in: Neil Smelser und Richard Swedberg (Hg.), The Handbook of Economic Sociology. Princeton: Princeton University Press.

Vargo, Stephen L., 2008: Customer Integration and Value Creation. Paradigmatic Traps and Perspectives. Journal of Service Research 11: 211-215.

Varnam, Rohit und *Janeen Arnold Costa*, 2008: Embedded Markets, Communities, and the Invisible Hand of Social Norms. Journal of Macromarketing 28: 141-156.

von Loewenfeld, Fabian, 2006: Brand Communities. Erfolgsfaktoren und ökonomische Relevanz von Markengemeinschaften. Wiesbaden: Deutscher UniversitätsVerlag.

Warde, Alan und *Gindo Tampubolon*, 2002: Social capital, networks and leisure consumption. The Sociological Review 35: 155-180.

Wasserman, Stanley and *Katherine Faust*, 1994: Social Network Analysis. Methods and Applications. Cambridge: Cambridge University Press.

Watts, Duncan J. und *Peter Sheridan Dodds*, 2007: Influentials, Networks, and Public Opinion. Journal of Consumer Research 34: 441-458.

Wellman, Barry, 1988: Structural Analysis. From Method and Metaphor to Theory and Substance. S. 19-61 in: Barry Wellman and Stephen D. Berkowitz (Hg.), Social Structures. A Network Approach. Cambridge: Cambridge University Press.

7.8 Die Soziale Netzwerkanalyse in der Welt des Consulting

Harald Katzmair

Die Herausforderungen und Probleme in Wirtschaft, Politik und Innovation sind zahlreich – und mit der Zahl der Probleme steigt auch die Anzahl von BeraterInnen und Agenturen, die Lösungen für diese Probleme versprechen. Die Beziehung zwischen akademischer Wissenschaft und außeruniversitärem Consulting war und wird immer von einer grundsätzlichen Spannung gekennzeichnet sein: stellt das Wissen in der Welt der Wissenschaft ein „öffentliches Gut" dar, das in Form von Publikationen der Allgemeinheit zugänglich gemacht wird, so fallen Prozeduren und Ansätze in der Welt des Consulting häufig unter den Schutz des „Intellectual Property" mit dem der Berater, die Beraterin Lösungen für Kunden anbietet (Katzmair 2008). Auch wenn unter dem Titel „Open Innovation" und „Open Source" rechtliche Formen entwickelt wurden, die hier Brücken bauen, so sind grundsätzlich unterschiedliche „Währungen" im Umlauf: Wissen als öffentliches Gut vs. Wissen als privates Gut. Die Konvertierbarkeit dieser beiden Wissensformen wäre zwar wünschenswert, hinsichtlich der gesellschaftlichen Nutzbarmachung des im Grundlagenforschungsbereichs gewonnen Wissens, verlangt den involvierten Akteuren allerdings „vielsprachige" Fähigkeiten ab.

Die Soziale Netzwerkanalyse hatte von Anbeginn an einen starken Zug Richtung „Anwendung". Besonders die deutschsprachige Gründergeneration der modernen Netzwerktheorie – Kurt Lewin, Jacob Moreno, Fritz Heider, Paul Lazarsfeld – war unter anderem davon geleitet, dass ihre wissenschaftlichen Untersuchungen Lösungen von *praktischer Relevanz* für gesellschaftliche Problemen liefern sollten. Nicht zufällig versprechen die Titel ihrer Hauptwerke „Grundlagen der Soziometrie: Wege zur Neuordnung der Gesellschaft" (Moreno 1934), „Resolving Social Conflicts" (Lewin 1948) nicht nur Theorie, sondern Anleitungen für konkrete Veränderungen, Lösungen für aktuelle Probleme. Und gerade darin besteht auch die Definition und der gesellschaftliche Wert des Consulting: Lösungen für Probleme zu offerieren.

Die Soziale Netzwerkanalyse (SNA) mit ihrem Bestand an Modellen, Algorithmen und Visualisierungen (Erickson 2008; Krempel 2005; Lin 2002; Lin et al. 2001; Monge 2003; de Nooy et al. 2005; White 2008) mischt ebenso auf diesem Markt der „Lösungen" mit; – und das nicht erst seit gestern. Bereits in den 1950er Jahren sponserte der Pharmakonzern Pfizer eine Studie über die Diffusion eines neuen Arzneimittels unter 125 Ärzten in Decatur, Illinois, durchgeführt von Elihu Katz und Herbert Menzel, Forschern an der Columbia University (Coleman et al. 1966; Van den Bulte und Lilien 2001). Das öffentliche und kommerzielle Interesse das der Modellierung sozialer Netzwerke in Wirtschaft, Politik und Innovation entgegengebracht wurde und wird, liegt wohl in der Natur des Gegenstandsbereichs begründet: das soziale Netzwerk einer prominenten Person wird nicht zu Unrecht als Manifestation ihrer Macht und ihres Einflusses gewertet (Bourdieu 1992, 2005; Gulas 2006). Netzwerke gelten nicht erst seit Facebook, Xing und LinkedIn als ein Schlüssel zum Erfolg. Netzwerke und das damit verbundene soziale Kapital gelten als Mittel zur Erwirtschaftung von ökonomischen und sozialen „Vermögen" im umfassendsten Sinne: Jene, die besser vernetzt sind, haben besseren Zugang zu Produktionsmitteln und Ressourcen und der damit verbundenen sozialen „Energie"; – also dem „Vermögen" Arbeit zu verrichten oder anzuordnen, dem „Vermögen" den Mitbewerb zu besiegen, aus dem Markt zu drängen oder aufzukaufen (Burt 1995; Odum 2007; siehe Kapitel 3.7 und Kapitel 3.10 in diesem Band).

Die soziale Netzwerkanalyse verspricht nicht weniger als ein Modell der Messung, Visualisierung und Simulation dieser Macht bereit zu stellen. Für jeden Machiavellisten ein attraktives Versprechen auf dem Weg zu mehr Ressourcen und damit Einfluss. Erfolgreicher sind jene mit den besseren Kontakten: das sind aus dem Blickwinkel der einzelnen Akteure eines Netzwerks, Kontakte die zu mehr und qualitativ besseren Ressourcen führen: d.h. zu mehr Geld, besserer Informationen, wertvolleren Kontakten und mehr Reputation und damit einhergehend zu mehr und nachhaltigerem Einfluss, mehr und nachhaltigerer Einflussnahme auf das gesamte System (Baker 2000; Burt 1995, 2005; Odum 2007). Dasselbe gilt im politischen System hinsichtlich der Erhaltung von Macht, wie auch in der Wirtschaft, was die Beziehung zwischen Produzenten und Konsumenten betrifft. Exzellente Unternehmen benötigen exzellente Netzwerke für Verkauf, Marketing und Innovation (Katzmair 2005). KonsumentInnen entscheiden nicht unabhängig voneinander, Menschen beeinflussen einander (Kelly 2007; Rosen 2009; Sernovitz et al. 2009). Wer diese Beeinflusser, die Opinion Leader beeinflussen kann, wird durch deren Wirkung auf ihr Umfeld, mehr Macht ausüben und damit mehr Ressourcen (z.B. die Aufmerksamkeit der Kunden) auf sich lenken können. Das ist zumindest die Theorie bzw. das Versprechen der Netzwerkanalyse für die Wirtschaft: Kenne ich die SchlüsselspielerInnen (Opinion Leader und EntscheidungsträgerInnen aller Art) in meinem Markt, dann kann ich sie beeinflussen (oder ihren Einfluss reduzieren), und damit die gewünschten Ziele – mehr Erträge in Form von Profiten, Wahlerfolgen etc. – erreichen.

Auf einer sehr verallgemeinerten Ebene sind Netzwerke als Ressourcenallokationsinfrastrukturen zu verstehen. Jene Personen oder Organisationen befinden sich im Vorteil, denen es gelingt mit ihren Netzwerk-Kontakten die im System vorhandenen Ressourcenflüsse (in Form von Geld, Informationen, Beziehungen, Reputation) besser auf sich zu lenken und für sich arbeiten zu lassen bzw. neue Ressourcenflüsse zu generieren. Jene Personen oder Organisationen, die über mehr Ressourcen verfügen, sind mächtiger und einflussreicher als andere. Soziales Kapital im Sinne des „Wertes" vorhandener Kontakte (Bourdieu 1992; Burt 2000, 2005; Lin 2002) ist solcherart genauso „Energiequelle" der Macht wie Geld (ökonomisches Kapital), Wissen (Humankapital, intellektuelles Kapital) und Reputation (symbolisches Kapital). Es liegt nun im Interesse jedes ökonomischen Akteurs möglichst viel Ressourcen möglichst kostengünstig als Kapital und Vermögen auf sich zu ziehen, um darauf basierend noch mehr zu produzieren und weitere Ressourcen zu attrahieren (Gewinne sind eine Art Netto-Ressourcenüberschuss, d.h. es werden mehr Ressourcen gewonnen als zur Produktion und Distribution verbraucht wurden) (Odum 2007).

Die Soziale Netzwerkanalyse zeigt nun, dass die Kosten und Erträge des Zugangs zu Ressourcen von der Position des Akteurs im Netzwerk abhängt (Burt 1995) sowie von der Morphologie des Netzwerkes (Katzmair 2005): zum Beispiel ist der Zugang für Personen und Organisationen an der Peripherie teurer und die Ertragserwartungen unsicherer, da die Transaktionskosten mit jedem Link überproportional steigen und sich gleichzeitig mit jedem Schritt das strategische Risiko erhöht, dass Investitionen in Beziehungen keine Erträge abwerfen (Odum 2007).

So besteht der Unterschied zwischen den Personen, die ihre Karriere ganz „Unten" (bei Netzwerken also: an der Peripherie) beginnen, gegenüber denen, die auf Grund z.B. ihrer sozialen Herkunft schon „Oben" (das heißt: im Zentrum) einsteigen, dass die ersteren auf ihrem Weg eine viel größere Anzahl gescheiterter (=nicht mehr intakter) Beziehungen hinter sich lassen, also deutlich höhere Abschreibekosten und kürzere Diskontierungszeiträume ihres sozialen Kapitals haben. Doch nicht nur die Start-(Position) im Netzwerk, auch die Morphologie des Netzwerkes (Größe, Dichte, Zentralisiertheit; siehe Kapitel 5.3) determiniert Kosten und Erträge. So nehmen Koordinationskosten und die damit einhergehende sozialen Ressourcen (Zeit, Geld, Aufmerksamkeit etc.), die investiert werden müssen mit der Dichte des Netzwerks zu, da immer mehr Akteure einbezogen (=aufeinander abgestimmt) werden müssen (Odum 2007). Zugleich sinken aber für jene, die im Zentrum des Netzwerkes sind, tendenziell die Grenzerträge aus vorhandenen Beziehungen, was dazu führt, dass relativ immer mehr Ressourcen in der existierenden Beziehungsinfrastrukturen gebunden sind, tendenziell bei steigender Netzdichte immer weniger freie Ressourcen für neue Beziehungen zur Verfügung stehen.

Erkenntnisse wie diese aus dem Bereich der Komplexitätsforschung, Systemökologie sowie der akademischen Netzwerkanalyse haben sicher zu einem tiefgreifenderen Verständnis über die Natur von sozialen Beziehungen, sowie der Natur von Macht und Einfluss beigetragen. Doch wie relevant waren und sind diese Erkenntnisse für die Praxis?

Mit ihrem akademischen Erfolg einher geht die steigende Anzahl der praktischen Anwendung der SNA in den Bereichen der Softwareentwicklung, Computergame-Industrie, Organisationsentwicklung, Innovations- und Technologiepolitik, der Stadt- und Regionalentwicklung, des Marketings und Verkaufs, der Markt- und Meinungsforschung sowie im militärischen Kontext (Freeman 2004, Forbes Magazine 2007). Die Soziale Netzwerkanalyse trifft dort freilich auf eine Vielzahl anderer, die Denkweisen und Handlungen der EntscheidungsträgerInnen dominierenden Methoden, Modelle und Technologien. Systemanalytische Ansätze (z.B. die „Business Dynamics"- Modelle von J. Sterman) sowie das ausgedehnte Universum der attributbasierten Methoden der modernen Statistik und Probabilistik beherrschen sicherlich das Feld des High-Level Strategy Consulting (Director, Vice-President und CEO Level). Die Tatsache, dass die weltweit größten Consultingagenturen wie Boston Consulting, McKenzie, Deloitte Touche, SAP etc. in den vergangenen Jahren begonnen haben, Soziale Netzwerkanalyse einzusetzen (Forbes Magazine 2007, z.B. McGregor 2006), kann allerdings als klares Indiz gewertet werden, dass der SNA ein großes Zukunftspotential zugesprochen werden kann. Eine Einschätzung, die Gartner, die weltweit führende Markt- und Trendforschungsagentur, teilt, indem sie 2006 die Soziale Netzwerkanalyse als eine der 10 wichtigsten Zukunftstechnologien bezeichnete (Gartner 2006).

In der Benennung der SNA als „Technologie" (und nicht als Wissenschaft) zeigt sich allerdings auch schon die große Herausforderung der Anwendung der SNA in der Welt der Wirtschaft: der Hype rund um Web 2.0, der Social Networking Seiten wie Facebook, StudiVZ, Linkedin und MySpace bedingte eine radikalen Umprägung der Bedeutung des Begriffs Social Networks im Laufe der letzten Jahre. So spricht man im angelsächsischen Raum außerhalb der akademischen SNA Community häufig von *Social Networking Analysis* und meint damit den Einsatz von Web 2.0 Technologien in den Bereichen Politik, Marketing und Werbung zur Verbreitung und Synchronisation von Meinungen, Produkten, oder als Mittel zur Einwerbung von Spenden (wie etwa im Falle der historischen Kampagne von Barack Obama). Die Indices der SNA (Degree, Eigenvector, Betweenness) werden analog zu den „Google Analytics" als *Social Networking Analytics* aufgefasst. Diesem Verständnis als bloße Technologie entgegengesetzt ist die Auffassung der *Sozialen Netzwerkanalyse - SNA als Wissenschaft, insbesondere* unter den Pionieren des Einsatzes der Netzwerkanalyse im Consulting-Kontext (Valdis Krebs, Wayne Baker, Verna Alle, Don Steiny oder Harald Katzmair). Heute sind immer mehr Universitäten angehalten, ihr Wissen in Form von Beratungsdienstleitungen auch zu Markte zu tragen, die systematische Ausbildung von BeraterInnen blieb allerdings bisher aus. Dennoch finden sich im Zentrum der akademischen Netzwerkanalyse eine Reihe von Persönlichkeiten, wie Steve Borgatti, Ron Burt, Kathleen Carley oder Wayne Baker, die die Doppelrolle als Universitätsangehörige und Consulter vereinen und damit wertvolle Beiträge zur Überwindung der Kluft zwischen Forschung und Anwendung liefern. Die mit diesen Namen verbundenen Anwendungen im privatwirtschaftlichen bzw. regierungsnahen Kontext sind allerdings nur die Spitze eines Eisbergs, denn der Großteil der Anwendungen der SNA im Consultingbereich ist nicht über Publikationen nachzulesen, sondern findet im nicht-akademischen, einem vor den Blicken der Öffentlichkeit quasi „geschützten" Bereich statt. In Folge sollen hier einige dieser publizierten und – soweit dem Autor bekannt – unpublizierten Anwendungen basierend auf Erkenntnissen der Sozialen Netzwerkanalyse vorgestellt werden. Der Autor greift dabei auf über 13 Jahre Erfahrung in der Anwendung der Sozialen Netzwerkanalyse in praktischen Kontexten zurück.

1 Die Anwendungsbereiche der SNA in Business, Politik und Innovation

1.1 Organizational Network Analysis (ONA):

- *Allgemeines:* ONA ist der Bereich, in welchem die Netzwerkanalyse ihre kommerzielle Hauptanwendungen in der Vergangenheit gehabt hat (Baker 2000; Cross und Parker 2004; Cross und Thomas 2009; Kilduff und Tsai 2003; Meyer und Davis 2003). Vor allem in den frühen 90er Jahren von IBM gepusht ist die ONA heute ein breiter Markt mit vielen unterschiedlichen Ausprägungen und auch Softwarelösungen. In den vergangenen Jahren vor allem auch von großen Consultingagenturen eingesetzt, erlebt sie auf Grund des Vorhandenseins immer besserer prozessbezogener Daten (e-mail Verkehr, elektronischer Aktenverkehr, automatisierte Bestell- und Abwicklungsyteme, CRM Systeme) steigende Einsatzmöglichkeiten, die mittlerweile tief in organisatorische Aufzeichnungssysteme (SAP) hineinreichen.
- *Kundengruppen*: Organisationen aller Art mit einer Tendenz zu größeren Organisationen und zu Organisationen in Post-Merger Phasen; generell Organisationen, die ihrer Selbstwahrnehmung zufolge, interne „Probleme" haben (schlechte Stimmung, Reibungsverluste durch Konflikte und mangelnde Kultur des Zusammenarbeitens).
- *Needs:* Verbesserung des Kommunikationsflusses innerhalb der Organisationen, oder innerhalb von Teams für verbesserte Team-Performance, mehr Innovationskapazität.

- *Lösung*: Netzwerkanalytisches Mapping von Rollen, formellen und informellen Kommunikationsflüssen zur Identifikation von Hubs, Flaschenhälsen und Gruppen-/ Clusterbildungen. Identifikation der „critical disconnects" im System.
- *Nutzen:* Objektivierung von Konfliktzonen durch Visualisierung, Effizienzsteigerungen durch Reduktion von Konflikten, Erhöhung der Innovationskapazität durch Abbau von vertikaler Kommunikation und Verlagerung auf horizontaler Kommunikationsstrukturen, robustere Reaktionen auf Krisen, schnellere Regeneration im Falle von Ausfällen (Abgang von Personen), leichtere Integration von neuen MitarbeiterInnen etc.
- *Einsatzbereiche*: Planung von Teamzusammensetzungen, organisationalen Entwicklungen, Innovationsmanagement, Post-Merger Management.

1.2 Influencer Mapping & Stakeholder Mapping:

- *Allgemeines:* Maßnahmen zu setzen, die das unternehmerische Umfeld (z.B. gesetzliche Rahmenbedingungen) positiv beeinflussen (Public Affairs) sowie konkret an EntscheidungsträgerInnen eigene Interessen heranzutragen (Lobbying) gehört zu den wesentlichen Tätigkeiten jeder größeren Organisation und jeder Interessensvertretung, seien dies nun Arbeitgeber- oder arbeitnehmerbezogene Verbände. Der Einsatz der Netzwerkanalyse hat aufgrund der hohen Kosten von Lobbyingmaßnahmen ein hohes Nutzenpotential, da die gesetzlich-politischen Rahmenbedingungen einen entscheidenden strategischen Wettbewerbsvorteil oder Nachteil darstellen können. Das vor allem in Bereichen, in denen der Staat wichtige regulatorische Aufgaben innehat, wie dem Gesundheitsbereich, der Energiewirtschaft, dem Telekommunikationsbereich, der Bau- und Infrastrukturbranche.
- *Kundengruppen:* Große Unternehmen aus den Bereichen Finanz, Pharma, politische Interessenvertretungen, Lobbying-Gruppen.
- *Needs:* Erhöhung des Impacts von Kontaktmaßnahmen (allen voran persönliche Treffen) zu Stakeholdern bei gleichzeitiger Erhöhung der Reichweite von personenbezogenen (und daher im Vergleich zu massenmedialen Kanälen per definitionem nur sehr lokal wirksamen) Beeinflussungsmaßnahmen.
- *Lösung:* Neues und besseres Wissen über Stakeholder und deren SchlüsselspielerInnen und Schlüsselbeziehungen durch Anwendung klassischer Netzwerkanalyseverfahren, um Personen mit hohem *Closure Capital* und *Brokerage Capital* zu identifizieren. Darüber hinaus Identifizierung von „strong ties" und von „weak ties", sowie von Clustern im Netzwerk. Visualisierungen der Netzwerke und deren Beziehungen.
- *Nutzen*: Wissen über Märkte und deren SchlüsselspielerInnen führt zu *robuster Priorisierung* beim „Targeting": es werden jene 5-20 % pro Cluster identifiziert, die die höchste a.) Zugänglichkeit und b.) Breitenwirksamkeit haben. Dadurch Kostenersparnis durch effizienterer und effektiverer Mitteleinsatz beim Networking und Lobbying bei gleichzeitiger Verkürzung des „Lead-Cycles" (geschäftliche Abschlüsse werden billiger und schneller erreicht).
- *Einsatzbereiche*: Strategische Kontaktpflege und strategisches Community-Building für Public Affairs, Marketing & Sales, Business Development.

1.3 Markt- und Meinungsforschung und Customer Network Analytics:

- *Allgemeines*: Vor allem im Zusammenhang rund um Schlagworte wie Buzz-Marketing, Viral Marketing, Word-of-Mouth Marketing ist die Frage nach der Identifikation der MeinungsmacherInnen in ihrer begrifflichen Gestalt als „Opinion Leader", „Influencer", „Opinion Broker", „Hubs", „Promotors" oder „Mavens" wesentlicher Bestandteil jeder Maßnahme im Bereich Public Relations oder Marketing (Kelly 2007; McGregor 2006; Van den Bulte und Wuyts 2007).
- *Kundengruppen*: Große produktherstellende Firmen vor allem aus dem Electronic-Consumer Good Sector sowie Automobilsektor im sogenannten „Business to Customer (B2C)"- Segment, also jenem Bereich wo die Kunden nicht Firmen sondern Privatpersonen sind.
- *Needs*: Bestehende Privatkunden halten (Retention), neue Kunden gewinnen (Akquisition), bestehenden Kunden neue Produkte verkaufen (Cross- und Upselling).
- *Lösung*: Bessere Segmentierung der Kundengruppen, die die Dynamik des Entscheidungsprozesses (etwa der Ausbreitung von Meinungen) besser modelliert als herkömmliche statistische Verfahren basierend auf soziodemographischen Variablen. Basierend auf EGO-Netzwerkanalysen Ermittlung von Network-Exposure Daten und EGO-Network Density-Daten um jene Kundensegmente zu identifizieren mit dem grössten a.) Einfluss auf ihre „Peers" b.) dem größten Gruppendruck ausgesetzt sind und c.) am meisten zur Ausbreitung (Diffusion) beitragen. Verschneidung der Survey-Daten mit dem CRM System qua statistical Fingerprint-Modellen. Kombination dieser Analysen, die jedem einzelnen Kunden einen Kundenwert auf Basis seiner Vernetzung zuweist mit anderen Verfahren der Feststellung des Kundenwerts (Rudolf-Sipötz, 2001).
- *Nutzen*: Kombinierte Segmentierung von Customer-Relationship Kundendaten hinsichtlich deren ökonomischen Werts (Einkommen, Kaufneigung) und deren sozialen Werts (Einfluss auf Freunde und Familie, Gruppendruck) führt zu neuen viralen Verkaufsstrategien, die auf die Herstellung lokaler kritischer Massen abzielt (Micro-Targeting). Analog zum Influencer Mapping geht es hier um die Identifikation der Top 5-15 Prozent Kunden und um robuste Priorisierungen, die die eigentliche Dynamik des Diffusionsprozesses nicht außer Acht lässt.
- Einsatzbereich: Marketing, Campaigning.

1.4 Key Account Management:

- *Allgemeines*: Da die Einschätzung von Risiken bei komplexen Entscheidungsprozessen („wicked problems") oft schwer zu kalkulieren sind, sind persönliche Kontakte zu anderen Personen, die sich in ähnlichen Situationen befinden, zwecks Risikominimierung, sehr wichtig. CEOs lassen sich daher bei großen Entscheidungen in einem wesentlichen Ausmaß nicht alleine von Zahlen und Daten sondern vor allem auch von der Meinung und den Erfahrungen anderer CEOs leiten. Produkte im Bereich Business to Business sind häufig sehr komplex und der Preis spiegelt als Informationsquelle oft nur eingeschränkt die tatsächliche Qualität des Produkts wieder (etwa bei Großanlagen wie Kraftwerken, teuren medizinischen Geräten in Spitälern etc.) – hier kann die

Kenntnis des Kontakt-Netzwerks von EntscheidungsträgerInnen extrem wertvolle Hinweise liefern, um die Wahrscheinlichkeit des Abschlusserfolgs bei Großprojekten zu erhöhen.
- *Kundengruppen*: Große Unternehmen aus den Bereichen Automobil, Telekommunikation, Pharma und Finanzen im sogenannten „Business to Business (B2B)"- Segment (Kunden sind keine Privatpersonen, sondern Firmen).
- *Needs*: Bestehende Großkunden halten, neue Großkunden gewinnen, den Umsatz pro Kunde erhöhen.
- *Lösung*: Sichtbarmachung und Bewertung der Verschränkung von Firmen und Entscheidungsträgern auf Basis von Netzwerkanalysen.
- *Nutzen*: Robuste Priorisierung von Investitionsentscheidungen, Herstellung lokaler kritischer Massen.
- *Einsatzbereich*: Key Account Management, Business Development, Public Affairs.

1.5 Key Opinion Leader (KOL) Management

- *Allgemeines*: Pharma- und Biotechfirmen haben sehr früh begonnen (Coleman et al. 1966; Van den Bulte et al. 2001) Netzwerkanalyse als Mittel zur Identifikation von Opinion Leader einzusetzen. Um dieses Thema ist zwischenzeitlich vor allem im angelsächsischen Bereich ein bemerkenswerter Markt entstanden, wo auf Basis von Co-Publishing Daten sowie Daten über das Verschreibeverhalten von niedergelassenen ÄrztInnen und FachärztInnen die „Key Opinion Leader (KOL)" oder „Influencer" mit netzwerkanalytischen Algorithmen und Verfahren ermittelt werden.
- *Kundengruppen:* Pharma- und Biotechindustrie, Krankenkassen, Akteure der Gesundheitspolitik.
- *Needs*: Genehmigung eines neuen Medikaments bei Behörden, Unterstützung eines Medikaments durch die Krankenkassen.
- *Lösung*: Identifikation von sogenannten Key Opinion Leader (KOLs) unter ÄrztInnen, sowie im gesundheitspolitischen Bereich (Kassen, politische Parteien, Patientengruppen etc.) auf Basis von Netzwerkanalysen. Gewinnung dieser Personen als Fürsprecher (Promotoren) und Testimonials der Wirksamkeit und Nützlichkeit des neuen Medikaments. Nutzung des Wissens über „strong" und „weak ties" der Personen zum effektiveren Aufbau und Pflege von Vertrauensbeziehungen (Stichwort: Einbettung von Beziehungen).
- *Nutzen*: Robuste Priorisierung von Investitionsentscheidungen, Beschleunigung im Aufbau von Vertrauen.
- *Einsatzbereich*: Selektion von Partnern für klinische Studien und Tests, Auswahl von Personen für Beiräte, Erstellung von Einladungslisten bei Konferenzen, Tagungen, Kongressen.

1.6 Netzwerkaufbau, Clustermanagement, Networking

- *Allgemeines*: Netzwerke als intangible Infrastruktur der Wertschöpfung spielen seit den 1990er Jahren (damals noch unter dem Titel der „Nationalen Innovationssysteme") eine entscheidende Rolle in den technologie- und wirtschaftspolitischen Strategien der Nationalstaaten und der Europäischen Union. Da neues Wissen u.a. durch die Rekombination bestehenden Wissens entsteht, und Netzwerke als eine Art von Infrastruktur für den Zugang zu Wissen angesehen werden kann, gilt die Förderung von Netzwerken als Garant für den Aufbau von kritischen Massen sowie einer Verstärkung der Wettbewerbsfähigkeit einer Region. Die Evaluation und das Auditing solcher Netzwerke eröffnet demnach einen eminenten Bedarf nach BeraterInnen mit entsprechendem Know-How und Tools (Granovetter 2005; Katzmair 2005, 2006,; Rudolf-Siepötz 2001). Von allen bislang aufgezählten Anwendungsbereichen ist dies derjenige, der hinkünftig am meisten Forschungsbedarf erfordert und wo die Ansprüche an das Verständnis von Netzwerken und deren Analyse am höchsten ist. Ein Netzwerk hinsichtlich seiner Funktionalität und Effizienz im Rahmen einer SWOT Analyse zu bewerten, ist ein methodologisch und theoretisch nicht triviales Unterfangen, das weiterer intensiver Forschungs- und Entwicklungsarbeit bedarf, bis NetzwerkberaterInnen hier auf einen robusten Korpus von Theorien, Tools, Methoden zurückgreifen können, die helfen zu verstehen, was getan werden muss, um bestehende Netzwerkmorphologien effektiver und effizienter zu machen; was getan werden muss, um Netzwerke zu verändern, um sie zu managen.
- *Kundengruppen*: öffentliche Einrichtungen, Ministerien, Technologie-Cluster und Networks of Excellence.
- *Needs*: Aufbau exzellenter Netzwerke zur Nutzung der externen Effekte von Netzwerken im Bereich Innovation, Wissenskapitalbildung für die Regionalentwicklung bzw. generell für die Stimulierung von Wachstum und Beschäftigung in Volkswirtschaften.
- *Lösung*: Analyse von Stärken und Schwächen gegebener Netzwerke hinsichtlich ihrer Aufgaben (SWOT Analyse). Analyse der Beziehung von Maßnahmentyp (Projektförderung, institutionelle Förderung , Individualförderung), Projektdauer und Mitteleinsatz (Höhe der Fördersummen) auf die Netzwerkmorphologie und deren Performance.
- *Nutzen*: Effektiverer und effizienterer Mitteleinsatz durch Erbringung des Nachweises welche Hebelwirkungen auf die Netzwerkbildung durch spezifische Maßnahmen erfolgen.
- *Einsatzbereich*: Planung und Monitoring von Fördermaßnahmen und staatlichen Programmen.

2 Ausblick

Neben den hier aufgezählten 6 Feldern gibt es noch andere kommerzielle Anwendungsbereiche der SNA, etwa in den Bereichen Risikomanagement und Infrastruktur, Sicherheit und Kriminologie, Web 2.0 (Collaborative Filtering, Recommendation Systems nach dem Amazon.com Modell: „Kunden die dieses Produkt gekauft haben…haben auch jenes gekauft" etc.) bis hin zu Semantic Web Applikationen zur Analyse von Web-Foren und CRM Systemen (Berners-Lee et al. 2005; Kashyap 2008). Da die SNA analog zur Statistik eine

Methode ist, die unabhängig vom Gegenstandsbereich auf relationale Daten gleich welcher Art angewendet werden kann, sind, solange nur Daten vorliegen, die denkbaren Einsatzgebiete unbegrenzt. Es ist ein Faktum, dass das Web 2.0 immer umfassendere relationale Daten generiert und daher in Zukunft mit vielen Möglichkeiten der Auswertung und Analyse von dynamischen Daten in Echtzeit gerechnet werden kann. Allerdings wird dieser Bereich weniger das Consulting Business als die Markt- und Meinungsforschung revolutionieren, da Daten nicht mehr durch Umfragen und Stichproben sondern direkt in Echtzeit gesammelt und interpretiert werden können. Grundsätzlich sind die Möglichkeiten der kommerziell relevanten Anwendungen der SNA unbegrenzt; dennoch muss vor einer mechanischen Anwendung der SNA auf „alles und jedes" gewarnt werden. Ein Netzwerk zu visualisieren und die Standard-Zentralitätsmaße zu errechnen, bedeutet noch nicht, damit Probleme gelöst zu haben. Etwas zu beschreiben, heißt nicht, es verstanden zu haben. Als eine der wesentlichen Fragen stellt sich vielmehr: Was sind die dynamischen Ursachen bestimmter Netzwerkbildungen und deren Morphologie in den jeweiligen Anwendungsfällen?

There is nothing more *practical* than a *good theory*,' schrieb Kurt Lewin (1952: 169) in Anlehnung an den Physiker James C. Maxwell. Das bedeutet im Umkehrschluss: Um ein guter Berater, eine gute Beraterin zu sein, muss man eine gute Theoretikerin, ein guter Theoretiker sein. Stehen einander die Welt der Beratung und der Forschung aufgrund unterschiedlicher Karriereverläufe und Bewertungsmaßstäbe auch oft fremd gegenüber, so muss doch an der „Übersetzung" der unterschiedlichen „Sprachen" und Werte gearbeitet werden, will man tatsächlich praktikable und umsetzbare Lösung für Probleme von Heute und Morgen aus dem reichen Wissensfundus der Sozialen Netzwerkanalyse gewinnen.

3 Literatur

Anklam, Patti, 2007: Net Work: A Practical Guide to Creating and Sustaining Networks at Work and in the World. Burlington u.a.: Butterworth-Heinemann.
Baker, Wayne E., 2000: Achieving Success Through Social Capital: Tapping Hidden Resources in Your Personal and Business Networks. San Francisco: Jossey-Bass.
Berners-Lee, Tim, Dieter Fensel, James A. Hendler und *Henry Lieberman,* 2005: Spinning the Semantic Web: Bringing the World Wide Web to Its Full Potential. Cambridge MA u.a.: MIT Press.
Bourdieu, Pierre, 1992: Die verborgenen Mechanismen der Macht. Hamburg: VSA Verlag.
Bourdieu, Pierre, 2005: The Social Structures of the Economy. Cambridge, Malden MA: Polity Press.
Burt, Ronald S., 1995: Structural Holes: The Social Structure of Competition. o.O.: Harvard University Press.
Burt, Ronald S., 2000: The Network Structure of Social Capital. Research in Organizational Behaviour 22: 345-423.
Burt, Ronald S., 2005: Brokerage and Closure: An Introduction to Social Capital. Oxford: Oxford University Press.
Coleman, James, 1998: Foundations of Social Theory. Cambridge MA: Harvard University Press.
Coleman, James, Elihu Katz und *Herbert Menzel,* 1966: Medical innovation: A diffusion study. Indianapolis: Bobbs-Merrill.
Cross, Rob und *Andrew Parker,* 2004: The Hidden Power of Social Networks: Understanding How Work Really gets done in Organizations. Boston MA: Harvard Business School Publishing.
Cross, Rob und *Robert J. Thomas,* 2009: Driving Results Through Social Networks: How Top Organizations Leverage Networks for Performance and Growth. San Francisco: Jossey-Bass.
Forbes Magazine, 2007: The Power of Networks. 90th Anniversary, 2007.

Freeman, Linton C., 2004: The Development of Social Network Analysis: A Study in the Sociology of Science. North Charleston: Empirical Press.
Gartner Inc. 2006: Gartner's 2006 Emerging Technologies Hype Cycle. [http://www.gartner.com/it/page.jsp?id=495475].
Granovetter, Mark S., 2005: The Impact of Social Structure on Economic Outcomes. Journal of Economic Perspectives 19: 33-50.
Gulas, Christian, 2006: Netzwerke im Feld der Macht. S. 68-94 in: *Elisabeth J. Nöstlinger* und *Ulrike Schmitzer* (Hg.), Bourdieus Erben: Gesellschaftliche Elitenbildung in Deutschland und Österreich. Wien: Mandelbaum.
Kashyap, Vipul, Christoph Bussler und *Matthew Moran*, 2008: The Semantic Web: Semantics for Data and Services on the Web. Data-Centric Systems and Applications. Berlin/Heidelberg: Springer Verlag.
Katzmair, Harald, 2005: Excellent Networks. Manual for Decision Makers. Wien.
Katzmair, Harald, 2006: Networks of Interregional Cooperation. A Social Infrastructure for Regional Development and Innovation. Wien.
Katzmair, Harald, 2008: Netzwerke der Wissensproduktion. Eine Studie der FAS.resarch im Auftrag von RFTE – Rat für Forschung und Technologieentwicklung, FFG – Österreichische Forschungsförderunggesellschaft, w-fForte – Wirtschaftsimpulse von Frauen in Forschung und Technologie. Wien.
Kelly, Lois, 2007: Beyond Buzz: The Next Generation of Word-of-Mouth Marketing. New York: AMACOM.
Kilduff, Martin und *Wenpin Tsai*, 2003: Social Networks and Organizations. Thousand Oaks: Sage.
Krempel, Lothar, 2005: Visualisierung komplexer Strukturen. Grundlagen der Darstellung mehrdimensionaler Netzwerke. Frankfurt am Main: Campus.
Lewin, Kurt, 1948: Resolving social conflicts. Selected papers on groups dynamics. New York: Harper & Row.
Lewin, Kurt, 1952: Field theory in social science: Selected theoretical papers. London: Tavistock.
Lin, Nan, 2002: Social Capital: A Theory of Social Structure and Action. Cambridge u.a.: Cambridge University Press.
Lin, Nan und *Erickson Bonnie*, 2008: Social Capital: An International Research Program. Oxford: Oxford University Press.
Nan, Lin, Karen Cook und Ronald S.Burt, 2001: Social Capital: Theory and Research. New Brunswick: Transaction Publishers.
McGregor, Jena, 2006: The Office Chart That Really Counts. Mapping informal relationships at a company is revealing -- and useful. BusinessWeek, Feb. 2006 [http://www.businessweek.com/magazine/content/06_09/b3973083.htm].
Meyer, Christopher und *Stan Davis*, 2003: It's Alive: The Coming Convergence of Information, Biology, and Business. New York: Crown Business.
Monge, Peter R. und *Noshir S. Contractor*, 2003: Theories of Communication Networks. Oxford: Oxford University Press.
Moreno, Jacob L., 1954: Die Grundlagen der Soziometrie. Wege zur Neuordnung der Gesellschaft. Köln, Opladen: Westdeutscher Verlag.
de Nooy, Wouter, Andrej Mrvar und *Vladimir Batagelj*, 2005: Exploratory Social Network Analysis with Pajek. Cambridge u.a.: Cambridge University Press.
Odum, Howard T., 2007: Environment, Power and Society for the Twenty-First Century: The Hierarchy of Energy. New York: Columbia University Press.
Rosen, Emanuel, 2009: The Anatomy of Buzz Revisited: Real-life lessons in Word-of-Mouth Marketing. New York: Broadway Books.
Rudolf-Sipötz, Elisabeth, 2001: Kundenwert: Konzeption-Determinanten-Management. St. Gallen.
Sernovitz, Andy, Seth Godin und *Guy Kawasaki*, 2009: Word of Mouth Marketing: How Smart Companies Get People Talking. New York: Kaplan Publishing.

Sterman, John D., 2000: Business Dynamics, Systems Thinking and Modeling for a Complex World. Homewood IL: McGraw Hill.

Van den Bulte, Christopher und *Stefan Wuyts*, 2007: Social Networks and Marketing. Cambridge MA: MSI.

Van den Bulte, Christophe und *Gary L. Lilien*, 2002: Medical Innovation revisited: Social contagion versus marketing effort. American Journal of Sociology 106: 1409-1435.

White, Harrison C., 2008: Identity and Control: How Social Formations Emerge. Princeton: Princeton University Press.

7.9 Netzwerke und Existenzgründungen

Mike Weber

1 Netzwerke in der multidisziplinären Gründungsforschung

Das soziale Phänomen der Existenzgründung entzieht sich weitgehend der Erklärung durch rein ökonomische Nutzenkalküle. Vielmehr bieten verschiedene Disziplinen aus ihrer jeweiligen Theorietradition unterschiedliche Zugänge zur Erklärung des Schrittes in die Selbstständigkeit. Ausgehend von den grundlegenden Überlegungen Schumpeters (1928), der die Funktion des Entrepreneurs in der Überwindung von Routinen und der Übernahme von Führerschaft in unbekanntem Gebiet sieht, eröffnet sich ein weites Spektrum theoretischer Ansätze und damit verbundener Fragestellungen. Dieses Spektrum reicht von einer „reinen Neurosentheorie selbstständig organisierter Erwerbstätigkeit" (Müller 2004: 1005), die eine erhöhte Gründungsneigung durch frühkindliche Traumatisierungen erklären, über die Begründung des Schritts in die Selbstständigkeit aus der Not fehlender Arbeitsplatzalternativen und über betriebswirtschaftliche Ansätzen zur erfolgreichen Ausgestaltung des Gründungsbetriebes (Dowling und Drumm 2003; Pepels 2003), bis hin zur makroökonomischen Bewertung von Entrepreneurial Capital als volkswirtschaftlichen Produktionsfaktor (Audretsch und Keilbach 2002). Gründungsforschung nähert sich somit auf unterschiedlichen Analyseebenen und aus verschiedenen disziplinären Traditionen den zu erklärenden Phänomenen.

Zur Strukturierung der unterschiedlichen Ansätze haben sich zwei Unterscheidungen durchgesetzt. Die erste Unterscheidung bezieht sich auf das zu erklärende Phänomen. Arbeiten zur Gründungsforschung befassen sich entweder mit den Beweggründen für den Schritt in die Selbstständigkeit oder mit den Erfolgsfaktoren von bereits gegründeten Betrieben. Für Gründungsneigung und Gründungserfolg können ganz unterschiedliche Einflussfaktoren von Bedeutung sein. Die zweite Unterscheidung betrifft die Kategorisierung dieser Einflussfaktoren. Bereits Szyperski und Nathusius (1977: 36ff.; s.a. Kulicke 1987: 256f.) schlugen die Unterteilung nach den drei Gruppen von Einflussfaktoren vor, die insbesondere bei Arbeiten zum Gründungserfolg bis heute üblicherweise Verwendung findet: die Eigenschaften der Gründerperson, die Eigenschaften des gegründeten Betriebes sowie das Gründungsumfeld. Bei Arbeiten zur Gründungsneigung können die Eigenschaften der Betriebe noch keine Rolle spielen. Entsprechend ergeben sich fünf Felder, in die sich die Arbeiten zur Gründungsforschung einordnen lassen.

Netzwerke spielen in allen fünf Themenfeldern eine wesentliche Rolle. Entsprechend wurde ihre Bedeutung bereits früh sowohl für Wirtschaftsakteure insgesamt (Coleman 1988) als auch für den speziellen Gründungskontext (Aldrich und Zimmer 1986) untersucht. Persönliche Netzwerke der Gründerinnen und Gründer können sowohl auf die Entscheidung zur Gründung, als auch auf die Erfolgsaussichten wirken. Mit der Gründung gewinnen betriebliche Netzwerke an Bedeutung. Unternehmensnetzwerke wiederum, die etwa durch Verbände institutionalisierte Strukturen erhalten können, bestimmen zugleich das Gründungsumfeld mit.

Der Schritt in die Selbstständigkeit geht nur in Ausnahmefällen auf eine einsame Entscheidung des Gründers oder der Gründerin zurück (Hills und Singh 2004: 261). Bereits die Auseinandersetzung mit der Fragestellung wird maßgeblich durch das persönliche Umfeld der Gründerinnen und Gründer, etwa durch positive Beispiele, mitbestimmt. Gespräche über Geschäftsmöglichkeiten, Diskussionen über die Ausgestaltung des Betriebes und Hinweise auf Unterstützungsmöglichkeiten können den Schritt in die Selbstständigkeit maßgeblich beeinflussen. Neben diesen informationsbezogenen Aspekten spielt die emotionale Unterstützung durch das direkte persönliche Umfeld eine wichtige Rolle. Entsprechend vielfältig ist der Personenkreis, aus dem sich gründungsrelevante Netzwerke zusammensetzen. Das familiäre Umfeld bietet den ersten und wichtigsten Anlaufpunkt. Berufliche Kontakte wie Kollegen und Geschäftspartner aus vorhergehender Berufstätigkeit können bei der Bewertung der Gründungsidee von großer Bedeutung sein. Aber auch Hinweise von Bekannten und Freunden können – mehr oder minder zufällig – für die Wahrnehmung von Gründungschancen wesentlich sein.

Nach dem Schritt in die Selbstständigkeit bleiben die bereits bestehenden Netzwerke zunächst von großer Bedeutung. Emotionale Unterstützung und die Bereitstellung erfolgsrelevanter Informationen spielen hier ebenso eine Rolle, wie konkrete Unterstützungsleistungen in Form unbezahlter Mitarbeit oder finanzieller Absicherung. Zugleich werden neue Kontakte wichtiger. Erfahrungsaustausch mit anderen Gründerinnen und Gründern, Beziehungen zu Kunden und Lieferanten sowie Kooperationen mit Mitbewerbern stärken die Kompetenzen und eröffnen Geschäftsmöglichkeiten.

Die Funktionen von persönlichen und betrieblichen Netzwerken im Gründungsprozess sind also vielfältig. Doch welche Netzwerkstrukturen und -typen helfen bei der erfolgreichen Umsetzung von Gründungsvorhaben? Nachfolgend werden zentrale Ergebnisse der empirischen Forschung zur Erfolgswirkung persönlicher Netzwerke vorgestellt.

2 Struktur egozentrierter Netzwerke und Gründungserfolg

Ausgehend von einem Verständnis der Einbettung von Akteuren als soziales Kapital (Bourdieu 1983; siehe Kapitel 3.10 in diesem Band), rücken Fragen nach der Netzwerkstruktur in den Mittelpunkt. Da die Bestimmung der gesamten Netzwerkstruktur mit einem beträchtlichen Aufwand verbunden ist, begnügen sich auch ausgewiesene Netzwerkerhebungen in der Gründungsforschung zumeist auf die Verbindungen der Gründerperson. Die Strukturmerkmale solcher egozentrierter Netzwerke (siehe Kapitel 5.11) werden in der Regel mit Namensgeneratoren erhoben (Jansen 2006: 79-85). Dabei vergeben die Befragten Bezeichnungen für diejenigen Personen, die sie im Gründungsprozess unterstützt haben. Auf dieser Grundlage lassen sich Beziehungen des Befragten zu den Netzwerkpartnern sowie die Beziehungen der Netzwerkpartner untereinander erfassen. Weitere Eigenschaften der Netzwerkpartner sowie die Art der Beziehungen können ergänzend erhoben werden. Diese Angaben ergeben ein Bild von der Struktur der gründungsrelevanten Netzwerke. Wesentliche Merkmale sind dabei: (1) die Größe des Netzwerks, die über die Anzahl der genannten Personen erfasst wird, (2) die Netzwerkdichte, mit der die Bekanntheit der Netzwerkpersonen untereinander beschrieben wird, (3) die Heterogenität, die Unterschiede in den Merkmalen der Netzwerkpartner erfasst, sowie (4) die Multiplexität, mit der die gleichzeitige Erfüllung verschiedener sozialer Funktionen durch die gleiche Person bezeichnet wird (Preisendörfer 2007: 281f.).

Generell wird von jedem der vier Strukturmerkmale eine positive Wirkung auf den Gründungserfolg erwartet. Die Größe des Netzwerks bestimmt die Möglichkeiten, einen geeigneten Unterstützer für eine konkrete Problemstellung im eigenen Netz zu finden. Gründerinnen und Gründer mit einem kleinen Netzwerk, das etwa auf die Familie oder enge Freunde beschränkt ist, können nur auf ein deutlich eingeschränktes Angebot an möglichen Leistungen zurückgreifen. Größe alleine sichert jedoch noch nicht die Vielfalt möglicher Unterstützung. Ein großes Netzwerk aus ähnlichen Partnern liefert tendenziell gleichartige Informationen. Kennen die Gründerinnen und Gründer etwa zahlreiche Personen aus ihrer Gründungsbranche, werden zusätzliche Kontakte zu Branchenkennern kaum zu grundlegend neuen Informationen führen. Ein Kontakt zu Personen aus angrenzenden Branchen liefert demgegenüber eventuell Hinweise auf neuartige Geschäftsmöglichkeiten. Von der Heterogenität der Netzwerkpartner wird also ebenfalls ein positiver Einfluss auf die Erfolgsaussichten der Gründung erwartet. Werden dabei strukturelle Löcher (Burt 1992) zwischen sonst gegeneinander abgeschlossenen Teilnetzwerken überbrückt, können sich aus einer solchen Maklerposition neuartige Geschäftsfelder ergeben (siehe Kapitel 3.7).

Netzwerkgröße und Heterogenität beschreiben damit die Opportunitäten, die sich aus der jeweiligen Struktur ergeben. Zugleich kommt Netzwerken die Funktion der Vermittlung von Vertrauen zu. Neue Informationen können nur dann erfolgswirksam ausgenutzt werden, wenn sie aus Quellen stammen, die als vertrauensvoll eingestuft werden. Eine hohe Bekanntschaft der Netzwerkpartner untereinander kann als ein Indiz für die notwendige Vertrauensbasis angesehen werden. Eine hohe Netzwerkdichte kann dadurch ebenfalls positiv auf den Gründungserfolg wirken. Eine ähnliche Wirkung geht auch von einer hohen Multiplexität von Beziehungen aus. Die gleichzeitige Erfüllung verschiedener Funktionen durch einen Partner erhöht die Konsistenz der Unterstützung und trägt zu einer vertrauensvollen Beziehung bei. So werden etwa Informationen von Lebenspartnerinnen und -partner, die emotionalen Rückhalt während der schwierigen Gründungsphasen bereitstellen, einen Teil des finanziellen Risikos tragen, zeitweise unentgeltlich mitarbeiten und zudem ihre spezifischen Kenntnisse einbringen, einen direkten Einfluss auf das Verhalten der Gründerinnen und Gründer haben.

Empirische Arbeiten zur Bedeutung der Netzwerkstruktur lassen sich nur wenige finden. Für den bundesdeutschen Kontext fanden Namensgeneratoren etwa in der Leipziger Gründerstudie (Bühler 1999; Hinz 1998) sowie in einer Untersuchung zum Gründungsgeschehen im Ruhrgebiet (Jansen und Weber 2003) Anwendung. Beide Untersuchungen bestätigen die grundsätzliche Bedeutung der Strukturmerkmale für den späteren Gründungserfolg. Netzwerkgröße, Netzwerkdichte, Heterogenität und Multiplexität korrelieren jeweils positiv mit Erfolgsindikatoren. Allerdings bleibt die empirische Bestätigung schwach und auf bivariate und eingeschränkte multivariate Modellierungen beschränkt. In der Ruhrgebietsstudie zeigt sich bei Kontrolle wesentlicher Personen- und Betriebsmerkmale kein signifikanter Effekt der Netzwerkstruktur mehr (Jansen und Weber 2003: 158f.). Dies spricht sowohl für eine geringe Bedeutung der Netzwerkstruktur für den Gründungserfolg, also auch für die Abhängigkeit der Struktur von den Personenmerkmalen der Gründerinnen und Gründer. So verfügen in dieser Stichprobe beispielsweise Frauen über geringere gründungsrelevante Netzwerkressourcen. Bei der Leipziger Studie lieferten die Strukturvariablen keinen zusätzlichen Erklärungsbeitrag gegenüber der Berücksichtigung von Unterstützerkategorien (Bühler 1999: 174). Die Art der Netzwerkpartner, also ob die Unterstützung etwa von der Familie, von entfernten Bekannten oder von Geschäftskollegen ausgeht, erweist sich also als bedeutsamer als die Struktur. Analog zu den Ergebnissen der Ruhrgebietsstudie lässt sich daraus schlussfolgern, dass einerseits die Netzwerkstruktur maßgeblich durch die Typen von Netzwerkpartnern bestimmt wird, andererseits der reine Struktureffekt recht gering bleibt.

3 Die Bedeutung von starken und schwachen Verbindungen

Zeigen sich für die reinen Strukturvariablen nur schwache Effekte, lassen sich aus der Verbindung von Struktur, Unterstützerkategorie sowie konkreter Unterstützungsleistung belastbarere Hypothesen über die Erfolgswirkung von Netzwerken ableiten. Von großer Bedeutung in der Gründungsforschung ist das auf Granovetter (1973, 1984) zurückgehende Argument der weak ties. Solche schwachen Verbindungen können in der obigen Terminologie als der Teil des Netzwerkes verstanden werden, der über eine beträchtliche Größe und hohe Heterogenität sowie geringe Multiplexität und Dichte verfügt. Das Argument beschreibt die Stärke dieser schwachen Beziehungen, die in der Bereitstellung spezifischer Informationen durch weit entfernte Netzwerkpartner liegt. Granovetter konnte zeigen, dass für die erfolgreiche Arbeitsplatzsuche Hinweise von weak ties besonders erfolgreich waren, da sie auf Beschäftigungsmöglichkeiten außerhalb der Wahrnehmung der Fokalperson verweisen konnten. Die durch solche Verbindungen bereitgestellten Informationen zeichnen sich somit durch eine hohe Spezifität und Exklusivität aus (siehe Kapitel 3.3).

Bezogen auf Existenzgründungen können Bekannte aus dem weiteren Umfeld der Gründerperson und geschäftliche Kontakte als typische weak ties angesehen werden. Von solchen Netzwerkpartnern sind kaum materielle Unterstützungen zu erwarten. Sie können jedoch Informationen bereitstellen, die für die Gründerperson sonst nicht zugänglich wären. Hinweise auf neue Kundengruppen, auf zuverlässige und preiswerte Lieferanten oder auf mögliche Kooperationspartner können solche Informationen mit Erfolgsrelevanz sein. Von weak ties werden also positive Effekte auf die wirtschaftliche Entwicklung und die Expansion von Gründungen erwartet. Speziell für innovative Vorhaben können solche Kontakte von zentraler Bedeutung sein. Während Lieferanten, Kunden und mögliche Kooperationspartner bei konventioneller Produktausrichtung vergleichsweise leicht ausfindig zu machen sind, können innovative Vorhaben auf Verbindungen mit sehr hoher Spezifität angewiesen sein.

Als strong ties werden demgegenüber enge Vertraute bezeichnet. Strong tie Netzwerke sind eher klein und zeichnen sich durch hohe Dichte, geringe Heterogenität und hohe Multiplexität aus. Von solchen starken Verbindungen werden eher redundante Informationen, emotionale Unterstützung und materielle Hilfestellungen erwartet. Besonders ausgeprägt wurden solche strong ties bei geschlossenen Gemeinschaften von Einwanderergruppen beobachtet (Light und Rosenstein 1995; Portes 1995; Waldinger und Bozorgmehr 1996). Die Zugehörigkeit zu solchen Gruppen erleichtert den Beginn der Selbstständigkeit in vielfacher Weise. Ein gemeinsamer Erfahrungshintergrund, Gruppenbildung in der Diaspora und oftmals enge Familienbande schaffen eine ausgeprägte Vertrauensbasis, die einerseits Transaktionskosten innerhalb der Gruppe senkt, andererseits gegenseitige Hilfe bis hin zu materiellen Unterstützungsleistungen erleichtert. Die Überlegungen lassen sich auf die

Funktionen von Familienangehörigen, Lebenspartnern und engen Freunden analog anwenden.

Von strong ties und den mit ihnen verbundenen Unterstützungsleistungen werden positive Wirkungen auf die Überlebenswahrscheinlichkeit in der ersten Zeit nach der Gründung erwartet. Eine Konzentration auf enge Verbindung im persönlichen Umfeld birgt jedoch zugleich das Risiko, neu entstehende Möglichkeiten nicht zu erkennen. Auf Organisationsebene wurden solche Lock-in-Effekte beispielsweise für das Ruhrgebiet nachgewiesen (Grabher 1993). Zudem kann der reziproke Austausch der Netzwerkpartner zu Ansprüchen gegenüber erfolgreichen Gründerinnen und Gründern führen. Die Unterstützer, welche die Gründung erleichtert und ihr Überleben gesichert haben, erweisen sich dann als Hindernis für die erfolgreiche Expansion.

Die theoretischen Überlegungen zur Wirkung von weak ties und strong ties auf den Gründungserfolg finden tendenzielle Bestätigung in den empirischen Analysen. Sowohl in der als grundlegend geltenden Münchner Gründerstudie (Brüderl et al. 1996) als auch für die Ruhrgebietsstudie werden positive Effekte berichtet. Weak ties gehen dabei mit einer innovativeren Produktstrategie einher und erweisen sich für das Umsatzwachstum der Gründungen als relevant. Strong ties sichern demgegenüber eher das Überleben des Betriebes und wirken kaum auf die Expansionschancen (Brüderl und Preisendörfer 1998; Jansen und Weber 2003: 172ff.). Insgesamt erweist es sich als erfolgreichste Struktur, sowohl auf weak ties als auch auf strong ties zurückgreifen zu können (Singh 2000: 120ff.).

4 Funktionen von Netzwerken im Gründungsprozess

Die insgesamt recht schwache empirische Bestätigung der Netzwerkeffekte wirft die Frage nach theoretischen Erweiterungen auf. Walter und Walter (2006) etwa resümieren nach der Auswertung von 20 Netzwerkstudien, dass sich zahlreiche Netzwerkcharakteristika auf die Erfolgsaussichten von Gründungen positiv auswirken. Durch welche konkreten Unterstützungsleistungen diese Erfolgswirkung erzielt werde und welche Funktion sie jeweils erfüllen, bleibe jedoch oftmals unklar. Sie plädieren daher für eine Verbindung der Charakteristika der Netzwerkstruktur mit den konkreten Unterstützungsleistungen und ihrer Funktion.

Empirische Ergebnisse für den US-amerikanischen Kontext bestätigen, dass sich die Annahmen über die Leistungen von Unterstützerkategorien nicht ohne weiteres aufrechterhalten lassen. So erhalten nur zehn Prozent der Gründungen materielle Unterstützung oder unentgeltliche Mitarbeit aus dem engsten persönlichen Umfeld (Aldrich und Carter 2004: 331). Während solche Unterstützungsleistungen also eher die Ausnahme darstellen, spielen enge Verbindungen für die Wahrnehmung von Möglichkeiten eine große Rolle. Vierzig Prozent der Vorhaben gehen auf Gespräche mit Familienangehörigen und Freunden über Gründungsgelegenheiten zurück (Hills und Singh 2004: 263-268). Die Ergebnisse widersprechen zwar nicht den oben formulierten Hypothesen zur Erfolgswirkung von strong ties, sie werfen jedoch ein neues Licht auf die tatsächlich erbrachten Leistungen. Auch bei strong ties spielen materielle Hilfestellungen nur eine untergeordnete Rolle, während Informationen die wichtigste Ressource darstellen.

Die geleistete Unterstützung wiederum liefert allenfalls Hinweise auf die damit erfüllte Funktion. So kann die Funktion, die Gründung in den ersten Monaten finanziell abzusichern, auf sehr unterschiedliche Weise erreicht werden. Die Gewährung eines Kredites durch ein Familienmitglied erfüllt die gleiche Funktion wie die Zusicherung einer Bürgschaft. Der Hinweis auf ein noch nicht ausgeschöpftes Förderprogramm kann das finanzielle Überleben in der ersten Zeit ebenfalls sicherstellen. Selbst emotionale Unterstützung, die zu einer selbstbewussten Präsentation der Gründungsidee bei Banken oder anderen Geldgebern beiträgt, kann hierzu ein funktionales Äquivalent darstellen. Entscheidend für die konkrete Erfolgswirkung ist also nicht so sehr, welche Leistung bereitgestellt wird, sondern welche Funktion sie im jeweiligen Kontext erfüllt.

Die Betrachtung der Funktionen von Netzwerkleistungen unterstreicht die Notwendigkeit, alternative Unterstützungsformen zu berücksichtigen (Jansen und Weber 2004). Beratungsleistungen können besonders für solche Gründerinnen und Gründer, die über kein ausgeprägtes Netzwerk verfügen, ähnliche Funktionen erfüllen (Tödt 2001). Dabei beschränken sich Beratungsgespräche keineswegs nur auf die Vermittlung von Informationen, sondern können zugleich zur Kompensation des Fehlens sozialer Beziehungen beitragen (Seidel 2002: 211). Wie weit Netzwerke und Beratung das Fehlen anderer erfolgsrelevanter Eigenschaften und Fertigkeiten der Gründerinnen und Gründer kompensieren können, bleibt allerdings eine offene empirische Frage (Preisendörfer 2007: 189f.).

Zwei weitere Ergänzungen des Netzwerkansatzes in der Gründungsforschung sind mit der Betrachtung von Funktionen verbunden. Zum einen lassen sich auch dysfunktionale Effekte beobachten. Bei der Diskussion zur Wirkung von strong ties wurde bereits auf das Risiko einer Schließungen gegenüber neuen Entwicklungen und auf mögliche Verpflichtungen in späteren Gründungsphasen verwiesen. Netzwerke können also durchaus mit Nachteilen verbunden sein. Diesem Aspekt wurde bisher allerdings nur wenig Aufmerksamkeit in der empirischen Forschung gewidmet (Preisendörfer 2007: 190f.). Zum anderen rückt die Frage nach dem richtigen Zeitpunkt der Unterstützung in den Mittelpunkt. Der Hinweis auf ein vielversprechendes Förderprogramm nützt wenig, wenn bereits bindende Verpflichtungen gegenüber Geldgebern eingegangen wurden. Netzwerke erfüllen also in unterschiedlichen Gründungsphasen unterschiedliche Funktionen. Mit einer solchen Prozessbetrachtung gewinnt die Evolution der Netzwerke entscheidende Bedeutung (Stahlecker 2006: 155ff.). Ob Gründerinnen und Gründer im Laufe des Prozesses private Kontakte zunehmend gegen neue geschäftliche Beziehungen austauschen (Bühler 1999: 48), oder ob in erster Linie bereits bestehende Kontakte mit neuen Funktionen aufgeladen werden (Leineweber et al. 2003: 176f.), ist dabei eine ebenfalls noch offene Frage.

5 Praktische und theoretische Relevanz

Der kurze Überblick über zentrale Ergebnisse des Network Approach to Entrepreneurship hat die bisher nur spärliche empirische Bestätigung der Ansätze verdeutlicht. Dass sich Netzwerke in Gründungsforschung und besonders in der Gründungsförderung dennoch einer breiten Aufmerksamkeit erfreuen, erklärt sich aus drei Gründen.

In theoretischer Hinsicht liefert der Netzwerkansatz ein beachtliches Potenzial für die Integration des multidisziplinären Zugangs zur Gründungsthematik. Shane (2003) hat einen viel beachteten Versuch unternommen, Gründungen als Zusammenspiel zwischen Individuum und den sich ihm bietenden Gelegenheiten zu beschreiben. Gründungsprozesse lassen sich dann mit einer Heuristik beschreiben, die dem Abschreiten eines Korridors gleicht, bei dem sich „windows of opportunties" eröffnen (Ronstadt 1988). Die Wahrnehmung von

Gelegenheiten durch die Individuen stellt dabei die Verbindung zwischen der Mikroebene der Gründerinnen und Gründer auf der einen und der Makroebene des wirtschaftlichen Umfeldes auf der anderen Seite her. Für die Frage, wie diese Gelegenheiten erkannt werden können, bietet der Netzwerkansatz sowohl theoretische Erklärungen als auch das methodische Rüstzeug für empirische Untersuchung.

Der zweite Aspekt betrifft die hier nur am Rande behandelte Bedeutung von Unternehmensnetzwerken. Die Bedeutung von Unternehmensnetzwerken konnte in zahlreichen Studien bestätigt werden. So geht etwa die Mitarbeit in Innovationsnetzwerken mit einem stärkeren Innovationsverhalten der Betriebe einher (Becker und Dietz 2002) und die Mitgliedschaft in solchen Innovationsnetzwerken wirkt auf die Prosperität des Unternehmens (Becker 2005). Unternehmensnetzwerke und intensive regionale Kooperationen bilden die Grundlage für innovative Milieus und regionalen Clustern (Crouch et al. 2001; Halder 2006). Damit fügt sich der Netzwerkansatz zugleich in die Diskussionen der neuen Wirtschaftssoziologie (Beckert 2007; siehe Kapitel 7.3 in diesem Band) über die Einbettung wirtschaftlichen Handelns ein.

Netzwerkarbeit ist, drittens, von beträchtlicher praktischer Relevanz für die Ausgestaltung moderner Wirtschafts- und Gründungsförderung. Aufbauend auf regionalökonomischen Konzepten zählt aktive Netzwerkarbeit zwischen bestehenden und potenziell entstehenden Betrieben zu den gängigen Instrumenten kommunaler und regionaler Wirtschaftsförderungseinrichtungen (Gärtner 2004). Auch bei der Betrachtung der Mikroebene des einzelnen Betriebes ist die Netzwerkbildung ein wichtiger Erfolgsfaktor für die Förderung von Unternehmensgründungen. Die vielfältigen Funktionen von Netzwerke mit Instrumenten der Gründungsförderung ausgleichen zu wollen, erweist sich als wenig aussichtsreiches Unterfangen. Vielmehr soll der Netzwerkaufbau von Unternehmerinnen und Unternehmern gefördert werden. Die wirtschaftspolitische Bedeutung von persönlichen und betrieblichen Netzwerken ergibt sich also aus ihrer beschränkten Substituierbarkeit. Im Bereich der Bestimmung ihrer genauen Funktionen, ihrer Wechselwirkung mit anderen Erfolgsfaktoren sowie ihrer Beeinflussbarkeit durch Gründungsförderung besteht jedoch noch einiger Forschungsbedarf.

6 Literatur

Aldrich, Howard E. und *Catherine Zimmer*, 1986: Entrepreneurship Through Social Networks. S. 13-28 in: *Howard E. Aldrich* (Hg.), Population Perspectives on Organizations. Uppsala: Acta Universitatis Upsaliensis.

Aldrich, Howard E. und *Nancy M. Carter*, 2004: Social Networks. S. 324-335 in: *William B. Gartner, Kelly G. Shaver, Nancy M. Carter* und *Paul D. Reynolds* (Hg.), Handbook of Entrepreneurial Dynamics. The Process of Business Creation. Thousand Oaks: Sage.

Audretsch, David. B. und *Max Keilbach*, 2002: Entrepreneurship Capital and Economic Performance. ZEW Discussion Paper No. 02-76. Mannheim.

Becker, Wolfgang, 2005: Stellenwert und Bedeutung von Innovationsnetzwerken für Unternehmensgründungen. S. 299-315 in: *Ann-Kristin Achleitner, Heinz Klandt, Lambert T. Koch* und *Kai-Ingo Voigt* (Hg.), Jahrbuch Entrepreneurship 2004/05. Gründungsforschung und Gründungsmanagement. Berin: Springer.

Becker, Wolfgang und *Jürgen Dietz*, 2002: Einfluss der Netzwerkmitgliedschaft auf das Innovationsverhalten von Unternehmensgründungen. S. 383-399 in: *Heinz Klandt* und *Hermann Weihe*

(Hg.), Gründungsforschungs-Forum 2001. Dokumentation des 5. G-Forums, Lüneburg, 4./5. Oktober 2001. Lohmar: Josef Eul.

Beckert, Jens, 2007: The Great Transformation of Embeddedness. Karl Polanyi and the New Economic Sociology. MPIfG Discussion Paper 07/1. Köln.

Bögenhold, Dieter, 1987: Der Gründerboom. Realität und Mythos der neuen Selbständigkeit. Frankfurt am Main: Campus.

Bourdieu, Pierre, 1983: Ökonomisches Kapital, kulturelles Kapital, soziales Kapital. S. 183-198 in: Reinhard Kreckel (Hg.), Soziale Ungleichheit. Göttingen: Schwartz.

Braczyk, Hans-Joachim, Philip Cooke und Martin Heidenreich (Hg.), 1998: Regional Innovation Systems. London: UCL Press.

Brüderl, Josef und Peter Preisendörfer, 1998: Network Support and the Success of Newly Founded Businesses. S. 213-225 in: Small Business Economics 10.

Brüderl, Josef, Peter Preisendörfer und Rolf Ziegler, 1996: Der Erfolg neugegründeter Betriebe. Eine empirische Studie zu den Chancen und Risiken von Unternehmensgründungen. Betriebswirtschaftliche Schriften Heft 140. Berlin: Duncker & Humblot.

Bühler, Christoph, 1999: Die strukturelle Eingebundenheit neugegründeter Unternehmen. Dissertation an der sozialwissenschaftlichen Fakultät der Ludwig-Maximilian-Universität. München.

Burt, Roland S., 1992: Structural Holes: The Social Structure of Competition. Cambridge: Harvard University Press.

Coleman, James S., 1988: Social Capital in the Creation of Human Capital. S. 95-120 in: American Journal of Sociology 94.

Crouch, Colin, Patrick Le Galés, Carlo Trigilia und Helmut Voelzkow (Hg.), 2001: Local Production Systems in Europe: Rise or Demise? Oxford: Oxford University Press.

Dowling, Michael und Hans J. Drumm (Hg.), 2003: Gründungsmanagement. Vom erfolgreichen Unternehmensstart zu dauerhaftem Wachstum. Berlin: Springer.

Gärtner, Stefan, 2004: Integrierte Wirtschaftsförderung: Regionalökonomische Ansätze und Konzepte. S. 13-73 in: Brigitta Widmaier, Doris Beer, Stefan Gärtner, Ileana Hamburg und Judith Terstriep (Hg.), Wege zu einer integrierten Wirtschaftsförderung. Baden-Baden: Nomos

Grabher, Gernot, 1993: The Weakness of Strong Ties. The Lock-in of Regional Development in the Ruhr Area. S. 255-277 in: Gernot Grabher (Hg.), The Embedded Firm. On the Socio-economics of Industrial Networks. London: Routledge.

Granovetter, Mark (1973): The Strength of Weak Ties. S. 1360-1380 in: American Journal of Sociology 78 (6).

Granovetter, Mark, 1984: Small is Bountiful: Labour Markets and Establishment Size. S. 323-334 in: American Sociological Review 49 (3).

Halder, Gerhard, 2006: Strukturwandel in Clustern am Beispiel der Medizintechnik in Tuttlingen. Münster: Lit.

Hills, Gerald E. und Robert P. Singh, 2004: Opportunity Recognition. S. 259-272 in: William B. Gartner, Kelly G. Shaver, Nancy M. Carter und Paul D. Reynolds (Hg.), Handbook of Entrepreneurial Dynamics. The Process of Business Creation. Thousand Oaks: Sage.

Hinz, Thomas, 1998: Betriebsgründungen in Ostdeutschland. Sozialwissenschaftliche Arbeitsmarktforschung. Neue Folge. Berlin: Edition Sigma.

Jansen, Dorothea, 2006: Einführung in die Netzwerkanalyse. Grundlagen, Methoden, Forschungsbeispiele. Wiesbaden: VS.

Jansen, Dorothea und Mike Weber, 2003: Zur Organisation des Gründungserfolgs. Eine organisationstheoretische Untersuchung des Erfolgs neu gegründeter Betriebe im Ruhrgebiet. Wiesbaden: Westdeutscher Verlag.

Jansen, Dorothea und Mike Weber, 2004: Helping Hands and Entrepreneurship - Supporting Newly Founded Firms. S. 57-79 in: Micheal Dowling, Jürgen Schmude und Dodo zu Knyphausen-Aufsess (Hg.), Advances in Interdisciplinary European Entrepreneurship Research. Münster: Lit.

Kulicke, Marianne, 1987: Technologieorientierte Unternehmen in der Bundesrepublik Deutschland. Eine empirische Untersuchung der Strukturbildungs- und Wachstumsphase von Neugründungen. Europäische Hochschulschriften : Reihe 5, Volks- und Betriebswirtschaft ; Bd. 776. Frankfurt am Main: Lang.

Leineweber, Britta, Katja Schumann, Ludwig Schätzl und Claus Steinle, 2003: Kooperationsbeziehungen zwischen technisch orientierten Gründungen und Forschungseinrichtungen - regionale Verflechtung und ausgewählte Erfolgsfaktoren. S. 163-184 in: Michael Fritsch und Michael Niese (Hg.), Gründungsprozess und Gründungserfolg. Heidelberg: Physica.

Light, Ivan und Carolyn Rosenstein, 1995: Race, Ethnicity, and Entrepreneurship in Urban America. New York: Aldine de Gruyter.

Müller, Günter F. (2004): Selbstständig organisierte Erwerbstätigkeit. S. 999-1045 in: Heinz Schuler (Hg.), Organisationspsychologie - Gruppe und Organisation. Enzyklopädie der Psychologie. Themenbereich D: Praxisgebiete. Serie III: Wirtschafts-, Organisations- und Arbeitspsychologie. Göttingen: Hogrefe.

Pepels, Werner (Hg.), 2003: BWL-Wissen zur Existenzgründung. Renningen: expert verlag.

Portes, Alejandro (Hg.), 1995: The Economic Sociology of Immigration. Essays on Networks, Ethnicity, and Entrepreneurship. New York: Russell Sage Foundation.

Preisendörfer, Peter, 2007: Sozialkapital und unternehmerisches Handeln. Das soziale Netzwerk von Unternehmensgründern als Erfolgsfaktor. S. 272-293 in: Axel Franzen und Markus Freitag (Hg.), Sozialkapital. Grundlagen und Anwendungen. Wiesbaden: VS Verlag.

Ronstadt, Robert, 1988: The Corridor Principle. S. 31-40 in: Journal of Business Venturing 3.

Schumpeter, Joseph, 1928: Unternehmer. S. 476-487 in: Ludwig Elster, Adolf Weber und Friedrich Wieser (Hg.), Handwörterbuch der Staatswissenschaften. Achter Band. Jena: Gustav Fischer.

Seidel, Michael, 2002: Existenzgründung aus der Arbeitslosigkeit. Erfolgsfaktoren und ihre pozesshafte Entstehung und Veränderung. Wiesbaden: DUV.

Shane, Scott, 2003: A General Theory of Entrepreneurship. The Individual-Opportunity Nexus. New Horizons in Entrepreneurship. Cheltenham: Edward Elgar.

Singh, Robert P., 2000: Entrepreneurial Opportunity Recognition through Social Netzworks. New York: Garland.

Stahlecker, Thomas, 2006: Regionale Bindungen im Gründungs- und Entwicklungsprozess wissensintensiver Dienstleistungsunternehmen. Dargestellt am Beispiel der Regionen Bremen und Stuttgart. Wirtschaftsgeographie Band 33. Münster: Lit.

Szyperski, Norbert und Klaus Nathusius, 1977: Probleme der Unternehmensgründung. Eine betriebswirtschaftliche Analyse unternehmerischer Startbedingungen. Stuttgart: C.E. Poeschel.

Tödt, Andreas, 2001: Wirkung und Gestaltung von Beratung und Weiterbildung im Prozeß der Existenzgründung. Eine qualitative Untersuchung am Beispiel von Existenzgründern im ostdeutschen Transformationsprozeß. Arbeit, Organisation und Personal im Transformationsprozess Band 14. München: Rainer Hampp.

Waldinger, Roger und Mehdi Bozorgmehr (Hg.), 1996: Ethnic Los Angeles. New York: Russell Sage Foundation.

Walter, Sascha G. und Achim Walter, 2006: Unternehmensgründung und Funktionen von Netzwerkbeziehungen. S. 109-123 in: Ann-Kristin Achleitner, Heinz Klandt, Lambert T. Koch und Kai-Ingo Voigt (Hg.), Jahrbuch Entrepreneurship 2005/06. Gründungsforschung und Gründungsmanagement. Berlin: Springer.

7.10 Der Beitrag der Wirtschaftsinformatik zur Analyse und Gestaltung von informellen Netzwerken

Kai Fischbach, Detlef Schoder, Johannes Putzke und Peter A. Gloor

Zusammenfassung

In diesem Beitrag stellen wir dar, welchen Beitrag die Disziplin Wirtschaftsinformatik zur Analyse von informellen sozialen Netzwerken leistet und wie sie hilft, die Struktur und die Entwicklung dieser Netzwerke zu beeinflussen. Wir zeigen anhand einer neuartigen Sensorplattform, wie die Qualität und Verfügbarkeit von Informationen über informelle Kommunikationsprozesse verbessert werden können. Im Weiteren diskutieren wir, welche aus ihrem Selbstverständnis abgeleiteten Erkenntnisziele und Gestaltungsaufgaben der Disziplin bei der Fortentwicklung des World Wide Web erwachsen.

1 Ziele und Aufgaben der Wirtschaftsinformatik

Gegenstand der Wirtschaftsinformatik sind Informations- und Kommunikationssysteme (IKS) in Wirtschaft und Verwaltung, die zunehmend auch in die privaten Haushalte hineinwirken. IKS sind sozio-technische Systeme in komplexen organisationalen Kontexten. Sie umfassen menschliche und maschinelle Akteure, die Aufgaben kooperativ durchführen. Die zentrale Aufgabe von IKS ist, Menschen und Maschinen mit Informationen zu versorgen und die betrieblichen und überbetrieblichen Prozesse mithilfe von Informationen zu steuern. Der Begriffsbestandteil Kommunikation sagt aus, dass Information zur Koordination der Akteure kommuniziert werden muss. Von IKS zu unterscheiden sind betriebliche Anwendungssysteme (AS). Anwendungssysteme sind automatisierte Teilsysteme von IKS. Im weiteren Sinne umfassen sie die zugehörige Hardware, Systemsoftware, Kommunikationseinrichtungen und Anwendungssoftware. Im engeren Sinne wird mit dem Begriff die Anwendungssoftware bezeichnet. (Mertens 2005, 2009; Laudon et al. 2009)

Aufgabe der Wirtschaftsinformatik ist die Entwicklung und Anwendung von Theorien, Konzepten, Modellen, Methoden und Werkzeugen für die Analyse, Gestaltung und Nutzung von IKS. Dabei greift die Wirtschaftsinformatik insbesondere auf Erkenntnisse und Methoden der Betriebswirtschaftslehre, Informatik, Soziologie, Psychologie und Volkswirtschaft zurück, die sie erweitert, integriert und um eigene spezifische Ansätze ergänzt. Die Ausgestaltung der Aufgaben richtet sich an den Zielen Automation, Unterstützung, Integration und Vollvirtualisierung aus (Laudon et al. 2009). Der Begriff *Automation* meint die Einrichtung und Durchführung von Arbeits- und Produktionsprozessen in einer Weise, dass der Mensch für ihren Ablauf nicht unmittelbar tätig zu werden braucht, sondern alle Prozesse (einschließlich ihrer Steuerung, Regelung und teilweise auch Kontrolle) selbsttätig erfolgen. Da betriebliche Prozesse ökonomischen Nebenbedingungen genügen müssen, postuliert Mertens (2009), dass alle betrieblichen Tätigkeiten, bei denen ein IKS Aufgaben mindestens so gut wie ein Mensch bewältigt, vom System übernommen werden und spricht in diesem Fall von einer „sinnhaften Vollautomation".

Dort, wo Automation nicht möglich oder sinnvoll ist, lässt sich als normatives Ziel die *Unterstützung* setzen. Unstrukturierte Aufgaben, Aufgaben unter unvollständiger Information oder nicht hinreichender Beschreibbarkeit lassen sich nur eingeschränkt, wenn überhaupt digital repräsentieren. Das betrifft zum Beispiel kognitive Vorgänge im Kontext von Entscheidungsfindung bei Experten, menschliche Faktoren bei Teamarbeit und Bewertungsfragen in komplexen, neuartigen Situationen. IKS sollen den Menschen hier in seiner (Problemlösungs-) Tätigkeit und den damit einhergehenden Kommunikationsprozessen unterstützen. Diese werden dabei nicht substituiert oder automatisiert. Wesentlich ist die Verringerung des zeitlichen Aufwandes, einen Prozessschritt zu vollziehen oder zu koordinieren.

Bei der *Integration* geht es um die Verringerung von Kommunikationsaufwand. Charakteristisch für Integration ist allgemein formuliert die Schaffung eines Ganzen aus isolierten Elementen. Integrationsgegenstände sind sowohl Daten, als auch Funktionen, Prozesse, Methoden und Programme. In der jüngeren Diskussion wird auch die *„Vollvirtualisierung"* (insbesondere von Unternehmensprozessen) thematisiert. Sie strebt die vollständige Abbildung realweltlicher Strukturen auf IKS an, wodurch sukzessive deren materiell erfahrbarer Anteil durch die Virtualisierung substituiert und ergänzt wird.

Die Wirtschaftsinformatik leistet angesichts der vorgenannten Ziele und Aufgaben derzeit unter anderem im Bereich der automatisierten Erhebung und Auswertung informeller Kommunikationsnetzwerke einen wichtigen Beitrag. Diesen werden wir im folgenden Abschnitt exemplarisch beschreiben. In Zukunft wird ihr infolge ihres transdisziplinären Charakters und Profils zudem eine noch zentralere Rolle bei der Analyse und Gestaltung des World Wide Web zukommen. Diesen Aspekt beleuchten wir im darauf folgenden, dritten Abschnitt.

2 Beitrag der Wirtschaftsinformatik zur Analyse informeller Netzwerke

Die Methoden und Erkenntnisse der Analyse sozialer Netzwerke (SNA), haben in den letzten Jahren einen erheblichen Bedeutungszuwachs in den Disziplinen Wirtschaftsinformatik und Betriebswirtschaft erlangt. Ein wichtiger Grund für das stark angewachsene Interesse in diesem Bereich liegt darin, dass die Erhebung von Daten durch die zunehmende Verlagerung insbesondere informeller Kommunikation auf elektronische Wege einfacher und kostengünstiger geworden ist. Das schafft die Grundlage für eine umfängliche Auswertung der Kommunikationsstrukturen von Teams oder Mitarbeitern – innerhalb und über Unternehmensgrenzen hinweg. Der Einsatz der SNA zielt darauf ab, die Prozesse innerhalb eines Netzwerkes sowie seine Struktur so zu beeinflussen und zu gestalten, dass sie die Effizienz der Unternehmen erhöhen und deren Zielerreichung geeignet unterstützen können.

Die Entwicklung leistungsfähiger Analyse- und Visualisierungssoftware erlaubt nicht nur die Auswertung von statischen Netzwerkstrukturen, sondern darüber hinaus auch die Analyse ihrer Veränderungen im Zeitverlauf. Dabei sind insbesondere die aus E-Mail-, Telefon und Instant-Messaging-Logfiles gefilterten „von-zu-am"-Beziehungen eine wertvolle Informationsquelle, um die strukturelle Position und Rolle der handelnden Individuen zu bestimmen und Einsichten in die Dynamik ihres Informations- und Wissensaustauschs zu gewinnen. Der Einsatz der SNA nährt die Hoffnung, ein drängendes Problem moderner wissensintensiver Dienstleistungsunternehmen zu lösen: Trotz der Bedeutung wissensintensiver Arbeit ist im Vergleich zu manuellen Arbeitsprozessen sehr wenig darüber bekannt, wie sich diese verbessern lässt. Ursache dafür ist, dass die Arbeit von Wissensarbeitern komplex und schwer messbar ist (Aral et al. 2006; Mangelsdorf 2008; Ramírez und Nembhard 2004). Unter der Annahme, dass Informationen die Produktivität beeinflussen, ist davon auszugehen, dass die Art und Weise des Austauschs und der Verteilung von Informationen Einfluss auf die relative Produktivität von Gruppen und Akteuren haben (Aral et al. 2006; Cross et al. 2003). Produktivität, Effizienz und Innovationsfähigkeit moderner Unternehmen erfordern demzufolge eine leistungsfähige Struktur und Kultur des Wissensaustauschs zwischen den Mitarbeitern (Cross und Parker 2004; Cross et al. 2003). Der Austausch von Wissen erfolgt vorwiegend über informelle soziale Kommunikationsnetzwerke, deren Strukturen sich vom Organigramm und den formalen Geschäftsprozessen eines Unternehmens häufig deutlich unterscheiden (Krackhardt und Hanson 1993). Gleichwohl haben die Strukturen entscheidenden Einfluss auf die Leistungsfähigkeit von Mitarbeitern, Arbeitsgruppen und des gesamten Unternehmens, da sie beispielsweise bestimmen, wie schnell sich Informationen im Netzwerk verbreiten können oder ob die relevanten Mitarbeiter miteinander in Kontakt kommen (Cross und Parker 2004). Cross et al. (2003: 8) betonen in diesem Zusammenhang, dass „one of the most consistent findings in the social science literature is that whom you know often has a great deal to do with what you come to know".

Das Management der informellen Kommunikationsnetzwerke der Unternehmensmitarbeiter erlangt vor diesem Hintergrund strategischen Rang innerhalb eines Unternehmens (Davenport und Prusak 1998; Cross et al. 2003). Das Ziel besteht darin, die organisatorischen Kompetenzen auf allen Ebenen des Unternehmens durch einen effektiven und effizienten Umgang mit der Ressource Wissen zu stärken und ein Ökosystem zu schaffen, das spontane und effiziente Austauschprozesse begünstigt (Gloor und Cooper 2007).

Obwohl Unternehmen in den letzten Jahren verstärkt in entsprechende Projekte zur Verbesserung des Wissensmanagements (siehe Kapitel 7.21) investiert haben, mangelt es immer noch an theoretischen Erkenntnissen und erprobten Vorgehensweisen (Mangelsdorf 2008; Ramírez und Nembhard 2004; Aral et al. 2006). Verschiedene Studien zeigen, dass die Bemühungen zur Förderung von Kooperation und Kommunikation in Unternehmen zumeist planlos erfolgen (Davenport et al. 2002; Cross et al. 2005). Bestrebungen zur Lösung dieses Problems stehen vor der Herausforderung, dass informelle Kommunikationsnetzwerke schwer zu messen und zu beobachten sind. Das gilt insbesondere, wenn die Netzwerke groß und die Akteure räumlich weit verteilt sind (Davenport et al. 2002). Während die Protokollierung elektronisch vermittelter Kommunikation in den letzten Jahren deutliche Fortschritte gemacht hat, ist die Abbildung von persönlichen Interaktionen mit herkömmlichen Methoden aus den folgenden vier Gründen problematisch: Erstens wird das soziale Netzwerk häufig aus Fragebögen rekonstruiert, in denen die Forscher die Akteure nach ihrer Beziehung zu den anderen Akteuren des Netzwerkes befragen. Dieses Vorgehen kann naturgemäß nur einen Teil des Kommunikationsverhaltens der Akteure in ihrem sozialen Netzwerk widerspiegeln und ist anfällig für Fehler. Neben weiteren in der Literatur gut dokumentierten Fragebogenproblemen führen soziale Erwünschtheit, Gedächtniseffekte oder der Hawthorne-Effekt dazu, dass Befragte absichtlich oder unabsichtlich falsche Angaben machen und so eine Verzerrung der Ergebnisse herbeiführen (Bortz 1984; Bortz und

Döring 2006; Marsden 2005). Hinzu kommt, dass die aus den Auskünften der Befragten aggregierten Adjazenzmatrizen anschließend per Hand in die entsprechende Auswertungssoftware eingegeben werden. Infolge des Medienbruchs können weitere Fehler auftreten. Zweitens werden in den meisten Studien nur kleine Netzwerke untersucht. Studien, die das gesamte Kommunikationsverhalten innerhalb einer Organisation untersuchen, sind eher selten, was ebenfalls darauf zurückzuführen ist, dass die Erhebung der Daten großer Netzwerke erheblichen Aufwand erfordert und vor allem für das Netzwerk der persönlichen Kontakte schnell an praktische Grenzen stößt. Drittens vernachlässigen die Analysen oft temporale Aspekte. Entsprechende Untersuchungen basieren auf Daten, die die Struktur eines Netzwerkes zu einem bestimmten Zeitpunkt wiedergeben. Ursache dafür ist, dass die Datenerhebung, insbesondere dann, wenn sie manuell erfolgt, aufwendig ist. Soziale Netzwerke sind jedoch nicht statisch, sondern unterliegen dynamischer Veränderung. Manche Netzwerke organisieren sich selbst, wachsen entlang der Achsen Größe und Komplexität oder zerfallen. Zudem ändern sich die Rollen und Positionen von Personen und Gruppen im Zeitverlauf. Diese Veränderungen des Netzwerks können mit herkömmlichen Erhebungsverfahren nur schwer abgebildet werden (siehe Kapitel 5.8). Viertens beschränken sich viele Studien auf einen Kommunikationskanal und schließen daraus auf das gesamte Kommunikationsnetzwerk. Bislang ist allerdings noch unklar, ob beispielsweise die Position eines Akteurs in einem E-Mail- oder Telefon-Netzwerk seiner Position im Netzwerk persönlicher Kontakte entspricht (Grippa et al. 2006). Durch die singuläre Betrachtung nur eines Kommunikationskanals kann das gesamte Kommunikationsnetzwerk nur unzureichend abgebildet werden.

Angesichts der steigenden Bedeutung der Beschreibung und Analyse informeller Kommunikationsprozesse auf der einen und der widersprüchlichen Studienergebnisse und der methodischen Defizite auf der anderen Seite entwickelt die Wirtschaftsinformatik neue Methoden der Datenerhebung, die weniger anfällig gegenüber Fehlern traditioneller Erhebungsmethoden sind und präzisere und umfänglichere Daten liefern. Erste Ergebnisse dieser Bemühungen sind tragbare Sensorplattformen (sogenannte Social Badges). Dabei handelt es sich um wenige Zentimeter große Geräte, die mit diversen Sensoren ausgestattet sind und die persönliche Kommunikations- und Interaktionsstruktur der Personen aufzeichnen, die ein derartiges Gerät bei sich tragen. In die Social Badges eingebaute Infrarot-Sensoren erkennen, wenn sich zwei Träger von Angesicht zu Angesicht gegenüberstehen. Eine Bluetooth-Einheit wertet aus, wo sich eine Person in einem geographischen Raum oder Gebäudekomplex befindet und wie weit entfernt die Träger voneinander sind. Ein Beschleunigungsmesser zeichnet die Bewegungsgeschwindigkeit auf. Ein Sprachsensor wertet schließlich aus, wer wann wie viel gesprochen hat. In den meisten Fällen kann durch Auswertung der Tonhöhen sogar festgestellt werden, wie emotional ein Gespräch geführt wurde (Pentland 2008; Fischbach et al. 2009; Wu et al. 2008).

Mithilfe der Social Badges lassen sich die vier im vorangegangenen Abschnitt benannten methodischen Probleme entschärfen: Das persönliche Netzwerk muss nicht mehr aus Fragebögen rekonstruiert werden, wodurch Verzerrungen vermieden werden. Das Verfahren kann leicht auf große Netzwerke angewendet werden. Die Daten werden automatisch, mit hoher Detailgenauigkeit und fortlaufend erhoben, was eine Analyse der dynamischen Netzwerkentwicklung ermöglicht.

Die unter anderem in Pentland (2008), Fischbach et al. (2009) und Wu et al. (2008) dokumentierten Ergebnisse zeigen den Wert der Social Badges für die Forschung und Praxis. Die Arbeiten dokumentieren, wie sich die mittels Social Badges gewonnenen Daten in Kombination mit Methoden der SNA zur Beantwortung von Fragen nach dem Zusammenhang von Netzwerkstruktur und Leistung respektive Selbsteinschätzung, Persönlichkeit und Netzwerkposition sowie struktureller Ähnlichkeit unterschiedlicher Arten informeller Netzwerke in erster Näherung beantworten lassen. Darüber hinaus geben sie Aufschluss, wie der Ansatz genutzt werden kann, um Schwachstellen in Unternehmensnetzwerken zu identifizieren und fundierte Entscheidungen bei der Reorganisation von Gruppen zu treffen (siehe Gloor et al. 2007; Putzke et al. 2008). Mittels der vorgestellten Methoden lässt sich besser beurteilen, welche Personen und Gruppen gut miteinander kommunizieren bzw. welche Personen seltener als vorgesehen miteinander interagieren. Ähnliches gilt für Geschäftsprozesse. Diese sind umso effektiver, je besser sie auf die tatsächlichen Informationsflüsse im Unternehmen abgestimmt sind. Hier gibt das vorgestellte Verfahren ebenfalls wertvolle Aufschlüsse. Auf individueller Ebene ist es überdies im Projektmanagement wertvoll, da es Auskunft darüber gibt, welche Mitarbeiter besonders zentral für die Gruppe sind, wer Teams als Gatekeeper verknüpft und wo Belastungsengpässe (etwa durch zu viele E-Mails) entstehen. Auch lässt sich die Identifikation von Experten in Unternehmen erleichtern: Berücksichtigt man die Inhalte von E-Mails, so lassen sich duomodale Netzwerke generieren, die Mitarbeiter mit Themen verbinden und Wissenslandkarten repräsentieren, die Auskunft geben, wer sich wie intensiv über bestimmte Themen austauscht. Aus diesen Landkarten lässt sich ablesen, welcher Mitarbeiter Wissen und Erfahrung in welchen Fachbereichen und Themen hat. Wissenslandkarten bieten somit Hilfe beim schnellen Auffinden von Fachinformationen oder auch bei der Zusammenstellung von Projektteams, bei denen Mitarbeiter und Erfahrungen aus unterschiedlichen Unternehmensbereichen kombiniert werden sollen.

Für die Zukunft ist damit zu rechnen, dass der Aufwand zur Erhebung des persönlichen Netzwerks neuerlich reduziert werden kann, wenn die Technik der Social Badges in alltäglich verwendeten Gegenständen, wie Namensschildern oder Mobiltelefonen (Pentland 2008) integriert wird.

Über den im vorangegangenen Abschnitt vorgestellten aktuellen Beitrag der Wirtschaftsinformatik für die Analyse von Netzwerken hinaus erwachsen ihr aus ihrem Profil und Selbstverständnis neue Aufgaben bei der Untersuchung und Gestaltung des World World Wide. Diese Aufgaben sind Gegenstand des folgenden Abschnitts.

3 Zukünftige Aufgaben der Wirtschaftsinformatik

Die Verfügbarkeit des Internet und des World Wide Web (im Folgenden kurz als „Web" bezeichnet) prägen seit Mitte der 1990er Jahre die Architekturen und Einsatzszenarien für Informationssysteme und Anwendungssysteme im betrieblichen Umfeld. Darüber hinaus durchdringt das Web viele individuelle und gesellschaftliche Bereiche unserer Gesellschaft. Es ist davon auszugehen, dass der Grad der Durchdringung der Alltags- und Arbeitswelt im Zuge der Entfaltung des Ubiquitous Computing und der Mobilität von Webanwendungen weiter zunehmen wird. Ein Indiz hierfür ist der Trend zur Technisierung von sozialen Netzwerken etwa durch Social Software, der mit folgenden Schlagworten und prominenten Beispielen einher geht: Social Sharing (Flickr), Social Collaboration (Wikipedia), Social Bookmarking (del.icio.us), Social Communication (Skype) und Social Networking (openBC). Diese Phänomene erweitern die Funktionalität von E-Mail- und Instant-Messaging-Software erheblich und implizieren neue Organisationsformen von Arbeit(steilung) und Wissen mit Rückbezüglichkeiten auf die sozialen Interaktionsformen.

Gleichzeitig hat der Erkenntnisprozess der Wissenschaft nicht mit der rasanten Entwicklung des Webs Schritt gehalten. Viele Phänomene und Implikationen sind bis heute schlecht verstanden (Hendler et al. 2008; Berners-Lee et al. 2006). Auf der Mikroebene ist das Web eine Infrastruktur mit formalen Sprachen und Protokollen (http, html) und somit Teil einer technischen Konstruktion. Auf der Makroebene ist es dagegen die Interaktion von Menschen und Organisationen (Blogs, E-Commerce), die Informationen anbieten, nachfragen, verarbeiten und vernetzen. Es entstehen Wechselwirkungen zwischen den von Menschen geschaffenen Artefakten (elektronischen Netzwerken) und die in diese eingebetteten Individuen (soziale Netzwerkstrukturen). Die technische Infrastruktur des Web schafft dabei die Grundalge für emergentes soziales Verhalten, das allein aus dem Verständnis der Technik nicht erklärbar ist. So ist Googles PageRank aus mathematisch-technischer Sicht interessant, aber erst durch den Kontext seiner Nutzung durch den Menschen wird er gesellschaftlich relevant. Nur das Verständnis der topologischen Struktur des Web, der kognitiven Struktur des Menschen und ihrer Wechselbeziehung kann den Erfolg des Algorithmus erklären. Gleiches gilt für Peer-to-Peer-Protokolle, deren technische Eigenschaften in Kombination mit sozialen Prozessen zur Veränderung der Medienindustrie geführt haben (Fischbach und Schoder 2003).

Geht man davon aus, dass das weitere Wachstum und die Entwicklung des Web davon abhängen werden, inwieweit es für die Gesellschaft in ökonomischer und sozialer Hinsicht nützlich und förderlich ist, dann macht dies ein besseres Verständnis des Web auf Makroebene und das Wissen um Gestaltungsmöglichkeiten auf der Mikroebene erforderlich. Dazu braucht es einen transdisziplinären Ansatz, der das Ziel verfolgt, den Nutzwert und die Funktionalität des Web zu erhöhen und der neben den technischen Aspekten die rechtlichen, philosophischen, sozialen, politischen und kulturellen Bedingungen berücksichtigt. Mithin wird bei der Untersuchung des Web die Integration mathematisch-naturwissenschaftlicher Methoden und Erkenntnisse auf der einen und sozialwissenschaftlicher auf der anderen Seite essentiell (Hendler et al. 2008; Berners-Lee et al. 2006). Die Wirtschaftsinformatik als Verknüpfung von Real- und Ingenieurswissenschaft bietet sich an, diesen Analyse- und Syntheseprozess zu gestalten und zu moderieren.

4 Fazit

Das Verständnis und erfolgreiche Management informeller Kommunikationsnetzwerke wird dadurch erschwert, dass deren Strukturen und Prozesse in der Regel schwer zu beobachten sind. Dies gilt insbesondere für die Erfassung des Netzwerks persönlicher Kontakte. Bisherige Forschungsansätze standen infolge dieser Problematik und in Ermangelung geeigneter Instrumente vor verschiedenen Problemen: Die Netzwerkstruktur musste z.B. mit Hilfe von Fragebögen rekonstruiert werden. Dieses Verfahren führt zu vielerorts dokumentierten Verzerrungen. Ferner konnten infolge des hohen Aufwands zumeist nur kleinere Ausschnitte aus dem Gesamtnetzwerk betrachtet werden. Zudem war die Analyse, ebenfalls aufgrund des hohen Erhebungsaufwands, in der Regel auf einen oder wenige statische Zustände des Netzwerkes beschränkt, so dass dessen dynamische Veränderung unbeobachtet blieb. Schließlich fokussierten die meisten Untersuchungen nur auf singuläre Kommunikationskanäle, wie beispielsweise ausschließlich E-Mail, was wiederum zu unvollständigen Informationen über das Gesamtnetzwerk führt. Diese methodischen Probleme haben dazu beigetragen, dass die bisherige Forschung in einigen Bereichen dieses Gebiets noch keine einheitlichen, konsistenten Ergebnisse hervorgebracht hat. Die Wirtschaftsinformatik hat hier mit der Entwicklung und dem prototypischen Einsatz von neuartigen Sensorplattformen zu einer Verbesserung der Datenqualität und -verfügbarkeit beigetragen, von der auch andere Disziplinen profitieren.

Ob ihres transdisziplinären Charakters und ihres dualen Charakters als Real- und Ingenieurwissenschaft kommt ihr zudem eine wichtige Rolle bei der Analyse und Weiterentwicklung des Web zu, das zwar seit seiner Erfindung unsere Art zu kommunizieren, arbeiten und lernen deutlich verändert hat, von uns aber immer noch schlecht verstanden ist.

5 Literatur

Aral, Sinan, Erik Brynjolfsson und *Marshall van Alstyne*, 2006: Information, Technology and Information Worker Productivity: Task Level Evidence. In: Proceedings of the 27th Annual International Conference on Information Systems, Milwaukee, Wisconsin.

Berners-Lee, Tim, Wendy Hall, James Hendler, Nigel Shadbolt und *Daniel Weitzner*, 2006: Creating a Science of the Web. Science 313: 769-771.

Bortz, Jürgen, 1984: Lehrbuch der empirischen Forschung für Sozialwissenschaftler. Berlin: Springer.

Bortz, Jürgen und *Nicola Döring*, 2006: Forschungsmethoden und Evaluation für Human- und Sozialwissenschaftler. 4. Auflage, Berlin: Springer.

Cross, Rob, Stephen P. Borgatti und *Andrew Parker*, 2002: Making Invisible Work Visible: Using Social Network Analysis to Support Strategic Collaboration. California Management Review 44: 25-46.

Cross, Robert, Andrew Parker und *Lisa Sasson*, 2003: Networks in the Knowledge Economy. Oxford: Oxford University Press.

Cross, Robert und *Andrew Parker*, 2004: The Hidden Power of Social Networks. Understanding How Work Really Gets Done In Organizations. Boston: Harvard Business School Press.

Davenport, Thomas H. und *Laurence Prusak*, 1998: Working Knowledge: How Organizations Manage What They Know. Cambridge: Harvard University Press.

Fischbach, Kai und *Detlef Schoder*, 2003: Peer-to-Peer-Netzwerke für das Ressourcenmanagement. Wirtschaftsinformatik 46: 313-323.

Fischbach, Kai, Detlef Schoder und *Peter A. Gloor*, 2009: Analyse informeller Kommunikationsnetzwerke am Beispiel einer Fallstudie. Wirtschaftsinformatik 50: 1-9.

Gloor, Peter. A. und *Scott Cooper* (2007): The New Principles of a Swarm Business. MIT Sloan Management Review 48: 81-84.

Grippa, Francesca, Antonio Zilli, Robert Laubacher und *Peter A. Gloor*, 2006: E-Mail May Not Reflect The Social Network. In: Proceedings of the North American Association for Computational Social and Organizational Science (NAACSOS) Conference, Notre Dame, IN, USA.

Hendler, James, Nigel Shadbolt, Wendy Hall, Tim Berners-Lee und *Daniel Weitzner*, 2008: Web Science: An Interdisciplinary Approach to Understanding the Web. Communications of the ACM 51: 60-69.

Krackhardt, David und *Jeffrey R. Hanson*, (1993): Informal Networks: The Company behind the Charts. Harvard Business Review 71: 104-111.

Laudon, Kenneth C., Jane P. Laudon und *Detlef Schoder*, 2009: Wirtschaftsinformatik. 2. Auflage. München: Pearson Verlag (in Vorbereitung).

Mangelsdorf, Martha E., 2008: What Makes Information Workers Productive. MIT Sloan Management Review 49: 16-17.
Marsden, Peter V., 2005: Recent Developments in Network Measurement.S. 8-30 in: *Peter J. Carrington, John Scott* und *Stanley Wasserman* (Hg.), Models and Methods in Social Network Analysis. Cambridge: Cambridge University Press.
Mertens, Peter, 2009: Wirtschaftsinformatik. In: *Karl Kurbel, Jörg Becker, Norbert Gronau, Elmar Sinz* und *Leena Suhl* (Hg.), Enzyklopädie der Wirtschaftsinformatik. Online-Lexikon, 2. Auflage, Oldenbourg: Oldenbourg Verlag.
Mertens, Peter, 2005: Grundzüge der Wirtschaftsinformatik, 9. Auflage. Berlin: Springer.
Pentland, Alex, 2008: Honest Signals: How They Shape Our World. Cambridge: MIT Press.
Ramírez, Yuri W. und *David A.Nembhard*, 2004: Measuring Knowledge Worker Productivity: A Taxonomy. Journal of Intellectual Capital 5: 602-628.
Shneiderman, Ben, 2007: Web Science: A Provocative Invitation to Computer Science. Communications of the ACM 50: 25-27.
Wissenschaftliche Kommission Wirtschaftsinformatik, 1994: Profil der Wirtschaftsinformatik. Wirtschaftsinformatik 36: 80-81
Wu, Lynn, Benjamin N. Waber, Sinan Aral, Erik Brynjolfsson und *Alex Pentland*, 2008: Mining Face-to-Face Interaction Networks using Sociometric Badges: Predicting Productivity in an IT Configuration Task. Proceedings of the 29th International Conference on Information Systems. Paris, Frankreich, 14.-17. Dezember 2008.

B. Politik und Soziales

Einleitung in das Anwendungsfeld: Politik und Soziales

Die hier zusammengestellten Beiträge zeichnen sich durch eine Thematisierung dessen aus, was man früher mit dem Term „soziale Probleme" zusammengefasst hätte. Eine der wichtigsten Funktionen, die Netzwerke leisten können, ist die soziale Unterstützung besonders in Notlagen (siehe Beitrag von Martin Diewald und Sebastian Sattler). Eine solche Notlage stellt die Arbeitslosigkeit dar (vgl. den zweiten Beitrag der soeben genannten Autoren). Die in diesem Kapitel thematisierten Aspekte spielen auch eine Rolle in der Gesundheits- und Rehabilitationsforschung, wie Ernst von Kardorff in seinem Beitrag zeigt. Von einer anderen Seite rollen Jana Diesner und Kathleen M. Carley in ihrem Beitrag solche Probleme auf, wenn sie die beträchtlichen Potentiale der Netzwerkforschung für den Schutz vor und der Aufdeckung von Kriminalität darlegen. Wie soziale Bewegungen entstehen und fortbestehen, behandelt der Beitrag von Jens Aderhold. Die erziehungswissenschaftliche Forschung mit ihren Untersuchungen einerseits der Beziehungen zwischen den Schülern selbst und andererseits mit einem Fokus auf die Institution Schule bildet den letzten Beitrag (von Nils Berkemeyer und Wilfried Bos) in diesem Schwerpunkt.

R. H. / C. S.

7.11 Soziale Unterstützungsnetzwerke

Martin Diewald und Sebastian Sattler

1 Soziale Unterstützung, soziale Netzwerke und soziales Kapital

Während das Geflecht sozialer Beziehungen als soziales Netzwerk bezeichnet wird, bezeichnet der Begriff der sozialen Unterstützung die – in der Regel positiven – Auswirkungen dieser Beziehungen auf das individuelle Wohlergehen im weiteren Sinne. Darunter kann man sich alle in der Theorie sozialer Produktionsfunktionen genannten Oberziele individuellen Handelns vorstellen (Ormel et al. 1997), es geht sowohl um gegenständliche Hilfe als auch um psychische Hilfen. Soziale Unterstützung findet also innerhalb von Beziehungen eines Netzwerkes statt. Für sich genommen bezeichnet soziale Unterstützung noch keine Theorie, noch keinen sozialen Mechanismus, doch führt er zu einer Forschungstradition der Untersuchung von informellen Austauschprozessen, die einige Unterschiede zur Sozialkapitalforschung aufweist, auch wenn auf einer allgemeinen Ebene der Unterstützungsbegriff zunächst mehr oder weniger synonym mit dem Sozialkapital-Begriff (siehe Kapitel 3.10) zu sein scheint. Ebenso wie der Sozialkapital-Begriff wird auch der Unterstützungsbegriff für seine fehlende konzeptuelle Klarheit und Trennschärfe angegriffen, etwa wenn Wood (1984: 314) feststellt, dass die häufigste Vorgehensweise der „use-whatever-is-most-convenient-or make-something-quick"-Ansatz sei (s. a. House und Kahn 1985). Aus diesem Grund ist es unmöglich, soziale Unterstützung letztgültig zu definieren bzw. vom Begriff des Sozialkapitals eindeutig abzugrenzen. Im Folgenden sollen dennoch zunächst einige Unterschiede herausgearbeitet werden, bevor die verschiedenen Dimensionen des Unterstützungskonzepts detaillierter dargestellt werden (Abschnitt II). Eine Darstellung möglicher Operationalisierungen des Konzepts schließt sich daran an (Abschnitt III). Abschließend werden unterschiedliche Wirkungsweisen und Voraussetzungen der Leistung und Wirkung sozialer Unterstützung behandelt, die in der Unterstützungsforschung bedeutsam sind (Abschnitt IV).

Eine erste wichtige Unterscheidung ist, dass sich der Netzwerkbegriff auf formale Eigenschaften von Beziehungen und Beziehungsnetzen stützt, während der Unterstützungsbegriff auf Beziehungsinhalte und -qualitäten abhebt. Soziale Netzwerke sind demnach als eine Art Infrastruktur für die Produktion und Verteilung sozialer Unterstützung anzusehen und nicht als soziale Unterstützung selbst. Diese grundsätzliche Trennung zwischen Struktur und Inhalt ist Grundlage für die folgenden weiteren Ausführungen zum Unterstützungskonzept. Unter Beziehungs- und Netzwerkeigenschaften, die an sich noch keine soziale Unterstützung darstellen, wären etwa die Dauer der Beziehung, die Kontakthäufigkeit, der Herkunftskontext bzw. die Art einer Beziehung (etwa Familie, Verwandtschaft, Nachbarschaft, Kollege), Netzwerkgröße, Netzwerkdichte oder Konnektivität zu nennen. Verschiedene Beziehungsinhalte und -qualitäten, die als soziale Unterstützung angesehen werden können, werden im folgenden Abschnitt dargestellt.

So einsichtig diese Differenzierung in Struktur und Inhalt auch sein mag, so gibt es doch auch einige Grauzonen. So ist „Freundschaft" zunächst nur ein Beziehungsmerkmal, bezeichnet darüber hinaus aber auch eine bestimmte Beziehungsqualität. Allerdings gibt es intersubjektiv große Unterschiede im Hinblick darauf, was unter Freundschaft konkret verstanden wird (z.B. Burt 1984; Brandt 2006: 474). Demnach ist das (Nicht-) Vorhandensein von Freundschaften sicherlich unterstützungsrelevant, doch bleibt allein auf dieser Basis unklar, um welche Formen und Qualitäten sozialer Unterstützung es dabei geht. Ähnlich uneindeutig ist die subjektive Intensität sozialer Beziehungen einzuschätzen. Insgesamt lässt sich daraus schließen, dass soziale Unterstützung als solche möglichst präzise direkt definiert und nicht indirekt aus bestimmten Eigenschaften sozialer Beziehungen und Netzwerke geschlossen bzw. damit gleich gesetzt werden sollte.

Soziale Unterstützung ist soziales Kapital in dem Sinne, dass es um *informelle* Beziehungen geht, die Relevanz für die Verfolgung allgemein akzeptierter oder auch idiosynkratisch wichtiger Lebensziele bestimmter Personen besitzen (siehe Kapitel 3.10). Sowohl in der Unterstützungs- als auch der Sozialkapitalliteratur wird – wenn auch eher selten – der Umstand thematisiert, dass in sozialen Beziehungen nicht selten negative Begleiterscheinungen eingeschlossen sein können, sei es an Stelle sozialer Unterstützung, sei es als unerwünschte Begleiterscheinung sozialer Unterstützungsprozesse (Diewald et al. 2006). Dabei geht es zum ersten um psychische, zeitliche oder materielle Belastungen für den Hilfegeber, der dadurch selbst in der Verfolgung seiner Lebensziele eingeschränkt werden kann. In der Literatur wird dies beispielsweise im Zusammenhang mit der Pflege von Angehörigen thematisiert (z.B. Henze und Piechotta 2003). Zum zweiten geht es um psychische Belastungen des Hilfeempfängers im Zusammenhang mit der Annahme der Unterstützung wie zum Beispiel Scham, Unterlegenheitsgefühle und unerwünschte Verpflichtungen zur Gegenleistung. Zum dritten können gerade enge Beziehungen auch ohne konkreten Zusammenhang mit Unterstützungsprozessen durch Konflikte, enttäuschte Erwartungen oder unerwünschte soziale Kontrolle geprägt sein. Der Terminus „*negative soziale Unterstützung*" thematisiert diese Schattenseiten sozialer Beziehungen zusammenfassend (Rook und Schuster 1996). Darüber hinaus kann mit sozialer Unterstützung für eine bestimmte Person eine – auch ethisch fragwürdige – Zurücksetzung anderer Personen verbunden sein, sei es innerhalb sozialer Netzwerke, sei es als soziale Schließung im Hinblick auf das Unterlaufen meritokratischer (Zugang zu Arbeitsplätzen) oder legaler (Auftragsvergabe bei Ausschreibungen) Prinzipien.

Was das Unterstützungskonzept jedoch im Unterschied zu Sozialkapital-Konzepten *nicht* oder eher am Rande thematisiert, sind Wahrnehmungen von und Beziehungen zu „Fremden"[26] außerhalb des persönlichen Nahbereichs (vor allem als generalisiertes Vertrauen und Bindung an Normen), soziales Engagement und soziale Partizipation. Dies liegt nicht an einer fehlenden theoretischen Integrationsfähigkeit sondern liegt in der Tradition dieser auf Prozesse in persönlichen Beziehungen fokussierten Forschungsrichtung. Außerdem findet das Konzept des Sozialkapitals auch für soziale Entitäten Anwendung, etwa als Sozialkapital *von* Organisationen. Soziale Unterstützung, die im Rahmen informeller Beziehungen innerhalb der Organisation ausgetauscht wird, verbindet sich dann mit der Qualität der Beziehungen zu Vorgesetzten und Klienten sowie Wahrnehmungen und Überzeugungen hinsichtlich der Qualität des Organisationshandelns insgesamt zu Bestandsaufnahmen des Sozialkapitals von Organisationen (Badura et al. 2008) oder ganzen Gesellschaften (Putnam 2001). Umgekehrt besteht die Stärke der Unterstützungsforschung tendenziell darin, dass (1) sich die Aufmerksamkeit eher auf konkrete soziale Beziehungen und Inter-

---

[26] Dabei ist die Grenze zwischen persönlichem Nahbereich und Fremden durchaus fließend.

aktionsprozesse richtet, deren Betrachtung (2) in theoretisch hergeleitete, spezifische Bedarfssituationen eingebettet wird und (3) dementsprechend eher beide Seiten einer solchen Beziehung in die Betrachtung mit einbezogen werden, als das im Sozialkapital-Konzept der Fall ist.

2 Inhaltliche Typologie sozialer Unterstützung

Vergleichsweise grobe Typologien sozialer Unterstützung unterscheiden zwischen „aid", „affection" und „affirmation" (Kahn und Antonucci 1980; vergleichbar: House 1981). Etwas detaillierter ist die Unterscheidung von Barrera und Ainley (1983) zwischen „directive guidance" (Beratung, Information, positiv verstandene soziale Kontrolle), „nondirective support" (Zugehörigkeit, Geborgenheit, Zuneigung), „positive interaction" (Gesellichkeit, Alltagsinteraktion) sowie „tangible assistance" (Pflege, Arbeitshilfe, materielle Unterstützung"). In Aufarbeitung dieser und verschiedener anderer Typologien hat Diewald (1991) eine vergleichsweise detaillierte Übersicht erstellt. Zunächst wird zwischen verschiedenen direkt beobachtbaren Verhaltensweisen einerseits und der Vermittlung von Kognitionen und Emotionen andererseits unterschieden. Diese Verhaltensweisen umfassen:

Konkret, beobachtbare Interaktionen

1. Bei *Arbeitshilfen* geht es einerseits um personenbezogene Dienste (Betreuungsleistungen), andererseits um güterbezogene Dienstleistungen (z.B. Reparaturen);
2. *Pflege*, die von Arbeitshilfen insofern zu unterscheiden ist, als sie nicht *für* einen Interaktionspartner geleistet wird, sondern *an* ihm;
3. *materielle* Unterstützung, entweder in Form des Universal-Tauschmittels Geld oder in Form von Sachleistungen;
4. *Intervention* bei anderen Personen, Organisationen oder Institutionen, etwa wenn man ein gutes Wort einlegt, Streit schlichtet oder Vorteile verschafft;
5. *Informationen* als sachbezogene Auskünfte über zum Beispiel freie Arbeitsplätze, wohlfahrtsstaatliche Angebote, gute Ärzte oder preiswerte Waren;
6. *Beratung* als persönliche Ratschläge, wobei sich diese auf sachliche Entscheidungsprobleme beziehen oder aber den persönlichen Intimbereich betreffen können;
7. *Gesellichkeit* insofern sie zu einer positiven Gemütslage beiträgt bzw. Spaß bereitet;
8. *alltägliche Interaktionen* insofern sie über Ritualisierung sinnstiftend und verhaltensstabilisierend wirken.

Vermittlung von Kognitionen

1. Die Vermittlung von *Anerkennung* mit der Unterscheidung zwischen *persönlicher Wertschätzung*, d.h. als Mensch akzeptiert und geschätzt zu werden, und *Status-Vermittlung*, d.h. geschätztes Mitglied einer Organisation oder eines Gemeinwesens zu sein;
2. *Orientierung* als die Vermittlung umfassender Verhaltensmodelle und sozialer Normen. Dies schließt auch die positiv zu verstehende soziale Kontrolle eines adäquaten Verhaltens mit ein;

3. die Vermittlung eines *Zugehörigkeitsbewusstseins* meint das Bewusstsein, in eine Gemeinschaft bzw. in ein Netzwerk gegenseitiger Kommunikation und Verpflichtungen eingebunden zu sein. Ein Sonderfall ist das, was Weiss (1974) als „opportunity for nurturing others" bezeichnet hat, also das Gefühl, von anderen gebraucht zu werden;
4. eng damit verwandt und in der Literatur häufig damit konfundiert ist *Rückhalt* bzw. die *Erwartbarkeit von Hilfe*. Man kann sich jedoch durchaus zugehörig fühlen, ohne allgemein Hilfe zu erwarten;
5. der *Erwerb von Kompetenzen* durch Lernen ist ebenfalls wesentlich eine Leistung informeller Beziehungen und kann daher als eine Form sozialer Unterstützung betrachtet werden.

Vermittlung von Emotionen

1. Die Spezifik eines *Geborgenheitsgefühls* gegenüber Zugehörigkeit oder Rückhalt besteht im Empfinden eines Aufgehobenseins und Nicht-handeln-müssens;
2. *Liebe* und *Zuneigung*;
3. *motivationale* Unterstützung schließlich besteht in der Ermutigung angesichts schwieriger Aufgaben bzw. im Wiederaufrichten des Selbstwertgefühls nach Rückschlägen.

Wie die Erläuterungen zu den einzelnen inhaltlichen Dimensionen zeigen, lässt sich die Typologie noch problemlos weiter ausdifferenzieren oder auch zusammenfassen (vgl. Cohen et al. 2000). Man kann darüber streiten, ob positiv verstandene soziale Kontrolle inklusive Orientierung inhärenter Bestandteil des Unterstützungskonzepts oder ein davon zu unterscheidender weiterer Beziehungsaspekt ist (so Röhrle 1994: 18). Letztlich hängt es vom konkreten Untersuchungsinteresse ab, welche dieser Dimensionen bei der Erhebung aus theoretischen Gründen berücksichtigt und auf ihre Einflussstärke geprüft werden sollten (Stokman und Vieth 2006). Ist man beispielsweise an der Bedeutung sozialer Unterstützung für die Fertilitätsentscheidung interessiert, liegt es nahe, mehrere dieser Unterstützungsformen konkret auf diese Frage auszurichten in Form von Kinderbetreuungspotential, Beruhigung hinsichtlich möglicher Ängste und Sorgen, das Knüpfen von Kontakten zwischen jungen Eltern usw. (Bernardi et al. 2006). Empirisch wird man kaum alle diese Dimensionen zuverlässig voneinander unterscheiden können, denn informelle Beziehungen sind in hohem Grade multifunktional, und dies gilt sogar für einzelne Interaktionen, etwa wenn Arbeitshilfen gleichzeitig Rückhalt vermitteln und die Motivation stärken helfen.

3 Erfassung sozialer Unterstützung: unterschiedliche Perspektiven

Wie eingangs gesagt, besteht ein Unterschied zwischen Unterstützungs- und Sozialkapitalforschung darin, dass die Unterstützungsforschung stärker auf Unterstützungs*prozesse* im Kontext konkreter Interaktionen, Situationen und Beziehungsformen und entsprechende Wirkungszusammenhänge fokussiert ist (vgl. Shumaker und Brownell 1984; Antonucci und Jackson 1986): Analysiert werden neben tatsächlichen Transaktionen auch die Wahrnehmung und Bewertung dieser Transaktionen sowie der Beziehungen, in die diese eingebettet sind. Soziale Unterstützung ist im Sinne eines sozialen Tauschs nicht nur aus der Sicht des (potentiellen) Empfängers zu verstehen, der Unterstützung nachfragen (Nachfrage nach

Unterstützung) und diese annehmen kann (Annahme von Angeboten), sondern auch aus Sicht (potentieller) Geber, die auf Anforderungen reagieren (Reaktion auf Nachfrage), sondern selbst initiativ werden können (Anbieten von Unterstützung). Darüber hinaus ist denkbar, dass sowohl Unterstützungsgeber als auch -nehmer Unterstützungsverhalten oder Unterstützungsnachfrage subjektiv anders wahrnimmt als vom Gegenüber intendiert. Es ist sogar denkbar, dass positiv intendierte Unterstützung keine oder eine negative Wirkung entfaltet.

Es sollte demnach zwischen (a) der Absicht und Fähigkeit zur Unterstützungsleistung beim (potentiellen) Geber, (b) der Nachfrage, Wahrnehmung und Bewertung des Unterstützungsprozesses beim Empfänger, (c) dem Ausmaß gewährter Unterstützung (ev. in Relation zur nachgefragten Menge) sowie (d) der tatsächlichen Unterstützungswirkung unterschieden werden. Diese vier Perspektiven können unter Umständen erheblich auseinanderklaffen. Letzteres mag zunächst erstaunen, doch soziale Unterstützung kann latent, unterhalb der Bewusstseinsschwelle wirken, vor allem wenn es um die bloße soziale Verortung in dauerhaften Beziehungen und alltäglichen Interaktionszusammenhängen geht (Pearlin 1985; vgl. unten Abschnitt 4). Latente soziale Unterstützung wird oft erst dann bewusst, wenn sie plötzlich fehlt. Die subjektiv wahrgenommene Unterstützung kann besonders bei Akteuren mit hohem Unterstützungsbedarf im Vergleich zur tatsächlich geleisteten unterschätzt werden, obwohl sich die tatsächliche Unterstützung über die Zeit nicht verändert hat, beispielsweise wenn die Hilfe in Relation zum Bedarf gering bewertet wird (vgl. Kong et al. 1993). Folglich können in Abhängigkeit von der Perspektive bzw. Erfassungsform unerwartete Ergebnisse auftreten.

Für die Erfassung sozialer Unterstützung bedeutet das die Unterscheidung folgender Perspektiven:

1. *Tatsächlich geleistete* soziale Unterstützung: Hier wird – in der Regel für einen bestimmten Zeitraum – abgefragt, ob Unterstützung eines bestimmten Typs tatsächlich empfangen oder geleistet worden ist – je nachdem, ob Unterstützungsnehmer oder -geber betrachtet werden. Ein Problem bei dieser Erhebungsperspektive besteht darin, dass die meiste Unterstützung von denjenigen berichtet wird, die im fraglichen Zeitraum auch den höchsten Bedarf daran hatten, während solche, die aktuell keinen Bedarf hatten, aber durchaus bei Bedarf entsprechende soziale Unterstützung mobilisieren könnten, dann als unterstützungslos erscheinen. Dies gilt auch für die Gewährung von Unterstützung: Nicht jeder hat im fokussierten Zeitraum Unterstützung gewährt – z.B. weil keine Nachfrage bestand oder es durch verschiedene Restriktionen erschwert wurde (wie hohe räumliche Distanzen), verfügt aber sonst über ein hohes Unterstützungspotential bzw. eine hohe Unterstützungsneigung.
2. *Wahrgenommene Verfügbarkeit* sozialer Unterstützung: Hier wird unabhängig von tatsächlich geleisteter Unterstützung danach gefragt, ob aus Sicht der Unterstützungsempfänger im Bedarfsfall Unterstützung zur Verfügung stünde. Diese Abfrage vermeidet die eben genannten Probleme, doch bedeutet dies in einem Fall die Verfügbarkeit dringend benötigter Unterstützung, im anderen die quasi irrelevante Verfügbarkeit gar nicht benötigter bzw. nicht einmal erwünschter Unterstützung. Zudem kann die subjektive Verfügbarkeit gering bewertet werden, obwohl die Unterstützung im Bedarfsfall ausreichend vorhanden wäre und vice versa. Die Angebotsseite sozialer Un-

terstützung kann ebenso nach der potentiellen *Bereitschaft* befragt werden (z.B. Bereitschaft einen Angehörigen im Bedarfsfall zu pflegen), diese kann jedoch im Bedarfsfall ausbleiben.
3. *Bedarf* an spezifischen Formen sozialer Unterstützung, etwa in Abhängigkeit von Krankheiten und Stresssituationen.
4. *Wahrgenommene Angemessenheit* sozialer Unterstützung: Hier geht es um die Bewertung (nicht) zur Verfügung stehender Unterstützung vor dem Hintergrund je spezifischer Bedürfnis- und Ressourcenlagen. Dabei können sowohl die Angebots- als auch die Nachfrageseite untersucht werden.

Deshalb werden in neueren, komplexeren Unterstützungs-Erhebungen mehrere dieser Dimensionen abgefragt, um die geschilderten Interpretationsprobleme einer einseitigen Perspektive zu vermeiden (z.B. Klauer et al. 2008; Schwarzer und Schulz 2000).

4 Wirkungsweisen sozialer Unterstützung

Innerhalb der Unterstützungsforschung werden hauptsächlich drei Wirkungsmechanismen sozialer Unterstützung unterschieden: Direkteffekt, Puffereffekt und Präventionswirkung. Ein *Direkteffekt* sozialer Unterstützung liegt dann vor, wenn diese unabhängig von einer akuten Belastungssituation generell das Wohlbefinden einer Person steigert. Dies ist erwartungsgemäß dann der Fall, wenn es um grundsätzliche menschliche Bedürfnisse geht, also etwa soziale Wertschätzung oder Zugehörigkeit. Hier wirkt soziale Unterstützung zum Teil unterhalb der Bewusstseinsschwelle über habitualisierte soziale Interaktionen im Rahmen akzeptierter sozialer Rollen und Verhaltensweisen (Cohen und Syme 1985; Diewald 1991: 91ff.; Thoits 1985).

Von einem *Puffereffekt* wird dann gesprochen, wenn soziale Unterstützung die negative Wirkung bestimmter Stressoren – etwa berufliche Belastung, Krankheit oder persönliche Probleme – auf das Wohlbefinden mildert oder sogar ganz beseitigt. Stressbewältigungsmodelle (siehe Lazarus und Folkman 1984) identifizieren verschiedene Ansatzpunkte für die Pufferwirkung sozialer Unterstützung: zunächst die Wahrnehmung und Bewertung der Stressoren selbst sowie die Einschätzung der für die Bewältigung zur Verfügung stehenden Ressourcen. Gilt die Situation dann immer noch als bedrohlich bzw. belastend können drei mögliche Reaktionen der Unterstützer erfolgen: eine direkte Änderung der als bedrohlich wahrgenommenen Situation, eine Reinterpretation der als bedrohlich wahrgenommenen Situation (z.B. motivierende Betonung der Erfolgswahrscheinlichkeit von Anstrengungen) oder eine Linderung der Belastungsfolgen.

Eine *Präventionswirkung* sozialer Unterstützung liegt dann vor, wenn soziale Unterstützung von vorneherein das Auftreten von Stressoren unterbindet oder ihr Ausmaß reduziert. Als Beispiel könnte hier das generationale Vererben angesehen werden: Durch diese Form der materiellen Unterstützung können bspw. das Auftreten ökonomischer Engpässe und damit zusammenhängende Existenzängste unwahrscheinlicher werden. Positiv verstandene soziale Kontrolle kann Fehlverhalten vermeiden, das ansonsten Bewältigungshandeln erforderlich machen würde.

Diese Modelle stellen lediglich schematische Annäherungen an die komplexen Zusammenhänge dar, die das Vorhandensein und die Wirksamkeit sozialer Unterstützung bedingen.[27] Allgemein ist die Gestaltung von Unterstützungsnetzwerken sowie die Mobilisierung und Wirkung sozialer Unterstützung in hohem Maße von den spezifischen Anforderungen verschiedener Lebensphasen und Lebensbereiche im Lebenslauf beeinflusst (Hollstein 2003; Lang 2003). Und diese unterschiedlichen Bedürfnisse in ihrer jeweiligen Gewichtung ändern sich im Lebenslauf, auch wenn manche Bedürfnisse stabil bleiben, ebenso wie durch Mobilität, Tod oder Entfremdung Personen aus unserem Gesichtskreis verschwinden. Kahn und Antonucci (1980) haben diese Mischung aus Kontinuität und Wandel mit der Metapher eines „convoy over the life course" verdeutlicht.

Abbildung 1: Zusammenfassung der drei Wirkungsweisen

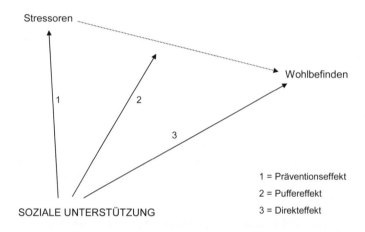

5 Voraussetzungen sozialer Unterstützung

Allgemein ist der Fluss sozialer Unterstützung in informellen Beziehungen abhängig von generellen Bedürfnissen und spezifischeren Lebenszielen einerseits und den Gelegenheitsstrukturen auf der Ebene der Gesellschaft, der Organisationsmitgliedschaften und der Netzwerkbeziehungen andererseits (Lang 2003). Die Fülle an Einflussfaktoren auf den Unterstützungsprozess kann hier aus Platzgründen nicht im Einzelnen diskutiert werden, denn sie betreffen insgesamt eine Reihe von Dimensionen:

1. auf der Seite des Empfängers der Unterstützung z.B. Kompetenzen der Beziehungsgestaltung, Persönlichkeit, Lebensphase, Gesundheitszustand, materielle Ressourcen;
2. ebenso auf der Seite des Gebers (ebenda);

---

[27] Zum Teil werden auch weitere Wirkungsmodelle diskutiert (Schwarzer und Leppin 1989).

3. hinsichtlich des Charakters der Beziehung zwischen beiden und die Beziehungsgeschichte z.B. Verwandtschaftsgrad, Dauer der Bekanntschaft, vorangegangene Tauschakte;
4. die Gesamtheit und Struktur der zur Verfügung stehenden Beziehungen z.B. Größe, soziale Heterogenität und Verbundenheit des Netzwerks;
5. verschiedene soziale Kontexte wie die räumliche Umgebung, Organisationen und die gesamten gesellschaftlichen Regime wohlfahrtstaatlicher und Marktregulierung.

Wir möchten aus dieser Gesamtheit auf zwei allgemein für die Verfügbarkeit sozialer Unterstützung bedeutsame Bedingungsfaktoren eingehen, die in der Diskussion über die Folgen sozialen Wandels häufig thematisiert werden. Der erste Punkt betrifft die mit dem (Nicht-)Vorhandensein von Beziehungen unterschiedlichen Verwandtschaftsgrade verbundenen Konsequenzen für Unterstützungspotentiale (siehe Dimension 3, vgl. Diewald et. al. 2009). Normative Erwartungen an verschiedene Arten sozialer Beziehungen spielen hier eine wesentliche Rolle. Zwar gibt es beträchtliche Flexibilitäten, welche Aufgaben etwa Verwandtschafts-, Freundschafts- oder Nachbarschaftsbeziehungen im Einzelfall übernehmen können, etwa wenn langandauernde Freundschaften zu einer Art Ersatzfamilie werden (Bien und Marbach 1991) oder Verwandte oder Nachbarn zu Freunden. So ist räumliche Nähe wichtig für viele kleine Hilfen um Wohnung und Haus herum, also eine Domäne nachbarschaftlicher Hilfe. Langandauernde und gravierende einseitige Hilfe ist primär in langandauernden, nicht auflösbaren Beziehungen innerhalb der Familie möglich, da hier auch auf lange Sicht und eventuell von anderen Mitgliedern der Familie erwartet werden kann, dass die einmal geleistete Hilfe vergolten wird. Im Unterschied zur direkten Reziprozität sind aufgeschobene oder gar generalisierte Reziprozität (siehe Kapitel 3.4) flexiblere Beziehungsrationalitäten für bedarfsbezogenen Hilfeaustausch (Gouldner 1960), aber auf ebensolche Beziehungen und ein Beziehungssystem mit hoher sozialer Kontrolle angewiesen. Vertrautheit auf Grund gemeinsamer Überzeugungen und Neigungen stellt sich dagegen am ehesten in Beziehungen ein, die frei gewählt werden können und nicht vorgegeben sind. Besonders in solchen Beziehungen sind persönliche Wertschätzung oder Geselligkeit zu erwarten. Demnach ist, zusammenfassend betrachtet, ein Netzwerk mit verschiedenen Arten sozialer Beziehungen wesentlich für eine umfassende Verfügbarkeit verschiedener Formen sozialer Unterstützung unter verschiedenen und zudem wechselnden Bedingungen.

Der zweite Punkt betrifft die Diskussion um die Auswirkungen von gesellschaftlichem Wohlstand und hoher wohlfahrtsstaatlicher Absicherung für Unterstützungsbereitschaften (siehe Dimension 5). Die populäre „Crowding out"-Hypothese postuliert einen Rückgang von Unterstützungsnetzwerken durch den Ausbau des Wohlfahrtsstaates und den gestiegenen gesellschaftlichen Wohlstand. Einerseits wird dadurch für ansonsten in informellen Netzwerken zu erbringende Leistungen substituiert wie etwa materielle Unterstützung oder Aufgaben der sozialen Sicherung; andererseits erodiert durch den Wegfall dieser Notwendigkeiten, quasi „hinterrücks", die Integration in informelle soziale Beziehungen insgesamt (vgl. Becker 1974; Cox und Rank 1992; Posner 1980). Eine Reihe neuerer empirischer Untersuchungen hat die „Crowding out"-Hypothese jedoch weitgehend widerlegt. Die Ergebnisse sprechen teilweise sogar für ein „Crowding in", d.h., die Entlastung sozialer Netzwerke von Aufgaben der materiellen Versorgung und sozialen Sicherung stärkt eher ihre soziale und emotionale Bedeutung (Kääriäinen und Lehtonen 2006; Lüdicke und Diewald 2007; Scheepers et al. 2002; van Oorschot und Arts 2005,). In eine ähnliche Richtung gehen Untersuchungen zum Zusammenhang institutioneller Hilfeangebote und sozialer Unterstützung: Institutionelle Hilfeangebote substituieren nur im Notfall die soziale Unterstützung in informellen Netzwerken, ansonsten ist ihre Existenz notwendig, damit den Helfer stark belastende Hilfeleistungen überhaupt längerfristig überwiegend im informellen Bereich geleistet werden können (Bauer und Otto 2005).

6 Ausblick

Der Begriff der sozialen Unterstützung ist durch die Konjunktur des Sozialkapital-Begriffs in den Hintergrund gedrängt worden, vielleicht mit Ausnahme der Gesundheitsforschung. Damit ist jedoch keineswegs nur eine Verbesserung in der theoretischen und empirischen Durchdringung dessen verbunden, was soziale Netzwerke an Leistungen für die Gesellschaftsmitglieder bereit stellen. Auch wenn eine klare Trennlinie schwer zu ziehen ist: Während der Sozialkapitalbegriff vor allem die ungleichheitstheoretischen Voraussetzungen und Folgen sozialer Unterstützungsleistungen in den Vordergrund stellt, steht die Unterstützungsforschung, zumindest konzeptuell, für eine detaillierte Betrachtung der Wirkungszusammenhänge zwischen der Verfügbarkeit sozialer Beziehungen, deren Gestaltung, tatsächlicher Unterstützungsprozesse als sozialem Tausch sowie der Wahrnehmung, Bewertung und schließlich auch Wirkung. Dies geschieht nicht nur unter Berücksichtigung der sozialstrukturellen, sondern auch der psychischen und interaktionalen Bedingungen. Diese eng an den konkreten sozialen Mechanismen der Unterstützungsgenese und -wirkung ansetzende Forschungsperspektive kann dann, wenn sie konsequent umgesetzt wird, die insgesamt eher bescheidenen Ergebnisse zum Wandel, zur sozialstrukturellen Verteilung und zur differentiellen Wirkung verfügbarer Unterstützung verbessern. Die auf eher groben Netzwerk- und Sozialkapitalindikatoren fußenden Untersuchungen zum Zusammenhang der Sozialintegration und der Verfügbarkeit informeller Unterstützung mit sozialem Wandel und Veränderungen in der Erwerbssphäre haben bisher überraschend wenig Bestätigung für entsprechende Befürchtungen erbracht. Eine deswegen viel beachtete und jüngst aber methodisch in Zweifel gezogenen Ausnahme ist die auf GSS-Daten beruhende Analyse von McPherson et al. (2006). Dies mag auf der einen Seite tatsächlich eine notwendige Entdramatisierung der Warnungen vor einer Auflösung des sozialen Bandes sein, die die Soziologie seit ihrem Beginn begleiten. Die Menschen scheinen auch unter sich verändernden Bedingungen besser als befürchtet in der Lage zu sein, zumindest für die basalen Bedürfnisse der Bindung und der individuellen Wirksamkeit (Lang 2003) ihre Beziehungen adäquat zu gestalten. Auf der anderen Seite könnte eine die verschiedenen Facetten der psychischen und interaktionalen Bedingungen des Unterstützungs*prozesses* besser abbildende Empirie durchaus zu differenzierteren Einschätzungen gelangen. Diese könnten beispielsweise deutlich machen, dass die Qualität der Beziehungen zwar nicht so stark wie befürchtet sinkt, aber damit verbundene zeitliche Belastungen und Konflikte zunehmen. Dass wir über diese Empirie nicht ausreichend verfügen, kann sicher zu einem großen Teil mit dem erheblichen damit verbundenen Erhebungsaufwand erklärt werden. Doch insgesamt erstaunt die geringe Bedeutung der Unterstützungsperspektive in der sozialwissenschaftlichen empirischen Forschung angesichts der doch breiten Aufmerksamkeit für das Thema und der ihm zugemessenen Bedeutung für individuelles Wohlergehen und die Qualität der sozialen Integration.

7 Literatur

Badura, Bernhard, Wolfgang Greiner, Petra Rixgens, Max Ueberle und *Michael Behr* (Hg.), 2008: Sozialkapital. Grundlagen von Gesundheit und Unternehmenserfolg. Springer: Berlin.
Barrera, Manuel und *Sarah Ainley*, 1983: The structure of social support. A conceptual and empirical analysis. Journal of Community Psychology 11: 133-143.
Bauer, Petra und *Ulrich Otto* (Hg.), 2005: Mit Netzwerken professionell zusammenarbeiten. Band II: Institutionelle Netzwerke in Steuerungs- und Kooperationszusammenhängen. Tübingen: dgvt-Verlag.
Becker, Gary S., 1974: A Theory of Social Interactions. Journal of Political Economy 82: 1063-1093.
Bernardi, Laura, Sylvia Keim und *Holger Von der Lippe*, 2006: Der Einfluss sozialer Netzwerke auf die Familiengründung junger Erwachsener in Lübeck und Rostock. S. 359-390 in: *Karl-Siegbert Rehberg* (Hg.), Soziale Ungleichheit, kulturelle Unterschiede. Verhandlungen des 32. Kongresses der Deutschen Gesellschaft für Soziologie in München 2004. Frankfurt am Main: Campus.
Bien, Walter und *Jan Marbach*, 1991: Haushalt - Verwandtschaft - Beziehungen. Familienleben als Netzwerk. S. 3-44 in: *Hans Bertram* (Hg.), Die Familie in Westdeutschland. Stabilität und Wandel familialer Lebensformen. Opladen: Leske + Budrich.
Brandt, Martina, 2006: Soziale Kontakte als Weg aus der Erwerbslosigkeit. Kölner Zeitschrift für Soziologie und Sozialpsychologie 58: 468-488.
Burt, Ronald, 1984: Network Items and the General Social Survey. Social Networks 6: 293-339.
Cohen, Sheldon und *Thomas A. Wills*, 1985: Stress, social support, and the buffering hypothesis. Psychological bulletin 98: 310-337.
Cohen, Sheldon, Lynn Underwood und *Benjamin Gottlieb*, 2000: Social support measures and intervention. New York: Oxford University Press.
Cox, Donald und *Mark R. Rank*, 1992: Inter-vivos Transfers and Intergenerational Exchange. The Review of Economics and Statistics 74: 305-314.
Diewald, Martin, 1991: Soziale Beziehungen. Verlust oder Liberalisierung? Berlin: edition sigma.
Diewald, Martin, Jörg Lüdicke, Frieder Lang und *Jürgen Schupp*, 2006: Familie und soziale Netzwerke. Ein revidiertes Erhebungskonzept für das Sozio-oekonomische Panel (SOEP) im Jahr 2006. Berlin: DIW Research Notes 14.
Diewald, Martin, 2007: Arbeitsmarktungleichheiten und die Verfügbarkeit von Sozialkapital. Die Rolle von Gratifikationen und Belastungen. S. 183-210 in: *Axel Franzen* und *Markus Freitag* (Hg.), Sozialkapital, Theoretische Grundlagen und empirische Befunde. Köln: Sonderband 47 der Kölner Zeitschrift für Soziologie und Sozialpsychologie.
Diewald, Martin, Sebastian Sattler, Verena Wendt et al., 2009: Verwandtschaft und verwandtschaftliche Beziehungen. S. 423-444 in: *Karl Lenz* und *Frank Nestmann* (Hg.), Handbuch - Persönliche Beziehungen. Weinheim: Juventa.
Gouldner, Alwin, 1960: The Norm of Reciprocity. A Preliminary Statement. American Sociological Review 25: 161-178.
Henze, Karl-Heinz und *Gudrun Piechotta* (Hg.), 2003: Brennpunkt Pflege. Beschreibung und Analyse von Belastungen des pflegerischen Alltags. Frankfurt am Main: Mabuse.
Hollstein, Betina, 2003: Netzwerkveränderungen verstehen. Zur Integration von struktur- und akteurstheoretischen Perspektiven. Berliner Journal für Soziologie 2: 153-174.
House, James, 1981: Work stress and social support. Reading Mass: Addison-Wesley.
House, James und *Robert Kahn*, 1985: Measures and concepts of social support. S. 83-105 in: *Sheldon Cohen* und *Leonard Syme* (Hg.), Social support and health. New York: Academic Press.
Kääriäinen, Juha und *Heikki Lehtonen*, 2006: The Variety of Social Capital in Welfare State Regimes – A Comparative Study of 21 Countries. European Societies 8: 27-57.
Kahn, Robert und *Toni Antonucci*, 1980: Convoys over the life course: Attachment, roles, and social support. S. 253-286 in: *Paul B. Baltes* und *Orville G. Brim* (Hg.), Life-span development and behaviour 3. London, Boston: Academic Press.

Klauer ,Thomas, *Nina Knoll* und *Ralf Schwarzer*, 2008: Soziale Unterstützung. Göttingen: Hogrefe.
Kong, Fanyin, *Carolyn Perucci* und *Robert Perucci*, 1993: The Impact of Unemployment and Economic Stress on Social Support. Community Mental Health Journal 29: 205-221.
Laireiter, Anton-Ruper und *Ulrich Baumann*, 1992: Network structures and support functions. Theoretical and empirical analyses. S. 33-55 in: *Hans O. F. Veiel* und *Urs Baumann* (Hg.), The meaning and measurement of social support. New York: Hemisphere.
Lang, Frieder, 2003: Die Gestaltung und Regulation sozialer Beziehungen im Lebenslauf. Eine entwicklungspsychologische Perspektive. Berliner Journal für Soziologie 13: 175-195.
Lüdicke, Jörg und *Martin Diewald*, 2007: Modernisierung, Wohlfahrtsstaat und Ungleichheit als gesellschaftliche Bedingungen sozialer Integration – eine Analyse von 25 Ländern. S. 265-301 in: *Jörg Lüdicke* und *Martin Diewald* (Hg.), Soziale Netzwerke und soziale Ungleichheit. Zur Rolle von Sozialkapital in modernen Gesellschaften. Wiesbaden: VS-Verlag.
McPherson, Miller; *Lynn Smith-Lovin* und *Matthew E. Brashears*, 2006: Social isolation in America: Changes in core discussion networks over two decades. American Sociological Review 71: 353-375.
Ormel, Johann, *Siegwart Lindenberg*, *Nardi Steverink* und *Michael von Korff*, 1997: Quality of life and social production functions. A framework for understanding health effects. Social science & medicine 45: 1051-1063.
Pearlin, Leonard Irving, 1985: Social structure and processes of social support. S. 43-60 in: *Sheldon Cohen* und *Leonard Syme* (Hg.), Social support and health. New York: Academic Press.
Posner, Richard A., 1980: A Theory of Primitive Society. Journal of Law and Economics 23: 1-14.
Putnam, Robert, 2001: Bowling Alone. New York: Simon & Schuster.
Röhrle, Bernd, 1994: Soziale Netzwerke und soziale Unterstützung. Weinheim: Psychologie Verlags-Union.
Rook, Karen und *Tonia Schuster*, 1996: Compensatory processes in the social networks of older adults. S. 219-248 in: *Gregory R. Pierce*, *Barbara Sarason* und *Irwin Sarason* (Hg.), Handbook of social support and the family. New York: Plenum Press.
Scheepers, Peer, *Manfred T. Grotenhuis* und *John Gellisen*, 2002: Welfare States and Dimensions of Social capital. Cross-national Comparisons of Social Contacts in European Countries. European Societies 4: 185-207.
Schwarzer, Ralf und *Ute Schulz*, 2000: Berlin Social Support Scales (BSSS). verfügbar über: http://www.coping.de (Zugriff 22.12.2008).
Schwarzer, Ralf und *Anja Leppin*, 1989: Sozialer Rückhalt und Gesundheit. Göttingen, Toronto, Zürich: Hogrefe.
Stokman, Frans N. und *Manuela Vieth*, 2006: Was verbindet uns wann mit wem? Inhalt und Struktur in der Analyse sozialer Netzwerke. S. 274-302 in: *Andreas Diekmann* (Hg.), Methoden der Sozialforschung. Sonderheft zur Kölner Zeitschrift für Soziologie und Sozialpsychologie 44. Wiesbaden: VS Verlag.
Thoits, Peggy, 1985: Social support and psychological well-beeing. Theoretical possibilities. S. 51-72 in: *Irwin Sarason* und *Sarason, Barbara* (Hg.), Social support: Theory, research, and applications. Dordrecht: Martinus Nijhoff.
Vaux, Alan, 1992: Assessment of social support. S. 193-216 in: *Hans O. F. Veiel* und *Urs Baumann* (Hg.), The meaning and measurement of social support. New York: Hemisphere.
Van Oorschot, Wim und Will Arts, 2005: The Social Capital of European Welfare States: The Crowding Out Hypothesis Revisited. Journal of European Social Policy 15: 5-26.
Weiss, Robert, 1974: The provisions of social relationships. S. 17-26 in: *Rubin Zick* (Hg.), Doing unto others. Englewood Cliffs: Prentice Hall.
Wood, Yvonne R., 1984: Social support and social networks: Nature and measurement. S. 312-353 in: *Paul McReynolds* und *Gordon J. Chelune* (Hg.), Advances in psychological assessment, Vol. 6. San Francisco, Washington, London: Jossey-Bass.

7.12 Wechselwirkungen zwischen Arbeitslosigkeit und dem sozialen Netzwerk

Sebastian Sattler und Martin Diewald

Zwischen dem Ereignis bzw. Zustand der Arbeitslosigkeit auf der einen und dem sozialen Netzwerk auf der anderen Seite bestehen Abhängigkeiten in beide Wirkungsrichtungen. Insgesamt betrachten wir im Folgenden vier dieser Zusammenhänge: I) Arbeitslosigkeit kann sich 1. auf Netzwerkeigenschaften Egos auswirken. II) Umgekehrt können soziale Beziehungen Ego 2. bei der Bewältigung von Arbeitslosigkeit helfen und ihn 3. bei der Überwindung von Arbeitslosigkeit unterstützen, 4. aber auch die Entstehung von Arbeitslosigkeit induzieren (siehe Abbildung). Mit diesen jeweils spezifischen Zusammenhängen beschäftigen sich – teilweise mit Überschneidungen – jeweils eigene Forschungsstränge, die in diesem Beitrag überblicksartig dargestellt werden. Diese Forschung besitzt aus mehreren Gründen eine gewichtige gesellschaftliche Relevanz: Beispielsweise kann mit den Erkenntnissen an der Vermeidung negativer Folgen von Arbeitslosigkeit für die Betroffenen, zugehörigen Familien (insbesondere Kinder) sowie für das soziale Sicherungssystem gearbeitet; die Verweildauer in Arbeitslosigkeit beeinflusst; schnellere „job-matches" erreicht; aber auch Anforderungen des sozialen Netzwerkes an das Individuum bei der Integration in den Arbeitsmarkt berücksichtigt werden (u.a. Hakim 1982; Hess et al. 1991; Wanberg et al. 2000).

Abbildung 1: Wechselwirkungen zwischen Arbeitslosigkeit und dem sozialen Netzwerk

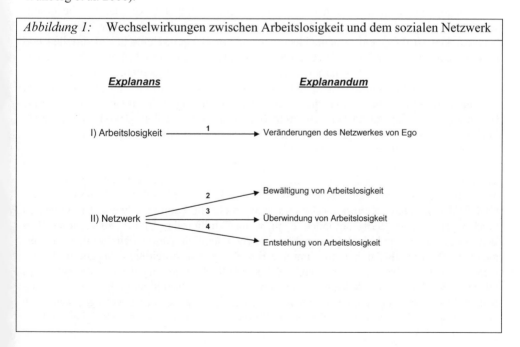

Dabei ist der Komplex Arbeitslosigkeit durchaus differenziert zu betrachten, auch wenn dies in Studien keineswegs immer berücksichtigt wird. Bedeutsam ist insbesondere, neben weiteren möglichen Differenzierungen, die Unterscheidung zwischen kurzzeitiger und Langzeitarbeitslosigkeit bzw. dauerhafter Exklusion vom Arbeitsmarkt.

Neben unmittelbar nach der Arbeitslosigkeit auftretenden Effekten, können sich auch langfristige Auswirkungen von Arbeitslosigkeit auch noch nach der Wiedereingliederung in den Arbeitsmarkt ergeben (Atkinson et al. 1986; Pope 1962), wie sich umgekehrt bereits der drohende Arbeitsplatzverlust bzw. gestiegene Flexibilitäten und veränderte Belastungen bzw. Anforderungen am Arbeitsplatz auf die sozialen Beziehungen auswirken. Potentielle Auswirkungen gestiegener Flexibilitätsanforderungen, Unstetigkeiten und vor allem Unsicherheiten in der Arbeitswelt werden zwar mehr und mehr beschworen (Sennett 1998), doch liegen dazu, abgesehen vom bereits länger etablierten Forschungszweig zu Auswirkungen von Stress auf die Partnerschaft und Familie (zusammenfassend: Perry-Jenkins et al. 2000), kaum empirische Untersuchungen zu Netzwerken außerhalb des Haushalts vor (Diewald 2007), und nur wenige befassen sich mit Auswirkungen auf die Wahrscheinlichkeit einer Partnerschaft bzw. Familiengründung (Düntgen und Diewald 2008; Kreyenfeld 2008; Tölke und Diewald 2003). Aufgrund der im Folgenden gezeigten beiderseitigen Abhängigkeiten von Arbeitslosigkeit und sozialen Netzwerken muss – gerade in einer dynamischen Perspektive – auf die Unterscheidung von Ursache und Wirkung geachtet werden. Dies ist nur über Längsschnittbeobachtungen und die Kontrolle unbeobachteter Heterogenität möglich, doch trifft dies auf die wenigsten Untersuchungen tatsächlich zu.

1 Auswirkungen von Arbeitslosigkeit auf das egozentrierte soziale Netzwerk

Erwerbstätigkeit ist in modernen Gesellschaften ein wichtiger Eckpfeiler für die gesellschaftliche Integration insgesamt, d.h. ökonomische, kulturelle und soziale Teilhabe. Arbeitslosigkeit ist daher ein einschneidendes negatives Lebensereignis mit materiellen und psychischen Folgen für Ego, wie etwa unzureichenden Zugangsmöglichkeiten zu Ressourcen, einer Absenkung des Konsumniveaus, finanziellen Schwierigkeiten, einem Abrutschen in Armut, Erwartungsunsicherheit, dem Verlust von Selbstwirksamkeitsüberzeugungen, Versagensängsten, Depressionen und auch Beeinträchtigungen der Integration in soziale Beziehungen bis hin zu sozialer Isolation (u.a. Hakim 1982; Pope 1964). Das gesamte Spektrum sozialer Beziehungen ausgehend vom Partner, über die Familie bis hin zu Nicht-Verwandten kann durch Arbeitslosigkeit beeinflusst werden.

So kommt es beispielsweise zu Störungen innerhalb von Partnerschaften bis hin zu Trennungen; zudem zeigen Studien eine Zunahme von belastenden Beziehungen innerhalb der Familie (Atkinson et al. 1986; Brinkmann 1984; Diewald 2007). Aufgrund sich verschärfender familialer Konflikte (Diewald 2007) droht die Familie teilweise zusammen zu brechen (Hess et al. 1999), besonders dann, wenn Familien ihre Unterkunft verlieren (Hakim 1982). Auch Szydliks (2000) Analysen machen deutlich, dass Arbeitslosigkeit im Vergleich zu Vollerwerbstätigkeit auf familiale Beziehungen mehrheitlich belastend wirkt. Sie werden flüchtiger bzw. mit geringerer Wahrscheinlichkeit als eng wahrgenommen. Dies gilt nicht erst für die Arbeitslosigkeit, sondern sogar schon für die Sorge über den Arbeitsplatzverlust. Durch die teilweise drastische Änderung der Ressourcenverfügbarkeit bzw. -ausstattung des Haushalts schränken sich – besonders bei Langzeitarbeitslosigkeit und der

Nichterwerbstätigkeit des Partners – die Konsummöglichkeiten des Haushalts stark ein (Hess et al. 1999). Ein Streit um knappe Ressourcen bzw. Ausgaben kann sich entfachen und familiale Konflikte auslösen.[1]

Bei einem Teil der von Arbeitslosigkeit betroffenen Familien können sich auch positive Änderungen vollziehen: Bereits Jahoda et al. (1975) konnten feststellen, dass es in einigen Marienthaler Familien zu einem besseren Familienklima und einem Erstarken familialer Bande kam. Einerseits haben Arbeitslose mehr Zeit für die Familie (Hess et al. 1999), was gerade in einer Studie mit Langzeitarbeitslosen von einem Teil der Befragten als positiv bewertet wurde (Brinkmann 1984). Andererseits kann die Familie krisenbedingt näher zusammenrücken, sich gegenseitig unterstützen und Halt bieten.

Bei Fielden und Davidson (1998) berichten jedoch eine Mehrheit von 66% der Befragten eine (starke) Verringerung des sozialen Lebens nach der Arbeitslosigkeit, während 14% meinen, gar kein soziales Leben zu haben. Konträr zu diesem Ergebnis sind die Befunde von Gallie et al. (2001), wonach Arbeitslose häufiger Kontakt mit Freunden und Verwandten (außerhalb des Haushalts) haben als Erwerbstätige. Länderspezifisch scheint es Unterschiede zu geben: So berichten Paugham und Russell (2000) bei Langzeitarbeitslosen in Frankreich, Deutschland, Irland und Griechenland von weniger Kontakten zu Freunden und Verwandten, in Dänemark und Italien hingegen von mehr Kontakten. Die Ergebnisse von Diewald (2007) zeigen, dass es wichtig ist zwischen kurzfristiger Arbeitslosigkeit und Langzeitarbeitslosigkeit zu unterscheiden: so steigt die Anzahl der Freunde bei kurzfristiger Arbeitslosigkeit marginal, während sie erst bei Langzeitarbeitslosigkeit fällt. Pope (1962) erklärt hingegen den fehlenden Zusammenhang der Arbeitslosigkeitsdauer im Lebenslauf und der Kontakte zu Freunden in seiner Studie damit, dass diese nach jeder Wiederbeschäftigung eher neu rekrutiert werden, um keine Beziehungen zu führen, die durch Verlegenheiten belastet sind. Variationen lassen sich generell auch hinsichtlich der ehemaligen Stellung und der Arbeitslosigkeitsdauer feststellen: so sinkt bei white-collar Beschäftigten die Beziehungsqualität zu Partnern sowie die Familienkohäsion, während externe Hilfen zunehmen; hingegen erhöht sich bei blue-collar Beschäftigten die Netzwerkgröße bei sinkender Kontakthäufigkeit (Atkinson et al. 1986).

Zwar verfügen Arbeitslose über ein größeres Zeitbudget (Paugham und Russell 2000), dies wird jedoch häufig als belastend empfunden und nicht für soziale Beziehungen verwendet (Brinkmann 1984). Auch ein erwartbares stärkeres ehrenamtliches Engagement bleibt aus: Während Brinkmann (1984) nach 1 ½ Jahren Arbeitslosigkeit kaum Veränderungen bei Mitgliedschaften in Vereinigungen feststellt, zeigt Erlinghagen (2000), dass Engagements von kurzfristig Arbeitslosen eher aufgegeben werden als von nie arbeitslos gewesenen Erwerbstätigen – Diewald (2007) zeigt dies für Langzeitarbeitslose. Bereits Jahoda et al. (1975) beobachteten häufig einen Rückzug aus dem öffentlichen Leben. Dieser Rückzug mag unter anderem an negativen Reaktionen liegen, die Arbeitslose erwarten, wenn sie anderen von ihrer Arbeitslosigkeit erzählen, zudem haben sie das Gefühl abfällig von Mitmenschen behandelt zu werden und vermeiden Kontakte aufgrund von Schamgefühlen (Brinkmann 1984; Hess et al. 1999; Pope 1962). Arbeitslose laden darüber hinaus

---

[1] Kinder leiden unter der Arbeitslosigkeit der Eltern besonders hart, da sie vom ökonomischen Status der Eltern abhängig sind (Jones 1988). Konsumwünsche werden nicht erfüllt, Klassenfahrten können nicht bezahlt werden, es fehlt Geld für Bücher, Lernmittel und auch Taschengeld (Hess et al. 1999). Zudem können sich Stress, Versagensgefühle und ein verringertes Selbstbewusstsein arbeitsloser Eltern negativ auf die Qualität der Erziehung auswirken, auch weil weniger auf die Bedürfnisse eingegangen wird (Jones 1988). Zudem kann die Eltern-Kind-Beziehung von Streitigkeiten belastet werden (Hakim 1982).

weniger Besuch ein und empfangen dementsprechend weniger Gäste. Insgesamt lässt sich besonders bei Langzeitarbeitslosen ein geringeres Gefühl sozialer Integration und erhöhte Einsamkeit feststellen (Diewald 2007). Durch die finanziellen Restriktionen ergeben sich zudem Einschränkungen für Freizeitaktivitäten (Pope 1962). Beziehungen in diesem Lebensbereich werden eingeschränkt oder beendet – besonders bei längerer Arbeitslosigkeit (vgl. Jones 1988). Derartige Netzwerkveränderungen können von Segregations- und Ausgrenzungsprozessen verstärkt werden. Denn zum einen können sich Zugangsbarrieren zu bestimmten sozialen Kreisen ergeben (Pope 1962). Zum anderen kann sich der Statusverlust durch Arbeitslosigkeit in Verbindung mit Homophilietendenzen (vgl. Marsden 1987) in Netzwerken auswirken. Außerdem ist mit einer Verschlechterung der Position im Partnermarkt zu rechnen, da insbesondere Männer eine nachgefragte Sicherheit und Ressourcenverfügbarkeit nicht mehr bieten können und somit an Attraktivität einbüßen. Durch Arbeitslosigkeit verliert Ego zudem die Möglichkeit auf dem wichtigen berufsbezogenen Partnermarkt zu agieren, ähnliches gilt für reduzierte Freizeitaktivitäten und den Rückgang von Kontakten mit Freunden und Verwandten (vgl. Franzen und Hartmann 2001). Empirisch zeigt sich zumindest, dass Arbeitslose seltener verheiratet sind (Gallie et al. 2001). Da es sich um Querschnittsdaten handelt, ist jedoch unklar, ob kein passender Partner gefunden, aus finanziellen Gründen nicht geheiratet oder die Ehe wieder geschieden wurde.

Insgesamt zeigt die empirische Literatur vor allem für Langzeitarbeitslosigkeit die erwarteten negativen Konsequenzen auf das egozentrierte soziale Netzwerk, während bei Arbeitsplatzunsicherheit und kurzfristiger Arbeitslosigkeit durchaus auch verstärkte Netzwerkaktivitäten berichtet werden, die als kompensatorische bzw. Unterstützungsreaktion gedeutet werden können. Bemerkenswerter Weise sind es da aber weniger die Familien- und Verwandtschaftsbeziehungen, die kompensatorisch gestärkt werden, sondern eher jene zu Nichtverwandten. Eine Ausnahme stellen naheliegender Weise solche Beziehungen dar, die aus dem Arbeitskontext stammen (Diewald 2007). Bei Langzeitarbeitslosen sind es aber vor allem Verwandte, die die wichtigste Unterstützungsbastion darstellen (ebenda; Atkinson et al. 1986).

Ego ist zwar in der Lage seine freie Zeit als Gut beim Tausch einzusetzen (z.B. indem er Arbeitshilfen anbietet), generell dürfte sich aber seine Position und Attraktivität beim sozialen Tausch in vielen Bereichen verschlechtern, da er aufgrund geringerer ökonomischer Ressourcen und eines geringeren Status an Kredit- und Vertrauenswürdigkeit verliert. Einseitige Vorleistungen werden riskanter, da die Gefahr für Alteri steigt, Rückzahlungen von Ego nicht zu erhalten (vgl. Voss 1998). In Zeiten der Arbeitslosigkeit kann die Abschreibung von sozialem Kapital folglich schneller stattfinden als der Aufbau. Mit zunehmender Entstehung von Verbindlichkeiten, d.h. negativem sozialen Kapital kann die Maximalbelastung innerhalb einer Beziehung erreicht werden, denn Beziehungen sind in dieser Dimension nicht beliebig elastisch. Dies erklärt zum Teil das Wegbrechen von Nicht-Verwandten im Netzwerk und damit die relativ größere Bedeutung von Partnern und engen Verwandten (Diewald 2007), da bei Letzteren höhere Elastizitäten vorhanden und die Bereitschaft zu erwartetem reziprokem Handeln auch bei Unsicherheit größer sein sollten (Diewald et al. 2009). Empirisch spiegelt sich die geringere Tauschbereitschaft in den Befunden von Gallie et al. (2001) und Kong et al. (1993) wieder: Im Vergleich zu Erwerbstätigen erwarten Arbeitslose seltener Hilfe, wenn sie Geld brauchen, einen Job suchen oder bedrückt sind. Wenn Beziehungen unzureichende Unterstützung liefern, wird es zudem erwartbarer, dass sich eine Person aus ihnen zurückzieht, da der Nutzen abnimmt (Fielden und Davidson 1998). Anders ausgedrückt: bei bestimmten Beziehungen wird es wahrscheinlicher, dass sie sich auflösen, wenn die Tauschrate sinkt. Ein Indikator kann das geringere Vertrauen zur Familie und zu Freunden bei Langzeitarbeitslosen im Vergleich zu Vollerwerbstätigen sein (Diewald 2007).

2 Auswirkungen des Netzwerkes bzw. der Netzwerkintegration auf die Bewältigung, Überwindung und Entstehung von Arbeitslosigkeit

2.1 Bewältigung der Arbeitslosigkeit

Wie in Abschnitt 1 beschrieben, kann Arbeitslosigkeit zu einer Vielzahl ökonomischer, psychologischer und sozialer Probleme führen. Welcher Unterstützungsbedarf daraus folgt, hängt auch von weiteren individuellen Lebensumständen wie der Art der vorangegangenen Beschäftigung sowie gesellschaftlichen Merkmalen wie insbesondere wohlfahrtsstaatlichen Maßnahmen für Arbeitslose ab. Zumindest bei ungewollter Arbeitslosigkeit ist von einer Nachfrage nach Unterstützung zur Bewältigung von Arbeitslosigkeitsfolgen auszugehen. Diese kann sich je nach individueller Problemlage und gesellschaftlichem Umfeld auf unterschiedliche Bedürfnisse bzw. Unterstützungsdimensionen beziehen (siehe Kapitel 7.11). So sind blue-collar Beschäftigte wohl stärker von finanziellen Problemen betroffen, weil sie während der Beschäftigung weniger Rücklagen bilden konnten, während white-collar Beschäftigte einen vergleichsweise stärkeren Statusverlust erleiden und ihnen intrinsische Belohnungen aus der Berufswelt fehlen (Atkinson et al. 1986). Funktioniert ein Wohlfahrtsstaat eher schlecht, sollte die Bedeutung sozialer Beziehungen in Problemlagen besonders hoch sein. Gerade in südeuropäischen Ländern spiegelt sich dies im Vergleich zum Norden wieder. Die Familiensolidarität ist hier wichtiger, jüngere Arbeitslose leben im Süden beispielsweise eher bei den Eltern (Paugham und Russell 2000). Diese Solidarität hilft dabei die Risiken drohender sozialer Isolation und Abstiege bei Problemen am Arbeitsmarkt abzumildern.

Die Einbettung in ein Unterstützungsnetzwerk kann folglich negative Effekte von Arbeitslosigkeit mindern. Dabei kann soziale Unterstützung beispielsweise als Moderator für entstehenden Stress wirken und als Mittel, um belastende Situationen zu bewältigen (Atkinson et al. 1986; Gore 1978; Shams 1993). In der Studie von Shams (1993) erhöht empfangene materielle Unterstützung das psychologische Wohlempfinden, reduziert Angst, Sorgen und Depressivität; ähnliches gilt für familiale Unterstützung (vgl. Hess et al. 1999), während emotionale Unterstützung das psychologische Wohlempfinden nur marginal hebt. In den Analysen von Brinkmann (1984) bleibt ein positiver Effekt sozialer Unterstützung auf psycho-soziale Belastungen jedoch aus.

Erhält ein Arbeitsloser beispielsweise finanzielle Hilfe aus dem Netzwerk, um Engpässe temporär zu überstehen, kann dies helfen, seinen sozialen Abstieg zu verhindern. Mehr oder weniger stark institutionalisierte Arbeitslosennetzwerke können ebenso durch gegenseitige Hilfe – die in erster Linie instrumentell und weniger emotional ist –, bei der Bewältigung von Problemen helfen und werden zudem als eine wichtige Quelle für soziale Kontakte wahrgenommen (Fielden und Davidson 1998).

Generell dürfte der Einfluss sozialer Unterstützung jedoch mit dem Schwierigkeitsgrad sowie der Dauer und Stärke von Problemlagen variieren (Shams 1993, siehe auch Abschnitt 1 zu Elastizitäten). Diewalds (2007) Analysen machen beispielsweise deutlich, dass gerade Langzeitarbeitslose über weniger instrumentelle Unterstützer verfügen als kurzfristig Arbeitslose – Langzeitarbeitslose haben möglicherweise ihr soziales Kapital stärker aufgebraucht. Als besonders problematisch dürften daher auch die in Abschnitt 1 beschriebenen durch Arbeitslosigkeit hervorgerufenen Netzwerkveränderungen betrachtet werden. Werden die Netzwerke von Ego kleiner, verändern ihre Zusammensetzung und Kontaktqualität, hat dies erheblichen Einfluss auf die Unterstützungspotentiale. Gerade bei Langzeitarbeitslosigkeit kann eine für Ego ungünstige Abwärtsspirale aus Netzwerkveränderungen und einer Verringerung des Unterstützungspotentials einsetzen.

Zudem empfängt nicht jeder bei gleicher Bedürfnislage gleich viel bzw. die gleiche Art an Unterstützung. So vermuten 22% arbeitsloser Frauen, dass die Familie anders auf die Arbeitslosigkeit reagiert hätte, wenn sie männlich wären und zwar in erster Linie mit stärkerer Unterstützung, etwas seltener wird dies bei Freunden vermutet (Fielden und Davidson 1998). Es zeigt sich auch, dass alleinstehende Arbeitslose, Personen ohne (voll)erwerbstätigen Ehepartner bzw. weitere erwerbstätige Haushaltsmitglieder größere finanzielle Schwierigkeiten empfinden als andere – besonders belastet sind Personen mit arbeitslosem Ehepartner (Brinkmann 1984). Verheiratete Frauen scheinen weniger Belastungen zu empfinden als andere. Eine Ehe muss jedoch nicht stabilisierend wirken, sondern kann selbst Stress produzieren: Fühlen sich Frauen von der Arbeitslosigkeit ihres Mannes negativ beeinflusst (z.B. weil sie sich Sorgen machen), verringern sie nicht nur die Hilfe für ihren Mann, ihr empfundener Stress kann sich auch negativ auf Egos Stresshaushalt auswirken (Atkinson et al. 1986; vgl. Fielden und Davidson 1998). Psychische Kosten und relative Depriviertheit können für Ego auch durch soziale Vergleiche entstehen, besonders mit einem besser gestellten „Nahfeld". Zudem kann es zu einer gesellschaftlichen Stigmatisierung von Arbeitslosen kommen (Brinkmann 1984), die eine Bewältigung der Arbeitslosigkeit erschwert.

2.2 Überwindung von Arbeitslosigkeit

Spätestens seit den klassischen Arbeiten von Granovetter (1973; 1983) wird der Einfluss des sozialen Netzwerkes auf: a) die Jobsuche, b) die Vermeidung von Arbeitslosigkeit durch lückenlose Übergänge, c) die Einstiegsgeschwindigkeit in einen Job, d) das Auftreten erneuter Arbeitslosigkeit nach einer Beschäftigung, e) die Jobzufriedenheit und f) die Positionierung intensiv diskutiert (u.a. Lin et al. 1981; Mouw 2003; Preisendörfer und Voss 1988; Sprengers et al. 1988; Wanberg et al. 2000).

Kontakte können hierfür in mehrerer Hinsicht hilfreich sein, sie können:

1. relevante Informationen über das Vorhandensein freier Stellen, besondere Stellen- und Anforderungsmerkmale sowie Bewerbungsstrategien liefern;
2. Ego dazu ermuntern nach einer Stelle zu suchen;

3. für den potentiellen Arbeitgeber ein Indikator für die Leistungsfähigkeit von Ego darstellen, indem Ego Eigenschaften des Netzwerks zugeschrieben werden, zudem als Indikator für soziale Kompetenz fungieren;
4. aber auch aktiv Einfluss auf den potentiellen Arbeitgeber und den Matching-Prozess nehmen bzw.
5. in Einzelfällen selbst ein potentieller Arbeitgeber sein.

Es gibt jedoch keinen generellen Zusammenhang zwischen Sozialkapital (siehe Kapitel 3.10) und Hilfe aus der Arbeitslosigkeit. Wie hilfreich die Kontakte sind, hängt von verschiedenen Faktoren ab (Lin 2000), von denen einige exemplarisch aufgezeigt werden. Als besonders bedeutsam wird die Verfügbarkeit schwacher Beziehungen hinsichtlich der höheren Quantität und geringeren Redundanz erreichbarer Informationen gesehen, da schwache Beziehungen Brücken zu entfernten Netzwerken darstellen (Brandt 2006; Granovetter 1973). Diese können beispielsweise durch Mitgliedschaften in ehrenamtlichen Vereinen, eine aktive Freizeitgestaltung oder politisches Engagement erreicht werden (Paugham und Russell 2000; Uhlendorff 2004). Es wird argumentiert, dass nützliche Kontakte einen möglichst hohen Beschäftigungsstatus haben sollten, damit Ego Hierarchieebenen überspringen kann (u. a. Lambert et al. 2006; Wegener 1991). Folglich zählt neben der Kontaktquantität auch die Qualität (Mouw 2003). In Analysen kombinieren Sprengers et al. (1988) daher Größe und Ressourcen des Netzwerks zu einem Maß für soziales Kapital und zeigen seine positive Wirkung auf Wiedereinstiegswahrscheinlichkeit und -geschwindigkeit. Während angenommen wird, dass weak ties in erster Linie neue Informationen beschaffen, helfen strong ties dem Arbeitssuchenden eher direkt (Uhlendorff 2004). Letzteres kann in bestimmten Branchen wie dem akademischen Markt besonders wichtig sein (Preisendörfer und Voss 1988). Je länger Ego arbeitslos ist, desto einflussreicher wird die Familie für den Wiedereinstieg (Sprengers et al 1988). Als besonders schlechte Kontakte erweisen sich arbeitslose Eltern (Payne 1987). Homophilie bzw. eine geringe Netzwerkdiversität kann sich gerade dann als nachteilig erweisen, wenn viele Arbeitslose im Netzwerk sind, denn dann wird um gleiche Informationen konkurriert und es kann zu einer schlechteren bzw. selektiveren Informationsweitergabe bzw. -diffusion kommen (siehe Kapitel 3.3). Ähnliches gilt für eine generell hohe Arbeitslosenquote in der Gesellschaft (Hess et al. 1999), wobei in diesem Fall auch soziale Schließung auftreten kann und Kontakte besonders zählen (Preisendörfer und Voss 1988; Sprengers et al. 1988). Zwar können große Netzwerke hilfreich sein, jedoch kann Ego ab einer bestimmten Größe durch starke und restriktive Netzwerkverpflichtungen stärker in Anspruch genommen werden, was seine Jobsuche erschwert (Brandt 2006). Auch die Netzwerkintensität – welche besonders bei Personen mit proaktiver Persönlichkeit hoch ist – kann Informationsquantität und -qualität positiv beeinflussen (u. a. Lambert et al. 2006). Die Studie von Wanberg et al. (2000) zeigt aber, dass nicht jeder gern sein Netzwerk bei der Jobsuche um Hilfe bittet. Der Effekt des Nachfragens erwies sich jedoch als einflusslos auf Wiederbeschäftigungswahrscheinlichkeit bzw. -geschwindigkeit. Mouw (2003) kommt sogar zu dem Ergebnis, dass die Arbeitslosigkeitsdauer durch die Nutzung von Kontakten – anders als erwartet – ansteigt.

Auch wenn über verschiedene Mechanismen und ihre empirische Bedeutung noch gestritten wird (z.B. Mouw 2003), ist relativ unstrittig, dass viele Befragte informelle Kontakte zur Stellensuche und -findung nutzen. So zeigen Noll und Weick (2002, vgl. Brandt 2006 zum Niedrigeinkommens-Panel) anhand von Mikrozensus- und Eurobarometerdaten, dass in Deutschland etwa jeder Dritte eine Stelle über Freunde und Familie gefunden hat. Während dieser Wert in Großbritannien, Finnland, Schweden, Dänemark, Irland und den Niederlanden ähnlich ist, so liegt er in Spanien, Italien, Portugal, Griechenland mit rund 60% deutlich höher. Die Bedeutung variiert beispielsweise auch mit den Ausbildungsanforderungen bzw. Verantwortungsbereichen von Ego: etwa die Hälfte der ungelernten Angestellten findet Informationen über die neue Stelle über Freunde und Bekannte, während es bei hochqualifizierten Angestellten und Führungspositionen nur ein Drittel ist (Uhlendorff 2004). Interessant ist der Befund von Kong et al. (1993): Die Autoren zeigen, dass sich die Chance der Wiederbeschäftigung mit zunehmender wahrgenommener sozialer Unterstützung verringert, weil vermutlich ein geringerer Anreiz für einen Wiedereinstieg besteht oder der „Leidensdruck" der Arbeitslosigkeit geringer ist.

2.3 Entstehung von Arbeitslosigkeit

Die Position in einem Netzwerk bzw. das Vorhandensein sozialer Beziehungen kann anders als in der Mehrheit der Sozialkapitalliteratur auch negative Auswirkungen auf einen Akteur haben, z.B. weil die Bedeutung von Handlungsalternativen verändert wird oder weil sich Abhängigkeiten und Verpflichtungen ergeben. So kann auch die Entstehung von Arbeitslosigkeit netzwerkinduziert sein. Dies sei an einigen Beispielen erläutert.

Besteht in einem Netzwerk eine Nachfrage nach Unterstützung (z.B. Pflege von Angehörigen), die nicht von anderen Mitgliedern des Netzwerkes (z.B. dem Partner oder Verwandten) befriedigt wird – etwa weil ein Freiwilligendilemma vorherrscht oder das Netzwerk nicht leistungsfähig ist und die Arbeit auch nicht anteilig auf die Netzwerkmitglieder aufgeteilt wird – Ego jedoch auf diese Nachfrage reagiert, kann Ego negative Folgen im Bereich des Arbeitsmarktes erwarten. So zeigen Schneider et al. (2001) anhand von SOEP-Daten, dass die Übernahme von Pflegeaufgaben eine Erwerbsreduktion bzw. -aufgabe wahrscheinlicher werden lassen. Mittel- bis langfristig können bei Ego durch (psychische) Belastungen der Pflege, geringere Investitionen in und Abschreibungen von arbeitsmarktspezifisches/m Humankapital der Wiedereintritt in den Arbeitsmarkt erschwert und damit die Arbeitslosigkeitswahrscheinlichkeit erhöht werden (vgl. Schneider et al. 2001; Dallinger 1998). Auch wenn kleine Kinder im Haushalt leben, ist die Wahrscheinlichkeit einer Erwerbsaufnahme bei Müttern geringer (Uhlendorff 2004). Denn aufgrund des erhöhten Zeitumfangs für die Kinderbetreuung kann die Vereinbarkeit von Beruf und Familie erschwert sein.

Sei es aufgrund bestehender komparativer Produktionsvorteile oder bestimmter Rollenbilder (Ott 1989), so investieren besonders Frauen innerhalb von Partnerschaften in haushaltsspezifisches Humankapital. Aufgrund dieser einseitigen Spezialisierung kann sich ebenso die Wahrscheinlichkeit arbeitslos zu werden erhöhen.

Zuletzt sei darauf verwiesen, dass bei einer Stellenfindung über Netzwerke auch eine schlechtere Platzierung und eine möglicherweise geringere Verweildauer im Arbeitsmarkt resultieren kann, z.B. weil Informationen (etwa über die Stellensicherheit) zur Stelle falsch waren, fehlten oder nicht hinterfragt wurden (vgl. Abschnitt 2.2). Wanberg et al. (2000) zeigen beispielsweise, dass über Netzwerke gefundene Stellen nicht mit einer höheren Jobzufriedenheit und einer geringeren Kündigungsneigung einhergehen.

3 Ausblick

Die in dem Beitrag beschriebenen Abhängigkeiten zwischen sozialen Netzwerken und Arbeitslosigkeit beziehen sich einerseits auf Auswirkungen von Arbeitslosigkeit auf Netzwerkeigenschaften, andererseits auf Effekte bestimmter Netzwerkeigenschaften auf Arbeitslosigkeit. Insgesamt wurden in diesem Beitrag vier mögliche Wirkungszusammenhänge vorgestellt. Die jeweils zu Grunde liegenden Prozesse verlaufen jedoch nicht einseitig gerichtet, vielmehr können sie sich gegenseitig verstärken oder abschwächen. Es wäre wünschenswert, wenn diese Wirkungen stärker als bisher auch integrativ im Längsschnitt betrachtet würden und somit eine bessere kausalanalytische Interpretation möglich wäre. Als Folge auftretender Arbeitslosigkeit könnten sich ergebende Netzwerkveränderungen untersucht werden, welche wiederum die Bewältigung und Überwindung von Arbeitslosigkeit beeinflussen. Beispielsweise könnte die (emotionale) Bewältigung von Arbeitslosigkeit mit Hilfe sozialer Beziehungen den Ausgangspunkt für die netzwerkbedingte Überwindung von Arbeitslosigkeit darstellen. Denkbar ist, dass es dabei zu einer Generalisierung positiver oder negativer Erfahrungen mit Beziehungen aus dem Bewältigungsprozess auf Erwartungen bezüglich der Unterstützung bei der Überwindung von Arbeitslosigkeit kommt. Gelingt die Bewältigung entsprechend, könnte das Vertrauen in die Leistungsfähigkeit der eigenen sozialen Beziehungen hinreichend groß sein, um diese auch für die Überwindung zu bemühen.

Neben der nötigen Forcierung längsschnittlicher Betrachtungsweisen steht das Ziel entsprechende Wechselwirkungen (replikativ) nachzuweisen auch in enger Verbindung mit der Qualität der Operationalisierung sozialer Beziehungen bzw. von Netzwerken und ihren Struktur- und inhaltlichen Merkmalen (vgl. Mouw 2003). Immer noch gibt es vergleichsweise wenig methodische Untersuchungen in der Netzwerkforschung, was auch damit zusammenhängen mag, dass sie nach wie vor komplex und aufwendig sind (Campell und Lee 1991; Sattler und Diewald 2009; Wolf 2006 u.a.). Unterschiedliche Operationalisierungen dürften jedoch ein wichtiger Grund für unterschiedliche Effekte innerhalb des Forschungszweigs zur Überwindung von Arbeitslosigkeit sein (bspw. durch die unterschiedlich detaillierte Abbildung von weak und strong ties). Die Verallgemeinerungsfähigkeit von Effekten wird zudem dadurch beeinträchtigt, dass in allen diskutierten Forschungslinien häufig spezielle Populationen (bspw. Personen einer Firma) untersucht werden und seltener auf repräsentative Samples zurückgegriffen wird. Dies lässt sich mutmaßlich mit dem hohen Aufwand für eine qualitativ hochwertige Netzwerkmessung begründen. Schließlich gilt es, die hinter den Wechselwirkungen steckenden impliziten Annahmen über soziale Mechanismen expliziter zu berücksichtigen, d.h. auch zu messen und zu modellieren (siehe Kapitel 5.12). Hier wäre es wünschenswert, wenn die Folgen von Arbeitslosigkeit (wie Ressourcenrückgang, Depressivität oder Versagensängste) direkt erhoben und in Verbindung mit Netzwerkveränderungen gebracht würden. Entsprechend sollten moderierende Einflüsse der Folgen von Arbeitslosigkeit bzw. Mehrfachbelastungen in den Blick der Forschung genommen werden. Im Vergleich zu dem theoretisch stärker fundierten Forschungszweig zur Überwindung von Arbeitslosigkeit sollten innerhalb der Forschung zu Auswirkungen von Arbeitslosigkeit auf soziale Netzwerke weitere Anstrengungen in Richtung Theoretisierung unternommen werden. Hier ist insbesondere an Tauschtheorien zu denken, um die durch Arbeitslosigkeit entstehenden Veränderungen von Tauschparametern (wie Opportunitäten und Tauschpräferenzen) abzubilden. Zudem sollte die Forschung zu ursächlichen Netzwerkmerkmalen in Kombination mit Merkmalen von Ego hinsichtlich der Entstehung von Arbeitslosigkeit weiter entwickelt werden.

Wünschenswert wäre, dass die Phase, in der sich Netzwerkveränderungen innerhalb des Auftretens von Arbeitslosigkeit ergeben, genauer bestimmt wird. Veränderungen können bereits mit dem drohenden Arbeitsplatzverlust einsetzen, unmittelbar zu Beginn der Arbeitslosigkeitsperiode, erst innerhalb einer längeren Arbeitslosigkeit oder gar zeitverzögert nach Beendigung dieser Periode. Innerhalb dieser Periode können sich ganz unterschiedliche Effekte zeigen. Eine kaum untersuchte Frage hinsichtlich zeitverzögerter Effekte ist beispielsweise, ob Arbeitslosigkeit langfristig trotz oder gerade wegen einer Wiedereingliederung in den Arbeitsmarkt zu einem Verlust von sozialen Beziehungen führt. Die gestiegenen Mobilitätsanforderungen im Arbeitsmarkt, aber auch beim Umbau des Sozialstaats in Richtung stärkerer Voraussetzungen für den Leistungsbezug – etwa als gestiegene Zumutung an geografische Mobilität – könnten vorhandene Netzwerke zerbrechen lassen. Gerade zu Beginn der Arbeitslosigkeit ist die Wahrscheinlichkeit erhöht, in eine andere Region zu ziehen, um dort einer Beschäftigung nachzugehen (Windzio 2004). Analysen zeigen, dass die entstehende Distanz mit dem Verlust von sozialen Beziehungen einhergehen kann (vgl. Szydlik 2000).

Während der netzwerkbedingten Überwindung von Arbeitslosigkeit bislang sehr viel Aufmerksamkeit geschenkt wurde, ist die Entstehung von Arbeitslosigkeit in Abhängigkeit der Netzwerkeinbindung weniger stark beforscht. Hierzu würde auch die Frage zählen, unter welchen Bedingungen stark belastende Kollegenbeziehungen eine Kündigung induzieren können und damit potentiell eine Phase der Arbeitslosigkeit einleiten können. Andererseits können „gute" Kollegenbeziehungen jedoch auch helfen, belastende Arbeitsplatzmerkmale zu kompensieren.

Weiterhin stellt sich die Frage, ob es einen „Ansteckungseffekt" der Arbeitslosigkeit im Netzwerk gibt. Gerade im Niedriglohnsektor wäre denkbar, dass Ego durch soziale Vergleichsprozesse mit arbeitslosen Alteri realisiert, dass er für eine in der Höhe relativ ähnliche Entlohnung im Vergleich zum Arbeitslosengeld, relativ mehr Aufwand betreiben muss als seine Netzwerkmitglieder.

Eine weitere Perspektive, die hier nur ansatzweise thematisiert wurde, sind Auswirkungen von Arbeitslosigkeit auf Netzwerkeigenschaften von Arbeitslosen (Primäreffekt auf Ego) im Kontrast zu Auswirkungen der Arbeitslosigkeit auf Personen im Netzwerk von Ego (Sekundäreffekt auf Alteri). Ein Beispiel für letzteres wäre die Frage, ob Kinder von Arbeitslosen im Arbeitsmarktverhalten beeinflusst werden. So wäre denkbar, dass sie, um die Ressourcenknappheit in der Familie durch eigene Erwerbstätigkeit zu überwinden, frühzeitig ihre schulische Ausbildung beenden, d.h. keinen höheren Bildungsweg einschlagen und wegen mangelnder Ausbildung auf spätere Einkommenspotentiale verzichten bzw. eine höhere Arbeitslosigkeitswahrscheinlichkeit riskieren. Nicht nur über diesen Zusammenhang kann das Problem der Arbeitslosigkeit bzw. Ressourcenknappheit von einer Generation auf die nächste „vererbt" werden. Payne (1987) zeigt beispielsweise, dass es eine Kumulation von Arbeitslosigkeit in Familien gibt: Ist der Haushaltsvorstand arbeitslos, verdoppelt sich die Wahrscheinlichkeit eines Jugendlichen im Haushalt ebenso arbeitslos zu sein – bei Langzeitarbeitslosigkeit ist sie noch höher. Erklärungen sieht Payne unter anderem in einem geringeren Druck gegenüber den Jugendlichen, einen Job zu suchen, aber auch darin, dass die Eltern weniger Zugang zu jobvermittelnden Netzwerken bzw. relevanten Informationen haben oder gar stigmatisiert und diskriminiert werden, weil Arbeitgeber das Vorhandensein arbeitsloser Eltern als ungünstige Erfolgsprognose für die Kinder betrachten (Payne 1987). Generell kann die Kindergeneration besonders in stark von Arbeitslosigkeit geprägten Familien aufgrund eines geringeren ökonomischen Kapitals (z.b. aufgrund geringerer Vermögensübertragungen), Humankapitals (z.B. aufgrund verkürzter Bildungszeiten, geringerer Bildungserfolge und geringere Bildungsaffinität), Sozialkapitals (z.B. aufgrund eingeschränkter Freizeitmöglichkeiten) und geringerer Gesundheit schlechtere Teilhabechancen bzw. Entwicklungschancen „erben" (Übersicht bei Hakim 1982).

Forschungslücken eröffnen sich weiterhin hinsichtlich der Untersuchung von institutionellen Arbeitslosennetzwerken (bspw. Fielden und Davidson 1998). Die Frage welche Akteure unter welchen Bedingungen die Hilfe zur Selbsthilfe mit welchem Erfolg suchen, ist noch nicht hinreichend beantwortet.

Angesichts der in Deutschland besonders ausgeprägten Dauer- und Langzeitarbeitslosigkeit stellt sich die Frage, wie stark sich dadurch Homophilietendenzen verstärken könnten, die soziale Ungleichheiten zementieren könnten. Soziale Statusabstiege lassen die Attraktivität als Tauschpartner und die Möglichkeit der gesellschaftlichen Teilhabe auf niedrigerem Niveau als vor der Arbeitslosigkeit verharren (vgl. Pope 1962; Sprengers et al. 1988). Dadurch könnte es zu einem Konflikt kommen zwischen Netzwerken, die das Sicheinrichten in einer sowieso als unausweichlich wahrgenommenen Arbeitslosigkeit erleichtern und solchen, die im Gegensatz dazu Brücken aus der Arbeitslosigkeit hinaus bilden sollen.

4 Literatur

Atkinson, Thomas, Ramsay Liem und *Joan H. Liem*, 1986: The Social costs of unemployment: implications of social support. Journal of Health and Social Behavior 27: 317-331.
Brandt, Martina, 2006: Soziale Kontakte als Weg aus der Erwerbslosigkeit. Kölner Zeitschrift für Soziologie und Sozialpsychologie 58: 468-488.
Brinkmann, Christian, 1984: Die individuellen Folgen langfristiger Arbeitslosigkeit. Mitteilungen aus der Arbeitsmarkt- und Berufsforschung 17: 454-473.
Campbell, Karen E. und *Barrett A. Lee*, 1991: Name generators in surveys of personal networks. Social Networks 13: 203-221.
Dallinger, Ursula, 1998: Der Konflikt zwischen familiärer Pflege und Beruf als handlungstheoretisches Problem. Zeitschrift für Soziologie 27: 94-112.
Diewald, Martin, 2007: Arbeitsmarktungleichheiten und die Verfügbarkeit von Sozialkapital. Die Rolle von Gratifikationen und Belastungen. S. 243-264 in: *Axel Franzen* und *Markus Freitag* (Hg.), Sozialkapital, Theoretische Grundlagen und empirische Befunde. Köln: Sonderband 47 der Kölner Zeitschrift für Soziologie und Sozialpsychologie.
Diewald, Martin, Sebastian Sattler, Verena Wendt et al., 2009: Verwandtschaft und verwandtschaftliche Beziehungen. S. 423-444 in: *Karl Lenz* und *Frank Nestmann* (Hg.), Handbuch - Persönliche Beziehungen. Weinheim: Juventa.
Düntgen, Alexandra und *Martin Diewald*, (2008): Auswirkungen der Flexibilisierung von Beschäftigung auf eine erste Elternschaft. S. 213-231 in: *Marc Szydlik* (Hg.), Flexibilisierung. Folgen für Arbeit und Familie. Wiesbaden: VS Verlag.
Franzen, Axel und *Josef Hartmann*, 2001: Die Partnerwahl zwischen Wunsch und Wirklichkeit. Eine empirische Studie zum Austausch von physischer Attraktivität und sozialem Status. S. 183-206 in: *Thomas Klein* (Hg.), Partnerwahl und Heiratsmuster. Sozialstrukturelle Voraussetzungen der Liebe. Leske + Budrich.

Erlinghagen, Marcel, 2000: Arbeitslosigkeit und ehrenamtliche Tätigkeiten im Zeitverlauf. Kölner Zeitschrift für Soziologie und Sozialpsychologie 52: 291-310.
Fielden, Sandra L. und *Marilyn J. Davidson*, 1998: Social Support during unemployment: are women managers getting a fair deal? Women in Management Review 13: 264-273.
Gallie, Duncan, Dobrinka Kostova und *Pavel Kuchar*, 2001: Social consequences of unemployment: an East-West comparison. Journal of European Social Policy 11: 39-54.
Gore, Susan, 1978: The Effect of Social Support in Moderating the Health Consequences of Unemployment. Journal of Health and Social Behavior 19: 157-165.
Granovetter, Mark S., 1973: The Strength of Weak Ties. American Journal of Sociology 78: 1360-1380.
Granovetter, Mark S., 1983: The Strength of Weak Ties: A Network Theory Revisited. Sociological Theory 1: 201-233.
Hakim, Catherine, 1982: The Social Consequences of Unemployment. Journal of Social Policy 11: 433-467.
Hess, Doris, Wolfgang Hartenstein und *Menno Schmid*, 1991: Auswirkungen von Arbeitslosigkeit auf die Familie. Mitteilungen aus der Arbeitsmarkt- und Berufsforschung 14: 178-192.
Jahoda, Maria, Paul F. Lazarsfeld und *Hans Zeisel*, 1975: Die Arbeitslosen von Marienthal. Ein soziologischer Versuch. Frankfurt: Edition Suhrkamp.
Jones, Loring P., 1988: The Effect of Unemployment on Children and Adolescents. Children and Youth Services Review 10: 199-215.
Kreyenfeld, Michaela, 2008: Ökonomische Unsicherheit und der Aufschub der Familiengründung. S. 232-254 in: *Marc Szydlik* (Hg.), Flexibilisierung. Folgen für Arbeit und Familie. Wiesbaden: VS Verlag.
Lambert, Tracy A., Lillian T. Eby und *Melissa P. Reeves*, 2006: Predictors of Networking Intensity and Network Quality Among White-Collar Job Seekers. Journal of Career Development 32: 351-365.
Lin, Nan, 2000: Inequality in Social Capital. Contemporary Sociology 29: 785-795.
Lin, Nan, Walter M. Ensel, und John C. Vaughn, 1981: Social Resources and Strength of Ties: Structural Factors in Occupational Status Attainment. American Sociological Review 46: 393-405.
Kong, Fanying, Carolyn C. Perucci und *Robert Perucci*, 1993: The Impact of Unemployment and Economic Stress on Social Support. Community Mental Health Journal 29: 205-221.
Marsden, Peter V., 1987: Core Discussion Networks of Americans. American Sociological Review 52: 122-131.
Mouw, Ted, 2003: Social Capital and Finding a Job: Do Contacts Matter? American Sociological Review 68: 868-898.
Noll, Heinz-Herbert und *Stefan Weick*, 2002: Informelle Kontakte für Zugang zu Jobs wichtiger als Arbeitsvermittlung. Prozesse der Arbeitssuche und Stellenfindung im europäischen Vergleich. Informationsdienst Soziale Indikatoren 28: 6-10.
Paugam, Serge und *Helen Russell*, 2000: The Effects of Employment Precarity and Unemployment on Social Isolation. S. 243-264 in: *Duncan Gallie* und *Serge Paugam* (Hg.), Welfare Regimes and the Experience of Unemployment in Europe. Oxford: Oxford UP.
Payne, Joan, 1987: Does Unemployment Run in Families? Some Findings from the General Household Survey. Sociology 21: 199-214.
Perry-Jenkins, Maureen, Rena L. Repetti und *Ann C. Crouter*, 2000: Work and Family in the 1990s. Journal of Marriage and the Family 62: 981-998.
Preisendörfer, Peter und *Thomas Voss*, 1988: Arbeitsmarkt und soziale Netzwerke - Die Bedeutung sozialer Kontakte beim Zugang zu Arbeitsplätzen. Soziale Welt 39: 104-119.
Ott, Notburga, 1989: Familienbildung und familiale Entscheidungsfindung aus verhandlungstheoretischer Sicht. S. 97-118 in: *Gert Wagner, Nottburga Ott* und *Hans-Joachim Hofmann-Nowotny* (Hg.), Studies in Contemporary Economics. Familienbildung und Erwerbstätigkeit im demographischen Wandel. Berlin, Heidelberg: Springer.

Pope, Hallowell, 1964: Economic Deprivation and Social Participation in a Group of „Middle Class" Factory Workers. Social Problems 11: 290-300.

Sattler, Sebastian und *Martin Diewald*, 2009: Kosten und Nutzen der Sparsamkeit: Zur Erhebung sozialer Netzwerke und sozialer Unterstützungspotentiale in der Umfrageforschung. SOEPpapers on Multidisciplinary Panel Data Research 165: 1-38.

Schneider, Thorsten, Sonja Drobnic und *Hans-Peter Blossfeld*, 2001: Pflegebedürftige Personen im Haushalt und das Erwerbsverhalten verheirateter Frauen. Zeitschrift für Soziologie 30: 362-383.

Sennett, Richard, 1998: Der flexible Mensch: Die Kultur des neuen Kapitalismus. Berlin: Berlin-Verlag.

Shams, Mansufa, 1993: Social Support and Psychological Well-Being Among Unemployed British Asian Men. Social Behavior and Personality 21: 175-186.

Sprengers, Maarten, Fritz Tazelaar und *Hendrik D. Flap*, 1988: Social Resources, Situational Constraints, and Re-Employment. Netherlands Journal of Sociology 24: 98-116.

Szydlik, Mark, 2000: Lebenslange Solidarität? Opladen: L+B.

Tölke, Angelika und *Martin Diewald*, 2003: Insecurities in Employment and Occupational Careers and their Impact on the Transition to Fatherhood in Western Germany. Demographic Research 9: 42-68.

Voss, Thomas, 1998: Vertrauen in modernen Gesellschaften – eine spieltheoretische Analyse. S. 91-129 in: Regina Metze, Kurt Mühler und Karl-Dieter Opp (Hg.): Der Transformationsprozess. Leipzig. Universitätsverlag.

Wanberg, Connie R., Ruth Kanfer und *Joseph T. Banas*, 2000: Predictors and outcomes of networking intensity among unemployed job seekers. Journal of Applied Psychology 85: 491-503.

Wegener, Bernd, 1991: Job Mobility and Social Ties: Social Resources, Prior Job, and Status Attainment. American Sociological Review 56: 60-71.

Windzio, Michel, 2004: Kann der regionale Kontext zur Arbeitslosenfalle werden? Kölner Zeitschrift für Soziologie und Sozialpsychologie 56: 257-278.

Wolf, Christof, 2006: Egozentrierte Netzwerke. Erhebungsverfahren und Datenqualität. S. 244-273 in: Andreas Diekmann (Hg.): Methoden der Sozialforschung. Köln: Sonderband 44 der Kölner Zeitschrift für Soziologie und Sozialpsychologie.

Uhlendorff, Arne, 2004: Der Einfluss der Persönlichkeitseigenschaften und sozialen Ressourcen auf die Arbeitslosigkeitsdauer. Kölner Zeitschrift für Soziologie und Sozialpsychologie 56: 279-303.

7.13 Soziale Netzwerke in der Rehabilitation und im Gesundheitswesen

Ernst von Kardorff

1 Einleitung

Wie in anderen gesellschaftlichen Bereichen erfreut sich das Konstrukt sozialer Netze und die viel versprechende Formel der Vernetzung auch im Gesundheitswesen großer Beliebtheit. Die damit verbundenen Erwartungen richten sich u.a. auf eine Stärkung familiärer und nachbarschaftlicher Netze bei der Krisenbewältigung[1], auf Emergenz von Selbsthilfe und bürgerschaftlichem Engagement durch kommunale Netzwerkförderung und -intervention[2], auf die Überbrückung von Schnittstellen im gegliederten Versorgungssystem durch Kooperationsanreize[3], auf Synergieeffekte und Kostenreduzierung mit Hilfe der Vernetzung von Leistungsanbietern[4] sowie auf nachhaltige Effekte der Gesundheitsförderung durch lokal vernetzte Präventions-[5] und Rehabilitationsprogramme oder den Aufbau von Pflegenetzen[6]. Rehabilitation und Nachsorge interessieren sich darüber hinaus für Leistungsfähigkeit und Belastbarkeit sozialer Unterstützungsnetze (siehe Kapitel 7.11), für ihre Funktionen und Veränderungsdynamiken sowie für ihre Bewältigung und Genesung fördernden Potentiale bei chronischer Krankheit, Behinderung und Pflegebedürftigkeit. Vor allem hier wurden bislang Konzepte, Methoden und Ergebnisse der Netzwerkforschung im engeren Sinne (Stegbauer 2008) aufgenommen und für die Entwicklung professioneller Unterstützungsformen genutzt. In jüngster Zeit geraten in der Rehabilitation die mit dem Internet erschlossenen Informations- und Vernetzungsmöglichkeiten und ihre Folgen etwa für die Arzt-Patient-Beziehung in den Blick. Unter fachlichen, ökonomischen und verwaltungstechnischen Gesichtspunkten werden zudem die mit Telemedizin und „e-health" im Gesundheitswesen eröffneten und propagierten Vernetzungspotentiale sowie bereits umgesetzte Projek-

---

[1] Sozialpolitisch geht es generell um die Stärkung des Subsidiaritätsprinzips der privaten Netze (vgl. Rosenbaum und Thimm 2008). In der Pflege zeigt sich dies in der Stützung von *Pflegebereitschaft* etwa durch Einführung der Pflegezeit oder die Stärkung von *Pflegefähigkeit* durch Beratung in Pflegestützpunkten und Qualifikation in Pflegekursen sowie durch Entlastungsangebote für pflegende Angehörige z.B. durch die Kurzzeitpflege.

[2] vgl. NAKOS (2008): http://www.nakos.de/site/data/NAKOS/NAKOS-Studien-1-2007-4.3.pdf (30.01.2009). Politisch zielen diese Bemühungen auf ein Gegengewicht zu staatlichen „top-down"-Strategien und auf eine stärkere Anerkennung und Beteiligung Betroffener als *„Experten/-innen in eigener Sache"*.

[3] Die Schnittstellendebatte reagiert auf kritische Übergänge zwischen Klinik und hausärztlicher Versorgung, zwischen Arztpraxen und Pflege, etc.. Sie greift die mangelnde Koordination der Kostenträger und Anbieter sowie Probleme der Doppel-, Fehl- und Unterversorgung auf.

[4] Exemplarisch hierfür ist das Konzept der „Integrierten Versorgung", in dem sich z.B. Medizinische Behandlungszentren, Sozialstationen und Kliniken zu einer geregelten regionalen Kooperation verpflichten.

[5] Z.B. die „Gesunde-Städte"-Agenda der WHO mit derzeit 56 Städten in Deutschland; vgl. auch: BzGA (2006).

[6] Das Spektrum reicht von Telefonketten Pflegebedürftiger über die Vernetzung von Hausärzten und ambulanten Pflegediensten bis zu regionalen Pflegeverbünden (vgl. Poser 2008).

te auch unter dem Blickwinkel ihrer gesellschaftlichen Gefahren für Kontrolle, Überwachung und Datensicherheit diskutiert[7].

Die kurze Aufzählung verdeutlicht, dass auch in diesem Feld die Begriffe „Netzwerk" und „Netzwerken" mehrdeutig verwendet werden: oft als *Metapher*, vielfach im Verständnis gezielter *Strategien*, häufiger als Erhebungs- und Analyse-*Methode* und selten als *Theorie* (vgl. auch Wellman 1988; siehe auch Kapitel 3 und Kapitel 4.4 in diesem Band)[8]. Nach einem Blick in die Rezeption von Netzwerkperspektiven in der Gesundheitsforschung in Deutschland werde ich fünf Perspektiven sozialer Vernetzung behandeln, die mir für die Rehabilitation(-sforschung) besonders bedeutsam erscheinen.

2 Zur Rezeption der Netzwerkperspektive im Gesundheitswesen und der Rehabilitation

In der deutschsprachigen Gesundheitsforschung lässt sich das Interesse an einem Denken in Netzwerkbegriffen bis zum Beginn der 80er Jahre des vorigen Jahrhunderts zurückverfolgen. Dabei zeigen sich im Wesentlichen drei Entwicklungslinien, die die einschlägigen netzwerkorientierten Diskurse bis heute bestimmen. *(1) Die Aufnahme und Weiterführung der Erfahrungen aus der Gesundheitsselbsthilfebewegung.* Hierzu gehören Institutionalisierung und Professionalisierung der Selbsthilfeförderung[9], Entwicklung und Erprobung gemeinde-orientierter Strategien präventiver Gesundheitsförderung, die Analyse der Voraussetzungen bürgerschaftlichen Engagements und seine praktische Förderung sowie die Verknüpfung der Selbsthilfe mit lokalen Initiativen des gesundheitlichen Verbraucherschutzes. *(2) Die Rezeption der patientenzentrierten Social Support Forschung* (Badura 1981). Deren Ansätze, Erhebungs- und Auswertungsverfahren und Ergebnisse prägen die Behandlung des Themas in Medizin- (vgl. Borgetto und Kälble 2007) und Familiensoziologie (z.B. Diewald 1991; Lüdecke und Diewald 2007), in Gemeindepsychologie (z.B. Keupp und Röhrle 1987; Röhrle 1994), Sozialpädagogik (z.B. Nestmann 2007) und Sozialpsychiatrie (z.B. Angermeyer 1995) sowie in der klinischen bzw. Medizinpsychologie (Röhrle und Laireiter 2009) bis heute.[10]

In der *Medizinpsychologie* wird die Rolle emotional bedeutsamer, instrumentell hilfreicher, informationsvermittelnder sowie kognitiv orientierender sozialer Netze vor allem im Kontext stresstheoretischer Annnahmen und der Bewältigungsforschung behandelt. In

---

[7] So lässt die Deutsche Rentenversicherung z.B. für die kardiologische Nachsorge eine zentrale elektronische Überwachung der medizinischen Parameter bei häuslichen Trainingseinheiten durch Reha-Kliniken entwickeln.

[8] Vgl. Keupp und Röhrle (1987); Laireiter (2008): die Inhalte der Netzwerkmetapher reichen dabei vom Lob der kleinen Gemeinschaften über ein „Denken in vernetzten Strukturen" bis zur Aktivierung bürgerschaftlichen Engagements im Kontext kommunitaristischer Perspektiven und einer egalitären „Graswurzelpolitik".

[9] Vgl. Trojan (1986); v. Kardorff (1996); Borgetto (2002). Hier sind u.a. zu nennen: die Einrichtung kommunal geförderter Selbsthilfezentren, die Gründung der Deutschen Arbeitsgemeinschaft Selbsthilfegruppen 1982 und der NAKOS 1984, die beide an der Professionalisierung der Selbsthilfeförderung und -vernetzung sowie an ihrer Einbindung in staatliche Strategien der Gesundheitsförderung beteiligt waren und sind. In der Forschung stehen u.a. Fragen der Kooperation zwischen Patienten und dem medizinischen System, die Stärkung der Patientensouveränität, die Dynamik in Selbsthilfegruppen sowie Motivation und Potentiale freiwilligen sozialen Engagements unter veränderten gesellschaftlichen Bedingungen im Vordergrund.

[10] In der Medizinpsychologie wurden z.B. standardisierte Instrumente zur Diagnose sozialer Einbindung und von Unterstützungsressourcen entwickelt; zur Übersicht: Lischka et al. (2005). In der *qualitativen Netzwerkforschung* werden zunehmend Netzwerkkarten zur Erhebung der individuell erlebten sozialen Verankerung und Hilfe und zur Hervorlockung von „Netzwerkgeschichten" verwendet (vgl. Straus und Höfer 2008).

der neueren Forschung werden zusätzlich ressourcen- und biografieorientierte Konzepte wie Salutogenese (Antonovsky 1997), Agency, Vulnerabilität und Resilienz als Bedingungen für die individuelle Aktivierung sozialer Unterstützung gesehen und hinsichtlich ihrer Wirkungen und Fördermöglichkeiten für eine gelingende Transformation im Leben mit chronischer Krankheit oder Behinderung untersucht. In der *medizinsoziologischen Netzwerkforschung* werden die Positionen der Individuen im Gefüge sozialer Ungleichheit und die Verfügung über und die Erreichbarkeit von Sozialem Kapital (Lüdecke und Diewald 2007; Bien und Marbach 2008) mit Blick auf die Chancen des Zugangs zu und die Inanspruchnahme von Versorgungsangeboten sowie zur Mobilisierung von Information und erweiterter sozialer Unterstützung untersucht (siehe Kapitel 3.10). Darüber hinaus werden die Potentiale inner- und intergenerationaler Solidarität im Lebenszyklus im Fall von Krisen, Krankheit, Behinderung und Pflegebedürftigkeit analysiert (vgl. Szydlik 2000).

(3)Versorgungsforschung. Das sozialpolitische Interesse an einer gezielten Verknüpfung der privaten Netze mit dem Versorgungssystem zeigt sich bereits Ende der 80er Jahre im Titel des Forschungsverbundes „*Laienpotential, Patientenaktivierung und Gesundheitsselbsthilfe*" (v. Ferber 1987). Mit Beginn der 90er Jahre werden im Zuge des beschleunigten Um- und Abbaus des Sozialstaats übergreifende netzwerkorientierte Strategien für ein inner- wie interorganisatorisches Gesundheitsmanagement entwickelt und erprobt, die zur Überbrückung von Schnittstellenproblemen, zur verbesserten Koordination der institutionellen Akteure und zu einem koordinierten und vernetzten Qualitätsmanagement im Gesundheitswesen sowie nicht zuletzt zur Kosteneinsparung durch vernetzungsbedingte Synergieeffekte z.B. durch Einbindung der Selbsthilfe beitragen sollen (vgl. Schicker 2008).

3 Fünf Netzwerkperspektiven in der Rehabilitation und im Gesundheitswesen

Nicht-normative Lebensereignisse wie Behinderungen, chronische Krankheiten oder Unfälle verändern die Lebenssituation der betroffenen Menschen oft nicht nur schlagartig und nachhaltig, sondern dauerhaft und mit gravierenden Folgen für ihre soziale Einbindung und die Belastung der privaten sozialen Netze. Die kritische Statuspassage vom bisher Gesunden zum chronisch kranken oder behinderten Menschen zwingt zu praktischen Umstellungen, wie dem Arrangement mit belastenden Behandlungsregimes, zur Einstellung auf neue Routinen und Zeitpläne in der alltäglichen Lebensführung, zu Mobilitätseinbußen und finanziellen Einschränkungen. Betroffene und ihre Familien müssen die neue Lebenssituation alltagspraktisch wie seelisch bewältigen, eine Neubestimmung ihres Selbstbildes vor dem Hintergrund ihrer bisherigen Lebensgeschichte vornehmen, Gefühlsarbeit leisten, zu neuen Formen innerfamiliärer Arbeitsteilung gelangen etc.[11] Nicht zuletzt müssen sie auf Veränderungen in ihren sozialen Beziehungen reagieren. Aufgrund oft langwieriger Rehabilitationsmaßnahmen, zeitweiligen oder vollständigen Ausscheidens aus dem Beruf und eines oft schleichenden Rückgangs sozialer Kontakte im privaten Umfeld stellt sich für Betroffene wie für Fachkräfte der Rehabilitation die Frage nach den Erfolgsbedingungen und Hemmnissen für soziale und berufliche Wiedereingliederung. Hierfür kann die Netzwerkforschung wichtige Erkenntnisse und Anregungen für die Praxis liefern.

---

[11] vgl. hierzu u.a.: Corbin und Strauss (2004^2); Schönberger und v. Kardorff (2004); Schaeffer (Hg.) (2009).

3.1 Soziale Unterstützung bei chronischer Krankheit, Behinderung und Pflegebedürftigkeit

Gesellschaftliche Normen sehen im Falle von Krankheit, Behinderung und Pflegebedürftigkeit vor allem die Angehörigen der Kernfamilie innergenerational wie auch im Generationenverhältnis in der Pflicht (vgl. Szydlik 2000; Diewald u.a. 2006); die Akzeptanz dieses Modells zeigt sich nicht zuletzt an der über Jahrzehnte in etwa gleich bleibend hohen Rate der mehrheitlich von Frauen in der Familie geleisteten Pflege. Was in einer makrosozialen Perspektive als stabil erscheint, erweist sich in einer mikrosozialen Perspektive als prekär, häufig konfliktbelastet und geht mit der Gefahr körperlicher und psychischer Überlastung der betreuenden oder pflegenden Personen einher. Während die überwiegend positiven Wirkungen sozialer Unterstützung als Puffer gegenüber Stress, als psychosozialer Begleitschutz oder als direkte Unterstützung in Krisen ebenso wie die problematischen Aspekte[12] enger Netzwerkeinbindung breit untersucht sind (vgl. Röhrle i. d. Band), gilt dies nur eingeschränkt für die *asymmetrischen* Konstellationen langfristiger Angewiesenheit auf Hilfeleistungen. Hier stellt sich die Belastbarkeit der Reziprozität von Beziehungen und die Entwicklung entlastender und kompensierender Hilfen als konzeptionelle und praktische Herausforderung: Wie entwickeln und verändern sich belastete Unterstützungsnetze? Welche Rolle spielen dabei Alter, Familienstand, Geschlecht und soziale Lage? Wie kann Hilfe in den „kleinen Netzen" auf Dauer gestellt werden? Welche Möglichkeiten der Unterstützung, Kompensation oder Substitution bestehen und werden von den Betroffenen akzeptiert (siehe Kapitel 3.4)?

Klinische Erfahrungen und einschlägige Studien belegen, dass es in Folge chronischer Krankheit, Behinderung oder Pflegebedürftigkeit oft zu einer schleichenden Ausdünnung sozialer Kontakte bis hin zur sozialen Isolation der Betroffenen wie der Pflegepersonen kommt. Darüber hinaus weisen einzelne Gruppen chronisch kranker Menschen aufgrund des Krankheitsverlaufs, vor allem aber aufgrund von Stigmatisierungsprozessen und in Folge sozialen Abstiegs im Verhältnis zur Durchschnittsbevölkerung deutlich kleinere soziale Netzwerke auf (vgl. Angermeyer 1995), was ihre Chancen zur gesellschaftlichen Teilhabe massiv beeinträchtigt. Teilhabechancen sind aber nicht nur von der Menge, sondern auch von der Art und Qualität sozialer Beziehungen abhängig. So sind enge und multiplexe Netze, wie bei Familien mit behinderten Kindern, chronisch psychisch Kranken oder in häuslichen Pflegearrangements besonders anfällig für Dominoeffekete, kollusive Beziehungen und eine unzureichende Inanspruchnahme professioneller Hilfe.

Ein weiteres Problem stellt die Dynamik einer exkludierenden (Selbst-)Isolation Betroffener in den hilfreich-schützenden, zugleich aber auch sozial abgegrenzten und sich abgrenzenden Behindertenszenen und „ambulanten Ghettos" dar. Unter Integrationsaspekten geht es um die Klärung der Voraussetzungen für eine wirksame und akzeptierte Förderung von „normalen" sozialen Kontakten außerhalb der Kreisläufe und Sackgassen des Rehabilitationssystems. Abgesehen von einigen ethnografischen Studien, etwa zur Gehörlosengemeinschaft oder zur Szene „Psychiatrieerfahrener", existieren bislang kaum

---

[12] Soziale Unterstützung in engen Beziehungen wie der Kernfamilie kann auch potentiell negative Effekte haben, z.B.: unangemessene Hilfestellung, Überfürsorge, Bevormundung, Verstärkung von Gefühlen der Scham und des Versagens der hilfebedürftigen Person, als einengend empfundener Kontrolle, Belastungen der sozialen Beziehungen durch Konflikte und negative Gefühle; enge soziale Einbindung kann darüber hinaus in unerwünschter Weise zu einer Aufrechterhaltung gesundheitsschädlicher Lebensweisen beitragen.

netzwerkanalytische Studien, die die innere Dynamik und die Verbindungen zur Welt der Professionellen und zu der der „Normalen" für die ambulante Versorgung oder für stationäre Einrichtungen z.B. der Behindertenhilfe systematisch untersuchen (Rother-Koßagk 2009).

3.2 Soziales Kapital und Ressourcen zur Gesundheitsförderung und Rehabilitation

Eine Voraussetzung zur Mobilisierung sozialer Unterstützung und zur Verwirklichung gesellschaftlicher Teilhabe sind vorhandene und erschließbare Netzwerkressourcen. So sind Informationsgewinnung, rechtzeitige und angemessene Inanspruchnahme medizinischer Dienste auf *Soziales Kapital* angewiesen: Es bezeichnet den Umfang der biografisch erworbenen sozialen Beziehungen als *Besitz* (i.S. von Bourdieu) und als *Potential* (i.S. von Coleman), das in der Interaktion mit den Anderen zu Unterstützung, Informationsgewinnung und Einflussnahme erschlossen werden kann. In Krisen mit hohem und nichtalltäglichem Informationsbedarf erweist sich besonders das Vorhandensein „schwacher Bindungen" (Granovetter 1973) als wertvoll, etwa bei der Suche nach einer geeigneten Spezialklinik. Für die Rehabilitationspraxis stellt sich hier z.B. die Frage, wie Sozialkapital vom und für den Einzelnen in wirksame Hilfen transformiert werden kann (vgl. Hollstein 2007).

Ergebnisse und Methoden von Netzwerkstudien zu den Voraussetzungen erfolgreicher Arbeitsplatzsuche (vgl. Granovetter 1995) sind auch für die berufliche Wiedereingliederung besonders instruktiv. Zur Stärke schwacher Bindungen(siehe Kapitel 3.3) in den privaten Netzen müssen hier allerdings Fachkräfte hinzukommen, die die Rolle von Mittlern zwischen Rehabilitanden und Arbeitgebern übernehmen, Vorurteile abbauen und den Prozess der beruflichen Eingliederung managen. Dazu finden sich im Rehabilitationssystem eine Vielzahl institutionell geförderter und professionell geknüpfter Netzstrukturen, die den Zugang zu den Betrieben erschließen, von Integrationsfachdiensten bis zu regionalen Modellprojekten.

3.3 Selbsthilfe, Selbstorganisation und bürgerschaftliches Engagement - Voraussetzungen und Formen informeller Vernetzung und organisierter Interessenvertretung

Gesundheitliche Selbsthilfe lässt sich, von den professionell initiierten Selbsthilfegruppen ab Mitte der 70er Jahre über die Gesundheitsselbsthilfebewegung bis in die Gegenwart mit ihrem rasanten Wachstum internetbasierter Selbsthilfe als Erfolgsgeschichte eines inzwischen alltäglich gewordenen kulturellen Musters lesen, das zudem eine Emanzipationsgeschichte zum mündigen Patienten enthält.[13] Auch wenn Selbsthilfegruppen nur von einem Teil der Patienten genutzt werden, ist ihre ebenso rasche wie große Verbreitung aus netzwerktheoretischer und wissenssoziologischer Sicht immer noch erklärungsbedürftig. Als neuartige Form einer horizontalen autopoetischen Vernetzung im Sinne von Wellmans

---

[13] vgl. zur Geschichte: v. Kardorff (1996); zur aktuellen Entwicklung:. NAKOS (2008): ca 3 Mio. Menschen sind in mehr als 300 Themenbereichen in Selbsthilfegruppen aktiv; auf Bundesebene existieren 355 Selbsthilfeorganisationen. In der BAG Selbsthilfe sind 15 Landesverbände mit 104 Selbsthilfeorganisationen, im „Forum chronisch kranker und behinderter Menschen" 37 Selbsthilfeorganisationen zusammengeschlossen (Stand: 2009).

„networked individualism" (2001) werden gegenwärtig vor allem virtuelle Netzwerke und Selbsthilfegruppen hinsichtlich ihrer inneren Dynamik und ihrer sozialen Formen untersucht (Thiedecke 2003; Geser 2004).

Selbsthilfegruppen erfüllen das Bedürfnis nach Erfahrungsaustausch und gegenseitiger Hilfe, sind wichtige Quellen für heterogene Informationsgewinnung und -überprüfung, dienen wechselseitiger Ermutigung, helfen bei der Gewinnung neuer Kontakte, fungieren als Katalysatoren bei der Bewältigung von Krisen, vermitteln das Gefühl, mit der Situation nicht alleine dazustehen und stärken das Selbstvertrauen. Selbsthilfeinitiativen und mehr noch Selbsthilfeorganisationen tragen auch zur wirksamen Bündelung und Durchsetzung kollektiver Interessen sowie von Mitspracherechten kranker und behinderter Menschen bei. Nach anfänglicher Skepsis der Fachkräfte ist die Selbsthilfe inzwischen zu einem überwiegend akzeptierten und geförderten Partner der Fachkräfte und zu einem unverzichtbaren, eigenständigen und alltäglichen Bestandteil der Gesundheitsversorgung und Rehabilitation geworden.[14] Ein Beleg dafür ist unter anderem die bereits erwähnte Institutionalisierung und Professionalisierung der Selbsthilfeunterstützung.

In den Netzdiskursen der Selbsthilfe und bei den Fachkräften der Selbsthilfeförderung sind mittlerweile eigene Narrative, Wissensformen, semantische Netzwerke, Handlungskompetenzen und Strategien der (Selbst-)Vernetzung entstanden.[15] Fachkräfte fungieren in diesem Vernetzungsmilieu nicht allein als Initiatoren aktiver Vernetzung (vgl. Pearson 1997), sondern als einflussreiche „Brücken", die Verbindungen zwischen Gleichbetroffenen herstellen, Hilfebedürftige und freiwillig Engagierte zusammenbringen, Kontakte zum medizinischen System und zur Politik vermitteln, Kooperations- und Koordinierungsprozesse moderieren und – last but not least – als Gatekeeper das Selbstverständnis der Selbsthilfe bekräftigen (Otto und Bauer 2005).

3.4 Information, Kommunikation und Vernetzung im Internet und soziale Teilhabe

Mit dem Internet sind auch im Gesundheitswesen neue Formen der Informationsgewinnung und Vernetzung, wie Newsletter, Diskussionsforen, internetbasierte Selbsthilfegruppen und organisierte Plattformen entstanden.[16] Befürchtungen hinsichtlich eines Verlusts der ärztlichen Autorität, zunehmendes „doctor-hopping", vermehrte Behandlungsabbrüche oder Zuwendung zu Scharlatanen haben sich bislang sowenig bestätigt wie eine Überforderung durch die Informationsmenge (v. Kardorff und Kirschning 2008). In der Rehabilitation eröffnet die „virtuelle" Selbsthilfe für mobilitätsbeeinträchtigte Personen und für Menschen mit seltenen Krankheiten oder Behinderungen vielfältige Chancen zu neuen Kontakten,

---

[14] Dies gilt besonders für die ergänzende und entlastende Wirkung der Selbsthilfe bei der psychosozialen Problembewältigung und der Lebensgestaltung mit chronischer Krankheit oder Behinderung; kritisch werden Tendenzen zur Vereinnahmung der Selbsthilfe gesehen, die damit ihren freiwilligen und selbstbestimmten Charakter zu verlieren droht (v.Kardorff und Leisenheimer 1999). Zu den Grenzen einer Instrumentalisierung sozialer Netze: Holzer (2006).

[15] Ein Beispiel statt vieler ist das „peer-counseling" im Behindertenbereich, in dem Betroffene andere Betroffene als „Experten/-innen in eigner Sache" beraten.

[16] Die steigende Bedeutung des Internets im Gesundheitswesen (vgl. Computer Science and Telecommunications Board 2009) und die Zunahme der internetbasierten Selbsthilfe ist ein Beleg für das Bedürfnis nach Rückversicherung und nach Verhaltensmodellen in einer aktivierenden „Gesundheitsgesellschaft" (Kickbusch 2006), in der Forderungen nach gesunder Lebensführung, Fitness und dem idealen Körper Verunsicherung und Druck zugleich erzeugen.

Zugang zu spezialisierten Informationen, zu bestätigendem Erfahrungsaustausch und sie dient der Rückversicherung für eigene Entscheidungen (Wright und Bell 2003). Darüber hinaus nutzen viele Betroffene die Anonymität des Netzes als niedrigschwelligen Zugang zu therapeutischer Hilfe. Die bisherigen Erfahrungen bestätigen im Einklang mit netwerksanalytischen Analysen des WWW (vgl. v. Kardorff 2008) und zu virtuellen Gruppen (Thiedecke 2003), dass die Nutzung von Informationen aus dem Internet nicht zu einer Vereinzelung (Wellman und Giulia 1999) führt und die Teilnahme an internetbasierter Selbsthilfe nicht in Konkurrenz zu face-to-face-Gruppen steht, sondern deren Nutzung sogar befördern kann. Man könnte sogar behaupten, dass mit dem Internet Probleme chronisch kranker und behinderter Menschen stärker als bisher in den Focus gesellschaftlicher Aufmerksamkeit geraten und Betroffenen verbesserte Teilhabechancen ermöglichen.

3.5 Koordination, Kooperation und Vernetzung im Versorgungssystem

Aus der Perspektive des Versorgungssystems stehen Fragen gelingender Kooperation der beteiligten Professionen, der Koordination der Versorgungsangebote und einer übergreifenden Vernetzung von institutionellen und professionell organisierten Hilfen im Vordergrund (v. Kardorff 1998; Bauer und Otto 2005). Dies betrifft die Analyse der Bedingungen unter denen Synergieeffekte[17] erzielt werden können und die Entwicklung geeigneter Strategien einer stabilen Verknüpfung unterschiedlicher individueller und kollektiver Akteure in der Rehabilitation. Ein Beispiel hierfür sind Strategien zur abgestimmten und kontinuierlichen Betreuung chronisch kranker und behinderter Menschen im Rahmen institutionalisierter und von den Krankenkassen prämierter Netzstrukturen wie der „Integrierten Versorgung". Für die Netzwerkforschung sind es hier vor allem Probleme der Kooperationsvoraussetzungen, die für Analyse wie Umsetzung gleichermaßen relevant sind.[18]

4 Ausblick

Auch wenn die Netzwerkperspektive inzwischen in der Gesundheitsforschung „angekommen" ist, befindet sich die Rezeption der soziologischen Netzwerkforschung im Unterschied zur psychologischen Social Support Forschung erst am Anfang. Während Analysen zum Soziakapital und zur virtuellen Vergemeinschaftung in der Gesundheitsforschung aufgenommen werden und sich umgekehrt die Netzwerkforschung auch gesundheitsrelevanter Fragestellungen annimmt, gibt es für die Rehabilitation viele offene Fragen, zu denen Netzwerkstudien Antworten liefern könnten: z.B. die Klärung der Vorausset-

---

[17] Das wären z.B. Verbesserung von Behandlungsergebnissen, geringere Transaktionskosten wie Vermeidung von Informationsverlusten, verbesserte Abstimmung zwischen hausärztlicher Versorgung und Pflege, schnellere Identifikation von Versorgungsdefiziten oder das Entstehen eines neuen Handlungsverständnisses in der Rehabilitation, etwa fachlich eine gemeinsame Orientierung an Prinzipien des case- und care-management oder die Orientierung am Ziel verbesserter gesellschaftlicher Teilhabemöglichkeiten für chronisch kranke und beeinträchtigte Menschen unter Einbeziehung ihrer subjektiven Sichtweisen und Selbstbestimmungsrechte.
[18] Zu den theoretischen Voraussetzungen gelingender Kooperation aus rational-choice-Perspektive: Axelrod (2000); zu den Voraussetzungen interorganisatorischer Kooperation mit Blick auf eine Verminderung von Transaktionskosten aus neoinstitutionalistischer *und* netzwerktheoretischer Sicht: Jansen (2002). Zu den Voraussetzungen einer praxisnahen Vernetzung psychosozialer Hilfen: Pearson (1997).

zungen für Selbsthilfe und bürgerschaftliches Engagement oder die Analyse der Netzwerke stigmatisierter Gruppen und ihrer sozialen Integration. Derzeit sind es aber vor allem versorgungssystembezogene Aspekte des „networking" und die mit Datenvernetzung und Kontrolle verbundenen Entwicklungen von Telemedizin und „e-health" die von einer netzwerkanalytischen Aufklärung profitieren können.

5 Literatur

Angermeyer, Matthias C., 1995: Ergebnisse der Forschung zum sozialen Netzwerk schizophrener Kranker. S. 171-188 in: *Heinz Häfner* (Hg.), Was ist Schizophrenie? Stuttgart: G. Fischer.
Antonovsky, Aaron, 1997: Salutogenese. Zur Entmystifizierung der Gesundheit. Tübingen: dgvt-Verlag
Axelrod, Robert, 2000: Die Evolution der Kooperation. München: Oldenbourg-Verlag.
Badura, Bernhard, (Hg.) 1981: Soziale Unterstützung und chronische Krankheit. Frankfurt/Main: Suhrkamp.
Bauer, Petra und *Ullrich Otto*, (Hg.) 2005: Mit Netzwerken Professionell Zusammenarbeiten. Band II: Institutionelle Netzwerke in Steuerungs- und Kooperationsperspektive. Tübingen: dgvt-Verlag.
Bien, Walter und *Jan H. Marbach*, (Hg.) 2008: Familiale Beziehungen, Familienalltag und soziale Netzwerke. Ergebnisse der drei Wellen des Familiensurveys. Weisbaden: VS Verlag für Sozialwissenschaften.
Borgetto, Bernhard, 2002: Selbsthilfe im Gesundheitswesen. Stand der Forschung und Forschungsbedarf. In: Bundesgesundheitsblatt - Gesundheitsforschung - Gesundheitsschutz 45: 26-32.
Borgetto, Berhard und Karl Kälble, 2007: Medizinsoziologie. Sozialer Wandel, Krankheit, Gesundheit und das Gesundheitssystem. München: Juventa.
Bundeszentrale für gesundheitliche Aufklärung (BzGA), (Hg.) 2003[4]: Leitbegriffe der Gesundheitsförderung. Schwabenheim: Peter Sabo-Verlag.
Computer Science and Telecommunications Board, (Hg.) 2000: Networking Health. Washington DC: National Academies Press.
Corbin, Julliet M. und *Anselm L. Strauss*, 2004[2]: Weiterleben lernen. Verlauf und Bewältigung chronischer Krankheit. Bern: Huber.
Diewald, Martin, 1991: Soziale Beziehungen: Verlust oder Liberalisierung? soziale Unterstützung in informellen Netzwerken. Berlin: Ed. Sigma.
Ferber, Christian von, (Hg.) 1987: Gesundheitsselbsthilfe und professionelle Dienstleistungen. Berlin, Heidelberg: Springer.
Faßmann, Hendrik u. a., 2003: Regionale Netzwerke zur beruflichen Rehabilitation (lern-) behinderter Jugendlicher. Endbericht. Nürnberg: Institut f. empirische Soziologie, Univ. Nürnberg.
Geser, Hans, 2004: Freiwillige Vereinigungen im Spannungsfeld konventioneller und neuer Medien. S. 437-463 in: *Udo Thiedeke* (Hg.), Soziologie des Cyberspace. Wiesbaden: VS-Verlag für Sozialwissenschaften.
Granovetter, Mark S., 1973: The strength of weak ties, in: American Journal of Sociology 78: 1360-1380.
Granovetter, Mark S., 1995: Getting a job (rev. edition). Chicago: Chicago University Press.
Hollstein, Betina, 2007: Sozialkapital und Statuspassagen – die Rolle von institutionellen Gatekeepern bei der Aktivierung von Netzwerkressourcen. S. 53-84 in: *Jörg Lüdecke* und *Martin Diewald* (Hg.), Soziale Netzwerke und soziale Ungleichheit. Wiesbaden: VS-Verlag für Sozialwissenschaften.
Holzer, Boris, 2006: Netzwerke. Bielefeld: transcript-Verlag.
Jansen, Dorothea, 2002: Netzwerkansätze in der Organisationsforschung. Kölner Zeitschrift für Soziologie und Sozialpsychologie, Sonderheft Organisationssoziologie: 88-118.

Kardorff, Ernst v., 1996: Die Gesundheitsbewegung - eine Utopie im Rückspiegel. S. 15-43 in: *Gesundheitsakademie* (Hg.) Macht - Vernetzung - Gesund. Bremen: Gesundheitsakademie,.
Kardorff, Ernst v., 1998: Koordination, Kooperation und Vernetzung. Anmerkungen zur Schnittstellenproblematik in der psychosozialen Versorgung. S. 203-222 in: *Bernd Röhrle, Gert Sommer* und *Frank Nestmann*, (Hg.), Netzwerkintervention. Tübingen: dgvt-Verlag.
Kardorff, Ernst v., 2008: Virtuelle Netzwerke - neue Formen der Kommunikation und Vergesellschaftung? S. 23-56 in: *Herbert Willems* (Hg), Weltweite Welten. Internet-Figurationen aus wissenssoziologischer Perspektive. Wiesbaden: VS-Verlag.
Kardorff, Ernst v. und *Claudia Leisenheimer*, 1999: Selbsthilfe im System der Gesundheitsversorgung. S. 238 – 245 in: *psychomed* 4.
Kardorff, Ernst v. und *Silke Kirschning*, 2008: Internet-informierte Patienten/innen - Herausforderungen für die Praxis. S. 16-26 in: *Hartmut Reiners*, (Hg.), Neue Versorgungskonzepte in der Onkologie. Berlin: LIT Verlag.
Keupp, Heiner und *Bernd Röhrle* (Hg.) 1987: Soziale Netzwerke. Frankfurt/Main: Campus-Verlag.
Kickbusch, Ilona, 2006: Die Gesundheitsgesellschaft. Gamburg:Verlag für Gesundheitsförderung.
Lischka, Anna-Marie, Christine Popien, Michael Linden, 2005: Meßinstrumente zur Erfassung des Sozialen Netzes. in: Psychotherapie, Psychosomatik, Medizinische Psychologie 55: 358-364.
Lüdecke, Jörg und *Martin Diewald*, (Hg.) 2007: Soziale Netzwerke und soziale Ungleichheit. Wiesbaden: VS-Verlag für Sozialwissenschaften.
NAKOS (Nationale Kontakt- und Informationsstelle zur Anregung und Unterstützung von Selbsthilfegruppen), 2008: Die Selbsthilfelandschaft in Deutschland. http://www.nakos.de/site/data/NAKOS/NAKOS-Studien-1-2007-4.3.pdf (30.01.2009).
Nestmann, Frank, 2007: Soziale Unterstützung. in: *Andreas Weber* und *Georg Hörmann* (Hg.), Psychosoziale Gesundheit im Beruf. Stuttgart: Genter-Verlag.
Otto, Ullrich und *Petra Bauer*, (Hg.), 2005: Mit Netzwerken Professionell Zusammenarbeiten. Band II: Institutionelle Netzwerke in Steuerungs- und Kooperationsperspektive. Tübingen: dgvt-Verlag.
Pearson, Richard E., 1997: Beratung und soziale Netzwerke. Eine Lern- und Praxisanleitung zur Förderung sozialer Unterstützung. Weinheim: Beltz.
Poser, Märle, 2008: Netzwerkbildung und networking in der Pflege. Frankfurt/Main: Mabuse.
Röhrle, Bernd, Gerd Sommer und *Frank Nestmann*, (Hg.) 1998: Netzwerkintervention. Tübingen: dgvt-Verlag.
Röhrle, Bernd und *Anton Laireiter*, (Hg.), 2009: Soziale Unterstützung und Psychotherapie. Tübingen: dgvt-Verlag.
Rosenbaum, Heidi und *Elisabeth Timm*, 2008: Private Netzwerke im Wohlfahrtsstaat. Familie, Verwandtschaft und soziale Sicherheit im Deutschland des 20. Jahrhunderts. Konstanz: UVK.
Rother-Koßagk, Christina, 2009: Leben nach einer erworbenen Hirnläsion. Aachen: Shaker-Verlag.
Schaeffer, Doris, (Hg.), 2009: Bewältigung chronischer Krankheit im Lebenslauf. Bern: Huber-Verlag.
Schicker, Günter, 2008: Praxisnetze im Gesundheitswesen. S. 146-166 in: *Herbert Schubert* (Hg.), Netzwerkmanagement. Koordination von professionellen Vernetzungen. Wiesbaden: VS-Verlag für Sozialwissenschaften.
Schönberger, Christine und *Ernst v. Kardorff*, 2004: Mit dem kranken Partner leben. Soziologische Fallstudien. Wiesbaden: Leske+Budrich.
Stegbauer, Christian, (Hg.), 2008: Netzwerkanalyse und Netzwerktheorie. Ein neues Paradigma in den Sozialwissenschaften. Wiesbaden: VS-Verlag.
Straus, Florian und *Renate Höfer*, 2008: Identitätsentwicklung und Soziale Netzwerke. S. 201-211 in: *Christian Stegbauer* (Hg.), Netzwerkanalyse und Netzwerktheorie. Wiesbaden: VS-Verlag.
Szydlic, Marc, 2000: Lebenslange Solidarität? Generationenbeziehungen zwischen erwachsenen Kindern und Eltern. Opladen: Leske + Budrich.
Thiedeke, Udo, (Hg.) 2003^2: Virtuelle Gruppen. Charakteristika und Problemdimensionen. Wiesbaden: Westdeutscher Verlag.

Trojan, Alf, 1986: Wissen ist Macht. Selbsthilfe in Gruppen. Frankfurt/M: fischer-alternativ.
Wellman, Barry, 1988: Structural Analysis. From Method and Metaphor to Theory and Substance. S. 19-61 in: *Barry Wellman* und *Stephen D. Berkovitz* (Hg.), Social Structure. A Network Approach. Cambridge: Cambridge Univ. Press.
Wellman, Barry, 2001: Physical Place and Cyberplace: The Rise of Personalized Networking. International Journal of Urban and Regional Research 25: 227-252.
Wellman, Barry und *Milena Giulia*, 1999: Net surfers don't ride alone: virtual communities as communities. S. 331-366 in: *Barry Wellman* (Hg.) Networks in the global village. Colorado, Oxford:Westview Press.
Wright, Kevin B. und *Sally B. Bell*, 2003: Health related support groups on the internet: linking empirical findings to social support and computer-mediated communication theory. In: Journal of Health Psychology 8: 39-54.

7.14 Relationale Methoden in der Erforschung, Ermittlung und Prävention von Kriminalität

Jana Diesner und Kathleen M. Carley

Dieser Beitrag vermittelt aus der Perspektive akademischer Forschung nach einer kurzen Einleitung einen Überblick über die wesentlichen Gruppen von netzwerkanalytischen Methoden, die bei der Erforschung, Ermittlung und Verhinderung von Kriminalität Einsatz gefunden haben.[1] Im Anschluss daran erläutern wir verschiedene inhaltliche Unterbereiche von Kriminalität aus dem Blickwinkel der Netzwerkanalyse. Der Beitrag schließt mit einer kurzen Diskussion zu Datenschutz und Datensicherheit.

Analyseeinheit in der Netzwerkforschung sind nicht das Individuum und seine Merkmale, sondern die Verbindungen bzw. Relationen zwischen Einheiten. Diese Einheiten können unter anderem Personen, Organisationen, Orte und Ressourcen sein. Wieso sollte ein relationaler Ansatz bei der Untersuchung von Kriminalität sinnvoll sein? Reiss (1988) beklagt für den Fall der Ermittlung von Gruppendelikten die künstliche Reduktion von tatsächlichen Tätergruppen auf unverbundene Einzelpersonen. Sarnecki (2001) kritisiert, dass Analysen oft auf der Ebene von unverbundenen Individuen und deren Aggregaten durchgeführt werden, obwohl empirische sozialwissenschaftliche und kriminologische[2] Studien einen Zusammenhang zwischen den sozialen Verbindungen einer Person und deren kriminellem Verhalten gezeigt haben. Zudem setzten Exekutivorgane auf die Abschreckung von Einzelpersonen statt von strategischen Verbindungen und von Personen in relevanten Netzwerkrollen (ebd.). Relationale Verfahren bieten eine Ergänzung oder Alternative zu Methoden, die Verbindungen nicht zwischen Individuen, sondern zwischen Merkmalen von Einzelpersonen herstellen, wie z.B. die Rasterfahndung (Taipale 2003). Bei der Rasterfahndung definieren Sachverständige ein Personenprofil, das sich hauptsächlich aus physischen und soziodemografischen Angaben zusammensetzt. Anschließend werden Daten aus verschiedenen Beständen nach diesem Profil durchsucht, um mögliche Verdächtige zu identifizieren (Pehl 2008). Ressler (2001) weist darauf hin, dass die Netzwerkanalyse personenbezogene Merkmale in Form von Knotenattributen berücksichtigen kann, zusätzlich aber auch die Relationen zwischen Knoten in Betracht zu ziehen vermag.

Welchen potenziellen Nutzen birgt die Netzwerkanalyse bei der Untersuchung von Kriminalität? Exekutivorgane verfügen in der Regel über große Datenmengen, aber knappe

---

[1] Diese Publikation wurde teilweise gefördert durch die National Science Foundation (DGE-9972762), das Office of Naval Research (N00014-06-1-0921, ONR N00014-06-1-0104), das U.S. Air Force Office of Scientific Research (FA9550-05-1-0388), das Army Research Institute (W91WAW07C0063) und das Army Research Lab (20002504, DAAD19-01-2-0009). Zusätzliche Unterstützung wurde bereitgestellt vom Center for Computational Analysis of Social and Organizational Systems (CASOS), Carnegie Mellon University, Pittsburgh, PA. Die hierin enthaltenen Ansichten und Schlussfolgerungen sind die der Autoren und sollten weder explizit noch implizit als repräsentativ für offizielle Grundsätze und Richtlinien der Sponsoren und der U.S. Regierung interpretiert werden.

[2] *Kriminologie* ist die Lehre vom Verbrechen, während Verbrechensbekämpfung Gegenstand der *Kriminalistik* ist.

zeitliche und personelle Ressourcen. Die Netzwerkanalyse kann helfen, knappe Mittel nicht auf die Untersuchung aller Hinweise und möglicherweise involvierten Personen gleichmäßig aufzuteilen, sondern gegebene Mittel strategisch auf Schlüsselfiguren und Schüsselverbindungen zu verwenden (Howlett 1980; Sparrow 1991). Relationale Verfahren eignen sich zudem, nicht auf die Enthüllung hierarchischer Strukturen mit zentraler Führerschaft an deren Spitze hinzuarbeiten, sondern auf die Vereitelung kleinerer gesetzwidriger Aktivitäten mit exponentieller Resonanz oder brückenschlagender Wirkung (Chibelushi et al. 2006; Klerks 2001). Insgesamt kann ein netzwerkorientiertes Vorgehen Analysten dabei unterstützen, ein umfassendes Verständnis von komplexen und dynamischen Systemen zu gewinnen.

Die tatsächliche Nutzung der Netzwerkanalyse durch Exekutivorgane ist für akademische Forscher in der Regel nicht einsehbar. Öffentlich bekannt ist aber, dass die Exekutivorgane verschiedener Länder und internationaler Bündnisse entsprechende Projekte ausgeschrieben und gefördert, Stellen geschaffen und Stipendien vergeben haben. In Rahmen dieser und anderer Initiativen wird die Netzwerkanalyse heute als ein integraler Bestandteil interdisziplinärer Ansätze zur Erforschung, Ermittlung und Prävention von Kriminalität angesehen – gemeinsam mit Ansätzen unter anderem aus der Informatik, Soziologie, und Rechtswissenschaft (Brantingham und Brantingham 1993; Ressler 2006).

1 Klassifizierung Methodischer Ansätze

In diesem Abschnitt fassen wir die verschiedenen methodischen Vorgehensweisen in der relationalen Analyse von Kriminalität in wesentliche Gruppen zusammen.

1.1 Relationales Denken und Netzwerkbeschreibungen

Die Kategorie „relationales Denken und Netzwerkbeschreibungen" vereint Studien, die ursprünglich nicht netzwerkorientiert angelegt waren, die aber netzwerkrelevante Einsichten gewonnen haben, sowie theoretische und anekdotische Beschreibungen von Netzwerken, die den Wissensstand der Netzwerkforschung vorangebracht haben (siehe weiterführend Kapitel 3.1): Solche Studien haben gezeigt, dass das Knüpfen krimineller Verbindungen auf Vertrauen basiert (Erickson 1981). Das liegt unter anderem daran, dass illegale Vereinbarungen im Falle von „Vertragsbruch" nicht einklagbar sind, und dass Loyalität und Verschwiegenheit unabdingbar für die Geheimhaltung der gemeinsamen Sache sind (Ressler 2006; Simmel 1908; Waring 2002). Erickson (1981) schließt aus der qualitativen Metaanalyse verschiedener Geheimbünde, dass die Netzwerkstruktur solcher Gruppen Funktion und Spiegel derjenigen Vertrauensbeziehungen ist, die bereits vor dem Entstehen der Gruppe zwischen ihren Mitgliedern bestanden haben. Untersuchungen in dieser Kategorie haben weiterhin dazu beigetragen, dass in der modernen Kriminalitätsforschung das Konzept der kriminellen Unterwelt, die parallel zur gesetzestreuen Welt existiert, ersetzt wurde durch ein Verständnis von Kriminalität, die ihre Anker und Berührungspunkte in der legalen Welt hat (Klerks 2001; Sarnecki 2001). Zudem haben zahlreiche Studien zu der mittlerweile von vielen anerkannten Einsicht geführt, dass kriminelle Gruppierungen von heute nicht als hierarchische Strukturen mit zentralen Führerschaft organisiert sind, sondern als lose verbundene Netze (Arquilla und Ronfeldt 2001; Popp et al. 2004). Diese Netze setzen sich oft aus einer Vielzahl von Zellen zusammen, über deren Grenzen hinweg sich die Mitglieder kaum kennen. Die Partitionierung der Netze in voneinander weitestgehend unabhängige Cluster bietet den einzelnen Mitglieder wie auch dem Gesamtgefüge Schutz im Falle der Aufdeckung oder Schwächung einzelner Zellen. Abschließendes Beispiel für Erkenntnisse aus Analysen in dieser Kategorie ist das Wissen darüber, dass Mitglieder heutiger illegaler Netze moderne Informations- und Kommunikationstechnologien (IKT) früh für sich adaptieren und kompetent und strategisch einsetzen, um sich über geographische und soziale Distanzen hinweg schnell, flexibel und zu niedrigen Kosten zu verlinken und zu koordinieren. Diese Art des Organisierens hat beispielsweise die Strategie des *Swarmings* ermöglicht, bei der mehrere Zellen ein oder mehrere Ziele aus unterschiedlichen Richtungen angreifen und in einem unregelmäßigen Pulsieren auftauchen und wieder verschwinden (Arquilla und Ronfeldt 2001). Ein Beispiel für Swarming ist *the Battle of Seattle*, bei dem lose bis gar nicht organisierte Personengruppen mit vielfältigen Strategien, wie z.B. Blockaden von Straßen und Webseiten, versucht haben, das Treffen der Welthandelsorganisation in Seattle 1999 lahmzulegen. Natürlich ist nicht jede als Netz organisierte und organisierende Gruppierung auch kriminell: Auch einige staatliche Organe sowie zahlreiche nichtstaatliche Interessen- und Aktivistengruppen haben die Netzwerkform adaptiert. Ein Beispiel hierfür ist die „Internationale Kampagne für das Verbot von Landminen", die gemeinsam mit einer ihrer Organisatorinnen, Jody Williams, den Friedensnobelpreis im Jahre 1997 erhielt. Hauptunterschiede zwischen den Arten von Initiativen, für die der Battle of Seattle versus die Internationale Kampagne für das Verbot von Landminen stellvertretend stehen, sind deren Ziel und Einfluss: Temporäre Störung auf der einen Seite versus einer klar definierten und langfristigen politischen Agenda auf der anderen Seite (Denning 2001).

1.2 Link Analyse

Die Link Analyse wird seit den 1970er Jahren in der Kriminalitätsprävention und der Strafverfolgung eingesetzt, um illegale Strukturen systematisch zu erfassen und auszuwerten. Bei dem Verfahren werden relationale Daten via Reduktion und Abstraktion aus großen Mengen von Daten aus verschiedenen Quellen extrahiert, in einer Assoziationsmatrix repräsentiert und als Netzwerkvisualisierung, auch Anacapa Diagramm genannt, dargestellt (Harper und Harris 1975). Die Methode wurde anfangs manuell durchgeführt, bald aber durch Softwareprogramme wie *Analyst's Notebook* oder *NetMap* unterstützt. Knotentypen in Anacapa Diagrammen sind unter anderem Personen, Organisationen, Telefonnummern, Adressen, Autokennzeichen, Informationen, und Produkte. Kanten können die Existenz, Stärke, Wahrscheinlichkeit und Art von Kontakten repräsentieren (Howlett 1980). Ein Anacapa Diagramm ist lediglich ein Bild. Daher bedarf es der Kompetenz und Erfahrung der Mitarbeiter der Exekutivorgane, um mittels induktiver Logik aus Anacapa Diagrammen Hypothesen abzuleiten, die nachfolgend geprüft werden (Davis 1981). Die Interpretation der Netze kann den Behörden unter anderem zur Identifikation von Personen dienen, die hinsichtlich ihres Wissens oder Könnens eine Alleinstellung im Netzwerk aufweisen, sowie zur Erkennung von Akteuren, die aus bestimmten Netzwerkpositionen heraus das Geschehen maßgeblich beeinflussen. Zudem kann mit Hilfe der Link Analyse abgeschätzt werden, wie stark einzelne Personen in konspirative Ereignisse involviert sind, über welche Menge und Qualität von Informationen sie verfügen und welche Erwartungen an sie in Abhängigkeit ihrer Position oder Rolle im Netzwerk gestellt werden können (ebd.). Harper und Harris (1975) haben gezeigt, dass Polizisten ohne technische Ausbildung die Methode der Link Analyse leicht erlernen können. Dabei leiteten die untersuchten Polizisten starke Kanten (strong ties) zuverlässig aus harten Fakten ab, entnahmen aber schwache Kanten (weak ties) aus impliziten Hinweisen mit geringer Genauigkeit (ebd.).

1.3 Analyse Sozialer Netzwerke

Die Analyse sozialer Netzwerke (ASN) erweitert die Link Analyse um analytische Fähigkeiten, wie z.B. dem Berechnen graphentheoretischer Maßzahlen oder dem Partitionieren von Netzen in homogene Subgruppen, auch Cluster genannt (siehe Kapitel 5.1 bis 5.5). Einige Maße aus der ASN sind in der Kriminalitätsforschung besonders relevant: Die Betweenness Zentralität kann helfen, „kriminelle Kontaktmakler" zu identifizieren – also unauffällige Personen, die zur richtigen Zeit am richtigen Ort auftauchen, um Kontakte zu vermitteln (Klerks 2001; siehe Kapitel 5.3 in diesem Band). Schwache Kanten (Granovetter 1973; siehe Kapitel 3.3 in diesem Band) sind von tragender Bedeutung bei der Koordinierung zwischen Zellen oder Gruppen und dienen zudem als Brücken zu sozial wie geographisch entfernten Quellen für Informationen, Warnungen, Spezialisten und Ressourcen (Sarnecki 2001; Williams 2001). Knoten mit niedriger struktureller oder regulärer Äquivalenz (siehe Kapitel 5.6) können schwer ersetzbare Personen oder Objekte repräsentieren (Krebs 2002). Relevant sind zudem *cut points*, also Knoten oder Sets von Knoten, deren Schwächung oder Eliminierung zum Zerfall (von Teilen) des Netzes in unverbundene Gruppen führen würde (Carley et al. 2001; Rodríguez 2004). Für den Typ der zellulären Netze wurde jedoch gezeigt, dass die Beseitigung einzelner Zellen keine nachhaltige Schwächung des Gesamtnetzes bewirkt (Carley et al. 2001).

Die Anwendung der ASN bei der Untersuchung von Kriminalität birgt eine Reihe von Schwierigkeiten. Wir gehen hier vor allem auf Probleme hinsichtlich der Gewinnung, Qualität und Aussagekraft von Daten ein: Da Straftäter in der Regel Fragebögen nicht oder nicht korrekt ausfüllen, entfällt ein klassischer Ansatz zur Erhebung von Netzwerkdaten. Bei alternativen Verfahren zur Erhebung oder Fusion von Datensätzen kann oft nicht von vornherein unterschieden werden, wer potenziell oder tatsächlich straffällig ist und wer nicht (Pehl 2008). Daher sind die in Betracht gezogenen Datensätze häufig groß, hinsichtlich relevanter Verbindungen zwischen kriminellen Personen aber mager. Weiterhin reduzieren unscharfe Netzwerkgrenzen die Aussagekraft von Maßen wie Dichte, Durchmesser, Degree und Closeness Zentralität und euklidischer Distanz (Brantingham und Brantingham 1993; Sparrow 1991). Zudem besteht die Gefahr, diejenigen Personen als zentral zu identifizieren, über die den staatlichen Organen die meisten Informationen vorliegen, die aber nicht zwangsläufig die tatsächlich bedeutsamsten Akteure sind (Klerks 2001). Darüber hinaus sind Lücken und Fehler in Daten in dieser Domäne häufig nicht zufällig- oder normalverteilt, wie man das sonst oft bei fehlenden Daten zu einer Population annimmt, sondern systematisch verteilt. Das liegt unter anderem daran, dass Befragte in Ermittlungen die Angaben zu ihrer Person absichtlich und nach bekannten Mustern variieren (Sparrow 1991; Wang et al. 2004). Überdies wurden die meisten Methoden, Maße und Softwareprogramme in der ASN zur retrospektiven sozialwissenschaftlichen Analyse von Netzen mit wenigen Knoten- und Kantentypen entwickelt (Krebs 2002). Für Exekutivorgane spielen jedoch die Früherkennung und Vermeidung von Gefahren sowie die Echtzeitanalyse von Daten oft keine geringere Rolle als Fahndung und Ermittlung (Chibelushi et al. 2006).

1.4 Rechnergestützte Modellierung und Simulation

Rechnergestützte Modellierung und Simulation (siehe Kapitel 5.12) dienen unter anderem der Exploration möglicher Szenarien (was wäre wenn?), der Untersuchung von Grenz- und Extremwerten, und der Durchführung systematischer Experimente zu Entstehung und Verhalten komplexer und dynamischer Systeme. Komplexität bedeutet hier das Entstehen nichtlinearen Verhaltens durch das Zusammenwirken einfacher Prinzipien und Aktivitäten, wie z.b. exponentiellem positivem und negativem Wachstum (Gilbert und Troitzsch 2005; Sterman 2000). Die Beschreibung der dabei entstehenden Systeme erfordert Konzepte, die nicht zur Beschreibung der zugrundeliegenden Systemkomponenten nötig sind. Angewandt auf den Bereich der Kriminalität heißt das, dass die exakte Kenntnis über die Merkmale und das Verhalten einzelner Personen keinen zwangsläufigen Schluss auf das Verhalten einer kriminellen Gruppe zulässt. Überdies argumentieren Brantingham et al. (1993), dass Kriminalität nicht in diskrete Elemente oder Beziehungen zerlegbar ist und zudem eine hohe Anzahl sich gegenseitig beeinflussender Faktoren involviert. Daher eignen sich parametrische statistische Verfahren nicht als Analysemethode. Zudem folgen Netzwerkformierungen nicht der Normalverteilung, so dass Zufallsstichproben und darauf basierende statistische Verfahren wie die multivariate Regression ebenfalls ungeeignet sind (Malm et al. 2008). Modellierung und Simulation schaffen hier Abhilfe, da sie es ermöglichen, die nichtlineare Natur komplexer Systeme systematisch zu untersuchen.

Short et al. (2008) präsentieren ein Modell für die Entstehung und Dynamik von *hot spots*, also Orten, an denen Einbrüche und Diebstähle verübt werden, und in deren Nähe oft Wiederholungstaten stattfinden. Die Analyse des Verhaltens des Modells über die Zeit, kurz Simulation, gibt Einblick in die Wechselwirkungen zwischen den Variablen und die dabei entstehenden Kriminalitätsmuster. Enders und Su (2007) modellieren, wie sich Terroristen an Anti-Terror-Maßnahmen anpassen: Nach den Terroranschlägen vom 11. September 2001 in den USA (9/11) änderte die US-Regierung ihre Strategien zur Fahndung nach Terroristen. Daraufhin wich al-Qaida auf weniger koordinierte und ausgeklügelte Angriffe aus, wie z.B. die Bombenanschläge auf die Madrider S-Bahn im März 2004. Ein abschließendes Beispiel für diese Methodengruppe sind von der US-amerikanischen Steuerbehörde geförderte Simulationen, mit denen die Diffusion von Steuerbetrugsmustern in der Bevölkerung nachvollzogen werden soll (Carley und Maxwell 2006).

Die in diesem Beitrag vorgestellten Familien von Methoden werden zunehmend um Verfahren aus der Statistik, der künstlichen Intelligenz, und dem maschinellen Lernen erweitert (siehe dazu z.B. Popp und Yen 2006; Skillicorn 2009). Solche Verfahren dienen im Bereich der Kriminalitätsforschung unter anderem bereits als Grundlage des Data Minings, und werden als eine von mehreren Komponenten in der ASN und der Modellierung und Simulation eingesetzt (National Research Council 2008).

2 Unterbereichen von Kriminalität aus dem Blickwinkel der Netzwerkanalyse

Der folgende Abschnitt gibt einen netzwerkorientierten Überblick über einige Unterbereiche von Kriminalität. In der Realität können sich diese Bereiche überschneiden, wie z.B. die Wirtschaftskriminalität mit der grenzüberschreitenden Kriminalität. Die Nutzung moderner Informations- und Kommunikationstechnologien für gesetzwidrige Zwecke, kurz Cyber-Kriminalität, wird hier nicht als ein eigener Bereich aufgeführt, sondern als integraler Bestandteil vieler Kriminalitätsarten verstanden. Die Rechtslage zu dieser und anderen neueren Formen von Kriminalität ist teilweise noch unklar und der Forschungsstand dünn. Ein Beispiel hierfür ist das *Trolling*, bei dem Verfasser von thematisch abweichenden Kommentaren in Internetforen die Normen und Werte anderer Personen herausfordern („for the lulz") (Schwartz 2008). Die daraus resultierenden Auseinandersetzungen werden mitunter in die „reale" Welt getragen. So z.B. bei den Protesten vor Scientology Einrichtungen in verschiedenen Ländern in 2008, deren Planung durch *Anonymous* ursprünglich mit dem Bilderboard *4chan* in Verbindung stand.

2.1 Gangs und Gemeinsames Begehen von Straftaten (Co-offending)

Organisierte Kriminalität kann mit verschiedenen Organisationsformen von Gruppen in Verbindung stehen. Eine dieser Formen ist das uneinheitlich definierte Konzept der *Gang*. Eine verbreitete Definition von Gangs sind lose, nicht-hierarchisch organisierte Gruppen von verschiedener Größe, die in einem bestimmten Gebiet ein breites Spektrum von Delikten und Straftaten begehen, mindestens ein Jahr lang bestehen und eine gruppenspezifische Art von Kommunikation und Symbolik benutzen (Reiss 1988; Sarnecki 2001). Der innere Zusammenhalt von Gangs ist niedrig. Das liegt unter anderem an der hohen Fluktuationsrate in der Mitgliederbasis, dem sehr kleinen Set an Gruppennormen, und dem Fehlen einer klaren Führerschaft (ebd.). Gangs werden hauptsächlich durch externen Druck zusammengehalten, wie z.B. Konflikte mit anderen Gangs oder sozioökonomische Zwänge. Daher scheint die nachhaltige Schwächung von Gangs durch das Eindämmen dieser externen Kräfte sinnvoll (Klein und Crawford 1967). Ein mehrfach beobachtetes Merkmal großer Gangs (200 und mehr Mitglieder) ist ein kleiner Kern aktiver Mitglieder (30 bis 40 Personen), die sich wiederum in kleineren Cliquen von fünf bis zehn Mitgliedern organisieren (Klein und Crawford 1967; Sarnecki 2001). Ist die Identität von Gangmitgliedern bekannt, können Interventionen in Abhängigkeit der Netzwerkposition erfolgreich sein (McGloin 2005): Cut points eignen sich beispielsweise, um abschreckende Nachrichten effektiv unter den Mitgliedern zu verbreiten. Die hier genannten Merkmale und Definition von Gangs greifen nicht für alle Gangs – beispielsweise nicht für straffer organisierte Street Gangs in Los Angeles, auf die hier aber nicht näher eingegangen wird.

Die Mehrzahl der an Gruppendelikten beteiligten Personen sind nicht in Gangs organisiert (Sarnecki 2001). Weit üblicher als Gangs sind ephemere Verbindungen von zwei bis vier Tätern (*co-offender*), die Netzwerke als Organisationsform wie auch Form des Handelns wählen (Waring 2002). Analysen polizeilicher Daten haben gezeigt, dass weniger als 20% der registrierten Täter stets oder nie alleine handeln, während etwa zwei Drittel der Täter mal in Gruppen und mal allein Straftaten verüben (Reiss 1988; Sarnecki 2001). „Co-offending" Beziehungen überdauern oft nicht mehr als eine Straftat und spiegeln somit den

Fakt wider, dass generell rund drei Viertel aller Täter nicht mehr als einmal straffällig werden (Sarnecki 2001). Größe und Struktur von co-offending Netzwerken sind abhängig vom Beobachtungszeitraum: Sarneckis Netzwerkanalyse aller co-offending Beziehungen, die die Stockholmer Polizei über einen Zeitraum von fünf Jahren in den 1990ern registriert hatte, zeigte eine core-periphery Struktur. In deren Kern fanden sich lediglich 20% aller Knoten, aber 83% aller Kanten, 39% aller Straftaten und 95% der am schwersten Kriminellen wieder. Das gemeinsame Ausführen von Straftaten hat Einfluss auf das persönliche Kriminalitätsverhalten: Gemeinschaftstäter begehen mehr und schwerere Verbrechen als Einzeltäter und beginnen ihre kriminelle Laufbahn früher. Aus den genannten Gründen sind Maßnahmen der Exekutivorgane, die auf Abschreckung Einzelner zielen, nur dann effektiv, wenn es sich um permanente Einzeltäter handelt, oder um co-offender, auf die das „Anwerber" Profil passt (Reiss 1988; Sarnecki 2001). Diese Anwerber sind Schwerkriminelle, die eine Vielzahl von Straftaten gemeinsam mit einer Vielzahl von verschiedenen jüngeren Partnern ausüben. Die Forschung zu gemeinsamer Täterschaft hat weiterhin gezeigt, dass mit Ausnahme des Wehrdienstes die Verlagerung von Tätern an andere Orte nicht zwangsläufig die Chance auf weitere Straftaten reduziert, da co-offender an neuen Orten ihren Pool an möglichen Mittätern erweitern können. Soziale Mobilität hingegen, wie z.B. in Form von Ausbildung, Arbeitsstelle und Familiengründung, ließen viele Täter von weiteren Verbrechen absehen (Reiss 1988; Sarnecki 2001). Einen ähnlichen Zusammenhang zwischen der Stärkung sozialer Mobilität und der Reduktion von Kriminalität beobachtete Ianni (1972) auch für Mafias in den USA: Italienische Immigranten mit niedrigem sozioökonomischem Status organisierten sich zunächst in Mafias und verdienten durch illegale Geschäfte ein (Neben-)Einkommen (Ianni und Reuss-Ianni 1972). Als ihre Nachkommen aufgrund regulärer Ausbildung besser bezahlte und einflussreichere Stellen in der legalen Welt als in der Mafia bekommen konnten, verließen sie mitunter die Mafia und gliederten sich in die amerikanische Gesellschaft ein. Ihre illegalen Tätigkeiten wurden häufig von Gruppen mit niedrigerem sozioökonomischem Status übernommen; oft Latein- und Afro-Amerikanern. Ianni stellte zudem fest, dass Mafias in den USA zumeist keine großen, national und hierarchisch organisierten Gruppen sind, und dass Autoritätsverhältnisse und Netzwerkpositionen in der Mafia die Familien- und Verwandtschaftsbeziehungen der Mitglieder widerspiegeln. Insgesamt generalisieren Forscher im Bereich der Gangs und co-offending Netzwerke auf Grund empirischer Befunde, dass die generelle Form solcher kriminellen Gruppierungen über verschiedene Zeiträume und Orte hinweg relativ stabil bleibt, die Identität von Knoten und Kanten jedoch häufig und schnell wechselt.

2.2 Umfeldkriminologie (Environmental criminology)

Ausgehend von der empirischen Beobachtung, dass Gesetzeswidrigkeiten oft räumliche und zeitliche Muster aufweisen, untersucht die Umfeldkriminologie den Zusammenhang zwischen Tat, Täter und physischer Umwelt (Brantingham und Brantingham 1993). Der Begriff *Umfeldkriminologie* ist nicht etabliert; wir führen ihn hier in Anlehnung an den englischen Begriff *environmental criminology* ein. Übertragen in Netzwerkkonzepte werden in der Umfeldkriminologie die Täter, Opfer und Angriffsziele als Knoten repräsentiert, und die Wege der Täter zu und zwischen diesen Punkten als Kanten. Malm et al. (2008) zeigen, wie netzwerkanalytische Zentralitätsmaße zur Erklärung der Distanz der zurückgelegten Wege zwischen den Beteiligten in einem Drogenproduktions- und Absatznetzwerk in Vancouver, Kanada, genutzt werden können. Im Gegensatz dazu boten soziodemographische Angaben zu den Komplizen keinen solchen Erklärungsgehalt. Die Autoren der Studie schlagen vor, wie Exekutivorgane aus solchen Forschungsergebnissen Informationen zu den beteiligten Akteuren entnehmen können: Personen von zentraler Bedeutung legen die längsten Wege zu ihren Komplizen zurück. Das liegt daran, dass die Drogenproduktionsstätten und die Wohnungen der meisten Beteiligten nahe beieinander liegen, sich beide aber weit entfernt befinden von den Aufenthaltsorte der zentralen Akteure, die zudem in vergleichsweise wohlhabenderen Stadtteilen lokalisiert sind.

Die Umfeldkriminologie nutzt netzwerkanalytische Ansätze noch selten. Dominierende Methoden zur Erforschung zeitlicher und räumlicher Muster von Straftaten sind die Analyse von Umfeldvariablen sowie Simulationen (Brantingham und Brantingham 1993; Short et al. 2008): Verkürzend gesagt geschieht eine Straftat dann, wenn eine zu einer Straftat bereite Person innerhalb ihres alltäglichen und vertrauten Aktionsraumes ein geeignetes Angriffsziel, aber keine Überwachungsmaßnahmen vorfindet. Die meisten der daraus resultierenden Verbrechen sind hochgradig opportunistisch. Diese können nach Meinung der Umfeldkriminologen durch städtebauliche Maßnahmen eingeschränkt werden, wie z.B. der Verhinderung starker sozioökonomischer Differentiale zwischen Stadtvierteln, das Umwandeln von Durchfahrtsstraßen in Sackgassen, unregelmäßige statt gitterförmige Straßennetze, und Überwachungsmechanismen wie Kameras und nachbarschaftliche Organisationen in Wohngebieten.

Für opportunistische Gruppendelikte wurde die in der ASN weit verbreitete Annahme der homophily („gleich und gleich gesellt sich gern", McPherson et al. 2001) mehrfach empirisch bestätigt: Täter ähneln sich untereinander oft hinsichtlich ihres Wohnortes, Geschlechts, Alters, und kriminellen Erfahrungsgrades, und in Europa weniger als in Nordamerika auch in ihrem ethnischen Hintergrund (Sarnecki 2001; siehe auch Kapitel 3.8 in diesem Band). Je geplanter eine Tat jedoch ist, wie z.B. Raubüberfälle und Beschaffungskriminalität, umso unterschiedlicher können Mittäter hinsichtlich ihrer persönlichen Merkmale sein: Malm et al. (2008) können die homophily Annahme für ein Drogenproduktionsnetz weder hinsichtlich des Geschlechts noch des ethnischen Hintergrundes der Beteiligten bestätigen. Die merkmalsbasierte Ähnlichkeit von Gemeinschaftstätern, die zudem eine geringe graphentheoretischer Distanz ausweisen, kann somit Exekutivorganen einen Hinweis auf die Art der Organisation einer Tat geben.

2.3 Grenzüberschreitende Kriminalität

Frei zugängliche, netzwerkorientierte Publikationen zu grenzüberschreitender Kriminalität gehören hauptsächlich zur Methodengruppe der Netzwerkbeschreibungen. Ziele internationaler Kriminalität sind vorwiegend Profit sowie sozialer und politischer Einfluss (Jamieson 2001). Die Entwicklung illegaler Strukturen hin zu verstärkt transnationalen, deregulierten und geographisch verstreuten Netzwerken von verschiedenster Form, Größe, Stabilität und Konzentration wurde seit den 1990er Jahren unter anderem durch folgende Faktoren begünstigt: Genauso wie legale Organisationen auch, profitieren illegale Netze von der Öffnung, Globalisierung und Privatisierung der Märkte, der Standardisierung von Produkten und Prozessen und der freien Verfügbarkeit von Vernetzung und technologischen Innovationen, wie z.B. in der Kryptographie und *Steganographie*, also dem Verstecken von Informationen z.B. in Bildern (Williams 2001). Diese Faktoren fördern eine Atmosphäre der Anonymität, schnelle und flexible Transaktionen und das Ausnutzen unterschiedlicher Rechtssysteme (Curtis und Karacan 2002). Illegale Strukturen sind darüber hinaus durch das Einsparen versunkener Kosten wie Firmenzentralen schneller anpassungsfähig und mobiler als viele legale Organisationen.

Eine neue globale Dynamik in der grenzüberschreitenden Kriminalität ergab sich weiterhin durch die politische Wende, die 1989 in Osteuropa und Russland einsetzte (Berry et al. 2003; Jamieson 2001): Große Bestände an Waffen, vor allem aus der ehemaligen Sowjetunion und Jugoslawien, wurden teilweise ohne strikte staatliche Überwachung und Zollkontrollen umverteilt. Ehemals staatlich finanzierte Krimnelle suchten sich neue Auftraggeber und Kunden. Nationale Gesetze gegen Kriminalität und Korruption wurden nicht in allen Ländern gleichstark durchgesetzt.

Eine besondere Herausforderung für Exekutivorgane sind strategische Allianzen zwischen mehreren kriminellen Gruppen, wodurch Risiken breiter verteilt werden, sowie zwischen kriminellen und legalen Organisationen, was zur Reduktion von Risiken führen kann. So zahlt beispielsweise die kolumbianische FARC für die Waffen, die sie von der nordirischen IRA und der spanischen ETA erhalten, in Drogen, welche wiederum von Drogenkartellen gegen Waffen aus Osteuropa oder Diamanten aus Afrika gehandelt werden (Curtis und Karacan 2002). Effektive Maßnahmen zur Verhinderung international operierender krimineller Netze sind z.B. die gezielte Bekämpfung von Korruption auf allen Ebenen der Gesellschaft, strenge Kontrollen an Grenzen, Häfen und Flughäfen, effiziente Koordination zwischen Exekutivorganen über Landesgrenzen hinweg, und die moderate Umgestaltung der klassisch-hierarchischen Organisationsform von Exekutivorganen hin zu mehr netzwerkähnlicheren Strukturen (Arquilla und Ronfeldt 2001; Jamieson 2001).

2.4 Wirtschaftskriminalität

Netzwerkanalysen konnten Aufschluss darüber gegeben, wie die Art und der Rang der Position, die Mitarbeiter in einer Firmen innehaben, mit deren Rolle in Fällen von Wirtschaftskriminalität zusammenhängen (Baker und Faulkner 1993; Diesner et al. 2005). Im Gegensatz zu legalen Firmenaktivitäten bedarf illegales Wirtschaften der optimalen Mischung aus Effizienz und Verschleierung. Diese Mischung kann unter anderem erreicht werden durch das Ersetzen persönlicher Treffen mit mittelbarer Kommunikation, die Minimierung des Kommunikationsvolumens und von Redundanz, der Dezentralisierung und gegenseitigen Abschottung der involvierten Akteure und der personellen Trennung von Planung und Ausführung. Baker und Faulkner (1993) stellten bei die Analyse eidesstattlicher Zeugenaussagen, die im Zuge von Prozessen gegen Preisabsprachen in der elektrotechnischen Industrie in den USA in den 1950er Jahren erfasst wurden, fest, dass die Konspiration im Falle von preisgünstiger und standardisierter Massenware zu schwach verlinkten, dezentralen Strukturen führte. Unter diesen Umständen trafen sich die Führungskräfte der involvierten Firmen nur selten und nur dann, wenn sie koordinierte Entscheidungen treffen mussten, deren Implementierung sie dann an Mitarbeiter in niedrigeren Positionen delegierten. Die resultierende Dezentralisierung schützte zunächst kriminelle Entscheider. Kam es aber zum Prozess, wurde die Mehrzahl von ihnen schuldig gesprochen und erhielt höhere Strafen als Beteiligte in niedrigeren Positionen. Im Gegensatz dazu scheint bei Preisabsprachen zu teuren Einzelanfertigungen das Bedürfnis nach Effizienz größer als das nach Verschleierung: In diesem Fall führten häufige Kommunikation und enge Koordinierung zu einem zentralisierten Netz mit einem kleinen, dichten Kern. Unter diesen Umständen wurde ein prozentual geringerer Anteil von Personen für schuldig befunden, diese aber unabhängig von ihrer Position gleichhoch bestraft.

Diesner et al. (2005) zeigten mit der Netzwerkanalyse der Emails, die im Zuge der staatlichen Ermittlungen gegen den Enron Konzern veröffentlicht wurden, wie jobspezifische, interpersonelle und firmenweite Kommunikationsmuster mit der Entwicklung der Firmenkrise zusammenhingen. Die Autoren fanden weiterhin, dass sich die aus Emailköpfen gewonnen sozialen Netze und die aus Emailtexten extrahierten semantischen Netze in ihrer Dynamik mitunter gegenläufig verhielten und Aufschluss über verschiedene Aspekte von unlauteren Aktivitäten geben können. Diesner et al. (2005) empfehlen daher, explizite Angaben zu Relationen zwischen Einheiten mit zusätzlichen Informationen zu Netzwerken, die explizit oder implizit in unstrukturierten Textdaten enthalten sind, anzureichern.

2.5 Terrorismus

Seit 9/11 ist die Zahl der Publikationen zu Terroristennetzwerken sprunghaft angestiegen. Ziel der Terroristen ist heute nicht mehr nur das kurzfristige Erregen breiter Aufmerksamkeit, sondern auch das langfristige Verbreiten des Memes[3] Angst (Enders und Su 2007; Ressler 2006). Terrorgruppen von heute sind, wie z.B. al-Qaida (siehe Kapitel 7.15), als dezentrale, disperse Netze von geringer Dichte strukturiert, oder als Hybrid aus Hierarchie und Netz, wie z.B. Hamas. Dadurch sind sie flexibel, anpassungsfähig und strukturbedingt belastbar. Weiterhin nutzen diese Gruppen moderne IKT professionell zur Organisation, Kommunikation, Verschleierung und Rekrutierung von Mitgliedern, Öffentlichkeitsarbeit, und Planung und Ausführung von Attacken (Popp et al. 2004; Zanini und Edwards 2001). Ihre zentralen Führer sind, wenn es diese überhaupt gibt, weniger ein strategisches Ziel der Gegenwehr als Personen, die hinsichtlich ihres Wissens, Könnens oder Leitens von relevanten Informationen eine Einzelstellung innehaben. Terroristen formen möglichst wenige Verbindungen in legale Kreise hinein und nutzen schwache Kanten so selten, dass diese nahezu inexistent scheinen (Krebs 2002). Starke Verbindungen zwischen den Zellen werden möglichst selten und über ungewöhnlich lange Wege aktiviert, so dass diese von Außenseitern als schwache Kanten fehlinterpretiert werden können. Die Ausführer einer Attacke sind in schwach verlinkten Zellen organisiert, welche von einem größeren, darunterliegenden Netzwerk stets neu formiert und aktiviert werden können (Rodríguez 2004).

Die zeitgemäße Analyse von Terrornetzen bedarf einer Kombination von mehreren Methoden (Carley et al. 2007; Chen et al. 2008; Popp et al. 2004; Skillicorn 2008): Große Mengen von Rohdaten aus verschiedenen Quellen liegen verschiedenen Behörden meist in Textform vor. Diese Daten müssen zunächst konsolidiert, übersetzt und nach relevanten Dokumenten und Angaben gefiltert werden. Dann gilt es, relevante Knoten zu identifizieren, disambiguieren, klassifizieren, extrahieren, und schließlich zu verlinken. Es folgt die Analyse der relationalen Daten. Visualisierungen dienen dabei der heuristischen Exploration der Daten. Anschließende Simulationen können helfen, mögliche Zukunftsszenarien zu

---

[3] Meme sind ein Stück Kultur, das in der Gesellschaft generiert und reproduziert wird (Dawkins 1976).

explorieren. Die gesammelten Daten können zudem als Input für maschinelle Lernverfahren dienen. Schließlich gilt es, die gewonnenen Einsichten kompetent zu evaluieren, interpretieren und als eine mögliche Entscheidungshilfe zu nutzen.

Es wurde vielfach argumentiert, dass es den Exekutivorganen im Vorfeld von 9/11 nicht an relevanten Informationen mangelte, sondern an der qualifizierten und auch netzwerkanalytischen Auswertung der Daten (Arquilla und Ronfeldt 2001; Xu und Chen 2005). Popp et al. (2004) generalisieren weiter, dass Exekutivorgane zuviel Zeit mit dem Suchen nach und Aufbereiten von Informationen sowie dem Anfertigen von Berichten zubringen. Daher bleibt ihnen zuwenig Zeit zur Analyse der Daten und zur Zusammenarbeit mit in- und ausländischen Kollegen. In der Behebung dieser Diskrepanz könnte der informierte Einsatz moderner Analysemethoden und entsprechender Technologien eine entscheidende Rolle spielen (ebd.).

3 Sicherheit versus dem Schutz persönlicher Daten

Die Prävention von Kriminalität ist ein zweischneidiges Schwert: Ziel der Exekutivorgane und Wunsch der Bürger ist es, möglichst viele Anschläge bzw. β–Fehler sowie das fälschliche Verdächtigen Unschuldiger bzw. α–Fehler zu vermeiden. Das Recht von Privatpersonen schließt, je nach Staat, beispielsweise das Recht auf informationelle Selbstbestimmung, freie Meinungsäußerung und den Schutz vor staatlicher Überwachung ein. Da von vornherein oft unklar ist, wer kriminell ist und wer nicht, gilt es, den Pool an Personen, zu denen Daten erfasst werden, sowie beide Arten von Fehlern mittels rechtlicher, methodischer und technischer Lösungen zu minimieren. Solche Lösungen sind z.B. das Anonymisieren von Rohdaten (Sweeney 2002), das Beschränken unspezifischer Suchen auf anonymisierte Daten und die klare Trennung von Datenanalyse und Straffahndung (Taipale 2003). Zudem sind klare Gesetze sowie Prüf- und Kontrollmechanismen für das Auslösen einer Suche in personenbezogenen Daten, das schrittweise Zusammenführen von Daten aus unterschiedlichen Quellen wie z.B. Bank- und Polizeidaten und das Verbinden von Verhaltensdaten mit der Identität von Personen unabdingbar (ebd.)

Überdies ist es unerlässlich, Methoden und Programme, die im Einsatz sind oder deren Einsatz geplant ist, regelmäßig und systematisch zu evaluieren (Harper und Harris 1975). Data Mining Techniken, die ursprünglich für den kommerziellen Sektor entwickelt wurden und erfolgreich im Marketing eingesetzt werden, können nicht ohne weiteres auf die Erforschung von Kriminalität übertragen werden, und auf die Untersuchung von Terrorismus möglicherweise gar nicht (National Research Council 2008). Das liegt unter anderem daran, dass Daten zu Kriminalität oft unvollständiger und fehlerhafter sind als Daten für kommerzielle Anwendungen. Zudem liegen nicht immer präzise und empirisch bestätigte Angaben zur Robustheit der Methode gegenüber Schwankungen in der Datenqualität vor. Schließlich weisen Kriminalitätsforscher darauf hin, dass bei der Analyse von personenbezogenen Daten klar zwischen erforschenden versus beweisenden Verfahren zu unterscheiden ist, Konfidenzintervalle korrekt zu interpretieren sind, und probabilistische Ergebnisse keine deterministische Deutung zulassen.

4 Ausblick

Zusammenfassend zum Einsatz der Netzwerkanalyse in der Kriminalitätsforschung schlagen wir vor, die Aussage "Countering terrorism, at its core, is about managing information" (Golbeck et al. 2006: 125) zu verallgemeinern: Die Untersuchung und Verhinderung von Kriminalität sind in ihrem Kern Aufgaben im Bereich des Informationsmanagements; inklusive entsprechender Methoden, Technologien und Evaluationen. Wir schließen mit einem Zitat, dass Simmel (1908: 260) ursprünglich in Bezug auf Geheimbünde äußerte, dass aber auch die zeitlose Bedeutsamkeit der exakten Analyse kriminalitätsrelevanter Phänomene sowie die Überprüfung und Veröffentlichung entsprechender Ergebnisse betont: „In viel weiterem Umfange, als man sich klar zu machen pflegt, ruht unsre moderne Existenz von der Wirtschaft, die immer mehr Kreditwirtschaft wird, bis zum Wissenschaftsbetrieb, in dem die Mehrheit der Forscher unzählige, ihnen gar nicht nachprüfbare Resultate anderer verwenden muss, auf dem Glauben an die Ehrlichkeit des andern."

5 Literatur

Arquilla, John und *David F. Ronfeldt*, 2001: The Advent of Netwar (Revisited). S. 1-25 in: *John Arquilla* und *David F. Ronfeldt* (Hg.), Networks and Netwars: The Future of Terror, Crime, and Militancy. Santa Monica, CA: RAND.

Baker, Wayne E. und *Robert F. Faulkner*, 1993: The Social Organization of Conspiracy: Illegal Networks in the Heavy Electrical Equipment Industry. American Sociological Review 58(6): 837-860.

Berry, Laverle, Glenn E. Curtis, John N. Gibbs, Rex A. Hudson, T. Karacan, N. Kollars und *R. Miro*, 2003: Nations Hospitable to Organized Crime and Terrorism. Washington D.C.: Library of Congress.

Brantingham, Patricia L. und *Paul J. Brantingham*, 1993: Nodes, Paths and Edges: Considerations on the Complexity of Crime and the Physical Environment. Journal of Environmental Psychology 13(1): 3-28.

Carley, Kathleen M., Jana Diesner, Jeffrey Reminga und *Maksim Tsvetovat*, 2007: Toward an interoperable dynamic network analysis toolkit. Decision Support Systems. 43(4): 1324-1347.

Carley, Kathleen M., Ju Sung Lee und *David Krackhardt*, 2001: Destabilizing networks. Connections 24(3): 31-34.

Carley, Kathleen M. und *Dan T. Maxwell*, 2006: Understanding taxpayer behavior and assessing potential IRS interventions using multiagent dynamic-network simulations. Proc. of Internal Revenue Service (IRS) Research Conference, Washington D.C..

Chen, Hsinchun, Wingyan Chung, Jialun Qin, Edna Reid, Marc Sageman und *Gabriel Weimann*, 2008: Uncovering the Dark Web: A case study of Jihad on the Web. Journal of the American Society for Information Science and Technology 59(8): 1347-1359.

Chibelushi, Caroline, Bernadette Sharp und *Hanifa Shah*, 2006: ASKARI: A Crime Text Mining Approach. S. 155-174 in: *Panagiotis Kanellis, Evangelos Kiountouzis, Nicholas Kolokotronis* und *Drakoulis Martakos* (Hg.), Digital Crime and Forensic Science in Cyberspace. Hershey, PA: Idea Group.

Curtis, Glenn E. und *Tara Karacan*, 2002: The Nexus among Terrorists, Narcotics Traffickers, Weapons Proliferators, and Organized Crime Networks in Western Europe. Washington, D.C.: Library of Congress.

Davis, Roger H., 1981: Social network analysis: An aid in conspiracy investigations. FBI Law Enforcement Bulletin 50(12): 11-19.

Dawkins, Richard, 2006: The selfish gene. Oxford: Oxford University Press.

Denning, Dorothy E., 2001: Activism, Hacktivism, and Cyberterrorism: The Internet as a Tool for Influencing Foreign Policy. S. 239-288 in: *John Arquilla* and *David F. Ronfeldt* (Hg.), Networks and Netwars: The Future of Terror, Crime, and Militancy. Santa Monica, CA: RAND.

Diesner, Jana, Terrill Frantz, und Kathleen M. Carley, 2005: Communication Networks from the Enron Email Corpus "It's Always About the People. Enron is no Different". Journal of Computational and Mathematical Organization Theory, 11(3): 201-228.

Enders, Walter und Xuejuan Su, 2007: Rational Terrorists and Optimal Network Structure. Journal of Conflict Resolution 51(1): 33-57.

Erickson, Bonnie H., 1981: Secret Societies and Social Structure. Social Forces 60: 188-210.

Gilbert Nigel und Klaus G. Troitzsch, 2005: Simulation for the Social Scientist. Maidenhead: Open University Press.

Golbeck, Jennifer, Aaron Mannes und James Hendler, 2006: Semantic Web Technologies for Terrorist Network Analysis. S. 125-137 in: *Robert L. Popp* und *John Yen* (Hg.), Emergent Information Technologies and Enabling Policies for Counter-Terrorism. Wiley-IEEE Press.

Granovetter, Mark S., 1973: The Strength of Weak Ties. American Journal of Sociology 78(6): 1360-1380.

Harper, Walter R. und Douglas H. Harris, 1975: The application of link analysis to police intelligence. Human Factors 17(2): 157-164.

Howlett, James B., 1980: Analytical Investigative Techniques: Tools for Complex Criminal Investigations. Police Chief 47: 42-45.

Ianni, Francis und Elizabeth Reuss-Ianni, 1972: A Family Business: Kinship and Social Control in Organized Crime. New York, NY: Russell Sage Foundation.

Jamieson, Alison, 2001: Transnational Organized Crime: A European Perspective. Studies in Conflict and Terrorism 24(5): 377-387.

Klein, Malcolm W. und Lois Y. Crawford, 1967: Groups, Gangs, and Cohesiveness. Journal of Research in Crime and Delinquency 4(1): 63-75.

Klerks, Peter, 2001: The network paradigm applied to criminal organizations: theoretical nitpicking or a relevant doctrine for investigators. Connections 24(3): 53-65.

Krebs, Valdis, 2002: Mapping networks of terrorist cells. Connections 24(3): 43-52.

Malm, Aili, Brian Kinney und Nahanni Pollard, 2008: Social Network and Distance Correlates of Criminal Associates Involved in Illicit Drug Production. Security Journal 21(1-2): 77-94.

McGloin, Jean M., 2005: Street Gangs and Interventions: Innovative Problem Solving with Network Analysis. Washington, D.C.: US Department of Justice, Office of Community Oriented Policing Services.

McPherson, Miller, Lynn S. Lovin und James M. Cook, 2001: Birds of a Feather: Homophily in Social Networks. Annual Review of Sociology 27: 415-444.

National Research Council, 2008: Protecting Individual Privacy in the Struggle Against Terrorists. Washington, D.C.: The National Academies Press.

Pehl, Dirk, 2008: Die Implementation der Rasterfahndung: Eine Empirische Untersuchung zur Anwendung, Umsetzung und Wirkung der Gesetzlichen Regelungen zur Operativen Informationserhebung durch Rasterfahndung. Berlin: Max-Planck-Institut.

Popp, Robert L., Thomas Armour, Ted Senator und Kristen Numrych, 2004: Countering terrorism through information technology. Communications of the ACM 47(3): 36-43.

Popp, Robert L. und John Yen (Hg.) (2006), Emergent Information Technologies and Enabling Policies for Counter-Terrorism. Wiley-IEEE Press.

Reiss, Albert J., 1988: Co-offending and Criminal Careers. Crime and Justice 10: 117-170.

Ressler, Steve, 2006: Social Network Analysis as an Approach to Combat Terrorism: Past, Present, and Future Research. Homeland Security Affairs 2(2).

Rodríguez, Jose A., 2004: The March 11th Terrorist Network. Paper presented at VIII Congreso Español de Sociología, September 2004, Alicante, Spanien.

Sarnecki, Jerzy, 2001: Delinquent Networks: Youth Co-Offending in Stockholm. Cambridge, UK: Cambridge University Press.

Schwartz, Matthias, 2008: The Trolls Among Us. The New York Times, August 03, 2008, S. MM24.
Short, Martin B., Maria R. D'Orsogna, Virginia B. Pasour, George E. Tita, Paul J. Brantingham, Andrea L. Bertozzi und Lincoln B. Chayes, 2008: A Statistical Model of Criminal Behavior. Mathematical Models and Methods in Applied Science 18: 1249-1267.
Simmel, Georg, 1908: Das Geheimnis und die geheime Gesellschaft. S. 256-304 in: *Georg Simmel*, Soziologie. Untersuchungen über die Formen der Vergesellschaftung, Leipzig, Berlin: Duncker & Humblot.
Skillicorn, David, 2008: Knowledge Discovery for Counterterrorism and Law Enforcement. Boca Raton und andere: CRC Press.
Sparrow, Malcolm K., 1991: The Application of Network Analysis to Criminal Intelligence: An Assessment of the Prospects. Social Networks 13(3): 251-274.
Sterman, John, 2000: Business Dynamics: Systems Thinking and Modeling for a Complex World. Homewood, IL: Irwin/ McGraw-Hill.
Sweeney, Latanya, 2002: k-Anonymity: A Model for Protecting Privacy. International Journal of Uncertainty, Fuzziness and Knowledge-Based Systems 10(5): 557-570.
Taipale, Kim A., 2003: Data Mining and Domestic Security: Connecting the Dots to Make Sense of Data. Columbia Science and Technology Law Review 5(2): 1-83.
Wang, Gang, Hsinchun Chen und Homa Atabakhsh, 2004: Automatically detecting deceptive criminal identities. Communications of the ACM 47(3):70-76.
Waring, Elin, 2002: Co-Offending as a Network Form of Social Organization. S. 31-47 in: *Elin Waring* und *David Weisburd* (Hg.), Crime & Social Organization, New Brunswick, NJ: Transactions Publishers.
Williams, Phil, 2001: Transnational Criminal Networks. S. 61-97 in: *John Arquilla* und *David F. Ronfeldt* (Hg.), Networks and Netwars: The Future of Terror, Crime, and Militancy. Santa Monica, CA: RAND.
Xu, Jennifer und Hsinchun Chen, 2005: Criminal network analysis and visualization. Communications of the ACM 48(6): 100-107.
Zanini, Michelle und Sean Edwards, 2001: The Networking of Terror in the Information Age. S. 29-60 in: *John Arquilla* und *David F. Ronfeldt* (Hg.), Networks and Netwars: The Future of Terror, Crime, and Militancy, Santa Monica, CA: RAND.

Software:

Analyst's Notebook (http://www.i2.co.uk/products/analysts_notebook)
NetMap (http://www.altaanalytics.com)

7.15 Soziale Bewegungen und die Bedeutung sozialer Netzwerke

Jens Aderhold

1 Einleitung

Soziale Bewegungen, die auch als Protestbewegungen bezeichnet werden, thematisieren und problematisieren gesellschaftliche Entwicklungen. Sie stoßen auf diese Weise selbst gesellschaftliche Veränderungen an oder forcieren diese (vgl. Kern 2008; Watz 1987). Ihre besondere Stärke liegt in der Fähigkeit zur öffentlichen Problemartikulation (Klein 2008: 247). Auslöser sind vielfältigste Problemlagen der modernen Gesellschaft, die mit gezielten Aktionen öffentlichkeitswirksam thematisiert werden (Giddens 1995). Vor allem sind es ungewünschte gesellschaftliche Vorgänge, auf die kritisch reagiert wird. Die Aktivitäten beschränken sich aber nicht nur auf das Artikulieren von Kritik und Protest. Vielmehr wird die absorbierte Kontingenz gesellschaftlicher Problemverarbeitung attackiert und unterbrochen, in dem bisher geltende Sichtweisen, Wertvorstellungen, Expertisen, aber auch gesellschaftliche Routinen und Problemverarbeitungsmuster thematisiert, hinterfragt, aufgebrochen oder skandalisiert werden. Hierbei werden Problemstellungen der sozialen Frage, des Umweltschutzes, der Ausgestaltung und Einhaltung der Menschenrechte, der Friedenspolitik, der Gleichstellung von Frau und Mann, der Globalisierungsproblematik oder des als uniform erlebten standardisierten Massenkonsums aufgegriffen (Tilly 2004). Zu denken wäre aber auch an religiös motivierte Strömungen (Protestantismus), an die unterschiedlichen Nationalbewegungen, an rechte und fundamentalistische Bewegungen sowie an unterschiedlichste lokale Initiativen oder in Zeiten des Internets an open-source-communities (u. a. Hellmann 1996; Holtgrewe 2005).

Bei sozialen Bewegungen handelt es sich nicht unbedingt um klar abgrenzbare oder leicht identifizierbare Gebilde, wie dies bei integrierten politischen Organisationen wie Gewerkschaften oder Parteien der Fall ist. Sie sind wohl eher ein symbolischer Akteur (Beyeler 2006: 51), der die Strategie verfolgt, dass möglichst viele Menschen und kollektive Akteure sich in großer Zahl und mit viel Aufwand für ein lohnendes Anliegen engagieren. In diesem Sinne verdichten soziale Bewegungen verschiedenste, aber für sich inhaltlich integrierte Protestereignisse zu einer politischen Kampagne (Tilly 1999). Eine soziale Bewegung ist somit ein auf eine gewisse Dauer angelegter Handlungszusammenhang, der auf mobilisierten Netzwerken von Einzelpersonen, Gruppen und Organisationen beruht, um soziale Veränderungen durch öffentliche Proteste voranzutreiben (Rascke 1987; Rucht 1994: 338f.). Politisch bedeutsam wird die Bewegung dann, wenn es ihr gelingt, dass sie für Aktivisten, Sympathisanten, Außenstehende sowie für Medien, Öffentlichkeit und Entscheidungsträger zum Referenzpunkt wird (Beyeler 2006: 51).

In der theoretischen Auseinandersetzung mit dem Phänomen sozialer Bewegungen finden sich vier grundlegende Perspektiven. Zu nennen sind Theorien kollektiven Handelns, Ressourcenmobilisierungsansätze, Systemtheorie und Interaktionstheorien (siehe u.a. Ahlemeyer 1995; Hellmann 1998; Rucht 1994).

Die Thematisierung sozialer Bewegungen im Sinne einer *collective behaviour theory* wurde vor allem von Alain Touraine (1985) und Neils J. Smelser (1963) angestoßen. Soziale Bewegungen sind für Touraine vor allem eine Reaktion auf Unfähigkeiten des politischen Systems, auf moderne Herausforderungen ansprechende institutionelle Lösungen zu finden. Die Besonderheit liegt hier aber weniger in einer auf Machterwerb orientierten Zielstellung, sondern in der Veränderung von Gesellschafts- und Lebensmustern (Ahlemeyer 1995: 13). Smelser (1963), der ebenfalls soziale Bewegungen unter dem Begriff des kollektiven Handelns fasst, unterscheidet je nach dem Institutionalisierungsrad konventionelles und unkonventionelles kollektives Handeln. Entscheidend ist hier, dass sich die unkonventionelle Handlungsform nicht von bestehenden Normen lenken lässt und sich auf diese Weise gesellschaftliche Spannungen und Störungen auf neue Weise thematisieren und bearbeiten lassen. Neuere Beiträge verschieben den Akzent, in dem sie Fragen der Integration, der Identitätsbildung und der internen Steuerungsfähigkeit in den Mittelpunkt rücken. Während der CI-Ansatz in der Identitätsfindung und -bildung wichtige Mobilisierungsressourcen erkennt, akzentuieren Framing-Ansätze die Prozesse der Konstruktion eines kohärenten Deutungsrahmens sowie der internen und öffentlichen Inszenierung eines Themas (Hellmann 1998: 20ff.; Kern 2008).

Während *Theorien kollektiven Handelns* Bewegungen als wenig (oder gar nicht) institutionalisiert und zum Teil als irrationale Phänomene charakterisieren, betonen Theorien der Ressourcenmobilisierung organisationale, rationale und strategische Aspekte (vgl. Rucht 1994: 340ff.). Entscheidend für den Grad der Mobilisierung sowie für den Einfluss ist die Frage nach den von Bewegungsanhängern und Unterstützern eingebrachten materiellen und immateriellen Leistungen und Ressourcen (u.a. Breton/ Breton 1969; McCarthy und Zald 1977). Der Erfolg sozialer Bewegungen wird folglich ressourcenabhängig gedacht und diese Abhängigkeit ist stark an das Vermögen geknüpft, wie es der Bewegungsorganisation gelingt, die erforderlichen Ressourcen zu akquirieren und rational für die eigenen Ziele einzusetzen.

In der *Systemtheorie* werden soziale Bewegungen als Protestbewegungen konzeptualisiert, die sich selbst als kommunikative Alternative zur kritisierten Gesellschaft inszenieren (Ahlemeyer 1995; Hellmann 1996; Luhmann 1996). Kritik wird ‚von außen' an die Gesellschaft herangetragen, während Verantwortung und Handlungsnotwendigkeit in die Gesellschaft hineingetragen werden. Gründe für die Entstehung von Protestbewegungen finden sich in auffällig gewordenen Folgeeffekten funktionaler Differenzierung (Luhmann 1997). Soziale Bewegungen treten als kommunikative Adressen eines funktional differenzierten Protestsystems in Erscheinung. Protest fungiert als Kommunikationsmedium und die jeweils in Anschlag gebrachten Themen (Ökologie, Emanzipation oder Globalisierung) bilden die Programmatik des neuen gesellschaftlichen Funktionssystems. Protestbewegungen können auf diese Weise die gesellschaftliche Funktion einer stimulierenden Immunreaktion übernehmen, wobei die Systemtheorie offen lässt, in welcher Hinsicht Bewegungen über Beiträge des Aufspürens, des Blockierens sowie der Gefahrenabwehr hinausgehend an der Verarbeitung und ‚Gesundung' gesellschaftlicher Vollzüge beteiligt sind.

Lenkt man den Blick auf die unübersehbare Institutionalisierung sozialer Bewegungen, zeigt sich, dass auf der einen Seite eine Abschwächung der Mobilisierungskraft zu größeren „Versammlungsöffentlichkeiten" zu verzeichnen ist (Klein 2008: 247). Auf der anderen Seite gewinnen professionalisierte Aktionsformen und Strukturierungsweisen an Bedeutung. Diese äußern sich in einer gezielten und kalkulierten Beeinflussung der medialen Öffentlichkeit. Zudem treten institutionalisierte Akteure des Bewegungssektors zunehmend als relevanter Machtfaktor in staatlichen und internationalen Entscheidungsgremien in Erscheinung. Unter diesen Vorzeichen argumentieren die *Theorien der Interaktion*. Diese heben die neue Bedeutung der Doppellogik kollektiven Handelns hervor. Diese besteht darin, dass sich soziale Bewegungen keineswegs auf die Artikulation von Protest reduzieren lassen. Vielmehr wird durch Institutionalisierung und Professionalisierung eine Beteiligung an politischen Entscheidungsprozessen ermöglicht. Ins Blickfeld rücken folglich die konflikthaften Auseinandersetzungen zwischen sozialen Bewegungen mit staatlichen Akteuren (u.a. Tilly 1978; McAdam 1982). Begründet wird diese Akzentuierung über das durch quantitative Studien herausgearbeitete Zusammenwirken makrosozialer Prozesse (u.a. Staatenbildung, Industrialisierung) mit den Prozess- und Strukturdynamiken sozialer Bewegungen (Rucht 1994: 345).

In dieses Bild passt ein neuer Entwicklungsschritt sozialer Bewegungen. Bisher zielten sie mit ihrem Anliegen auf das ‚Zentrum' der Gesellschaft, welches bisher im jeweiligen Nationalstaat vermutet wurde (Eisenstadt 2000: 36). Zumindest in den letzten beiden Dekaden ist deutlich geworden, dass sich die Bezugsordnung auch und gerade für soziale Bewegungen massiv verschoben hat. Vor allem reagieren die Bewegungsaktivisten verstärkt auf die sich verschärfenden Globalisierungsprozesse, mit der Folge, dass sich nicht nur die Probleme oder Themen, sondern auch die Erscheinungsformen sozialer Bewegungen zunehmenden Veränderungen unterworfen sind. Wir treffen folglich auf Vorgänge, die als eine Co-Entwicklung von moderner Gesellschaft und sozialer Bewegung interpretiert werden können. Während die Industrialisierung die Arbeiterbewegung, die individualisierte und die Erlebnisgesellschaft die Emanzipations- und Partizipationsbewegung, die Risikogesellschaft die Antiatomkraft- und Ökologiebewegung hervorgebracht haben, so treten in der globalisierten Gesellschaft bzw. Weltgesellschaft höchst unterschiedliche Anti-Globalisierungsbewegungen in Erscheinung. Das Spektrum reicht von demokratisch bis hin zu fundamentalistisch orientierten Antiglobalisierungsbewegungen, wobei in allen Fällen auf komplexe Vernetzungen zurückgegriffen wird.

Insofern ist es nicht verwunderlich, dass nicht nur multinationale Konzerne auf „global sourcing" setzen. Auch die sozialen Bewegungen sind längst aus ihren nationalen Bezügen herausgetreten. Menschenrechts-, Ökologie-, aber auch fundamentalistische und faschistische Aktivisten verbinden ihre Handlungen und werfen ihre Netze mittlerweile im globalen Maßstab aus. Wie weiter unten beispielhaft anhand von ATTAC und al Qaida veranschaulicht wird, verändert sich somit nicht nur die inhaltliche und gesellschaftliche Stoßrichtung, sondern auch die für Mobilisierung und Öffentlichkeitswirksamkeit wichtige Binnenstruktur. Auf der Basis einer weltweit verfügbaren Erreichbarkeit und schon vorhandener Netzwerkkontakte werden neue Kontaktpartner angesprochen und aktiviert, die ihrerseits weitere Vernetzungsaktivitäten anstoßen können. In diesem Sinne stellen soziale Bewegungen ein neues, im globalen Maßstab anzutreffendes soziales Phänomen dar, das auf der Basis von sozialer Netzwerkbildung operiert.

Netzwerke fungieren unter modernen Bedingungen als *Vermittler* zwischen gesellschaftlicher Erreichbarkeit und interaktiv hergestellter Zugänglichkeit. Netzwerke können hiernach als systemübergreifende Strukturen (siehe Kapitel 4.7) aufgefasst werden. Das netzwerkbildende Medium ist Potenzialität im Sinne aktivierbarer Kontakte (siehe ausführlich zur theoretischen Begründung Aderhold 2004). Und diese *Potenzialität* ist *in jeder sozialen Beziehung* angelegt. Ob und in welcher Weise diese Potenzialität aktiviert wird, steht auf einem anderen Blatt. Das Netzwerk stellt folglich ein von sozialen Systemen (Gesellschaft, Organisationen, sozialen Bewegungen) zu unterscheidendes soziales Potenzial zukünftiger Anschlüsse bereit. Personenbezogene Beziehungen fungieren hierbei als tragende Infrastruktur, die Funktion und Position der beteiligten Individuen, potenzielle wie aktuelle Beziehungen in Organisationen und darüber hinaus definieren (Boos/Exner/Heitger 1992: 59).

2 Aktuelle Vernetzungseffekte sozialer Bewegungen am Beispiel von ATTAC und al Qaida

Bemerkenswert sind das breite Spektrum der Erscheinungsformen sowie die vielfältigen Entwicklungen hinsichtlich Programmatik, Mobilisierungsvermögen und gesellschaftlicher Verankerung. Besonders erfolgreich sind soziale Bewegungen dann, wenn es ihnen gelingt Anhängerschaft und Protest gesellschaftlich einzubetten und netzwerkförmig auszurichten (vgl. Aderhold und Roth 2005; Oliver und Myers 2003). Die strukturellen Mechanismen, die zur Bildung sozialer Bewegungen führen, sind nicht nur Ergebnis emergenter, nicht intendierter Prozesse. Viel eher ist mittlerweile von einer erfolgreichen Professionalisierung der Akteure und der zum Einsatz gelangenden Strategien auszugehen. Grundlage für die nicht immer angenehmen Erfolge – siehe Abschnitt 2.2 – dürften zum Teil in der Fähigkeit sozialer Bewegungen zu suchen sein, bisher eher lose beziehungsweise unverbundene Ideen, Vorstellungen, Initiativen, Gruppierungen, Verbände, Prominente und auch Organisationen zu vernetzen. Auf dieser Grundlage werden Treffen organisiert, Programmatiken und Vorgehensweisen abgestimmt, Proklamationen herausgegeben, Tagungen organisiert, um hieran im Anschluss beispielsweise an ausgewählten publikumswirksam inszenierten Zeitpunkten – Gipfeltreffen der Repräsentanten von Wirtschaft und Politik – öffentlich und massenmedial anschlussfähige Massenproteste organisieren zu können. Folglich liegt die Frage auf der Hand, in welcher Weise und mit welchen Effekten soziale Netzwerke bei der Konstitution von sozialen Bewegungen behilflich sind. Anhand zweier globaler, strukturell ähnlicher, aber inhaltlich völlig disparater Bewegungen von al Qaida und von ATTAC soll dieser Zusammenhang beispielhaft unterlegt und verdeutlicht werden.

2.1 Leistungsfähige Protestkommunikation von ATTAC

In Sachen Globalisierungskritik hat sich der Zufall besonders prominent als ein sich weltweit vernetzender „Verein" konstituiert: Zunächst verstand sich die französische „Action pour une taxe Tobin d´aide aux citoyens" (ATTAC) nur als eine Single-Issue-Bewegung zur Durchsetzung der Ideen des US-amerikanischen Nobelpreisträgers James Tobin, der die Besteuerung spekulativer Finanztransaktionen als Instrument der globalen Armutsbekämpfung empfahl.[1]

Der eigentliche Aufstieg des Netzwerks vollzog sich in direktem Anschluss an die Protestaktionen anlässlich des G-8-Gipfels 2001 in Genua. Im Zuge der Berichterstattung

---

[1] Siehe die Gründungserklärung von ATTAC Frankreich: http://www.attac.de/archiv/9806attacf.php.

avancierte ATTAC innerhalb kürzester Zeit zum kompakten Label für die globalisierungskritische Bewegung (vgl. Grefe et al. 2002; Rucht 2002). Die Bewegung verzeichnete einen sprunghaften Anstieg der ‚Mitgliederzahlen' und war damit keine drei Jahre nach seiner Gründung als finanzpolitischer Impulsgeber selbst zur internationalen Organisation „zwischen Netzwerk, NGO und Bewegung" geworden. In etwa 30 Ländern hatten sich unter bewusstem Verzicht auf zentrale Verbandsstrukturen nationale Gruppen gebildet. Die Fixierung auf die Tobin-Steuer war angesichts der veränderten Beteiligungsverhältnisse, ganz im Einklang mit dem flexiblen Politikverständnis von ATTAC, aufgebrochen und in Richtung einer allgemeineren Orientierung an „Fragen der ökonomischen Globalisierung" sowie schließlich der Themenkomplexe Menschenrechte, Demokratie und Ökologie erweitert worden. Ein Jahr später war das Netzwerk in über 40 Ländern präsent und hatte schätzungsweise 60.000 Aktive, die Hälfte davon in Frankreich (Brand und Wissen 2002). Inzwischen ist ATTAC mit ca. 90.000 Aktiven in 50 Ländern präsent und begreift sich dezidiert als internationale Bewegung neuen Typs[2], die bewusst auf Grundlage der mit der gegenwärtigen Form von Globalisierung entstandenen Strukturen agiert.

Dabei schöpft ATTAC nicht nur die Möglichkeiten transnationaler Verkehrs- und Kommunikationswege aus, sondern begreift auch die gesamte Bandbreite sozialer Organisationen als globale Infrastruktur, auf die je nach Anliegen ganz gezielt zugegriffen werden kann. Ebenso versteht sich ATTAC seinerseits als Infrastruktur: Zum Ersten als Instrument der Interessendurchsetzung für soziale Bewegungen; zum Zweiten als politisierende Arena für die Anliegen konventionell organisierter Formationen wie Gewerkschaften oder Verbände. Zum Dritten will ATTAC wiederum als „Soziale Bewegung" wahrgenommen werden.

Diese Vielfalt der Ansprüche und Erscheinungsformen spiegelt sich dann auch in der Organisationsstruktur wider. In Deutschland etwa präsentiert sich ATTAC als nahezu klassische Mitgliederorganisation: Lokale bzw. regionale ATTAC-Gruppen agieren in ihrem Einflussbereich weitestgehend autonom. Im Hinblick auf die inhaltliche Ausgestaltung und Organisation der überregionalen Aktivitäten von ATTAC entsenden die Mitglieder der einzelnen Gruppen Vertreter in den Ratschlag.[3] Die Mitarbeiter des Bundesbüros übernehmen rein organisatorische Aufgaben (Finanzbuchhaltung, Pressearbeit, Einwerbung von Drittmitteln etc.). So erhalten etwa die lokalen bzw. regionalen Gruppen auf Antrag von dieser Stelle aus nach festem Schlüssel die für ihre Aktionen notwendigen finanziellen Mittel. Die Entscheidungsstrukturen von ATTAC erinnern aber auch an Bürgerinitiativen oder an Landesjugendtreffen: Beim Ratschlag ist grundsätzlich jede physisch anwesende Person stimmberechtigt. In allen Entscheidungen, die eine grundsätzliche Handlungsunfähigkeit von ATTAC nach sich ziehen könnten, greift man allerdings doch wieder zum klassischen Prinzip der Abstimmung durch Delegierte, die von den einzelnen Ortsgruppen nominiert werden. Das eigentlich Novum stellt allerdings nicht das Fehlen, sondern vielmehr der flexible Umgang mit Mitgliedschaftsregeln von ATTAC dar.

In praktischer Hinsicht werden Hilfskonstruktionen oder alternative Formen der Mobilisierung benötigt. Hilfestellung bieten Unterschriftenaktionen, stellvertretende Thematisierungen, die Artikulation der Betroffenheit über die Betroffenheit der anderen, die Unterstel-

---

[2] Siehe Attac 2001, http://www.attac.de/interna/selbstverstaendnis011101.pdf.
[3] Der Ratschlag – als höchstes Gremium von Attac – ist die Vollversammlung. Er findet zweimal im Jahr statt. Hier werden die VertreterInnen der Gremien gewählt, der Haushalt verabschiedet und zentrale Entscheidungen getroffen.

lung eines großen Sympathisantenkreises, die Hervorhebung der Besonderheit des angesprochenen Themas, die Benutzung öffentlich bekannter Namen und Persönlichkeiten sowie die massenmediale Unterstützung hinsichtlich der Verbreiterung der Informationsbasis (Anheier et al. 1998: 7). Bestehende Netzwerke zwischen Einzelpersonen, zwischen Gruppierungen, Bekanntschaftskreisen und auch zwischen Organisationen bilden hier das Fundament. Die über einen kleineren Kreis hinausgehende Mobilisierung von Anhängerschaft gelingt aber erst, wenn bestehende Netzwerke ihrerseits miteinander vernetzt werden, um daraufhin in der programmatisch fixierten Weise neue Aktivisten zu werben, die in das Netzwerk ihrerseits zu integrieren sind.

Das mit der Struktur einhergehende Problem einer stabilen Konsistenz der programmatischen Ausrichtung und organisatorischen Entscheidungsdurchsetzung bearbeitet die Bewegung ähnlich wie „die Biografien der jungen Fachkräfte, die zuweilen als Patchwork- oder Bruchbiografie beobachtet werden können, durch ihre persönlichen Gestaltungs- und Bewertungsmaßstäbe" (Zinn 2001). Die erstaunliche Zugkraft, die von dem Label ATTAC ausgeht, liegt folglich nicht nur an den inhaltlichen Impulsen allein (siehe Aderhold und Roth 2005). Umso mehr gilt es daher, ATTAC auf der strukturellen Ebene zu untersuchen. Hier präsentiert sich ATTAC als weltweit ausgreifendes Metanetzwerk, nicht allein dadurch, dass es ein Netzwerk aus Netzwerken oder anderen Organisationen ist, sondern dadurch, dass es die unterschiedlichsten Interessen unterschiedlichster Akteure mit unterschiedlichsten Organisierungsgraden auf Grundlage eines Minimalkonsenses miteinander zu moderieren und zu ‚framen' in der Lage ist. ATTAC sorgt im Idealfall dafür, dass spezifischer Protest an die dafür zuständige Adresse geleitet wird und ermöglicht so effektiv die Herstellung des „Produkts" Protest. Verbinden lassen sich auf diese Weise verschiedenste Zielgruppen, unterschiedliche Anlässe und Akteure (Individuen, Verbände, NGOs) mit den jeweils verfügbaren Ressourcen (Verbündete, Expertise, Informationen).

ATTAC führt uns somit plastisch vor Augen, dass mit den „eventhaften" organisierten Mobilisierungen nebenher eine soziale Infrastruktur entsteht. Aber nicht nur im Fall der demokratisch orientierten Antiglobalisierungsbewegung ist es gelungen, in einer recht kurzen Zeit einen massenhaften Zulauf an faktischen und vor allem potenziellen Anhängern zu initiieren. Zumindest in dieser Hinsicht zeichnen sich ähnliche Entwicklungen bei fundamentalistischen Bewegungen ab; wobei an dieser Stelle auch verdeutlicht werden soll, dass aktuelle soziale Bewegungen auch mit unerwünschten, d.h. mit einer Kombination aus legalen, illegalen, kriminellen und terroristischen Praktiken zusammenfallen können. Auch hier werden Netzwerke genutzt, wobei ihre Charakteristiken noch diffus und umstritten sind.

2.2 Das Netzwerk Al Qaida

Vor allem das als „Terrornetzwerk" bezeichnete Phantom der „Al-Qaida Bewegung" stellt einen bedeutsamen Teil der neuen fundamentalistischen Bewegung. Diese zeichnet sich dadurch aus, dass sie auf geschickte Weise die Tradition rekonstruiert, indem Themen aus einem kulturellen Fundus ausgewählt und umgedeutet werden (Eisenstadt 2000: 207).

Die Diskussion über globalen Terror, die sich der Frage der Vernetzung einschließlich ihrer Offenlegung und Bekämpfung beschäftigt, wird vor allem durch drei klassische Sichtweisen bestimmt (Aderhold 2007a): (1) Die *akteurszentrierte soziale Netzwerkanaly-*

se, (2) die Beschreibung des Terrornetzwerkes von Al-Qaida als *Hybrid* sowie (3) die Analyse und Deskription *thematisch parzellierter Aspekte*, die auf die gesellschaftliche Einbettung der Akteure, Strategien und Aktivitäten eingeht.

Die Bezeichnung Netzwerk ist für sich genommen wenig hilfreich, sofern nicht deutlich wird, welche qualifizierenden Kriterien die Analyse anleiten sollen. Auf der Grundlage spärlicher und großteils über Massenmedien und von einigen Regierungsstellen zur Verfügung gestellter Informationen finden sich zunächst diverse Auflistungen von Personen, Gruppierungen und Organisationen verschiedenster Couleur, denen man direkte oder indirekte Verbindungen zur al-Qaida Bin Ladens nachsagen oder nachweisen kann (u. a. Haleem 2004; Hirschmann 2001; Schneckener 2002: 28f.). Diese deskriptive Darstellungsweise lässt sich unter Zuhilfenahme *netzwerkanalytischer Methoden* in eine Offenlegung verschiedener Strukturierungsmuster überführen (u. a. Fellman 2006; Fellman und Wright 2003; Krebs 2001; 2002). Das vorrangige Ziel dieser Methode liegt bekanntlich in der statistischen Erfassung und Auswertung akteurszentrierter Merkmalsausprägungen und netzwerktypischer Beziehungsformen. Auf der Basis von Maßzahlen, die einzelnen Akteuren im Netzwerk zugeordnet werden, können die Bedeutung oder die Position der bezeichneten Akteure ermittelt werden (u.a. Krebs 2002; siehe Kapitel 3.6 und Kapitel 5.6 in diesem Band).

Die zweite Möglichkeit, sich dem Phänomen des global operierenden Terrornetzwerkes zu nähern, lässt sich mit den netzwerkanalytischen Überlegungen gut kombinieren. Dabei wird das Terrornetzwerk von al-Qaida als *Hybrid* oder als *paradoxe Organisation* gefasst (Mayntz 2004; Priddat 2002; Raab und Milward 2003): Die auf das World Trade Center und das Pentagon verübten Terroranschläge setzten außer der Existenz des Netzwerks auch eine komplexe und zielgerichtete Organisation voraus. Flugzeuge können nur dann als Bomben verwendet werden, sofern die beteiligten Terroristen auch kooperieren (und nicht als Einzeltäter in Erscheinung treten). Es müssen Rollen definiert und Aufgaben geplant, verteilt und ausgeführt werden. Die beteiligten Gruppierungen mussten ideologisch, ressourcenseitig und personell ausgestattet, trainiert und logistisch koordiniert werden. Klare Führungsstrukturen, eine Differenzierung nach Rängen und Funktionen sowie eine vertikale Kommunikationsstruktur gewährleisteten die ‚Effizienz' des Unternehmens (Mayntz 2004: 255).

Die hybride Organisationsform des Terrorismus weist aber bekanntermaßen neben den organisationstypischen Merkmalen (Hierarchie) auch netzwerktypische Strukturmuster auf (fehlende zentrale Detailsteuerung, fließende Grenzen u. a. m.). Al-Qaida ist hiernach zugleich netzwerkförmig, aber auch hierarchisch strukturiert, wobei unklar bleibt, wie man sich das Mischungsverhältnis bzw. die Kombination und vor allem das Zusammenspiel von Organisation und Netzwerk nun genauer vorstellen kann und vor allem: wie dieses Wechselspiel in gesellschaftliche Prozesse eingebunden ist.

Die dritte Perspektive, die auf gesellschaftliche Einbettungsprozesse achtet, entzieht sich einer einfachen Zuordnung. Im Zentrum stehen zunächst diejenigen gesellschaftlichen Prozesse, die vernetzende Wirkungen haben (u. a. Burke 2004; Laqueur 2004; Napoleoni 2003): Thematisiert werden Motivstrukturen der Attentäter, Ausbildungsgänge, Herkunft und Rekrutierungswege, Milieustrukturen und Globalisierungseffekte. Berichtet wird auch über die „Ausbeutung verschiedenster Konfliktherde" und die hiermit in Zusammenhang stehende Infiltration bereits existierender Gruppierungen, die den Eindruck erzeugen, dass al-Qaida von der Struktur her als eine verstreute, fluide und supranationale Terrorbewegung angesehen werden kann (Haleem 2004: 40). Thematisiert werden zudem die finanziellen Verflechtungen, die Bedeutung der religiös und ideologisch aufgeladenen Semantik und Programmatik (u. a. Omand 2005), die auf Intransparenz hinauslaufende Verquickung von Terrorismus und organisierter Kriminalität (Münkler 2004) und vor allem die Einbettung terroristischer Strategien in die soziale Bewegung des islamistischen Fundamentalismus (Eisenstadt 2000). Auch wenn die wissenschaftliche Thematisierung noch immer auf der Suche einer angemessenen Analyseform ist, so lohnt es trotzdem, zumindest implizit die Frage nach den möglichen Gegenstrategien mit aufzuwerfen.

Abbildung 1: Netzwerke des Terrors – Drei Perspektiven und ihre Gegenmaßnahmen

Perspektiven	Gegenmaßnahmen
Soziale Netzwerkanalyse (Akteurszentrierte Strukturanalyse)	- Identifikation und Ausschaltung zentraler, für relevant gehaltener Akteure - Unterbrechen von Verbindungen und Informationsflüssen
Terrornetzwerk als Hybrid (Organisationsforschung)	- Organisationsbasis lokalisieren und zerstören - Führungsstrukturen identifizieren und zerschlagen (Schlange den Kopf abschlagen)
Thematische Kontextierungen (Sicht auf Modi gesellschaftlicher Einbettung des Terrors)	- Analytisch nicht integrierte Spannbreite vielfältigster Phänomene und abzuleitender Einwirkungsmöglichkeiten

Alle diese Beschreibungen suchen folglich nach Hinweisen, um das für Rekrutierung, ideologische und finanzielle Versorgung verantwortliche Spektrum heterogener „Einbettungs- und Unterstützungsstrukturen" ausfindig zu machen. Die sich hierbei einstellenden Schwierigkeiten, dem al-Qaida-Terrorismus angemessen zu begegnen, lassen sich vor allem auf ein neuartiges Problem zurückführen (Aderhold und Roth 2005). Es kann mit der Struktur des mit der Bewegung und der Gesellschaft verwobenen „Terrornetzwerkes" in Verbindung gebracht werden. Möglicherweise identifizieren wir al-Qaida fälschlicherweise mit einem Netzwerk – als werde sich, wenn der Zugriff auf die al Qaida-Strategen gelingt, das Netzwerk quasi von selbst auflösen. Vielleicht verführt die Bezeichnung „al Qaida" zu diesem folgenreichen Trugschluss. Nicht al Qaida ist die Basis, sondern deren Basis ist ein weltweit verzweigtes Netzwerk, an deren Reproduktion nun wiederum unterschiedlichste Kommunikationssysteme und in dieser Hinsicht auch adressierbare Akteure beteiligt sind. Sichtbar wird es aber nur über die ausgewiesenen aktiven und potenziell ansprechbaren Personen, Gruppen und Organisationen. Dabei bleiben zudem die das Netzwerk konstituierenden Prozesse im Dunkeln. Um diese aufzuhellen und um zu verstehen, dass al-Quaida als soziale Bewegung zwar auf die Phänomene Netzwerk, Kooperation und Organisation angewiesen, nicht aber mit diesen zu identisch ist, ist es erforderlich, sich die Strukturierungsprozesse anzusehen, die für das Ineinandergreifen von sozialer Bewegung, Organisationsbildung und Vernetzung verantwortlich zeichnen.

Soziale Bewegungen und die Bedeutung sozialer Netzwerke 747

3 Strukturwandel als Interventionsoption

Die weitere Aufgabe besteht nun darin, auf Anhaltspunkte hinzuweisen, die dazu dienen können, einen ersten Einblick in diejenigen Strukturierungsprozesse der in Rede stehenden Terror-Netzwerke bringen zu können (ausführlich Aderhold 2007a). Nützlich ist in diesem Zusammenhang die begriffliche Unterscheidung von Kooperation und Netzwerk, die sich bisher im Rahmen eines regionalwirtschaftlichen Konzeptes bewährt hat (Aderhold 2005). Ausgangspunkt ist hier ein auf die Möglichkeiten kleiner und mittelständischer Unternehmen hin ausgerichtetes Netzwerkverständnis (Hamel und Prahalad 1994). Wir skizzieren kurz die zentralen Strukturmuster, die beim Aufbau bedeutsam sind.

Zunächst sind unterschiedliche Ebenen zu unterscheiden, zunächst das Netzwerk (als soziale Infrastruktur), dann die netzwerkbasierte Kooperation, die durchaus eine gewisse zeitliche Stabilität aufweisen kann und dann die auf dieser Grundlage realisierten bzw. geplanten Projekte (Anschläge, Attacken, öffentliche Verlautbarungen usw.). Netzwerke ‚wählen' zunächst potenzielle Mitglieder aus dem ‚*Markt*' möglicher Sozialbeziehungen und -partner (Selektion 1) und sorgen durch erneute projektspezifische Auswahl dafür, dass die neuen Partner Kooperationsbeziehungen in Form projektspezifischer Systeme eingehen (Selektion 2).

Was bei Beobachtungen unterschiedlichster Netzwerkkonfigurationen an Gemeinsamkeiten auffällt, ist, dass die Prozesse im Kontext von Netzwerk und Kooperation zirkulär konfiguriert sind, ohne aber auf identische Wiederholung hinauszulaufen. Prozessschritte netzwerkbasierter Kooperation werden immer wieder durchlaufen, wenn auch mit anderen Mitteln und unter anderen Kontextbedingungen. Der sich auf der Basis einer integrierenden und bewegungskonstituierenden Vermittlung von Gesellschaft, Netzwerk und Kooperation vollziehende Projektlebenszyklus, der ohne Weiteres auf die Projektform terroristischer Anschläge übertragen werden kann, lässt sich vereinfachend ausgedrückt durch stabile und instabile Zustände der Konstitution, Projektarbeit, Auflösung und Akquise charakterisieren (siehe Aderhold 2004: 297ff.):

1. *Konstitution*: Wird das Projekt eines Anschlags in Erwägung gezogen, sind anhand spezifischer Selektionskriterien Projektpartner zu ermitteln und einzubinden. Aufgaben sind zu definieren, Rollen beziehungsweise Verantwortlichkeiten festzulegen und der Projektplan ist auszuarbeiten. Hier werden bereits erste Entscheidungen getroffen (u.a. Steinberg 2005: 93f.). Die Kooperation befindet sich in der „(Re-) Stabilisierungsphase".
2. *Projektausführung*: In diesem Projektabschnitt findet die häufig komplex angelegte Durchführung des Anschlages statt (u.a. Burke 2004: 234ff.). Die Netzwerkkooperation befindet sich im „stabilen Gleichgewicht".
3. *Auflösung:* Nach Projektausführung werden anhand spezifischer Kriterien (Zusammenarbeit, Zuverlässigkeit, Qualität etc.) relevante Einschätzungen aufbereitet, die für die Integration der Binnenverhältnisse nicht folgenlos bleiben dürften. Es kursieren z. B. Einschätzungen, inwiefern überhaupt von einer erfolgreichen Umsetzung gesprochen werden kann. Die nicht selten zufällig zustande kommenden Bewertungen werden in unterschiedlichsten Kommunikationszusammenhängen aufbereitet und fixiert. Informationen über kritische und erfolgreiche Faktoren der Zusammenarbeit werden verfügbar und in den ‚Katalog der Selektionskriterien' aufgenommen. Da sich die et-

was stärker gewordenen Bindungen zwischen den (noch verbliebenen) kooperierenden Partnern wieder allmählich lösen, destabilisieren sich die Verhältnisse.
4. *Akquise*: In dieser Phase der Neu-Konfiguration können die etablierten Strukturmuster der Kooperation genutzt werden, beispielsweise die konkreten Ausprägungen sozialer Beziehungscharakteristika (Vertrauensvorschuss, Formalisierungseffekte, Autoritätsverteilung etc.). Ausgehend von einem institutionalisierten Gedächtnis werden im Sinne eines internen Marketings von jedem beteiligten Partner ‚Kompetenzprofile' angefertigt und der Diffusion ‚intern' kursierender Informationen überstellt. Die Kooperation befindet sich in einem „instabilen Gleichgewicht", da offen ist, ob eine Zusammenarbeit in weiteren, neu zu akquirierenden ‚Projekten' möglich und sinnvoll ist.

Wie diesen wenigen Bemerkungen zu entnehmen ist, werden die Sequenzen und Erfordernisse netzwerkbasierter Kooperationsbildung und Projektausführung von unterschiedlichsten Strukturentscheidungen[4] begleitet. Dabei wechseln sich Struktur- und Prozessentscheidungen kontinuierlich ab. Generell ist davon auszugehen, dass Kooperationen, aber vor allem Projekte temporär angelegt sind, d. h. Auflösung ist zu jeder Zeit der wahrscheinlichere Fall. Die für die Akquise relevanten Ausgangsbedingungen hinsichtlich einer Passung von Anschlagsmuster, angeworbenen Aktivisten sowie zur Verfügung stehender materieller und immaterieller Ressourcen entscheiden beispielsweise über das Potenzial für weitere Aktivitäten. Bei diesen sequentiellen oder zum Teil parallel verlaufenden Selektionsschritten darf die Wirkung derjenigen strukturellen Regeln nicht übersehen werden, die den Akteuren reflexiv nicht zur Verfügung stehen. In der Aufbauphase versorgt sich die Kooperation folglich mit unterschiedlichen Festlegungen, die Auswirkungen auf die genutzten Netzwerkverbindungen sowie auf die projektförmig agierenden Gruppierungen (Konstitution) haben. Der Kreis schließt sich in dem Moment, in dem das Ergebnis einer Strukturentscheidung (Variation) wiederum die Möglichkeiten der Akquise beeinflusst.

4 Ausblick auf strukturelle Netzwerkmechanismen

Auf das Netzwerk-Kooperationsverhältnis bezogen ist zu betonen, dass es einen Unterschied macht, ob man auf eine konkrete Kooperation oder auf das intransparent bleibende Netzwerk als Basis der Kooperation blicken oder gar einwirken möchte. Wichtig ist zu erkennen, dass das Netzwerk keine Umwelt der Kooperation darstellt, sondern ihre Bedingung ist und beide wiederum Strukturerfordernisse sozialer Bewegungen. So wird auch klar(er), dass und warum die Vorgehensweisen von Analyse und Intervention auf beiden Seiten sehr unterschiedlich beschaffen sein müssen. Weil Kooperationen Systemeigenschaften aufweisen, entstehen nun spezifische Einwirkungsmöglichkeiten. Auf der Netzwerkseite wird man demgegenüber mit anderen Herausforderungen rechnen müssen. Nicht nur, dass das Netzwerk an sich latent und daher kaum beobachtbar ist. Über seine Struktureigenschaften besitzt es keine Selbststeuerungspotenziale und kann auch kaum direkt beein-

---

[4] Das selektive Geschehen wird über strukturierende Entscheidungen reguliert, in denen es u. a. um die Identifikation und Definition eines gemeinsamen Ziels beziehungsweise Programms, um die Auswahl der (un-)mittelbaren Mitglieder und Partner, um die Allokation von materiellen und immateriellen Ressourcen, um Positionsbestimmung und -verteilung, um die Festlegung von Aufgaben und Beiträgen sowie um die Evaluation und um die Form des Umgangs mit Dilemmata, Störungen und Konflikten geht.

flusst werden. Interessant sind aber die Grenzbereiche, etwa solche, in denen Kooperationen aus Netzwerken entstehen, d.h. vor allem dann, wenn „Kipp-Vorgänge", im Sinne erfolgreicher oder gescheiteter nächster Strukturierungsschritte auf den Prozessebenen Netzwerk, Kooperation und Projekt ablaufen.

Zu vermuten ist, dass permanenter Strukturwandel nicht nur die Anpassungs- und Lernfähigkeit fördert, sondern darüber hinaus auch verletzlich macht. Als analytische oder gar pragmatische Angriffspunkte können hierbei verschiedene Strukturentscheidungen dienen, die strukturelle Umschlagspunkte markieren. Zwischen diesen Umbrüchen lassen sich verschiedene Phasen erkennen, in denen sich Merkmale eines bestimmbaren strukturellen Arrangements herausbilden. Diesen Etappen (sofern auf Vernetzung zurückgegriffen wird) lassen sich nun relevante Strukturprämissen zuordnen:

- *Variation*: Gesellschaftliche Gegebenheiten bestimmen die verfügbaren Möglichkeiten der Akquise (Anlässe, Aufträge, Mitwirkende, Unterstützung, Ressourcen, Anschlüsse),
- *Selektion*: bei der Frage, welche Richtung künftige Entwicklungen nehmen können, entscheiden strukturelle Regeln, Auswahl und Etablierung von Organisations- und Koordinationsprinzipien in Form verabredeter, institutionalisierter oder kulturell vorgeprägter Entscheidungsprämissen,
- *Stabilisierung*: Die sich herausbildende Struktur (Führungsstruktur, Leitbilder, Anzahl der Mitwirkenden, Organisationsgrad, Zielstellungen usw.) beeinflusst die Steuerungsregeln. Die hiermit verbundenen Festlegungen ermöglichen wiederum wiederkehrende Interaktionen, zum Beispiel im Rahmen gemeinsam durchgeführter Projekte,
- *Programmierung*: Das Ergebnis einer Strukturentscheidung (Variation t1) wird bewertet, wobei die Wertung sowie die mit der Entscheidung einhergehenden Effekte und Erfahrungen wiederum eine neue Ausgangslage etablieren (Variation t2).

Abbildung 2: Strukturparameter von Kooperations- und Netzwerkentwicklung

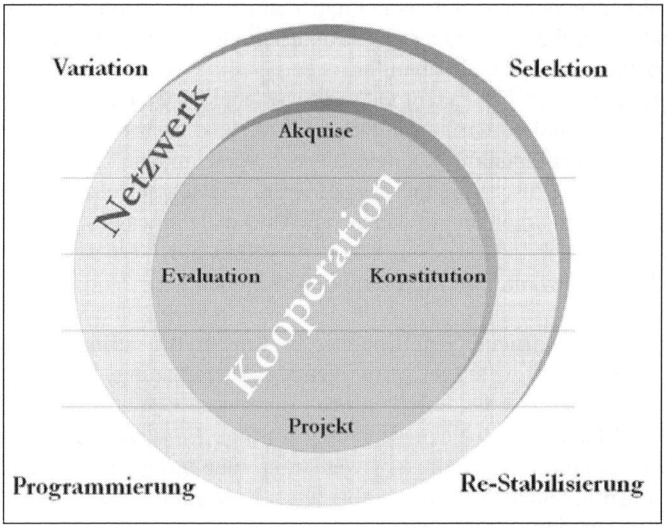

In der Summe sollte erkennbar werden, dass netzwerkbasierte Kooperationen auf unterschiedlichen Strukturebenen des Netzwerkes operieren, wobei Prozessmuster identifiziert werden können, die zyklische Züge annehmen (siehe Abbildung 2). Wichtig ist jedoch, die Herausbildung neuer sozialer Bewegungen im prozessualen Verhältnis von Gesellschaft, Netzwerk und deren ‚Materialisierung' zu sehen, wobei die aktuelle Gesellschaft und ihre Vernetzungsmöglichkeiten die Basis hinsichtlich einer ‚unsichtbaren' Infrastruktur für Kontaktstellen, Ressourcen und auch für die geeignete Ziele terroristischer Aktivisten bereitstellt.[5]

Zusammenfassend lässt sich konstatieren, dass zunächst sehr viel für das klassische Netzwerkverständnis spricht, das Akteure mit Knoten und Beziehungen zwischen den Knoten als Kanten des Netzwerkes identifiziert (u.a. Diani 2003; Krebs 2002; Sageman 2004). Was wäre aber, wenn soziale Netzwerke sich weder aus Absichten, noch aus Akteuren und „deren Beziehungen" zusammensetzen, sondern quasi ein permanent miterzeugtes Nebenprodukt sozialer Prozesse sind? Wenn dem so wäre, könnte man zwar immer noch auf einzelne, durchaus bedeutsame, sich mit Absichten ausstaffierende Personen und Personengruppen zugreifen, aber das Netzwerk (bzw. die für die Netzwerkbildung konstituierenden Prozesse) bliebe unentdeckt und die soziale Bewegung bleibe nicht nur analytisch unangetastet.

Diese Interpretation widerspricht dann auch der Annahme, dass al-Qaida kein modernes Netzwerk sei, sondern eine tribale Clanstruktur, die auf der Grundlage einer erzwingenden Kaderorganisation auf Vernetzung setzt, um im Verborgenen agieren zu können (Priddat 2002: 119). Nur die hiermit bezeichnete Netzwerkform ist nicht das Netzwerk, von dem wir ausgehen, sondern nur eine Kooperationsform, die durch vielfältigste weltweite

---

[5] Die hier genutzte netzwerktheoretische Begründung kann an dieser Stelle nicht weiter ausgearbeitet werden. Siehe hierzu Aderhold (2004).

Vernetzungsprozesse ermöglicht wird. Die al-Qaida-Bewegung nutzt eine Struktur, an deren Zustandekommen sie keinen Anteil hat und die es auch nicht zu verheimlichen gilt. Al-Qaida ist in diesem Sinne auch kein Netzwerk, sondern nur ein über Kooperation und Koordination erzeugtes Resultat. Es sind folglich zwei unterschiedliche Versionen zur Bezeichnung der durch al-Qaida verkörperten neuen fundamentalistischen Bewegung denkbar. Einerseits könnte es sich um einen zentralistisch strukturierten Clan, Stamm oder um einen neuartigen Organisationstypus handeln, der weltweit ein Netzwerk aktiver und potentieller Kämpfer etablieren konnte. Aber andererseits könnte es sich um einen sehr speziellen Teil einer sich in der Weltgesellschaft noch zu verortenden „sozialen Bewegung" handeln, die pausenlos Gelegenheiten zur Selbstvergewisserung sucht, dabei in positiver wie negativer Weise auf weltgesellschaftlich erzeugte und schon vernetzte Adressen zurückgreift, um diese in der einen oder anderen Hinsicht ‚sinnvoll' einsetzen zu können.

Sofern man diese Sichtweise an sich heran lässt, wird schnell deutlich, dass es auf der Ebene des Netzwerkes keine hierarchische Steuerung, keine festen Grenzen, keine Mitgliedschaft und keine einheitliche religiöse oder wie auch immer weltanschaulich gearbeitete Einheitsperspektive gibt, und noch weit reichender: Netzwerke bestehen nicht aus Menschen oder Akteuren, sondern aus interaktiv und kommunikativ verknüpften Sinnmustern. Soziale Bewegungen nutzen in diesem Sinne weltweit vorhandene Beziehungsstrukturen, um im Prozess der Mobilisierung die Aktivierung vielfältiger Vernetzungsprozesse bewerkstelligen zu können.

5 Literatur

Aderhold, Jens, 2004: Form und Funktion sozialer Netzwerke in Wirtschaft und Gesellschaft. Wiesbaden: VS Verlag.
Aderhold, Jens, 2005: Unternehmen zwischen Netzwerk und Kooperation – Theoretische und pragmatische Folgen Folgerungen einer übersehenen Unterscheidung. S. 113-142 in: *Ders.*, *Ralf Wetzel* und *Matthias Meyer* (Hg.), Modernes Netzwerkmanagement: Anforderungen – Methoden – Anwendungsfelder. Wiesbaden: Gabler.
Aderhold, Jens, 2007a: Netzwerke des Terrors – Strukturelle Umbrüche als Interventionsoption. S. 423-459 in: *Thomas Kron* und *Melanie Reddig* (Hg.), Soziologische Analysen des transnationalen Terrorismus. VS Verlag.
Aderhold, Jens, 2007b: Unzerstörbare Terrornetzwerke? Neue Ansatzpunkte für die Entwicklung struktureller Gegenstrategien. Internationale Politik und Gesellschaft 4/2007: 90-106.
Aderhold, Jens und *Frank-Steffen Roth*, 2005: Trittbrettfahrer der Globalisierung: Antiglobale Netzwerke und das Problem ihrer Unzerstörbarkeit. S. 149-172 in: *Jens Aderhold* und *René John* (Hg.), Innovation – Sozialwissenschaftliche Perspektiven. Konstanz: UVK.
Ahlemeyer, Heinrich W., 1995: Soziale Bewegungen als Kommunikationssystem. Einheit, Umweltverhältnis und Funktion eines Phänomens. Opladen: Leske + Budrich.
Anheier, Helmut K., *Friedhelm Neidhardt* und *Wolfgang Vortkamp*, 1998: Konjunkturen der NS-Bewegung. Eine Untersuchung der Veranstaltungsaktivitäten der Münchner NSDAP, 1925-1930, WZB, FS III 98-104. Berlin.
Beyeler, Michelle, 2008: Erfolge der Globalisierungskritik? Eine Analyse der Kampagnen gegen WEF und WTO. Forschungsjournal Neue Soziale Bewegungen 19: 50-63.
Boos, Frank; Alexander Exner und *Barbara Heitger*, 1992: Soziale Netzwerke sind anders. In: Organisationsentwicklung: S. 54-61.

Brand, Karl-Werner, 1987: Kontinuität und Diskontinuität in den neuen sozialen Bewegungen. S. 30-44 in: *Roland Roth* und *Dieter Rucht* (Hg.), Neue soziale Bewegungen in der Bundesrepublik Deutschland. Bonn: Bundeszentrale für politische Bildung.
Brand, Ulrich und *Markus Wissen*, 2002: Ambivalenzen praktischer Globalisierungskritik: Das Beispiel ATTAC. Kurswechsel 03/2002: 28-39.
Breton, Albert und *Raymond Breton*, 1969: An Economic Theory of Social Movements. American Economic Review 59: 198-205.
Burke, Jason, 2004: Al Qaeda. The True Story of Radical Islam, London: Penguin.
Diani, Mario, 2003: Networks and Social Movements: A Research Program. S. 299-319 in: *Ders.* und *Doug McAdam* (Hg.), Social Movements and Networks. Relational Approaches to Collective Action. Oxford: University Press.
Eisenstadt, Shmuel N., 2000: Die Vielfalt der Moderne. Weilerswist: Velbrück.
Fellman Philip V., 2006: The complexity of terrorist networks. International Conference on Complex Systems – NECSI Summer School 12.-23. Juni. Boston.
Fellman, Philip V. und *Roxana Wright*, 2003: Modeling Terrorist Networks – Complex Systems at the Mid-Range. Joint Complexity Conference, London School of Economics, 16.-18. September. London.
Giddens, Anthony, 1995: Konsequenzen der Moderne. Frankfurt am Main: Suhrkamp.
Grefe, Christiane, *Mathias Greffrath* und *Harald Schumann*, 2002: Attac. Was wollen die Globalisierungskritiker? Berlin.
Halem, Irm, 2004: micro target, macro impact: the resolution of the Kashmir conflict as a key to shrinking Al-Qaeda's international terrorist network. Terrorism and Political Violence 16: 18-47.
Hamel, Gary und *Coimbatore K. Prahalad*, 1994: Competing for the future. Boston: Harvard Business School Press.
Hellmann, Kai-Uwe, 1996: Systemtheorie und neue soziale Bewegungen. Identitätsprobleme in der Risikogesellschaft. Opladen: Westdeutscher Verlag.
Hellmann, Kai-Uwe, 1998: Paradigmen der Bewegungsforschung. Forschungs- und Erklärungsansätze. S. 9-30 in: *Ders.* und *Ruud Koopmans* (Hg.), Paradigmen der Bewegungsforschung. Opladen/Wiesbaden: Westdeutscher Verlag.
Hirschmann, Kai, 2001: Terrorismus in neuen Dimensionen. Hintergründe und Schlussfolgerungen. Aus Politik und Zeitgeschichte 51/2001: 7-15.
Holtgrewe, Ursula, 2005: Werkzeuge, Kooperationen und Institutionen erfinden – Softwareentwicklung als Innovation. S. 213-226 in: *Jens Aderhold* und *René John* (Hg.), Innovation – Sozialwissenschaftliche Perspektiven. Konstanz: UVK.
Kern, Thomas, 2008: Soziale Bewegungen. Ursachen, Wirkungen, Mechanismen. Wiesbaden: VS Verlag.
Klein, Ansgar, 2008: 20 Jahre Forschungsjournal Neue Soziale Bewegungen. Eine Zwischenbilanz. Forschungsjournal Neue Soziale Bewegungen 21: 239-255.
Krebs, Valdis, 2001: Uncloaking Terrorist Networks, http//www.orgnet.com/hijackers.html.
Krebs, Valdis, 2002: Mapping Networks of Terrorist Cells. Connections 24: 43-52.
Laqueur, Walter, 2004: Krieg dem Westen, Terrorismus im 21. Jahrhundert. Berlin: Ullstein.
Luhmann, Niklas, 1996: Protest. Frankfurt am Main: Suhrkamp.
Luhmann, Niklas, 1997: Die Gesellschaft der Gesellschaft. 2 Bände. Frankfurt am Main: Suhrkamp.
Mayntz, Renate, 2004: Hierarchie oder Netzwerk? Zu den Organisationsformen des Terrorismus. Berliner Journal für Soziologie 14: 251-262.
McAdam, Doug, 1982: Political Process and the Development of Black Insurgency, 1930-1970. Chicago/London: The University of Chicago Press.
McCarthy, John D. und *Mayer N. Zald*, 1977: Resource Mobilization and Social Movements: A Partial Theory. American Journal of Sociology 82: 1212-1241.
Münkler, Herfried, 2004: Die neuen Kriege. Hamburg: Rowohlt Taschenbuch.

Napoleoni, Loretta, 2003: Modern Jihad. Tracing the Dollars behind the Terror Networks. London: Pluto Press.
Oliver, Pamela E. und *Daniel J. Myers*, 2003: Networks, Diffusion, and Cycles of Collective Action. S. 173-203 in: *Mario Diani* und *Doug McAdam* (Hg.), Social Movements and Networks. Relational Approaches to Collective Action. Oxford: University Press.
Omand, David, 2005: Countering International Terrorism: The Use of Strategy. Survival 47: 107-116.
Priddat, Birger P., 2002: Djihad als Netzwerkunternehmen eines global tribe: al-Quida. S. 110-129 in: *Dirk Baecker, Peter Krieg* und *Fritz B. Simon* (Hg.), Terror im System. Der 11. September und die Folgen. Heidelberg: Carl-Auer-Systeme Verlag.
Raab, Jörg und *H. Brinton Milward*, 2003: Dark Networks as Problems. Journal of Public Administration Research and Theory 13: 413-439.
Raschke, Joachim, 1987: Zum Begriff der sozialen Bewegung. S. 19-29 in: *Roland Roth* und *Dieter Rucht* (Hg.), Neue soziale Bewegungen in der Bundesrepublik Deutschland. Bonn: Bundeszentrale für politische Bildung.
Rucht, Dieter, 1994: Öffentlichkeit als Mobilisierungsfaktor für soziale Bewegungen. Kölner Zeitschrift für Soziologie und Sozialpsychologie Sonderheft 34: 337-358.
Rucht, Dieter, 2002: Von Seattle nach Genua - Event-hopping oder neue soziale Bewegung. S. 50-56 in: *Attac Deutschland* (Hg.), Eine andere Welt ist möglich. Hamburg.
Sageman, Marc, 2004: Understanding Terror Networks. Philadelphia: University of Pennsylvania Press.
Schneckener, Ulrich, 2002: Netzwerke des Terrors Charakter und Strukturen des transnationalen Terrorismus SWP-Studie Stiftung Wissenschaft und Politik. Deutsches Institut für Internationale Politik und Sicherheit. Dezember 2002. Berlin.
Smelser, Neil J., 1963: Theory of Collective Behavior. New York: The Free Press of Glencoe.
Steinberg, Guido, 2005: Der nahe und der ferne Feind. Die Netzwerke des islamischen Terrorismus, München: Beck.
Tilly, Charles, 1978: From Mobilization to Revolution. New York: Random House.
Tilly, Charles, 1999: From Interactions to outcomes in Social Movements. S. 253-257 in: *Marco Giugni, Doug McAdam* und *Ders.* (Hrsg.), How Social Movements Matter. Minnesota: University of Minneapolis.
Tilly, Charles, 2004: Social Movements 1768-2004. Boulder/London: Paradigm Publishers.
Touraine, Alain, 1985: An Introduction to the Study of Social Movements. Social Research 52: 749-788.
Watz, Nicholas S. J., 1987: Mobilisierungspotential und gesellschaftspolitische Bedeutung der neuen sozialen Bewegungen. Ein Vergleich der Länder der Europäischen Gemeinschaft. S. 47-67 in: *Roland Roth* und *Dieter Rucht* (Hg.), Neue soziale Bewegungen in der Bundesrepublik Deutschland. Bonn. Bundeszentrale für politische Bildung.
Zinn, Jens, 2001: Konzeptionelle Überlegungen und eine empirische Strategie zur Erforschung von Individualisierungsprozessen. Forum Qualitative Sozialforschung, Forum: Qualitative Social Research 3. http://www.qualitative-research.net/fqs-texte/1-02/1-02zinn-d.htm.

7.16 Netzwerke als Gegenstand erziehungswissenschaftlicher Forschung

Nils Berkemeyer und Wilfried Bos

Netzwerkforschung ist kein Spezifikum einer bestimmten universitären Fachdisziplin, vielmehr finden sich Studien über Netzwerke mittlerweile in einer Vielzahl von wissenschaftlichen Disziplinen (vgl. exemplarisch Stegbauer 2008 sowie die Beiträge in diesem Band). Der Grund hierfür ist leicht zu benennen, wenn man wie Baecker (2007) die Auffassung teilt, dass man Netzwerke nicht machen, sondern nur entdecken kann. Entsprechend dieser gesellschaftstheoretischen Annahme Baeckers (vgl. Baecker 2007a, 2008), ist es wenig überraschend, dass Netzwerke überall in der Gesellschaft vermutet werden können und auch de facto zu finden sind. Menschen und darüber hinaus Akteure in einem weiter gefassten Sinn (vgl. Schimank 2002) können so gesehen nicht nicht-vernetzt sein, lediglich der Grad ihrer sozialen Eingebundenheit in Netzwerken kann differieren. Diese Sichtweise auf Netzwerke entstammt im Wesentlichen einer Perspektive, die Netzwerke als soziale und nicht notweniger Weise intentionale Verbünde interagierender Partner versteht. Neben einer solchen, als klassisch für die Netzwerkforschung zu bezeichnenden Perspektive, finden sich auch Verwendungsweisen des Begriffs, die Netzwerke einerseits als gewollte und initiierte Kooperationsverbünde begreifen und die besonders dazu geeignet sind, bestimmte Aufgaben oder Funktionen zu übernehmen (z.B. Innovationsnetzwerke, strategische Netzwerke, Unternehmensnetzwerke etc., vgl. zusammenfassend Sydow et al. 2003), andererseits in einer deutlich abstrakteren Variante nutzen. Dabei werden Netzwerke, neben Markt und Hierarchie, als dritter Koordinationsmechanismus moderner Gesellschaften betrachtet (vgl. Willke 2001; Wald und Jansen 2007). Analytisch ist diese Trennung sinnvoll, in der Forschungspraxis dürfte es aber durchaus Sinn ergeben, alle drei Perspektiven in den Fällen, wo eine zweifache oder dreifache Bedeutung des Begriffs zutreffend ist, aufeinander zu beziehen.

In der Erziehungswissenschaft lassen sich aktuell alle drei Perspektiven oder Verwendungsweisen wiederfinden. Entsprechend dieser analytischen Unterteilung möchte der folgende Beitrag einen Überblick über Netzwerke und deren Erforschung innerhalb der Erziehungswissenschaft liefern. Hierzu wird erstens die analytische Differenzierung weiter erläutert, zweitens ein Überblick über vorhandene Typologien und Theorieansätze zu Netzwerken gegeben sowie drittens eine kursorische Übersicht über Forschungsarbeiten präsentiert. Der Beitrag schließt mit Perspektiven für die Netzwerkforschung in der Erziehungswissenschaft.

1 Zur Bedeutung von Netzwerken in pädagogischen Kontexten

Der Begriff des *Netzwerks* gehört keineswegs zu den zentralen Begriffen der Erziehungswissenschaft (vgl. Krüger und Helsper 2006). Auch weiter gefasste Übersichten über zentrale Begrifflichkeiten innerhalb der Erziehungswissenschaft bzw. der Pädagogik, kommen ohne eine eigenständige Behandlung von Netzwerken aus (vgl. Lenzen 1998; Faulstich-Wieland und Faulstich 2008). Erst in ganz aktuellen Arbeiten, beispielsweise der zweiten Auflage des Handbuchs Bildungsforschung (vgl. Tippelt und Schmidt 2009), findet die Auseinandersetzung mit Netzwerken einen Ort innerhalb der Erziehungswissenschaft (vgl. Gruber und Rehrl 2009). Auch die neu begründete Reihe *Netzwerke im Bildungsbereich*, in der bislang drei Bände erschienen sind, kann hierfür als Beleg herangezogen werden (vgl. Berkemeyer et al. 2008, 2009, 2009a).

Blickt man in die Geschichte der Erziehungswissenschaft zurück, lassen sich einige Gründe für eine verspätete Rezeption des Netzwerkbegriffs finden. So sind es beispielsweise zunächst weniger Gruppen und Beziehungen innerhalb dieser Gruppen, mit denen sich die Pädagogik beschäftigt, sondern das als dyadisch konzipierte Verhältnis zwischen Erzieher und Zögling (vgl. stellvertretend Nohl 2002). Zudem hat die bis tief in die 1960er und 1970er Jahre fortdauernde Dominanz geisteswissenschaftlicher Pädagogik eine an der Sozialwissenschaft orientierte Netzwerkforschung erschwert. In der angloamerikanischen pädagogischen Forschungslandschaft finden sich aufgrund anderer Tradition und einer entsprechenden frühzeitigen Öffnung für die Sozialwissenschaft verschiedene Forschungsarbeiten zu Netzwerken (vgl. Kap. 3 in diesem Beitrag). Diese Linien der Entwicklung dürfen allerdings nur als sehr grobe Verlaufsmuster verstanden werden. Selbstverständlich können zwischen Teildisziplinen der Erziehungswissenschaft weitere Differenzen benannt werden, wie die Tatsache, dass die Kindheits- und Sozialisationsforschung deutlich früher als beispielsweise die Schul- und Schulentwicklungsforschung auf Ansätze einer sozialwissenschaftlich orientierten Netzwerkforschung zurückgegriffen hat.

Wie oben bereits angedeutet, lassen sich in der Erziehungswissenschaft drei Verwendungsweisen des Begriffs *Netzwerk* finden, die nachstehend weiter erläutert werden. Für einen komplementären bzw. alternativen Systematisierungsversuch kann auf den Beitrag von Kuper (2004) hingewiesen werden, der systemtheoretisch inspiriert im Technologiedefizit der Pädagogik (vgl. Luhmann und Schoor 1979, 1988), im Steuerungsdefizit des Schulsystems (Netzwerke als Koordinationsmechanismus, s. u.) und in einer der Ausdifferenzierung von Gesellschaften entgegenlaufenden „Entgrenzung des pädagogischen Handelns" (vgl. Kuper 2004: 240) Anknüpfungspunkte der Netzwerkidee in der Erziehungswissenschaft sieht.

1.1 Soziale Netzwerke

Alle Netzwerke, die als Untersuchungsgegenstand der Erziehungswissenschaft in Frage kommen, sind soziale Netzwerke, zumindest in dem Sinn, dass jedes Netzwerk auch über soziale Netzwerke konstituiert wird (vgl. Scott 2000; Aderhold 2004; Wasserman und Faust 2008). So ist ein Netzwerk zwischen Schulen zwar ein Netzwerk zwischen Organisationen (siehe Kapitel 7.1) und diese Unterscheidung ist wichtig (vgl. hierzu Abschnitt. 2 in diesem Beitrag), es wird aber konkret jeweils durch Netzwerke zwischen einzelnen Personen realisiert. Im Unterschied zu Netzwerken zwischen Organisationen und den darin identifizierbaren personalen Netzwerken, sind soziale Netzwerke klassischer Weise nicht als intentionale und geplante Gebilde zu verstehen (vgl. Gruber und Rehrl 2007, 2009) und sie dienen darüber hinaus keinem expliziten Zweck oder verfolgen spezifische Ziele. Darin unterscheiden sie sich bedeutsam von Organisationen. Für die Erziehungswissenschaft sind die so verstandenen sozialen Netzwerke insbesondere in der Sozialisationsforschung, der Kindheits-, Jugend- und Familienforschung, mitunter einer spezifischen Form der Schulforschung sowie einer wieder erstarkten erziehungswissenschaftlichen Ungleichheitsforschung untersucht worden (vgl. exemplarisch Opaschweski 1999; Kessl et al. 2005; Marbach und Bien 2008; Schier 2009; Stubbe et al. 2007; Killus 2008; Baumert et al. 2006; Goddard 2003). Schließlich finden sich vereinzelte Arbeiten, die netzwerkanalytisch vorgehen, um Netzwerke innerhalb der Erziehungswissenschaft aufzudecken (vgl. Carolan 2005).

1.2 Netzwerke als Koordinationsmechanismus

Im Zuge einer verstärkten Diskussion über Möglichkeiten, Formen und Verfahren einer geeigneten Steuerung des Schulsystems innerhalb der Erziehungswissenschaft (vgl. Bellmann und Weiß 2009), rücken Netzwerke als dritter Koordinationsmechanismus moderner Gesellschaften in den Fokus einer Educational-Governance-Forschung (vgl. Altrichter et al. 2007). Aktuell lassen sich immer mehr Initiativen in unterschiedlichen pädagogischen Handlungsfeldern finden, in denen Kooperationsverbünde (Netzwerke) initiiert werden, um durch verbesserte Abstimmungsprozesse ein verbreitertes Bildungsangebot, aufeinander abgestimmte Übergänge zwischen Institutionen (z.B. Grundschule – weiterführende Schule, weiterführende Schule – Beruf oder Universität) oder verbesserte Übergänge zwischen Organisationen unterschiedlicher Sektoren (Jugendberufshilfe, Schule, Wirtschaft) zu ermöglichen (vgl. Berkemeyer et al. 2009; Weber 2004; Nuissl et al. 2006). Kumuliert finden sich solche Koordinationsprozesse unter den aktuellen Schlagworten *Lernende Region* oder *Bildungslandschaft* (vgl. Adamascheck und Pröhl 2003; Lohre et al. 2004; Tippelt et al. 2009). Mit dieser Debatte folgt die Erziehungswissenschaft einem allgemeinen Trend der Governance-Forschung (vgl. Benz et al. 2007).

1.3 Netzwerke als Reformstrategie

Eng verbunden mit der zuvor erörterten Verwendungsweise von Netzwerken als Koordinationsmechanismen werden Netzwerke vermehrt als Strategien der Reform durch die Bildungspolitik (vgl. bildungspolitisch initiierte oder geförderte Programme wie SINUS, CHIK und FÖRMIG; vgl. hierzu Ostermeier 2004; Krebs und Prenzel 2008; Demuth et al. 2008; Fußangel und Gräsel 2008; Klinger et al. 2008) sowie durch zivilgesellschaftliche Initiativen genutzt, um erfolgreich pädagogische Praxis umzugestalten oder zu stärken (vgl. Czerwanski 2003; Wohlstetter et al. 2003; Solzbacher und Minderop 2007; Berkemeyer et al. 2008). Innerhalb dieses Diskursstranges der Erziehungswissenschaft findet sich ein Netzwerkverständnis, welches eher betriebswirtschaftlichen Konzeptionen entspricht. Netzwerke werden entsprechend als gestaltbar begriffen (kritisch hierzu vgl. Baecker 2007) und entsprechend als Instrument zur Lösung spezifischer Problemlagen verstanden (vgl. Sydow et al. 2003). Netzwerke werden darum analog zu Organisationen gegründet, um spezifische Innovationen zu erzeugen oder Probleme zu lösen. Dabei wird jedoch davon ausgegangen, dass Netzwerke im Unterschied zu Organisationen deutlich flexibler und somit anpassungsfähiger sind, was letztlich bedeutsam für Koordinierungsprozesse ist (vgl.

Aderhold et al. 2005; Czerwanski et al. 2002). Zudem wird dieser Diskussionsstrang durch Ansätze situierten Lernens (vgl. Lave und Wenger 1991) ergänzt, die von der Bedeutsamkeit sozialer Situiertheit für individuelle Lernprozesse ausgehen (vgl. Gruber und Rehrl 2007).

An dieser Stelle sei nochmals betont, dass die hier getroffenen Unterscheidungen vor allem analytischer Natur sind und die drei Verwendungsweisen sich eher einschließen als ausschließen. Zudem sei darauf hingewiesen, dass insgesamt systematische Ansätze zur Beschreibung von Netzwerkforschung in der Erziehungswissenschaft noch weitgehend fehlen, wie auch die nachstehenden Ausführungen in Abschnitt 2 dieses Beitrags zeigen werden.

2 Typologien und theoretische Ansätze in der EW

Die folgenden Ausführungen beschränken sich auf Theoriearbeiten, die dem Bereich „Netzwerke als Reformstrategie" zuzuordnen sind. Theorien zu den anderen beiden Verwendungsweisen finden sich in anderen Disziplinen deutlich ausgereifter und werden insofern hier nicht weiter aufgegriffen.

2.1 Zur Typologie von Schulnetzwerken

Netzwerke, in denen Schulen zentrale Knotenpunkte darstellen, sind im angloamerikanischen Sprachraum längst keine Ausnahme mehr. Die Installation von „networked learning communities" in Kombination mit systematischen Reformprogrammen auf lokaler Ebene wird von Chrispeels und Harris (2006) sogar als zentrale Strategie moderner Schulentwicklung angesehen. Mit der zunehmenden Anzahl von Netzwerken und einer analog hierzu steigenden wissenschaftlichen Auseinandersetzung mit diesen, kommt es aus einer erziehungswissenschaftlichen Sichtweise aktuell zu Unübersichtlichkeiten im Forschungsfeld. Dies mag auch damit zusammenhängen, dass eine Systematisierung der Vielfalt von real existierenden Reformnetzwerken im Bildungsbereich keineswegs unproblematisch ist. Ein Grund hierfür ist, dass jeder Bestimmungsversuch immer bereits von einer bestimmten Perspektive und somit von bestimmten Kategorien zur Bestimmung ausgehen muss, womit zugleich andere denkbare Kategorien ausgeschlossen sind. Einen Vorschlag für eine Typologie schulischer Netzwerke haben Smith und Wohlstetter (2001) vorgelegt. Sie unterscheiden vier Netzwerktypen im Bildungssystem: *professional network*, *policy issue network*, *external partner network* und *affiliation network*. Mit *professional network* bezeichnen die Autoren ein Netzwerk aus Lehrkräften unterschiedlicher Schulformen. Der Zweck solcher Netzwerke besteht in der Erweiterung der eigenen Kompetenzen als Lehrkraft durch Partizipation an einer interschulischen professionellen Lerngemeinschaft. Bei einem *policy issue network* sind Vertreter unterschiedlicher Organisationen miteinander vernetzt, um ein bestimmtes Thema politisch virulent zu halten oder es politisch bedeutsam werden zu lassen. Solche Netzwerke können entsprechend als politische Interessengemeinschaften verstanden werden. Sie agieren dabei unterhalb von institutionalisierten Verbänden wie Gewerkschaften. Netzwerke, die als *external partner network* kategorisiert werden, zeichnen sich durch die Vernetzung von Schulen mit anderen Organisationen bzw. Bildungseinrichtungen aus. In Deutschland wurden solche Netzwerke beispielsweise im Programm *Gestaltung des Schullebens und Öffnung von Schule* (GÖS) angeregt und gefördert (vgl. Buhren 1997). Der vierte von Smith und Wohlstetter benannte Netzwerktyp – *affiliation network* – bezeichnet eine im Unterschied zum *professional network* stärker institutionalisierte Form der Vernetzung. „In this type of network, people representing different organizations can work together to solve a problem or issue of mutual concern that is too large for any one organization to handle on its own" (ebd.: 501). Es geht somit nicht mehr nur um die Erweiterung persönlicher Kompetenzen und der eigenen Expertise, sondern um die für eine Organisation stellvertretende Lösung eines Problems in Kooperation mit anderen, von Organisationen entsandten, Stellvertretern.

Eine Schwäche dieser Typisierung ist, dass sie einerseits Ziele als zentrale Unterscheidungskategorie nutzt und ein anderes Mal Akteure, wodurch es mitunter zu Unschärfen kommen kann.

2.2 Wirkungsmodell schulischer Netzwerkarbeit

Ein Wirkungsmodell schulischer Netzwerke haben Earl et al. (2006) vorgelegt (vgl. Abb. 1). Der Entwurf dieses Modells orientiert sich an aktuellen Modellentwürfen der Schuleffektivitäts- und Schulentwicklungsforschung, die als Wirkungsmodelle von einer Outputvariablen ausgehen, die durch verschiedene Wirkvariablen (diese können Input- und Prozessvariablen sein) vorhergesagt wird. Im Modell von Earl et al. (2006) ist das Lernen der Schülerinnen und Schüler die Outputvariable. Ihre Ausprägung wird – so die Annahme im Modell – durch eine lange Wirkungskette vorhergesagt. Die Wechselwirkung von Einzelschule und Netzwerk sowie die diese beiden Variablen prägenden Faktoren (z.B. Kooperation, Führung etc.) führen zu einer gemeinsamen Wissensproduktion. Dies führt zu einer Veränderung der schulischen Praxis und schließlich zu einer Verbesserung des Lernens der Schülerinnen und Schüler.

Abbildung 1: Theory of Action (Quelle: Earl et al. 2006)

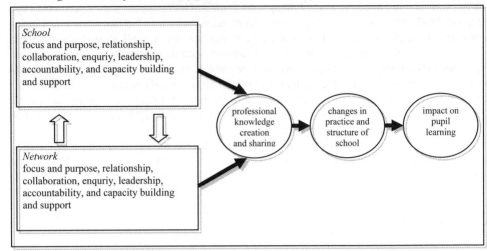

Netzwerke werden in diesem Modell analog zu Organisationen beobachtet und analysiert, wobei hinter diesen Beobachtungsmustern weniger netzwerktheoretische und netzwerkanalytische Kategorien stehen als vielmehr Kategorien der Schulqualitätsforschung. Damit sind zugleich die Grenzen des Modells benannt, weil es die Stärken netzwerktheoretischer Überlegungen noch nicht hinreichend einbezieht und ausschließlich in den Kategorien der Schuleffektivitätsforschung bleibt.

2.3 Ein Rahmenmodell zur Analyse schulischer Innovationsnetzwerke

Ein zweites Modell, das die Analyse von Innovationsnetzwerken zum Gegenstand hat, haben Berkemeyer et al. (2008a) vorgelegt. Grob formuliert, rekurriert dieses noch sehr abstrakte Rahmenmodell auf unterschiedliche netzwerktheoretische Ansätze und ergänzt diese einerseits um das Modell der Wissenskonversion nach Nonaka (1994) und andererseits um das sozialtheoretische Konzept der Strukturation (im Modell durch die Modalitäten repräsentiert) nach Giddens (1984). Zudem geht das Modell von einer räumlichen Positionierung der Akteure aus, die durch die Teilnahme und Teilhabe am Netzwerk verändert wird und so nicht nur auf einen einzelnen Akteur, sondern perspektivisch auf Akteurgruppen oder ganze Organisationen wirken. Auch dieses Modell operiert mit einer zu erklärenden Variable, die hier als *Problemlösung* bezeichnet ist. Sie ist eine allgemeine Stellvertretervariable, die für Innovationen und eine veränderte Praxis steht, wobei mit der Veränderung zugleich eine Verbesserung oder eben eine Problemlösung gemeint ist. Das Modell ist bislang noch wenig ausgearbeitet und zudem sind empirische Studien noch rar, die das Modell oder aber Teile des Modells in den Blick nehmen. Erste Ansätze hierzu finden sich bei Berkemeyer et al. (2009). Die ersten Anwendungen des Modells zeigen dessen Vorteile deutlich. So können in das Rahmenmodell empirische Submodelle integriert werden oder aber nur einzelne Phänomene untersucht werden. Zudem berücksichtigt das Modell die Zeitperspektive und verweist damit zugleich auf die Notwendigkeit Netzwerke im Längsschnitt zu untersuchen. Des Weiteren ist das Modell auch für Verfahren der Netzwerkanalyse anschlussfähig, da es insbesondere über die Raumpositionierung auch auf den sozialen Charakter von Innovationsnetzwerken aufmerksam macht.

Abbildung 2: Rahmenmodell zur Analyse von Innovationsnetzwerken (Quelle: Berkemeyer et al. 2008)

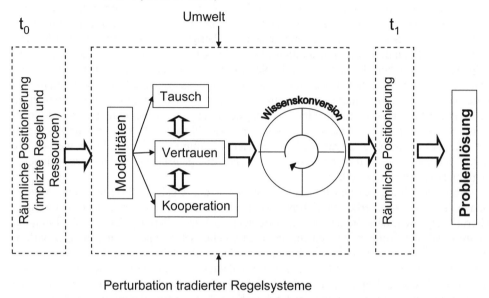

3 Forschungsübersicht

Die nachstehende Forschungsübersicht kann sicherlich nur einen Teil der Forschung wiedergeben. Die Darstellung orientiert sich an der in Abschnitt 1 vorgenommen Dreiteilung von Netzwerken in soziale Netzwerke, Netzwerke als Koordinationsmechanismus und Netzwerke als Reformstrategie.

3.1 Soziale Netzwerke

Die Untersuchung von sozialen Netzwerken in der Erziehungswissenschaft bezieht sich auf ganz unterschiedliche Forschungsbereiche. Im Kontext erziehungswissenschaftlicher Sozialisationsforschung werden soziale Netzwerke beispielsweise hinsichtlich ihrer Leistungen für die Bewältigung von Krisensituationen untersucht (vgl. Keupp 2001).

Im Kontext von Schulforschung finden sich ebenfalls sehr unterschiedliche Forschungen zu sozialen Netzwerken. Hierzu gehören Untersuchungen, die sich mit Netzwerken in

Schulklassen beschäftigen genauso wie Studien, die den Einfluss von sozialen Netzwerken von Lehrkräften auf das Kursangebot der Schule oder die Motivation der Mitarbeit innerhalb der Schule untersuchen.

Soziale Netzwerke in Schulklassen werden z.B. in der Studie von Stubbe et al. (2007) untersucht, wobei sie insbesondere danach fragen, welche Zusammenhänge zwischen spezifischen Netzwerkpositionen und -verbindungen und Kompetenzen von Schülerinnen und Schülern bestehen. Die Studie zeigt, dass es möglich ist, Subgruppen innerhalb der Klassen sinnvoll zu differenzieren sowie zudem einen beachtenswerten Zusammenhang von Leistungsniveau und Freundschaftsnetzwerken begründet anzunehmen. Der Zusammenhang von Freundschaftsnetzwerk und Kompetenzniveau besagt, dass Schülerinnen und Schüler dazu neigen Freundschaften mit ähnlich guten oder schwachen Mitschülerinnen und Mitschülern zu schließen. Ebenfalls soziale Netzwerke in Klassen untersucht die Studie von Häußling (2008), die Interaktionseffekte von Netzwerkpositionen in Unterrichtssituationen untersucht. Eine dritte Studie aus diesem Forschungskontext stammt von Merkens et al. (2001). Die Forschergruppe um Merkens ging der Frage nach Bedingungen der Individuation und Akkulturation türkischer Jugendlicher in Berlin nach. Mit Hilfe der netzwerkanalytischen Methode des Sozigramms konnten vier Akkulturationstypen gebildet werden, die unterschiedliche Grade der Vernetzung türkischer mit deutschen Jugendlichen indizieren (vgl. hierzu auch Hupka 2002).

In einer zeitlich gesehen frühen Untersuchung fragt Cusick (1981) nach den Auswirkungen sozialer Netzwerke von Lehrpersonen an Schulen auf das Kursangebot der Schule. Hierbei zeigt sich, dass die persönlichen Beziehungen zu Teilen der Schülerschaft und der Lehrerschaft den Referenzrahmen für das Kursangebot setzen und somit zum Teil wirksamer sind als der organisationale Rahmen der Schule. Ebenfalls um die Auswirkungen sozialer Netzwerke auf die Entstehung von Lerninhalten geht es in den Studien von Miskel und Song (2004) und Song und Miskel (2005), wobei diesmal nicht die Einzelschule und ihr Kursangebot, sondern Staaten der USA und die dort jeweils von unterschiedlichen Akteuren entwickelten Programme zur Leseförderung betrachtet worden sind. Beide Studien kommen zu dem Ergebnis, dass erwartungsgemäß die politischen Akteure zentrale Positionen in den zur Entwicklung der Programme relevanten Netzwerken einnehmen. Entgegen der Erwartung der Autoren hatten Gewerkschaften einen eher geringen Einfluss im Prozess der Entwicklung staatlicher Förderprogramme zum Lesen (vgl. auch Song und Miskel 2007; Coburn und Russel 2008; Coburn 2006).

In einer „Verbundenheitsorientierten Netzwerkanalyse" (Rehrl und Gruber 2007: 248) zeigen Bakkens et al. (1999), dass die Motivation, Aufgaben zu übernehmen, die nicht unmittelbar mit dem Unterricht zu tun haben, bei eher isolierten Lehrkräften stärker sinkt, als bei Lehrkräften, die eine gute kommunikative Einbindung im Kollegium haben.

Bislang netzwerkanalytisch kaum untersucht, wurden soziale Netzwerke von Eltern und deren Auswirkungen auf die Schule. Diesbezüglich weist Graue (1993) darauf hin, dass womöglich sozioökonomische Rahmenbedingungen spezifische Netzwerkbildungen begünstigen. So war beispielsweise in der von ihm untersuchten und durch Mittelschichteltern geprägten Gemeinde der Informationsfluss durch soziale Netzwerke deutlich besser, als in der Vergleichsgemeinde, die durch Arbeitereltern und Eltern, die Sozialhilfe beziehen, geprägt war.

In Bezug auf die Erforschung sozialer Netzwerke in der Erziehungswissenschaft kann festgehalten werden, dass das Anwendungsfeld von Netzwerkanalyse sehr breit ist, zugleich muss aber auch gesagt werden, dass Studien dieser Art noch immer eher die Ausnahme darstellen und zudem das methodische Vorgehen unterschiedlich sorgfältig dokumentiert ist.

3.2 Netzwerke als Koordinationsmechanismus

Über Netzwerke als Koordinationsmechanismen im Bildungsbereich weiß man bislang sehr wenig. Bereiche in denen Verhandlungsnetzwerke – wie beispielsweise in der Berufsschulentwicklungsplanung – eine Rolle spielen (vgl. Lehmpfuhl 2004), sind empirisch kaum erforscht (vgl. Harney und Rahn 2000).

Seit einigen Jahren wird in bildungspolitischen Programmen mit Bildungslandschaften und lernenden Regionen experimentiert (vgl. Gaus 2007; Solzbacher und Minderop 2007). Sie sollen sich im Zuge von Vernetzungsprozessen miteinander koordinieren, ohne dass bislang geklärt wäre, wie dieser Koordinierungsprozess genau aussehen kann und ob es hierfür beispielsweise moderierender oder metakoordinierender Akteure bedarf. Erste Erfahrungsberichte zeigen, dass Gremien zur regionalen Koordinierung von Entwicklungsprozessen durchaus zielführend sein können (vgl. Berkemeyer und Pfeiffer 2006; Berkemeyer 2007). Andere Studien betonen das im Zuge von Vernetzungsaktivitäten entstehende Spannungsverhältnis zwischen „Anforderungs- und Ermöglichungsstrategien", das zu schulinternen Abwägungsprozessen führt, die wiederum über die Eingebundenheit in Vernetzungsprozesse entscheiden (vgl. Emmerich und Maag Merki 2009).

Unter dem Stichwort lebenslangen Lernens in Lernenden Regionen werden Vernetzungsbemühungen über einzelne Teilsysteme hinweg angestrebt und in unterschiedlichen Projekten realisiert (vgl. Tippelt et al. 2006).

Dieser gesamte Themenkomplex wird künftig auch in der Erziehungswissenschaft zu Fragen geeigneter Formen des Netzwerkmanagements führen, wie dies aktuell in anderen Disziplinen bereits seit längerem zu beobachten ist (vgl. Aderhold et al. 2005; Sydow und Manning 2006; Schubert 2008; Sydow 2009).

3.3 Netzwerke als Reformstrategien

Insbesondere im Schulbereich wird die Vernetzung zwischen Schulen und die damit erhoffte Entstehung von Synergien als Strategie genutzt, um Schule und Unterricht weiterzuentwickeln (Beyer 2004; Berkemeyer et al. 2009). Zwar liegen im deutschsprachigen und angloamerikanischen Bereich eine Reihe von Studien vor, die über Wirkungen von Netzwerken auf Schulreformen berichten, insgesamt fehlt den meisten Studien jedoch ein überzeugendes Forschungsdesign, um zu belastbaren Aussagen zu kommen (vgl. ausführlich hierzu Berkemeyer et al. 2009).

Mit Wohlstetter et. al. (2003) können Befunde der schulischen Netzwerkforschung wie folgt zusammengefasst werden:

> „Our research suggests that school networks such as these hold promise. With certain types of leadership and a supportive policy context, networks offer individual school opportunities to connect with others who share similar goals, mitigate the problems associated with decentralized management, and boost collective capacity for reform." (Wohlstetter et al. 2003: 427).

Neben solch insgesamt positiven Wirkungsannahmen, die empirisch mehr oder weniger eindeutig belegt werden können, finden sich mitunter aber auch skeptische Befunde. So weisen Fußangel et al. (2008) auf die Gefahr hin, dass Netzwerke zu Inseln der Reform werden können, wenn sie statt inklusiven exklusive Zusammenschlüsse einzelner Fachexperten werden.

4 Perspektiven der Netzwerkforschung in der Erziehungswissenschaft

Zunächst kann für die erziehungswissenschaftliche Auseinandersetzung mit Netzwerken in den drei hier vorgestellten Verwendungsweisen festgestellt werden, dass sie insbesondere in der Behandlung von Netzwerken als Koordinationsmechanismus und als Reformstrategie eher programmatisch denn theoretisch und empirisch geführt wird. Dies hängt sicherlich damit zusammen, dass es bislang keine eigene Tradition der Netzwerkforschung in der Erziehungswissenschaft gibt. Analog hierzu muss konstatiert werden, dass die auf Empirie basierenden Forschungsbemühungen ebenfalls deutlich intensiver und auch methodisch differenzierter ausgeweitet werden müssen. So ist die soziale Netzwerkanalyse in der Erziehungswissenschaft längst noch kein gängiges Untersuchungsverfahren. Insbesondere dort, wo soziale Netzwerke in der Erziehungswissenschaft netzwerkanalytisch untersucht werden, ist ein Mehrgewinn an Erkenntnis konstatierbar. Allerdings weisen Gruber und Rehrl (2009) zu Recht darauf hin, dass die Netzwerkanalyse ein sehr voraussetzungsreiches Verfahren ist. Dies betrifft die Rücklaufquoten (80% erforderlich) genauso wie Fragen der Gewährleistung von Anonymität.

4.1 Soziale Netzwerke

Insgesamt bleibt die Erforschung soziale Netzwerke und insbesondere deren Auswirkungen auf zentrale Gegenstandsbereiche (Lernen, Bildung, Erziehung, um nur einige Leitbegriffe zu nennen) innerhalb der unterschiedlichen Disziplinen der Erziehungswissenschaft deutlich unterrepräsentiert. Perspektivisch teilen wir die Auffassung von Gruber und Rehrl (2007), dass Befunde sozialer Netzwerkanalysen in inferenzstatistischen Analysen zur Vorhersage individueller Handlungen genutzt werden sollten. Neben sozialen Netzwerken in Schulen oder Schulklassen könnten die Kooperationsforschung und die Schulkulturforschung von netzwerkanalytischen Verfahren profitieren, weil beispielsweise mit der Angabe von Netzwerkdichte und Netzwerkgröße wichtige Prädiktoren erfolgreicher Kooperation und produktiver Schulkultur identifiziert werden könnten.

4.2 Netzwerke als Koordinationsmechanismus

Netzwerke werden in modernen ausdifferenzierten und daraus resultierend, auf Koordinierung angewiesenen Gesellschaften eine zunehmende Bedeutung gewinnen, dies dürfte auch für den Bildungsbereich zutreffen. Insofern wird es darum gehen, Akteure zu identifizieren, die Schnittstellen bearbeiten und Koordinierung moderieren können (vgl. Honig 2004). Diese Forschungsrichtung würde an Aussagekraft gewinnen, wenn neben den bislang rezipierten Ansätzen der Governance-Forschung auch auf netzwerktheoretische Arbeiten zurückgegriffen und beide Ansätze aufeinander bezogen würden. Hier würden sich aktuelle Arbeiten von Baecker (2007a) genauso anbieten wie solche von White (1992) oder – mit etwas anderer Konnotierung – die feldtheoretischen Arbeiten Bourdieus (1998, 2001) und Lewins (1982) mit ihren je spezifischen Implikationen. Diese Forschungsrichtung wäre also zunächst in theoretischer Hinsicht stärker zu bestimmen und dann vorerst in explorativen Studien empirisch zu beleuchten.

4.3 Netzwerke als Reformstrategie

Die künftigen Untersuchungen von Bildungseinrichtungen in der Erziehungswissenschaft, die durch die Vernetzung mit anderen Einrichtungen, Organisationen, Verbänden, etc. die eigene Praxis weiterentwickeln und reformieren wollen, werden zunächst darauf zu achten haben, dass sie einen programmatischen Gebrauch des Netzwerkbegriffs vermeiden und durch theoretisch und empirisch gesättigte Netzwerktypologien ersetzen. Sodann muss der Frage nachgegangen werden, bei welchen Problemlagen, bezogen auf die eigene Praxis, Vernetzungsprozesse unter welchen Bedingungen hilfreich und zielführend sind. Nicht jede Form der Vernetzung dürfte für jedes Problem eine sinnvolle Lösungsstrategie darstellen. Zudem muss berücksichtigt werden, dass jede Organisation nur eine begrenzte Anzahl von gerichteten und aktiv gestalteten Netzwerken unterhalten kann. Hieraus ergeben sich nicht nur Fragen nach organisationalen Kapazitäten, sondern auch nach notwendigen Kompetenzen, um sich gewinnbringend in Netzwerken zu bewegen. Netzwerkmanagement könnte somit zu einer wesentlichen Kompetenz von *leadership* werden und somit zu einem die Schulleitungsforschung ergänzenden Forschungsgegenstand.

4.4 Netzwerktheorie und erziehungswissenschaftlicher Theoriebildung

Abschließend möchten wir noch kurz auf das Potential eingehen, dass wir in netzwerktheoretischen Arbeiten für die Weiterentwicklung erziehungswissenschaftlicher Theorien sehen. Aktuell wird beispielsweise die Frage nach Profession und Professionalität von Lehrkräften verstärkt diskutiert (vgl. Zlatkin-Troitschanskaia et al. 2009). Insbesondere kompetenzorientierte Ansätze berücksichtigen die soziale Einbindung von Professionellen in Praxisgemeinschaften noch nicht hinreichend oder aber einseitig positiv im Sinne der Zugehörigkeit zu einer Praxisgemeinschaft. Die Theorie von White (1992) könnte hier für Präzisierung einerseits, aber auch zu ergänzenden neuen Einsichten andererseits führen. Dies wäre dann der Fall, wenn der Professionelle nicht als Einzelner betrachtet wird, sondern als Produkt eines Netzwerks, in das er spätestens mit Beginn seiner Berufssozialisation eingewoben ist. Professionelle Identität würde dann durch die Formen der jeweiligen Kontrollversuche konstituiert werden. Für den Bereich der Professionsforschung stellt sich nun die Frage, welche Netzwerkreferenzen den Professionellen Erwartungssicherheit versprechen und welche Auswirkungen dieses „Kontrollverhalten" zum Beispiel auf die Organisation von Unterricht und Lehr-Lernprozessen hat.

Diese Ausführungen verstehen sich nur als eine Andeutung, wie nicht nur Netzwerkanalyse, sondern auch Netzwerktheorie künftig wesentliche Themenfelder der Erziehungswissenschaft prägen könnte.

5 Literatur

Adamaschek, B. und *M. Pröhl*, (Hg.), 2003: Regionen erfolgreich steuern. Regional Governance – von der kommunalen zur regionalen Strategie. Gütersloh: Verlag Bertelsmann Stiftung.

Aderhold, J., 2004: Form und Funktion sozialer Netzwerke in Wirtschaft und Gesellschaft. Beziehungsgeflechte als Vermittler zwischen Erreichbarkeit und Zugänglichkeit. Wiesbaden: VS Verlag.

Aderhold, J., *M. Meyer* und *R. Wetzel* (Hg.), 2005: Modernes Netzwerkmanagement. Anforderungen – Methoden – Anwendungsfelder. Wiesbaden: Gabler.

Altrichter, H., *T. Brüsemeister* und *J. Wissinger* (Hg.), 2007: Educational Governance. Handlungskoordination und Steuerung im Bildungssystem. Wiesbaden: VS Verlag für Sozialwissenschaften.

Baecker, D., 2007: Form und Formen der Kommunikation. Frankfurt am Main: Suhrkamp.

Baecker, D., 2007a: Studien zur nächsten Gesellschaft. Frankfurt am Main: Suhrkamp.

Baecker, D., 2008: Nie wieder Vernunft. Kleinere Beiträge zur Sozialkunde. Heidelberg: Carl-Auer Verlag.

Bakkens, I., *C. De Brabander* und *J. Imants*, 1999: Teacher Isolation and Communication Network Analysis in Primary Schools. Educational Administration Quarterly 35: 166-202.

Baumert, J., *P. Stanat* und *R. Watermann* (Hg.), 2006: Herkunftsbedingte Disparitäten im Bildungswesen. Vertiefende Analysen im Rahmen von PISA 2000. Wiesbaden: VS Verlag für Sozialwissenschaften.

Bellmann, J. und *M. Weiß* ,2009: Risiken und Nebenwirkungen Neuer Steuerung im Schulsystem. Theoretische Konzeptualisierung und Erklärungsmodelle. Zeitschrift für Pädagogik 55: 286-308.

Benz, A., *S. Lütz*, *U. Schimank* und *G. Simonis* (Hg.), 2007: Handbuch Governance. Theoretische Grundlagen und empirische Anwendungsfelder. Wiesbaden: VS Verlag für Sozialwissenschaften.

Berkemeyer, N., 2007: Change Management durch regionale Steuergruppen? Theoretische Verortung und empirische Befunde. S. 201-220 in: *N. Berkemeyer* und *H. G. Holtappels* (Hg.), Schulische Steuergruppen und Change Management. Weinheim und München: Juventa.

Berkemeyer, N., *W. Bos*, *V. Manitius* und *K. Müthing* (Hg.), 2008: Unterrichtsentwicklung in Netzwerken. Konzeptionen, Befunde, Perspektiven. Münster: Waxmann.

Berkemeyer, N., *W. Bos* und *H. Kuper* (Hg.), 2009: Schulreform durch Vernetzung. Interdisziplinäre Betrachtungen. Münster: Waxmann.

Berkemeyer, N., *H. Kuper*, *V. Manitius* und *K. Müthing* (Hg.), 2009: Schulische Vernetzung. Eine Übersicht zu aktuellen Netzwerkprojekten. Münster: Waxmann.

Berkemeyer, N., *V. Manitius*, V., *K. Müthing* und *W. Bos*, 2008a: Innovation durch Netzwerkarbeit? Entwurf eines theoretischen Rahmenmodells zur Analyse von schulischen Innovationsnetzwerken. Zeitschrift für Soziologie der Erziehung und Sozialisation 28: 411-428.

Berkemeyer, N. und H. Pfeiffer, 2006: Regionalisierung – neue Steuerungs- und Kooperationsstrukturen für die Schulentwicklung. S. 161-194 in: *W. Bos*, *H. G. Holtappels*, *H. Pfeiffer*, *H.-G. Rolff* und *R. Schulz-Zander*, (Hg.), Jahrbuch der Schulentwicklung. Band 14. Weinheim und München: Juventa.

Beyer, K., 2004: Netzwerke im Kontext von Schulen. S. 119-122 in: *B. Brackhahn*, *R. Brockmeyer*, *J. Reissmann* und *K. Beyer* (Hg.), Unterstützungssysteme und Netzwerke. München: Luchterhand.

Bourdieu, P., 1998: Vom Gebrauch der Wissenschaft: für eine klinische Soziologie des wissenschaftlichen Feldes. Konstanz.

Bourdieu, P., 2001: Das politische Feld. Zur Kritik der politischen Vernunft. Konstanz.
Buhren, C., 1997: Community Education. Münster: Waxmann.
Carolan, B. V., 2005: Data-Mining Journals and Books: Using the Science Networks to Uncover the Structure of the Research Community. Educational Researcher 34: 25-33.
Chrisppels, J. C. und *A. Harris,* 2006: Conclusion. Future Directions for the Field. S. 295-307 in *A. Harris* und *J. C. Chrisppels* (Hg.), Improving Schools and Educational Systems. London: Routledge.
Coburn, C. E., 2006: Framing the Problem of Reading Instruction: Using Frame Analysis to Uncover the Microprocesses of Policy Implementation. American Educational Research Journal 43: 343-349.
Coburn, C. E. und *J. L. Russel,* 2008: District Policy and Teacher's Social Networks. Educational Evaluation and Policy Analysis 30: 203-235.
Cusick, P. A., 1981: A Study of Networks Among Professional Staffs in Secondary Schools. Educational Administration Quarterly 17: 114-138.
Czerwanski, A., 2003: Ergebnisse einer Evaluation: Der Nutzen der Lernnetzwerke aus Teilnehmersicht. S. 9-18 in: *A. Czerwanski* (Hg.), Schulentwicklung durch Netzwerkarbeit. Erfahrungen aus den Lernnetzwerken im „Netzwerk innovativer Schulen in Deutschland". Gütersloh.
Czerwanski, A., U. Hameyer und *H.-G. Rolff,* 2002: Schulentwicklung im Netzwerk. Ergebnisse einer empirischen Nutzenanalyse von zwei Schulnetzwerken. S. 99-130 in: *H.-G. Rolff, H. G. Holtappels, K. Klemm, H. Pfeiffer* und *R. Schulz-Zander* (Hg.), Jahrbuch der Schulentwicklung Band 12. Weinheim und München: Juventa.
Demuth, R., C. Gräsel I. Parchmann, I. und *B. Ralle,* (Hg.), 2008: Chemie im Kontext. von der Innovation zur nachhaltigen Verbreitung eines Unterrichtskonzepts. Münster: Waxmann.
Earl, L., S. Katz, S. Elgie, S. B. Jaafar und *L. Foster,* 2006: How networked learning communities worked. Online Report. URL: http://networkedlearning.ncsl.org.uk/collections/ network-research-series/reports/how-networked-learning-communities-work.pdf. (Download: 07.03.08).
Emmerich, M. und *K. Maag Merki,* 2009: Netzwerke als Koordinationsform regionaler Bildungslandschaften. Empirische Befunde und governancetheoretische Implikationen. S. 13-30 in: *N. Berkemeyer, H. Kuper, V. Manitius* und *K. Müthing* (Hg.), 2009: Schulische Vernetzung. Eine Übersicht zu aktuellen Netzwerkprojekten. Münster: Waxmann.
Faulstich-Wieland, H. und *P. Faulstich,* (Hg.), 2008: Erziehungswissenschaft. Ein Grundkurs. Reinbek bei Hamburg: Rowohlt.
Fußangel, K. und *C. Gräsel,* 2008: Unterrichtsentwicklung in Lerngemeinschaften: das Beispiel „Chemie im Kontext". S. 285-296 in: *N. Berkemeyer, W. Bos, V. Manitius K. Müthing* (Hg.), Unterrichtsentwicklung in Netzwerken. Konzeptionen, Befunde, Perspektiven. Münster: Waxmann.
Fußangel, K., J. Schellenbach-Zell und *C. Gräsel,* 2008: Die Verbreitung von Chemie im Kontext: Entwicklung der symbiotischen Implementationsstrategie. S. 49-82 in: *R. Demuth, C. Gräsel, I. Parchmann, B. Ralle,* (Hg.), 2008: Chemie im Kontext. Von der Innovation zur nachhaltigen Verbreitung eines Unterrichtskonzepts. Münster: Waxmann
Gaus, D., 2007: 'Lernende Regionen' durch 'Regionale Bildungsnetzwerke'. Zwischen pädagogischer Raummetaphorik sowie aktuellen Slogans und Chiffren von Bildungspolitik und Bildungsplanung. Eine Diskursanalyse. S. 117-148 in: *D. Hoffmann, D. Gaus* und *R. Uhle* (Hg.), Mythen und Metaphern, Slogans und Signets. Hamburg: Kovac.
Giddens, A., 1984: The Constitution of Society. Outline of the Theory of Structuration. Berkeley: University of California Press.
Goddard, R. D., 2003: Relational Networks, Social Trust, ans Norms: A Social Capital Perspective on Students' Chances of Academic Success. Educational Evaluation and Policy Analysis, 25: 59-74.
Graue, M. E., 1993: Social Networks and Home-School Relations. Educational Policy 7: 466-490.
Gruber, H., M. Rehrl, 2009: Netzwerkforschung. S. 967-984 in: *R. Tippelt* und *B. Schmidt* (Hg.), Handbuch Bildungsforschung. (2. und erweiterte Aufl.). Wiesbaden: VS Verlag.

Harney, K. und *S. Rahn*, 2000: Steuerungsprobleme im beruflichen Bildungswesen – Grenzen der Schulpolitik. Handlungslogiken und Handlungsfolgen aktueller Berufsbildungspolitik. Zeitschrift für Pädagogik 46: 731-752.
Häußling, R., 2008: Zur Verankerung der Netzwerkforschung in einem methodologischen Relationismus. S. 65-78 in: *C. Stegbauer* (Hg.), Netzwerkanalyse und Netzwerktheorie. Ein neues Paradigma in den Sozialwissenschaften. Wiesbaden: VS Verlag für Sozialwissenschaften.
Honig, M. I., 2004: The New Middle Management: Intermediary Organizations in Education Policy Implementation. Educational Evaluation and Policy Analysis 26: 65-87.
Hupka, S., 2002: Individuation und soziale Identität türkischer Jugendlicher in Berlin im Kontext von Freundschaftsbeziehungen. Zur Integration türkischer Jugendlicher. Dissertationsschrift, Berlin.
Kessl, F., C. Reutlinger, S. Maurer und *O. Frey*, (Hg.), 2005: Handbuch Sozialraum. Wiesbaden: VS Verlag für Sozialwissenschaften.
Keupp, H., 2001: Sozialisation durch psychosoziale Praxis. S. 467-492: in: *K. Hurrelmann* und *D. Ullich* (Hg.), Handbuch der Sozialisationsforschung. Weinheim und Basel: Beltz.
Killus, D., 2008: Soziale Integration in Schulnetzwerken: empirische Ergebnisse und Konsequenzen für die Praxis. S. 315-328 in: *N. Berkemeyer, W. Bos, V. Manitius* und *K. Müthing* (Hg.), Unterrichtsentwicklung in Netzwerken. Konzeptionen, Befunde, Perspektiven. Münster: Waxmann.
Klinger, T., K. Schwippert und *B. Leiblein* (Hg.), 2008: Evaluation im Modellprogramm FörMig. Planung und Realisierung eines Evaluationskonzepts. Münster: Waxmann.
Krebs, I. und *M. Prenzel*, 2008: Unterrichtsentwicklung in Netzwerken: das Beispiel SINUS. S. 297-314 in: *N. Berkemeyer, W. Bos, V. Manitius* und *K. Müthing* (Hg.), Unterrichtsentwicklung in Netzwerken. Konzeptionen, Befunde, Perspektiven. Münster: Waxmann.
Krüger, H.-H. und *W. Helsper* (Hg.), 2006: Einführung in Grundbegriffe und Grundfragen der Erziehungswissenschaft. (7. Aufl.). Opladen: Barbara Budrich
Kuper, H., 2004: Netzwerke als Form pädagogischer Institutionen. , S. 237-252 in: *W. Böttcher, E. Terhart* (Hg.), Organisationstheorie in pädagogischen Feldern. Wiesbaden: VS Verlag für Sozialwissenschaft.
Lave, J. und *E. Wenger*, 1991: Situated learning. Legitimate Peripheral Participation. Cambridge: Cambridge University Press.
Lehmpfuhl, Uwe, 2004: Dialogische Berufsschulentwicklungsplanung. Dortmund: IFS-Verlag.
Lenzen, D., (Hg.), 1998: Pädagogische Grundbegriffe. Bd. 1 und 2. Reinbek bei Hamburg: Rowohlt.
Lewin, K., 1982: Kurt-Lewin-Werkausgabe. Bd. 4: Feldtheorie, hrsg. von Carl Friedrich Graumann. Stuttgart und Bern: Klett Cott/ Huber.
Lohre, W., G. Engelking, Z. Götte, C. Hoppe, U. Kober, P. Madelung, D. Schnoor und *K. Weisker*, (Hg.), 2004: Regionale Bildungslandschaften. Grundlagen einer staatlich-kommunalen Verantwortungsgemeinschaft. Troisdorf: Bildungsverlag EINS.
Luhmann, N. und *K.-E. Schorr*, 1979: Das Technologiedefizit der Erziehung und die Pädagogik. Zeitschrift für Pädagogik 25: 345-366.
Luhmann, N. und *K.-E. Schorr*, 1988: Reflexionsprobleme im Erziehungssystem. 2. Aufl. – Frankfurt/Main: Suhrkamp.
Marbach, J. H. und *W. Bien*, (Hg.), 2008: Familiale Beziehungen. Familienalltag und soziale Netzwerke. Ergebnisse der drei Wellen des Familiensurvey. Wiesbaden: VS Verlag für Sozialwissenschaften.
Merkens, H., F. Alizadeh, S. Hupka, M. Karatas, H. Reinders und *J. Schneewind*, 2001: Individuation und soziale Identität bei türkischen Jugendlichen in Berlin. Berichte aus der Arbeit des Instituts für Allgemeine Pädagogik – Fachbereich Erziehungswissenschaft – der Freien Universität Berlin. Nr. 34.
Miskel, C. G. und *M. Song*, 2004: Passing Reading First: Prominence and Processes in an Elite Policy Network. Educational Evaluation and Policy Analysis 26: 89-109.
Nohl, H., 2002: Die pädagogische Bewegung in Deutschland. 11. Aufl. Frankfurt/Main: Klostermann.
Nonaka, I., 1994: A dynamic theory of organizational knowledge creation. Organization Science 5: 14-37.

Nuissl, E., R. Dobischat, K. Hagen und *R. Tippelt* (Hg.), 2006: Regionale Bildungsnetze. Theorie und Praxis der Erwachsenenbildung. Bielefeld: W. Bertelsmann Verlag.
Opaschowski, H. W., 1999: Generation @. Die Medienrevolution entläßt ihre Kinder. Hamburg: B.A.T.
Ostermeier, C., 2004: Kooperative Qualitätsentwicklung in Schulnetzwerken. Münster: Waxmann.
Rehrl, M., H. Gruber, 2007: Netzwerkanalysen in der Pädagogik: Ein Überblick über Methode und Anwendung. Zeitschrift für Pädagogik 53: 243-264.
Schier, M., 2009: Räumliche Entgrenzung von Arbeit und Familie. Die Herstellung von Familie unter Bedingungen von Multilokalität. Informationen zur Raumentwicklung 1: 55-66.
Schimank, U., 2002: Handeln und Strukturen. Einführung in die akteurtheoretische Soziologie. (2. Aufl.). Weinheim und München: Juventa.
Schubert, H., (Hg.), 2008: Netzwerkmanagement. Koordination von professionellen Vernetzungen – Grundlagen und Beispiele. Wiesbaden: VS Verlag für Sozialwissenschaften.
Scott, J., 2000: Social Network Analysis. A Handbook. 2nd Edition. London: Sage Publications.
Smith, A. K. und *P. Wohlstetter*, 2001: Reform through School Networks: A New Kind of Authority and Accountability. Educational Policy 15: 499-519.
Solzbacher, C. und *D. Minderop*, (Hg.), 2007: Bildungsnetzwerke und Regionale Bildungslandschaften. Ziele und Konzepte, Aufgaben und Prozesse. München: Luchterhand.
Song, M./ Miskel, C. G., 2005: Who are the Influentials? A Cross-State Social Network Analysis of the Reading Policy Domain. Educational Administration Quarterly 41: 7-48.
Song, M. und *C. G. Miskel*, 2007: Exploring the Structural Properties of the State Reading Policy Domain Using Network Visualization Technique.Educational Policy 21: 589-614.
Stegbauer, C. (Hg.), 2008: Netzwerkanalyse und Netzwerktheorie. Ein neues Paradigma in den Sozialwissenschaften. Wiesbaden: VS Verlag für Sozialwissenschaften.
Stubbe, T., M. Pietsch und *H. Wendt*, 2007: Soziale Netze an Hamburger Grundschulen. S. 71-102 in: *W. Bos, C. Gröhlich* und *M. Pietsch* (Hg.), KESS 4 – Lehr- und Lernbedingungen in Hamburger Grundschulen. Münster: Waxmann.
Sydow, J., 2009: Vernetzung von Schulen? Betriebswirtschaftliche Erkenntnisse zum Netzwerkmanagement. Im Druck in: In: N. Berkemeyer, W. Bos und H. Kuper (Hg.), Schulreform durch Vernetzung. Interdisziplinäre Betrachtungen. Münster: Waxmann.
Sydow, J. und *S. Manning*, (Hg.), 2006: Netzwerke beraten. Über Netzwerkberatung und Beratungsnetzwerke. Wiesbaden: Gabler.
Sydow, J., S. Duschek, G. Möllering und *M. Rometsch*, 2003: Kompetenzentwicklung in Netzwerken. Eine typologische Studie. Wiesbaden: Westdeutscher Verlag.
Tippelt, R., C. Kasten R. Dobischat, P. Federighi und *A. Feller*, 2006: Regionale Netzwerke zur Förderung lebenslangen Lernens. – Lernende Regionen. S. 279-290 in: *R. Fatke* und *H. Merkens* (Hg.), Bildung über die Lebenszeit. Wiesbaden: VS Verlag.
Tippelt, R., A. Reupold, C. Strobel und *H. Kuwan* (Hg.), 2009: Lernende Regionen – Netzwerke gestalten. Teilergebnisse zur Evaluation des Programms „Lernende Regionen – Förderung von Netzwerken". Bielefeld: W. Bertelsmann Verlag.
Tippelt, R. und *B. Schmidt* (Hg.), 2009: Handbuch Bildungsforschung. 2., überarb. u. erw. Aufl. Wiesbaden: VS Verlag für Sozialwissenschaften.
Wald, A. und *D. Jansen*, 2007: Netzwerke. S.93-105 in: *A. Benz, S. Lütz, U. Schimank* und *G. Simonis* (Hg.), Handbuch Governance. Theoretische Grundlagen und empirische Anwendungsfelder. Wiesbaden: VS Verlag für Sozialwissenschaften.
Wasserman, S. und *K. Faust*, 2008: Social Network Analysis. Methods and Applications. Cambridge: Cambridge University Press.
Weber, S., 2004: Organisationsnetzwerke und pädagogische Temporärorganisation. S. 253-269 in: *W. Böttcher* und *E. Terhart* (Hg.), Organisationstheorie in pädagogischen Feldern. Wiesbaden: VS Verlag für Sozialwissenschaften.
White, H. C., 1992: Identity and Control: A Structural Theory of Action. New York: Princeton University Press.

Willke, H., 2001: Systemtheorie – Bd. 3: Steuerungstheorie, 3. Aufl. Stuttgart. UTB.
Wohlstetter, P., *C. L. Malloy*, *D. Chau* und *J. Polhemus*, 2003: Improving schools through networks: A new approach to urban school reform (summary). Educational Policy 17: 399-430.
Zlatkin-Troitschanskaia, O., *K. Beck*, *D. Sembill*, *R. Nickolaus* und *R. Mulder* (Hg.), 2009: Lehrprofesionalität. Bedingungen, Genese, Wirkungen und ihre Messung. Weinheim: Beltz.

C. Wissenschaft, Technik und Innovation

Einleitung in das Anwendungsfeld: Wissenschaft, Technik und Innovation

Die berühmten Columbia-Studies, an denen wesentliche Soziologen, Sozialpsychologen und Medienforscher beteiligt waren, sind zu Klassikern dieser drei miteinander verwandten Fachdisziplinen geworden. Auf diese Forschungen greift man heute noch in der Begründung des Netzwerkaspektes in der Medienforschung zurück. Ohne diese könnte man heute kaum Aussagen dazu treffen, wie Medien wirken. In dieser Tradition steht die Medienforschung wie Michael Schenk aufzeigt. Die zunehmende Evaluationitis im Wissenschaftsbetrieb ist so ohne die Entwicklungen der Netzwerkforschung gar nicht denkbar. Der Bereich der Zitationsforschung (Peter Ohly), beziehungsweise die Scientrometrie sind in der Lage, in der Literatur die Vernetzung zwischen Koautoren aufzudecken. Nicht nur das – sie belegen, dass Zitierungen einem bestimmten Muster folgen, und dass Wissenschaftsbereiche in bestimmten Journalen ihre Heimat gefunden haben. Allerdings wird durch die Messbarkeit einiger Bereiche – meist sind es Journalveröffentlichungen auch ein guter Teil wissenschaftlicher Debatten ausgeblendet und damit für weniger relevant betrachtet. Dies betrifft momentan den Teil des wissenschaftlichen Diskurses, der in Sammelbänden und Monographien abgebildet wird. Die einheitliche Verfügbarkeit von Daten und der damit vorhandenen Messbarkeit setzt Standards, die weitgehende Konsequenzen für individuelle Karrieren, die Wissenschaftsförderung und die Entwicklung des Wissenschaftssystems insgesamt haben. Diese Anwendung in der Praxis hat allerdings erhebliche Nebenfolgen, die aus dem Versuch entstehen, komplexe Zusammenhänge und Traditionen innerhalb der Wissenschaftsdisziplinen mittels Messungen über einen Kamm zu scheren. In diesen Bereich der Forschung führen Frank Havemann und Andrea Scharnhorst ein.

Wie verbreiten sich eigentlich Nachrichten in einem Kollektiv? Wie verläuft die Einführung technischer Neuerungen? Was sind die Voraussetzungen dafür, dass Ärzte ein neues Medikament auf ihre Verordnungsliste nehmen? Solche Fragen werden von der Diffusionsforschung beantwortet. Ohne die Netzwerkforschung könnte man solche Fragen nur sehr unzureichend beantworten, wie Thomas Friemel in seinem Beitrag verdeutlicht. In einem ähnlichen Feld bewegt sich aus einer praktischen Sichtweise Tobias Müller-Prothmann, der die Bedeutung der Netzwerkforschung für die Innovationspraxis und das Wissensmanagement benennt.

Um ein viel weiteres Feld möglicher Anwendungen der Netzwerkforschung handelt es sich bei der akademischen Techniksoziologie (vgl. hierzu den Beitrag von Johannes Weyer).

R. H. / C. S

7.17 Medienforschung

Michael Schenk

1 Einführung

Die soziale Netzwerkanalyse trägt in der Medienforschung dazu bei, den vorherrschenden „Psychological Bias" zu überwinden; damit gemeint ist die Tendenz, sich auf Mediennutzung und Medienwirkungen zu konzentrieren, die sich auf Individuen beziehen und nicht das soziale Gefüge berücksichtigen, in welchem sich die Individuen befinden. Die soziale Netzwerkanalyse stellt eine Möglichkeit dar, der Einbettung der Individuen in soziale Beziehungen und Strukturen Rechnung zu tragen. Hierbei ist allerdings zu berücksichtigen, dass Individuen nicht nur abhängig von ihrem sozialen Umfeld sind, sondern durch ihr kommunikatives Handeln auch ein definierendes Element der sozialen Gesamtstruktur und Teil des Kontextes anderer Personen darstellen (Rogers und Kincaid 1981: 39). Durch die soziale Netzwerkanalyse werden gewissermaßen die in der Medienforschung vorherrschenden psychologischen und kausalistischen Vorstellungen um eine „soziale Perspektive" erweitert. Auch die klassische Methode der Umfrageforschung, die in der Medienforschung üblicherweise eingesetzt wird, kann durch die soziale Netzwerkanalyse ergänzt werden. Eine Umfrageforschung, die mit Netzwerkinstrumenten kombiniert wird, bringt gewissermaßen die „Gesellschaft" zurück, die bei einer ausschließlichen Betrachtung von individuellen Präferenzen, Merkmalen und Einstellungen verloren geht. Durch Netzwerkinstrumente und -konzepte wird gesichert, dass das „Netz sozialer Beziehungen" in dem Individuen sich befinden, Berücksichtigung findet und nicht gekappt wird, wie dies in herkömmlichen Umfragen zumeist der Fall ist (Barton 1968). Eine probate Möglichkeit dafür ist das Instrument der egozentrierten Netzwerkanalyse (siehe Kapitel 5.11), mit dem die sozialen Beziehungen der Befragten transparent gemacht werden. Dabei kann „jeder/e Befragte als Informant über ‚sein' Netzwerk verwendet werden. Es ist deshalb möglich, Daten über solche egozentrierten Netzwerke in normalen Bevölkerungsumfragen zu erfassen" (Pappi 1987: 20). In der Medienforschung wurde diese Methode, wie noch zu sehen sein wird, wiederholt eingesetzt. Abgesehen davon sind auch eine Reihe von Gesamtnetzwerkanalysen durchgeführt worden, mit denen Kommunikationsstrukturen in größeren sozialen Einheiten bzw. Systemen (z.B. Schulklassen, Gemeinden, politischen Gruppen sowie Organisationen) untersucht wurden (siehe Beispiele bei Rogers und Kincaid 1981). Mit Blick auf Medienbezüge sind dabei unter anderem Arbeiten zur Diffusion von Neuerungen (Rogers 2003; Schnorf 2008), zur Verflechtung von Medienunternehmen (Fennema und Heemskerk 2002), zum journalistischen Handeln in Online-Redaktionen (Quandt 2005) sowie zu Kommunikationsrollen in Schulklassen (Friemel 2008a) zu nennen.

Den Kern der Anwendungen der sozialen Netzwerkanalyse in der Medienforschung bilden allerdings Arbeiten, die sich traditionellerweise mit der Bedeutung interpersonaler Kommunikation im Zusammenhang mit Massenkommunikation befassen (Kap. 2.1-3). Ein weiterer Schwerpunkt liegt auf Untersuchungen zur Mediennutzung (Kap 2.4). Schließlich sind Arbeiten zum Wandel persönlicher Netzwerke durch das Internet zu nennen.

2 Anwendungen der Netzwerkanalyse in der Massenkommunikationsforschung

2.1 Interpersonale Kommunikation und Massenkommunikation

Interpersonale Kommunikation im sozialen Netzwerk der Empfänger/innen bildet einen wichtigen Kontext, der nicht nur die Auswahl von bestimmten Medieninhalten, sondern insbesondere auch deren Interpretation und Bewertung beeinflusst. Darüber hinaus ist das interpersonale Kommunikationsnetz auch ein wichtiger Träger von (weiteren) Informationen und sozialem Einfluss, indem es zur Einstellungs- und Meinungsbildung beiträgt und bestimmte Verhaltensweisen unterstützt bzw. fördert. Interpersonale Kommunikation im sozialen Netzwerk bzw. relationalen Kontext ist geleitet durch die Kenntnisse über die Kommunikationspartner, beinhaltet die Transmission verschiedener Symbole und ist funktional, indem sie einem Zweck dient (Roloff 1981: 27-29). Hierbei ist nicht nur das allgemeine Ziel, Verständigung zu erlangen, sondern auch das spezielle Ziel der Interessenverwirklichung zu nennen (Burkart 2002). Interpersonale Kommunikation im sozialen Netzwerk ermöglicht wechselseitige bzw. gegenseitige Kommunikation, erlaubt Feedback und geschieht zumeist in einem vertrauten, face-to-face Kontext, der durch physische Nähe bzw. soziale Präsenz gekennzeichnet ist. Allerdings kann interpersonale Kommunikation auch technisch-vermittelt erfolgen (z.B. via Telefon, Internet), wobei die soziale Präsenz dann gegenüber der face-to-face Kommunikation herabgesetzt ist (Rice 1993). Gegenüber der technisch-vermittelten Massenkommunikation, die sich an eine Öffentlichkeit wendet und in der Regel geringe Rückkopplungen ermöglicht, ist interpersonale Kommunikation direkter und flexibler (Maletzke 1963: 32). Dies ist auch der Grund, weshalb viele den Informationen und Meinungen von anderen Personen aus ihrem sozialen Kommunikationsnetz mehr Glauben schenken als den weitgehend anonym bleibenden Kommunikatoren in den Massenmedien. Interpersonale Kommunikation im sozialen Netzwerk ist daher oft wirksamer als Massenkommunikation (siehe 2.2).

In vielen Fällen dient interpersonale Kommunikation der „Anschlusskommunikation" für Inhalte, die in den Massenmedien präsentiert wurden (Merten 1977). Persönliche Gespräche im sozialen Netzwerk beziehen sich häufig auf Inhalte der Massenmedien (Kepplinger und Martin 1986). Interpersonale Kommunikation ist hingegen nicht nur ein Folgeprodukt der Massenmedien, sondern findet sowohl vor, während als auch nach der Mediennutzung statt (II.3).

2.2 Meinungsführer und soziale Netzwerke

In der Medienforschung wird die „Entdeckung" der sozialen Netzwerke auf Forschungsarbeiten zurückgeführt, die an der Columbia University zur Wähler- und Kommunikationsforschung durchgeführt wurden (Columbia Studien zum persönlichen Einfluss).

Bereits früh stießen Paul F. Lazarsfeld et al. (1944; 1948) auf interpersonale Einflüsse in der Studie „The People's Choice", in der die Wirkung von Wahlpropaganda auf Wählerstimmen während einer Präsidentschaftswahl in den USA untersucht wurde: Die Wähler ließen sich durch die Propaganda in den Massenmedien weniger stark beeinflussen als man angenommen hatte, face-to-face Kommunikation mit anderen Personen war viel wirksamer. Für die meisten Wähler/innen stellte „wählen" eine „Gruppenerfahrung" dar, es wurde geradezu in Gruppen abgestimmt: „Personen, die zusammen arbeiten oder leben oder spielen, wählen in hohem Maße dieselben Kandidaten" (Lazarsfeld et al. 1948: 137). Die persönlichen Beziehungen begünstigten eine politische Homogenität sozialer Gruppen. Damit wurde erstmals der Beleg dafür erbracht, dass interpersonale Kommunikation in Gruppen und Netzwerken eine wichtige Einflussquelle darstellt, wenn es um tragreiche persönliche Entscheidungen, wie z.B. Wahlentscheidungen, geht. Der Einfluss interpersonaler Kommunikation war dabei nicht nur größer als der der Massenmedien, sondern interpersonale Kommunikation schützte Individuen auch vor allzu starkem Medieneinfluss. Die Mitglieder sozialer Gruppen und Netzwerke schirmten sich gegenüber Medieneinflüssen und Propaganda ab. Daher konnten die Medien allenfalls zur Bestärkung bereits bestehender Einstellungen, Meinungen und Verhaltensweisen bzw. sich schon abzeichnender Trends im Meinungsklima der Gruppen und Netzwerke beitragen.

Innerhalb sozialer Gruppen ist der soziale Einfluss nicht gleich verteilt, sondern es existieren hier strategische Positionen und Rollen für Kommunikation und Einfluss. Eine besonders aktive Rolle wird den sogenannten *Meinungsführern* zugesprochen, die andere Personen im sozialen Umfeld beeinflussen. Entdeckt wurden die Meinungsführer (*opinion leaders*) in der erwähnten Studie dadurch, dass die Befragten unter anderem danach gefragt wurden, ob sie 1. in letzter Zeit versucht haben, jemanden von ihren politischen Ansichten zu überzeugen und ob sie 2. von jemand anderem in letzter Zeit um ihren Rat bezüglich politischer Fragen gebeten wurden. Wer beide Fragen mit ja beantwortete, wurde als Meinungsführer eingestuft. Es zeigte sich, dass Meinungsführer keineswegs Personen mit hohem Sozialprestige waren. Die Meinungsführer unterschieden sich von den Personen, die sie beeinflussten, in sozioökonomischer Hinsicht kaum, ihr Einfluss verlief gewissermaßen horizontal, auf informellem Weg. Meist ist der Einfluss der Meinungsführer allerdings auf ein bestimmtes Interessengebiet beschränkt (monomorpher Einfluss).

Aufgrund ihres größeren Wissens in politischen Fragen und der regen Nutzung der Massenmedien wurde den Meinungsführern eine besondere Stellung im Massenkommunikationsprozess zugesprochen. Gewissermaßen an der Schnittstelle zwischen Massenkommunikation und interpersonaler Kommunikation stehend, üben Meinungsführer zwei Funktionen aus: 1. Eine Relais- und Informationsfunktion, wie sie in der *Hypothese des Two-Step-Flow* beschrieben wurde: „ideas often flow from radio and print to the opinion leaders and from them to the less active sections of the population" (Lazarsfeld et al. 1948: 151); und 2. eine Verstärker- oder Beeinflussungsfunktion, d.h. Meinungsführer beeinflussen auf der zweiten Stufe die kommunikativ weniger aktiven Personen in ihrer sozialen Umgebung, weil sie nicht nur besser informiert bzw. kompetenter, sondern auch in den jeweiligen sozialen Gruppen besser integriert sind. Meinungsführer sind besonders kontaktfreudig, eine wesentliche Voraussetzung dafür, andere zu beeinflussen.

Die Zweistufigkeit des Kommunikationsflusses wurde in der Folge wiederholt in Frage gestellt und durch Forschungsarbeiten zum Teil auch widerlegt. Ein wesentlicher Kritikpunkt ist, dass versäumt worden sei, *Informationsfluss* und *Beeinflussung* voneinander zu trennen. Für die reine Informationsdiffusion wird heute im Hinblick auf die meisten Nachrichten von einem One-Step Flow ausgegangen (Rogers 2000).

Wenngleich Meinungsführer für die reine Verbreitung von Informationen nur begrenzte Bedeutung haben, spielen sie doch eine wichtige Rolle im Prozess des *sozialen Einflus-*

ses. Meinungsführer tragen vor allem zur Bewertung von Medieninformationen bei, sie unterstützen die Urteils- und Meinungsbildung. Ihr Einfluss ist vor allem dann stark, wenn die von den Medien verbreiteten Ideen und Themen Unsicherheit auslösen und zu bereits vorhandenen Überzeugungen und Meinungen inkonsistent sind. In solchen Fällen ist es durchaus auch möglich, dass die Meinungsführer ihrerseits bei anderen Meinungsführern oder Experten Rat suchen und erhalten (sogenannter Multi-Step Flow).

Mit der Entdeckung der Meinungsführer an der Schnittstelle von Massenkommunikation und interpersonaler Kommunikation legten die Columbia Forscher weitere Studien auf, meist regionale und lokale Umfragen, in denen es unter anderem auch um Entscheidungen im Konsumbereich ging (Katz und Lazarsfeld 1955). Obwohl der Begriff des Netzwerkes sozialer Kommunikation bereits fixiert wurde, blieb man zumeist der damals sehr aktuellen Kleingruppenforschung verpflichtet (ebd.). Eine Ausnahme bildete eine Diffusionsstudie, in der die Diffusion eines neuen Medikamentes unter Ärzten einer Stadt untersucht wurde (Coleman et al. 1966). Hier wurde insbesondere der Einfluss interpersonaler Kommunikation auf das Adoptionsverhalten besonders plastisch deutlich. Es bestand ein enger Zusammenhang zwischen dem Ausmaß der sozialen Interaktion unter Ärzten, die miteinander „vernetzt" waren, und der Übernahme des Medikamentes. Innerhalb des Kommunikationsnetzwerkes der Ärzte übten einige der Ärzte Meinungsführerschaft aus. Sie hatten im Netzwerk eine strategische Position inne. Sie besuchten häufig Tagungen, lasen Fachzeitschriften und waren überdurchschnittlich gut über Medikamente informiert. Sie verschafften sich jedoch auch durch Gespräche mit anderen Kollegen und Experten Informationen und Rat. Es bestätigte sich, dass Meinungsführer auch bei anderen Meinungsführern Rat suchen und erhalten, den sie dann an andere im Netzwerk weitergeben.

Abgesehen davon gelang es trotz der Entwicklung innovativer Forschungsdesigns, wie z.B. Schneeballverfahren und soziometrischen Techniken, noch nicht, das Netzwerkkonzept umzusetzen. Die Forscher blieben zumeist am Kleingruppenkonzept orientiert. Das interpersonale Kommunikationsnetz wurde dabei mit Klein- bzw. Primärgruppe gleich gesetzt und auf intensive, direkte face-to-face Kommunikation beschränkt, wohingegen weitere soziale Verbindungen, indirekter oder weniger intensiven Charakters außer Betracht blieben (Eulau 1980). Die Forschungsbemühungen galten weniger dem interpersonalen Kommunikationsnetz, sondern der Identifizierung von Meinungsführern und der Beschreibung der Merkmale von Meinungsführern, die möglichen Anwendern neue Einsichten versprach. So erhoffte man sich, dass aus dem Schneeball der Meinungsführer etwa im Konsumbereich eine Lawine neuer Produktverwender würde. Die Multiplikationsfunktion der Meinungsführer zu nutzen, bedeutet Meinungsführer zu identifizieren, um Informationen an sie adressieren zu können. Deshalb wurden im Laufe der Zeit eine Reihe von Meinungsführerskalen entwickelt, die Meinungsführerschaft nach Selbsteinstufung ermitteln (z.B. Childers 1986; Noelle-Neumann 1985; Schenk und Rössler 1997).

Neben der Selbsteinstufung von Meinungsführerschaft sind auch Netzwerkanalysen durchgeführt worden, wie z.B. die erwähnte Ärztestudie von Coleman et al. Netzwerkanalysen ermöglichen die validere Form der Bestimmung von Meinungsführerschaft. Allerdings bedarf es hierzu der Erhebung von sozialen Beziehungen innerhalb einer abgrenzbaren sozialen Einheit. Weitere Beispiele dazu finden sich bei Rogers und Kincaid (1981).

In Netzwerkanalysen werden in der Regel nicht nur die starken sozialen Beziehungen (dauerhafte, reziproke, intensive Beziehungen, sogenannte *strong ties*) erfasst, sondern auch schwache Beziehungen (flüchtige, weniger intensive Beziehungen, sogenannte *weak ties*), wie sie beispielsweise zu Bekannten bestehen (Granovetter 1982; siehe Kapitel 3.3 in diesem Band). Für die Meinungsführer zeigte sich häufig, dass sie hohe Zentralität (siehe Kapitel 5.3) in den jeweiligen sozialen Netzwerken innehaben und vor allem viele starke Verbindungen auf sie gerichtet sind. Dies bestätigte sich etwa in einer Gesamtnetzwerkanalyse, die Weimann (1982) in einem Kibbuz durchführte. Er stieß darüber hinaus auf eine Art Arbeitsteilung im Kommunikationsnetzwerk zwischen zentralen Meinungsführern und eher randständigen „Brücken". Demnach sind *zentrale Meinungsführer* – gesellige, gut integrierte Personen – für den vertikalen Einfluss innerhalb der Cliquen und Cluster (siehe Kapitel 5.5) zuständig, während *Brücken* die horizontale Transmission von Informationen zwischen den Gruppen leiten. Diese Intergruppenverbindungen kommen vor allem durch schwache Beziehungen zustande, während innerhalb der Gruppen eher die starken Beziehungen bedeutsam sind. In einer Reanalyse der erwähnten „Ärztestudie" von Coleman et al. gelangte hingegen Burt (1999) zu einer Neubeurteilung der Meinungsführerrolle. So fungieren Meinungsführer als Broker zwischen den Gruppen, stellen also selbst die Brücken dar, die Weimann eher den marginal positionierten Personen vorbehält. Die Meinungsführer sind nach Burt besser verbunden („better connected"), stellen interpersonale Brücken dar, die die strukturellen Löcher (siehe Kapitel 3.7) zu überspannen vermögen. Durch ihre Brokerbeziehungen beschaffen sie sich die relevanten Informationen, die sie dann innerhalb ihrer Gruppen weiterleiten.

Neben Gesamtnetzwerkanalysen ist auch die erwähnte Methode der egozentrierten Netzwerke einsetzbar; sie trägt dazu bei, die interpersonale Umgebung der Befragten, und hier insbesondere auch der Meinungsführer, detaillierter zu beschreiben und zu analysieren (Schenk 1995). Hierbei gibt jeder Befragte Auskunft über sein persönliches Netzwerk. Die Methode kann auch zur Validierung selbsteingestufter Meinungsführerschaft beitragen, wie im Folgenden gezeigt wird (siehe Kapitel 5.11).

Im Rahmen einer repräsentativen Bevölkerungsumfrage (N=10.000 Personen) zum Thema Finanzangelegenheiten und Geldanlagen haben wir Finanz-Meinungsführer mit der Skala von King und Summers (1970) ermittelt (Schenk 2006; Tschoertner et al. 2006). In der Umfrage gaben die Befragten auch Auskunft über ihr persönliches Netzwerk. Zunächst wurde mit Hilfe des Namensgenerators von Burt (1984) das persönliche Kernnetzwerk der Befragten ermittelt. Drei weitere Namensgeneratoren dienten dazu, die persönliche Kommunikation über finanzielle Angelegenheiten zu beleuchten. Es wurde beispielsweise gefragt, mit wem der Befragte über Geld spricht, von wem er Rat erhält oder wem er Rat gibt. Insgesamt konnten bis zu zehn Personen genannt werden für die vier Namensgeneratoren. Mit Hilfe von Namensinterpretatoren wurden die Befragten dann gebeten, die genannten Alteri näher zu beschreiben, z.B. nach soziodemografischen Merkmalen, sozialem und beruflichem Kontext, Kompetenz in Finanzdingen usw.. Durch die Namengeneratoren ist bekannt, ob die Alteri Ratnehmer darstellen oder dem Befragten als Ratgeber dienen. Kennzeichnend für die Struktur der Netzwerke der Befragten sind Netzwerke mit einem Umfang von im Durchschnitt drei Personen (Alteri). Die Netzwerke sind homogen hinsichtlich der Merkmale Alter und Bildung der Alteri. Stark-intensive Beziehungen („strong ties") dominieren. Für die Meinungsführer (12 Prozent des Samples) ist kennzeichnend, dass ihre Netzwerke mit durchschnittlich fünf Personen größer sind, die Meinungsführer verfügen über einen höheren Anteil schwach-intensiver Beziehungen und Kontakte („weak ties"), unter anderem zu professionellen Beratern. Sie besitzen externe Kontakt- und Kommunikationsmöglichkeiten über den engen Kreis der Freunde und Verwandten hinaus.

Aktive Meinungsführer haben die größte Anzahl von Personen im Netzwerk, mit denen sie sich über Finanzangelegenheiten unterhalten. Sie haben, im Vergleich mit anderen, Kontakte zu der größten Anzahl von Alteri, die Rat von ihnen entgegennehmen. Im Durchschnitt gibt ein Meinungsführer zwei Personen in seinem Netzwerk Rat. Umgekehrt nennen aktive Meinungsführer durchschnittlich zwei Personen in ihrer sozialen Umgebung, von denen sie selbst Rat erfragen. Dies zeigt einen Multi-Step-Flow of Communication an. Aktive Meinungsführer übernehmen eine wichtige Brückenfunktion für die Ratsucher.

Meinungsführerschaft ist somit untrennbar mit einem sozialen Netzwerk assoziiert, das groß ist und mehrere Ratnehmer enthält. Abgesehen von den aktiven Meinungsführern gibt es nämlich auch Personen, die ebenfalls wie die aktiven Meinungsführer hohe Werte auf der Meinungsführerskala verbuchen können, aber hinsichtlich der Zahl der sozialen Kontakte deutlich unter der für aktive Meinungsführer genannten Zahl liegen. Diese nennen wir „stille Experten". Ihnen mangelt es bisweilen an der Gelegenheit, anderen Rat zu geben. Ihr Netzwerk ist insgesamt nur halb so groß wie das der aktiven Meinungsführer (2,0 zu 5,4 Alteri). Im Durchschnitt haben stille Experten rund einen Ratgeber und einen Ratnehmer in ihrem Netzwerk, was auf Gespräche über Finanzdinge im engsten Kreis schließen lässt. Obwohl stille Experten eine Disposition zeigen, über Geldangelegenheiten mit anderen zu sprechen, ist ihr Kommunikationspotential deutlich geringer. Die Kette der interpersonalen Kommunikation ist verkürzt, ihre Multiplikationswirkungen sind vergleichsweise deutlich geringer als die der aktiven Meinungsführer.

Die Analyse belegt, dass Meinungsführerschaft nicht auf bestimmte personale Merkmale begrenzt ist, sondern dass es auf soziale Merkmale ankommt. Wesentlich erscheint mit Katz (1957), dass Meinungsführer auch für andere Personen im Netzwerk erreichbar sein müssen. Anders gewendet: Meinungsführerschaft umfasst auch ein stärkeres Engagement in Ratgeberhandlungen.

2.3 Politische Kommunikation und Medienwirkung

In einer vergleichbaren Netzwerkstudie, bei der der Schwerpunkt allerdings auf der politischen Kommunikation und der Meinungsbildung lag, wurden die persönlichen Kommunikationsnetzwerke mit der Methode ego-zentrierter Netzwerke erfasst (Schenk 1995). Die Studie erbrachte Netzwerke mit einer durchschnittlichen Größe von drei bis vier Personen. Die wichtigsten Netzpersonen stellten Familienmitglieder und Verwandte dar, es folgten Beziehungen zu Freunden und schließlich Beziehungen zu Bekannten und Kollegen sowie zu Nachbarn. Insgesamt dominierten die starken Beziehungen, während schwache Beziehungen von vergleichsweise geringer Bedeutung waren. Mit der Größe der Netzwerke nahm allerdings der Anteil schwacher Beziehungen zu. Für die Netzwerke war eine beträchtliche Dichte feststellbar. Sie erwiesen sich als weitgehend homogen hinsichtlich ihrer Zusammensetzung nach den soziodemografischen Merkmalen Bildung und zum Teil auch Alter. In Netzwerken von überdurchschnittlicher Größe nahm dagegen die Heterogenität zu. In den sozialen Netzwerken wurde rege über die aktuellen Themen der Medienagenda diskutiert. Die politische Kommunikation fand vor allem im Kernbereich der Netzwerke statt. Mit niedrigerem Rangplatz genannter Netzpersonen nahm allerdings die Diskussions- und Redefreudigkeit ab. Politische Diskussionen fanden vor allem in einer homogenen Umgebung statt.

In dieser Studie wurde auch die Kongruenz versus Divergenz der Meinungen und Themenvorstellungen in den Netzwerken analysiert. Die *Meinungskongruenz* erwies sich als außerordentlich hoch. Dies zeigte insbesondere eine zusätzliche Schneeballbefragung, die die hohe Übereinstimmung der Meinungen zwischen den Befragten und ihren Netzpersonen bestätigte. Die Rede- und Diskussionsfreudigkeit der Befragten korrelierte schließlich mit der wahrgenommenen Übereinstimmung der politischen Ansichten. Personen zeigten sich als redebereiter, wenn sie in ihrer Meinung mit den anderen Personen in der näheren sozialen Umgebung übereinstimmten.

Ähnliche Ergebnisse fanden sich auch für die Publikums-Agenda, die anhand der Wichtigkeit politischer Themen gemessen wurde. Die Übereinstimmung in der Themengewichtung zwischen den Befragten und ihren Netzpersonen war ausgeprägt, es herrschte ebenfalls weitgehend Kongruenz vor.

Die *Themenkongruenz* im Netzwerk bzw. der interpersonalen Umgebung hatte einen größeren Einfluss auf die individuelle Themenwichtigkeit (salience) als die Medienberichterstattung; d.h., der Einfluss der Massenmedien war hinsichtlich der Themenwichtigkeit geringer als der Einfluss der interpersonalen Kommunikation (Schenk und Rössler 1994). Stärker noch als der Umfang der interpersonalen Kommunikation über die aktuellen Themen der Medienagenda trug die „*Netzkongruenz*" – also die Übereinstimmung in der Einschätzung der Themenwichtigkeit im persönlichen Netzwerk – zu erhöhter individueller Themenrelevanz bei. Offenbar führt die Wahrnehmung, dass die Personen im persönlichen Netzwerk (fast) übereinstimmende Themenvorstellungen haben, zu einer erhöhten Themenrelevanz bzw. -salienz (Rössler 1997). Besonders gilt dies – wie hier – für persönliche Netzwerke, die durch große Dichte gekennzeichnet sind: Die Personen verlassen sich eher auf das Netzwerk bzw. interpersonale Quellen als auf die Massenmedien. Personen hingegen, die lockere persönliche Netzwerke von geringer Dichte besitzen, unterliegen dem Medieneinfluss viel stärker, da die „Schutzschildfunktion" verloren geht (Beinstein 1977: 38).

Es ist möglich, dass im Zuge der gesellschaftlichen Veränderungen, die unter anderem eine erhöhte Individualisierung mit sich bringen, die persönlichen Netzwerke an Dichte verlieren und vermehrt mit schwachen Beziehungen durchsetzt sind. Derzeit finden wir Belege, die darauf hinweisen, dass vor allem an den Rändern der sozialen Netzwerke vermehrt schwache Verbindungen zunehmen und die Netzwerke – abgesehen vom Kernbereich – an Dichte verlieren. Dadurch könnte auch die Kongruenz der Meinungen und Vorstellungen in der persönlichen Umgebung abnehmen und dem Medieneinfluss Spielraum eröffnen. Überwiegend ist allerdings die persönliche Umgebung der Individuen (noch) durch Kongruenz geprägt, wie Schmitt-Beck (2003) dies für mehrere europäische Länder festgestellt hat.

2.4 Mediennutzung und soziale Netzwerke

Soziale Funktionen der Medien

Die Mediennutzung ist nicht nur durch individuelle Motive, wie z.b. Bedürfnisse nach Information oder Unterhaltung veranlasst, sondern geschieht vor allem auch vor dem Hintergrund sozialer Umfelder und Netzwerke. So erfolgt bereits die Auswahl bestimmter Medien und Medieninhalte vor dem Hintergrund „interpersonaler Nützlichkeit" (Levy und Windahl 1984). Die Medien stellen gewissermaßen eine „soziale Ressource" dar und können zur sozialen Integration beitragen. Die Mediennutzung entwickelt sich zum einen in Abhängigkeit vom sozialen Umfeld, wobei bei Kindern und Jugendlichen vor allem die Peergruppenbeziehungen bedeutsam sind (Süss 2004). So stellten bereits früh Johnstone und Katz (1957) für zwei getrennte Untersuchungsgruppen fest, dass miteinander befreundete Mädchen über einen ähnlichen Musikgeschmack verfügen, also innerhalb bestimmter Netzwerke Homogenität der Musikpräferenzen vorliegt. Zum anderen kann auch die Wahl bestimmter Netzpersonen durch die Medienpräferenzen bedingt sein, dann z.b., wenn der Musikgeschmack der jeweiligen Alteri mit dafür ausschlaggebend ist, diese ins persönliche Netzwerk aufzunehmen (Zillmann und Bhatia 1989). Die Medienpräferenzen einer Person (Ego), ihres Umfeldes und ihrer Netzpersonen (Alteri) sowie die Ähnlichkeit dieser Präferenzen haben einen wesentlichen Einfluss auf die Ausgestaltung ihres sozialen Netzwerkes (Friemel 2008b: 44).

Während bei Jugendlichen dabei vor allem Musikpräferenzen (Rössler und Scharfenberg 2004) und bestimmte Fernsehsendungen, wie z.B. Soap Operas (Süss et al. 1998), wichtig sind, sind bei Erwachsenen mit höherem Alter und höherer Bildung die Printmedien bedeutsam (Katz et al. 1973).

Abgesehen von der Auswahl bestimmter Medieninhalte bilden soziale Netzwerke bisweilen auch die Basis für deren „gemeinsame Rezeption" (z.B. Fernseh- und Kinorezeption), während derer über die wahrgenommenen Inhalte gesprochen wird und unter anderem Bezüge zur Alltagswelt hergestellt werden. Abgesehen von Familienmitgliedern sind wiederum Freunde und Peers (bei Jugendlichen) die häufigsten Gesprächspartner (Vocke 2002).

Auch wenn viele Gespräche über Medienangebote und -inhalte im sozialen Netzwerk vor oder während der Rezeption geführt werden, bildet die Folge- bzw. Anschlusskommunikation in der postkommunikativen Phase wohl den bedeutendsten Schwerpunkt, beziehen sich doch viele Gespräche im sozialen Netzwerk auf Medieninhalte; hierbei ist allgemein das Fernsehen besonders wichtig, weil es viele Dinge bringt, über die man sich mit Freunden, Verwandten und Bekannten unterhalten und diskutieren kann (Kepplinger und Martin 1986; Merten 1977; Süss et al. 1998). Die intensive Nutzung einschlägiger Medien bietet dabei dem Einzelnen auch die Möglichkeit, sich als Meinungsführer im sozialen Netzwerk zu betätigen und zu positionieren (2.2).

Adoption neuer Medien

Die Diffusionsforschung (siehe Kapitel 7.20) belegt, dass Massenkommunikation zwar zahlreiche Neuerungen bekannt macht, die eigentliche Adoption von Neuerungen aber maßgeblich durch persönliche Einflüsse in den sozialen Netzwerken zustande kommt (Coleman et al. 1957, 1966; Rogers 2003). So berichtet Rogers (1986: 123) bereits für die Innovation Personalcomputer, dass das soziale Umfeld der Freunde, Bekannten und Kollegen eine herausragende Bedeutung für die Entscheidung zur Adoption hat. Es kommt daher auf die soziale Einbettung von Individuen an: So werden Personen technische Neuerungen, wie z.B. Personalcomputer, Pay-TV, Mobiltelefon oder Internet, eher akzeptieren und übernehmen, wenn sich in ihrem persönlichen Netzwerk bereits eine bestimmte Anzahl von Übernehmern befindet und sozialer Einfluss zum Tragen kommt (Valente 1995). Innerhalb der persönlichen Netzwerke trägt normativer sozialer Einfluss dazu bei, dass Personen sich für die Adoption neuer Kommunikationstechniken und neuer Medien entscheiden. Dies konnte am Beispiel der Diffusion von Mobilfunk und Internet gezeigt werden (Schenk et al. 1997). Der soziale Netzwerkeinfluss muss, was nicht unerwähnt bleiben soll, nicht in jedem Fall auf eine Adoption von Neuerungen drängen, sondern auch eine Nicht-Adoption kann unterstützt werden, was die weitere Ausbreitung neuer Techniken und Medien behindern kann. Gerade dann, wenn die Diffusionskurve abfällt, richtet sich der soziale Einfluss bisweilen auf eine Nicht-Adoption neuer Medien (Lehmkuhl 2009).

Wandel sozialer Netzwerke durch das Internet

„Netzwerke sind offene Strukturen und in der Lage, grenzenlos zu expandieren und dabei neue Knoten zu integrieren, solange diese innerhalb des Netzwerkes zu kommunizieren vermögen, also solange sie dieselben Kommunikationscodes besitzen" (Castells 2001: 528).

Über das Internet und dabei insbesondere durch neue Interaktions- und Kommunikationsmöglichkeiten, die das Web 2.0 bietet (Communities, Netzwerkplattformen, Foren, Blogs), kann der Einzelne sein persönliches Netzwerk erweitern und anders organisieren. So zeigen Studien, dass z.B. Jugendliche, die besonders intensiv im Web sind, schwache persönliche Beziehungen in den virtuellen Raum verlagern und neue Beziehungen knüpfen, die sie häufig auch in das persönliche Kernnetz integrieren (Mesch und Talmud 2006: 137). Wellman und Gulia (1999: 348f.) betonen, dass sich auch der Charakter der Beziehungen ändert, basieren doch Online-Beziehungen mehr auf gemeinsamen Interessen und weniger auf gemeinsamen sozialen Merkmalen (Alter, Geschlecht, Status). Deshalb stellen Online-Beziehungen häufig schwächere und heterogenere Beziehungen dar als face-to-face-Beziehungen. Allerdings ermöglicht das Web es Individuen auch, sowohl schwache als auch starke Beziehungen über größere räumliche Distanzen zu anderen aufrecht zu erhalten, d.h. Online-Beziehungen und face-to-face-Beziehungen ergänzen sich. Hierbei ist jedoch zu beachten, dass obwohl Beziehungen sowohl offline als auch online gehalten werden können, die computervermittelte Kommunikation eigene Normen und Strukturen entwickelt, die nicht eine bloße Imitation des realen Lebens darstellen („The Net is the Net", Wellman und Gulia 1999: 353). So ist die computervermittelte Kommunikation, etwa in Internet-Communities, zumeist enthemmter als die face-to-face Kommunikation, die stärker normativ strukturiert ist (Barack und Gluck-Ofri 2007).

Da über das Internet häufig schwache Verbindungen aufgebaut werden, können Individuen dadurch neue Informationen und Perspektiven erlangen. Der Austausch von Informationen kann über Gruppengrenzen hinweg erfolgen. Es können dabei auch Ressourcen sowie social-support-Leistungen erlangt werden. Die Zugehörigkeit zu einer Community kann ein Zugehörigkeitsgefühl vermitteln. Die Entwicklung der Onlinekommunikation (und auch der Mobilkommunikation) trägt zu einem Wandel der Beziehungen bei. Es entstehen neue personalisierte Strukturen von Soziabilität (Hepp et al. 2006: 10): Die Formen der Vergemeinschaftung und Vergesellschaftung verändern sich.

3   Literatur

Barack, Azy und *Orit Gluck-Ofri,* 2007: Degree of Reciprocity and Self-Disclosure in Online-Forums. CyberPsychology & Behavior. Vol: 10. S. 407-417
Barton, Allen H., 1968: Bringing Society Back in Survey Research and Macro-Methodology. The American Behavioral Scientist 12. S. 1-9.
Beinstein, Judith, 1977: Friends, the Media, and Opinion Formation. Journal of Communication 27: 30-39.
Burkart, Roland, 2002: Kommunikationswissenschaft. 4. Auflage, Wien/Köln/Weimar: Böhlau.
Burt, Ronald S., 1984: Network Items and the General Social Survey. Social Networks 6. S. 293-339.
Burt, Ronald S., 1999: The Social Capital of Opinion Leaders. Annals of American Academy of Political and Social Science. Vol. 566. S. 37-54
Castells, Manuel, 2001: Das Informationszeitalter: Wirtschaft, Gesellschaft, Kultur. Teil I: Der Aufstieg der Netzwerkgesellschaft. Opladen: Leske+Budrich.
Childers, Terry L., 1986: Assessment of the Psychometric Properties of an Opinion Leadership Scale. Journal of Marketing Research. Vol. 23. S. 184-188.
Coleman, James S., Elihu Katz und *Herbert Menzel,* 1957: The Diffusion of an Innovation Among Physicians. Sociometry 20: 253-270.
Coleman, James, Elihu Katz und *Herbert Menzel,* 1966: Medical Innovation: A Diffusion Study. New York: Bobbs Merrill Co.
Eulau, Heinz, 1980: The Columbia Studies of Personal Influence: Social Network Analysis. Social Science History 4. S. 207-228.
Fennema, Meindert und *Eelke Heemskerk,* 2002: A Network Analysis of Dutch Mass Media Concentration. Universität von Amsterdam.
Friemel, Thomas, 2008a: Anatomie von Kommunikationsrollen. Methoden zur Identifizierung von Akteursrollen in gerichteten Netzwerken. Kölner Zeitschrift für Soziologie und Sozialpsychologie 60, H. 3, S. 473-499.
Friemel, Thomas, 2008b: Mediennutzung im sozialen Kontext. Soziale Netzwerkanalyse der Funktionen und Effekte interpersonaler Kommunikation über massenmediale Inhalte. Dissertation Universität Zürich.
Granovetter, Mark S., 1982: The Strength of Weak Ties: A Network Theory Revisited. S. 105-130. In: *Peter V. Marsden* und *Nan Lin* (Hg.), Social Structure and Network Analysis. Beverly Hills, London: Sage.
Hepp, Andreas, Friedrich Krotz, Shaun Moores und *Carsten Winter (Hg.),* 2006: Konnektivität, Netzwerk und Fluss. Wiesbaden: VS Verlag für Sozialwissenschaften.
Johnstone, John W. und *Elihu Katz,* 1957: Youth and Popular Music: A Study in the Sociology of Taste. American Journal of Sociology 62. S. 563-568.
Katz, Elihu und *Paul F. Lazarsfeld,* 1955: Personal Influence: The Part Played by People in the Flow of Mass Communications. Glencoe: Free Press.
Katz, Elihu, 1957: The Two-Step-Flow of Communication. Public Opinion Quarterly 21. S. 61-78
Katz, Elihu, Michael Gurevitch und *Hadassah Haas,* 1973: On the Use of the Mass Media for Important Things. American Sociological Review 38, S. 164-181.
Kepplinger, Mathias und *Verena Martin,* 1986: Die Funktionen der Massenmedien in der Alltagskommunikation. Publizistik 31. S. 118-128

King, Charles W. und *John O. Summers*, 1970: Overlap of Opinion Leadership across Consumer Product Categories. Journal of Marketing Research 7. S. 43-50.
Lazarsfeld, Paul F., Bernard R. Berelson und *Hazel Gaudet*, 1944: The People's Choice: How the Voter Makes up his Mind in a Presidential Campaign. New York/London. 2.Auflage 1948 New York: Duell, Sloan and Pearce
Lehmkuhl, Markus, 2009: Diffusion von Telekommunikationstechniken in sozialen Netzwerken: Eine Detailanalyse zum interpersonalen Einfluss. S. 265-281. In: *Schulz, Peter, Uwe Hartung und Simone Keller (Hrsg.):* Identität und Vielfalt der Kommunikationswissenschaft. Konstanz: UVK Verlagsgesellschaft.
Levy, Mark R. und *Sven Windahl*, 1984: Audience Activity and Gratifications: A Conceptual Clarification and Exploration. Communication Research 11. S. 51-78.
Maletzke, Gerhard, 1963: Psychologie der Massenkommunikation. Hamburg: Verlag Hans-Bredwo Institut.
Merten, Klaus, 1977: Kommunikation. Eine Begriffs- und Prozessanalyse. Opladen: Westdeutscher Verlag.
Mesch, Gustavo und *Ilan Talmud*, 2006: The Quality of Online and Offline Relationships: The Role of Multiplexity and Duration of Social Relationships. The Information Society 22. S. 137-148.
Noelle-Neumann, Elisabeth, 1985: Die Identifizierung der Meinungsführer. 38. Esomar-Kongreß. Wiesbaden
Pappi, Franz Urban (Hrsg.), 1987: Methoden der Netzwerkanalyse. München: Oldenbourg.
Quandt, Thorsten, 2005: Journalisten im Netz. Eine Untersuchung journalistischen Handelns in Online-Redaktionen. Wiesbaden: VS Verlag für Sozialwissenschaften.
Rice, Ronald E., 1993: Media appropriateness: Using social presence theory to compare traditional and new organizational media. Human Communication Research. Vol. 19. S. 451-484
Rogers, Everett M. und *Lawrence D. Kincaid*, 1981: Communication Networks: Toward a New Paradigm for Research. New York: The Free Press.
Rogers, Everett M., 1986: Communication Technology. The New Media in Society. New York: Free Press.
Rogers, Everett, 2000: Reflections on News Event Research. Journalism & Mass Communication Quarterly 77. S. 561-576
Rogers, Everett M., 2003: Diffusion of Innovations. 5. ed, New York: Free Press.
Roloff, Michael E., 1981: Interpersonal Communication. The Social Exchange Approach Beverly Hills. London: Sage Publications.
Rössler, Patrick, 1997: Agenda-Setting: Theoretische Annahmen und empirische Evidenzen einer Medienwirkungshypothese. Opladen: Westdeutscher Verlag.
Rössler, Patrick und *Nadeschda Scharfenberg*, 2004: Wer spielt die Musik? Kommunikationsnetzwerke und Meinungsführerschaft unter Jugendlichen - eine Pilotstudie. Kölner Zeitschrift für Soziologie und Sozialpsychologie 56. S. 490-519.
Schenk, Michael, 1995: Soziale Netzwerke und Massenmedien. Untersuchungen zum Einfluß persönlicher Kommunikation. Tübingen: J.C.B. Mohr Verlag.
Schenk, Michael, Hermann Dahm und *Deziderio Sonje*, 1997: Die Bedeutung sozialer Netzwerke bei der Diffusion neuer Kommunikationstechniken. Kölner Zeitschrift für Soziologie und Sozialpsychologie 49. S. 35-52
Schenk, Michael und *Patrick Rössler*, 1994: Das unterschätzte Publikum. Wie Themenbewusstsein und politische Meinungsbildung im Alltag von Massenmedien und interpersonaler Kommunikation beeinflußt werden. S. 261-295. In: *Neidhardt, Friedhelm* (Hrsg.): Öffentlichkeit, öffentliche Meinung, soziale Bewegungen. Opladen: Westdeutscher Verlag.
Schenk, Michael und *Patrick Rössler*, 1997: The Rediscovery of Opinion Leaders. An Application of the Personality Strength Scale. European Journal of Communication 22. S. 5-30
Schenk, Michael, 2006: Finanz-Meinungsführer. Hamburg: Spiegel-Verlagsreihe Fach & Wissen Bd. 13

Schmitt-Beck, Rüdiger, 2003: Mass Communication, Personal Communication and Vote Choice: The Filter Hypothesis in Comparative Perspective. British Journal of Political Science, Vol. 33., S. 233-259

Schnorf, Sebastian, 2008: Diffusion in sozialen Netzwerken der Mobilkommunikation. Konstanz: UVK Verlagsgesellschaft.

Süss, Daniel et al., 1998: Media Use and the Relationship of Children and Teenagers with their Peer Groups. Media Culture Society. S. 521-538.

Süss, Daniel, 2004: Mediensozialisation von Heranwachsenden. Dimensionen - Konstanten - Wandel. Weinheim: VS Verlag für Sozialwissenschaften.

Tschörtner, Anke, Cornelia Jers und *Michael Schenk*, 2006: Are all opinion leaders opinion givers? Are all opinion givers opinion leaders? A clarification of constructs based on empirical data. Paper/Vortrag 56. Jahrestagung der International Communication Association Dresden 2006.

Valente, Thomas, 1995: Network Models of the Diffusion of Innovations. Cresskill: Hampton Press.

Vocke, Eva, 2002: Wir reden immer über die spannenden Storys meiner Lieblingssoap, über alles was so passiert ist. Folgekommunikation und interaktive Funktion von Soaps. S. 89-97. In: *Götz, Maya (Hg.):* Alles Seifenblasen? Die Bedeutung von Daily Soaps im Alltag von Kindern und Jugendlichen. München: KoPäd.

Weimann, Gabriel, 1982: The Importance of Marginality. One More Step into the Two-Step Flow of Communication. American Sociological Review 47. S. 764-773

Wellman, Barry und *Milena Gulia*, 1999: Net-Surfers Don't Ride Alone: Virtual Communities as Communities. S. 331-366. In: *Wellman, Barry (Hg.):* Networks in the Global Village. Boulder, CO: Westview Press.

Zillmann, Dolf und *Azra Bhatia*, 1989: Effects of associating with musical genres on heterosexual attraction. Communication Research, 16(2), S. 263-288.

7.18 Zitationsanalyse: Beschreibung und Evaluation von Wissenschaft

H. Peter Ohly

1 Wissenschaft als Rekursion und Kumulation

Bereits in den 30er Jahren wurde zur Quantifizierung von Wissenschaftsentwicklungen auf bibliographisches Material zurückgegriffen. Robert K. Merton machte an Hand von Veröffentlichungslisten Aussagen zur „Entwicklung und Wandel von Forschungsinteressen", zur „Ambivalenz von Wissenschaftlern" oder zum sog. „Matthäuseffekt in der Wissenschaft" (Merton 1985). Im ersten genannten Fall benutzte er spätere bibliographische Kategorisierungen von Artikeln des 17. Jahrhunderts in der Zeitschrift *Philosophical Transactions*, im zweiten Fall Beurteilungen zu wissenschaftlichen Plagiaten und Mehrautorenschaft, im letztgenannten Zitationen mit renommierten Autoren. Der Physiker de Solla Price (1974) untersuchte die Dynamik der steigenden Anzahl von Wissenschaftlern und von wissenschaftlichen Publikationen und behandelte auch ‚Invisible Colleges' (74 ff; vgl. Crane 1972), wo innerhalb einer engen Forschergemeinschaft konkurrierend publiziert wird und entsprechend gesichtet und zitiert aber weniger gelesen wird (vgl. auch Umstätter 2002). Aufbauend auf solchen Überlegungen und anknüpfend an die Tradition von Registern zu Zitaten, wie sie im religiösen und im juristischen Bereich bekannt waren, wurde von Garfield (1955, 1964; s.a. Garfield und Stevens 1965) im ISI (Institute for Scientific Information, Philadelphia) der Science Citation Index (SCI; in erweiterter Form als SCI-E im Web of Knowledge von Thompson Reuters[1]) und später auch der Social Science Citation Index (SSCI) und der Arts and Humanities Citation Index (A&HCI) entwickelt, der den bibliographischen Angaben von wissenschaftlicher Literatur die zitierten Arbeiten hinzufügte[2].

2 Die Entdeckung der Zitationsgemeinschaften

Ursprünglich war dies als hilfreiches Retrievalinstrument gedacht, mit dem – ausgehend von einer bekannten Arbeit – auch die zitierten Werke schnell gefunden werden konnten (citations). Da zitierte und zitierende Veröffentlichung zwangsweise zeitlich aufeinander folgen (vgl. Abb. 1), ergeben sich typische zeitlich gerichtete Nutzungen und Fokussierungen auf Literaturgruppen. Indirekt lassen sich dann Veröffentlichungen ausfindig machen, die Gleiches zitieren (citation coupling; bibliographic coupling – zeitlich vorwärts gerichtet), oder auch solche, die gemeinsam zitiert werden (co-citation – zeitlich rückwärts gerichtet; vgl. Abb. 2).Wurde der ISI Citation Index zunächst in Buchform und dann auf einer

---

[1] http://www.isiwebofknowledge.com.
[2] Ein guter Überblick über die Angebote des ISI für das Informationsmanagement wird in den gesammelten Essays – meist solche, die von Eugene Garfield für *Current Contents* verfasst wurden – von Thomson Reuters gegeben: http://thomsonreuters.com/business_units/scientific/free/essays.

CD-ROM publiziert, so wurde mit dem Aufkommen der elektronisch lesbaren SCI Datenbank[3] die Möglichkeit gegeben, die Zitierungen als Generator für Zitationsnetzwerke zu benutzen. Nacke (1980) begründet in Deutschland einen Arbeitskreis ‚Bibliometrie und Scientometrie' und führt den Begriff ‚Zitatenanalyse' ein, unter der er die Ermittlung inhaltlich fachlicher Beziehungen (jeweils zwischen Publikationen, Zeitschriften und Disziplinen) versteht. Anstelle des intellektuellen Indexierens mit Fachbegriffen, um Gleichartigkeiten zu beschreiben, tritt nun das ‚Citation Indexing', die indirekte Beschreibung der Gleichartigkeit durch gleiche Zitationsmuster und dem damit implizierten Inhalt der nachgewiesenen Literaturstellen. Die Ähnlichkeiten werden in der Regel durch ein Ähnlichkeitsmaß, wie dem Jaccard-Index ermittelt. Die inhaltliche Beschreibung durch das Zitierte lässt sich nun von den einzelnen Literaturwerken auf ihren Autor übertragen. Entsprechend der vorgenannten Unterscheidung sind damit folgende Gruppen unterscheidbar: Autoren, die (als eine Art „invisible college") eine gewisse Anzahl gleicher Zitate verwenden, und Autoren, die (als Klassiker ihres Wissensgebietes) häufig miteinander zusammen zitiert werden. Erstere sind eher realer Natur, da unterstellt werden kann, dass sie auf Grund der gleichen Präferenzen gleichzeitig im Wissenschaftsbetrieb sind und sich damit durchaus kennen können. Letztere sind eher geistiger Natur. Sie behandeln in einem gegebenen inhaltlichen Kontext dasselbe (vgl. White 1990; Wellman und Nazer 1998) – das heißt, weder dass sie in derselben Periode gewirkt haben noch in einem Zitationsverhältnis zueinander stehen müssen (vgl. Small 1973; dagegen: White und McCain 2004).

Abbildung 1: Verteilung von Jahren der Veröffentlichung und des Zitiert-Werdens für den Autor ‚Garfield E' in der SSCI-Datenbank[4]

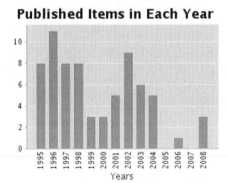 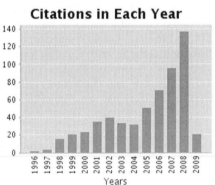

---

[3] Eine zusätzliche Anzahl von Journals aus den Current Contents umfasst SCI-E, die der SCISEARCH-Datenbank entspricht.
[4] Recherchiert am 2.3.09.

Abbildung 2: Bibliographic Coupling vs. Co-Citation (aus: Garfield 2001)

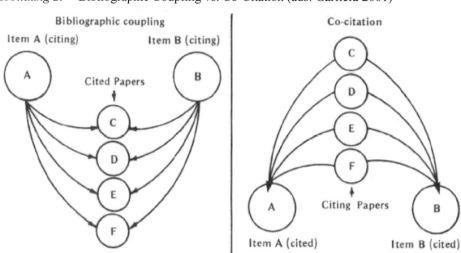

3 Zitationsanalyse

Graphische Darstellungen der Beziehungen über Zitationen und ihre abgeleiteten Maße rechnen zur Scientography und werden entsprechend Scientogram genannt, da sie wissenschaftliche Strukturen sichtbar machen – etwa welcher Initialartikel von welchen Werken welchen Autors später zitiert wurde, von wem diese wieder zitiert werden etc. (siehe etwa Abb. 3 und 4).[5] Entsprechend der Gleichartigkeit von Zitationsnachweisen oder zitierenden Veröffentlichungen ersten, zweiten usw. Grades ergeben sich Stränge von „Lehrer-Schüler"-Verhältnissen, die die Dymamik eines mit einem Werk assoziierten Wissenschaftsgebietes aufzeigen, sowie Gruppen von „Lehrern" oder „Schülern", die mutmaßlich geistige Verwandtschaft haben[6]. Solche Zitationen brauchen eben nicht nur auf die einzelnen zitierenden Texte und ihre Verfasser bezogen zu werden, sondern können auch auf höhere kollektive Einheiten übertragen werden, so auf alle Artikel einer Zeitschrift, alle Artikel eines Institutes, alle Artikel eines Landes, einer Disziplin etc. (z.B. Zao und Wang 2009).

---

[5] Ein entsprechend ambitioniertes Projekt ist der „Atlas of Science", in dem Grobstrukturen der Wissenschaft aus Zitationen generiert werden, um sie als Retrieval-Oberfläche zu verwenden (http://www.atlasofscience.net/; s.a.: Moya-Anegón et al. 2004).

[6] Eine quantitative Methode zur Aufdeckung von begrifflichen Zeitstrukturen ist der Burst-Detection-Algorithmus, der auf Ko-Okkurenzen im Zeitverlauf beruht (Kleinberg 2002).

Abbildung 3: Historiograph of bibliographic coupling from 1955 to 1974. (aus Garfield 2001)

Anm.: Gestrichelte Linien stellen nicht in der untersuchten Datenbank enthalte ‚outer references' dar

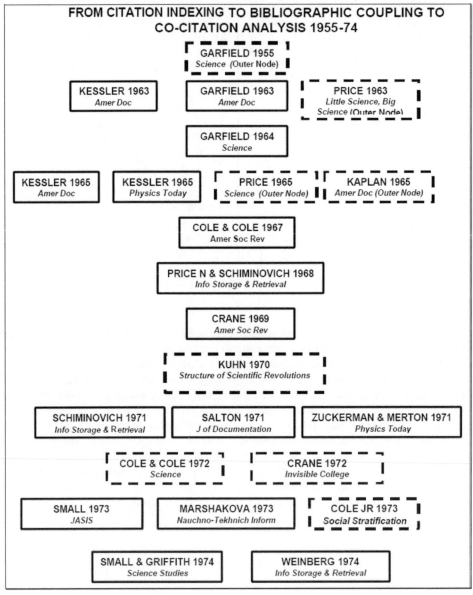

Abbildung 4: Example: author map for the creator of citation indexing, "E.Garfield"
(Quelle: Lin 2002)

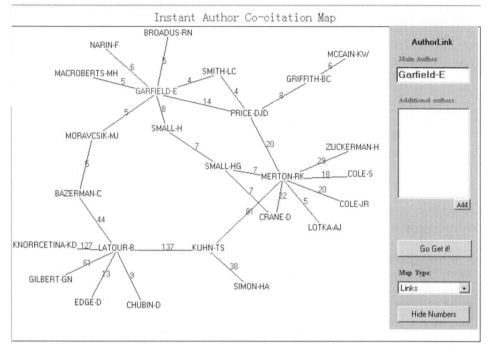

Auf Zitationen aufbauend wurde nun eine Vielzahl von Maßen entwickelt, von denen der Journal Impact Factor (JIF)[7] für Zeitschriften der bekannteste ist: Die Zahl der Zitierungen im laufenden Jahr von Artikeln der vergangenen zwei Jahre wird ermittelt. Hierzu erfolgt noch eine Standardisierung um die Zahl der Artikel der vergangenen zwei Jahre (siehe: Garfield 1994). Dieser JIF ermöglicht nun eine formale Qualifizierung von Zeitschriften, die ihrerseits wieder herangezogen werden kann, um Veröffentlichungen in entsprechenden Core-Journals (mit hohem Impact-Faktor) bezüglich ihrer Herkunftsquelle (Autor, Zeitschrift, Universität etc.) zu bewerten.

Der Impact-Faktor wurde vielfach kritisiert, u. a. da er
- nur auf der speziellen im ISI verwendeten, also US-amerikanischen Auswahl an Zeitschriften beruht (vgl. Abb. 5),
- nach den unterschiedlichen Halbwertszeiten (Zeitspanne, in der die Anzahl der Zitationen auf die Hälfte zurückfällt) in den einzelnen wissenschaftlichen Disziplinen nicht differenziert, bzw. kurzlebige Artikel bevorzugt,
- Bücher und anderes nicht in Zeitschriften Publiziertes nicht berücksichtigt;
- nur den ersten Autor beim Zitat berücksichtigt,

---

[7] Er wird im sog. Journal Citation Report (JCR) jährlich veröffentlicht und bezieht sich auf die jeweiligen letzten zwei Jahre, siehe: http://thomsonreuters.com/products_services/science/science_products /scholarly_research_analysis/ research_evaluation/journal_citation_reports.

- Selbstzitationen zu ungleichen Gewichtungen führen gegenüber „cited-only journals" (nicht im ISI ausgewertet werden, aber über Zitate auftauchen),
- einzelne hochzitierte Aufsätze (oft allgemeine methodisch-theoretische Einführungen, Reviews[8]) zu stark berücksichtigt
- und insgesamt zu wenig intuitiv ist.

Abbildung 5: Japan vs United States, European Union, and Asia Pacific – Total citations in 5 year overlapping periods (Garfield 1999)

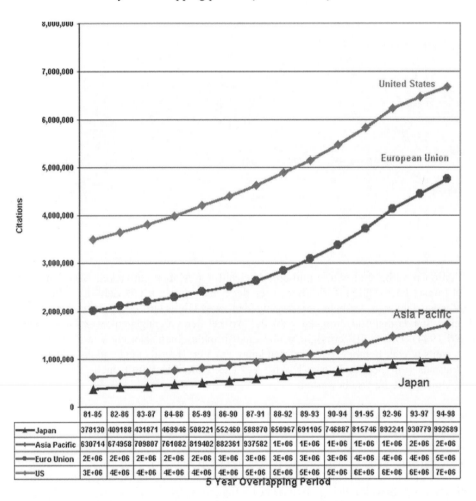

Inzwischen wird darum auch an Zitationen zwischen Büchern gearbeitet (White et al. 2009). Zur Korrektur der beiden letzten oben genannten Einwände wurde der Hirsch-Index vorgeschlagen (Hirsch 2005). Sein Wert ist derjenige, bei dem die Anzahl der Zitierungen einer Quelle (etwa ein bestimmter Autor) mit dem Zitationsrangplatz einer Veröffentli-

---

[8] Das trifft z.B. auf Garfields „Artikel" zu.

chung dieser Quelle übereinstimmt. Der Vorteil ist, dass nicht alle Zitationen dieser Quelle in die Berechnung eingehen, sondern nur die am häufigsten zitierten Arbeiten. Ein hoher Wert kommt also zustande, wenn durchgängig viele Publikationen zitiert wurden und dagegen nicht, wenn nur einzelne extrem hoch und alle anderen sehr gering zitiert wurden. Aber auch hier gilt, dass eine wissenschaftliche Vergleichbarkeit zwischen Art der Arbeit, Fächern und Perioden kaum gegeben ist.

4 Zitationsmessung und wissenschaftliche Leistung

Da Zitationsmaße und ihre Ableitungen, z.B. die Anzahl von Veröffentlichungen einer Person in Journals mit hohem JIF, gerne zur Bewertung von Forschungsleistungen herangezogen werden, sollen im Folgenden einige grundlegende kritische Einwände genannt werden (s.a.: Cronin 1984). Bei der formalen Analyse von Zitierungen wird unterstellt, dass eine Zitierung eine geistige Nähe ausdrückt. Ist dies der Fall, so muss man sich fragen, ob diese sich nicht mit der Gesamtzahl der von einem Autor vergebenen Zitationen verändert. Weiter könnte der Seitenumfang der zitierenden wie auch der zitierten Publikation eine gewichtende Bedeutung haben. Schließlich ist auch noch der Stellenwert der einzelnen Autoren in Autorenkollektiven zu hinterfragen, etwa: ist der erste Autor wichtiger als die folgenden, stellen mehrere Autoren eine Minderung der Leistung des einzelnen da?[9] Mehr qualitativer Natur sind Einwände, die vermerken, dass zitierte Literatur nicht unbedingt gelesene Literatur sein muss und dass zitierte Literatur eher als Verortung im wissenschaftlichen Kontext, denn als geistiger Rückbezug und Argumentation zu werten sind (Rauter 2006: 26ff.; Münch 2009a). Je nach Argumentation in einem Artikel kann es auch sein, dass Arbeiten erwähnt werden, auf die man nicht aufbaut, sondern von denen man sich gerade negativ absetzen möchte. In den Bereich der Wissenschaftsethik gehören dann Einwände, die Gefälligkeitszitationen, unehrenwerte Autorenschaften, Ghostwriter u.ä. als Fehlerquelle erwähnen (Stock 1985, 2001a; Fröhlich 1999, 2006). Hier ist vielleicht zu bedenken, dass Zitationsrelationen eben nicht geistige Verwandtschaften, sondern lediglich für den Wissenschaftsbetrieb typische Sichtbarkeiten von Publikationsbeziehungen und Aggregaten darüber widerspiegeln (vgl. Stock 2001b; Leydesdorff und Wouters 1999). Ein besonderes dynamisches Problem wurde u. a. bereits von Merton angesprochen: der Matthäus-Effekt (Merton 1968, Kap. 6). Etablierte, verdiente Autoren, die häufig zitiert wurden, haben eine große Chance gerade deswegen auch weiterhin zitiert zu werden. Bedenklich stimmt z.B. die „Social Text Affair" von Alan Sokal (1997), der bei einer angesehenen Zeitschrift einen Nonsense-Artikel einreichte, der unbeanstandet in einer Zeitschrift veröffentlicht und mehrfach danach in der Fachöffentlichkeit zitiert wurde.[10] Der Rückbezug auf gemeinsame geistige Wurzeln scheint also eine Art wissenschaftlichen Sprachrituals zu sein, mit dem signalisiert wird, dass man zur fiktiven Community dazugehört (vgl. auch Vinkler 1987). Andererseits führt dieses zu Ungerechtigkeiten, da einmal etablierte Wis-

---

[9] Richtlinie für die evaluierte Mittelverteilung im Bereich der Forschung in der Fakultät für Klinische Medizin Mannheim: „Der Erstautor soll in der Regel mit 30% des Impact-Factors, der Letztautor ebenfalls mit 30% des Impact-Factors bewertet werden, die übrigen Autoren teilen sich die verbleibenden 40%, es sei denn, dass nur 3 Autoren als Verfasser gelistet sind; in diesem Fall erhalten Erst und Letztautor jeweils 35%, der mittlere Autor 30%" (http://www.ma.uni-heidelberg.de/forschung/richtlinien_2002new.doc).

[10] Alan D. Sokal, 1996: Transgressing the Boundaries: Toward a Transformative Hermeneutics of Quantum Gravity. Social Text 46/47: 17-252.

senschaftler einen höheren Kredit (geistig, wie auch durch Fördermittel) bekommen, wodurch sie auch wieder häufiger und fundierter publizieren können. De Solla Price sieht es als einen natürlichen Auslesefaktor an, dass Spitzenwissenschaftler auf eine Vielzahl anderer guter Wissenschaftler aufbauen und diese wiederum sich auf ein Heer von mittelmäßigen Wissenschaftlern stützen. In Anlehnung an Lotka's (1926) logarithmischer Gesetzmäßigkeit[11] zur wissenschaftlichen Produktivität geht er davon aus, dass Spitzenleistungen auf eine Vielzahl von Publikationen (anderer) aufsetzen. Da auch nur ein kleiner Prozentsatz der Bevölkerung zu wissenschaftlichen Leistungen fähig ist, ergibt sich vergleichbar dem Malthusschen Bevölkerungsdilemma[12] auch eine Obergrenze der Produktivität der Wissenschaftler, die durch die Anzahl der verfügbaren Wissenschaftler und ihrer Publikationen gegeben ist (de Solla Price 1965).

Abbildung 6: The evolution of citation indexing (Cronin 2001)

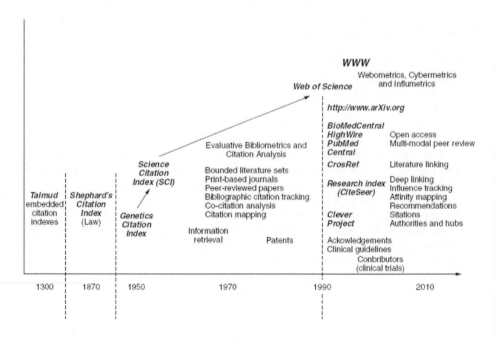

Auf andere Verzerrungen macht der sog. Matilda-Effekt (Rossiter 2003) aufmerksam. Wissenschaftlerinnen werden dadurch unterrepräsentiert, dass ihre Arbeit von wissenschaftlichen Kollegen oder auch Partnern vereinnahmt und veröffentlicht werden. Ähnlich muss

---

[11] Nach Lotka (1926) steht die Anzahl produktiver Personen zu n Publikationen in Verhältnis $1 : n^2$. Eine ähnliche exponentielle Pareto-Verteilung formuliert Bradford für das Verhältnis von Zeitschriften mit den relevantesten Artikeln zu den restlichen (mit gleicher Anzahl relevanter) Zeitschriften als: $1 : n : n^2 : n^3$ ... (Bradford 1934).

[12] Nach Malthus hält das Nahrungsmittelangebot mit dem exponentiellen Wachstum der Bevölkerung und seiner Nahrungsnachfrage nicht Schritt.

man auch von Unterrepräsentationen anderer benachteiligter Bevölkerungsgruppen, Sprachen und Ländern ausgehen (vgl. Krämer 2004).

Es soll nochmals hervorgehoben werden, dass Zitationsrelationen eine nur fiktive Gemeinschaft repräsentieren, die einerseits die Sichtbarkeit von kognitiven Bezügen in der Literatur widerspiegeln, andererseits aber weder reale wissenschaftliche Bezüge noch Wertigkeiten darzustellen im Stande sind. Als Verbesserung des JIF wird von Bergstrom (2007) ein ‚Eigenfactor' angeboten, der mehr Zeitschriften umfasst und differenzierte Gewichtungen beinhaltet. In je feinere Vergleiche die Daten zum JIF einbezogen werden, umso genauere Inspektion und Interpretation der realen Verhältnisse erfordern sie (van Raan 2003 spricht von „Spectroscopy"). Auch schrumpft bei der Beschränkung auf annähernd zeitnahe Publikationen die Menge auswertbarer bibliographischer Daten in der Zitationsanalyse erheblich, besonders wohl bei den Sozial- und Geisteswissenschaften.[13] Zitationen und die abgeleiteten Maße sind als nur eine Art von möglichen Beschreibungsarten für wissenschaftliche Beziehungen anzusehen und sollten entsprechend validiert werden (vgl. Gerhards 2002). Die Arbeitsgemeinschaft der Wissenschaftlichen Medizinischen Fachgesellschaften (Frömter et al. 1999[14]) versucht eine fachspezifische Gewichtung der Zeitschriften im SCI, indem u.a. Review-Journals unberücksichtigt bleiben, der spezielle Impact-Faktor mit dem mittleren gewichtet wird, deutschsprachige Zeitschriften stärker gewichtet werden und Zeitschriften, die nicht im Journal Citation Report von Thomson Reuters enthalten sind, einen Standardwert erhalten. Dies sind sicher nur graduelle Verbesserungen, die generelle Frage, welche Auswirkungen solche Forschungssteuerung mit ‚objektiven' Zitationsmaßen hat, bleibt bestehen (Münch 1999b, Kap.8).

5 Die Zukunft der Zitationen und Annotationen

Weiter ist zu berücksichtigen, dass Verlagspublikationen heutzutage im Wissenschaftsbetrieb zunehmend weniger bedeutend sind (siehe zur Entwicklung der Zitationsanalyse: Abb. 6). Neu hinzugekommen sind Veröffentlichungen in elektronischen Datenarchiven, wie sie mit CiteSeer, Scirus und Google Scholar z.T. gleichzeitig mit Print-Publikationen angeboten und ausgewertet werden. Weiter sind Internetangebote eine Form der wissenschaftlichen Produktivität, die durch Verlinkungen zitationsähnlichen Charakter haben (Rousseau 1997; Thelwall 2004; Prime et al. 2002). So stützt sich die Google-Suchmaschine in ihrer Bewertung von Internetseiten auf den sogenannten Pagerank (Brin und Page 1998), der eine starke Verlinkung durch andere Seiten als Gütekriterium wertet. Die inzwischen weit verbreiteten Tag Clouds verallgemeinern diese Idee der Generierung von Semantik aus Handlungs- und Strukturkontexten heraus. Im Bibsonomy-Projekt wurde unter Berücksichtigung der Ähnlichkeiten im semiotischen Dreieck aus beschriebenen Dokumenten, Beschreibungstags und Benutzungsprofilen ein weiterentwickelter FolkRank kreiert, der die Adaptionen von neuen kognitiven Elementen unter Verwendung bestehender unterstützt (Hotho et

---

[13] Ein Indikator hierfür ist die Halbwertszeit, in der die Häufigkeit des Zitierens einer Publikation um die Hälfte abnimmt (vgl auch Abb. 2). Wie schnell die Veröffentlichungen einer Zeitschrift zitiert werden, zeigt dagegen der Immediacy Index an, der in Bezug zu allen erschienen Artikeln einer Zeitschrift eines bestimmten Jahres die Anzahl ihrer Zitatierungen im selben Jahr angibt. (zu den Indices siehe: Thomson Reuters o.J.)

[14] Eine Kurzfassung siehe auch unter: http://www.uni-duesseldorf.de/AWMF/bimet/impa-emp.htm

al. 2006). Neben Zitationsmaßen bekommen mit den im Internet verfügbaren Publikationen und Aktivitäten Maße an Bedeutung, die das Herunterladen und lesen von Dokumenten messen (siehe etwa: Bollen et al. 2005; Herb und Scholze 2007). Die Auswertung dieser Maße nicht nur im Hinblick auf semantische und bibliographische Ähnlichkeit sondern auch zur Erschließung homogener virtueller Benutzer- (und Kunden-) gruppen und ihrer Dynamik ist abzusehen. Bereits jetzt finden gruppendynamische Prozesse in Newsgroups, Diskussionslisten, Wikis, Blogs und anderen virtuellen Gemeinschaften zunehmende Beachtung (z.B. Helmers et al. 1996; Stegbauer 1999; Matzat 2003). Während in dem traditionellen Ansatz der Zitationsanalyse formale bibliographische Strukturen als Hinweis auf reale soziale und kognitive Bezüge genommen werden (unobtrusive measurement, siehe: Webb et al. 1966), geht es bei den faktischen ‚Virtual Communities' im Web 2.0 (s.a.: Heck et al. 1999; MacMullen 2005; Tufekci 2008) darum, ihre sozialen Prozesse zu erkunden und in der Programmierung und Auswertung von Social Software zu berücksichtigen.

6 Literatur[15]

Bergstrom, Carl, 2007: Eigenfactor: Measuring the value and prestige of scholarly journals. C&RL News 68, S. 314 –316. http://www.ala.org/ala/mgrps/divs/acrl/publications/crlnews/ backissues2007/may07/eigenfactor.cfm.
Bollen, Johan und *Herbert Van de Sompel*, 2008: Usage Impact Factor: The Effects of Sample Characteristics on Usage-Based Impact Metrics. Journal of the American Society for Information Science and Technology 59, Heft 1, 136-149.
Bradford, Samuel C., 1934: Sources of information on specific subjects. Engineering, 26: 85-86.
Brin, Sergey und *Lawrence Page*, 1998: The Anatomy of a Large-Scale Hypertextual Web Search Engine. Computer Networks and ISDN Systems 30: 107-117. http://infolab.stanford. edu/~backrub/google.html.
Ciszek, Thomas und *Xin Fu*, 2005: An Annotation Paradigm: The Social Hyperlink . Proceedings of the American Society for Information Science and Technology 42. http://citeseerx. ist.psu.edu/viewdoc/download?doi =10.1.1.95.7350&rep=rep1&type=pdf.
Crane, Diana, 1972: Invisible colleges. Diffusion of knowledge in scientific communities.' Chicago, London: The University of Chicago Press.
Cronin, Blaise, 1984: The citation process : the role and significance of citations in scientific communication. London: Taylor Graham.
Cronin, Blaise, 2001: Bibliometrics and beyond: some thoughts on web-based citation analysis Journal of Information Science 27. http://jis.sagepub.com/cgi/content/abstract/27/1/1.
de Solla Price, Derek J., 1965: Networks of Scientific Papers. Science 149: 510-515.
de Solla Price, Derek J., 1974: Little Science, Big Science. Frankfurt/M.: Suhrkamp.
Faba-Pérez, Cristina, Vicente Guerrero-Bote und *Félix Moya-Anegón*, 2004: Methods for analysing web citations: a study of web-coupling in a close environment. Libri 54: 43-53. http://www.scimago.es/publications/libri2004.pdf.
Fröhlich, Gerhard, 1999: Das Messen des leicht Meßbaren. Output-Indikatoren, Impact-Maße: Artefakte der Szientometrie? Online-Mitteilungen 65: 7-21. http://www.literature.at/webinterface/ library/ALO-BOOK_V01?objid=12596.
Frömter E., E. Brähler, U. Langenbeck, N.M. Meenen und *K. H. Usadel*, 1999: Das AWMF-Modell zur Evaluierung publizierter Forschungsbeiträge in der Medizin. Deutsche Medizinische Wochenschrift 124: 910-915.

---

[15] Alle Angaben von Internetquellen beziehen sich auf den Stand vom 24.7.2009.

Fu, Xin, Tom Ciszek, Gary Marchionini und *Paul Solomon*, o.J.: Annotating the Web: An exploratory study of Web users' needs for personal annotation tools Proceedings of the American Society for Information Science and Technology 42. http://ils.unc.edu/annotation/publication/Fu_etal_ASIST05.pdf. http://ils.unc.edu/annotation/publication/Fu_etal_ASIST05.pdf.

Garfield, Eugene, 1955: Citation Indexes for Science: A New Dimension in Documentation through Association of Ideas. Science 122: 108-111.

Garfield, Eugene, 1964: Science Citation Index. A New Dimension in Indexing. Science 144: 649-654.

Garfield, Eugene, 1994: The impact factor. Current Comments 25: 3-7.

Garfield, Eugene, 1999: A Citation Analyst's Perspective on Japanese Science Publisher. The Scientist. http://www.garfield.library.upenn.edu/papers/japantalky1999.html

Garfield, Eugene, 2001: From Bibliographic Coupling to Co-Citation Analysis via Algorithmic Historio-Bibliography A Citationist's Tribute to Belver C. Griffith http://www.garfield.library.upenn.edu/papers/drexelbelvergriffith92001.pdf.

Garfield, Eugene und *Leo J. Stevens*, 1965: Uber Den Science Citation Index (SCI) und verwandte Entwicklungen der jüngsten Zeit. Nachrichten für Dokumentation 16: 130-140.

Gerhards, Jürgen, 2002: Reputation in der deutschen Soziologie – zwei getrennte Welten. Soziologie 2002/2: 19-33.

Heck, Rachel M., Sarah M. Luebke und *Chad H. Obermark*, 1999: A Survey of Web Annotation Systems. http://www.math.grin.edu/~rebelsky/Blazers/Annotations/Summer1999/Papers/survey_paper.html.

Helmers, Sabine, Ute Hoffmann und *Jeanette Hofmann*, 1998: Internet... the Final Frontier: eine Ethnographie. Schlußbericht des Projekts "Interaktionsraum Internet: Netzkultur und Netzwerkorganisation in offenen Datennetzen". WZB Discussion Paper FS II 98-112, Wissenschaftszentrum Berlin. http://duplox.wzb.eu/texte/dp103/index.html.

Herb, Ulrich und *Frank Scholze*, 2007: Nutzungsstatistiken elektronischer Publikationen. Zeitschrift für Bibliothekswesen und Bibliographie 54, Heft 4-5, 234-237.http://scidok.sulb.uni-saarland.de/volltexte/2007/1324.

Hirsch, Jorge E., 2005: An index to quantify an individual's scientific research output. Proceedings of the National Academy of Science 102: 16569-16572.

Hotho Andreas, Robert Jaschke, Christoph Schmitz, Gerd Stumme, 2006: Information Retrieval in Folksonomies: Search and Ranking. http://www.kde.cs.uni-kassel.de/hotho/pub/2006/seach2006hotho_eswc.pdf.

Kleinberg, Jon, 2002: Bursty and Hierarchical Structure in Streams. Proceedings, 8th ACM SIGKDD International Conference on Knowledge Discovery and Data Mining.

Kraemer, Klaus, 2004: Asymmetrisches Wissen und Nachhaltigkeit. S. 30-36 in: *Christoph Lehner, Peter Ohly* und *Gerhard Rahmstorf* (Hg.), Wissensorganisation und Edutainment. Wissen im Spannungsfeld von Gesellschaft, Gestaltung und Industrie. Würzburg: Ergon-Verlag.

Leydesdorff, Loet und *Paul Wouters*, 1999: Between texts and contexts: Advances in theories of citation? (A rejoinder). Scientometrics 44: 169-182. http://www.springerlink.com/content/02252165817021kr/fulltext.pdf.

Lin, Xia, 2002: AuthorMap http://faculty.cis.drexel.edu/~xlin/authorlink.html.

Lotka, Alfred James, 1926: The frequency distribution of scientific productivity. Journal of the Washington Academy of Sciences 16: 317-323.

MacMullen, W. John, 2005: Annotation as Process, Thing, and Knowledge: Multi-domain studies of structured data annotation. SILS Technical Report . Chapel Hill, NC: University of North Carolina, School of Information and Library Science. http://citeseerx.ist.psu.edu/viewdoc/ download ?doi=10.1.1.121.5723&rep=rep1&type=pdf.

Matzat, Uwe, 2003: Soziale Netzwerke und die Entstehung von Normen in akademischen Online-Gruppen in: Jutta Allmendinger (Hg.), Entstaatlichung und soziale Sicherheit. Verhandlungen des 31. Kongresses der Deutschen Gesellschaft für Soziologie in Leipzig 2002. CD-ROM, Opladen: Leske + Budrich.

Merton, Robert K., 1985: Entwicklung und Wandel von Forschungsinteressen. Aufsätze zur Wissenschaftssoziologie. Frankfurt/M.: Suhrkamp.

Moya-Anegón, Félix, Benjamín Vargas-Quesada, Víctor Herrero-Solana, Zaida Chinchilla-Rodríguez, Elena Corera-Alvarez und *Francisco Muñoz-Fernández*, 2004: A new technique for building maps of large scientific domains based on the cocitation of classes and categories. Scientometrics 61: 129-145. http://www.scimago.es/publications/sciento-04.pdf.

Münch, Richard, 2009: Qualitätsmessung: R. Münch: Qualitätssicherung, Benchmarking, Ranking. Wissenschaft im Kampf um die besten Zahlen. H-Soz-u-Kult. <http://hsozkult.geschichte.hu-berlin.de/forum/id=1104&type=diskussionen>.

Münch, Richard, 2009b: Die Konstruktion soziologischer Exzellenz durch Forschungsrating. Soziale Welt 60: 63-90.

Nacke, Otto, 1980: Zitatenanalyse und verwandte Verfahren. Bielefeld: IDIS.

Prime, Camille, Elise Bassecoulard und *Michel Zitt*, 2002: Co-citations and co-sitations: A cautionary view on an analogy. Scientometrics 54: 291-308.

Rauter, Jürgen, 2006: Zitationsanalyse und Intertextualität. Intertextuelle Zitationsanalyse und zitatenanalystische Intertextualität. Hamburg: Verlag Dr. Kovac.

Rossiter, Margaret W., 2003: Der (Matthäus) Matilda-Effekt in der Wissenschaft. S. 191-210 in: *Theresa Wobbe* (Hg.), Zwischen Vorderbühne und Hinterbühne – Beiträge zum Wandel der Geschlechterbeziehung in der Wissenschaft vom 17. Jahrhundert bis zur Gegenwart Bielefeld: transcript Verlag.

Rousseau, Ronald, 1997: Sitations: an exploratory study. Cybermetrics 1.

Sokal Alan D., 1998: What the Social Text Affair Does and Does Not Prove. A House Built on Sand: Exposing Postmodernist Myths about ScienceOxford: Oxford University Press.

Stegbauer, Christian und *Alexander Rausch*, 1999: Ungleichheit in virtuellen Gemeinschaften. Soziale Welt 50: 93-110.

Stock Wolfgang G., 1985: Die Bedeutung der Zitatenanalyse für die Wissenschaftsforschung.Zeitschrift für allgemeine Wissenschaftstheorie 16: 304-314.

Stock Wolfgang G., 2001a: Journal Citation Reports: Ein Impact Factor für Bibliotheken, Verlage und Autoren? PASSWORD 05.

Stock, Wolfgang G., 2001b: Publikation und Zitat. Die problematische Basis empirischer Wissenschaftsforschung FH Köln, Köln. Kölner Arbeitspapiere zur Bibliotheks- und Informationswissenschaft.

Thelwall, Mike, 2004: Link Analysis: An Information Science Approach. Elsevier.

Thelwall, Mike, Liwen Vaughan und *Lennart Björneborn*, 2005: Webometrics. Annual Review of Information Science and Technology 39: 81-135.

Thomson, Reuters, o.J.: Glossery of Thomson Scientific terminaology. http://science. thomsonreuters.com/support/patents/patinf/terms/#C.

Tufekci, Zeynep, 2008: Can You See Me Now? Audience and Disclosure Regulation in Online Social Network Sites. Bulletin of Science Technology Society 28, 20-36. http://bst.sagepub.com /cgi/reprint/28/1/20

Umstätter, Walther, 2003: Was ist und was kann eine wissenschaftliche Zeitschrift heute und morgen leisten. S. 143-166 in: *Heinrich Parthey* und *Walther Umstätter* (Hg.): Wissenschaftliche Zeitschrift und Digitale Bibliothek. Wissenschaftsforschung Jahrbuch 2002 Berlin: GEWIF. http://www.ib.hu-berlin.de/~wumsta/infopub/pub2001f/JB02_143-166.pdf

van Raan, Anthony F. J., 2003: The use of bibliometric analysis in research performance assessment and monitoring of interdisciplinary scientific developments. Technikfolgenabschätzung 12: 20-29.

Vinkler, Peter, 1987: A quasi-quantitative citation model. Scientometrics 12: 47-72.

Webb, Eugene J., Donald T. *Campbell*,,Richard D. *Schwartz* und Lee Sechrest, 1966): Unobtrusive measures Chicago: Rand McNally.

White, Howard D., 1990: Author cocitation analysis: Overview and defense. S. 84-106 in *Christine L. Borgman* (Hg.), Bibliometrics and scholarly communication. Newbury Park: Sage.

White, Howard D., *Barry Wellman* und *Nazer Nancy*, 1998: Visualizing a Discipline: An Author Co-Citation Analysis of Information Science, 1972–1995. Journal of the American Society for Information Science 49: 327-355.
White, Howard D. und *Katherine W. McCain*, 2004: Does citation reflect social struture?: longitudinal evidence from the "Globenet" interdisciplinary research group. Journal of the American Society for Information Science and Technology 55: 111-126.
White, Howard D., *Sebastian K. Boell*, *Hairong Yu*, *Mari Davis*, *Concepción S. Wilson* und *Fletcher T. H. Cole*, 2009: Libcitations: A measure for comparative assessment of book publications in the humanities and social sciences. Journal of the American Society for Information Science and Technology 60: 1083-1096.
Liu, Zao und *Chengzhi Wang*, 2005: Mapping interdisciplinarity in demography: a journal network analysis. Journal of Information Science 31: 308-316.

7.19 Bibliometrische Netzwerke

Frank Havemann und Andrea Scharnhorst

Bibliometrie ist ein Forschungsgebiet, das sich mit der statistischen Analyse bibliographischer Informationen beschäftigt. Die meisten bibliometrischen Untersuchungen sind auch als scientometrisch einzustufen, weil sie sich auf den Publikationsoutput der Wissenschaft beziehen, vor allem auf Zeitschriftenaufsätze. Informetrie erfasst auch Informationsströme jenseits der Welt der Bücher und Zeitschriften, einschließlich der Kommunikation über das Web (Webometrie) und das Internet.[1]

Bibliographische Nachweise von Publikationen enthalten Elemente wie die Namen der Autoren, den Titel, Schlüsselwörter und Angaben zum Auffinden des Dokuments (Titel des Journals bzw. des Sammelbandes, Erscheinungsjahr, Band und Seite). Diese werden häufig als Felder in Datenbanken gespeichert. Manchmal stehen auch Addressinformationen zu den Autoren zur Verfügung. Alle diese Elemente bilden die Merkmale eines Dokuments, auch Metadaten genannt.

Über das Dokument sind seine Merkmale verkoppelt: Autoren mit Journalen und Adressen, Schlüsselwörter mit Erscheinungsjahren usw. Diese Kopplungen unterschiedlicher Merkmale generieren bipartite Netzwerke, die durch Rechteckmatrizen beschrieben werden. Es koppeln aber auch gleiche Merkmale wie Autoren mit Autoren (s. den Abschnitt 6 zu Koautorschaftsnetzwerken) oder Schlüsselwörter mit Schlüsselwörtern (s. den Abschnitt 5 zur *co-word analysis*). Dies erzeugt unipartite Netzwerke, die durch quadratische Matrizen repräsentiert werden, welche überdies symmetrisch sind (siehe Kapitel 5.12).

Wissenschaftliche Publikationen zeichnet aus, dass sie in der Regel Verweise (Referenzen) auf andere wissenschaftliche Publikationen enthalten, wodurch ein weiteres Netzwerk generiert wird, das der Publikationen selber. Dieses Element der Selbst-Referenzialität ist auch für Modelle des wissenschaftlichen Publizierens aufgegriffen worden (Bruckner u.a. 1990; Gilbert 1997; Leydesdorff 2001; Morris und Yen 2004; Lucio-Arias und Leydesdorff 2009).

Nach der bahnbrechenden Innovation, die Eugene Garfield mit dem *Science Citation Index* (SCI) in den 1960er Jahren gelang, wurde dieser sogleich nicht nur zur Informationsnavigation, sondern auch zur Wissenschaftsanalyse eingesetzt (Garfield 1955; de Solla Price 1965; Wouters 1999). Die wachsende Verfügbarkeit von maschinenlesbaren Daten (der SCI selbst wurde schon früh auch auf Magnetbändern angeboten) und das Erscheinen des zweiten großen Informationsnetzwerkes, des *World Wide Web* (WWW),

---

[1] Für eine Einführung in diese sich überlappenden Gebiete verweisen wir auf das Lehrbuch von Egghe und Rousseau (1990) unter dem Titel *Introduction to Informetrics*, auf das von Moed, Glänzel und Schmoch (2004) herausgegebene *Handbook of Quantitative Science and Technology Research*, auf die jüngste englischsprachige Monografie *Bibliometrics and Citation Analysis* von De Bellis (2009) und auf das kürzlich als Open-Access-Publikation erschienene elektronische Buch *Einführung in die Bibliometrie* (Havemann 2009). Einige der folgenden Abschnitte sind im Wesentlichen gekürzte Fassungen von Abschnitten im Kapitel 3 dieses Buches. Auch das online frei verfügbare Vorlesungsskript von Wolfgang Glänzel (2003) zum Thema *Bibliometrics as a Research Field* ist für den Einstieg gut geeignet.

machten automatisierte Analysen großen Umfangs möglich. Das WWW, in dem *pages* die Knoten und *(hyper-)links* die Kanten bilden, wurde selbst zum Untersuchungsgegenstand von Netzwerkanalysen (Huberman 2001). *Link analysis* lässt sich gewinnbringend auch auf akademische Institutionen oder Länder beziehen, wie von Thelwall (2004, 2009) sowie von Ortega, Aguillo, Cothey und Scharnhorst (2008) gezeigt wurde. Aus deren Position im Netzwerk (siehe Kapitel 3.6 und 5.6) lassen sich dann Schlüsse über Forschungskooperation und die Funktion verschiedener nationaler Wissenschaftssysteme im internationalen Forschungsgeschehen ziehen.

Darüber hinaus ist das Web bis heute ein Medium für viele zum Teil frei zugängliche Daten, die in ihren Netzwerkstrukturen ausgewertet werden können. Man denke dabei an bioinformatische Datenbanken, aber auch an *Amazon*, *eBay* oder *Facebook*. Diese Datenströme wurden zum Auslöser eines neuen Spezialgebietes innerhalb der statistischen Physik, der *complex networks* (Scharnhorst 2003; Morris und Yen 2004; Pyka und Scharnhorst 2009). Im Rahmen einer disziplinübergreifenden *network science* werden Methoden der *social network analysis* (SNA), die für kleinere, empirisch erfassbare soziale Netze entwickelt wurden, mit statistischen Analysen und dynamischen Modellen aus der Physik, mit Algorithmen zum *data mining* und zur Datenvisualisierung aus der Computerwissenschaft und mit mathematischer Graphentheorie verbunden, um bestehende komplexe Netzwerke in Natur und Gesellschaft besser zu verstehen und zu beherrschen (NRC 2005). Auch die Bibliometrie oder Wissenschaftsmetrie ist durch diese *neue Netzwerkforschung* in den letzten Jahren stark beeinflusst worden (Börner u.a. 2007). Wir werden darauf im abschließenden Abschnitt 7 näher eingehen. Im Folgenden wollen wir uns auf die Netzwerkdarstellungen beschränken, die traditionell in der Scientometrie besondere Aufmerksamkeit gefunden haben.

In der Wissenschaftsmetrie kann man grob zwischen der Analyse von Texten und der Analyse von Akteuren unterscheiden. Auch wenn, wie am Anfang ausgeführt, Information zu beiden Elementen in einer bibliographischen Referenz steckt, konzentrieren sich historisch die meisten bibliometrischen Netzwerkanalysen auf Textelemente (Zitationsnetzwerke von Artikeln, Kozitation, bibliographische Kopplung oder semantische Netzwerke). Dem stehen Netzwerke der wissenschaftlichen Zusammenarbeit entweder auf individuellem Niveau oder zwischen Ländern gegenüber (Wagner 2008). Zu den interessanten Ansätzen im Zwischenfeld von Text und Akteur gehört die von Eugene Garfield *u.a.* entwickelte *HistCite*-Methode, die im Abschnitt 1 erläutert wird.

1 Zitationsnetzwerke von Artikeln

Aufsätze in wissenschaftlichen Zeitschriften verweisen auf frühere Aufsätze und bilden dadurch ein Netz (vgl. Kapitel 7.18). Diese Sicht auf den Strom von Zeitschriftenliteratur hat schon vor mehr als 40 Jahren Derek J. De Solla Price (1965) propagiert. Artikel als Knoten und Zitierungen als Kanten eines Netzwerk-Graphen aufzufassen, erlaubt es, für bibliometrische Zwecke graphentheoretische Methoden zu verwenden. Angesichts der sozialen Natur des Wissenschaftssystems werden wir in diesem Beitrag auch diskutieren, wie sich Begriffe und Konzepte, die für die Analyse sozialer Netzwerke (*Social Networks Analysis*, kurz SNA) entwickelt wurden, auf das Verständnis wissenschaftlicher Kommunikation anwenden lassen.

Sowohl das Netz der Journalartikel als auch das Web erhalten ständig neue Knoten, die mit gerichteten Kanten auf schon vorhandene Knoten deuten (siehe Kapitel 3.2, Kapitel 3.5 und Kapitel 5.1). Während aber *Webpages* verändert werden können (oder auch wieder gänzlich gelöscht werden), bleibt ein Zeitschriftenaufsatz als Dokument nach der Publikation unverändert. Korrekturen können nur als Errata nachgetragen werden. In Webseiten können auch nachträglich Links zu späteren Seiten eingebaut werden, im Zitationsnetzwerk hingegen gibt es eine zeitliche Ordnung. Diese ist zwar nicht streng, denn Autoren können wegen der Langwierigkeit des Publikationsprozesses auch von noch nicht erschienenen Texten Kenntnis haben und sie zitieren, aber bei der Analyse von Zitationsnetzwerken wird von diesen Fällen meist abgesehen.

Das heute riesige Netzwerk wissenschaftlicher Zeitschriftenartikel begann sich herauszubilden, als das Verweisen auf ältere Publikationen übliche Praxis wurde. Es ist hilfreich, sich das Wachstum des totalen Zitationsnetzwerks von Artikeln räumlich in Form einer wachsenden Kugel vorzustellen, welche ständig neue Jahresringe ansetzt, in denen sich die Artikel durch die von ihnen zitierten Quellen selbst verorten.

Die von Eugene Garfield *u.a.* entwickelte *HistCite*-Methode geht von einer einzelnen bahnbrechenden Forschungsarbeit, dem Œuvre eines Wissenschaftlers, oder den Kernarbeiten eines Spezialgebietes aus. Mit ihr lassen sich erfolgreiche Entwicklungsstränge der Forschung extrahieren. In überschaubaren Netzwerken hochzitierter Aufsätze werden Pfade wissenschaftlicher Erkenntnis sichtbar (Garfield u.a. 2003). Eine *main path analysis* dieser zeitlich geordneten Graphen veranschaulicht sowohl Mechanismen der Verbreitung und Diversifizierung wissenschaftlicher Erkenntnis (Diffusion) als auch deren Konsolidierung und Standardisierung (Kodifikation), wie Lucio-Arias und Leydesdorff (2008) zeigten. Eine solche zitationsbasierte Historiographie komplementiert biographische und wissenschaftshistorische Untersuchungen und schlägt somit eine Brücke zwischen dem graphentheoretischen Netzwerkbegriff und der Rolle sozialer Beziehungsnetzwerke in strukturalistischen Sozialtheorien (Merton 1957).

Wenn der fachliche Ort einer Publikation nur auf Basis der durch die zitierten Quellen gegebenen Information bestimmt wird, verzichtet man im Grunde auf alle anderen Angaben im Dokument, die für die Ortsbestimmung ebenfalls wesentlich sein können. Eine Rekonstruktion des Wissenstransfers sollte sich deshalb nicht nur auf die Analyse von Zitationsnetzwerken stützen. Zitationsanalyse hat aber den Vorteil, den mathematischen Kalkül der SNA nutzen zu können und so zu Erkenntnissen zu gelangen, zu denen hermeneutische Historiographie allein nicht fähig ist. Standardmethoden des *information retrieval* (IR) nutzen darüber hinaus die textliche Ähnlichkeit von Dokumenten, um den Nutzern zu einem gefundenen Text weitere für sie relevante anzuzeigen (s.u. Abschnitt 5). Beziehungen (Kanten, Links) in einem Netzwerk gleichartiger Knoten können durch seine quadratische *Adjazenzmatrix A* mathematisch erfasst werden, deren Elemente a_{ij} von Null verschieden sind, wenn Knoten i eine Beziehung zu Knoten j hat.[2] Wenn nicht zwischen Beziehungen verschiedener Stärke unterschieden wird, nimmt a_{ij} den Wert 1 an, falls die Beziehung vorliegt.

Derek J. de Solla Price hat in dem oben erwähnten Aufsatz die Adjazenzmatrix der Zitierungen zwischen den Artikeln einer abgeschlossenen Bibliographie über *N-rays* angege-

---

[2] Adjazent (lateinisch) Anrainer, Grenznachbar

ben, indem er die Einsen durch Punkte symbolisierte und die Plätze der Nullen weiß ließ (in seiner Abb. 6, S. 514).[3]

Er ordnete dafür die Artikel in der zeitlichen Reihenfolge ihres Erscheinens und ließ alle Zitierungen von Quellen außerhalb der Bibliographie weg. Die Adjazenzmatrix der ersten zwölf Artikel ist

$$A = \begin{pmatrix} 0 & 0 & 0 & 0 & 0 & 0 & 0 & 0 & 0 & 0 & 0 & 0 \\ 1 & 0 & 0 & 0 & 0 & 0 & 0 & 0 & 0 & 0 & 0 & 0 \\ 1 & 1 & 0 & 0 & 0 & 0 & 0 & 0 & 0 & 0 & 0 & 0 \\ 1 & 1 & 0 & 0 & 0 & 0 & 0 & 0 & 0 & 0 & 0 & 0 \\ 0 & 0 & 0 & 0 & 0 & 0 & 0 & 0 & 0 & 0 & 0 & 0 \\ 0 & 0 & 0 & 0 & 1 & 0 & 0 & 0 & 0 & 0 & 0 & 0 \\ 0 & 0 & 0 & 0 & 1 & 0 & 0 & 0 & 0 & 0 & 0 & 0 \\ 0 & 0 & 0 & 0 & 0 & 0 & 1 & 0 & 0 & 0 & 0 & 0 \\ 0 & 0 & 0 & 0 & 0 & 0 & 0 & 1 & 0 & 0 & 0 & 0 \\ 0 & 0 & 0 & 0 & 0 & 0 & 0 & 1 & 1 & 0 & 0 & 0 \\ 0 & 0 & 0 & 0 & 0 & 0 & 0 & 1 & 1 & 0 & 0 & 0 \\ 0 & 0 & 0 & 0 & 0 & 0 & 0 & 1 & 1 & 1 & 0 & 0 \end{pmatrix}.$$

Weil zukünftige Artikel nicht zitiert werden können, kommen in den Zeilen dieser Matrix Einsen nur vor der Hauptdiagonale vor. Wegen der zeitlichen Ordnung des Zitationsnetzwerkes hat seine Adjazenzmatrix die Gestalt eines Dreiecks: oberhalb und auf der Hauptdiagonalen finden sich nur Nullen ($a_{ij} = 0, j \geq i$).[4]

---

[3] *N-rays* stellten sich als fiktiv heraus, deswegen kann die Bibliographie als abgeschlossen gelten. Dieses konkrete Beispiel eines Zitationsgraphen wird uns durch die folgenden Abschnitte begleiten.

[4] Zeitlich geordnete Netzwerke nennt man auch *azyklisch*, weil man in ihnen nicht entlang der gerichteten Links in einem Kreislauf zum Ausgangspunkt zurückkehren kann.

Abbildung 1: Zeitlich geordneter Graph des Zitationsnetzwerks zwischen den ersten zwölf Artikeln über *N-rays*. Datenquelle: de Solla Price (1965)

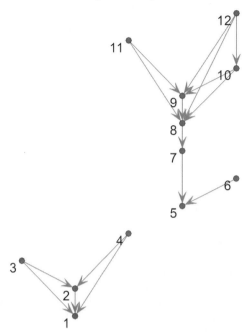

Der Graph des Netzwerks der ersten zwölf Artikel in Abbildung 1 zerfällt in zwei Teilgraphen. Jeder steht für unabhängig gewonnene Resultate, die erst später im ersten Überblicksartikel zu *N-rays* (Nr. 75 der Bibliographie) als zusammengehörig interpretiert wurden.[5] Die Adjazenzmatrix A des Zitationsnetzwerkes kann zur Modellierung des Verhaltens eines Lesers benutzt werden, der sich anhand der zitierten Quellen von Artikel zu Artikel bewegt. Der Leser lese zur Anfangszeit $t = 0$ z. B. Artikel Nr. 12. Dann wird er durch einen Spaltenvektor $\vec{r}(0)$ beschrieben, der elf Nullen enthält und eine Eins als zwölfte Komponente. Multipliziert man ihn von links mit der Transponierten von A, findet man den Leser bei den Artikeln Nr. 8, 9 und 10. Im nächsten Schritt wandert er durch die Vorschrift $\vec{r} \leftarrow A^T \vec{r}$ von dort zu Nr. 7, 8 und 9, usw.:

---

[5] was sich als Kozitation äußert (vgl. Abschnitt 3, S. 6)

$$\vec{r}(0) = \begin{pmatrix} 0 \\ 0 \\ 0 \\ 0 \\ 0 \\ 0 \\ 0 \\ 0 \\ 0 \\ 0 \\ 1 \end{pmatrix}, \vec{r}(1) = \begin{pmatrix} 0 \\ 0 \\ 0 \\ 0 \\ 0 \\ 0 \\ 0 \\ 1 \\ 1 \\ 1 \\ 0 \\ 0 \end{pmatrix}, \vec{r}(2) = \begin{pmatrix} 0 \\ 0 \\ 0 \\ 0 \\ 0 \\ 0 \\ 1 \\ 2 \\ 1 \\ 0 \\ 0 \end{pmatrix}, \ldots$$

Wir können dieses Modell zu dem des *Random Readers*[6] verfeinern, indem wir die Komponenten der Vektoren $\vec{r}$ jeweils auf die Summe 1 normieren:

$$\vec{R} = \vec{r} / \sum r_i \equiv \vec{r} / r_+.$$

Dadurch werden beispielsweise zum Zeitpunkt $t = 2$ die von Null verschiedenen Elemente des Leser-Vektors zu $R_7(2) = 1/4$, $R_8(2) = 1/2$ und $R_9(2) = 1/4$. Durch die Normierung auf 1 sind diese Anteile als Wahrscheinlichkeit interpretierbar, und zwar als die Wahrscheinlichkeit mit der wir den Leser zur Zeit $t = 2$ bei Artikel Nr. 7, 8, oder 9 antreffen, wenn er nach der Lektüre eines Textes jeweils zufällig eine zitierte Quelle wählt. Bei Artikel 8 treffen wir ihn mit doppelter Chance, weil er zu ihm sowohl über 9 als auch über 10 gelangen kann. Das macht deutlich, warum der Leser durch die Normierung nun als *Random Reader* bezeichnet werden kann.

Mit Hilfe von Zitationsindizes können Leser heute nicht nur retrospektiv Artikel über die Referenzenlisten zitierter Quellen finden, sondern auch zeitlich vorwärts im Zitationsnetzwerk von Artikeln navigieren.[7] Man kann diesen Prozess modellieren, indem man die Transponierte der transponierten Adjazenzmatrix verwendet, d. h. A selber, weil die Spiegelung an der Hauptdiagonalen alle Pfeile des Graphen eines gerichteten Netzwerks umkehrt, wie man sich leicht klarmacht.

Die Adjazenzmatrix A gibt die direkten Wege zwischen Knoten im Netzwerk entlang der gerichteten Kanten an. Für das Modell des Lesers haben wir Potenzen von A (bzw. von A^T) benutzt: A^1, A^2, A^3. Wenn wir z. B. A^2 mit dem Graphen in Abbildung 1 vergleichen, sehen wir, dass die Elemente von A^2 angeben, wie viele (indirekte) Wege der Länge 2 zwischen den Knoten existieren, z. B. zwei von Knoten 12 zu Knoten 8 (zwischen anderen Knotenpaaren ist höchstens ein Weg der Länge 2 vorhanden). Allgemein gilt, dass die Matrix A^k die Zahlen der Wege der Länge k zwischen den Knoten enthält.

---

[6] in Anlehnung an das Modell des *Random Surfers*, das Brin und Page (1998) ihrem *PageRank*-Algorithmus zu Grunde legten

[7] Durch abwechselndes Rückwärts- und Vorwärtsgehen können sich Nutzer auf Zickzacklinien auch seitwärts im Graphen bewegen, z. B. von Artikel Nr. 3 über 2 zu 4 (s. Abschnitt 2).

2 Bibliographische Kopplung

Zwei Artikel nennt man mit Kessler (1963) bibliographisch gekoppelt, wenn mindestens eine zitierte Quelle in den Bibliographien beider Artikel auftaucht. Wenn man im Graphen der zwölf ersten Aufsätze zu *N-rays* (Abb. 1) nach bibliographischen Kopplungen sucht, entdeckt man mehrere: Die Knoten 2 und 3 sind über Knoten 1 bibliographisch gekoppelt, wie auch Knoten 2 und 4. Die Knoten 3 und 4 sind sowohl über Knoten 1 als auch über Knoten 2 gekoppelt, Knoten 6 und 7 über 5; die Knoten 9 bis 12 sind paarweise über 8 gekoppelt, die Knoten 10 bis 12 darüber hinaus auch noch über Knoten 9.

Wenn ein Leser von einem Artikel über das Zitationsnetzwerk zu einem bibliographisch gekoppelten Artikel gelangen will, muss er zuerst im Graphen einen Schritt entlang der Pfeile gehen und dann einen gegen die Pfeilrichtung. Wir wissen, dass dieser Prozess durch die Matrix $B = AA^T$ beschrieben wird. Ihr Element b_{ij} entsteht nach den Regeln der Matrixmultiplikation als Skalarprodukt der Zeilenvektoren von A. Da A eine binäre Matrix ist, ergibt die Summierung die Zahl der übereinstimmenden Komponenten der beiden Zeilenvektoren, d. h. die Zahl gemeinsamer Quellen.

Element b_{ij} gibt also an, wie viele bibliographische Kopplungen zwischen den Artikeln i und j bestehen. Anders ausgedrückt, gibt es die Zahl von Wegen der Länge 2 an, bei denen man sich von i entlang der Pfeile und zu j in Gegenrichtung bewegt. Der Symmetrie der Kopplungsbeziehung entspricht die der Matrix: $B = B^T$. Die Hauptdiagonale enthält die Zahlen der bibliographischen Selbstkopplungen der Artikel, nämlich die Zahlen aller ihrer Referenzen auf andere Artikel im Netzwerk.

Zitationsdatenbanken ermöglichen es Nutzern, sich im Zitationsnetzwerk zeitlich vorwärts und rückwärts, aber auch seitwärts zu bewegen. Thematisch ähnliche Artikel, die im selben Jahrgang erscheinen, sind sich zeitlich oft zu nah, als dass im späteren Artikel der frühere zitiert werden könnte. Sie verraten ihre Ähnlichkeit aber auch durch ähnliche Referenzenlisten, d. h. durch eine starke bibliographische Kopplung. Schon in der seit Ende der 1980-er Jahre vertriebenen CD-ROM-Edition des *Science Citation Index* (SCI) wurde man von einem aufgefundenen Artikel mit der Option *Related Records* auf die zwanzig mit ihm am stärksten bibliographisch gekoppelten Artikel verwiesen. Die Stärke der Kopplung zweier Artikel i und j wird hier einfach als Zahl der beiden gemeinsamen Referenzen definiert, wie sie durch das Element b_{ij} der Matrix B gegeben ist.

Beim Beispiel der Bibliographie zu *N-rays* können wir nur Zitationsbeziehungen zwischen ihren Artikeln in die Analyse einbeziehen, obwohl in ihren Referenzenlisten sicher auch Quellen zitiert werden, die nicht zur Bibliographie gehören. Analysieren wir, zum Beispiel, einen Jahrgang des SCI, dann wählen wir keinen thematischen Ausschnitt aus dem Zitationsgraphen, sondern betrachten alle im Jahrgang des SCI erfassten Journalartikel mit allen ihren zitierten Quellen, welche auch Bücher, Patente, Zeitungsartikel usw. sein können. Dem angemessen ist nicht eine quadratische Adjazenzmatrix A, deren Zeilen und Spalten die selben Knoten repräsentieren,[8] sondern eine Rechteckmatrix, die für jeden Artikel eine Zeile und für jede zitierte Quelle eine Spalte enthält. Nur wenige der Journalartikel des Jahrgangs werden auch bei den zitierten Quellen auftauchen. Wir gelangen so zu einem Zitationsnetzwerk von zweierlei Knoten: Artikel und Quellen. In ihm sind nur Kanten zwi-

---

[8] und die nur im Dreieck unter der Hauptdiagonalen überhaupt Elemente ungleich Null enthält

schen verschiedenartigen Knoten erlaubt. Netzwerke dieser Art werden auch als *bipartite* bezeichnet. Die Rechteckmatrix wird Affiliationsmatrix genannt.[9]

Auch für eine rechteckige Affiliationsmatrix A mit m Zeilen (Artikeln) und n Spalten (Quellen) kann die Matrix der bibliographischen Kopplung $B = AA^T$ berechnet werden. Matrix B ist auch in diesem Fall quadratisch und enthält für jeden der m Artikel eine Reihe und eine Spalte.

Zwei Artikel mit langen Referenzlisten können viele gemeinsame Quellen haben; Artikel mit wenigen Referenzen sind daher tendenziell schwächer bibliographisch gekoppelt, wenn man die Stärke der Kopplung einfach nur mit der Zahl gemeinsamer Referenzen misst. Das legt nahe, zu einem relativen Maß der bibliographischen Kopplung überzugehen. Dieses kann am einfachsten mengentheoretisch definiert werden. In Referenzlisten taucht jede zitierte Quelle nur einmal auf; deswegen kann man sie auch als Mengen zitierter Quellen ansehen. In der Sprache der Mengenlehre formuliert, gilt also:

$$b_{ij} = |L_i \cap L_j|,$$

d.h. das Element b_{ij} der Matrix B ist gleich der Größe des Durchschnitts der Referenzlisten der Artikel i und j. Als relatives Maß der Überlappung zweier Mengen steht der *Jaccard-Index* zur Verfügung:[10]

$$J_{ij} = \frac{|L_i \cap L_j|}{|L_i \cup L_j|}.$$

Der Jaccard-Index der bibliographischen Kopplung ist Null, wenn der Durchschnitt der Referenzlisten leer ist, und erreicht sein Maximum von Eins, wenn beide Listen identisch sind (weil dann Durchschnitt und Vereinigung gleich sind).

Ein anderes relatives Maß der Ähnlichkeit von Mengen, das hier verwendet werden kann, ist der *Salton-Index*:[11]

$$S_{ij} = \frac{|L_i \cap L_j|}{\sqrt{|L_i||L_j|}}.$$

Hier wird die Größe des Durchschnitts der Mengen auf das geometrische Mittel der Größen beider Mengen bezogen. Auch er erreicht sein Maximum von Eins für identische Mengen und sein Minimum von Null für disjunkte.

---

[9] vom lateinischen *ad-filiare*: als Sohn adoptieren
[10] Der schweizer Botaniker und Pflanzenphysiologe Paul Jaccard (1868–1944) definierte den Index 1901.
[11] Der in den USA wirkende Computer-Scientist Gerard Salton (1927–1995) war führend auf dem Gebiet des *information retrieval* (s. a. Wikipedia). Der Index wird im Buch von Salton und McGill (1983) verwendet, s. a. S. 128 der deutschen Ausgabe (Salton & McGill 1987). Im Abschnitt 3.6 des oben zitierten Bibliometrie-Lehrbuches (Havemann, Frank, 2009: wird gezeigt, wie die Autoren den Index alternativ als Cosinus des Winkels zwischen den Zeilenvektoren von Matrix A definieren.

3 Kozitationsanalyse

Eine Kozitation zweier Artikel liegt dann vor, wenn beide in einem dritten zitiert werden. Die Kozitation kann also als das Gegenstück zur bibliographischen Kopplung zweier Artikel angesehen werden. Auch kozitierte Artikel findet man mehrere im Netzwerk der zwölf ersten Artikel zu *N-rays* (Abb. 3): Artikel 1 und 2 werden zweimal kozitiert (von 3 und 4), 8 und 9 dreimal und 10 einmal mit 8 und einmal mit 9.

Statt des Skalarprodukts der Zeilenvektoren, das wir bei der Berechnung der Matrix der bibliographischen Kopplung B im vorigen Abschnitt bildeten, müssen wir jetzt das Skalarprodukt der Spaltenvektoren von A bilden, um die Elemente der Kozitationsmatrix C zu berechnen. Da A eine binäre Matrix ist, ergibt die Summierung die Zahl der übereinstimmenden Komponenten der jeweiligen Spaltenvektoren, d. h. die Zahl der Fälle, in denen die Artikel in der gleichen Zeile bzw. Referenzenliste auftreten. Kompakt geschrieben berechnen wir $C = A^{\mathrm{T}}A$. Der Modell-Leser bewegt sich also im Graphen zuerst gegen die Pfeilrichtung und im zweiten Schritt mit ihr. Wie Matrix B ist auch C symmetrisch. Die Hauptdiagonale von C enthält die Zahlen der Fälle, in denen die Artikel mit sich selbst kozitiert werden, was bei jeder Zitierung der Fall ist. Die Zahl c_{ii} ist also die Zahl aller Zitierungen von Artikel i in anderen Artikeln des Netzwerks.

Die meisten Elemente der Kozitationsmatrix C sind gleich Null. Das ist auch deswegen so, weil die inhaltlichen Beziehungen zwischen den beiden Zitationssträngen erst im ersten Überblicksartikel zu *N-rays* (Nr. 75 der Bibliographie) herausgestellt und durch Kozitation dokumentiert wurden. Kozitationsbeziehungen unterliegen also – im Gegensatz zur bibliographischen Kopplung – einem Wandel. Manch inhaltlicher Bezug wird erst später erkannt oder – umgekehrt – von späteren Autoren nicht mehr als wesentlich angesehen.

Ganz wie bei der bibliographischen Kopplung von Artikeln ist es auch bei der Kozitation sinnvoll, Artikel eines Jahrgangs mit ihren Referenzenlisten zu analysieren. Das im vorigen Abschnitt eingeführte bipartite Netzwerk von Artikeln und Quellen wird jetzt nicht daraufhin untersucht, wie die Artikel über Quellen gekoppelt werden, sondern – genau umgekehrt – wie durch Kozitationen in Artikeln die Quellen miteinander verbunden werden. Die Matrix C kann ebenfalls aus der Rechteckmatrix des bipartiten Netzwerks gemäß $C = A^{\mathrm{T}}A$ berechnet werden.

Bei der Kozitationsanalyse zweier aufeinanderfolgender Jahrgänge werden viele der im ersten Jahr hoch kozitierten Quellen auch im zweiten Jahr durch Kozitation verbunden sein. Die Kopplungsstärke wird aber variieren, neue hoch kozitierte Paare von Quellen kommen hinzu. Die Referenzenlisten eines Jahrgangs stellen quasi das Ergebnis einer Meinungsumfrage dar, bei der gefragt wird, welche Quellen aktuell als zusammenhängend angesehen werden.

Das Prinzip der Kozitation wurde zuerst von Irina Marshakova (1973) in Moskau bei einer Studie zur Laserphysik angewandt. Unabhängig von ihr propagierte es auch Henry Small (1973), Mitarbeiter am von Garfield gegründeten *Institute for Scientific Information* (ISI, Philadelphia). Seit den 70er Jahren bildet die Perspektive der Kozitation das Herzstück bibliometrischer Analysen zu Spezialgebieten, zu Forschungsfronten oder zu Paradigmen im Kuhn'schen Sinne – also kurzgesagt zum Verständnis der sozialen und erkenntnistheoretischen Struktur der Wissenschaft (de Bellis 2009).

Alle bibliometrischen Netzwerke können visualisiert werden. Im Abschnitt 7 kommen wir darauf noch einmal zurück. Aber historisch waren es Kozitationsanalysen, deren Daten für die Kartographierung der Forschung (*mapping of science*) und zu einem ersten Vorhaben eines Wissenschaftsatlas herangezogen wurden (Garfield 1981). Dazu wird das Netzwerk kozitierter Quellen aus den Referenzlisten der Publikationen eines Jahrgangs berechnet, wobei nur Quellen einbezogen werden, welche mit ihrer Zitierungszahl einen bestimmten Schwellwert überschreiten (z. B. 5 Zitierungen). Diese Quellen werden von Small als Symbole für Konzepte angesehen (*concept symbols*). Im so konstruierten Kozitationsnetzwerk versucht man nun, Cluster von Quellen zu bestimmen, welche enge Beziehungen zwischen Quellen des gleichen Clusters aufweisen, aber nur schwache zwischen Quellen in unterschiedlichen Clustern.[12]

Für die Ermittlung von Clustern (siehe Kapitel 5.5) ähnlicher Objekte, welche dieser Zielstellung möglichst gut entsprechen, sind eine Reihe von Algorithmen entwickelt worden. Wollen wir sie hier anwenden, muss zuerst entschieden werden, welches Maß für die Stärke der Kozitation zweier Quellen zu Grunde gelegt wird, die absolute Zahl von Kozitierungen oder, z. B., eines der beiden oben eingeführten relativen Maße, Jaccard- oder Salton-Index.

Die relativen Kozitationsmaße ergeben eine geringe Kopplungsstärke bei hochzitierten Quellen, welche nur selten kozitiert werden. Das ist angemessen, denn viele der zitierenden Autoren sehen ja keinen engeren Zusammenhang zwischen den zitierten Konzept-Symbolen. Am ISI wurde von Small zuerst mit dem Jaccard- und später mit dem Salton-Index gearbeitet (Small und Sweeney 1985). Marshakova (1973) benutzte kein relatives Maß, sondern berechnete die Erwartungswerte für die Kozitationszahlen bei Unabhängigkeit beider Zitiervorgänge und ließ nur die Kozitationszahlen gelten, die den jeweiligen Erwartungswert signifikant überschreiten.

Um von den Clustern von Konzept-Symbolen zu einer Karte zu kommen, werden als nächstes alle Knoten je eines Clusters zu einem Punkt zusammengezogen und alle Links zwischen je zwei Clustern zu einem Link bestimmter Stärke, der eine gewisse fachliche Entfernung der Cluster entspricht. So entsteht ein übersichtliches Netzwerk von Clustern, das es zu visualisieren gilt. Früher wurden dazu meist Projektionen des hochdimensionalen Netzwerks benutzt, welche die tatsächlichen Entfernungen möglichst wenig verändern (*multidimensional scaling*, MDS). Heute werden Netzwerke oft mit Verfahren des *force-directed placement* (FDP) visualisiert (siehe Kapitel 6). Da die ermittelten Cluster von Knoten wiederum Knoten eines Kozitations-netzwerkes darstellen, können mit analoger Clusterprozedur nun Cluster von Clustern ermittelt werden, und das so weiter bis alle in einem Jahrgang zitierten Quellen in einem Cluster vereinigt sind, das den in der zugrunde gelegten Datenbank indizierten Teil der Wissenschaft repräsentiert.

Gerade für Fachgebiete, in denen ein Artikel im Durchschnitt vergleichsweise nur wenige Zitierungen pro Jahr erhält, werden gerne Kozitationsanalysen von Aggregaten von Artikeln durchgeführt. So kann man danach fragen, wie oft Autoren zusammen zitiert werden, um die Struktur einer Fachgemeinschaft abzubilden. Oder man analysiert Kozitationen von Journalen (s. Abschnitt 4). In beiden Fällen stehen jedoch die Knoten des Kozitationsnetzwerks nicht unbedingt für nur eine bestimmte fachliche Thematik.

Autoren befassen sich – manchmal sogar gleichzeitig – mit mehreren Themen, welche auch verschiedenen Fachgebieten angehören können. Ein weiteres Problem bei Autor-Kozitationen ist die Tendenz zu immer mehr Kooperation, die sich in steigenden Autorzahlen pro Artikel äußert. Die thematische Flexibilität von Autoren führt zwar zu einem Prob-

---

[12] In der Literatur zum Web nennt man solcherart Cluster von Webpages auch *communities*.

lem, will man Gebiete über die Aktivität von Autoren bestimmen, stellt sich aber als wesentlich heraus, wenn man dynamischen Prozessen in der Wissenschaft auf der Spur ist (siehe dazu auch Abschnitt 7).

4 Zitationsnetzwerke von Journalen

Forschung konnte über die Jahrhunderte nur deshalb so stark an Umfang zunehmen, weil ständig neue Spezialgebiete entstanden, zwischen deren Fachgemeinschaften die Forschungsarbeit aufgeteilt wurde. Jede neue Fachgemeinschaft schuf sich ihr Publikationsorgan, eine Fachzeitschrift. Daneben bestanden und bestehen fachübergreifende Journale weiter fort, in welchen Forschungsresultate von allgemeineren Interesse publik gemacht werden. Aber auch eng spezialisierte Zeitschriften enthalten nicht nur Beiträge von Spezialisten des Gebietes, sondern auch Artikel aus anderen Forschungsrichtungen, welche für die Leser der jeweiligen Zeitschrift interessant sein könnten. Das gerade bewirkt, dass Literatur eines Gebiets nicht nur in dessen Kernjournalen zu finden ist, sondern breit gestreut wird, wie durch Bradfords Gesetz beschrieben (Bradford 1934). Trotz dieser Beimengung fachfremder Beiträge sollten in Artikeln einer Zeitschrift andere Zeitschriften aus – im Stammbaum der Wissenschaft – benachbarten Forschungsrichtungen häufiger zitiert werden, als die von weiter entfernten. Diese plausible Annahme lag schon der Untersuchung von Gross und Gross (1927) zugrunde, die Zitierungszahlen von anderen Zeitschriften in dem allgemein-chemischen *Journal of the American Chemical Society* bestimmten, um damit Bibliothekaren Hinweise für ihre Zeitschriftenauswahl zu geben. So erhobene Zitierungszahlen von Journalen sind jedoch nicht nur von fachlicher Nähe oder Distanz beeinflusst, sondern auch einfach durch die Zahl der Artikel im zitierten Journal und durch deren Qualität. Journale ähnlicher Ausrichtung stehen in Konkurrenz um die für die weitere Forschung bedeutsamsten Artikel. Deswegen unterziehen sie die eingesandten Aufsätze einem Begutachtungsverfahren, dem *peer review*. Je größer die Reputation einer Zeitschrift, umso mehr Aufsätze bekommt sie zugesandt und umso strenger kann die Begutachtung ausfallen. So differenzieren sich wissenschaftliche Periodika nicht nur fachlich, sondern auch nach ihrem Ansehen. Die Zitationsströme im Netzwerk von Fachzeitschriften sind also durch diese drei Faktoren beeinflusst: durch fachliche Nachbarschaft, durch die Größe der Zeitschriften und durch ihr Ansehen. Als weitere Einflussgröße kommt noch die im Gebiet übliche Zahl von zitierten Quellen pro Aufsatz hinzu.

Der Einfluss der Größe der Journale kann herausgerechnet werden, indem man die Zitationszahl jeweils auf die Zahl zitierbarer Artikel bezieht, wie es Garfield und Sher (1963) bei ihrer Definition des *Journal Impact Factors* (JIF) machten. Um dabei auch die unterschiedlichen Zitationsgewohnheiten in verschiedenen Gebieten zu berücksichtigen, haben Pinski und Narin (1976) vorgeschlagen, die Zitationszahl einer Zeitschrift nicht auf deren Artikelzahl, sondern auf die Gesamtzahl der in ihren Artikeln vergebenen Referenzen zu beziehen. Das läuft auf eine Art Import-Export-Relation hinaus, bei der auch ausgeglichen wird, dass Review-Artikel mit langen Referenzenlisten im Durchschnitt häufiger zitiert werden als Originalmitteilungen von Forschungsergebnissen. In dieser Weise konstruierte Zitationsnetzwerke von Zeitschriften spiegeln dann deren fachlichen Verwandtschaftsverhältnisse und ihre jeweilige Reputation.

Im Vergleich zu Zitationsnetzwerken von Artikeln enthalten Zeitschriftennetze natürlicherweise weitaus weniger Knoten und sind daher nicht nur übersichtlicher, sondern auch einer numerischen Analyse leichter zugänglich. Die für die Konstruktion von Zeitschriftennetzwerken nötigen Zitationszahlen werden in den *Journal Citation Reports* des *Science Citation Index* (und des *Social Sciences Citation Index*) im Web aggregiert bereitgestellt. Im Folgenden stellen wir zwei Beispiele von Netzwerkanalysen von Zeitschriften vor.

4.1 Zitationsströme zwischen Zeitschriften

Zunächst betrachten wir verschiedene Varianten eines Netzwerks der folgenden fünf informationswissenschaftlichen Zeitschriften:
1. *Information Processing & Management,*
2. *Journal of the American Society for Information Science and Technology,*
3. *Journal of Documentation,*
4. *Journal of Information Science,*
5. *Scientometrics.*

Wir konstruieren zunächst das mit den gegenseitigen Zitationszahlen gewichtete Netz (inklusive der Selbstzitationen der Journale). Mit den Daten der *Social Sciences Edition* der *Journal Citation Reports* erhalten wir für das Zitationsfenster 2006 und das Publikationsfenster 2002–2006 folgende Adjazenzmatrix:

$$A = \begin{pmatrix} 79 & 65 & 15 & 6 & 24 \\ 42 & 182 & 11 & 15 & 44 \\ 6 & 22 & 37 & 8 & 6 \\ 20 & 26 & 13 & 30 & 11 \\ 7 & 48 & 7 & 10 & 254 \end{pmatrix}.$$

Die Matrix A enthält nur Elemente $a_{ij} > 0$, weil alle fünf Journale sich gegenseitig und auch sich selbst zitieren. Die Journal-Selbstzitierungen füllen die Hauptdiagonale. Im zu A gehörigen Graphen sind alle Kanten (*links*) zwischen den fünf Knoten in beiden Richtungen realisiert und ebenso die durch Schleifen darstellbaren Selbstzitierungen der Journale (*self links*). Es fällt auf, dass die Selbstzitierungen der Journale recht häufig sind.

Wir gehen nun – wie Pinski und Narin (1976) – zu einem Netzwerk über, wo die Zitationszahl a_{ij} von Zeitschrift j durch Zeitschrift i durch die Summe a_{j+} der Referenzenzahlen von j im Netzwerk der fünf Zeitschriften dividiert wird $\gamma_{ij} = a_{ij}/a_{j+}$ (die konkreten Zahlen sind bei Havemann (2009) nachlesbar). Pinski und Narin gehen noch weiter. Sie argumentieren, dass eine Zitierung in einem Journal mit hohem Prestige mehr zählen sollte als eine in einer weniger wichtigen Zeitschrift. Da sie Prestige aber gerade in erhaltenen Zitierungen (pro zitierter Quelle) messen, gelangen sie zu einem rekursiven Begriff von Prestige, wie er für die Analyse sozialer Netzwerke seit den 1940er Jahren diskutiert wird (Wasserman und Faust 1994). In sozialen Netzwerken kommt es nicht nur darauf an, viele Leute zu kennen, es müssen auch die richtigen sein, nämlich solche, die ihrerseits viele richtige kennen.

Wie nun diesen rekursiven Prestige-Begriff mathematisch fassen? Dazu betrachten wir einen Modellprozess der Umverteilung von Prestige für die fünf informationswissenschaftlichen Zeitschriften. Zu Beginn ($t = 0$) sollen alle fünf Journale gleiches Gewicht haben, das wir auf 1, festsetzen. Die Gewichte schreiben wir in einen Spaltenvektor. Analog zum Vorgehen beim Leser-Modell für das Zitationsnetzwerk von Artikeln multiplizieren wir den Spaltenvektor von links mit der transponierten Adjazenzmatrix γ^T. Dadurch werden die Gewichte im Netzwerk umverteilt. Der neue Spaltenvektor enthält gerade die Reihensummen von γ^T, d. h. die Import-Export-Relationen der Journale. Wir wiederholen nun die Umverteilungsprozedur immer wieder und bemerken, dass sich die Gewichte iterativ festen Grenzwerten nähern. Demnach gilt für $t \to \infty$ die Gleichung[13]

$$\vec{w} = \gamma^T \vec{w}.$$

Das bedeutet, dass die durch die Iteration ermittelten Gewichte eine Gleichung erfüllen, die als Ausdruck der rekursiven Prestige-Definition angesehen werden kann: Das Gewicht von Journal j ergibt sich aus den Zitationsbeziehungen zu allen anderen Journalen (und auch zu sich selbst) nach Maßgabe der Enge dieser Beziehungen multipliziert mit den Gewichten der anderen Journale.[14]

Es muss noch angemerkt werden, dass die Iterationsprozedur hier etwas zu Unrecht als Umverteilung bezeichnet wurde. Die Summe der fünf Gewichte nach dem ersten Iterationsschritt ist $4.76 < n = 5$. Es geht hier also Gewicht verloren (weil die Import-Export-Relationen der großen Journale günstiger sind als die der kleinen). Dies kann durch Normierung behoben werden; für $t \to \infty$ erhalten wir die Komponenten 0.76, 1.33, 1.03, 0.64 und 1.25. Mit dieser Normierung auf n wird deutlich, wer zu den Gewinnern und wer zu den Verlierern der Umverteilung gehört. Ein etwas abgewandelter Umverteilungsprozess des Gewichtes von Journalen wurde von Nancy Geller (1978) in Anschluss an Pinski und Narin (1976) betrachtet. Ihr Ausgangspunkt ist die Theorie der Markow-Ketten, einer speziellen Klasse von stochastischen oder Zufallsprozessen, bei denen – wie bei uns – der Zustand zur Zeit $t + 1$ vollkommen durch den Zustand zur Zeit t bestimmt ist.[15] Sie verwendet statt γ eine etwas anders normierte Matrix γ^* mit den Elementen $\gamma^*_{ij} = a_{ij}/a_{i+}$, deren Transponierte zu den stochastischen Matrizen gehört. Diese haben die Eigenschaft, die Normierung der Vektoren auf die Summe ihrer Elemente bei Multiplikation unverändert zu lassen. Stochastische Matrizen beschreiben also echte Umverteilungen und sind deswegen für die Beschreibung von Zufallsprozessen geeignet, bei denen Wahrscheinlichkeit auf mögliche Systemzustände umverteilt wird. Der Algorithmus von Nancy Geller (1978) ist auch deshalb interessant, weil von ihm aus nur wenige Schritte nötig sind, um zum *PageRank*-Algorithmus von Google zu gelangen, wie im Lehrbuch von Havemann (Abschnitt 3.3) dargestellt wird.

---

[13] Dass sich das nicht nur in unserem speziellen Fall, sondern immer so verhält, wird durch die mathematische Theorie von Eigenwertproblemen garantiert. Matrizen der Bauart von γ^T haben einen maximalen Eigenwert 1 und die Iteration ermittelt den dazugehörigen Eigenvektor.

[14] Pinski und Narin (1976) nennen das Prestige-Gewicht für Journale *influence weight*. Bestimmungsgleichungen dieser Art werde auch als *bootstrap relations* bezeichnet (nach dem englischen Wort für Stiefelschlaufe).

[15] Es handelt sich also um Prozesse mit kurzem Gedächtnis.

4.2 Zitationsumgebungen einzelner Zeitschriften

Betrachtet man Zitationsmatrizen für große Gruppen von Zeitschriften, so stellt man fest, dass viele ihrer Zellen leer sind, und sich das Zitationsgeschehen auf kleinere dicht vernetzte Gruppen beschränkt (Leydesdorff 2007). Dies überrascht nicht, spiegelt sich darin doch die Existenz wissenschaftlicher Spezialgebiete und Disziplinen. Dennoch ist die Abgrenzung von Gebieten ein nicht befriedigend gelöstes Problem: Die Grenzen sind fließend. Leydesdorff (2007) schlug einen anderen Ansatz vor, um die Stellung einzelner Zeitschriften im Massiv aller und mit Bezug auf wissenschaftliche Gebiete zu analysieren. Ausgangspunkt ist ein *Egonetzwerk*, zum Beispiel der Zeitschrift *Social Networks*. *Social Networks* hat zwei Zitationsumgebungen: die Zeitschriften, die (in einem bestimmten Zeitraum) Artikel aus *Social Networks* (wiederum aus einem bestimmten Zeitraum) zitieren. Man könnte diese Gruppe von Journalen als Wahrnehmungs-, Ausstrahlungs-, oder Einflussbereich der Zeitschrift *Social Networks* bezeichnen (*citation impact environment*). Daneben gibt es die Zeitschriften, die in Artikeln der Zeitschrift *Social Networks* zitiert werden – sozusagen die Wissensbasis der Zeitschrift (*knowledge base*). Für beide Zeitschriftengruppen kann man nun unabhängig voneinander die folgende Analyse durchführen. Wir ermitteln alle gegenseitigen direkten Zitationsverbindungen in der jeweiligen Gruppe mit Hilfe der *Journal Citation Reports*. Die Zeitschrift *Social Networks*, von der wir ausgegangen sind, ist dabei Mitglied beider Umgebungen. Für diese Zitationsumgebungen erhalten wir asymmetrische Matrizen.

Betrachten wir im Folgenden nur die Dimension des Zitierens (*knowledge base*), so können wir das Profil von Zeitschriften bezüglich dieser Dimension vergleichen. Die Zahl aller Zitierungen, die in einer Zeitschrift in einem Jahr an andere Zeitschriften in der Zitationsumgebung vergeben wird, verteilt sich für jede Zeitschrift auf charakteristische Weise zwischen den anderen Zeitschriften. Die Prozedur kann als Verallgemeinerung der bibliographischen Kopplung von Artikeln auf Journale angesehen werden. Artikel koppeln über gleiche zitierte Quellen, Journale über gleiche zitierte Journale. Normiert man die Zeilen der entsprechenden Adjazenzmatrix A euklidisch auf Eins, so ist das Element b_{ij} der Matrix $B = AA^T$ gleich dem Kosinus des Winkels zwischen den Zeilenvektoren i und j von A und damit ein Maß für die Ähnlichkeit der Quellen-Profile der beiden Journale (analog dem Salton-Index von Artikeln). Alle Zeitschriften, die ähnliche Profile aufweisen, erhalten einen Link. Die symmetrische Ähnlichkeitsmatrix B kann nun ihrerseits ausgewertet werden.

Analog besteht die *citation impact environment* eines Journals aus den Journalen, die oft in anderen Journalen zusammen mit ihm zitiert werden, wobei das jeweils nur eine Zitierung im selben Journal, nicht notwendig eine Kozitation in ein und dem selben Artikel bedeutet.[16]

Mit dem beschriebenen Stufenverfahren erhalten wir Gruppen von Zeitschriften, die ein ähnliches Zitationsverhalten haben und die als Spezialgebiete interpretiert werden können. Die Stellung der Zeitschrift, deren Egonetzwerk am Ausgangspunkt stand, gibt Auskunft über Aspekte von Interdisziplinarität (etwa bei Anwendung von *betweeness centrality*) und einer möglichen *Interface*-Funktion (Leydesdorff 2007, siehe Kapitel 5.3 in diesem Band). Wiederholt man diese Analyse für eine Reihe von Jahren, so wird die –

---

[16] Letzteres hat bereits Katherine W. McCain (1991) propagiert.

manchmal wechselnde – Funktion einer Zeitschrift in einer ebenso dynamischen Zeitschriftenumgebung sichtbar. Im Fall von *Social Networks* zeigte sich, dass eine mögliche Brückenfunktion dieser Zeitschrift zwischen traditionellen sozialwissenschaftlichen Gebieten und neuen Ansätzen von Netzwerktheorie in der Physik auf ein einzelnes Jahr (2004) beschränkt war (Leydesdorff und Schank 2008; Leydesdorff u.a. 2008).

5 Lexikalische Kopplung und *co-word*-Analyse

Für die maschinelle Unterstützung des *information retrieval* (IR) werden Dokumente durch die in ihnen verwendeten Terme charakterisiert. Eine überschaubare und dennoch aussagekräftige Teilmenge der Terme bilden von Indexierern oder auch von den Autoren vergebene Schlüsselwörter, aber auch Titelwörter können gut für das IR verwendet werden. Im Extremfall werden alle Wörter des Dokuments berücksichtigt. Dann ist auch die Häufigkeit ihres Auftretens im Dokument von Interesse, sieht man von Stoppwörtern (*stopwords*), wie *und*, *eine* u. ä., ab. Das Auftreten von Termen in Dokumenten wird durch die Term-Dokument-Matrix A beschrieben, deren Element a_{ij} angibt, wie oft in Dokument i der Term j auftaucht.

Die Term-Dokument-Matrix beschreibt – wie die oben eingeführte Matrix von Dokumenten und den in ihnen zitierten Quellen (s. Abschnitt 2) – ein bipartites Netzwerk, nämlich das von Dokumenten und Termen, nur dass hier bei Berücksichtigung der Termhäufigkeiten im Dokument das Netzwerk gewichtet ist.

Im so genannten Vektorraum-Modell des IR werden aber nicht nur die Ähnlichkeiten von Dokumenten über die in ihnen verwendeten Terme ermittelt – das ist die lexikalische Kopplung – sondern auch die Zusammenhänge zwischen Termen über ihre gemeinsame Verwendung in den Dokumenten – das ist die Basis für die *co-word analysis*. Ersteres entspricht bei Artikeln und Quellen der bibliographischen Kopplung, letzteres der Kozitation von Quellen (Abschnitt 3).

Zu Beginn der 80er Jahre wurden von einer französischen Gruppe um Michel Callon *co-word*-Analysen als Alternative zu bzw. als Ergänzung von vorherrschenden Kozitationsmethoden vorgeschlagen (Callon u.a. 1983). Die sogenannte kognitive Scientometrie soll Zusammenhänge zwischen Dokumenten da sichtbar machen, wo aus verschiedenen Gründen gegenseitiges Zitieren nur sparsam stattfindet. Relativ früh wurde die Relevanz dieser Methode für wissenschaftspolitische Entscheidungen hervorgehoben. Die Leidener Gruppe um Anthony van Raan entwickelte interaktive *tools* für *co-word maps* wissenschaftlicher Gebiete im Kontext von Evaluierungen. In diesen Karten kann die Aktivität von Institutionen oder Ländern in spezifischen Feldern sichtbar gemacht werden (Noyons 2004). Cluster in diesen Netzwerken wurden als Themen oder *topics* interpretiert und zeitlich hierarchische Verzweigungsbäume gaben einen Einblick in die Dynamik eines Wissenschaftsgebietes (Rip und Courtial 1984).

Co-word-Analysen lassen sich als empirische Methode der *actor-network theory* (Latour 2005; siehe Kapitel 4.8 in diesem Band) verstehen (De Bellis 2009: 213). Trotz erfolgversprechender jüngerer Anwendungen textbasierter Netzwerkanalysen zur Identifikation innovationsrelevanter Bereiche wissenschaftlicher Forschung – manche Forscher sprechen sogar von literaturbasierten Entdeckungen (Swanson 1986; Kostoff 2008) – bedarf es immer noch Expertenwissens für die Interpretation der textbasierten Agglomerationen. Trotz jahrzehntelanger Bemühungen vieler Gruppen sind wir, wie Howard White in einer Diskussion 2007 formulierte, noch immer nicht in der Lage die Herausbildung und Veränderung von wissenschaftlichen Paradigmen, oder wissenschaftliche Kontroversen so zu analysieren und sichtbar zu machen, dass sie sich auch Nichtexperten erschließt.[17]

Zum Teil liegt es möglicherweise an der Ambivalenz von Sprache. Leydesdorff und Hellsten (2006) haben auf die Bedeutung des Kontextes von Wörtern in einer Studie hingewiesen und vorgeschlagen, zur vollständigeren Information zu Text-Dokument-Matrizen auch bei Wortanalysen zurückzukehren. Möglicherweise liegt aber die Antwort auch in der geschickten Wahl einer Basiseinheit für statistische Verfahren. Analysen zu sich herausbildenden Diskussionsschwerpunkten in Online-Foren haben gezeigt, dass bereits innerhalb einer Wortmeldung verschiedene Aspekte angesprochen werden, so dass in diesem Fall die Wahl von Sätzen als Basiseinheit statistischer Netzwerkanalysen bessere Resultate liefert als die von längeren Textpassagen (Prabowo u.a. 2008).

Die Kombinationsvielfalt der Quellen für die Auswahl von Wörtern oder Phrasen (*keywords*, Titel, Abstract, Volltext), der Basiseinheiten für Häufigkeits- und Korrelationsanalysen (Phrasen, Sätze, Dokumente, Dokumentgruppen) und letztlich auch der anwendbaren statistischen Informationsmaße bzw. Netzwerkindikatoren stellt bibliometrische Textanalysen – ebenso wie andere Forschungen zum *text mining* – vor große methodische Herausforderungen, die nur durch eine stärkere Vernetzung aller textbasierten Struktursuche einschließlich der Forschung zum semantischen Web beantwortet werden können (van der Eijk et al. 2004).

Eine für das *information retrieval* entwickelte Methode zur Extraktion von Topics aus Korpora, die beide Verknüpfungen im bipartiten Netzwerk von Dokumenten und Termen ausnutzt, die von Termen über Dokumente (*co-word analysis*) und von Dokumente über Terme (lexikalische Kopplung), ist die von Deerwester u.a. (1990) vorgeschlagene *latent semantic analysis* (LSA). Sie beruht auf der *singular value decomposition* (SVD) der Term-Dokument-Matrix. Mittels SVD können aber genauso gut bipartite Netzwerke von Artikeln und zitierten Quellen thematisch analysiert werden (Janssens u.a. 2008; Mitesser u.a. 2008).

6 Koautorschaftsnetzwerke

Koautorschaft gilt als Indikator für Kooperation. Wenn zwei oder mehr Autoren gemeinsam eine Publikation von Forschungsergebnissen verantworten, dann sollten sie im Forschungsprozess, der zu diesen Ergebnissen führte, in irgendeiner Weise zusammengearbeitet haben. Es ist also angebracht, sich auf einen Begriff von Kooperation zu verständigen, bevor die Struktur von Koautorschaftsnetzwerken analysiert und interpretiert wird (Sonnenwald 2007). Wir können das hier nicht in der nötigen Tiefe diskutieren und verweisen zur Definition von Forschungskooperation auf das oben schon erwähnte Lehrbuch zur Bibliometrie (Havemann 2009 Abschnitt 3.7) und das dort zitierte Buch von Grit Laudel (1999: 32ff.).

Nicht jede Zusammenarbeit äußert sich in Koautorschaft. Andererseits kann auch eine gewisse Tendenz zu unbegründetem Vergeben (oder Erzwingen) von Koautorschaften nicht ganz negiert werden. Trotzdem wird die gemeinsame Verantwortung eines Aufsatzes in

---

[17] ISSI-Konferenz 2007, Madrid, Workshop zu *mapping*, persönliche Aufzeichnungen

einer renommierten Fachzeitschrift nur selten ohne irgendeine Art von Zusammenarbeit möglich sein. Zumindest kennen sich Koautoren.[18] Diese realistische Annahme macht die Analyse von Koautorschaftsnetzwerken interessant.

Sie werden meist als Netzwerke von Autoren eingeführt. In der einfachsten Form ist das Koautorschaftsnetzwerk ungewichtet. Ein Link zwischen zwei Autoren liegt vor, wenn sie in mindestens einer Publikation der untersuchten Bibliographie beide als Autoren auftreten. Eine Wichtung des Links mit der Zahl der Artikel, bei denen beide als Autoren auftreten, liegt nahe. Aber auch diese Modellierung benutzt nur einen Teil der Information, die über das Zusammenwirken von Autoren aus einer Bibliographie entnommen werden kann. Es bleibt unberücksichtigt, ob die Beziehungen jeweils rein bilateral sind oder ob Forscher auch in größeren Gruppen zusammenarbeiten. Wenn zum Beispiel drei Autoren eine Arbeit zusammen verfassen, sind zwischen ihnen im Netzwerk genauso drei Links mit dem Gewicht 1 vorhanden, wie wenn je zwei von ihnen jeweils immer einen Aufsatz zusammen publizieren (insgesamt also drei Aufsätze).

Die volle Information wird genutzt, wenn Koautorschaft in einem bipartiten Netzwerk von Autoren und Artikeln dargestellt wird. Element a_{ij} der Affiliationsmatrix A ist gleich Eins, wenn Autor i in der Autorenliste von Artikel j auftritt und sonst gleich Null.

Die meisten Untersuchungen beschränken sich aber bislang auf Koautorschaftsnetzwerke, in denen nur Autoren durch Knoten repräsentiert sind und nicht die Publikationen. Die Adjazenzmatrix B eines solchen Netzwerks ist aus der Affiliationsmatrix A über $B = AA^T$ berechenbar, was man sofort einsieht, wenn man die Überlegungen zum Netzwerk bibliographisch gekoppelter Artikel in Abschnitt 2 auf das Autoren-Artikel-Netzwerk überträgt. Ein Koautor ist jemand, den man erreicht, indem man im bipartiten Netzwerk einen Schritt zu einer Publikation macht (A^T) und dann wieder einen zurück zu einem Autor (A). Die Koautorschaftszahlen zweier Autoren erhält man durch das Skalarprodukt der (binären) Zeilenvektoren von A. Das Diagonalelement b_{ii} von Matrix B ist gleich der Zahl der Publikationen, an denen Autor i beteiligt ist.

Wie sind nun Koautorschaftsnetzwerke strukturiert? Zum einen findet man oft, dass die große Mehrheit (über 80%) von Autoren eines Fachgebiets in einer Komponente des Netzwerks (genannt Hauptkomponente, *main component*) versammelt ist. Die restlichen Autoren bilden dagegen oft nur kleine Gruppen von über Koautorschaftslinks (wenigstens indirekt) miteinander verbundenen Forschern. Alle zwischen Kooperationspartnern auftretenden Distanzen – fachliche, institutionelle, geographische, sprachliche, kulturelle, politische – verhindern nicht das Entstehen eines großen zusammenhängenden Netzwerks von kooperierenden Wissenschaftlern.

Ebenso bemerkenswert sind die im Vergleich zur Größe geringen Entfernungen zwischen Autoren in den Hauptkomponenten von Koautorschaftsnetzwerken. Im Koautorschaftsnetzwerk von über einer Million biomedizinischer Autoren, die in den fünf Jahren 1995–99 zusammen über zwei Millionen (in *Medline* nachgewiesene) Artikel publizierten, fand der statistische Physiker Mark E. J. Newman (2001a) über 90% der Autoren in der Hauptkomponente.[19] Die zweitgrößte Komponente enthält nur 49 Autoren. Die maximale

---

[18] Das gilt sicher nicht uneingeschränkt für Artikel mit hundert und mehr Autoren.
[19] Da Autoren in bibliographischen Datenbanken nicht immer eindeutig identifizierbar sind, schwanken Autorenzahlen mit der Methode ihrer Identifizierung. Newman fand bei Berücksichtigung des vollen Namens mehr als 1.5 Millionen unterschiedliche Autoren, wenn er neben dem Familiennamen nur die Initiale des ersten Vornamens berücksichtigt, schmilzt die Zahl auf knapp 1.1 Millionen zusammen. Für statistische Analysen spielt diese Mehrdeutigkeit eine geringe Rolle, während sie das systematische Verfolgen individueller Forschung stark

Entfernung zwischen zwei Autoren in der Hauptkomponente (auch Durchmesser des Netzwerks genannt) beträgt nur 24 Schritte (*hops*), d. h. auf dem kürzesten Weg (*shortest path*) zwischen zwei beliebigen Knoten liegen höchstens 23 andere Knoten. Die mittlere Länge aller kürzesten Pfade zwischen Knoten der Hauptkomponente ist kleiner als fünf Schritte (Newman 2001b):

> This "small world" effect, first described by Milgram,[20] is, like the existence of a giant component,[21] probably a good sign for science; it shows that scientific information—discoveries, experimental results, theories—will not have far to travel through the network of scientific acquaintance to reach the ears of those who can benefit by them. (Newman 2001b, S. 3)

Diese Einschätzung Newmans beschränkt sich auf die informelle Kommunikation von Resultaten zwischen Forschern, die ja aber oft der formellen Publikation vorausgeht. Das berühmte, vom Sozialpsychologen Stanley Milgram (1967) unternommene Experiment ergab für das Bekanntschaftsnetzwerk in den USA eine mittlere Distanz von sechs Schritten.[22] Newman (2001a) erklärt den *small-world*-Effekt (siehe Kapitel 3.13) an sich selber: Er hat 26 Koautoren, die wiederum mit insgesamt 623 anderen Forschern zusammen Publikationen verfasst haben:

> The "radius" of the whole network around me is reached when the number of neighbors within that radius equals the number of scientists in the giant component of the network, and if the increase in numbers of neighbors with distance continues at the impressive rate (…), it will not take many steps to reach this point. (Newman 2001b: S. 3)

Die Zahl von Koautoren eines Autors ist ein Maß seiner Vernetzung. Sie ist gleich der Zahl seiner Links (genannt Grad bzw. *degree* des Knotens) im Koautorschaftsnetzwerk. Im Fachgebiet randständige Autoren haben nur wenige Kooperationspartner. In der Netzwerkanalyse dient deshalb der Grad eines Knotens auch als Maß für seine Zentralität (*centrality*; siehe Kapitel 3.13). Oft ist die Koautorenzahl schief verteilt: wenige Autoren haben viele Koautoren, viele nur wenige (Newman 2001a: S. 5).

Ein anderes Zentralitätsmaß ist die *betweennes* eines Knotens i, die definiert ist als die Gesamtzahl der kürzesten Pfade zwischen beliebigen Knotenpaaren, welche durch Knoten i verlaufen. Man kann sich vorstellen, dass Knoten mit hoher *betweennes* für kurze Distanzen im Netzwerk und auch für das Entstehen einer großen Hauptkomponente verantwortlich sind. Auch bei der *betweennes centrality* setzen sich in Koautorschaftsnetzwerken einige Spitzenreiter klar von den übrigen Autoren ab (Newman 2001b: S. 2).

Die Funktion verschiedener Positionen von Wissenschaftlern in einem Koautorenschaftsnetzwerk (hohe Einbindung und Autorität innerhalb einer Gemeinschaft versus Vermittlerrolle zwischen den Gemeinschaften) für die Ausbreitung von neuen Ideen wurde jüngst von Lambiotte und Panzarasa (2009) diskutiert.

---

erschwert. Neuere Methoden setzten auf eine Kombination von Namen, Adresse, Publikationskanälen und Zitationsverhalten, um automatisch eindeutig Forschern IDs zuzuordnen.

[20] Milgram (1967)
[21] Newman (2001a)
[22] Seine Probanden hatten die Aufgabe, über Bekannte einen Brief näher an eine bestimmte ihnen unbekannte Person heranzubringen. Die Briefe, die bei den Zielpersonen ankamen, waren durchschnittlich von sechs Personen (inklusive der Probanden) weitergesandt worden.

7 Ausblick

Bereits Paul Otlet ordnete die Wissenschaftsgebiete der Dezimalklassifikation folgend als Längengrade einer gedachten Weltkugel des Wissens an (van den Heuvel und Rayward 2005; van den Heuvel 2008). Aus Sicht neuester Netzwerkforschung wurde von Katy Börner eine künstlerische Darstellung dieses wachsenden „Organismus" angeregt (Börner und Scharnhorst 2009). Jüngste Anstrengungen zu einer Geographie und Geologie des wachsenden Globus wissenschaftlicher Literatur haben zu einer Wiederbelebung „wissenschaftlicher Karten" geführt. Dem vom ISI Anfang der 80er Jahre vorgestellten „Atlas of Science" (Garfield 1981) stehen heute verschiedenartige Visualisierungen gegenüber, bis hin zu Landschaftsbildern.[23] Dennoch wird um ein tieferes Verständnis der dynamischen Prozesse evolvierender Wissenschaftsnetzwerke, ihrer adäquaten Darstellung und ggf. mathematischen Modellierung noch stets gerungen.

Vor dem Hintergrund der „neuen Netzwerkforschung" liegt die Zukunft von Netzwerkanalysen in der Bibliometrie in der Aufnahme von Methoden und Tools aus anderen disziplinären Bereichen. Dabei stellen Visualisierungen eine mögliche Plattform interdisziplinärer Begegnung dar (Börner 2010). Diese neuen „Karten der Wissenschaft" sind ähnlichen Debatten unterworfen, wie wir sie aus der Geschichte geographischer Karten kennen. Es ist deshalb nicht überraschend, dass Brücken zur Kartographie geschlagen werden. Verwendet man dabei Methoden der Strukturidentifikation (*self-organized maps*), wie sie in der Komplexitätsforschung entwickelt wurden (Agarwal und Skupin 2008), dann ist es zur Frage nach möglichen Modellen zur Erklärung komplexer Strukturbildung nur noch ein kleiner Schritt.

Für bibliometrische Netzwerke tritt neben dem traditionellen Thema der Strukturidentifikation das Thema der Strukturbildung – und damit die Dimension der Zeit – stärker in den Vordergrund. Alle bisherigen Ansätze der globalen Kartographierung der Wissenschaftslandschaft bestätigen die Existenz von kollektiv erzeugten, sich selbstorganisierenden Strukturen in Form von Disziplinen und wissenschaftlichen Gemeinschaften. Auf der Makroebene sind diese Muster so persistent, dass sie, wie jüngst Klavans und Boyack (2009) zeigten, sich relativ unabhängig von den jeweiligen Untersuchungsmethoden, immer wieder manifestieren.[24]

Schwieriger ist es, allgemeinen Mustern oder Gesetzmäßigkeiten auf der Mikroebene der Interaktionen von Autoren mit Autoren, aber auch von Autoren mit dokumentiertem Wissen auf die Spur zu kommen. Was aussteht, ist ein tieferes Verständnis der dynamischen Mechanismen, die das Entstehen der Wissenschaftslandschaft und die Navigation einzelner in ihr beschreiben. Von dynamischen mathematischen Modellen erwarten wir eine Reproduktion bisher bekannter statistischer bibliometrischer Gesetze, wie des Lotka'schen Gesetzes wissenschaftlicher Produktivität (Lotka 1926) oder des bereits er-

---

[23] Unter den verschiedenen Initiativen zur Visualisierung ist das Langzeitprojekt einer jährlich um eine neue Iteration wachsenden Ausstellung *"Places and Spaces"* von Karten wissenschaftlicher und anderer Information von Katy Börner u. a. besonders erwähnenswert. Zu einen, weil durch einen offenen Ausschreibungs- und Auswahlprozess ganz verschiedene Darstellungen Sichtbarkeit erlangen und zum anderen, weil die Themen der jährlichen *iterations* ein breites Spektrum von der Geschichte der Kartographie bis hin zu Karten als Trugbildern und Karten von Kinder umfassen. Viele der gezeigten Karten beruhen dabei auf Netzwerkdaten. Für mehr Information siehe http://www.scimaps.org.

[24] Die Ringstruktur der *consensus map* weisst erstaunliche Übereinstimmungen mit den historischen Visionen eines Wissensglobus (Otlet) auf.

wähnten Bradford'schen Gesetzes der Literaturstreuung (Bradford 1934). Die Komplexitätsforschung mit ihren Konzepten der Energie-, Entropie- und Fitness-Landschaft bietet ein reiches Repertoire sowohl an Methoden der zeitlichen Analyse (Fronczak u.a. 2007) als auch an Modellen, die auch dem Netzwerkcharakter komplexer Systeme Rechnung tragen (Scharnhorst 2001). Neuste empirische Forschungen widmen sich den zeitlichen Effekten in evolvierenden bibliometrischen Netzwerken (Börner u.a. 2004) und der Suche nach *burst phenomena* (Chen u.a. 2009) oder der Anwendung epidemischer Modelle zur Ideenausbreitung (Bettencourt u.a. 2009).

Der heuristische Wert dynamischer Modelle liegt in ihrem Angebot an möglichen Mechanismen, Formen von Interaktion und Rückkopplung, die mit bestimmten Strukturbildungen verbunden werden können. So kann etwa die thematische Mobilität von Wissenschaftlern (*field mobility*) [25] zur Erklärung von konkurrierenden Wachstumsprozessen wissenschaftlicher Gebiete herangezogen werden, für die außerdem noch wissenschaftliche Schulen als Quellen selbst-beschleunigten Wachstums belangreich sind (Bruckner und Scharnhorst 1986). Durch die Mobilität entsteht ein Netzwerk zwischen den wissenschaftlichen Gebieten und gleichzeitig bilden alle Elementarmechanismen eines solchen dynamischen Modells auch ein quasi „metabolisches Netzwerk" des Wissenschaftssystems (Ebeling und Scharnhorst 2009). Die Wanderung eines Wissenschaftlers lässt sich auch aus seinen Selbstzitationen ablesen. Während man diese Verweise in der Wissenschaftsmetrie üblicherweise ausser Acht lässt, bilden sie eine hervorragende Quelle für die Untersuchung von fachlicher Mobilität. Strukturen im Netzwerk der Selbstzitationen lassen sich als Themengebiete interpretieren, die auch in unterschiedlichen Schlüsselwortgruppen und Koautorenschaften sichtbar werden. Die Wanderung zwischen diesen Forschungsgebiete in einem individuellen Lebenswerk kann durch ein individuelles Streifenmuster (*bar code pattern*) veranschaulicht werden (Hellsten u.a. 2007). Diese kreative Unschärfe von Wissenschaftlern lässt sich auch als Ausbreitungsphänomen auf Wissenschaftskarten darstellen – wobei der Wissenschaftler anstelle eines wandernden Punktes als fließendes Feld abgebildet wird (Skupin 2009).

Der Einsatz von Modellen als Hypothesengenerator setzt voraus, dass diese Hypothesen empirisch getestet und in einen Bezug zu sozialkommunikativen, sozialökonomischen und politischen Theorien des sozialen Systems „Wissenschaft" gestellt werden (Gläser 2006). Die Verbindung zur traditionell stark soziologisch verankerten SNA und insbesondere die durch die SNA vorgeschlagene Einbeziehung von sozialen, kognitiven und Persönlichkeitsattributen der Akteure für die Modellierung von Netzwerkevolution und Ausbreitungsphänomenen auf Netzwerken bietet dafür eine gute Möglichkeit, einschliesslich dynamischer Modellansätze in der SNA (Snijders u.a. 2010).

Nur wenn es gelingt, eine Brücke zu schlagen von der Einzigartigkeit individueller Wissenschaftsbiographien hin zu Gesetzmäßigkeiten des Wissenschaftssystems als Ganzem werden wir mehr über die Entwicklungsbedingungen neuer Ideen erfahren und besser fördernd und auch steuernd eingreifen können.

---

[25] Der Begriff der Feldmobilität wurde von Jan Vlachy (1978) in die Bibliometrie eingeführt und beschreibt die thematische Wanderung von Wissenschaftlern. Diese liegt letztlich neuen Entdeckungen ebenso zu Grunde wie der Verbundenheit von wissenschaftlichen Gebieten (Bruckner et al. 1990).

Literatur

Agarwal, Pragya und *André Skupin (Hg.)*, 2008: Self-Organising Maps: Applications in Geographic Information Science. Chichester: John Wiley & Sons.
Bettencourt, Luís M., David I. Kaiser und *Jasleen Kaur*, 2009: Scientific Discovery and Topological Transitions in Collaboration Networks. Journal of Informetrics 3(3): 210-221 in: *Katy Börner* und *Andrea Scharnhorst* (Hg.) Science of Science: Conceptualizations and Models of Science (Sonderheft)
Börner, Katy, 2010: Atlas of Science: Visualizing What We Know. Cambridge, Mass.: The MIT Press.
Börner, Katy, Jeegar Maru, und *Robert Goldstone*, 2004: The Simultaneous Evolution of Author and Paper Networks. Proceedings of the National Academy of Sciences of the United States of America 101(Suppl_1): 5266-5273.
Börner, Katy, Soma Sanyal und *Alessandro Vespignani*, 2007: Network Science. S. 537-607 in: *Blaise Cronin*e (Hg.), Annual Review of Information Science & Technology (Vol. 41), Kapitel 12. Medford, NJ: Information Today, Inc./American Society for Information Science and Technology.
Börner, Katy und *Andrea Scharnhorst*, 2009: Visual Conceptualizations and Models of Science. Journal of Informetrics 3(3): 161-172 in: *Katy Börner und Andrea Scharnhorst* (Hg.) Science of Science: Conceptualizations and Models of Science (Sonderheft)
Bradford, Samuel C., 1934: Sources of Information on Specific Subjects. Engineering 26: 85-86.
Brin, Sergey und *Lawrence Page*, 1998: The Anatomy of a Large-Scale Hypertextual Web Search Engine. Computer Networks and ISDN Systems 30: 107-117.
Bruckner, Eberhard, Werner Ebeling und *Andrea Scharnhorst*, 1990: The Application of Evolution Models in Scientometrics. Scientometrics 18(1-2): 21-41.
Bruckner, Eberhard und *Andrea Scharnhorst*, 1986: Bemerkungen zum Problemkreis einer wissenschafts-wissenschaftlichen Interpretation der Fisher-Eigen-Gleichung dargestellt an Hand wissenschaftshistorischer Zeugnisse. Wissenschaftliche Zeitschrift der Humboldt-Universität zu Berlin. Mathematisch-naturwissenschaftliche Reihe 35: 481-493.
Callon, Michel, Jean-Pierre Courtial, William A. Turner und *Serge Bauin*, 1983: From Translations to Problematic Networks: An Introduction to Co-Word Analysis. Social Science Information 22: 191-235.
Chen, Chaomei, Yue Chen, Mark Horowitz, Haiyan Hou, Zeyuan Liu und *Donald Pellegrino*, 2009: Towards an Explanatory and Computational Theory of Scientific Discovery. Journal of Informetrics 3(3): 191-209 in: *Katy Börner* und *Andrea Scharnhorst* (Hg.) Science of Science: Conceptualizations and Models of Science (Sonderheft)
De Bellis, Nicola, 2009: Bibliometrics and Citation Analysis. From the Science Citation Index to Cybermetrics. Lanham: The Scarecrow Press.
de Solla Price, Derek J., 1965: Networks of Scientific Papers. Science 149: 510-515.
Deerwester, Scott, Susan T. Dumais, George W. Furnas, Thomas K. Landauer und *Richard Harshman*, 1990: Indexing by Latent Semantic Analysis. Journal of the American Society for Information Science 41: 391-407.
Ebeling, Werner und *Andrea Scharnhorst*, 2009: Selbstorganisation und Mobilität von Wissenschaftlern - Modelle für die Dynamik von Problemfeldern und Wissenschaftsgebieten. S. 9-27 in: *Werner Ebeling* und *Heinrich Parthey* (Hg.), Selbstorganisation in Wissenschaft und Technik. Wissenschaftsforschung Jahrbuch 2008, Berlin: Wissenschaftlicher Verlag Berlin, Olaf Gaudig & Peter Veit.
Egghe, Leo und *Ronald Rousseau*, 1990: Introduction to Informetrics. Quantitative Methods in Library and Information Science. Amsterdam: Elsevier.

Fronczak, Piotr, Agata Fronczak und *Janusz A. Hołyst*, 2007: Analysis of Scientific Productivity Using Maximum Entropy Principle and Fluctuation-Dissipation Theorem. Physical Review E 75: 26103.
Garfield, Eugene, 1955: Citation Indexes for Science. A New Dimension in Documentation Through Association of Ideas. Science 122: 108-111.
Garfield, Eugene, 1981: Introducing the ISI Atlas of Science: Biochemistry and Molecular Biology. Current Contents 42: 279-287.
Garfield, Eugene, A. I. Pudovkin und *V. S. Istomin*, 2003: Why Do We Need Algorithmic Historiography? Journal of the American Society for Information Science and Technology 54: 400-412.
Garfield, Eugene und *Irving H. Sher*, 1963: New Factors in the Evaluation of Scientific Literature Through Citation Indexing. American Documentation 14: 195-201.
Geller, Nancy L., 1978: On the Citation Influence Methodology of Pinski and Narin. Information Processing & Management 14: 93-95.
Gilbert, Nigel, 1997: A Simulation of the Structure of Academic Science. Sociological Research Online 2.
Gläser, Jochen, 2006: Wissenschaftliche Produktionsgemeinschaften: Die soziale Ordnung der Forschung. Frankfurt am Main, New York: Campus.
Glänzel, Wolfgang, 2003: Bibliometrics as a Research Field: A Course on Theory and Application of Bibliometric Indicators. Unveröffentlichtes Vorlesungsmanuskript, online verfügbar: http://www.norslis.net / 2004/ Bib_Module_KUL.pdf.
Gross, P. L. K. und *E. M. Gross*, 1927: College Libraries and Chemical Education. Science 66: 385-389.
Havemann, Frank, 2009: Einführung in die Bibliometrie. Berlin: Gesellschaft für Wissenschaftsforschung. On-line verfügbar http://d-nb.info/993717780/
Hellsten, Iina, Renaud Lambiotte, Andrea Scharnhorst und *Marcel Ausloos*, 2007: Self-Citations, Co-Authorships and Keywords: A New Approach to Scientists' Field Mobility? Scientometrics 72: 469-486.
Huberman, Bernardo A., 2001: The Laws of the Web: Patterns in the Ecology of Information. Cambridge MA: MIT Press.
Janssens, Frizo, Wolfgang Glänzel und *Bart De Moor*, 2008: A Hybrid Mapping of Information Science. Scientometrics 75: 607-631.
Kessler, M. M., 1963: Bibliographic Coupling Between Scientific Papers. American Documentation 14: 10-25.
Klavans, Richard und *Kevin Boyack*, 2009: Toward a Consensus Map of Science. Journal of the American Society for Information Science and Technology 60: 455-476.
Kostoff, Ronald N., 2008: Literature-related discovery (LRD): Introduction and background. Technological Forecasting & Social Change 75: 165-185.
Lambiotte, Renaud, und *Pietro Panzarasa*, 2009: Communities, Knowledge Creation, and Information Diffusion. Journal of Informetrics 3: 180-190 in: *Katy Börner* und *Andrea Scharnhorst* (Hg.) Science of Science: Conceptualizations and Models of Science (Sonderheft)
Latour, Bruno, 2005: Reassembling the Social: An Introduction to Actor-Network-Theory. Oxford: Oxford University Press.
Laudel, Grit, 1999: Interdisziplinäre Forschungskooperation: Erfolgsbedingungen der Institution 'Sonderforschungsbereich'. Berlin: Edition Sigma.
Leydesdorff, Loet, 2001: A Sociological Theory of Communication: The Self-Organization of the Knowledge-Based Society. Sydney: Universal Publishers.
Leydesdorff, Loet, 2007: Visualization of the Citation Impact Environments of Scientific Journals: An Online Mapping Exercise. Journal of the American Society for Information Science and Technology 58: 25-38.
Leydesdorff, Loet und *Iina Hellsten*, 2006: Measuring the Meaning of Words in Contexts: An Automated Analysis of Controversies About 'Monarch Butterflies,' 'Frankenfoods,' and 'Stem Cells'. Scientometrics 67: 231-258.

Leydesdorff, Loet und *Thomas Schank*, 2008: Dynamic Animations of Journal Maps: Indicators of Structural Changes and Interdisciplinary Developments. Journal of the American Society for Information Science and Technology 59: 1810-1818.

Leydesdorff, Loet, Thomas Schank, Andrea Scharnhorst und *Wouter de Nooy*, 2008: Animating the Development of 'Social Networks' Over Time Using a Dynamic Extension of Multidimensional Scaling. El professional de la información 17: 611-626.

Lotka, Alfred J., 1926: The Frequency Distribution of Scientific Productivity. Journal of the Washington Academy of Sciences 16: 317-323.

Lucio-Arias, Diana und *Loet Leydesdorff*, 2008: Main-Path Analysis and Path-Dependent Transitions in HistCite-Based Historiograms. Journal of the American Society for Information Science and Technology 59: 1948-1962.

Lucio-Arias, Diana und *Loet Leydesdorff*, 2009: The Dynamics of Exchanges and References Among Scientific Texts, and the Autopoiesis of Discursive Knowledge. Journal of Informetrics 3: 261-271 in: *Katy Börner* und *Andrea Scharnhorst* (Hg.) Science of Science: Conceptualizations and Models of Science (Sonderheft)

Marshakova, Irina V., 1973: System of Document Connections Based on References. Nauchno-Tekhnicheskaya Informatsiya Seriya 2 - Informatsionnye Protsessy i Sistemy 6: 3-8.

McCain, Katherine W., 1991: Mapping Economics Through the Journal Literature: An Experiment in Journal Cocitation Analysis. Journal of the American Society for Information Science 42: 290-296.

Merton, Robert K., 1957: Social Theory and Social Structure. Glencoe: Free Press.

Milgram, Stanley, 1967: The Small World Problem. Psychology Today 1: 60-67.

Mitesser, Oliver, Michael Heinz, Frank Havemann und *Jochen Gläser*, 2008: Measuring Diversity of Research by Extracting Latent Themes from Bipartite Networks of Papers and References. In: *Hildrun Kretschmer* und *Frank Havemann* (Hg.), Proceedings of WIS 2008: Fourth International Conference on Webometrics, Informetrics and Scientometrics, Ninth COLLNET Meeting, Humboldt-Universität zu Berlin, Berlin: Gesellschaft für Wissenschaftsforschung.

Moed, Henk F., Wolfgang Glänzel und *Ulrich Schmoch* (Hg.), 2004: Handbook of Quantitative Science and Technology Research: The Use of Publication and Patent Statistics in Studies of S&T Systems. Dordrecht: Kluwer Academic Publishers.

Morris, Steven A. und *Gary G. Yen*, 2004: Crossmaps: Visualization of Overlapping Relationships in Collections of Journal Papers. Proceedings of the National Academy of Sciences of The United States of America 101: 5291-5296.

Newman, Mark E. J., 2001a: Scientific Collaboration Networks. I. Network Construction and Fundamental Results. Physical Review E 64: 16131.

Newman, Mark E. J., 2001b: Scientific Collaboration Networks. II. Shortest Paths, Weighted Networks, and Centrality. Physical Review E 64: 16132.

Noyons, Ed C. M., 2004: Science Maps Within a Science Policy Context. S. 237-256 in: *Henk F. Moed, Wolfgang Glänzel* und *Ulrich Schmoch* (Hg.), Handbook of Quantitative Science and Technology Research: The Use of Publication and Patent Statistics in Studies of S&T Systems. Dordrecht: Kluwer Academic Publishers.

NRC, 2005: Network Science. National Research Council of the National Academies, Washington, DC.

Ortega, José L., Isidro Aguillo, Viv Cothey und *Andrea Scharnhorst*, 2008: Maps of the Academic Web in the European Higher Education Area—an Exploration of Visual Web Indicators. Scientometrics 74: 295-308.

Pinski, Gabriel und *Francis Narin*, 1976: Citation Influence for Journal Aggregates of Scientific Publications: Theory, With Application to Literature of Physics. Information Processing & Management 12: 297-312.

Prabowo, Rudy, Mike Thelwall, Iina Hellsten und *Andrea Scharnhorst*, 2008: Evolving Debates in Online Communication - a Graph Analytical Approach. Internet Research 18: 520-540.

Pyka, Andreas und *Andrea Scharnhorst*, 2009: Introduction. Network Perspectives on Innovations: Innovative Networks - Network Innovation. S. 1-18 in: *Andreas Pyka* und *Andrea Scharnhorst* (Hg.), Innovation Networks - New Approaches in Modelling and Analyzing. Berlin: Springer.

Rip, Arie und *J. Courtial*, 1984: Co-Word Maps of Biotechnology: An Example of Cognitive Scientometrics. Scientometrics 6: 381-400.

Salton, Gerard und *Michael J. McGill*, 1983: Introduction to Modern Information Retrieval. New York, NY: McGraw-Hill.

Salton, Gerard und *Michael J. McGill*, 1987: Information Retrieval - Grundlegendes für Informationswissenschaftler. Hamburg: McGraw-Hill.

Scharnhorst, Andrea, 2001: Constructing Knowledge Landscapes within the Framework of Geometrically Oriented Evolutionary Theories. S. 505-515 in: *Michael Matthies, Horst Malchow* und *Jürgen Kriz* (Hg.), Integrative Systems Approaches to Natural and Social Sciences - Systems Science 2000. Berlin: Springer.

Scharnhorst, Andrea, 2003: Complex Networks and the Web: Insights From Nonlinear Physics. Journal of Computer-Mediated Communication 8. On-line verfügbar http://jcmc.indiana.edu/vol8/issue4/scharnhorst.html

Skupin, André, 2009: Discrete and Continuous Conceptualizations of Science: Implications for Knowledge Domain Visualization. Journal of Informetrics 3: 233-245 in: *Katy Börner und Andrea Scharnhorst* (Hg.) Science of Science: Conceptualizations and Models of Science (Sonderheft)

Small, Henry, 1973: Co-citation in the Scientific Literature: A New Measure of the Relationship Between Two Documents. Journal of the American Society for Information Science 24: 265-269.

Small, Henry und *E. Sweeney*, 1985: Clustering the Science Citation index® using co-citations. Scientometrics 7: 391-409.

Snijders, Tom A. B., Gerhard G. van de Bunt und *Christian E. G. Steglich*, 2010: Introduction to Stochastic Actor-Based Models for Network Dynamics. Social Networks 32: 44-60

Sonnenwald, Diana H., 2007: Scientific Collaboration. 643-681 in: *Blaise Cronin*e (Hg.), Annual Review of Information Science & Technology (Vol. 41), Kapitel 14, Medford, NJ: Information Today, Inc./American Society for Information Science and Technology.

Swanson, D. R., 1986: Fish Oil, Raynauds Syndrome, and Undiscovered Public Knowledge. Perspectives in Biology and Medicine 30: 7-18.

Thelwall, Mike, 2004: Link Analysis: An Information Science Approach. London et al.: Academic Press.

Thelwall, Mike, 2009: Introduction to Webometrics: Quantitative Web Research for the Social Sciences. Synthesis Lectures on Information Concepts, Retrieval, and Services 1: 1-116.

van den Heuvel, Charles, 2008: Building Society, Constructing Knowledge, Weaving the Web. Otlet's Visualizations Of A Global Information Society And His Concept Of A Universal Civilization. S. 127-153 in: *W. Boyd Rayward* (Hg.), European Modernism and the Information Society. London: Ashgate Publishers.

van den Heuvel, Charles und *W. Boyd Rayward*, 2005: Visualizing the Organization and Dissemination of Knowledge: Paul Otlet's Sketches in the Mundaneum, Mons, Envisioning a Path to the Future. Weblog. http://informationvisualization.typepad.com/sigvis/2005/07/visualizations.html.

van der Eijk, C. Christiaan, Eric M. van Mulligen, Jan A. Kors, Bahrend Mons und *Jan van den Berg*, 2004: Constructing an Associative Concept Space for Literature-Based Discovery. Journal of the American Society for Information Science and Technology 55: 436-444.

Vlachy, Jan, 1978: Field Mobility in Czech Physics - Related Institutes and Faculties. Czechoslovak Journal of Physics 28: 237-240.

Wagner, Caroline S., 2008: The New Invisible College. Science for Development. Brookings Institution, Washington, DC.

Wasserman, Stanley und *Katherine Faust*, 1994: Social Network Analysis: Methods and Applications. Cambridge UK: Cambridge University Press.

Wouters, Paul, 1999: The Citation Culture. Ph.D. Thesis, University of Amsterdam.

7.20 Diffusionsforschung

Thomas N. Friemel

1 Einführung und Überblick

Die Diffusionsforschung beschäftigt sich mit der Ausbreitung von Ideen, Meinungen, Verhaltensweisen oder Produkten in einem sozialen Netzwerk. Etwas allgemeiner formuliert, geht es um die Veränderung von Akteursmerkmalen im Zeitverlauf, wobei eine Abhängigkeit dieser Veränderungen von der Merkmalsverteilung im Netzwerk und der Netzstruktur angenommen wird. Für die Analyse von Diffusionsprozessen werden deshalb Netzwerksdaten und Akteursattribute zu mehreren Zeitpunkten benötigt. Die Daten eines Messzeitpunkts dienen dabei als unabhängige Variable für die Erklärung der Akteursmerkmale zu einem späteren Zeitpunkt. Die Diffusionsforschung beschränkt sich also auf diejenigen dynamischen Prozesse in einem Netzwerk welche als „Beeinflussung" bezeichnet werden (siehe Kapitel 5.8 zu dynamischen Netzwerken). Im Zentrum des Forschungsinteresses stehen dabei zumeist die Geschwindigkeit der Diffusion bzw. die Faktoren, welche die Geschwindigkeit beeinflussen.

In einem ersten Abschnitt wird zunächst die historische Entwicklung dieses Forschungsbereiches nachgezeichnet. Die weiteren Abschnitte widmen sich sodann unterschiedlichen Modellen, welche zur Erklärung von Diffusionsprozessen entwickelt wurden.

2 Historische Entwicklung

Die scheinbar unkontrollierbare aber dennoch regelgeleitete Verbreitung von Ideen, Krankheiten oder Verhalten interessiert in den unterschiedlichsten Wissenschaftsbereichen und dies bereits seit mehreren Jahrzehnten. So wurde z.B. in der Medizin bzw. der Epidemiologie die Verbreitung von Krankheiten erforscht, in der Soziologie diejenige von Verhaltensweisen, in der Ökonomie die Verbreitung neuer Produkte und in der Kommunikations- und Medienwissenschaft interessierte man sich für die Verbreitung von Informationen und Meinungen. Als Ursprung der Diffusionsforschung wird die Arbeit von Tarde angesehen, dessen 1890 erstmals veröffentlichtes Buch „Les lois de l'imitation" auf der Idee basiert, dass jede Ähnlichkeit in sozialen Systemen durch Nachahmung erklärt werden kann. „Alle Ähnlichkeit sozialen Ursprungs, die der sozialen Welt angehören, sind Früchte jedweder Art von Nachahmung, also der Nachahmung von Gebräuchen oder Moden, durch Sympathie oder Gehorsam, Belehrung oder Erziehung, der naiven oder überlegten Nachahmung usw." (de Tarde 2003: 38). Der Begriff der Nachahmung unterstreicht zwei wichtige Aspekte der Diffusion. Zum einen geht es bei der Diffusion um einen Ausbreitungsprozess und zum anderen wird eine relationale Kausallogik angenommen. Würde sich eine Innovation in einem System ausbreiten, in dem mehrere autarke Akteure die gleiche „Erfindung" machen, so wäre dies keine Diffusion im hier definierten Sinn. In der weiteren Entwicklung der Sozialforschung ging dieser Grundgedanke, dass es sich bei der Diffusion um ein relationales Phänomen handelt, zunehmend in Vergessenheit. Stattdessen fokussierte sich die Forschung auf den sich verbreitenden Gegenstand (wie „ansteckend" dieser ist) sowie die Eigenschaft der Akteure (wie „empfänglich" sie für die Innovation sind). Erst in den 1940er Jahren entstanden in der Agrarsoziologie (Ryan und Gross 1943) und in der Kommunikationswissenschaft (Lazarsfeld et al. 1968: 164) fast zeitgleich zwei bahnbrechende Studien, welche die Bedeutung des sozialen Kontexts wieder aufgriffen und erstmals empirisch feststellten. In Folge dessen entstanden in diesen und angrenzenden Themenbereichen hunderte Studien, wobei der quantitative Höhepunkt der Forschung in den späten 60er Jahren auszumachen ist (Rogers 1995: 45). Es ist wichtig anzumerken, dass diese Diffusionsstudien zwar die Relevanz des sozialen Kontexts anerkennen, vielfach aber keine eigentlichen Netzwerkstudien darstellen. In einer umfangreichen Analyse der Literatur bis 1968 (N=1'084 Publikationen) stellt Rogers fest, dass sich die große Mehrheit der Studien (58%) analog der klassischen Forschungslogik der Zufallsstichproben auf die Akteure fokussieren und weniger als 1% die Diffusionsnetzwerke zum Gegenstand machen.[1] Als besonderer Meilenstein gilt deshalb die Studie Medical Innovation, welche erstmals innovationsbezogene Netzwerkdaten erhob und nicht nur auf dyadischen Führer-Folger-Beziehungen aufbaute (Coleman et al. 1966). Das Studiendesign umfasste eine Befragung von 125 Ärzten in vier US amerikanischen Städten, wobei Netzwerkdaten bezüglich ihrer persönlichen und fachlichen Beziehung erhoben wurden. Coleman et al. kommen in ihrer Analyse zum Schluss, dass die Diffusion wesentlich durch das soziale Netzwerk beeinflusst wird (Coleman et al. 1957: 268).

Aufgrund des großen Aufwands bei der Datenerhebung von Diffusionsstudien wurden zahlreiche „klassische" Netzwerkstudien einer mehrfachen Neuanalyse unterzogen (Valente 2005: 105). Dabei zeigte sich unter anderem, dass der soziale Einfluss in der Medical Innovation Studie verschwindet, wenn zusätzliche Informationen über die massenmediale Werbung berücksichtigt werden (van den Bulte und Lilien 2000) und Burt relativierte die Bedeutung der direkten relationalen Diffusion im Vergleich zur strukturellen Äquivalenz (Burt 1987: 1326).

3 Makromodelle

Bei den sogenannten Makromodellen erfolgt eine starke Vereinfachung des Diffusionsprozesses, in dem keine Netzwerkstrukturen berücksichtigt bzw. diese als homogen angenommen werden. In der Terminologie der Sozialen Netzwerkanalyse (SNA) geht man dabei von kompletten Netzwerken aus, in denen alle Akteure mit allen anderen verbunden sind. Dadurch lässt sich der Diffusionsprozess auf wenige Parameter wie z.B. den Anteil der bereits „infizierten" Akteure und der Wahrscheinlichkeit einer Ansteckung bzw. Adaption durch die übrigen Akteure reduzieren. Aus Sicht der Sozialen Netzwerkanalyse ist die komplette Vernachlässigung der Netzwerkstruktur bzw. die Annahme einer absoluten Homogenität kaum haltbar und es ist unmittelbar einleuchtend, dass in den meisten Situationen diese Bedingungen nicht erfüllt sind und es Akteure gibt, die einander eher beeinflussen als andere. Ausgehend von einem komplett verbundenen Netzwerk gibt es zwei Möglichkeiten,

---

[1] Auf eine ausführliche Darstellung der Diffusionsforschung, welche nicht auf einer expliziten Berücksichtigung der sozialen Netzwerke beruht, wird hier verzichtet, da sie bereits verschiedentlich zusammengefasst wurde (Rogers 1995; Valente 1995, 2005).

solche Unterschiede in der Beeinflussungswahrscheinlichkeit verschiedener Akteurspaare abzubilden. Zum einen kann man die Verbindungen gewichten und zum anderen kann man die Anzahl Verbindungen pro Akteur auf einen Wert unter N-2 beschränken, so dass eine Dichte < 1 resultiert.

Die erste Variante wurde insbesondere in der Geografie entwickelt, in dem die räumliche Distanz zwischen Akteuren zur Erklärung ihrer Ähnlichkeit genutzt wird. Die binäre Matrix der Makromodelle wird also durch eine gewichtete Distanzmatrix ersetzt, welche aber ebenfalls komplett ist (also kein Eintrag gleich null ist). Trotz der Berücksichtigung dieser Zusatzinformationen ist der Ansatz der räumlichen Autokorrelation für die Diffusionsforschung nur bedingt nutzbar, da es sich um ein statisches Konzept handelt. So gibt die Kennzahl Moran's I nur über die räumliche Verteilung von Merkmalen zu einem bestimmten Zeitpunkt Auskunft indem geprüft wird, ob benachbarte Akteure über ähnlichere Merkmale verfügen als der Durchschnitt in der gesamten Population. [Der häufig gemachte Befund, einer Autokorrelation vermag somit den Diffusionsprozess zwar nicht zu beschreiben, kann aber als wichtiges Indiz für das Vorhandensein eines strukturell determinierten Diffusionsprozesses betrachtet werden.

Für die dynamische Betrachtung von Diffusionsprozessen ist deshalb die zweite Variante, welche eine Restriktion der Anzahl möglicher Verbindungen vorsieht, von größerer Bedeutung. Dabei wird zwar die Annahme der kompletten Netzwerke aufgegeben, gleichzeitig aber an der Homogenität der Beziehungen bezüglich Stärke und Anzahl festgehalten. Eine besonders einfache und deshalb auch weit verbreitete Form dieser Operationalisierung ist eine rechteckige Gitterstruktur (Schachbrett). Jeder Akteur (Feld auf dem Schachbrett) grenzt dabei mit seinen Kanten an genau vier andere Felder (sofern das Schachbrett begrenzt und nicht unendlich groß ist, weisen die Felder am Rand lediglich drei bzw. in den Ecken nur zwei benachbarte Felder auf). Eine solche Operationalisierung geht davon aus, dass eine Beeinflussung nicht mehr zwischen jedem beliebigen Akteurspaar möglich ist, sondern nur noch zwischen zwei benachbarten Akteuren. Diese vereinfachenden Annahmen waren für die Computersimulation von Diffusionsprozessen von großer Bedeutung, da lange Zeit die Rechenkapazität für komplexere Modelle nicht ausreichte. Eine Lockerung dieser Restriktion ist insofern möglich, dass an der starren Struktur festgehalten wird, aber auch weiter entfernte Akteure in gewichteter Form mit in die Berechnung einbezogen werden. Rund um Latané entstanden unter dem Begriff der Dynamic Social Impact Theorie eine Reihe von Studien, welche dynamische Prozesse genau nach diesem Muster untersuchten (Latané 1996). Dabei wird die Gesellschaft als ein selbstorganisierendes System betrachtet, welches aus Akteuren zusammengesetzt ist, die nach bestimmten Regeln handeln. Durch die Variation der individuellen Handlungsregeln in den Simulationen kann dabei versucht werden, die Faktoren zu bestimmen, welche die Diffusion begünstigen oder behindern. Besondere Aufmerksamkeit gebührt dabei dem sog. Schwellenwert, der im Folgenden genauer erläutert wird.

4 Schwellenwertmodelle

Das Schwellenwertmodell von Granovetter geht davon aus, dass ein Akteur sein Verhalten dann ändert, wenn es von einer bestimmten Anzahl anderer Leute „vorgelebt" wird (Granovetter 1978). Der Schwellenwert bezeichnet dabei den prozentualen Anteil der Akteure, welche ein bestimmtes Verhalten aufweisen müssen, damit es zu einer Adaption kommt. Von Bedeutung ist zudem, dass nicht alle Akteure über den gleichen Schwellenwert verfügen, sonder dass dieser von Akteur zu Akteur variiert. Als Beispiel führt Granovetter das Entstehen von Unruhen an. Hierbei geht er davon aus, dass es Akteure gibt, die ein Protestverhalten „kopieren", sobald eine kleine Gruppe anderer Akteure dieses Verhalten zeigt, oder im Extremfall gar ohne Vorbild zu einem Protestverhalten übergehen. Umgekehrt gibt es Personen, die sich einer Protestbewegung selbst dann nicht anschließen, wenn sie alle anderen Akteure erfasst hat. Ob eine Innovation (in diesem Fall Protestverhalten) sich ausbreiten kann und bis zu welcher Sättigungsgrenze der Gesamtpopulation dies erfolgt, ist dabei direkt durch die Verteilung der individuellen Schwellenwerte bestimmt. Gibt es sehr viele Akteure mit tiefen Schwellenwerten so kann sich eine Innovation eher durchsetzten und es erfolgt eine schnelle Diffusion. Bei einem Überhang an hohen individuellen Schwellenwerten ist es möglich, dass eine Innovation sich nur langsam oder gar nicht durchsetzt. In seiner ursprünglichen Konzeption zielt Granovetter eher auf kollektives Handeln wie dem Entstehen von Unruhen ab, als auf die Diffusion von Innovationen, auch wenn er auf analoge Mechanismen bei der Verbreitung von Gerüchten, Seuchen, Wahlverhalten und Migration verweist. Aus Sicht der Sozialen Netzwerkanalyse ist wichtig anzumerken, dass dabei davon ausgegangen wird, dass das Verhalten eines Akteurs von allen anderen Akteuren beobachtet werden kann und somit auch hierbei von einem komplett verbundenen Netzwerk ausgegangen wird. Granovetter berücksichtigt die „soziale Struktur" genau wie bei den Makromodellen „nur" als eine Art Gewichtungsmatrix, in dem er davon ausgeht, dass z.B. ein „befreundeter" Akteur einen stärkeren Einfluss auf das Verhalten eines Akteurs hat als ein „Fremder" (Granovetter 1978: 1429).

In zahlreichen Situationen erscheint es wenig plausibel anzunehmen, dass ein Akteur das Verhalten aller anderen Akteure beobachten kann, weil es entweder zu viele Akteure sind, oder aber ihr Verhalten nicht ohne weiteres erkennbar ist. In solchen Fällen sollte deshalb nicht der Einfluss des gesamten Netzwerks berücksichtigt werden, sondern z.B. das individuelle Netzwerk, welches sich durch die direkten Kontakte zu anderen Akteuren definiert. Für die Berechnung des Schwellenwertes bedeutet dies, dass er nicht als ein Anteilwert an der Gesamtpopulation berechnet wird, sondern auf der Basis des individuellen Netzwerks. Dies hat unter anderem zur Folge, dass ein Akteur mit einem kleinen persönlichen Netzwerk viel eher einen bestimmten Schwellenwert erreicht als ein Akteur mit vielen Verbindungen (Valente 1995: 71–75). Besonders stark eingebundene Akteure sind demnach Veränderungsresistenter als schwach eingebundene Akteure.

5 Kritische Masse

Der Begriff der kritischen Masse bezeichnet den Umstand, dass in einer Population eine bestimmte Anzahl Akteure eine Innovation übernehmen müssen, damit sich diese durchsetzen kann. Es ist unmittelbar einleuchtend, dass die Bestimmung dieses Punkts im Diffusionsprozess von hoher Relevanz ist. Die Vorstellung von eine fixen Punkt in der Diffusionskurve greift jedoch aus mehreren Gründen zu kurz. Zum einen lassen sich aus theoretischer Sicht unterschiedliche Punkte in der Diffusionskurve bestimmen, welche als kritische Masse interpretiert werden können (Valente 1995: 80). Zum anderen variieren diese Punkte in Abhängigkeit zahlreicher Aspekte, wie der Netzwerkstruktur, den Eigenschaften der Innovation und der Akteursmerkmale, weshalb kaum generalisierbare Aussagen gemacht werden können. Die drei letztgenannten Aspekte werden in den folgenden Abschnitten etwas genauer erläutert.

5.1 Netzwerkstruktur

Aus Sicht der SNA ist von besonderem Interesse, inwiefern die Netzwerkstruktur und die Position der Startzelle in dieser Struktur einen Einfluss auf die Diffusion hat. Die meisten sozialen Netzwerke verfügen über mehrere dichter verbundene Bereiche, welche durch einzelne Verbindungen zu einem großen Netzwerk oder mehreren Komponenten verbunden sind. Bezüglich der Gesamtstruktur ist für die Diffusionsforschung von besonderem Interesse, wie groß die mittlere Distanz zwischen zwei beliebigen Akteuren ist (Travers und Milgram 1969) und wie stark das Netzwerk zentralisiert ist (siehe Kapitel 5.3). Je größer die Zentralisierung des Netzwerks ist, desto größer ist der Einfluss der Lage der Startzellen. Wird eine Innovation im Fall eines zentralisierten Netzwerks von einem zentralen Akteur übernommen, erhöht dies unter gleichbleibenden Rahmenbedingungen die Diffusionsgeschwindigkeit. Dies gilt zumindest für die Annahme einer relationalen Diffusion und der Anwendung des Schwellenwertmodells. Unter diesen Bedingungen zeigt sich, dass eine Innovation innerhalb der dicht verbundenen Bereiche besonders schnell verbreitet wird, während die Diffusion zwischen diesen „Nestern" langsamer ist (Valente 2005: 104). Die Verbindungen zwischen den Bereichen größerer Dichte dürfen deswegen aber nicht fälschlicherweise als Hemmfaktoren für die Diffusion betrachtet werden. Im Gegenteil sind es genau diese Verbindungen, welche eine Diffusion in alle Bereiche des Netzwerks überhaupt ermöglichen. Die empirische Beobachtung, dass diese Verbindungen eher schwache Beziehungen sind, führte denn auch zur berühmten Feststellung der „Stärke von schwachen Beziehungen" (Granovetter 1973; siehe Kapitel 3.3 in diesem Band). Die Stärke besteht dabei insbesondere darin, dass diese Verbindungen strukturelle Löcher überbrücken und dadurch die redundante Struktur innerhalb der Dichtezentren in entscheidendem Masse ergänzen (siehe Kapitel 3.7).

5.2 Netzwerkeffekt als Eigenschaft von Innovation

Ein weiterer Faktor, welcher die Größe der kritischen Masse beeinflusst, ist die Beschaffenheit der Innovation (Rogers 1995). Im Zusammenhang mit der SNA ist dabei der Netzwerkeffekt (auch positive Externalität genannt) von besonderer Bedeutung, welche sich einstellen kann, wenn bezüglich der Innovation eine Interdependenz zwischen den Akteuren besteht. Gemeint ist damit der Einfluss eines Akteurs auf die Nutzenfunktion der anderen Akteure. Besonders offensichtlich wird dies bei direkten Netzwerkeffekten wie sie für interaktive Kommunikationsmedien typisch sind. Als klassisches Beispiel soll hier das Telefon angeführt werden, welches bezeichnenderweise ursprünglich stets paarweise und mit einer Verbindungsleitung verkauft wurde, denn ein einzelner Telefonapparat hätte für den Käufer keinerlei Nutzen gehabt (Aronson 1977). Erst durch den Zusammenschluss der einzelnen Telefonleitungen zu Netzwerken stellt sich ein Netzwerkeffekt ein, der darin besteht, dass jeder bisherige Nutzer vom Beitritt weiterer Nutzer profitiert. Während die Anschaffungskosten für den einzelnen Nutzer gleich bleiben, steigt der Nutzen mit jedem weiteren Netzwerkteilnehmer, da mit dem gleichen Telefonapparat nun mehr Personen erreicht werden können (Katz und Shapiro 1985). Neben den direkten Netzwerkeffekten, welche auf interaktive Innovationen beschränkt sind, gibt es auch indirekte Netzwerkeffekte. Beim Beispiel des Telefons wären dies z.B. die Verfügbarkeit von Zubehör und Service. Sowohl die direkten wie auch die indirekten Netzwerkeffekte begünstigen die Diffusion von Innovationen, da dadurch das Kosten-Nutzen-Verhältnis für die Akteure attraktiver wird.

5.3 Akteursmerkmale

Besondere Aufmerksamkeit bei der Erforschung von Diffusionsprozessen kam seit jeher den unterschiedlichen Positionen im Netzwerk zu, allen voran den sogenannten Meinungsführern. Die Vorstellung, dass lediglich ein paar wenige Akteure beeinflusst werden müssen, um eine besonders effiziente Diffusion auszulösen, ist so faszinierend wie falsch. Berelson, Lazarsfeld und McPhee stellten bereits in ihrer Studien „Voting" zur Meinungsbildung im amerikanischen Wahlkampf fest, dass man passenderweise nicht von Meinungsführern sprechen sollte, sondern von einem komplexen Netzwerk der Meinungsbildung (Berelson et al. 1963). Auch zum heutigen Zeitpunkt ist keineswegs klar, wie ein Meinungsführer in Abgrenzung zu anderen Kommunikationsrollen operationalisiert werden soll (Friemel 2008). Aus struktureller Sicht müssen zumindest zwei Rollen unterschieden werden, welche am ehesten den gängigen Vorstellungen eines Meinungsführers entsprechen. Es sind dies zum einen die Brückenköpfe, welche strukturelle Löcher überbrücken und zum anderen besonders stark eingebundene Akteure. Die beiden Rollen unterscheiden sich jedoch nicht nur hinsichtlich ihrer strukturellen Lage, sondern auch bezüglich ihrer Gruppenkonformität. Während die Brückenköpfe über ein heterogenes Umfeld verfügen (Heterophilie) zeichnen sich die stark eingebundenen Akteure durch ein homogenes Umfeld aus (Homophilie). Das Streben der zentralen Akteure nach Homophilie und ihre Rolle als supernormative Repräsentanten von sozialen Gruppen (Rogers und Bhowmik 1970: 531) stellt denn auch ein wesentlicher Hemmfaktor beim funktionalen Einbezug der vermeintlichen Meinungsführer in den Diffusionsprozess dar (vgl. hierzu die obigen Ausführungen zum Schwellenwertmodell). Weiter wird deutlich, dass es gerade im Bereich der Meinungsdiffusion elementar ist, zwischen Information und Meinung zu unterscheiden. Während die schwachen Verbindungen wegen der geringeren Redundanz (Heterogenität) die Diffusion von Informationen per Definition begünstigen, stellt für die meisten Akteure die Homogenität dichter Sozialstrukturen das bevorzugte Umfeld für die Meinungsbildung dar.

6   Relationale Diffusion vs. Äquivalenz

In den bisherigen Erläuterungen wurde immer davon ausgegangen, dass die Netzwerkstruktur die Diffusion insofern bestimmt, dass eine Verbreitung relational, also entlang der Beziehungen erfolgt. Ein Akteur übernimmt dabei das Verhalten eines anderen Akteurs aufgrund der direkten Beziehung zu diesem. Diese Vorstellung ist sehr intuitiv und lässt sich auf zahlreiche Prozesse wie der Ausbreitung von Krankheiten oder die Verbreitung von Informationen anwenden. Diese Art der Verbreitung kann als relationale Diffusion, also als eine Verbreitung durch Kohäsion, bezeichnet werden. Die SNA bietet jedoch noch eine alternative Interpretation der Netzwerkstruktur an, in dem nicht die direkten Beziehungen zwischen Akteuren sondern ihre Beziehungen zu anderen Akteuren als erklärender Faktor für die Diffusion eines Verhaltens berücksichtigt werden. Der Unterschied soll an einem einfachen Beispiel erläutert werden. Der einfachste Fall eines Diffusionsprozesses bedarf zweier Akteure, A und B. Für das Beispiel soll angenommen werden, dass A ein bestimmtes Verhalten zeigt, welches B zu einem späteren Zeitpunkt übernimmt. Bei der Diffusion mittels Kohäsion erfolgt die Ausbreitung entlang der direkten Beziehung zwischen A und B (relationale Diffusion). Falls die Stärke der Beziehung (z.B. Häufigkeit oder Intensität der Interaktion) berücksichtigt wird, so geht man i.d.R. davon aus, dass eine Diffusion umso wahrscheinlicher bzw. schneller ist, je stärker die Beziehung ist. Eine alternative Form der Diffusion erfolgt aufgrund struktureller Äquivalenz. Burt argumentiert, dass diese insbesondere in Konkurrenzsituationen von Bedeutung ist, in denen A mit B in Konkurrenz um die Gunst eines dritten Akteurs C steht (Burt 1987: 1291). B übernimmt ein bestimmtes Verhalten von A in diesem Fall nicht aufgrund eines direkten Kontakts, sondern aufgrund des Motivs, gegenüber C als gleichwertiger Interaktionspartner zu erscheinen. Ein Autohändler B übernimmt z.B. einen von Autohändler A offerierten Kaufanreiz (z.B. Gratisservice) nicht deshalb, weil er von A im direkten Kontakt davon überzeugt wurde, sondern um vor Käufer C als gleichwertiger Anbieter zu bestehen.

Abbildung 1:   Relationale und äquivalente Verbindungen

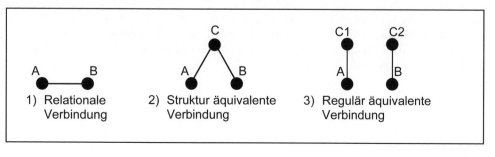

Im dritten Fall besteht weder eine direkte noch eine indirekte strukturelle Verbindung zwischen A und B. Vielmehr ist es die Ähnlichkeit der strukturellen Einbettung bzw. die Beziehung zu einem „ähnlichen" Akteur Cx. Ein Mann A schenkt z.b. seiner Frau C1 Blumen, worauf Mann B seiner Frau C2 ebenfalls Blumen schenkt. Die Diffusion von A nach B lässt sich dabei nicht durch den direkten Kontakt von A und B (Kohäsion) oder die Konkurrenz um die Gunst der selben Frau C erklären (strukturelle Äquivalenz), sondern lediglich durch die Vergleichbarkeit ihrer strukturellen Einbettung (Rolle). Damit der Prozess dennoch als Diffusion bezeichnet werden kann, muss dabei angenommen werden, dass Akteur B das Verhalten von Akteur A direkt beobachten konnte oder über das Netzwerk darüber informiert wurde.

Bei der Analyse komplexer Netzwerke lassen sich diese drei Idealtypen zur Erklärung der Diffusion vielfach nicht so klar unterscheiden, da zwei Akteure i.d.R. sowohl über Kohäsion wie auch strukturelle und reguläre Äquivalenzen verfügen, welche sich gegenseitig Verstärken oder auch abschwächen können. Diesbezüglich gelangte Burt bei seiner Reanalyse der Medical Innovation Studie zum bemerkenswerten Befund, dass die Kohäsion nicht der bestimmende Faktor bei der Diffusion war, sondern persönliche Präferenzen und die strukturelle Äquivalenz der Akteure (Burt 1987: 1326). Dieser Befund und die Analyse weiterer Datensätze führten in der Folge zur Einsicht, dass das Konzept des Zwei-Stufen-Flusses der Kommunikation (Lazarsfeld et al. 1968) aus zwei unterschiedlichen Diffusionsprozessen besteht. Demnach erfolgt die Diffusion zwischen sozialen Gruppen mittels direktem Kontakt (Kohäsion), während innerhalb der Gruppe die strukturelle Äquivalenz bedeutsam ist (Burt 1999).

7 Zusammenfassung und Ausblick

Die Ausführungen über die historische Entwicklung der Forschung wie auch die aktuellen Konzepte machen deutlich, dass es sich bei der netzwerkanalytischen Betrachtung von Diffusionsprozessen um ein theoretisch wie auch methodisch vielschichtigen Gegenstand handelt. Bezüglich der Funktion von Meinungsführern lässt sich zusammenfassend festhalten, dass es zumindest zwei bedeutsame Rollen gibt, die für je unterschiedliche Prozesse verantwortlich sind. Zum einen gibt es die Brückenköpfe, welche strukturelle Löcher (siehe Kapitel 3.7) schließen und Informationen zwischen heterogenen Teilen des Netzwerks mittel relationaler Diffusion vermitteln. Zum anderen gibt es lokal stark eingebundene Meinungsführer in homogenen Subgruppen, welche für eine Diffusion mittels struktureller Äquivalenz bzw. für die Meinungsbildung innerhalb der Gruppe (Interpretation der Information) bedeutsam sind.

Weiter wurde deutlich, dass sich die Forschung stark fokussiert hat und zwar auf Prozesse der Anpassung und auf die Akteursattribute. Prozesse der Distinktion und die Dynamik der Netzwerkstruktur blieben hingegen praktisch unbeachtet. Die integrierte Analyse von Beeinflussungs- und Selektionsprozessen im Rahmen der dynamischen Analyse von sozialen Netzwerken kann deshalb als eine logische Weiterentwicklung der Diffusionsforschung betrachtet werden.

8 Literatur

Aronson, Sydney H., 1977: Bell's electrical Toy: What's the Use?: The Sociology of Early Telephone Usage. S. 15–37 in: *Ithiel de Sola Pool* (Hg.), The Social Impact of the Telephone. Cambridge MA: MIT Press.
Berelson, Bernhard R., Paul F. Lazarsfeld und *William N. McPhee,* 1963: Voting. A Study of Opinion Formation in a Presidential Campaign (4. Aufl, Original 1954). Chicago/London: University of Chicago Press.
Burt, Ronald S., 1987: Social Contagion and Innovation: Cohesion Versus Structural Equivalence. American Journal of Sociology 92: 1287–1335.
Burt, Ronald S., 1999: The Social Capital of Opinion Leaders. The Annals of the American Academy of Political and Social Science 566: 37–54.
Coleman, James, Elihu Katz und *Herbert Menzel,* 1957: The Diffusion of Innovation Among Physicians. Sociometry 20: 253–270.
Coleman, James, Elihu Katz und *Herbert Menzel,* 1966: Medical Innovation: A Diffusion Study. Indianapolis.
Friemel, Thomas N., 2008: Anatomie von Kommunikationsrollen: Methoden zur Identifizierung von Akteursrollen in gerichteten Netzwerken. Kölner Zeitschrift für Soziologie und Sozialpsychologie 60: 473-499.
Granovetter, Mark, 1978: Threshold Models of Collective Behavior. American Journal of Sociology 83: 1420–1443.
Granovetter, Mark S., 1973: The Strength of Weak Ties. American Journal of Sociology 78: 1360–1380.
Katz, Michael L. und *Carl Shapiro,* 1985: Network Externalities, Competition, and Compatibility. American Economic Review 75: 424–440.
Latané, Bibb, 1996: Dynamic Social Impact: The Creation of Culture by Communication. Journal of Communication 46: 13–25.
Lazarsfeld, Paul F., Bernard Berelson und *Hazel Gaudet,* 1968: The People's Choice. New York/London: Columbia University Press.
Rogers, Everett M., 1995: Diffusion of Innovations. New York.
Rogers, Everett M. und *Ph.K. Bhowmik,* 1970: Homophily - Heterophily: Relational Concepts for Communication Research. Public Opinion Quarterly 34: 523-538.
Ryan, Bryce und *Neal C. Gross,* 1943: The Diffusion of Hybrid Seed Corn In Two Iowa Communities. Rural Sociology 8: 15–24.
Tarde, Gabriel de, 2003: Die Gesetze der Nachahmung. Frankfurt am Main: Suhrkamp.
Travers, Jeffrey und *Stanley Milgram,* 1969: An Experimental Study of the Small World Problem. Sociometry 32: 425–443.
Valente, Thomas W., 1995: Network Models of the Diffusion of Innovations. Cresskill: Hampton.
Valente, Thomas W., 2005: Network Models and Methods for Studying the Diffusion of Innovations. S. 98–116 in: *Peter J. Carrington, John Scott* und *Stanley Wasserman* (Hg.), Models and Methods in Social Network Analysis. Cambridge: University Press.
van den Bulte, Christophe und *Gary L. Lilien,* 2000: Medical Innovation Revisited: Social Contagion versus Marketing Effort. American Journal of Sociology 106: 1409–1435.

7.21 Netzwerkanalyse in der Innovations- und Wissensmanagementpraxis

Tobias Müller-Prothmann

Innovationen sind der Schlüssel zum Erfolg von Unternehmen. Sie beruhen auf der Umsetzung von Wissen und kreativen Ideen in neue Produkte oder Dienstleistungen, die auf dem Markt erfolgreich sind. Dabei ist die informelle Kommunikation von Wissen ein kritischer Faktor entlang des gesamten Innovationsprozesses. Um die informellen kommunikativen und sozialen Beziehungen im Innovationsprozess sowohl zwischen Individuen als auch zwischen sozialen Aggregaten (Gruppen, Teams, Abteilungen, Standorte, Unternehmen, Zulieferer, externe Forschungspartner etc.) analytisch zu erfassen und zielgerichtet zu steuern, bietet das Netzwerk-Konzept einen pragmatischen Ansatz und die soziale Netzwerkanalyse (SNA) ein mächtiges Werkzeug. Die soziale Netzwerkanalyse stellt Methoden zur systematischen Analyse, Evaluation und Steuerung von Prozessen der Wissensgenerierung und des Wissensaustauschs in Netzwerken bereit, deren Grundlagen für die Innovations- und Wissensmanagementpraxis in diesem Beitrag vorgestellt werden sollen.

1 Wissenskommunikation in Netzwerken

Bereits seit den 1930er Jahren sind informelle soziale Beziehungen in Organisationen Gegenstand akademischer Forschung, wie beispielsweise in den klassischen Hawthorne-Studien (Roethlisberger und Dickson 1947). Die Forschung in den späten 1950er Jahren rückt die Diskrepanz zwischen formaler und informeller Organisationsstruktur in ihren Mittelpunkt und betrachtet sie als negativen Einfluss auf die Kohäsion einer Arbeitsstätte sowie auf die Performanz einer Organisation (z.B. Coleman 1956; Dalton 1950). Übereinstimmung herrscht bei allen Autoren, dass die Prozesse innerhalb der formalen Organisation unmöglich zu verstehen sind, ohne den Einfluss der bestehenden informellen Beziehungen zu berücksichtigen. So schreibt Barnard (1951: 120) bereits in den 1930er Jahren: „Formal organizations arise out of and are necessary to informal organization; but when formal organizations come into operation, they create and require informal organizations". Blau und Scott (1962: 6) stellen in den 1960er Jahren fest: „In every formal organization there arise informal organizations". Und weiter: „The constituent groups of the organization, like all groups, develop their own practices, values, norms, and social relations as their members live and work together. The roots of these informal systems are embedded in the formal organization itself and nurtured by the very formality of its arrangements."

Der Fokus von akademischer Forschung und Unternehmenspraxis auf die interpersonalen Beziehungen und informellen Strukturen in Organisationen hat zu einer Reihe verschiedener Konzepte der intra- und interorganisationalen Wissenskommunikation in Gemeinschaften (communities) und sozialen Netzwerken geführt. Eine Vielzahl an jüngerer Literatur untersucht und beschreibt Gemeinschafts- und Netzwerkkonzepte aus der Wissensmanagement-Perspektive (z.B. Botkin 1999; Brown und Duguid 1991; Collinson und Gregson 2003; Erickson und Kellogg 1999, 2001; Lesser et al. 2000; Lesser und Storck 2001; Liyanage et al. 1999; Powell 1998; Schmidt 2000; Seufert et al. 1999a, 1999b; Wenger 1999). Vor allem das Konzept der Community of Practice (CoP) nach Lave und Wenger (1991) hat in den Debatten zum Wissensmanagement besondere Bedeutung erlangt.

Die Schlussfolgerung aus dem Studium der Literatur ist, dass es nicht nur unmöglich ist, die Prozesse innerhalb der formalen Organisation ohne Berücksichtigung der bestehenden informellen Beziehungen zu verstehen, sondern dass umgekehrt auch die Analyse der informellen Strukturen die Berücksichtigung der formalen Organisationsstruktur verlangt. Dabei richtet eine sozial-konstruktivistische Herangehensweise zum Wissenstransfer den Blick nicht nur auf einzelne Individuen und dyadische interpersonale Beziehungen, sondern auch auf soziale Aggregate und ihre strukturellen Muster. Gerade diese Voraussetzungen und Anforderungen rücken das Paradigma der sozialen Netzwerkanalyse (SNA) in den Fokus, weshalb sich ihre Methoden besonders gut als Wissensmanagement-Werkzeug zur Unterstützung intra- und interorganisationaler Wissenskommunikation eignen. Insbesondere für die Generierung von Innovationen in Forschungs- und Entwicklungsumgebungen (F&E, engl. R&D für Research and Development) ist es von großer Bedeutung, Innovations- und Wissensnetzwerke effektiv zu fördern und systematisch zu steuern.

Anhand der Beziehungsarten der Zusammenarbeit können F&E-Netzwerke auf der individuellen, organisationalen oder institutionalen Ebene und den dazugehörigen Wissensmanagement-Prozessen wie in Tabelle 1 dargestellt unterschieden werden (vgl. auch Liyanage et al. 1999: 387f.; Müller-Prothmann 2006: 124ff.):

Tabelle 1: Netzwerkebenen in Innovationsprozessen (Müller-Prothmann 2006)

Netzwerkebene	F&E Prozess	F&E Ziel
Kollaboration	Integration	Risikoreduzierung, Ressourcenbündelung
Organisation	Steuerung	Wertschöpfung, Long Range Planning
Individuum	Kreation	Wissensgenerierung, Kreativität

2 Innovationsprozesse

Der Innovationsprozess umfasst alle Phasen von der Ideenentwicklung bis zur Produktumsetzung. Die Einteilung der Phasen wird in der Literatur verschieden dargestellt und variiert im Detailgrad. Grundsätzlich lassen sich die folgenden Phasen des Innovationsprozesses unterscheiden:

- Ideengenerierung, -entwicklung und -bewertung,
- Ideenauswahl und Kick-off zur Projektumsetzung,
- Produktentwicklungsprozess,
- Produktion und Markteinführung.

Diese Phasen werden oftmals in der Form eines Trichters dargestellt, in den eine Vielzahl von Ideen hineingehen, aus denen ein kleiner Teil ausgewählt, noch weniger in Produktentwicklungen umgesetzt und schließlich nur ganz wenige in Form neuer Produkte erfolgreich auf den Markt gebracht werden. Innerhalb eines konkreten Innovationsprojektes befinden sich sogenannte Quality Gates als besondere Meilensteine zwischen den einzelnen Phasen, die von den Ergebnissen aus der vorhergehenden Phase abhängig sind.

Die Mehrzahl kreativer Ideen, und seien sie noch so brillant, wird aber niemals in einer Innovation umgesetzt. Stevens und Burley (1997) haben die Ergebnisse ihrer empirischen Untersuchungen wie folgt auf den Punkt gebracht: „3000 Raw Ideas = 1 Commercial Success!". In den meisten Fällen scheitern Innovationen an der Umwandlung der Idee in ein konkretes Innovationsprojekt. Ursachen liegen oftmals im ungenügenden Reifegrad von Ideen, in einem unzulänglichen Management des Implementationsprozesses oder in der Inkompatibilität mit dem bestehenden Produktportfolio begründet. Ein systematisches Innovationsmanagement versucht daher, mit Hilfe standardisierter, bewährter und mehr oder weniger aufwendiger Methoden den Innovationsprozess zu unterstützen und so die Erfolgsrate zu erhöhen oder zumindest die Allokation von Ressourcen zu optimieren. Ursachen für das Scheitern von Innovationen zeigen jedoch, dass die Fokussierung auf den Innovationsprozess alleine meist nicht ausreicht, sondern vielmehr eine breitere Wissensbasis erforderlich ist, um Ideen erfolgreich zur Umsetzung zu bringen. Genau hier setzt die wissensbasierte Betrachtung des Innovationsprozesses zur Integration von Innovations- und Wissensmanagement an.

3 Wissensbasiertes Innovationsmanagement

Wissen ist einer der wichtigsten Erfolgsfaktoren im Innovationsmanagement. Lineare Prozessmodelle mit einem sequenziellen Ablauf der einzelnen Phasen vermitteln zwar ein gutes Grundverständnis von Innovationsprozessen, bilden die Realität aber nur ungenügend ab und sind für das Innovationsmanagement in der Praxis meist wenig hilfreich. Neuere Ansätze modellieren Innovationsprozesse in Form von iterativen Schleifen, bei denen die verschiedenen Phasen mehrfach, teilweise auch parallel durchlaufen werden und berücksichtigen damit verbundene Lernprozesse. Ein Beispiel, das in verschiedenen Variationen und Ergänzungen weiterentwickelt wurde, ist das Chain-linked-Model (Kline und Rosenberg 1986), das sich für eine wissensbasierte Perspektive auf den Innovationsprozess gut eignet. Bedeutsam in diesem Modell sind die eigenständige Berücksichtigung eines Wissenspools, die Entkopplung der Forschung von den übrigen Teilprozessen und die Abbildung von Feedback-/ Feedforward-Schleifen. Gerade hinsichtlich der Gestaltung von Kooperationsprozessen in einem integrierten Innovations- und Wissensmanagement sind solche Modelle für die praktische Umsetzung ein großer Erkenntnisgewinn. Denn Wissensaustausch im Unternehmenskontext findet nicht nur auf und zwischen individueller Ebene, Gruppen-Ebene und Organisationsebene statt, sondern auch in Form von Erfahrungswissen aus Projekten, Prozessen und Produkten. Ein wissensbasiertes Innovationsmanagement unterstützt also den Innovationsprozess ebenso wie den Wissensaustausch auf und zwischen den verschiedenen Ebenen (Individuum, Gruppe, Organisation) durch die konsequente Umsetzung von Feedback- und Feedforward-Schleifen. Für den Teilbereich des Ideenmanagements ist eine solche Integration von Innovations- und Wissensprozessen in Abbildung 1 dargestellt (vgl. auch Müller-Prothmann 2008; Müller-Prothmann und Dörr 2009).

Abbildung 1: Integration von wissensbasierter Kollaboration sowie Feedback- und Feedforward-Schleifen im Ideenmanagementprozess (Müller-Prothmann 2008)

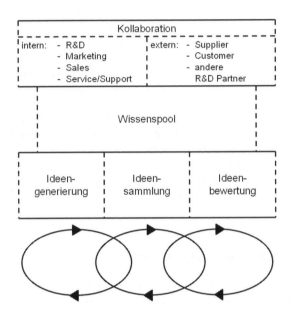

Für die Betrachtung von Wissenskommunikation im Innovationsmanagement können wir uns auf die Erkenntnisse des Wissensmanagement-Modells zu Wissensflüssen („knowledge flows") im F&E-Prozess stützen, wie es Armbrecht et al. (2001) ausgearbeitet haben. Sie teilen die Auffassung, dass Menschen die zentrale Position in Prozessen der Wissensgenerierung und des Wissenstransfers einnehmen. Sie berücksichtigen in ihrem Wissensfluss-Konzept die Komplexität von Interaktion und schlagen das Modell eines stark interpersonalen und iterativen Prozesses zur Filterung, Fokussierung und Erweiterung vor, in dem der kreative Vorgang stattfindet. Anhand von Interviews mit F&E-Managern studieren sie diejenigen Aspekte des Wissensmanagements, die einzigartig oder besonders wichtig für den F&E-Prozess sind, und gelangen so zu einem Katalog von Best Practices. In ihren Interviews haben folgende Punkte die höchste Priorität im Wissensmanagement (Armbrecht et al. 2001: 33):

- „Welche Art der Kultur unterstützt den Wissensfluss und wie kann sie am besten gestaltet, umgesetzt und gesteuert werden?"
- „Wie kann das Wissen von Experten und von Personen, die die Organisation verlassen, erhalten werden?"
- „Wie kann der F&E-Prozess beschleunigt werden?"

- „Wie kann die in der F&E-Organisation verborgene Kreativität weiterentwickelt und genutzt werden?"

Gerade an diesen Fragen setzt die soziale Netzwerkanalyse an, die nicht nur einen konzeptuellen Rahmen zur Untersuchung von Innovationsnetzwerken, sondern auch ein geeignetes analytisches Werkzeug zur empirischen Untersuchung und praktischen Unterstützung von Wissensnetzwerken innerhalb und zwischen Organisationen bietet.

4 Anwendungen der Sozialen Netzwerkanalyse

4.1 Anwendungsbereiche und Vorgehen

Trotz der zahlreichen Referenzen und Konzepte, die die Bedeutung von Communities und sozialen Netzwerken ins Zentrum stellen und sie als effektive Umgebungen für den Transfer von Wissen propagieren, werden in der Literatur kaum systematische Methoden für die praktische Anwendung zur Identifizierung von Wissensgemeinschaften und Wissensnetzwerken, für die Analyse ihrer Strukturen und ihre effektive Unterstützung dargestellt. Vereinzelt finden sich einige konkrete Anhaltspunkte und ausgewählte Instrumente, jedoch werden diese kaum der Komplexität des Themas gerecht. Hier kommt nun die soziale Netzwerkanalyse (SNA) als effektives und effizientes Wissensmanagement-Tool ins Spiel (vgl. auch z.B. Müller-Prothmann 2005; 2006). Die soziale Netzwerkanalyse stellt eine klare analytische Fundierung zur Implementierung praktischer Methoden für die Wissenskommunikation und das Wissensmanagement bei der Analyse und der Unterstützung informeller Gemeinschaften und Netzwerke dar. Dazu gehören:

- die strategische Entwicklung des Organisationswissens,
- die Identifikation von Wissensträgern,
- die Entwicklung von Kernkompetenzen (z.B. leadership development),
- die Verbesserung der Kommunikationsprozesse,
- die Identifikation und Unterstützung von Communities of Practice (CoP),
- die Harmonisierung von Wissensnetzwerken (z.B. nach Fusionen und Zusammenschlüssen),
- das nachhaltige Management der Beziehungen zwischen verteilten Standorten und mit externen Partnern.

Die Anwendung der sozialen Netzwerkanalyse zur Evaluation und Unterstützung der Wissenskommunikation unterteilt sich grundlegend in sieben verschiedene Schritte, die sich in der Praxis als besonders zielführend und gleichzeitig effizient erwiesen haben (z.B. Müller-Prothmann 2005):

1. Zieldefinition und Festlegung des Anwendungsbereichs (Wissensdomäne),
2. Methodenentwicklung unter Berücksichtigung der spezifischen Anforderungen,
3. Identifikation der Netzwerkakteure,

4. Datenerhebung z.B. auf Basis von (Experten-) Interviews, Online-Befragung sowie aus weiteren verfügbaren Informationsquellen (Dokumenten, Protokollen etc.),
5. Datenanalyse auf Basis von formalen Methoden der sozialen Netzwerkanalyse,
6. Interpretation der Analyseergebnisse,
7. Ableitung von Interventionen, Folgeaktivitäten und die Unterstützung durch geeignete weitere Werkzeuge und Methoden.

Diese Schritte werden jeweils durch zielgerichtete kommunikative Maßnahmen unter Einbindung aller betroffener Anspruchsgruppen (Management, Personalabteilung, Betriebsrat, Mitarbeiter) begleitet.

4.2 Konzepte und Methoden

Die soziale Netzwerkanalyse als Methode zur Förderung des Wissensaustauschs in Innovationsprozessen untersucht Positionen und Strukturen der Netzwerkakteure und ihrer Verbindungen. Mit der Anwendung im Wissensmanagement stehen im Fokus Menschen (Wersig 2000), die im Folgenden in erster Linie als Akteure (Knoten) betrachtet werden. Die soziale Netzwerkanalyse erlaubt aber auch jedes andere soziale oder organisationale Aggregat als kleinste Einheit (z.B. Teams, Abteilungen, Standorte).

Die Ergebnisse der sozialen Netzwerkanalyse sind rein deskriptiv. Das hier zugrundeliegende Verständnis und die Darstellung für den praktischen Einsatz verbleiben aber nicht auf einer beschreibenden Ebene. Vielmehr werden Schlussfolgerungen für weitergehende Schritte und Interventionen (siehe Follow-up Activities) abgeleitet und beispielhaft vorgestellt, wie sie für den praktischen Unternehmenseinsatz von besonderem Interesse sind.

Die Erhebung und Auswertung von Netzwerkdaten ist relativ komplex und wird meist mit Hilfe entsprechender Analyse-Programme (z.B. UCINET) durchgeführt. Die ausführliche Darstellung dieser Schritte und eine Anleitung zur Auswertung gehen jedoch über den Rahmen dieses Beitrags weit hinaus. Daher sollen im Folgenden grundlegende Netzwerkkonzepte dargestellt werden, die für die Analyse und Förderung von Wissensnetzwerken vor allem bezüglich der Innovationsprozesse innerhalb und zwischen Organisationen von besonderer Bedeutung sind (zur folgenden Darstellung vgl. Müller-Prothmann 2006).

Grundsätzlich können die Ergebnisse einer sozialen Netzwerkanalyse nach drei Analyseebenen unterschieden werden:

1. Gesamtnetzwerk,
2. Cluster, Gruppen, Komponenten (Teilnetzwerk),
3. Positionen (einzelne Netzwerkakteure).

Mit Blick auf die Wissenskommunikation in Netzwerken sind auf der Ebene des Gesamtnetzwerkes vor allem die drei Konzepte Größe, Zentralisierung und Dichte relevant:

- Die Größe (size) stellt eine grundlegende Eigenschaft eines Netzwerkes dar. Der direkte Wissensaustausch zwischen den Mitgliedern eines großen Netzwerkes gestaltet sich deutlich schwieriger im Vergleich zu einem kleinen Netzwerk.

- Eine starke Netzwerkzentralisierung (network centralization; siehe Kapitel 5.3) deutet darauf hin, dass die Wissensflüsse innerhalb eines Netzwerkes von einigen wenigen Akteuren (Knoten) abhängig sind.
- Die Dichte (density) ist als eine Kennzahl, die insbesondere für das Communitybuilding innerhalb und zwischen Organisationen relevant ist.

Als zentral für die Prozesse des Wissensaustauschs werden in der Literatur die drei grundlegenden Netzwerkstrukturen von Sub-Gruppen, Cliquen (siehe Kapitel 5.5) und Clustern, Brücken und Hubs beschrieben, deren Bedeutung auch in Fallstudien bestätigt werden konnte.

- Sub-Gruppen, Cliquen und Cluster bilden sich durch dichte Verbindungen zwischen Teilgruppen von Netzwerkakteuren. Sub-Gruppen (Cliquen) in Organisationen können eine eigene Kultur des Wissensaustauschs und ein spezifisches Verhalten gegenüber Außenstehenden entwickeln.
- Brücken (bridges, cut-points) sind Knotenpunkte, die „Flaschenhälse" (bottlenecks) für den Wissensfluss darstellen. Sie treten auf, wenn Netzwerke in lose gekoppelte Komponenten aufgeteilt sind, die nur durch diese Brücken zusammengehalten werden. Während „Flaschenhälse" kritische Faktoren für den freien Wissensfluss innerhalb eines Netzwerkes darstellen können, können zu viele Verbindungen an jedem Knotenpunkt auch zur Ineffizienz des Wissensaustauschs führen. Deshalb müssen Verbindungen zwischen Sub-Gruppen effektiv und effizient koordiniert werden.
- Hubs sind „enabler" für den effektiven Wissenstransfer. Sie können auf wirksame Weise die verschiedenen Sub-Gruppen des Netzwerkes verbinden und damit den Wissensfluss zwischen ihnen ermöglichen, also beispielsweise zwischen verschiedenen Abteilungen eines Unternehmens oder zu externen Ressourcen. Auf der anderen Seite kann die Netzwerkeffizienz vom Funktionieren der Hubs stark abhängig werden. Sie stellen also auch ein gewisses Risiko für den Wissensfluss im Netzwerk insgesamt dar.

Auf der Ebene einzelner Akteure (Positionen, Knoten) eines Netzwerkes sind die positionalen Modelle der Gradzentralität, Closeness-Zentralität und Betweenness-Zentralität (siehe Kapitel 5.3) hinsichtlich der Wissenskommunikation von besonderer Bedeutung.

- Die Gradzentralität (degree centrality) ist unter dem Aspekt der Wissenskommunikation ein Indikator für die Expertise und den Einfluss von Netzwerkmitgliedern. Sie kann also als Anhaltspunkt dienen, um einzelne Akteure eines Wissensnetzwerkes individuell zu unterstützen.
- Die Closeness-Zentralität zeigt die Integration oder Isolierung von Netzwerkakteuren. Ein hoher Wert der Closeness-Zentralität deutet auf größere Autonomie einer Person hin, da sie in der Lage ist, die anderen Netzwerkmitglieder verhältnismäßig einfach zu erreichen (und umgekehrt). Niedrige Closeness-Zentralität hingegen deutet auf eine höhere individuelle Abhängigkeit von anderen Netzwerkmitgliedern hin.
- Mittels der Betweenness-Zentralität können Wissensbroker und Gatekeeper in einem Netzwerk identifiziert werden. Sie gibt an, ob ein Akteur eine (relativ) wichtige Rolle

als Broker oder Gatekeeper für die Wissensflüsse mit einem hohen Potential zur Kontrolle auf die indirekten Beziehungen zwischen den anderen Mitgliedern spielt.

Neben weiteren netzwerktheoretischen Maßzahlen, die für die Analyse von Wissensnetzwerken interessant sein können, ist für den Wissensaustausch in interorganisationalen Netzwerke vor allem noch der sogenannte E-I Index erwähnenswert. Der E-I Index, wie er von Krackhardt und Stern (1988) formuliert wurde, misst das Verhältnis zwischen externen Verbindungen (zwischen verschiedenen Organisationen oder organisationalen Einheiten) und internen Verbindungen (innerhalb einer Organisation oder organisationalen Einheit) und normalisiert dieses auf einen Wertebereich zwischen -1 und +1. Ein E-I Index mit einem Wert von -1 würde bedeuten, dass nur interne Verbindungen existieren, während bei einem Wert von +1 nur externe Verbindungen bestünden. Der E-I Index stellt damit nicht nur eine Maßzahl für den organisationsübergreifenden Charakter von interorganisationalen Netzwerken dar, sondern kann auch als Indikator für die Identifizierung von Akteuren mit ihrem (Teil-) Netzwerk herangezogen werden, also für ihre interne oder externe Orientierung (innerhalb eines Teams, einer Abteilung, eines Standortes, eines Unternehmens etc. bzw. über diese hinaus). Anzumerken ist an dieser Stelle, dass es keinen optimalen Wert des E-I Index gibt, sondern dass das gewünschte Verhältnis zwischen internen und externen Links stets von den Bedingungen einer konkreten Situation abhängt.

4.3 Ergebnisse und Folgeaktivitäten

Die soziale Netzwerkanalyse als Wissensmanagement-Werkzeug zielt auf die Untersuchung von Netzwerkstrukturen und -positionen innerhalb eines engen, klar definierten Anwendungsbereichs, d.h. innerhalb einer klar spezifizierten Wissensdomäne. Basierend auf den oben beispielhaft aufgeführten Netzwerk-Kennzahlen muss die Interpretation der Ergebnisse immer auch die bestehenden organisationalen Bedingungen berücksichtigen.

Mit dem Fokus auf Wissensaustausch in Innovationsprozessen ist die Interpretation von individuellen Netzwerkakteuren für das Verständnis eines Wissensnetzwerkes in einem Unternehmen von besonderer Bedeutung. Gerade hier lassen sich Ansätze zur Steuerung und Verbesserung des Wissensflusses zur Steigerung der Innovationsfähigkeit effektiv umsetzen. Vier besonders wichtige Rollen können unterschieden werden (Müller-Prothmann 2006):

- Experten verfügen über Spezialwissen und professionelle Erfahrung innerhalb der Wissensdomäne. Sie haben eine zentrale Netzwerkposition, meist mit einer hohen Anzahl externer Links.
- Wissensbroker wissen, welche Person in einem Unternehmen über welches Wissen verfügt („wer weiß was"). Sie bilden Brücken zwischen den verschiedenen Sub-Gruppen und Clustern des Netzwerkes, die ohne sie nicht oder nur über weite Umwege miteinander verbunden wären (zum Beispiel zwischen Abteilungen und Standorten oder zu externen Partnern wie Kunden, Zulieferern, Forschungsinstituten).
- Kontaktpersonen („Agenten") nehmen eine vermittelnde Position ein, indem sie eine Verbindung zu den Experten herstellen, ohne selbst über das Expertenwissen zu verfügen oder zumindest ohne dieses selbst zu kommunizieren. Sie haben eine intermedi-

äre Position zwischen zentralen (Experten) und peripheren Netzwerkakteuren (Konsumenten).
- Wissenskonsumenten fragen das Wissen der Experten nach. Sie haben eine periphere Netzwerkposition.

Mit den Ergebnissen einer sozialen Netzwerkanalyse zur Steuerung und Optimierung der Wissensflüsse einer Organisation lassen sich Interventionen systematisch und zielgerichtet ableiten, die beispielsweise folgende Aktivitäten beinhalten:

- Entwicklung persönlicher Kompetenzen und Expertise,
- systematische Nutzung bisher versteckter Expertise,
- Einbindung des Wissens bisher nur schwach vernetzter Mitarbeiter,
- Unterstützung des abteilungsübergreifenden Wissenstransfers,
- Management von interorganisationalen Innovationsnetzwerken (z.B. Clusterentwicklungen).

5 Zusammenfassung und Ausblick

Wie dieser Beitrag zeigt, hat die soziale Netzwerkanalyse eine Relevanz für die praktische Anwendung in organisationalen Innovationsprozessen, die über den rein theoretischen Erkenntnisgewinn weit hinausgeht. Mit dem Fokus auf den sozialen Aspekten der Wissensgenerierung und des Wissensaustauschs hat die soziale Netzwerkanalyse ein großes Potenzial, die informelle Wissenskommunikation methodisch fundiert zu unterstützen. Ihre Anwendung im Wissensmanagement stößt angesichts der hohen sozialen Komplexität sowie aufgrund verschiedener Randbedingungen in Organisationen auch an ihre Grenzen oder zumindest auf Widerstände. Deshalb sollte es integraler Bestandteil des Vorgehens sein, das geeignete Umfeld für die Durchführung einer sozialen Netzwerkanalyse zu schaffen. Dazu ist es vor allem wichtig, die beteiligten Personen frühzeitig in den Analyseprozess einzubeziehen und das Projektvorhaben zu kommunizieren.

Die Anwendung der sozialen Netzwerkanalyse in der Unternehmenspraxis kann vor allem durch die Untersuchung von dynamischen Netzwerkbeziehungen mittels kontinuierlicher Datenerhebung für Langfristanalysen, die über eine einmalige Bestandsaufnahme weit hinausgehen, vorangetrieben werden. Hinsichtlich der akademischen Forschung sind vor allem die verwendeten Netzwerkmethoden und ihre Interpretationen für die Analyse von Wissensnetzwerken in Innovationsprozessen wichtige Gegenstände weiterer Untersuchungen und anwendungsbezogener Fallstudien. Aber auch vergleichende Analysen bezüglich der kulturellen Faktoren, die Netzwerkstrukturen und ihrer Performanz untersuchen (z.B. zwischen verschiedenen Industrien oder internationale Vergleiche), bieten noch weitreichende Forschungsmöglichkeiten.

6 Literatur

Armbrecht, F. M. Ross Jr., *Richard B. Chapas*, *Cecil C. Chappelow*, *George F. Farris*, *Paul N. Friga*, *Cynthia A. Hartz*, *M. Elizabeth McIlvaine*, *Stephen R. Postle* und *George E. Whitwell*, 2001: Knowledge Management in Research and Development. Research Technology Management 44: 28-48.

Barnard, Chester I., 1951 [1938]: The Functions of the Executive. Cambridge/ MA: Harvard University Press.

Blau, Peter M. und *W. Richard Scott*, 1962: Formal Organizations: A Comparative Approach. San Francisco/ CA: Chandler.

Botkin, Jim, 1999: Smart Business. How Knowledge Communities Can Revolutionize Your Company. New York/ NY: The Free Press.

Brown, John Seely und *Paul Duguid*, 1991: Organizational learning and communities-of-practice: Toward a unified view of working, learning, and innovation. Organization Science 2: 40-57.

Coleman, James S., 1956: Social Cleavage and Religious Conflict. Journal of Social Issues 12: 44-56.

Collinson, Simon und *Geoff Gregson*, 2003: Knowledge networks for new technology-based firms: an international comparison of local entrepreneurship promotion. R&D Management 33: 189-208.

Dalton, Melville, 1950: Conflicts between Staff and Line Managerial Officers. American Sociological Review 15: 342-351.

Erickson, Thomas und *Wendy A. Kellogg*, 1999: Towards an Infrastructure for Knowledge Communities. A position paper for the ECSCW '99 Workshop: "Beyond Knowledge Management: Managing Expertise", www.cs.uni-bonn.de/~prosec/ECSCWXMWS/PositionPapers/EricksonKellogg.pdf [20.08.2008].

Erickson, Thomas und *Wendy A. Kellogg*, 2001: Knowledge Communities: Online Environments for Supporting Knowledge Management and its Social Context. Manuskript, erscheint in: *Mark Ackerman*, *Volkmar Pipek*, *Volker Wulf* (Hg.), Beyond Knowledge Management: Sharing Expertise. Cambridge/ MA: MIT Press.

Kline, Stephen J. und *Nathan Rosenberg*, 1986: An Overview of Innovation. S. 275-305 in: *Ralph Landau* und *Nathan Rosenberg* (Hg.), The Positive Sum Strategy: Harnessing Technology for Economic Growth. Washington D.C.: National Academy Press.

Krackhardt, David und *Robert N. Stern*, 1988: Informal Networks and Organizational Crisis: An Experimental Simulation. Social Psychology Quarterly 51: 123-140.

Lave, Jean und *Etienne Wenger*, 1991: Situated Learning. Legitimate Peripheral Participation. Cambridge et al.: Cambridge University Press.

Lesser, Eric L., *Jason Slusher* und *Michael Fontaine* (Hg.), 2000: Knowledge and Communities. Boston: Butterworth-Heinemann.

Lesser, Eric L. und *John Storck*, 2001: Communities of practice and organizational performance. IBM Systems Journal 40: 831-841, http://www.research.ibm.com/journal/sj/404/lesser.pdf (20.08.2008).

Liyanage, Shantha, *Paul F. Greenfied* und *Robert Don*, 1999: Towards a fourth generation R&D management model – research networks in knowledge management. International Journal of Technology Management 18: 372-394.

Müller-Prothmann, Tobias, 2005: Use and Methods of Social Network Analysis in Knowledge Management. S. 565-574 in: *Elayne Coakes* und *Steve Clarke* (Hg.), Encyclopedia of Communities of Practice in Information and Knowledge Management. Hershey/PA et al.: Idea Group.

Müller-Prothmann, Tobias, 2006: Leveraging Knowledge Communication for Innovation. Framework, Methods and Applications of Social Network Analysis in Research and Development. Frankfurt a. M. et al.: Peter Lang.

Müller-Prothmann, Tobias, 2008: Konzept für eine integrierte Ideen- und Wissensmanagementplattform. Ideenmanagement 34: 108-112.

Müller-Prothmann, Tobias und *Nora Dörr*, 2009: Innovationsmanagement. Strategien, Methoden und Werkzeuge für systematische Innovationsprozesse. München: Hanser.

Powell, Walter W., 1998: Learning From Collaboration: Knowledge and Networks in the Biotechnology and Pharmaceutical Industries. California Management Review 40: 228-240.

Roethlisberger, Fritz J. und *William J. Dickson*, 1947 [1939]: Management and the worker. An account of a research program conducted by the Western Electric Company, Hawthorne Works, Chicago. Cambridge, MA: Harvard University Press.

Schmidt, Michael Peter, 2000: Knowledge Communities. Mit virtuellen Wissensmärkten das Wissen im Unternehmen effektiv nutzen. München et al.: Addison-Wesley.

Seufert, Andreas, *Andrea Back* und *Georg von Krogh*, 1999a: Towards a Reference Model for Knowledge Networking. Working Paper, Research Center KnowledgeSource, BE HSG/ IWI 3 Nr. 5/ IfB Nr. 34, Universität St. Gallen.

Seufert, Andreas, *Georg von Krogh* und *Andrea Bach*, 1999b: Towards knowledge networking. Journal of Knowledge Management 3: 180-190.

Stevens, Greg A. und *James Burley*, 1997: 3,000 Raw Ideas = 1 Commercial Success! Research Technology Management 40: 16-27.

Wenger, Etienne C., 1999: Communities of Practice: Learning, Meaning, and Identity. Cambridge et al.: Cambridge University Press.

Wersig, Gernot, 2000: Der Fokus des Wissensmanagements: Menschen. S. 119-132 in: *Wolfgang Ratzek* (Hg.), Erfolgspotentiale. Szenarien für kleine und mittlere Unternehmen. Aachen: Shaker.

7.22 Netzwerke in der Techniksoziologie. Karriere und aktueller Stellenwert eines Begriffs

Johannes Weyer

In den 1980er und 1990er Jahren hat der Begriff des „Netzwerks" Einzug in die – noch junge – Disziplin der Techniksoziologie gefunden. Die ubiquitäre und gelegentlich unscharfe Verwendung des Begriffs rief zunächst Kritik hervor. Mittlerweile hat sich jedoch ein Konsens herausgebildet, dass die Kategorie des „Netzwerks" ein wichtiges und nahezu unentbehrliches Instrument der techniksoziologischen Forschung darstellt.

Der folgende Beitrag rekapituliert die Genese und die Karriere des Begriffs, beginnend bei zwei bahnbrechenden Arbeiten, der Studie „Networks of power" von Thomas P. Hughes (1983) und der Arbeit „Neither markets nor hierarchies" von Walter W. Powell (1990). Sie markieren in gewisser Weise zwei Pole einer Debatte: Mit dem Technikhistoriker Hughes entdeckte die Techniksoziologie einen neuen Gegenstand, die großen technischen Infrastruktursysteme (in den Bereichen Energieversorgung, Telekommunikation, Verkehrssysteme etc.). Und mit dem Organisationssoziologen Powell öffnete sich ihr Blick für neuartige Formen der Handlungskoordination jenseits der bekannten Typen von Markt und Hierarchie.[1] Die Zusammenführung dieser beiden Ansätze ist im Wesentlichen das Verdienst von Renate Mayntz, die sich intensiv mit der Rolle von Netzwerken als Orte der Selbstregelung und Steuerung gesellschaftlicher Teilsysteme befasst (Mayntz und Scharpf 1995) und die Spezifika der großen technischen Netzwerke sowie deren Bedeutung für die moderne Gesellschaft ausgelotet hat (Mayntz und Hughes 1988).

1 Technische Netzwerke

Mit seinen Studien zur Geschichte der Elektrizitätsnetzwerke hat der amerikanische Technikhistoriker Thomas P. Hughes in den 1980er Jahren eine neue Perspektive auch in die Techniksoziologie eingebracht, die aus einer Kombination von System- und Netzwerkperspektive besteht. Zunächst dominierte die Systemperspektive: Erfinder wie Thomas Edison schufen, Hughes zufolge, nicht in erster Linie neue Artefakte; ihre Hauptleistung bestand vielmehr darin, dass sie *Systeme* konstruierten, die aus einer Vielzahl heterogener Komponenten bestehen: aus der Glühbirne sowie weiteren technischen Artefakten, aber auch aus nicht-technischen Komponenten wie Managern, Arbeitern, Ingenieuren, Finanziers, dem Handel, dem Kundendienst etc. (Hughes 1987: 52ff.). Hughes weist detailliert nach, dass der Prozess des Erfindens sich nicht ausschließlich auf die Lösung der technischen Rätsel beschränkt, sondern beispielsweise auch Wirtschaftlichkeitsberechnungen umfasst, die erforderlich sind, um das innovative technische System kommerziell erfolgreich zu betrei-

---

[1] Ähnlich macht Erhard Schüttpelz (2007) zwei Traditionen der Netzwerkforschung aus, die er in der makrosoziologischen Befassung mit Infrastrukturnetzwerken sowie der mikrosoziologischen Betrachtung informeller Gruppen sieht.

ben (1979: 133ff.). In einem frühen Text, in dem der Begriff „network" lediglich im technischen Sinne auftaucht, gebraucht Hughes für diese Synthese von Technik, Ökonomie und Wissenschaft im Prozess des Erfindens den Begriff des „seamless web" (1979: 135).

In späteren Arbeiten greift er – beeinflusst von den Ideen der Sozialkonstruktivisten Michel Callon und John Law – diese Idee auf und verwendet nunmehr die Begriffe „Netzwerk" und „System" nahezu synonym, wenn er beispielsweise von der „system- and network-building era" (1986: 286) spricht oder davon, dass „heterogeneous organizations [...] become interacting entities in systems, or networks" (282).

Diese terminologische Indifferenz verweist darauf, dass Hughes im Grunde drei Leistungen vollbracht hat: Er hat erstens die Technikgeschichte und -soziologie um die Idee des technologischen *Systems* bereichert, das aus einer Vielzahl miteinander vernetzter technischer wie nicht-technischer Komponenten besteht (1986: 287); er hat zweitens mit seiner Fokussierung auf technische Infrastrukturnetzwerke die Debatte um große technische Systeme („large technical systems") angestoßen, welche die Lebensadern der modernen Gesellschaft bilden und deren Besonderheit gegenüber Alltags- oder Konsumtechnik in ihrer flächendeckenden *Vernetzung* besteht (Mayntz und Hughes 1988).

Obwohl bei Hughes der Systembegriff dominiert, tut man ihm nicht unrecht, wenn man auch seinen Beitrag zur Analyse der großen, netzwerkförmigen Infrastruktursysteme würdigt (Mayntz 1988). Denn seine dritte Leistung ist ein Phasenmodell („pattern of evolution" Hughes 1987: 56), das aus den Stadien Invention, Innovation sowie Wachstum und Konsolidierung besteht und die spezifische Entwicklungsdynamik technischer Systeme mit Netzwerkcharakter beschreibt, für die beispielsweise der Auslastungsgrad („load factor", 1987: 72) eine wichtige Kenngröße darstellt.

2 Akteur-Netzwerke

Die sozialkonstruktivistische Techniksoziologie, so wie sie beispielsweise von Trevor J. Pinch und Wiebe E. Bijker (1984) programmatisch vertreten wurde, beinhaltete eine Ausweitung und Reduktion des Hughes'schen Programms zugleich. Eine Ausweitung fand insofern statt, als nun nicht mehr ein Einzelerfinder im Mittelpunkt des Interesses stand, sondern eine Vielzahl sozialer Gruppen mit unterschiedlichen Interessen. Die soziale Konstruktion von Technik beschrieben Pinch und Bijker als einen Aushandlungsprozess, in dem sich schließlich eine der vielen konkurrierenden Sichtweisen durchsetzt und stabilisiert („closure"), welche schließlich unsere Wahrnehmung des Artefakts prägt. Dies war zugleich die Reduktion gegenüber Hughes: Gegenstand war nicht mehr das große technische System (resp. Netzwerk), sondern das einzelne Artefakt, das durch einen Prozess geschaffen wird, den Pinch und Bijker mit dem Begriff „translation" (428) belegten, was „Übersetzung" im Sinne der Bedeutungsverschiebung eines Begriffs bedeuten kann, aber auch „Vernetzung" (vgl. Callon und Law 1989). Die sozialen Netzwerke bekamen durch die sozialkonstruktivistische Perspektive also deutlichere Konturen, als dies bei Hughes der Fall gewesen war.

Auch die Actor-Network-Theory (siehe Kapitel 4.8) knüpft an Ideen von Hughes an, insbesondere an die Vorstellung der Heterogenität der Komponenten; vor allem Bruno Latour (1998) entwickelt daraus die Konzeption einer Symmetrie menschlicher Akteure und nicht-menschlicher Aktanten.

3 Netzwerke als Koordinationsform

In der Tradition der Transaktionskostenökonomie stehend, hat Walter W. Powell (1990) die Idee eines spezifischen netzwerkförmigen Koordinationsmechanismus in die Organisationsforschung eingebracht, dessen besondere Leistung in der Verknüpfung von Flexibilität und Effizienz besteht. Netzwerke stellen Leistungen zur Verfügung, die sonst nur in marktförmigen *oder* in hierarchischen Organisationsformen erbracht werden können (vgl. Weyer 2000: 9f.). Sie konstituieren sich über die vertrauensvolle Kooperation der beteiligten Akteure und die Reziprozität des Tausches; dabei bleibt jedoch die Autonomie der Kooperationspartner gewahrt. Netzwerke koordinieren die Handlungen heterogener Akteure und ermöglichen es ihnen somit, Risiken einzugehen, die keiner der Beteiligten alleine bewältigen könnte. Sie erfüllen zwei Funktionen, die kein anderer Koordinationsmechanismus in dieser Weise zur Verfügung stellen kann: Sie reduzieren die Unsicherheit, und sie ermöglichen eine enorme Leistungssteigerung, die über die Potenziale der einzelnen Akteure hinausgeht (ebd.: 10). Netzwerke sind also Organisationsformen, die bei der Entstehung von Neuem eine wichtige Rolle spielen können.

Die Zusammenführung der Konzepte von Hughes und Powell findet sich in den Arbeiten von Renate Mayntz, deren Ansatz es ist, Policy-Outcomes in Technikfeldern wie beispielsweise der Telekommunikation, aber auch in anderen gesellschaftlichen Handlungsfeldern wie der Forschungspolitik oder dem Gesundheitswesen auf die Strukturen und Prozesse der Policy-Netzwerke zu beziehen, in denen die Verhandlungen zwischen den beteiligten Akteuren stattfinden. So lassen sich beispielsweise die unterschiedlichen Pfade erklären, welche die Entwicklung des Videotextes in Deutschland und Frankreich in den 1980er Jahren genommen hat (Mayntz und Schneider 1988).

Ins Zentrum des Interesses rückt hier die Interaktion zwischen dem Staat und den nicht-staatlichen (korporativen) Akteuren, welche über ein hohes Maß an Selbstorganisationsfähigkeit verfügen und daher nicht passive Steuerungsobjekte sind, sondern an der Produktion der Problemlösungen aktiv mitwirken (Mayntz 1993; Mayntz und Scharpf 1995, vgl. Weyer 2008b: 283ff.). Mayntz verknüpft also die Idee eines spezifischen, netzwerkförmigen Koordinationsmechanismus mit Fragen der Technikgenese und -diffusion. Ein wichtiges und überraschendes Ergebnis besteht darin, dass ein "freiwilliger Steuerungsverzicht" (Hohn und Schimank 1990: 417) durchaus funktional für die Durchsetzung der politischen Ziele sein kann.

4 Selbstorganisierte Netzwerke

Bei Mayntz und anderen besteht immer eine gewisse Tendenz, dem Staat letztlich doch eine zentrale Rolle in den Verhandlungsprozessen zuzuschreiben, wie es die Scharpf'sche Formel „Verhandlungen im Schatten hierarchischer Autorität" (1993: 71) anschaulich illustriert. In anderen Ansätzen, die auf Konzepte der Selbstorganisation rekurrieren, erscheint der Staat hingegen als gleichberechtigter Mitspieler, der keine privilegierte Rolle besitzt, sondern sich an Aushandlungsprozessen in Netzwerken beteiligt, in denen eine Vielzahl von steuernden Akteuren agieren, die jeweils eigene Interessen verfolgen und strategisch miteinander interagieren (Weyer et al. 1997: 58, Weyer 1993: 333). Dies knüpft in gewisser

Weise an die Latour'sche Symmetriethese an, jedoch ohne die Erweiterung um nichtmenschliche Aktanten.

Theoretisch ausformuliert wurde diese Idee selbstorganisierter Netzwerke, die ohne eine Steuerungszentrale funktionieren, von Uli Kowol und Wolfgang Krohn (1995, 2000). Ihr Konzept der Innovationsnetzwerke fokussiert auf "interorganisatorische Sozialsysteme" (2000: 142), in denen „rekursive Lernprozesse" (140) stattfinden, an denen sowohl die Hersteller als auch die Anwender neuer Technik beteiligt sind. Die Anwender sind hier also wichtiger Bestandteil eines Selbstorganisationsprozesses, der über eine „Eigenlösung" (140) – ein spezifisches und in dieser Form eher unwahrscheinliches inter-organisatorisches Arrangement – in Gang kommt und durch „permanente Aushandlung des technischen Entwicklungspfades" (141) über etliche Rückkopplungsschleifen schließlich zu einem funktionsfähigen Produkt führt. Die kooperativen Abstimmungen von Herstellern und Verwendern tragen erheblich zur Reduktion von Unsicherheit bei, die insbesondere auf Märkten für Spezialmaschinen erheblich sind, da diese oftmals nur in Form von Unikaten produziert werden.

5 Netzwerke und Technikgenese

Die Rolle sozialer Netzwerke bei der Genese und Verbreitung neuer Technik ist Gegenstand der Technikgeneseforschung, die sich mit den Akteurkonstellationen befasst und den konkreten Verlauf eines Technikpfades auf die Verhandlungs- und Abstimmungsprozesse in Netzwerken bezieht. Durch Bezug auf die Akteurstrategien und ihre strategischen Interaktionen kann man erklären, warum sich eine von mehreren (technisch oftmals gleichwertigen) Alternativen durchgesetzt hat. Dadurch werden die „sozio-politischen Prozesse" (Tushman und Rosenkopf 1992: 321) deutlich, die insbesondere an Verzweigungspunkten von Technikpfaden eine wichtige Rolle spielen.

Einige Ansätze der Technikgeneseforschung konzentrieren sich auf einzelne Schließungsprozesse („closure") wie beispielsweise die Frühphase des Automobils (Knie und Hård 1993); andere betrachten die Technikentwicklung als eine zyklische Abfolge von Variation und Selektion – mit längeren stabilen Phasen, in denen ein dominantes Design vorherrscht (Tushman und Rosenkopf 1992). Andere Ansätze greifen das Phasenkonzept von Hughes auf und betrachten „Technikgenese als einen mehrstufigen Prozess der sozialen Konstruktion von Technik" (Weyer et al. 1997: 31), der von wechselnden Akteurkonstellationen getragen wird und aus den drei – idealtypischen – Phasen der „Entstehung", „Stabilisierung" und „Durchsetzung" eines innovativen sozio-technischen Systems besteht (vgl. auch Weyer 2008b: 186ff.). Dieses Phasenmodell unterscheidet sich insofern von anderen Ansätzen, als es zum einen den Blick auf das Problem der Kontinuität des Technikpfades lenkt, die sich über die Bruchstellen und Verzweigungspunkte hinweg entwickelt, und damit auf die strukturellen Eigendynamiken, die sich als emergentes Produkt sozialer Konstruktionsprozesse ergeben. Zum anderen befasst es sich mit den wechselnden sozialen Netzwerken. Das Phasenmodell fragt danach, wie es den strategisch handelnden Akteuren (typischerweise: Organisationen) gelingt, in Aushandlungs- und Abstimmungsprozessen eine soziale Schließung zu erreichen, welche sich als Konsens über ein dominantes Design bzw. technologisches Regime niederschlägt, das den Kurs der Technikentwicklung über einen längeren Zeitraum hinweg prägt. Die Akteur-Netzwerke werden hier also als Träger und Motor der Technikentwicklung verstanden; und der Anspruch ist es, die soziale Logik des *gesamten* Prozess zu rekonstruieren und nicht nur einzelne Abschnitte.

6 Transition management

Diese Ausrichtung auf Fragen des technischen Wandels prägt auch das Mehrebenen-Modell einer niederländischen Forschergruppe um Arie Rip (Rip und Schot 1999, Geels 2002, Geels und Schot 2007), die sich vorrangig mit der Frage des Regimewechsels befasst, also mit dem Problem, inwiefern die soziale und technische Konfiguration eines Regimes (z.B. der Energieerzeugung oder des Straßenverkehrs) einen grundlegenden Wandel denkbar und möglich macht. Dieser Ansatz richtet das Augenmerk verstärkt auf Fragen der Transformation technischer Regimes, also der künftigen Gestaltung und Umgestaltung komplexer technischer Systeme.

Konstitutiv für das Mehrebenen-Modell ist die Annahme, dass a) Technikentwicklung sich in *Nischen* abspielt, in denen neue Ideen generiert und ausprobiert werden, b) technologische *Regimes* im Sinne von Regelsystemen, Heuristiken etc. den Kurs der Technikentwicklung maßgeblich prägen und c) der gesamte Prozess in *"landscapes"*, also den gesellschaftlichen und kulturellen Kontext, eingebettet ist (Geels 2002: 97ff., Geels und Schot 2007: 399f.). Insbesondere in den Nischen und in den Regimes spielen Akteur-Netzwerke eine tragende Rolle.

Die Pointe des Ansatzes lautet, dass Wandlungsprozesse auf allen drei Ebenen stattfinden und grundlegender technischer Wandel durch die Interaktion der Prozesse auf allen drei Ebenen zustandekommt, wenn nämlich a) „die Nischen-Innovationen ein Momentum gewinnen", c) „durch Wandlungen auf der Landscape-Ebene ein Handlungsdruck entsteht" (man denke an den Klimawandel) und b) „die Destabilisierung des Regimes eine günstige Gelegenheit" schafft (die Erosion des Regimes des Verbrennungsmotors ist hierfür ein illustratives Beispiel, Geels und Schot 2007: 400). Das Zusammenspiel dieser drei Prozesse ist aus Sicht von Frank Geels et al. der entscheidende Faktor: „The alignment of these processes enables the breakthrough of novelties in mainstream markets where they compete with the existing regime." (ebd.) Dabei spielen Netzwerke eine wichtige Rolle – wie genau, das bleibt im Mehrebenen-Modell allerdings oftmals im Unklaren.

7 Next generation infrastructure systems

Der Wandel großer technischer Infrastruktursysteme wie beispielsweise des weltweiten Luftverkehrs ist allein wegen der Komplexität des Systems, der Vielzahl sozialer, organisatorischer und technischer Interdependenzen und der damit einhergehendes Trägheit des Systems ein schwieriges Unterfangen (Deuten 2003). Wenn sicherheitskritische Neuerungen eingeführt werden sollen, so kann dies nur geschehen, wenn dieser Prozess weltweit synchronisiert und standardisiert ist; dies stellt jedoch eine gewaltige Herausforderung für alle Beteiligten dar.

Andererseits haben sich durch die Liberalisierung und Deregulierung insbesondere in den Bereichen Telekommunikation und Energieerzeugung in den letzten Jahrzehnten tiefgreifende Wandlungen vollzogen (Mayntz 2009). Erstaunlicherweise sind selbst unter den Bedingungen liberalisierter Märkte noch radikale Innovationen möglich; die kurzfristige Profitorientierung dominiert nicht in dem Maße, wie man es hätte befürchten können (Markard und Truffer 2006). Ferner kann die Frage nach der Sicherheit und Zuverlässigkeit komplexer technischer Systeme gestellt werden, die unter den Bedingungen verschärften Wettbewerbs operieren müssen und zudem von unterschiedlichen Handlungslogiken geprägt werden. Für einen Stromhändler beispielsweise hat die Stabilität des Systems nicht oberste Priorität, so dass seine Transaktionen das Energienetz zusätzlich belasten können. Auch hier lässt sich nachweisen, dass die Netze nach wie vor zuverlässig operieren; allerdings ist ihr Status wesentlich prekärer und riskanter, als dies bei den High-Reliability-Organisationen der 1980er Jahre der Fall war (Schulman et al. 2004).

Auch in anderen großen technischen Systemen wie der Luftfahrt entstehen gegenwärtig neuartige Akteurkonstellationen, deren Erforschung gerade erst begonnen hat. In diesen Bereichen vollzieht sich – gestützt auf „smarte" Technik und deren Vernetzung – zurzeit ein radikaler Wandel hin zu sog. „intelligenten" Infrastruktursystemen, deren Interaktions- und Governance-Formen sich von den bislang bekannten Strukturen erheblich unterscheiden (Weyer 2006, 2008a). Zudem findet gegenwärtig eine Neubestimmung der Rolle des Staates statt, dem im Rahmen einer Renaissance von High-Tech-Politik wieder einmal die Aufgabe zugeschrieben wird, die Infrastruktursysteme der Zukunft aufzubauen (Weyer 2005, 2008c).

8 System oder Netzwerk?

Die Techniksoziologie hat noch kein überzeugendes Rezept gefunden, wie sie mit dem verwirrenden Nebeneinander der beiden Begriffe „System" und „Netzwerk" umgehen könnte. Offenkundig existieren drei unterschiedliche Sichtweisen, die nur schwach miteinander verbunden sind:

- Der Begriff des (sozio-)technischen *Systems* verweist auf die systemische Verknüpfung heterogener – sozialer und technischer – Elemente, deren effektives Zusammenspiel gewährleistet sein muss, damit das System als Ganzes funktionieren kann. (Man denke beispielsweise an das Cockpit eines Flugzeugs.)
- Der Begriff des großen technischen Systems fokussiert auf einen Teilbereich der sozio-technischen Systeme; er betont den besonderen *Netzwerk*-Charakter flächendeckender Infrastruktursysteme, deren Komponenten in hohem Maße voneinander abhängig sind und die daher einen hohen Grad an Standardisierung benötigen, um Interoperabilität zu gewährleisten. (Man denke beispielsweise an Telekommunikationsnetzwerke.)
- Der Begriff des sozialen Netzwerks bzw. des *Akteur-Netzwerks* schließlich bezieht sich auf Aushandlungs- und Koordinationsprozesse strategisch handelnder Akteure, die ihre Ressourcen poolen, um innovative sozio-technische Systeme zu entwickeln und zu implementieren. (Man denke beispielsweise an das Akteur-Netzwerk, welches die europäische bemannte Raumfahrt in den 1980er Jahren vorangetrieben hat.)

Es ist das (zweifelhafte) Verdienst der Actor-Network-Theory, dass sie die beiden Ebenen des sozio-technischen *Systems* und des Akteur-*Netzwerks* miteinander vermischt hat, indem sie eine Beteiligung nicht-menschlicher Aktanten („non-humans" wie Dinge, Tiere, Technik etc.) an Interaktions- und Abstimmungsprozessen in Netzwerken behauptet. Zwar lässt sich im Zeitalter „smarter" Technik kaum bestreiten, dass auch nicht-menschliche Komponenten wie beispielsweise Fahrerassistenzsysteme aktiv zum Funktionieren eines soziotechnischen *Systems* beitragen. Aber es gibt auch in der reichhaltigen ANT-Literatur keinen Beleg dafür, dass die technischen Agenten bzw. Aktanten auch an den Diskursen *über* Technik und ihre Gestaltung beteiligt sind, die in Akteur-*Netzwerken* stattfinden (Weyer 2008b: 210). Es täte der Techniksoziologie gut, wenn es ihr gelänge, diese beiden Perspektiven deutlicher voneinander abzugrenzen.

9   Literatur

Callon, Michel und *John Law*, 1989: On the Construction of Sociotechnical Networks: Content and Context Revisited. Knowledge and Society: Studies in the Sociology of Science Past and Present 8: 57-83.
Deuten, J. Jaspar, 2003: Cosmopolitanising Technologies. A Study of Four Emerging Technological Regimes. Twente: Twente University Press.
Geels, Frank, 2002: Understanding the Dynamics of Technological Transitions. Twente: Twente UP.
Geels, Frank W. und *Johan Schot*, 2007: Typology of sociotechnical transition pathways. Research Policy 36: 399-417.
Hohn, Hans-Willy und *Uwe Schimank*, 1990: Konflikte und Gleichgewichte im Forschungssystem. Akteurkonstellationen und Entwicklungspfade der staatlich finanzierten außeruniversitären Forschung. Frankfurt/Main: Campus.
Hughes, Thomas P., 1979: The Electrification of America. The System Builders. Technology and Culture 20: 124-161.
Hughes, Thomas P., 1983: Networks of Power. Electrification in Western Society 1880-1930. Baltimore: Johns Hopkins UP.
Hughes, Thomas P., 1986: The Seamless Web: Technology, Science, Etcetera, Etcetera. Social Studies of Science 16: 281-292.
Hughes, Thomas P., 1987: The Evolution of Large Technological Systems. S. 51-82 in: *Wiebe E. Bijker, Thomas P. Hughes* und *Trevor J. Pinch* (Hg.), The Social Construction of Technological Systems. New Directions on the Sociology and History of Technology. Cambridge MA.: MIT Press.
Knie, Andreas und *Michael Hård*, 1993: Die Dinge gegen den Strich bürsten. De-Konstruktionsübungen am Automobil. Technikgeschichte 60: 224-242.
Kowol, Uli und *Wolfgang Krohn*, 1995: Innovationsnetzwerke. Ein Modell der Technikgenese. S. 77-105 in: *Werner Rammert* (Hg.), Technik und Gesellschaft. Jahrbuch 8. Frankfurt/Main: Campus.
Kowol, Uli und *Wolfgang Krohn* , 2000: Innovation und Vernetzung. Die Konzeption der Innovationsnetzwerke. S. 135-160 in: *Johannes Weyer* (Hg.), Soziale Netzwerke. Konzepte und Methoden der sozialwissenschaftlichen Netzwerkforschung. München: Oldenbourg.
Latour, Bruno, 1998: Über technische Vermittlung. Philosophie, Soziologie, Genealogie. S. 29-81 in: *Werner Rammert* (Hg.), Technik und Sozialtheorie. Frankfurt/Main: Campus.
Markard, Jochen und *Bernhard Truffer*, 2006: Innovation processes in large technical systems: Market liberalization as a driver for radical change. Research Policy 35: 609-625.
Mayntz, Renate, 1988: Zur Entwicklung technischer Infrastruktursysteme. S. 233-260 in: *Renate Mayntz et al.* (Hg.), Differenzierung und Verselbständigung. Zur Entwicklung gesellschaftlicher Teilsysteme. Frankfurt/Main: Campus.

Mayntz, Renate, 1993: Policy-Netzwerke und die Logik von Verhandlungssystemen. S. 39-56 in: *Adrienne Héritier* (Hg.), Policy-Analyse. Kritik und Neuorientierung (Sonderheft 24 der Politischen Vierteljahresschrift). Opladen: Westdeutscher Verlag.

Mayntz, Renate, 2009: The changing governance of large technical infrastructure systems. in Vorb. in: *Volker Schneider* und *Johannes M. Bauer* (Hg.), Complexity and Large Technical Systems.

Mayntz, Renate und *Thomas P. Hughes* (Hg.), 1988: The Development of Large Technical Systems. Frankfurt/Main: Campus.

Mayntz, Renate und *Fritz W. Scharpf*, 1995: Der Ansatz des akteurzentrierten Institutionalismus. S. 39-72 in: *Renate Mayntz* und *Fritz W. Scharpf* (Hg.), Gesellschaftliche Selbstregelung und politische Steuerung. Frankfurt/Main: Campus.

Mayntz, Renate und *Volker Schneider*, 1988: The dynamics of system development in a comparative perspective: Interactive videotex in Germany, France and Britain. S. 263-298 in: *Renate Mayntz* und *Thomas P. Hughes* (Hg.), The Development of Large Technical Systems. Frankfurt/Main: Campus.

Pinch, Trevor J. und *Wiebe E. Bijker*, 1984: The Social Construction of Facts and Artefacts: Or How the Sociology of Science and the Sociology of Technology Might Benefit Each Other. Social Studies of Science 14: 399-441.

Powell, Walter W., 1990: Neither Market nor Hierarchy: Network Forms of Organization. Research in Organizational Behavior 12: 295-336.

Rip, Arie und *Johan W. Schot*, 1999: Anticipating on Contextualization - Loci for Influencing the Dynamics of Technological Development. S. 129-146 in: *Dieter Sauer* und *Christa Lang* (Hg.), Paradoxien der Innovation. Perspektiven sozialwissenschaftlicher Innovationsforschung. Frankfurt/Main: Campus.

Scharpf, Fritz W., 1993: Positive und negative Koordination in Verhandlungssystemen. S. 57-83 in: *Adrienne Héritier* (Hg.), Policy-Analyse. Kritik und Neuorientierung (Sonderheft 24 der Politischen Vierteljahresschrift). Opladen: Westdeutscher Verlag.

Schulman, Paul et al., 2004: High Reliability and the Management of Critical Infrastructures. Journal of Contingencies and Crisis Management 12: 14-28.

Schüttpelz, Erhard, 2007: Ein absoluter Begriff. Zur Genealogie und Karriere des Netzwerkkonzepts. S. 25-46 in: *Stefan Kaufmann* (Hg.), Vernetzte Steuerung. Soziale Prozesse im Zeitalter technischer Netzwerke. Zürich: Chronos.

Tushman, Michael L. und *Lori Rosenkopf*, 1992: Organizational Determinants of Technological Change. Toward a Sociology of Technological Evolution. Research in Organizational Behavior 14: 311-347.

Weyer, Johannes, 1993: Akteurstrategien und strukturelle Eigendynamiken. Raumfahrt in Westdeutschland 1945-1965. Göttingen: Otto Schwartz.

Weyer, Johannes, 2000: Einleitung: Zum Stand der Netzwerkforschung in den Sozialwissenschaften. S. 1-34 in: *Johannes Weyer* (Hg.), Soziale Netzwerke. Konzepte und Methoden der sozialwissenschaftlichen Netzwerkforschung. München: Oldenbourg.

Weyer, Johannes, 2005: Staatliche Förderung von Großtechnikprojekten. Ein dysfunktionaler Anachronismus im Zeitalter der Globalisierung? Technikfolgenabschätzung - Theorie und Praxis 14 (Nr. 1, März 2005): 18-25.

Weyer, Johannes, 2006: Modes of Governance of Hybrid Systems. The Mid-Air Collision at Ueberlingen and the Impact of Smart Technology. Science, Technology & Innovation Studies 2: 127-149.

Weyer, Johannes, 2008a: Mixed Governance - Das Zusammenspiel von menschlichen Entscheidern und autonomer Technik im Luftverkehr der Zukunft. S. 188-208 in: *Ingo Matuschek* (Hg.), Luft-Schichten. Arbeit, Organisation und Technik im Luftverkehr. Berlin: edition sigma.

Weyer, Johannes, 2008b: Techniksoziologie. Genese, Gestaltung und Steuerung sozio-technischer Systeme. Weinheim: Juventa.

Weyer, Johannes, 2008c: Transformationen der Technologiepolitik. Die Hightech-Strategie der Bundesregierung und das Projekt Galileo. S. 137-156 in: *Bertram Schefold* und *Thorsten Lenz* (Hg.),

Die europäische Wissensgesellschaft - Leitbild europäischer Technologie-, Innovations- und Wachstumspolitik. Berlin: Akademie Verlag.
Weyer, Johannes et al., 1997: Technik, die Gesellschaft schafft. Soziale Netzwerke als Ort der Technikgenese. Berlin: edition sigma.

D. Soziale Räume und Zeiten

Einleitung in das Anwendungsfeld: Soziale Räume und Zeiten

Geht man von den drei Strukturdimensionen der Lebenswelt im Sinne von Alfred Schütz aus (vg. Schütz/Luckmann 1994: 63ff.), so sind neben der sozialen Struktur, die bislang in diesem 7. Kapitel den Gegenstand der Erörterungen bildete, noch die räumliche und zeitliche Struktur eigens zu behandeln. In der Geographie und insbesondere in der Wirtschaftsgeographie werden regionale Netzwerke, Kooperationen und Verbünde netzwerkanalytisch untersucht. Der räumliche Aspekt steht hierbei im Vordergrund. Über den Stand der Diskussion in dieser Fachdisziplin informiert der Beitrag von Johannes Glückler. Die Potentiale der Netzwerkforschung für die Verkehrsplanung lotet der Beitrag von Andreas Frei et al. aus. Netzwerkforscherische Überlegungen haben beiden Wissenschaften zu einem wesentlichen Aufschwung verholfen.

Die Ethnologie nimmt mit ihrer Erforschung archaischer Gesellschaften soziale Strukturen in ihrer raumzeitlichen Abgeschiedenheit in den Forschungsfokus und hebt damit auf alle drei oben genannten Strukturdimensionen gleichermaßen ab. Dachte man in den 1950er und 1960er Jahren über Netzwerkaspekte nach, wo hätte man gesucht? Sicher nicht in der Soziologie. Zur damaligen Zeit war die Ethnologie führend auf diesem Gebiet. Die Manchester School hat der Netzwerkforschung zahlreiche Impulse gegeben und, man kann es sogar sagen, den Netzwerkbegriff eingeführt. Ohne zunächst Claude Levi-Strauss und dann Siegfried Nadel wäre Harrison White vielleicht gar nicht auf die Idee der Blockmodellanalyse gekommen. Im deutschsprachigen Bereich war es vor allem der früh verstorbene Leibnitzpreisträger Thomas Schweizer, welcher der Netzwerkperspektive in der Ethnologie zum Ansehen verhalf. Diesem traditionsreichen Wechselbezug zwischen ethnologischer Forschung und Netzwerkanalyse geht der Beitrag von Michael Schnegg nach.

Zeitliche Strukturen stehen im Vordergrund bei geschichtswissenschaftlichen Forschungen. Obgleich die Ägyptologie vor der vorletzten Jahrhundertwende mit der Seriotographie sich schon ähnlicher Verfahren zur Datierung von Objekten bediente wie heute die Netzwerkanalyse, ist das Thema in der Geschichtswissenschaft noch wesentlich jünger. Gleichwohl resultieren wichtige Beiträge für die Netzwerkforschung aus historischen Betrachtungen, allen voran die bedeutsame Studie zu den Medicis von Padgett und Ansell. Einen Einstieg bietet der Beitrag von Morton Reitmayer und Christian Marx.

R. H. / C. S.

Literatur

Schütz, Alfred und *Thomas Luckmann*, 1975: Strukturen der Lebenswelt. Neuwied [u.a.]: Luchterhand.

7.23 Ethnologie

Michael Schnegg

Die Ethnologie hat einen wichtigen Beitrag zur Entstehung und Entwicklung der sozialen Netzwerkanalyse geleistet (Freeman 2004; Johnson 1994; Mitchell 1974). Das Ziel dieses Aufsatzes ist es aufzuzeigen, (1) worin dieser Beitrag besteht, (2) welche Fragestellungen Ethnologen heute mit Hilfe der Netzwerkanalyse untersuchen und (3) wodurch sich ihr spezifischer Ansatz auszeichnet. Der Beitrag, den die Ethnologie zu unterschiedlichen Phasen geleistet hat, hing dabei stark von den Theorien und Themen ab, die in der Ethnologie diskutiert wurden.

Zu Zeiten der Entstehung der Netzwerkanalyse in den ersten Dekaden des 20. Jahrhunderts war insbesondere die britische Sozialethnologie stark durch funktionalistische Denkrichtungen geprägt, die das Ineinandergreifen von unterschiedlichen Bereichen gesellschaftlicher Systeme (Wirtschaft, Religion, Politik etc.) in den Mittelpunkt der Analyse rückten. Diese Bereiche lieferten, so die Argumentation, einen Beitrag zur Befriedigung bestimmter materieller, physischer und sozialer Bedürfnisse oder zur Erhaltung des gesellschaftlichen Gleichgewichtes: Sie hatten eine Funktion.

Diese Überlegungen waren aus der Erkenntnis entstanden, dass in den von Ethnologen untersuchten ländlichen Gesellschaften weite Teile des gesellschaftlichen Lebens eng miteinander verwoben waren. Dabei kam der Verwandtschaft oft eine besondere Rolle zu. Politik, Wirtschaft und Religion ließen sich in Gemeinschaften, die keine staatliche Zentralgewalt kannten, nicht verstehen, wenn man nicht die verwandtschaftliche und andere soziale Ordnungen berücksichtigte, in die sie eingebettet waren.

Der britische Strukturfunktionalist Radcliffe-Brown teilte diese Annahmen. In einem 1940 veröffentlichten Beitrag, der sich um eine Definition des Gegenstandes der Ethnologie und eine theoretische Standortbestimmung bemüht, arbeitet er als erster Ethnologe soziale Beziehungen und soziale Netzwerke als die zentralen Kernelemente der ethnologischen Analyse heraus (Radcliffe-Brown 1940). Für Radcliffe-Brown ist dabei der Gegenstand der Ethnologie die soziale Struktur, die er als das Netzwerk der real existierenden sozialen Beziehungen zwischen den Mitgliedern einer Gemeinschaft definiert.[1] Viele der 1940 von Radcliffe-Brown herausgearbeiteten Probleme der Sozialstrukturanalyse sind auch heute noch aktuell und finden sich in Einführungen in die Netzwerkanalyse unter der Rubrik „zukünftige Forschungstrends" wieder (Schweizer 1996a; Schweizer und White 1998; Wasserman und Faust 1994). Dazu zählen die Verbindung von Mikro- und Makroebene, das Problem der Emergenz (siehe Kap. 3.11 zur Emergenz in der Netzwerkanalyse in diesem Band), die Analyse des Wandels sozialer Strukturen, die Analyse wirtschaftlichen Handelns als Handeln in Netzwerken und die Frage nach allgemeinen Struktureigenschaften von Netzwerken, die sich nur im Vergleich zeigen können. Während Radcliffe-Brown die theoretischen Grundlagen für die Analyse von sozialer Struktur als Netzwerke legte,

---

[1] Er stellt der sozialen Struktur das Konzept von *culture* gegenüber, das er als eine zu vage Abstraktion kritisiert. *Culture* wird für Radcliffe-Brown in sozialen Beziehungen ausgehandelt und geschaffen.

waren es seine Schüler, die Konzepte der Netzwerkanalyse in die Ethnographie einführten und Netzwerke so empirisch fassbar machten.

In den von Ethnologen lange primär untersuchten ländlichen Gemeinschaften bestand die soziale Struktur zu einem guten Teil aus den Klassifikationen, Rollen und Institutionen des Verwandtschaftssystems. Ihre Analyse erfolgte über die genealogischen Methoden.

Seit den 1930er Jahren hat sich der Untersuchungsgegenstand der Ethnologie zunehmend gewandelt: Mit dem Arbeitsleben in Organisationen und dem Leben in Städten haben sich Ethnologen neuen Themen gestellt. Während dabei das Soziale weiterhin als zentrales Bindeglied unterschiedlicher kultureller Bereiche im Vordergrund stand, hieß „sozial" jetzt nicht mehr vornehmlich verwandt und konnte auch nicht mehr allein mit den Methoden der Verwandtschaftsethnologe beschrieben werden.

Das zeigte sich besonders deutlich in der ersten organisationsethnologischen Studie (Hawthorne Studie), die von 1924 bis 1932 in den Hawthorne Werken von General Electric durchgeführt wurde. Das Ziel der Untersuchung war es, zu bestimmen, wie sich unterschiedliche Einflussfaktoren auf die Produktivität von Arbeitern auswirken. Nachdem die ersten Ergebnisse widersprüchlich waren, konnte das Team um den Psychologen Mayo für die Untersuchung Warner, einen Schüler von Radcliffe-Brown, gewinnen (Freeman 2004: 43). Dieser stellte die These auf, dass etwas ganz anderes als physiognomische oder psychologische Faktoren ausschlaggebend waren, nämlich soziale Beziehungen. Um zu überprüfen, wie sich Arbeitsgruppen während der Arbeit verhalten, wurde ein Versuchslabor, der *bank wiring observation room*, eingerichtet, in dem systematische Beobachtungen durchgeführt werden konnten. In diesen Untersuchungen hat sich sehr schnell gezeigt, dass es neben den formalen Regeln der Arbeitsorganisation informelle Organisationsmuster gab. Diese von den Autoren in Soziogrammen dargestellten Muster deckten sich nicht oder nur in Teilen mit den formalen Strukturen. Durch sie wurde soziale Kontrolle ausgeübt, die verhinderte, dass einzelne Arbeiter über das Soll hinaus produzierten. Eine am Produktionsergebnis orientierte Entlohnung hatte daher überraschenderweise fast keinen Einfluss auf die Arbeitsproduktivität. Ganz im Sinne des Strukturfunktionalismus argumentierten die Autoren, dass Individuen interdependente Einheiten seien, deren Handeln zum Erhalt der Funktionsweise des Gesamtsystems beitrage (Roethlisberger und Dickson 1939).

Ethnologen haben ihren Untersuchungsgegenstand um die Mitte des 20. Jahrhunderts nicht nur auf Organisationen, sondern auch auf komplexe Gesellschaften ausgeweitet. Barnes war einer der Pioniere dieser Entwicklung. Im Artikel „Class and Committees in a Norwegian Island Parish", in dem er die soziale Organisation von Bremnes, einer norwegischen Fischergemeinde, analysiert, identifiziert er soziale Netzwerke als das zentrale Bindeglied der Gesellschaft (Barnes 1954). Seine Analyse zeigt, dass diese Netzwerke einen wesentlichen Beitrag leisten, um soziale und ökonomische Klassen horizontal zu integrieren. Darüber hinaus schaffen sie vereinzelte vertikale Beziehungen, etwa zwischen Arbeitern und den wohlhabenden Betreibern der großen Schiffe. Auch wenn Barnes keine quantitativen Daten erhebt, so baut er das Netzwerkkonzept doch konzeptionell so weit aus, dass er oft als der Begründer der ethnologischen Netzwerkanalyse bezeichnet wird (Mitchell 1974).

Eine dritte zentrale ethnologische Untersuchung dieser Jahre war die Studien von Kapferer über Konflikte und soziale Netzwerke in einer Fabrik im damaligen Rhodesien. Kapferer und andere Vertreter der sogenannten „Manchester Schule" in der Ethnologie waren ihren Informanten vom Land in die rapide anwachsenden Minenstädte des südlichen

Afrika gefolgt. Auch in diesem Kontext ließ sich die soziale Welt nicht mehr allein als verwandtschaftliche Ordnung begreifen. Kapferer untersucht in seiner ethnographisch sehr dichten Beschreibung den Verlauf und den Ausgang eines Konfliktes in einer Fabrik. Dabei zeigt er, weshalb es einem der beiden Protagonisten gelingt, sich gegen seine Kontrahenten durchzusetzen. Seine Netzwerke, die Kapferer mit Hilfe von Soziogrammen darstellt, reichen weit in das soziale System hinein und binden andere zentrale Akteure unmittelbar ein. Damit geht Kapferer in einem entscheidenden Punkt über die Arbeiten von Barnes und Warner hinaus. Er entwickelt als einer der ersten Ethnologen Maßzahlen, um diese Einbettung vergleichend zu beschreiben (Kapferer 1969).

Alle drei Studien haben wichtige Impulse für die Entwicklung der Netzwerkanalyse geliefert. Sie basieren auf der theoretischen Annahme, dass soziale Strukturen ein zentraler Bestandteil gesellschaftlicher Ordnung sind. Diese Strukturen lassen sich in den gewählten Untersuchungsregionen nicht mehr allein auf Verwandtschaft reduzieren. Netzwerke wurden zu einem geeigneten Konzept, um soziale Muster in offeneren und fluideren Orten zu beschreiben.

Bis in die 1970er Jahre hinein hatte die Ethnologie einen zentralen Anteil an der Entwicklung von theoretischen und methodischen Konzepten in der Netzwerkanalyse. Das zeigt sich auch an der Vielzahl von Veröffentlichungen, aus denen die drei vorgestellten Studien nur einen kleinen Ausschnitt darstellen (Bernard und Killworth 1973; Bernard et al. 1980; Boissevain 1979; Bott 1957; Foster und Seidman 1982; Foster und Seidman 1981; Johnson 1994; Lomnitz 1977; Mitchell 1969; Mitchell 1974). Der ethnologische Anteil an der Netzwerkforschung ist in den darauffolgenden Jahren deutlich zurückgegangen. Das hängt unter anderem damit zusammen, dass viele Ethnologen sich von der substantiellen und formalen Verwendung des Konzeptes verabschiedet haben und es vorziehen, Netzwerk als Metapher zu verwenden, die lediglich den Umstand der Vernetzung, aber nicht mehr die konkrete Struktur beschreibt.

Diese Wende wird an den Arbeiten von Hannerz besonders deutlich. Hannerz hatte in seiner 1967 und 1980 veröffentlichten Untersuchung zur sozialen Organisation in US-amerikanischen Städten noch mit dem Konzept des persönlichen Netzwerkes gearbeitet (Hannerz 1967; Hannerz 1980). In seinem gut zehn Jahre später erschienenen Beitrag über die Rolle des Netzwerkbegriffs in der Ethnologie kommt er dann zu dem Schluss, dass sich diese frühe Verwendung überholt hat (Hannerz 1992). Hannerz begründet das unter anderem damit, dass in einer zunehmend globalisierten Welt immer weniger lokal abgegrenzte Gruppen leben, die sich als Netzwerk isolieren und analysieren lassen. Selbst wenn dies gelänge, ließe sich das Lokale heute nicht mehr verstehen, wenn man es nicht in seinen Wechselwirkungen mit weiteren gesellschaftlichen Ebenen betrachte. „Netzwerk" solle vielmehr eine Metapher und Denkrichtung sein, die es erlaubt, die „global ecumene" zu beschreiben. Das ermögliche eine methodische und inhaltliche Betrachtungsweise auf die globalisierte Welt, in der die Zusammenhänge zwischen den einzelnen Einheiten immer wichtiger werden. Hannerz wendet sich dabei von der „rigiden" (engl. „rigid") Messung von Netzwerken ab (Hannerz 1992: 51).

Hannerz hat Recht, wenn er schreibt, dass Ethnologen es immer weniger mit isolierten kleinen Gemeinschaften zu tun haben, die sich einfach als ein Gesamtnetzwerk beschreiben lassen. Seine Kritik geht in meinen Augen aber am Punkt vorbei. Gerade die Herausforderungen, die mit der zunehmenden Verschränkung von Lokalem und Globalem einhergehen, lassen sich mit den Mitteln der Netzwerkanalyse besonders gut beschreiben (Schnegg

2007). Durch seine Analyse des *Hxaro*-Tausches bei den Ju/'hoansi (früher als !Kung bezeichnet) und die Beschreibung der *Slamatan*-Netzwerke auf Java hat Schweizer sehr überzeugend gezeigt, dass diese Veränderungen kein Problem, sondern eine Chance für die ethnologische Netzwerkanalyse darstellen (Schweizer 1997). Durch die Einbeziehung von Außenbeziehungen und die Analyse des Ineinandergreifens von Staatlichkeit, Ethnizität, Klassenzugehörigkeit und Religion gelingt es Schweizer und seinen Schülern, die ethnologische Netzwerkanalyse weiterzuentwickeln, um die Analysemöglichkeiten den neuen ethnographischen Herausforderungen anzupassen (Avenarius 2008a; Avenarius 2008b; Pauli und Schnegg 2007; Rao et al. 2007; Schnegg 2007).

Diese neueren Entwicklungen manifestieren sich in einer Reihe rezenter Publikationen. „*Muster sozialer Ordnung*" (Schweizer 1996a) liefert einen umfangreichen Einstieg in die Theorie und Konzepte der Netzwerkanalyse aus sozialethnologischer Sicht. „*Die Netzwerkanalyse: eine praxisorientierte Einführung*" (Schnegg und Lang 2001) und „*Die ethnologische Netzwerkanalyse*" (Schnegg 2008) bieten umfangreiche Einführungen in die Techniken der Datenerhebung und -auswertung und „*Kinship, networks and exchange*" (Schweizer und White 1998) stellt aktuelle ethnologische Fallstudien dar. Während in der Ethnologie bis in die 1980er Jahre die Strukturen von Kleingruppen und die Einbettung von einzelnen Akteuren (oft in Konfliktfällen) im Vordergrund standen, lassen sich heute drei Teilbereiche ausmachen, in denen die Netzwerkanalyse besonders häufig verwendet wird: (1) Verwandtschaft, (2) Wirtschaft und (3) Migration und Globalisierung.

Verwandtschaft: Genealogien waren oft ein zentraler Bestandteil der Daten, die Ethnologen erhoben haben. Sie bestehen aus Netzwerken, die schon sehr früh als „web" oder „Allianzen" beschrieben wurden (Fortes 1949; Lévi-Strauss 1981). Bis in die 1990er Jahre hinein standen aber nur sehr wenige analytische Konzepte zur Verfügung, um genealogische Daten als Netzwerk empirisch zu analysieren. Dafür gibt es einen einfachen Grund: Genealogien beinhalten zwei unterschiedliche Beziehungen: Abstammung und Heirat. Diese lassen sich nur sehr schlecht als *ein* Netzwerk zwischen Individuen begreifen. Um diese Schwäche zu überwinden, haben White und Jorion den P-Graphen entwickelt (White und Jorion 1996). Im P-Graphen sind die Akteure Heiraten (Knoten), die durch Abstammung (Kanten) miteinander verbunden sind. In P-Graphen gibt es damit nur noch einen Beziehungstyp. Dadurch lassen sich viele Konzepte der Netzwerkanalyse leichter anwenden.

In ihrer Analyse des Wandels der sozialen Organisation einer bäuerlichen Gemeinde in Österreich zeigen Brudner und White erstmals, wie man solche komplexen und sich über mehrere Jahrhunderte erstreckenden Genealogien analysieren kann. Ihre Ergebnisse zeigen, wie durch Heiraten eine sozial eng verbundene Klasse geschaffen wird, innerhalb derer Höfe vererbt werden. Dadurch bleiben die Höfe auch über einen sehr langen Zeitraum im Besitz einiger zentraler Familien, die sozial nur wenig durchlässig sind und kaum Einflüsse von außen zulassen (Brudner und White 1997). Sie bezeichnen diese Klasse als eine strukturell endogame Gruppe. Diese strukturelle Endogamie lässt sich durch das graphentheoretische Konzept der Bi-Komponente erfassen (White 1997). White et al. haben dieses Konzept später erweitert, um die Verbindungen von Verwandtschaft und ritueller Verwandtschaft (*compadrazgo*) in Tlaxcala zu untersuchen (Schnegg 2006a; Schnegg und White im Druck 2009; White et al. 2002).

Durch den P-Graphen und die netzwerkanalytische Betrachtung von Genealogien wird es möglich, Muster zu beschreiben, die durch bestimmte Heiratsregeln entstehen.² Während diese Beschreibungen sich früher oft allein auf Aussagen der Informanten stützten, konnte etwa die Analyse von Johansen und White zeigen, wie bei pastoralen Gruppen in der Türkei bestimmte Heiratsformen an Bedeutung zu- und abgenommen haben und welche Konsequenzen das für die soziale Ordnung und das Verwandtschaftssystem hatte (White und Johansen 2004).

Wirtschaft: Durch das Teilen von Nahrung und anderen Gegenständen wird in vielen Gesellschaften nicht nur Sozialität und emotionale Nähe hergestellt. Das durch den Tausch aufgebaute soziale Kapital (siehe Kapitel 3.10) sichert auch gegen Risiken ab und schafft soziale Sicherheit. Eine der ersten umfangreichen ethnologischen Analysen solcher Tauschsysteme sind die Arbeiten von Wiessner, die später von Schweizer weitergeführt wurden (Wiessner 1982; Wiessner 2002). Sie zeigen, dass das Tauschsystem der Ju/'hoansi wesentlich weniger reziprok, stärker zentralisiert und besser in regionale und nationale Kontexte eingebunden ist, als es vorangegangene ethnographische Arbeiten haben vermuten lassen (Schweizer 1996b; Schweizer 1997). Ziker und Schnegg erweitern diese Analysen von Tauschsystemen und benutzen Daten über das Teilen von Fleisch bei den Dolgan (Sibirien), um unterschiedliche theoretische Modelle zu überprüfen, die in der Ethnologie in den letzten Jahren entwickelt wurden, um den Tausch von Nahrungsmitteln zu erklären. Dabei gelingt es ihnen zu zeigen, dass von den vier Modellen nur eines, das Verwandtschaftsmodell, einen signifikanten Teil der Transaktionen erklären kann (Ziker und Schnegg 2005). Schnegg hat diese Überlegungen später auf den Tausch von Lebensmitteln (das *augu*-System) bei den Damara und Nama in Zentralnamibia übertragen und zeigen können, dass in diesem Fall Reziprozität das wichtigste Merkmal der Tauschnetzwerke ist (Schnegg 2006b). Diese Überlegungen haben die Frage aufgeworfen, wie weit Reziprozität (siehe Kapitel 3.4) in solchen Sicherungssystemen verbreitet ist und welche Auswirkungen diese Eigenschaften auf die Struktur des Netzwerkes haben. Durch den Vergleich von sechs ethnographischen Fällen ist es gelungen zu zeigen, dass Reziprozität weniger zentralisierte (kaum skalenfreie) Netzwerke charakterisiert (Schnegg 2006c; Schnegg und Stauffer 2007).

Auch für Pastoralisten spielen Netzwerke eine zentrale Rolle beim Risikomanagement. Bollig gelingt es durch eine Rekonstruktion von Viehleihbeziehungen und Viehfreundschaftsnetzwerken am Beispiel der Himba (Namibia) und der Pokot (Kenia) aufzuzeigen, welche Rolle diese Netzwerke für die Absicherung von Haushalten spielen. Dabei zeigen sich im Vergleich der beiden Gesellschaften deutliche Unterschiede. Das Netzwerk der Pokot ist deutlich weniger zentralisiert als das der Himba. Der egalitäre Ethos der Pokot spiegelt sich nicht nur in den Netzwerken wider, er zeigt sich auch in den Ritualen, in denen die soziale Ordnung dargestellt wird (Bollig 1998; Bollig 2000).

In den letzten Jahren hat eine Gruppe von Ethnologen und Historikern versucht, diese in der Regel in nicht-industrialisierten Kontexten entwickelten Konzepte zur Beschreibung informeller sozialer Sicherungssysteme auf Europa zu übertragen. Ethnographische Feldstudien in acht europäischen Ländern zeigen dabei, dass die Variationen zwischen diesen Ländern erheblich sind. Verwandtschaft und andere soziale Beziehungen nehmen aber auch

---

² Diese Analysen lassen sich mit dem Computerprogramm PUCK durchführen (Program for the Use and Computation of Kinship Data, www.kintip.net).

hier eine zunehmend wichtige Rolle für die Absicherung gegen multiple ökonomische, soziale und gesundheitliche Risiken ein (Heady und Grandits 2008).

Migration und Globalisierung: Hannerz hat an der ethnologischen Netzwerkanalyse kritisiert, dass sie nicht in der Lage sei, Interaktionen in einer zunehmend globalisierten Welt zu beschreiben. Jüngere Arbeiten haben dahingegen zeigen können, wie man gerade mit Hilfe der Netzwerkanalyse Migration, Integration und die zunehmenden Vernetzungen sozialer Welten beschreiben kann (Avenarius 2008a; Avenarius 2008b). So zeigt etwa die Arbeit von Greiner (2008), wie durch die sozialen Beziehungen zwischen Stadt und Land in Namibia komplexe multilokale soziale Einheiten entstehen, die die komparativen Vorteile des Lebens in der Stadt und auf dem Land verbinden. Während im städtischen Umfeld die Löhne höher sind, sind die Lebenshaltungskosten auf dem Land viel niedriger. Geld fließt also von der Stadt in die ländlichen Teile des Haushaltes, die oft größer sind und in denen die Kinder leben. Fleisch ist in der Stadt teurer als auf dem Land und wird daher gegenläufig von den ländlichen Haushalten für die Städter zur Verfügung gestellt. Erst durch die vergleichende Analyse dieser Transferleistungen wird es möglich, multilokale Familien und Haushaltsstrukturen zu erkennen (Greiner 2008).

Wimmer beschäftigt sich ebenfalls mit Verbindungen und Integration. Um zu klären, ob und wie sich türkische und italienische Migranten in Zürich integrieren, analysiert er deren soziale Netzwerke. Die Analyse zeigt ein hohes Maß an ethnischer Homophilie, die auch in der zweiten Generation nicht abnimmt. Wimmer verbindet diese Analyse der sozialen Praxis mit einer kognitiven Analyse der Diskurse über ethnische Gruppen und zeigt, wo und wie in der zweiten Generation neue Kategorien entstehen, die zwischen „Etablierten" und „Außenseitern" unterscheiden. Sie treten an die Stelle der ethnischen Klassifikation und überlagern sich im Fall der italienischen Informanten auch mit der sozialen Praxis (Wimmer 2004).

Pauli und Schnegg überprüfen diese zunehmende Integration lokaler Ereignisse in globale Zusammenhänge am Beispiel der Mobilisierung für den mexikanischen Chiapas-Konflikt. Der Konflikt wird in der Literatur oft als einer der ersten *Cyberwars* beschrieben. Dabei gelingt es ihnen durch die Analyse der Medienpräsenz und der Verlinkung von WWW-Seiten zu zeigen, wie durch Heterogenität, Kohäsion und Dichte des sozialen Netzwerkes ein globaler medialer Raum entsteht, der optimale Voraussetzungen für die Ausbreitung von Nachrichten und die Mobilisierung breiter Massen schafft (Pauli und Schnegg 2007; Schnegg und Pauli 2006).

Ich habe drei in der rezenten Literatur viel bearbeitete Themenfelder vorgestellt, um aufzuzeigen, welche Fragestellungen Ethnologen mit Hilfe der Netzwerkanalyse bearbeiten. Da diese Themen in Teilen auch von Nachbardisziplinen bearbeitet werden, möchte ich abschließend darauf eingehen, worin die Besonderheiten des methodischen Zugangs ethnologischer Netzwerkanalysen liegen (Schnegg 2008; Schweizer 1996a).

In ethnologischen Netzwerkanalysen werden die systematischen Netzwerkbefragungen in der Regel durch andere Daten, insbesondere offene Befragungen und teilnehmende Beobachtungen, ergänzt und überprüft (Schnegg 2008). Schweizer hat die Metapher von „Knochen und Fleisch" geprägt, um dieses Zusammenspiel zu beschreiben (Schweizer 1996a). Während die systematischen Informationen der Netzwerkanalyse es erlauben, das Grundgerüst der sozialen Struktur zu identifizieren, sind weitere Daten notwendig, um zu erklären, wie diese entstehen, was sie bedeuten und wie sie die Handlungsfreiheiten von Akteuren strukturieren. Ein gutes Beispiel sind Paulis Analysen des Lebenszyklus' mexikanischer Frauen. In ihrer Untersuchung über deren sozialen Netzwerke konnte sie feststellen, dass sich diese im Laufe des Lebenszyklus mehrfach signifikant wandeln. Zu unterschiedlichen Phasen haben unterschiedliche verwandtschaftliche Rollen und andere Beziehungen (Freundschaft, *compadrazgo*) jeweils eine zentrale Rolle eingenommen. Um diese Ergebnisse zu erklären, greift sie auf Lebensgeschichten der Frauen zurück, die zeigen, wie stark diese Veränderungen des sozialen Umfeldes mit Liebe, Heirat, Residenz und Migration zusammenhängen (Pauli 2000). Die oben beschriebenen Arbeiten von Bollig, die die Netzwerkanalyse mit der Analyse von Ritualen verbinden, und die Arbeiten von Wimmer, die die Verbindungen zur Diskursanalyse aufzeigen, sind weitere Beispiele für solche Triangulationen von Methoden zur Beschreibung, Erklärung und Interpretation sozialer Strukturen (Bollig 2000; Wimmer 2004).

Literatur

Avenarius, Christine B., 2008a: Knitting Social Networks: Gender and Immigrant Responses to Life in Urban Sprawl. S. 149-200 in: *Judith DeSena* (Hg.), Gender in an Urban World. Bingley: Emerald Group Publishing.

Avenarius, Christine B., 2008b: The Role of Information Technology in Reducing Social Obligations Among Immigrants from Taiwan. Journal of International Communication 14: 104-120.

Barnes, J. 1954. Class and committees in a Norwegian island parish. Human Relations 7:39-58.

Bernard, H. Russel und *Peter D. Killworth*, 1973: On the social structure of an ocean-going research vessel and other important things. Social Science Research 2: 145-184.

Bernard, H. Russel, Peter D. Killworth, und *Lee Sailer*, 1980: Informant Accuracy in Social Network Data .4. A Comparison of Clique-Level Structure in Behavioral and Cognitive Network Data. Social Networks 2: 191-218.

Boissevain, Jeremy B., 1979: Network Analysis: A Reappraisal. Current Anthropology 20: 392-394.

Bollig, Michael, 1998: Moral Economy and Self-Interest: Kinship, Friendship, and Exchange among the Pokot. S. 137-157 in: *Thomas Schweizer* und *Douglas R. White* (Hg.), Kinship, Networks, and Exchange. Cambridge: Cambridge University Press.

Bollig, Michael, 2000: Staging social structures: ritual and social organisation in an egalitarian society. The pastoral Pokot of northern Kenya. Ethnos 65: 341-365.

Bott, Elizabeth, 1957: Family and social network: roles, norms, and external relationships in ordinary urban families. London: Tavistock Publications.

Brudner, Lilyan und *Douglas R. White*, 1997: Class, property, and structural endogamy: visualizing networked histories. Theory and Society 26: 161-208.

Fortes, Meyer, 1949: The web of kinship among the Tallensi. London: Oxford University Press.

Foster, Brian L. und *Stephen B. Seidman*, 1982: Urban structures derived from collections of overlapping subsets. Urban anthropology 11: 177-192.

Foster, Brian L. und *Stephen B. Seidman*, 1981: Network structure and the kinship perspective. American Ethnologist 8: 329-355.

Freeman, Linton C., 2004: The development of social network analysis: a study in the sociology of science. Vancouver, BC: Empirical Press.

Greiner, Clemens, 2008: Zwischen Ziegenkraal und Township: Migrationsprozesse in Nordwestnamibia. Berlin: Reimer.

Hannerz, Ulf, 1967: Gossip, Networks and Culture in a Black American Ghetto. Ethnos 32: 35-60.

Hannerz, Ulf, 1980: Exploring the City: Inquiries Toward an Urban Anthropology. New York: Columbia University Press.

Hannerz, Ulf, 1992: The global ecumene as a network of networks. S. 34-56 in: *Adam Kuper* (Hg.), Conceptualising society. London: Routledge.

Heady, Patrick und *Hannes Grandits,* 2008: Kinship and Social Security in contemporary Europe. Final Project report to the EU.

Johnson, Jeffrey C., 1994: Anthropological contributions to the study of social networks. A review. S. 113-151 in: *Stanley Wasserman* und *Joseph Galaskiewicz* (Hg.), Advances in social network analysis: research in the social and behavioral sciences. Thousand Oaks: Sage.

Kapferer, Bruce, 1969: Norms and the manipulation of relationships in a work context. S. 181-244 in: *James C. Mitchell* (Hg.), Social networks in urban situations. Manchester: University of Manchester Press.

Lévi-Strauss, Claude, [1949] 1981: Die elementaren Strukturen der Verwandtschaft. Frankfurt am Main: Suhrkamp.

Lomnitz, Larissa A. de, 1977: Networks and marginality: life in a Mexican shanty town. New York: Academic Press.

Mitchell, James C., 1969: Social networks in urban situations: analyses of personal relationships in Central African towns. Manchester: Manchester University Press.

Mitchell, James C., 1974: Social Networks. Annual Review of Anthropology 3: 279-299.

Pauli, Julia, 2000: Das geplante Kind: Demographischer, wirtschaftlicher und sozialer Wandel in einer mexikanischen Gemeinde. Hamburg: Lit.

Pauli, Julia und *Michael Schnegg,* 2007: Mapping a conflict in cyberspace. In: *Aparna Rao, Michael Bollig* und *Monika Böck* (Hg.), The Practice of War: Production, Reproduction and Communication of Armed Violence. New York: Berghahn Books.

Radcliffe-Brown, Alfred, 1940: On social structure. The Journal of the Royal Anthropological Institute of Great Britain and Ireland 70: 1-12.

Rao, Aparna, Monika Böck, Katharina Schneider und *Michael Schnegg,* 2007: 'Virtual' discourse and the creation and disruption of social networks: Observations on the war in Kashmir in cyberspace. S. 253-284 in: *Aparna Rao, Michael Bollig* und *Monika Böck* (Hg.), The Practice of War: Production, Reproduction and Communication of Armed Violence. New York: Berghahn Books.

Roethlisberger, Fritz J. und *William J. Dickson,* 1939: Management and the worker: an account of a research program conducted by the Western Electric Company, Hawthorne Works, Chicago. Cambridge: Harvard University Press.

Schnegg, Michael, 2006a: Compadres familiares: Das Verhältnis von compadrazgo und Verwandtschaft in Tlaxcala, Mexiko. Zeitschrift für Ethnologie 131: 91-109.

Schnegg, Michael, 2006b: "Give me some sugar!": Rhythm and structure of sharing in a Namibian community. soFid Methoden und Instrumente der Sozialwissenschaften.

Schnegg, Michael, 2006c. Reciprocity and the emergence of power laws in social networks. International Journal of Modern Physics C 17: 1067-1076.

Schnegg, Michael, 2007: Blurred edges, open boundaries: The long term development of the closed corporate peasant community in rural Mexico. Journal of Anthropological Research 63: 5-32.

Schnegg, Michael, 2008: Die ethnologische Netzwerkanalyse. S. 209-232 in: *Bettina Beer* (Hg.), Methoden ethnologischer Feldforschung. Berlin: Reimer.

Schnegg, Michael und *Hartmut Lang,* 2001: Die Netzwerkanalyse: Eine praxisorientierte Einführung. S. 1-55 in: *Hartmut Lang* und *Michael Schnegg* (Hg.), Methoden der Ethnographie, Band 1.

Schnegg, Michael und *Julia Pauli,* 2006: Les cyber-guérilleros ne se battent pas seuls. Réseaux virtuels et mobilisation pendant le conflit du Chiapas. Revue des Sciences Sociales 35: 76-83.

Schnegg, Michael und *Dietrich Stauffer,* 2007: Dynamics of Networks and Opinions. International Journal of Bifocation and Chaos 17: 2399-2409.

Schnegg, Michael und *Douglas R. White,* 2009: Getting connected: Networks of kinship and compadrazgo in rural Tlaxcala, Mexico. Im Erscheinen in: *Waltraud Kokot* und *Clemens Greiner* (Hg.), Networks, resources and economic action: Ethnographic case studies in honour of Hartmut Lang. Bielefeld: Transcript.

Schweizer, Thomas, 1996a: Muster sozialer Ordnung: Netzwerkanalyse als Fundament der Sozialethnologie. Berlin: Reimer.
Schweizer, Thomas, 1996b: Reconsidering social networks: reciprocal gift exchange among the !Kung. Journal of quantitative anthropology 6: 147-170.
Schweizer, Thomas, 1997: Embeddedness of ethnographic cases: social networks perspective. Current anthropology 38: 739-760.
Schweizer, Thomas und *Douglas R. White*, (Hg.), 1998: Kinship, networks, and exchange. Cambridge: Cambridge University Press.
Wasserman, Stanley und *Katherine Faust*, 1994: Social network analysis: methods and applications. Cambridge: Cambridge University Press.
White, Douglas R., 1997: Structural endogamy and the network graph de parenté. Mathématiques, informatiques et sciences humaines 137: 101-125.
White, Douglas R. und *Ulla Johansen*, 2004: Network analysis and ethnographic problems: process models of a Turkish nomad clan. Lanham: Lexington Books.
White, Douglas R. und *Paul Jorion*, 1996: Kinship networks and discrete structure theory: applications and implications. Social Networks 18: 267-314.
White, Douglas R., *Michael Schnegg*, *Lilyan A. Brudner* und *Hugo G. Nutini*, 2002: Conectividad múltiple, fronteras e integración: parentesco y compadrazgo en Tlaxcala rural. S. 41-90 in: *J. Gil Mendieta* und *Samuel Schmidt* (Hg.), Análisis de redes. Aplicaciones en ciencias sociales. México: Universidad Nacional Autónoma de México.
Wiessner, Pauline, 1982: Risk, reciprocity and social influences on !Kung San economies. S. 61-83 in: *Eleanor B. Leacock* und *Richard Lee* (Hg.), Politics and history in band societies. Cambridge: Cambridge University Press.
Wiessner, Pauline, 2002. Taking the risk out of risky transactions: A forager's dilemma. S. 21-46 in: *Frank K. Salter* (Hg.), Risky Transactions. New York: Bergham Books.
Wimmer, Andreas, 2004: Does ethnicity matter? Everyday group formation in three Swiss immigrant neighbourhoods. Ethnic and Racial Studies 27: 1-36.
Ziker, John und *Michael Schnegg*, 2005: Food sharing at meals: kinship, reciprocity, and clustering in the Taimyr autonomous okrug, northern Russia. Human nature 16: 178-210.

7.24 Netzwerkansätze in der Geschichtswissenschaft

Morten Reitmayer und Christian Marx

1 Einleitung

Dieser Überblick soll zum einen über die Grundzüge der Verwendung von Netzwerk-Ansätzen durch Historiker unterrichten; zum anderen sollen die spezifischen, für die gegenwärtige historische Netzwerk-Forschung repräsentativen Fragestellungen und Themenfelder skizziert werden. Aus diesen Untersuchungsinteressen ergibt sich wiederum das besondere Ensemble der gegenwärtigen Methoden und Verfahren, das der gegenwärtigen historischen Forschung zu sozialen Netzwerken ihr charakteristisches Profil verleiht. Zum Abschluss soll der Versuch einer vorläufigen Bewertung ihrer bisherigen Erträge unternommen werden.

2 Allgemeine Charakteristika der Verwendung von Netzwerk-Ansätzen in der Geschichtswissenschaft

Die Verwendung von Netzwerkansätzen hat sich im Feld der Geschichtswissenschaften in den letzten Jahren höchst ungleichmäßig ausgebreitet, und zwar sowohl hinsichtlich ihrer internationalen Verbreitung, als auch was die Forschungspraxis in den einzelnen historischen Teildisziplinen anbetrifft. Besonders früh scheinen anglo-amerikanische Historiker Konzepte der Netzwerkanalyse aufgegriffen zu haben, während dieser Trend in Deutschland deutlich später eingesetzt hat (Cookson 1997; Godley und Ross 1996; Padgett und Ansell 1993; Pearson und Richardson 2001; Rose 2000). Dabei ist bereits eingangs darauf hinzuweisen, dass es sich in der historiographischen Forschungspraxis ganz überwiegend um die Verwendung von Ansätzen und Einzelverfahren der Netzwerkanalyse sowie um Argumentationsfiguren und Grundannahmen der Netzwerktheorie handelt, nicht um Netzwerkanalysen im strengen sozialwissenschaftlichen Sinne. Dies hat vielfältige Ursachen. Die offensichtlichsten Gründe liegen in den Quellenproblemen. Selbst die gegenwartsnah operierende Zeitgeschichte sieht sich oft außerstande, die für quantifizierende Untersuchungen erforderlichen Daten mit vertretbarem Aufwand und unter Beachtung der Archivsperrfristen bzw. der Zugänglichkeit von (privaten) Archiven überhaupt zusammenzutragen. Darüber hinaus jedoch widerspricht es dem professionellen Habitus des Historikers, umstandslos sozialwissenschaftlichen Theorien zu folgen und komplexe Analyseverfahren, selbst wenn deren Einzelinstrumente eng miteinander verzahnt sind, auch nur annähernd vollständig in ihre Forschungspraxis zu importieren. Statt dessen bedienen sie sich eher je nach Bedarfslage pragmatisch und eklektisch in unterschiedlichen methodischen „Werkzeugkästen". Deshalb ist es sinnvoll, für die historische Netzwerkforschung ausdrücklich von der Verwendung von Netzwerk*ansätzen* zu sprechen, weil auf der methodologischen Ebene ein Pluralismus von miteinander nur schwach verbundenen Richtungen besteht. Allerdings werden dabei gelegentlich die impliziten und expliziten Vorannahmen der jeweiligen Methodik übernommen, ohne dass die Konsequenzen eines solchen Vorgehens immer ausreichend mit bedacht werden.

3 Untersuchungsinteressen und handlungstheoretische Vorannahmen

Die Motivationen der historischen Netzwerkforschung lassen sich im Wesentlichen in zwei Gruppen unterteilen: Einerseits wird nach dem strategischen und instrumentellen Einsatz von Netzwerken und der Zugehörigkeit zu ihnen gefragt, wobei im Vordergrund der Untersuchungsinteressen das Problem steht, in welchen historischen Konstellationen netzwerkförmige Beziehungen einen überlegenen, weil den gegebenen Problemlagen stärker adäquaten Steuerungsmodus für komplexes, aber zielgerichtetes soziales Handeln darstellten. Andererseits untersuchen Historiker die Einbettung historischer Akteure in soziale Netzwerke; hauptsächlich, aber keineswegs ausschließlich um deren Fähigkeit zur Mobilisierung von Ressourcen, die innerhalb des Netzwerks zirkulieren bzw. die sich aus der Mitgliedschaft im Netzwerk ergeben, zu erforschen (Berghoff und Sydow 2007a). Mitunter steht die Existenz von Netzwerken, in denen Akteure interagierten, als solche im Vordergrund des Untersuchungsinteresses. Allerdings sollte nicht der Eindruck entstehen, diese beiden unterschiedlichen Zielrichtungen der Untersuchungsinteressen stünden sich in der historischen Forschungspraxis derart unversöhnlich gegenüber; die Mischungsverhältnisse zwischen diesen Motivlagen überwiegen deutlich.

Diese Zweiteilung entspricht weitgehend den beiden wesentlichen Ausrichtungen der Netzwerkanalyse, die sich in den Sozialwissenschaften bislang gegenübergestanden und die die Historiker übernommen haben. Die erstgenannte Richtung, die vorzugsweise in der Wirtschafts- und Unternehmensgeschichte anzutreffen ist, behandelt das soziale Kapital, das aus der Mitgliedschaft in einem Netzwerk resultiert, innerhalb des handlungstheoretischen Horizonts, den die Vorannahmen der Rational Choice-Theorien über den homo oeconomicus aufgespannt haben, als eine individuelle Ressource, die von den Akteuren zielstrebig erworben und akkumuliert und sodann in ökonomische Profite transformiert werden kann (Berghoff und Sydow 2007b; siehe Kap. 3.10 in diesem Band). Die andere Strömung, in der sich vorzugsweise Sozialhistoriker sammeln, betonen selbst bei der Untersuchung ökonomischer Phänomene und Prozesse die kulturgeschichtliche Dimension der Konstruktion und Wirkung von Deutungsmustern und Normen in der Existenz und Funktion sozialer Netzwerke. Auch sie greifen auf verschiedene Vorannahmen und Kategorien der sozialwissenschaftlichen Netzwerkanalyse zurück, ohne dabei unbedingt auf deren analytische Verfahren der Datenerhebung und -auswertung zurückzugreifen. Im Zentrum dieser Untersuchungsinteressen stehen in der Regel die Handlungsformen und -möglichkeiten individueller und kollektiver Akteure; im Unterschied zu älteren Formen der Biographie oder der Institutionengeschichte werden die Akteure hierbei jedoch nicht isoliert behandelt, sondern in die sozialen, wirtschaftlichen, kulturellen und politischen Kontexte eingebettet, die sie auf der einen Seite aktiv mitgestalten und die ihnen auf der anderen Seite den Rahmen für ihren Handlungsspielraum und ihre Entscheidungen vorgeben (siehe weiterführend Kapitel 3.1). Hier liegt einer der wesentlichen Erträge der Verwendung von Netzwerkansätzen in der Geschichtswissenschaft.

4 Pluralismus der Leitfragen

Entsprechend dieser verschiedenartigen methodologischen Ausrichtungen und Vorannahmen operieren die jeweiligen Ansätze auch mit unterschiedlichen Leitfragen. Wirtschaftshistoriker setzen verschiedene Ansätze der Netzwerkanalyse ein, um der Bedeutung verschiedener Formen sozialer Vernetzungen für wirtschaftlichen Erfolg nachzugehen (Berghoff und Sydow 2007b). In ausdrücklicher Abgrenzung von der „Netzwerkeuphorie" in Teilen der betriebswirtschaftlichen Literatur, die die Vernetzung von Unternehmen zum unschlagbaren Erfolgsgeheimnis stilisiert, zielen sie gleichwohl darauf, durch ihre Forschungen aktuell relevantes unternehmerisches Handlungswissen zu generieren. Daher untersuchen sie auch die möglichen Dysfunktionalitäten von Netzwerken und halten diese Ergebnisse unter dem Stichwort des „Netzwerkversagens" jener Netzwerkeuphorie entgegen. Aus historiographischer Perspektive folgenreicher ist jedoch die Koppelung von Netzwerkansätzen mit dem Konzept der Pfadabhängigkeit. Durch diese Verbindung geraten soziale Strukturen langer Dauer in den Blick, die den Akteuren keineswegs nur eine Ausweitung ihrer Handlungsmöglichkeiten verschafften, sondern im Laufe der Zeit immer stärker restriktive Wirkungen entfalten konnten, und die trotz dieser Einschränkungen nur schwer oder gar nicht an veränderte historische Konstellationen anzupassen waren.

Demgegenüber existiert unter den Netzwerkansätze verfolgenden Sozialhistorikern keine derartige Einheitlichkeit der Leitfragen. Vielmehr zielen ihre Untersuchungen in mindestens vier verschiedene Richtungen: Erstens fragen Historiker nach den Effekten sozialer Einbettung unterschiedlichster Akteursgruppen auf die Restriktionen ihrer Handlungsspielräume und die Bedrohung des Verlusts ihres sozialen Status. Diese potenziellen und akuten Einschränkungen gingen häufig von der Verknappung materieller bzw. monetärer Ressourcen aus, wobei zu berücksichtigen ist, dass bis in das 19. Jahrhundert hinein für die übergroße Mehrheit der Wirtschaftssubjekte keine funktionstüchtigen Kapitalmärkte zur Verfügung standen. Aus diesem Grund widmet sich die historische Forschung in diesem Bereich besonders der Frage, unter welchen Bedingungen soziale Netzwerke derartige Ressourcen, hauptsächlich in Form von Personalkrediten bereitzustellen vermochten und an welche Voraussetzungen ihre Nutzung geknüpft war. Hierbei stehen einerseits die Leistungsfähigkeit netzförmiger Sozialmuster, andererseits die Voraussetzungen für das Entstehen und das Bewahren von Vertrauen (also der Kreditwürdigkeit) als zentrale Kategorie des Agierens in den betreffenden Netzwerken im Vordergrund des Interesses. Zweitens untersuchen (andere) Historiker die Möglichkeiten der Überbrückung religiös-kultureller und ethnischer Schranken durch netzwerkartige Sozialbeziehungen, aber auch die Verstärkung derartiger Scheidelinien in ganz verschiedenen historischen Gesellschaften (Ghetta 2008; Clemens und Matheus 2008). Derartige inkludierende und exkludierende Auswirkungen der Einbettung in Netzwerke lassen sich, so die Annahme der betreffenden Forscher, gerade in historischen Konflikt- und Umbruchsituationen beobachten. Hier dient die Verwendung von Netzwerkansätzen also hauptsächlich dazu, die Kontinuitäten und Veränderungen von Sozialbeziehungen unter dem Eindruck schockartigen Wandels zu untersuchen.

Drittens interessiert sich eine Reihe von Sozialhistorikern für Netzwerke ökonomischer oder politischer Institutionen und Verbände, die selbst auf marktvermittelte Abhängigkeiten und Handlungszwänge, aber auch auf Chancen Einfluss nehmen und ihrerseits zum Ort von Netzwerkbildungen werden. Im Vordergrund stehen dabei also weniger Individuen als vielmehr Organisationen oder zumindest kollektive Akteure. Auf der Handlungsebene ihrer Einbettung in soziale Beziehungen wird dabei häufig nach der ethisch-religiösen Fundierung von Marktbeziehungen und der sozio-kulturellen Ausgestaltung von Marktordnungen gefragt. Zeithistoriker untersuchen dabei insbesondere die Suche nach neuen, den gewandelten sozialen und kulturellen Kontexten angemessene gemeinsame Orientierungen ökonomischen Handelns.

Viertens erforschen Historiker mithilfe von Netzwerkansätzen weitere Auswirkungen verschiedener Dimensionen strukturellen Wandels, nämlich der sozialen Marginalisierung und der damit verbundenen Veränderungen kultureller Identitäten. Das Forschungsinteresse richtet sich dabei bevorzugt auf die Netzwerke von Migranten und deren Chancen, unterschiedliche Formen der Einbettung zur Bewältigung von Marginalisierung und der Bedrohung ihrer soziokulturellen Identität zu nutzen.

5 Themenfelder der historischen Netzwerkanalyse

So vielfältig wie die Leitfragen sind auch die Themenfelder der historiographischen Netzwerkansätze. Allerdings sucht die Mehrzahl der einschlägigen Arbeiten diese Ansätze für die Untersuchung der sozialen Einbettung ökonomischer Praktiken fruchtbar zu machen. Insgesamt lassen sich mindestens vier größere Themenfelder unterscheiden, auf denen Netzwerkansätze zum Tragen kommen, wobei Brückenschläge und Überlagerungen eher die Regel als die Ausnahme darstellen: Das traditionsreichste Forschungsfeld stellt sicherlich die Untersuchung von Netzwerken im Fernhandel zwischen dem Spätmittelalter und dem 20. Jahrhundert dar. Fasst man den Begriff der Netzwerkansätze gerade hinsichtlich des Problems der *embeddedness* relativ weit, so gehen derartige Studien mindestens bis zu den bahnbrechenden Arbeiten Fernand Braudels zurück (Braudel 1979/ 80). Noch bevor die Wirtschaftsgeschichte von einer gewissen „Netzwerkeuphorie" befallen wurde, schlossen Untersuchungen zu den Handelsbeziehungen ethnischer Minderheiten, Diasporas und Migranten an jene Forschungen an. Die Vernetzung spätmittelalterlicher Messe- und Handelsplätze, die merkantilen Praktiken zeitgleich operierender Hansekaufleute, aber auch die Organisation des internationalen Warenhandels oder die Informationsbeschaffung handels- und finanzkapitalistischer Unternehmungen im 19. Jahrhundert werden vor allem auf die Frage hin untersucht, inwieweit es sich bei diesen spezifischen Netzwerken um effiziente, das heißt den jeweiligen raum-zeitlichen Konstellationen und ihren Problemen angemessene Lösungsmodelle („Steuerungsformen") handelte und welche komparativen Vorteile sich den in diese Netzwerke eingebetteten Akteuren eröffneten (Eiden 2002; Escher-Apsner et al. 2000; Henn et al. 2006; Irsigler und Pauly 2007; Liedtke 2006; Schulte Beerbühl 2007; Schulte Beerbühl und Vögele 2004).

Ein zweites, ebenfalls seit längerer Zeit etabliertes Themenfeld stellen ökonomische Personal- und Kapitalverflechtungen dar. Hier lassen sich allerdings zwei Richtungen deutlich voneinander unterscheiden. Wirtschaftshistoriker, die sich auf die Spezifika des deutschen Korporatismus konzentrieren, wie er sich im ausgehenden 19. Jahrhundert etablierte, verwenden Netzwerkansätze zur Untersuchung der engen Verflechtung zwischen Großunternehmen, wobei im Vordergrund die personellen Aufsichtsrats-Verflechtungen stehen, weil die Erforschung der diesen häufig, aber nicht immer (und vor allem in ihrem wechselnden Ausmaß nur schwer erfassbaren) zugrunde liegenden Kapitalverflechtungen aus Quellenproblemen auf große Schwierigkeiten stößt. Von besonderem Interesse war hier die

Frage, inwieweit es aufgrund der starken Position der deutschen Universalbanken zu einer „Bankenherrschaft" über die Industrieunternehmen gekommen war – diese These lag dem Konzept des „Organisierten Kapitalismus" (Hilferding 1910; Winkler 1974) zu Grunde (Fiedler und Lorentz 2003; Wixforth und Ziegler 1994, 1997). Demgegenüber erforschen Sozialhistoriker vor allem personelle Netzwerkverflechtungen zwischen Gläubigern und Schuldnern, um angesichts der historischen Omnipräsenz von Schuldbeziehungen den historischen Wandel der sozialen Bedeutung von Krediten und Schulden und die damit verbundenen Praktiken zu erfassen (Clemens 2008; Stark in Bearb.). Als weiterführende Arbeitshypothese dient hier die Vermutung, dass die Einbettung von Schuldbeziehungen in multiple Netzwerke regelmäßig eine Antwort auf die massive Überschuldung von Gläubigern darstellte, weil nur das Geflecht von reziproken Verpflichtungen opportunistisches Verhalten zu begrenzen im Stande war.

Neueren Datums sind in der Geschichtswissenschaft Versuche, die Veränderungen von Unternehmensstrukturen mit Hilfe von Netzwerkansätzen zu untersuchen (Kerkhof 2008; Saldern 2008). Ideenspender war hier eindeutig die französische Soziologie (Boltanski und Chiapello 2003), die gewissermaßen als eine Verlängerung der Chandler'schen Teleologie vom Eigentümerunternehmen zum divisionalisierten Großkonzern mit der neuen Zielgröße des Netzwerkkapitalismus gelesen werden konnte. Die Leitfrage der meisten Arbeiten lautet dabei, zu welchem Zeitpunkt und als Antwort auf welche Herausforderungen Unternehmen ihre Struktur netzwerkförmig, in *profit center* und durch *outsourcing* umorganisierten. Nur wenige Arbeiten auf diesem Feld konzentrieren sich stärker auf die Handlungsebene der *corporate governance*, also der gesamten Bandbreite der Führung und Finanzierung von Wirtschaftsunternehmen, und thematisieren die Einbettung der Akteure in soziale Netzwerke unter der Kategorie des „Netzwerkhandelns" (Marx in Bearb.). Fällt dagegen das Untersuchungsgebiet in die Zeit vor den 1970er Jahren bzw. sogar vor das 20. Jahrhundert, so finden sich häufig thematische Überschneidungen mit dem erstgenannten Themenfeld, weil es nun einmal fast ausschließlich Handelsunternehmen waren, die vor dem Ersten Weltkrieg Ansätze zu einer Organisationsform entwickelten, die nicht mit den herkömmlichen und für Industrieunternehmen entwickelten Modellen zur Deckung zu bringen waren.

Viertens schließlich werden Netzwerkansätze von Historikern verwendet, um die komparativen Vorteile regionaler Verbünde von Unternehmen, aber auch Forschungseinrichtungen und politischen Institutionen (oder deren Vertretern) zu ermessen. Die zentralen Begriffe lauten hier „Innovationsnetzwerke" und „Cluster", weil jene Vorteile zwar nicht ausschließlich, aber doch überwiegend in der Entwicklung und dem Transfer von Verfahrens- und Produktinnovationen erkannt werden.

6 Methoden und Verfahren

Im Unterschied zum Großteil der sozialwissenschaftlichen Studien, welche auf die Vielzahl netzwerkanalytischer Analysemethoden zurückgreifen, um verschiedene Hypothesen zu testen, benutzen die Historiker den Netzwerkansatz oftmals als theoretische Herangehensweise, die die individuellen oder kollektiven Akteure in ihrem jeweiligen Kontext einbettet. Als Akteure werden in diesem Zusammenhang beispielsweise Kaufleute betrachtet, die über Handel und/ oder verwandtschaftliche Beziehungen miteinander verbunden waren und auf diese Weise ein weitläufiges Netzwerk aufspannten, das nicht nur rechtliche Vertragsverhältnisse beinhaltete, sondern im Besonderen durch spezifische Vertrauensverhältnisse gekennzeichnet war (Ewert und Selzer 2007; Schulte Beerbühl 2007). Eine Reihe von Historikern geht deshalb davon aus, dass wirtschaftliche Beziehungen nicht nur durch eine Abwägung rein ökonomischer Faktoren zu erklären seien, sondern insbesondere die Kategorie des Vertrauens für das Zustandekommen und die Aufrechterhaltung solcher Relationen die Voraussetzung darstelle. Dabei wird dem Prinzip der Reziprozität in Austauschbeziehungen sowie der Parallelität von Kooperation und Konkurrenz oftmals eine zentrale Stellung eingeräumt. Eine Kooperationsbeziehung, die reziprok ausgerichtet ist, d.h. auf dem wechselseitigen Geben und Nehmen von Leistungen und Gegenleistungen beruht, basiert im Wesentlichen auf dem für die Stabilität der Relation ausschlaggebendem Vertrauen der Akteure (siehe Kapitel 4.3 und weiterführend Kapitel 3.4). Hierbei wird vielfach angenommen, dass Kooperationen zwischen Teilnehmern die erfolgreichere Möglichkeit einer Netzwerkbeziehung darstellen und somit auch die Zusammenarbeit von vermeintlichen Konkurrenten vorstellbar wird. Allerdings können Quellenprobleme eine adäquate Erfassung dieses Problems teilweise unmöglich machen, sofern die Austauschbeziehungen nicht für beide Seiten überliefert worden ist (Berghoff 2004; Fiedler 2001). In diesen Untersuchungen wird ferner auf die Auswirkungen der personellen Relationen auf die Transaktions-, Informations- und Organisationskosten verwiesen und somit ein Zusammenhang zwischen den Problemen der Neuen Institutionenökonomik und den Akteuren als zentralen Entscheidungsträgern hergestellt. Geschichtswissenschaftliche Studien verweisen jedoch nicht nur auf den Zusammenhang zwischen diesen verschiedenen Ansätzen und nutzen ihn für historische Fragestellungen, sondern machen darüber hinaus auf die Defizite dieser oftmals statisch angelegten Konzepte aufmerksam. Die Frage nach dem sozialen und historischen Wandel kann somit nicht durch ein auf einen einzigen Zeitpunkt ausgerichteten Ansatz erklärt werden, sondern bedarf der auf die Entwicklung von Beziehungsmustern angelegten Erweiterung durch die Historiker (Berghoff 1999; Kleinschmidt 2004; Plumpe 2004).

Neben diesen wirtschaftshistorisch ausgerichteten Arbeiten treten weiterhin Migranten sowie familiäre und religiöse Gruppen als Akteure auf. Als Datenbasis wurde hier beispielsweise die Korrespondenz zwischen verschiedenen Familienmitgliedern von führenden deutschen Gruppen im Spätmittelalter herangezogen, wobei auf diese Weise ein kommunikatives von einem verwandtschaftlichen Netzwerk differenziert werden konnte. Dabei konnten insbesondere Akteure herausgearbeitet werden, die aufgrund ihrer exponierten Stellung beide Partikularnetzwerke dominierten (Nolte 2000). Eine Untersuchung zu einem regionalen Netzwerk von Juden im Mittelalter verweist erneut auf die niedrigen Transaktions- und Informationskosten in einem funktionierenden Netzwerk und auf die besondere Bedeutung von verwandtschaftlichen Beziehungsnetzen bei einem Ortswechsel; neben den Verwandtschaftsverhältnissen wurde hierbei auch der Besitz der in das Netzwerk eingebetteten Akteure berücksichtigt (Kosche 2004; Geldermans in Bearb.). Ergebnisse aus der Migrationsforschung verweisen zwar ebenfalls auf die Bedeutung verwandtschaftlicher Relationen, integrieren jedoch darüber hinaus das Konzept des sozialen Kapitals, welches den Mechanismus des Einflusses sozialer Netzwerke auf das Verhalten konkretisieren könne (Haug und Pichler 1999; Losego 2009).

Im Unterschied zu den historischen Untersuchungen, die den Netzwerkansatz vor allem als Theorieperspektive nutzen, gibt es aber auch in der Geschichtswissenschaft einige stärker netzwerkanalytisch geprägte Forschungsbeispiele (Reinhard 1979). Herausragend war hier zunächst die Arbeit von Padgett und Ansell über den Aufstieg der Medici im 15. Jahrhundert; auch wenn die Autoren von einer eher soziologisch motivierten Fragestellung ausgehen, so behandeln sie doch einen historischen Gegenstand und benutzen dabei die Blockmodellanalyse, um nicht kongruente Partikularnetzwerke voneinander zu differenzieren (Padgett und Ansell 1993; Stark in Bearb.; siehe Kapitel 3.6 und Kapitel 5.6 in diesem Band). Grundsätzlich werden in der Geschichtswissenschaft sowohl ego-zentrierte Netzwerke, als auch klar abgegrenzte Gesamtnetzwerke betrachtet. Eine Untersuchung zur spanischen Wirtschaftsgeschichte des 16. Jahrhunderts analysiert zum Beispiel sowohl die ego-zentrierten Netzwerke von ausgewählten Bankiers und Wechslern, als auch ihr Gesamtnetzwerk und kommt zu dem Ergebnis, dass es zu einer Generalisierung von Reziprozität gekommen sei, welche sich in der Übernahme von Bürgschaften durch andere Bankiers gezeigt habe (Grommes 2008, in Bearb.). Die Korrespondenz von bestimmten Akteuren ermöglicht es ferner, das persönliche Netzwerk von bestimmten Personen zu rekonstruieren und somit die Position von gewissen Akteuren in der Sozialstruktur herauszufiltern. Der Briefwechsel Ciceros wurde herangezogen, um unterschiedliche Personengruppen in der römischen Sozialstruktur zu identifizieren und Schutzmechanismen (etwa kaiserliche Darlehen), die den römischen Senatorenstand vor einem Statusverlust durch Verarmung bewahren sollten, ausfindig zu machen (Alexander und Danowski 1990; Bissen in Bearb.). Insbesondere kann der Untersuchung multiplexer Beziehungen in ego-zentrierten Netzwerken besonders Rechnung getragen werden, sofern anhand der Briefwechsel unterschiedliche Beziehungstypen zu unterscheiden sind (Ghetta in Bearb.; Marx in Bearb.). So können verschiedene Partikularnetzwerke, welche sich beispielsweise nur auf persönliche, geschäftliche oder politische Beziehungen stützen, differenziert und anschließend Überschneidungen und Zusammenhänge nachgewiesen werden. Mikrohistorische Analysen anhand akteurszentrierter Netzwerke können darüber hinaus bestimmte Ereignisse und Bewegungen im politischen, sozialen, kulturellen und religiösen Netzwerk einer Region verorten (Lipp und Krempel 2001; Vobis 1989).

Daneben gibt es eine Reihe von überregionalen historischen Netzwerkstudien, die sich nicht auf einen bestimmten Akteur konzentrieren, sondern im Wesentlichen bestimmte Organisationen und Mitgliedschaften untersuchen und Gesamtnetzwerke betrachten (Richter 2005, 2007). Hierzu zählen zum einen Personalverflechtungen aufgrund von Mitgliedschaften in Unternehmen, zum anderen aber auch Kapitalbeziehungen zwischen Großunternehmen. Bei diesen Studien werden die Verbindungen zwischen den individuellen und korporativen Akteuren über Person-Organisations-Matrizen gebildet und oftmals mehrere Stichjahre ausgewertet, so dass eine Bewertung der Netzwerkevolution möglich wird. Diese stärker an der sozialwissenschaftlichen Netzwerkanalyse orientierten Forschungen zeichnen sich insbesondere durch aufwändige Erhebungen von Netzwerkdaten aus, die neben den üblichen Quellenproblemen des Historikers ein aufgrund der Datenmenge erhöhtes Zeitdeputat erforderlich machen (Fiedler 2007; Fiedler und Lorentz 2003; Windolf 2006; Krenn 2008; siehe Kapitel 3 in diesem Band).

7 Ertrag

Der Ertrag der historischen Netzwerkforschung lässt sich beim gegenwärtigen Stand der Veröffentlichungen nur vorsichtig abschätzen. Auf jeden Fall dürfte bereits die Verwendung von Leitbegriffen bzw. Denkfiguren wie „Einbettung", „Reziprozität", „soziales Kapital" usw. von heuristischem Gewinn für die historiographische Arbeit sein, weil sie die Aufmerksamkeit der Forschenden auf die Beziehungen zwischen den untersuchten Akteuren lenkt, statt diese, wie häufig geschehen, isoliert zu betrachten. Überhaupt dürfte gerade in der Akteursorientierung der Netzwerkansätze deren größtes Potenzial für die historische Forschung liegen, denn sie erlaubt es, eine konstruktive und für Historiker leicht begehbare Brücke zwischen Struktur- und Handlungsebene zu bauen. Vielversprechend erscheinen hier vor allem Versuche, das spezifische Handeln in Netzwerken („Netzwerk-Handeln") von sozialem Handeln generell abgrenzend zu konzipieren (Gotto 2008; Marx in Bearb.), wobei auf Überlegungen Pierre Bourdieus zurückgegriffen werden kann (Bourdieu 1987).

Am stärksten hat bislang sicherlich die Wirtschafts- und Unternehmensgeschichte (wo die meisten derartigen Forschungen angesiedelt sind) von der Verwendung von Netzwerkansätzen profitiert, weil es ihr gelungen ist, auf diese Weise an Diskussionen in der Betriebswirtschaftslehre anzuknüpfen und die dort vielleicht am weitesten verbreitete „Netzwerk-Euphorie" für zahlreiche Kooperationen zwischen beiden Disziplinen zu nutzen. Die Innovationskraft netzwerkartiger Verbindungen, der Nutzen von *joint ventures* im Unternehmensbereich sowie die Stärke regionaler Wirtschaftscluster konnte nun analytisch anhand von historischem Datenmaterial nachgewiesen werden und bietet auch für die zukünftige Anbahnung von Unternehmensbeziehungen und Ausgestaltung von ganzen Wirtschaftsregionen entscheidende Erkenntnisse. Zugleich können komparativ arbeitende historische Netzwerkanalysen, die sich mit den durch derartige Beziehungsverflechtungen begründeten Einschränkungen und Leistungsgrenzen beschäftigen, der allgemeinen „Netzwerk-Euphorie" entgegenwirken und auf die Auswirkungen relationaler Überforderung hinweisen (Hagedoorn und Frankort 2008). Demgegenüber gehen Sozialhistoriker derartige fachübergreifende Kooperationen bislang oftmals nur dann ein, wenn diese in fester institutionalisierte Disziplingrenzen übergreifende Forschungsverbünde eingebettet sind. Doch auch für sie bietet die Netzwerkanalyse nicht nur ein sinnvolles Instrument, um individuelle Akteure aus der Eindimensionalität personenzentrierter Erzählstränge zu befreien und sie in ihr strukturelles Umfeld einzubetten, sondern insbesondere um die Sozialstruktur ganzer Gruppen systematisch erfassen zu können und dabei gleichzeitig die Anschlussfähigkeit an andere Disziplinen, wie die Soziologie, zu gewährleisten. Der interdisziplinär arbeitende Trierer Exzellenzcluster zeigt hierbei exemplarisch, wie sozialhistorische Fragestellungen von der Antike bis zur Gegenwart anhand netzwerkanalytischer Verfahren erfolgreich beantwortet werden können. Darüber hinaus verweisen vor allem netzwerkanalytische Untersuchungen zu Handelsrelationen in der Geschichtswissenschaft auf Beziehungsstrukturen, die über den Nationalstaat hinausgehen, und damit transnationale oder globale Verflechtungen in den Blick nehmen, denen zunehmend mehr Aufmerksamkeit gewidmet wird (Schulte Beerbühl und Vögele 2004; Unfried et al. 2008). Das Potenzial der historischen Netzwerkanalyse ist somit derzeit sicher noch nicht ausgeschöpft. Sowohl quantitativ, also in ihrer Verbreitung, also auch qualitativ, das heißt hinsichtlich der vertieften Anwendung von Methoden der Netzwerkanalyse, stehen hier viele Wege offen.

8 Literatur

Alexander, Michael C. und *James A. Danowski*, , 1990: Analysis of an Ancient Network: Personal Communication and the Study of Social Structure in a Past Society.Social Networks 12: 313-335.
Berghoff, Hartmut, 1999: Transaktionskosten. Generalschlüssel zum Verständnis langfristiger Unternehmensentwicklung? Zum Verhältnis von Neuer Institutionenökonomik und moderner Unternehmensgeschichte. Jahrbuch für Wirtschaftsgeschichte 2: 159-176.
Berghoff, Hartmut, 2004: Vertrauen als ökonomische Schlüsselvariable. Zur Theorie des Vertrauens und der Geschichte seiner privatwirtschaftlichen Produktion. S. 58-71 in: *Karl-Peter Ellerbrock* und *Clemens Wischermann* (Hg.), Die Wirtschaftsgeschichte vor der Herausforderung durch die New Institutional Economics. Dortmund: Ardey-Verlag (Untersuchungen zur Wirtschafts-, Sozial- und Technikgeschichte; 24).
Berghoff, Hartmut und *Jörg Sydow* (Hg.), 2007a: Unternehmerische Netzwerke. Eine historische Organisationsform mit Zukunft? Stuttgart: W. Kohlhammer.
Berghoff, Hartmut und *Jörg Sydow*, 2007b: Unternehmerische Netzwerke - Theoretische Konzepte und historische Erfahrungen S. 9-43 in: *Hartmut Berghoff* und *Jörg Sydow* (Hg.), Unternehmerische Netzwerke. Eine historische Organisationsform mit Zukunft? Stuttgart: W. Kohlhammer.
Bissen, Nathalie, in Bearb.: Netzwerkbildungen als Reaktion auf Statusbedrohungen in der römischen Oberschicht. Trier/ Mainz (Exzellenzcluster "Gesellschaftliche Abhängigkeiten und soziale Netzwerke", Teilprojekt I.1).
Bolstanski, Luc und *Éve Chiapello*, 2003: Der neue Geist des Kapitalismus. Konstanz: UVK .
Bourdieu, Pierre, 1987: Sozialer Sinn. Kritik der theoretischen Vernunft. Frankfurt am Main: Suhrkamp.
Braudel, Fernand, 1979/ 80: Civilisation matérielle, économie et capitalisme (XVe–XVIIIe siècle). 2. Auflage. 3 Bände. Paris: Colin.
Clemens, Gabriele B. (Hg.), 2008: Schuldenlast und Schuldenwert. Kreditnetzwerke in der europäischen Geschichte 1300-1900. Trier: Kliomedia.
Clemens, Lukas und *Michael Matheus*, 2008: Christen und Muslime in der Capitanata im 13. Jahrhundert. Eine Projektskizze. Quellen und Forschungen aus italienischen Archiven und Bibliotheken 88: 82-118.
Cookson, Gillian, 1997: Family Firms and Business Networks. Textile Engineering in Yorkshire 1780-1830. Business History 39: 1-20.
Eiden, Herbert, 2002: Die Hanse, die Leipziger Messen und die ostmitteleuropäische Wirtschaft. Hansische Geschichtsblätter 120: 73-97.
Escher-Apsner, Monika et al. (Hg.), 2000: Städtelandschaft, Städtenetz, zentralörtliches Gefüge. Ansätze und Befunde zur Geschichte der Städte im hohen und späten Mittelalter. Mainz: von Zabern (Trierer historische Forschungen; 43).
Ewert, Ulf Christian und *Stephan Selzer*, 2007: Netzwerkorganisation im Fernhandel des Mittelalters: Wettbewerbsvorteil oder Wachstumshemmnis. S. 45-70 in: *Hartmut Berghoff* und *Jörg Sydow* (Hg.), Unternehmerische Netzwerke. Eine historische Organisationsform mit Zukunft? Stuttgart: W. Kohlhammer.
Fiedler, Martin, 2001: Vertrauen ist gut, Kontrolle ist teuer. Vertrauen als Schlüsselkategorie wirtschaftlichen Handelns. Geschichte und Gesellschaft 27: 576-592.
Fiedler, Martin, 2007: Eigentümer und Netzwerke: Zum Verhältnis von Personal- und Kapitalverflechtungen in deutschen Großunternehmen, 1927 und 1938. S. 97-117 in: *Hartmut Berghoff* und *Jörg Sydow* (Hg.), Unternehmerische Netzwerke. Eine historische Organisationsform mit Zukunft? Stuttgart: W. Kohlhammer.
Fiedler, Martin und *Bernhard Lorentz*, 2003: Kontinuitäten in den Netzwerkbeziehungen der deutschen Wirtschaftselite zwischen Weltwirtschaftskrise und 1950. S. 51-74 in: *Volker R. Berghahn et al.* (Hg.), Die deutsche Wirtschaftselite im 20. Jahrhundert. Kontinuität und Menta-

lität. Essen: Klartext-Verlag (Bochumer Schriften zur Unternehmens- und Industriegeschichte; 11).
Geldermans, Kathrin, in Bearb.: Netzwerke und Abhängigkeiten der Juden in Aschkenas vor dem Hintergrund neuer Herausforderungen: Wiederaufbau, Judenschuldentilgungen und Vertreibungen (1350-1519). Trier/ Mainz (Exzellenzcluster "Gesellschaftliche Abhängigkeiten und soziale Netzwerke", Teilprojekt II.4).
Ghetta, Marcello, 2008: Spätantikes Heidentum. Trier und das Trevererland. Trier: Kliomedia.
Godley, Andrew und *Duncan M. Ross*, 1996: Banks, Networks and Small Firm Finance. London: Frank Cass Publishers.
Gotto, Bernhard, 2008: Information und Kommunikation. Die Führung des Flick-Konzerns 1933-1945. S. 165-294 in: *Johannes Bähr et al.* (Hg.), Der Flick-Konzern im Dritten Reich. München: Oldenbourg.
Grommes, Gerald, 2008: Netzwerke und Geschäftsstrukturen kastilischer Messebankiers im 16. Jahrhundert. S. 85-107 in: *Gabriele Clemens* (Hg.), Schuldenlast und Schuldenwert. Kreditnetzwerke in der europäischen Geschichte 1300-1900. Trier: Kliomedia.
Grommes, Gerald, in Bearb.: Formen der Kreditgewährung und Kreditsicherung im Mittelalter. Trier/ Mainz (Exzellenzcluster "Gesellschaftliche Abhängigkeiten und soziale Netzwerke", Teilprojekt I.2).
Hagedoorn, John und *Hans T. W. Frankort*, 2008: The Gloomy Side of Embeddedness: The Effects of Overembeddedness on Inter-Firm Partnership Formation. Advances in Strategic Management 25: 503-530.
Haug, Sonja und *Edith Pichler*, 1999: Soziale Netzwerke und Transnationalität. Neue Ansätze für die historische Migrationsforschung. S. 259-284 in: *Jan Motte et al.* (Hg.), 50 Jahre Bundesrepublik – 50 Jahre Einwanderung. Nachkriegsgeschichte als Migrationsgeschichte. Frankfurt am Main/ New York: Campus.
Henn, Volker et al. (Hg.), 2006: Miscellanea Franz Irsigler. Festgabe zum 65. Geburtstag. Trier: Porta-Alba-Verlag.
Hilferding, Rudolf, 1910: Das Finanzkapital. Eine Studie über die jüngste Entwicklung des Kapitalismus. Wien: Verlag der Wiener Volksbuchhandlung.
Irsigler, Franz und *Michael Pauly* (Hg.), 2007: Messen, Jahrmärkte und Stadtentwicklung in Europa. Trier: Porta-Alba-Verlag (Beiträge zur Landes- und Kulturgeschichte; 5).
Kerkhof, Stefanie van de, 2008: Auf dem Weg vom Konzern zum Netzwerk? Organisationsstruktur der Rheinmetall Berlin AG im Kalten Krieg 1956-1989. S. 67-89 in: *Morten Reitmayer* und *Ruth Rosenberger* (Hg.), Unternehmen am Ende des „goldenen Zeitalters". Die 1970er Jahre in unternehmens- und wirtschaftshistorischer Perspektive. Essen: Klartext-Verlag (Bochumer Schriften zur Unternehmens- und Industriegeschichte; 16).
Kleinschmidt, Christian, 2004: Neue Institutionenökonomik und Organisationslernen. Zur Kompatibilität ökonomischer und kulturalistischer Ansätze der Unternehmensgeschichtsschreibung. S. 256-271 in: *Karl-Peter Ellerbrock* und *Clemens Wischermann* (Hg.), Die Wirtschaftsgeschichte vor der Herausforderung durch die New Institutional Economics. Dortmund: Ardey-Verlag (Untersuchungen zur Wirtschafts-, Sozial- und Technikgeschichte; 24).
Kosche, Rosemarie, 2004: Mittelalterliche regionale Netzwerke von Juden im Nordwesten des Reiches. S. 185-198 in: *Holger Thomas Gräf* (Hg.), Städtelandschaft. Städte im regionalen Kontext in Spätmittelalter und Früher Neuzeit. Köln: Böhlau (Städteforschung: Reihe A, Darstellungen; 62).
Krenn, Karoline, 2008: Von der "Macht der Banken" zur Leitidee des deutschen Produktionsregimes, in: Zeitschrift für Unternehmensgeschichte 53 (1), S. 70-99.
Liedtke, Rainer, 2006: N M Rothschild & Sons. Kommunikationswege im europäischen Bankenwesen im 19. Jahrhundert. Köln: Böhlau.
Lipp, Carola und *Lothar Krempel*, 2001: Petitions and the Social Context of Political Mobilization in the Revolution of 1848/ 49. A Microhistorical Actor Centered Network Analysis. S. 151-170 in:

Lex Heerma van Voss (Hg.), Petitions in Social History. Cambridge: Cambridge University Press (Sonderheft der Zeitschrift "International Review of Social History; 46". Supplement; 9).

Losego, Sarah Vanessa, 2009: Fern von Afrika. Die Geschichte der nordafrikanischen "Gastarbeiter" im französischen Industrierevier von Longwy (1945 - 1990). Köln: Böhlau.

Marx, Christian, in Bearb.: Wirtschaftsbürgerliche Netzwerke zwischen Erstem Weltkrieg und Weltwirtschaftskrise. Trier/ Mainz (Exzellenzcluster "Gesellschaftliche Abhängigkeiten und soziale Netzwerke", Teilprojekt III.8).

Nolte, Cordula, 2000: Gendering Princely Dynasties: Some Notes on Family Structure, Social Networks, and Communications at the Court of the Margraves of Brandenburg-Ansbach around 1500. Gender & History 12: 704-721.

Padgett, John F. und *Christopher K. Ansell*, 1993: Robust Action and the Rise of the Medici 1400 – 1434. American Journal of Sociology 98: 1259-1319.

Pearson, Robin und David Richardson, 2001: Business Networking in the Industrial Revolution. Economic History Review 54: 657-679.

Plumpe, Werner, 2004: Die neue Institutionenökonomik und die moderne Wirtschaft. Zur wirtschaftshistorischen Reichweite institutionenökonomischer Argumente am Beispiel des Handlungsmodells der Rationalität. S. 31-57 in: *Karl-Peter Ellerbrock* und *Clemens Wischermann* (Hg.), Die Wirtschaftsgeschichte vor der Herausforderung durch die New Institutional Economics. Dortmund: Ardey-Verlag (Untersuchungen zur Wirtschafts-, Sozial- und Technikgeschichte; 24).

Reinhard, Wolfgang, 1979: Freunde und Kreaturen. "Verflechtung" als Konzept zur Erforschung historischer Führungsgruppen. Römische Oligarchie um 1600. München: Vögel (Schriften der Philosophischen Fachbereiche der Universität Augsburg; 14).

Richter, Ralf, 2005: Netzwerke und ihre Innovationskraft im internationalen Vergleich. Die Cluster der Werkzeugmaschinenbau-Industrie in Chemnitz (Deutschland) und Cincinnati (USA), 1870-1930. S. 119-132 in: *Rudolf Boch et al.* (Hg.), Unternehmensgeschichte heute: Theorieangebote, Quellen, Forschungstrends. Beiträge des 4. unternehmensgeschichtlichen Kolloquiums. Leipzig: Leipziger Universitäts-Verlag (Reihe A: Beiträge zur Wirtschaftsgeschichte Sachsens; 6).

Richter, Ralf, 2007: "Is friendly co-operation worth while?" - Die Netzwerke der Werkzeugmaschinenbauer von Chemnitz (Deutschland) und Cincinnati (USA), 1890er bis 1930er Jahre. S. 143-173 in: *Hartmut Berghoff* und *Jörg Sydow* (Hg.), Unternehmerische Netzwerke. Eine historische Organisationsform mit Zukunft? Stuttgart: W. Kohlhammer.

Rose, Mary B., 2000: Firms, Networks and Business Values. The British and American Cotton Industries since 1750. Cambridge: Cambridge University Press (Cambridge Studies in Modern Economic History; 8).

Saldern, Adelheid von, 2008: Netzwerke und Unternehmensentwicklung im frühen 19. Jahrhundert. Das Beispiel der Schoeller-Häuser. Zeitschrift für Unternehmensgeschichte 53: 147-176.

Sattler, Friederike, 2008: Unbewältigte wissenschaftlich-technische Herausforderungen. Zur Ausbreitung kompensatorischer Netzwerke in der DDR und in Polen während der 1970er Jahre. S. 191-208 in: *Morten Reitmayer* und *Ruth Rosenberger* (Hg.), Unternehmen am Ende des „goldenen Zeitalters". Die 1970er Jahre in unternehmens- und wirtschaftshistorischer Perspektive. Essen: Klartext-Verlag (Bochumer Schriften zur Unternehmens- und Industriegeschichte; 16).

Schulte Beerbühl, Margrit, 2007: Deutsche Kaufleute in London. Welthandel und Einbürgerung (1600-1818). München: Oldenbourg (Veröffentlichungen des Deutschen Historischen Instituts London; 61).

Schulte Beerbühl, Margrit und *Jörg Vögele* (Hg.), 2004: Spinning the Commercial Web. International Trade, Merchants, and Commercial Cities, c. 1640-1939. Frankfurt am Main: Peter Lang.

Stark, Martin, in Bearb.: Verwandtschafts- und Klientelbeziehungen im ländlichen Schuldenwesen in Württemberg im 18. und 19. Jahrhundert. Trier/ Mainz (Exzellenzcluster "Gesellschaftliche Abhängigkeiten und soziale Netzwerke", Teilprojekt I.4).

Unfried, Berthold, Jürgen Mittag, Marcel van der Linden und *Eva Himmelstoss* (Hg), 2008: Transnationale Netzwerke im 20. Jahrhundert. Historische Erkundungen zu Ideen und Praktiken, Individuen und Organisationen. Leipzig: Akademische Verlagsanstalt (ITH-Tagungsberichte; 42).

Vobis, Gertrud, 1989: Die jüdische Minderheit in Westeuropa: Die literarischen Salons im 19. Jahrhundert als Quelle für Netzwerkanalysen. S. 167-222 in: *Thomas Schweizer* (Hg.), Netzwerkanalyse. Ethnologische Perspektiven. Berlin: Reimer (Ethnologische Paperbacks).

Windolf, Paul, 2006: Unternehmensverflechtung im Organisierten Kapitalismus. Deutschland und USA im Vergleich 1896-1938.Zeitschrift für Unternehmensgeschichte 51: 191-222.

Winkler, Heinrich August (Hg.) 1974: Organisierter Kapitalismus. Voraussetzungen und Anfänge. Göttingen: Vandenhoeck & Ruprecht (Kritische Studien zur Geschichtswissenschaft; 9).

Wixforth, Harald und *Dieter Ziegler*, 1994: The Niche in the Universal Banking System: The Role and Significance of Private Bankers within German Industry, 1900-1933. Financial History Review 1: 5-25.

Wixforth, Harald und *Dieter Ziegler*, 1997: Deutsche Privatbanken und Privatbankiers im 20. Jahrhundert. Geschichte und Gesellschaft 23: 205-235.

7.25 Netzwerkforschung in der Geographie

Johannes Glückler

1 Einleitung

Die sozialwissenschaftliche Geographie widmet sich dem Verhältnis zwischen Territorium und Gesellschaft. Sie fragt nach der spezifischen räumlichen Organisation sozialer Praxis, gesellschaftlicher Institutionen und wirtschaftlichen Austauschs. In einer vormodernen Gesellschaft stellt sich dieses Verhältnis relativ einfach als überwiegend lokale Lebens- und Wirtschaftsweise dar. Die geographische Analyse konzentriert sich vor allem auf die Kontextualität und Diversität regional verfasster gesellschaftlicher Ordnung. Im Zuge der Modernisierung ermöglichen neue Transport- und Kommunikationstechnologien eine zunehmende geographische Entankerung der Lebensverhältnisse (Werlen 1999). Diese Entkopplung sozialer Interaktion von der Notwendigkeit körperlicher Anwesenheit wandelt den Zusammenhang von Territorium und Gesellschaft in eine interessante Frage: Wie und warum organisieren sich soziale oder wirtschaftliche Beziehungen in geographischer Perspektive? Wenn der Wertschöpfungsprozess eines Gutes nicht mehr notwendigerweise lokal sein muss, ist es umso interessanter zu klären, unter welchen Bedingungen er über große Entfernung oder eben doch lokal organisiert ist. Die wirtschaftliche Globalisierung bringt auffällige geographische Veränderungen mit sich. Während sich wirtschaftliche Beziehungen weltumspannend immer stärker verflechten, wachsen alte und entstehen neue lokale Agglomerationen. Auf der Suche nach Erklärungen für regionalwirtschaftliche Spezialisierungen einerseits und der Organisation räumlich getrennter wirtschaftlicher Beziehungen andererseits hat der Begriff des Netzwerks große Bedeutung gewonnen. Dieser Beitrag verweist auf vier wichtige Entwicklungs- und Verwendungszusammenhänge von Netzwerkansätzen in der wirtschaftsgeographischen Forschung: Netzwerke materieller Infrastrukturen, regionale Unternehmensnetzwerke, Städtenetzwerke und Migrationsnetzwerke. Die Darstellung widmet sich insbesondere solchen Ansätzen, die Netzwerke (als Erkenntnisgegenstand) auch mit netzwerkanalytischen Begriffen untersuchen.

2 Netzwerkgeometrie und räumliche Infrastrukturen

Ein traditionelles Interesse der Geographie richtet sich auf die topographische Analyse der erdoberflächlichen Lagerelationen natürlicher und künstlicher Objekte im metrischen Raum. Gegenüber dieser rein metrischen Ordnung von Lageverhältnissen entwickelte der deutsche Mathematiker Johann Benedict Listing 1847 die Methode der Topologie, um zu unterscheiden zwischen der "qualitative geometry from the ordinary geometry in which quantitative relations chiefly are treated" (Tait 1883: 316). Im Gegensatz zur Topo*graphie* betrachtet die Topo*logie* die qualitativen Eigenschaften, die die Ordnung eines Raumes beschreiben, wie z.B. die Konnektivität. Diese Unterscheidung bildet die Grundlage für die konzeptionelle Entwicklung von Netzwerken und verweist auf die historisch analogen, wenngleich unterschiedlichen Erkenntnisinteressen von Geometrie und Netzwerken im Hinblick auf Lagerelationen zwischen Körpern. Die Diskussion über eine Erweiterung der Perspektive um topologische Aspekte von Lagebeziehungen wurde wenig später auch in die Geographie getragen (Matthes 1912), so dass topographische und topologische Perspektive gemeinsam in der sogenannten *Netzwerkgeometrie* integriert wurden. Mit dieser neuen Methode suchten Geographen Lösungen für infrastrukturelle Netzprobleme, die plötzlich als das interessanteste Forschungsthema der allgemeinen Standortlehre angesehen wurden (Haggett und Chorley 1969). Die Netzwerkgeometrie stützt sich auf die Graphentheorie (siehe Kapitel 5.1 zur Graphentheorie in diesem Band) und widmet sich der Organisation von Infrastrukturnetzen wie z.B. dem allgemeinen Problem des Handelsreisenden, d.h. der Ermittlung optimaler Routen mit kürzesten Wegen in Verkehrs- und Versorgungsnetzen. Aus der metrischen und logischen Verknüpfung von Orten sind zahlreiche Infrastrukturstudien hervorgegangen, etwa über die Wasserversorgung (Greenberg et al. 1971), Elektrizität (Sagers und Green 1982) oder Schienennetze (Schickhoff 1978). Die Forschungsaufmerksamkeit gegenüber erdräumlichen Lageverhältnissen wurde in den 1980er Jahren im Zuge einer sozialtheoretischen Wende zunehmend abgelöst von einem wachsenden Interesse an der sozialtheoretischen Analyse der den räumlichen Verhältnissen zugrunde liegenden sozialen und wirtschaftlichen Beziehungen.

3 Netzwerke und regionalwirtschaftliche Cluster

Anders als bei materiellen Infrastrukturnetzen folgen soziale Beziehungen nicht unbedingt einer metrischen Logik zunehmender Kosten oder abnehmender Konnektivität in Abhängigkeit der Entfernung. Denn geometrische Distanz ist keine hinreichende Bedingung zum Verständnis gesellschaftlicher Interaktionen. Stattdessen moderieren die Möglichkeiten und Techniken der Kommunikation und der Mobilität das Verhältnis von räumlicher Nähe und sozialer Beziehung. Geographische Nähe würde nur dann soziale Beziehungen scharf begrenzen, wenn körperliche Anwesenheit die einzig verfügbare Kommunikationsweise und Personen immobil wären. In allen anderen Fällen hängt die Bedeutung der Nähe von den Entscheidungen über die Wahl der Technologien und über die Mobilität der Kommunikation ab (Glückler 2007a). Aus diesem Grunde fragt die Wirtschaftsgeographie heute weniger nach dem metrischen als dem qualitativen Zusammenhang von physischer Kopräsenz und ihren wirtschaftlichen Wirkungen. Eines der zentralen Erkenntnisinteressen richtet sich auf die Beobachtung, dass Unternehmen mit ähnlichen Aktivitäten eine starke Tendenz zu geographischer Ballung aufweisen wie z.B. die Halbleiterindustrie im Silicon Valley, das Leder- und Schuhhandwerk in den norditalienischen Industriedistrikten oder die IT-Industrie in Bangalore. Die besondere industrielle Atmosphäre (Marshall 1890) bzw. die *Agglomerationsvorteile* einer lokal spezialisierten Unternehmensballung werden hierbei unterschiedlich begründet. Ausgehend von Größenersparnissen einer gemeinsamen Infrastruktur und größenbedingten Spezialisierungsvorteilen des lokalen Arbeitsmarkts wurde zunächst die Flexibilität als unternehmerischer Vorteil der Auswahl spezialisierter Partnerunternehmen unter wechselhaften Markterfordernissen hervorgehoben (Scott 1988).

Die Krise des integrierten Großunternehmens und der Übergang von der fordistischen Massenproduktion zum Postfordismus lenkten die Aufmerksamkeit in den 1980er Jahren auf lokale Produktionssysteme kleiner und mittlerer Unternehmen wie z.B. die Industriedistrikte Norditaliens oder Baden-Württembergs (Piore und Sabel 1984). Unter Berufung auf das Netzwerkkonzept als *Governance-Instrument* betonten diese Ansätze den kooperativen Aspekt vertrauensvoller Zusammenarbeit, reziproker Beziehungen und langfristiger Kooperationsgewinne. Den Kern des Arguments bildete die Annahme, dass erst räumliche Nachbarschaft die Voraussetzung für kontinuierliche kopräsente Kommunikation und die gemeinsame Bildung institutioneller Erwartungs- und Handlungsmuster bilden könne. Demgegenüber mehrten sich empirische Zweifel daran, dass lokale Netzwerke zwischen Unternehmen ausschließlich von Vertrauen und Solidarität geprägt seien (Grabher 2006). Ein Übermaß an Kooperation kann die Überlebenswahrscheinlichkeit eines Unternehmens im Netzwerk erheblich reduzieren (Uzzi 1997). Stattdessen sind Rivalität, Wettbewerb und opportunistische Strategien, wie z.B. die tertius gaudens-Strategie (siehe Kapitel 3.7) (Burt 1992) wichtige Erfolgsaspekte von Unternehmensnetzwerken. Ferner belegen Clusterstudien weniger die Kooperation lokaler Unternehmen als einen scharfen Wettbewerb, bei dem Konkurrenten den Kontakt eher meiden als suchen und die räumliche Nähe zur Imitation des Rivalen nutzen (Malmberg und Maskell 2002).

Die Suche nach unternehmerischen Agglomerationsvorteilen führt schließlich über verschiedene Konzepte lokaler Produktionssysteme, etwa den Technologiedistrikt (Storper 1993), das kreative Milieu (Maillat 1998) oder die lernende Region (Morgan 1997) hin zu wissens- und innovationsorientierten Erklärungsansätzen (Maskell 2001). Dahinter steht die Vermutung sogenannter Spillover-Effekte von Wissen. *Wissensspillover* sind ungerichtete Verbreitungswirkungen innovativen Wissens. Aus der Sicht des einzelnen Unternehmens werden sie negativ oder schädlich bewertet, wenn eigene Innovationsvorsprünge ohne Kompensation in andere Unternehmen diffundieren. Für die Gesamtheit der Unternehmen wirken sie jedoch positiv, weil sie ohne entsprechende Kompensationszahlungen die Wissensbasis Dritter erweitern und das Innovationspotenzial vieler lokal ansässiger Unternehmen anheben. Dieser Effekt des Überschwappens von Wissen scheint geographisch begrenzt. Unternehmen haben daher Anreize, eigenes Wissen zu schützen und gleichzeitig in der Nachbarschaft anderer Konkurrenten angesiedelt zu sein. Das Beispiel der Biotechnologie in der Region Boston erbringt empirische Indizien für die Geographie dieser Externalität mithilfe von Methoden der sozialen Netzwerkanalyse (Owen-Smith und Powell 2004). So zeigt sich, dass lokale Mitglieder eines Netzwerks strategischer Unternehmenskooperationen selbst dann eine hohe Innovativität zeigen, wenn sie eine nur geringe topologische Zentralität (siehe Kapitel 5.3) in diesem Netzwerk besitzen. Im Unterschied zu früheren Untersuchungen wird damit deutlich, dass geographische Nachbarschaft offenbar die Nachteile fehlender Zentralität aufgrund von Spillover-Effekten kompensieren kann. Vieles spricht dafür, dass in der räumlich begrenzten Arbeitsplatzmobilität von qualifizierten Beschäftigten (Breschi und Lissoni 2006) und den vielen beabsichtigten und unbeabsichtigten Kommunikationsgelegenheiten in einer Region die wichtigsten Mechanismen für die Regionalität der Wissensspillover zu sehen sind (Storper und Venables 2004). Ein weiteres Argument zur Begründung lokaler Agglomerationsvorteile stützt sich auf die Komplexität von Wissen: wenn das Erlernen bzw. der Erwerb von Wissen an intensive und reichhaltige Kommunikation geknüpft ist, bedürfen Unternehmen der physischen Kopräsenz. Unter Bedingungen z.B. hochtechnologischer oder sehr kontextgebundener Wissensentwicklung wird räumliche Nähe zur notwendigen Voraussetzung für die Teilhabe am Wissensprozess (Sorenson 2005).

In den letzten Jahren finden Methoden der *sozialen Netzwerkanalyse* zunehmende Verbreitung in der Erforschung geographischer Innovations- und Wissensnetzwerke. Die besondere Herausforderung für geographische Studien besteht in der Erfassung unternehmens- oder standortübergreifender Beziehungen, um regionale oder interregionale Effekte untersuchen zu können. In der Praxis werden sowohl primärempirische Unternehmensbefragungen als auch Sekundärinformationen genutzt. Trotz der hohen Sensibilität von Netzwerkanalysen gegenüber Datenunvollständigkeit erzielen Unternehmensbefragungen mithilfe der Verzeichnismethode des *roster recalls* in Studien zum Wissenstransfer in informellen Unternehmensbeziehungen (Giuliani 2007; Fritsch und Kauffeld-Monz 2008) immer wieder hohe Rücklaufquoten. Demgegenüber sichern sekundärempirische Datenbanken jenseits der Grenzen ihrer spezifischen Erstellung lückenlose Beziehungsinformationen. Im Bereich der geographischen Innovationsforschung sind Unternehmensnetzwerke auf Basis gemeinsamer Patentanmeldungen (Cantner und Graf 2006), öffentlich geförderter FuE-Kooperationen (Breschi und Cusmano 2006), Konsortialbeziehungen in Beteiligungsinvestitionen (Powell et al. 2002) oder strategischer Allianzen (Powell et al. 1996) untersucht worden.

Netzwerke sind eher als Prozess denn als stabiler Beziehungszustand zu verstehen. Sowohl formelle als auch informelle Formen der Zusammenarbeit zwischen Unternehmen unterliegen fortwährendem Wandel; neue Beziehungen werden geschlossen, alte verschwinden (siehe Kapitel 5.8). Im Zuge einer in den Sozialwissenschaften aufkommenden Theorie der *Netzwerkevolution* interessiert sich die geographische Forschung sowohl für die räumliche Charakteristik als auch für die regionalwirtschaftlichen Folgen der Netzwerkentwicklung (Glückler 2007a). Empirische Studien über die evolutionäre Dynamik organisatorischer Netzwerke heben die Bedeutung geographischer Nähe für die Bildung zukünftiger Beziehungen hervor (Powell et al. 2005; Glückler 2010). Neue Beziehungen in Unternehmensnetzwerken bilden sich häufig in geographischer Nähe. Aus einer evolutionären Perspektive können dauerhafte Entwicklungschancen lokaler Produktionssysteme nur dann gewahrt werden, wenn *lock-in*-Effekte in der Struktur eines Netzwerks durch Abriegelung und Überspezialisierung vermieden und stattdessen das Prinzip der Vielfalt bzw. *compartmentalization* (Grabher und Stark 1997) in regionalwirtschaftlichen Netzwerken erhalten werden. Diese dynamische Perspektive zielt auf die Ermittlung von Netzwerktrajektorien als geographisch und historisch spezifische Entwicklungspfade, in denen die Bildung und Auflösung von Beziehungen abhängig ist von früheren Pfaden und in denen Pfaddurchbrechung und Pfadvariation als endogener Prozess möglich ist. Aufgrund der geringen Verfügbarkeit von relationalen Längsschnittdaten über Unternehmensbeziehungen steht die netzwerkanalytische Forschung der geographischen Evolution von Netzwerken allerdings noch am Anfang (Ter Wal und Boschma 2008).

4 Interregionale und metropolitane Netzwerke

Der Zusammenhang von Territorium und sozialen Netzwerken ist nicht nur regional begrenzt. Im Zuge wirtschaftlicher Globalisierung gewinnen interregionale Austauschbeziehungen zunehmende Aufmerksamkeit. Der weltumspannende Handel mit Kapital, Waren und Dienstleistungen sowie die wachsende räumliche Arbeitsteilung begründen eine differenzierte Organisation von globalen Wertschöpfungs- und Innovationsprozessen zwischen Unternehmen. Somit fördert die wachsende geographischen Arbeitsteilung der Produktion und Zirkulation von Gütern einen Perspektivenwandel von linearen Wertketten zu *globalen Produktionsnetzwerken* (Henderson et al. 2002; Gereffi et al. 2005; Sturgeon et al. 2008). Darüber hinaus sind Netzwerke von Geschäftsbeziehungen ein zentraler Mechanismus zur Überbrückung geographischer Ferne bei der Internationalisierung des Unternehmens und zur Erschließung neuer Marktstandorte, vor allem im Bereich von wissensintensiven Dienstleistungen (Glückler 2006). Auch die regionale Clusterforschung thematisiert überregionale Netzwerke, da geographische Cluster nicht isoliert von Austauschbeziehungen mit anderen Orten sind. Insbesondere wissensbasierte Theorien geographischer Cluster betonen die Wechselbeziehung zwischen lokalen Wissensspillover-Effekten (*local buzz*) und interregionalen Innovationspartnerschaften (*global pipelines*) (Bathelt et al. 2004). Forschung- und Entwicklungskooperationen über große Entfernung sind wichtige Quellen zur Erschließung neuen Wissens und zur Vermeidung einer Wissensverriegelung. Im Gegensatz zu den lokalen Spillover-Effekten von Wissen, ist der Wissensaustausch in organisierten Transferbeziehungen über große Distanz leichter zu privatisieren und die ungewollte Verbreitung an Dritte zu vermeiden. Empirische Arbeiten zeigen, dass die nachhaltige Wettbewerbsfähigkeit geographischer Cluster nicht nur durch lokale, sondern auch durch globale Netzwerkbeziehungen gesichert wird (Nachum und Keeble 2002).

Das Phänomen der interregionalen Vernetzung wird von keinem Regionstyp besser repräsentiert als von den Metropolen. Perspektivisch vollzieht sich ein Übergang von der Mikroebene der Unternehmen zur Mesoebene der agglomerierten Plätze von Unternehmen. In Konzepten der Metropole, *world city* oder *global city* kommt die Auffassung zum Ausdruck, dass Städte als Knotenpunkte wirtschaftlicher Verflechtungen unterschiedlicher Maßstabsebenen fungieren, aus denen sich die vernetzte Weltwirtschaft konstituiert (Sassen 1994). Die Metropole gewinnt ihre Bedeutung hierbei nicht mehr aus der Ausstattung von Einrichtungen, sondern aus ihrer Funktion als Kommandozentrale internationaler Verflechtungsbeziehungen (Krätke 1999). Die Metropolen stehen aufgrund unterschiedlicher Stärke ihrer Vernetzung untereinander in hierarchischer Beziehung (Friedmann 1986). Als einer der wichtigsten Indikatoren zur Bestimmung der Zentralität wird die Konzentration von spezialisierten Managementfunktionen und wissensintensiven Unternehmensdiensten herangezogen. Empirische Arbeiten haben die wechselseitigen Verflechtungsbeziehungen zwischen den metropolitanen Knoten der Weltwirtschaft auch analytisch in einer Netzwerkperspektive erfasst (Taylor 2004), z.B. durch die Bestimmung der Standortvernetzung von unternehmensorientierten Dienstleistungen oder des internationalen Passagierflugverkehrs (Smith und Timberlake 1995; siehe Kapitel 5.7 in diesem Band). Ferner lässt sich nachweisen, dass Unternehmen in Metropolen Gelegenheitsvorteile bzw. *economies of overview* (Moulaert und Djellal 1995) genießen, durch die sie mehr Zugang zu Gelegenheiten und Ressourcen an anderen Orten, wie z.B. Kunden oder Expertenwissen erhalten und folglich stärker in internationale Netzwerke eingebunden sind als außerhalb der metropolitanen Regionen (Glückler 2007b). Die Auffassung, dass Metropolen ihre raumstrukturelle und wirtschaftliche Bedeutung nicht aufgrund ihrer Größe, sondern aufgrund ihrer Einbindung in das Städtesystem erfahren, hat in der deutschen Raumordnung seit 1995 zur Gründung sogenannter europäischer Metropolregionen geführt (Bundesamt für Bauwesen und Raumordnung 2005): Sie erfüllen eine wirtschaftliche und politische Entscheidungs- und Kontrollfunktion, eine Innovations- und Wettbewerbsfunktion für Unternehmen sowie eine Gateway-Funktion im Zugang zu Menschen, Wissen und Märkten.

5 Soziale Netzwerke und Mobilität

Die räumliche Mobilität von Personen und Bevölkerungsgruppen bildet einen weiteren wirtschaftsgeographischen Forschungsgegenstand. Interregionale Disparitäten im Hinblick auf soziale und wirtschaftliche Lebensbedingungen wie z.B. Lohnunterschiede sind eine wichtige Rahmenbedingung zum Verständnis von Wanderungsbewegungen. Ausgehend von erfahrungsgebundenen Thesen zum Wanderungsverhalten (Ravenstein 1885) und analytischen Erklärungsansätzen, die sich auf atomistische Entscheidungsmodelle oder subjektive Faktorenbewertungen stützen (Lee 1966; Dorigo und Tobler 1983), wurde in der Mobilitätsforschung erst in jüngster Zeit auf eine Netzwerkperspektive hingewiesen. Sie versteht das Migrationsverhalten nicht mehr als individualistisches Kalkül, sondern systematisiert die Dynamik des Migrationsverhaltens in Abhängigkeit von Strukturen sozialer Beziehungen. Das Prinzip einer Netzwerktheorie von Wanderungsbewegungen beruht darauf, dass eine Migration Folgewanderungen aus dem gleichen Herkunftsort und in dasselbe Zielgebiet auslöst, weil nachfolgende Migranten von dem Vorwissen und der Unterstützung der früheren Emigranten profitieren. Soziale Netzwerke senken Kosten und Risiken einer Wanderung für nachfolgende Migranten, das soziale Kapital (siehe Kapitel 3.10) des Netzwerks wächst mit der Zahl der über Verwandtschaft, Gemeinschaft oder Freundschaft verbundenen Folgemigranten und so generiert der Prozess der sogenannten Kettenwanderung kumulative Vorteile für nachfolgende Migranten (Massey et al. 1993). Emblematisches Beispiel für die selbstverstärkenden Mechanismen eines Migrationsnetzwerks ist die Kettenwanderung aus dem ägyptischen Dorf Sibrbay nach Paris, bei der einem einzigen Auswanderer in den Folgejahren über dreihundert junge Männer folgten (Müller-Mahn 2000). Die Formulierung einer Netzwerktheorie der Migration steht in der Mobilitäts- und Migrationsforschung allerdings noch aus.

6 Ausblick

Der Begriff des Netzwerks hat eine lange Tradition in der Geographie und findet Anwendung in unterschiedlichen Fragestellungen: von materiellen Infrastrukturen über die geographische Mobilität der Gesellschaft bis hin zu geographischen Organisationsproblemen von Unternehmen. In den letzten Jahren greifen Geographen zunehmend neue Methoden der sozialen Netzwerkanalyse auf und tragen mit empirischen Anwendungen insbesondere in wirtschaftsgeographischen Studien zu einer fortschreitenden Verknüpfung von Netzwerktheorie und verschiedenen Verfahren der Netzwerkanalyse bei. Dabei fällt auf, dass die geographische Spezialisierung und Konzentration von Technologien und Branchen in sogenannten Clustern auch eine große Anziehung auf andere Sozialwissenschaften ausübt. Sowohl die angewandten Wirtschaftswissenschaften als auch die Wirtschaftssoziologie wenden sich zunehmend geographischen Fragestellungen zu, um Fragen der Evolution lokaler Netzwerke und der Innovativität lokaler und überregionaler Wissensnetzwerke zu behandeln. Das wachsende interdisziplinäre Interesse am Zusammenhang zwischen sozialen und geographischen Beziehungen verspricht es, unser Verständnis strukturell bedingter Gelegenheiten und Beschränkungen in sozialen Netzwerken in geographischer Perspektive grundlegend zu vertiefen.

7   Literatur

Bathelt, H., Malmberg, A. und *P. Maskell*, 2004: Clusters and knowledge: Local buzz, global pipelines and the process of knowledge creation. Progress in Human Geography 28: 31-56.
Breschi, S. und *L. Cusmano*, 2006: Unveiling the texture of a European research area. Emergence of oligarchic networks under EU framework programmes. S. 268-298 in: *Y. Caloghiro, A. Constantelou* und *N. S. Vonortas* (Hg.), Knowledge Flows in European Industry. London: Routledge.
Breschi, S. und *F. Lissoni*, 2006: Mobility of inventors and the geography of knowledge spillovers. New evidence on US data. Milan: CESPRI, Centro di Ricerca sui Processi di Innovazione e Internazionalizzazione, Università Commerciale "Luigi Bocconi".
Bundesamt für Bauwesen und Raumordnung, 2005: Raumordnungsbericht 2005. Bonn: Bundesamt für Bauwesen und Raumordnung.
Burt, R., 1992: Structural Holes: The Social Structure of Competition. Cambridge (MA), London: Harvard University Press.
Cantner, U. und *H. Graf*, 2006: The network of innovators in Jena: An application of social network analysis. Research Policy 35: 463-480.
Dorigo, G. und *W. Tobler*, 1983: Push-pull migration laws. Annals of the Association of American Geographers 73: 1-17.
Friedmann, J., 1986: The world city hypothesis. Development and Change 4: 12-50.
Fritsch, M. und *M. Kauffeld-Monz*, 2008: The impact of network structure on knowledge transfer: an application of social network analysis in the context of regional innovation networks. The Annals of Regional Science.
Gereffi, G., J. Humphrey und *T. Sturgeon*, 2005: The governance of global value chains. Review of International Political Economy 12: 78-104.
Giuliani, E., 2007: The selective nature of knowledge networks in clusters: evidence from the wine industry. Journal of Economic Geography 7: 139-168.
Glückler, J., 2006: A relational assessment of international market entry in management consulting. Journal of Economic Geography 6: 369-393.
Glückler, J., 2007a: Economic geography and the evolution of networks. Journal of Economic Geography 7: 619-634.
Glückler, J., 2007b: Geography of reputation: the city as the locus of business opportunity. Regional Studies 41: 949-962.
Glückler, J., 2010: The evolution of a strategic alliance network – Exploring the case of German stock photography. In: *R. Boschma* und *R. Martin* (Hg.), Handbook of Evolutionary Economic Geography. Edward Elgar.
Grabher, G., 2006: Trading routes, bypasses, and risky intersections: mapping the travels of 'networks' between economic sociology and economic geography Progress in Human Geography 30: 163-189.

Grabher, G. und *D. Stark*, 1997: Organizing diversity: Evolutionary theory, network analysis and postsocialism. Regional Studies 31: 533-544.
Greenberg, M. R., *G. W. Carey*, *L. Zobler* und *R. M. Hordon*, 1971: A geographical systems analysis of the water supply networks of the New York metropolitan region. Geographical Review 61: 339-354.
Haggett, P. und *R. J. Chorley*, 1969: Network Analysis in Geography. London: Edward Arnold.
Henderson, J., *P. Dicken*, *M. Hess*, *N. Coe* und *H. W. C. Yeung*, 2002: Global production networks and the analysis of economic development. Review of International Political Economy 9: 436-464.
Krätke, S., 1999: Wem gehört die Hauptstadt? Interregionale Kapitalverflechtungen des Berliner Unternehmenssektors. Zeitschrift für Wirtschaftsgeographie 43: 65-76.
Lee, E. S., 1966: A theory of migration. Demography 3: 47-57.
Maillat, D., 1998: Vom 'Industrial District' zum innovativen Milieu: Ein Beitrag zur Analyse der lokalen Produktionssysteme. Geographische Zeitschrift 86: 1-15.
Malmberg, A. und *P. Maskell*, 2002: The elusive concept of localization economies: Towards a knowledge-based theory of spatial clustering. Environment and Planning A 34: 429-449.
Marshall, A., 1890: Principles of economics. London, New York,: Macmillan and Co.
Martin, R. und *P. Sunley*, 2006: Path dependence and regional economic evolution. Journal of Economic Geography 6: 395-437.
Maskell, P., 2001: Towards a knowledge-based theory of the geographical cluster. Industrial and Corporate Change 10: 921-943.
Massey, D. S., *J. Arango*, *G. Hugo*, *A. Kouaouci*, *A. Pellegrino* und *E. J. Taylor*, 1993: Theories of international migration: a review and appraisal. Population and Development Review 19: 431-466.
Matthes, F. E., 1912: Topology, topography and topometry. Bulletin of the American Geographical Society 44: 334-339.
Morgan, K., 1997: The learning region: Institutions, innovation and regional renewal. Regional Studies 31: 491-503.
Moulaert, F. und *F. Djellal*, 1995: Information technology consultancy firms: Economics of agglomeration from a wide-area perspective. Urban Studies 32: 105-122.
Müller-Mahn, D., 2000: Ein ägyptisches Dorf in Paris. Eine empirische Studie zur Süd-Nord-Migration am Beispiel ägyptischer ›Sans-papiers‹ in Frankreich. S. 79-110 in: *M. Bommes* (Hg.), Transnationalismus und Kulturvergleich. Osnabrück: Rasch.
Nachum, L. und *D. Keeble*, 2002: Why being local just isn't enough. Business Strategy Review 13: 37-42.
Owen-Smith, J. und *W. W. Powell*, 2004: Knowledge networks as channels and conduits: The effects of spillovers in the Boston biotechnology community. Organization Science 15: 5-21.
Piore, M. J. und *C. F. Sabel*, 1984: The Second Industrial Divide: Possibilities for Prosperity. New York: Basic Books.
Powell, W. W., *K. W. Koput*, *J. I. Bowie* und *L. Smith-Doerr*, 2002: The spatial clustering of science and capital: accounting for biotech firm-venture capital relationships. Regional Studies 36: 291-306.
Powell, W. W., *K. W. Koput* und *L. Smith-Doerr*, 1996: Interorganizational collaboration and the locus of innovation: networks of learning in biotechnology. Administrative Science Quarterly 41: 116-145.
Powell, W. W., *D. White*, *K. W. Koput* und *J. Owen-Smith*, 2005: Network dynamics and field evolution: The growth of interorganizational collaboration in the life sciences. American Journal of Sociology 110: 1132-1205.
Ravenstein, E. G., 1885: The laws of migration. Journal of the Statistical Society of London 48: 167-235.
Sagers, M. J. und *M. B. Green*, 1982: Spatial efficiency in Soviet electrical transmission. Geographical Review 72: 291-303.

Sassen, S., 1994: Cities in a world economy. Thousand Oaks, Calif.: Pine Forge Press.
Schickhoff, I., 1978: Graphentheoretische Untersuchungen am Beispiel des Schienennetzes der Niederlande. Ein Beitrag zur Verkehrsgeographie. Duisburg: Universität Duisburg.
Scott, A. J., 1988: New Industrial Spaces: Flexible Production Organization and Regional Development in North America and Western Europe. London: Pion.
Smith, D. A. und *M. Timberlake*, 1995: Conceptualising and mapping the structure of the world system's city system. Urban Studies 32: 287-302.
Sorenson, O., 2005: Social networks, informational complexity and industrial geography. S. 79-95 in: *D. B. Audretsch*, *D. Fornahl* und *C. Zellner* (Hg.), The Role of Labour Mobility and Informal Networks for Knowledge Transfer. New York: Springer.
Storper, M., 1993: Regional 'worlds' of production: learning and innovation in the technology districts of France, Italy and the USA. Regional Studies 27: 433-455.
Storper, M. und *A. J. Venables*, 2004: Buzz: face-to-face contact and the urban economy. Journal of Economic Geography 4: 351-370.
Sturgeon, T., *J. Van Biesebroeck* und *G. Gereffi*, 2008: Value chains, networks and clusters: reframing the global automotive industry. Journal of Economic Geography: 1-25.
Tait, P. G., 1883: Johann Benedict Listing. Nature 27: 316-317.
Taylor, P. J., 2004: World City Network: A Global Urban Analysis. London, New York: Routledge.
Ter Wal, A. L. J. und *R. A. Boschma*, 2008: Applying social network analysis in economic geography: framing some key analytic issues. The Annals of Regional Science: 739-756.
Uzzi, B., 1997: Social structure and competition in interfirm networks: The paradox of embeddedness. Administrative Science Quarterly 42: 35-67.
Werlen, B., 1999: Sozialgeographie alltäglicher Regionalisierungen. Stuttgart: Franz Steiner Verlag.

7.26 Die Verbindung zwischen Verkehrsplanung und sozialen Netzwerken

Andreas Frei, Matthias Kowald, Jeremy Hackney und Kay W. Axhausen

1 Verkehrsplanung und soziale Netzwerke

Die Verkehrsplanung versucht die Entscheidung von Personen während der Ausführung von Aktivitäten des täglichen Lebens zu beschreiben, zu verstehen und zu modellieren (Ortuzar und Willumsen 2001). Das zugrunde liegende Paradigma dabei ist, dass das Individuum versucht, seine Bedürfnisse zu befriedigen, während es seinen Nutzen durch die Ausübung von Aktivitäten maximiert. Dazu müssen unterschiedliche Orte aufgesucht werden. Dabei werden in der Verkehrsplanung hauptsächlich die Raumnutzungsstrukturen, welche Aktivitäten ermöglichen, die generalisierten Kosten der Nutzung der verfügbaren Infrastrukturen, welche Zugang zu den Raumnutzungsstrukturen schaffen und die Eigenschaften der Personen als Randbedingungen betrachtet. Lange Zeit waren Aspekte sozialer Interaktionen keine Erklärungsansätze für das Verkehrsverhalten. Dies lag vor allem an den Schwierigkeiten, solche Daten zu erheben und der Darstellung von Verkehr als zonenaggregierte Herkunfts-Zielortflüsse, welche für die Bedürfnisse der Raumplanung als zufriedenstellend präzise angesehen wurden.

Steigende Kosten für Verkehrsstauungen, neue Infrastrukturen, Treibstoffknappheit, Emissionensenkungen und Bautätigkeiten haben den Fokus der Verkehrsplanung von der Ausdehnung der Transportsysteme in Richtung der von Ressourcen verschoben. Neue Technologien zur Informationsverbreitung und Kommunikation sowie neue Beschäftigungsbranchen und -praktiken bedeuten neue Möglichkeiten Zeitbudgets zu gestalten. In der Folge ergeben sich weitaus flexiblere Aktivitätsorte und -zeiten. Diversifiziertere Mobilitätsaspekte können nicht von klassischen Verkehrsmodellen mit ihren starren Morgen- und Abendspitzen im Verkehrsvolumen erfasst werden. Auftretende Mobilitätsphänomene lassen sich unter diesen Bedingungen eher auf der Mikroebene erklären als durch abstrakte Verallgemeinerungen auf der Makroebene. Einflussgrößen, die solche Mobilitätsmuster erklären, müssen bestimmt werden. So ist nicht mehr der Weg zwischen den Punkten A und B der Ansatzpunkt neuerer verkehrswissenschaftlicher Untersuchungen, sondern vielmehr die Aufteilung der Zeit- und Raumressourcen einer Person zur Befriedigung räumlich verstreuter Bedürfnisse.

Die Bedürfnisse einer Person unterliegen einem starken sozialen Einfluss. Dieser zeigt sich im Verkehrsverhalten vielseitig. Beispielsweise werden Personen durch Pflichten beschränkt, andererseits eröffnen gemeinschaftliche Unternehmungen neue Aktivitätspotentiale. Das individuelle Verkehrsverhalten wird daher durch das soziale Umfeld einer Person direkt beeinflusst.

Wie groß der direkt sozial beeinflusste Anteil der Verkehrsleistungen ist, lässt sich anhand nationaler Verkehrsstatistiken schätzen. So liegt in westlich industrialisierten Ländern der Anteil des Freizeitverkehrs bei etwa 40% der täglichen Wege und ebenfalls 40% der gereisten Kilometer. Insgesamt werden etwa 80% dieser Freizeitunternehmungen nicht alleine ausgeübt, (z.B. Bundesamt für Statistik 2000; Bureau of Transportation Statistics 1995).

Sozialer Inhalt von Aktivitäten als Generierung von Verkehr ist aber nicht nur ein Teil des täglichen Verkehrsaufkommens, sondern auch bestimmend für weniger regelmäßige Reisen und Tourismus. Die offizielle britische Tourismus Statistik 2004[1] gibt z.B. an, dass 37% aller unregelmäßigen Reisen[2] durch das Treffen von Freunden und Verwandten (TFV) bestimmt wird. In Südafrika wurde ein TFV-Anteil von 59% erhoben (Rule et al. 2003) und die 1995 durchgeführte amerikanische Reisebefragung klassifiziert 33%[3] aller erhobenen Reisen als TFV. Zusätzlich dienen 33% der Wege Zwecken, welche Personen nur selten oder nie alleine ausüben, wie Outdoor Sport (z.B., Golf, Segeln) oder Familienveranstaltungen (z.B. Hochzeiten oder Beerdigungen), was bedeutet, dass der wahre Anteil an Fernreisen, welche durch das Treffen von Freunden oder Familien motiviert sind, sogar weit höher liegen dürfte. Die Nationale Haushaltsbefragung der USA 2001 gibt 29% für TFV und 34% für andere Freizeitaktivitäten an[4,5]. In der Schweiz wurde ein Anteil von 23% für TFV im Jahr 2005[6] erhoben.

Die verkehrswissenschaftlichen Annahmen zum Zusammenhang zwischen sozialen Interaktionen und dem Reiseverhalten lassen sich in vier zentrale Ergebnisse zusammenfassen:

1. Die Planung, Generierung und Durchführung geographischer Mobilität wird insbesondere vor dem Hintergrund neuer Informations- und Kommunikationstechnologien durch das soziale Umfeld geprägt. Beispiele sind die Gestaltung von Verabredungen durch von anderen Personen vorgegebenen Zeitfenstern oder die spontane Änderung von Plänen.
2. Die Verbreitung von Informationen in sozialen Netzen über Verkehrsmittelalternativen und Aktivitätsstandorte sind ein wesentlicher Bestandteil der individuellen Entscheidungsgrundlage, etwa hinsichtlich des Austausches von Kenntnissen über Raum- und Aktivitätsgelegenheiten.
3. Die Einstellungen Dritter spielen im Bezug auf individuelle Entscheidungsprozesse eine große Rolle, z.B. in Bezug auf die Adaption neuer Technologien und die Toleranz bestimmten Verhaltens, etwa Verkehrsmittelwahl, Fahrzeugkauf oder Mobilitätsbedarf.
4. Die Zusammenlegung von Ressourcen durch soziale Akteure schafft neue Möglichkeiten auf der individuellen Ebene, beispielsweise das Teilnehmen an Pendlergemeinschaften im Berufsverkehr oder gemeinschaftlich durchgeführte Freizeitaktivitäten.

---

[1] http://www.staruk.org.uk//default.asp?ID=731&parentid=469
[2] Die Welt Tourismus Organisation definiert Tourismus als Reisen ausserhalb vom täglichen Leben, generell ab einer Übernachtung nicht Zuhause.
[3] Eigene Analyse basierend auf Daten, welche hier enhältlich sind: www.transtats.bts.gov
[4] Eigene Berechnungen basierend auf Table 1 in BTS (2003), Korrekturen für das Pendeln sind in der Tabelle enthalten.
[5] Berechnung basierend auf den täglichen Verkehrsanteilen von 25% und 32%; Courtesy of Heather Contrino, FHWA, Washington, D.C.
[6] Private Kommunikation mit Prof. Lässer (Universität St. Gallen, Lehrstuhl für Tourismus und Dienstleistungsmanagement).

Derzeit findet Forschung im verkehrswissenschaftlichen Kontext vor allem im Bereich von Zeitnutzungsansätzen, der Sozialgeographie und der Erforschung des individuellen Verkehrsverhaltens statt. Im Zentrum steht dabei die Gewinnung von Grundlagendaten zur räumlichen Verteilung sozialer Interaktionen und deren Bedeutung in Bezug auf Mobilität und Aktivität. Insgesamt ist die Verwendung der Methoden der sozialwissenschaftlichen Netzwerkforschung im Feld der Verkehrsplanung noch relativ jung. Zwar gab es in den letzten Jahren eine Anzahl Studien, die sich dieser Methodik bedienten, doch besteht weiterreichender Forschungsbedarf. Im Folgenden werden drei Arbeiten, die sich der sozialwissenschaftlichen Netzwerkmethodik bedienen, exemplarisch vorgestellt.

In einer explorativen Erhebung sammeln Larsen et al. (2006) Daten zu den Kommunikationsgewohnheiten und Reisegeographien von 24 Teilnehmern aus der Region Liverpool, Manchester und Lancaster. In Verbindung mit den individuellen Freundschafts- und Familiennetzwerken liegt der Focus der Datenanalyse auf der räumlichen Verteilung des sozialen Netzwerks und den sich daraus ergebenden Konsequenzen für das soziale Leben und Reisegewohnheiten. Daneben liegt das Augenmerk der Studie auf den Aufwendungen sowie den genutzten Strategien und Technologien zur Koordination physischer Treffen (Larson et al. 2008). Als Hauptbefund der Untersuchung wird die Vernetztheit sowohl der individuellen Biographien als auch Mobilität der einzelnen Teilnehmer betont. Da sich das soziale Leben in der Umfragepopulation in einem nationalen oder gar internationalen Rahmen abspielt, statt ausschließlich an lokale Kontakte geknüpft zu sein, sollte, so die zentrale Forderung der Autoren, die Verkehrsplanung Reisende nicht nur als ökonomische Agenten verstehen, die in Marksituationen miteinander interagieren, sondern auch als eingebettet in soziale Netzwerke der gegenseitigen Ermöglichung und Begrenzung individueller Aktivitäten.

In seiner Dissertation untersucht Carrasco (2006) den Zusammenhang zwischen persönlichen Netzwerken und der räumlichen Verteilung gemeinsamer Aktivitäten. Zu diesem Zweck wurden 350 Personen aus dem Bezirk East York, Toronto zu den für sie emotional bedeutenden Kontakten befragt. Für eine 25% Teilstichprobe wurden im Anschluss an den Netzwerkfragebogen persönliche Interviews durchgeführt. Im Mittelpunkt dieser Interviews stand dabei ein für die Befragung entwickeltes Soziogramm, um neben den Namen der jeweiligen Kontakte auch Informationen zur Struktur des Teilnetzwerks zu erheben (Hogan et al. 2007). In der Datenanalyse wurde individuelle sowie relationale Merkmale identifiziert, die einen signifikanten Einfluss auf die Entstehung gemeinsamer sozialer Aktivitäten haben. Zudem lieferte das Projekt Erkenntnisse zum Zusammenhang zwischen der räumlichen Verteilung der Wohnstandorte in Beziehung stehender Personen und den gewählten Kommunikationsarten, um den Kontakt zu erhalten (Carrasco et al. 2008).

Bedienen sich die ersten beiden Studien der Namensgeneratortechnik zur Erfassung des ego-zentrierten Netzwerks (siehe Kapitel 5.11), verfahren Silvis et al. (2006) anders. In einem drei Tage umfassenden Interaktionstagebuch wurden die Teilnehmer gebeten, alle zurückgelegten Wege und durchgeführten Interaktionen mit der Anzahl der begleitenden Personen und einigen Basisangaben zu jeder dieser Personen zu vermerken. Die verzeichneten sozialen Interaktionen dienten aber nicht nur als Ausgangspunkt der Datensammlung, sondern auch als Rekrutierungsbasis weiterer Teilnehmer. Ausgehend von einer Startstichprobe von drei Personen wurden diese gebeten, die jeweiligen Interaktionspartnern durch die Übergabe einer Kontaktadresse zur Zusendung des Tagebuchs ebenfalls zur Teilnahme zu bewegen. So wurden innerhalb zweier Monate von insgesamt 24 Personen 505 Wege und 972 Interaktionen berichtet. Trotz einer niedrigen Teilnahmerate, einem hohen Item-Non-Response und deutlichen Anzeichen von Datenverzerrungen durch die selektive Rekrutierung weiterer Personen durch vorherige Teilnehmer, ergab die Datenanalyse zwei interessante Befunde. Zum einen waren die berichteten Wege mit dem Zweck, einer sozialen Interaktion beizuwohnen, durchschnittlich länger als die Wege, die anderen Zielen dienten, zum anderen war die Anzahl dieser Wege positiv korreliert mit der Anzahl sich wiederholender sozialer Kontakte.

Ausgehend von diesen Beispielen für die Verwendung der Methoden der sozialwissenschaftlichen Netzwerkforschung im Bereich der Verkehrsforschung werden in diesem Beitrag im Folgenden drei Forschungsbeispiele, durchgeführt am Institut für Verkehrsplanung und Transportsysteme (IVT) der ETH Zürich, genauer vorgestellt: Die Geographie und Biographie ego-zentrierter Netzwerke, die Kombination einer Schneeballerhebung mit einem Mobilitätstagebuch und die agentenbasierte Simulation eines sozialen Netzwerks in Hinsicht auf das tägliche Reiseverhalten.

2 Geographie ego-zentrierter Netzwerke

Um den möglichen Einfluss sozialer Netze durch soziale Aktivitäten quantitativ beschreibend zu erheben, wurden unabhängig voneinander im Zeitraum zwischen Dezember 2005 und Dezember 2006 in Zürich (Axhausen et al. 2006; Frei 2007) und Toronto (Carasco et al. i.E.) Erhebungen von räumlich eingebetteten komplett desintegrierten sozialen Netzen durchgeführt.[7] Die Züricher Befragungen umfassen folgende Elemente:

- Die wesentlichen soziodemographischen Eigenschaften des Befragten;
- Die individuelle Mobilitätsbiographie, die Biographie der Arbeits- und Ausbildungsplätze sowie ehemalige Wohnorte;
- Das ego-zentrierte Netzwerk, welches durch zwei Namensgeneratoren mit vier Stimuli erhoben wurde ('wichtige Probleme diskutieren, regelmässiger Kontakt, nach Hilfe fragen' um wichtige Kontakte zu erheben, und 'weitere Freizeitkontakte'). Der Namensinterpretator umfasst weitere Eigenschaften der Beziehung, die exakten Wohnorte der Alteri und die Häufigkeit nach Kontaktart (persönlich, telefonisch, Email und SMS).

Die Befragung in Zürich erreichte 2.714 (64.4%) Personen telefonisch, wovon 332 Personen rekrutiert wurden. Insgesamt nahmen 307 Personen an einem Interview teil und haben die Befragung vollständig ausgefüllt. Durchschnittlich wurden 12.35 Kontakte angegeben, wobei der Anteil wichtiger Kontakte bei 52% liegt und mit der steigender Anzahl genannter Kontakte fällt.

Die einfachste Methode, um die räumliche Verteilung der Ego-Beziehungen zu messen, ist die Distanz zwischen deren Wohnorten. Die Adressen wurden dazu georeferenziert und die Distanzen als grosse Zirkeldistanzen aufgrund einer äquidistanten Zylinderprojektion gemessen. Die Distanzverteilung der sozialen Beziehungen zeigt drei Elemente. Fast zwei Drittel der Bekannten leben lokal innerhalb eines 25 km Radius. Der Rest der Bezie-

---

[7] Das Untersuchung wurde ermöglicht durch das Forschungsprojekt COST 355: ‚Assessing possibilities of travel behaviour change during life course transitions: A methodological and empirical study'.

hungen teilt sich in regionale, nationale (innerhalb 26-100 km: 13%) und internationale Beziehungen auf europäischer Ebene (innerhalb 101-1000 km: 15%) auf. Ein bemerkenswerter Rest von 3% sind interkontinentale Beziehungen, welche einen starken Westtrend aufzeigen. Es zeigt sich, dass die Befragten lokale/regionale Beziehungen des täglichen Lebens mit nicht lokalen und Fernkontakten mischen. Unterscheide zwischen den Befragten sind durch die soziodemographischen Eigenschaften Alter und Ausbildung sowie die individuelle Biographie gekennzeichnet. Weiter ist die Geographie des Sozialen durch die räumliche Nähe wichtiger Kontakte geprägt, d.h. junge und gut ausgebildete Personen mit einer ereignisreichen Arbeits- und Ausbildungsbiografie unterhalten Beziehungen mit größeren Distanzen.

Abbildung 1: Distanzverteilung der sozialen Kontaktanteile gegenüber der Bevölkerungsanteile

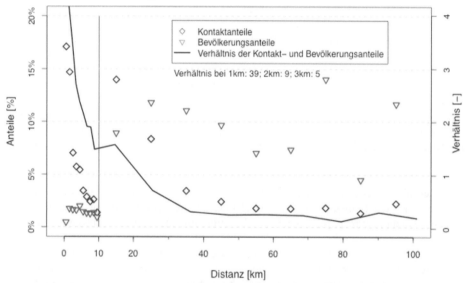

Die Distanzverteilung zeigt eine starke exponentielle Abnahme, wobei die Distanz aber nicht einer einfachen parametrischen Verteilung folgt, was darauf schließen lässt, dass sich Personen nicht gleichmäßig im Raum verteilen. Dies erscheint aufgrund nicht bewohnbarer Orte wie z.B. Berge oder Seen und der Clusterbildungen in Städten nachvollziehbar. Abbildung 1 zeigt die Distanzverteilung der sozialen Kontakte gegenüber der Bevölkerungsanteile in gleichen Distanzklassen ausgehend vom Zentroid der Wohnorte der Befragten. Der Vergleich ist durch die Datenverfügbarkeit auf die Schweiz beschränkt. Die Beziehungsanteile im Nahbereich nehmen stark ab, obwohl die Bevölkerungsanteile nahezu konstant sind. Bei einer uniformen Verteilung würden die Bevölkerungsanteile als quadratisch wachsend erwartet werden. Tatsächlich aber nehmen sie außerhalb des Nahbereichs mit zunehmender Distanz zum Kern von Zürich ab. Die größeren Schweizer Städte sind im weiteren Verlauf ersichtlich: Winterthur und Rapperswil in der 30-40 km Distanzgruppe und Basel und Bern innerhalb 90-100 km. Dieselben Spitzen sind auch bei den Kontaktanteilen ersichtlich. Das Verhältnis zwischen den Bevölkerungsanteilen und den Kontaktanteilen gibt den Distanzverlauf geglättet zur Bevölkerungsverteilung wieder. Bei einem Verhältnis über eins sind soziale Kontakte überproportional vertreten, darunter die Bevölkerungsanteile. Eine Steigung des Verhältnisses von Null zeigt die Unabhängigkeit der sozialen Nähe von der räumlichen Distanz. Dies tritt ungefähr ab 30 km auf. Damit zeigt sich, dass, während Personen auch heute noch überproportional viele Kontakte im nächsten räumlichen Umfeld auswählen, sich der soziale Suchraum dagegen aber weit über die 30 Minuten Gehdistanz traditioneller Nachbarschaften und Dörfer erweitert hat.

3 Kombinierte ego-zenterierte Netzwerke im verkehrs-planerischen Kontext

Neben den Erkenntnissen aus der Erhebung zu ego-zentrierten und räumlich eingebetteten Netzwerken besteht weiterer Informationsbedarf. Ein im Jahr 2008 begonnenes Forschungsprojekt soll die bestehende Datenlage vor allem um Informationen in Hinsicht auf zweierlei Fragestellungen erweitern:

Wer steht in Kontakt mit wem? In Bezug auf die sozialen Kontakte einer Person liegen bisher nur Informationen zum Wohnort vor. Zudem wurde die Bedeutung der Beziehung nur aus der Perspektive der antwortenden Person einseitig eingestuft. Bislang dagegen fehlen Auskünfte zu den Merkmalen der Kontaktpersonen und deren Einschätzung der Beziehung.

Welche Personen unternehmen gemeinsame Aktivitäten und wo ist die Ausübung dieser Aktivitäten verortet? Zwar wurden in der beschriebenen vorangegangenen Untersuchung Angaben zu den Wohnorten der Egos und ihrer Kontaktpersonen erfasst, doch fehlen Erkenntnisse bezüglich der Frequenzen und Orte gemeinsamer Unternehmungen.

Zur Untersuchung dieser beiden zentralen Anliegen wird erneut ein ego-zentriertes Netzwerk erhoben.[8] Aufgrund der hohen Bedeutung sozialer Aktivitäten für das Verkehrsaufkommen wird der Schwerpunkt des zweiteiligen Namensgenerators auf Freizeitkontakten liegen. Daneben wird explizit nach für die teilnehmende Person wichtigen Kontakten gefragt.[9]

Um möglichst zusammenhängende ego-zentrierte Teilnetzwerke zu erheben, wird ein Schneeballverfahren verwendet. Ausgehend von einer etwa 50 Personen umfassenden Zufallsstichprobe im Kanton Zürich sollen letztlich nicht weniger als 500 Personen an diesem Projekt teilnehmen (vgl. Kowald et al., 2008). Die Art der Stichprobenziehung, aufsteigend entlang der Kette der vom jeweiligen Ego genannten Personen, scheint für die verfolgten Fragestellungen besonders geeignet. Sie ermöglicht eine Merkmalserfassung sowohl für Ego als auch die genannten Alteri. Da nicht damit zu rechnen ist, dass alle von Ego genannten Kontaktpersonen ihrerseits an der Befragung partizipieren werden, liegt der Vorteil des Scheeballverfahrens einerseits darin, dass Ego im Namensinterpretator für jedes Alter nach Merkmalsausprägungen gefragt wird, andererseits die auf der nächsten Befragungsstufe teilnehmenden Alteri, nun ihrerseits Egos, diese Angaben gegebenenfalls in der Form von

---

[8] Das Projekt ‚Travel impacts of social networks and networking tools' wird finanziert durch die VolkswagenStiftung.

[9] Die Fragestellungen des Namensgenerators: 1) Listen Sie bitte Personen auf, mit denen Sie sich verabreden, um Ihre Freizeit gemeinsam zu verbringen. (Beispiele: Besorgungen erledigen, Sport treiben, Aktivitäten in Vereinen oder Organisationen nachgehen, Kulturveranstaltungen besuchen, gemeinsam kochen oder Essen gehen, gemeinsam Urlaube und Ausflüge verbringen etc.) 2) Wenn es Personen gibt, mit denen Sie wichtige Probleme besprechen, die aber noch nicht genannt wurden, listen Sie diese bitte auf.

Selbstauskünften korrigieren können. Auch ist es möglich die Beziehung zwischen Ego und Alter aus einer wechselseitigen Perspektive erfassen zu können. Den Erfahrungen aus einem ersten Pretest folgend, sind bei einer Teilnahmerate von 20% die gewünschten 500 Befragten nach etwa drei Iterationsschritten erreicht (siehe Tabelle 1).

Tabelle 1: Die erwartete Fortpflanzung des Schneeballprozesses

Phase des Schneeballs	Anzahl Teilnehmer (Σ)	Anzahl der korrekt angegebenen nicht überschneidenden Namen ($\emptyset$ 8 je Ego)	Anzahl Teilnehmer bei 20% Teilnahmerate
Zufallsstichprobe	50	400	80
Stufe 1	130	640	128
Stufe 2	258	1024	204
Stufe 3	462	1632	326

Problematisch ist der Umgang mit den für ein Schneeballverfahren typischen Verzerrungen in den Daten (Erickson 1979). Indem nur die Initialstufe der Befragungskette zufällig gezogen wird, weitere potentielle Teilnehmer dagegen von den Egos benannt werden, ergibt sich eine den Angaben der Teilnehmer folgende selektive Stichprobenpopulation. Zudem besitzen Personen, die viele soziale Kontakte unterhalten eine höhere Wahrscheinlichkeit, ein Teil der Stichprobe zu werden, als Personen mit wenigen Kontakten.

Abbildung 2 zeigt ein im Pretest erhobenes Netzwerk aus einem Schneeballprozess über zwei Iterationsstufen. Blau repräsentiert die Zufallsstichprobe, gelb die Teilnehmer aus Stufe eins und grün die potentiellen Teilnehmer auf Stufe zwei. Abbildung 2a) zeigt das gesamte zusammenhängende Teilnetzwerk, ergänzt um Informationen aus einem Soziogramm. Die Anordnung der einzelnen Knoten errechnet sich nach einem Federmodell (siehe Fruchterman und Reingold 1991). In den Abbildungen 2b) und 2c) ist für die Schweiz und die Welt dasselbe Teilnetzwerk geographisch verortet dargestellt.

Abbildung 2: Ein durch zwei iterative Schneeballschritte erhobenes Teilnetzwerk und seine geographische Einbettung

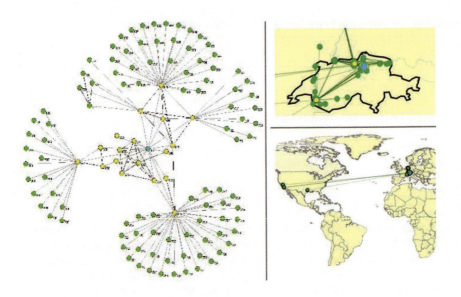

Um der zweiten Fragestellung nach den konkreten Lokalitäten und Teilnehmern an verschiedenen sozialen Aktivitäten nachgehen zu können, wird der Fragebogen zur Erhebung der ego-zentrierten Teilnetzwerke um ein in der Verkehrsplanung vielfach angewendetes Instrument der Datensammlung ergänzt: ein Reise- und Aktivitätentagebuch. An den Netzwerkfragebogen anschließend werden die Teilnehmer gebeten, Auskünfte über Ihre Unternehmungen für acht aufeinander folgende Tage zu geben. Für jede dieser Aktivitäten werden Informationen zum Teilnehmerkreis, dem Ort der Ausführung, dem hauptsächlich benutzten Verkehrsmittel und dem Planungshintergrund erfragt. Obwohl der erste Pretest eine zufriedenstellende Teilnahmerate ergab, steht zu erwarten, dass die Teilnahmebereitschaft in Bezug auf das Tagebuch durch die steigende Befragungslast stark abnimmt.

Um möglichst vielen Personen eine Teilnahme zu ermöglichen, werden beide Erhebungsinstrumente, Netzwerkfragebogen und Tagebuch sowohl in einer Papier und Stift-, als auch einer elektronischen Version in englischer und deutscher Sprache vorgehalten.

4 Multi-Agenten Modellierung des gegenseitigen Einflusses sozialer Kontakte und Aktivitätsräume

Das Konzept einer Wechselwirkung zwischen räumlicher Mobilität und sozialem Verhalten wird in dem MATSim-Toolkit (Rieser *et al.* 2007) als gekoppelte Simulation realisiert (Abbildung 3).[10] MATSim ist eine agentenbasierte Mikrosimulation von Aktivitäts- und Reiseverhalten in geographisch und zeitlich kontinuierlicher Auflösung. Agentenbasierte Simulationen ermöglichen einen Einblick in die Vielfalt der gegenseitigen Abhängigkeiten sozialer und Mobilitäts-Systeme in einem Ausmass und mit einer Dynamik, die in früheren Verkehrsmodellen und in bisherigen Datenerhebungen nicht erreicht werden konnten. Über einen nutzenmaximierenden Ansatz optimiert MATSim die Aktivitätenketten (Standort, Aktivitätsstartzeiten, Aktivitätsdauer) großer Szenarien. In dem integrierten Modellsystem können einerseits die Planung, die Gestaltung und der Nutzen der Aktivitäten über die aktivitätskettenrelevanten Einflüsse der sozialen Beziehungen mitbestimmt werden. Andererseits können neue soziale Beziehungen durch Aktivitäten geknüpft werden.

Abbildung 3: Die MATSim-Struktur mit integriertem Sozialen-Netzwerk-Modul, adaptiert von Hackney and Marchal (im Druck)

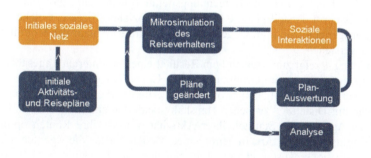

Personen werden durch Agenten mit Aktivitätsabsichten (-ketten), Mobilitätswerkzeugen, sozialen Kontakten und Reiseplänen repräsentiert. Ihre Wege durch den Raum belasten das Verkehrsnetz und verlangsamen die Verkehrsflüsse. Die Aktivitäten (Standortwahl, soziale Gruppe, Startzeit) und das Reiseverhalten (Route, Verkehrsmittel) der Agenten werden iterativ angepasst, um den Nutzen der gesamten Aktivitätskette jedes Agenten zu maximieren. Der Nutzen der Aktivitäten ist ein Maß der Aktivitätenattribute, der persönlichen Eigenschaften des Agenten und der Zeiteffizienz des Reisens. Berücksichtigt wird auch die dynamische Verkehrssituation sowie die Aktivitäten der anderen für die Aktivität relevanten Agenten.

---

[10] Das Projekt ‚Travel behaviour in a dynamic spatial and social context' wird finanziell durch den schweizerischen Nationalfond unterstützt.

$$U_i = \beta y + \alpha_0 \mathbf{1} + \alpha_1 \mathbf{x} + \alpha_2 \mathbf{g} U + \alpha_3 \mathbf{g} \mathbf{x}$$

wobei U_i = Nutzen der Aktivität für Agent i; y = die Attribute der Aktivität und der generalisierten Kosten, um die Aktivität zu erreichen; $\mathbf{g}$ = der relevante Anteil des sozialen Netzes, $\alpha_1 \mathbf{x}$ = der Einfluss der Eigenschaften von Agenten i auf sein Nutzen U_i; $\alpha_2 \mathbf{g} U$ = endogener Einfluss des Nutzens der Alteri in $\mathbf{g}$ auf U_i; $\alpha_3 \mathbf{g} \mathbf{x}$ = exogener Einfluss der Eigenschaften der Alteri in $\mathbf{g}$ auf U_i ist.

Der soziale Anteil der Modelldynamik wird über den Nutzen hinaus ergänzt durch einen über das soziale Netz moderierten Informationsaustausch über Standortalternative und/oder Startzeiten für Aktivitäten. Dies kann entweder als ein Modell beschränkter Rationalität oder als eine Art Einladung auf gemeinsame Aktivitäten betrachtet werden. Agenten können einander auch vorstellen, um gesellschaftliche Klumpen zu bilden. Länger haltende soziale Beziehungen werden nicht durch Nutzen direkt bewertet, sondern zeigen ihren Nutzen durch den wertvollen Informationsgewinn. Die sozialen Beziehungen werden entweder initialisiert und starr gehalten oder von einem evolutionären Algorithmus gemeinsam mit der Aktivitätsoptimierung verändert, neu erstellt oder gelöscht, je nach Wunsch des Experimentierers. Da der Zeithorizont einer Aktivitätskette in MATSim sich meist auf einen Tag beschränkt, und eine Berechnungsiteration nicht den Zeitverlauf sondern einen Optimierungsschritt darstellt, ist die Modellierung sozialer Prozesse, welche auf viel längerer Dauer ausgerichtet sind, im Gegensatz zum konkreten Ablauf der Mobilitätssimulation, abstrakt zu verstehen.

Abbildung 4 zeigt zum Beispiel ein Resultat eines optimierten Tagesablaufs von 8760 sozial vernetzter Agenten im Großraum Zürich. Ein zufälliges soziales Netz wurde initialisiert mit einer durchschnittlichen Größe von 12 Alteri und einer Befreundungswahrscheinlichkeit, die mit Distanz$^{-1.5}$ zwischen Haushaltsstandorten abnimmt. In dem linken Modell konnten die Agenten die Startzeit ihrer Aktivitäten sowie ihre Routen optimieren, ohne sozialen Einfluss jeglicher Art. In dem rechten Modell durften die Agenten noch zusätzlich Standortinformationen austauschen und die Standorte für Freizeitaktivitäten sowie für Einkäufe aus diesem (beschränkten, sozial bedingten) Wissen optimieren. Diese Agenten bekamen einen Nutzengewinn für die überlappende Zeit mit ihren Freunden bei Freizeitaktivitäten.

Abbildung 4: Distanzverteilung zu verschiedenen Aktivitäten

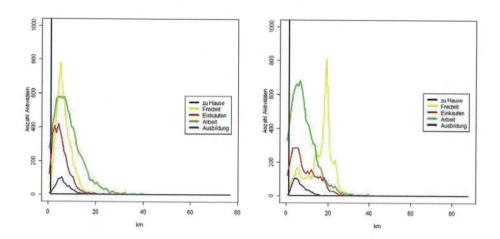

Die Grafik zeigt die Entfernung zwischen den Aktivitäten und Wohnorten der Agenten. Unabhängige Agenten (links) fahren weniger weit zu ihren Freizeitaktivitäten als sozial vernetzte Agenten, die einen Nutzengewinn bekommen, wenn sie eine Freizeitaktivität gemeinsam mit einem bekannten Agenten ausführen. Dafür sind sie bereit etwas mehr Distanz in Kauf zu nehmen, da eine gemeinschaftliche Optimierung stattfindet. Interessant ist auch, dass sich die Reisedistanz bei Einkäufen auch entsprechend ausdehnt, obwohl der Agent keinen zusätzlichen sozialen Nutzen erzielt. Der Nutzengewinn hat zwei Aspekte: erstens, dass besser erreichbare Standorte durch den Informationsaustausch sozial vermittelt werden können und zweitens, dass die Standortwahlen für Einkäufe stark mit den Standorten der Freizeitaktivitäten zusammenhängen, wenn letztere durch einen Nutzengewinn belohnt werden.

Das System soll als Werkzeug betrachtet werden, mit dem soziale Versuche auf tausende oder zehntausende von Agenten durchgeführt werden können. Als wissenschaftliches Hilfsmittel können zum Beispiel die Hypothesen aus den vier Forschungspunkten in der Einleitung getestet werden, um Konzepte zu verfeinern und um gezielte Umfragen zu gestalten. Als politisches Analysewerkzeug kann im Modellsystem untersucht werden, was die Auswirkungen einer Maßnahme sind, wenn Herd- oder Schwelleneffekte in Bezug auf umweltfreundliche Aktivitätsgestaltung oder Verkehrsmittelwahl angenommen werden.

Für Planungsanwendungen ist eine Validation des Modellsystems mit Beobachtungen nötig.

5 Schlussfolgerungen

Die in diesem Beitrag kurz skizzierten Fragestellungen, Forschungsbeispiele und Statistiken verdeutlichen, dass die Nutzung der Methoden der sozialen Netzwerkforschung innerhalb der Verkehrswissenschaft noch in ihren Anfängen steckt. Zugleich gelten die gewonnenen Zugänge als eine der vielversprechendsten Optionen für die Erarbeitung neuer Erklärungsansätze in Bezug auf das Verkehrsverhalten individueller Akteure. Das Potential netzwerktheoretischer Methoden zeigt sich insbesondere in der Erarbeitung und Nutzung von Mikrosimulationen. Es ist gerade dieser Bereich, der durch seine akteurfeine Differenzierung, somit die Möglichkeit individuelle Merkmale und die zwischen den Agenten etablierten Interaktionen zu berücksichtigen und zu analysieren, eine neue Perspektive auf die Forschungsfelder der Verkehrswissenschaft ermöglicht.

6 Literatur

Axhausen, Kay W., *Andreas Frei* und *Timo Ohnmacht*, 2006: Networks, biographies and travel: First empirical and methodological results. paper, 11th International Conference on Travel Behaviour Research, Kyoto, August 2006.

Bundesamt für Statistik, 2000: Eidgenössische Volkszählung (VZ), 2000.

Bureau of Transportation Statistics, 1995: Nationwide Personal Transportation Survey 1995, http://www.transtats.bts.gov/DL_SelectFields.asp?Table_ID=1036&DB_Short_Name=NPTS.

Carrasco, Juan A., 2006: Social activity-travel behaviour: A personal network approach, Dissertation. University of Toronto.

Carrasco, Juan A., *Eric J. Miller* und *Barry Wellman*, 2008: How far and with whom do people socialize? Empirical evidence about the distance between social network members. Transporrtation Research Record 2076: 114122.

Carrasco, Juan A., *Bernie Hogan*, *Barry Wellman* und *Eric J. Miller*, 2009: Collecting social network data to study social activity-travel behavior: An egocentered approach. Environment and Planning B.

Erickson, Bonnie H., 1979: Some problems of inference from chain data. Sociological Methodology 11: 276-302.

Fruchterman Thomas M. J. und *Edward M. Reingold*, 1991: Graph drawing by forcedirected placement. Software-Practice und Experience 21: 1129-1164.

Hackney, Jeremy K. und *Fabrice Marchal*, 2009: A Model for Coupling Multi-Agent Social Interactions and Traffic Simulation. Transportation Research Part A: Policy and Practice.

Hogan, Bernie, *Juan A. Carrasco* und *Berry Wellman*, 2007: Visualizing personal networks: Working with participant-aided sociograms. Field Methods 19: 116-144.

Kowald, Matthias, *Andreas Frei* und *Jeremy K. Hackney*, 2008: Spatial Relationships and Social Networks: An Iterative Survey Approach, paper, ASNA Conference Zürich 2008, Arbeitsberichte Verkehrs- und Raumplanung, 524, IVT, ETH Zürich, Zürich.

Larsen, Jonas, *John Urry* und *Kay W. Axhausen*, 2006: Mobilities, Networks, Geographies. Ashgate, Aldershot.

Larson, Jonas, *John Urry* und *Kay W. Axhausen*, 2008: Coordinating face-to-face meetings in mobile network societies, Information. Communication and Society 11: 640-658.

Ortuzar, Juan de Dios und *Luis G. Willumsen*, 2001: Modelling Transport. Wiley, Chichester.

Rieser, Marcel, *Kai Nagel*, *Ulrike Bueck*, *Michael Balmer* und *Jens Rümenapp*, 2007: Truly agent-oriented coupling of an activity-based demand generation with a multi-agent traffic simulation. Transportation Research Board Annual Meeting. Washington, D.C.

Rule, Stephen, Johan Viljoen, S`bo Zama, Jarè Struwig, Zakes Langa und *Oumar Bouare*, 2003: Visiting Friends and Relatives (VFR): South Africa's most popular form of domestic tourism. Africa Insight 33: 99-107.
Silvis, Julia, Deb Niemeier and *Raissa D'Souza*, 2006: Social networks and travel behaviour: Report from an integrated travel diary. paper, 11th International Conference on Travel Behaviour Research, August, Kyoto.

E. Psyche und Kognition

Einleitung in das Anwendungsfeld: Psyche und Kognition

Die beiden Beiträge, einerseits zur Bedeutung der Netzwerkforschung in der Psychologie von Bernd Röhrle und Anton-Rupert Laireiter und andererseits der Kognitionswissenschaft von Florian Windhager, Lukas Zenk und Hanna Risku stellen den Abschluss des langen Kapitels zu den Anwendungsfeldern dar. Da die Kognitionswissenschaft zahlreiche Anleihen in der Psychologie macht, scheint es uns gerechtfertigt, die beiden Perspektiven einem gemeinsamen Schwerpunkt zuzuordnen.

R. H. / C. S.

7.27 Netzwerkforschung in der Psychologie

Bernd Röhrle und Anton-Rupert Laireiter

1 Einleitung

Historisch betrachtet war die Psychologie mit ihrem sehr frühen Interesse, Verhältnisse von Personen als Beziehungsgefüge zu verstehen, eine der Quellen der Netzwerkforschung (vgl. Holzer 2006; Jansen 2006; Laireiter 2008; Röhrle 1994; Schnegg in diesem Band; Scott 2000; Trappman et al. 2005). Diese Beziehungsgefüge wurden aus verschiedenen Blickwinkeln betrachtet:

a. Als Muster von Präferenzen, auch in Hinsicht auf gemeinsame dritte Elemente oder Sachverhalte, die sich stimmig bzw. ausbalanciert zueinander verhalten (balancetheoretischer und soziometrischer Zugang).
b. Als Muster des Austausches von Ressourcen im Sinne von geregelten Strukturen zwischen den Elementen eines sozialen Systems; und dies auch mit Hilfe von Interaktionsformen (austauschtheoretischer und relationaler Zugang).
c. Als subjektiv wahrgenommene Einheit von Beziehungsgefügen im Sinne von wahrgenommener sozialer Umwelt (sozial-kognitiver Zugang).

Ganz im Lichte der Unterscheidung von Berkowitz (1988) zwischen einer soziologischen und psychologischen Betrachtungsweise sozialer Netzwerke, bewegt sich die Psychologie immer im Grenzbereich zwischen einer Perspektive aus Sicht des Individuums und einem transindividuellen Verständnis des Sozialen. Bis in die heutige Zeit steht das Individuelle in der Psychologie im Mittelpunkt. Obgleich die Netzwerkforschung ihren Gegenstandsbereich überwiegend als transindividuelle Einheit verstand, rezipierte die Psychologie Begrifflichkeiten und Methoden der Netzwerkforschung in vielfältiger Weise. Soziale Netzwerke haben sowohl als Gegenstandsbereich wie auch als Begriffsmuster zur Rekonstruktion des Sozialen Eingang in fast alle Teilgebiete der Psychologie gefunden, was im Zentrum des Paradigmas kaum wahrgenommen wird (vgl. Haas und Mützel 2008).

So profitiert von dieser Netzwerkperspektive die Entwicklungspsychologie mit Anteilen in der Pädagogischen Psychologie (Bauer und Otto 2005; Röhrle 1998; Schmidt-Denter 2005), die Persönlichkeitspsychologie (Asendorpf 2007; Neyer 2005; Pierce et al. 1997), die Sozial- und Kommunikationspsychologie (vgl. Albrecht und Adelman 1987; Goldsmith 2004; Straus in diesem Band), Familienpsychologie (Bauer und Otto 2005), die Umweltpsychologie (Koehly und Shivy 2000), in Ansätzen die Kulturpsychologie (Kim und Sherman 2008; vgl. Hepp in diesem Band), die Klinische Psychologie und Psychotherapie (Brugha 2007; Lin und Peak 1999; Röhrle und Laireiter 2009; Röhrle et al. 1998), Beratungspsychologie (Pearson 1997), Gemeindepsychologie (Straus 2002; Schwarzer und Leppin 1989) Gesundheitspsychologie mit Übergängen zur biologischen Psychologie (Ditzen und Heinrichs 2007; Kienle et al. 2006; Uchino 2006), Arbeits- und Organisationspsychologie (z.B. Hatala 2006; Lamertz und Aquino 2004; Wald 2008), Medienpsychologie (Bente et al. 2004; Schenk 1995) und auch Religionspsychologie (Kecskes und Wolf 1996).

Trotz der erheblichen Breite der Rezeption der Netzwerkperspektive, lassen sich in den verschiedenen Bereichen übergreifend eine Reihe von typischen Mustern im Umgang mit dem Gegenstandsbereich und seiner Begriffswelt erkennen.

2 Rezeptionsvarianten des Netzwerkbegriffs in der Psychologie

Die Psychologie hat sich bei der Festlegung ihres Gegenstandsbereiches auf das Individuum und seinen Beziehungen zu seiner Umwelt beschränkt, obgleich in der Tradition eben auch transindividuelle Sichtweisen angelegt waren. Gleichwohl bleibt ihre Sicht dabei nicht auf proximale Formen (enger persönlicher Bereich) von individuenbezogenen Strukturen von Umwelt beschränkt. Vielmehr werden auch distale Umweltbestände und dabei solche, die indirekte Wirkungen auf Individuen ausüben, immer auch berücksichtigt (vgl. Bronfenbrenner 1979). Dies führt immer wieder zu individualisierenden Aneignungen transindividueller Gegenstandsbereiche innerhalb der Psychologie, die im Falle der Rezeption des Begriffs des sozialen Netzwerks wenigstens drei unterschiedliche Formen erkennen lassen:

a. ein analogisierender und metaphorisierender Umgang mit dem Begriff des sozialen Netzwerks,
b. ein letztlich die individualisierende Sicht nicht verlassendes Interesse an einer stärkeren Kontextualisierung ihres Gegenstandsbereiches,
c. ein durch den Gegenstandsbereich der Psychologie bedingte reduktionistischer, wenn nicht sogar inkorporierender Umgang mit dem Begriff des sozialen Netzwerks.

2.1 Analogie und Metaphorik

Die erste Rezeptionsvariante versucht in einem *analogisierenden oder metaphorischen Sinne*, ohne Rückgriff auf die analytischen Kategorien der sozialen Netzwerkforschung, in ihrem zentralen Begriff die Welt jenseits von traditionellen Begriffen des Mikrosozialen zu erkennen. Dabei werden die Begrifflichkeiten und Instrumente der Netzwerkforschung nicht genutzt. Vielmehr werden klassische Begriffe wie etwa Gruppe und Freundschaften mitgedacht und mit dem des sozialen Netzwerks gleichgesetzt.

Diese Form der Rezeption des Begriffes des sozialen Netzwerks findet sich häufig in der (deutschsprachigen) Gemeindepsychologie, in der dieser mit Begriffen wie soziale Integration, soziale Verortung oder soziale Einbettung gleichgesetzt wird (Laireiter 1993; Straus 2002). Andere Teilgebiete der Psychologie, wie z.B. die Persönlichkeits- oder Sozialpsychologie, nutzen in gleicher Weise den Begriff, wenn sie soziale Umfelder von Personen als soziale Netzwerke bezeichnen, aber eigentlich oft dyadische Beziehungsverhältnisse etwa in Freundschaften meinen (Asendorpf und Banse 2000). Die Metaphorik, die mit Netzwerken in Verbindung gebracht wird, meint dann soziale Sicherheit, Integration und auch normative Kontrolle. Damit verknüpft ist auch die Hoffnung, mit einem solchen Verständnis des Sozialen, eine Brücke zu Kultur und makrosozialen Gebilden gefunden zu haben. Eine solche Rezeptionsvariante findet sich in der Selbsthilfeliteratur oder als Rekonstruktionsversuch alltäglicher Beziehungsmuster (Weyer 2000).

2.2 Kontextualisierung

Nicht völlig entfernt von dieser Rezeptionsvariante entdeckt man in der Psychologie das Interesse, den eigenen Gegenstandsbereich, etwa den Nahbereich sozialer Umwelten, zu erweitern. Einige dieser Bemühungen nutzen dabei aber die Begrifflichkeiten der sozialen Netzwerkforschung und dies in zweierlei Weise: Zum einen wird versucht, die eigenen Annahmen auf soziale Netzwerke auszudehnen (*Kontextualisierung i.e.S.*). Zum anderen nutzt man Netzwerkbegrifflichkeiten, um Wirkzusammenhänge oder Interventionsprinzipien psychologischer Art um eine entsprechende soziale Dimension zu ergänzen (*Kontextualisierung i.w.S.*). Bei beiden Varianten wird der Netzwerkbegriff ohne seine an den Gegenstand bebundene Bedeutung und seine theoretischen und methodischen Implikationen genutzt (=[reduktionistische] Psychologisierung). Diese Tendenz zum Reduktionismus hat mit dem vornehmlichen psychologischen Interesse an individuellem Geschehen (subjektives Erleben, Verhalten, Leistung, Eigenschaften, Befinden, Auffälligkeiten etc.) und intrapsychischen Strukturen und Funktionen (Kognitionen, Attributionen, Emotionen, Wahrnehmung etc.) von Individuen zu tun. Davon abzugrenzen ist ein methodologischer Individualismus, der mit Hilfe individueller Kategorien versucht Merkmale und Dynamiken sozialer Netzwerke verstehbar zu machen (Kropp 2008). Insofern die psychologischen Kategorien aus solchen der Netzwerkforschung abgeleitet wurden, müsste man von einem rekursiven methodologischen Individualismus sprechen.

Eine klassische Form einer solchen Kontextualisierung findet sich in der Entwicklungspsychologie, wenn Vorgänge der sozialen Entwicklung, wie etwa die Veränderungen von Bindungen auf soziale Netzwerke im lebenslangen Verlauf übertragen werden (z.B. Cotterell 2007; Schmidt-Denter 2005). Während auch bei anderen Entwicklungsvorgängen von Prozessen der Differenzierung und Entdifferenzierung die Rede ist, sucht man solche strukturellen Änderungen in den Netzwerken, oft als „Convoy" bezeichnet, wieder zu entdecken (z.B. Antonucci 1990; Lewis 2005). Gemeint ist damit die Entwicklung immer komplexerer und zuletzt sich wieder auflösender psychischer Leistungen im Lebenslauf, die sich bei der lebenslangen Entwicklung von Netzwerken als analoge Verfeinerung und zuletzt auch wieder Auflösung von sozialen Beziehungsmustern darstellt. Eine weitere Variante der Kontextualisierung kann man in Bemühungen der Umweltpsychologie erkennen (vgl. insgesamt Röhrle 1994). Zum einen werden bei der Bestimmung unterschiedlicher Arten von Umwelt (sozial, physikalisch, natürlich, gemacht) und unterschiedlicher Erstreckungsgrade (Mikro- bis Makrosysteme) soziale Netzwerke als typische mesosoziale Systeme bezeichnet. Diese erhalten ganz im Sinne der Netzwerkforschung die Aufgabe, Aspekte und Ebenen der Umwelt zu verknüpfen. Dadurch hofft man auch indirekte Wirkungen so gefasster Umwelt auf jeweils untergeordnete und letztlich individuelle Ebene ausmachen zu können. Fragen, wie sich das Verhältnis von bebauter Umwelt und sozialen Netzwerken auf die Befindlichkeiten von Individuen auswirkt, oder wie soziale Netzwerke das räumliche Verhalten prägen, gehören zu solchen Betrachtungsweisen (Marbach 2001; Wood und Giles-Corti 2008). Sehr nah an ursprüngliche Formen der austauschtheoretisch orientierten Netzwerkanalysen geht ein Versuch, soziale Stützsysteme als ökologische

Einheiten zu definieren, deren Struktur über die Allokation und den Umfluss von Ressourcen entscheidet (Kelly 1977).

2.3 Reduktionismus und Inkorporation

Die am weitesten verbreitete Form des Umgangs mit dem Konzept des sozialen Netzwerks findet sich in allen Versuchen, Zusammenhänge von Variablen der jeweils eigenen Forschungsfelder um Merkmale sozialer Netzwerke zu ergänzen. Nicht selten begnügt man sich dabei, nur ein Merkmal auszusuchen. Dies gilt überwiegend für das funktionale Merkmal der sozialen Unterstützung. Sehr selten wird auch das Kriterium der sozialen Kontrolle in eigene Fragestellungen einbezogen. Übergreifend werden diesen Merkmalen drei verschiedene Arten von Bedeutung zugewiesen: a) die Eigenschaft einer funktionalen, das Erleben und Verhalten von Individuen steuernden Größe, b) die Eigenschaft einer abhängigen Variablen und c) als Element eines Wechselwirkungsprozesses.

Bei all diesen Rezeptionsformen wird der Bedeutungsgehalt des Netzwerkbegriffs als eine transpersonale Größe nicht bedacht, sondern beliebigen funktional bedeutsamen Umweltmerkmalen wie z.B. familiäres Klima gleichgesetzt. Dies mag einer der Gründe sein, warum immer wieder strukturelle Merkmale wie Größe oder Dichte sozialer Netzwerke in solchen Variablenzusammenhängen wenig Varianz aufklären. Umgekehrt zeigt sich, dass der Erklärungsgehalt der jeweils genutzten Netzwerkbegrifflichkeiten in dem Maße steigt, in welchem eine Nähe zu individuellen psychologischen Bedeutungsgehalten gesucht wird; was sich etwa vielfach bei subjektiv gewerteten Formen der sozialen Unterstützung, teilweise aber auch bei anderen Netzwerkmerkmalen gezeigt hat. Dies mag einer der Gründe sein, warum eine extreme Variante der Rezeption formuliert wurde.

a. Eine funktionalistische und zugleich inkorporierende Form der Rezeption wurde gewählt, indem insbesondere das Merkmal der sozialen Unterstützung mit anderen Persönlichkeitsmerkmalen gleichgesetzt wurde (Pierce und Sarason, 1990). Dabei steht die Annahme im Vordergrund, dass die Wahrnehmung und Wertung von Merkmalen sozialer Netzwerke in intrapersonell stabiler Weise geschieht. Eine weitere, sehr ähnliche Form der Rezeption findet sich in Versuchen, die Grundlagen solcher Wahrnehmungs- und Bewertungsprozesse zu rekonstruieren. Jene sozial-kognitive Perspektive geht davon aus, dass diese Wahrnehmung und Wertung von Gedächtnisinhalten und Strukturen geprägt wird. Für die Rekonstruktion dieser Strukturen werden höchst unterschiedliche Methoden aber auch Aufbausysteme genutzt. Interessanterweise ist eine davon auch die Rekonstruktion von mentalen Netzen analog zu neuronalen Netzwerken (vgl. insgesamt Pattison 1994; Rhodes und Lakey 1999; Röhrle 1994; Stiller und Dunbar 2007).

b. Soziale Netzwerke werden dann zu abhängigen Variablen, wenn psychologische Merkmale oder Prozesse als Größen aufgefasst werden, die soziale Welten zu prägen vermögen. Klassische Beispiele für diese Rezeptionsform finden sich bei der Untersuchung von mehr oder weniger phänomennahen dispositionellen Merkmalen wie soziale Fertigkeiten oder Bindungsschemata. Eine inkorporierende Form dieser Rezeptionsform ist die Annahme einer Netzwerkorientierung von Personen, definiert als Tendenz sich Mitgliedern des persönlichen sozialen Netzwerkes mehr zuzuwenden oder sich von ihnen abzugrenzen. Noch deutlicher wird diese Rezeptionsvariante, wenn der Erfolg von psychologischen Interventionen (Prävention, Psychotherapie, Rehabilitation) auch mit Hilfe von Merkmalen sozialer Netzwerke gemessen wird. Eine inkorporierende Form dieser Rezeptionsart auf jenem Gebiet ist die Entwicklung von Netzwerkinterventionen und -therapien. Diese Entwicklung basiert auf den Erkenntnissen zu den salutogenen Wirkungen von sozialen Netzwerken. Dabei werden begriffsferne Veränderungsprinzipien, wie z.B. kognitive Umstrukturierungen genutzt, aber auch eher begriffsnahe, wenn es sich um systemtheoretisch untermauerte Arten der Intervention handelt, wie dies bei Netzwerktherapien der Fall ist (vgl. insgesamt Linden et al. 2009; Nestmann 2009; Röhrle und Laireiter 2009; Röhrle et al. 1998; Straus 2002).

c. Individuum und Netzwerk werden in der Psychologie auch in einer reziprok determinierenden Relation betrachtet (dynamischer Interaktionismus, Asendorpf 2007). Wenn man davon ausgeht, dass sich Individuum und Umwelt gegenseitig beeinflussen, heißt das, dass zentrale Merkmale persönlicher Netzwerke u. a. auch durch psychologische Merkmale der Person (Persönlichkeitseigenschaften, differentielle Merkmale, Einstellungen, etc.) bestimmt sind. Umgekehrt beeinflussen aber auch Eigenschaften des Sozialen Netzwerks (z.B. Größe, Dichte, Unterstützungspotenzial, etc.) die individuellen Merkmale eines Individuums (Asendorpf und Banse 2000).

Diese verschiedenen Formen der Rezeption des Netzwerkbegriffs in der Psychologie finden sich mit unterschiedlich starker Betonung u.a. auch in der Untersuchung von Stressbewältigungsprozessen (Cohen 1992; Diewald in diesem Band; Schwarzer und Knoll 2007), von Aspekten der Immunfunktionsregulation insbesondere auch im Zusammenhang mit gesundheitspsychologischen Fragestellungen (Reblin und Uchino 2008), von Prozessen zur Herstellung bestimmter Beziehungsformen (z.B. einstellungsähnliche, intime; vgl. Visser und Mirabile 2004) oder sozialer Befindlichkeiten (z.B. Einsamkeit; vgl. Holmen und Furukawa 2002), von kognitiv-emotionalen Entwicklungsverläufen (Lewis 2005), von ätiologischen Hintergründen psychischer Störungen und somatischer Erkrankungen (Brugha 2007; Uchino 2006) von psychotherapeutischen Prozessen (Strouse und Röhrle, im Druck). Beispiele für weitere Fragestellungen der psychologischen Netzwerkforschung finden sich in der nachfolgenden Auflistung.

Typische Fragestellungen psychologischer Netzwerkforschung

Sind Merkmale sozialer Netzwerke bedeutsame Einflussvariablen für
- die kognitiv-emotionale Entwicklung und Aspekte der Persönlichkeit?
- die Bewältigung von Entwicklungsaufgaben (Umweltveränderungen)?
- die Entstehung, die Qualität und Stabilität intimer Beziehungen?
- sprachliches Verhalten und unterschiedliche Kommunikationsformen (auch im Bereich moderner Kommunikationstechnologien)?
- Führungsverhalten ?
- die Entstehung und Aufrechterhaltung von Einsamkeit?
- räumliches Verhalten?
- den Wandel und die Stabilität von Einstellungen?
- das Wohlbefinden?
- die Aktivität des Immunsystems?
- die Bewältigung unterschiedlicher Stressoren?

- Hilfesuchverhalten und Inanspruchnahme formeller Dienste?
- Gesundheitsverhalten?
- die Entstehung und Aufrechterhaltung psychischer Störungen, somatischer Erkrankungen und Mortalität?
- Therapieerfolg?

Bilden sich psychologische Prozesse in Merkmalen sozialer Netzwerke ab und zwar in Hinsicht auf
- Entwicklungsprozesse?
- Therapieprozesse?

Nehmen psychologische Größen Einfluss auf Merkmale sozialer Netzwerke, wie z.B.
- Bindungsschemata?
- Netzwerkorientierungen?
- Soziale Fertigkeiten?
- bedeutsame Umweltbestände (sozial-räumliche und architektonische Verhältnisse)?
- im Gedächtnis abgebildete Strukturen sozialer Welten (soziale Kognition)?

Wie lassen sich soziale Netzwerke im Bereich von psychologischen Interventionen, auch im Rahmen von Fragen zur Dissemination (Diffusion nützlicher Interventionen), nutzen?

Wie interagieren Merkmale sozialer Netzwerke mit psychologischen Größen (z.B. Persönlichkeitsmerkmale, Stress, kulturelle Zugehörigkeit) in Hinsicht auf psychologisch bedeutsame Variablen (z.B. Wohlbefinden)?

3 Schluss

Betrachtet man den theoretischen und empirischen Ertrag der Begriffe und Methoden der sozialen Netzwerkforschung für die Psychologie, so kommt man zu eher bescheidenen Ergebnissen. Die relative Bedeutungsferne verschiedener Merkmale sozialer Netzwerke für psychologische Fragestellungen mag einer der Gründe hierfür sein. Die konzeptuelle Schwierigkeit eine transindividuelle Sicht mit einer individuellen zu verknüpfen mag einen weiteren Grund darstellen. Aber gerade diese Widersprüchlichkeit mag dann zu einem befruchtenden Faktor werden, wenn man einerseits versucht, eine deutlichere Abgrenzung gegenüber anderen Disziplinen wie z.B. der formalen Soziologie zu erreichen und man andererseits prüft, ob innerhalb der Psychologie nicht mehr zu gewinnen ist, wenn Merkmale sozialer Netzwerke mit psychologischem Bedeutungsgehalt ausgestattet werden. So mag aus der Größe sozialer Netzwerke die Menge an Möglichkeiten werden, Bedürfnisse zu befriedigen oder aversive Reizungen zu erleben, die Dichte mag zum Ausmaß an Vertrautheit oder erlebter Kontrolle werden, aus homogenen Beziehungsmustern mag erlebte soziale Harmonie werden u. a. m. Ob die psychologische Netzwerkforschung für transindividuelle Zugänge hinreichend fruchtbar ist, oder ob die Psychologie als eine der Wurzeln der Netzwerkforschung schon ihren Dienst getan hat, bleibt abzuwarten.

4 Literatur

Albrecht, T. und *M. Adelman,* (Hg.), 1987: Communicating social support. Beverly Hills, CA: Sage.
Antonucci, T.C.,1990: Social support and social relationships. S. 205-226 in: *R.H. Binstock* und *L.K. George* (Hg.), Handbook of aging and the social sciences. San Diego: Academic Press.
Asendorpf, J., 2007: Psychologie der Persönlichkeit. Berlin: Springer.
Asendorpf, J. und *R. Banse,* 2000: Psychologie der Beziehung. Bern: Huber.
Bauer, P. und *U. Otto,* (Hg.), 2005: Mit Netzwerken professionell zusammenarbeiten. Band I: Soziale Netzwerke in Lebenslauf- und Lebenslagenperspektive. Band II: Institutionelle Netzwerke in Steuerungs- und Kooperationsperspektive. Tübingen: dgvt-Verlag.
Bente, G., R. Mangold und *P. Vorderer,* 2004: Medienpsychologie. Göttingen: Hogrefe.
Berkowitz, Stephen D., 1988: Afterword: toward a formal structural sociology. S. 477-497 in: *Barry Wellman* uns *Stephen D. Berkowitz* (Hg.), Social structure: A network approach. New York: Cambridge University Press.
Bronfenbrenner, U., 1979: The ecology of human development: Experiment by nature and design. Cambridge: Harvard University Press.
Brugha, T. S., 2007: Social Support and psychiatric disorder: Research findings and guidelines for clinical practice. New York: Cambridge University Press.
Cohen, S., 1992: Stress, social support, and disorder. S. 109-124 in: *H.O.F. Veiel* und *U. Baumann* (Hg.), The meaning and measurement of social support. Washington, DC: Hemisphere.
Cotterell, J., 2007: Social networks in youth and adolescence. New York: Routledge.
Ditzen, B. und *M. Heinrichs,* 2007: Psychobiologische Mechanismen sozialer Unterstützung. Ein Überblick. Zeitschrift für Gesundheitspsychologie 15: 143-157.
Goldsmith, D. J., 2004: Communicating social support. New York: Cambridge University Press.
Haas, J. und *Sophie Mützel,* 2008: Netzwerkanalyse und Netzwerktheorie in Deutschland. Eine empirische Übersicht und theoretische Entwicklungspotentiale. S. 49-64 in: *Christian Stegbauer* (Hg.), Netzwerkanalyse und Netzwerktheorie. Ein neues Paradigma in den Sozialwissenschaften. Wiesbaden: VS Verlag für Sozialwissenschaften.
Hatala, J. P., 2006: Social network analysis in human resource development. A new methodology. Human Resource Development Review 5: 45-71.
Holmen, K. und *H. Furukawa,* 2002: Loneliness, health and social network among elderly people--a follow-up study. Archives of Gerontology and Geriatrics 35: 261-274.
Holzer, Boris, 2006: Netzwerke. Bielefeld: transcript.
Jansen, Dorothea, 2006: Einführung in die Netzwerkanalyse. Grundlagen, Methoden, Forschungsbeispiele. Wiesbaden: VS Verlag für Sozialwissenschaften.
Kecskes, R. und *C. Wolf,* 1996: Konfession, Religion und soziale Netzwerke: Zur Bedeutung christlicher Religiosität in personalen Beziehungen. Opladen: Leske + Budrich.
Kelly, J. G., 1977: The ecology of social support systems: Footnotes to a theory. Paper presented at the symposium „Toward an understanding of natural helping systems". Paper from the 85th Annual Meeting of the American Psychological Association, San Francisco.
Kienle, R., N. Knoll und *B. Renneberg,* 2006: Soziale Ressourcen und Gesundheit: Soziale Unterstützung und dyadisches Bewältigen. S. 107-122 in: *B. Renneberg* und *P. Hammelstein* (Hg.), Gesundheitspsychologie. Heidelberg: Springer.
Kim, H. S. und *D. K. Sherman,* 2008: Culture and social support. American Psychologist 63: 518-526.
Koehly, L. und *V. Shivy,* 2000: Social environments and social contexts: Social network applications in person-environment psychology. S. 59-87 in: *W. R. Martin* und *J. L. Swartz-Kulstad* (Hg.), Person-environment psychology and mental health: Assessment and intervention. Mahwah, NJ, US: Lawrence Erlbaum Associates Publishers.
Kropp, P., 2008: Methodologischer Individualismus und Netzwerkforschung. Ein Diskussionsbeitrag. S. 145-153 in: *Christian Stegbauer* (Hg.), Netzwerkanalyse und Netzwerktheorie. Ein neues Paradigma in den Sozialwissenschaften. Wiesbaden: VS Verlag für Sozialwissenschaften.

Laireiter, Anton-Rupert (Hg.), 1993: Soziales Netzwerk und Soziale Unterstützung: Konzepte, Methoden und Befunde. Bern: Huber.
Laireiter, Anton.-Rupert, 2008: Soziales Netzwerk & Soziale Unterstützung. In: *A. Lenz* und *F. Nestmann* (Hg.), Handbuch Persönliche Beziehungen. Weinheim: Juventa
Lamertz, K. und *K. Aquino,* 2004: Social power, social status and perceptual similarity of workplace victimization: A social network analysis of stratification. Human Relations 57: 795-822.
Lin, N. und *K. Peek.,* 1999: Social networks and mental health. S. 241-258 in: *A. V. Horwitz* und *T. L. Scheid* (Hg.), A handbook fort he study of mental health. Social contexts, theories, and systems. New York: Cambridge University Press.
Linden, W., B. E. Hogan und *M. Habra,* 2009: Interventionen gegen mangelnde Soziale Unterstützung: Wie effektiv sind sie und wer profitiert davon? In: *B. Röhrle* und *A.-R. Laireiter* (Hg.), Soziale Unterstützung und Psychotherapie. Tübingen: dgvt-Verlag.
Lewis, M., 2005: The child and its family: The Social Network Model. Human Development 48: 8-27.
Marbach, J. H., 2001: Aktionsraum und soziales Netzwerk: Reichweite und Ressourcen der Lebensführung im Alter. Zeitschrift für Gerontologie und Geriatrie 34: 319-326.
Neyer, F. J., 2005: Persönlichkeit und soziale Netzwerke. S. 65-83 in: *U. Otto* und *P. Bauer* (Hg.), Mit Netzwerken professionell zusammenarbeiten. Band I: Soziale Netzwerke in Lebenslauf- und Lebenslagenperspektive. Tübingen: dgvt-Verlag.
Nestmann, F., 2009: Netzwerkintervention und Supportförderung – ein Plädoyer für Praxis. In: *B. Röhrle* und *A.-R. Laireiter* (Hg.), Soziale Unterstützung und Psychotherapie. Tübingen: dgvt-Verlag.
Pattison, P., 1994: Social cognition in context: Some applications of social network analysis. S. 79-109 in: S. Wasserman und J. Galaskiewicz (Hg.), Advances in social network analysis: Research in the social and behavioral sciences. Thousand Oaks, CA: Sage Publications.
Pearson, R. E., 1997: Beratung und soziale Netzwerke. Weinheim: Beltz.
Pierce, G. R., B. Lakey, I. G. Sarason und *B. R. Sarason,* (Hg.), 1997: Sourcebook of Social Support and Personality. New York: Plenum Press.
Reblin, M. und *B. N. Uchino,* 2008: Social and emotional support and its implication for health. Current Opinion in Psychiatry 21: 201-205.
Röhrle, B., 1994: Soziale Netzwerke und soziale Unterstützung. Weinheim: PVU.
Röhrle, B., 1998: Soziale Netzwerke. S. 459-463 in: *D. Rost* (Hg.), Handwörterbuch Pädagogische Psychologie. Weinheim: PVU.
Röhrle, B. und *Anton-Rupert Laireiter,.* (Hg.), 2009: Soziale Unterstützung und Psychotherapie. Tübingen: dgvt-Verlag.
Röhrle, B., G. Sommer und *F. Nestmann, F.* (Hg.), 1998: Netzwerkintervention. Tübingen: dgvt.
Rhodes, G. L. und *B. Lakey,* 1999: Social support and psychological disorder: Insights from social psychology. S. 281-309 in: *R. M. Kowalski* und *M. R. Leary* (Hg.), The social psychology of emotional and behavioural problems. Interfaces of social and clinical psychology. Washington, DC: APA.
Sarason, B. R., G. R. Pierce und *I. G. Sarason,* 1990: Social support: The sense of acceptance and the role of relationships. S. 97-128 in: *B. R. Sarason, I. G. Sarason* und *G. R. Pierce* (Hg.), Social support: An interactional view. New York: Wiley.
Schenk, M., 1995: Soziale Netzwerke und Massenmedien. Tübingen: J.C.B. Mohr.
Schmidt-Denter, U., 2005: Soziale Beziehungen im Lebenslauf. Weinheim: Beltz PVU.
Schwarzer, R. und *A. Leppin,* 1989: Sozialer Rückhalt und Gesundheit. Göttingen: Hogrefe.
Schwarzer, R. und *N. Knoll,* 2007: Functional roles of social support within the stress and coping process: A theoretical and empirical overview. International Journal of Psychology 42: 243-252.
Scott, J., 2000: Social network analysis: A handbook. Thousand Oaks, CA: Sage.
Stiller, J. und *R. Dunbar,* 2007: Perspective-taking and memory capacity predict social network size. Social Networks 29: 93-104.
Straus, F., 2002: Netzwerkanalysen. Gemeindepsychologische Perspektiven für Forschung und Praxis. Wiesbaden: Deutscher Universitäts-Verlag.

Strouse, J. und *B. Röhrle,* in Druck: The influence of social support on the success of therapeutic interventions: A meta-analytic review. Psychotherapy Theory, Research, Practice, Training.

Trappman, M., H. J. Hummell und *W. Sodeur,* 2005: Strukturanalyse sozialer Netzwerke: Konzepte, Modelle, Methoden. Wiesbaden: VS Verlag für Sozialwissenschaften.

Uchino, B., 2006: Social support and health: A review of physiological processes potentially underlying links to disease outcomes. Journal of Behavioral Medicine 29: 377-387.

Visser, P. S. und *R. R. Mirabile,* 2004: Attitudes in the social context: The impact of social network composition on individual-level attitude strength. Journal of Personality and Social Psychology 87: 779-795.

Wald, A., 2008: Der Netzwerkansatz in der Führungsforschung. S. 493-502 in: *Christian Stegbauer* (Hg.), Netzwerkanalyse und Netzwerktheorie. Ein neues Paradigma in den Sozialwissenschaften. Wiesbaden: VS Verlag für Sozialwissenschaften.

Weyer, Johannes, 2000: Soziale Netzwerke. Konzepte und Methoden in der sozialwissenschaftlichen Netzwerkforschung. München: Oldenbourg.

Wood, L. und *B. Giles-Corti,* 2008: Is there a place for social capital in the psychology of health and place? Journal of Environmental Psychology 28: 154-163.

7.28 Netzwerkforschung in der Kognitionswissenschaft Kognitionswissenschaft als Netzwerkforschung

Florian Windhager, Lukas Zenk und Hanna Risku

Die Kognitionswissenschaft ist ein junges transdisziplinäres Forschungsfeld. Ihr Gegenstand ist die Fähigkeit von Lebewesen sich intelligent zu verhalten. Sie versucht die individuelle und artenspezifische Entwicklung intelligenter Verhaltensweisen (wie Wahrnehmung, Denken, Lernen, Motorik, Emotion, Aufmerksamkeit, Sprache) durch Modelle und Simulationen zu erklären. In Weiterführung dessen untersucht sie auch die Möglichkeit der Kognition bzw. der Intelligenz von künstlichen Systemen (Künstliche Intelligenz). Der kognitionswissenschaftliche Diskurs findet dabei in wechselnden Gewichtungen und Vernetzungen über den disziplinären Feldern der Psychologie, Informatik, Neurowissenschaft, Linguistik, Anthropologie und Philosophie statt (Thagard 1996; Friedenberg und Silverman 2006).

Als relativ junges Forschungsgebiet kann die Kognitionswissenschaft bereits auf eine bewegte Geschichte verweisen. Mittlerweile ist sie ein breit differenziertes Forschungsfeld mit einer Vielzahl unterschiedlicher Themen, Methoden und Paradigmen. Dabei setzt sie sich als Ganzes seit ihrer Formierung in den 1960er Jahren deutlich von der traditionellen Behandlung der Kognition durch Philosophie und Psychologie ab. Die Gründe dafür sind unter anderem in ihrer fachlichen Entwicklungsgeschichte zu finden – schließlich entstand sie auch als Gegenreaktion zum psychologischen Behaviorismus, der den Menschen als konditioniertes Wesen und als Gewohnheitstier beschrieb und jeglicher Diskussion über interne, mentale Prozesse ihre Wissenschaftlichkeit absprach. Was der Behaviorismus ignoriert hatte, sollte der Gegenstand der Kognitionswissenschaft schlechthin werden: die inneren mentalen Prozesse, das Planen und Analysieren, das Problemlösen im Kopf (Friedenberg und Silverman 2006: 95f.).

Im Rahmen des vorliegenden Artikels soll die Entwicklung der Kognitionswissenschaft von ihren Anfängen hin zu ihrer heutigen Form nachgezeichnet werden, die durch das multiparadigmatische Nebeneinander von vielen einander ergänzenden Ansätzen gekennzeichnet ist (Teil 1). Dabei soll vor allem eine Entwicklungslinie hervorgehoben werden, die unter dem Überbegriff der „Situated & Embodied Cognition" (SEC) die Erforschung des komplexen neuronalen Netzwerks im Kopf mit der Erforschung seiner sozialen, materiellen, technischen, symbolischen und kulturellen Umwelten verbindet (Teil 2). Dadurch wird eine Art von „kognitiver Netzwerkforschung" erkennbar, die diese erweiterten neuro-sozio-technischen Kognitionsnetzwerke als eigentliche Einheit der Erforschung von intelligentem Handeln versteht und die damit eine interessante Schnittstelle zu klassischen Formen der Analyse von Netzwerken aufweist. Der Ausbau dieser interdisziplinären Schnittstelle in Richtung einer vernetzten Erforschung von situierter Kognition, bildet den Abschluss und Ausblick des Artikels (Teil 3).

1 Vom Funktionalismus zu neuronalen Netzwerken

Ein Ursprung der kognitionswissenschaftlichen Bewegung (als Teil der „kognitiven Wende") kann in der Entdeckung der weitreichenden Analogie von mentalen (klassisch „seelischen" oder „geistigen") Vorgängen und den formalen Operationen in den neu entwickelten elektronischen Rechenmaschinen gesehen werden. Das sogenannte „Computermodell des Geistes" prägt ab den 60er Jahren des vorigen Jahrhunderts das Verständnis von Kognition als system-interner Rechenvorgang mit symbolischen Informationen und Repräsentationen. Innerhalb dieses einflussreichen kognitionswissenschaftlichen Denkmodells der Symbolmanipulation („Classical Cognitive Science & Artificial Intelligence", „Computational-representational understanding of Mind", Thagard 1996) gilt die Annahme, dass das Gehirn ein informationsverarbeitendes System sei und prinzipiell wie ein Computer arbeite.

Dieser Ansatz ist stark *funktionalistisch*, das heißt: Kognitive Systeme werden als Systeme verstanden, die Eingangszustände (Inputs) über verschiedene Funktionen in Ausgangszustände (Outputs) überführen (Funktionen sind hier als Transformations- und Rechenregeln zu verstehen). So verstandene Kognition bzw. Intelligenz kann auch künstlich bzw. technisch in Form von Rechenmaschinen oder Computern implementiert werden und über erfolgreiche künstliche Implementierungen lassen sich wiederum Rückschlüsse auf die natürliche menschliche Kognition ziehen. Dieser erste und bis heute trotz differenzierter Kritik höchst prominente Ansatz der Symbolmanipulation erforscht Kognition also in erster Linie unabhängig von ihrer üblichen Verankerung im neuronalen Substrat (Gehirn/ Hardware) als Prozess der Informationsverarbeitung mithilfe symbolischer Programme (Algorithmen/ Software) (Abb.1).

Abbildung 1: Die funktionale Analyse von Kognition als trägerunabhängige Symbolmanipulation.

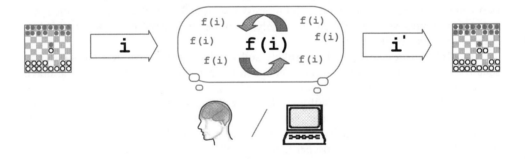

In teils starken Absetzbewegungen zu diesem Paradigma formierten sich ab den achtziger Jahren des vorigen Jahrhunderts konträre und komplementäre Perspektiven auf das Phänomen der Kognition. Eines der wichtigsten alternativen Paradigmen (neben dem Dynamizismus, dem Künstlichen Leben, sowie der Verkörperten und Situierten Kognition, s.u.) war dabei der *Konnektionismus*. Während der Ansatz der Symbolmanipulation aus genannten funktionalen Gründen auf eine Erforschung oder besondere Beachtung des Gehirns als Träger der menschlichen Kognition verzichtet, wird für den Konnektionismus die komplex vernetzte Struktur des menschlichen Gehirns zur Grundlage seiner wichtigsten Denkfigur: dem neuronalen Netz.

Der Ansatz des *Konnektionismus* (Parallel Distributed Processing, Rumelhart und McClelland 1986) nimmt die reale Struktur des Gehirns als Ausgangspunkt und untersucht, wie die verteilte Aktivierung dieses Neuronennetzwerks intelligentes Handeln zu Wege bringt. Konnektionismus ist damit eine Art Netzwerkforschung innerhalb eines Individuums. In einem prominenten Ansatz werden neuronale Netze als gerichtete Netzwerke modelliert, deren Verbindungen mit vielfältigen Rückkopplungen (neuro-) elektrische Impulsmuster von einer Schicht zur nächsten weiterleiten und dabei transformieren (Abb.2).

Abbildung 2: Die konnektionistische Analyse von Kognition als selbstorganisierte Aktivität neuronaler Netze.

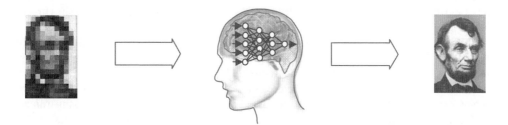

Die Verbindungen (Axone) innerhalb konnektionistischer Netze leiten Aktivierungen zwischen den Knoten (Neuronen) weiter, wobei die Verbindungen, deren Stärke variabel ist, erst über die Erreichung eines Schwellenwertes in den Knoten aktiviert werden. Verbindungen von Aktivierungsmustern, die zu einem gewünschten Resultat geführt haben, werden in der Regel in ihrer neuronalen Vernetzung verstärkt, was z.B. den Aufbau oder Umbau von Denkmustern und somit das individuelle Lernen erklären könnte. Diese (sich selbst organisierenden) mentalen Konstruktionsprozesse sind nicht kontrollierbar, aber ebenso wenig irrational. Es gibt dominante Verbindungen bzw. Muster, die schnelle Routineentscheidungen ermöglichen – das „Gewohnte" – die sich meist in den Vordergrund drängen. Auch emotional aufwühlende Erlebnisse erhalten erhöhte Aufmerksamkeit. Stark besetzte und oft aktivierte Beispiele, Erfahrungen und Begriffe lenken die Dynamik innerhalb des Gehirns und damit das Denken und Verhalten von Individuen (Bechtel und Abrahamsen 2002).

Der Konnektionismus versteht das Denken nicht als eine regelbasierte Manipulation von Symbolen, sondern als Dynamik von Aktivierungsprozessen auf der nicht-sprachlichen bzw. subsymbolischen Ebene. Die Bedeutungen und Annahmen im Gehirn sind durch die individuelle Erfahrung entstanden; sie sind letztlich vom Individuum konstruiert. Das vom Konnektionismus untersuchte Netzwerk verbleibt demnach in seinen wesentlichen Teilen innerhalb eines einzelnen Individuums. Der Mensch wird als ein relativ isolierter Agent gesehen, der für sich Denk- und Handlungsschemata aufbaut und anhand dieser agiert (Suchman 1987). Aber auch wenn diese Denk- und Handlungsweisen dem Individuum noch so natürlich oder konventionell erscheinen, sind sie doch auch durch die Merkmale der sozialen und kulturellen Situationen geprägt, in denen sie vom Individuum aufgebaut, d.h. gelernt und verwendet wurden.

2 Situierte und verkörperte Kognition

Eine umfassende Erweiterung und neue Gewichtung der Perspektiven auf die Kognition wurde durch den – etwa parallel zum Konnektionismus entwickelten – Ansatz der *Situated, Embodied Cognition* (SEC) entwickelt (Clancey 1997; Clark 1997; Hendriks-Jansen 1996; Hutchins 1995; Steels und Brooks 1995). Menschen folgen laut SEC keinen gelernten oder gar vordefinierten Plänen (diese dienen nur als Lernhilfe), sondern formen ihre Handlungen in direkter Interaktion mit ihrem aktuellen Kontext (Suchman 1987). Der Gegenstand der Kognition ist hier nicht das Gehirn als zentrales Steuerungsorgan, sondern die Interaktion mit der Umwelt, aus der intelligentes Verhalten ohne zentrale Steuerung entsteht. Mit Hilfe des Begriffs der Selbstorganisation wird die flexible Navigation in der gegebenen Umwelt beschrieben, die hier Intelligenz ausmacht.

Laut des Ansatzes der SEC ist eine der Hauptursachen menschlicher Intelligenz die Fähigkeit, Wissen an die Umwelt zu delegieren und externe Hilfsmittel einzusetzen. So reduziert sich die Notwendigkeit, es ausschließlich im Gedächtnis zu speichern, zu suchen und zu bearbeiten. Dafür bildet ein heterogenes Netzwerk aus kulturellen und technologischen Artefakten (z.B. Karten, Kalender, Bücher, Werkzeuge, Maschinen, Messinstrumente, Computer, Methoden, (Fach-)Sprachen) oder anderen Akteuren eine Art externalisierten Stützrahmen der Kognition, ein *Scaffold* (Clark 1997), der zugleich unser Denken und Handeln beeinflusst (Abb.3).

Abbildung 3: Die situierte und verkörperte Analyse von Kognition als Aktivität von materiell und kulturell situierten sozio-technischen Kognitionsnetzwerken.

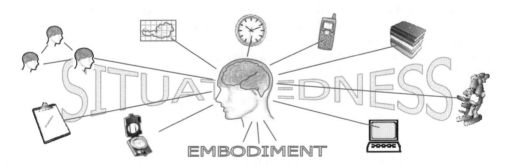

Aus der Perspektive der Netzwerkforschung besteht die wesentliche Erneuerung der SEC darin, dass sich der Fokus der Kognitionswissenschaft hier nicht auf die kognitiven Mechanismen von Individuen beschränkt sondern sich auf die Interaktionen mit den sozialen und materiellen Umwelten ausweitet. Im Grunde wird damit das soziale und kulturelle Netzwerk als die intelligente Einheit gesehen.

Die verschiedenen Ausprägungen des situativen Ansatzes betonen dementsprechend das Verteilte (Distributed Cognition) und Verankerte (Embedded Cognition). Pierre Lévy (1997) spricht sogar von Kollektiver Intelligenz als Ergebnis der komplexen Kooperation von Spezialisten mit individuellen Werkzeugen und Technologien – insbesondere im Raum des World Wide Web. Das Wissen ist hier nicht im Gehirn gespeichert, sondern als verteilte Ressource in und zwischen Individuen, sowie in materialisierter Form in arbeitsteilig erzeugten und genutzten Artefakten und Medien.

Mit dieser ökologischen Erweiterung der Forschungsperspektive erfährt somit das Phänomen der Kognition als Untersuchungsgegenstand der Kognitionswissenschaft eine Erweiterung in Richtung seiner (vormals kaum beachteten) Umwelten. So kann Kognition in ihren Möglichkeiten und Einschränkungen neu verstanden werden als kontextsensibler Prozess in konstanter Interaktion mit seinen externen Ressourcen (Abb. 4).

Abbildung 4: Dimensionen der Situierung von Kognition

Dieser situativen Perspektive auf das Phänomen der Kognition kann in zahlreichen theoretischen Variationen und Fokussierungen auf verschiedene Umwelten begegnet werden (Reichelt 2007). Dadurch existiert auch ein breites Spektrum an Forschungsmethoden, die mit einem Schwerpunkt im qualitativen Bereich angesiedelt sind und sich auf Beobachtungen in realen Handlungsumwelten konzentrieren. Beispiele dafür sind phänomenologische Beobachtung, Grounded Theory Building, Ethnographie, Fallstudien, teilnehmende Beobachtung, Interventionsforschung und Tiefeninterviews.

Trotz dieser Konzentration auf qualitative Beschreibungen zeichnet sich im Grundkonzept der situativen und verteilten Kognition die analytische Figur des Netzwerks deutlich ab. Dies inkludiert sowohl die klassischen Formen sozialer Netzwerke mit ihrem Schwerpunkt auf quantitativ-struktureller Analyse, wie auch die heterogenen Handlungsnetzwerke wie sie u. a. von der Actor Network Theory beschrieben werden.

3 Kognitionswissenschaft als Netzwerkforschung

Ein vernetzender Schritt von der Kognitionswissenschaft in Richtung Netzwerkforschung, die als relationale Analyse von Situationen ein neues methodisches Instrumentarium erschließen kann, zeichnet sich ab: Was der individuums-zentrierten Kognitionswissenschaft höhere Ebenen der Kontext- und Umwelt-Analyse erschließt, stellt sich auf der Ebene der kommunikations-zentrierten Netzwerkforschung als Zugewinn an „Erdung" dar: soziale Strukturen werden analytisch rückgebettet in ihre kognitiven, neuronalen und ökologischen Umwelten (Windhager et al. 2008).

Diese Schnittstelle scheint umso relevanter, als auch von Seiten der Netzwerkforschung auf die Notwendigkeit verwiesen wird, individuelle oder kognitive Aspekte in die relationale Betrachtungsweise einzubeziehen – „bringing the individual back in" (Kilduff und Krackhardt 1994). Die Vernetzung der beiden Forschungsgebiete verspricht in diesem Kontext eine ergänzende Überbrückung des klassischen „structural hole" zwischen den analytischen Ebenen von Individuum und Gesellschaft, bzw. zwischen den Analyseebenen von psychischen und sozialen Systemen (Luhmann 1996). Eine Überbrückung, die diesseits rein theoretischer Reflexionen ein angewandtes Forschungsgebiet rund um aktuelle (computernahe) empirische Methoden und Modelle eröffnet (Abb.5).

Abbildung 5: „Kognitive Netzwerkforschung" als Schnittstelle zwischen der individuumszentrierten Kognitionswissenschaft (bottom up) und der kommunikationszentrierten sozialen Netzwerkanalyse (top down).

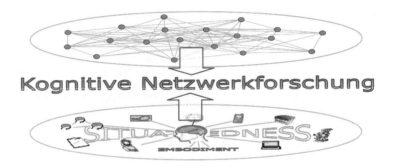

Wie solche fachübergreifenden Netzwerkforschungs-Settings konkret aussehen können, führt in das weite Feld der kombinatorischen Überlegungen zur Konzeption von *heterogenen* Netzwerken und den ihnen gemäßen Analysemethoden. Entsprechend den vielen Varianten situierter Kognitionsforschung, die jeweils auf unterschiedliche Umweltaspekte fokussieren (vgl. Abb. 4), lassen sich unterschiedliche heterogene Kognitionsnetzwerke konzipieren, in denen Akteure in ihrer Interaktion mit diversen anderen Entitäten erfasst und dargestellt werden. Auch wenn eine systematische Ausarbeitung der kombinatorischen Möglichkeiten bislang fehlt, so kann die relationale Analyse heterogener Kognitionsnetzwerke bereits auf verschiedene Modelle und Entwürfe aus dem erweiterten Bereich der sozialen Netzwerkanalyse aufbauen. Dies gilt für Beiträge aus dem Bereich der Science- and Technology-Studies (Schulz-Schaeffer 2008), des Computer Supported Collaborative Work (Chung und Hossain 2008), der Sozialethnologie (Schweizer 1996), der Organisationswissenschaften (Carley 2007) u. a.

Zur Illustration konkreter Forschungssettings zu heterogenen Netzwerken soll in diesem Rahmen auf drei konzeptuelle Entwürfe verwiesen werden: auf das Konzept der organisationalen Metamatrix, das offene Framework der Actor Network Theory, sowie auf das integrative Forschungsprogramm der Sozialethnologie nach Thomas Schweizer.

Das Konzept der *Metamatrix* des CASOS-Zentrums der Carnegie Mellon University fokussiert auf die relationale Analyse von organisationalen multimodalen Netzwerken. Die sozio-technische Komplexität von Organisationen wird dabei über ein Mapping der Interaktionen zwischen Akteuren, Ressourcen (z.B. physische Artefakte), Wissen (z.B. Dokumente), Aufgaben (z.B. Prozesse oder Projekte) und Organisationen (z.B. andere beteiligte Netzwerke) erfasst. Die klassische monomodale Akteurs-Akteurs-Matrix der SNA wird so um vier weitere Knotentypen oder Entitäten erweitert und somit für entsprechende Meta-Analysen erschlossen. Durch dieses Setting wird es möglich die mehrdimensionale Situiertheit von Akteuren (oder anderen Knotentypen) in ihren diversen Sozial-, Wissens- und Technikumwelten in den Blick zu nehmen und kritische oder relevante Positionen von spezifischen Akteuren *in situ* durch strukturelle Analyse zu erhellen (Krackhardt und Carley 1998; Carley 2002).

Während dieser Ansatz als exemplarische Erweiterung der klassischen SNA mit ihrem quantitativ-strukturellem Fokus verstanden werden kann (so wie sie in diesem Handbuch zur Darstellung kommt), wird die *Actor Network Theory* als weitgehend eigenständiger Cluster in der Netzwerkforschung gewertet (z.B. Latour 2005). Als flexibles theoretisches Framework findet es seine Anwendung vor allem in der Beschreibung von Phänomenen der *Science- and Technology Studies*. Das sind hoch dynamische heterogene Aktanten-Netzwerke, in denen unter den Knotenpunkten (Personen, Artefakte, Technologien und Symbole) ein Symmetrieprinzip in Sachen Handlungskausalität gilt. Die Urheberschaft von Handlungen (Aktivitäten) wird in diesen Netzen nicht mehr einseitig den Individuen zugeschrieben, sondern dem situierten Verbund (Assemblage) von sozio-technischen und semiotisch-materiellen „Aktanten". Analog zu den Einsichten der *Situated Cognition and Action* wird Handlung hier immer als Ergebnis von verteilter Netzwerkdynamik verstanden. Denn erst durch wechselseitige Einbettungen und Vernetzungen (mit Dingen, Technologien, Texten, Wissen und historischen Potentialen) werden einzelne Menschen Teil jener hybriden Kognitions-und-Handlungs-Netzwerke, die als Kollektive das komplexe Verhalten von modernen Gesellschaften hervorbringen. Dies gilt im Besonderen für den hoch voraussetzungsvollen Modus wissenschaftlichen Denkens und Handelns, das aufbauend auf tradierten Wissensbeständen konstant innovative Kognitionen in Form von Texten und Visualisierungen zeitlich verkettet und inhaltlich vernetzt (Latour 1990).

Wie Kognitionsdynamik als heterogene Netzwerkdynamik gedacht werden kann, wird in Form eines Ausblicks auch in einer theoretischen Synthese aus dem Bereich der *Sozialethnologie* ersichtlich (Schweizer 1996). Aufbauend auf den netzwerktheoretischen Entwürfen von White (1992), Emirbayer und Goodwin (1994) u. a., wird der Prozess der Kognition (K) systematisch mit Prozessen der Umwelt (U), der Struktur des sozialen Netzwerks (S) und den daraus resultierenden Interessens- (I) und Handlungsdynamiken (H) verknüpft (Abb. 6).

In diesem Modell, das die Erklärung von Handlungen (H) zum Ziel hat, werden Kognitionen (K) und Strukturen von sozialen Netzwerken (S) gemeinsam in ihren Umwelten (U) situiert, die ökologische, physikalische und geographische, aber auch ökonomische, politische, technische, soziale und kulturelle Randbedingungen umfassen. Diese Umweltfaktoren beeinflussen ebenso die starken und schwachen Beziehungen zwischen den Akteuren (S), wie auch ihre Kognitionen (K) im Sinne von Vorstellungen, Überzeugungen, Handlungsplänen und Scripts, sowie die Emotionen, über die die Akteure im untersuchten Wirklichkeitsausschnitt verfügen. Aus diesen Kognitionen und der sozialen Lage der Akteure generieren sich wiederum ihre Interessen (I), die als Prädispositionen und Auslöser von Handlungsketten (H) wirken. So wird ersichtlich, wie die Ziele der situierten Kognitionswissenschaft – die Erklärung von intelligentem Verhalten – mit den Erklärungsperspektiven der erweiterten dynamischen Netzwerkforschung konvergieren.

Abbildung 6: Die Dynamik von Kognitions- und Handlungsnetzwerken im Überblick (U = Umwelt, S = Struktur des Netzwerks, K = Kognitionen, I = Interessen, H = Handlungen) (Schweizer 1996, S.148).

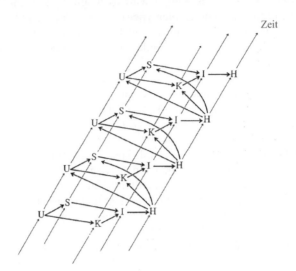

Die Forschung zu heterogenen Netzwerken, in denen die analytisch getrennten Phänomene von menschlicher Kognition und Kommunikation zum umfassenderen Verständnis wieder in ihre natürlichen und technischen Umwelten rückgebettet werden, stehen nicht zuletzt wegen den auftretenden kausalen und begrifflichen Komplexitäten an einem frühen Anfang. Das potentiell synergetische Forschungsfeld von „Situated Cognition & Communication Networks" wird wohl auch bis auf Weiteres einen hohen Grad an Differenzierung und theoretisch-methodischer Diversität beibehalten. Aus der Sicht von netzwerkanalytischen Studien zum Thema der Innovation ist das jedoch ein Setting, das zur vermittelnden Interaktion und Kommunikation zwischen den Clustern (Brokerage) geradezu einlädt: „Like over-the-horizon radar in an airplane, or an MRI in a medical procedure, brokerage across the structural holes between groups provides a vision of options otherwise unseen" (Burt 2004).

4   Literatur

Bechtel, William und Adele A. Abrahamsen, 2002: Connectionism and the mind: Parallel processing, dynamics, and evolution in networks. Oxford: Basil Blackwell.
Burt, Ronald S., 2004: Structural Holes and Good Ideas. American Journal of Sociology 110: 349-399.
Carley, Kathleen M., 2002: Intra-Organizational Computation and Complexity. S. 208-232 in: Joel A. C. Baum (Hg.), Companion to Organizations. Oxford: Blackwell Publishers.
Chung, Kenneth und Liaquat Hossain, 2008: Network structure, position, ties and ICT use in distributed knowledge-intensive work. Proceedings of the ACM 2008 conference on Computer supported cooperative work: 545-554.
Clancey, William J., 1997: Situated Cognition: On Human Knowledge and Computer Representations. Cambridge: Cambridge University Press.
Clark, Andy, 1997: Being There: Putting Brain, Body and World Together Again. Cambridge, MA.: MIT Press.
Emirbayer, Mustafa und Jeff Goodwin, 1994: Network Analysis, Culture, and the Problem of Agency. American Journal of Sociology 99: 1411-1454.
Friedenberg, Jay und Gordon Silverman, 2006. Cognitive science. An introduction to the study of the mind. Thousand Oaks, CA: Sage Publications.
Hendriks-Jansen, Horst, 1996: Catching Ourselves in the Act: Situated Activity, Interactive Emergence, Evolution, and Human Thought. Cambridge, MA: MIT Press.
Hutchins, Edwin, 1995: Cognition in the Wild. Cambridge, MA: MIT Press.
Kilduff, Martin und David Krackhardt, 1994: Bringing the individual back in: A structural analysis of the internal market for reputation in organizations. Academy of Management Journal 37: 87-108.
Krackhardt, David und Kathleen M. Carley, 1998: PCANS Model of Structure in Organizations. Proceedings of the 1998 International Symposium on command and Control Research and Technology, Monterray, CA: Evidence Based Research.
Latour, Bruno, 1990: Drawing Things Together. S. 19-68 in: Michael Lynch und Steve Woolgar (Hg.), Representation in Scientific Practice. Cambridge, MA: MIT Press.
Latour, Bruno, 2005: Reassembling the Social. Oxford: Oxford University Press.
Levy, Pierre, 1997: Die kollektive Intelligenz. Eine Anthropologie des Cyberspace. Mannheim: Bollmann Verlag.
Luhmann, Niklas, 1995: Wie ist Bewusstsein an Kommunikation beteiligt? S. 37-54 in: Niklas Luhmann, Soziologische Aufklärung, Bd.6. Opladen: Westdeutscher Verlag.
Reichelt, Andreas, 2007: Embodied and Situated Approaches to Cognition: The Cognitive Neuroscience of Tea Making. Unveröffentlichte Diplomarbeit. Universität Wien.
Rumelhart David E. und James L. McClelland, 1986: Parallel Distributed Processing. Cambridge, MA: MIT Press.
Schulz-Schaeffer, Ingo, 2008: Technik in heterogener Assoziation. Vier Konzeptionen der gesellschaftlichen Wirksamkeit von Technik im Werk Latours. S. 108-152 in: Georg Kneer, Markus Schroer und Erhard Schüttpelz (Hg.), Bruno Latours Kollektive. Frankfurt: Suhrkamp.
Schweizer, Thomas, 1996: Muster sozialer Ordnung: Netzwerkanalyse als Fundament der Sozialethnologie. Berlin: Reimer.
Steels, Luc und Rodney A. Brooks, (Hg.) 1995: The `Artificial Life' route to `Artificial Intelligence'. Building Embodied, Situated Agents. New Haven: Lawrence Erlbaum Associates.
Suchmann, Lucille A., 1987: Plans and situated actions: The problem of human-machine communication. New York: Cambridge University Press.
Thagard, Paul, 1996: Mind. Introduction to Cognitive Science. Cambridge, MA: The MIT Press.

White, Harrison C., 1992: Identity and Control: A Structural Theory of Social Action. Princeton, N.J.: Princeton University Press.
Windhager, Florian, Lukas Zenk und *Hanna Risku*, 2008: Situated Organizational Mapping. S. 239-249 in: *Christian Stegbauer* (Hg.), Netzwerkanalyse und Netzwerktheorie. Wiesbaden: VS Verlag für Sozialwissenschaften.

8 Serviceteil

Einleitung: Serviceteil

Hier wird ein Überblick über Lehrbücher gegeben. Dabei kam es uns vor allem darauf an, auf schnelle Weise einen Einblick in die Inhalte der verschiedenen Werke zu geben. Deutlich ist, dass keines der Bücher wirklich umfassend ist – eine für die spezifischen Bedürfnisse zugeschnittene Auswahl relevanter Lehrbücher und ihr ertragreicher Einsatz wird, so erhoffen wir es uns, durch dieses kurze Kapitel von Ines Mergel und Marina Hennig erleichtert.

R. H. / C. S.

8.1 Lehrbücher der Netzwerkforschung

Ines Mergel und Marina Hennig

1 Zielsetzung

Die soziale Netzwerkforschung ist ein stark wachsendes methodisches Themenfeld, das sowohl national als auch international im Bereich der empirischen Sozialforschung zunehmend an Bedeutung gewinnt. Viele aktuelle Theoriediskussionen, wie aber auch anwendungsorientierte Fragestellungen zwingen, methodisch das Individuum und die Bedingungen und Konsequenzen individuellen Handelns des Individuums im Kontext ihrer Beziehungen zu anderen Akteuren zu erfassen. Und obwohl im Laufe der letzten zwanzig Jahre eine Vielzahl von Büchern zu verschiedenen Aspekten bzw. Verfahren der sozialen Netzwerkanalyse erschienen sind, bleibt die Netzwerkforschung für viele Forscher nach wie vor schwer erschließbar. Dies hängt vor allem damit zusammen, dass Texte und Quellen für Methoden und Verfahren der sozialen Netzwerkanalyse von Wissenschaftlern mit ausgeprägtem methodischem bzw. mathematischem Hintergrund verfasst wurden. Es ist schwierig, das richtige Computerprogramm für diese Techniken zu finden und wenn man Zugang zu den Programmen gefunden hat, gibt es oft nur wenig praktische Anleitung für deren Nutzung und Anwendungsmöglichkeiten im netzwerkanalytischen Forschungsprozess.

Dieser Beitrag hat die Zielstellung, einen Überblick über die auf dem Markt befindlichen Bücher zu Konzepten, Modellen und Methoden der Analyse sozialer Netzwerke und deren Schwerpunkten zu geben. Dabei wird vor allem berücksichtigt, inwieweit die vorhandenen Bücher dazu geeignet sind, die grundlegenden Theoriekonzepte und Methoden an Wissenschaftler und Praktiker ohne Vorkenntnisse zu vermitteln. Es wird jedoch keine Bewertung der gesichteten Bücher vorgenommen. Vielmehr sollen die „Laien der Netzwerkanalyse" auf der Basis der vorgelegten Kategorisierung in die Lage versetzt werden, aus der Vielzahl der Titel, die für sie in Betracht kommenden Bücher zu identifizieren. Die Analyse fokussiert sich auf englisch- und deutschsprachige Bücher.

2 Methodik

Wir haben insgesamt 14 Bücher mit Hilfe einer Recherche bei einschlägigen Internetbuchhändlern sowie in Online-Bibliotheken ermittelt. Um die Relevanz der Ergebnisse unserer Recherche zu bestätigen, haben wir zusätzlich Lehrpläne von Forschern im Bereich der Netzwerkanalyse untersucht und deren Pflichtlektüren mit in unsere Untersuchung einbezogen. Die analysierten Bücher werden dabei nach Dokumentationstyp des Buches, dem didaktischen Aufbau, aufbereiteter Methodik und vorgestellter Analysesoftware zur Datenanalyse klassifiziert.

3 Klassifikationskriterien

Zur Systematisierung der ausgewählten Bücher haben wir aus den Inhaltsverzeichnissen eine Liste von Kategorien erstellt, die im Verlauf der Analyse um die in den Büchern vorgestellte Software zur Datenanalyse und den didaktischen Aufbau erweitert wurde.

Zunächst wurde damit begonnen, nach dem Typ des Buches zu differenzieren. Dabei haben wir danach unterschieden, ob es sich bei dem Werk um einen Einführungstext, Sammelband, ein Workbook oder Handbuch handelt.

- Workbook: Lehrbuch, das zentrale Themen und wichtige Theorien, klassische Untersuchungen, Befunde und Methoden des Forschungsgebietes umfasst und in der Regel kompakt darstellt;
- Sammelband: Es werden Texte zu einem Schwerpunktgebiet von verschiedenen Autoren geschrieben und von ein oder zwei Personen herausgegeben. Hier gibt es lediglich eine gemeinsame Richtlinie darüber, dass in einem bestimmten Anwendungsbezug Aufsätze geschrieben werden, welche die benutzte Methode veranschaulichen und für den Leser nachvollziehbar machen;
- Einführungsbuch: Hier werden die Methoden stärker erklärt und Anwendungsbezüge an Beispielen verdeutlicht. Es umfasst in der Regel jedoch keine Übungen, Zusammenfassungen oder Glossare;
- Handbuch: Ausgewählte Themenstellungen werden vorgestellt und die methodische Vorgehensweise bei der Bearbeitung nachvollziehbar dargestellt. Wichtig ist hierbei auch der Erkenntnisgewinn in Bezug auf die eingesetzte Methode.

Aus dem Dokumentationstyp ergab sich für die weitere Systematisierung die Frage nach dem didaktischen Aufbau der Bücher. Das heißt: finden sich Anleitungen zur Analyse sozialer Netzwerke, gibt es eine Lernzieldefinition, werden die Methoden, Modelle oder Konzepte mit Hilfe von Beispielen veranschaulicht, gibt es Übungsaufgaben zur Vertiefung, ist ein Glossar zu den verwendeten Fachbegriffen vorhanden, werden die einzelnen Kapitel kurz zusammengefasst und inwieweit wird auf weiterführende Literatur verwiesen?

Des Weiteren wurde die Methodik der Analyse sozialer Netzwerke auf unterschiedliche Netzwerktypen bezogen und teilweise auch mit Hilfe empirischer Daten demonstriert, die zu weiteren Klassifikationsmerkmalen führten.

- Statische Netzwerke: Beinhalten Netzwerkkennzahlen, die quantitative Merkmale von Netzwerkstrukturen ermitteln.
- Dynamische Netzwerke: Berücksichtigen quantitative und qualitative Veränderungen in den sozialen Netzwerken über die Zeit verteilt.
- Empirisch-quantitativ: Bedeutet, dass mit Hilfe empirischer Daten quantitative Verfahrensweisen zur Messung und Analyse sozialer Netze demonstriert werden.
- Empirisch-qualitativ: Empirische Daten werden mit Hilfe von qualitativen Verfahrensweisen zur Erhebung, Messung und Analyse sozialer Netze demonstriert.
- Egozentrische Netzwerktypen: Hier bezieht sich die Messung und Analyse sozialer Netzwerke auf den Typ der egozentrierten Netzwerke, d.h. auf das um eine Person (Ego) herum fokussierte, sozial verankerte Netzwerk. Dazu stellt man für jeden Akteur fest, mit welchen Akteuren Beziehungen einer vorgegebenen Art bestehen. Hier ergibt

sich die Untersuchungsmenge aus den Beziehungsarten die Ego zu den anderen Akteuren unterhält.
- Gesamtnetzwerktypen: Bei der Untersuchung von Gesamtnetzwerken, wird zu jedem Akteur ermittelt, ob Beziehungen zu jedem anderen Akteur der untersuchten Gesamtheit bestehen oder nicht. Die Analyse der sozialen Beziehungen beschränkt sich damit auf eine bestimmte Untersuchungsmenge.

Ein weiteres Merkmal zur Systematisierung stellt die zur Datenanalyse verwendete Software dar. Dabei haben wir uns auf die drei am häufigsten verwendeten Programme (Ucinet, Pajek, und SPSS/ Stata) konzentriert und alle weiteren Programme in die Kategorie „Andere" eingeordnet.

Die letzte Gruppe von Merkmalen zur Klassifizierung bezieht sich auf den inhaltlichen Aufbau der gesichteten Bücher. Dazu gehört die Berücksichtigung sozialwissenschaftlicher Theoriekonzeptionen, wie soziales Kapital/ Sozialstruktur, Rational Choice, zugrunde liegende Begriffe der Komponenten der Netzwerktheorie und deren Dimensionen wie Beziehungen, Rollen/ Positionen, Zentralität/ Äquivalenz, Dichte/ Kohäsion, Dyaden/ Triaden und Gruppen, Ranking/ Brokerage, Clustering/ Blockmodelle, graphische Verfahren, Visualisierung, Diffusion und Simulation. Es wurde weiterhin berücksichtigt, auf welche Wissenschaftsgebiete sich die vorgestellte Analyse der sozialen Netzwerke bezieht. Dabei wurde getrennt nach Sozial- und Politikwissenschaft, Sozialpsychologie, Ethnologie, Organisationswissenschaften und Computerwissenschaften.

Tabelle 1: Synopse: Dokumentationstyp, Didaktischer Aufbau, Methodik, Auswertungsprogramme

Klassifizierung / Autoren	Dokumentationstyp				Didaktischer Aufbau						
	Einführungstext	Sammelband	Workbook	Handbuch	Anleitungen	Lernzieldefinition	Beispiele	Übungsaufgaben	Glossar	Zusammenfassung	Weiterführende Literaturhinweise
Brandes und Erlebach 2005		☑					☑				☑
Carrington et al. 2005		☑					☑		☑	☑	☑
de Nooy und Mrvar et al. 2005			☑								☑
Degenne und Forsé 1999	☑										
Freeman et al. 1989		☑									☑
Galaskiewicz und Wasserman 1994		☑									☑
Hollstein und Straus 2006		☑			☑		☑				
Jansen 2003	☑										☑
Pappi 1987	☑						☑				
Schweizer 1996	☑				☑						
Scott 2000	☑				☑				☑		
Trappmann et al. 2005	☑								☑		
Wasserman und Faust 1994							☑			☑	☑
Weyer 2000		☑									☑

Klassifizierung	Methodik						Software zur Datenanalyse			
Autoren	Statische Netzwerke	Dynamische Netzwerke	(Empirisch-) quantitativ	(Empirisch-) qualitativ	Netzwerktyp: egozentrisch	Netzwerktyp: Gesamtnetzwerk	UCInet	Pajek	SPSS/Stata	andere
Brandes und Erlebach 2005	☑									
Carrington et al. 2005	☑	☑	☑				☑			☑
de Nooy et al. 2005	☑		☑					☑		
Degenne und Forsé 1999	☑	☑				☑		☑		
Freeman et al. 1989	☑		☑			☑				
Galaskiewicz und Wasserman 1994	☑	☑		☑		☑				☑
Hollstein und Straus 2006		☑				☑	☑			
Jansen 2003	☑		☑			☑	☑			
Pappi 1987					☑					
Schweizer 1996	☑		☑			☑				
Scott 2000	☑	☑	☑			☑	☑			
Trappmann et al. 2005						☑				
Wasserman und Faust 1994			☑			☑				
Weyer 2000	☑					☑				

Autoren	Soziales Kapital/ Sozialstruktur	Rational Choice	Beziehungen	Rollen, Positionen	Zentralität, Äquivalenz, Dichte, Kohäsion	Dyaden, Triaden, Gruppen	Ranking, Brokerage	Clustering, Blockmodelle	Graph. Verfahren, Visualisierung	Diffusion	Simulationen	Sozial- u. Politikwissenschaft	Sozialpsychologie	Ethnologie	Organisationswissenschaften	Computerwissenschaften
Brandes und Erlebach 2005	☒				☒	☒		☒	☒	☒						☒
Carrington et al. 2005	☒		☒		☒	☒				☒						☒
de Nooy et al. 2005	☒		☒	☒	☒				☒							
Degenne und Forsé 1999	☒		☒	☒	☒											
Freeman et al. 1989				☒	☒	☒		☒		☒						
Galaskiewicz und Wasserman 1994	☒		☒		☒	☒						☒				
Hollstein und Strauss 2006	☒		☒	☒	☒	☒								☒		
Jansen 2003			☒	☒	☒	☒			☒	☒				☒		
Pappi 1987			☒		☒	☒			☒	☒						
Schweizer 1996	☒	☒	☒		☒	☒		☒	☒					☒		
Scott 2000				☒	☒	☒		☒	☒							
Trappmann et al. 2005			☒		☒	☒	☒	☒	☒							
Wasserman und Faust 1994	☒		☒		☒											
Weyer 2000	☒		☒		☒	☒				☒		☒				

* = basierend auf Inhaltsverzeichnissen der analysierten Bücher.

4 Ergebnisse

Die Analyse der vorhandenen Bücher zur Netzwerkanalyse zeigt, dass es sich dabei meist um Sammelbände handelt, die spezifische Verfahren der Netzwerkanalyse thematisieren, oder um Einführungstexte, die methodische Aspekte der Verfahren und ihrer Anwendung beleuchten. Inhaltlich wurden die Bücher nach a) der vorgestellten Analysemethodik und b) den zugrunde liegenden Netzwerktheorien klassifiziert. Wir gehen auf die Details der Analyse im Folgenden ein.

4.1 Gemeinsamkeiten

Gemeinsam ist allen untersuchten Lehrbüchern, dass sie sich mit statischen Netzwerken beschäftigen, nur fünf der Bücher gehen auch auf jüngste Trends ein und beziehen dynamische Netzwerke in ihre Erläuterungen mit ein. Demzufolge enthalten auch rund 80% aller Lehrbücher quantitative (empirische) Methoden, bis auf das sich explizit auf qualitative Vorgehensweisen fokussierende Werk von Hollstein und Straus (2006). Bis auf eine Ausnahme (Schweizer 1996) beschäftigen sich alle Bücher mit Gesamtnetzwerken und behandeln egozentrierte Netzwerke entweder nur sehr am Rande oder gar nicht.

Inhaltlich gehen alle Bücher auf die der Netzwerkanalyse zugrunde liegenden sozialwissenschaftlichen Theorien ein und erläutern die grundlegenden Begriffe der Komponenten der Netzwerktheorie und deren Dimensionen (wie z.B. soziales Kapital, Beziehungen, Rollen/ Positionen, Netzwerkkennzahlen, Untersuchungsebenen und teilweise auch Visualisierung). Beispiele werden vor allem aus den Sozialwissenschaften vorgestellt, mit wenigen Ausnahmen wird ausdrücklich auf Politikwissenschaften (Galaskiewicz und Wasserman 1994; Weyer 2000), Sozialpsychologie (Galaskiewicz und Wasserman 1994), Ethnologie (Schweizer 1996; Jansen 2003; Hollstein und Straus 2006) oder Computerwissenschaften (Pappi 1987; Jansen 2003; Brandes und Erlebach 2005; Carrington et al. 2005) eingegangen. Organisationswissenschaften werden nicht behandelt.

4.2 Fehlende Komponenten

In keinem der zur Zeit zur Verfügung stehenden Bücher wird der konkrete Forschungsablauf in seiner zeitlichen Abfolge mit den konkreten Schritten der Datensammlung, -aufbereitung und -analyse behandelt. Dies wird auch darin deutlich, dass nur selten auf die tatsächlichen Analyseschritte mit Hilfe von Netzwerkanalyseprogrammen, wie z.B. Ucinet, SPSS, oder Pajek, eingegangen wird.

In didaktischer Hinsicht fehlen neben den konkreten Handlungsanweisungen und Anleitungen zu den Analyseschritten bei allen Büchern *Lernzieldefinitionen* und *Übungsaufgaben*. Ansätze sind nur bei Jansen (2003), Scott (2000) und Trappmann und Hummel et al. (2005) zu finden. Nur bei Trappmann et al. (2005), De Nooy et al. (2005) und Wasserman und Faust (1994) findet sich auch ein *Glossar*. Außerdem fügen De Nooy und Mrvar et al. (2005) und Wasserman und Faust (1994) ihren Ausführungen auch *Kapitelzusammenfassungen* bei.

Darüber hinaus fehlt in den bestehenden Büchern eine *Selbstlernkomponente* mit Anweisungen zur selbstgesteuerten Erarbeitung der Inhalte, z.B. anwendungsorientierte Beispiele, die selbstständig vom Leser mit Hilfe der erläuterten Programmschritte nachvollzogen werden können.

5 Empfehlung für Einsteiger und Fortgeschrittene

Als Einführungswerk empfehlen wir das grundlegende Werk von Schweizer (1996). Sein Buch mit dem Titel „Muster sozialer Ordnung. Netzwerkanalyse als Fundament der Sozialethnologie" führt den Leser anhand von Fragestellungen zu Erkenntnissen der grundlegenden Netzwerkkonzepte. Darüber hinaus eignen sich in ähnlicher Weise – wenn auch weniger umfassend – die Werke von Scott (2000), Jansen (2003) und Degenne und Forsé (1999) als Einstiegslektüre oder auch unterrichtsbegleitendes Material. Als Schritt-für-Schritt-Leitfaden für die angewandte Analyse von Netzwerkdaten mit Hilfe der Netzwerkanalyse-Software Pajek empfehlen wir vor allem das Buch von De Nooy et al. (2005). Hier werden sowohl inhaltliche Zusammenhänge als auch praktische Anwendungen illustriert und die Programmschritte sukzessive vermittelt.

Als vertiefende Lektüre zu weiterführenden Konzepten fortgeschrittener Leser schlagen wir vor, dass Forscher, die bereits Forschungsfragen entwickelt haben und Antworten zu vertiefenden Problemstellungen finden möchten, sich mit Wasserman und Faust (1994) oder auch Brandes und Erlebach (2005) beschäftigen sollten. Beide Bücher geben sowohl eine kurze Einleitung in Netzwerkkonzepte, zeigen darüber hinaus aber auch die Formalisierung der mathematischen und graphentheoretischen Konzepte auf, die für Einsteiger eventuell besonders zu Beginn ihrer Ausbildung abschreckend wirken könnten. Sinnvoll erscheint uns ebenfalls als Begleitlektüre für fortgeschrittene Netzwerkanalyseprojekte die Werke von Carrington und Scott (2005) sowie Galaskiewicz und Wasserman (1994) hinzuzuziehen.

6 Literatur

Brandes, Ulrik und *Thomas Erlebach*, 2005: Network Analysis: Methodological Foundations. Berlin: Springer

Carrington, Peter. J., *John Scott* und *Stanley Wasserman*, 2005: Models and Methods in Social Network Analysis. Cambridge: Cambridge University Press.

de Nooy, Wouter, *Andrej Mrvar* und *Vladimir Batagelj*, 2005: Exploratory Social Network Analysis with Pajek. New York: Cambridge University Press.

Degenne, Alain und *Michel Forsé*, 1999: Introducing Social Networks. London/ Thousand Oaks/ New Dehli: Sage Publications.

Freeman, Linton C., *Douglas R. White* und *A. Kimball Romney* (Hg.), 1989: Research Methods in Social Network Analysis Fairfax, VA: George Mason University Press.

Galaskiewicz, Joseph und *Stanley Wasserman*, 1994: Advances in social network analysis: Research in the social and behavioral sciences. Thousand Oaks: Sage.

Hollstein, Betina und *Florian Straus*, 2006: Qualitative Netzwerkanalyse: Konzepte, Methoden, Anwendungen. Wiesbaden: VS Verlag für Sozialwissenschaften.

Jansen, Dorothea, 2003: Einführung in die Netzwerkanalyse. Opladen: Leske + Budrich.

Pappi, Franz Urban, 1987: Die Netzwerkanalyse aus soziologischer Perspektive. S. 11-38 in: *Franz Urban Pappi* (Hg.), Methoden der Netzwerkanalyse. München: Oldenbourg.

Schenk, Michael, 1995: Soziale Netzwerke und Massenmedien: Untersuchungen zum Einfluß der persönlichen Kommunikation. Tübingen: J.C.B.Mohr.

Schweizer, Thomas, 1996: Muster sozialer Ordnung. Netzwerkanalyse als Fundament der Sozialethnologie. Berlin.

Scott, John, 2000: Social Network Analysis: A Handbook. London.

Trappmann, Mark, Hans. J. Hummell und *Wolfgang. Sodeur*, 2005: Strukturanalyse sozialer Netzwerke: Konzepte, Modelle, Methoden. Wiesbaden: VS Verlag für Sozialwissenschaften.

Wasserman, Stanley und *Katherine Faust*, 1994: Social network analysis: methods and applications. Cambridge: Cambridge University Press.

Wellman, Barry und *Stephen. D. Berkowitz*, 1988: Social Structures: A Network Approach. Cambridge: Cambridge University Press.

Weyer, Johannes, 2000: Soziale Netzwerke: Konzepte und Methoden der sozialwissenschaftlichen Netzwerkforschung. München/Wien: R. Oldenbourg Verlag.

Verzeichnis der Autorinnen und Autoren

Jens Aderhold, Dr. phil., Projektleiter im TP A4 „Professionalisierung lokaler Eliten" im SFB 580 am Institut für Soziologie der Universität Halle, zudem Vorstand ISInova e.V. *Forschungsgebiete*: Eliteforschung, Professionalisierung, Netzwerk und Kooperationsentwicklung, Innovations- und Organisationsforschung. *Einschlägige Publikationen*: zusammen mit Matthias Meyer und Ralf Wetzel (Hrsg.), 2005: Modernes Netzwerkmanagement. zusammen mit Olaf Kranz (Hrsg.), 2007: Intention und Funktion. Probleme der Vermittlung psychischer und sozialer Systeme, Wiesbaden: VS. zusammen mit Jana Rückert-John und Ralf Wetzel (Hrsg.), 2009: Die Organisation in unruhigen Zeiten?.

Steffen Albrecht, wissenschaftlicher Mitarbeiter am Medienzentrum der Technischen Universität Dresden und Projektleiter bei der Zebralog GmbH & Co. KG, Berlin. *Arbeitsschwerpunkte*: Politische Kommunikation, Internetforschung, Methoden der empirischen Sozialforschung. *Ausgewählte Publikationen*: 2010: Reflexionsspiele, Bielefeld: transcript. 2008: Netzwerke und Kommunikation, in: Ch. Stegbauer (Hrsg.): Netzwerkanalyse und Netzwerktheorie, Wiesbaden. 2002: Netzwerke als Kapital, in: J. Ebrecht und F. Hillebrandt (Hrsg.): Bourdieus Theorie der Praxis, Wiesbaden: VS.

Christine B. Avenarius, Associate Professor, Department of Anthropology, East Carolina University. *Arbeitsschwerpunkte*: Soziale Netzwerke, Kognitive Ethnologie, Kulturwandel in China, Migration und Integration. *Einschlägige Publikationen*: 2009: Social Networks, Wealth Accumulation and Dispute Resolution in Rural China, S. 17-35 in: Greiner et al. (Hrsg.): Networks, Resources and Economic Action, Berlin: Dietrich Reimer Verlag. 2009: Immigrant Networks in New Urban Spaces. Gender and Social Integration. International Migration, 47 (3): 1-47. 2007: Conflict, Cooperation and Integration among Subethnic Immigrant Groups from Taiwan. Population, Space and Place, 13 (2): 95-112.

Kay W. Axhausen, Dr.-Ing., ist Professor für Verkehrsplanung an der ETH Zürich. Seine *Forschungsschwerpunkte* sind die Messung und Modellierung des Verkehrsverhaltens. Seine Arbeitsgruppe (www.ivt.baug.ethz.ch/vp.html) konzentriert sich auf Fragen der Bewertung von Verkehrssystemen, die agenten-basierte Simulation der Verkehrsnachfrage in grossen Netzen und der Wechselwirkung zwischen Raumentwicklung, Verkehrsverhalten und sozialen Netzen. Er ist Mitherausgeber von Transportation und Herausgeber der DISp. *Einschlägige Publikationen*: zusammen mit Larsen und Urry, 2006; Axhausen, 2008; Axhausen, 2007.

Nils Berkemeyer, Dr. phil., Akademischer Rat a.Z. am Institut für Schulentwicklungsforschung, TU Dortmund. *Forschungsschwerpunkte*: Schulentwicklungsforschung unter besonderer Berücksichtigung schulischer Innovationsnetzwerke, Steuerung und Governance des Schulsystems, Regionalisierung und Schulträgerforschung. *Einschlägige Publikationen*: 2010: Die Steuerung des Schulsystems, Wiesbaden: VS. zusammen mit V. Manitius, K. Müthing und W. Bos, 2009: Ergebnisse nationaler und internationaler Forschung zu schulischen Innovationsnetzwerken. Zeitschrift für Erziehungswissenschaft, 12: 667-690.

Dieter Bögenhold, Dr. rer soc. habil., ist Vertragsprofessor an der Freien Universität Bozen, Italien (seit 2003), außerdem von 2006 bis 2008 Lehrender am Institut für Soziologie der Universität Wien und seit 2007 externer Prüfer für das Fach „Entrepreneurship and Business" an der National University of Ireland, Forschungs- und Lehraufenthalte an mehreren internationalen Universitäten, Lehre in Soziologie und Ökonomik. *Schwerpunkte*: Sozialökonomik, Sozialstrukturanalyse und soziale Ungleichheit, Entrepreneurship, Innovationen, Netzwerkforschung, Konsum- und Modeforschung. E-mail: dboegenhold@hotmail.com

Wilfried Bos, Prof., Dr. phil., Direktor des Instituts für Schulentwicklungsforschung, TU Dortmund. *Schwerpunkte*: Empirische Forschungsmethoden, Qualitätssicherung im Bildungswesen, Internationale Bildungsforschung, Evaluation, International und national vergleichende Schulleistungsforschung, Bildungsgerechtigkeit, Ganztagsgymnasium NRW, Regionalisierung. *Einschlägige Publikationen*: zusammen mit N. Berkemeyer und H. Kuper, 2010: Netzwerke im Bildungssystem, in: N. Berkemeyer, W. Bos und H. Kuper (Hrsg.): Schulreform durch Vernetzung. Netzwerke im Bildungsbereich (Band 3), Münster et al.: Waxmann.

Ulrik Brandes, Prof. Dr., ist seit 2003 Ordinarius im Fachbereich Informatik und Informationswissenschaft der Universität Konstanz und seit 2008 Mitglied im Direktorium des International Network of Social Network Analysis (INSNA). Sein *Themenschwerpunkt* ist die Algorithmik, insbesondere in Bezug auf die Analyse und Visualisierung von Netzwerken. *Einschlägige Publikationen*: 2001: A Faster Algorithm for Betweenness Centrality. Journal of Mathematical Sociology, 25 (2): 163-177. zusammen mit Thomas Erlebach (Hrsg.), 2005: Network Analysis, Berlin/Heidelberg/New York: Springer.

Kathleen M. Carley, Professorin für Computation, Organizations and Society, an Carnegie Mellon University, School of Computer Science, Direktorin des Center for Computational Analysis of Social and Organizational Systems. *Forschungsgebiete:* Modellierung und Simulation und Netzwerkanalyse angewandt auf die Erforschung komplexer Organisationen. *Einschlägige Publikationen*: 2003: Computational Organizational Science and Organizational Engineering, Simulation Modeling Practice and Theory, 10 (5-7), 253-269. zusammen mit Stephen Borgatti und David Krackhardt, 2006: Robustness of Centrality Measures under Conditions of Imperfect Data. Social Networks, 28(2): 124-136.

Rainer Diaz-Bone, Professor für Soziologie mit dem Schwerpunkt qualitative und quantitative Methoden am Soziologischen Seminar der Universität Luzern. *Schwerpunkte*: Multivariate Statistik, sozialwissenschaftliche qualitative Methodologien, Wissenschaftstheorie und Epistemologie, Wirtschaftssoziologie. *Einschlägige Publikationen*: 1997: Ego-zentrierte Netzwerkanalyse und familiale Beziehungssysteme, Wiesbaden: DUV-Verlag. 2007: Gibt es eine Qualitative Netzwerkanalyse? in: Forum Qualitative Sozialforschung 8 (1). Im Erscheinen. 2010: Review: Matthew O. Jackson. 2008: Social and economic networks, Princeton: Princeton University Press. International Sociology 25(5).

Jana Diesner, PhD Studentin an der Carnegie Mellon University, School of Computer Science, Center for Computational Analysis of Social and Organizational Systems. *Forschungsgebiete*: Jana Diesner arbeitet an der Schnittstelle von Informatik, besonders Natural Language Processing und Maschinellen Lernen, Sozialwissenschaften, Linguistik und Netzwerkanalyse. *Einschlägige Publikationen*: zusammen mit Kathleen M. Carley, 2008: Conditional random fields for entity extraction and ontological text coding. Journal of Computational and Mathematical Organization Theory, 14 (3): 248-262. et al., 2007: Toward an interoperable dynamic network analysis toolkit. Decision Support Systems, 43 (4): 1324-1347.

Martin Diewald, Professur für Sozialstrukturanalyse an der Universität Bielefeld. *Forschungsgebiete*: Ungleichheit, Lebenslauf, Netzwerke, Work-life-Interface. *Einschlägige Publikationen*: 2007: Arbeitsmarktungleichheiten und die Verfügbarkeit von Sozialkapital, S. 183-210 in: Axel Franzen und Markus Freitag (Hrsg.): Sozialkapital. Theoretische Grundlagen und empirische Befunde, Sonderband 47 der KZfSS. zusammen mit Jörg Lüdicke, 2007: Modernisierung, Wohlfahrtsstaat und Ungleichheit als gesellschaftliche Bedingungen sozialer Integration – eine Analyse von 25 Ländern, S. 265-301 in: Jörg Lüdicke und Martin Diewald (Hrsg.): Soziale Netzwerke und soziale Ungleichheit, Wiesbaden: VS.

Kai Fischbach, Dr., Akademischer Rat am Seminar für Wirtschaftsinformatik und Informationsmanagement der Universität zu Köln. *Arbeitsschwerpunkte*: Netzwerkanalyse, Computational Social Science, Komplexe Systeme, Integrierte Informationssysteme. *Einschlägige Publikationen*: zusammen mit J. Putzke, D. Schoder und P.A. Gloor, 2010: The Evolution of Interaction Networks in Massively Multiplayer Online Games. Journal of the Association for Information Systems, 11 (2). zusammen mit D. Schoder und P.A. Gloor, 2009: Analyse informeller Kommunikationsnetzwerke am Beispiel einer Fallstudie. WIRTSCHAFTSINFORMATIK 51(2).

Peter Fleissner, o.Univ.Prof.i.R., Univ.Doz., Dipl.Ing., wissenschaftlicher Konsulent, Vorsitzender des Vereins transform!at (http://transform.or.at). *Arbeitsschwerpunkte*: Sozialkybernetik, Simulationsmodelle, Arbeitswerttheorie. *Einschlägige Publikationen*: zusammen mit Natascha Wanek, 2009: BruchStücke. zusammen mit V. Romano, 2007: Digitale Medien - Neue Möglichkeiten für Demokratie und Partizipation?. zusammen mit J. C. Nyíri, 1999: Philosophy of Culture and the Politics of Electronic Networking, 2 Bände.
Weitere Informationen unter http://members.chello.at/gre/fleissner/default.htm.
E-mail: fleissner@arrakis.es

Andreas Frei, Dipl.-Ing. ETH, studierte bis 2005 an der ETH Zürich Bauingenieurwissenschaften. Seither arbeitet er am Institut für Verkehrsplanung und Transportsysteme (IVT) der ETH Zürich. Sein Doktoratsvorhaben beschäftigt sich mit der Interaktion von sozialen Netzen und dem Verkehrsverhalten. *Einschlägige Publikationen*: zusammen mit Kay W. Axhausen und Timo Ohnmacht, 2009: Mobilities and social network geography. Size and spatial dispersion the Zurich case study results, S. 99-120 in: Timo Ohnmacht et al., (Hrsg.): Mobilities and Inequalities, Farnham: Ashgate. zusammen mit Kay W. Axhausen, forthcoming: Modelling the frequency of contacts in a shrunken world, Social Networks.

Thomas N. Friemel, Dr., Oberassistent am IPMZ - Institut für Publizistikwissenschaft und Medienforschung der Universität Zürich. Sein *Forschungsschwerpunkt* ist die Anwendung der sozialen Netzwerkanalyse in der Kommunikationswissenschaft mit speziellem Fokus auf die Mediennutzung im sozialen Kontext und der interpersonalen Kommunikation über massenmediale Inhalte. *Einschlägige Publikationen* im Bereich der sozialen Netzwerkanalyse umfassen diverse Zeitschriftenartikel, Buchkapitel sowie zwei Herausgeberbände: „Applications of Social Network Analysis" (UVK 2007) und „Why Context Matters" (VS 2008).

Jan Fuhse, Dr., arbeitet als wissenschaftlicher Mitarbeiter für politische Soziologie an der Universität Bielefeld und organisiert das Berliner Netzwerk für Netzwerkforschung. *Arbeitsschwerpunkte*: Netzwerktheorie, Ungleichheitsforschung, Migrationssoziologie. *Neuere Veröffentlichungen* u.a.: 2008: Ethnizität, Akkulturation und persönliche Netzwerke von italienischen Migranten, Leverkusen: Barbara Budrich. 2009: The Meaning Structure of Social Networks. Sociological Theory, 27. zusammen mit Sophie Mützel, 2010 (Hrsg.): Relationale Soziologie. Zur kulturellen Wende der Netzwerkforschung, Wiesbaden: VS.

Peter Gloor, Dr. Research Scientist, MIT Center for Collective Intelligence & Chief Creative Officer, galaxyadvisors AG. *Arbeitsschwerpunkte*: Social Network Analysis, Collective Analytics, Trend Prediction, Collaboration Science, Knowledge Flow Optimization. *Einschlägige Publikationen*: 2006: Swarm Creativity. Competitive Advantage Through Collaborative Innovation Networks, Oxford University Press. zusammen mit S. Cooper, 2007: Coolhunting – Chasing Down the Next Big Thing, New York: AMACOM. 2010: Coolfarming. Turn Your Great Idea into the Next Big Thing, New York: AMACOM.

Johannes Glückler, Professor für Wirtschafts- und Sozialgeographie am Geographischen Institut der Universität Heidelberg. *Arbeitsschwerpunkte*: Wirtschaftsgeographie, Geographie der Dienstleistungen, geographische Organisationsforschung und soziale Netzwerkanalyse. *Einschlägige Publikationen*: zusammen mit H. Bathelt, 2003: Toward a relational economic geography. Journal of Economic Geography, (3): 117-144. 2004: Reputationsnetze. Zur Internationalisierung von Unternehmensberatern. Eine relationale Theorie (Sozialtheorie). Bielefeld: transcript.

Jessica Haas, M.A., Assistentin am LB Soziologie - Qualitative und Quantitative Methoden an der Universität Luzern. *Forschungsschwerpunkte*: Kultur- und Wirtschaftssoziologie, Methoden der empirischen Sozialforschung. *Einschlägige Publikation*: zusammen mit Sophie Mützel, 2008: Netzwerkanalyse und Netzwerktheorie in Deutschland. Eine empirische Übersicht und theoretische Entwicklungspotentiale, S. 49-62 in: Christian Stegbauer (Hrsg.): *Netzwerkanalyse und Netzwerktheorie,* Wiesbaden: VS Verlag.

Jeremy Hackney hat seinen Doktortitel 2009 am Institut für Verkehrsplanung und Transportsysteme (IVT) der ETH Zürich erlangt. Die Arbeiten zu seiner Dissertation ermöglichen es, den Einfluss verschiedener Arten sozialer Kontakte auf das tägliche Reiseverhalten zu simulieren und systematisch zu untersuchen. *Einschlägige Publikationen*: 2009: Integration of social networks in a large-scale travel behavior microsimulation, Dissertation, ETH Zürich, Zürich. zusammen mit F. Marchal, 2008: A Model for Coupling Multi-Agent Social Interactions and Traffic Simulation. Submission for Presentation to the Transportation Research Board 2009.

Roger Häußling, Professor für Soziologie mit dem Schwerpunkt Technik- und Organisationssoziologie an der RWTH Aachen University. *Arbeitsschwerpunkte*: Netzwerk-, Innovations- und Organisationsforschung. *Einschlägige Publikationen*: 2010: Zum Design(begriff) der Netzwerkgesellschaft, S.137-162 in: Jan Fuhse und Sophie Mützel (Hrsg.): Relationale Soziologie. Zur kulturellen Wende der Netzwerkforschung, Wiesbaden: VS. 2010: Allocation to Social Positions in Class. Interactions and Relationships in First Grade School Classes and Their Consequences. Current Sociology, 58(1): 1-20. 2009 (Hrsg.): Grenzen von Netzwerken, Wiesbaden: VS.

Frank Havemann, Dr. rer. nat., lehrt und forscht als Dozent am Institut für Bibliotheks- und Informationswissenschaft der Humboldt-Universität zu Berlin zu Themen in der Bibliometrie. *Schwerpunkte*: Methodentransfer von der physikalisch-mathematischen Netzwerkforschung in die Bibliometrie, bibliometrische Messung der Forschungsvielfalt (Koordinator eines BMBF-Projekts). *Einschlägige Publikation*: 2009: Einführung in die Bibliometrie (E-book, d-nb.info/993717780). Er ist Mitglied der Gesellschaft für Wissenschaftsforschung und internationaler Forschungsverbände, und als solcher auch Mitherausgeber verschiedener Jahrbücher und Proceedings (s. z. B. d-nb.info/991513827).

Richard Heidler, Dipl.-Soz., ist wissenschaftlicher Mitarbeiter an der Fakultät für Sozial- und Wirtschaftswissenschaften an der Otto-Friedrich-Universität Bamberg. Zu seinen *Forschungsgebieten* gehören die Wissenschaftssoziologie, insbesondere die Soziologie wissenschaftlicher Disziplinen und Netzwerke. Auf dem Gebiet der sozialwissenschaftlichen Netzwerkanalyse beschäftigt er sich mit statischen und dynamischen Verfahren der statistischen Analyse und ihren theoretischen Hintergründen. *Einschlägige Publikation*: Zu positionalen Verfahren der Netzwerkanalyse hat er 2006 das Buch „Die Blockmodellanalyse - Theorie und Anwendung einer netzwerkanalytischen Methode" (DUV) geschrieben.

Kai-Uwe Hellmann, Dr., Privatdozent am Institut für Soziologie der TU Berlin. *Schwerpunkte*: Wirtschafts- und Konsumsoziologie. *Einschlägige Publikationen*: 2003: Soziologie der Marke, Frankfurt a.M.: Suhrkamp. 2010: Konsum, Konsument, Konsumgesellschaft. Die akademische Konsumforschung im Überblick, S. 386-408 in: Jens Beckert und Christoph Deutschmann (Hrsg.): Wirtschaftssoziologie. Sonderband 49 der KZfSS, Wiesbaden: VS.

Marina Hennig, PD Dr. rer. soc., Projektleiterin am Wissenschaftszentrum Berlin für Sozialforschung *Forschungsgebiete*: Soziale Netzwerkanalyse, Sozialstrukturanalyse, Empirische Sozialforschung, Mikrosoziologie, Familie. *Einschlägige Publikationen*: 2009: Rollenverhalten und soziale Netzwerke in großstädtischen Familien. Zeitschrift für Familienforschung. Journal of Family Research, 3: 311-326. 2006: Individuen und ihre sozialen Beziehungen, Wiesbaden: VS Verlag für Sozialwissenschaften, Reihe: Forschung, Gesellschaft.

Andreas Hepp, Dr. phil. habil., ist Professor für Kommunikations- und Medienwissenschaft am IMKI (Institut für Medien, Kommunikation und Information) der Universität Bremen. *Schwerpunkte*: Mediensoziologie, inter- bzw. transkulturelle Kommunikation, Medien- und

Kommunikationstheorie, Cultural Studies, Medienwandel. *Einschlägige Publikationen*: 2004: Netzwerke der Medien. Medienkulturen und Globalisierung, Wiesbaden: VS. 2006: Transkulturelle Kommunikation, Konstanz. 2010: Cultural Studies und Medienanalyse, Wiesbaden: VS.

Betina Hollstein, Prof. Dr., Soziologin an der Universität Hamburg. *Schwerpunkte*: Soziale Netzwerke, Lebenslaufforschung, Methoden der empirischen Sozialforschung. *Einschlägige Publikationen*: hrsg. zusammen mit Florian Straus, 2006: Qualitative Netzwerkanalyse. Konzepte, Methoden, Anwendungen, Wiesbaden: VS (überarb. und erw. Neuauflage erscheint 2010). im Erscheinen: Qualitative Approaches, in: Scott, John und Peter Carrington (Hrsg.): Sage Handbook of Social Network Analysis, Sage.

Boris Holzer, Ph.D. (LSE, 2001), Professor für Politische Soziologie an der Universität Bielefeld. *Schwerpunkte*: Soziologische Theorie und Soziologie der Weltgesellschaft, politische Soziologie, soziale Netzwerke. *Einschlägige Publikationen*: 2006: Netzwerke, Bielefeld: transcript. 2009: Netzwerktheorie, in: Georg Kneer und Markus Schroer (Hrsg.): Handbuch Soziologische Theorien, Wiesbaden: VS. 2010: Von der Beziehung zum System - und zurück?. Relationale Soziologie und Systemtheorie, in: Jan Fuhse und Sophie Mützel (Hrsg.): Relationale Soziologie, Wiesbaden: VS. Für weitere Informationen: http://www.borisholzer.net/.

Hans J. Hummell, Prof. Dr., Professor am Institut für Soziologie der Universität Duisburg-Essen. *Schwerpunkte*: Netzwerkanalyse, Mehrebenenanalyse, Handlungstheorie. *Einschlägige Publikation*: zusammen mit M. Trappmann und W. Sodeur, 2010: Strukturanalyse sozialer Netzwerke, 2. Auflage.

Ernst von Kardorff, Prof. Dr., Institut für Rehabilitationswissenschaften, Humboldt-Universität zu Berlin. *Arbeitsschwerpunkte*: Soziale Unterstützung, Leben unter erschwerten Bedingungen, Qualitative Forschung. *Einschlägige Publikationen*: 2010: Zur Diskriminierung psychisch kranker Menschen, S. 279-305 in: A. Scherr und U. Hormel (Hrsg.): Diskriminierung, Wiesbaden: VS. 2009: Goffmans Stigma-Identitätskonzept - neu gelesen, S. 137-161 in: H. Willems (Hrsg.): Theatralisierung der Gesellschaft, Bd. 1, Wiesbaden: VS. 2008: Virtuelle Netzwerke - neue Formen der Kommunikation und Vergesellschaftung?, S. 23-56 in: H. Willems (Hrsg.): Weltweite Welten, Wiesbaden: VS.

Harald Katzmair, Dr.phil., Sozialwissenschaftler und Philosoph, ist Gründer und Geschäftsführer der FAS.research – Understanding Networks GesmbH, einem internationalen Analyse- und Beratungsunternehmen im Bereich Executive Networking, Public Affairs, Campaigning, Key Account Management und Virales Marketing mit Standorten in Wien und New York, Homepage: www.fas-research.com, E-mail: harald.katzmair@fas.at.

Andrea Knecht, Dr., Wiss. Mitarbeiterin am Lehrstuhl für Soziologie und empirische Sozialforschung der Universität Erlangen-Nürnberg. *Arbeitsschwerpunkte*: dynamische (multiplexe) Netzwerkanalyse, sozialer Einfluss, abweichendes Verhalten. *Einschlägige Publikationen*: zusammen mit Chris Baerveldt, Tom A.B. Snijders, Christian Steglich und Werner Raub, im Erscheinen, 2010: Friendship and Delinquency. Selection and Influence Processes in Early Adolescence. Social Development. zusammen mit William J. Burk, Jeroen Weesie und Christian Steglich, im Erscheinen, 2011: Friendship and Alcohol Use in Early Adolescence. A Multi-level Social Network Approach. Journal of Research on Adolescence.

Matthias Kowald, Dipl.-Soz.-Wiss. hat an der Universität Duisburg-Essen studiert. Seit 2008 arbeitet er am Institut für Verkehrsplanung und Transportsysteme (IVT) der ETH Zürich. In seiner Dissertation untersucht er den Einfluss sozialer Kontakte auf das Reiseverhalten. *Einschlägige Publikationen*: et al., 2009: Using an ascending sampling strategy to survey connected egocentric network. A field work report on phase one of the survey. Arbeitsberichte Verkehrs- und Raumplanung, 582: IVT, ETH Zürich. zusammen mit Kay W. Axhausen, 2010: forthcoming: Spatial distribution of connected leisure networks: Selected results from a snowball sample, Environment and Planning A.

Lothar Krempel ist wissenschaftlicher Mitarbeiter am Max Planck Institut für Gesellschaftsforschung in Köln und Privatdozent an der Universität Duisburg-Essen im Lehrgebiet empirische Sozialforschung. *Forschungsschwerpunkte*: ökonomische Prozesse, Organisationsverflechtungen und historische Netzwerke. Neben *diversen Veröffentlichungen* in diesen Bereichen ist er Autor eines Buches über die Visualisierung komplexer Strukturen.

Per Kropp, Dr., wiss. Mitarbeiter im Regionalen Forschungsnetz des Instituts für Arbeitsmarkt- und Berufsforschung (IAB). *Schwerpunkte*: regionale Arbeitsmärkte, Netzwerke in Wirtschaftsprozessen. *Einschlägige Publikationen*: 2009: Newmans Modularitätskonzept als Instrument zum Vergleich von Wirtschaftsraumabgrenzungen. Scientific Reports, Journal of the University of Applied Sciences Mittweida, (2): 1-16. 2008: Methodologischer Individualismus und Netzwerkforschung, S. 145-153 in: C. Stegbauer (Hrsg.): Netzwerkanalyse und Netzwerktheorie. Ein neues Paradigma in den Sozialwissenschaften, Wiesbaden: VS.

Anton-Rupert Laireiter, Ass.-Prof. Dr., Hochschullehrer, Fachbereich Psychologie, Paris-Lodron-Universität Salzburg, Abteilung für Klinische Psychologie, Psychotherapie und Gesundheitspsychologie, Leiter Psychotherapieambulanz. *Einschlägige Publikationen*: 1993: Soziales Netzwerk und Soziale Unterstützung. Konzepte, Methoden und Befunde, Bern: Huber. zusammen mit U. Baumann, 1992: Network structures and support functions. Theoretical and empirical analyses, S. 33-56 in: H.O.F. Veiel und U. Baumann (Hrsg.): The meaning and measurement of social support, Washington, DC: Hemisphere. zusammen mit B. Röhrle (Hrsg.), 2009: Soziale Unterstützung und Psychotherapie, Tübingen: dgvt-Verlag.

Jürgen Lerner ist gegenwärtig Postdoc im Fachbereich Informatik an der Universität Konstanz. Seine *Arbeitsgebiete* umfassen die Weiterentwicklung von graphentheoretischen und statistischen Methoden der quantitativen, empirischen Sozialforschung, insbesondere für große und zeitabhängige soziale Netzwerke. Seine Forschung ist gekennzeichnet durch eine enge Zusammenarbeit mit Sozialwissenschaftlern.

Thomas Malang, Dipl. Verw.wiss., wissenschaftlicher Mitarbeiter am Exzellenzcluster "Kulturelle Grundlagen von Integration" der Universität Konstanz. *Schwerpunkte*: vergleichende Politikwissenschaft, Europäische Integration, Diskursnetzwerke. *Einschlägige Publikation*: et al. (Hrsg.), 2009: Politiknetzwerke. Modelle, Anwendungen, Visualisierungen, Wiesbaden: VS Verlag für Sozialwissenschaften.

Jörg Marschall, M.A., Institut für Soziologie an der TU Berlin. *Schwerpunkte*: Communities, Wirtschaftssoziologie, Netzwerkanalyse, Ethnographie. *Einschlägige Publikationen*: 2007: Online-Communities of Commerce. Die soziale Struktur von eBay-Marktplätzen, in: Ulrich Dittler, Michael Kindt und Christine Schwarz (Hrsg.): Online Communities als Soziale Systeme, Münster. 2009: "So ein Auto ist eigentlich 'ne lebende Baustelle." Markengemeinschaften als Prosumentenkollektive, in: Kai-Uwe Hellmann und Birgit Blättel-Mink (Hrsg.): Prosumer Revisited, Wiesbaden: VS.

Christian Marx, M.A.,Universität Trier, Fachbereich III: Neuere und Neueste Geschichte, Exzellenzcluster „Gesellschaftliche Abhängigkeiten und soziale Netzwerke", Fachbereich IV: Soziologie, Arbeit, Organisation und Soziales. *Forschungsgebiete*: Unternehmens- und Wirtschaftsgeschichte, Geschichte des 20. Jahrhunderts, Organisations- und Wirtschaftssoziologie.

Ines Mergel, Assistant Professor of Public Administration an der Maxwell School of Citizenship and Public Administration, Syracuse University. *Forschungsgebiete*: Informale Netzwerke, Social Software in der öffentlichen Verwaltung. *Einschlägige Publikationen*: Networks in Public Administration Scholarship. Journal of Public Administration Research and Theory (im Erscheinen). The use of social media to dissolve knowledge silos in government, in: O'Leary, Kim und Van Slyke: The Future of Public Administration, Public Management and Public Service Around the World. The Minnowbrook Perspective, Georgetown University Press (im Erscheinen).

Tobias Müller-Prothmann, Dr. phil., Dipl.-Soz., Bereichsleiter Innovationsmanagement, Pumacy Technologies AG. *Arbeitsschwerpunkte*: Wissens- und Innovationsmanagement. *Einschlägige Publikationen*: zusammen mit N. Dörr, 2009: Innovationsmanagement. Strategien, Methoden und Werkzeuge für systematische Innovationsprozesse, München/Wien: Hanser. G. Wersig, 2009: Einführung in die Publizistik- und Kommunikationswissenschaft. Erweitert und aktualisiert zusammen mit J. Krone, Baden-Baden: Nomos. 2006: Leveraging Knowledge Communication for Innovation. Framework, Methods and Applications of Social Network Analysis in Research and Development, Frankfurt a.M. et al.: Peter Lang.

Peter Mutschke, M.A., ist Leiter der Abteilung „Wissenstechnologien" bei GESIS – Leibniz-Institut für Sozialwissenschaften. Seine *Forschungsschwerpunkte* sind Information Retrieval, Netzwerkanalyse und Web 2.0. *Einschlägige Publikationen*: 2008: Zentralitätsanomalien und Netzwerkstruktur. Ein Plädoyer für einen „engeren" Netzwerkbegriff und ein community-orientiertes Zentralitätsmodell, S. 261-272 in: C. Stegbauer (Hrsg.): Netzwerkanalyse und Netzwerktheorie, Wiesbaden: VS-Verlag. zusammen mit P. Mayr und V. Petras, 2008: Reducing semantic complexity in distributed digital libraries. Treatment of term vagueness and document re-ranking. Library Review 57 (3): S. 213-224.

Sophie Mützel, Ph.D., ist wissenschaftliche Mitarbeiterin der Abteilung „Kulturelle Quellen von Neuheit" am Wissenschaftszentrum Berlin für Sozialforschung. *Schwerpunkte*: Wirtschaftssoziologie, Kultursoziologie, soziologische Theorie und soziologische Netzwerktheorie. *Einschlägige Publikationen*: zusammen mit Jan Fuhse (Hrsg.), 2010: Relationale Soziologie. Zur neueren Netzwerkforschung, VS Verlag. 2009: Koordinierung von Märkten durch narrativen Wettbewerb. Wirtschaftssoziologie 49, Sonderheft der KZfSS: 87-106. 2009: Networks as culturally constituted processes. A comparison of relational sociology and actor-network-theory. Current Sociology, 57: 871-887.

Michael Nollert, Prof. Dr. am Departement Sozialwissenschaften der Universität Freiburg, CH. *Arbeitsschwerpunkte*: Wirtschaftssoziologie, soziale Ungleichheiten, soziale Netzwerke, Konfliktsoziologie, Freiwilligenarbeit. *Einschlägige Publikationen*: 2008: Soziale Entstrukturierung als Mythos – Fallstricke des „individualistic turn" für die Soziale Arbeit. Schweizerische Zeitschrift für Soziale Arbeit, 4: 81-97. 2005: Transnational Corporate Ties. Journal of World-Systems Research, XI (2), November 2005, Special Edition: The Future of World Society: 3-28. 2005: Unternehmensverflechtungen in Westeuropa. Münster: LIT. E-Mail: michael.nollert@unifr.ch

H. Peter Ohly, Dipl. Volksw. sozialw. R., Mitarbeiter bei GESIS (u.a. State-of-the-art-reports), Präsident der Internat. Ges. f. Wissensorg. *Einschlägige Publikationen*: et al. (Hrsg.), 2010: Globalisierung im Fokus von Politik, Wirtschaft, Gesellschaft, Wiesbaden: VS. 2010: Interrelations and dynamics in thematic networks, S. 371-376 in: Gnoli und Mazzocchi (Hrsg.): Paradigms and conceptual systems in Knowledge Organization, Würzburg: Ergon. 2007: Jeder Surfer ist ein Wissenschaftler, S. 233-235 in: *B.I.T.*online. 2005: Bibliometric Mining, S. 155–162 in: Knowledge eXtended. Forschungszentrum Jülich.

Franz Urban Pappi, Dr., seit 1990 Professor für Politikwissenschaft an der Universität Mannheim, seit 2007 als Emeritus Projektleiter am Mannheimer Zentrum für Europäische Sozialforschung. *Schwerpunkte*: Theorien des Wählerverhaltens und Koalitionstheorien, angewandt auf die Bundesrepublik Deutschland. *Einschlägige Publikationen*: zusammen mit Susumu Shikano, 2007: Wahl- und Wählerforschung, Baden-Baden: Nomos. zusammen mit Paul W. Thurner, 2009: European Union Intergovernmental Conferences. Domestic Preference Formation, Transgovernmental Networks and the Dynamics of Compromise, London/New York: Routledge.

Birgit Peuker, Technische Universität Dresden. *Schwerpunkte*: Technik- und Wissenschaftssoziologie sowie Umweltsoziologie.

Jürgen Pfeffer, geb. 1976. Doktorand an der Technischen Universität Wien (Wirtschaftsinformatik), Thema: "Struktur und Dynamik von Mensch-zu-Mensch Kommunikationsnetzwerken aus der Perspektive der Verbreitung von Informationen, Meinungen und Botschaften". *Schwerpunkte*: Netzwerkvisualisierungen, Diffusion, Simulation, Algorithmenentwicklung, Programmierung von Netzwerkanalyse-Software. Details und Kontakt: www.pfeffer.at

Johannes Putzke ist wissenschaftlicher Mitarbeiter am Seminar für Wirtschaftsinformatik und Informationsmanagement der Universität zu Köln sowie Teilnehmer am deutsch-französischen Doktorandenprogramm in Kooperation mit der HEC Paris. Seine *Forschungsschwerpunkte* umfassen neben der Analyse sozialer und elektronischer Netzwerke: komplexe Systeme, Computational Social Science, Web Science, Innovation und Diffusion, Mass Customization (insbes. von Printprodukten), Medien und Marketing. Seine Arbeiten hierzu wurden unter anderem im Journal of the Association for Information Systems und im International Journal on Media Management publiziert.

Jörg Raab, Dr. rer. soc., Assistant Professor für Policy and Organisation Studies, Tilburg University, Niederlande. *Forschungsgebiet*: Intra- und inter-organisatorische Netzwerke, Public Management, Dark Networks. *Einschlägige Publikationen*: zusammen mit P. Kenis, 2009: Heading towards a Society of Networks. Empirical Developments and Theoretical Challenges. Journal of Management Inquiry, 18: 198-210. zusammen mit W. Seibel, 2003: Verfolgungsnetzwerke. Zur Messung von Arbeitsteilung und Machtdifferenzierung in den Verfolgungsapparaten des Holocaust. Kölner Zeitschrift für Soziologie und Sozialpsychologie, 55: 197-230.

Werner Raub, Prof. Dr., Department of Sociology und Interuniversity Center for Social Science Theory and Methodology (ICS), Universität Utrecht. *Forschungsgebiete* u.a.: theoretische Soziologie, mathematische Soziologie und Anwendungen spieltheoretischer Modelle in der Soziologie, soziale Netzwerke. *Einschlägige Publikationen* u.a. in American Journal of Sociology, European Sociological Review, Journal of Mathematical Sociology, Kölner Zeitschrift für Soziologie und Sozialpsychologie, Rationality and Society, Social Networks.

Alexander Rausch, Diplom-Mathematiker, wissenschaftlicher Angestellter im Hochschulrechenzentrum der Goethe-Universität, Frankfurt. *Forschungsinteressen*: Analyse sozialer Netzwerke, Analyse internetbasierter Kommunikationsräume. *Einschlägige Publikationen*: u.a. zusammen mit Stegbauer, 2006: Strukturalistische Internetforschung, Wiesbaden: VS-Verlag.

Morten Reitmayer, PD Dr., Wissenschaftlicher Mitarbeiter an der Universität Trier. *Forschungsgebiete*: Ideengeschichte, Wirtschafts- und Unternehmensgeschichte, Sozialgeschichte deutscher Eliten im 19. und 20. Jahrhundert. *Einschlägige Publikationen*: 2000: Bankiers im Kaiserreich, Göttingen. zusammen mit Ruth Rosenberger, 2008: Unternehmen am Ende des "goldenen Zeitalters", Essen. 2009: Elite. Sozialgeschichte einer politisch-gesellschaftlichen Idee in der frühen Bundesrepublik, München.

Hanna Risku, Univ.-Prof., Dr., Universitätsprofessorin für angewandte Kognitionswissenschaft und technische Kommunikation sowie Leiterin des Departments für Wissens- und Kommunikationsmanagement an der Donau-Universität Krems, Österreich; Gastprofessorin an der Universität Aarhus, Dänemark, und Leiterin des Ressorts Internationales der Gesellschaft für Technische Kommunikation e.V., Deutschland. *Forschungsschwerpunkte*: Kognitionswissenschaftliche Aspekte der Kommunikation, Situated Cognition, Computer-

Supported Cooperative Work, Human-Computer Interaction, Interkulturelle Kommunikation und Translationsmanagement.

Bernd Röhrle, Prof. Dr., Hochschullehrer Fachbereich Psychologie Philipps-Universität Marburg. *Schwerpunkte*: Soziale Netzwerke, Prävention und Gesundheitsförderung, Therapeutische Beziehung. *Einschlägige Publikationen*: 1994: Soziale Netzwerke und soziale Unterstützung, Weinheim: Psychologie Verlags Union. zusammen mit A.-R. Laireiter (Hrsg.), 2009: Soziale Unterstützung und Psychotherapie, Tübingen: DGVT. 2010: Soziale Exklusion aus der Perspektive sozialer Netzwerke, in: H. Keupp et al. (Hrsg.): Armut und Exklusion, Tübingen: DGVT.

Sebastian Sattler, M.A., Projektleitung des BMBF-Projektes FAIRUSE an der Universität Bielefeld. *Arbeitsschwerpunkte*: soziale Netzwerke, Familiensoziologie, soziale Beziehungen, wiss. Fehlverhalten. *Einschlägige Publikationen*: et al., 2009: Verwandtschaft und verwandtschaftliche Beziehungen, S. 423-444 in: Karl Lenz und Frank Nestmann (Hrsg.): Handbuch - Persönliche Beziehungen. 2007: Plagiate in Hausarbeiten. Erklärungsmodelle mit Hilfe der Rational Choice Theorie.

Andrea Scharnhorst, Dr., arbeitet als Senior Research Fellow am Virtual Knowledge Studio for the Humanities and Social Sciences, Royal Netherlands Academy of Arts and Sciences in Amsterdam. *Forschungsgebiete*: Physik von Informationsprozessen und sozialökonomischen Innovationen, Wissenschaftsmetrie, Wissenschaftsphilosophie und -soziologie. *Einschlägige Publikationen*: zusammen mit Andreas Pyka (Hrsg.), 2009: Innovation Networks, Springer Complexity Series. zusammen mit Katy Börner (Hrsg.), 2009: Sonderheft „Science of Science" Journal of Informetrics (Band 3, Heft 3) (siehe auch http://simshelf2.virtualknowledgestudio.nl).

Nicoline Scheidegger, Dr., Dozentin und Leiterin Forschungsprojekte an der Zürcher Hochschule für angewandte Wissenschaften. *Arbeitsschwerpunkte*: Netzwerkanalyse, Organisation, High Performance Work Systems. *Einschlägige Publikationen*: 2010: Der Einfluss von Netzwerkstrukturen auf den Karriereerfolg im Management. Bridging oder Bonding Ties?, Hampp-Verlag. 2008: Wirkung struktureller Löcher auf den Karriereerfolg im Management. Eine kontingente Betrachtung, S. 503-516 in: C. Stegbauer (Hrsg.): Netzwerkanalyse und Netzwerktheorie, VS Verlag.

Michael Schenk, Professor Dr. Dr. habil., Universitätsprofessor für Kommunikationswissenschaft und Sozialforschung an der Universität Hohenheim (Stuttgart). *Forschungsgebiete*: Medienforschung, Methoden der Markt- und Kommunikationsforschung. *Einschlägige Publikationen*: 2007: Medienwirkungsforschung, Tübingen. 2006: Finanz-Meinungsführer, Hamburg: SPIEGEL-Verlagsreihe „Fach & Wissen", Band 13. 1995: Soziale Netzwerke und Massenmedien, Tübingen. 1984: Soziale Netzwerke und Kommunikation, Tübingen.

Michael Schnegg, Professor am Institut für Ethnologie der Universität Hamburg. Laufende Forschungen beschäftigen sich mit der Frage, wie soziale Netzwerke Akteure individuell absichern und unter welchen Bedingungen sie Kooperation in größeren Gruppen ermöglichen. Der regionale Fokus dieser Arbeiten sind das südliche Afrika, Mexiko und Europa.

Sebastian Schnorf, Postdoctoral Researcher an der Kennedy School, Harvard University. *Schwerpunkte*: Er arbeitet im Bereich Computational Social Science und befasst sich mit Fragen der sozialen Interaktion. 2008 veröffentlichte er seine Dissertation zum Thema Diffusion in sozialen Netzwerken der Mobilkommunikation.

Detlef Schoder, Prof. Dr., Leiter Seminar für Wirtschaftsinformatik und Informationsmanagement der Universität zu Köln. *Arbeitsschwerpunkte*: individualisierte Informationsmedien, Analyse und Design von (über-)betrieblichen Informationssphären, Computational Social Science. *Einschlägige Publikationen*: zusammen mit Gloor, Oster, Raz und Pentland, 2010: The Virtual Mirror- Reflecting on Your Social and Psychological Self to Increase Organizational Creativity. Journal of International Studies of Management & Organization, 40 (2). zusammen mit Fischbach und Gloor, 2009: Analyse informeller Kommunikationsnetzwerke am Beispiel einer Fallstudie. Wirtschaftsinformatik, 51(2).

Gero Schwenk, Dr., Vertretungsprofessor für Methodenlehre am Institut für Politikwissenschaft der Justus-Liebig-Universität Gießen. *Schwerpunkte*: Policy-Modeling und Organisationsberatung, Discrete-Choice-Research, Bayes-Statistik, Zeitreihenmodell-ierung, dynamische Modelle, komplexe soziale Prozesse, soziale Netzwerke. *Einschlägige Publikationen*: 2009: Evaluating Social Influence Relations. An Item-Response-Modeling Approach. Metodološki zvezki, 6: 27-50. zusammen mit Torsten Reimer, 2008: Simple Heuristics in Complex Networks. Models of Social Influence. Journal of Artificial Societies and Social Simulation, 11.

Wolfgang Sodeur, Professor für Empirische Sozialforschung an der Universität Duisburg-Essen. *Forschungsgebiete*: Soziale Netzwerke, Modellierung sozialer Prozesse (Simulation), Klassifikation. *Einschlägige Publikation*: zusammen mit H.J. Hummell, 2004: Kommunikationsstruktur und Leistung sozialer Systeme. Simulationen zu den Konsequenzen lokal rationalen Handelns unter verschiedenen Strukturbedingungen, S. 143-161 in: A. Diekmann und Th. Voss (Hrsg.): Rational-Choice-Theorien in den Sozialwissenschaften, München: Oldenbourg.

Dietrich Stauffer, pensionierter UnProf., Senioren-Student der Geschichte. *Schwerpunkte*: Computer Simulationen der Statistischen Physik, einschließlich interdisziplinärer Anwendungen. *Einschlägige Publikationen*: zusammen mit S. Moss de Oliveira, P.M.C. de Oliveira und J.S. Sa Martins, 2008: Biology, Sociology, Geology by Computational Physicists, Amsterdam.

Christian Stegbauer, PD Dr., Vertretungsprofessur für Empirische Sozialforschung an der Universität Erfurt. *Arbeitsschwerpunkte*: Netzwerkforschung, Internet-Netzwerke, Kommunikationssoziologie, Kultursoziologie, Wissenschafts- und Techniksoziologie. *Publikationen in Auswahl*: 2009: Wikipedia. Das Rätsel der Kooperation. Wiesbaden: VS. 2006: Strukturalistische Internetforschung. Wiesbaden: VS. 2006: Geschmackssache: Eine kleine Soziologie des Genießens. Hamburg, Merus. 2002: Reziprozität. Einführung in soziale Formen der Gegenseitigkeit. Wiesbaden: Westdeutscher Verlag. 2001: Grenzen virtueller Gemeinschaft. Wiesbaden: Westdeutscher Verlag.

Dr. Christian Steglich ist wissenschaftlicher Mitarbeiter am Institut für Soziologie der Universität Groningen. Sein Arbeitsschwerpunkt ist die statistische Analyse sozialer Netzwerke, insbesondere sozialer Beeinflussungsprozesse und sozialer Hierarchien. Er ist einer der Entwickler der SIENA Software zur Analyse dynamischer sozialer Netzwerke. *Einschlägige Publikationen*: zusammen mit Tom A. B. Snijders und Mike Pearson, 2010: Dynamic Networks and Behavior. Separating Selection from Influence. Sociological Methodology, 40. zusammen mit Tom A. B. Snijders und Gerhard G. van de Bunt, 2010: Introduction to Actor-Based Models for Network Dynamics. Social Networks, 32: 44-60.

Florian Straus, Dr.phil., Geschäftsführer des Instituts für Praxisforschung und Projektberatung (IPP). *Schwerpunkte*: Netzwerkanalysen, Bürgerschaftliches Engagement, Identitätsforschung, Arbeitsmarktforschung, Organisationsanalysen, Qualitätsmanagement. *Einschlägige Publikationen*: u.a. zusammen mit B. Hollstein (Hrsg.), 2006: Qualitative Netzwerkanalyse. Konzepte, Methoden, Anwendungen. zusammen mit R. Höfer, 2008: Identitätsentwicklung und soziale Netzwerke, in: C. Stegbauer (Hrsg.): Netzwerkanalyse und Netzwerktheorie. zusammen mit R. Häußling, B. Hollstein, K. Mayer und J. Pfeffer (Hrsg.), 2010: Netzwerkanalyse und Netzwerktheorie. Visualisierung sozialer Netzwerke.

Volker G. Täube, Dr. phil.. *Schwerpunkte*: Sozialstrukturanalyse, Methoden der Sozialen Netzwerkanalyse, Sozialkapital, Informations- und Kommunikationstechnologien. *Einschlägige Publikationen*: 2002: Zur Messung des Sozialkapitals von Akteuren mit Einfluss in empirischen Netzwerken. 2004: Connected and Disconnected? On the Impact of Internet Use on Social Connectedness. Journal of Computational and Mathematical Organization Theory, 10: 227-240. zusammen mit W. Sodeur, 2008: Die Bedeutung der Identifikation von Subgruppen für die Erklärung von Informationsflüssen, in: Christian Stegbauer (Hrsg.): Netzwerkanalyse und Netzwerktheorie. Ein neues Paradigma in den Sozialwissenschaften.

Bruno Trezzini ist Soziologe. Er unterrichtete mehrere Jahre Organisationssoziologie an der Nanyang Technological University in Singapur sowie Entwicklungssoziologie an der Universität Zürich. Er war als Research Fellow beim Singapore Prison Service in der Programmevaluation tätig und ist gegenwärtig Gruppenleiter der Disability Policy Unit der Schweizer Paraplegiker Forschung. Sein jüngster Aufsatz „A Measure of Multidimensional Polarization for Categorical Diversity Data" wird in Quality & Quantity erscheinen.

Matthias Trier, Dr., Assistant Professor, University of Amsterdam & Habilitand, Technische Universität Berlin. Dr. Matthias Trier forscht an der Universität Amsterdam und der TU Berlin. Er leitet die Forschungsgruppe IKM Research (www.ikmresearch.de) mit den Schwerpunkten Ereignisorientierte Dynamische Netzwerkanalyse (Analysesoftware www.commetrix.de), Organisationsanalyse und -theorien, kollektive Nutzung von Informationssystemen sowie dynamische Prozesse elektronischer Interaktion und Kommunikation. *Einschlägige Publikation (Auswahl)*: 2008: Dynamic Visualization for Understanding Evolution of Digital Communication Networks. Information Systems Research, 3: 335-350.

Andreas Wald, Prof. Dr. habil., Professor für Management und Strategie und Head of Research an der European Business School Paris. *Arbeitsschwerpunkte*: Organisatorische

Netzwerke, Projektmanagement, Innovation Management. *Einschlägige Publikationen*: 2009: A micro-level approach to organizational information-processing. Schmalenbach Business Review, 61 (July): 270-289. zusammen mit C. Dilk, R. Gleich und J. Motwani, 2008: State and Development of Innovation Networks. Evidence from the European Vehicle Sector. Management Decision, 46 (5): 691-701.

Mike Weber, Dipl.-Soziologe, Wissenschaftlicher Mitarbeiter am Fraunhofer Institut für Offene Kommunikationssysteme FOKUS. *Forschungsgebiete*: Nachfrageorientierte Innovationspolitik, insbesondere öffentliche Beschaffung; Wissenschafts- und Technologietransfer, Wirtschaftsförderung; sozialwissenschaftliche Methodenlehre. *Einschlägige Publikation*: zusammen mit Dorothea Jansen, 2003: Zur Organisation des Gründungserfolgs. Eine organisationstheoretische Untersuchung des Erfolgs neu gegründeter Betriebe im Ruhrgebiet, Wiesbaden: Westdeutscher Verlag.

Johannes Weyer, Dr. phil., geb. 1956, seit 2002 Prof. für Techniksoziologie TU Dortmund. *Schwerpunkte*: Techniksoziologie, Technologiepolitik, Innovationsmanagement in hochautomatisierten Verkehrssystemen. *Einschlägige Publikation*: 2010: Soziale Netzwerke. Konzepte und Methoden der sozialwissenschaftlichen Netzwerkforschung, München: Oldenbourg Verlag. 2009: Management komplexer Systeme. Konzepte für die Bewältigung von Intransparenz, Unsicherheit und Chaos. München: Oldenbourg. 2008: Techniksoziologie. Genese, Gestaltung und Steuerung sozio-technischer Systeme. Weinheim: Juventa. 1997: Technik, die Gesellschaft schafft, Berlin: edition sigma.

Herbert Willems, Dr. phil., M.A. Soziologie, Dipl. Päd., Prof. für Soziologie, Justus-Liebig-Universität Gießen. *Forschungsschwerpunkte*: Modernisierung, Massenmedien, Werbung, Interaktion, Allg. soziologische Theorie. *Einschlägige Publikationen*: 1997: Rahmen und Habitus, Frankfurt a.M.: Suhrkamp. zus. mit A. Hahn, 1999: Identität und Moderne, Frankfurt a.M.: Suhrkamp. 2002: Die Gesellschaft der Werbung, Wiesbaden: Westdeutscher Verlag. zus. mit Y. Kautt, 2003: Theatralität der Werbung, Berlin: de Gruyter. 2008: Lehr(er)-buch Soziologie. 2 Bde. (Hrsg.), Wiesbaden: VS-Verlag. 2008: Weltweite Welten, Wiesbaden: VS-Verlag. 2009: Theatralisierung der Gesellschaft. 2 Bde., Wiesbaden: VS-Verlag.

Florian Windhager, M.A., wissenschaftlicher Mitarbeiter und Lehrbeauftragter am Department für Wissens- und Kommunikationsmanagement an der Donau Universität Krems. *Schwerpunkte*: Wissensvisualisierung und Netzwerkanalyse. *Einschlägige Publikationen und Präsentationen*: 2009: Visuelle Wissenschaftstheorie. 2009: Netzwerkkinematographie. 2009: Dynamizing Dynamic Network Analysis. zusammen mit Zenk und Risku, 2008: Situated Organizational Mapping.

Christof Wolf, Prof. Dr., ist Leiter der Abteilung „Dauerbeobachtung der Gesellschaft" der GESIS - Leibniz-Institut für Sozialwissenschaften und Professor für Soziologie an der Universität Mannheim. *Schwerpunkte*: Sozialstrukturanalyse, soziale Netzwerke, Gesundheitssoziologie. *Einschlägige Publikationen*: zus. mit H. Best (Hg.), 2010: Handbuch der sozialwissenschaftlichen Datenanalyse, VS-Verlag. zus. mit M. Weichbold und J. Bacher (Hrsg.), 2009: Umfrageforschung. Herausforderungen und Grenzen, VS-Verlag. 2008:

How Secularized is Germany?. Social Compass, 55: 111-126. zus. mit T. Hubert, 2007: Determinanten der beruflichen Weiterbildung Erwerbstätiger. ZfS, 36: 473-493.

Lukas Zenk, Mag., Wissenschaftlicher Mitarbeiter am Department für Wissens- und Kommunikationsmanagement an der Donau Universität Krems, Univ.-Lektor in postgradualen Lehrgängen in Krems sowie an der Technischen Universität Wien. *Forschungsgebiet*: Soziale Netzwerkanalyse in Organisationen. *Einschlägige Publikationen*: et al., im Erscheinen, 2010: How to analyze dynamic network patterns of high performing teams. zusammen mit Behrend, 2010: Soziale Netzwerkanalyse in Organisationen. Versteckte Risiken und Potentiale erkennen. zusammen mit Stadtfeld, im Erscheinen, 2010: Dynamic organizations.

Rolf Ziegler, o. Prof. i.R. für Soziologie, lehrte an den Universitäten Köln (1971-73), Kiel (1973-75), Wien (1975-78) und München (1978-99). *Forschungsgebiete*: Rational Choice, Organisationssoziologie, Netzwerkanalyse. *Einschlägige Publikationen*: 1968: Kommunikationsstruktur und Leistung sozialer Systeme. 1972: Theorie und Modell. 1985: Networks of Corporate Power. A Comparative Analysis of Ten Countries. 2007: Der Erfolg neugegründeter Betriebe. 2007: The Kula Ring of Bronislaw Malinowski.

Sachverzeichnis

Actor-Network-Theory 174; 334; 820; 848; 853
Adjazenzmatrix 93f.; 335; 355f.; 361ff.; 367; 512; 801ff.; 810ff.; 815
Agency 69; 82f.; 97; 133; 174; 289; 298; 335; 342; 469; 509; 518; 717; 925
Aggregationsniveau 72f.; 76; 81; 189; 199
Ähnlichkeitsmatrix 812
Aktant 131; 169; 325ff.; 332; 848f.; 853; 923
Akteurstheorie 262
Analyseebene 30; 189; 195; 296; 576; 579; 582f.; 630; 669; 840; 922
Anthropologie 38; 86f.; 121; 143; 252f.; 282; 289; 298; 331; 334; 538f.; 915; 925
Äquivalenz
 - reguläre 408ff.
 - stochastische 408f.; 414; 418
 - strukturelle 30f.; 34; 57; 79; 141; 199; 288; 303f.; 374; 407ff.; 589; 603; 606; 621; 728; 825; 831f.
Arbeitslosigkeit 636; 645; 677; 686; 701ff.
Arbeitsmarkt 50; 320; 635f.; 639ff.; 701f.; 705; 708f.; 712; 882
Aushandlung 138ff.; 297f.; 850
Austausch 100; 107; 113ff.; 121f.; 143f.; 167; 172; 283; 294f.; 305; 315; 541; 564; 567; 604; 630; 673; 681; 711; 781; 881; 892; 903
Austauschbeziehung 407; 461; 559; 874; 885
Austauschtheorie 74; 283
Auswertungsverfahren 38; 459; 716

Beobachtung 26; 79; 83; 92; 98; 106; 117; 128; 207; 210; 242; 323; 326; 331; 341; 462f.; 466; 485; 488; 491f.; 498; 508; 544f.; 565; 578; 603; 607; 731; 747; 829; 860; 864; 882; 901; 921
betweeness 25; 115; 133; 145; 303; 378; 395; 419; 544; 552; 564; 610; 634; 812; 844; 887; 902; 924
Beziehung
 - direkte 42; 67; 182; 335; 352; 397f.; 522; 589; 593; 831
 - formale 57; 87; 91; 630; 689
 - gerichtete 95; 357; 371f.; 380ff.; 436f.; 496; 499
 - indirekte 115; 352; 367; 401; 522; 842
 - informelle 26; 46; 77; 85; 117; 253; 309; 468; 527; 537; 630; 690f.; 695f.; 835
 - ungerichtete 94; 348; 383
Beziehungslehre 22; 66; 72; 87; 98; 175; 245; 248ff.; 253f.
Beziehungsmatrix 335; 355f.; 361; 403
Beziehungsnetzwerk 50; 130; 198ff.; 232; 602; 615; 649; 801
Bibliometrie 799f.; 814; 817ff.
bilateral 439; 559; 578; 815
Blockmodell 44; 52; 84; 114; 289; 308f.; 407ff.; 418; 554f.; 598
Blockmodellanalyse 34; 42; 46; 50; 58; 68; 74; 79f.; 131; 137f.; 141; 169; 197ff.; 303; 335; 340; 407ff.; 414; 418f.; 423; 453; 589ff.; 596f.; 603; 855; 875
Blockstruktur 411
Brücke 74; 78; 104f.; 145; 180ff.; 186; 229; 307; 335; 498; 517; 589; 638; 653f.; 657; 707; 711; 720; 728; 777; 801; 817f.; 841f.; 876; 903

Clique 44; 102; 152; 172; 208; 351; 381ff.; 397ff.; 403f.; 409f.; 416; 422ff.; 453; 459; 535; 559; 589; 593f.; 649; 653; 730; 777; 841
Cliquenanalyse 42; 50; 198; 282; 340; 397; 407; 589; 594; 598
closeness 182; 544; 552
Cluster 46; 97; 102; 105; 146ff.; 172; 205; 208; 220ff.; 229; 340; 453; 459; 508; 557f.; 576; 597; 605; 661; 675f.; 727f.; 777; 808; 813; 822; 840ff.; 873; 879; 882; 885f.; 923f.
Clusteranalyse 42; 414; 417
CONCOR 34; 303; 417; 420
Consulting 887
control 16; 60; 122; 139; 144; 234; 239; 252; 305; 308; 343; 626

Datenanalyse 52; 199; 285; 433f.; 455; 471ff.; 476f.; 480f.; 509; 631; 735; 840; 893f.
Datenerfassung 434
Datenerhebung 38; 42; 80; 100f.; 283f.; 401; 433; 459; 465; 471ff.; 478f.; 482; 578f.; 582; 682; 825; 840; 843; 862; 869; 899
Datenmaterial 455f.; 876
Datenmatrix 476f.
Datenqualität 199; 475; 483; 685; 713; 735
degree 369; 552; 816; 841
degree-Zentralität 367
Determinismus 68; 136ff.; 142; 209; 227; 282; 297f.; 511f.; 517; 605; 735
Deutungsmuster 249; 252; 463; 869
Dezentralisierung 38; 488; 733
Dichte 44; 102f.; 151; 180f.; 184; 205; 208; 220; 275; 347; 351; 357; 381; 410ff.; 441; 459; 464; 471; 475ff.; 481; 534; 539; 545; 556; 577f.; 592;
597; 615; 620; 637; 652; 659; 671; 728; 734; 778f.; 827f.; 840f.; 864; 910ff.
dichte Beschreibung 331; 861
Diffusion 15; 42f.; 46; 52; 64; 203; 366; 457; 507; 653f.; 657; 662; 729; 748; 753; 773f.; 781ff.; 794; 801; 820; 825ff.; 912
Diskurs 32; 52; 87; 91f.; 96; 158; 163; 195; 227f.; 259; 305; 310; 535; 716; 770; 853; 864; 915
Distanz
- geodätische 400; 544
- soziale 22; 481; 542; 591f.; 727
Distanzmaß 21f.; 42; 119; 135; 184; 208; 245; 248; 367f.; 372; 400; 411; 417; 448; 481; 512; 528f.; 591f.; 652; 710; 728; 731; 809; 816; 827f.; 882; 885; 894f.; 901
Dokumentenanalyse 461
Dualismus 195; 282
Dualität 34; 69; 303; 307; 577; 591; 595f.
Dyade 115; 147; 210f.; 263; 272; 315; 321; 342; 366; 379ff.; 386ff.; 392f.; 435; 449; 453; 477f.
Dynamik, soziale 27; 142; 270f.; 459; 508; 720; 909

Ego 21; 128; 146ff.; 185; 370; 376; 387; 464; 471ff.; 528f.; 534f.; 701ff.; 706ff.; 780; 895f.
Eigendynamik 249; 850; 854
Eigenvektor 182; 364; 367; 811
Eigenwert 367; 811
Einbettung
- historische 869
- soziale 120; 173; 242; 273; 283; 471; 602; 781; 871; 903
- strukturelle 42; 145; 379f.; 401; 577f.; 832

Elite 36f.; 78; 83; 96; 163; 172; 308ff.; 567; 587f.; 591ff.; 610; 768
Entdifferenzierung 256; 909
Erhebungsinstrument 38; 522; 579; 898
Erhebungsverfahren 38; 42; 46; 341; 464; 474; 483; 682; 713
Ethnographie 101; 105; 134; 795; 860; 866; 921
Ethnomethodologie 326
Evolution 121; 134; 143; 203f.; 216f.; 225; 277ff.; 320; 443ff.; 564; 583f.; 631; 644; 674; 722; 819; 822; 853f.; 884; 887f.; 925
Existenzgründung 669ff.; 674ff.
Exklusion 265; 317; 323; 702
Expertenwissen 813; 842; 885

Feindschaft 74; 360
Feldtheorie 79; 83f.; 196; 202; 768
Feldzugang 467
Figurationssoziologie 66; 167; 237; 250; 255ff.; 266f.
Forschungsdesign 129; 342; 465; 763; 775
Fremde 65; 118; 241; 244; 250; 642; 690; 828
Freundschaft 73; 79; 87; 91; 94; 98ff.; 110; 117; 120; 205; 214; 305; 317; 341; 360; 434; 440f.; 462; 480f.; 538; 541; 602; 616; 628f.; 689f.; 696; 762; 865; 886; 903

Gabentausch 86; 115
Galois-Gitter 427ff.
Gatekeeper 58; 465; 683; 720f.; 841f.
Gemeinschaft 22; 38; 34f.; 52; 71; 74; 85f.; 98; 105f.; 115; 118; 121; 143; 158ff.; 178ff.; 233; 238; 246ff.; 253f.; 311; 453; 508; 540; 604; 671; 692; 716; 753; 793ff.; 816f.; 835; 839; 859ff.; 886
Gender 188; 865; 879
gerichteter Multigraph 346ff.
Gesamtnetzwerk 42; 57; 100ff.; 105ff.; 145; 199; 205; 213f.; 317; 340; 374; 453; 460; 464; 536; 564; 587; 631; 652; 684f.; 840; 861; 875
Globalisierung 233; 629; 731; 739; 743; 751; 854; 862f.; 881; 885
Governance 50; 311; 419; 577; 586; 629f.; 633f.; 766; 769; 854
Graph
 - bimodaler 349
 - gemischter 347
 - gerichteter 93; 366; 370f.
 - maximaler 405
 - schlichter 346f.; 351
 - unendlicher 346; 353
 - ungerichteter 93f.; 335
 - vollständiger 398f.
Graphentheorie 50; 130; 335; 345ff.; 352f.; 364; 395; 398; 800; 882
Grenzziehung 74f.; 311
Gruppe, soziale 22; 65; 159f.; 178f.; 397; 433; 453; 579; 594; 722; 775; 830f.; 835; 848; 899
Gütekriterien 92; 418

Habitus 68; 138; 258; 261; 265f.; 869
Handel 115; 542; 604; 620; 847; 873; 885
Handlung 22; 58; 71; 82; 114f.; 118; 125f.; 135f.; 139ff.; 167f.; 177ff.; 187f.; 195f.; 255; 259; 263f.; 269f.; 282; 287; 296; 302ff.; 317; 331; 341; 460; 486; 512f.; 541; 591; 603; 607; 627; 659; 741; 764; 849; 920; 923f.
Handlungsfolge 768

Handlungsmöglichkeit 113; 145; 152; 244; 265; 272; 627; 871
Handlungsstrategie 462
Handlungstheorie 87; 167; 170; 250; 277; 603
Heterogenität 15; 57; 72; 157f.; 184f.; 326; 330; 364; 439; 477ff.; 598; 639; 670f.; 696; 702; 778; 831; 848; 864
Hierarchie 46; 50; 117; 172f.; 181; 247; 267; 283; 382f.; 434; 545; 581; 589; 592; 629; 642; 653; 734; 745; 752; 755; 847
historischer Vergleich 296
Hypothese 38; 159f.; 244; 269; 273; 276; 294; 490ff.; 509; 578; 582; 628; 631; 640; 654; 671f.; 727; 775; 818; 873; 901

Identität 16;36; 58; 69; 71ff.; 87; 98; 102; 107; 122; 133ff.; 144; 153; 158ff.; 161; 163f.; 169ff.; 174f.; 189; 227; 234; 237f.; 244; 250; 253; 259; 286; 297f.; 254; 289; 299ff.; 304f.; 309; 311; 316f.; 343; 470; 508; 537; 613; 626; 667; 730f.; 735; 765; 768f.; 783; 871; 845; 926
Image-Matrix 409ff.; 414
indegree 210
Individualisierung 137; 158; 161ff.; 243; 488; 537; 779
Inhaltsanalyse 80; 215; 449; 508; 521; 579
Inklusion 174; 256; 265; 321f.
Innovation 14; 23; 32; 36; 42f.; 46; 149; 155; 267f.; 287; 468; 516; 567; 577; 583; 610; 634; 657f.; 664ff.; 676; 751f.; 757; 760; 766f.; 770; 781ff.; 799; 822; 825; 828ff.; 835f.; 844; 848; 851ff.; 924
Innovationsforschung 631; 854; 884

Innovationsnetzwerk 461ff.; 466; 675; 755; 760f.; 766; 839; 843; 850; 853; 873
INSNA 34; 46; 285; 481; 567
Institution 50; 75f.; 84; 117; 196; 256; 273; 280; 292ff.; 298; 311; 460; 531; 541; 567; 597; 610; 615; 619f.; 686; 691; 752; 757; 768; 800; 813; 820f.; 860; 871f.; 881; 888
Institutionalismus 307; 604; 854
Integration 46; 50; 75; 85; 100; 104f.; 109; 142; 149; 170; 174; 189; 202; 215f.; 253; 277; 309; 333; 378; 445; 463; 467; 528; 537f.; 589; 594; 634; 656; 661; 674; 679f.; 684; 696ff.; 704; 722; 739; 747; 768; 780; 835f.; 841; 864; 903
Interdependenz 67f.; 195ff.; 201; 247f.; 255f.; 262; 271; 277; 640; 830; 851
Interessenverflechtung 44
Internet 46; 165; 210; 224; 229f.; 233f.; 266; 296; 374; 431; 448; 507f.; 516; 528; 539; 633; 636; 683; 715; 720f.; 737f.; 773f.; 781; 794f.; 799; 821
Interorganisationsnetzwerk 419; 616
Intervention 105; 496; 604; 691; 730; 737; 748; 840; 843; 911ff.
Interview 30f.; 34f.; 44f.; 50; 79f.; 92; 159; 341; 453f.; 460ff.; 473; 482f.; 497; 507f.; 522; 528ff.; 536; 578; 837; 840; 893f.
Isolation 77; 158; 702; 705; 712; 718; 766
Iteration 417; 811; 817

Kausalanalyse 69
Kleingruppe 46; 260; 263; 397; 862
Klient 690
Kodierung 92f.; 440; 509; 557; 578
Kohäsion 161f.; 184; 275; 373; 598; 831f.; 835; 864

Kommunikationsmedien 231; 830
Komplexität 81; 136; 147; 173; 255f.;
    262; 311; 314f.; 379; 389; 394; 399;
    418; 433; 511; 536; 682; 729; 837f.;
    843; 851; 883; 922f.
Kompromiss 450
Konflikt 50; 135ff.; 147f.; 161; 164; 167;
    172f.; 248; 254; 262f.; 282; 319; 579;
    598; 642; 645; 659f.; 690; 697; 702f.;
    711; 718; 730; 748; 853; 860f.; 864
Konsens 224; 847; 850
Konsumforschung 567; 647ff.
Kontext
    - historischer 921
    - kultureller 232; 604; 851; 869
    - regionaler 713; 863
    - sozialer 38; 102; 304; 328; 379f.;
        383; 386; 441; 601f.; 696; 777; 782;
        825; 871
Kontextualisierung 227; 508; 903; 909
Kontrolle 26; 38; 44; 72; 106; 205; 244;
    305; 480; 491; 503; 541; 596f.; 603;
    671; 679; 690ff.; 696; 702; 716f.; 722;
    733; 842; 860; 877; 903; 910f.
Kooperation 121; 143; 234; 266; 271ff.;
    280; 328; 433; 455f.; 531; 567; 583;
    604f.; 622f.; 630; 642; 670; 675; 681;
    715f.; 721ff.; 746ff.; 759f.; 764; 808;
    814; 849; 855; 874f.; 883; 921
Kooperationsnetzwerk 460; 465; 604
Kooperationsproblem 644
Koordination 172; 567; 589; 603; 616;
    679; 715f.; 721f.; 733; 751; 769; 854;
    893
Kopplung 317; 323; 799f.; 805ff.; 812ff.
Korrelation 82; 150; 159; 262; 373f.;
    557; 579
Korrespondenzanalyse 199; 307; 423
k-Plex 42; 398; 404

Kriminalität 261; 686; 725ff.; 733ff.; 746
Kultur 21f.; 28; 58; 69; 114; 121; 131;
    143; 165; 169ff.; 180; 189; 227f.;
    231ff.; 241; 246ff.; 254; 287; 293ff.;
    304ff.; 461; 546; 616; 623; 642; 645;
    659; 681; 713; 734; 782; 837; 841;
    903
Kulturanthropologie 587; 595
Kulturtheorie 227; 233f.; 267f.
Kulturvergleich 122; 144; 888

Lachender Dritter 147; 160; 621
Längsschnittdaten 434f.; 463; 606; 884
Legitimität 577

Macht, soziale 262
Machtasymmetrie 92
Machtbalance 67; 249; 255
Maklerposition 671
Markt 27; 36f.; 46; 52; 58; 84; 87; 97f.;
    109; 114; 134; 147; 154f.; 173f.; 189;
    202ff.; 233; 279; 286; 289; 303;
    308ff.; 377f.; 395; 406f.; 410; 419;
    445; 456f.; 493; 519; 583ff.; 601ff.;
    607ff.; 615ff.; 629; 635; 640; 643f.;
    647; 653f.; 657f.; 663; 666; 676; 698;
    707; 712f.; 722; 737; 755; 782f.; 815;
    819f.; 833f.; 837; 844; 847
Massenmedien 50; 161; 267; 319; 745;
    774f.; 779; 782f.; 914
Matrix 42; 94f.; 340; 355f.; 359ff.; 364;
    398ff.; 403; 408ff.; 421ff.; 427; 430;
    496; 539; 591; 596; 652; 802ff.;
    810ff.; 827
Matrixalgebra 364
Medien 140f.; 229ff.; 266ff.; 722; 739;
    770; 775; 780f.; 921
Medienforschung 770; 773ff.; 778f.; 782
Mehrebenen-Modell 851
Meinungsführer 774ff.; 780; 783; 830ff.

Mesoebene 58; 74; 140f.; 173; 196ff.;
    201; 319; 642; 885
Methodologie 142; 519; 564
Migration 233; 469; 538; 567; 828;
    862ff.; 886
Migrationsnetzwerk 601; 881; 886
Mikroebene 42; 140f.; 196ff.; 201; 269f.;
    326; 393; 488; 640f.; 675; 684; 817;
    885; 891
Milieu, soziales 342
Mobilität, soziale 637; 731; 899
Modellbildung 485ff.; 492f.; 503
Multi-Agenten-System 495ff.; 502f.
Multiplexität 94; 101f.; 349; 453; 534;
    670f.

Namensgenerator 46; 80; 185f.; 401;
    471ff.; 522; 533; 631; 670f.; 777;
    894f.
Namensinterpretator 185; 471; 777; 894f.
n-Clique 42; 398; 401ff.
networking 14; 19; 23; 27ff.; 36; 83;
    108f.; 115; 125f.; 137f.; 150; 153f.;
    159; 197f.; 201ff.; 217; 224f.; 229;
    234; 283; 286; 289; 301; 304; 308f.;
    323; 342; 348f.; 352; 366; 369; 373;
    376ff.; 419f.; 456; 461; 468f.; 482;
    507; 517ff.; 538; 583ff.; 598f.; 609;
    612; 624f.; 633f.; 649; 713; 722f.;
    736ff.; 752; 758f.; 797; 800; 816; 841;
    845; 848; 865ff.; 887ff.; 895; 902;
    913ff.
Netzwerk
    - egozentriertes 46; 199; 341f.; 472f.;
        476f.; 522; 529; 533; 702f.
    - Entstehung 196; 433; 631; 762; 795
    - Grenzen 85; 129; 185; 229; 405f.;
        641; 508f.; 728
    - kriminelles 261
    - kulturelles 227; 920

- persönliches 84; 170; 174; 315; 342;
    435; 451ff.; 459ff.; 471; 605; 640;
    670; 675; 682f.; 777ff.; 814; 828;
    861; 875; 893; 910
- virtuelles 101; 720
Netzwerkakteur 57f.; 69; 433; 439; 442;
    631; 839ff.
Netzwerkanalyse
    - bimodale 79; 341
    - formale 87; 131; 229; 281; 528; 534;
        539
    - qualitative 46; 79; 138; 197; 229f.;
        233; 309; 528; 535ff.; 578
    - quantitative 30; 46; 98; 227; 528;
        533ff.; 567; 577ff.; 582
Netzwerkbildung 265; 276; 319; 463;
    664f.; 675; 723; 741; 750; 762; 871;
    877
Netzwerkdarstellung, Ego-zentrierte 46;
    164; 188; 532; 540; 631
Netzwerkdichte 151; 172; 273; 357;
    438ff.; 475; 670f.; 689; 764
Netzwerkdynamik 58; 80; 205f.; 209ff.;
    216; 275ff.; 283; 433; 442f.; 460; 463;
    467; 583; 620; 923
Netzwerkgesellschaft 70; 229; 233; 238;
    253; 259; 267; 782
Netzwerkgröße 107; 151f.; 179; 182;
    222; 374; 464; 476f.; 671; 689; 703;
    764
Netzwerkkarte 80; 341; 522; 527ff.; 542;
    716
Netzwerkstruktur 46; 57; 63; 69; 81; 87;
    93; 96f.; 100; 103; 131; 149; 152f.;
    167f.; 172; 197; 201; 205ff.; 208; 215;
    233; 275;298; 309; 326f.; 331f.; 340;
    342; 350; 377; 384; 407ff.; 414f.; 450;
    453; 465f.; 493ff.; 502f.; 507; 527;
    534f.; 579; 605; 616ff.; 627f.; 631;

670ff.; 680; 683f.; 719f.; 726; 800; 825; 829ff.; 841ff.
Netzwerkzeichnung, Ego-zentrierte 46; 164; 188; 532; 631
Norm, soziale 42; 690f.
Nullblock 409; 412

Oekonomie 114; 174; 310; 539; 601; 643; 825; 848
Operationalisierung 46; 74; 108; 125; 128f.; 401; 412; 453f.; 597; 629; 689; 709; 827
Ordnung, soziale 23; 52; 110; 175; 256ff.; 264; 271f.; 280; 295; 820; 859; 862f.; 867; 925
Organisationsforschung 30; 46; 50; 95; 301; 459; 462; 493f.; 567; 576ff.; 582ff.; 604; 630; 641; 722; 746; 849
Organisationsnetzwerk 94; 769
Organisationssoziologie 50; 77; 273; 585; 612; 640f.; 722
outdegree 210f.

Pajek 408ff.; 450; 453; 456; 567; 666
Paradoxie 138f.; 309; 854
Partizipation 270; 299; 422; 690; 758
Patron 518
peers 21; 446; 613; 662; 699; 780; 784
Pfadabhängigkeit 871
Pfaddistanz 42; 77; 367f.; 400f.; 404; 589; 592
Phänomenologie 83; 173; 203; 247
Pluralismus 83; 869f.
Positionsanalyse 32; 418; 535; 594
Pragmatismus 485
Praktiken 46; 52; 69; 74ff.; 105; 114; 121; 143; 149; 170; 173; 232; 266; 301; 307; 449; 461f.; 623; 744; 871f.; 880
Praxistheorie 307; 608

Prestige, soziales 364
Protestbewegung 170; 301; 317; 739; 828

Rational-Choice-Theorie 50; 278
Rekonstruktion 52; 84; 164; 174; 279; 309; 468; 537; 801; 863; 903; 910
relationale Analyse 77; 576; 726; 734; 921f.
Relationale Soziologie 67; 71; 79; 87; 91; 95f.; 120; 136; 196; 304; 308
Relationalität 14; 255; 265; 536
Reliabilität 38; 42; 50; 92; 579
Ressource 32; 58; 91f.; 103f.; 108; 147; 158f.; 170; 177ff.; 270; 305; 321; 329; 509; 515f.; 541; 601f.; 621; 631; 639ff.; 657f.; 673; 681; 693f.; 702ff.; 707; 713; 719; 725ff.; 739; 744; 748ff.; 761; 780f.; 837; 841; 851; 869f.; 885; 891f.; 903; 910; 913f.; 921f.
retrospektive Analyse 729
retrospektive Betrachtung 296
Reziprozität 58; 68; 86; 106; 113ff.; 118ff.; 136; 143f.; 183; 210ff.; 238; 247; 254; 272; 295; 298; 438f.; 442; 453; 473; 496; 604; 696; 718; 849; 863; 874ff.
Risiko 659; 671ff.; 841
Rolle, soziale 22f.; 32; 130; 199; 227; 407; 412; 471; 693; 801; 850
Rollendistanz 137
Rollenmuster 172
Rollentheorie 135ff.; 142

Sekundäranalyse 46; 589f.; 650
Selbständigkeit 46; 676
Selbstorganisation 44; 719; 819; 849; 920
Selektion 149; 269; 559; 663; 747f.; 850

Semantik 75f.; 281; 285ff.; 453; 508; 746; 793
SIENA 438; 445; 450; 586
Simulation 42; 46; 50f.; 133; 195; 201; 204; 207f.; 224; 275f.; 436f.; 448; 485ff.; 490ff.; 495f.; 504f.; 509; 657; 729f.; 734; 737; 820; 827; 844; 894; 899; 902; 915
Situation, soziale 23; 64; 71; 137; 140; 153; 242; 267; 920
Solidarität 46; 74; 113; 118; 160; 283; 705; 713; 717; 723; 883
soziale Bewegung 170; 229; 232; 323; 460f.; 610; 686; 739f.; 743ff.; 750ff.; 783
Sozialanthropologie 27; 260; 335
sozialer Kreis 21f.; 38; 42; 58; 65; 68; 71; 87; 104; 136; 139; 155ff.; 163ff.; 250; 282; 303; 593; 604; 704
Sozialkapital 38; 44; 50f.; 91; 97; 104f.; 150; 152; 155; 160f.; 177ff.; 187f.; 205; 265f.; 270; 288; 320; 322; 405; 453; 462; 537; 576; 612; 621; 631f.; 640f.; 642ff.; 646; 657f.; 670; 676f.; 689f.; 698f.; 704ff.; 707; 711; 719; 722; 863; 869; 874f.; 886
Sozialkonstruktivismus 325
Sozialstruktur 13; 77; 82; 107; 137; 145; 153; 164; 181; 186; 265; 280; 397f.; 831; 875f.
Sozialstrukturanalyse 80f.; 260; 342; 859
Soziogramm 25; 215; 527f.; 587; 652f.; 860f.; 893; 897
Soziomatrix 408ff.; 414; 427f.
Soziometrie 21ff.; 38; 50; 79; 86; 125; 131; 134; 657; 666
Spieltheorie 70; 113; 271; 278; 283
SPSS 15; 19; 25f.; 32f.; 36; 42; 46; 50f.; 58; 66f.; 83ff.; 96ff.; 108ff.; 121f.; 125; 131f.; 143f.; 154f.; 164f.; 174f.; 188f.; 202ff.; 216f.; 225; 233f.; 238; 252f.; 267ff.; 277ff.; 289; 298f.; 308ff.; 322f.; 333ff.; 342; 376ff.; 383; 395; 405f.; 419f.; 423; 431f.; 444ff.; 457; 467ff.; 477f.; 482f.; 493f.; 504f.; 518ff.; 536ff.; 565ff.; 583ff.; 593; 598ff.; 608ff.; 616f.; 621; 624ff.; 633f.; 644ff.; 654ff.; 665f.; 675ff.; 686; 698f.; 711ff.; 719; 722ff.; 736ff.; 751ff.; 766ff.; 782ff.; 794ff.; 802f.; 806; 816; 819ff.; 833; 844f.; 853ff.; 865ff.; 877ff.; 887ff.; 903; 909; 913ff.; 923ff.
Stabilisierung 178; 329; 749; 850
Stabilität 38; 129; 161; 245; 326ff.; 398; 435f.; 485; 617; 698; 731; 747; 851; 874; 911
Standardisierung 381; 418; 731; 789; 801; 851
Stata 84; 333; 431; 477; 666; 845; 892
Status 52; 82; 102; 106; 110; 135; 153; 159; 170; 173f.; 181ff.; 188f.; 205; 281ff.; 361; 375; 390f.; 416; 465; 543f.; 559; 566; 581; 607f.; 611; 622ff.; 644ff.; 653; 703f.; 711ff.; 731; 781; 851; 871
Stichprobe 78; 187; 209; 509; 639; 665; 671; 897
story 58; 65; 69; 73ff.; 80; 91; 96; 139; 227f.; 229; 250; 305; 607
Strategie 42f.; 104; 107; 165; 175; 199f.; 258; 261; 265; 268; 271; 341f.; 451f.; 457; 461; 466; 519; 534; 559; 563; 623; 640; 664; 716f.; 720f.; 727f.; 739f.; 745f.; 753; 757f.; 763; 766; 845; 883; 893
strategische Allianz 605; 629; 733; 884
structural holes 145ff.; 273; 608; 654; 922f.
Struktur, soziale

Struktur
- formale 464; 794; 860
- informelle 26; 527; 835
- soziale 13; 23f.; 30; 36f.; 46; 64; 69f.; 84; 87; 119f.; 137; 147; 167; 171ff.; 181; 189; 197f.; 201; 227; 257; 267; 281ff.; 287; 294; 297; 306f.; 314f.; 340; 386; 397f.; 401; 404; 416; 422; 456; 482; 508; 537; 552; 583; 607f.; 616; 619; 626; 647; 654; 773; 807; 828; 855; 859ff.; 864f.; 871; 886; 912; 921f.

Strukturalismus 68; 81; 135; 140; 237f.; 250; 281; 287; 291ff.; 301ff.; 310; 314

Strukturation 52; 613; 760

Strukturelle Äquivalenz 50; 139; 417; 559; 603

style 58; 65; 69; 623

subjektive Verortung 461

switching 204; 234; 305; 310f.; 323

Symmetrieprinzip 327; 332; 923

System, soziales 32; 38; 42; 138; 279; 311; 315f.; 320f.; 517; 587; 596; 741; 818; 825; 861; 903; 922

Systemtheorie 63; 70f.; 81; 121; 131; 143; 167; 171f.; 196; 238; 260; 267; 311; 314ff.; 321ff.; 608; 739; 752; 770

Tausch 44f.; 50; 91; 114ff.; 120f.; 143; 147; 271; 279; 294; 298; 320; 591f.; 598f.; 615; 629; 692; 697; 704; 761; 849; 863

Tauschbeziehung 131; 276; 615f.; 619

Tauschnetzwerk 147; 317; 615; 863

Techniksoziologie 238; 334; 770; 847ff.; 853f.

Teilgraph
- maximaler 353; 399ff.; 405
- vollständiger 401

Terrornetzwerk 744ff.; 751

ties
- strong 15; 46; 57f.; 67; 74; 78; 98ff.; 101; 108; 111; 136; 160; 179; 185; 416; 443; 453; 464; 479; 593; 610; 631; 649f.; 654; 661; 671ff.; 707; 728; 775f. 781; 923
- weak 15; 34; 44; 57; 67; 74; 78; 87; 98ff.; 145; 154; 180; 184; 186f.; 189; 288; 309; 453; 610; 625; 631; 635; 637;; 653; 654; 661f.; 671f.; 707f.; 722; 728; 775fff.; 781; 829

Transaktionskosten 177; 623; 642; 657; 671; 721; 877

Transaktionskostentheorie 631

Transformation 229f.; 259; 279; 327ff.; 425; 441; 516; 541; 545; 676; 717; 851; 854

Transitivität 98f.; 102f.; 113f.; 145; 213; 382; 388ff.; 394; 556

Triade 42f.; 64f.; 72; 98f.; 103; 145f.; 210; 241; 244; 263f.; 286; 340; 366; 379ff.; 388ff.; 453; 477; 508

Triangulation 201f.; 342; 468; 865

Typenbildung 80

UCINET 46; 417f.; 450; 456; 840

ungerichteter Hypergraph 357

Ungleichheit, soziale 164; 537; 635; 699; 711; 717; 722f.

Unternehmensnetzwerk 163; 601; 604; 616; 629; 669; 675; 683; 755; 881ff.

Unterstützung, soziale 50; 91; 153; 630; 686; 689ff.; 699; 705ff.; 717ff.; 722f.; 910; 913f.

Unterstützungsnetzwerk 85; 641; 689ff.; 695ff.; 705

Validität 38; 42; 52; 92; 447; 513

Varianzanalyse 435

Verbundenheit 34; 87; 245; 302f.; 340; 367; 382; 399ff.; 404; 474f.; 541ff.; 559; 592; 601f.; 696; 818
Vergemeinschaftung 229; 721; 782
Vergesellschaftung 21; 28; 36; 65; 86; 98; 122; 144; 155f.; 165; 175; 250; 253; 262ff.; 267f.; 289; 299; 599; 723; 738; 782
Vertrauen 74; 115; 147; 160; 179f.; 244; 278; 298; 434; 463; 619; 622; 642; 663; 671; 690; 705; 709; 713; 726; 761; 871; 874; 877; 883
Verwandtschaft 22; 85; 121; 143; 253; 262; 294; 317; 348; 373; 474; 689; 696f.; 711; 723; 787; 791; 859ff.; 866; 886
Verwandtschaftsbeziehung 30; 92f.; 127; 130; 407; 704; 731
Verwandtschaftsnetzwerk 46
Videoanalyse 80

Wandel

- historischer 246; 873
- kultureller 227; 232
- sozialer 46; 197; 201; 246; 482; 696f.; 781; 859; 862; 866; 874

Wechselwirkung 21; 64ff.; 87; 114; 151; 157; 181; 198; 223; 241ff.; 249f.; 262f.; 282; 394; 487; 517; 616; 631; 675; 684; 701ff.; 706ff.; 712; 729; 759; 861; 899
Wende, kulturelle 58; 65; 69; 79f.; 84; 87; 237; 249ff.; 299; 309; 323
Wirklichkeit, soziale 68; 122; 144; 242; 311; 495
Wirtschaft 34; 50; 64; 72; 87; 175; 219; 229; 245; 261; 268; 316; 319; 507; 567; 587; 591f.; 601; 606f.; 611; 619f.; 655f.; 659; 677f.; 733; 736; 741; 751; 757; 766; 782; 859; 862f.; 877f.

Wirtschaftssoziologie 83; 303; 306; 310; 567; 601ff.; 610ff.; 615f.; 675; 887
Wissensgesellschaft 855
Wissensmanagement 681; 770; 835f.; 839ff.

Zentralisierung 79; 829; 840

Zentralität 44; 86; 160; 199; 204; 210; 215; 260; 304; 342; 363ff.; 369; 373ff.; 376ff.; 428; 464; 467f.; 530; 535; 544f.; 552; 559; 564; 578f.; 589; 595; 631; 652; 728; 777; 812; 841; 816; 883f.
Zugehörigkeit 87; 103; 128; 141; 158ff.; 163; 232f.; 304; 349; 441; 461; 530; 552; 671; 691ff.; 765; 781; 869; 912